要件事実会社法(3)

第3編 持分会社（第575条～第675条）
第4編 社　　債（第676条～第742条）
第5編 組織変更、合併、会社分割、
　　　 株式交換及び株式移転（第743条～第816条）
第6編 外国会社（第817条～第823条）
第7編 雑　　則（第824条～第959条）
第8編 罰　　則（第960条～第979条）

大江　忠 著

商事法務

はしがき

　本書「要件事実会社法（3）」は、前著「要件事実会社法（1）」、「要件事実会社法（2）」に引き続いて、会社法の第3編「持分会社」から第8編「罰則」までの法条について、「裁判規範としての会社法」の観点から、また、可能な限り要件事実の観点から解説を加えたものである。会社法に関する紛争が、裁判において如何なる法的判断の過程を経て、最終的な解決に至るかを理解することは、日常の企業法務の処理においても、その基盤となるものであって重要であると考える。このような本書の狙い・趣旨は、前著から一貫するものである。また、会社法には、当然のことながら、要件事実の観点に馴染まない条文もあるが、それらについては、企業法務の観点から指摘することに努めた点も前著と変わるものではない。

　本書は、第一巻の刊行から2年余を要したが、ここに、なんとか完結することができた。振り返ってみると、広範な領域に亘る会社法を筆者一人で著すということは、要件事実を主眼とするものとしても、はなはだ困難を極めるものであって、意を尽くせなかったことを改めて思うところである。ただ、企業法務に関する訴訟に携わってきた一人の実務家が、先行業績を唯々頼りにして、会社法全体をどのように捉えたかを示したものとして、お許し願いたい。

　最後に、本書のような市場性の狭い書籍の刊行を敢えてお引き受けいただいた株式会社商事法務に対し厚く御礼を申し上げる。また、石丸陽氏（特定非営利活動法人法教育支援センター）には、前著と同じく、本書についても、編集面のご尽力をいただいた。ここに心から感謝申し上げる次第である。

平成 25 年 5 月 20 日

大　江　　忠

凡　例

1. 本書の設例中の当事者適格に関する事実は、訴訟要件（裁判所が本案判決の言渡しを行うための要件）の1つであり、本案判決の対象である実体法上の権利関係の要件事実とは区別されるものであるが、その判断資料の収集の責任は当事者にあること、当事者適格は本案の審理と密接に関連することから、本書においては、便宜、当事者適格を請求原因事実として挙げることとした（形成訴訟の訴えの利益は、その訴えを認めている要件を充足すれば訴えの利益が認められるので、原則として請求原因において改めて記載することを要しない）。
2. 法令、判例中の漢数字は、固有名詞として使用されるものを除き、算用数字に表記した。
3. 法条は、会社法については条数のみの表記とし、他の法令と紛らわしい場合には法、会社と表記し、他の法令については下記の略語を用いて表記した。
4. 読解の利便等のため法令、判例中に付した編注は、〔　〕により表記した。
5. 会社法の内容現在　　平成24年3月31日法律第16号

〈法令略語〉
一般法人　一般社団法人及び一般財団法人に関する法律
会計士　公認会計士法
会更　会社更生法
開示府令　企業内容等の開示に関する内閣府令
会社非訟規　会社非訟事件等手続規則
企担　企業担保法
旧商　〔旧〕商法（平成17年法律第87号による改正前）
旧商則　〔旧〕商法施行規則
旧商登　〔旧〕商業登記法
旧商特（旧商法特例法）　〔旧〕株式会社の監査等に関する商法の特例に関する法律
旧非訟　〔旧〕非訟事件手続法
旧有限　〔旧〕有限会社法
銀行　銀行法

金商　金融商品取引法
金商定義府令　金融商品取引法第2条に規定する定義に関する内閣府令
金商令　金融商品取引法施行令
刑　刑法
計算（計算規則）　会社計算規則
刑訴　刑事訴訟法
憲法　日本国憲法
公選　公職選挙法
社債株式振替　社債、株式等の振替に関する法律
社債振替　〔旧〕社債等の振替に関する法律
商　商法
商登　商業登記法
商登規　商業登記規則
信託　信託法
信託業　信託業法
整備（整備法）　会社法の施行に伴う関係法律の整備等に関する法律
施則（施行規則）　会社法施行規則
施令（施行令）　会社法施行令
担信　担保付社債信託法
仲裁　仲裁法
電子公告　電子公告規則
登税　登録免許税法
独禁（独占禁止法）　私的独占の禁止及び公正取引の確保に関する法律
破　破産法
非訟　非訟事件手続法
風俗営業法　風俗営業等の規制及び業務の適正化等に関する法律
不登　不動産登記法
法人税　法人税法
保険業　保険業法
民　民法
民再　民事再生法
民執　民事執行法
民訴　民事訴訟法
民訴規　民事訴訟規則
民訴費　民事訴訟費用等に関する法律

民調　民事調停法
民保　民事保全法
預金保険　預金保険法
利息　利息制限法
労基　労働基準法
労契　労働契約法
労契承継（労働契約承継法）　会社分割に伴う労働契約の承継等に関する法律
労契承継則（労働契約承継法施行規則）　会社分割に伴う労働契約の承継等に関する法律施行規則

〈判例集等略称〉
一審刑集　第一審刑事裁判例集
下刑　下級裁判所刑事裁判例集
下民　下級裁判所民事裁判例集
金判　金融・商事判例
金法　金融法務事情
刑月　刑事裁判月報
刑集　大審院刑事判例集、最高裁判所刑事判例集
刑録　大審院刑事判決録
高刑　高等裁判所刑事判例集
高刑特　高等裁判所刑事裁判特報
高民　高等裁判所民事判例集
裁判集刑　最高裁判所裁判集刑事
裁判集民　最高裁判所裁判集民事
ジュリ　ジュリスト
商事　旬刊商事法務
資料版商事　資料版商事法務
新聞　法律新聞
東高刑時報　東京高等裁判所刑事判決時報
東高民時報　東京高等裁判所民事判決時報
判決全集　大審院判決全集
判時　判例時報
判タ　判例タイムズ
評論全集　法律学説判例評論全集

法学　法学（東北大学法学会誌）
民集　大審院民事判例集、最高裁判所民事判例集
民録　大審院民事判決録

〈文献略称〉
相澤・省令解説　相澤哲編著「立案担当者による新会社法関係法務省令の解説（別冊商事法務300号）」商事法務　2006年
相澤・新一問一答　相澤哲編著「一問一答新・会社法」改訂版　商事法務　2009年
相澤・新会社法解説　相澤哲編著「立案担当者による新・会社法の解説（別冊商事法務295号）」商事法務　2006年
相澤他・論点解説　相澤哲＝葉玉匡美＝郡谷大輔編著「論点解説新・会社法千問の道標」商事法務　2006年
伊藤・破産法　伊藤眞「破産法・民事再生法」第2版　有斐閣　2009年
伊藤・民事訴訟法　伊藤眞「民事訴訟法」第4版　有斐閣　2011年
稲葉・解明　稲葉威雄「会社法の解明」中央経済社　2010年
稲葉・基本を問う　稲葉威雄「会社法の基本を問う」　中央経済社　2006年
江頭・株式会社法　江頭憲治郎「株式会社法」第4版　有斐閣　2011年
江頭還暦上　黒沼悦郎＝藤田友敬編　江頭憲治郎先生還暦記念「企業法の理論（上）」商事法務　2007年
菅野・労働法　菅野和夫「労働法」第10版　弘文堂　2012年
大隅＝今井＝小林・概説　大隅健一郎＝今井宏＝小林量「新会社法概説」第2版　有斐閣　2010年
神崎・証券取引法　神崎克郎「証券取引法」新版　青林書院　1987年
神田・会社法　神田秀樹「会社法」第15版　弘文堂　2013年
鈴木・非訟事件の裁判の既判力　鈴木忠一「非訟事件の裁判の既判力－非訟事件の基礎的諸問題」　弘文堂　1961年
鈴木＝竹内・会社法　鈴木竹雄＝竹内昭夫「会社法」有斐閣　1981年
龍田・大要　龍田節「会社法大要」　有斐閣　2007年
萩本・逐条解説　萩本修編・菅家忠行＝世森亮次「逐条解説新しい特別清算」商事法務　2006年
前田・入門　前田庸「会社法入門」第12版　有斐閣　2009年
松田＝鈴木・條解上下　松田二郎＝鈴木忠一「條解株式会社法（上）（下）」弘文堂　1951年、1952年
弥永・コンメ施則　弥永真生「コンメンタール会社法施行規則・電子公告規

則」　商事法務　2007 年
会社法コンメ (1)〜　江頭憲治郎他編著「会社法コンメンタール (1) 〜」商事法務　2008 年〜
新基本法コンメ (3)　奥島孝康＝落合誠一＝浜田道代編「新基本法コンメンタール会社法 (3)」　日本評論社　2010 年
新注会 (1)〜(15)、補巻 1〜4　上柳克郎他編「新版注釈会社法 (1)〜(15)、補巻第 1〜第 4」　有斐閣　1985 年〜2000 年
大系 (1)〜(4)　江頭憲治郎＝門口正人編集代表「会社法大系 (1)〜(4)」青林書院　2008 年
逐条解説 (1)〜(5)　酒巻俊雄＝龍田節編「逐条解説会社法 (1)〜(5)」　中央経済社　2008 年〜2011 年
司研・紛争類型別　司法研修所民事裁判教官室「改訂紛争類型別の要件事実」　法曹会　2006 年
司研・要件事実第一巻　司法研修所民事裁判教官室「増補民事訴訟における要件事実　第一巻」　法曹会　1986 年
類型別会社訴訟Ⅰ　東京地方裁判所商事研究会編「類型別会社訴訟Ⅰ」第 3 版　判例タイムズ　2011 年
類型別会社訴訟Ⅱ　東京地方裁判所商事研究会編「類型別会社訴訟Ⅱ」第 3 版　判例タイムズ　2011 年
類型別会社非訟　東京地方裁判所商事研究会編「類型別会社非訟」　判例タイムズ　2009 年

目　　次

はしがき
凡　　例

第3編　持分会社 …………………………………………………………1
　第1章　設立（第575条－第579条）……………………………………2
　第2章　社員 ……………………………………………………………19
　　第1節　社員の責任等（第580条－第584条）………………………19
　　第2節　持分の譲渡等（第585条－第587条）………………………47
　　第3節　誤認行為の責任（第588条・第589条）……………………57
　第3章　管理 ……………………………………………………………63
　　第1節　総則（第590条－第592条）…………………………………63
　　第2節　業務を執行する社員（第593条－第602条）………………74
　　第3節　業務を執行する社員の職務を代行する者（第603条）……104
　第4章　社員の加入及び退社 …………………………………………108
　　第1節　社員の加入（第604条・第605条）…………………………108
　　第2節　社員の退社（第606条－第613条）…………………………112
　第5章　計算等 …………………………………………………………138
　　第1節　会計の原則（第614条）………………………………………138
　　第2節　会計帳簿（第615条・第616条）……………………………141
　　第3節　計算書類（第617条－第619条）……………………………145
　　第4節　資本金の額の減少（第620条）………………………………150
　　第5節　利益の配当（第621条－第623条）…………………………153
　　第6節　出資の払戻し（第624条）……………………………………164
　　第7節　合同会社の計算等に関する特則 ……………………………168
　　　第1款　計算書類の閲覧に関する特則（第625条）………………168
　　　第2款　資本金の額の減少に関する特則（第626条・第627条）…169
　　　第3款　利益の配当に関する特則（第628条－第631条）…………176
　　　第4款　出資の払戻しに関する特則（第632条－第634条）………186
　　　第5款　退社に伴う持分の払戻しに関する特則
　　　　　　　（第635条・第636条）……………………………………193
　第6章　定款の変更（第637条－第640条）……………………………202
　第7章　解散（第641条－第643条）……………………………………210

第 8 章　清算 ……………………………………………………………215
　第 1 節　清算の開始（第 644 条・第 645 条）……………………215
　第 2 節　清算人（第 646 条－第 657 条）…………………………219
　第 3 節　財産目録等（第 658 条・第 659 条）……………………242
　第 4 節　債務の弁済等（第 660 条－第 665 条）…………………245
　第 5 節　残余財産の分配（第 666 条）……………………………253
　第 6 節　清算事務の終了等（第 667 条）…………………………255
　第 7 節　任意清算（第 668 条－第 671 条）………………………257
　第 8 節　帳簿資料の保存（第 672 条）……………………………263
　第 9 節　社員の責任の消滅時効（第 673 条）……………………266
　第 10 節　適用除外等（第 674 条・第 675 条）……………………268
第 4 編　社債 …………………………………………………………………270
　第 1 章　総則（第 676 条－第 701 条）………………………………276
　第 2 章　社債管理者（第 702 条－第 714 条）………………………356
　第 3 章　社債権者集会（第 715 条－第 742 条）……………………406
第 5 編　組織変更、合併、会社分割、株式交換及び株式移転 ………452
　第 1 章　組織変更 ……………………………………………………458
　　第 1 節　通則（第 743 条）…………………………………………458
　　第 2 節　株式会社の組織変更（第 744 条・第 745 条）…………460
　　第 3 節　持分会社の組織変更（第 746 条・第 747 条）…………468
　第 2 章　合併 …………………………………………………………476
　　第 1 節　通則（第 748 条）…………………………………………480
　　第 2 節　吸収合併 …………………………………………………484
　　　第 1 款　株式会社が存続する吸収合併（第 749 条・第 750 条）……484
　　　第 2 款　持分会社が存続する吸収合併（第 751 条・第 752 条）……513
　　第 3 節　新設合併 …………………………………………………520
　　　第 1 款　株式会社を設立する新設合併（第 753 条・第 754 条）……520
　　　第 2 款　持分会社を設立する新設合併（第 755 条・第 756 条）……529
　第 3 章　会社分割 ……………………………………………………534
　　第 1 節　吸収分割 …………………………………………………544
　　　第 1 款　通則（第 757 条）………………………………………547
　　　第 2 款　株式会社に権利義務を承継させる吸収分割
　　　　　　　（第 758 条・第 759 条）…………………………………549
　　　第 3 款　持分会社に権利義務を承継させる吸収分割
　　　　　　　（第 760 条・第 761 条）…………………………………568

第 2 節　新設分割 ……………………………………………………575
　　　　第 1 款　通則（第 762 条）……………………………………575
　　　　第 2 款　株式会社を設立する新設分割（第 763 条・第 764 条）……583
　　　　第 3 款　持分会社を設立する新設分割（第 765 条・第 766 条）……595
　第 4 章　株式交換及び株式移転 ………………………………………623
　　第 1 節　株式交換 ……………………………………………………628
　　　第 1 款　通則（第 767 条）………………………………………628
　　　第 2 款　株式会社に発行済株式を取得させる株式交換
　　　　　　　（第 768 条・第 769 条）………………………………632
　　　第 3 款　合同会社に発行済株式を取得させる株式交換
　　　　　　　（第 770 条・第 771 条）………………………………644
　　第 2 節　株式移転（第 772 条－第 774 条）…………………………650
　第 5 章　組織変更、合併、会社分割、株式交換及び株式移転の手続 …661
　　第 1 節　組織変更の手続 ……………………………………………671
　　　第 1 款　株式会社の手続（第 775 条－第 780 条）……………671
　　　第 2 款　持分会社の手続（第 781 条）…………………………689
　　第 2 節　吸収合併等の手続 …………………………………………692
　　　第 1 款　吸収合併消滅会社、吸収分割会社及び
　　　　　　　株式交換完全子会社の手続 …………………………692
　　　　第 1 目　株式会社の手続（第 782 条－第 792 条）……………692
　　　　第 2 目　持分会社の手続（第 793 条）…………………………773
　　　第 2 款　吸収合併存続会社、吸収分割承継会社及び
　　　　　　　株式交換完全親会社の手続 …………………………776
　　　　第 1 目　株式会社の手続（第 794 条－第 801 条）……………776
　　　　第 2 目　持分会社の手続（第 802 条）…………………………817
　　第 3 節　新設合併等の手続 …………………………………………820
　　　第 1 款　新設合併消滅会社、新設分割会社及び
　　　　　　　株式移転完全子会社の手続 …………………………822
　　　　第 1 目　株式会社の手続（第 803 条－第 812 条）……………822
　　　　第 2 目　持分会社の手続（第 813 条）…………………………867
　　　第 2 款　新設合併設立会社、新設分割設立会社及び
　　　　　　　株式移転設立完全親会社の手続 ……………………869
　　　　第 1 目　株式会社の手続（第 814 条・第 815 条）……………869
　　　　第 2 目　持分会社の手続（第 816 条）…………………………873
第 6 編　外国会社（第 817 条－第 823 条）………………………………875

第7編　雑則 …………………………………………………………893
　第1章　会社の解散命令等 ………………………………………893
　　第1節　会社の解散命令（第824条－第826条）……………893
　　第2節　外国会社の取引継続禁止又は営業所閉鎖の命令
　　　　　　（第827条）………………………………………………902
　第2章　訴訟 ………………………………………………………905
　　第1節　会社の組織に関する訴え（第828条－第846条）……907
　　第2節　株式会社における責任追及等の訴え
　　　　　　（第847条－第853条）……………………………………1103
　　第3節　株式会社の役員の解任の訴え（第854条－第856条）……1166
　　第4節　特別清算に関する訴え（第857条・第858条）…………1178
　　第5節　持分会社の社員の除名の訴え等（第859条－第862条）…1184
　　第6節　清算持分会社の財産処分の取消しの訴え
　　　　　　（第863条・第864条）……………………………………1194
　　第7節　社債発行会社の弁済等の取消しの訴え
　　　　　　（第865条－第867条）……………………………………1199
　第3章　非訟 ………………………………………………………1206
　　第1節　総則（第868条－第876条）……………………………1209
　　第2節　新株発行の無効判決後の払戻金増減の手続に関する特則
　　　　　　（第877条・第878条）……………………………………1234
　　第3節　特別清算の手続に関する特則 ………………………1236
　　　第1款　通則（第879条－第887条）…………………………1236
　　　第2款　特別清算の開始の手続に関する特則
　　　　　　　（第888条－第891条）…………………………………1249
　　　第3款　特別清算の実行の手続に関する特則
　　　　　　　（第892条－第901条）…………………………………1255
　　　第4款　特別清算の終了の手続に関する特則（第902条）………1265
　　第4節　外国会社の清算の手続に関する特則（第903条）………1267
　　第5節　会社の解散命令等の手続に関する特則
　　　　　　（第904条－第906条）……………………………………1269
　第4章　登記…………………………………………………………1273
　　第1節　総則（第907条－第910条）……………………………1276
　　第2節　会社の登記
　　　第1款　本店の所在地における登記（第911条－第929条）……1296
　　　第2款　支店の所在地における登記（第930条－第932条）……1340

第 3 節　外国会社の登記（第 933 条－第 936 条）………………1346
　　　第 4 節　登記の嘱託（第 937 条・第 938 条）……………………1354
　　第 5 章　公告……………………………………………………………1360
　　　第 1 節　総則（第 939 条・第 940 条）………………………………1360
　　　第 2 節　電子公告調査機関（第 941 条－第 959 条）………………1375
　第 8 編　罰則（第 960 条－第 979 条）……………………………………1401

訴訟物索引……………………………………………………………………1503
事項索引………………………………………………………………………1518
法令索引………………………………………………………………………1524
判例索引………………………………………………………………………1539

第3編　持分会社

　「持分会社」は、「株式会社」に対する概念であって、「合名会社」と「合資会社」に加えて、本法が新たに創設した「合同会社」を含むものである（575条）。株式会社の出資者たる株主が「株式」を保有することに対して、持分会社においては出資者たる社員が「持分」を保有するところからの命名である。持分会社に属する3種の会社の区分は、それを構成する社員の性質による（577条参照）。本編は、持分会社の概念を使用することにより、3種の会社について共通の規律を1回で済ませ、個別的に同じ内容の規定を置くことを省略している。

　このように、持分会社は、合名会社、合資会社及び合同会社の上位の類概念である。しかし、稲葉・解明64頁は、社員有限責任の合同会社と社員無限責任の会社類型である合名・合資会社とを一括りにした整理は不当であるという。その批判はひとまず置くとして、持分会社に属する合名会社・合資会社・合同会社間での変更は、株式会社・持分会社間のような組織変更（第5編第1章、第5章第1節）ではなく、あくまで定款変更による持分会社の種類の変更に過ぎない取扱い（637条、638条、640条）がされている。あたかも、事実レベルでも、株式会社に対して持分会社が存在するかのようであるが、少なくとも要件事実として主張及び立証を考える際には、合名会社、合資会社及び合同会社のいずれかを特定して主張すべきであって、単に事実レベルで持分会社であるという主張立証は許されないと解する（本書において「持分会社」という表記を使用している場合は、それは、合名会社、合資会社及び合同会社のいずれかであることを意味するものであり、「持分会社」を要件事実と捉えているわけではない）。村田渉ほか・要件事実30講［第3版］［高橋文清］408頁が「会社法5条の規定ぶりから、『株式会社であること』等の事実は必要ではなく、『会社である』との事実主張で足りるとの考え方もあろう。」というのは、同種の問題意識からの記述であろう（ただし、同書も、紹介する考え方を採っていない）。

第1章 設　　立

● (定款の作成)

第575条　合名会社、合資会社又は合同会社（以下「持分会社」と総称する。）を設立するには、その社員になろうとする者が定款を作成し、その全員がこれに署名し、又は記名押印しなければならない。
　2　前項の定款は、電磁的記録をもって作成することができる。この場合において、当該電磁的記録に記録された情報については、法務省令〔施則225条〕で定める署名又は記名押印に代わる措置をとらなければならない。

1　持分会社の定款の作成

　持分会社（合名会社、合資会社及び合同会社）を設立するためには、その社員となる者が定款を作成し、その全員がこれに署名し、又は記名押印しなければならない（本条1項）。定款とは、実質的意義では会社の組織及び活動の根本規則をいい、形式的意義ではその根本規則を記載・記録した書面・電磁的記録をいうが、本条にいう定款とはこの両方を含むと解される（大澤康孝・新注会(1)194頁）。持分会社の定款は、株式会社と異なり、公証人の認証は不要である（30条1項参照）。その理由について、葉玉匡美編著・新・会社法100問［第2版］79頁は、「持分会社は、当初より社員となろうとする者自身が設立業務を行い、会社の成立後も社員自身が定款の定めに従って業務の執行を行うこととされており、所有と経営が一致した比較的少数の利害関係人による組織となることが多く、また、定款変更につき原則として社員全員の同意が必要であるから、定款の有無やその内容につき紛争が生ずる可能性が低いからである」という。

　この定款作成行為が意思無能力による場合又は要素の錯誤がある場合には、設立無効事由になると解される。判例は、設立行為を合同行為と解した上で、心裡留保の場合には無効事由とならないとする。大判昭和7年4月19日民集11.837は、「定款ノ作成ハ合同行為ニシテ各社員ノ意思表示ハ併行スルカ故ニ其ノ意思表示ニ付テハ相手方ナルモノ在ルコトナク従テ定款ノ作成カ相手方ト通シテ為シタル虚偽ノ意思表示ヨリ成ル場合ハ之ヲ想像スル

コトヲ得ス民法第94条ハ定款ノ作成ニ其ノ適用ナキモノトス然レドモ心裡留保ハ相手方ニ対スル意思表示タルコトヲ要セサルヲ以テ定款ノ作成ハ各社員ノ心裡留保ヨリ成ル場合アリ得ヘク民法第93条ハ定款ノ作成ニモ其ノ適用ヲ見ルヘキモノトス故ニ各社員カ合資会社設立ノ真意ナクシテ其ノ設立行為タル定款ノ作成ヲ為シタル場合ニ於テモ定款ノ作成セラレタル以上合資会社ハ之ニ因リ設立セラルルモノトス」と判示する。

2　持分会社の社員の確定

持分会社においては、設立時に社員となる者の全員が定款に署名又は記名押印する必要がある（本条、576条）。定款に署名又は記名押印しない設立時の社員は存在せず、また定款の確定と同時に社員となる者もすべて確定する。持分会社では、定款の作成と出資の引受行為が結合しているといえる。

(1)　法　　人

自然人のみならず、会社等の法人も社員になる資格がある（因みに、「会社ハ他ノ会社ノ無限責任社員ト為ルコトヲ得ズ」と定めていた旧商法55条に対応する規定は、本法に存在しない）。会社等の法人が無限責任社員になることも認められている（神作裕之「会社の機関」商事1775.41。法人が社員となることの禁止規定は存在せず、また576条1項4号において社員の「氏名」に限らず「氏名又は名称及び住所」が登記事項とされている）。法人が業務執行社員となることもできる（598条参照）。持分会社においては、自然人である代表社員又は法人代表社員の職務執行者である自然人のうち、少なくとも1人の住所地が日本になければならないとされている。その結果、外国法人であれ、日本法人（日本法人の代表者が日本に住所地を有する場合を含む）であれ、100パーセント出資で持分会社を設立する場合には、少なくとも1人は、日本に住所地を有する自然人を職務執行者に指定しなければならない（相澤他・論点解説583頁参照）。

(2)　未成年者

未成年者も持分会社の社員となり得る。ただ、未成年者等の制限行為能力者の行為（例えば、定款への署名）が、法定代理人の同意を得る等の有効要件を満たしていない場合、その者の行為は取り消し得る（民5条2項、9条、13条4項、17条4項）。そして、持分会社の設立の取消しは、設立自体に客観的な瑕疵が存在する場合ではなく、特定の社員の設立行為が取り消し得る場合に可能となる。例えば、未成年者の法定代理人の許可なくして行った設立行為（民5条）は、設立取消原因となる（832条の解説2(3)参照）。

(3) 名義借人と名義貸人

　名義借人と名義貸人のいずれが原始社員となるかについて、有限会社の事案であるが、原始社員となるには定款に社員の氏名及び住所並びに各社員の出資の口数が記載され、その者が定款に署名又は記名押印することを要し、それにより有限会社の社員となる者及び出資義務が確定し、出資義務の履行がされることは有限会社の社員の確定の主要事実ではないとする裁判例がある（高松高判平成8年5月30日判時1587.142）。また、東京高判平成16年9月29日判タ1176.268は、社員となろうとする者が第三者に依頼して名義を借りて有限会社を設立した事案において、原始定款に名義上社員として記載することを承諾した名義貸人の署名押印を、名義借人の使者としてされた署名押印であると認定し、定款上には表れない名義借人が実質的には定款に署名押印したものとして、これを原始社員と認定した一審の判断（実質説）を維持している（株主についても、最判昭和42年11月17日民集21.9.2448は、実質的に株主となる意思を有する者が株主となり、その意思の存否の認定は、株式申込証に署名ないし記名捺印したか否かに限らず、出資金の拠出の有無、出資の目的等諸般の事情から判断するとしている）。

(4) 民法上の組合や有限責任事業組合

　民法上の組合や有限責任事業組合は法人格を有さないので、持分会社の社員となり得ない。法形式上は組合員個人が社員となり、実質的には組合が合有的に社員資格を保有することは可能と解される（相澤他・論点解説561頁）。ただ、民法上の組合は法人格を有しないため、法律上は権利義務の帰属主体とはなり得ない。したがって、民法上の組合が持分会社の社員になろうとする場合、法形式的には組合員個人が持分会社の社員となり、実質は、これらの組合が含有的に一定の財産や権利義務を保有することになる。登記においても、人格を有しないものを権利義務の帰属主体として登記できないので、社員の氏名等を登記する場合は、組合の各組合員を登記し、又は組合の業務執行者や代表者の名義で組合の持分相当分に係る登記をする（相澤他・論点解説561頁）。

3　電磁的記録による定款作成

　持分会社の定款は、電磁的記録をもって作成することができる（本条2項前段。株式会社の場合も同様である（26条2項））。電磁的記録とは、磁気ディスクその他これに準ずる方法により一定の情報を確実に記録しておくことができる物をもって調製するファイルに情報を記録したものである（施則224条）。この場合には、その電磁的記録に記録された情報については、法

務省令（施則225条1項9号・2項）で定める署名又は記名押印に代わる措置を執る必要がある（本条2項後段）。

4　社員になろうとする者の人数

社員になろうとする者の人数については、旧商法94条4号は、合名会社の社員が1人となった場合には解散するとして一人合名会社を認めていなかったが、本法は、社員が1人であっても、持分の譲渡等により潜在的に2人以上の社員が存在し得るので、一人持分会社が認められる。

● (定款の記載又は記録事項)

第576条　持分会社の定款には、次に掲げる事項を記載し、又は記録しなければならない。
　一　目的
　二　商号
　三　本店の所在地
　四　社員の氏名又は名称及び住所
　五　社員が無限責任社員又は有限責任社員のいずれであるかの別
　六　社員の出資の目的（有限責任社員にあっては、金銭等に限る。）及びその価額又は評価の標準
　2　設立しようとする持分会社が合名会社である場合には、前項第5号に掲げる事項として、その社員の全部を無限責任社員とする旨を記載し、又は記録しなければならない。
　3　設立しようとする持分会社が合資会社である場合には、第1項第5号に掲げる事項として、その社員の一部を無限責任社員とし、その他の社員を有限責任社員とする旨を記載し、又は記録しなければならない。
　4　設立しようとする持分会社が合同会社である場合には、第1項第5号に掲げる事項として、その社員の全部を有限責任社員とする旨を記載し、又は記録しなければならない。

1　定款の絶対的記載・記録事項

本条1項1号ないし6号は、持分会社の定款の絶対的記載・記録事項を定

める。ところで、持分会社の設立無効事由としては、①客観的瑕疵による無効事由と②主観的瑕疵による無効事由が認められており、定款に下記(1)ないし(6)の絶対的記載事項（本条１項所定の事項）が記載されていない場合、あるいはその記載が違法な場合は、定款は無効であり、客観的瑕疵による無効原因となる。
(1) 目的（1号）
　持分会社の目的となる事業を記載する。目的となる事業は、適法かつ営利事業（105条1項1号）である必要がある。また、目的の記載は、通常人が事業内容を客観的、正確に判断できる程度に明確で具体的でなければならない。また、持分会社の目的となる事業を、数個記載してもよい。
(2) 商号（2号）
　持分会社の商号には、その会社の種類に従い、合名会社、合資会社又は合同会社という文字を用いなくてはならない（6条2項）。同時に、他の種類の会社であると誤認される文字を使ってはならない（6条3項）。613条が予定するように、社員の氏若しくは氏名又は名称を、持分会社の商号中に使用し得る。
(3) 本店の所在地（3号）
　所在地は、独立最小行政区画（市町村）で示せばよく、番地まで記載する必要はない（江頭・株式会社法68頁）。第三者が、会社の事業活動の拠点・範囲をおおよそ推知できればよいからである。
(4) 社員の氏名又は名称及び住所（4号）
　自然人たる社員の氏名又は法人たる社員の名称及びその住所を記載する。会社成立後に、持分の譲渡又は社員の加入等によって社員に変更がある場合には定款を変更する必要がある（江頭憲治郎「『会社法制の現代化に関する要綱案』の解説（8・完）」商事1729.11-12）。株主が1人であっても、株式の譲渡や発行によって潜在的に2人以上の株主が存在し得るので一人株式会社が認められているが、これは持分の譲渡や社員の加入が認められる持分会社においても同様である。したがって、一人合名会社、一人合同会社が認められる。ただ、合資会社は、最低2人の社員が必要である。
(5) 社員が無限責任社員又は有限責任社員のいずれであるかの別（5号）
　持分会社の社員には無限責任社員と有限責任社員がいるため、各社員の責任を明らかにすべく、これを記載する必要がある。法人も無限責任社員となることができる（本条1項4号。江頭・前掲・商事1729.10）。無限責任社員・有限責任社員の組合せにより、合名会社、合資会社又は合同会社の違いが生じる。

(6) 社員の出資の目的（有限責任社員にあっては、金銭等に限る）及びその価額又は評価の標準（6号）

　「出資の目的」は、出資の客体であり、金銭、金銭以外の財産、労務、信用などが含まれる。しかるに、本条6号括弧書が有限責任社員の出資の目的を「金銭等」（金銭その他の財産。151条）に限っている。無限責任社員の出資については、種類に特段の制限がなく、労務や信用の出資も許されるのに対し、有限責任社員の出資が「金銭等」に限定される理由は、有限責任社員が、定款で定めた出資の価額の範囲内で会社の債務について責任を負い、かつ出資に未履行の部分があれば直接債権者に対して責任を負うことから、出資の価額を会社にとって評価可能とする必要があるからである（相澤・新会社法解説156頁）。

　なお、「評価の標準」とは、金銭出資以外の評価額である。

　金銭出資義務の履行期と社員資格について、大連判昭和16年5月21日民集20.693は、合資会社の事案であるが、「原審ハ……合資会社社員ノ金銭出資義務ハ会社設立ノ登記アルト同時ニ履行期到来シテ純然タル債権ト為ルモノナルヲ以テ其ノ後ニ退社シタル社員モ之カ履行ヲ免レ得サルモノナル旨判示シタリ然レトモ合資会社社員ノ出資義務ハ会社法上会社ノ構成分子タル社員カ其ノ資格ニ基キ会社ニ対シ負担スル特種ノ義務ニシテ金銭出資ノ場合ニ於テモ純然タル金銭債務ヲ以テ目スヘキモノニ非ス而シテ該義務ニ付定款又ハ総社員ノ同意ニ依リ弁済期ノ定アルトキハ其ノ到来ニ因リ特定出資額ヲ支払フヘキ金銭債務ト為ルモ其ノ定ナキトキハ会社ノ請求ニ因リ始メテ特定額ノ給付ヲ目的トスル金銭債務ト為ルモノニシテ斯ル金銭債務ト為ラサル以前ノ出資義務ハ社員タル資格ト終始スヘキモノト解スルヲ相当トスルカ故ニ社員ニシテ退社ニ因リ社員タル資格ヲ喪失スルトキハ之ト共ニ出資義務モ亦消滅スルモノト言フヘク……原審カ叙上ノ如ク会社ノ設立登記アリタル以上之ニ伴ヒ社員ノ金銭出資義務ハ弁済期ノ到来セル金銭債務ト為ルモノナリトノ趣意ニ於テ其ノ後ニ退社セル社員モ支払義務ヲ免レ得サル旨判示シタルハ法律ノ解釈ヲ誤リタル失当アルヲ免レス」と判示する。

訴訟物　　XのY持分会社に対する設立無効権
　　　　＊本件は、Y会社の設立に無効事由があるとして、同会社の社員又は清算人が設立無効の訴えを提起した事案である。
　　　　＊請求の趣旨として、「Y会社の設立を無効とする。」を求める。

請求原因　1　Y会社は、平成○年○月○日設立されたこと

　　　　＊本件訴訟を提起した日は、裁判所に顕著な事実であるから、請求原因1の設立の日と照らし合わせると、2年の提訴期間（828条1項1号）を守っているか否かが、おのずと明らかとなる。
　　2　XはY会社の社員又は清算人であること
　　　　＊828条2項1号に基づく原告適格に関する主張である。
　　3　Y会社の定款において、(1)目的、(2)商号、(3)本店の所在地、(4)社員の氏名又は名称及び住所、(5)社員が無限責任社員又は有限責任社員のいずれであるかの別、(6)社員の出資の目的（有限責任社員にあっては、金銭等に限る）及びその価額又は評価の標準のいずれかが記載されていないこと、又はその記載が違法なこと
　　　　＊上記(1)ないし(6)は、本条1項所定の絶対的記載事項である。
　　4　本訴は、Y会社成立の日から2年以内に提起されたこと

2　持分会社の社員

　定款の記載事項である「社員が無限責任社員又は有限責任社員のいずれであるかの別」（本条1項5号）の内容によって、その持分会社が合名会社・合資会社・合同会社のいずれかが定まる（本条2項-4項）。つまり、本条2項から4項までは、設立しようとする持分会社の種類に応じて社員の責任を書き分けなければならないとしている。すなわち、本法は、会社の種類を区別するのは、商号中に使用する文字によらず、社員の責任によるという方式を採用している。なお、社員は1人で足りるが、合資会社においては、その構成上2人以上の社員が必要である。

(1) 合名会社

　合名会社を設立する場合は、本条1項5号に掲げる事項として、その社員の全部を無限責任社員とする旨を記載・記録しなければならない。合名会社は、無限責任社員のみをもって組織する会社である。無限責任社員は会社財産をもって会社債務を完済することができないときは各自連帯してその弁済責任を負う（580条1項1号）。そして、社員はすべて会社の業務執行及びその代表権を有することを原則とする（590条1項、599条1項）。更に、社員の地位は自由に他に譲渡できない（585条1項・4項）。

(2) 合資会社

　合資会社を設立する場合は、本条1項5号に掲げる事項として、その社員

の一部を無限責任社員とし、その他の社員を有限責任社員とする旨を記載・記録しなければならない。このように、合資会社は、無限責任社員と有限責任社員により組織する二元的な持分会社である。有限責任社員は、会社債務について会社債権者に対し直接かつ連帯して（580条1項）、その出資の価額を限度とする責任を負う社員である（580条2項、623条2項）。しかし、有限責任社員が一定の出資以外に金銭その他の財産供出義務を負担することを定款で定めることは許される（大判大正5年4月7日民録22.647）。

(3) 合同会社

合同会社を設立する場合は、本条1項5号に掲げる事項として、その社員の全部を有限責任社員とする旨を記載・記録しなければならない。合同会社の社員となるためには、定款が定める出資の内容を全部履行する必要がある（578条）。ただ、出資を当初履行しないで社員とならないが、今後1年間の労働に対する報酬債権を1年後に出資して社員となるという将来的な出資履行の定款規定は、将来の条件付きの入社又は出資の価額の増加に関する定款の定めとして有効と解し得る（相澤他・論点解説566頁）。

合同会社は、出資の金額を限度とする有限間接責任を負う社員のみから構成される持分会社であることから、日本版LLC（Limited Liability Company）ともいわれる。出資については、株式会社の場合と同様に、全額払込制度が採用されている（578条）が、社員全員の有限責任を確保しつつ、内部関係は民法上の組合と同様に自由に定め得る。そして、業務執行と会社の代表制度については、合資会社・合名会社と同様である。株式会社と比較すると、組織運営がより自由なので、ベンチャー企業、企業間の共同出資による新規事業のための組織として利用される。

合同会社と株式会社は、構成員（社員・株主）が有限責任である点で共通する。そのため、配当規制や債権者保護手続は、ほぼ同様の規制がされるが、次の2点で異なる。①会社内部関係の規律の強行規定性について、株式会社は、株主の意思決定機関として「株主総会」を設け、株主資格と分離した業務執行者としての「取締役」等の機関を設けるほか、株主の権利も原則として平等原則が適用され、これらの規律はいずれも強行規定である。他方、合同会社は、組合と同様に広く契約自由の原則が妥当するため、機関設計や社員の権利内容について強行規定がほとんど存在せず、定款自治に委ねられる。②持分の譲渡については、株式会社は、社員たる株主の個性を問題とせず、基本的に株式の譲渡自由の原則が採用されているが、合同会社は、社員間の人的つながりが強く、誰が社員かは他の社員は利害関係を有するので、持分の譲渡は原則として他の社員の全員の一致が要求される（585条1

項)。

3　合同会社における労務・信用の出資の制限

　本条1項6号により、持分会社の有限責任社員については、出資の目的を金銭その他の財産に限っており、信用や労務を有限責任社員の出資の目的とすることはできない。これは、定款で定めた出資の価額の範囲内で責任を負い、かつ未履行部分に関して直接債権者に対して責任を負う有限責任社員については、その出資の内容の決定時に、会社がその評価額を定めることができる必要があるからである（相澤他・論点解説564頁）。したがって、合同会社の社員について、価額の評価が可能な財産を出資の目的とする必要があるが、労務や信用に係るものであってはならないとの制約はないから、例えば報酬債権や評価可能な営業権を出資の目的とすることができる。

4　現物出資財産の客観的価額と定款所定の価額

　合同会社の現物出資には検査役の調査はない。現物出資された財産の客観的な価額が定款で定められた価額よりも低かった場合や、出資後下落した場合でも、特別の法律関係は生じない（会計帳簿上、その財産を減損する必要はある）。なお、出資財産の客観的な価額が定款に定められた価額（当事者にとっての価値）に不足している場合でも、有限責任社員には、株式会社の引受人のような不足額の塡補責任はない（相澤他・論点解説565頁）。

5　社員の責任と会社の商号中の文字との齟齬

(1)　設立に際して、例えば、商号中に「合名会社」の文字を使用しているのに、社員の全部を有限責任社員とする旨規定している場合のように、商号中に使用する会社の種類の文字と社員の責任との間に齟齬がある場合は、その定款の制定は法律に反するので（6条2項・3項）、無効となり、設立無効原因となる（相澤他・論点解説566頁）。
(2)　社員の退社や責任の変更により社員の責任と商号との間に齟齬が生じた場合、その退社や責任の変更は無効とならず、会社の種類が変更される（639条）。したがって、社員の責任のあり方と商号が食い違うときは、速やかに両者を合致させる手続を執るべきである（相澤他・論点解説565-566頁）。

第577条 前条に規定するもののほか、持分会社の定款には、この法律の規定により定款の定めがなければその効力を生じない事項及びその他の事項でこの法律の規定に違反しないものを記載し、又は記録することができる。

1 趣　　旨

　本条の趣旨は、定款自治が認められるべき範囲を明確にするものである。本条に基づき定款に記載できる事項は、相対的記載事項及び任意的記載事項に分類される。

(1) 相対的記載事項

　「この法律の規定により定款の定めがなければその効力を生じない事項」は、相対的記載事項といわれ、定款に記載等しなくても定款を無効とすることはないが、定款に記載等しなければその効力が生じない事項（例えば、会社解散の事由（641条2号））をいう。これには、本法が相対的記載事項として規定するもの、及び本法が規定していないが、社員の利益に重大な影響があるため記載等を要すると解されるものがある（江頭・株式会社法69頁）。

(2) 任意的記載事項

　「その他の事項でこの法律の規定に違反しないもの」とは、法律に定めがない事項について、法律とは無関係に定款で一定の事項を定めるもの（例えば、事業年度の定め、持分会社に社員総会の制度を設ける規定）、すなわち、任意的記載事項を意味する。任意的記載事項とは、本法に反しない限り、記載等することができる定款の規定である。定款に記載等しなくても定款が無効になることなく、その事項の効力は生じ得る。任意的記載事項は、定款に規定されると明確性が高まり、その変更には定款変更の手続が必要となる（神田・会社法47頁）。

2 定款自治の範囲

　旧商法では、合名会社の規律に関して、一般的に、内部関係は任意規定、外部関係は強行規定と解されていたが、個々の規定がいずれに属するかは明確でなかった。本法は、持分会社に関する規定のすべてが基本的に社員間の人的要素の強さに着目した強行規定であるとした上で、定款で別段の定めが

できることとする場合は、個別的にその点を明らかにしているという（相澤他・論点解説 563 頁）。なお、法律の定めていない事項を定款で定めること自体は、もちろん妨げられない（577 条後段）。持分会社の定款自治の範囲は、以下のように株式会社に比べて広い。
(1) 機　　関

　持分会社は、定款の定めにより、資本多数決原則を採用すること、又は各種機関を創設して、所有、経営及び監督を分離することも可能である。したがって社員集会、運営委員会又は監査役等を設置し得る。定款自由の原則から、非典型的な機関の創設も認められる。また、持分会社においては、企業形態の選択（合名会社、合資会社及び合同会社の間の種類の変更）も定款自治に委ねられ、総社員の同意に基づく定款の変更によってできる（637 条、神作裕之「会社の機関」商事 1775.42-43）。

(2) 持分譲渡

　持分会社では合同会社も含め、持分譲渡により退出できるほか（586 条）、出資の払戻しを受けて退社できる（606 条、611 条）。株式会社は、株式譲渡自由の原則に対する例外として株式譲渡を定款によって制限する方法を認めているが、法が定めている以上に定款による制限を加重することはできない。しかし、持分会社においては、持分譲渡の自由を認めておらず、持分譲渡の制限に関して定款自治を完全に認めている（宍戸善一「定款自治の範囲の拡大と明確化」商事 1775.20）。

(3) 意思決定

　持分会社の意思決定については、社員総会によること、及び社員総会の決議要件等を定款に定め、定款に定められた意思決定方法をとることを基本的に認めている（宍戸・前掲・商事 1775.20、21）。

(4) 持分の内容

　株主の権利については、株式の内容として 108 条の規定する 9 種類の株式を、定款で定めることができるとしているのに対し、持分会社の社員の権利の内容に関して、全員一致で定款に定めれば、社員の権利内容をいかように定めてもよい（宍戸・前掲・商事 1775.20、21）。

● (合同会社の設立時の出資の履行)

第 578 条　設立しようとする持分会社が合同会社である場合には、当該合同会社の社員になろうとする者は、定款の作成後、合同会社の設立の登記をする時までに、その出資に係る金銭の全額を払い込み、又はその

出資に係る金銭以外の財産の全部を給付しなければならない。ただし、合同会社の社員になろうとする者全員の同意があるときは、登記、登録その他権利の設定又は移転を第三者に対抗するために必要な行為は、合同会社の成立後にすることを妨げない。

1　合同会社の設立時の出資の履行
　合同会社を設立手続は、①総社員が575条、576条の規定に従い定款を作成し（認証は不要。社員は1人でも可）、②576条に規定するもの以外の定款記載事項がある場合はこれを定めた上で、③各社員が出資の全部を履行し（本条。なお、払込取扱銀行等不要、検査役の調査不要。）、④設立の登記をする（579条）という順に進行する。本条は、このうち③について定める。合同会社以外の持分会社の社員は、設立時に定款で定めた出資の全部を履行する必要はない。合名会社・合資会社については、社員が直接責任を負うため出資未履行のままの設立が認められる。これに対し、合同会社を設立する場合には、その社員になろうとする者は、定款の作成後、合同会社の設立の登記をする時までに、その出資に係る金銭の全額を払い込み、又はその出資に係る金銭以外の財産（現物出資。ただし、信用・労務の出資はできない）の全部を給付しなければならない（本条本文。ただ、合同会社の場合も、現物出資は可能であるが、その評価の適正を担保する制度は設けられていない）。このような全額払込主義が採られているのは、合同会社の社員のすべてが有限責任（合同会社の社員は設立後に債権者に直接責任を負わない）を負うにとどまるので、債権者保護の必要があるからである。また、将来的な出資の履行に関する定款の定めを置くことの可否について、現時点では出資を履行せず、社員とはならないが、将来のある時点で出資をして社員となるというような、将来的な出資の履行に関する定款の定めは、将来の条件付きの入社に関する定款の定めであるものとして取り扱うことができれば、有効であると解される（相澤他・論点解説566頁）。

訴訟物　　XのYに対する出資履行請求権
　　　　　　＊本件は、A合同会社を設立しようとする者の代表者Xが、定款で出資すべき500万円の履行を怠っているYに対してその履行を求めた事案である。

請求原因　1　XはA会社を設立しようとする者の代表者であること

2　YはA会社の定款上に社員となるものとして記載があること
3　YがA会社に出資すべき目的及び額は、500万円の金銭であること
＊合同会社を含む持分会社の社員の出資すべき目的及び額は、定款の必要的記載事項である（576条1項6号）。

2　現物出資目的物の所有権

合名会社においても、一定の物件を現物出資する旨の記載のある定款が作成され、会社設立の登記がされただけでは、現物出資の目的物の所有権が会社財産に帰属する効果は生ずることなく、出資義務者の履行があって初めて所有権移転が生ずる。

訴訟物　XのY合名会社に対する所有権に基づく返還請求権としての建物明渡請求権
＊本件は、X所有の建物をY会社が占有しているとして、Xが建物明渡しを求めたところ、Y会社はその建物をXが設立する時に現物出資をしたものであり、仮にそれが認められないとしてもY会社はその建物をXから賃借していると抗弁し、Xは現物出資が通謀虚偽表示である旨の再抗弁した事案である。
＊株式会社が成立したにもかかわらず、土地を現物出資した発起人が所有権移転登記手続に応じないので、成立後の会社がその履行を求めた事案については、本書(1)34条2設例参照。

請求原因
1　Xは、本件建物をもと所有していたこと
2　Y会社は、本件建物を占有していること

（所有権喪失）

抗弁
1　Y会社の定款には、Xが本件建物を現物出資する旨の記載のあること
2　Y会社設立の登記がされたこと
＊抗弁2の事実は、Y会社を被告として本件訴えが提起されている事実から明らかであり、明示の主張がなくとも黙示で主張していると見てよいであろう。
3　XはY会社に対し、抗弁1に基づいて、本件建物について出資の履行（所有権移転登記手続及び引渡し）をしたこと

＊登記は対抗要件であって、所有権移転の当事者間においては、本来不要であるが、現物出資による所有権移転の効果は、現物出資の履行があって初めて生じるとの見解から抗弁3の事実は必要となるものである。東京高判昭和50年5月30日判時791.117は、「人的会社たる合名会社にあっても、一定の物件につき現物出資する旨の記載のある定款が作成され、会社設立の登記がなされただけでは、現物出資の目的物件の所有権が会社財産に帰属する効果は生ぜず、出資義務者の履行があってはじめて所有権移転が生ずると解すべきであるところ、……上告人〔X〕は、被上告人〔Y〕主張の右訴外会社設立および現物出資は心裡留保または通謀仮装のものであると主張し、現物出資の履行を争っているものと解される一方、被上告人においても、右現物出資がなされたとする時期以後本件建物を使用するにつき被上告人が上告人に対し賃料の支払いを申し出て上告人がその賃料を受領した事実をもって、賃貸借契約の成立を予備的に主張し、その立証方法として、被上告人または右訴外会社が昭和30年以降に及んで本件建物の賃料を上告人に支払った旨の領収証を提出しているところであり、かつ、……本件建物につき現物出資による右訴外会社への所有権移転登記を経ることのないことも明らかな本件としては、右現物出資の履行の有無を明確に認定判断すべきであ〔る〕」と判示する。

(通謀虚偽表示)

再抗弁 1　抗弁1の現物出資は、XとY会社の設立時の発起人代表Aとがその意思がないにもかかわらず、現物出資を仮装したものであること

(占有権原)

抗　弁 1　XはY会社との間で、本件建物を賃貸期間○年賃料月額○万円で賃貸する契約を締結したこと
2　XはY会社に対し、抗弁1の賃貸借契約に基づいて、本件建物を引き渡したこと

3　対抗要件

　合同会社の社員になろうとする者の全員の同意があるときは、登記、登録その他権利の設定又は移転を第三者に対抗するために必要な行為は、合同会

社の成立後にすることを妨げない（本条ただし書）。これは、登記・登録を出資者から、一旦社員となろうとする者の名義にした上で会社名義に移転するという二重の手続と費用を回避させるためである。例えば、現物出資の不動産について、中間省略登記が認められる。

訴訟物　X合同会社のYに対する現物出資に基づく債権的登記請求権としての所有権移転登記請求権

＊本件は、YがX会社の設立に際して土地を現物出資をしたので、設立後のX会社がYに対してその所有権移転登記を求めた事案である。前掲昭和50年東京高判によれば、X会社への所有権の移転はまだ生じていないことになり、X会社のYに対する所有権に基づく妨害排除請求権としての所有権移転登記請求権を訴訟物とすることは困難であろう。

請求原因
1　Yは本件土地をもと（請求原因3当時）所有していたこと
2　X会社の定款には、現物出資をする者Y、出資目的の財産本件土地、その価額1,000万円、これに対して与える持分の定めが置かれていたこと
3　YはX会社の社員となろうとする者Aとの間で、本件土地を請求原因2の定めどおり現物出資をする合意をしたこと
4　Aは、請求原因3の際、設立中のY会社のためにすることを示したこと
5　X会社が成立したこと
6　Yが本件土地について所有権移転登記名義を有すること

4　有限責任社員の出資の目的

合同会社の社員になろうとする者は、すべて有限責任社員となる者であるから、その出資の目的は、576条1項6号括弧書が適用される結果、金銭等に限られる。他方、無限責任社員の出資の価額は、会社債権者に対する責任の範囲、及び損益の分配又は議決権等の持分に関する事項とは別に定款で定めればよいため、無限責任社員の出資の目的は適宜決定される（相澤・新会社法解説156頁）。

●(持分会社の成立)

第579条　持分会社は、その本店の所在地において設立の登記をすることに

よって成立する。

　設立登記によって、持分会社は成立する。すなわち、持分会社は、設立登記によって法人格を取得し、社員となろうとする者に形式的に帰属していた権利義務も会社に帰属することとなる。

1　設立登記の効力
　本条は、持分会社が本店所在地における設立登記をすることによって成立することを定める。商業登記は、登記する前に生じた法律関係を公示するものであるが、本条が定める「設立の登記」は、持分会社を成立させるという創設的効力を有する特色がある。したがって、第三者の善意及び正当の事由の存在によっても（908条1項参照）、設立登記の効力は妨げられない。訴訟上「ある当事者が会社であること」が主張された場合、それが争いになることは稀であるが、仮に争点となった場合には、この主張は一種の権利主張であり、それに代えて、少なくとも要件事実として「本店所在地において、その会社の設立登記がされたこと」が主張立証されなければならない。

2　設立登記前後の法律関係
(1)　設立登記前の効力
　本条が会社の成立を本店所在地における設立登記によると定めている以上、この設立登記前においては908条の適用が排斥されることに問題はない。つまり、会社の実体が成立していても、設立登記がされていない以上、会社の実体が成立していることを知っている者との関係であっても、設立中の会社の法律関係として処理される（例えば、設立中の会社の発起人総代Aと取引をしたXが成立後の会社に対しその取引から生じた請求権の履行を求める訴訟においては、たとえ取引の時点で会社の実体ができていたとしても、Xは設立中の会社の機関としての発起人Aとの法律行為がされたこと及びその後設立中の会社がY会社として成立したことを主張立証しなければならないのである）。
(2)　設立登記後の効力
　会社の存否は法的人格の存否にかかわるから、画一的に決定すべきであること、そのように解さないと取引の安全が図れないことから、第三者の善意及び正当の事由の存否は会社の成立とは関係なく、会社の成立はあくまで設

立登記の有無のみで決することとなる。

|訴訟物| X合名会社のYに対する売買契約に基づく売買代金請求権
＊本件は、X会社がYに対し、売買代金の支払求めた事案であるが、売買の際X会社を代表した社員Aに会社を代表する意思があったか否かが争点となった事案である。

|請求原因| 1　AはYに対し、本件土地を代金1,000万円で売買する契約を締結したこと
2　AはX会社の社員であること
＊Xが合名会社として成立していることに対して、908条は適用にならないから「Yは請求原因1の際、X合名会社の存在を知らなかったこと」「X合名会社の存在を知らないことについてYに正当の事由があること」は、主張自体失当となる。Yとすれば、請求原因3において、Aの顕名行為が主張されず（Aの代理意思が主張された場合に）、商法504条ただし書に基づく相手方選択の抗弁を考えるべきであろう。
＊590条1項によれば、社員は原則として会社の業務を執行する権利義務を有する。更に、本条によれば、業務を執行する社員は、原則として、会社を代表する権限を有することとされているから、合名会社の社員であることさえ主張立証できれば、会社を代表する権限を有するものといえる。

（代理意思不存在）
|抗　弁| 1　Aは、請求原因1の当時、Y会社のためにする意思を有していなかったこと

第2章　社　　員

第1節　社員の責任等

　合名会社・合資会社については債権者保護の規定はほとんどなく、合同会社も株式会社と比較すると、緩やかな規制が設けられるにとどまる。他方、合名会社・合資会社と株式会社・合同会社との間では、債権者保護制度を基本的に区別している。この点は、伝統的には、無限責任社員の有無が債権者保護制度の存否に影響を与える（無限責任社員のいる会社と取引をする者は、無限責任を負う個人と取引をする者と同じ立場であり、社員有限責任の会社のような債権者保護制度を必要としない）ものと解していた。しかし、立案担当者は、以下のように、必ずしもその見解を採っていない（相澤・新会社法解説 273-278 頁）。

1　合名会社・合資会社と債権者保護
(1)　引当財産の限定の有無と債権者保護
　合名会社・合資会社の無限責任社員は、会社の債務につき社員自身の財産をもって責任を負う（580条1項）が、債権者が現実に弁済を受け得るかは社員が財産を実際に保有しているか否かによる。会社債権者が社員にも直接・無限に追及できるとしても債権者保護の問題は解決できない。
(2)　合名会社等に係る規制と会社債権者
　合名会社・合資会社の債権者は、個別的に財産処分や情報開示に関する合意を取り付けないと、責任財産の状況を知り、それを自己のために確保できない。合名会社等の債権者が合理的にリスクを判断するものであれば、会社に無限責任社員が存在するが故に保護が図られるわけではない。
(3)　合名会社・合資会社に債権者保護規制が存しない理由
　上記(1)、(2)からすると、無限責任社員の存在は債権者保護の規律を弱める理由とならない。それなのに、合名会社等に債権者保護の規律がない理由は、その規律がないために会社債権者の利益が害されるとしても、それは、あくまで債権者の自己責任の故である。すなわち、合名会社等は、社員間の人的な信頼関係のみならず、会社債権者と社員間の人的信頼関係に基づき、特に債権者保護規制がなくとも、必要な信用の供与を受けつつ事業ができる社員が運営する会社として政策的に認められたものなのである。

2 合同会社と債権者保護

　合同会社は、合名会社等より債権者が信用を供与しやすい法制を採用する一方、株式会社より規制が緩やかである。これは、出資者の有限責任を確保して合名会社等よりも多額の出資金を集め得ることに対応して、より多額の資金で事業ができるように、債権者の保護もするという政策的判断である。ただ、不特定多数の者から広く資金を募ることを認める会社類型ではないので、決算公告義務や会計監査人の監査は存在しないし、合併等における開示も限定的にしか要求されていない。

● (社員の責任)

第580条　社員は、次に掲げる場合には、連帯して、持分会社の債務を弁済する責任を負う。
　一　当該持分会社の財産をもってその債務を完済することができない場合
　二　当該持分会社の財産に対する強制執行がその効を奏しなかった場合（社員が、当該持分会社に弁済をする資力があり、かつ、強制執行が容易であることを証明した場合を除く。）
　2　有限責任社員は、その出資の価額（既に持分会社に対し履行した出資の価額を除く。）を限度として、持分会社の債務を弁済する責任を負う。

1　社員の責任

　本条1項は、合名会社・合資会社の無限責任社員が会社債権者に対して、①会社の財産をもって債務を完済できない場合（債務超過）と、②会社の財産に対する強制執行がその効を奏しなかった場合（強制執行の不効奏。社員が、会社に弁済する資力があり、かつ、強制執行が容易なことを証明した場合を除く）に、連帯して会社の債務を弁済する責任を負うことを定める。

(1) 社員が責任を負う範囲

　社員が会社債務を連帯して負担する範囲については、見解が分かれる。社員の責任は、会社財産で債務を完済できない場合に限って追及される担保責任であり、会社財産から債権者が弁済を受けなかった残額に限るとする残額説がある。しかし、債務超過の事実は社員の責任発生の要件であって限度を

定めるものではないとする全額説を採るべきである（大判大正13年3月22日民集3.185）。人的会社は、社員個人の信用が基礎にあることが特質であり、これに基づき社員に会社債務の弁済に責任を負わせているから、社員は、会社の債務と同一内容及び同一範囲の債務を負担すると解すべきだからである。因みに、前掲大正13年大判は、「商法第63条〔昭和13年法律第72号改正前、本条1項1号〕ニ所謂『会社財産ヲ以テ会社ノ債務ヲ完済スルコト能ハサルトキ』ト同法第174条第2項及破産法第127条第1項等ニ於ケル同一語辞ト同様所謂債務超過ヲ指スルモノトナルコトハ当院ノ判例トスルトコロナリ（明治44年第322号同年12月15日言渡）而シテ此ノ事実カ存在スル以上会社債務ニ対スル社員ノ連帯無限ノ責任ハ当然発生シ而カモソハ債務ノ全額ニ対スルモノニシテ会社財産ヨリ弁済ヲ受クル能ハサル部分ニ付テノミ責任ヲ負フモノニ非ス前記判例ノ趣旨又畢竟之ニ外ナラサルコトハ判文ノ全体ヲ通観シテ之ヲ知ルニ難カラス」と判示する。

　本条1項1号は、会社の外部関係（社員と会社債権者との関係）に関する強行規定であるから、定款において、「無限責任社員は会社債権者に対し、会社財産を限度として責任を負う」と定めても、その定めは無効である。ただ、有限責任社員の場合は、その社員の出資の価額から出資の履行部分を除いた部分（すなわち、出資の未履行部分）に相当する出資の価額についてのみ、会社債権者に対して直接責任を負う（本条2項）。なお、合同会社の社員は、原則として、出資の価額の全部の履行をした上で社員となるので、通常は、本条1項の責任を負わない（相澤他・論点解説567-568頁）。

(2) 債務超過の場合

　本条1項1号は、会社財産を持って会社債務を完済できないときは、各社員が連帯してその弁済の責任を負うことを定める。「持分会社の財産をもってその債務を完済することができない場合」とは、債務超過をいう。債務超過とは、会社の財産（積極財産の総額）と債務（消極財産の総額）を比較して、計算上、後者が前者を上回ることである。債務超過は会社債権者が請求をする要件であるから、会社債権者がこれを主張立証する責任を負う（松本烝治・日本会社法論530頁、田中耕太郎・合名会社社員責任論165頁）。無限責任社員の責任は、①会社の債務超過を要件として初めて発生すること、②会社債務につき補充性、付随性を有することから、社員に対して将来の給付の訴えとして、会社の債務超過を条件として会社債務の履行を求めることは許されず、請求は棄却される。合資会社の無限責任社員の事案であるが、名古屋地判昭和49年2月22日判時742.94は、「被告Y1が、被告会社の無限責任社員である……。しかるところ、原告は商法147条・80条1項〔本条1

項1号〕を根拠として、被告会社の財産により被告会社の債務を完済できぬときは、被告Y1に対し前記不当利得金の支払いを求める旨主張し、あたかも原告の被告Y1に対する請求権をもって条件付債権であるかの如く観念し、これを将来給付の訴として構成する。しかし、無限責任社員の会社債権者に対する責任は、当該合資会社のいわゆる債務超過等を要件として初めて発生するに至るものであるうえ、右責任は会社債務に対し補充性、附従性を有する（同法81条）ことに鑑みれば、会社債権者が無限責任社員を相手取り、将来における合資会社の債務超過を条件として、会社に対する債務の履行を求めるが如きは許されないものと判断する。」と判示する。

訴訟物　　XのYに対する無限責任社員としての会社債務履行請求権
　　＊本件は、XがA合名会社に対して有する売買代金1,000万円を、A会社が同社財産をもって完済できなかったので、Xが社員Yに対して支払を求めた事案である。

請求原因　1　XはA会社との間で、本件目的物を代金1,000万円で売買する契約を締結したこと
　　＊実務上はよくみかける主張である。しかし、それ自体肉体を有さない観念的な「会社」という法人格自体が契約を締結するということは、論理的にあり得ない。したがって、この主張が争われて争点になると、「XはBに対し、本件目的物を代金1,000万円で売買する契約を締結したこと」「BはA会社の社員であること」という事実主張が必要となる。
　　2　YはA会社の社員であること
　　＊請求原因2の要件が、厳密には、「YはA会社のもと社員であったこと」で足りることにつき、586条の設例の請求原因2の注記を参照されたい。
　　＊合名会社の社員は無限責任社員に限られるから、YはA会社の「社員」であることを主張立証すれば足りる。
　　3　A会社の財産をもって会社債務を完済できないこと
　　＊田中耕太郎・合名会社社員責任論165頁は、「完済不能」とは「負債超過」（会社の消極財産の額が積極財産の額を超過する）のことであるとし、「負債超過ハ会社債権者カ請求ヲ為スノ要件ナリ故ニ之ニ関スル挙証ノ責任ハ請求ヲ為ス会社債権者ニアリ」という。
　　＊積極財産と消極財産の評価方法については、社員が責任を追

及される場合は会社の積極財産による債務の担保力が問題となっていることから、清算価額説が説かれるが、本条による社員の責任が会社の存続を前提としてその維持を目的としていること、会社が清算状態になく、社員の責任追及の条件を定めるための財産評価であるから、営業価額説が妥当である。会社財産の評価時期は、会社債権者が請求をした時である（大塚龍児・新注会(1)275頁、小澤優一「持分会社の社員の責任」大系(1)339頁）。

＊本条1項1号の「会社の財産」の意義については、会社に積極財産が存在しないにもかかわらず、違法に社員に対して残余財産を分配した場合の会社の社員に対する取戻請求権も含まれる（大判大正7年7月2日民録24.1331）。この場合、違法に分配を受けた社員に返還義務を履行する資力の存在を債権者は明示する必要があるが、各社員の資力の程度を具体的に明示する必要はないとされている。

(消滅時効)

抗弁 1　請求原因1の売買契約締結の日

＊売買代金支払請求権を行使することができる状態になったのは、売買契約締結の時からであるから、抗弁1が必要となる。

2　抗弁1の日から5年が経過したこと

＊抗弁2は、商事消滅時効の期間である5年の経過を示す。

3　YはXに対し、時効援用の意思表示をしたこと

＊本条1項の責任は、会社債務に付従するものであり、会社債務が時効その他の事由により消滅したときは社員の責任も当然に消滅する（大判昭和3年10月19日民集7.801）。主たる

(3) 強制執行の不効奏

本条1項2号は、会社財産に対する強制執行が奏功しないときもまた1号と同様に各社員が連帯してその弁済の責任を負うことを定める。持分会社の財産に対する強制執行が功を奏しなかった事実は、会社の債権につき無限責任社員の責任を求める債権者が主張立証すべき事項（通常、請求原因事実）である。「当該持分会社の財産に対する強制執行がその効を奏しなかった場合」を、社員への責任追及の要件としたことにより、会社がその債務を完済できないことを立証できないために会社債権者が社員の責任を追及できない

という不都合が、解消した（大塚龍児・新注会(1)277頁）。

そして、本条1項2号の括弧書は、社員が会社に弁済の資力があり、かつ、執行が容易であることを証明したとき（抗弁）は、2号を適用しないことを定める。民法453条所定の「検索の抗弁」に類似する抗弁である。社員の責任は持分会社の債務に対して補充性を有するからである。

訴訟物　　XのYに対する無限責任社員としての会社債務履行請求権
　　　　　＊本件は、XがA合名会社に対する売買代金1,000万円を有していたが、A会社財産に対する強制執行が効を奏しなかったので、同社社員Yに支払を求めたところ、検索の抗弁が提出された事案である。

請求原因　1　XはA合名会社との間で、本件目的物を代金1,000万円で売買する契約を締結したこと
　　　　2　YはA会社の社員であること
　　　　3　A会社の財産に対する強制執行が効を奏しなかったこと
　　　　＊会社財産に対する強制執行が効果を上げなかったことの立証責任は、請求者にある（大塚龍児・新注会(1)277頁）。また、強制執行はX以外の者が行ったものでもよい。この要件が会社の財産状態の悪化を示すものであるからである。
　　　　＊要件事実論の観点から、無限責任社員の責任と保証人の責任を比較すると、前者の場合には、「A会社の完済不能」（又は「A会社の財産に対する強制執行が効を奏しなかったこと」）を会社債権者が主張立証しなければならないのに対して、後者の場合には、「主たる債務者が弁済の資力を有すること」と「執行の容易なこと」を保証人が抗弁として主張立証しなければならないので、この点、社員は保証人より有利な立場にある。これは、保証債務が特に契約に基づいて発生するのに対し、社員の責任は法律上当然に発生することに由来する（田中耕太郎・合名会社社員責任論252頁）。

（検索の抗弁）

抗弁　1　A会社には弁済の資力があること
　　　2　A会社の財産が強制執行の容易なものであること
　　　3　XがA会社の財産に対し執行をするまで、Xの請求を拒絶するとのYの権利主張
　　　＊この1ないし3から成る抗弁は、請求原因3の事実のうち

「A 会社の財産に対する強制執行が効を奏しなかったこと」に対して、本条2号括弧書に基づき抗弁として機能する（「A 会社の財産をもって会社債務を完済できないこと」に対する抗弁ではない）。「A 会社の財産に対する強制執行が効を奏しなかったこと」と抗弁2の「A 会社の財産が強制執行の容易なものであること」は、その対象とする財産が異なるから、矛盾することなく両立する。社員の債務が会社の債務に従属する性質を有するので、民法453条と同様の検索の抗弁権を認めるものである。

* 持分会社に弁済資力があり、かつ会社財産への強制執行が容易であることを社員が証明した場合には、会社債権者は、社員に対して本条1項2号に基づく請求ができない（神田・会社法290頁）。民法453条の抗弁とは異なり、社員が本条1項2号括弧書の抗弁を認められた場合、会社債権者が会社財産に対して強制執行をする義務を負わないし、直ちに強制執行をしたら満足を得られたであろう金額について社員が免責されることもなく（民455条参照）、単に本項を理由とする請求ができないだけである（大塚龍児・新注会(1)278頁）。

* 民法453条に関する大判昭和8年6月13日民集12.1472は、検索の抗弁は、主債務者が執行容易な若干の財産を有することを証明すれば足り、これによって得られる弁済が債権全額に及ぶことの証明を要しないとするから、この解釈を本条にそのまま適用すれば、主たる債務者に相当する持分会社に完済の資力がなくても、執行容易な若干の財産を有することを証明すれば、持分会社に弁済資力があることを証明したことになる。大塚龍児・新注会(1)278頁は、この見解では、会社債権者が会社財産による一部弁済を強要されることになり、社員の人的信用を基礎とする会社への適用に疑問を呈している。

* 大塚龍児・新注会(1)278頁は、この検索の抗弁に応じて強制執行をしたが奏効しなかったときは、再び社員に直接請求できるという。この事実は、上記の請求原因の効果を復活させる再抗弁ではなく、別個の請求原因事実になると考える。

(4) 社員間の求償権

無限責任社員が本条の責任を履行した場合は会社債務は消滅し、責任を履行した社員は会社に対し求償権を取得するとともに（民459条、460条）、他の社員に対しその負担割合に応じて求償権を取得する（民442条）。会社債務を履行した無限責任社員相互間の負担部分は、出資額の割合によることになろう。

訴訟物　XのYに対する無限責任社員責任の履行に基づく求償権

＊本件は、高松高判平成元年4月18日判時1337.125による事案である。同判決は、①XはA合資会社の無限責任社員として、A会社のBに対する負債のうち4,426万8,666円を弁済し、②弁済した期間を通じて、A会社は債務超過の状態であり、③A会社の解散時における全社員の出資額合計1,060万円のうち、Xの分が820万円、Yの分が80万円であり、その余の160万円は全部有限責任社員の出資金であった事案であるが、「Xは、右支払金のうち、自己の負担部分を超えるものについて、他の社員に求償できるというべきである。そして一般に合資会社の社員が商法147条、80条1項〔本条1項1号〕の規定に基づき弁済した場合、その社員の求償権についての負担部分は、有限責任社員についてはその出資金額を限度とし、無限責任社員相互の関係では、各自の出資額の割合により定まると解するのが相当である。なお、右求償権は専ら社員間の負担の調整をはかるものであるから、求償された社員は、会社に資力（残余財産）があることを理由として、その求償を拒むことは許されない。」と判示した。Xの弁済金のうち、Yに求償できる額は393万4,992円（円未満切捨て）となる（44,268,666×800,000÷(8,200,000＋800,000) ＝3,934,992）。

請求原因
1　A会社のBに対する債務発生原因事実
2　X及びYは、A会社の無限責任社員であること
3　XがBに対し、請求原因1の債務のうち4,426万8,666円を支払ったこと

＊求償権の行使の要件事実としては、「A会社の財産をもってBに対する会社債務を完済できないこと、又はA会社の財産に対するBの強制執行が効を奏しなかったこと」は、不

要であろう。
　　4　A会社の無限責任社員の出資総額900万円に対するXの出
　　　資額は820万円、Yの出資額は80万円であること
　　　＊Xの弁済金のうち、Yに求償できる額は、前述の計算どお
　　　　り、393万4,992円となる。

2　有限責任社員の責任の限度
(1)　責任限定の法律的性質
　本条2項は、有限責任社員の責任が、その出資すべき価額（既に持分会社に対し履行した出資の価額を除く）を限度として、持分会社の債務を弁済する責任（直接有限責任）を負うことを定める。合資会社の有限責任社員の出資には履行期が法定されておらず、定款に別段の定めがない限り、会社が請求した時と解されるため、会社成立後も出資の未履行部分があり、その未履行部分につき会社債権者に対して直接責任を負担する。会社に対して履行済みの出資部分については、会社債権者に対して責任を負わない。合資会社の有限責任社員の責任は、責任が出資額に限定されている点を除き、すべて無限責任社員と同一である（江頭憲治郎・新注会(1)640頁）。合同会社における有限責任社員は社員となる以前に出資のすべてを履行する義務があるから（578条、604条3項）、出資の履行期が法定されない合資会社の有限責任社員と異なり、社員となった後に会社債権者に対して責任を負うことはない。
　本項のように一定額の限度で弁済の責めに任ずる場合は債権の範囲・数額の問題であり、責任財産の限定ではないと解される（兼子一・増補強制執行法49頁）。我妻栄・新訂債権総論75頁も、「一定額を限度とする有限責任の顕著な例は、合資会社の有限責任社員及び株式会社の株主の責任である（〔旧商〕157条・200条〔本条2項、104条〕）。もっとも、これらの場合には、責任だけが制限されるのではなく、債務もともに制限されるものと解することが、現行法の理論的構成に一層適するかも知れない」という。そして、無限責任社員の責任と有限責任社員のそれは、その数額における限度という差異のあることを除いて、その内容、性質、発生、消滅及びその弁済の効果などについて共通すると解される。
(2)　立証責任
　松本烝治・日本会社法論631-632頁は、本条項の内容が昭和13年改正に際して設けられる以前である昭和4年当時、既に有限責任社員の責任に関する立証責任について、「会社の債権者が有限責任社員に対して、請求を為すには、会社財産を以て会社債務を完済する能はざることを証明するの外、其

有限責任社員の責任を負ふべき財産出資額を証明して、自己の請求額が其範囲内に在ることを主張することを要する」と述べるが、今日でもなお妥当する。

(3) 既出資分の免責

　本条 2 項括弧書は、有限責任社員が既に会社に対しその出資の履行をしている価額については、免責させることを定める。本条 2 項括弧書に該当する事実は、有限責任社員の責任を出資すべき額から履行した額を控除した残額に縮減する効果をもたらすので、通常、抗弁として機能する。松本・前掲書 632 頁は、「会社債権者の請求に対し、有限責任社員が既に会社に対して其出資義務の全部又は一部を履行したることを証明するときは、其履行を終はりたる部分に付ては責任を免るることを得。又会社債権者に対して会社債務に付き其出資額の全部又は一部に当たる金額の弁済を為したることを証明するときは、其弁済を為したる部分に付ても亦同様である。……併し乍ら会社に対する出資義務は真に其出資の価格に対して履行せられたることを要する。故に金額以外の出資に付ては其給付が出資の価格に該当することを証明する必要があって、単に出資の目的たる財産の給付ありたることを証明するを以て足るものとすることを得ない」とする。そして、大判昭和 16 年 7 月 5 日民集 20.1057 は、債権を出資の目的とした場合には、目的たる債権が弁済期に弁済されなければ出資義務を履行したことにならないと判示する。

| 訴訟物 | X の Y に対する有限責任社員としての責任履行請求権 |

　　　　　＊本件は、A 合資会社に対して売買代金債権 1,000 万円を有する X が、同社の財産でその会社債務の完済を受け得ず、又は同社の財産に対する強制執行が奏効しなかったので、有限責任社員 Y に対して Y の A 会社に対する出資すべき 300 万円の範囲内で支払を請求した事案である。

| 請求原因 | 1　X は A 会社との間で、本件目的物を代金 1,000 万円で売買する契約を締結したこと |

　　　　2　A 会社の財産をもって請求原因 1 の会社債務を完済できないこと、又は同社の財産に対する強制執行が効を奏しなかったこと

　　　　　＊この要件事実は、無限責任社員の責任発生原因である会社債務についての補充性から要求される要件事実として本条 1 項が明定するが、有限責任社員の責任も補充性は当然のことであって、責任発生原因として要求されよう。

3　YはA会社の有限責任社員であること
　　4　YがA会社に対し出資すべき額は、300万円であること
　　　＊有限責任社員の出資の額を請求原因として主張立証すべきであるとするのが、松本・前掲書631-632頁の説くところであり、本書もこれに従う。ただ、ここで、仮にこの事実を抗弁に位置づけた場合を考えてみよう。その場合、本件の請求の趣旨で求める金額は1,000万円とすることになり、上記4の事実は、それを300万円の限度に縮減する一部抗弁と機能することになろう。しかし、この見解は、請求原因において出資の額という有限責任の限度に触れないで、会社債権者が無限責任社員と同様に自己の債務額を請求できることを意味する。これは、合資会社が無限責任社員と有限責任社員の二元組織であるという本質に抵触するというべきであろう。

（出資の履行）

抗　弁　1　YはA会社に対し、請求原因4のうち200万円の出資を履行したこと
　　　＊抗弁1の事実が立証できる場合には、YはXに対し100 (300-200)万円の限度でのみ直接弁済責任を負うこととなる（本条2項括弧書）。
　　　＊本条2項括弧書は、有限責任社員が会社に出資を履行した場合を定めるが、会社債権者に対して責任を履行した場合も当然その額だけ会社に対する出資義務が減少すると解すべきである。したがって「YはA会社の債権者Bに対し、A会社の債務金200万円を支払ったこと」は、上記1の事実に代わる抗弁事実たり得る。
　　　＊有限責任社員が債権を持分会社への出資の目的とした場合に、本条2項の責任を免れるためには、出資した債権が弁済されていることを要するかという点につき、会社に対して債権譲渡がされ、第三者対抗要件が具備されれば足りるとする見解と、債権の弁済がされた時に債権の出資が履行されたとする見解（前掲昭和16年大連判）が存在する。前者は債務者の弁済がなかったときには債権を出資した社員が会社に対する弁済責任を負う（582条2項）が、この責任と本条2項の責任とは異なるとする（江頭憲治郎・新注会(1)641頁）。後者は会社に対する債権譲渡がされても出資の価額が具体的には

未だ認められないから、582条2項の責任は会社外部に対する担保責任にもなるとする。

(出資の払戻し)

再抗弁 1　A会社はYに対し、50万円の出資の払戻しをしたこと

訴訟物　X合資会社のYに対する出資履行請求権
＊本件は、X会社は有限責任社員Yに対して同人が出資を約束した額の履行を求めたところ、Yは既にその一部を弁済していると主張した事案である。

請求原因 1　YはX会社の有限責任社員であること
2　Yの出資すべき額が300万円であると定められていること
3　X会社はYに対し、出資の履行を催告したこと
4　請求原因3の催告の日から相当期間が経過したこと

(一部弁済)

抗弁 1　YはX会社の債権者Aに対し、X会社の債務200万円を支払ったこと
＊抗弁1は、一部抗弁である。

(4) 債権出資

　有限責任社員は出資の未履行部分に限って、会社債権者に対して直接責任を負う（本条2項）。そのため、有限責任社員が債権を持分会社への出資の目的としていた場合に、会社債権者に対する社員の責任を免れるには、出資した債権が弁済済みである必要があるかについて見解が分かれる。

　会社に対して債権が譲渡され、第三者対抗要件が具備されれば、債権の出資が履行されたとする見解によれば、出資債権の債務者が弁済しなかった場合に、その債権を出資した社員が582条2項によって会社に対して弁済する責任を負うことが、実質的には出資義務の補充であるとしても、その責任と本条2項の責任は性質が異なるという。この説では、会社債権者が、債権を譲渡して会社に出資した有限責任社員に対する本条2項の責任の追及を認めないが、出資された債権を債務者が弁済しない場合に会社債権者が582条2項の会社の有する権利を代位行使できるかが問題となる。

　出資の目的である債権が、債務者により弁済されたときに、債権の出資が履行されたとする見解（前掲昭和16年大連判、江頭憲治郎・新注会(1)641頁）によれば、本条2項の「出資の価額」を履行された価額と解し、債権が有限責任社員から会社に対して譲渡されただけでは、出資の価額が具体的には未

だ認められないから、会社内部における担保責任（582条2項）は、会社外部に対しても担保責任となると解する。

訴訟物　　XのYに対する有限責任社員としての責任履行請求権

　　　　　　＊前掲昭和16年大連判は、合資会社で債権を出資の目的とした社員がその出資義務を履行したとするには、その債権が弁済期に弁済されたことを要するとして、「社員カ債権ヲ以テ出資ノ目的トシタル場合ニ於テ債務者カ弁済期ニ弁済ヲ為ササルニ於テハ社員自ラ其ノ弁済ノ責ニ任スヘキ所謂担保責任ヲ負担スルモノナルコト商法第147条第69条（旧商法第105条第55条）ニ明定スル所ナルヲ以テ債権ヲ以テ出資ノ目的ト為シタル有限責任社員カ其ノ出資義務ヲ履行シ商法第157条ニ依ル義務ナシト為サンカ為ニハ目的タル債権カ弁済期ニ弁済セラレタリヤ否ヤヲ審理判定スルニ非サレハ未タ遽カニ其ノ当否ヲ断スルヲ得サルハ勿論本件上告人モ亦有限責任社員トシテ金2,000円ノ出資義務者ナルコト其ノ主張ニ徴シ明白ナルヲ以テ上告人ニ於テ現実其ノ出資義務ヲ完了セサルニ於テハ（上告人ハ出資義務ヲ履行シタリト主張スレ共原判決ハ何等此ノ点ニ付判示スル所ナシ）前記法条ニ依リ上告人モ亦其ノ出資ノ限度ニ於テ会社債務ヲ弁済スルノ責ヲ負フモノナレハ其ノ限度ニ於テハ会社ニ対スル債権ノ請求ヲ為シ得サルモノト謂ハサルヘカラス」と判示する。

請求原因　1　Xは、Y及びAとともに、Aは無限責任社員として300円を出資し、XとYは有限責任社員として、それぞれ2,000円、8,000円を出資すべきと定めて、B合資会社を設立したこと

　　　　　　2　B会社設立後、総社員の同意によりYの現金出資を変更してYのAに対する貸金債権○○円とY所有の製糸用機械器具を合計金8,000円と見積もり出資すべきことを決定し、貸金債権を債務者Aの承諾を得て会社に譲渡し、機械器具も会社に所有権を移転して引渡しをしたこと

　　　　　　3　Xは、B会社に対し、金8,000円を返済期平成○年○月○日の約定で貸し渡したこと

　　　　　　4　請求原因3の弁済期が到来したこと

（出資債権の弁済）

抗　弁　1　AはB会社に対し、YからB会社に譲渡された貸金債権○

○円を弁済したこと

● (社員の抗弁)

第581条 社員が持分会社の債務を弁済する責任を負う場合には、社員は、持分会社が主張することができる抗弁をもって当該持分会社の債権者に対抗することができる。
　2　前項に規定する場合において、持分会社がその債権者に対して相殺権、取消権又は解除権を有するときは、社員は、当該債権者に対して債務の履行を拒むことができる。

1　持分会社が有する会社債権者に対する抗弁
　社員の債務は会社債務に付従する（580条）から、本条1項は、社員が持分会社の債務を弁済する責任を負う場合には、社員は、会社に帰属する抗弁をもって、会社債権者に対抗できることを定める。すなわち、社員の会社債権者に対する債務は、会社債務に従属するものであり（従属性）、会社債務が存在することが前提となる。したがって、社員は、会社債務の不発生を主張し（錯誤無効等の「権利発生障害の抗弁」）、消滅を主張し（弁済・更改・免除・時効等の「権利消滅の抗弁」）、また同時履行の抗弁権（「延期的抗弁」）を援用できる。そして、債権者と会社間の合意により、社員に不利益を及ぼすことはできない。

訴訟物	XのYに対する無限責任社員としての会社債務履行請求権

　　　　　＊本件は、XがA合名会社に対する売買代金債権が同社の財産をもって完済を受けることができず、又同社の財産に対する強制執行が奏効しなかったので、社員Yにその履行を求めたところ、Yは、会社に属する商事消滅時効、同時履行の抗弁権を抗弁した事案である。

請求原因	1　XはA会社に対し、本件目的物を代金1,000万円で売買する契約を締結したこと

　　　　2　YはA会社の社員であること
　　　　3　A会社の財産をもって会社債務を完済できないこと、又はA会社の財産に対する強制執行が効を奏さなかったこと

(商事消滅時効)
抗弁 1 請求原因1の契約締結の日から5年が経過したこと
2 A会社はXに対し、時効を援用する意思表示をしたこと
＊上記のようにA会社の有する時効の抗弁をYが援用したことに対し、「A会社が時効の利益を放棄したこと」は、再抗弁として主張自体失当になる。債権者と会社間の合意によって、社員に不利益を及ぼす契約を締結できないからである。

(同時履行の抗弁)
抗弁 1 XがA会社に対し請求原因1の本件目的物を引き渡すまで、本件代金の支払を拒絶するとのYの意思表示

2 社員が有する会社債権者に対する抗弁

社員は自身が有する会社債権者に対する抗弁を会社債権者に主張することは、本条1項が明文で定めていなくとも、当然可能である。例えば、前記1の設例（XがA合名会社に対する売買代金債権が同社の財産をもって完済を受けることができず、又は同社の財産に対する強制執行が奏効しなかったので、社員Yにその履行を求めた事案）において、「XはYに対し、請求原因1の債権についてのYの社員としての責任を免除する意思表示をしたこと」が抗弁となる。また、Yの社員としての責任が時効消滅したことも、抗弁として主張し得る。

3 会社に対する判決の社員への効力

持分会社と社員は別人格であり、会社の受けた確定判決は社員に既判力を及ぼさないのが筋である。ただ、実体法上、社員は会社債権者に対する債務は、会社債務に付従性を有するため、会社債権者の会社に対する債権についての確定判決が、何らかの形で社員に影響させ得ないかが、論じられてきた。

(1) 確定判決の反射効（Reflex Wirkung）の問題としてこれを承認する兼子一・実体法と訴訟法165頁は、「合名会社の社員は、会社のあらゆる活動から負担する債務について、弁済の責任を負う関係上（80条）、会社が既存債務について敗訴したことは、仮りに新に債務を負担したものとみても、これについて責任があるから、敗訴が不当であっても、その判決を承認しなければならない反射効を受ける。退社員は、退社前の債務について責任を負う場合でも（〔旧商〕93条）、その債務について会社の敗訴判決の効力は受けないと見るべきである」とする。しかし、判例は、一貫して反射効を否定する

(最判昭和31年7月20日民集10.8.965、最判昭和51年10月21日民集30.9.903)。
(2) 確定判決の存在が、実定法規における法律効果を発生させる法律要件の要件事実を構成する場合に、その法律効果の発生することを判決の法律要件的効力という。これについて、民事訴訟法以外の法律の規定に基づく効果であって、判決に通常生じる効果ではないとするのが一般的である（新堂・新民事訴訟法735-734頁）。しかし、実体法と手続法からなる法秩序の維持として積極的に評価できるとし、判決の反射的効力（前述（1））も法律要件的効力に吸収すべきであるとして、持分会社が受けた判決の効力は本法580条、581条により社員に及ぶとする見解がある（梅本吉彦・民事訴訟法962頁）。

4　持分会社が相殺権、取消権又は解除権を有する場合
　社員の責任が付従性を有するとしても、社員が会社の有する相殺権、取消権又は解除権を行使できるかは問題となる。現に、民法457条2項においては、保証人は主たる債務者が債権者に対して有する債権を自働債権として相殺すると主たる債務が消滅する限度で債権者に対する履行を拒絶できるにとどまるとする見解と、保証人が主たる債務者が債権者に対して有する債権を自働債権として相殺することができ、主たる債務が対当額で消滅する結果、保証債務も消滅するという見解があり得る。
　本条2項は、この疑義を解決するため、会社がその債権者に対して相殺権、取消権又は解除権を有する場合においては、社員はその債権者に対し債務の履行を拒むこと（「給付拒絶抗弁」）ができることを定める（本条2項に対応する旧商法81条2項につき、大塚龍児・新注会(1)295頁）。本条2項は、あくまで、社員は、会社が有する相殺権、取消権又は解除権自体を行使できず、単に延期的抗弁として主張できるとするのである。
　また、本条を離れて考えると、社員は原則として会社代表権を有するから（599条1項本文、590条1項）、社員が会社を代表してこれら形成権を行使して会社債務を消滅させることができる。本条2項が定めているのは、代表権を離れて単なる社員として形成権を行使できないことである（大塚龍児・新注会(1)295頁）。
　なお、本条の定めるところではないが、社員が会社債権者との間における個人的な関係に基づいて有する抗弁を主張できるのは当然のことである。

訴訟物　　XのYに対する無限責任社員の会社債務履行請求権としての売買代金請求権
　　　　＊本件は、XがA合名会社に対する売買代金債権が同社の財

産をもって完済できない（又は同社の財産に対する強制執行が奏効しなかった）ので、社員Ｙにその履行を求めたところ、Ｙは、Ａ会社がＸに対して相殺権、取消権又は解除権を有するので、Ｘの履行請求を拒絶した事案である。

請求原因　1　ＸはＡ会社との間で、本件目的物を代金1,000万円で売買する契約を締結したこと
2　ＹはＡ会社の社員であること
3　Ａ会社の財産をもって会社債務を完済できないこと、又はＡ会社の財産に対する強制執行が効を奏さなかったこと

（給付拒絶抗弁としての相殺権）

抗　弁　1　Ａ会社はＸに対し、金1,000万円を弁済期平成〇年〇月〇日の約定で貸し渡したこと
2　抗弁1の弁済期が到来したこと
3　請求債権と抗弁1の自働債権の対当額の範囲で支払を拒絶するとのＹの権利主張

＊本条2項に基づく抗弁である。社員個人としてのＹは主たる債務者であるＡ会社の有する自働債権を処分する権限を有するものではないから、本条2項は、相殺によって消滅する限度で、単に弁済を拒絶する抗弁権を有することを定めている。

＊社員Ｙは原則として会社代表権を有するので（590条1項、599条1項本文）、Ｙが会社代表者として行為せず、社員の立場で行為する本件抗弁は、必ずしも設例としては適切でないが、一般的に社員は代表権がない限り、会社の有する相殺権を行使することができず、本件抗弁は単に延期的抗弁として機能する。

（債権消滅抗弁としての相殺権）

抗　弁　1　ＹはＸに対し、金1,000万円を弁済期平成〇年〇月〇日の約定で貸し渡したこと
2　抗弁1の弁済期が到来したこと
3　ＹはＸに対し、請求原因1の債務と抗弁1の債権を対当額で相殺する意思表示をしたこと

＊前述したとおり、社員Ｙは原則として会社代表権を有するので、抗弁3のＹの意思表示は、Ａ会社を代表して行う相殺権行使の意思表示である。

(代表意思の不存在)
再抗弁 1　Yは抗弁3の際、A会社のためにする意思を有していなかったこと

(給付拒絶抗弁としての取消権)
抗　弁 1　請求原因1の売買契約の取消原因事実
2　請求債権の支払を拒絶するとのYの権利主張
＊本条2項に基づく抗弁である。前出の「給付拒絶抗弁としての相殺権」の注記を参照されたい。理は同じである。

(債権消滅抗弁としての取消権)
抗　弁 1　請求原因1の売買契約の取消原因事実
2　YはXに対し、請求原因1の売買契約を取り消す意思表示をしたこと
＊前述したとおり、社員Yは原則として会社代表権を有するので、抗弁2のYの意思表示は、A会社を代表して行う取消権行使の意思表示である。
＊「Yは抗弁2の際、A会社のためにする意思を有していなかったこと」は、再抗弁となる。

(給付拒絶抗弁としての解除権)
抗　弁 1　A会社はXに対し、本件目的物につき所有権移転登記手続及びその引渡しを催告したこと
2　抗弁1の後、相当期間が経過したこと
3　A会社はXに対し、抗弁1の際、金1,000万円を支払のため提供したこと
4　請求債権の支払を拒絶するとのYの権利主張
＊本条2項に基づく抗弁である。前出の給付拒絶抗弁としての相殺権の注記を参照されたい。理は同じである。

(債権消滅抗弁としての解除権)
抗　弁 1　A会社はXに対し、本件目的物につき所有権移転登記手続及びその引渡しを催告したこと
2　抗弁1の後、相当期間が経過したこと
3　A会社はXに対し、抗弁1の際、金1,000万円を支払のため提供したこと
4　YはXに対し、抗弁2の相当期間経過後、請求原因1の契約を解除する意思表示をしたこと
＊「Yは抗弁4の際、A会社のためにする意思を有していな

かったこと」は、再抗弁となる。
＊社員Ｙは代表権を有するのが原則である（590条1項、599条1項本文）。

5　請求され又は弁済した社員と会社及び他の社員との関係
　請求された社員が会社債権者に対して個人的に有する事由（例えば、反対債権による相殺、免除等）を抗弁とすることができるほか、会社の有する抗弁及び他の社員の抗弁を援用できる。また、弁済後は会社及び他の社員に求償できる。持分会社の社員の責任は、会社の債務に対して二次的性質があり、民法446条の保証と類似し、かつ社員同士は連帯責任関係にあるからである。保証債務に関する民法462条（委託を受けない保証人の求償権）のほか民法443条（通知を怠った連帯債務者の求償の制限）も類推適用される（大塚龍児・新注会(1)279-280、296頁）。

●（社員の出資に係る責任）

第582条　社員が金銭を出資の目的とした場合において、その出資をすることを怠ったときは、当該社員は、その利息を支払うほか、損害の賠償をしなければならない。
　　2　社員が債権を出資の目的とした場合において、当該債権の債務者が弁済期に弁済をしなかったときは、当該社員は、その弁済をする責任を負う。この場合においては、当該社員は、その利息を支払うほか、損害の賠償をしなければならない。

1　社員の出資に係る責任
　社員が金銭を出資の目的とした場合において、その出資をすることを怠ったときは、社員は、その利息を支払うほか、損害の賠償をしなければならない（本条1項）。これは、出資義務の履行を遅滞した場合の民法419条1項の原則の例外を定めるものである。そして、この義務の免除は、法律上特段制限が設けられていないので、自由に行える（相澤他・論点解説567頁）。合名会社及び合資会社においては、出資義務の履行時期及び履行の程度を、定款の定め又は総社員の同意により自由に定めることができる（大連判昭和16年5月21日民集20.693）。定款等に別段の定めがない場合には、通常の業務

執行の方法により定めることができ（590条2項、民670条1項・2項参照）、会社が業務執行の方法によって社員に出資の請求をしたときに初めて特定額の給付を目的とした金銭債務となり、履行期が到来する（民412条3項）と解される（伊沢和平・新注会(1)219頁）。

訴訟物　X合名会社（又は合資会社）のYに対する出資履行請求権
＊本件は、X会社が社員Yに対して、出資金500万円の払込みの履行を求めた事案である。
＊合同会社以外の持分会社の社員は、設立時に定款で定めた出資の全部を履行する必要はない。合名会社・合資会社については、社員が直接責任を負うため出資未履行のままの設立が認められる。

請求原因
1　Yは、X会社の社員であること
2　X会社の定款は、Yの出資の目的及びその価額を、金銭500万円と定めていること
3　X会社はYに対し、出資の履行を催告したこと。

2　債権出資の担保責任

本条2項前段は、社員が第三者（債務者）に対して有する債権を出資の目的とした場合、債務者が弁済期に弁済しなかったときは、それを出資した社員が弁済をする責任を負うこと（担保責任）を定め、本条2項後段は、前段の場合において、社員が利息及び損害金の支払義務を負うことを定める。

民法569条の原則によれば、債権者が債務者の資力を担保した場合に限ってその責任を認めているのに対して、本条前段は会社財産の確保の観点からの特則である。相澤他・論点解説567頁は、本項の立法趣旨につき、「この責任は、社員に一定の持分を与えるための前提として、一定の内容の出資をすべきことを定款で定めたところ、出資義務自体の履行はされたもの、その後の事情により、結果的に会社があらかじめ定めた出資の内容の全部を取得することができないこととなったことによって、出資財産とその社員に与えられる持分との関係に不均衡が生じた場合における責任である」とする。

本条2項は出資の目的である債権の債務者が会社に対して弁済をしない場合、その債権を出資した社員は民法569条の債権の売主の担保責任と異なり、債務者の資力を担保する旨の特約がなくとも、弁済責任を負う。法文によれば、「債務者が弁済期に弁済をしなかったとき」とあり、あたかも、弁済期の約定、その到来及び弁済をしないことの3個の事実も請求原因事実の

ようにみえるが、いずれも否定されるべきである。そもそも、契約上の義務は、貸借型契約などを除いて、特に期限の合意がない限り、契約成立と同時に直ちに履行すべきものであるから、売主は、請求原因において代金支払義務に期限の合意がありそれが到来したことを主張立証する必要はない（司研・要件事実第一巻139頁）。したがって、一般の契約においては、弁済期の定めは、阻止事由としての抗弁と位置づけられる（ただし、未到来の期限でないと、意味がない）。

訴訟物　　　X合名会社のYに対する出資債権の担保責任履行請求権
　　　　　　＊本件は、X会社の設立に際し、YはAに対する売買代金債権を出資したが、Aが履行不能となったので、X会社はYに対し、出資債権の担保責任履行を求めた事案である。

請求原因　1　X合名会社の設立に際し、YはAに対する本件売買代金債権〇〇万円を出資することとしたこと
　　　　　2　YはX会社に対し、請求原因1の出資約束に基づきAに対する本件売買代金債権を譲渡したこと
　　　　　　＊契約上の義務は、貸借型契約を除いて、特に期限の合意がない限り、契約成立と同時に直ちに履行すべきものであるから、売主は、請求原因において代金支払義務に期限の合意がありそれが到来したことを主張立証する必要はない（司研・要件事実第一巻139項）。また「YがXに対し、Aの資力を担保する旨を約したこと」という要件は、民法569条の場合と異なって不要である。出資の目的物の履行については、有償契約の通則である売買に関する規定（危険負担（民534条-536条）、追奪担保（民561条）、瑕疵担保（民570条））が適用される（伊沢和平・新注会(1)221-222頁）。
　　　　　3　Aは倒産したため、X会社に対する本件売買代金〇〇円は弁済が不可能となったこと
（期　限）
抗　弁　　1　請求原因1の売買代金債権については、弁済期が平成〇年〇月〇日と定められていたこと
　　　　　　＊法律行為に始期が付されると、期限が到来するまで履行の請求ができなくなる（債権行使に対する阻止事由）。司研・要件事実第一巻119頁は、「始期が確定期限である場合には、当該訴訟における弁論終結までには到来することのない期限

を主張立証しなければ意味がない。なぜなら、抗弁として確定期限の合意が主張され、かつ、右期限が既到来の場合、右期限の到来は、履行の請求をする当事者が右抗弁に対する再抗弁として主張立証すべき事実であるが、右事実は常に黙示に主張されているものと解され、かつ、公知の事実であり、したがって、右抗弁は常に排斥される関係にあるからである」という。

(期限の到来)
再抗弁 1 抗弁1の弁済期日が到来したこと
(免　除)
抗弁 1 X会社はYに対し、債権出資の担保義務を免除したこと
 ＊この責任は、会社内部の持分に関する調整を図る趣旨のものであり、その免除については、法律上特に制限はない（相澤他・論点解説567頁）。

● (社員の責任を変更した場合の特則)

第583条 有限責任社員が無限責任社員となった場合には、当該無限責任社員となった者は、その者が無限責任社員となる前に生じた持分会社の債務についても、無限責任社員としてこれを弁済する責任を負う。
　2　有限責任社員（合同会社の社員を除く。）が出資の価額を減少した場合であっても、当該有限責任社員は、その旨の登記をする前に生じた持分会社の債務については、従前の責任の範囲内でこれを弁済する責任を負う。
　3　無限責任社員が有限責任社員となった場合であっても、当該有限責任社員となった者は、その旨の登記をする前に生じた持分会社の債務については、無限責任社員として当該債務を弁済する責任を負う。
　4　前2項の責任は、前2項の登記後2年以内に請求又は請求の予告をしない持分会社の債権者に対しては、当該登記後2年を経過した時に消滅する。

1　有限責任社員が無限責任社員となった場合
　本条1項は、有限責任社員であった者が無限責任社員となった場合には、

その者が無限責任社員となる前に生じた持分会社の債務についても、無限責任社員としてこれを弁済する責任を負うことを定める。同項は合資会社の有限責任社員が無限責任社員となる場合にも、合同会社が社員を無限責任社員として合名会社若しくは合資会社となる場合（638条3項2号・3号）にも適用される。これは、有限責任社員が無限責任社員となることは、実質的には無限責任社員の入社と同じであると解されるので、会社債権者は新入社員に対しても他の社員に対するのと同様の請求ができることを認めている。本条1項は、もと有限責任社員であった当時の会社債権者に対して、有限責任社員としての責任制限を抗弁として主張できないこと（主張自体失当）を意味する。

訴訟物　　XのYに対する無限責任社員としての会社債務履行請求権
＊本件は、XがA合資会社に対する売買代金1,000万円を有していたところ、A会社の財産に対する強制執行が効を奏しなかったので、無限責任社員Yに対しその支払を求めた事案である。

請求原因
1　XはA会社との間で、本件目的物を代金1,000万円で売買する契約を締結したこと
2　YはA会社の無限責任社員であること
＊Yは、Xが売買代金債権を取得した当時は有限責任社員であり、その後、無限責任社員となったとしても、本条1項により、Xが売買代金債権を取得した当時、Yが既に無限責任社員であったことは必要がなく（時的要素とならない）、単に現在Yが無限責任社員であれば足りる。
＊580条の規定ぶりからすると、Yは単にA会社の「社員」であることが主張されれば足りるとも見えるが、なお、「無限責任社員」であることの主張を必要とする理由は、580条の解説2(3)の設例の請求原因4の注記にあるように、合資会社の二元的組織によるのである。
3　A会社の財産に対する強制執行が効を奏しなかったこと

2　有限責任社員が出資額を減額した場合

本条2項は、有限責任社員（合同会社の社員を除く）が出資の価額を減少した場合であっても、有限責任社員は、その旨の登記をする前に生じた持分会社の債務については、従前の責任の範囲内でこれを弁済する責任を負うこ

とを定める。本条2項が合同会社の有限責任社員には適用されないのは、出資減少の登記以前においても合同会社の有限責任社員は会社債権者に対して直接責任を負っているわけではない（間接有限責任）からである。なお、合資会社の有限責任社員が出資の払戻し（624条）を受ける場合のほか、持分を一部譲渡して出資の価額を減少させた場合にも本条2項が適用される（相澤・新会社法解説158頁）。

|訴訟物| XのYに対する有限責任社員としての責任履行請求権
＊本件は、A合資会社に対して1,000万円の売買代金債権を有するXが、同社財産で請求原因1の会社債務を完済を受け得ず、又は同社財産に対する強制執行が奏効しなかったので、Xが有限責任社員Yに対して同人が会社に出資すべき額300万円の範囲内で支払を請求したところ、Yは出資額が200万円に減少されて登記されたと抗弁するなどした事案である。

|請求原因| 1 XはA会社との間で、本件目的物を代金1,000万円で売買する契約を締結したこと
2 A会社の財産をもって請求原因1の会社債務を完済できないこと、又は同社の財産に対する強制執行が効を奏しなかったこと
＊この要件事実は、無限責任社員の責任発生原因である会社債務についての補充性から要求される要件事実として580条1項が明定するが、有限責任社員の責任も補充性は当然のことであって、責任発生原因として要求されよう。
3 YはA会社の有限責任社員であること
4 YがA会社に対し出資すべき額は、300万円であること

（出資額の減少）
|抗弁| 1 Yの出資額を請求原因1の後、200万円に減少したこと
2 請求原因2に先立って、抗弁1の登記がされたこと
＊本条1項に基づく抗弁である。

（除斥期間）
|抗弁| 1 出資額を請求原因1の後、200万円に減少したこと
2 抗弁1の登記がされたこと
3 抗弁2の日から2年が経過したこと
＊本条4項に基づく抗弁である。

(請求又はその予告)
再抗弁 1　XはYに対し、抗弁3の期間経過に先立って、本件請求をしたこと、又は請求の予告をしたこと
2　本条4項に基づく再抗弁である。

3　無限責任社員が有限責任社員になった場合
　本条3項は、合名会社の無限責任社員が有限責任社員となった場合はもちろん、合資会社がそのすべての社員を有限責任社員として合同会社になった場合（638条2項2号）にも適用される。これらの場合に有限責任社員となった者は、その旨の登記をする前に生じた持分会社の債務については、無限責任社員としてその債務を弁済する責任を負うこととなる。この場合は、実質的には無限責任社員の退社と同じであると解されるから、会社債権者に対する責任は有限責任社員の変更登記以前の債務については無限責任社員としての責任を負うものとしている（612条1項参照）。そして、本条4項が2年の除斥期間を定めるが、これは、612条2項との均衡を取るためである。

訴訟物　　XのYに対する無限責任社員としての会社債務履行請求権
　　　　　　＊本件は、A合名会社に対して売買代金債権1,000万円を有する債権者Xは、同社の財産をもって会社債務を完済できず、又は、A会社の財産に対する強制執行が効を奏しなかったので、同社のもと無限責任社員Yに対し支払を求めたところ、Yはその後有限責任社員となり登記済みであるとの抗弁等を主張した事案である。

請求原因 1　XはA合名会社に対し、本件目的物を代金1,000万円で売買する契約を締結したこと
2　Yは、A会社のもと無限責任社員であったこと
　　＊請求原因2の「もと」は、いつの時点であってもよい。まず、もと社員であれば、その後社員資格を喪失したことが主張立証されない限りその法律状態は現時点まで継続することとなる（「もと所有」の主張と同様）。また、「もと」の時点が請求原因1の債務の成立時点より後であっても、605条により社員は責任を負う。したがって、厳密にいうと、無限責任社員の580条の責任を求める場合の請求原因事実としては、「YはA会社の無限責任社員であること」は要らず、請求原因2のように「もと社員」の主張で足りる。

3　A会社の財産をもって会社債務を完済できないこと、又は、A会社の財産に対する強制執行が効を奏しなかったこと
＊田中耕太郎・合名会社社員責任論165頁は、「完済不能」とは「負債超過」のことであるとし、「負債超過ハ会社債権者カ請求ヲ為スノ要件ナリ故ニ之ニ関スル挙証ノ責任ハ請求ヲ為ス会社債権者ニアリ」という。会社財産に対する強制執行が効果を挙げなかったことは、X以外の者が行った強制執行でもよい。この要件は、会社の財産状態が悪化している現れであるからである。

（有限責任社員の登記）

抗　弁　1　Yは総社員の同意を得て有限責任社員となったこと
　　　2　請求原因1に先立って抗弁1の登記がされたこと
　　　＊本条4項に基づく抗弁である。

（除斥期間）

抗　弁　1　Yは総社員の同意を得て有限責任社員となったこと
　　　2　抗弁1の登記がされたこと
　　　3　抗弁2の日から2年が経過したこと
　　　＊本条4項に基づく抗弁である。

（請求又は請求の予告）

再抗弁　1　XはYに対し、抗弁3の期間経過に先立って、本件請求をしたこと、又は請求の予告をしたこと
　　　＊本条4項に基づく再抗弁である。

4　責任の消滅

　本条4項は、2項及び3項の責任は、2項及び3項の登記後2年以内に請求又は請求の予告をしない持分会社の債権者に対しては、その登記後2年を経過した時に消滅することを定める。すなわち、有限責任社員がその出資の額を減じた場合の責任については、その登記後2年内に請求又は請求の予告をしない会社債権者に対しては、登記後2年を経過した時に従前の責任範囲ではなく、減額後の出資の範囲内で責任を負えば足りる。また、無限責任社員としての責任は、有限責任社員となった旨の登記後2年内に請求又は請求の予告をしない会社債権者に対しては、登記後2年を経過した時に無限責任社員としての責任は消滅する。

　また、本条4項所定の責任消滅の効果をもたらす2年の期間は、社員の利益保護に基づく法定期間すなわち除斥期間であって、消滅時効期間ではない

と解されている。ただし、その法定期間中に請求又はその予告があれば期間が延長されるから、消滅時効と実質的な差異はない。

　612条1項に基づき、退社員が退社後その登記がされるまでの間に生じた会社債務について負う責任に関する議論と同様に、社員の責任変更又は出資減少について悪意の会社債権者に対して、それらの登記をする前であっても、責任変更等の事実を主張して本条2項又は3項の責任を社員が免れ得るかという問題があり得る。

●（無限責任社員となることを許された未成年者の行為能力）

第584条　持分会社の無限責任社員となることを許された未成年者は、社員の資格に基づく行為に関しては、行為能力者とみなす。

1　無限責任社員となることを許された未成年者の行為能力

　民法5条によれば、例えば、未成年者が持分会社の無限責任社員となるためには、法定代理人の同意を必要とし、同意を得ない場合は、その社員資格を取得するための法律行為（設立行為又は持分の譲受行為）を取り消すことができる。ところで、未成年者の無限責任社員資格取得行為について法定代理人の同意が一旦なされた以上は、会社債権者に対して無限責任を負うことはもちろんである。また、社員たる資格に基づく個々の法律行為（出資の変更・持分の譲渡・議決権の行使）を円滑に行えるようにする必要がある。そのため、本条は、特にその点に関して法定代理人の同意を要しない「行為能力者」とみなすこととした。要件事実論の観点からは、無限責任社員の未成年者が社員たる資格に基づく法律行為をした場合に、その有効性はその法律行為についての法定代理人の同意を主張立証する必要がなく、その法律行為の基礎になった無限責任社員となる行為についての法定代理人の同意を主張立証すれば足りるのである。

訴訟物　　XのYに対する合名会社の社員権（確認）
　　　　　　＊本件は、未成年者である無限責任社員が持分を譲渡して、その効力が争われた事案である。

請求原因　1　Xは、A合名会社のもと（抗弁1当時）無限責任社員であったこと

　　　　　　＊過去の一時点でもと社員であることの主張は、その後社員た
　　　　　　る地位の喪失事由が抗弁として主張立証されない限り、X
　　　　　　は社員たる地位を有するものとされる。
　　　　2　YがXの社員資格を争うこと
　　　　　＊確認の利益を示す事実である。
（社員権喪失）
抗弁　1　XはYに対し、本件社員権（持分）を代金100万円で売買
　　　　　する契約を締結したこと
（未成年取消し）
再抗弁　1　Xは、抗弁1当時、未成年者であったこと
　　　　2　XはYに対し、抗弁1の売買契約を取り消す意思表示をし
　　　　　たこと
（社員になる同意）
再々抗弁　1　XがA会社の無限責任社員となることにつきXの法定代理
　　　　　人が同意を与えたこと
　　　　　＊本条に基づく再々抗弁である。

2　成年被後見人、被保佐人及び被補助人と無限責任社員

　成年被後見人（民7条）、被保佐人（民11条）、被補助人（民15条）については未成年者のような無限責任社員になるための許可制度は規定されていない。成年被後見人の場合は、後見開始の審判を受けたことを法定退社事由としている（607条1項7号）が、これは、任意規定であるから（607条2項）、定款に別段の定めを置くことで成年被後見人も無限責任社員となることができると解される。ただし、社員たる資格に基づく行為はすべて法定代理人によって行う必要がある。被保佐人の場合は保佐人の同意（民13条1項）を得ることで無限責任社員となることができると解され、この場合、代理権を付与された保佐人（民876条の4）に社員としての資格に基づく行為を代理させることが可能である。被補助人の場合は原則として補助人の同意なしに無限責任社員になれる（民17条1項）。

第2節　持分の譲渡等

　設立後の持分会社における社員の変動（加入、退社、持分の譲渡）は、次のとおりである。

１　合名会社
(1) 加　　入
　加入（成立後の会社に加入し社員の地位を原始的に取得する）の場合、加入者と会社間の加入契約によって行われ、社員の加入は、その社員に係る定款の変更をした時に、その効力を生ずる（604条2項）。定款変更には、定款に別段の定めがある場合を除き、総社員の同意が必要である（637条）。
(2) 退　　社
　退社の場合、①一方的告知による退社（606条）、②定款に定めた退社事由の発生（607条1項1号）、③総社員の同意（同項2号）、④死亡（同項3号）、⑤合併（合併によりその法人である社員が消滅する場合に限る）（同項4号）、⑥破産手続開始決定（同項5号）、⑦解散（同項6号）、⑧後見開始の審判を受けたこと（同項7号）、⑨除名（同項8号）、⑩持分差押債権者による退社（609条）の場合に、社員はその地位を絶対的に喪失する。ただし、上記⑥ないし⑧については、定款の定めによって退社事由としないことができる（607条2項）。また、社員の死亡又は合併の場合は、相続人その他の一般承継人が社員の持分を承継できる旨を定款で定めることができる（608条1項）。
(3) 持分の譲渡
　持分の全部又は一部を他人に譲渡するには、定款に別段の定めがない限り他の社員の全員の同意が必要である（585条1項・4項）。持分の譲渡は、当事者間の契約によるが、他の社員全員の承諾は会社に対する対抗要件にとどまらず、譲渡の効力要件である。

２　合資会社
　合資会社の無限責任社員については、合名会社の社員と同様である（585条）。合資会社の有限責任社員も加入及び退社については合名会社の社員と同様であるが、持分譲渡については、業務を執行しない有限責任社員は、業務を執行する社員の全員の承諾があれば、他の有限責任社員の承諾がなくても、その持分の全部又は一部を他人に譲渡することができる。また、業務を

執行しない有限責任社員の持分の譲渡に伴って定款の変更が生じても、その持分の譲渡による定款の変更は、業務を執行する社員の全員の同意によってすることができる（585条2項-4項）。

3　合同会社
　合同会社は有限責任社員だけから成る持分会社であり（576条4項）、その社員の変動の要件については合資会社の有限責任社員のそれと同様である（585条2項-4項）。

●（持分の譲渡）

第585条　社員は、他の社員の全員の承諾がなければ、その持分の全部又は一部を他人に譲渡することができない。
　　2　前項の規定にかかわらず、業務を執行しない有限責任社員は、業務を執行する社員の全員の承諾があるときは、その持分の全部又は一部を他人に譲渡することができる。
　　3　第637条の規定にかかわらず、業務を執行しない有限責任社員の持分の譲渡に伴い定款の変更を生ずるときは、その持分の譲渡による定款の変更は、業務を執行する社員の全員の同意によってすることができる。
　　4　前3項の規定は、定款で別段の定めをすることを妨げない。

1　持分の意義
　社員の持分には、①社員たる地位それ自体（社員がその資格において会社に対して有する各種の権利義務の基礎である会社と社員との関係）の意義（本条の「持分」など）と、②社員が会社財産に対して有する分け前を示す計算上の数額の意義（611条の退社員の持分の払戻しにおける「持分」など）がある。②の意義の持分は①の意義の持分の経済的価値を表す。この持分と持分から生じる請求権（例えば、利益配当支払請求権及び残余財産分配請求権）は別であり、請求権の譲渡は、本条が適用される持分の譲渡とは異なり、民法の指名債権譲渡の規定に従う（鴻常夫・新注会(1)242-243頁）。

2　持分の譲渡制限

　無限責任社員の持分の譲渡は、持分会社の社員相互の信頼関係及び会社の信用に重大な影響を与えるので、その持分に係る社員の業務執行権の有無に関係なく、原則として他の社員全員の承諾が要求される。また、業務執行有限責任社員の変動も、会社経営に重大な影響を与えるので、業務執行有限責任社員の持分の譲渡には、他の社員全員の承諾が必要である（本条1項）。他の総社員の同意は、持分の譲渡の対抗要件ではなく、成立要件である（田中耕太郎・会社法概論上132頁）。したがって、持分の譲渡の効果を主張する者は、持分譲渡の原因事実（売買・贈与等）に加えて、他の総社員の同意があることを主張立証しなければならない。社員以外の者が前社員から持分の全部又は一部を譲り受けたときは、新たに社員として入社することになる。他の社員が持分を譲り受けたときは、譲受社員の持分が増加する。なお、持分を全部譲渡した社員は、社員たる地位を喪失し、退社する。

訴訟物　　XのY合名会社の社員たる地位（確認）
　　　　　　＊本件は、Y会社の社員Aから社員たる地位を買い受けたXが、同社に対し社員たる地位の確認を求めた事案である。

請求原因　1　Aは、請求原因2当時、Y会社の社員であったこと
　　　　　　2　Aは、Xとの間で、Y会社の社員たる地位を100万円で売買する契約を締結したこと
　　　　　　3　請求原因2の売買について、Y会社の他の総社員の承諾があったこと
　　　　　　4　Y会社が、Xの同社の社員たる地位を争うこと

3　業務を執行しない有限責任社員の持分譲渡

　業務を執行しない有限責任社員の持分の譲渡については、業務執行社員の承諾で足りる（本条2項）。有限責任社員の変動は、原則として無限責任社員が負うべき責任の範囲には影響を与えないので、業務執行社員の権限とされた。業務執行社員の全員の承諾は、持分譲渡の対抗要件ではなく、成立要件であるから、それを欠く持分の譲渡は無効と解される。したがって、業務を執行しない有限責任社員の持分譲渡の効果を主張する者は、持分譲渡の原因事実（売買・贈与等）に加えて、業務執行社員の全員の承諾があることを主張立証しなければならない。業務執行をするか否かを問わず、有限責任社員から持分の譲渡を受けた無限責任社員は、無限責任社員としての持分の増加を生じるにとどまり、有限責任社員と無限責任社員の双方の地位を有する

ことになるものではない。
　なお、本条 2 項の反対解釈により、業務執行者の変更は社員全員に影響を及ぼす可能性があることを理由として、業務執行社員の持分の譲渡には、他の社員全員の承諾を要することとなる。

訴訟物　　ＸのＹ合資会社の社員たる地位（確認）
　　　　　　＊本件は、Ｙ会社の社員Ａから業務を執行しない有限責任社員たる地位を買い受けたＸが、同社に対し社員たる地位の確認を求めた事案である。

請求原因　1　Ａは、請求原因 2 当時、Ｙ会社の業務を執行しない有限責任社員であること
　　　　　　2　Ａは、Ｘとの間で、Ｙ会社の社員たる地位をＸに贈与する契約を締結したこと
　　　　　　3　請求原因 2 の売買について、Ｙ会社の業務を執行する社員の全員の承諾があったこと
　　　　　　4　Ｙ会社が、Ｘの同社の社員たる地位を争うこと

4　業務を執行しない有限責任社員の持分の譲渡に伴う定款の変更
　637 条の規定にかかわらず、業務を執行しない有限責任社員の持分の譲渡に伴い定款の変更を生ずるときは、その持分の譲渡による定款の変更は、業務執行社員の全員の同意によってすることができる（本条 3 項）。本条 3 項は、業務を執行しない有限責任社員の持分譲渡の要件と、それに伴う定款変更の要件とを一致させたものである。
　持分会社の持分を譲渡する場合は、定款の記載事項も変更する必要があるから（576 条 1 項 6 号参照）、持分譲渡の場合は、その譲渡に関する承諾（本条 1 項）のほかに、譲渡後の各社員の地位を定めるための定款の変更手続（637 条）が必要となる。無限責任社員及び業務執行社員の持分については、原則として総社員の同意がないと譲渡できない（本条 1 項）から、通常の場合、定款の変更に必要な総社員の同意も譲渡承認と同時に得ることができる。ところが、業務を執行しない有限責任社員の持分の譲渡は、業務執行社員の全員の同意があれば可能であるから、通常の定款の変更の要件（637 条）を満たさない場合が生じ得る。そのため、本条 3 項は、637 条の特則として、持分の譲渡による定款の変更は、譲渡の承認と同じ要件である業務執行社員の全員の同意で行うことができるとしている。

5　定款による持分譲渡の要件の変更

　本条1項ないし3項は、人的結合関係のある組合的規律に基づいた会社の内部の関係に関する規定であり、任意規定と解され、定款で別段の定めを置くことも可能である（相澤・新会社法解説158頁）。したがって、譲渡にどの程度の制限を課するかは、定款自治の問題であり（本条4項）、定款の規定によって、他の社員の同意を不要とし、又は同意が必要な他の社員の数を軽減することも認められる。例えば、「総社員の過半数による承諾によって社員の持分譲渡の承諾をする」又は「業務執行社員の決定によって社員の持分譲渡の承諾をする」などの定めが定款に置かれていれば、その定めに従う。あるいは、一定の場合には承諾を要しないものとすることを定めることも許される。持分譲渡の結果、持分会社の社員に変動があれば、定款の記載（576条1項4号）を変更する必要が生じる。本条3項は、持分譲渡の要件と定款変更の要件とを一致させている。

6　持分譲渡の効果

　持分を譲渡した社員の責任（583条2項、586条、612条）、持分を譲受者の責任（605条）が共に発生する。社員でない者に対して持分の譲渡がされた場合には、譲渡した社員は全部譲渡の場合には退社し、一部譲渡の場合には持分の減少が生じる。譲受人は社員の地位を取得して入社する。

　社員に対して持分譲渡がされた場合、全部譲渡の場合には譲渡人は社員としての地位を喪失して退社し、一部譲渡の場合には持分の減少が生じる。譲受人は自己の持分を増加させる。合資会社において無限責任社員と有限責任社員との間で相互に持分の譲渡がされた場合、有限責任社員から無限責任社員に持分譲渡がされるときは、無限責任社員と有限責任社員の地位が併存することは不可能であるから、無限責任社員としてその持分が増加するにすぎない。無限責任社員から有限責任社員に対して持分譲渡がされる場合は、無限責任社員になるとする説、有限責任社員としての持分が増加するという説が主張されている（太田穣「持分会社の社員の加入と退社」大系(1)367頁）。

7　持分の質入れ

　持分会社の持分の質入れについて、明文の規定がない。しかし、社員の地位には財産的価値があり譲渡可能な権利であるから、持分の質入れは可能である。ただし、持分の譲渡に対する本条又は定款による制約を、質入れの方法、質権の効力及び質権の実行の局面で考慮する必要がある。質入れの方法に関しては、①持分の質入れは権利質の一種となるため、持分につき証書が

発行されていない限り、質権設定者と質権者の合意のみを成立要件とする説と、②質権設定の合意に加えて他の社員の同意を成立要件とする説とがある（池垣定太郎・注会(1)275-276頁）。

本条1項、2項又は3項の類推適用により、他の社員の承諾が質権の第三者対抗要件となる。持分上の質権者は、持分会社の利益配当（民362条2項、350条、297条類推）及び残余財産の分配（民362条2項、350条、304条1項類推）を受け、被担保債権の弁済に充当できる。持分上の質権が会社に対する対抗要件を備えている場合、質権者は利益配当請求権及び残余財産分配請求権を会社に対して直接取立てができると解される（154条1項、民362条2項、350条、304条1項ただし書参照）。持分の質権を実行し、持分を換価する場合、本条の類推により定款に別段の規定がない限り他の社員の同意を要すると考えられる。本条の要件を満たさない場合、質権者は将来の利益配当請求権、残余財産分配請求権、出資払戻請求権又は持分払戻請求権を有するに過ぎない（民350条、304条）が、差押債権者として社員を退社させて持分払戻請求権の転付を受けることができる（609条、鴻常夫・新注会(1)245-247頁）。

● (持分の全部の譲渡をした社員の責任)

第586条 持分の全部を他人に譲渡した社員は、その旨の登記をする前に生じた持分会社の債務について、従前の責任の範囲内でこれを弁済する責任を負う。
　2　前項の責任は、同項の登記後2年以内に請求又は請求の予告をしない持分会社の債権者に対しては、当該登記後2年を経過した時に消滅する。

1　持分の全部の譲渡をした社員の責任

本条1項は、持分を全部譲渡した社員の対外的な責任を、持分会社における社員の退社の場合の責任（612条）と同様の構造を有するとみて規定している。本条1項は、持分の全部を他人に譲渡した社員が、その旨の登記をする前に生じた持分会社の債務について、従前の責任の範囲内でこれを弁済する責任を負うことを定める。すなわち、持分の全部の譲渡をした社員も、その登記前に生じた債務については、従前の責任の範囲内で弁済する責任を負

うと解される。他方、社員に関する登記制度がない合同会社（914条参照）には、本条は適用されず、持分を全部譲渡した合同会社の社員は、退社後は責任を負わない。

訴訟物　XのYに対する持分全部譲渡社員としての会社債務履行請求権

＊本件は、A合名会社に対する債権者Xが、同社の財産をもって債務を完済できないこと、又は、同社会社の財産に対する強制執行が効を奏しなかったため、同社のもと社員Aに対して同社の債務について履行請求をしたところ、Aについては、XとY会社間の売買に先立つ退社登記の抗弁が争点となった事案である。

請求原因
1　XはA会社との間で、本件目的物を代金1,000万円で売買する契約を締結したこと
2　Yは、A会社のもと社員であったこと
　＊請求原因2の「もと」は、過去のいつの時点であってもよい。まず、もと社員であれば、その後社員資格を喪失したことが主張立証されない限りその法律状態は現時点まで継続することとなる。また、「もと」の時点が請求原因1の債務の成立時点より後であっても、605条によって、社員は責任を負う。したがって、厳密にいうと、無限責任社員の580条1項の責任を求める場合の請求原因事実としては、「Yは、請求原因1当時、A会社の社員であること」は要らず、請求原因2のように「もと社員」の主張で足りる。
3　A会社の財産をもって会社債務を完済できないこと、又は、A会社の財産に対する強制執行が効を奏しなかったこと

（持分全部譲渡登記）

抗弁
1　YがBに対し、A会社の持分を全部譲渡したこと
2　請求原因1に先立って、抗弁1に基づきYの退社登記がされたこと
　＊本条1項に基づく抗弁である。

2　本条と商業登記の一般的効力（908条1項）との関係

持分会社の社員の退社は登記事項である（商登96条、111条、118条）。そのため、退社の登記に関して本条や612条による効果のほか、商業登記の一

般的効力（908条1項）が生じるかが問題となる。908条1項は退社の事実が登記されることによって、善意者にも退社の事実を対抗できることを認める（登記の積極的効力）一方で、登記前は善意者には対抗できないが悪意の者には対抗できる。本条ないし612条は登記前に責任を負うべき相手方について主観的態様を問題としていないので、悪意の者に対して責任を免れるか否かが問題となる。本条ないし612条を外観保護の規定と解し、悪意者を保護する必要はない以上、908条1項の適用を認める見解があるが、判例（大判昭和14年2月8日民集18.54）は旧商法12条（908条1項）の適用を否定する。すなわち社員が退社した登記がない以上は、本条ないし612条により退社の事実に関する取引相手の善意悪意にかかわらず、退社の登記前に生じた会社の債務について責任を負うとする。本条ないし612条1項は登記未了の退社社員の責任となる会社の債務の発生の時期及びその責任の終期を退社の登記を基準として明確化したところに意義があり、登記未了の退社社員は退社直後は第三者から社員と誤信されるべき客観的性質を有するから、社員と誤認させる行為をした者（589条）と同様の責任を負わせるべきであり、法律関係の画一化を図るために登記が基準となっていると解するからである。

3 　除斥期間

　本条1項所定の持分の全部の譲渡をした社員の責任は、同項の登記後2年以内に請求又は請求の予告をしない持分会社の債権者に対しては、その登記後2年を経過した時に消滅する（本条2項）。会社債権者が持分会社の債務について時効中断事由が生じたとしても、前記1の設例について、退社員については、次の抗弁（除斥期間）等が独自に存在することとなる。

（除斥期間）
抗弁　1　YがBに対し、A会社の持分を全部譲渡したこと
　　　　2　抗弁1に基づきYの退社登記がされたこと
　　　　3　抗弁2の日から2年が経過したこと
　　　　＊本条2項に基づく抗弁である。

（請求又は請求の予告）
再抗弁　1　XはYに対し、抗弁3の期間経過に先立って、本件請求をしたこと、又は請求の予告をしたこと
　　　　＊本条2項に基づく再抗弁である。

4　持分の一部譲渡をした社員の責任

　持分の一部を譲渡した社員は、その出資の価額が減少する。そして出資の価額が減少した場合は、合名会社の社員・合資会社の無限責任社員は従前どおり無限責任を負い、合資会社の有限責任社員は583条2項の規定により、減少前の範囲内で責任を負う。また、合同会社の社員は、出資の価額が減少した場合は、減少後の範囲内で責任を負う（相澤他・論点解説573頁）。

5　合資会社の有限責任社員が合同会社となった後の出資を履行せず、その持分譲渡した場合の責任

　持分の全部の譲渡をした譲渡人の責任に関する本条の適用の有無については、各社員についての登記制度がない合同会社には同条の適用はなく、その規定による責任は負わない。また、その他譲渡人が特に責任を負うべき事由は存しないため譲渡後は責任を負わない。

　譲受人は社員の地位を承継するから、譲渡人が未履行の出資義務を負担する。合同会社の社員となることと出資義務の全部を履行すべきこと（578条本文）との関係は、出資義務が未履行の持分の譲渡を持分会社が承諾した以上、譲渡は有効に成立し、譲受人が出資義務を負うと解される。

第587条　持分会社は、その持分の全部又は一部を譲り受けることができない。
　　2　持分会社が当該持分会社の持分を取得した場合には、当該持分は、当該持分会社がこれを取得した時に、消滅する。

1　持分会社自身による持分譲受禁止

　持分会社は、その持分の全部又は一部を譲り受けることを禁止されている（本条1項）。持分会社においては、株式会社では自己株式取得が認められるのとは異なり、持株会社自身が保有する「自己持分」という概念は存在しない。本条1項の規定に反して持分会社が社員から自己の持分を譲り受けた場合の効果についての定めはないが、無効とする必要はなく、その社員の持分の全部譲受けであれば社員の退社（606条）、一部取得であれば出資の払戻し（624条）と構成できよう。合同会社においては原則として出資の払戻し

はできないが、定款変更により出資の減少を行うことで出資の払戻しは可能であるから（632条1項）、合同会社が自己持分譲受けをし、それが出資の減少を伴わなかった場合はその業務を執行した社員と持分を譲渡した社員とが連帯して会社に対し、持分譲渡の対価分の金銭賠償義務があると解される（633条）。なお合同会社の場合は財源規制の問題も生じる（635条、636条）。

2　持分会社の自身による持分取得

　持分会社は、譲受けが禁止されているその会社の持分を、例えば、合併による承継のように、譲渡以外の方法で取得したときは、その持分は取得時に消滅したものとされる（本条2項）。

第3節　誤認行為の責任

　588条及び589条は、社員であることや社員の責任の内容を誤認させる行為に係る責任規定である。これらの規定は、法律上適法に生じ得る会社の種類と社員の責任との組合せのみを対象とする。そのため、例えば、合同会社の社員が無限責任社員であると誤認される行為をした場合や、その商号を偽った場合（合同会社が合名会社という名称を事実上使用した場合）は、形式的にはこれらの規定が適用されないこととなるが、規定の趣旨からすれば、類推適用すべきである（相澤・新会社法解説158頁）。

●(無限責任社員であると誤認させる行為等をした有限責任社員の責任)

第588条　合資会社の有限責任社員が自己を無限責任社員であると誤認させる行為をしたときは、当該有限責任社員は、その誤認に基づいて合資会社と取引をした者に対し、無限責任社員と同一の責任を負う。
　2　合資会社又は合同会社の有限責任社員がその責任の限度を誤認させる行為（前項の行為を除く。）をしたときは、当該有限責任社員は、その誤認に基づいて合資会社又は合同会社と取引をした者に対し、その誤認させた責任の範囲内で当該合資会社又は合同会社の債務を弁済する責任を負う。

1　自称無限責任社員の責任

　本条1項は、合資会社の有限責任社員が自己を無限責任社員であると誤認させる行為をしたときは、その有限責任社員は、その誤認に基づいて合資会社と取引をした者に対し、無限責任社員と同一の責任（無限連帯責任）を負うこと（自称無限責任社員の責任）を定める。有限責任社員の偽装行為と会社債権者の債権発生原因事実（例えば、契約締結行為など）との間には、因果関係を要すると解される。

　訴訟物　　　XのYに対する有限責任社員としての責任履行請求権
　　　　　＊本件は、A合資会社の有限責任社員Yが自己を無限責任社

員であると誤認させる行為をしたため、XはYが無限責任社員であると誤認してA会社と取引をしたが、A会社が300万円しか支払わないので、Yに対して700万円の支払を求めた事案である。

請求原因
1　XはA会社との間で、本件目的物を代金1,000万円で売買する契約を締結したこと
2　A会社の財産をもって会社債務を完済できないこと、又はA会社の財産に対する強制執行が効を奏しなかったこと
3　YはA会社の有限責任社員であること
4　YはXに対し、A会社の無限責任社員であると誤認させる行為をしたこと
5　請求原因4のYの行為と請求原因1のXの契約締結行為との間に因果関係があること
（6　YがA会社に対し出資すべき額は、300万円であること）
　　＊本条1項の責任は、580条2項の責任を超える部分についてのみ生ずると考えれば、請求原因6は300万円部分の請求のために必要である（訴訟物は2個と考える）。これに対し、580条2項の責任額部分についても請求権競合の形で本条1項の責任が別個に生ずるとの見解によれば、請求原因6は不要と解することも可能であろう。

2　有限責任社員がその責任の限度を誤認させる行為の責任
　本条2項は、合資会社又は合同会社の有限責任社員がその責任の限度を誤認させる行為（本条1項の行為を除く）をしたときは、有限責任社員は、その誤認に基づいて合資会社又は合同会社と取引をした者に対し、その誤認させた責任の範囲内でその合資会社又は合同会社の債務を弁済する責任を負うことを定める。

訴訟物　　XのYに対する有限責任社員としての責任履行請求権
　　＊本件の場合も、前記設例と同様に訴訟物の単複が問題となる。XのYに対する請求金額は、1,000万円である。

請求原因
1　AはB合資会社の無限責任社員であること
2　XはAに対し、本件目的物を代金1,000万円で売買する契約を締結したこと
3　B会社の財産をもって会社債務を完済できないこと、又はB

　　　　会社の財産に対する強制執行が効を奏しなかったこと
　　4　YはB会社の有限責任社員であること
　　5　YはXに対し、自己の出資すべき額は本来300万円であるのに、それを1,000万円であると誤認させる行為をしたこと
　　6　請求原因5のYの行為と請求原因2のXの契約締結行為との間に因果関係があること

3　本条の責任と580条2項の責任との関係
　本条1項、2項が定める有限責任社員の責任は580条2項の責任と異なることは異論がない。しかし、580条2項に基づいて責任が認められる範囲の部分についても、いわば請求権が競合する形で本条の責任が発生するのか、それともその範囲では、580条2項の責任が生ずるのみで、本条の責任が生じないのか見解が分かれ得る（この見解の違いによる差異については、例えば、前記2の設例の請求原因6の注記参照）。

4　合同会社の社員が無限責任社員であると誤認される行為をした場合
　合同会社の社員が合資会社又は合名会社の無限責任社員であると誤認される行為をした場合、又は商号を合名会社又は合資会社と偽った場合には本条の類推適用があると解される（相澤・新会社法解説158頁）。

5　会社の種類と会社債権者保護
　商号中に会社の種類を示す文言（社員の責任の状況に応じた文字）を用いなかったために、取引の相手方が、例えば合資会社の有限責任社員を無限責任社員であると誤認した場合には、無限責任社員としての責任を負う（江頭憲治郎「『会社法制の現代化に関する要綱案』の解説（8・完）」商事1729.12）。

●(社員であると誤認させる行為をした者の責任)

第589条　合名会社又は合資会社の社員でない者が自己を無限責任社員であると誤認させる行為をしたときは、当該社員でない者は、その誤認に基づいて合名会社又は合資会社と取引をした者に対し、無限責任社員と同一の責任を負う。
　　2　合資会社又は合同会社の社員でない者が自己を有限責任社員であると誤認させる行為をしたときは、当該社員でない者は、その誤認に基づいて合資会社又は合同会社と取引をした者に対し、その誤認させた

責任の範囲内で当該合資会社又は合同会社の債務を弁済する責任を負う。

1　無限責任社員であると誤認させる行為をした者の責任
　本条1項は、禁反言の法理の現れとして、合名会社又は合資会社の社員でない者（自称社員）であっても、自己を無限責任社員と誤認させる行為がある場合は、それを誤認して合名会社又は合資会社と取引した第三者を保護するため、その第三者に対して自称社員が無限責任社員と同一の責任を負うことを定める。本条1項の救済を求める第三者は自称社員を真の社員と誤認することによって会社に対し債権を取得する必要があるが、会社に対する債権は自称社員が会社を代表して行った行為に基づくものでなくともよいと解されている（大塚龍児・新注会(1)301頁）。自称社員は、本条に基づいて会社債務を弁済した場合に、第三者弁済として、会社に対して求償権を行使できると解される。

訴訟物　　XのYに対する自称社員としての会社債務履行請求権
　　　　　　＊本件は、自称社員に対して本条1項の無限責任を問う事案である。この場合、Yが「合名会社又は合資会社の社員でない者」であることは請求原因事実とはならない。

請求原因　1　XはA合名会社との間で、本件目的物を代金1,000万円で売買する契約を締結したこと
　　　　　　　＊XのA会社に対する債権は、自称社員Yが会社を代表・代理してなした行為によって発生することを要しない。自称社員Yは社員でないから、この者に代理権があるか、会社が追認するか、表見代表・表見代理が成立するか、又は正規の代表者・代理人によってされたものでなければならない（大塚龍児・新注会(1)302頁）。
　　　　　　2　Yは、自己をあたかもA会社の無限責任社員であると誤認させる行為をしたこと
　　　　　　3　請求原因2のYの行為と請求原因1の取引との間に因果関係があること
　　　　　　　＊請求原因3は、因果関係の存在を要件とする見解（田中耕太郎・会社法概論上140頁）に基づくものである。本条1項所

定の「基づいて」とは、「によって」より緩やかな趣旨であって、その者も社員の1人であるということがA会社と取引をするに至る動機の一部であれば足りると解される（大塚龍児・新注会(1)301頁）。
　　　4　A会社の財産をもって全社債務を完済できないこと、又はA会社の財産に対する強制執行が功を奏しなかったこと
　　　　＊自称社員は会社債権者に対して社員と同一の責任を負うので、請求原因4が必要となる。

（除斥期間）
抗　弁　1　本店所在地において、A会社の解散登記をした日
　　　2　抗弁1の日から5年経過したこと
　　　　＊673条の消滅時効は自称社員の責任についても適用されることに基づく抗弁である。同条1項は、社員の責任消滅の法定期間を特に一律に解散登記（926条）の時から起算することとしている。社員の責任の消滅期間である5年の期間は、社員の利益保護に基づく法定期間すなわち除斥期間であって、消滅時効期間ではないと解されている。ただし、その法定期間中に請求又はその予告があればその期間が延長されるから、消滅時効と実質的な差異はない。

（請求又は請求の予告）
再抗弁　1　Xは、抗弁2の期間が経過するに先立って、Yに対し本件の請求をしたこと、又は、請求の予告をしたこと

2　有限責任社員であると誤認させる行為をした者の責任

　本条2項の自称社員の責任は、本条1項の場合と同様に、禁反言の法理に基づく責任である。合資会社又は合同会社の社員でない者が自己を有限責任社員であると誤認させる行為をしたときは、その社員でない者は、その誤認に基づいて合資会社又は合同会社と取引をした者に対し、誤認させた責任の範囲内でその合資会社又は合同会社の債務を弁済する責任を負う。

訴訟物　　XのYに対する自称社員としての会社債務履行請求権
　　　　＊本件は、自称社員に対して本条2項の責任を問う事案である。この場合、Yが「合資会社又は合同会社の社員でない者」であることは請求原因事実とはならない。
請求原因　1　XはA合資会社（又は合同会社）との間で、本件目的物を

　　　　　代金1,000万円で売買する契約を締結したこと
　　　　＊請求原因1ないし3についてのコメントは、上記1の設例の
　　　　　注記を参照されたい。
　　　2　Yは、自己をあたかもA会社の有限責任社員であると誤認
　　　　させる行為をしたこと
　　　3　請求原因2のYの行為と請求原因1の取引との間に因果関
　　　　係があること
　　　4　誤認させた責任の範囲内のA会社の債務額

3　誤認行為による責任
　588条及び本条は、社員であることを他人に誤認させる行為のうち、持分会社の種類と社員の責任の関係が適法であるものに限って規定している。しかし、合同会社の社員が、無限責任社員であると誤認される行為をした場合又はその商号を合名会社と偽った場合には文言解釈からは本条は適用されないが、類推適用が認められるべきである（相澤・新会社法解説158頁）。

第3章　管　　理

　本法は、会社を、社員（株主）以外の機関を認める株式会社（第2編）と、社員のみが機関である持分会社（第3編）に大別する。すなわち、株式会社の管理は、株主総会と取締役が置かれ、基本的意思決定は会社の構成員である株主が株主総会で決するが、それ以外の管理の意思決定は、取締役ないし取締役会という第三者に委ねられる第三者機関制を採る。これに対し、持分会社においては、社員が業務執行を行う（590条）という自己機関制を採用している。これが、株式会社と持分会社との基本的な相違である。

第1節　総　　則

● (業務の執行)

第590条　社員は、定款に別段の定めがある場合を除き、持分会社の業務を執行する。
　　2　社員が2人以上ある場合には、持分会社の業務は、定款に別段の定めがある場合を除き、社員の過半数をもって決定する。
　　3　前項の規定にかかわらず、持分会社の常務は、各社員が単独で行うことができる。ただし、その完了前に他の社員が異議を述べた場合は、この限りでない。

1　業務執行―社員の責任と業務執行権の分離

　本条1項は、持分会社の社員（無限責任社員に限らず、有限責任社員を含む）は、原則として会社の業務執行権を有すること（所有と経営の一致）を定める。これは、旧商法において、無限責任社員にのみ業務執行権を認め（旧商70条、147条）、合資会社の有限責任社員には認めていなかった法制（旧商156条「有限責任社員ハ会社ノ業務ヲ執行シ又ハ会社ヲ代表スルコトヲ得ズ」）を大きく変えている（ただ、最判昭和24年7月26日民集3.8.283は、「商法第156条の規定中業務執行に関する部分は任意規定と解するのが相当であり、従つて、合資会社が定款その他の内部規約を以て有限

責任社員に業務執行の権利義務ある旨を定めた場合においては、その定は有効と認むべきである。」と判示していた）。これは、持分会社の1つとして、社員のすべてが有限責任社員である合同会社が存在するため、旧商法のように有限責任社員が業務執行権を有さない法制を採れないからである（合同会社では、有限責任社員が会社代表者となることが認められる）。そこで、本法は、持分会社の業務執行権の所在と社員の責任のあり方とを切断することとした。また、本条1項は、例外として、定款において社員（有限責任社員のみならず、無限責任社員）に業務執行権を与えないことができるとする。定款自治による業務執行の柔軟性を認めたものであって、所有と経営の分離も認めるものである（577条の解説を参照されたい）。

ところで、会社の業務執行には、対内的業務執行と対外的業務執行がある。そのうち、対外的業務執行については法律的に意味のある執行をするためには会社を代表する権限がないと機能しないのであるが、599条1項本文が業務執行者に対して原則として会社代表権を与えて、その解決を図った。

訴訟物　　XのY合名会社に対する売買契約に基づく売買代金請求権
＊本件は、XはY会社の社員Aとの間で土地を売買する契約を締結し、代金の支払をY会社に求めたが、Y会社はAに会社を代理する意思がなかったこと、Aに業務執行権がない旨の定款の定めの存在などの抗弁を主張した事案である。

請求原因　1　XはAとの間で、本件土地を代金1,000万円で売買する契約を締結したこと
　　　　　　2　AはY会社の社員であること
＊本条1項によれば、社員は原則として会社の業務執行の権利義務を有する。更に、599条1項本文によれば、業務を執行する社員は、原則として、会社を代表する権限を有することとされているから、合名会社の社員であることさえ主張立証できれば、会社を代表する権限を有するものといえるのである。顕名の要件事実が不要であることについては、下記の「代表意思不存在」の抗弁の注記参照。

（代表意思不存在）
抗弁　　1　Aは、請求原因1の当時、Y会社のためにする意思を有していなかったこと
＊請求原因1の事実により、Aの行った法律行為の商行為性が基礎づけられる（商503条）。それに加えて、商法504条

により代表者の顕名の要件事実の主張立証は不要である。しかし、代表者に代表意思がない場合には、代表行為とは評価できない。そのため、代表意思の攻撃防御方法上の位置づけが問題となる。代理意思の存在を請求原因とする見解と、その不存在を抗弁に位置づける見解とがある（伊藤滋夫＝平手勇治「要件事実論による若干の具体的考察」ジュリ869.38、司研・要件事実第一巻69頁）。本書は、後者の立場に立っている。

(業務執行権に関する定款の定め)

抗弁 1　Y会社の定款には、Aが業務執行権を有しないことを定めていること

＊本条1項に基づく抗弁である。

(代表権に関する定款の定め)

抗弁 1　Y会社の定款には、A以外の社員Bのみが会社代表権を有することを定めていること、又は、総社員の同意をもって、Bを会社を代表する社員と定めたこと

＊599条1項ただし書に基づく抗弁である。

2　請求原因1の売買契約締結に先立って、抗弁1の登記（Bが代表社員である旨の登記）がされたこと

＊合名会社においては、Aのように会社を代表しない社員がある場合には、合名会社を代表する社員Bの氏名は、登記すべき事項である（912条6号）。登記すべき事項は、登記の後でないと第三者Xに対抗できない（908条1項）。908条1項の適用がされる登記すべき事項に該当する事実を主張する者は、登記すべき事項が発生したことを主張立証することでは足りず、既にそれについての登記がされたこと（本条1項前段の文理）、又は登記すべき事項を相手方が既に知っていること（本条1項前段の反対解釈）を併せて主張立証すべきであるとする見解による。

＊本条1項によれば、合名会社の社員は業務執行権を有するのが原則であり、定款の定めをもって、社員の業務執行権を奪うことができる。しかし、Aが業務執行権を有しないこと自体は、本件の抗弁とならない。

2　社員でない者を業務執行権者とすることの可否

　本条1項は「社員は、定款に別段の定めがある場合を除き、持分会社の業務を執行する」と規定し、「別段の定め」について特に規定しておらず、持分会社の定款で社員でない者（非社員）を業務執行権者として定め得るかが問題となる。

　旧商法当時は、合名会社は社員相互の人的関係に基礎を置く人的会社であること、合資会社の有限責任社員については業務執行権限や会社代表権限が認められないことなどから、業務執行権限について定款により別段の定めをすることができるとされていても、全社員を業務執行から除斥し又は社員でない者に業務執行の権利義務を認めることは、合名会社の本質に反し許されないと、一般に解されていた（川島いづみ「人的会社に関する改正と新たな会社類型の創設」判タ1158.10）。しかし、本法では、持分会社の社員の責任の無限・有限の別を業務執行権・代表権の有無と結びつける規定がなく、しかも全社員が有限責任社員で、出資全額の払込みをしなければ社員となれない合同会社であっても、合名・合資会社と同じく590条、591条の規整に服するのであるから、人的会社の本質論によって社員以外の業務執行権者を排除するという論理は維持できない。しかし、持分会社の業務執行権を有する者の会社に対する一般的義務（593条1項、2項の善管注意義務・忠実義務）は法定の特別な義務であり、しかもその義務・責任が課せられる要件が単に業務執行権を有することだけではなく業務を執行する「社員」であることと規定されている以上、本法は持分会社の業務執行権は社員たる地位と密接不可分な関係としているので、社員でない者は業務執行権を有する者として選任され得ないと解すべきであろう。

3　社員が複数の場合の業務執行の決定

　本条2項は、持分会社において、社員が2人以上ある場合には、その業務は、定款に別段の定めがある場合を除き、社員の過半数をもって決定すべきであることを定める。組合に関する民法670条1項と同趣旨の規定である。この決定を実行することは各社員が単独で行うことができる（599条1項本文）。したがつて、この内部的意思決定が本項の定めるとおりに行われていないことは、その事実のみでは実行行為の効力を障害させる抗弁としては不足であり、この事実に加えて、相手方がその事実を知っているか又は知らないことについて重大な過失あることの評価根拠事実を会社側において主張立証することが必要とされるであろう。

第 590 条　67

|訴訟物|　XのY合資会社に対する売買契約に基づく売買代金請求権
　　　　　＊本件は、XがY会社の無限責任社員Aとの間で、土地を売買する契約を締結し、Y会社に対しその代金の支払を求めたところ、Y会社の定款には、Aが業務執行権を有しないこと、あるいは、Aが代表権を有していないことの記載があるなどを抗弁として主張した事案である。

|請求原因|　1　XがAに対し、本件土地を代金1,000万円で売買する契約を締結したこと
　　　　　2　AはY会社の無限責任社員であること
　　　　　＊本条1項によれば、合資会社を含め持分会社の社員は原則として会社の業務を執行する権利義務を有する。更に、599条1項本文によれば、業務を執行する社員は、原則として、会社を代表する権限を有することとされているから、合資会社の無限責任社員であることを主張立証できれば、会社を代表する権限を有するものといえるのである。

（業務執行権に関する定款の定め）
|抗　弁|　1　Y会社の定款には、Aが業務執行権を有しないことを定めていること
　　　　　＊本条1項に基づく抗弁である。

（代表権に関する定款の定め）
|抗　弁|　1　Y会社の定款には、Aが会社代表権を有しないことを定めていること、又は、総社員の同意をもって、Bを会社を代表する社員と定めたこと
　　　　　＊599条1項ただし書に基づく抗弁である。

（他の無限責任社員の存在）
|抗　弁|　1　Y会社には、A以外にも無限責任社員が存在すること
　　　　　2　請求原因1の契約締結につき、無限責任社員の過半数の決議を得ていないこと
　　　　　3　Xは、請求原因1の契約締結当時、抗弁2の事実を知っていたこと、又は知らないことにつき重過失が存在することを基礎づける事実

4　持分会社の常務の執行
　本条2項の規定にかかわらず、社員が複数いる場合であっても、持分会社の常務は、各社員が単独で行うことができる（本条3項本文）。しかし、そ

の完了前に他の社員が異議を述べた場合は、単独で行うことができない（本条3項ただし書）。本条2項は、組合に関する民法670条3項と同趣旨の規定である。他の社員から異議が述べられているにもかかわらず、常務の執行をしたときは、社員の業務執行権又は代表権の消滅原因となり得る。しかし、その常務が取引行為であるような場合の法律効果は、持分会社内で他の社員から異議が出ていることを知り、又は知らないことに重過失があるような場合を除き、有効と解すべきであろう。

> 訴訟物　　X持分会社のYに対する社員の業務執行権又は代表権の消滅請求権
> 　＊本件は、X会社の社員Yの業務執行権又は代表権の消滅の宣言を求めるための事案である。
> 　＊持分会社の業務を執行する社員の業務執行権又は代表権の消滅の訴えの被告は、対象業務執行社員である（861条2号）。
> 　＊持分会社の社員の除名の訴えは、持分会社の本店の所在地を管轄する地方裁判所の管轄に専属する（862条）。

> 請求原因　1　YとAはX会社の社員であること
> 　＊持分会社の社員であれば、原則として業務執行権を有するし、会社代表権も有する。
> 　2　Yは、X会社の常務に属する行為をしたこと
> 　3　Aは、請求原因2の完了に先立って、異議を述べたこと
> 　＊請求原因2及び3の事実は、業務執行について善管注意義務違反があるというべく、859条3号（860条1号）あるいは860条2号に該当することになろう。
> 　4　X会社は、Y以外の社員の過半数をもって、業務を執行し又はX会社を代表する権限を消滅させる（剥奪する）旨の決議をしたこと

> 訴訟物　　XのY合名会社に対する売買契約に基づく売買代金請求権
> 　＊本件は、XがY会社の無限責任社員Aとの間で、原材料を売買する契約を締結し、Y会社に対し代金の支払を求めたところ、Y会社は同社の他の無限責任社員Bがその売買契約の締結に異議を述べ、そのことをXが取引の当時知っていたなどと抗弁した事案である。

> 請求原因　1　AはY会社の無限責任社員であること

2　AはXとの間で、Y会社の（常務に属する）製品の原材料を代金1,000万円で購入する契約を締結したこと
　　＊上記売買契約が「常務に属する」との事実は不用と考える見解もあろう。
　　＊AにY会社を代表する意思がなかったことは、抗弁と位置づけられる。

（他の無限責任社員の異議）

抗　弁　1　Y会社には、A以外にも無限責任社員Bが存在すること
2　Bは請求原因2の契約締結に先立って異議を述べたこと
3　Xは、請求原因2の契約締結当時、抗弁2の事実を知っていたこと、又は知らないことについての重過失の評価根拠事実

● (業務を執行する社員を定款で定めた場合) ────────

第591条　業務を執行する社員を定款で定めた場合において、業務を執行する社員が2人以上あるときは、持分会社の業務は、定款に別段の定めがある場合を除き、業務を執行する社員の過半数をもって決定する。この場合における前条第3項の規定の適用については、同項中「社員」とあるのは、「業務を執行する社員」とする。
2　前項の規定にかかわらず、同項に規定する場合には、支配人の選任及び解任は、社員の過半数をもって決定する。ただし、定款で別段の定めをすることを妨げない。
3　業務を執行する社員を定款で定めた場合において、その業務を執行する社員の全員が退社したときは、当該定款の定めは、その効力を失う。
4　業務を執行する社員を定款で定めた場合には、その業務を執行する社員は、正当な事由がなければ、辞任することができない。
5　前項の業務を執行する社員は、正当な事由がある場合に限り、他の社員の一致によって解任することができる。
6　前2項の規定は、定款で別段の定めをすることを妨げない。

──────────────────────────────

1　定款で定めた業務執行社員
　業務を執行する社員を定款で定めた場合において、業務を執行する社員が

2人以上あるときは、持分会社の業務は、定款に別段の定めがある場合を除き、業務を執行する社員の過半数をもって決定する（本条1項前段）。ただ、業務執行社員が複数いる場合であっても、持分会社の常務は、各業務執行社員が単独で行うことができる（本条1項後段、590条3項本文）。しかし、その完了前に他の業務執行社員が異議を述べた場合は、単独で行うことができない（本条1項後段、590条3項ただし書）。これは、組合に関する民法670条2項、3項と同趣旨の規定である。

なお、定款に別段の規定によって、一部の社員に業務執行を任せることができるが、持分会社の業務執行は、社員以外の者に任せることはできない。ただし、業務執行社員が法人である場合、社員ではない自然人が、職務執行者として、持分会社の業務を執行することがあり得る（598条）。

2　支配人の選任・解任

本条2項は、支配人の選任及び解任は、特に業務執行社員が定められていても、無限責任社員の過半数によって決定すべきことを定める。株式会社においても支配人の選任・解任は取締役会の固有権限とされている（362条4項3号）。本条に違反して業務執行社員が支配人を選任し、その支配人が合資会社の営業に関する行為をした場合の効果については見解が分かれるであろう。しかし、無限責任社員の過半数の決議による選任は、会社の内部的な意思決定の問題に過ぎないから、それに違反する事実のみでは、取引の安全を考慮すると、支配人の個々の営業行為を無効と解することはできない。

3　定款で定めた業務執行社員の退社の効果

業務を執行する社員を定款で定めた場合において、その業務を執行する社員の全員が退社したときは、その定款の定めは、その効力を失う（本条3項）。本条3項は、組合又は委任の法理を修正した規定である（相澤哲＝郡谷大輔「持分会社」商事1748.17）。

4　定款で定めた業務執行社員の辞任・解任の制約

業務を執行する社員を定款で定めた場合には、その業務を執行する社員は、正当な事由がなければ、辞任することができない（本条4項）。また、この業務を執行する社員は、正当な事由がある場合に限り、他の社員の一致によって解任できる（本条5項）。なお、上記の2つの制約は、定款で別段の定めをすることを妨げない（本条6項）。

● (社員の持分会社の業務及び財産状況に関する調査)

第592条 業務を執行する社員を定款で定めた場合には、各社員は、持分会社の業務を執行する権利を有しないときであっても、その業務及び財産の状況を調査することができる。
　2　前項の規定は、定款で別段の定めをすることを妨げない。ただし、定款によっても、社員が事業年度の終了時又は重要な事由があるときに同項の規定による調査をすることを制限する旨を定めることができない。

1　社員の持分会社の業務及び財産状況に関する調査
(1)　社員が有する調査権
　本条1項は、業務執行権のない社員にも調査権を認めるが、調査権の行使の要件及び手続に特段の制限を置いていない。株主の場合は、少数株主権として、法定の重大な事実があることを疑うに足りる事由があるときは裁判所に対して検査役の選任を申し立てる権限が付与されていること（358条参照）に対して、業務執行権限がない社員に強大な経営介入権限を与えるかのようである。しかし、所有と経営が分離された株式会社は、監査役、監査委員会で選定された監査委員、会計監査人、会計参与という機関が、必要に応じて会社及び子会社の業務及び財産の状況を調査する権限を有しており、出資者である株主に強力な検査権を付与する必要性が低い。他方、持分会社では、業務執行の監督機関の常設が義務づけられておらず、業務執行権限のない社員のほかには業務執行社員の行為を監視する地位の者がいないため、投資の継続の判断材料を与えるためにも、社員に検査権を与える必要がある。
(2)　調査の拒絶
　本条は、業務執行の責任を負わない社員が会社経営を妨害する場合に利用されることもあろう。しかし、社員権は株式と異なり自由譲渡性が保障されていないから（585条参照）、会社経営を攪乱しておいて、自らは企業価値が低下する前に会社から離脱するというような行動も取り難い。したがって、本条の検査権の行使について、株主の帳簿閲覧・謄写請求に対する433条2項各号のような定型的な拒絶事由を設ける必要はなく、調査の拒絶の必要性があるときは、権利濫用の法理で対応すれば足りる。

|保 全 物| XのY合名会社に対する帳簿閲覧請求権の保全権能
＊Y会社の業務を執行する権限を有する無限責任社員Xが、Yの帳簿の閲覧を請求する仮処分申請をしたのに対して、申請の目的は会社経営の是正ではなく、Y会社の社員であった亡Aの遺産を取得するための個人的な資料収集であるから権利濫用であるとY会社が主張した事案である。
＊申立ての趣旨は、「債務者会社は、別紙目録（略）記載の帳簿、書類を、債務者会社本店において、（営業時間内に限り）債権者又はその代理人に閲覧謄写させなければならない。」である。

|申立理由| 1 XはY会社の社員であること
2 Y会社は、別紙目録（略）記載の帳簿、書類等を有すること
3 Xには、別紙目録（略）記載の帳簿、書類等を閲覧する理由があること

（権利濫用）
|抗 弁| 1 本件仮処分申立てが権利濫用であることの評価根拠事実
＊神戸地決平成2年4月10日判時1364.107は、「仮にXの目的がY主張のとおりであったとしても、それだけでは本件文書を閲覧謄写させることによりY会社の業務が妨害され損害を被るとは考えられず、その他企業秘密の漏洩等の損害を破るとの点につき何らの疎明がない。」「Y会社の業務執行に不正があったと推認され、それ故にXは会社経営を是正し、社員としての権利を確保するために本件仮処分申請に及んだものと認められる。」「Yは、XがY会社の経営に実質的に関与していないことをもって被保全権利がないことの根拠になると主張するけれども、Yが経営に関与したか否かと被保全権利の存否とは直接の因果関係はない。」と判示する。

2 定款の別段の定め

本条1項の規定は、定款で別段の定めをすることを妨げない。ただし、定款によっても、①社員が事業年度の終了時、又は②重要な事由があるときに同項の規定による調査をすることを制限する旨を定めることができない（本条2項）。これは、最低限の組合的規律を保障するものである。本条2項は、

旧商法153条が合資会社の有限責任社員（原則として業務執行権を有しない者とされていた）に保障していた監督権と要件・効果が類似する。しかし、本条は、旧商法153条の権限行使についての「営業時間内ニ限リ」という時間的制限がなく、裁判所の許可の要件がない点において、権限の行使が容易である。

第 2 節　業務を執行する社員

　持分会社とその業務執行社員との関係について、民法の組合に関する規定及び組合に関する規定が準用する民法の委任に関する規定は、民法 671 条、646 ないし 650 条が 593 条で準用されている以外、原則として、本法の条文として規定されている。

●(業務を執行する社員と持分会社との関係)

第 593 条　業務を執行する社員は、善良な管理者の注意をもって、その職務を行う義務を負う。
　2　業務を執行する社員は、法令及び定款を遵守し、持分会社のため忠実にその職務を行わなければならない。
　3　業務を執行する社員は、持分会社又は他の社員の請求があるときは、いつでもその職務の執行の状況を報告し、その職務が終了した後は、遅滞なくその経過及び結果を報告しなければならない。
　4　民法第 646 条から第 650 条までの規定は、業務を執行する社員と持分会社との関係について準用する。この場合において、同法第 646 条第 1 項、第 648 条第 2 項、第 649 条及び第 650 条中「委任事務」とあるのは「その職務」と、同法第 648 条第 3 項中「委任」とあるのは「前項の職務」と読み替えるものとする。
　5　前 2 項の規定は、定款で別段の定めをすることを妨げない。

1　善管注意義務・忠実義務

　業務を執行する社員は、善良な管理者の注意をもって、その職務を行う義務を負い(本条 1 項)、また、法令及び定款を遵守し、持分会社のため忠実にその職務を行わなければならない(本条 2 項)。本法においては、定款で別段の定めができる場合は明文でその旨の規定が設けられているのであるが、本条 1 項及び 2 項については、定款で別段の定めができる旨の規定が置かれていないので(本条 5 項の反対解釈)、これらの義務自体を定款で制限することはできない。しかし、業務執行社員が善管注意義務等に違反したことにより発生した責任の減免については、株式会社の役員等の任務懈怠責任

のように、その免除の方法について特別の制限（例えば、全株主が一致して役員の損害賠償責任の免除を認める場合（424条）は格別、全株主が合意しない場合には、役員等の事後的な責任免除について善意無重過失の要件及び責任限度額が定められ（425条、426条）、かつ事前に責任限契約を締結できるのは社外取締役等に限られる（427条））が課せられていないので、持分会社において、事由に免除することができる。そのため、事後の免除はもちろん、事前に責任が生ずることを停止条件としてその免除の意思表示をすることもでき、これらの免除の方法・条件について定めることもできると解される（相澤他・論点解説576頁、江頭憲治郎「『会社法制の現代化に関する要綱案』の解説（8・完）」商事1729.7）。

2　職務の執行状況の報告義務

業務を執行する社員は、持分会社又は他の社員の請求があるときは、いつでもその職務の執行の状況を報告し、その職務が終了した後は、遅滞なくその経過及び結果を報告しなければならない（本条3項）。この業務執行社員の報告義務は、委任者である持分会社に加えて他の社員も報告請求権者とされており、民法645条が委任者に報告請求権を認めていることを修正している（相澤・新会社法解説160頁）。なお、本条5項は、本条3項の規定について定款で別段の定めをすることを妨げないとしているから、定款に予めこの契約の内容を定めておくことも可能である。

3　業務を執行する社員の法的地位
(1)　準用規定の意義

業務を執行する社員と持分会社との関係について、民法646条から650条までの規定が準用される（本条4項）。持分会社の社員は、社員である（又は定款で業務執行社員とされる）ことにより当然に持分会社の業務執行社員となるから（590条1項、591条1項）、株式会社の役員の任用契約のような契約の締結は不要のようであるが、業務執行社員は、①定款で減免できない善管注意義務・忠実義務に基づく責任を負い、②辞任の自由も制限される（591条4項参照）ので、その地位に就くには、当事者の同意が必要と解される。この同意は、その社員が会社の社員として入社するに際して（又はその社員を業務執行社員とする定款が作成され効力を発するまでに）、社員・会社間で、明示的又は黙示的に、会社がその社員に会社の業務のための一切の事務を委任する契約の締結により成立すると解される（原始社員の場合は、設立中の会社との契約となる）。その契約内容については原則として契

約自由の原則が及ぶから、本条4項はこの契約が黙示的に締結されたため内容が不明確である場合の補充規定であると解される。この場合、民法646条1項、648条2項、649条及び650条中の「委任事務」は「その職務」と、民法648条3項中の「委任」は「前項の職務」と読み替えることとなるので、具体的には以下のとおりとなる。

　業務執行社員は、業務を執行するに当たり受け取った金銭その他の物を会社に引き渡し、かつ、自己の名で会社のために取得した権利を会社に移転する義務を負い（民646条）、また、会社に引き渡すべき金額又はその利益のために用いるべき金額を自己のために費消したときは利息を払い、なお、損害を賠償する義務を負う（民647条）。また、上記の義務に対し、業務を執行する社員は、報酬請求権を有し（民648条）、業務を執行するにつき要する費用の前払を求める権利を有し（民649条）、業務を執行するに必要な費用を支出したときはその償還を求め、必要な債務を負担したときはその弁済を求め、かつ、自己に過失なくして損害を受けたときはその賠償を求める権利を有する（民650条）。

　なお、本条5項は、本条4項の規定について定款で別段の定めをすることを許容しているから、定款に予めこの契約の内容を定めておくことも可能であり、その場合は、会社と社員との間で定款に抵触する内容の合意がされても、定款変更の手続がされない限り効力が生じない。

(2) 業務執行社員の報酬

　業務執行社員の報酬は、本条4項により準用される民法648条によれば、無償が原則であり、特約がなければ会社に報酬を請求できない。ただ、定款に報酬の定めがある場合は、報酬請求権が生じる（本条5項）。定款に別段の定めがない場合でも、業務執行社員は会社との間で就任に際して契約を締結し、報酬の特約をすることができる。株式会社の取締役の報酬に関する手続的規制（361条参照）のような規定は置かれていないから、報酬の特約をするために特別な手続を履践する必要はなく、黙示の合意も可能である。ただし、業務執行社員となった後に報酬の合意を会社とすることは利益相反取引に当たるから、595条に服し、定款に別段の定めがない限り、過半数の社員による承認が必要となる。

(3) 準用されない委任に関する規定

　業務執行社員の地位の終了事由については、民法651条以下の規定が準用規定から排除され（本条5項参照）、本法の規定が強行規定として適用されるため、この契約の終結についても契約自由の原則は働かない。すなわち、持分会社が社員の意思に反して業務執行権限を剥奪するためには、その社員

以外の社員の過半数の決議に基づき、訴えにより業務を執行する権利の消滅を請求する必要がある（860条）。この訴えが認容されるためには、社員の除名事由（859条各号）があるか（860条1号）、又はその社員が持分会社の業務を執行することに著しく不適任であるか（同条2号）を会社が証明しなければならない。また、業務執行権限を社員の一方的意思表示により放棄するためには、定款で業務執行社員として定められた社員の辞任であれば、辞任に正当な事由がなければならず（591条4項）、全社員が会社の業務執行権限を有する持分会社であれば、定款を変更しないと特定の社員が業務執行権限を放棄できない。

4　定款による別段の定め

　本条3項・4項の規定は、定款で別段の定めをすることを妨げない（本条5項）。逆に、持分会社の業務執行社員が会社に対して負う善管注意義務及び忠実義務（本条1項・2項）は、定款の定めによって排除できない強行規定である（江頭憲治郎「『会社法制の現代化に関する要綱案』の解説（8・完）」商事1729.7、15）。この2つの義務を除く業務執行社員と持分会社との関係には、組合又は委任に関する規定が準用されるが、定款によって別段の定めをすることができる。

　また、業務執行社員の損害賠償責任（596条）についても、定款で別段の定めができる旨の規定はなく、定款でこれを制限できない。しかし、持分会社の業務執行社員の損害賠償責任は、株式会社の役員等の任務懈怠責任と異なり、その免除の方法に特別の制限がないため、持分会社において自由に免除できる。したがって、事後の責任免除は当然でき、事前に責任が生ずることを停止条件として事前に免除の意思表示もでき、これらの免除の方法や条件を定款等で定めることもできる（相澤他・論点解説576頁）。

　594条（競業禁止）、595条（利益相反取引）が定める個別的義務についても、これを軽減・免除でき、そのためには定款の定めを要する。

● (競業の禁止)

第594条　業務を執行する社員は、当該社員以外の社員の全員の承認を受けなければ、次に掲げる行為をしてはならない。ただし、定款に別段の定めがある場合は、この限りでない。
　一　自己又は第三者のために持分会社の事業の部類に属する取引をすること。

二　持分会社の事業と同種の事業を目的とする会社の取締役、執行役又は業務を執行する社員となること。
　2　業務を執行する社員が前項の規定に違反して同項第1号に掲げる行為をしたときは、当該行為によって当該業務を執行する社員又は第三者が得た利益の額は、持分会社に生じた損害の額と推定する。

1　競業の禁止
　社員は、会社の経営に直接関与するのが原則であり（590条1項）、また、そうでない場合も業務執行社員から業務執行の報告を受けて会社の機密に通ずるので（593条3項）、競業活動によって会社の犠牲において自己又は第三者の利益を図るおそれがある。そこで、本条1項は、社員が自己又は第三者のために会社の事業の部類に属する取引をする場合には、会社の利益を擁護するため、他の社員の承認を受けなければならないこと（本条1項1号）、また、社員は同種の事業をする他の会社の取締役、執行役又は業務執行役員となれないことを定める（同項2号）。なお、文言上明らかではないが、承認を得る際に、競業について重要な事項が開示される必要があろう。
(1)「持分会社の事業の部類に属する取引」の範囲と「第三者のために」の意義
　本条は、持分会社の業務執行社員のみを規制対象とするから、本条1項1号が規制する競業取引規制は、業務執行権に着目する規制と解される。そのため、同号の規制と、これと同内容の文言で株式会社の業務執行権を有する取締役に対して競業取引規制を課す356条1項1号とは、同趣旨の規制である。したがって、本条1項1号の文言（「会社の事業の部類に属する取引」と「第三者のために」）の解釈は、356条1項1号の場合と同様に考えることができる。また、本条は任意規定であるから、この義務を減免・加重する定款の定めを置くことができる（本条1項ただし書）。
(2)「持分会社の事業と同種の事業を目的とする会社」の範囲
　持分会社の業務執行社員が同種の事業を目的とする他の会社の業務執行権者に就任する（本条1項2号）ためには、定款に別段の定めがある場合を除き、他の社員全員の承認を要する。「同種の事業を目的とする」とは、定款上に会社の目的として掲記されている事業と同種のことか、又は「持分会社の事業の部類に属する取引」（本条1項1号）を業として行っていることかが問題となる。本条1項2号のように他の会社の業務執行権者に就任するこ

と自体の規制（兼任規制）は、株式会社の取締役・執行役には課されておらず、支配人の兼任規制（12条1項3号・4号、商23条1項3号・4号）に近い。支配人は承認なしに他の会社・商人の業務執行権者・使用人となることが、就任先の会社・商人の業種を問わずに禁止されるが、持分会社の業務執行社員は、同種の事業を目的とする他の会社の業務執行権者となることのみが規制されており、支配人よりも兼任の規制範囲が狭い。本条1項2号と兼任規制の対象が同一であるのは、代理商の兼任規制である（17条1項2号、商28条1項2号）。そうすると本条1項2号の規定は、支配人に課された精力集中義務とは趣旨が異なり、むしろ代理商に課される規制と趣旨が近い。代理商は独立の商人ではあるが、特定の会社・商人の代理業務を継続的に行う者であり、その業務に伴って会社・営業主の事業・営業上の得意先情報など営業秘密に触れる機会が多くなることから、こうした規制が及ぼされると考えられる。そうすると本条1項2号も、持分会社の業務を執行する社員という法令上の任期の定めのない地位に基づき継続的に獲得した会社の得意先情報などの営業秘密が、その社員を通じて同業者に流出して利益獲得の機会を逸失することを防止する趣旨の規定と解される。本条1項2号の「持分会社の事業と同種の事業を目的とする会社」とは、同項1号の「持分会社の事業の部類に属する取引」を業として行っている会社と解される。

　本法においては、無限責任社員が必ずしも業務執行権を有するものではないから、本条1項2号は無限責任社員となること自体を制限していない。

2　本条1項違反の法律効果

　持分会社の業務執行社員が、他の社員全員の承認がないのに本条1項1号に該当する競業取引をした場合は、社員は競業取引によって会社に生じた損害について任務懈怠による損害賠償責任（596条）を負い、社員又は第三者が得た利益が会社に生じた損害の額と推定される。しかし、この責任は社員が会社との関係で善管注意義務・忠実義務に反する行為をしたことによる責任であるから、第三者である競業取引の相手方に直接法的効果が及ばず、取引自体は有効である。業務執行社員が、他の社員全員の承認がないのに本条1項2号所定の地位に就任した場合も、就任先たる第三者に対して本条の効力が及ぶとは解し得ないから、その就任自体は有効であり、社員が辞任する義務を持分会社に対して負うにとどまる。この場合、社員が就任先の地位にとどまることは、持分会社からの除名事由（859条2号）となる。また、定款の定めにより業務執行社員を選任する会社にあっては、社員を業務執行社員から解任するための正当事由（591条4項）にも当然に該当すると解され

3 損害の推定規定

　本条2項は、業務を執行する社員が競業禁止の規定（本条1項）に違反して、自己のために競業行為をしたときは、その行為によってその社員又は第三者が得た利益の額は、持分会社に生じた損害の額と推定することを定める。本条2項は、法律上の事実推定規定であるから、X会社の損害額が、Yの得た利益より低額であることの主張立証に成功すれば、その推定を覆すことができる。

訴訟物　　X合名会社のYに対する競業禁止行為に基づく損害賠償請求権
　　　　　　＊本件は、X会社の社員Yが、同社の事業と競合する取引を行って利益200万円を得たので、X会社はYに対し利益相当の損害賠償を求めたところ、Yが他の社員全員の同意があることを主張し、仮に同意がないとしても、Y会社の損害額は100万円にとどまると主張した事案である。

請求原因　1　X会社は、宅地の造成又は販売及びこれに付帯する事業を目的とすること
　　　　　　2　YはX会社の社員であること
　　　　　　＊本条1項1号所定の「自己のため」とは、自己が行為主体となることであり、「第三者のため」とは第三者の代理人となることであると解するのが通説である。本件のYの行為は、自己のためにする行為である。
　　　　　　3　AはYに対し、本件宅地を金1,000万円で売買する契約を締結したこと
　　　　　　＊「持分会社の事業と同種の事業」とは、持分会社の目的たる事業のうち、実際に行われている事業と市場において競合し、持分会社と業務執行社員との間で利害が衝突する事業である。請求原因3の取引は、この要件を充足する。
　　　　　　4　Yは、請求原因3の取引により、200万円の利益を得たこと

（他の社員の承認）

抗弁　　　1　Yは、請求原因2の取引をするに先立って、他の社員全員の承認を得たこと
　　　　　　＊本条1項の文言は、競業承認が事前であることを要すると読

めるが、大判大正7年7月10日民録24.1422は、承認は事後承認を含み、事後承認は追認と解し得るとする。すなわち、本条の適用又は類推適用に基づき、事前の承認と同様の手続で事後承認が可能になる。これに対し、事後承認は会社の損害賠償請求権の放棄であり、事前承認は競業を許容する特約であって法的性質が異なるから、事後承認は本条の承認ではないとの見解が説かれる。内部関係が組合に準じる会社では、組合契約の各組合員の責任が他の組合員全員の同意により自由に免除し得ることを根拠に、他の社員全員の同意が必要とする。取締役の競業行為の場合も、事前の承認手続と、競業行為によって取締役の責任が生じた後の責任免除の手続とが異なることも根拠とされる。

(X会社の損害)

抗　弁　1　X会社の損害額は、100万円であること
　　＊この抗弁は、一部抗弁である。具体的な事実としては、Yが得た200万円の利益は、X会社の通常の取引方法では得られないもので、そのうち100万円はYの特別の努力の結果である事実を立証することとなろう。

訴訟物　X合名会社のYに対する競業禁止行為に基づく損害賠償請求権
　　＊本件は、X会社の社員YがB株式会社の代理人としてAとの間で、X会社と競業行為をした場合（第三者のために自己取引を行った）に、X会社がYに対し被った損害の賠償を求めた事案である。

請求原因　1　X会社は、宅地の造成又は販売及びこれに付帯する事業を目的とすること
　　2　YはX会社の社員であること
　　3　B会社はYに宅地造成用の本件土地の買付けの代理権を授与したこと
　　4　AはYに対し、本件宅地を金1億円で売買する契約を締結したこと
　　　＊請求原因3と4によって、Yの行為は商事代理であることが表れるので、顕名は要求されない。
　　5　B会社は、請求原因4の取引により、2,000万円の利益を得

たこと
(他の社員の承認)
抗　弁　1　Yは、請求原因2の取引をするに先立って、他の社員全員の承認を得たこと
(X会社の損害)
抗　弁　1　X会社の損害額は、1,000万円であること

訴訟物　XのYに対する売買契約に基づく土地引渡請求権
＊本件は、YがXとの間で宅地を売買する契約を締結したので、土地の引渡しを求めた事案である。競業避止義務に違反する本条1項1号所定の取引自体は、有効であると解される。したがって、この事案の請求原因に対し、「1　A合名会社は、宅地の造成又は販売及びこれに付帯する事業を目的とすること　2　XはA会社の社員であること」をYが主張立証しても、請求原因1の売買契約の効力を無効であると主張することができない。

請求原因　1　YはXとの間で、本件宅地を金1,000万円で売買する契約を締結したこと

4　介入権の廃止

　旧商法が定めていた介入権制度は、本法制定時に廃止された。もともと「介入権」行使の効果は、社員がその取引によって取得した金銭その他の物を会社に引き渡し、権利はこれを会社に移転する義務が発生することにとどまり、社員がその取引によって取得した所有権その他の物権が介入権の行使によって当然に会社に移転するいわゆる物権的効力ではないと解するのが通説であった。介入権に基づく債権的効果としての土地引渡請求権が訴訟物になるのであって、介入権行使に基づく物権的効果として所有権がX会社にあることを前提として土地所有権確認あるいは所有物返還請求権としての土地引渡請求権は認められなかった。そのため、介入権を認めなくとも、損害賠償請求権を認めることで足り、得べかりし利益額に相当する損害賠償を求めることができる（法律上の事実推定）制度を採用するに至った。

●(利益相反取引の制限)

第595条　業務を執行する社員は、次に掲げる場合には、当該取引について

当該社員以外の社員の過半数の承認を受けなければならない。ただし、定款に別段の定めがある場合は、この限りでない。
　一　業務を執行する社員が自己又は第三者のために持分会社と取引をしようとするとき。
　二　持分会社が業務を執行する社員の債務を保証することその他社員でない者との間において持分会社と当該社員との利益が相反する取引をしようとするとき。
２　民法第108条の規定は、前項の承認を受けた同項第1号の取引については、適用しない。

1　利益相反取引の制限
(1) 趣　　旨
　業務執行社員は、会社の業務に関与し会社の重要な事項を知りうる地位にある。そこで、株式会社の取締役に課された利益相反取引規制（356条1項2号・3号・2項）と同様に、業務執行社員が自己又は第三者のために会社と取引をする場合、その地位を利用して会社の犠牲において利益を図るおそれがある。本条1項本文は、その弊害を防止するための規定である。
(2) 定款の別段の規定
　持分会社とその業務執行社員との関係については、民法の組合及び委任に関する法理が、原則的に適用されるため、この利益相反取引に関する規制は任意規定であって、定款で別段の定めが可能である。定款で定める内容には特に制限がないので、利益相反取引を一切禁止し、逆に一切承認を不要とし、又は承認の要件の緩和を自由に定め得る。利益相反取引に係る責任は、一般の任務懈怠責任と同様に処理されることとなる（596条）。なお、この責任には、株式会社の場合と異なり、過失の立証責任の転換や免除に関する制限規定は存在しない（相澤他・論点解説578頁）。

2　直接取引
　社員が自己又は第三者のために会社と取引をする場合には、会社の利益を保護するために他の社員の過半数の決議を受けなければならない（本条1項1号）。本条1項1号において、自己のための取引とは業務執行社員が行為主体である取引であり、第三者のための取引とは業務執行社員が第三者を代理又は代表して行う取引と解するのが通説である。

| 訴訟物 | XのY合名会社に対する売買契約に基づく土地引渡請求権
＊本件は、Y会社の社員AがXとの間で土地を売買する契約を締結したので、XがY会社に対して土地の引渡しを求めたところ、Y会社はXも同社の社員であること（利益相反取引）を主張したが、Xは社員の過半数の決議があったと反論した事案である。
| 請求原因 | 1　AはY会社の社員であること
2　AがXとの間で、本件土地を代金1,000万円で売買する契約を締結したこと
＊請求原因1及び2の事実によって、売買契約がY会社にとって商行為であることが顕れるので、商法504条により顕名の要件事実は不要である。

（利益相反取引）
| 抗　弁 | 1　請求原因1及び2の当時、XがYの社員であること
＊請求原因1及び2の事実に抗弁1の事実が加わることによって、請求原因1の契約は利益相反取引に該当し、無権代理無効の評価を受けることになる。

（社員の過半数の決議）
| 再抗弁 | 1　請求原因2の契約について、Y会社のXを除く他の社員の過半数の決議がされたこと
＊社員が会社に対し本条1項1号及び2号に該当する取引の効果を主張する場合は、社員が他の社員の過半数の決議があったことを主張立証しなければならないこととした（司研・要件事実第一巻86頁は、旧商法265条に関して、取締役が会社に対し同条1項に該当する取引の効果を主張する場合は、取締役が取引につき取締役会の承認があったことを主張立証すべきであるという）。

3　間接取引

本条1項2号は、会社が社員以外の者との間で、会社と社員との利益相反する取引を行う間接取引の場合も1号の場合と同様に他の社員の過半数の決議を要することを定める。本項に違反する取引が行われた場合、取引の相手方である「社員以外ノ者」の取引の安全を図る必要があり、会社は「社員以外の者（取引相手方）が、取引当時、他の社員の過半数の決議がなかったことを知っていたこと」を主張立証すべきである。

株式会社の場合であるが、会社と取締役以外の者との間における取引（間接取引）のリーディングケースである最大判昭和43年12月25日民集22.13.3511は、相対無効説を採る。同判決は、その主張立証責任について、「会社以外の第三者と取締役が会社を代表して自己のためにした取引については、取引の安全の見地より、善意の第三者を保護する必要があるから、会社は、その取引について取締役会の承認を受けなかつたことのほか、相手方である第三者が悪意（その旨を知つていること）であることを主張し、立証して始めて、その無効をその相手方である第三者に主張し得るものと解するのが相当である。」と判示する。

そして、福岡高那覇支判平成9年7月15日判時1620.148は、合名会社の間接取引のケースについて、「〔旧〕商法147条は、同法75条を準用して、合資会社の無限責任社員が、他の無限責任社員の過半数の（承認）決議なくして、自己又は第三者のために会社と利益の相反する取引をすることを禁じており、これに違反する取引（利益相反取引）は無効である。そして、右取引は、無限責任社員と会社との間の直接の利益相反行為（商法75条1項）だけでなく、無限責任社員個人又は同人が代表する第三者の債務について会社が債務引受や保証をする等の利益相反行為（間接取引）も含まれる（同条2項）。」とした上で、「間接取引については、会社は、会社と取引をした第三者が右無限責任社員の（承認）決議を受けていないことにつき悪意である場合にかぎり、右無効を主張することができるものである」とし、更に、「前記悪意であるか否かの時期については、当該利益の相反する取引が行われた時である。」また、本件の「引受という手形行為は、本件手形の振出と同時に行われてはいるものの、これは未完成手形の引受であり、補充されることを前提とする引受ではあるが、本件のように手形金額すら定まっていない引受はその手形行為自体完成したものとして行われておらず、このような引受行為はXによる右白地補充のときに完成するというべきであるから、Yの本件手形引受時に、XがYの無限責任社員による（承認）決議のないことを知っていた場合はもちろん、Xが右白地補充の時……に右事実を知っていた場合も、Yは、本件手形が利益相反行為であることを理由にその無効を主張することができるものと解する。」「Xが、Yの本件手形引受の時点で、右引受につきYの無限責任社員の承認決議がないことを知っていたとまではいえないとしても、右白地補充の際にこれを認識していた以上、Xは悪意の第三者にあたるというべきである。」と判示する。

本条の制限に反する取引をした社員は、損害賠償義務を負担することがあるとともに（596条）、除名又は業務執行権又は代表権の消滅の請求事由と

なり得る（860条）。

訴訟物　　XのY合名会社に対する引受債務履行請求権
　　　　　　＊本件は、AがXに対して負担する貸金債務についてY会社が引き受ける契約をXとの間で交わしたので、XはY会社に対して引受債務の履行を求めたところ、XがY会社と債務引受契約をする際、Y会社はAが同社の社員であって、かつ、債務引受契約についてY会社の他の社員の過半数の決議がないことを知っていたと抗弁した事案である。

請求原因　1　XはAとの間で、金1,000万円を弁済期平成○年○月○日の約定で貸し渡したこと
　　　　　　2　請求原因1の弁済期が到来したこと
　　　　　　3　XとY会社は、請求原因1のAの債務をY会社が引き受ける旨の合意をしたこと

（間接取引）

抗　弁　　1　AはY会社の社員であること
　　　　　　2　請求原因3につき、Y会社の他の社員の過半数の決議がないこと
　　　　　　3　Xは、請求原因3の債務引受けの合意をする際、抗弁1、2の事実を知っていたこと

4　承認手続

　利益相反取引をする業務執行社員は、その社員以外の社員の過半数の承認を受ける必要がある（本条1項本文）。株式会社の場合は、取締役が利益相反取引及び競業をする場合の承認手続は共通であるが（356条、365条）、持分会社においては、業務執行社員が競業する場合はその他の社員全員の承認を要し（594条1項本文）、利益相反取引をする場合にはその他の社員の過半数の同意でよい。いずれも必要な社員の承認員数を定款で変更できる。本条1項の承認がある取引には民法108条が適用されない（本条2項）ので、利益相反する業務執行社員自身が持分会社を代表して取引ができる。有限責任社員1名及び無限責任社員1名の計2名の社員の合資会社においては、代表社員と会社との間の利益相反取引について他の1名の承認があればよいと解されている（大判昭和9年6月15日民集13.1473）がある。

5　本条に該当する取引をした社員の会社に対する責任

　定款に利益相反取引に関する別段の定めがない会社で、業務執行社員が、本条1項に該当する取引を他の社員の過半数の承諾なしに行った場合には、その行為は法令に反する行為であって、会社に対する任務懈怠（596条参照）に該当する。また、他の社員の過半数の承諾を得て本条1項に該当する取引を行ったが、会社に損害が生じた場合にも、この取引をしたことが任務懈怠責任（596条）の根拠となる場合があるかが問題となる。株式会社の取締役が利益相反取引をした場合、株主総会又は取締役会で承認されていたとしても、取引に関与した取締役は任務を怠ったものと推定される規定（423条3項各号）が置かれているが、業務執行社員が過半数の社員の承諾のもとで利益相反取引をした場合の責任については、同様の推定規定は置かれていない。しかし、持分会社の業務執行社員の善管注意義務・忠実義務は強行法規により社員に課せられた義務であり、定款の定めをもってしてもこれを軽減・免除することはできない（593条参照）以上、社員の過半数の承諾があっても、その承諾は、取引を行うに際して善管注意義務・忠実義務を軽減・免除する効果はないと解すべきである。それゆえ、事前に他の社員の過半数の承諾を得ていても、そのことは取引に関与した業務執行社員が取引に際して善管注意義務・忠実義務を尽くしていたか否かとは関係がなく、その取引による会社の損害について取引に関与した社員が会社に対する任務懈怠責任を負う余地は残る。ただし、利益相反社員や関与社員の任務懈怠を推定する規定はないから、任務懈怠の証明責任がその社員に転換されることはない。

6　承認を得ない利益相反取引の効果

　承認を得ない利益相反取引の効果については、既に述べた（直接取引については前出2、間接取引については前出3参照）。本条に違反する取引によって持分会社に損害が生じた場合、利益相反業務執行社員は会社に対して損害賠償責任を負う（596条、598条）が、競業避止義務違反（859条2号）とは異なり、法定除名事由ではない。

7　民法108条の不適用

　本条2項は、他の社員の過半数の承認を受けた取引については、民法108条を適用しないことを定める。その反対解釈として、他の社員の過半数の承認を得ていない取引の法律効果は、民法108条が適用される結果、無権代理により無効と解される。ところで、民法108条の適用範囲を考えた場合、社員が会社を代表しつつ自己と取引をする場合をカバーできても、代表権を有

さない社員が会社と取引をする場合、又は社員が第三者の代理人となって会社と取引をする場合は、民法108条の適用範囲外であるので、論理的には、それらの取引の効果については定めがないことになる。しかし、それらの場合についても、民法108条を類推適用することになろう。

● (業務を執行する社員の持分会社に対する損害賠償責任) ══════

第596条　業務を執行する社員は、その任務を怠ったときは、持分会社に対し、連帯して、これによって生じた損害を賠償する責任を負う。

役員等の株式会社に対する損害賠償に関する423条及び430条に対応する規定である。本条は、業務執行社員の持分会社に対する損害賠償責任を定めるが、業務執行社員が責任を負う具体的な場合を挙げていない。競業の禁止（594条）及び利益相反取引の制限（595条）違反を含む、善管注意義務（593条1項）違反並びに忠実義務（593条2項）違反が問題となる。しかし、株式会社の取締役の場合と異なり、594条1項に基づき承認された競業の結果会社に損害が生じても、その競業を承認した社員の善管注意義務違反は、業務執行権の有無と関係がないし、また、595条1項に基づき承認された利益相反取引により持分会社に損害が生じても、その利益相反取引を承認した社員の責任は、業務執行権の有無と関係がないため、いずれにしても責任は生じないと解される（本間輝雄・新注会(1)247-258頁参照）。

訴訟物　　X合名会社のYに対する任務懈怠に基づく損害賠償請求権
＊本件は、X会社の業務執行社員Yが同社の業務執行の任務を怠ったために、同社に損害が生じたことを理由として、X会社がYに対して損害賠償を求めた事案である。
＊最判平成20年1月28日民集62.1.128は株式会社の事案であるが、「商法266条1項5号に基づく取締役の会社に対する損害賠償責任は、取締役がその任務を懈怠して会社に損害を被らせることによって生ずる債務不履行責任であるが、法によってその内容が加重された特殊な責任であって、商行為たる委任契約上の債務が単にその態様を変じたにすぎないものということはできない。」と判示し、その根拠として、会

社の業務執行を決定し、その執行に当たる立場にある取締役の会社に対する職務上の義務は、契約当事者の合意の内容のみによって定められるものではなく、契約当事者の意思にかかわらず、法令によってその内容が規定されるという側面を有し、このような観点から、取締役が会社に対して負うべき責任の明確化と厳格化を図る趣旨の規定が取締役の任務懈怠責任の規定であるということを挙げている。この性質は、善管注意義務・忠実義務を強行法的な義務として課せられる持分会社の業務を執行する社員の任務懈怠責任にも妥当する。

請求原因
1 Yは、請求原因2当時、X会社の業務執行社員であったこと
2 Yは、X会社の業務執行の任務を怠ったこと
  ＊取締役会設置会社の取締役は、取締役会を通じて取締役の職務の執行の監督をすることもその職務であることは明らかであるが（362条2項2号）、持分会社の業務執行社員に他の社員の職務の執行の監督という職務があるとの明文規定はない。そのため、法令定款に定めた業務執行の手順を踏まえて実行される業務については、業務執行社員全員にその業務の執行を監督する義務（監視義務）が課せられているとはいえない。他人がする特定の業務執行行為の監視監督が、自己の職務執行の際の善管注意義務・忠実義務の内容として含まれていたか否かが、個別的に業務執行社員ごとに判断される。
3 X会社に損害が発生したこと及びその数額
4 請求原因2と3と間に因果関係があること

（免　除）

抗弁
1 X会社はYの責任を制限又は免除する意思表示をしたこと
  ＊本法は、定款で別段の定めを置くことができる場合について明文で定めているところ、業務執行社員の損害賠償責任については定款で別段の定めができる旨の規定が存在しないので、定款でこれを制限することはできない。一旦発生した本条の損害賠償請求権の取扱いは別個の問題である。本条の責任は前掲平成20年最判のように法定責任であるとすると、持分会社の業務執行社員の責任の明確化・厳格化を図る本条の趣旨からすると、定款の規定により本条の責任をより厳格なものとすることはできるが、本条の責任を軽減・免除する

ことを可能とする定款規定を有効と認めるかは問題である。しかし、持分会社の業務執行社員の損害賠償責任については、株式会社の役員等の任務懈怠責任の場合と異なり、その免除の方法について特別の制限は課せられていないので、持分会社は、自由に免除することができる。事前又は事後の免除も可能である（相澤他・論点解説576頁）。

● (業務を執行する有限責任社員の第三者に対する損害賠償責任)

第597条 業務を執行する有限責任社員がその職務を行うについて悪意又は重大な過失があったときは、当該有限責任社員は、連帯して、これによって第三者に生じた損害を賠償する責任を負う。

　無限責任社員の場合は、当然に会社債務について責任を負う。しかし、有限責任社員は、出資の価額の限度においてのみ責任を負うにとどまるため、有限責任社員が業務執行社員になっている場合には、会社の財産が乏しいときであっても損害の発生拡大を防いで慎重に対外的な業務執行をするという動機が希薄になりがちである。そのため、本条は、業務執行有限責任社員がその職務を行うについて悪意又は重大な過失があったときは、その社員は、連帯して、これによって第三者に生じた損害を賠償する責任を負うこととして、業務執行社員が有限責任社員であるがゆえに生ずる弊害の防止を図った（有限責任社員について、株式会社の取締役の第三者に対する責任（429条1項）と同様の責任を認めた）。これによって、有限責任社員であっても、実質上無限責任を負う部分が生じることとになる。

　なお、この責任によって権利を取得するのは第三者であって会社ではないから、本条は強行規定であり、責任を軽減・免除する定款規定又は持分会社・社員間の個別の契約は無効である。

　　訴訟物　　XのYに対する本条に基づく損害賠償請求権
　　　　　　＊本件は、A合資会社の業務を執行する有限責任社員Yが悪意又は重大な過失によってその職務執行上の任務懈怠行為によって、売買代金債権者Xに損害を与えたので、XはYに対し損害の賠償を求めた事案である。

請求原因 1　Yは、請求原因2当時、A会社の業務を執行する有限責任社員であったこと
2　Yには、A会社の業務執行において、任務懈怠行為があったこと
＊責任を負うべき「その職務を行うについて」とは、持分会社の社員は、取締役会設置会社の取締役とは異なり、他の社員の業務の執行について、その適正性を要求する権利はあるものの、その適正性を確保するための義務いわゆる監視義務まで負うものではない。したがって、本条の「その職務」の範囲は、株式会社の取締役の場合と同一ではない（相澤他・論点解説578-579頁）。
3　Yは、請求原因2について悪意があったこと、又は重大な過失の評価根拠事実
＊例えば、A会社の資金繰りが苦しく代金支払の見込みがないことをYが認識しつつ、第三者Xから原料を買い受ける場合は、悪意があったといえよう。
4　XはA会社との間で、本件目的物を代金1,000万円で売買する契約を締結したこと
5　Xに損害が発生したこと及びその数額
＊本条は、いわゆる「間接損害」に関する有限責任社員の前述の利害状況に鑑みて、有限責任社員である業務執行社員が、その職務を行うについて悪意又は重過失がある場合には、無制限に賠償責任を負うとしている（相澤・新会社法解説160頁）。
6　請求原因2と5との間に因果関係があること

●（法人が業務を執行する社員である場合の特則）

第598条　法人が業務を執行する社員である場合には、当該法人は、当該業務を執行する社員の職務を行うべき者を選任し、その者の氏名及び住所を他の社員に通知しなければならない。
　2　第593条から前条までの規定は、前項の規定により選任された社員の職務を行うべき者について準用する。

1　法人たる業務執行社員
　法人は、権利義務の主体となり得るし、株式会社の発起人や組合の業務執行者になることができる。業務執行社員となることができる法人は、会社に限られるという限定はない。したがって、会社以外の法人（中間法人や各種の組合等）も、その法人の目的の範囲内の行為であれば、持分会社の社員（業務執行社員を含む）になることができる。このことは、外国の法人についても同様である。そこで、持分会社については、法人が業務執行をする必要性は特段認められない。本条1項は、法人が業務執行社員になることを認めた上で、その場合には、その法人は、業務を執行する社員の職務を行うべき者を選任し、その者の氏名及び住所を他の社員に通知することとしたのである。この指定すべき職務執行者の資格には制限がないから、法人の役員や従業員でない者であっても、職務執行者とすることができる。例えば、法人社員が、その顧問弁護士、顧問税理士又はコンサルタント等を職務執行者として指定することもできる（相澤他・論点解説580頁）。

2　業務執行社員の職務を行うべき者として指定された者
(1)　業務執行社員である法人と指定された職務執行者の関係
　業務執行社員である法人が、本条1項の規定により職務を行うべき者を選任した場合は、その法人が行うべき持分会社の業務の執行を、職務執行者が具体的な職務を行う関係にある。したがって、法人が行う対外的な活動との関係では、支配人と法人との関係に類似したものとなる。ただ、両者間の法律関係は、法人と職務執行者間で締結される契約（委任契約や雇用契約等）による（相澤他・論点解説580頁）。
(2)　持分会社と職務執行者の関係
　持分会社と職務執行者との間には、契約関係が要求されないが、業務執行社員である法人による業務の執行については、その具体的な行為は、この職務執行者たる自然人を通じて行われることとなるため、職務執行者は、業務執行社員が持分会社に対して負うべき義務と同様の義務を負うべきこととされている（本条2項、593条-597条）。なぜなら、法人が業務を執行するといっても、その行為は、自然人を通じて行われるから、業務執行社員に係る本法上の義務を、法人に負わせるのみでなく、具体的行為を行う自然人にも課さないと、実効性がないからである（相澤・新会社法解説159頁）。
(3)　不適任な職務執行者の取扱い
　業務執行社員に一定の義務違反その他の不適任な事由がある場合は、訴えにより業務執行権の消滅を請求できる（860条）が、法人の職務執行者には、

そのような制度がない。これは、法人の職務執行者について特に選任手続が法定されておらず、仮に職務執行者の権限を消滅させる認容判決が確定しても、その法人の判断で、その者を職務執行者に再任でき、実効性を欠くからである。したがって、不適任な職務執行者が選定された場合は、その法人に対して、その変更を促すか、その法人を業務執行社員から外すための所要の手続をとるべきこととなる。なお、業務執行社員である法人自体を被告として業務執行権の消滅の訴え等を提起することはできる（相澤他・論点解説582頁）。

● (持分会社の代表)

第599条 業務を執行する社員は、持分会社を代表する。ただし、他に持分会社を代表する社員その他持分会社を代表する者を定めた場合は、この限りでない。
2　前項本文の業務を執行する社員が2人以上ある場合には、業務を執行する社員は、各自、持分会社を代表する。
3　持分会社は、定款又は定款の定めに基づく社員の互選によって、業務を執行する社員の中から持分会社を代表する社員を定めることができる。
4　持分会社を代表する社員は、持分会社の業務に関する一切の裁判上又は裁判外の行為をする権限を有する。
5　前項の権限に加えた制限は、善意の第三者に対抗することができない。

1　持分会社代表の意義

　持分会社のすべての社員は原則的に業務執行権を有し（590条1項）、本条1項本文により併せて代表権を有する。会社代表は対外的な業務執行であり、業務執行権のない代表権はあり得ない。つまり、持分会社において所有と経営は一体である（菅原菊志・新注会(1)260頁）。したがって、社員以外の者に会社代表権を認め得ない。ただし、法人が業務執行社員の場合、598条によって持分会社の業務を執行する社員として、その法人が選任した職務執行者は、持分会社の社員である必要はない。持分会社の代表には、代理の規定のうち特に法定代理の規定を類推適用することになる。

2　持分会社の代表機関の構成

本条1項本文は、業務を執行する社員は、原則として持分会社を代表することを定める。本条1項ただし書及び3項は、定款又は定款の定めに基づく社員の互選によって定められた社員以外の者の会社代表権を剥奪することを認めている。代表者の決定は、定款の定めによるから、実質的に総社員の同意を要する。ただし、総社員の代表権を剥奪することはできない。

3　単独代表の原則

本条2項は、業務を執行する社員が2人以上ある場合には、業務を執行する社員は、各自、持分会社を代表することを定める。本条1項によれば、社員は原則として会社の業務を執行する権利義務を有する。更に、本条2項によれば、業務を執行する社員は、原則として、会社を代表する権限を有することとされている。したがって、特定の者が持分会社の社員であることさえ主張立証できれば、その者が会社を代表する権限を有するといえる。

訴訟物　　XのY合名会社に対する売買契約に基づく売買代金請求権
　　＊本件は、XがY会社との売買契約に基づいて代金の支払を請求したところ、Y会社は、契約締結をしたA社員が定款で業務執行権・代表権を制限されているなどの抗弁が提出された事案である。

請求原因　1　XがAとの間で、本件土地を代金1,000万円で売買する契約を締結したこと
　　2　AはY会社の社員であること
　　＊「Aは、請求原因1の当時、Y会社のために有する意思を有していなかったこと」は抗弁である。
　　＊請求原因1及び2の事実により、Aの行った法律行為の商行為性が基礎づけられる（商503条）。それに加えて、商法504条により代表者の顕名の要件事実の主張立証は不要である。しかし、代表者に代表意思がない場合には、代理行為とは評価できない。そのため、攻撃防御方法における代理意思の位置づけが問題となる。代理意思の存在を請求原因とする見解と、その不存在を抗弁に位置づける見解とがある（伊藤滋夫＝平手勇治「要件事実論による若干の具体的考察」ジュリ869.38、司研・要件事実第一巻69頁）。本書は、後説を採る。

（代表権に関する定款の定め）

抗弁 1　Y会社の定款には、Aが会社代表権を有しないことを定めていること、又は、Bを会社を代表する社員と定めたこと
　　　＊本条1項ただし書に基づく抗弁である。
　　2　請求原因1の売買契約締結に先立って、抗弁1の登記（Bが代表社員である旨の登記）がされたこと
　　　＊合名会社においては、Aのように会社を代表しない社員がある場合には、合名会社を代表する社員Bの氏名は、登記すべき事項である（912条6号）。登記すべき事項は、登記の後でないと第三者Xに対抗できない（908条1項）。908条1項の適用がされる登記すべき事項に該当する事実を主張する者は、登記すべき事項が発生したことを主張立証することでは足りず、既にそれについての登記がされたこと（本条1項前段の文理）、又は登記すべき事項を相手方が既に知っていること（本条1項前段の反対解釈）を併せて主張立証すべきであるとする見解による。
　　　＊本条1項によれば、合名会社の社員は業務執行権を有するのが原則であり、定款の定めをもって、社員の業務執行権を奪うことができる。しかし、Aが業務執行権を有しないこと自体は、本件の抗弁とならない。

4　代表社員の選定
　持分会社は、定款又は定款の定めに基づく社員の互選によって、業務を執行する社員の中から持分会社を代表する社員を定めることができる。なお、株式会社の代表取締役のうち少なくとも1人は日本に住所地を有するとされていることとの均衡からすると、持分会社を代表すべき社員（その社員が法人である場合にあっては、その職務執行者）の少なくとも1人は、日本に住所地を有する必要がある（相澤他・論点解説585頁）。

5　代表権の範囲
　本条4項は、持分会社を代表する社員は、持分会社の業務に関する一切の裁判上又は裁判外の行為をする権限を有することを定める。代表権の範囲は、権利能力の範囲と一致することになる。法人の一般的な権利能力は自然人と変わりがないとされるが、具体的には、法令上の制限、生命・肉体を持たないという性質上の制限、目的の制限、の3つの制限に服する。代表取締

役の行った法律行為が会社の目的の範囲内か外かの立証責任に関し、次のとおり見解が分かれる。
(1) 請求原因説
　代表者の行為がその法人の定款の目的の範囲内であることを、行為の有効性を主張する者が主張立証しなければならないとする。例えば、大判大正11年7月17日民集1.402は、「裏書ハ上告会社ノ目的タル事業ノ遂行ニ必要ナリトノコトハ之ヲ主張スル被上告人ニ於テ立証スル責アルモノトス」と判示し、裏書が会社の目的外の行為であることを抗弁と解した原判決を破棄差し戻している。
(2) 抗弁説
　代表者の行為が目的外であることは、その行為の無効原因であるから、行為の効力を争う者が主張立証しなければならないとする。最判昭和30年10月28日民集9.11.1748は、立証責任の所在について判断していないが、抗弁説を採った第一審、原審の各判決を前提としている。司法研修所・民事訴訟における要件事実について10頁は、「一般に法人の社会的経済的作用の拡大に伴いその活動領域も増大していること」を理由として、抗弁説を採る。有限会社の場合であるが、伊藤滋夫＝平手勇治「要件事実論による若干の具体的考察」ジュリ869.38が、(代表)取締役の代表行為が会社に帰属する局面で定款の目的を請求原因に上げていないのは、同様の理解に立つものと理解してよいであろう。公益法人に関して、下級審判決ではあるが、明瞭に抗弁説を採るものとして、東京地判昭和62年9月22日判時1284.79（学校法人の創立者に対する解決金の支払の合意が贈与契約と認定され、その贈与が学校法人の目的の範囲外の行為として無効とされた事例）がある。以上結論として、抗弁説が妥当であろう。

訴訟物	XのY合名会社に対する贈与契約に基づく贈与金請求権

　＊本件は、Y会社の社員AがXとの間で、金1,000万円を贈与する契約を締結したので、XがY会社に対し贈与金の支払を求めたところ、Y会社は、目的外行為の抗弁、代表権の制限の抗弁等を主張した事案である。

請求原因	1　AはXとの間で、金1,000万円を贈与する契約を締結したこと

　　　2　AはY会社の社員であること
　　　＊社員は原則として会社の業務を執行する権利義務を有する（590条）。更に、業務を執行する社員は、原則として、会社

を代表する権限を有する（本条1項本文）。したがって、合名会社の社員であることさえ主張立証できれば、会社を代表する権限を有するものといえる。

＊「Aは、請求原因1の当時、Y会社のためにする意思を有していなかったこと」は、抗弁と位置づけられる。

（目的外行為）
抗弁 1　Y会社の定款所定の目的が、〇〇であること
＊「請求原因1の契約が抗弁1の目的の範囲外の行為であること」は、双方を照らし合わせた上での法律判断であるから、抗弁1以上の事実を主張立証する必要はないであろう。

（代表権の制限）
抗弁 1　請求原因1に関するAの代表権が、Y会社によって制限されていること
＊この抗弁は、本条5項に基づくものであり、目的外行為の抗弁とは別個の抗弁である。

（善意）
再抗弁 1　Xが請求原因1の当時、抗弁1の事実を知らなかったこと

（重過失）
再々抗弁 1　再抗弁1の善意につき、Xに重大な過失のあることを基礎づける事実

6　代表権の制限

　本条5項は、代表権の範囲を制限することができることを前提として、その制限を善意の第三者に対抗することができない旨を規定する。旧商法78条2項の解釈として、代表権を制限するためには、定款の規定又は総社員の同意が必要であると一般に解されてきた。本条3項が、業務執行社員が原則的に有する代表権を制限する方法として定款の定めによることを認めているから、代表社員の代表権の制限についても定款によることは認められるだろう。ただし、本条5項によりその制限は第三者に対抗できないから、制限のある代表権を有する社員であっても、一切の訴訟行為をなし得る（中野貞一郎他編・新民事訴訟法講義［第2版補訂2版］118頁）。

7　代表者が法人である持分会社

　外国法を準拠法とする法人社員であっても、持分会社の代表者となることはできる。ただ、本法では、会社の代表権を行使する自然人のうち少なくと

も1人は日本に住所地を有する必要がある。そのため、法人が持分会社の代表社員となる場合には、その法人の設立準拠法の如何にかかわらず、①その持分会社の自然人たる代表社員又は②その持分会社の法人代表社員の職務執行者である自然人のうち少なくとも1人の住所地が日本になければならない。

● (持分会社を代表する社員等の行為についての損害賠償責任)

第600条 持分会社は、持分会社を代表する社員その他の代表者がその職務を行うについて第三者に加えた損害を賠償する責任を負う。

　本条は、旧商法78条2項に対応する規定である。法人の代表機関がその職務に際して第三者に対して行った不法行為は、法人実在説では同時に法人の不法行為となるが、法人擬制説では法人には意思能力がないため法人の不法行為が理論的には成立しないことになるが、本条は法人に賠償責任があることを明らかにしている。旧商法下では、法人の不法行為能力に関する平成18年改正前民法44条の適用の問題であったが、本法の自足性の要請から本法中に規定された。どちらの立場によっても、代表機関が個人的に不法行為責任(民709条)を負うのは当然である(菅原菊志・新注会(1)269頁)。判例も法人の賠償責任と並んで代表機関の個人責任を認める(最判昭和49年2月28日裁判集民111.235)。したがって、会社と代表機関個人が損害を被った第三者に対して負う賠償責任は、不真正連帯債務となるとするのが通説・判例(大判昭和7年5月27日民集11.1069)である。なお、会社の使用人がその職務の執行に際して行った不法行為は、持分会社との関係では使用者責任(民715条)の問題となる。

訴訟物　　XのY持分会社に対する本条に基づく損害賠償請求権
　　　　　　＊本件は、Y会社を代表する社員その他の代表者Aがその職務執行に関し、故意又は過失による任務懈怠行為によって、Xの権利を侵害して損害が発生したので、XがY会社に対して損害賠償を求めた事案である。

請求原因　1　Aは、Y会社を代表する社員その他の代表者であること
　　　　　　2　Xの権利（保護法益）の存在

3　Aは請求原因2に対して加害行為をしたこと
　　4　請求原因3について、Aに故意があること、又は過失の評価根拠事実
　　5　請求原因3の行為は、Y会社の職務に関するものであること
　　6　Xの損害の発生及びその数額
　　7　請求原因3と請求原因6の間の因果関係

● (持分会社と社員との間の訴えにおける会社の代表) ══════

第601条　第599条第4項の規定にかかわらず、持分会社が社員に対し、又は社員が持分会社に対して訴えを提起する場合において、当該訴えについて持分会社を代表する者（当該社員を除く。）が存しないときは、当該社員以外の社員の過半数をもって、当該訴えについて持分会社を代表する者を定めることができる。

1　持分会社と社員との間の訴えにおける会社の代表

　持分会社を代表する社員は、その会社の業務に関する一切の裁判上又は裁判外の行為をする権限を有するのが原則であるが（599条4項）、本条はその例外を定める。すなわち、会社が社員に対し又は社員が会社に対し訴えを提起する場合に、その訴えにつき会社を代表すべき社員がないときは（例えば、業務執行社員が1人の持分会社が、その業務執行社員に対して訴えを提起する場合は、自己代理になるので、その業務執行社員は持分会社を代表できない）、他の社員の過半数による決議で定めることができる。したがって、599条3項により、一部の社員だけが代表権を有する持分会社において、代表権を有さない社員であっても、その訴訟において代表権を認められ得る。本条による代表者の選任手続が行われない場合にも、602条により持分会社のための訴訟を社員が追行することが認められる。法定代理人がいない場合又は法定代理人と本人との間に利益相反があって代理権行使ができない場合に、民事訴訟法37条によって法人に準用される同法35条は、受訴裁判所の裁判長が選任した特別代理人を被告として訴訟追行をすることを認めている。特別代理人を原告側で利用できるかに関しては肯定するのが判例（最判昭和41年7月28日民集20.6.1265）である。訴訟上の法定代理人の選任を待

っていたのでは遅滞のため損害が発生するおそれがあるとの疎明があれば特別代理人が選任されるから、本条及び602条による代表者の選任手続が持分会社で行われない場合にも、民事訴訟法35条の特別代理人の選任を認めるべきと考えられる。

2　持分会社と退社員との間の訴えにおける会社の代表

　退社員はもはや社員ではないから、退社員の会社に対する持分払戻請求訴訟については本条の適用はない。最判昭和58年4月7日裁判集民138.525は、「第二次第一審裁判所及び第二次控訴審裁判所は、本訴提起前上告会社の代表社員Aが代表社員を辞任したものとしたうえ、商法79条〔本条〕により上告会社の社員の決議をもって本件の訴えにつき会社を代表すべき社員と定めたBを上告会社の代表者として訴訟手続に関与させて審理、裁判したものであるところ、被上告人らの上告会社に対する本訴請求は、被上告人C及び被上告人D外3名の被承継人Eがそれぞれ上告会社を退社したことに基づく持分払戻請求であって、右持分払戻請求権は、上告会社の社員たる資格から生じた権利ではあるが、同会社の社員たる地位を去った者がはじめて取得する権利であるから、右持分払戻請求訴訟は社員が会社に対し訴えを提起する場合にあたらず、本件持分払戻請求訴訟については商法79条の規定が適用されないものと解すべきものである。」と判示する。

●━━━━━━━━━━━━━━━━━━━━━━━━━━━━━━━━

第602条　第599条第1項の規定にかかわらず、社員が持分会社に対して社員の責任を追及する訴えの提起を請求した場合において、持分会社が当該請求の日から60日以内に当該訴えを提起しないときは、当該請求をした社員は、当該訴えについて持分会社を代表することができる。ただし、当該訴えが当該社員若しくは第三者の不正な利益を図り又は当該持分会社に損害を加えることを目的とする場合は、この限りでない。

1　社員に対する責任追及の訴えの会社の代表

　持分会社の社員は、株主と異なり、原則として、持分会社の業務を執行でき、かつ、会社を代表できる。したがって、株主代表訴訟に対応する制度が

なくとも、社員自身が会社を代表して、他の社員の責任を追及すれば足りる。しかるに、本条は、社員が持分会社に対して、社員の責任を追及する訴えの提起を請求した場合において、持分会社がその請求の日から60日以内に訴えを提起しないときは、請求をした社員が、その訴えについて持分会社を代表することができることを定める。この制度は、一見すると株主代表訴訟制度と類似するようであるが、株主代表訴訟の原告株主は訴訟担当であるのに対し、この制度は請求をした社員自身が持分会社の代表権を有する（原告は持分会社）という点で異なる。持分会社に対する判決効は、当事者に対する効力（民訴115条1項1号）として及ぶ。

2　訴権の濫用

本条ただし書は、本条本文所定の訴えが社員若しくは第三者の不正な利益を図り又は持分会社に損害を加えることを目的とする場合は、その請求をした社員による責任追及の訴えを認めないこととしている。これは、本法制定前に、訴権の濫用という一般条項による解決（例えば、長崎地判平成3年2月19日判時1393.138）に、明文上の根拠を与えるものである。

3　本条所定の訴訟の係属中に訴訟を代表する社員が退社した場合

業務を執行しない社員が本条の規定に基づき、社員の持分会社に対する責任を追及する訴えに関して持分会社の代表権限を有する場合は、株式会社の責任追及等の訴えの制度（847条）の株主の場合と異なり、原告となる者は社員個人ではなく持分会社である。したがって、その訴訟に関して、持分会社を代表する者が退社等によりその地位を失ったとしても、訴訟は当然には終結せず、訴訟代理人が存在しない場合は、他の代表者が承継するまで中断し、代表者交代の手続を執ることとなる（民訴37条、124条1項3号）。

4　本条所定の訴訟を提起した代表者の義務

本条により持分会社を代表する社員は、責任追及等の訴えを提起した株主とは異なり、持分会社の業務執行の一環として訴訟を追行する地位にあるから、持分会社に損害を与える訴訟追行は許されない。なお、「当該訴えにより当該持分会社の正当な利益が著しく害されること、当該持分会社が過大な費用を負担することとなることその他これに準ずる事態が生ずることが相当の確実さをもって予測される場合」（修正前法案602条2号）は、国会審議の過程で責任追及等の訴え（株主代表訴訟）に係る本法案847条1項2号を削除する際に併せて削除されたが、規定がなくとも、業務の執行の一環である

本条による訴訟代表では、そのような訴訟追行は許されない（相澤・新会社法解説161頁）。

|訴訟物| X持分会社のYに対する損害賠償請求権
　　＊本件は、社員AがX会社に対して社員Yの責任を追及する訴えの提起を請求したところ、X会社が請求の日から60日以内に訴えを提起しなかったので、社員Aは、その訴えについてX会社を代表してYを提訴した事案である。
　　＊本訴は、株主代表訴訟制度（847条）と類似するが、株主代表訴訟とは異なり、原告となるものは社員ではなく、持分会社であり、その訴訟遂行の代表権を社員Aが行使するものである。したがって、訴訟係属中に本条に基づき持分会社を代表していた社員Aが退社や持分の譲渡等により社員権を失っても、訴訟は当然には終結せず、また訴訟に勝訴して債務名義を得た場合は、持分会社の名において執行ができる。

|請求原因| 1　A及びYは、X会社の社員であること
　　　　 2　AはX会社に対して、Yに対する責任を追及する訴えの提起を請求したこと
　　　　 3　YのX会社に対する責任の発生原因事実
　　　　 4　損害の発生及びその数額
　　　　 5　請求原因3と4の因果関係
　　　　 6　請求原因2の提訴請求の日から60日以内にX会社が訴えを提起しないこと

（免　除）
|抗　弁| 1　X会社はYの損害賠償義務を免除する意思表示をしたこと
　　＊持分会社の業務執行社員の損害賠償責任は、株式会社の役員等の任務懈怠責任のように、その免除の方法について、特別の制限が存在せず、自由に免除できる。したがって、事後の責任免除のほか、事前の責任免除も可能であり、これらの免除の方法や条件について定款等で自由に定めておけば足りるので、あえて責任発生の根拠規定について、定款で別段の定めができる旨を規定する必要がない（相澤・新会社法解説160頁）。

（訴権の濫用）
|抗　弁| 1　本訴は、社員A若しくは第三者の不正な利益を図り又は持

分会社に損害を加えることを目的とするものであること
＊本条ただし書に基づく抗弁である。

第3節　業務を執行する社員の職務を代行する者

第603条　民事保全法第56条に規定する仮処分命令により選任された業務を執行する社員又は持分会社を代表する社員の職務を代行する者は、仮処分命令に別段の定めがある場合を除き、持分会社の常務に属しない行為をするには、裁判所の許可を得なければならない。
2　前項の規定に違反して行った業務を執行する社員又は持分会社を代表する社員の職務を代行する者の行為は、無効とする。ただし、持分会社は、これをもって善意の第三者に対抗することができない。

1　職務代行者選任の仮処分

持分会社の業務執行社員の地位又は代表社員の選定に争いがあるような場合に、それらの者にそのまま職務執行をすることを認めると、その後においてその地位が否定されたとしても、表見法理の適用などによって持分会社や構成員に損害を被らせる可能性があり、このような状態が継続することは望ましくない。このような場合に、その業務執行社員や代表社員の職務の執行を停止するとともに、法人の業務執行のために必要があるときは、職務代行者を選任する必要がある。すなわち、職務執行停止、職務代行者選任の仮処分であり、民事保全法23条2項、56条の仮処分の典型的な一場合である。この仮処分は告知により形成的に効力が生じ、執行を要しない。この仮処分の効力は第三者に対しても及び、本条2項が仮処分に違反する行為を無効とする効果を定めている。したがって、仮処分の登記（917条2号-4号）は本来の執行方法ではないが、仮処分の効果の公示方法であり、かつ、実体法上は第三者に対する対抗要件として必要である（908条1項）。

保　全　物　　Y1持分会社の業務執行社員Y2の地位又は代表社員の選定の無効・不存在確認の保全権能
　　＊本件は、Y1会社の社員XがY同社の業務執行社員Y2の地位

又は代表社員の選定無効・不存在事由があるとして、職務執行停止、職務代行者選任の仮処分を申請した事案である。

* 持分会社の業務執行社員に対する職務執行停止又はその職務代行者選任の仮処分の本案にも本法上の制限がないが、社員の除名の訴え（859条）及び業務執行社員の業務執行権又は代表権消滅の訴え（860条）などの形成訴訟、確認訴訟又は給付訴訟が本案となり得る。本法の下では、被保全権利又は被保全権利関係及び保全の必要性があれば、本条の仮処分が許される。申立人が疎明すべき被保全権利は、本案訴訟によって異なるが、社員権、又は形成権である代表社員を選任する社員決議の取消権などの実定法上の権利がある。

* 本条の仮処分の債務者は、業務執行社員及び持分会社の双方とする見解が有力である。両者が必要的共同訴訟の関係に立つからである。東京高決平成8年2月1日判タ923.269は、会社取締役の職務執行停止と職務代行者選任の仮処分における債務者について、職務執行が停止される取締役と会社であるとする。一般に、必要的共同訴訟とは訴訟手続について観念されるが、同決定は、仮処分手続においても観念できるという。なお、民事保全法56条の仮処分により職務執行を停止された代表社員は、その本案訴訟において会社を代表できず、職務代行者が会社を代表する（同旨、最判昭和59年9月28日民集38.9.1121参照）。

* 法人代表者その他法人役員として登記された者に対して、その職務執行の停止を命じ、又はその職務代行者を選任する仮処分（民保23条2項、24条）がされた場合に、裁判所書記官が、法人の本店又は主たる事務所の所在地を管轄する登記所にその登記を嘱託する（民保56条本文）。合名会社及び合資会社については社員、合同会社については業務執行社員が、職務執行停止又は職務代行者選任の仮処分を受けた場合にその旨の登記を要する（917条）から、持分会社のこれらの社員について登記が嘱託される。

申立理由　1　Xは、Y1会社の社員であること
2　持分会社の業務執行社員Y2の地位又は代表社員の選定の無効・不存在事由
3　Xに著しい損害の発生のおそれがあること、又は急迫の危

険を避けるため必要であること
＊申立理由 3 は、民事保全法 23 条 2 項所定の保全の必要性の要件である。一般には、その業務執行社員がそのまま職務を執行すれば会社に回復不能の損害が生ずることとされるが（名古屋高決平成 2 年 11 月 26 日判時 1383.163）、江頭・株式会社法 372 頁は、取締役の職務代行者についてであるが、選任決議・不正行為等の被保全権利の疎明がされれば、仮処分の必要性があると推定するなど柔軟な取扱が必要となる場合があるという。なお、社員の死亡、退社、住所変更等の事由により持分会社の代表者を欠く場合、直ちに後任者を持分会社が選任すべきであるが、それが不可能な場合、本条による職務代行者の選任を裁判所に申請できる。817 条 1 項により持分会社の代表者は日本に住所が必要であるが、代表者が海外に移住し、要件を満たす者を持分会社が直ちに選任できない場合も、本条の職務代行者の選任の申請が認められる（相澤他・論点解説 586 頁）。

2　職務代行者の権限

本条は、株式会社の取締役の職務代行者に関する 352 条 2 項と同趣旨の規定である。民事保全法 56 条に規定する仮処分命令により選任された業務執行社員又は持分会社の代表社員の職務を代行する者は、仮処分命令に別段の定めがある場合を除き、持分会社の常務に属しない行為をするには、裁判所の許可を得なければならない。この場合における裁判所の許可は、包括的な許可は許されず、個々の行為についての許可が必要である。常務とは、会社として日常行われるべき業務（会社事業の通常の経過に伴う業務）をいう。職務代行者は暫定的に社員の職務を行う者であり、持分会社が継続する上で最低限必要なことに限られるからである。例えば、会社のために不動産登記回復訴訟を追行すること（東京高判昭和 42 年 7 月 20 日判時 498.31）、職務代行者選任の仮処分の本案たる業務執行者の選任の有効性を争う訴訟を追行すること（前掲昭和 59 年最判）も常務に含まれる。

非訟事件　職務代行者の常務外行為の許可申立て
＊本件申立ては、職務代行者 X が、A 持分会社の所有土地に抵当権を設定して、B から金銭を借り入れる事例である。

申立理由　1　X は、民事保全法 56 条に規定する仮処分命令により選任さ

　　　　れた業務を執行する社員又は持分会社を代表する社員の職務を
　　　　代行する者であること
　　２　A会社は、平成○年○月から同年○月までの運転資金とし
　　　　て1,000万円の不足が生じること
　　３　XはBと交渉した結果、BがA会社に対し金1,000万円を
　　　　弁済期平成○年○月○日の約定で貸し渡すこと、及びA会社
　　　　所有の本件土地に同債権を被担保債権とする第一順位の普通抵
　　　　当権を設定することの内諾を得たこと
　　４　A会社は、上記弁済期に先立って、営業上の債権3,000万
　　　　円を回収できることが確実で、弁済原資が確保されていること
　　　＊上記3は、許可を求める行為が常務外であることを示す事実
　　　　であり、上記2及び4はその常務外行為を行うことが相当で
　　　　あることを示す事実である。

３　職務代行者の権限外行為の効力
　本条1項（職務代行者の権限）の規定に違反して行った業務を執行する社員又は持分会社を代表する社員の職務を代行する者の行為は、無効である（本条2項本文）。ただし、常務か否かの区別は明らかでないため、取引安全の観点から、本条2項ただし書により、本条1項違反の職務代行者の行為の無効は、善意の第三者に対抗できないとしている。

第4章　社員の加入及び退社

　社員の加入及び退社は、定款の絶対的記載事項である社員の氏名（576条1項4号）の変動を伴うから、定款の変更（第6章）の一局面である。本章は、第6章の特則である。

第1節　社員の加入

●(社員の加入)

第604条　持分会社は、新たに社員を加入させることができる。
　　2　持分会社の社員の加入は、当該社員に係る定款の変更をした時に、その効力を生ずる。
　　3　前項の規定にかかわらず、合同会社が新たに社員を加入させる場合において、新たに社員となろうとする者が同項の定款の変更をした時にその出資に係る払込み又は給付の全部又は一部を履行していないときは、その者は、当該払込み又は給付を完了した時に、合同会社の社員となる。

1　社員の加入

　社員の加入には、①会社との入社契約による原始的な持分の取得、②既存の社員の持分の全部又は一部の譲受けによる承継的な持分取得、③社員の死亡又は合併により、その社員の相続その他の一般承継がある（大塚龍児・新注会(1)299頁）。①の入社の法的性質は、会社と入社しようとする者の社団関係の成立を目的とする団体法上の契約と解するのが判例（大判大正6年1月16日民録23.55）である。持分会社は、新たに社員を加入させることができる（本条1項）。

2　定款変更
(1)　効力要件
　本条2項は、社員の加入について、定款の変更（576条1項4号‐6号）を

効力要件としている。したがって、社員の加入に当たっては、原則として総社員の同意による定款の変更（637条）が必要とされる。すなわち、定款変更を伴うために、原則として社員の全員一致により新たな社員の加入の可否が決定されることになるが、定款に別段の定めを置くこともできる（637条）。持分会社の組合性からすると社員の合意が重要であるが、社員の入社は株式会社における増資に相当するから、資金調達の機動性を考えた場合には、加入の可否を業務執行社員に一任することもあり得る。

(2) 変更登記

合名会社と合資会社については全社員、合同会社については業務を執行する社員が登記事項とされていることから（912条5号、913条5号、914条6号。なお、いずれの持分会社についても、会社を代表する社員は登記事項である（912条6号、913条8号、914条7号・8号））、必要に応じてそうした変更の登記も併せて行う必要がある（909条）。

2　出資の増加

出資の増加に関する特別の規定はない。持分会社の社員がその出資を増加させる場合としては、①追加出資をして自己の出資の価額を増加させる、②他の社員の持分を譲り受けたために自己の出資の価額が増加するなどがある。出資が増加する部分については、新たな社員加入と同じであるので、増加前に生じた債務についての責任（605条）を類推適用すべきである。また、合同会社の社員が持分を譲り受けて、その社員の出資の価額が増加する場合、その持分に係る出資の履行が譲渡以前に完了しているから、持分を譲り受けた社員に係る定款を変更した時に、出資増加の効果が生じる（相澤・新会社法解説161頁）。

3　合同会社の社員の加入

本条2項の規定にかかわらず、合同会社が新たに社員を加入させる場合において、新たに社員となろうとする者が同項の定款の変更をした時にその出資に係る払込み又は給付の全部又は一部を履行していないときは、その者は、払込み又は給付を完了した時に、合同会社の社員となる（本条3項）。

合同会社の社員が出資の価額を増加した場合は、その増加の定款変更の効力は、その出資に係る払込み等が完了した時に生ずると解される（本条3項）。なお、持分の譲受けにより合同会社の社員の出資の価額が増加する場合は、増加する部分に係る出資については、譲渡人（又はその前の譲渡人）がその全部を履行しているから、新たに出資の履行をする必要はなく、存分

の譲受けに伴う定款変更をした時において、出資の価額の増加の効力が生ずることとなる（本条2項）（相澤他・論点解説587頁）。

● (加入した社員の責任)

第605条　持分会社の成立後に加入した社員は、その加入前に生じた持分会社の債務についても、これを弁済する責任を負う。

1　加入した社員の責任

　本条は、持分会社の成立後に新たに加入した社員であっても、加入前に生じた会社債務についても責任を負うことを定める。本条の加入とは、前条と同様に、多数説は、会社との入社契約によって原始的に持分を取得した者のほか、既存の社員の持分の全部又は一部を譲り受けて承継的に持分を取得した者も含むと解している（大塚龍児・新注会(1)299頁）。本条の法律的性質について、会社債務が発生すると同時に社員の責任が法律上当然に生ずるのが原則であるから、本条の責任は特別規定であると解する見解もあるが、合名会社であっても法人であり（3条）、対外関係において社員が会社債務につき責任を負うのは、債務の発生時期の社員の加入時期の先後を問わず、当然のことであるとするのが通説的見解である。

訴訟物	XのYに対する無限責任社員としての会社債務履行請求権

＊本件は、XがA合名会社に対し有する売買代金1,000万円が同社の財産をもって会社債務を完済できないこと、又はA会社の財産に対する強制執行が効を奏しなかったため、売買契約締結後に同社の社員となったYに対して、その会社債務の履行を求めた事案である。

請求原因	1　XはA会社に対し、本件目的物を代金1,000万円で売買する契約を締結したこと

＊請求原因1の主張は一種の権利主張である（観念的な「会社」という法人格自体が契約を締結するという事実はない）。したがって、この主張が争われると、「XはBに対し、本件目的物を代金1,000万円で売買する契約を締結したこと」「BはA会社の社員であること」「Bは、売買契約締結の際、

A会社のためにする意思を有していたこと、又は、A会社のためにすることを示したこと」という事実主張をしなければならない。
　　2　YはA会社の社員であること
　　　＊本条によれば、会社の成立後に加入した社員は、その加入前に生じた会社の債務についても責任を負う。したがって、「請求原因1の契約締結に先立ってYはA会社の社員であったこと」は、請求原因事実として不要である。また、「請求原因1の契約締結がYのA会社入社に先立つこと」という事実は、抗弁とならない。
　　3　A会社の財産をもって会社債務を完済できないこと、又はA会社の財産に対する強制執行が効を奏しなかったこと
　　　＊田中耕太郎・合名会社社員責任論165頁は、「完済不能」とは「負債超過」のことであるとし、「負債超過ハ会社債権者カ請求ヲ為スノ要件ナリ故ニ之ニ関スル挙証ノ責任ハ請求ヲ為ス会社債権者ニアリ」という。会社財産に対する強制執行が効果を挙げなかったことは、X以外の者が行った強制執行でもよい。この要件がもともと会社の財産状態が悪化している1つの現れであるからである。

2　有限責任社員の出資の価額を増加した場合の責任

　社員が出資の価額を増加させる場合（出資の価額の単純な増加の場合や持分の譲受けによる出資の価額の増加の場合）については、旧商法及び本法においても、特に規定が設けられていない。しかし、増加部分については、社員が新たに加入した場合と同様であることから、本条の規定が類推適用されるべきものと解される。

3　加入社員の責任の対内的減免

　加入社員の責任は、定款をもってしても変更することはできないが、対内関係（すなわち、社員相互間）では、特定の社員の責任を減免することはできると解される。

第2節　社員の退社

●(任意退社)

第606条　持分会社の存続期間を定款で定めなかった場合又はある社員の終身の間持分会社が存続することを定款で定めた場合には、各社員は、事業年度の終了の時において退社をすることができる。この場合においては、各社員は、6箇月前までに持分会社に退社の予告をしなければならない。
2　前項の規定は、定款で別段の定めをすることを妨げない。
3　前2項の規定にかかわらず、各社員は、やむを得ない事由があるときは、いつでも退社することができる。

1　任意退社
　退社とは、持分会社の存続中に、特定の社員がその社員資格を喪失し、その社員権が絶対的に消滅することをいう。退社は、会社の存続中における社員資格の消滅という点で、合併、清算の結了、破産手続の終了などによって会社が消滅した場合における社員資格の消滅とは区別され、更に、退社は社員資格の絶対的消滅という点で、持分の全部譲渡とも区別される（古瀬村邦夫・新注会(1) 303頁）。
　本条1項前段は、定款で持分会社の存立期間を定めなかった場合、又はある社員の終身の間会社が存続することを定めた場合は、各社員は事業年度の終了時において、任意に退社できることを定める。そして、本条後段は、その「退社」をするためには、持分払戻しの計算の便宜から、事業年度の終了の時から6か月前にその予告をする必要があることを定める。

2　定款による退社の条件の修正
　本条2項は、1項の規定が任意法規であることを明定した。その修正内容は定款で定める必要があるが、定款で「入社後一定期間は任意退社することができない」との社員に不利益な定款の修正が可能かの問題がある。この点、立案担当者によれば、そもそも、例えば会社の存続期間を10年間と定めれば、社員はやむを得ない事由が生じた場合以外には、自己の意思で退社

することは認められないのであるから、会社の存続期間を定めなかった場合であっても、同様の効果を有する定款規定を置くことは可能であるとする（相澤・新会社法解説 162 頁）。

3　やむを得ない事由による退社
　本条 3 項は、会社の存立期間が定められていると否とを問わず、やむを得ない事由がある場合は、各社員はいつでも退社することができることを定める。「やむを得ない事由」とは、社員が単に当初の意思を変更したということでは足りず、定款規定を定めた時又は入社若しくは設立時に前提としていた状況が著しく変更され、当初の合意どおりに社員を続け得なくなった場合等である（相澤・新会社法解説 162 頁）。
　この退社は、「前 2 項の規定にかかわらず」の文言が示唆するとおり、定款によって制限することはできない。これは、持分会社の人的性格から社員はその持分の譲渡が制限されており、投下資本回収の途が不十分であるため、やむを得ない際の退社を認め、投下資本の回収を保障するものである。持分会社の内部関係は基本的に民法上の組合と同様に考えられ、また、本条の構造は民法 678 条と基本的に同じであるところから、本条に関する訴訟における攻撃防御方法の要件事実も、次に掲記する設例のように、民法 678 条の場合と同様に考えることができよう。
(1)「やむを得ない事由」の存在を認めた事例
　①退社をすることができるやむを得ない事由があるか否かは、退社をしようとする社員各自について決すべきことはもちろんであるが、それを決するについては、各場合におけるその社員を中心とするすべての事情を斟酌すべきであり、その社員の一身上の事情のみに着眼し、その他の事情を斟酌すべきではないとしてはならず、また、数個の事情が独立しては退社のやむを得ない事由に該当しないときであっても、それらすべての事情を総合して退社に該当する事由が存するものとすることを妨げるものではないとして、有限責任社員 4 名の退社を認めたもの（大判昭和 6 年 6 月 1 日新聞 3301.14）、②大阪市に本店を有し、他に営業所がなく、専ら大阪市を営業の中心としていた合名会社の社員が、東京に転居したために社員として関与ができなくなった場合（大阪地判昭和 7 年 12 月 20 日新聞 3509.9）などがある。
(2)「やむを得ない事由」の存在を認めなかった事例
　①会社の定款で競業禁止に関する重大な制約について定められているとか、会社が新年宴会を開くに当たり、特定社員を除外したといった事由（大阪控判大正 5 年 9 月 14 日新聞 1168.31）、②会社が営業不振で、前途に事業の

成功の見込みがない事由（東京地判大正 14 年 6 月 30 日評論全集 14 諸法 431）などがある。

訴訟物　　X の Y 持分会社に対する予告退社に基づく持分払戻請求権
　　　　　＊本件は、Y 会社の社員 X が事業年度の終了の時から 6 か月前に退社の予告の意思表示をした上で、持分の払戻しを求めた事案である。
　　　　　＊退社に基づく持分払戻請求権は、その退社原因ごとに別個の訴訟物であると解される。

請求原因　1　X は Y 会社の社員であること
　　　　　2　X は Y 会社に対し、事業年度の終了の時から 6 か月前に退社の予告の意思表示をしたこと
　　　　　3　退社時（請求原因 2 の事業年度の終日）における X の持分の価額の評価根拠事実
　　　　　＊評価根拠事実は、「Y 会社の資産額が負債額を超過する額」「社員全員の持分に対する X の持分の割合」などである。

（存続期間）
抗　弁　1　Y 会社は、定款で存続期間が定められていること
　　　　　＊「ある社員の終身の間会社が存続するという定めがある」という期間の定めの主張は、法的には、それが「会社の存立期間が定められていない」ことと同列に置かれているところからみて、抗弁として主張自体失当となる。

（定款の定め）
抗　弁　1　Y 会社の定款に、設立後一定期間は任意退社を認めない旨の定めがあること
　　　　　＊本条 2 項に基づく抗弁である。本条 1 項の任意退社に関しては、定款で別段の定めをすることができる（本条 2 項）。この定款の定めの内容については、特に制約はなく、かつ、当初からの社員や会社成立後に入社した社員は、いずれもその定めに同意して社員となった者であるから、定めが公序良俗（民 90 条）に反しない限り、有効である。例えば、会社の存続期間を定めれば、社員はやむを得ない事由がなければ自己の意思で退社することは認められないこと（本条 1 項・3 項）に照らすと、一定期間は任意退社できないという定めも直ちに公序良俗に反するものではなく、有効と解される（この場

合にも、本条3項は適用される)。
　　　　2　請求原因2の事業年度の末日は、抗弁1の一定期間の末日より前であること
(退社の正当事由)
再抗弁　1　XがY会社を退社することについて、やむを得ない事由を基礎づける事実
　　　　＊これは、本条3項に基づく抗弁であるが、上記2つの抗弁に対して等しく再抗弁となる。

● (法定退社)

第607条　社員は、前条、第609条第1項、第642条第2項及び第845条の場合のほか、次に掲げる事由によって退社する。
　　一　定款で定めた事由の発生
　　二　総社員の同意
　　三　死亡
　　四　合併（合併により当該法人である社員が消滅する場合に限る。）
　　五　破産手続開始の決定
　　六　解散（前2号に掲げる事由によるものを除く。）
　　七　後見開始の審判を受けたこと。
　　八　除名
　2　持分会社は、その社員が前項第5号から第7号までに掲げる事由の全部又は一部によっては退社しない旨を定めることができる。

1　法定退社
　①606条の定める予告退社（とやむことを得ない事由による退社）、②609条1項の定める持分差押債権者による退社、③642条2項の定める持分会社の継続による不同意社員の退社、④845条の定める持分会社の設立の無効又は取消しの判決の場合の原因社員の退社のほかに、本条は1号ないし8号の定める事由のいずれかが生じた場合に退社することを定める。なお、8号の定める「除名」については、859条が具体的に定める。
(1)　定款で定めた事由の発生
　強行法規又は公序良俗に反しない限り、定款で自由に退社事由を定めるこ

とができる。社員たる期間、条件又は資格を定めたときは、期間満了、条件成就又は資格の喪失によってその社員の退社を生じる。また、本条1項2号に定める「総社員の同意」による退社事由について、定款によって要件を緩和し、社員の過半数又は業務執行社員の同意によって退社することができる旨を定め得る（古瀬村邦夫・新注会(1)310-311頁）。

(2) 総社員の同意

複数の社員が退社の申出を同時にした場合、本条1項2号所定の「総社員の同意」の意義については、次のように見解が分かれる。

ア　総社員同意説

各退社申出者ごとに他の総社員（同時退社を申し出ている他の社員を含む）の同意が必要であるとする見解であるが、人的会社は組合的結合を重視し、ある社員の退社は構成員の変動の一形態であるから、新社員の加入及び持分の譲渡と同様に、総社員の同意を必要とすることを理由とする。

イ　残存社員同意説

退社を申し出た複数社員以外の社員（残存社員）全員の同意で足りるとする見解であるが、任意退社制度（606条）の下で、正当理由がなくても一方的な告知により事業年度の終了時に、またやむを得ない事由があるときはいつでも退社することが認められているから、本条1項2号は、任意退社の要件を満たさず、持分会社にとって不利な時期（事業年度の途中で予告なく退社すると、会社の計算・持分の払戻しについて特別の措置を執る必要がある）にされた退社の申出に対して、それを容認することについての同意であると解され、その場合は、本条1項2号の総社員とは残存社員でもよいことを理由とする。この点、最判昭和40年11月11日民集19.8.1953は、「退社申出をした社員も退社の効力を生ずるまでは社員たるの地位にあるのであるから、定款をもつて、総社員の同意に代え、社員の過半数の同意によつて退社できる旨規定したような場合を除き、数人が同時に退社の申出をした場合においても、その退社には各退社申出者自身を除く他のすべての社員の同意を要す〔る〕」と判示し、前説の立場に立ち、退社員相互間に同意権が留保されているとする。そのように解することが、組合的結合である合資会社の本質に合致し、また退社後も会社債務について一定の責任（旧商147条、93条）を負う各退社員としては、自己と同時に退社する者が誰であるか、つまり、誰が会社に残存して企業維持経営に当たるかについて、具体的な利害関係があるからとする。しかし、後述(8)のように、数人の社員を除名する場合には、被除名者1人ごとに他の社員の過半数の決議を必要とする見解が妥当であるとしても、数人の社員が同時に退社の申出をした場合に各退社申出

者ごとにその者を除く他の社員全員の同意を要するわけではない。なぜなら、社員の退社は、除名のように本人の意思に反して会社からの脱退を強制されるのではなく、本人の自発的意思によって会社から脱退するものであるから、退社の可否の要件は、人的会社における退社自由の原則によるべきであり、除名の場合の見解と同様に考えるべきではないからである。

(3) 死　　亡

　社員が死亡した場合には、その社員は退社となる（本条1項3号）。死亡した場合が退社事由とされ、社員たる資格について当然に相続を認めないのは、人的信頼関係を基礎とする持分会社においては、相続は他の社員の利害に関係するからである。もっとも、相続人が、死亡した社員の持分の払戻しを受けるか、その持分を承継するかについては、定款によって自由に定めることができる（608条）。

(4) 合併（合併により法人である社員が消滅する場合に限る）

　合併により法人である社員が消滅する場合が退社事由とされ、社員たる資格を存続会社に当然に承継させることを認めないのも、上記(3)と同様の理由による。なお、608条参照。

(5) 破産手続開始の決定

　社員が破産手続の決定を受けた場合には、その社員を当然に退社をさせて持分の払戻しを受けさせることによって、その社員の債権者が債権の回収を図ることができる。

(6) 解散（ただし、(4)(5)によるものを除く）

　これは、(4)と同様に、社員が法人である場合を想定した退社事由である。

(7) 後見開始の審判

　死亡の場合と同様に社員相互の人的信頼関係からの退社事由である（古瀬村邦夫・新注会(1)315頁）。

(8) 除　　名

　持分会社においては、社員相互間の信頼関係が重視される。除名（859条）は、その信頼関係を破壊する社員を会社から排除して、会社の内部関係を強化し、その目的である事業の遂行を可能にするものである。旧商法当時は、除名される社員が数人いる場合、「他ノ社員」（旧商86条1項）の過半数の決議は、①各人ごとに別々にする必要があるか、②それとも一括しての除名決議でよいかについては、見解が分かれていた。しかし、859条は「対象社員以外の社員の過半数の決議」と定めたので、②は許されず、①によることが明確となった。従来の判例の立場を踏襲するものである。すなわち、大判昭和4年5月13日民集8.470は、除名が他の社員の一致をもってされる

とした昭和13年改正前商法の下で、除名原因がすべての被除名者について同一であると否とを問わず、被除名者1人ごとに他の社員の一致を必要とし、数人の社員を一括して除名することができないとしていた。

2　持分払戻請求権

611条1項本文は、持分払戻請求権の発生要件事実が社員の退社であることを定めている。そして、「社員の退社」の措辞について、雉本朗造・民事訴訟法論文集680-690頁は、「右条文〔611条1項本文〕ニハ『退社員ハ云々其持分ノ払戻ヲ受クルコトヲ得』トナシ、而シテ之ハ『社員カ退社シタルトキハ、其持分ノ払戻ヲ受クルコトヲ得』ト規定スルト同一ナリ。然カルニ、後ノ形ニ体ルトキハ、持分払戻請求権ヲ生スル法律要件即其発生要件カ『社員ノ退社』其自体ナルコトハ疑ヲ容ルルノ余地ナキカ故ナリ。勿論、『社員ノ退社』ハ、其自体法律上ノ効果ニシテ、行為又ハ外界ノ事実ニ非ス。退社ハ商法第68条〔606条〕及ヒ第69条〔607条〕ノ規定カ、予告、定款ニ定メタル事由ノ発生、総社員ノ同意、死亡、破産、禁治産又ハ除名ナル退社事由（即退社ナル効果ヲ生スルニ必要ナル法律要件）ニ附シタル法律上ノ効果ニシテ事実ニハ非ス。然レドモ、邦文ハ一法律上ノ効果其自体ヲ法律要件トシテ、之ニ値ノ法律上ノ効果ヲ附スルヲ得ルコトハ前ニ述フルカ如シ」という。

| 訴訟物 | XのY合名会社に対する持分払戻請求権 |

＊本件は、Y会社社員Xが退社したことに伴い、XがY会社に持分の払戻請求をした事案である。

＊退社に基づく持分払戻請求権は、その退社原因ごとに別個の訴訟物であると解される。例えば、大判大正4年5月28日民録21.824は、合資会社の退社員の持分払戻請求権に関する事案であるが、「合資会社ノ社員ノ退社ニ因ル持分払戻ノ請求ニ付テ論センカ単ニ退社ト云フノミニテハ請求原因ニ属スル退社事実ノ表示ヲ尽シタルモノニアラス従テ未タ請求原因ヲ完全ニ表示シタルモノト為スニ足ラス退社ニハ予告、除名等ノ事由アルカ故ニ当該事由ニ従ヒ具体的ニ退社ノ事実ヲ表示シ之ヲ特定スルヲ要ス退社ノ事由カ予告テルモ除名ナルモ法律上ノ観念ニ於テハ均シク退社ナリト離モ具体的事実トシテハ相異ナルヲ以テ彼ヲ原因トスルト此ヲ原因トスルハ請求原因ヲ異ニシ従テ其請求同一ナリト謂フ可カラス」と判

示する。この理は合名会社の場合も同様である。

請求原因　1　XはY会社の社員であること
　　　　　　2　XはY会社を退社したこと
　　　　　　　＊雉本朗造・前掲書680-690頁によれば「退社」は法律効果であって、事実ではない。一種の権利主張である。したがって、退社が争われれば、606条の定める「退社の意思表示」又は本条1項1号ないし8号のいずれかの事実、609条1項の定める「持分の差押債権者の社員退社予告」、642条2項の定める「持分会社を継続することについて同意しなかった」及び845条の定める「持分会社の設立の無効又は取消しの訴えに係る請求を認容する判決が確定した」ことを主張立証しなければならない。
　　　　　　3　退社時におけるXの持分の価額の評価根拠事実
　　　　　　　＊無限責任社員が、労務を出資した場合（576条1項6号括弧書参照）でも、退社員は持分払戻請求権を有するのであるから、「Xは労務を出資したこと」（金銭出資ではなかったこと）は、抗弁とならない。

3　定款による法定退社事由の制限

　持分会社は、その社員が、①破産手続開始の決定、②解散（本条1項4号・5号に掲げる事由によるものを除く）、③後見開始の審判を受けたことという事由の全部又は一部によっては退社しない旨を定めることができる（本条2項）。また、③死亡や④合併に関しては、相続人や合併会社に持分を承継させ、その者を社員とすることもできる（608条1項）。

訴訟物　　XのY合名会社に対する持分払戻請求権
　　　　　　　＊本件は、Y会社社員Xが退社したことに伴い、Y会社に持分の払戻請求をしたところ、Y会社が請求原因2で主張される退社事由は、定款で退社しないことを定めていると抗弁した事案である。
請求原因　1　XはY会社の社員であること
　　　　　　2　Y会社に、①破産手続開始の決定、②解散（合併及び①による解散を除く）、③後見開始の審判を受けたことのいずれかの事実が生じたこと
　　　　　　3　退社時におけるXの持分の価額の評価根拠事実

(退社事由の制限)
抗　弁　1　Y会社は、請求原因2の事由の全部又は一部によっては退社しない旨を定款で定めていること
　　　　＊本条2項に基づく抗弁である。

● (相続及び合併の場合の特則)

第608条　持分会社は、その社員が死亡した場合又は合併により消滅した場合における当該社員の相続人その他の一般承継人が当該社員の持分を承継する旨を定款で定めることができる。
　2　第604条第2項の規定にかかわらず、前項の規定による定款の定めがある場合には、同項の一般承継人（社員以外のものに限る。）は、同項の持分を承継した時に、当該持分を有する社員となる。
　3　第1項の定款の定めがある場合には、持分会社は、同項の一般承継人が持分を承継した時に、当該一般承継人に係る定款の変更をしたものとみなす。
　4　第1項の一般承継人（相続により持分を承継したものであって、出資に係る払込み又は給付の全部又は一部を履行していないものに限る。）が2人以上ある場合には、各一般承継人は、連帯して当該出資に係る払込み又は給付の履行をする責任を負う。
　5　第1項の一般承継人（相続により持分を承継したものに限る。）が2人以上ある場合には、各一般承継人は、承継した持分についての権利を行使する者1人を定めなければ、当該持分についての権利を行使することができない。ただし、持分会社が当該権利を行使することに同意した場合は、この限りでない。

1　相続及び合併の場合の特則
(1)　趣　旨
　社員の死亡及び合併による社員の消滅は、607条1項において法定退社事由とされている。これらの事由が発生した場合は、611条に基づきその社員の持分を払い戻すことになる。しかし、607条1項3号及び4号は強行規定ではない。そこで、本条1項は、定款による別段の定めをすることにより、相続人等の一般承継人がその他社員の持分を承継し、持分会社の社員となり

得ることを明らかにした。

　なお、清算持株会社に関しては、定款に別段の定めがなくても相続人が持分を相続することが定められている（675条）。これは、清算段階では、もはや社員間の人的結合関係や社員の個性が重要性を有さないからである。

(2) 定款記載例

　相続による持分承継に関する定款の定め方としては、次のような場合があり、いずれも有効である。

① 「相続が発生した場合に、相続人が希望したときは承継加入することができる」

　この定款規定は、被相続人死亡後、相続人が入社を申し出るまでの不定期間、社員の地位の帰趨が不確定となるため、相続人が加入を申し出る前に、持分会社において、定款の変更や解散等、総社員の同意を要する行為を行えるかということが問題となり得る。こうした場合については、会社又は他の社員の利益の観点から、相続人に対して、相当の期間を定めて承継加入を希望するか否かについての催告をすることができると解すべきとされている（今泉邦子・新基本法コンメ(3)36頁）。

② 「相続が発生した場合に、他の社員が同意をしたときは、相続人は承継加入する」

　この定款は、合名会社は社員相互の人的信用を基礎とするから、被相続人には人的信用があるとしても、相続人の入社についてはその人的信用に関して総社員の同意又はこれに代わる判決（民執174条1項）が必要である。相続人の一方的意思表示により入社が認められると、入社後に除名手続が必要となる場合があるということに対応する定款規定である。

③ 「相続が発生した場合に、相続人は当然に承継加入する」

　この定款の定めを置いていた場合、相続人が社員となることを欲しないときは、相続の放棄又は限定承認をするしかなく、単純承認をした以上は、相続開始の時から当然に社員たる地位を有することとなり、たとえ直ちに退社しても、退社員の責任（612条）を負うこととなる（太田穰「持分会社の社員の加入と退社」大系(1)370頁、今泉邦子・新基本法コンメ(3)36頁）。

　相続人の入社時期を被相続人の死亡時に遡及させることは、会社の内部関係事項であるから、定款によって定めることができ、定款によって定める以上は、新たに入社する社員の人的信用も総社員の同意を無視してはおらず、本条3項にも反しない。

2　一般承継人が社員となる時期及びそれに伴う定款変更

　604条2項の規定にかかわらず、本条1項の規定による定款の定めがある場合には、同項の一般承継人（社員以外のものに限る）は、同項の持分を承継した時に、その持分を有する社員となる。すなわち、相続人等の一般承継人が社員となる時期は、持分を一般承継した時となる。

　本条1項の定款の定めがある場合には、持分会社は、同項の一般承継人が持分を承継した時に、一般承継人に関する定款の規定もその時に変更したものとみなされる（本条3項）。

3　未履行出資についての一般承継人の責任

　被相続人又は合併消滅会社が出資を一部未履行であった場合、一般承継人が未履行の出資について履行する責任を負う。一般承継人が複数の場合は、未履行の出資について連帯責任を負う（本条4項）。

4　相続による共有持分

　相続を原因として一般承継する者が複数である場合、被相続人の持分を共有することになる（本条5項）。持分が共有状態となった場合の権利行使の方法は、株式会社と同様である（106条）。共有者は原則として、社員としての権利を行使する者1人を定める必要がある。しかし、社員としての権利を行使する者1人が定められていない場合であっても、会社側が認めるときは、共有者は民法の共有の規定に従って権利行使をすることができる。

　なお、相続以外の原因による共有持分の場合に関する規定は存在しないが、これは共有を認めない趣旨ではない。相続等以外の原因で持分を共有する場合、権利行使の方法又は出資の履行方法等について持分会社と社員との間で合意をした上で、持分共有のための定款の変更が行われることになるから、法律の規定を設ける必要がないのである（相澤・新会社法解説162頁）。

● (持分の差押債権者による退社)

第609条　社員の持分を差し押さえた債権者は、事業年度の終了時において当該社員を退社させることができる。この場合においては、当該債権者は、6箇月前までに持分会社及び当該社員にその予告をしなければならない。

　　2　前項後段の予告は、同項の社員が、同項の債権者に対し、弁済し、又は相当の担保を提供したときは、その効力を失う。

3　第1項後段の予告をした同項の債権者は、裁判所に対し、持分の払戻しの請求権の保全に関し必要な処分をすることを申し立てることができる。

1　持分の差押債権者による退社

　本条1項前段は、社員の持分を差し押さえた債権者は事業年度の終了時においてその社員を退社させることができる（形成権としての強制退社権）ことを定める。退社予告は債権者の会社に対する一方的意思表示によって行われ、会社及び社員の協力を必要としない。事業年度の終了時において、当然にその社員の退社の効力が生じる。社員の持分の差押えは、その社員の利益分配及び残余財産請求権の性格を有する持分払戻請求権に対しても効力を有する（611条7項）。なお、606条（任意退社の自由とその制限）は、本条とは別個の制度であるから、たとえ、606条1項及び2項に基づき、10年間任意退社を禁止する旨の定款の規定が置かれていても、持分差押権者は本条の規定により社員を退社させることができる（相澤・新会社法解説162頁）。

　本条1項は、差押債権者が社員を退社させることを認め、その結果、持分払戻請求権を行使して債権回収を図り得るが、債権者としては、この手段のほかに、換価命令（民執167条1項、161条）としての第三者たるその法人に対する持分譲受命令を得て、譲受代金の支払を請求することができよう（中野貞一郎・民事執行法［増補新訂6版］761頁）。

2　退社予告

　社員の持分を差し押さえた債権者は、事業年度の終了時においてその社員を退社させるため、6か月前までに持分会社及びその社員に、退社の予告をしなくてはならない（本条1項後段）。この強制退社の予告が行われた後、差押えに対する執行停止決定が行われたとしても、後掲昭和49年最判は、差押えに対する強制執行停止決定によって、退社予告の効力は影響を受けないとしている。

3　退社予告の失効

　本条2項は、本条1項後段の退社予告は、社員が弁済するか又は相当の担保を提供したときは、その効力を喪失することを定める。

(1) 弁　　済

　本条2項は、社員が弁済をすることによって強制退社の予告の効力を失わせることを認めているが、債権者が弁済の受領を拒んだ場合には、後掲昭和49年最判が指摘するように、弁済供託（民494条）を行えば足りるのである。社員が民法414条2項ただし書の承諾に代わる判決を得る方法もある。

(2) 相当の担保提供

　相当の担保を提供したこととは、差押債権者との間で、担保物権を設定し、又は保証契約を締結した場合などをいい、差押債権者の承諾を伴わない担保物権設定又は保証契約締結の単なる申込みは、担保の供与には当たらないと解される。最判昭和49年12月20日裁判集民113.655は、弁済の成否に関する事案であるが、「商法91条1項〔本条1項〕により社員の持分を差し押えた債権者のなす強制退社予告の効力は、右差押えに対する強制執行停止決定によって左右されるものとはいえず、また、同条2項〔本条2項〕所定の強制退社予告の効力を失わせる相当の担保を供したときとは、差押債権者との間で、担保物件を設定し、又は保証契約を締結した場合をいい、差押債権者の承諾を伴わない担保物権設定又は保証契約締結の単なる申込みは、右担保の供与にはあたらないと解するのが相当である。しかしながら、持分を差し押えられた社員が債務を弁済すれば退社予告の効力を失うことは、同条項の明らかに定めるところであり、したがってAが昭和34年12月28日本件差押えにかかる債務についてした所論の供託が弁済供託としての効力を有するときは、退社予告はその効力を失い、ひいてはBの被上告会社代表社員としての資格が否定される結果ともなるのである」と判示する。

| 訴訟物 | AのY合名会社に対する持分払戻請求権 |

＊本件は、Aに対して1,000万円の売買代金支払請求権を有するXがAの有するY合名会社の社員権を差し押さえ、営業年度の末日に持分払戻しを求めた事案である。差押債権者は、予告の上事業年度の終了時等において債務者を退社・脱退させ、持分払戻請求をすることができる（本条。なお、商品先物取引法44条も同様の構造を取る。中野貞一郎・民事執行法［増補新訂6版］761頁）。

請求原因	1　XはAに対し、本件目的物を代金1,000万円で売買する契約を締結したこと
	2　AはY合名会社の社員であること
	3　XはAのY会社に対する持分を差し押さえたこと

　　　　4　請求原因3の後、XはY会社に対し、Aの退社を予告したこと
　　　　5　請求原因4の予告から6月経過した後の直近の営業年度の末日が到来したこと
　　　　6　請求原因3の持分の価額を基礎づける事実
（債務名義の失効）
抗　弁　1　請求原因1の末日に先立って、請求原因3の持分差押えの基本たる債務名義が失効し、又は、執行行為が取り消されたこと
　　　　　＊退社請求権は、差押債権者Xに与えられた実体法上の権利であるところ、抗弁1の事実が生ずると、実体法上の要件が欠けることとなり、退社請求権の無効事由となろう。

（弁　済）
抗　弁　1　AがXに対し、請求原因5の営業年度の末日に先立って、請求原因1の債務の弁済をしたこと
　　　　　＊本条2項に基づく抗弁である。仮に差押債権者が受領を拒んでも、社員が弁済供託（民494条）をすると、退社予告はその効力を失うことになる。

（担保提供）
抗　弁　1　AがXに対し、請求原因5の営業年度の末日に先立って、請求原因1の債務について相当の担保を提供したこと
　　　　　＊本条2項に基づく抗弁である。前掲昭和49年最判によれば、相当の担保を供することは、差押債権者との間で担保物権を設定し、又は保証契約を締結したことをいう。

（権利濫用）
抗　弁　1　請求原因4の退社予告が債権の満足を得るためのものでなく、社員Aを退社させる手段としてのみ行われたものであること
　　　　　＊抗弁1の事実は権利濫用の評価根拠事実として主張されたものである。

4　保全に必要な処分
　債権者が本条1項後段の退社予告をした後社員が退社するまでの6か月間に、その社員と会社が通謀してその社員の持分を減少する等の手段を取るおそれがある。そのため、持分払戻請求権の保全に関し、必要な処分を請求できる（本条3項）。

● (退社に伴う定款のみなし変更)

第610条　第606条、第607条第1項、前条第1項又は第642条第2項の規定により社員が退社した場合（第845条の規定により社員が退社したものとみなされる場合を含む。）には、持分会社は、当該社員が退社した時に、当該社員に係る定款の定めを廃止する定款の変更をしたものとみなす。

1　退社に伴う定款のみなし変更

　本条は、任意退社（606条）、法定退社（607条1項）、持分の差押債権者による退社（609条1項）又は持分会社が継続することとなった場合の退社（642条2項）の場合（845条（持分会社の設立無効・取消しの判決）の規定によるみなし退社を含む）には、持分会社は、社員が退社した時に、その社員に係る定款の定めを廃止する定款の変更をしたものとみなすことを定める。持分会社においては、社員の地位が定款規定によって定められるので、社員が退社する場合は、本来、その社員に関する定款変更が必要である。しかし、入社の場合と異なり、退社時には定款変更手続が常になされ得るわけでないことに鑑みたものとされる。

2　みなし定款変更の効果

　みなし定款変更は、持分会社の体内的な社員の合意を擬制するものに過ぎず、社員の退社を第三者に対抗するためには、合名会社及び合資会社については対社員に関する変更の登記（915条、912条、913条）が必要である（今泉邦子・新基本法コンメ(3)37頁）。

● (退社に伴う持分の払戻し)

第611条　退社した社員は、その出資の種類を問わず、その持分の払戻しを受けることができる。ただし、第608条第1項及び第2項の規定により当該社員の一般承継人が社員となった場合は、この限りでない。
　2　退社した社員と持分会社との間の計算は、退社の時における持分会社の財産の状況に従ってしなければならない。
　3　退社した社員の持分は、その出資の種類を問わず、金銭で払い戻す

ことができる。
　4　退社の時にまだ完了していない事項については、その完了後に計算をすることができる。
　5　社員が除名により退社した場合における第2項及び前項の規定の適用については、これらの規定中「退社の時」とあるのは、「除名の訴えを提起した時」とする。
　6　前項に規定する場合には、持分会社は、除名の訴えを提起した日後の年6分の利率により算定した利息をも支払わなければならない。
　7　社員の持分の差押えは、持分の払戻しを請求する権利に対しても、その効力を有する。

1　持　　分
　持分は第1に、社員の社員たる地位（社員権）を意味し、持分の譲渡の場合の持分がそうである。第2には、会社の純財産額に対して社員の有する分け前を示す計算上の数値を意味し、持分の払戻しの場合の持分はこの意味である。前者の経済的評価額が後者にほかならない（古瀬村邦夫・新注会(1) 335頁）。最判昭和44年12月11日民集23.12.2447は、中小企業等協同組合法に基づく協同組合における脱退組合員に対する持分払戻しにおける財産評価に関して、「一般に、協同組合の組合員が組合から脱退した場合における持分計算の基礎となる組合財産の価額の評価は……組合の損益計算の目的で作成されるいわゆる帳簿価額によるべきものではなく、協同組合としての事業の継続を前提とし、なるべく有利にこれを一括譲渡する場合の価額を標準とすべきものと解するのが相当である。」と判示し、土地を脱退時における時価で評価し、それに基づき組合財産の価額を算定したことを正当とした。

2　持分の払戻し
　退社した社員は、その出資の種類を問わず、その持分の払戻しを受けることができる（本条1項本文。ただし、相続及び合併の場合の特則（608条1項・2項）により社員の一般承継人が社員となった場合は、例外とされる（本条1項ただし書））。持分の払戻しによって払い戻されるものは、持分に相当する財産、すなわち、過去に履行した出資と、自己に帰属している損益に相当するものである。このため、持分の払戻しは、出資の払戻しと利益の配

当との2つを包含するものであるが、これらの行為と異なり、社員がその地位を失うことと引換えに会社財産の払戻しを受けるものである。見方を変えると、持分の払戻しは、株式会社における自己株式の取得に近い性質の行為といえる（相澤・省令解説 164-165 頁）。

3　退社に伴う払戻財産の価額の計算

　退社に伴う払戻財産の価額の計算は、退社時の持分会社の財産状況に従って行われ（本条2項）、退社時にまだ完了していない事項は、その完了後に計算する（本条4項）。要するに、持分会社の価値（資産・負債等を、会社の継続を前提に時価評価し、将来収益その他の状況を適宜勘案して算定される）を前提に計算される。なお、除名の場合の計算方法については特則（本条5項・6項）がある。

　退社に伴う払戻財産の価額の計算方法については、規定が設けられているが（本条）、各社員が払戻しを受ける額すなわち社員の持分相当分の算定方法の規定がない。算定方法は、定款に別段の定めがなければ、出資の価額に応じ、定款に定めがあればそれに従うこととなる。

訴訟物	XのY合名会社に対する持分払戻請求権

　　　　　＊本件は、Y会社社員Xが退社したことに伴い、XがY会社に持分の払戻請求をした事案である。訴訟物及び請求原因に関する注記は、607条の解説2の設例参照。

請求原因	1　XはY会社の社員であったこと

　　　　2　XはY会社を退社したこと
　　　　　＊「社員の退社」が持分払戻請求権の発生要件事実となる。
　　　　　（雉本朗造・民事訴訟法論文集 680-690 頁）
　　　　3　退社時におけるXの持分の価額の評価根拠事実
　　　　　＊合名会社の退社員の持分の払戻しが問題とされた名古屋地判昭和62年9月29日判時1264.128では、持分の払戻しについて、「退社当時における会社財産の状況にしたがいなされるものであるが、右財産の評価方法としては、会社の損益計算の目的で作成されるいわゆる帳簿価額によるべきものではなく、真実の価額によるべきであると解せられるところ、右真実の価額とは、会社の営業を前提とした営業価格によるべきであって、会社の清算や商人の破産の場合の財産評価のように単純な売却価格（清算価格）によるべきではない。……

合名会社の社員が退社する際の持分払戻とは、無限責任社員のみからなる会社と社員との間のいわゆる財産関係の後始末であって、営業存続中の会社の無限責任社員の地位の経済的価値分を営業存続中の会社から金銭で分配するものであり、持分払戻に応ずるために会社の不動産を処分することが法律上要請されているわけではないから、たまたま当該会社特有の事情によってその必要が生じたとしても、売却処分したことにより課税される法人税等の一部を退社員において負担するいわれはなく、又、……その経済的価値評価をするに当って会社の収益力を考慮する必要は認められない。……合名会社の社員が退社する際の持分払戻は前記のとおり営業存続中の会社の無限責任社員の地位の経済的価値分を営業存続中の会社から分配するものであるから、これを時価以下に過少評価するいわれはな〔い〕」とした上で、前掲昭和44年最判が「協同組合の事業の継続を前提とし、なるべく有利にこれを一括譲渡する場合の価額を標準とすべきものと解するのが相当である」とすることについて、「持分払戻の前記意義に照らし、通常の場合事業が継続されている状態で一括譲渡した場合の評価の方が単純な売却価格の合計より高いことから、右標準を掲げているにすぎないのであって、換言すれば、なるべく有利な価額によるべきであって少なくとも時価以下の過少評価がなされるべきではないことを示していると解するのが相当である。」と判示した。また、東京地判平成7年4月27日判時1541.130は、合資会社社員の退社による持分払戻しにつき、それが「組合的な色彩を残すものとして、会社資産の一部清算という側面があるとみることも可能であると思われる。これに加え……収益方式につきまとう不確実性等も考慮し、本件においては、収益方式（DCF法）と純資産方式（清算処分時価純資産方式）とを併用し、前者による評価額と後者による評価額を6対4の比で加重平均した金額をもって払戻持分額とするのが相当」と判示した。

4 出資義務と持分払戻請求権の関係

合同会社の社員は会社設立時に出資を全部履行する義務を負う。合名会社及び合資会社の場合は、会社が必要に応じて社員に対して出資の履行を請求

できるので、会社設立時に定款所定の出資がなくとも設立の効力に影響しない（大判昭和8年2月15日民集12.215）。そして、合名会社及び合資会社の出資の履行期について、最判昭和62年1月22日裁判集民150.15は、出資の履行期について定款又は総社員の合意をもって定められていない限り、会社が請求をした時であり、有限責任社員の出資義務は、民法412条3項に基づき、会社が請求した時に初めて特定出資額を支払うべき金銭債務となるとし、履行期未到来の抽象的出資義務は、社員が退社による社員資格喪失時に消滅し、退社員の合資会社に対する持分払戻請求権は成立しないと解する（古瀬村邦夫・新注会(1)340-341頁も、履行期未到来の抽象的出資義務と履行期到来後の具体的出資義務を区別して論じ、抽象的出資義務は社員の退社により消滅し、退社員は持分払戻請求権を取得しないと解する）。

5　除名による持分払戻し

　持分払戻請求権の額の計算基準日は、本来退社の日であるが、除名の場合にその原則を貫くと、除名判決の確定の日が基準となることになり、計算の終了が遅れる。そのため、社員が除名された場合の持分の払戻しに関しては、通常の退社による払戻しとは異なり、退社の時すなわち除名の判決が確定した時ではなく、除名の訴えを提起した時を基準として計算される（本条5項）。また、除名の訴えを提起した後の年6分の法定利息も支払われる（本条6項）。

> **訴訟物**　XのY合名会社に対する持分払戻請求権及び利息請求権
> 　＊本件は、A会社の社員Xについて除名判決が確定したことを受けて、XがA会社に対して持分払戻しと利息の請求をした事案である。
>
> **請求原因**　1　XはA会社の社員であること
> 　2　XをA会社から除名するとの判決が確定したこと
> 　3　除名の訴えが提起された日
> 　　＊請求原因3の日は、持分価額の算定の基準日になるとともに（請求原因4参照）、利息の起算日となる。なお法定利率の主張は不要である。
> 　4　請求原因3の時点におけるXの持分の価額の評価根拠事実（定款の定め）
>
> **抗弁**　1　Y会社は定款において、除名による退社員が持分払戻請求権を有さない旨を定めていること

＊除名の場合に持分の払戻請求権を喪失する旨の定款規定について、除名裁判が直ちに持分払戻請求権の喪失を伴うことは本法が予定するところではなく、利益の配当、残余財産分配の基準と併せて総合的に考察し、営利法人としての性格に反するときは、除名による退社の場合であっても、持分の払戻しをしないとする定款規定は無効であるとの見解がある（小山賢一・基本法コンメンタール会社法［第7版］65頁）。これに対し、持分払戻しは、会社の内部関係であるから、定款をもって持分の払戻しやその支払に関する計算及び実行の方法を任意に定めることができ、持分の払戻しをしない旨を定めることもできるとの見解（古瀬村邦夫・新注会(1)342頁）が有力であるが、「退社」が除名である場合に限って、定款の定めが有効と解すべきであろう（東京高判昭和40年9月28日下民16.9.1465）。

6　持分の差押え

本条7項は、社員の持分に対する差押えは、持分払戻請求権に対してもその効力を有することを定める。

本条の差押えは、民事執行法167条に基づいて行われる。差押えは、持分の財産価値を掴取するにとどまり、差押えを受けた債務者が議決権・業務執行権・代表権などの共益権を行使することを妨げられない。因みに、下級審の判決であるが、東京地判昭和44年5月29日下民20.5-6.396は、信用金庫の会員（持分）について、「この持分には2つの意義がある。その第1は会員が会員たる資格において金庫に対して有する権利義務の総称またはこれらの権利義務発生の基礎たる法律関係、すなわち剰余金配当請求権、残余財産分配請求権などのような自益権と、議決権、業務執行権、代表権のような共益権を包含する会員権とも称すべきものを意味するものであり、その第2は金庫が解散するか、または会員が脱退した場合に会員がその資格において金庫に対し請求し、または金庫が支払うべき観念上あるいは計算上の数額を意味するものである。」とした上で、「これらいずれの意義にしたがつても信用金庫の持分は財産権としての性格を有するから、これらに対する差押換価は……肯定されるべきである。尤も右差押換価は持分を1個の財産権として、これに対してなされているものであるから、持分権にふくまれる身分的な権利には及ばず、従つて差押があつても差押債権者たる会員は議決権を行使し、または役員として業務を執行し金庫を代表することができることは勿

論である。尤も差押持分につき換価手続がなされ、その結果持分全部が執行裁判所の競売または任意売却命令により、或は譲渡命令により処分された場合は、会員は持分全部の譲渡に基き信用金庫を脱退したことになるから、爾後は如何なる意味においても持分権を行使しえざることは当然であるが、右は持分を差押たことに基き、国家が債務者からその処分権能を徴収し、これに基き債務者の持分全部を処分した結果、債務者が脱退したことになり、ひいて持分権に含まれる身分権をも行使しえざるに至つたものであるに止まり、信用金庫の持分の差押換価はあくまでも右持分権を1個の財産権として、これをなしているものである。」と判示する。

また、持分自体は、純粋の金銭債権ではないため、持分差押えに基づき直ちに資金の取立てを求めることはできない。したがって、転付命令の対象ともならない。東京地判昭和57年4月23日判タ478.71は、Xは、訴外Aに対する仮執行宣言付手形判決に基づきAがY有限会社に対して有する出資持分につき差押命令を得たとし、Y会社に対し差押えに係る出資持分につき取立てを求めた事案であるが、「有限会社の社員を債務者とし、当該社員が有する出資持分を目的とする強制執行は、民事執行法167条にいう『その他の財産権』に対する執行として、原則として債権執行に関する規定が準用され、有限会社を第三債務者として差押命令を発する方法によつて行われる。ただ、有限会社の出資持分は、社員が会社に対して有する権利義務の総体を指し、権利に限つてみても利益配当請求権、残余財産分配請求権等の自益権、議決権その他の共益権等を含んでいて単純な金銭債権ということはできないものである。したがつて、差押命令の効力が生じた後の手続としては、有限会社の出資持分という差押えに係る財産権の性質上、出資持分につき特別の換価手続により強制執行の目的を達すべきであり、第三債務者である有限会社を相手方として、出資持分相当額（出資金）の金銭の取立てを求めることは許されないと解せられる。」と判示し、第三債務者のY有限会社に対し、差し押えられた出資持分につき出資持分相当額の金銭（出資金）の給付を求める請求を棄却した。

差押えの効力が及ぶ持分払戻請求権等が具体的に発生した場合には（609条は、差押債権者に強制退社権を認め、具体的な持分払戻請求権に転化させる手段を有する）、差押債権者は、自ら直接その取立てができ（民執167条、155条）、また転付命令を取得できる。出資持分自体を換価する方法としては、売却命令又は譲渡命令がある（民執167条、161条）。ただし、社員持分譲渡については、第三債務者の承諾の関係で譲渡命令によることが多いといわれる（東京地裁民事執行実務研究会編・債権執行の実務472頁）。

保 全 物	XのY合名会社に対するX・A間の貸金返還請求権の保全権能
	＊XがAに対し有する貸金返還請求権を被保全権利とし、AがY会社に対し有する持分を仮差押えする事案である。
申立理由	1　XはAに対し、金1,000万円を弁済期平成○年○月○日の約定で貸し渡したこと弁済期が到来したこと
	2　AはY会社の社員であること
	3　申立理由1の貸金債権を保全する必要性を基礎づける事実

● (退社した社員の責任)

第612条　退社した社員は、その登記をする前に生じた持分会社の債務について、従前の責任の範囲内でこれを弁済する責任を負う。
　　2　前項の責任は、同項の登記後2年以内に請求又は請求の予告をしない持分会社の債権者に対しては、当該登記後2年を経過した時に消滅する。

1　退社した社員の持分会社債務についての責任

　持分会社において、社員の退社は会社債権者の意思とは無関係に行われ、担保提供又は弁済等の債権者保護手続が執られていない。持分会社は社員の人的信用を基礎としているので、退社員は退社によって社員としての地位を失うが、退社後その登記がされるまでに生じた持分会社の債務について、退社前の責任の範囲内で弁済する責任を負う。すなわち、本条1項は、退社員が本店所在地において退社の登記をする前に生じた会社債務について責任を負うことを定める。具体的には、①合名会社の社員・合資会社の無限責任社員は、従前の責任、すなわち、無限責任を負う。②合資会社の有限責任社員は、退社前の出資の価額を限度として責任を負う。③合同会社の社員については、一般的に登記されることもないので、本条は適用されず、社員であったときと同様債権者との関係で直接責任を負うことはない。

2　退社の登記と悪意の債権者

　持分会社の社員の退社は登記すべき事項であるため（商登96条、111条、118条）、退社の登記は本条の効果を受けることは当然として、908条1項の

適用の有無が問題となる。つまり、本条1項は退社員が退社の登記前に責任を負うべき相手の主観的態様を明示していないため、悪意者に対して責任を免れるかにつき見解が分かれる。

(1) 908条1項適用肯定説

908条1項の適用を肯定し、退社の事実を知って取引した会社債権者に対して退社員の責任を否定する見解は、本条の趣旨を外観主義に基づく信頼保護に求めるため、悪意者を保護する必要がなく、悪意者に対して責任を免れる。

(2) 908条1項適用否定説（古瀬村邦夫・新注会(1)360頁）

908条1項の適用を否定し、退社についての善意悪意を問わず退社員が会社債権者に対し責任を負うとする見解は、本条1項が、登記未了の退社員の責任となる会社債務発生の時期及びその責任の終期を、退社の登記を基準として明確化したことを強調する。登記未了の退社員は、退社直後は第三者から社員と誤信されるべき客観的性質を有するから、自称社員の責任（589条）と同様の責任を認める必要があり、法律関係の画一化を図るために退社の登記が基準となるとする。判例は、908条適用否定説を採る。因みに、大判昭和14年2月8日民集18.54は、「合名会社ノ社員カ退社スルモ退社ノ登記ナキ以上取引ノ相手方カ退社ノ事実ヲ知ルト否トニ関セス該登記前ニ生シタル会社ノ債務ニ付責任ヲ負フコト商法第73条第1項〔586条1項〕ノ解釈上明白ニシテ此ノ場合ニハ同法第12条〔908条1項〕ノ適用ナキモノトス」と判示する。ただし、大判昭和10年3月9日民集14.291は、退社原因が社員の死亡である場合、社員たる地位を承継していないその社員の相続人は合資会社の債務について責任はなく、相続開始後に至って初めて会社に生じた債務について弁済の責任を承継するとすれば、相続の法理に反するとしている。なお、退社員自身の行為に基づく会社の責任については908条1項によって決定される。

3　除斥期間

本条2項は、本条1項の退社員の責任は、その登記後2年内に請求又は請求の予告をしない会社債権者に対しては、登記後2年を経過した時に消滅することを定める。本項は、社員の責任消滅の法定期間を特に一律に退社の登記の時から起算することとしている。社員の責任の消滅期間である2年の期間は、社員の利益保護に基づく法定期間すなわち除斥期間であって、消滅時効期間ではないと解されている（福岡高判平成8年4月15日判時1594.144）。ただし、その法定期間中に請求又はその予告があればその期間が延長される

から、消滅時効と実質的な差異はないといえる。

訴訟物　　XのYに対する無限責任社員としての会社債務履行請求権
　　　　　　＊本件は、A合名会社に対して売買契約に基づく代金支払請求権を有するXが、退社したが未登記のもと社員Yに対して、その会社債務の履行を求めた事案である。

請求原因　1　XはA会社との間で、本件目的物を代金1,000万円で売買する契約を締結したこと
　　　　　　2　Yは、A会社のもと社員であったこと
　　　　　　＊請求原因2の「もと」は、過去のいつの時点であってもよい。まず、もと社員（過去の一時点で社員）であれば、その後社員資格を喪失したことが主張立証されない限りその法律状態は現時点まで継続することとなる。また、「もと」の時点が請求原因1の債務の成立時点より後であっても、605条によって、社員は責任を負う。したがって、無限責任社員の580条1項の責任を求める場合の請求原因事実としては、「Yは、請求原因1当時、A会社の社員であること」は要らず、請求原因2のように「もと社員」の主張で足りる。
　　　　　　3　A会社の財産をもって会社債務を完済できないこと、又は、A会社の財産に対する強制執行が効を奏しなかったこと

（退社登記）
抗　弁　1　YがA会社を退社したこと
　　　　　2　請求原因1に先立って抗弁1の退社登記がされたこと
　　　　　＊本条1項に基づく抗弁である。
　　　　　＊本条の場合908条1項の重複適用がないとする判例（前掲昭和14年大判）の立場によると、抗弁2に代えて、「Xが、請求原因1の当時、抗弁1を知っていたこと」の主張は、抗弁として主張自体失当ということになる。

（除斥期間）
抗　弁　1　YがA会社を退社したこと
　　　　　2　抗弁1の退社登記がされたこと
　　　　　3　抗弁2の日から2年が経過したこと
　　　　　＊本条2項に基づく抗弁である。

（請求又は請求の予告）
再抗弁　1　XはYに対し、抗弁3の期間経過に先立って、本件請求を

したこと、又は請求の予告をしたこと
＊本条2項に基づく再抗弁である。

4　退社員による弁済

　退社員は、退社の登記前でも、既に社員としての地位を有さない。したがって、本条に基づき退社員が会社債権者に対して弁済をした場合、第三者の弁済となり（民474条）、会社に対して求償権を有するから（民500条）、各社員に対してその弁済した金額全額について求償することができる。そして、各社員は求償された金額につき連帯して弁済する責任を負う（580条）。なお、社員が会社債権者に対して弁済した場合には、退社員には求償することができない（古瀬村邦夫・新注会(1)354-355頁）。

5　会社債務の時効中断効の退社員の責任に対する効力

　持分会社の社員の責任は会社債務の発生と同時に発生し、会社債務が消滅しない限り、社員の責任が独立に時効にかかることがない（東京地判昭和3年11月1日法律新報171.27）。しかし、本条2項は、退社員保護の観点から、特に退社員に対する請求が退社の登記後2年内に行われない限り、退社員の責任が除斥期間の経過をもって消滅するとしており、会社に対して時効中断の手続を執ったとしても、退社員に対しては別に請求又は請求の予告をしない限り、退社の登記後2年が経過すると、会社債権者は退社員の責任を追及することができない（大判昭和3年10月19日民集7.801）。

●（商号変更の請求）

第613条　持分会社がその商号中に退社した社員の氏若しくは氏名又は名称を用いているときは、当該退社した社員は、当該持分会社に対し、その氏若しくは氏名又は名称の使用をやめることを請求することができる。

　商号中に退社員の氏若しくは氏名又は名称を用いていて、そのまま放置していると、退社員は、不作為による自称行為があるとして、社員であると誤認させる行為をした者の責任を問われるおそれがある。この責任を免れさせるため、本条は、退社員が会社の商号中に自己の氏又は氏名等を用いられて

いる場合、その使用の差止めを請求できること（商号使用差止請求権）を定める。会社の商号は必ず登記されているので、本条は商業登記抹消登記請求権の根拠規定としての意義を有する。

訴訟物　　XのY合名会社に対する商業登記抹消登記請求権
　　　　　　＊本件は、Y会社の退社員Xが、同社の商号中にXの氏が使用されていたので、その使用の差止めを求めた事案である。

請求原因　1　Y会社の商号は「甲野合名会社」であること
　　　　　　2　Xの氏名は、甲野太郎であること
　　　　　　3　Y会社の商号は、Xの氏を用いたものであること
　　　　　　4　XがY会社を退社したこと

（同一氏の者存在）
抗弁　　　1　Y会社には、Xと一族の「甲野次郎」が社員で存在すること
　　　　　　2　Y会社の商号は、甲野次郎の氏を使用したものであること
　　　　　　＊商号変更請求は、①退社員と同一の氏又は氏名の社員がいる場合、②持分会社の活動によって商号の上に名声及び信用を築いている場合には認められないであろう。これらの場合、退社員が第三者から誤認をされないために退社を広告し、又は損失の補償を受けることができると考えられる（古瀬村邦夫・新注会(1)350-351頁）。

（名声信用の構築）
抗弁　　　1　Y会社は、「甲野合名会社」の商号をもって、名声・信用を築いてきたこと
　　　　　　＊こうした場合の商号の変更は、それまでに蓄積された商号の価値を失わせ、会社や会社債権者に重大な損害を生じさせるからである。

第 5 章 計 算 等

　本章は、持分会社の計算等の規定を置いている。すなわち、会計原則（第1節）、会計帳簿（第2節）、計算書類（第3節）、資本金の額の減少（第4節）、利益の配当（第5節）、出資の払戻し（第6節）は、持分会社共通の規定であり、その後に、合同会社の計算等に関する特則（第7節）を定める。旧商法は、合名会社・合資会社の計算に関して、商業帳簿に関する規定（旧商32条-36条）の外には規定を設けていなかった。本法が、広く持分会社の計算等について株式会社に準じた規定を置いた理由は、①合同会社に計算書類の計数を用いた払戻制度が導入されたため計算関係規定の整備が必要となり、②合名会社・合資会社も、出資者の社員とは別個の会社であって、無限責任社員の責任も補充的であるから、会社の財産状況の把握が望ましく、③法人業務執行社員が認められるため連結対象となる持分会社も存在し得るからである（相澤・省令解説161頁）。

　また、合同会社に関する特則が置かれたのは、合同会社が有限責任社員のみからなる会社であるため、無限責任社員を全部又はその一部の構成員とする合名会社及び合資会社と比較すると、債権者保護の側面が重要となるからである。この点について、稲葉・基本を問う146頁は「持分会社の計算についても、会社法が相当の規制をすることはできるが、その理念的（論理的・実質的）根拠は、人的責任（社員無限責任）に基礎をおく会社（合名会社・合資会社）と社員有限責任の合同会社とでは、まったく異なる。前者は、個人商人に類する問題であり、後者は、株式会社との平仄の問題である。会社法は、持分会社の計算について、614条から624条に持分会社共通の規定、625条から626条にかけて合同会社に関する特則を定めているが、この観点からすると、大いに問題がある」という。

第 1 節　会計の原則

第614条　持分会社の会計は、一般に公正妥当と認められる企業会計の慣行

に従うものとする。

1　企業会計の慣行

　本条は、株式会社の会計の原則に関する431条と同文の規定である。そして、本条は、旧商法32条2項（「商業帳簿ノ作成ニ関スル規定ノ解釈ニ付テハ公正ナル会計慣行ヲ斟酌スベシ」）に対応する規定である。両条の文言は、2点において異なるが、実質的な変更はない。つまり、①「規定ノ解釈」に関する規定から「持分会社の会計」に関する規定に変更されたが、旧商法においても、同法に規定がある事項に限らず、規定がない事項についても、会計慣行を斟酌しなければならないと解釈されていたし、②「斟酌スベシ」から「従う」への変更も、旧商法の「斟酌」は、企業会計の慣行に従わない会計処理を容認する趣旨でないと解されていたのである。

　なお、計算規則3条は、「この省令の用語の解釈及び規定の適用に関しては、一般に公正妥当と認められる企業会計の基準その他の企業会計の慣行をしん酌しなければならない」と定めるが、これは、会社計算規則の規定が企業会計の慣行の範囲内の内容であることを前提として、それらの規定を適用するときは、形式的に適用するのではなく、企業会計の慣行を斟酌して解釈し、適用すべきことを定めるものである（相澤・省令解説64頁）。

2　中小企業の会計慣行

　一般に公正妥当と認められる企業会計の慣行としては、企業会計審議会（企業会計審議会令（昭和27年政令第307号））が定めた「企業会計原則」を初めとする会計基準がある。ただ、これらの会計基準は、規模の大きい有価証券報告書提出会社を対象としている。中小企業（持分会社はもとより、中小の株式会社も含めて）の会計については、税務会計は存在したが、金融商品取引法の適用を受けることがなく、企業会計における公正妥当な会計慣行が成立しているとはいえない。稲葉・基本を問う145頁は、「税法に基づく会計慣行はあるかもしれないが、直ちにそれが公正妥当なものであるとはいえない。その点については、会社法がその基準を明らかにするのが、制度の本来の趣旨でなければならない。この点において、法務省令（会社計算規則）の規定振りには問題がある。」という。

　このような状況下で、平成17年8月3日に日本税理士会連合会、日本公認会計士協会、日本商工会議所及び企業会計基準委員会は、「中小企業の会

計に関する指針」を公表した。この指針は、持分会社の公正妥当と認められる企業会計の慣行になることが期待される。しかし、この指針が発表されても、直ちに慣行になるというものではない。公正な会計慣行に合致する会計基準は複数存在することもあり得るし（大阪高判平成16年5月25日判時1863.115)、通達で新たな会計処理の基準が導入されたときは、関係者に周知が図られているなどの一定の要件を満たした場合に唯一の公正な会計慣行になるとして、「慣行」の成立について比較的緩やかに解するものもあるが（東京地判平成17年5月19日判時1900.3)、最判平成20年7月18日民集62.7.2101は、通達で改正された新基準は新たな基準として直ちに適用するには明確性に乏しく、従前の基準を排除して厳格に従うべきか不明確な過渡的状況にあり、それまで公正な会計慣行であった基準によったとしても直ちに違法とはいえないとしている。

第2節　会計帳簿

●（会計帳簿の作成及び保存）

第615条　持分会社は、法務省令〔計算4条〕で定めるところにより、適時に、正確な会計帳簿を作成しなければならない。
　　2　持分会社は、会計帳簿の閉鎖の時から10年間、その会計帳簿及びその事業に関する重要な資料を保存しなければならない。

1　会計帳簿

本条1項は、会計帳簿を定義していないが、計算規則は、本条1項により持分会社が作成すべき会計帳簿に付すべき資産、負債及び純資産の価額その他会計帳簿の作成に関する事項は、計算規則第2編「会計帳簿」の定めるところによると規定している（計算4条1項）。それとの関係で、本条の「会計帳簿」も、持分会社の事業上の財産及びその価額を記載した帳簿である。

2　作成の適時性と正確性

会計帳簿の作成は、適時性を欠いた記帳（税務申告時の一括記帳など）をせず、会計帳簿に記載すべき事象が発生した場合には、適時に記帳すべきものである。適時性を欠く記帳は、数字を人為的に調整する等の不正が行われる可能性があるので、それを防止するためである。また、会計帳簿の正確性については、会計帳簿及びこれに基づいて作成される計算書類の適正さを確保し、利害関係人を保護する観点から定められた。なお、株式会社（432条1項）や商人（19条2項）についても同様の規定が設けられている。

3　法務省令への委任

株式会社以外の会社に適用された旧商法34条は、会計帳簿に記載・記録すべき資産評価の原則について定めていた。本法は、株式会社と同じく（432条1項、計算5条）、持株会社の会計帳簿に記載・記録すべき資産の評価については、計算規則が定める（本条1項、計算5条）。

(1)　資産の評価

資産は、持分会社が保有する物、権利その他の財産である。会計帳簿に計

上する資産は、企業の継続を前提としてその取得原価によることを原則とする（計算5条1項。資産の処分価額は表示されない）。償却すべき資産については、原則として事業年度の末日に相当の償却をしなければならない（計算5条2項。「減価償却」）。減価償却は、資産の耐用期間にわたり、資産の取得価額を各事業年度に配分し、費用計上することである。事業年度末日の時価が取得原価より著しく低い資産は、取得原価まで回復すると認められる場合を除き、事業年度末日の時価を付し（計算5条3項1号）、事業年度末日に予測できない減損が生じた資産又は減損損失を認識すべき資産は、取得原価から相当の減額をしなければならない（計算5条3項2号）。取立不能のおそれのある債権は、事業年度末日に取立不能と見込まれる額を控除する（計算5条4項）。

債権は、その取得原価が債権金額と異なる場合その他相当の理由がある場合には、適正な価格を付すことができる（計算5条5項）。また、事業年度末日の時価が取得原価より低い資産（計算5条6項1号）、子会社・関連会社の株式並びに満期保有目的の債券を除く市場価格のある資産（計算5条6項2号）、その他事業年度の末日において時価又は適正な価格を付すことが適当な資産（計算5条6項3号）は、事業年度末日の時価又は適正な価格を付すことができる。

(2) 負債の評価

従来は会計帳簿における負債の評価に関する規定はなかったが、計算規則は、持分会社にも適用される負債の評価について定める（計算6条）。負債は、持分会社の法律上の債務である。会計帳簿に計上する負債は、原則として債務額を付する（計算6条1項）。使用人に退職一時金、退職年金などを支給する場合における事業年度の末日に繰り入れるべき退職給付引当金、販売の際の価額による買戻しに係る特約を結んでいる場合における事業年度の末日に繰り入れるべき返品調整引当金、その他の引当金は、事業年度末日の時価又は適正な価格を付すことができる（計算6条2項1号）。払込みを受けた金額が債務額と異なる社債、その他事業年度末日の時価又は適正な価格を付すことが適当な負債については、時価又は適正な価格を付すことができる（計算6条2項2号・3号）。

(3) その他

持分会社から株式会社に又はその逆に組織変更する場合、組織変更をすることを理由にその有する資産及び負債の帳簿価額を変更できない（計算7条）。のれんは、企業再編及び事業の譲受けの場合に限り、適正な額を資産又は負債に計上できる（計算11条）。

4　保存義務

持分会社の事業上の財産及びその価額を記載・記録した会計帳簿は、紛争が生じた場合に重要な証拠資料となる。そのため、本条2項は、会社に会計帳簿及びその事業に関する重要な資料の保存義務を定める。事業に関する重要な資料とは、契約書、請求書、領収書など、将来の紛争に備えて事実関係や法律関係を証明するために重要となる資料である。保存期間は10年であり、起算点は会計帳簿の閉鎖の時である。帳簿の閉鎖の時とは、最後の記載・記録をした時ではなく、帳簿の使用を廃止した時であり、通常は決算締切りの時と一般に解されている。

● (会計帳簿の提出命令)

第616条　裁判所は、申立てにより又は職権で、訴訟の当事者に対し、会計帳簿の全部又は一部の提出を命ずることができる。

民事訴訟法の一般原則によると、文書の提出には、当事者の申立てが必要である（民訴219条）。しかるに、本条は、裁判所は、申立てに限らず、職権で、訴訟の当事者に対し、会計帳簿の全部又は一部（事業に関する重要な資料は含まない）の提出を命じることができることを定めている。会計帳簿は持分会社の事業上の財産及びその価額を記載した帳簿であり、裁判において重要な証拠資料となるからである。ただ、会計帳簿の提出義務を負う者は、訴訟の当事者に限られる。なお、裁判例としては、会社の代表取締役又は清算人が職務上所持していた商業帳簿を提出することを命じた裁判例がある（東京高決昭和54年1月17日下民32.9-12.1369）。すなわち、同決定は、「商法第35条の規定による商業帳簿の提出命令によってその提出義務を課される訴訟当事者は、必ずしも当該帳簿の作成設備義務を負う商人のみに限られるものではなく、会社の代表取締役または清算人が職務上これを保管している場合のように、現実に所持している者が訴訟当事者であるときには、これに対しても右規定によってその提出を命じ得るものと解するのが相当である。けだし、元来商業帳簿は、商人がその営業上の財産及び損益の状況を明らかならしめるために作成することを義務づけられているものであって、当該商人の営業上の財産及び損益の状況を明らかにする必要があると認められるときは、現実にこれを所持している訴訟当事者が当該商人でなくとも、そ

の当事者に対し提出を命じてこれを明らかにし得るものとすることが、商人に商業帳簿の作成を法律上義務づけた趣旨に合致するからである。」と判示した。

また、一般原則によれば、文書の所持者である訴訟当事者は、除外文書に該当する場合には、提出を拒むことができるが（民訴220条4号）、会計帳簿についてはこのような拒絶が認められない。なお、本法制定前においても、会計帳簿を含む商業帳簿の証拠力に関する規定はなく、裁判所の自由心証（民訴247条）によって、その証明力は決まると解される（大判大正7年3月7日民録24.374）。

第 3 節　計算書類

● (計算書類の作成及び保存)

第617条　持分会社は、法務省令〔計算70条〕で定めるところにより、その成立の日における貸借対照表を作成しなければならない。
　2　持分会社は、法務省令〔計算71条2項・3項〕で定めるところにより、各事業年度に係る計算書類(貸借対照表その他持分会社の財産の状況を示すために必要かつ適切なものとして法務省令〔計算71条1項〕で定めるものをいう。以下この章において同じ。)を作成しなければならない。
　3　計算書類は、電磁的記録をもって作成することができる。
　4　持分会社は、計算書類を作成した時から10年間、これを保存しなければならない。

1　成立日の貸借対照表
　持分会社は、成立した日(本店の所在地において設立の登記をした日(579条))における貸借対照表を作成しなければならない。それは、持分会社の成立の日における会計帳簿に基づき作成しなければならない(計算70条)。

2　計算書類
　持分会社は、各事業年度の計算書類を作成する必要がある(本条2項)。計算書類は、貸借対照表その他持分会社の財産の状況を示すために必要かつ適切なものとして法務省令(計算71条1項)で定めるものである(本条2項括弧書)。
(1) 合名会社・合資会社
　計算書類として貸借対照表に限って作成が強制される。これらの会社には、無限責任社員が存在するから(576条2項・3項)、計算書類の作成義務を軽減した。ただし、合名会社・合資会社が、損益計算書、社員資本等変動計算書又は個別注記表の全部又は一部を、計算規則の第3編「計算関係書類」の規定に従い作成するものと定めた場合は、第3編の規定に従い作成さ

れる損益計算書、社員資本等変動計算書又は個別注記表は、合名会社・合資会社に係る計算書類として取り扱われる（計算71条1項1号）。
(2) 合同会社
　計算書類として貸借対照表のほか、損益計算書、社員資本等変動計算書及び個別注記表を作成する必要がある（計算71条1項2号）。これらは、株式会社の計算書類と同様であるが（435条2項、計算59条1項）、合同会社の社員は会社の債務につき直接に会社債権者に対して責任を負わないため（576条4項、578条本文）、会社債権者は合同会社の財産の状況、経営成績を知る必要性が高いからである。

3　電磁的記録
　計算書類は、書面ではなく、フロッピーディスクなどの電磁的記録によっても作成することができる（本条3項）。電磁的記録とは、電子的方式、磁気的方式その他人の知覚によっては認識することができない方式で作成される記録であり、磁気ディスクその他これに準ずる方法により一定の情報を確実に記録しておくことができる物で調製するファイルに情報を記録したものである（26条2項、施則224条）。

4　保存期間
　持分会社の計算書類は、会計帳簿と同じく、紛争が生じたときの重要な証拠資料となる（619条参照）。そのため、会社は、計算書類を作成した時から10年間、その計算書類とその附属明細書を保存しなければならない（本条4項）。会計帳簿の保存期間の規定である615条は、その起算点を「会計帳簿の閉鎖の時」とするが、計算書類の場合はその作成した時となる。

●(計算書類の閲覧等)

第618条　持分会社の社員は、当該持分会社の営業時間内は、いつでも、次に掲げる請求をすることができる。
　　一　計算書類が書面をもって作成されているときは、当該書面の閲覧又は謄写の請求
　　二　計算書類が電磁的記録をもって作成されているときは、当該電磁的記録に記録された事項を法務省令〔施則226条〕で定める方法により表示したものの閲覧又は謄写の請求
　2　前項の規定は、定款で別段の定めをすることを妨げない。ただし、

定款によっても、社員が事業年度の終了時に同項各号に掲げる請求をすることを制限する旨を定めることができない。

1　計算書類の閲覧等

　持分会社の社員は、その会社の営業時間内は、いつでも、①計算書類が書面で作成されているときは、その書面の閲覧・謄写の請求、②計算書類が電磁的記録で作成されているときは、その電磁的記録に記録された事項を紙面又は映像面に表示する方法により表示したものの閲覧・謄写の請求をすることができる（本条1項、施則226条23号）。これは、持分会社の財産の状況を示す計算書類の閲覧・謄写請求権は、業務・財産状況の調査権（592条1項）と同じく、社員の権利の確保又は行使に関する調査のために重要であるからである。なお、合同会社の債権者は、本条所定の閲覧等が認められている（625条）。

保全物	XのY持分会社（合名会社、合資会社又は合同会社）に対する計算書類閲覧・謄写請求権の保全権能
	＊本件は、社員XがY会社に対し、事業年度の途中において計算書類の閲覧・謄写を求めたところ、Y会社は事業年度の終了時の請求以外の計算書類の閲覧・謄写を制限する定款の定めを置いていることを抗弁した仮処分事案である。
申立理由	1　Xは、Y会社の社員であること
	＊計算書類の閲覧・謄写を請求できる者は、持分会社の社員であり、合名会社の社員にも認められる。従来、合資会社の有限責任社員は会社の業務執行権を有しなかったが（旧商156条）、本法では、社員が業務執行に関与でき、定款で制限できることは、すべての持分会社に共通するからである（590条1項）。なお、合同会社においては、株式会社の場合と同じく（442条3項）、債権者にも計算書類の閲覧・謄写請求権が認められている（625条）。
	2　Y会社の計算書類は、書面又は電磁記録をもって作成されていること
	3　閲覧・謄写についての保全の必要性

(定款による制限)
抗　弁　1　Y会社は、事業年度の終了時の請求以外の計算書類の閲覧・謄写を制限する定款の定めを置いていること
　　　　2　Xの本件計算書類の閲覧・謄写は、事業年度の終了時の請求以外の請求であること
　　　　＊本条2項に基づく抗弁である。

2　定款による別段の定め
　本条1項の請求については、定款で別段の定めができる。持分会社の内部事項であるから、別段の定めにより、社員の権利を制限することも可能であると解されるのである。ただし、定款によっても、社員が事業年度の終了時に同項各号に掲げる請求をすることを制限する旨を定めることができない。これは、旧商法153条1項が合資会社の有限責任社員は営業年度の終わりにおいて営業時間内に限り請求できるとしていたから、事業年度の終了時の請求を制限できないとしたのである。逆に言えば、定款によって、事業年度の終了時にのみ閲覧・謄写請求ができる等の別段の定めができると解される。

●(計算書類の提出命令)

第619条　裁判所は、申立てにより又は職権で、訴訟の当事者に対し、計算書類の全部又は一部の提出を命ずることができる。

　本条は、持分会社の計算書類の提出命令を定める。持分会社の財産の状況を示す計算書類は、会計帳簿と同じく、裁判において重要な証拠資料となるからである。民事訴訟法上の一般原則によれば、文書の提出には訴訟の当事者の申立てが必要であるが(民訴219条)、計算書類は、当事者の申立てによらず、裁判所が職権で提出を命じ得る。また、一般原則によれば、文書の所持人は、除外文書に該当するときは提出を拒めるが(民訴220条4号)、計算書類は、提出を拒むことはできない。
　計算書類の提出義務者も、会計帳簿の命令と同様であり、提出義務者は、訴訟(商事に関する争いに限らない)の当事者に限られる。
　計算書類について特別の証拠力は定められておらず、その証拠力は、一般原則に従い、裁判官の自由心証による(民訴247条)。当事者が裁判所の計

算書類の提出命令に従わなかったり、相手方の使用を妨げる目的で計算書類を滅失させ、その他使用することができないようにしたりした場合は、裁判所は、計算書類の記載に関する相手方の主張を真実と認めることができる（民訴224条1項・2項）。

第4節　資本金の額の減少

1　資本金概念の導入

　旧商法には、合名会社・合資会社について「資本」に関する規定はなかったが、本法は、持分会社において株式会社と同様に「資本金」に関する規定を設けた（620条）。相澤・省令解説161頁は、合名会社・合資会社に「資本」概念がなかったのではなく、資本について法律で定める必要性が従来なかったからであるとの認識を前提として、「持分会社の『資本金』も、株式会社の『資本金』も、旧商法における『資本』と同様、株主・社員からの払込資本の相手勘定の1項目であるという意味において同一のものである。もっとも、合名会社・合資会社における『資本金』には、払込資本の相手勘定の1項目であるという意味以外の固有の役割はない。他方、合同会社における『資本金』は、対債権者との関係において、社員への会社財産の払戻規制のために用いられる1計数という役割も有している。」という。これに対して、稲葉・基本を問う102頁は、「そもそも合名会社や合資会社について、資本維持の原則の適用がある資本金の制度の適用はなく、有限責任の会社に特有の制度とこれまで考えられてきたはずである。持分会社一般の規定として、623条において法務省令（計算163条）で定める利益額を超える利益配当を受けた有限責任社員について、その返還債務を負うことにされているが、これが、合資会社についても、資本金概念を導入する根拠たり得るかどうかは、疑問である。」と立法論としての批判する（なお、稲葉・解明515頁）。

2　持分会社の資本金

　持分会社の資本金の額は、純資産額のうち社員から拠出された財産の価額に相当する額の一部を表示する計数である。620条は損失の填補のための資本金の額の減少を定めるが、合名会社・合資会社では、損失の填補の場合以外でも、退社や出資の払戻しにより資本金の額が減少する場合がある（計算30条2項1号・2号）。また、合同会社でも、同様の場合に資本金の額が減少することとなるが、資本金の額未満の純資産しかない場合は、出資の払戻しや持分の払戻しに一定の規制が設けられているので、資本金の額を減少する場合には債権者保護手続が必要とされる（627条）（相澤他・論点解説591頁）。

第620条 持分会社は、損失のてん補のために、その資本金の額を減少することができる。
　2　前項の規定により減少する資本金の額は、損失の額として法務省令〔計算162条〕で定める方法により算定される額を超えることができない。

1　損失填補のための資本金の額の減少

本条所定の資本金の額の減少は、損失の填補の目的に限られる（本条1項）。損失の填補のために減少した資本金の額は、資本剰余金となる（計算31条1項4号）。損失の填補とは、株式会社の場合と同様に、社員に払戻可能な財産を回復するという以上の意味はなく、合同会社の出資の払戻し又は持分の払戻しに関連してのみ意味を有する概念である（相澤他・論点解説593頁）。

本条所定の資本金の額の減少をする場合、合名会社・合資会社では、会社債権者に対し無限責任を負う社員が存在するから（576条2項・3項、580条1項）、債権者異議手続はない。反面、合同会社では、資本金を資本剰余金に振り替えるには、債権者異議手続（627条）を執る必要がある（計算30条2項5号、31条1項4号）。利益剰余金の額は増加しない（計算32条1項）。持分会社において利益剰余金がマイナス（繰越損失）の場合、過去の払込資本で損失を埋め合わせる損失填補については、計算規則には直接これを認める規定はない。資本剰余金を減少させて利益剰余金を増加させることが適切な場合（計算31条2項6号、32条1項3号）として処理される（相澤・省令解説168頁）。

2　減少する資本金の額の上限

本条1項の規定により減少する資本金の額は、損失の額として法務省令（計算162条）で定める方法により算定される額を超えることができない。本条2項に規定する法務省令（計算162条）で定める方法により算定される額は、①零から、本条1項により資本金の額を減少する日における資本剰余金の額と利益剰余金の額の合計額を減じて得た額（零未満のときは、零）と、②本条1項により資本金の額を減少する日における資本金の額のいずれ

か少ない額である。つまり、計算162条によると、資本剰余金と利益剰余金との合計額がマイナスである場合のそのマイナス相当額（1号）と、損失の填補を行う時の資本金の額（2号）とのいずれか少ない額を限度とする。

3　資本準備金・利益準備金の不存在

持分会社においては、株式会社とは異なり、資本剰余金・利益剰余金の内部に資本準備金・利益準備金という区分が存しない。払戻規制がない合名会社・合資会社では、これらの項目を設ける意味がないからである。合同会社には、株式会社と同様に払戻規制があるが、なお準備金に関する制度が設けられていない理由は、次のとおりである（相澤・省令解説163-164頁）。

(1) 資本準備金

資本準備金は、株式会社では、株式発行の際の出資財産の価額のうち、資本金として計上しない部分で債権者異議手続を経ない限り払戻財源に算入できない項目である。しかし、出資財産の相手勘定の全部につき払戻財源に算入しない法制は、政策判断による。持分会社では、社員の出資による会社財産増加は、既存の会社債権者には不利益を与えない出資行為の実質に着目して、その相手勘定は、払戻財源に算入できない資本金か、算入できる資本剰余金かの2区分とし、資本準備金という中間的（会社に損失が生じた場合に限り剰余金と同様の取扱いをする）項目を設けないこととした。

(2) 利益準備金

利益準備金は、株式会社では、利益剰余金を原資とする剰余金配当をする場合に利益剰余金の減少額の10分の1の額を計上する項目である（445条4項）。利益準備金は、将来損失が生じたときに分配可能額がマイナスとなることを避け、債権者異議手続を経ずに取り崩せる。その計上義務は、会社債権者保護ではなく、払戻財源規制の下で将来の株主の配当を受ける可能性の保護が目的であり、それには、政策的な意義がある。しかし、各社員が各自に帰属した利益の配当を受け得る持分会社では、将来の社員のために一定の剰余金を会社に留保することを、各社員が自己に帰属した利益の配当を請求する際に義務づける政策的意義は乏しい。

第5節　利益の配当

　損益の分配は、社員が持分会社に対して計算上幾らの持分があるかということであるのに対し、利益の配当は、社員に分配された利益に相当する財産を現実に社員に払い戻すことをいう。損益の分配と利益の配当は、同時に行われる場合もあるが、異なる場合もある。本法は、①持分会社に生じた損益が各社員の持分との関係で如何に分配されるかは622条に従い、また、②自己に分配された利益に相当する財産の現実の払戻しは621条の規定に従うこととし、併せて、持分の差押えの効力（621条3項）や責任（623条2項、628条、629条）を定めている。

　持分会社の社員は、622条により、出資の価額その他損益の分配の割合に応じて分配された各事業年度の損益等を通算した合計額がプラスである場合には、その社員に分配された利益の範囲内で、利益の配当として、会社財産の払戻しを受けることができる（621条）。利益の配当は、持分会社の内部に留保されている利益のうち、自己の持分に相当するものの払戻しを受ける行為であり、これにより、利益剰余金が減少する。なお、株式会社では、資本剰余金（「その他資本剰余金」に限る）も、剰余金の配当の手続によって株主に対して払い戻され得るが、持分会社では、利益の配当によって払い戻すことができる剰余金は利益剰余金のみであり、資本剰余金は出資の払戻し（624条）によって払い戻されるが、利益の配当によっては払い戻せない（相澤・省令解説164頁）。

●（利益の配当）

第621条　社員は、持分会社に対し、利益の配当を請求することができる。
　　2　持分会社は、利益の配当を請求する方法その他の利益の配当に関する事項を定款で定めることができる。
　　3　社員の持分の差押えは、利益の配当を請求する権利に対しても、その効力を有する。

1　利益配当請求権

　持分会社の貸借対照表上の資産額と負債額の差額である「純資産額」と社

員の「出資財産の総額」とを比較し、前者が後者を超える額を「利益」、後者が前者を超える額を「損失」とするのが原則である。利益の配当は、持分会社の内部に留保されている利益のうち、各社員に分配された利益の払戻しを受ける行為である。社員は、持分会社に対し、利益の配当を請求することができる（本条1項）。本法は、利益の配当と損益の分配を区別し、持分会社の事業経営により生じた利益や損失が各社員にどのような割合で分配されるかについては622条に規定し、本条は、利益配当の概念を用いて、社員に分配された利益に相当する財産の現実の払戻しについて規定する。

2　利益の配当に関する会計処理

持分会社における利益の配当の会計処理は、「利益の配当により払い戻した財産の帳簿価額に相当する額は、資本剰余金の額からは控除しないものとする」（計算31条2項ただし書）とされ、利益剰余金から減額することが明らかにされているにとどまる。持分会社の場合も、株式会社と同様に、利益の配当が行われれば、利益の配当により払い戻した財産の帳簿価額に相当する額の利益剰余金が減額される（計算23条参照）。なお、持分会社では、資本剰余金は、利益の配当ではなく、出資の払戻しにより払い戻される（相澤・省令解説135頁）。

3　利益配当に関する定款の定め

持分会社は、利益の配当を請求する方法その他の利益の配当に関する事項を定款で定めることができる（本条2項）。持分会社は、組合的性質があり、利益配当に関しても定款で自由に定め得る。その場合には、利益の分配が各社員の出資価額と比例する必要はなく、また、利益と損失の分配について異なる基準を定めることができる（本条2項、622条1項・2項）。定款で定め得る事項は、利益の配当を請求できる時期（事業年度が終了するごとに利益配当をする等）、回数、当期に配当する利益金額の決定方法などであり、その内容について特に制約はない。ただ、合同会社については、利益の配当について、財源規制（配当請求時点における利益剰余金の額とその社員に分配されている利益の額のいずれか少ない額（計算163条）を限度として配当する）があるので、定款等で請求できる場合であっても、財源規制により配当できないときは、合同会社は、社員からの請求を拒み得る（628条）。しかし、各期に生じた損益を各社員にいかに分配させるかは、本条ではなく、622条によって定めることとなる（相澤他・論点解説594頁）。

訴訟物	XのY合名会社に対する利益配当請求権

＊本件は、Y会社に対し5割の出資割合を有する社員Xが、第1回事業年度が終了してY会社の利益が1,000万円であったので、500万円の利益配当を請求したところ、Y会社は第3回事業年度から利益配当を行う定款規定があると主張して、これを拒絶した事案である。

請求原因	1 Y会社において、第1回事業年度が終了したこと
	2 第1回事業年度の利益が1,000万円であったこと
	3 Y会社の社員の総出資額に対するXの出資額の割合は、5割であること

（定款の定め）

抗　弁	1 Y会社は、定款で、第3回事業年度の終了時から、利益配当を実施し、それまでは利益配当を行わないとの定款規定を置いていること

＊この抗弁は、本条2項に基づくものである。

4　社員の持分の差押えの効力

　本条1項で社員に利益配当請求権を認めたが、それを前提に、本条3項は、社員の持分の差押えは利益配当請求権に効力が及ぶことを定めている。本条3項は原則強行規定であるから、持分差押え後に、会社が定款変更などの方法で差押権者に不利益を与えるような変更をすることは、差押権者に対抗できないと解される（古瀬村邦夫・新注会(1)345頁参照）。なお、持分の払戻請求権と差押えの効力については、611条7項が定める。差押債権者は具体化した利益配当請求権について改めて差押命令を求める必要はなく、取り立て得るし、利益配当請求権の転付命令を受けて（民執159条）、回収を図ることもできる。

訴訟物	AのY合名会社に対する利益配当請求権

＊本件は、XがAに対して有する債権について、AのY会社持分を差し押さえたが、その後に発生したAのY会社に対する利益配当請求権500万円について、XがY会社に対してその支払を求めた取立訴訟（民執157条）である。

請求原因	1 AはY会社の社員であること
	2 Xは、Aに対する債権について、AのY会社に対する持分を差し押さえたこと

＊XのAに対する債権の発生原因事実は、請求原因2の債権差押の事実中に内包されていると考えてよいであろう。けだし、債権差押命令が発出されるためには、XのAに対する債権について、債務名義が要求されるからである。
3　請求原因2の差押命令がA（及びY）に送達された日から1週間が経過したこと
＊「1週間」は、民事執行法155条1項が定める要件である。
4　請求原因3の後、Y会社はある事業年度におけるXに対する利益配当として500万円を支払う旨決定したこと

●（社員の損益分配の割合）

第622条　損益分配の割合について定款の定めがないときは、その割合は、各社員の出資の価額に応じて定める。
　2　利益又は損失の一方についてのみ分配の割合についての定めを定款で定めたときは、その割合は、利益及び損失の分配に共通であるものと推定する。

1　損失の分配と利益の配当

　本法は、損失の分配と利益の配当を区分する。持分会社の事業によって生じた損益が社員にどのような割合で分配されるかについては本条が定め、621条において、社員に分配された利益に相当する財産の現実の払戻し（利益配当請求）を定めている。

2　損益の分配の割合
(1)　定款で定める場合
　持分会社の事業経営により生じた利益及び損失が各社員にどのような割合で分配されるかは、定款で定めることができる（本条1項）。損益分配の割合は各社員の出資の価額に比例させる必要はなく、また、利益分配の割合と損益分配の割合を別に定めてもよい。一部の社員が損失を分担しない旨の定款の定めは、社員相互間の問題であるから許される（民法上の組合について、大判明治44年12月26日民録17.916）。しかし、一部の社員が利益分配を全く受けない定款の定めは、対外的活動によって得た利益を出資者の社員への分

配を目的とする会社の営利法人の本質に反し、許されない。
(2) 定款で定めない場合
　定款で定めない場合は、各事業年度の損益が、出資の価額その他損益の分配の割合に応じて、各社員に分配される（本条1項）。そして、持分会社の社員が利益の配当により払戻しを請求できる財産の価額は、この分配された損益の額の合計額から過去に社員が払戻しを受けた額を減じて得た額の範囲内に限られる（計算163条2号参照）。したがって、利益の配当が行われた場合には、会社全体について、利益剰余金の額が減少するという会計処理のほか、配当を受領した社員についても、その社員に分配された損益の額につき会社内部に留保されている額が減少するという計算が行われる。これは、違法配当の場合も、同様である（相澤・省令解説135頁）。

訴訟物　　XのY合名会社に対する損益分配額（確認）
　　　　　＊本件は、Y会社に対し5割の出資割合を有する社員Xが、ある事業年度の会社の利益が1,000万円であったのに、自己に帰属する利益が200万円であるとされたので、出資割合に応じた500万円の利益が帰属すると主張したところ、Y会社はその事業年度からXを含む社員5名の損益の分配を各自2割とする規定を置いていると抗弁した事案である。

請求原因　1　Y会社は、事業年度を暦年とし、その終了ごとに損益の分配を確定するとの定款規定を置いていること
　　　　　2　ある事業年度が終了したこと
　　　　　3　請求原因2の事業年度の利益が1,000万円であること
　　　　　4　Y会社の社員の総出資額に対するX社員の出資額の割合は、5割であること
　　　　　5　Y会社は、請求原因2の事業年度におけるXに帰属する利益を200万円であると主張すること
　　　　　＊本条1項は、損益分配の割合について定款の定めがないときの補充規定の性質を有する。本条1項に従った利益分配又は損失分担を請求する場合は、分配割合の合意を主張立証する必要はない。各社員の出資の価額（出資の割合）を主張立証すれば足りる。
　　　　　＊請求原因5は、確認の利益を示す事実である。

（損益分配の定款の定め）
抗　弁　1　Y会社は定款で、請求原因2の事業年度から、同会社の社

員5名の損益の分配を、各自2割とする規定を置いていること
＊本条1項は、補充規定である。したがって同項の定める出資割合による分配と異なって自己に有利な利益分配の合意がなされた場合、有利な割合を定められた者がその合意を主張立証する責任を負う。本件の場合、この主張は、Y会社の抗弁として機能する。

3　利益又は損失の一方のみ分配の割合を定款で定めた場合

　利益又は損失の一方についてのみ分配の割合についての定めを定款で定めたときは、その割合は、利益及び損失の分配に共通であるものと推定する（本条2項）。本項は、「推定」という用語を用いているが、法律上の事実推定規定ではなく、解釈規定と解される。解釈規定とは、一定の法律行為について、当事者の通常の意思の解釈という方法によって、その法律行為に所定の法律効果を付与する立法技術であり、法律行為を前提事実として、これと別個の事実の存在（すなわち法律効果を発生させる旨の合意（法律行為）の成立）を推定した規定ではない（司研・要件事実第一巻26-27頁）。

<u>訴訟物</u>　　XのY合名会社に対する損益分配額（確認）
　　　　　＊本件は、Y会社定款で損失が生じた場合の社員Xの負担割合が5割と定めているところ、3割の出資割合を有するXが、ある事業年度の会社の利益が1,000万円であったので、500万円の利益が帰属すると主張したところ、Y会社は損失の負担割合は利益分配割合としない旨の定款があると抗弁した事案である。

<u>請求原因</u>　1　Y会社は、事業年度を暦年とし、その終了ごとに損益の分配を確定するとの定款規定を置いていること
　　　　2　ある事業年度が終了したこと
　　　　3　請求原因2の事業年度の利益が1,000万円であること
　　　　4　Y会社に損失が生じた場合におけるXの負担割合は5割とする定款の定めがあること
　　　　5　Y会社は、請求原因2の事業年度におけるXに帰属する利益を300万円であると主張すること
　　　　　＊請求原因5は、確認の利益を示す事実である。

（損失分担割合は利益分配の割合としない定め）
<u>抗弁</u>　　1　請求原因4の損失負担割合は、利益の分配の割合としない旨

の定款の定めを置いていること
＊本条2項は解釈規定であるから、単に損失負担割合を利益分配の割合とする合意がないことを抗弁とすることはできず、解釈規定の内容を否定する合意の存在が抗弁となる。なお、この抗弁の内容としては、上記抗弁1の事実だけで足り、「Y会社の社員の総出資額に対するXの出資額の割合は3割であること」という出資割合の主張は不要である。定款で定めがないときは、本条1項の適用があるからである。

4 損失分配の方法と時期

持分会社の利益は、利益の生じた事業年度ごとに当然に社員に配当されるものではない。利益の全部又は一部を積立金として留保しておき、各社員の持分を増加させる方法による利益分配が認められる。

損失の分配により、社員は追出資して現実に損失を填補する必要はなく、その分だけ各社員の持分が減少するにすぎない。社員は定款で定められた出資額（576条1項6号）以上の出資義務を負わず、また、社員は損失分配の割合に関係なく、会社債権者に対し弁済義務を負うからである（580条）。

増減した社員の持分は、社員の退社又は会社の清算によって社員関係が終了する時に現実化し、その時に持分が積極ならば会社に対しその額の支払を請求でき、持分が消極ならば会社に対しその額を支払わなければならない。

5 入社員への利益の分配

持分会社では、各事業年度の損益をその事業年度の損益の帰属を受けるべき社員に分配するため、その事業年度に社員でなかった者、すなわち、その事業年度終了後に新たに社員となった者（持分譲受けにより社員となった者を除く）には、その事業年度（それ以前も含む）の損益は分配されない（定款で別段の定めをした場合は、それに従う）。この点は、株式会社の剰余金配当の取扱い（株主は、株主となった時期を問わず、剰余金配当時点の分配可能額の範囲内で、その時点の株式数に応じて剰余金配当を受ける）とは異なる（相澤・省令解説165-166頁）。

●(有限責任社員の利益の配当に関する責任)

第623条 持分会社が利益の配当により有限責任社員に対して交付した金銭等の帳簿価額（以下この項において「配当額」という。）が当該利益

の配当をする日における利益額（持分会社の利益の額として法務省令〔計算163条〕で定める方法により算定される額をいう。以下この章において同じ。）を超える場合には、当該利益の配当を受けた有限責任社員は、当該持分会社に対し、連帯して、当該配当額に相当する金銭を支払う義務を負う。

2 　前項に規定する場合における同項の利益の配当を受けた有限責任社員についての第580条第2項の規定の適用については、同項中「を限度として」とあるのは、「及び第623条第1項の配当額が同項の利益額を超過する額（同項の義務を履行した額を除く。）の合計額を限度として」とする。

1 　有限責任社員の利益の配当に関する責任
(1) 有限責任社員の責任

　持分会社においては、本条1項所定の「利益額」を超えて配当（違法配当）を行った場合に、その違法配当を受けた無限責任社員は会社に対して支払義務を負わない。無限責任社員は、元来、会社債権者に対して会社債務につき責任を負っているので、特段、債権者の保護を必要としないからである。しかし、違法配当を受けた有限責任社員は、持分会社に対し金銭支払義務を負う。すなわち、持分会社が利益の配当により有限責任社員に対して交付した金銭等の帳簿価額（「配当額」）がその利益の配当をする日における利益額（持分会社の利益の額として法務省令（計算163条）で定める方法により算定される額）を超える場合は、利益の配当を受けた有限責任社員は、持分会社に対し、連帯して、配当額に相当する金銭を支払う義務を負う（本条1項）。なお、本条1項の「連帯して」とは、定款の定めにより、1度の利益の配当の機会に、配当受領社員が2人以上存する場合における連帯責任を意味する。

(2) 本条1項所定の「利益額」

　計算163条は、本条1項の「利益額」を、次の①又は②のいずれか少ない額（629条2項ただし書所定の利益額にあっては、①の額）と規定する。

　① 　621条1項による請求に応じて利益の配当をした日における利益剰余金の額（計算163条1号）

　② 　(ⅰ)の額から(ⅱ)及び(ⅲ)の合計額を減じて得た額（＝既に分配された利益の額から、既に分配された損失の額及び利益の配当により交付さ

れた金銭等の帳簿価額を減じて得た額）（計算163条2号）
　　（ⅰ）請求をした社員に対して損益分配（622条）により既に分配された利益の額（計算32条1項3号に定める額がある場合には、その額を含む）
　　（ⅱ）請求をした社員に対して損益分配（622条）により既に分配された損失の額（計算32条1項3号に定める額がある場合には、その額を含む）
　　（ⅲ）請求をした社員に対して既に利益の配当（621条1項）により交付された金銭等の帳簿価額

　①は会社債権者との関係（持分会社から見た「利益剰余金額」）での要件であり、②は社員との関係（個々の有限責任社員から見た「損益の持分」）での要件である。ただし、債権者との関係でのみ利益額が問題となる場合、すなわち、総社員の同意によって免除できる限度額を定める場合（629条2項ただし書の場合）には、①の額が利益額となることとされている。

訴訟物　　X合資会社のYに対する本条1項に基づく配当価額相当の金銭支払請求権
　　　　　　＊X会社が利益の配当により社員Yに対して交付した金銭等の帳簿価額（「配当額」）は、その利益の配当をする日における請求原因3の利益額を超えたので、X会社は社員Yに対し、配当額相当の金額の支払を求めた事案である。

請求原因　1　YはX会社の有限責任社員であること
　　　　　　2　X会社はYに対し、利益配当をしたこと
　　　　　　3　X会社が請求原因2の利益の配当によりYに対して交付した金銭等の帳簿価額（「配当額」）がその利益の配当をする日における「利益額」（＝既に分配された利益の額から、既に分配された損失の額及び利益の配当により交付された金銭等の帳簿価額を減じて得た額）を超えたこと
　　　　　　＊請求原因3の「利益額」は、計算163条による。

2　有限責任社員の債権者に対する責任限度
(1) 合資会社の有限責任社員
　合資会社の有限責任社員は、その出資の価額を限度として、直接に会社債権者に対し会社の債務を弁済する責任を負う（580条2項）。社員が出資を履行すれば、その分だけ責任の限度が減少する（同項括弧書）。本条2項は、

違法配当を受けた有限責任社員が負う会社債務の弁済責任の範囲について、出資の価額から既に会社に対し履行した価額を控除した額に、配当額が利益額を超過する額から会社に違法配当の支払義務を履行した額を控除した額の合計額を限度としている。

訴訟物　　XのYに対する有限責任社員としての責任履行請求権
　　　　　　＊本件事案の請求原因事実は、580条の解説2（3）の設例と同一であるが、社員Yが抗弁として、本条2項を主張したものである。

請求原因　1　XはA合資会社との間で、本件目的物を代金1,000万円で売買する契約を締結したこと
　　　　　　2　A会社の財産をもって会社債務を完済できないこと、又はB会社の財産に対する強制執行が効を奏しなかったこと
　　　　　　3　YはA会社の社員であること
　　　　　　4　YがA会社に対し出資すべき額は、300万円であること

（既出資額）

抗　弁　1　YはA会社に対し、請求原因4のうち200万円の出資を履行したこと
　　　　　　＊抗弁1の事実が立証できる場合には、YはXに対し、出資すべき額300万円から出資を履行した額200万円を控除した100万円の限度でのみ直接弁済責任を負うこととなる（508条2項括弧書）。
　　　　　　＊508条1項ただし書は、有限責任社員が会社に出資を履行した場合を定めるが、会社債権者に対して責任を履行した場合も当然その額だけ会社に対する出資義務が減少すると解すべきである。したがって「YはA会社の債権者Bに対し、A会社の債務金200万円を支払ったこと」は、上記1の事実に代替する抗弁事実たり得る。
　　　　　　2　配当額が利益額を超過する額からA会社に違法配当の支払義務を履行した額を控除した額が○○万円であること
　　　　　　＊抗弁2の事実は、本条2項による。本条2項によると、抗弁1の結果算出される100万円と抗弁2の○○万円との合計額の限度でYはXに責任を負うことになる。

(2) 合同会社の有限責任社員

　合同会社の社員には、本条 2 項は適用されない（630 条 3 項）。違法配当が行われた場合、合同会社の債権者は、利益の配当を受けた社員に対し、配当額又は合同会社に対して有する債権額に相当する金銭を支払わせることができるからである（630 条 2 項）。

　合同会社の有限責任社員については、株式会社の株主が違法配当を受けた場合と同様の規律、すなわち、①利益が存しない場合における利益配当の禁止（628 条）、②債権者代位権に関する制度の適用（630 条 2 項）、③債権者に対する一般的な直接責任に係る規定の適用除外（630 条 3 項）、④配当受領社員・業務執行社員に対する違法配当相当分の財産の支払義務（629 条）が設けられている。この規律は、合同会社の場合には、合資会社の場合と異なり、債権者が一般的に社員を追及すれば足りるとすると、債権者は債権回収のために無用な出費をかける必要が生じるため、株式会社と同様の制度を適用することとしたのである。なお、株式会社と異なり、持分会社における拠出資本の払戻しは、別途出資の払戻し（624 条）によって行われるため、配当によって払い戻すことができるのは、利益を財源とするものだけに限定されている（相澤・新会社法解説 164 頁）。

第6節　出資の払戻し

　出資の払戻しと利益配当を比較すると、前者は、社員が社員の地位を維持しつつ会社財産の払戻しを受けることができる行為である点では、後者と類似する。しかし、前者により払戻しができるのは各社員が既に出資として払込み又は給付をした財産である点で、後者と異なる。

第 624 条　社員は、持分会社に対し、既に出資として払込み又は給付をした金銭等の払戻し（以下この編において「出資の払戻し」という。）を請求することができる。この場合において、当該金銭等が金銭以外の財産であるときは、当該財産の価額に相当する金銭の払戻しを請求することを妨げない。
　2　持分会社は、出資の払戻しを請求する方法その他の出資の払戻しに関する事項を定款で定めることができる。
　3　社員の持分の差押えは、出資の払戻しを請求する権利に対しても、その効力を有する。

1　趣　旨

　合同会社の場合は、有限責任社員のみから成るため、社員の間接有限責任を確保する必要があるが、その必要性がなければ、出資の履行は、会社の事業の状況を勘案しつつ、適宜行えば足りる。したがって、本条は、一旦出資した財産の払戻しを受けることも認められることを明確化した（相澤・新会社法解説 164 頁）。合同会社の社員の場合は、原則として、出資の払戻しは認められておらず、例外的に認められる場合でも財源規制がされている（632 条‐634 条）。

2　出資払戻請求権

　社員は、持分会社に対し、既に出資として払込み又は給付をした金銭等の払戻しを請求できる（本条1項）。債権者との関係で会社財産の払戻しはその引当財産を減少させるが、合名会社、合資会社においては無限責任社員と

いう人的要素が持分会社と取引を行う債権者の第一義的引当てであるから、社員の出資の払戻しは会社内部の事項と考えられる。他方、出資の履行は、会社の事業の状況に応じて適宜行えば足りるから、一旦出資した財産の払戻しを受けることも問題がないはずである。したがって、本条1項前段は、社員は、持分会社に対し、既に出資として払込み又は給付をした金銭等の払戻し（「出資の払戻し」）を請求できるとする。この場合に、社員が金銭以外の財産を出資していたときは、その財産の価額に相当する金銭の払戻しを請求できる（本条1項後段）。なお、有限責任社員のみ存在する合同会社では、間接有限責任を確保するために財源規制等を設けて、本条とは異なる取扱いをしている（632条-634条）。

訴訟物　　XのY合名会社（又は合資会社）に対する出資払戻請求権
　　　　　＊訴訟物は、本条に基づくものであるから、法文上は、合同会社も含まれるはずである。しかし、請求原因において「合同会社」が表れる場合には、632条1項によって、定款変更をしない限り、本条の出資の払戻請求をすることができないこととなる。その場合には、下記の請求原因1及び2の事実に加えて、632条1項所定の定款変更の事実を主張立証する必要がある。

請求原因　1　XはY会社に対し出資金として300万円を支払ったこと
　　　　　　2　XはY会社に対して、出資金の払戻請求をしたこと

3　出資の払戻しに関する定款の定め
　持分会社は、出資の払戻しを請求する方法その他の出資の払戻しに関する事項を定款で定めることができる。債権者との関係で会社財産の払戻しはその引当財産を減少させるが、合名会社、合資会社においては、無限責任社員の無限責任の要素が持分会社と取引を行う債権者の債権の引当てになっており、かつ、社員の出資の払戻しは会社内部の事項とであるから、これを許容することとし、出資の払戻しの請求方法その他出資の払戻しに関する事項を定款で定めることができることとした（本条2項）。他方、有限責任社員のみによって構成される合同会社においては、間接有限責任を確保するために、財源規制等を設けて異なる取扱いをしている（632条-634条）。

4　社員持分の差押え
　本条3項は、社員の持分に対する差押えは、社員の出資払戻請求権に対し

てもその効力を有することを定める。持分の差押えについて、合名会社の社員の有する会社財産の上の包括的な持分の差押えを定めたものとする見解（我妻栄・債権各論中巻二 815 頁）があるが、一般には、社員権ないし社員たる地位の差押えと解している。本条 3 項の差押えは、民事執行法 167 条に基づいて行われる。差押えは、持分の財産価値を捉取するにとどまり、差押えを受けた債務者が議決権・業務執行権・代表権などの共益権を行使することを妨げられない（東京地判昭和 44 年 5 月 29 日下民 20.5-6.396）。また、持分自体は、純粋の金銭債権ではなく、持分差押えに基づき直ちに資金の取立てを求めることができず、また転付命令の対象ともならない。東京地判昭和 57 年 4 月 23 日判タ 478.71 は、X が、A に対する債務名義に基づき A の有する Y 有限会社出資持分につき差押命令を得て、Y に対し差押えに係る出資持分の取立てを求めた事案であるが、「有限会社の社員を債務者とし、当該社員が有する出資持分を目的とする強制執行は、民事執行法 167 条にいう『その他の財産権』に対する執行として、原則として債権執行に関する規定が準用され、有限会社を第三債務者として差押命令を発する方法によって行われる。ただ、有限会社の出資持分は、社員が会社に対して有する権利義務の総体を指し、権利に限ってみても利益配当請求権、残余財産分配請求権等の自益権、議決権その他の共益権等を含んでいて単純な金銭債権ということはできない……。したがつて、差押命令の効力が生じた後の手続としては、有限会社の出資持分という差押えに係る財産権の性質上、出資持分につき特別の換価手続により強制執行の目的を達すべきであり、第三債務者である有限会社を相手方として、出資持分相当額（出資金）の金銭の取立てを求めることは許されない」と判示する。すなわち、差押えの効力が及ぶ利益配当請求権、持分払戻請求権等が具体的に発生した場合は（609 条は、差押債権者に強制退社権を認め、具体的な持分払戻請求権に転化させる手段を有する）、差押債権者は、自ら直接その取立てができ（民執 167 条、155 条）、またその段階になれば、転付命令を取得できる。出資持分自体を換価する方法としては、売却命令又は譲渡命令がある（民執 167 条、161 条）。ただし、社員持分譲渡については、第三債務者の承諾の関係で譲渡命令によることが多い（東京地裁民事執行実務研究会編・債権執行の実務 472 頁）。

保全物　X の Y 合名会社に対する XA 間の貸金返還請求権の保全権能（仮差押え）
　　　　＊X が A に対し有する貸金返還請求権を被保全権利とし、A が Y 会社に対し有する持分を仮差押えする事案である。

申立理由 1　XはAに対し、金1,000万円を弁済期平成〇年〇月〇日の約定で貸し渡したこと
2　弁済期が到来したこと
3　AはY会社の社員であること
4　申立理由1の貸金債権を保全する必要性を基礎づける事実

訴訟物　　AのY合名会社に対する出資払戻請求権
　　　　　＊Xは、Aに対する債権について、AのY会社に対する持分を差し押さえたが、その後に発生したAのY会社に対する出資払戻請求権500万円について、XがY会社に対してその支払を求めた取立訴訟の事案である。

請求原因 1　AはY会社の社員であること
2　Xは、Aに対する債権について、AのY会社に対する持分を差し押さえたこと
　＊XのAに対する債権の発生原因事実は、請求原因2の債権差押えの事実中に内包されていると考えてよいであろう。けだし、債権差押命令が発出されるためには、XのAに対する債権について、債務名義が要求されるからである。
3　請求原因2の差押命令がA（及びY）に送達された日から1週間が経過したこと
　＊「1週間」は、民事執行法155条1項が定める要件である。
4　請求原因3の後、AがY会社に対して出資払戻請求権500万円を有すること

第7節　合同会社の計算等に関する特則

　人的責任に基礎を置く合名会社・合資会社と有限責任社員からなる合同会社とは、その計算に関する根拠が異なるので、本法は、合同会社の計算についての特則を置いた。625条は債権者に対する計算書類の開示、626条以下は、会社財産（その出資財産と剰余金）の社員に対する払戻しに関する規制であり、いずれも社員有限責任の会社という観点の規定である。ただ、資本は、持分会社の共通の定めに位置づけられており、資本充実に関する手当てや会計監査に関する手当てはされていない。

　この点に関し、社員有限責任の会社における健全性確保、すなわち、債権者保護は、会社財産の払戻規制のみでは達成できず、資本形成（社員の拠出財産の確保）と財産の分別管理及びその計算の適正の確保のすべてにわたって、社員無限責任の会社とは質的に異なった厳重な規制（基本的に株式会社（非公開会社）のそれに相当する規制）をする必要があるのに、開示に関する手当ては、625条の債権者に対するものだけであり、物的責任（会社財産のみが債権の弁済の引当財産）の会社では、当然のはずの計算に関する規制が欠けているとの立法論的批判がある（稲葉・基本を問う 161-162 頁）。

第1款　計算書類の閲覧に関する特則

第625条　合同会社の債権者は、当該合同会社の営業時間内は、いつでも、その計算書類（作成した日から5年以内のものに限る。）について第618条第1項各号に掲げる請求をすることができる。

　本条は、合同会社の債権者は、その営業時間内は、いつでも、その計算書類（作成した日から5年以内のものに限る）について618条1項各号に掲げる請求をすることができることを定める。①合同会社の社員は有限責任を負うにとどまり、合同会社の債権者は、債権を確保することができる最終的な引当てとなる財産は、会社の財産に限られること、②合同会社には決算公告

の義務はなく、取引をする債権者としては合同会社の内情を知る手掛かりがないため、情報開示の一手段として、債権者としても、計算書類の閲覧・謄写請求権が認められることになる。

保全物　XのY合同会社に対する計算書類閲覧・謄写請求権の保全権能
　　　　　＊Y会社の債権者Xが、同社に対して有する計算書類閲覧・謄写請求権を被保全権利としてその閲覧・謄写の仮処分を求めた事案である。

申立理由　1　Xは、Y会社の債権者であること
　　　　　＊具体的には、XのY会社に対する債権発生原因事実（例えば、「XはY会社に対し、本件目的物を代金〇〇万円で売買する契約を締結したこと」）を主張立証することになる。
　　　　　2　Y会社は、計算書類（作成日から5年以内のもの）が書面又は電磁的記録をもって作成されていること
　　　　　3　申立理由2の閲覧・謄写を保全する必要性

（権利濫用）
抗弁　1　権利濫用の評価根拠事実

第2款　資本金の額の減少に関する特則

●（出資の払戻し又は持分の払戻しを行う場合の資本金の額の減少）=

第626条　合同会社は、第620条第1項の場合のほか、出資の払戻し又は持分の払戻しのために、その資本金の額を減少することができる。
　2　前項の規定により出資の払戻しのために減少する資本金の額は、第632条第2項に規定する出資払戻額から出資の払戻しをする日における剰余金額を控除して得た額を超えてはならない。
　3　第1項の規定により持分の払戻しのために減少する資本金の額は、第635条第1項に規定する持分払戻額から持分の払戻しをする日における剰余金額を控除して得た額を超えてはならない。
　4　前2項に規定する「剰余金額」とは、第1号に掲げる額から第2号から第4号までに掲げる額の合計額を減じて得た額をいう（第4款及び第5款において同じ。）。

一　資産の額
　　二　負債の額
　　三　資本金の額
　　四　前2号に掲げるもののほか、法務省令〔施則159条5号、計算164条〕で定める各勘定科目に計上した額の合計額

1　出資の払戻しと持分の払戻し
　出資の払戻しとは、持分会社において社員が既に出資として払込み又は給付をした財産の払戻しを受けることをいう。退社せず社員たる地位を維持しつつ会社財産の払戻しを受ける点で持分の払戻しとは異なり、また払い戻される財産が出資として払込み又は給付をした財産に限定される点で利益の配当と異なる。これに対し、持分の払戻しとは、社員が退社する際に、その社員の持分に相当する財産（退社時点において履行済みである出資及び自己に帰属する損益）の払戻しを受けることをいう。

2　出資の払戻し又は持分の払戻しのための資本金の額の減少
　合同会社は、損失の填補（620条1項）のほか、出資の払戻し又は持分の払戻しのために、その資本金の額を減少することができる（本条1項）。
　合同会社において、出資の払戻しをするには、その出資の払戻しを受ける社員の出資につき計上されている資本剰余金があるときは、まずはこれを取り崩し、これを超えるときは債権者保護手続（627条）を経て資本金の減少を行う。これに対して、持分の払戻しをするには、払戻額のうち退社する社員の出資に対応する部分について、債権者保護手続を経て資本金の減少を行う。

3　出資の払戻しのために減少する資本金の額の限度
　本条2項は、出資の払戻しに伴って減少させることができる資本金の額の限度を定める。すなわち、合同会社は、出資の払戻しのために、その資本金の額を減少することができるが、減少する資本金の額は、632条2項に規定する出資払戻額から出資の払戻しをする日における剰余金額を控除して得た額を超えてはならないという制限が課されている。この場合の「剰余金額」は、本条4項及び計算規則164条により算出するが、結論としては、「当該社員の出資につき資本剰余金に計上されている額」（計算164条3号イ）と

等しくなる（計算過程は、後記5参照）。
　　減少する資本金の額≦出資払戻額－剰余金額
　　＊上記の剰余金額は、「資本剰余金額」に等しい。
　この法律的意義は、出資の払戻しをする場合において、その社員の出資につき資本剰余金に計上されている額があるときには、その資本剰余金を財源とした上で、その資本剰余金では財源が不足する場合に限って資本金を減少することを意味する。

　4　持分の払戻しのために減少する資本金の額の限度
　本条3項は、持分の払戻しに伴って減少させ得る資本金の額の限度を定める。すなわち、合同会社は、持分の払戻しのために、その資本金の額を減少することができるが、減少する資本金の額は、持分払戻額（635条1項）から持分の払戻しをする日における剰余金額を控除して得た額を超えてはならないという制限が課されている。この場合の「剰余金額」は、本条4項及び計算164条によることとなるが、結論としては、「当該社員の出資につき資本剰余金に計上されている額」と「計算32条2項2号イに掲げる額から同号ロに掲げる額を減じて得た額」の合計額（計算164条3号ロ）と等しくなる（この計算過程は、後記5のとおり）。
　　減少する資本金の額≦持分払戻額－剰余金額
　　＊上記の「剰余金額」＝資本剰余金額＋（計算32条2項2号イの額
　　　　　　　　　　　－同号ロの額）
　この法律的意義は、持分の払戻しをする場合において、その社員の出資につき資本剰余金に計上されている額があるときには、その資本剰余金を財源とした上で、その資本剰余金では財源が不足する場合に限って資本金を減少することを意味する。

　5　「剰余金額」の定義
　本条4項は、持分会社における剰余金額についての概括的な規定である。この剰余金額は、「出資の払戻し」（本条2項・3項、第4款）及び「持分の払戻し」（第5款）の際の基準となる。以下述べるとおり、計算規則164条において、本法の各規定において用いられている「剰余金額」の趣旨に応じて、それぞれ、具体的剰余金額の意義を定める。
　本条4項は、本条2項・3項に規定する「剰余金額」を、資産の額(A)から、負債の額(B)、資本金の額(C)及び法務省令（計算164条）で定める各勘定科目に計上した額(D)の合計額を減じて得た額であると定義する（第4款

及び第5款において同じ)。
　　　剰余金額＝資産の額(A)－（負債の額(B)＋資本金の額(C)＋法務省令
　　　　　　　（計算164条）で定める各勘定科目に計上した額(D))
　計算164条は、上記「法務省令で定める各勘定科目に計上した額」(D)を次のように定義する。
　　　D＝A－（B＋C＋計算164条3号所定の額(E))
　この式を上記の式に代入すると、次のとおり、剰余金額はEとなる。
　　　剰余金額＝A－｛B＋C＋A－（B＋C＋E)｝
　　　　　　　＝A－B－C－A＋B＋C＋E
　　　　　　　＝E
　以上、要するに、「剰余金額は、計算164条3号が定める額である」ことになる。しかるに、計算164条3号は、剰余金額が機能する局面（同号イ－ホ）ごとに、それぞれその内容が異なっている。
(1) 本条2項（出資の払戻しに伴う資本金の額の減少）の場合
　「当該社員の出資につき資本剰余金に計上されている額」が剰余金の額となる（計算164条3号イ）。626条2項の「剰余金額」は、出資払戻額の会計上の処理という合同会社内部の利害調整ないし社員と持分会社との関係の局面で用いられる概念であるから、社員ごとに資本金の額・資本剰余金の額・利益剰余金の額が管理されていることを前提として、その社員の払込資本の額（資本金の額と資本剰余金の額の合計額）のうち、資本金の額を超える部分の金額（すなわち、その社員の資本剰余金の額）ということになる。
(2) 本条3項（持分の払戻しに伴う資本金の額の減少）の場合
　「当該社員の出資につき資本剰余金に計上されている額」と「32条2項2号イに掲げる額から同号ロに掲げる額を減じて得た額」の合計額が剰余金の額となる（計算164条3号ロ）。
(3) 632条2項（出資の払戻しの制限）、634条1項（求償権の制限）の場合
　「出資の払戻しをした日における利益剰余金の額と資本剰余金の額との合計額」と「当該社員の出資につき資本剰余金に計上されている額」のいずれか少ない額が剰余金額となる（計算164条3号ハ）。632条2項及び634条1項の「剰余金額」は、会社債権者との調整及びその社員との調整を要する場合であり、①会社からみた「出資の払戻日における資本剰余金の額及び利益剰余金の額の合計額」と、②その社員の資本剰余金額のうちいずれか少ない額となる。①が会社債権者との利害調整の観点から設定される額であり、②が社員間の利害調整の観点から設定される額である。
(4) 633条2項ただし書（免除不可能な額）の場合

この場合は、出資の払戻しに関するものであり、かつ、会社債権者との関係のみが問題となるため、「出資の払戻しをした日における利益剰余金の額と資本剰余金の額との合計額」が剰余金の額となる（計算164条3号ニ）。
(5) 635条1項・2項1号、636条2項（持分の払戻しにおける債権者異議及び責任免除不能額）の場合

この場合の剰余金額は、持分の払戻しに関するものであり、かつ、会社債権者との関係のみが問題となるため、「資本剰余金の額及び利益剰余金の額の合計額との合計額」となる（計算164条3号ホ）。エとの違いは、持分の払戻しの場合には、出資の払戻しの場合とは異なり、その社員に帰属している利益の払戻しも含まれることによる。

● (債権者の異議)

第627条 合同会社が資本金の額を減少する場合には、当該合同会社の債権者は、当該合同会社に対し、資本金の額の減少について異議を述べることができる。
2 前項に規定する場合には、合同会社は、次に掲げる事項を官報に公告し、かつ、知れている債権者には、各別にこれを催告しなければならない。ただし、第2号の期間は、1箇月を下ることができない。
一 当該資本金の額の減少の内容
二 債権者が一定の期間内に異議を述べることができる旨
3 前項の規定にかかわらず、合同会社が同項の規定による公告を、官報のほか、第939条第1項の規定による定款の定めに従い、同項第2号又は第3号に掲げる公告方法によりするときは、前項の規定による各別の催告は、することを要しない。
4 債権者が第2項第2号の期間内に異議を述べなかったときは、当該債権者は、当該資本金の額の減少について承認をしたものとみなす。
5 債権者が第2項第2号の期間内に異議を述べたときは、合同会社は、当該債権者に対し、弁済し、若しくは相当の担保を提供し、又は当該債権者に弁済を受けさせることを目的として信託会社等に相当の財産を信託しなければならない。ただし、当該資本金の額の減少をしても当該債権者を害するおそれがないときは、この限りでない。
6 資本金の額の減少は、前各項の手続が終了した日に、その効力を生

ずる。

1 債権者の異議

合同会社においては、資本金の額は、配当等社員に対する会社財産の払戻しをする場合における債権者に対する財産留保額の基準値となるところ、合同会社の社員は有限責任を有するにとどまるから、資本金の額の減少は分配可能額の増加をもたらして会社財産の流出が容易となるので（628条参照）、会社債権者に不利益を与える。そのため、本条1項は、株式会社が資本金の額を減少する場合には、会社債権者は、会社に対し、資本金等の額の減少について異議を述べることができることを定める。無限責任社員がいる合同会社・合資会社においては、債権者保護手続は不要である。

2 債権者異議の具体的手続
(1) 公告・催告

本条2項は、合同会社が資本金を減少する場合には、合同会社は、①資本金の額の減少の内容、②債権者が一定の期間内（1か月を下ることができない）に異議を述べることができる旨を官報に公告し、かつ、知れている債権者には、各別にこれを催告しなければならない。ただ、合同会社が上記の公告を、官報のほか、939条1項の規定による定款の定めに従い、時事に関する事項を掲載する日刊新聞紙に掲載する方法又は電子公告（同項2号・3号）によりするときは、「各別の催告」をする必要がない（本条3項）。

訴訟物 　XのY合同会社に対する資本金額減少無効（確認）
　　　　　＊本件は、Y会社が債権者Xに通知をしないで資本金額減少の手続を進めたので、Xがその無効確認を求めた事案である。
　　　　　＊合同会社の資本金額減少の瑕疵については、株式会社の資本金額減少無効の訴え（834条5号）のような形成の訴えが設けられていないが、無効確認の利益が存在する限り、本件のように無効確認訴訟は許されるであろう。

請求原因 1　Xは、Y会社の資本金額の減少について承認をしなかった債権者であること
　　　　　 2　Y会社は、平成○年○月○日、資本金額減少をしたこと

　　　　　3　資本金額減少について、知れている債権者Xに対して通知
　　　　　　がなかったこと
　　　　　4　資本金額の減少の効力が生じた日が到来したこと
　　　　　5　確認の利益

(2) 知れている債権者
　「知れている債権者」の意義についてのリーディング・ケースである大判昭和7年4月30日民集11.706は、「知レタル債権者トハ債権者ノ何人タルヤ又其ノ債権ハ如何ナル原因ニ基ク如何ナル請求権ナリヤノ大体カ会社ニ知レ居レル場合ノ債権者ヲ謂ヘルモノニシテ而シテ其ノ会社ニ知レ居レリヤ否ハ個々ノ場合ニ於テ諸般ノ事情ヲ審査シタル上決スヘキ事実問題ニ属スルモノトス然レハ縦令会社カ他人ヨリ起サレタル請求訴訟ニ於テ其ノ主張スル債権ノ存在ヲ争ヘリトテ必シモ会社敗訴ノ判決確定スルニ至ル迄ノ間ハ其ノ債権者ヲ以テ所謂知レタル債権者ニ該当セサルモノト為スコトヲ要スルモノニ非スシテ尚ホ未タ訴訟ノ繋属中ト雖事件ノ経過既ニ表ハレタル訴訟資料其ノ他種々ノ事情ヲ調査シタル上其ノ債権者ヲ以テ所謂知レタル債権者ニ該当スルモノト認定スルコトヲ妨ケサルモノトス」と判示する。ただ、会社がその債権の不存在を確信するのがその当時の状況から合理的な場合は、後に会社が敗訴し債権が確定しても、知れている債権者ではないと解される（江頭・株式会社法646頁）。

(3) 公告・催告の効果
ア　異議を述べない債権者
　債権者が本条2項2号の期間内に異議を述べなかったときは、その債権者は、資本金の額の減少について承認をしたものとみなされる（本条4項）。
イ　異議を述べた債権者
　債権者が本条2項2号の期間内に異議を述べたときは、合同会社は、その債権者に対し、弁済し、若しくは相当の担保を提供し、又はその債権者に弁済を受けさせることを目的として信託会社等（信託会社及び信託業務を営む金融機関（金融機関の信託業務の兼営等に関する法律（昭和18年法律第43号）1条1項の認可を受けた金融機関））に相当の財産を信託しなければならない。ただし、資本金の額の減少をしてもその債権者を害するおそれがないときは、その必要はない（本条5項）。

> **訴　訟　物**　　XのY合同会社に対する資本金額減少無効（確認）
　　　　　＊本件は、Y会社の債権者Xが異議を述べたにもかかわらず、

Y会社はXに対し、弁済、相当の担保提供、又は債権者に弁済を受けさせる目的の信託しなかったので、Xがその無効確認を求めた事案である。

請求原因
1 Xは、Y会社の資本金額の減少について承認をしなかった債権者であること
2 Y会社は、平成○年○月○日、資本額減少をしたこと
3 Xは、本条2項2号の期間内に、異議を述べたこと
4 Y会社は、Xに対し、弁済、相当の担保提供、又は当該債権者に弁済を受けさせることを目的として信託会社等に相当の財産を信託しなかったこと
 ＊信託会社等とは、信託会社及び信託業務を営む金融機関（金融機関の信託業務の兼営等に関する法律（昭和18年法律第43号）1条1項の認可を受けた金融機関をいう。
5 資本金額の減少の効力が生じた日が到来したこと
6 確認の利益

（債権者を害するおそれの不存在）

抗弁
1 資本金等の額の減少をしても当該債権者を害するおそれがないこと
 ＊資本の額の無効の訴えにおいて、債権者を害するおそれがないことの立証責任は、会社が負担する（449条に関するが、江頭・株式会社法640頁）。

3　資本金の額の減少の効力発生日
　資本金の額の減少は、本条各項の手続、すなわち、債権者保護手続が終了した日にその効力を生ずる（本条6項）。

第3款　利益の配当に関する特則

　本款は、有限責任社員から成る合同会社についてのみ、利益の配当に関する特則を定める。これに対して、無限責任社員のいる会社の債権者の場合は、会社財産だけではなく、無限責任社員の財産も会社に対する債権弁済の引当てになる。このような会社は、個人が共同して企業活動を行う場合と似ており、会社財産が留保されることは必ずしも要請されないから、利益の配当に関する規制が存在しないのである。

● (利益の配当の制限)

第628条 合同会社は、利益の配当により社員に対して交付する金銭等の帳簿価額（以下この款において「配当額」という。）が当該利益の配当をする日における利益額を超える場合には、当該利益の配当をすることができない。この場合においては、合同会社は、第621条第1項の規定による請求を拒むことができる。

1 利益の配当の制限
　合同会社では、株式会社と同様に財源規制が定められており、配当日における利益額の範囲内でのみ、利益配当を行うことができる。すなわち、合同会社は、利益の配当により社員に対して交付する金銭等の帳簿価額（「配当額」）が利益の配当をする日における利益額を超える場合には、利益の配当をすることができないという制約がある（本条前段）。

- **訴訟物**　　XのY合同会社に対する利益配当請求権
  - ＊Y会社の社員Xが利益配当の支払を請求したところ、利益の配当をする日における利益額を超えるために、Y会社が支払を拒絶した事案である。
- **請求原因**
  1. XはY会社の社員であること
  2. XはY会社に対し、金○○万円の利益配当の支払を請求したこと
  3. 請求原因2の利益の配当をする日の利益額
  4. Y会社の社員の総出資額に対するXの出資額の割合は、5割であること

（利益配当の拒絶）
- **抗弁**
  1. 利益の配当によりXに対して交付する金銭等の帳簿価額（「配当額」）がその利益の配当をする日における利益額を超えること
     - ＊抗弁1は、本条前段に該当する事実であるため、本条後段に基づいてXの利益配当を拒絶することができることとなる。この事実が、請求原因の主張事実の中に現れている場合は、請求原因が主張自体失当となる。

＊利益配当を制約する「利益額」とは、623条1項の利益額であり、具体的には、①会社債権者との関係で、配当をする時点における配当可能である利益額、すなわち、その時点における利益剰余金の額（計算163条1号）②社員間の関係で、配当をする時点において、その配当を受ける社員に分配されている利益の額（既に分配された利益の額から、既に分配された損失の額及び配当を受けた額の合計額を減じて得た額）（同条2号）のいずれか少い額となる。

2　利益配当の拒絶
　本条前段の定める利益配当の制限に該当する場合においては、合同会社は、社員の621条1項に基づく利益配当の請求を拒むことができる（本条後段）。「利益配当の請求を拒むことができる」という文言は、株式会社が分配可能額を超えて剰余金の配当をした場合（461条1項8号）と異なり、配当額が利益額を超える場合は利益配当が無効となることを明確にするものである。社員の合同会社に対する利益配当請求権の行使について、本条後段は、抗弁として機能する。「利益の配当により社員に対して交付する金銭等の帳簿価額（「配当額」）」が当該利益の配当をする日における利益額を超える」事実の主張立証責任は、会社が負担する。

3　合同会社における違法配当の意義
　持分会社の違法配当には、①各社員に分配されている利益額を超えて配当される場合と、②持分会社の利益剰余金を超えて配当される場合がある。①の場合は、配当を受領した社員に超過額が損失として分配されるにとどまり、他の社員の利益額に影響を及ぼさない。②の場合は、合同会社の社員は全員が有限責任を負うのみなので、会社債権者保護のため会社の利益剰余金に基づく配当規制が課され、超過額につき利益配当が禁止される（本条）。そのため、利益の配当が各社員に分配されている利益額の範囲でされたとしても、会社全体の配当規制との関係で他の社員に影響があり得る（629条解説3参照）（相澤・省令解説166-167頁）。合同会社においては、①違法配当を受領した社員の違法配当相当分の財産の支払義務（これは合資会社の有限責任社員も同様）を定めている（623条1項）ほか、違法配当がされた場合につき株式会社と同様の規制が設けられている。すなわち、②利益が存しない場合の利益配当の禁止（本条）、③会社債権者の支払請求（630条2項）、④会社債権者に対する一般的な直接責任に係る規定の適用除外（630条3項）、

⑤業務執行者社員の違法配当相当分の財産の支払義務（629条）である（相澤・新会社法解説164頁）。

● (利益の配当に関する責任)

第 629 条 合同会社が前条の規定に違反して利益の配当をした場合には、当該利益の配当に関する業務を執行した社員は、当該合同会社に対し、当該利益の配当を受けた社員と連帯して、当該配当額に相当する金銭を支払う義務を負う。ただし、当該業務を執行した社員がその職務を行うについて注意を怠らなかったことを証明した場合は、この限りでない。
2　前項の義務は、免除することができない。ただし、利益の配当をした日における利益額を限度として当該義務を免除することについて総社員の同意がある場合は、この限りでない。

1　利益の配当に関する業務執行者の責任
　合同会社では、株式会社と同様の財源規制が定められており、配当日における利益額の範囲内でのみ利益配当を行い得るとされている（628条）。そして、合同会社が利益配当の制限規定に違反して利益の配当をした場合には、利益の配当に関する業務を執行した社員は、会社に対し、その利益の配当を受けた社員と連帯して、その配当額に相当する金銭を支払う義務を負う（本条1項本文）。ただし、業務執行社員がその職務を行うについて注意を怠らなかったことを証明した場合は、責任を負わない（本条1項ただし書）。

2　総社員の同意による免除
　利益配当制限に違反する利益配当に関する業務を執行した社員の本条1項所定の義務は、原則として免除することができない（本条2項本文）。ただし、利益の配当をした日における利益額を限度としてその義務を免除することについて総社員の同意がある場合は、例外としてその免除が認められる（本条2項ただし書）。
　この場合の利益額は、利益の配当をした日における利益剰余金の額である（計算163条1号）。業務執行社員の違法配当責任は、総社員の同意を条件として、利益額の範囲までは免除することができるが、利益額を超えて配当し

た部分は、免除の対象とならないのである。

訴訟物　　X合同会社のYに対する本条1項本文に基づく配当額相当の金銭支払請求権
　　　　　　＊X会社は社員Aに対し利益の配当をしたが、交付する金銭等の帳簿価額（「配当額」）がその利益配当日における利益額を超えていたので、利益配当の業務を執行した社員Yに対し、交付した配当額に相当する○○万円の支払を求めた事案である。

請求原因　1　X会社はAに対し、利益の配当をしたこと
　　　　　　2　請求原因1の利益の配当によりAに対して交付する金銭等の帳簿価額（「配当額」）がその利益の配当をする日における利益額を超えること
　　　　　　3　Yは請求原因1の利益の配当に関する業務を執行した社員であること
　　　　　　4　請求原因2の配当額相当の金銭は、○○円であること

（無過失）
抗弁　　1　Yは請求原因3の職務を行うについて注意を怠らなかったこと
　　　　　　＊本条1項ただし書に基づく抗弁である。

（免除）
抗弁　　1　利益の配当をした日における利益額を限度としてYの義務を免除することについて、X会社の総社員の同意があること
　　　　　　＊本条2項ただし書に基づく抗弁である。

3　違法な利益配当を受領した社員の責任

　合同会社は、有限責任社員から構成されるため、①会社全体の利益の額（利益剰余金の額）を超えて配当する問題と、②配当受領社員に分配されている利益の額を超えて配当する問題が生ずる。まず、会社との関係であるが、配当受領社員及び業務執行社員が連帯して、その配当額に相当する金銭の支払義務を負う（623条1項、本条1項）。そして、会社債権者との関係では、会社債権者による配当受領社員に対する直接請求（630条2項）も認められている。社員間の関係は、違法配当の場合であっても、その違法配当を受領した社員に分配されている利益の額は、違法配当額相当分だけ減少し、他の社員に分配されている利益の額には影響を与えないので、他の社員は影

響を受けないかのようである。しかし、合同会社の利益の配当には、会社全体の利益剰余金の額について払戻規制（628条）があるので、他の社員は、この規制との関係で影響を受ける。この点は、配当受領社員に623条1項の支払義務を課して処理される。そして、623条1項の責任を履行した場合に生ずる会社の利益が、①622条に基づき各社員に分配されるか、②その配当受領社員に分配されるかについては、業務執行社員が支払義務を履行し、配当受領社員がその求償に応ずる場合を考えると、②の配当受領社員に分配される利益の額のみを増加させ、①の他の社員に分配されている利益の額には影響を与えないと解される。

● (社員に対する求償権の制限等)

第630条 前条第1項に規定する場合において、利益の配当を受けた社員は、配当額が利益の配当をした日における利益額を超えることにつき善意であるときは、当該配当額について、当該利益の配当に関する業務を執行した社員からの求償の請求に応ずる義務を負わない。
2 　前条第1項に規定する場合には、合同会社の債権者は、利益の配当を受けた社員に対し、配当額（当該配当額が当該債権者の合同会社に対して有する債権額を超える場合にあっては、当該債権額）に相当する金銭を支払わせることができる。
3 　第623条第2項の規定は、合同会社の社員については、適用しない。

1　社員に対する求償権行使の制限

　本条1項は、629条1項に規定する場合において、利益の配当を受けた社員は、配当額が利益の配当をした日における利益額を超えることにつき善意であるときは、配当額について、利益の配当に関する業務を執行した社員からの求償の請求に応ずる義務を負わないことを定める。業務執行社員の求償権行使の対象を悪意の社員に限ったのは、自ら違法行為をした業務執行社員が善意の社員に対して求償することは不当であるからである。しかし、求償の対象者たる社員の主観的態様についての立証責任であるが、本条1項の法文どおり、求償される社員側が自己の善意の立証責任を負うべきである。つまり、本条1項は、利益の配当に関する業務を執行した社員からの配当を受

領した社員に対する求償請求に対して、抗弁として機能する。

訴訟物　　　XのYに対する不当利得返還請求権としての求償権
　　　　　　＊A合同会社が628条の規定に違反して利益の配当をしたので、利益の配当に関する業務を執行した社員Xは、同社に対する配当額に相当する金銭の支払義務を履行した後に、配当を受領した社員Yに対して求償したところ、Yは、配当の交付を受けるとき、違法な配当であることを知らなかったと抗弁した事案である。

請求原因　1　A会社はYに対し、利益の配当をしたこと
　　　　　　2　請求原因1の利益の配当によりYに対して交付する金銭等の帳簿価額（「配当額」）がその利益の配当をする日における利益額を超えること
　　　　　　3　Xは請求原因1の利益の配当に関する業務を執行した社員であること
　　　　　　4　請求原因2の配当額相当の金銭は、○○円であること
　　　　　　5　XはA会社に対し、請求原因2の配当額相当の金銭を支払ったこと

（善　意）

抗　弁　1　Yは、配当額が利益の配当をした日における利益額を超えることにつき善意であったこと
　　　　　　＊本条1項に基づく抗弁である。利益配当を受けた社員Yは、A会社に対して配当相当額の支払義務は負うものの、利益額を超えることにつき善意であるときは、その業務を執行した業務執行社員Xからの求償には応じる義務を負わない（本条1項）。

2　債権者からの請求

本条2項は、629条1項に規定する場合には、合同会社の債権者は、利益の配当受領社員に対し、配当額（その配当額が債権者の合同会社に対して有する債権額を超える場合にあっては、その債権額）に相当する金銭を支払わせることができることを定める。これは、社員が善意であっても免れることはできない。これは、会社債権者が会社財産維持に重要な利害関係を有するので、自己の債権の保存のための会社の無資力を要件とせず、民法423条の債権者代位権の特則を定めたものである。この点、合資会社の有限責任社員で

あれば、利益額を超える範囲で有限責任の例外が認められている（623条2項、580条2項）。

訴訟物　　XのYに対する不当利得返還請求権としての求償権
　　　　　　＊A合同会社の債権者Xから請求があった場合は、配当額に相当する金銭を支払わなければならない（本条2項）。
　　　　　　＊違法な配当が行われた場合における合同会社の社員は、合資会社の有限責任社員の場合とは異なり、直接会社債権者に対して責任を負うものではない（本条3項）。会社債権者は、629条1項の規定によりその持分会社が社員に対して有する債権の代位行使に関する特則の適用を受けることとなる（本条2項）（相澤他・論点解説595頁）。

請求原因　1　A会社は社員Yに対し、利益の配当をしたこと
　　　　　　2　請求原因1の利益の配当によりYに対して交付する金銭等の帳簿価額（「配当額」）がその利益の配当をする日における利益額を超えること
　　　　　　3　請求原因2の配当額相当の金銭は、○○円であること
　　　　　　＊配当額がその債権者の合同会社に対して有する債権額を超える場合にあっては、その債権額の支払を求めることができるにとどまる。
　　　　　　4　XはA会社に対し、ある動産を金○○円で売買する契約を締結したこと

3　社員の債権者に対する責任限度の不適用

　623条2項は、違法配当を受けた有限責任社員が負う会社債務の弁済責任の範囲について、出資の価額から既に会社に対し履行した出資の価額を控除した額に、配当額が利益額を超過する額から会社に違法配当の支払義務を履行した額を控除した額の合計額を限度とするとしている。この規定は、合同会社の社員に適用されない（本条3項）。違法配当がされた場合、合同会社の債権者は、配当受領社員に対し、配当額又は合同会社に対して有する債権額に相当する金銭を支払わせ得るからである（本条2項）。

●(欠損が生じた場合の責任)

第631条　合同会社が利益の配当をした場合において、当該利益の配当をし

た日の属する事業年度の末日に欠損額（合同会社の欠損の額として法務省令〔施則159条6号、計算165条〕で定める方法により算定される額をいう。以下この項において同じ。）が生じたときは、当該利益の配当に関する業務を執行した社員は、当該合同会社に対し、当該利益の配当を受けた社員と連帯して、その欠損額（当該欠損額が配当額を超えるときは、当該配当額）を支払う義務を負う。ただし、当該業務を執行した社員がその職務を行うについて注意を怠らなかったことを証明した場合は、この限りでない。
 2 前項の義務は、総社員の同意がなければ、免除することができない。

---

 1 欠損が生じた場合の責任
 630条は、利益配当が配当日におけるその会社の利益額を超える場合の規定であるが、合同会社においては、配当日には利益配当額が会社利益額を超えていなかったとしても、その配当日の属する事業年度の末日において欠損が生じたときは、利益配当を受けた社員は、やはり配当相当額を会社に対して支払わなければならない。すなわち、本条は、合同会社の債権者を保護するため、利益配当後に欠損が生じた場合の社員の責任に関する規定である。
 まず、本条1項本文は、合同会社が利益の配当をした場合に、その利益の配当をした日の属する事業年度の末日に欠損額（合同会社の欠損の額として法務省令（施則159条6号、計算165条）で定める方法により算定される額）が生じたときは、利益の配当に関する業務を執行した社員は、会社に対し、その利益の配当を受けた社員と連帯して、欠損額（欠損額が配当額を超えるときは、該当額）を支払う義務を負うことを定める。

 2 欠　損　額
 計算165条は、本条の規定による利益の配当後、その利益の配当をした日の属する事業年度の末日に欠損が生じた場合における責任の発生要件となる欠損額を定める。この責任を株式会社における465条の責任と同様のものとすれば、その責任の性質は、業務執行社員が当期の業績予測等を誤って、配当時点では適法な配当をした場合でも、当期に生ずる損失のために期末に欠損が生じた場合に負う責任である。しかし、本条は、当期の業績予測等について本来責任を負わない配当受領社員にも責任を課すものであるため、465

条の責任と同様に解することはできない。すなわち、本条は、業務執行に関与しない正当な利益の配当を受領した社員にも責任を負わせるものなので、欠損額には、配当受領社員が負うべきでない当期の損失額を含めることはできない。このため、利益の配当後欠損が生じた場合の配当受領社員及び業務執行社員の責任を算定する欠損額は、利益の配当をした日の属する事業年度の末日における資本剰余金と利益剰余金のマイナス額から当期の損失を控除した額とし、その額について責任を課すこととしている。また、持分会社の場合には、退社に伴う持分の払戻しにおいては、資本剰余金と利益剰余金の合計額よりも多額の財産が払い戻されることも許されるが、これにより生じた欠損も、利益配当を行った業務執行社員や配当受領社員が責任を負うべき性質のものではないため、その超過部分も欠損額からは控除することとしている。なお、このような欠損額の設定をしていることから、本条の責任は、利益がないにもかかわらず配当が行われた場合にのみ問題となり、結果的には、629条の責任と重畳的に課せられる責任となる（相澤・省令解説154頁）。

3　無過失の場合の免責

　事業年度の末日に欠損が生じたときの業務執行社員の責任は過失責任である。本条1項ただし書は、これを明らかにし、利益の配当に関する業務を執行した社員がその職務を行うについて注意を怠らなかったことを証明した場合は、本文の責任を負わないことを定める。本条1項ただし書は、本条1項本文の請求に対して抗弁として機能する。

4　免　　除

　本条2項は、会社債権者を保護するため、総社員の同意がなければ、本条1項本文の責任を免除することができないことを定める。本条2項は、本条1項本文の請求に対して抗弁として機能する。

> **訴訟物**　　X合同会社のY1及びY2に対する本条1項本文に基づく欠損額支払請求権
> 　　＊本件は、X会社が利益の配当をしたところ、その利益配当日の属する事業年度の末日に欠損額が生じたため、X会社が、利益の配当に関する業務を執行した社員Y2と、その利益の配当を受けた社員Y1に対して、その欠損額の支払を求めた事案である

| 請求原因 | 1　X会社は利益の配当をしたこと
2　請求原因1の利益の配当をした日の属する事業年度の末日に欠損額（合同会社の欠損の額として法務省令（計算165条）で定める方法により算定される額）が生じたこと及びその数額
＊利益の配当後欠損が生じた場合における配当受領社員及び業務執行社員の責任を算定する際の欠損額については、基本的に、利益の配当をした日の属する事業年度の末日における資本剰余金と利益剰余金のマイナス額から、配当受領社員が負うべき性質のものではない当期の損失を控除した額である（計算165条）。
3　Y1は請求原因1の利益の配当を受けた社員であること
4　Y2は請求原因1の利益の配当に関する業務を執行した社員であること

（配当額を超える欠損金）
| 抗　弁 | 1　請求原因2の欠損額〇〇円は、Y1の受けた配当額〇〇円より大きいこと
＊本条1項第2括弧書によるY1の一部抗弁である。

（無過失）
| 抗　弁 | 1　Y2は請求原因4の職務を行うについて注意を怠らなかったこと
＊本条1項ただし書に基づく抗弁である。

（免　除）
| 抗　弁 | 1　X会社の総社員が、本条1項に基づくY1又は（及び）Y2の責任を免除することに同意したこと
＊本条2項に基づく抗弁である。

第4款　出資の払戻しに関する特則

●（出資の払戻しの制限）

第632条　第624条第1項の規定にかかわらず、合同会社の社員は、定款を変更してその出資の価額を減少する場合を除き、同項前段の規定による請求をすることができない。
　2　合同会社が出資の払戻しにより社員に対して交付する金銭等の帳簿

価額（以下この款において「出資払戻額」という。）が、第624条第1項前段の規定による請求をした日における剰余金額（第626条第1項の資本金の額の減少をした場合にあっては、その減少をした後の剰余金額。以下この款において同じ。）又は前項の出資の価額を減少した額のいずれか少ない額を超える場合には、当該出資の払戻しをすることができない。この場合においては、合同会社は、第624条第1項前段の規定による請求を拒むことができる。

1　合同会社社員への出資の払戻し
　合同会社の社員は、他の持分会社の社員と異なり、原則として、出資の払戻しを請求できない（本条1項、624条1項）。例外として、①本条1項と②626条2項の場合に出資の払戻しを請求できる。
(1)　本条1項は、合同会社における出資の払戻しは、定款に記載された出資の価額を減少する場合に限り、その範囲内において行い得ることとしている。これは、合同会社においては、社員の間接有限責任を確保するために、定款に記載された出資の価額と既に履行された出資との関係を一致させておく必要があるからである（相澤・新会社法解説164頁）。
(2)　626条1項所定の出資の払戻しのために資本金の額を減少する場合である。この場合も、会社における剰余金額の範囲内でしか払戻しをすることはできない（626条2項、632条2項）。これは、会社債権者のために、資本に相当する財産を会社内に留保するためである。

2　合同会社の出資の払戻しの規制
(1)　合同会社においては、社員の間接有限責任を確保するために定款に記載された出資の価額と既に履行された出資との関係を一致させる必要がある。そこで、合同会社における出資の払戻しは、定款に記載された出資の価額を減少する場合に限り、その範囲内で行うことができる（本条1項）。
(2)　合同会社においては、会社債権者及び他の社員の利益を保護するため、出資の払戻しができる「剰余金額」について、①会社債権者との関係では、出資の払戻しをする日における利益剰余金の額と資本剰余金の額の合計額、②他の社員との関係では、その社員の出資につき資本剰余金に計上された額のいずれか少ない額とする旨規定されている（計算164条3号ハ）。
　この場合、社員の出資についての資本剰余金の額が少額であるため、十分

な出資払戻額を確保できないときは、その社員の出資についての資本金を減少して（626条1項）、その資本剰余金を増加して剰余金額を増加させ得るが（本条2項括弧書）、そのためには債権者保護手続（627条1項）が必要となる。
(3)　会計帳簿の処理としては、出資の払戻しによって払い戻される財産は、その社員が既に行った出資につき計上されている資本剰余金の額に限られることとなり、利益について出資の払戻しによって払い戻すことはできない（本条2項、計算164条3号ハ、32条2項ただし書）。

3　出資の払戻しをすることができる「剰余金額」
　本条2項（出資の払戻しの財源）の剰余金額は、計算164条3号ハによると、①会社債権者との関係では、「出資の払戻しをした日における利益剰余金の額及び資本剰余金の額の合計額」、②社員間における関係では、「当該社員の出資につき資本剰余金に計上されている額」がそれぞれ払戻し可能な額となるので、剰余金額は、これらのいずれか少ない額となる。
　合同会社については、会社債権者及び他の社員の利益を保護するために、出資の払戻しをすることができる「剰余金額」については、①会社債権者との関係では、出資の払戻しをする日における利益剰余金の額と資本剰余金の額の合計額、②他の社員との関係では、当該社員の出資につき資本剰余金に計上された額のいずれか少ない額とする旨規定されている（計算164条3号ハ）。この場合、その社員の出資についての資本剰余金の額が少額のため、十分な出資払戻額を確保できないときは、社員の出資についての資本金を減少して（626条1項）、その資本剰余金を増加し、「剰余金額」を増加させ得るが（本条2項括弧書）、債権者保護手続（627条1項）を執る必要がある（相澤他・論点解説600-601頁）。

　訴訟物　　　XのY合同会社に対する出資払戻請求権
　　　　　　＊本件は、社員XはY会社に対して、出資金500万円を払い込んでいたが、定款を変更してXの出資の価額を300万円に減少した後に、Y会社に対し200万円の出資を求めた事案である。
　　　　　　＊合同会社に対する出資金の払戻請求は、本条1項によって、定款変更をしない限りできないこととなる。すなわち、請求原因2の定款変更の事実を主張立証する必要がある。
　請求原因　1　XはY会社に対して、出資金として500万円を払い込んだ

　　　　　社員であること
　　　2　Y会社は、定款を変更してXの出資の価額を300万円に減少した（する決議をした）こと
　　　3　XはY会社に対し、200万円の出資の払戻しを請求したこと

(出資の払戻しの制限)
抗弁　1　Y会社が出資の払戻しによりXに対して交付する金銭等の帳簿価額（「出資払戻額」）が、624条1項前段の規定による請求をした日における剰余金額（626条1項の資本金の額の減少をした場合にあっては、その減少をした後の剰余金額）又は本条1項の出資の価額を減少した額のいずれか少ない額を超えること
　　　　＊利益剰余金の額が100万円、資本剰余金の額が200万円、そのうちXの出資につき資本剰余金としての計算額が20万円である場合には、①（100万円＋200万円）と②（20万円）を比較し、②（20万円）が出資の払戻しをし得る額となる。他方、その例で、利益剰余金の額がマイナス190万円とすると、①（−190万円＋200万円）と②（20万円）を比較し、①（10万円）が出資の払戻しをし得る額となる。すなわち、Xの出資について資本剰余金が20万円あっても、10万円しか出資を払い戻せない（相澤他・論点解説597頁）。

● (出資の払戻しに関する社員の責任)

第633条　合同会社が前条の規定に違反して出資の払戻しをした場合には、当該出資の払戻しに関する業務を執行した社員は、当該合同会社に対し、当該出資の払戻しを受けた社員と連帯して、当該出資払戻額に相当する金銭を支払う義務を負う。ただし、当該業務を執行した社員がその職務を行うについて注意を怠らなかったことを証明した場合は、この限りでない。
　　2　前項の義務は、免除することができない。ただし、出資の払戻しをした日における剰余金額を限度として当該義務を免除することについて総社員の同意がある場合は、この限りでない。

1 　出資の払戻しに関する社員の責任

　合同会社においては、会社財産が会社債権者の唯一の引当財産であると理解されている。そのため、債権者の保護を図るために、合同会社が632条の規定に違反して出資の払戻しをした場合には、払戻しを受けた社員及びその払戻しに係る業務を執行した社員は、払い戻した額に相当する額を会社に支払う義務を負う（本条1項本文）。ただし、その業務を執行した社員が職務を行うについて注意を怠らなかったことを証明した場合は、責任を負わない（本条1項ただし書）。

2 　違法に出資の払戻しが行われた場合における社員の責任
(1) 合同会社では、出資の払戻しは、①定款を変更して出資の価額が減少される場合にのみ可能で、②出資の払戻時点における利益剰余金の額及び資本剰余金の額の合計額の範囲内で（632条2項、計算164条3号ハ）、③その社員の出資につき資本剰余金に計上されている額の範囲内で行うとの制限がある。
(2) 上記に違反して払い戻された場合は、払戻受領社員及び払戻しに係る業務執行社員は、払い戻した額に相当する額を会社に支払う義務を負う（本条1項本文）。なお、②③の違反に基づく責任が生ずる場合であっても、出資の価額を減少する旨の定款の変更の効力自体は影響を受けない。
(3) また、会社債権者は、合同会社が社員に対して有する債権を代位行使することができる（634条2項）（相澤他・論点解説601-602頁）。

3 　総社員の同意による免除

　出資の払戻制限に違反する利益配当に関する業務を執行した社員の本条1項所定の義務は、免除することができないのが原則である（本条2項本文）。ただし、出資の払戻しをした日における剰余金額を限度としてその義務を免除することについて総社員の同意がある場合は、例外としてその免除が認められる（本条2項ただし書）。「剰余金額」は、社員の請求に応じて出資の払戻しをした日における利益剰余金及び資本剰余金の額の合計額である（計算164条3号ニ）。債権者との関係では、利益剰余金及び資本剰余金の額の合計額だけが問題となるからである。利益剰余金と資本剰余金の合計額を超えて払い戻した額については、総社員の同意による免除は認められない。

> **訴訟物**　　X合同会社のYに対する出資の払戻しに関する社員責任履行請求権

＊X会社は、632条の規定に違反して、A社員に500万円の出資の払戻しをしたので、その業務執行社員Yに対し500万円の支払を求めたところ、Yはその業務執行についての無過失などを主張した事案である。

請求原因　1　X会社は、632条の規定に違反して、A社員に500万円の出資の払戻しをしたこと

＊合同会社の出資の払戻しには、①定款を変更して出資の価額が減少される必要があること（632条1項）、②出資の払戻時点の利益剰余金の額及び資本剰余金の額の合計額の範囲内で行うこと（632条2項、計算164条3号）、③社員の出資につき資本剰余金に計上されている額の範囲内で行うことという制限が課せられているので、請求原因1の「632条の規定に違反して」とは、上記①ないし③のいずれかに違反することである。なお、②③の違反に基づく責任が生ずる場合であっても、出資の価額を減少する旨の定款の変更の効力自体は影響を受けないと解される。

2　Yは、請求原因1の出資の払戻しに関する業務を執行した社員であること

（無過失）
抗弁　1　Yは、出資の払戻しの職務を行うについて注意を怠らなかったこと

＊本条1項ただし書に基づく抗弁である。業務執行社員の違法な出資の払戻しに関する責任は過失責任であり、出資の払戻しに関する業務を執行した社員が職務を行うについて注意を怠らなかったことを証明した場合は、支払義務を負わない。

（免除）
抗弁　1　Yの義務を出資の払戻しをした日における剰余金額を限度として免除することについて、X会社の総社員の同意があること

● (社員に対する求償権の制限等)

第634条　前条第1項に規定する場合において、出資の払戻しを受けた社員は、出資払戻額が出資の払戻しをした日における剰余金額を超えることにつき善意であるときは、当該出資払戻額について、当該出資の払

戻しに関する業務を執行した社員からの求償の請求に応ずる義務を負わない。
2　前条第1項に規定する場合には、合同会社の債権者は、出資の払戻しを受けた社員に対し、出資払戻額（当該出資払戻額が当該債権者の合同会社に対して有する債権額を超える場合にあっては、当該債権額）に相当する金銭を支払わせることができる。

1　社員に対する求償権の制限
　本条1項は、633条1項に規定する場合に出資の払戻しを受けた社員が、出資払戻額が払戻日の剰余金額を超えることにつき善意の場合は、その出資払戻額について、出資払戻業務を執行した社員からの求償の請求に応ずる義務を負わないことを定める。本条は、出資払戻業務を執行した社員から出資の払戻しを受けた社員に対する不当利得返還請求権に対する抗弁として機能すると解される。
　本条1項（求償）の剰余金額は、計算規則164条3号ハによると、①会社債権者との関係では、「出資の払戻しをした日における利益剰余金の額と資本剰余金の額の合計額」、②社員間における関係では、「当該社員の出資につき資本剰余金に計上されている額」がそれぞれ払戻し可能な額となるので、剰余金額は、これらのいずれか少ない額となる。

> **訴訟物**　　XのYに対する出資払戻金の不当利得返還請求権
> 　＊本件は、A合同会社は632条に違反してY社員に500万円の出資の払戻しをしたので、その業務執行に関与した社員XがA会社に対する責任を履行して500万円を支払ったのち、XがYに対して500万円の支払を求めたところ、Yは、出資払戻額が出資の払戻日における剰余金額を超えることを知らなかったと抗弁した事案である。
>
> **請求原因**　1　A会社は、632条の規定に違反して、Y社員に500万円の出資の払戻しをしたこと
> 　　　　　　2　Xは、請求原因1の出資の払戻しに関する業務を執行した社員であること
> 　　　　　　3　XはA会社に対し、500万円を支払ったこと

(善　意)
抗　弁　1　Yは出資払戻額が出資の払戻日における剰余金額を超えることにつき善意であったこと

2　会社債権者の債権者代位権の行使
　会社債権者は、合同会社が社員に対して有する出資金払戻金の不当利得返還請求権について代位行使することができる（本条2項）。出資払戻額がその債権者の合同会社に対する債権額を超える場合にあっては、その債権額に限定される。

訴訟物　A合同会社のYに対する出資払戻金の不当利得返還請求権
　＊本件は、A会社の債権者Xが、632条に違反してA会社から500万円の出資の払戻しを受けた社員Yに対してその返還を求めた事案である。
請求原因　1　XのA会社に対する債権発生原因事実
　　　2　A会社は、632条の規定に違反して、Yに500万円の出資の払戻しをしたこと
　　　3　出資払戻額500万円がXのA会社に対して有する請求原因1の債権額を超える場合にあっては、その債権額

第5款　退社に伴う持分の払戻しに関する特則

1　合同会社の社員の退社時の持分の払戻しの方法
　合同会社の社員の退社時の持分の払戻しによって多額の財産が払い戻されると、債権者を害するおそれがあり、払い戻す財産の価額と会社財産の状況との関係によって、次の規制が行われている。
(1)　持分払戻額≦剰余金額（資本剰余金＋利益剰余金）
　持分払戻しによる社員へ交付する金銭等の帳簿価額（持分払戻額（635条1項））が剰余金額を超えない場合は、会社債権者からみると、通常の利益の配当等と同様であるから、特段の手続なく払い戻すことができる。なお、この場合の剰余金額は、利益剰余金と資本剰余金の合計額（計算164条3号ホ）であり、その剰余金額を超えない場合には、退社する社員に係る利益剰余金と資本剰余金の合計額を超えて持分の払戻しを行う場合であっても、債権者保護手続を執る必要はない。

(2) 簿価純資産額≧持分払戻額＞剰余金額

　持分払戻額が剰余金額を超えるが、会社の簿価純資産額（計算166条）を超えない場合は、資本金の額を零円までの範囲内で減少した上で払戻しを行うことと実質的に同様であるから、資本金の額の減少を伴う出資の払戻しの場合と同様の債権者保護手続（635条、627条参照）を執ることにより、払戻しを行うことができる。

(3) 持分払戻額＞簿価純資産額

　持分払戻額が会社の簿価純資産額を超える場合（簿価債務超過の会社において持分を払い戻す場合を含む）は、社員と債権者の利益調整のため、清算に準じた債権者保護手続を経ることにより、払戻しを行うことができる。すなわち、会社の貸借対照表上の純資産額は、原則として取得原価を資産に付すなど、いわゆる簿価で算定されるが、持分の払戻しにより払い戻すべき額は、その持分会社の現在価値であるから、資産等は時価で評価され、将来収益を含む「自己のれん」も、その算定の基礎となる。そのため、持分払戻額が簿価純資産額を超える場合もあり得る。他方、簿価純資産額を超えて会社財産が社員に払戻しがされる場合、会社債権者にとっては、払戻しの基礎とされる資産等の時価評価が正当かどうかを判定する方法がなく、詐害的な払戻しが行われる危険が残る。

　そこで、簿価純資産額を超えて会社財産が社員に払戻しがされる場合には、その実質が、清算に準ずることを考慮して、清算に準じた債権者保護手続を執ることにより、払戻しを行うことができるとされている。清算に準じた債権者保護手続を通常の債権者保護手続と比較すると、次の相違がある。

① 異議を述べることができる期間は1か月ではなく、2か月である（635条2項）。

② 公告方法の如何を問わず、知れている債権者への個別催告を省略できない（635条3項ただし書）。

③ 異議を述べた債権者に対しては、「債権者を害するおそれがない」という抗弁は許されず、必ず、弁済又は相当の担保の供与等をしなければならない（635条5項ただし書）。

　なお、必要な手続を執るべきことを要求しても、業務執行社員がこれを行わず、退社に伴い行われるべき持分の払戻しを受けられない場合には、退社員は、最終的には、解散の訴え（833条2項）を提起し、清算手続後、残余財産の分配を受けるほかない。（相澤他・論点解説602-604頁）

2 違法な持分の払戻しが行われた場合の社員及び業務執行社員の責任
(1) 合名会社・合資会社については、会社財産が乏しい状況にある会社が退社員に持分の払戻しをすることにより会社財産がなくなったとしても、他の無限責任社員に対して責任を追及し得ることをもって、会社法上の債権者保護が図られるものとされている。なお、他の無限責任社員の資力が不十分な場合は、債権者保護に欠けることになるが、そのような点も含め、合名会社・合資会社における債権者保護のあり方については、旧商法と会社法とでは格別の変更はない。
(2) 合同会社については、持分の払戻しに関しては、一定の場合に、債権者保護手続を執らなければならないとされている(635条)。
(3) 債権者保護手続を執らずに払戻しが行われた場合には、法律に違反するものとして無効であるから、払戻受領退社員は、不当利得返還義務(民703条)を負う。しかし、退社自体は有効であり、退社に伴う財産の払戻しのみが無効となる。
(4) 必要な手続を執らずに持分の払戻しを行った業務執行社員は、過失があれば、払戻しを受けた退社員と連帯して責任を負う(636条1項本文)。
(5) 払戻しを受けた退社員の不当利得返還義務については、民法の一般原則に従い、会社がその義務を免除できる(ただし、免除した業務執行社員が別途責任を負うこととなる場合はあり得る(597条))。他方、業務執行社員の責任に関しては、総社員の同意があっても、剰余金額を超える部分については、免除できない(636条2項本文)(相澤他・論点解説604頁)。

●(債権者の異議)

第635条　合同会社が持分の払戻しにより社員に対して交付する金銭等の帳簿価額(以下この款において「持分払戻額」という。)が当該持分の払戻しをする日における剰余金額を超える場合には、当該合同会社の債権者は、当該合同会社に対し、持分の払戻しについて異議を述べることができる。
　　2　前項に規定する場合には、合同会社は、次に掲げる事項を官報に公告し、かつ、知れている債権者には、各別にこれを催告しなければならない。ただし、第2号の期間は、1箇月(持分払戻額が当該合同会社の純資産額として法務省令〔計算166条〕で定める方法により算定される額を超える場合にあっては、2箇月)を下ることができない。
　　一　当該剰余金額を超える持分の払戻しの内容

二　債権者が一定の期間内に異議を述べることができる旨
3　前項の規定にかかわらず、合同会社が同項の規定による公告を、官報のほか、第939条第1項の規定による定款の定めに従い、同項第2号又は第3号に掲げる公告方法によりするときは、前項の規定による各別の催告は、することを要しない。ただし、持分払戻額が当該合同会社の純資産額として法務省令〔計算166条〕で定める方法により算定される額を超える場合は、この限りでない。
4　債権者が第2項第2号の期間内に異議を述べなかったときは、当該債権者は、当該持分の払戻しについて承認をしたものとみなす。
5　債権者が第2項第2号の期間内に異議を述べたときは、合同会社は、当該債権者に対し、弁済し、若しくは相当の担保を提供し、又は当該債権者に弁済を受けさせることを目的として信託会社等に相当の財産を信託しなければならない。ただし、持分払戻額が当該合同会社の純資産額として法務省令〔計算166条〕で定める方法により算定される額を超えない場合において、当該持分の払戻しをしても当該債権者を害するおそれがないときは、この限りでない。

1　合同会社の社員の退社に伴う払戻し

　合同会社は、会社財産のみを責任財産とし、社員に対する払戻しにより会社債権者の債権の弁済が困難になることがないような制度を構築することとしているから、退社に伴う持分の払戻しについても、一定の制限が必要となる。しかし、退社に伴う持分の払戻しについて、利益の配当等と同様の財源規制を設けることとすると、退社する社員は、その持分の払戻しを受け得ない事態が生じる場合があり、その利益が害されることとなる。そこで、退社に伴う持分の払戻しについて、払い戻す財産の価額と会社財産の状況との関係を踏まえた規制を行っている。

2　債権者の異議手続が不要の場合

　持分の払戻しにより社員に対して交付する金銭等の帳簿価額（持分払戻額（本条1項））が剰余金額を超えない場合は、会社債権者からみれば、通常の利益の配当等と同様であるから、特段の手続なく払い戻すことができる（本条1項の反対解釈）。

3　債権者の異議手続
(1)　異議手続が必要となる場合
ア　持分払戻額が剰余金額を超えるが、簿価純資産額を超えない場合
　資本金の額を零円までの範囲内で減少した上で払戻しを行うことと実質的に同様であるから、資本金の額の減少を伴う出資の払戻しの場合と同様の債権者保護手続（635条、627条参照）を経て、払い戻すことができる。
イ　持分払戻額が会社の簿価純資産額を超える場合（簿価債務超過会社が持分を払い戻す場合を含む）
　会社の貸借対照表上の純資産額は、原則として取得原価を資産に付すなど簿価で算定されるが、持分の払戻しにより払い戻すべき額は、現在価値であるから、資産等は時価で評価され、将来収益を含む「自己のれん」もその算定の基礎となる。そのため、持分払戻額が簿価純資産額を超える場合もあり得る。
　次に、原則として会社の価値とは関係がない簿価純資産額を基準にして払い戻すことができる財産の価額を規制することとすると、退社員の利益が害される。他方、簿価純資産額を超えて会社財産が社員に払い戻される事態は、会社債権者にとっては、退社の場合を除けば、清算の場合において生ずるのみである。

(2)　公告と催告
　合同会社が持分の払戻しにより社員に対して交付する金銭等の帳簿価額（「持分払戻額」）が持分の払戻しをする日における剰余金額を超える場合には、合同会社の債権者は、会社に対し、持分の払戻しについて異議を述べることができる。すなわち、合同会社が、社員の退社に伴って持分の払戻しをしようとするときに、払戻額が払戻日における剰余金額（計算164条）を超える場合は、以下の債権者保護手続を執らなければならない（本条1項）。つまり、①その剰余金額を超える持分の払戻しの内容、及び②債権者が一定期間内（持分払戻額が純資産額を超える場合は2か月、それ以外は1か月を下ることができない）に異議を述べることができることを官報に公告し、併せて知れている債権者に各別に催告しなければならない（本条2項）。なお、ここに純資産額とは、①資本金の額、②資本剰余金の額、③利益剰余金の額、及び④最終事業年度の末日（最終事業年度がない場合には、持分会社の成立の日）における評価・換算差額等に係る額の合計額である（計算166条）。計算166条は、合同会社における退社に伴う持分の払戻しを行う場合において、清算に準じた公告等の手続を要する債権者異議手続を経る必要が生ずることとなるときの要件である純資産額についての規定である。具体的

には、持分の払戻しを行う時点での社員資本の合計額が純資産額となる旨規定している。
(3) 剰余金額（635条1項・2項1号、636条（持分の払戻しにおける債権者異議及び責任免除不能額）の場合の「剰余金額」）

　この場合は、持分の払戻しに関するものであり、かつ、会社債権者との関係だけが問題となるので、剰余金額は、資本剰余金の額と利益剰余金の額の合計額となる（計算164条3号ホ）。633条2項ただし書（責任免除不能額）との違いは、持分の払戻の場合は、出資の払戻と異なり、社員に帰属している利益の払戻も含まれることになるからである。

4　公告・催告
　本条1項の場合には、合同会社は、①剰余金額を超える持分の払戻しの内容、②債権者が一定の期間内に異議を述べることができる旨を官報に公告し、かつ、知れている債権者には、各別にこれを催告しなければならない（本条2項本文）。ただし、②の期間は、1か月を下ることができない。更に、持分払戻額が合同会社の純資産額として法務省令（施則159条7号、計算166条）で定める方法により算定される額を超える場合にあっては、2か月を下ることができないが（本条2項ただし書）、この場合は、清算に準じた場合と解されるからである。

5　催告の省略
　合同会社が本条2項所定の公告を、官報のほか、939条1項による定款の定めに従い、日刊新聞紙による公告又は電子公告によるときは、本条2項所定の各別の催告は、することを要しない（本条3項本文）。ただし、持分払戻額が合同会社の純資産額として法務省令（施則159条7号、計算166条）で定める方法により算定される額を超える場合は、この限りでない（本条3項ただし書）。この場合は、債権者に対する開示の必要性がより高いからである。

6　異議がないときの効果
　債権者が本条2項2号の期間内に異議を述べなかったときは、その債権者は、持分の払戻しについて承認をしたものとみなされる（本条4項）。異議を述べなかった理由を問わない。会社に知れている債権者でありながら、会社が催告をしなかった債権者の場合は、異議を述べなくとも、持分の払戻しについて承認したとみなすことはできないと解される。

7　異議があるときの効果

　債権者が本条2項2号の期間内に異議を述べたときは、合同会社は、その債権者に対し、弁済し、若しくは相当の担保を提供し、又は債権者に弁済を受けさせることを目的として信託会社等に相当の財産を信託しなければならない。ただし、持分払戻額が合同会社の純資産額として法務省令（施則159条7号、計算166条）で定める方法により算定される額を超えない場合において、持分の払戻しをしても債権者を害するおそれがないときは、それらの措置を執る必要はない（本条5項本文）。

　異議を述べた債権者に対しては、「債権者を害するおそれがない」という抗弁は許されず、必ず弁済、相当の担保の供与等をしなければならない（本条5項ただし書）。この場合に、必要な手続を執らずに持分の払戻しをした場合には、払戻しを受けた社員や業務執行社員に対し、違法配当の場合と同様の責任が課せられる（633条、634条）。なお、必要な行為を執ることを要求しても、業務執行社員が行わない場合には、退社員は、解散の訴え（833条2項）を提起し、清算手続後、残余財産の分配を受けるほかない。

●（業務を執行する社員の責任）

第636条　合同会社が前条の規定に違反して持分の払戻しをした場合には、当該持分の払戻しに関する業務を執行した社員は、当該合同会社に対し、当該持分の払戻しを受けた社員と連帯して、当該持分払戻額に相当する金銭を支払う義務を負う。ただし、持分の払戻しに関する業務を執行した社員がその職務を行うについて注意を怠らなかったことを証明した場合は、この限りでない。
　2　前項の義務は、免除することができない。ただし、持分の払戻しをした時における剰余金額を限度として当該義務を免除することについて総社員の同意がある場合は、この限りでない。

1　業務執行社員の責任

　合同会社においては、会社財産が会社債権者の唯一の引当財産であるとされる。そのため、本条1項本文は、合同会社が635条の規定に違反して持分の払戻しをした場合には、会社債権者を保護するため、その持分の払戻しに関する業務を執行した社員は、会社に対し、持分の払戻しを受けた社員と連

帯して、その持分払戻額に相当する金銭を支払う義務を負うことを定める。ただし、持分の払戻しに関する業務を執行した社員がその職務を行うについて注意を怠らなかったことを証明した場合は、この限りでない（本条1項ただし書）。

訴訟物　　X合同会社のYに対する出資払戻相当額支払請求権
　　　　　　＊本件は、X会社は、635条に違反する持分の払戻しの業務を行った社員Yに対し、持分払戻額に相当する金銭の支払を求め、Yはその業務執行について無過失を主張した事案である。

請求原因　1　X会社は、社員Aに対し持分の払戻しをしたこと
　　　　　　2　X会社が持分の払戻しによりAに対して交付した金銭等の帳簿価額（「持分払戻額」）が持分の払戻しをする日における剰余金額を超えること
　　　　　　3　X会社は請求原因1の持分払戻しにつき債権者異議手続を執らなかったこと
　　　　　　4　Yは、請求原因1の持分の払戻しに関する業務を執行した社員であること
　　　　　　5　持分払戻額に相当する金銭は、○○円であること

（無過失）
抗弁　　1　Yは、その職務を行うについて注意を怠らなかったこと
（免除）
抗弁　　1　持分の払戻しをした時における剰余金額を限度としてその義務を免除することについて総社員が同意したこと

2　違法な持分の払戻しを受けた社員の責任

　合同会社の債権者を保護するため、635条の債権者異議手続が執られなかったときは、持分の払戻しを受けた社員は、出資払戻相当額の支払義務を負う（本条1項）。その法的性質は、不当利得返還請求権と考えることができよう。

訴訟物　　X合同会社のYに対する出資払戻相当額支払請求権
　　　　　　＊本件は、X会社は、635条に違反する持分の払戻しを受けた社員Yに対し、持分払戻額に相当する金銭の支払を求めた事案である。

請求原因 1　X会社は、Yに対し持分の払戻しをしたこと
2　X会社が持分の払戻しによりYに対して交付した金銭等の帳簿価額（「持分払戻額」）が持分の払戻しをする日における剰余金額を超えること
3　X会社は、請求原因1の持分払戻しにつき債権者異議手続を執らなかったこと
4　持分払戻額に相当する金銭は、〇〇円であること

3　免　　除

　業務執行社員と持分の払戻しを受けた社員の責任は、原則として免除できない（本条2項本文）。ただし、持分の払戻しをした時における剰余金額を限度として支払義務を免除することについて総社員の同意がある場合は、免除ができる（本条2項ただし書）。剰余金額は、資本剰余金及び利益剰余金の額の合計額である（計算164条3号ホ）。資本剰余金及び利益剰余金の合計額を超えて払い戻した額については、総社員の同意による免除は認められない。

第6章　定款の変更

● (定款の変更)

第637条　持分会社は、定款に別段の定めがある場合を除き、総社員の同意によって、定款の変更をすることができる。

1　定款の変更の要件

　本条は、持分会社が組合の実質を有することから、定款に別段の定めがある場合を除き、定款変更をする場合には総社員の同意を必要とすることを定める。有限責任社員で構成される合同会社の場合も総社員の同意が必要であって、資本的多数決ではない。持分会社は、会社の内部関係については組合的規律が適用される組織形態であるから、重要事項の決定は総社員の同意によることが原則であり、定款の変更の場合も、原則として総社員の一致が必要である。ただ、定款に別段の定めを置くことによって、これと異なる定款変更の決議要件を定めることも可能である。その決議要件に関して定款に別段の定めを置くことを明文上認めている事項には、次の事項がある。

　持分の一部又は全部譲渡に関する承諾（585条4項）、競業の承認（594条1項）、業務執行社員による利益相反取引に対する承認（595条1項）、会社成立後の社員加入のための定款変更の決議（604条2項、本条、576条1項4号）、法定退社（607条1項1号・2項）、解散事由（641条2号・3号、637条）、組織変更に関する同意（781条1項）、並びに合併及び会社分割に関する総社員の同意（793条1項、802条1項、813条1項）である。これらの事項を決議する場合、定款に別段の定めがあれば、資本の多数で決すること、業務執行社員の過半数によること、又は事柄に応じて代表社員に一任することも可能である（相澤・新会社法解説166頁）。

2　定款の変更要件についての定款の定め
(1)　定款の定めの内容
　定款の変更は、総社員の同意を要するのが原則である（本条）。この定款の変更要件については、定款で別段の定めをすることができるが、その内容について制限はない。したがって、①社員の過半数とすること、②社員に一

定の個数の議決権を割り当てて、その一定割合以上の賛成とすること、③業務執行社員の過半数とすること、④特定の業務執行社員への委任することの他、⑤定款事項ごとに、異なる要件を定めることも可能であると解されている（相澤他・論点解説606-607頁）。

(2) 多数決等で変更できるとする定款の定めに基づく変更定款の拘束力

　定款の変更の要件として、総社員の同意と異なる要件に関する定款の定めは、①原始定款に定めがある場合と、②成立後の定款変更によって導入される場合がある。①は、設立時の社員全員で定められ、また、成立後の加入者もその定めを前提に加入するから、総社員の同意で定められた状態が維持されている。②は、その変更時に総社員の一致か、①により総社員の一致で定められた状態が維持されているといえる要件をもって行われ、更にその後に加入する者もその定めを前提に加入するから、やはり総社員の一致で定められた状態が維持されている。したがって、定款の定めに基づき多数決等で変更された定款の定めであっても、総社員に対して拘束力を有する。

　なお、持分の譲受人や成立後の新規加入者は、定款規定に真に合意しているとはいえないが、持分会社の持分は、株式と異なり、その流通の円滑化を図る必要はない。そのため、本法上、定款の内容を確認しないで社員となる者を保護する規定は設けられておらず、その保護は、詐欺・錯誤等の民法の一般原則の適用（「株式の引受け」に適用される消費者契約法7条2項の特則も設けられていない）により図られる（相澤他・論点解説605-606頁）。

● (定款の変更による持分会社の種類の変更)

第638条　合名会社は、次の各号に掲げる定款の変更をすることにより、当該各号に定める種類の持分会社となる。
　一　有限責任社員を加入させる定款の変更　合資会社
　二　その社員の一部を有限責任社員とする定款の変更　合資会社
　三　その社員の全部を有限責任社員とする定款の変更　合同会社
　2　合資会社は、次の各号に掲げる定款の変更をすることにより、当該各号に定める種類の持分会社となる。
　一　その社員の全部を無限責任社員とする定款の変更　合名会社
　二　その社員の全部を有限責任社員とする定款の変更　合同会社
　3　合同会社は、次の各号に掲げる定款の変更をすることにより、当該各号に定める種類の持分会社となる。
　一　その社員の全部を無限責任社員とする定款の変更　合名会社

二　無限責任社員を加入させる定款の変更　合資会社
　三　その社員の一部を無限責任社員とする定款の変更　合資会社

1　定款の変更による持分会社の種類の変更
　定款の変更による持分会社の種類の変更は、組織変更と異なる。組織変更とは、①「株式会社」がその法人格の同一性を保持しながら、組織を変更して「合名会社、合資会社又は合同会社」に変わること、又は、②「合名会社、合資会社又は合同会社」がその法人格の同一性を保持しながら、組織を変更して「株式会社」に変わることをいう。これに対して、持分会社間の種類の変更は、組織変更ではなく、社員の責任の状況に照らして持分会社の種類を変えること（定款変更の問題）である。もちろん、種類の変更がされても変更前後の法人格の同一性に変わりはない。なお、以下に見るように、出資の履行がない場合は、債権者保護の観点から、履行済みの状態にしないと合同会社に変更できない（640条1項）。
(1)　合名会社の種類変更
　合名会社は、①有限責任社員を加入させる定款の変更によって合資会社に（本条1項1号）、②その社員の一部を有限責任社員とする定款の変更によって合資会社に（本条1項2号）、③その社員の全部を有限責任社員とする定款の変更によって合同会社に（本条1項3号）、会社の種類の変更をすることができる。③の場合は、出資の履行が未済の場合には、その履行が必要である。
(2)　合資会社の種類の変更
　合資会社は、①その社員の全部を無限責任社員とする定款の変更によって合名会社に（本条2項1号）、②その社員の全部を有限責任社員とする定款の変更によって合同会社に（本条2項2号）、会社の種類の変更をすることができる。②の社員の責任を変更するための定款の変更は、その時点での他の有限責任社員及び新たに有限責任社員となる者がその出資の価額の全部に相当する出資を履行していなければ、その効力を生じない（640条1項）。また、責任を変更した無限責任社員は、その責任の変更後2年間は、従前の責任を負う（583条3項・4項）
(3)　合同会社の種類の変更
　合同会社は、①その社員の全部を無限責任社員とする定款の変更によって合名会社に（本条3項1号）、②無限責任社員を加入させる定款の変更によ

って合資会社に（本条3項2号）、③その社員の一部を無限責任社員とする定款の変更によって合資会社に（本条3項3号）、会社の種類の変更をすることができる。

2　会社の種類変更に関連した会社債権者の保護
　①合同会社から合資会社又は合名会社へ会社の種類が変更する場合、新たに無限責任社員が加入するか、その社員の一部又は全員が無限責任社員となる。②合資会社から合名会社へ会社の種類が変更する場合も、その社員全員が無限責任社員となる。したがって、①②の変更によっては、会社債権者の利益が害されることはない。しかし、③合資会社から合同会社への変更及び合名会社から合同会社又は合資会社への変更の場合は、無限責任社員がなくなるか、又はその社員の一部が有限責任社員となり、会社債権者の利益が害されるおそれがある。

　会社の種類変更に関連した会社債権者の保護としては、①持分会社の社員の責任を会社の商号中に表示することを義務づけて（6条2項）、取引の相手方が社員の責任を知り得るようにすることに加え、②既存の会社債権者の保護制度として、社員の責任が変更された場合の特則（583条）がある。責任を有限責任から無限責任へ変更した社員は、その責任変更がなされる前に生じた持分会社の債務について無限責任を負い（583条1項）、責任を無限責任から有限責任へ変更した社員又は出資の価額を減少させた有限責任社員（合同会社の社員を除く）は、その登記をした日から2年間は変更前と同様の責任を負う（583条2項3項）（江頭憲治郎「『会社法制の現代化に関する要綱案』の解説（8・完）」商事1729.11-12）。

● (合資会社の社員の退社による定款のみなし変更)

第639条　合資会社の有限責任社員が退社したことにより当該合資会社の社員が無限責任社員のみとなった場合には、当該合資会社は、合名会社となる定款の変更をしたものとみなす。
　　2　合資会社の無限責任社員が退社したことにより当該合資会社の社員が有限責任社員のみとなった場合には、当該合資会社は、合同会社となる定款の変更をしたものとみなす。

1　本条の趣旨

　合資会社は有限責任社員と無限責任社員により構成される持分会社であるため、その社員が有限責任社員のみ又は無限責任社員のみとなった場合、合資会社としては存続できない。この場合に旧商法162条1項は合資会社を解散させていたが、本条は、そのような場合、合資会社が合名会社又は合同会社として存続することを認めた。この改正の背景には、本法において、有限責任社員のみから構成される合同会社が創設されたこと、及び一人持分会社が許容されたことがある。なお、本条によるみなし定款変更の効果は、638条2項の特則にとどまる。合資会社が合名会社又は合同会社となる定款変更をした場合には、それに伴い商号変更も必要となるが（6条2項）、本条によりそのような商号変更の効果は生じないから、別に、商号変更に係る定款の変更を行う必要がある。

2　合資会社の全有限責任社員の退社による定款のみなし変更

　本条1項は、合資会社の有限責任社員が退社したことによって社員が無限責任社員のみとなった場合には、その合資会社は、合名会社となる定款の変更をしたものとみなすことを定める。

3　合資会社の全無限責任社員の退社による定款のみなし変更

　本条2項は、合資会社の無限責任社員が退社したことによって社員が有限責任社員のみとなった場合には、その合資会社は、合同会社となる定款の変更をしたものとみなすことを定める。ただし、640条2項で定めるところにより、有限責任社員が出資を履行済みにする必要がある。

●（定款の変更時の出資の履行）

第640条　第638条第1項第3号又は第2項第2号に掲げる定款の変更をする場合において、当該定款の変更をする持分会社の社員が当該定款の変更後の合同会社に対する出資に係る払込み又は給付の全部又は一部を履行していないときは、当該定款の変更は、当該払込み及び給付が完了した日に、その効力を生ずる。

　2　前条第2項の規定により合同会社となる定款の変更をしたものとみなされた場合において、社員がその出資に係る払込み又は給付の全部又は一部を履行していないときは、当該定款の変更をしたものとみなされた日から1箇月以内に、当該払込み又は給付を完了しなければな

らない。ただし、当該期間内に、合名会社又は合資会社となる定款の変更をした場合は、この限りでない。

1 合名会社・合資会社が社員の責任を変更して合同会社となる場合の合同会社の社員の出資の履行
　①合名会社が、その社員の全部を有限責任社員とする定款の変更によって合同会社とする場合（638条1項3号）、又は②合資会社が、その社員の全部を有限責任社員とする定款の変更によって合同会社とする場合（638条2項2号）においては、定款の変更をする持分会社の社員が定款の変更後の合同会社に対する出資に係る払込み又は給付の全部又は一部を履行していないときは、その定款の変更は、払込み及び給付が完了した日に、その効力を生ずる。すなわち、出資の未履行部分の全部を履行すること、又は未履行の部分がなくなるような出資の価額の変更が行われるなど、出資の全部が履行（払込み又は給付）された状態となることが、合同会社への定款変更の効力発生についての停止条件であると解される。

2 合資会社の全無限責任社員が退社して合同会社となる場合の出資未履行社員の履行
　合資会社の無限責任社員が退社したことにより有限責任社員のみとなった場合には、その合資会社は、合同会社となる定款の変更をしたものとみなされるが（639条2項）、合同会社の有限責任社員は、会社設立時に出資を全部履行する義務を負っている（578条）。639条2項が規定する定款のみなし変更が行われる前の合資会社において、有限責任社員の出資に未履行の部分がある場合、社員の間接有限責任確保の目的のため、未履行部分の出資が履行されなければならない。合同会社への定款のみなし変更前に出資を履行することは困難であることを考慮し、本条2項は定款変更があったとみなされる日から1か月以内を履行期限としている。

訴訟物	X合資会社のYに対する本条2項に基づく出資履行請求権

＊本件は、X会社の無限責任社員が退社したことにより社員が有限責任社員のみとなったため、X会社がその出資の払込み又は給付をしていない社員Yに対し、その出資の履行を求めた事案である。

請求原因 1　X会社の無限責任社員が退社したことにより同会社の社員が有限責任社員のみとなったこと
　　＊請求原因1は、639条により、X会社が合同会社になる定款変更をしたものとみなされることになる。
2　YはX会社の社員であること
3　X会社の定款は、Yの出資の目的及びその価額を、500万円と定めていること
4　X会社はYに対し、出資の履行を催告したこと

（合名会社又は合資会社となる定款の変更）

抗弁 1　請求原因1の日から1か月の期間内に、X会社は合名会社又は合資会社となる定款の変更をしたこと
　　＊本条2項ただし書に基づく抗弁である。

訴訟物　　XのYに対する本条2項本文の出資義務未履行に基づく会社債務履行請求権
　　＊本件は、A合資会社の無限責任社員の退社により社員が有限責任社員のみとなったが、A会社に対する1,000万円の債権者XがA会社の出資を履行しない社員Yに対し、未履行額300万円の限度で会社債務の履行を求めた事案である。
　　＊1か月を経過しても、未履行部分の出資を有限責任社員が合同会社に履行しない場合、会社債権者はその有限責任社員に対して責任を追及できるかが問題となる。この場合は、例外的に会社債権者が有限責任社員に直接責任を追及できると解される（相澤・新会社法解説157頁）。

請求原因 1　XはA会社との間で、本件目的物を代金1,000万円で売買する契約を締結したこと
2　A会社の無限責任社員が退社したことにより同会社の社員が有限責任社員のみとなったこと
3　YはX会社の社員であること
4　X会社の定款は、Yの出資の目的及びその価額を、500万円と定めていること
5　請求原因2の日から1か月間の末日が経過したこと

3　出資履行期限内の合名会社又は合資会社となる定款の変更
　出資履行期間内に、合名会社又は合資会社となる定款の変更をした場合に

は、出資の全部を履行された状態にする必要はなくなる（本条2項ただし書）。

第7章 解　　散

●（解散の事由）

第641条 持分会社は、次に掲げる事由によって解散する。
　一　定款で定めた存続期間の満了
　二　定款で定めた解散の事由の発生
　三　総社員の同意
　四　社員が欠けたこと。
　五　合併（合併により当該持分会社が消滅する場合に限る。）
　六　破産手続開始の決定
　七　第824条第1項又は第833条第2項の規定による解散を命ずる裁判

1　解散事由

　本条は、持分会社の解散事由が、①定款で定めた存続期間の満了、②定款で定めた解散の事由の発生、③総社員の同意、④社員が欠けたこと、⑤会社の合併（合併により持分会社が消滅する場合に限る）、⑥破産手続開始の決定、⑦824条1項又は833条2項の規定による解散を命じる判決であることを定める。
　③の総社員の同意は、株式会社では総会の特別決議による多数決で足りる（471条3号、309条2項12号）のと異なり、社員の人的個性が重視される持分会社であるためである（本条3号）。この同意は、直ちに解散する同意でなければならない（平出慶道・新注会(1)366、367頁）。その方式に特段の規定はないから、その形式を問わず、総社員の同意があったことを立証できれば足りる。
　また、旧商法94条4号は、合名会社の社員が1人となった場合には当然に解散するものとしていたが、本法は、会社の継続を容易にするため、社員が1人となっても持分会社は解散せず、社員が欠けた場合を解散事由とした（本条4号）。このように、持分会社における「一人会社」を認めた理由は、（ⅰ）株式会社では既に一人会社が認められており、株式の譲渡という一人株主の意思によって社員が複数になり得るから社団性を失わないこと、（ⅱ）

持分会社は社員の個性が重視されるが、社員の加入や持分の一部譲渡により社員が複数となり得るし、これらを一人社員の意思で行えるからである。

2　解散の法律効果
(1)　解散の概念
　会社の解散は、会社の法人格の消滅をもたらす原因である（644条1号）。解散によって会社は事業能力を喪失するが、合併による解散を除いて、直ちに法人格の消滅を生じさせるものではなく、清算又は破産の手続が開始されることとなる。また、解散によって、事業を前提としていた会社業務執行・代表機関がその権限を喪失し、競業禁止の制約もなくなる。
(2)　会社解散の確認を求める訴え
　会社解散の確認を求める訴えは、不適法であって却下される。なぜなら、確認訴訟の訴訟物は、原則として、現在の一定の権利関係又は法律関係の存否であることを要するが、上記(1)のとおり、解散したこと自体は、解散後の各種の法律関係又は権利関係に変動を与える原因に過ぎず、権利関係等でないからである。仮に、この訴えを、解散後の法律関係の確認を求める訴えと解した場合、会社解散により会社の代表者が清算人となり、清算人が業務執行者となり、社員の競業避止義務が消滅し、社員に残余財産の処分に関する請求権が発生する等新しい法律関係等が生じる。しかし、それらの各権利関係等についてはそれぞれ関係者が異なるし、その各別個の権利関係について確認の利益が別個に判断される必要があるから、確認を求める権利関係（請求）は特定を欠くことになる（札幌地判昭和36年1月17日下民12.1.28）。

● (持分会社の継続)

第642条　持分会社は、前条第1号から第3号までに掲げる事由によって解散した場合には、次章の規定による清算が結了するまで、社員の全部又は一部の同意によって、持分会社を継続することができる。
　　2　前項の場合には、持分会社を継続することについて同意しなかった社員は、持分会社が継続することとなった日に、退社する。

1　持分会社の継続

「会社の継続」とは、一旦解散して清算持分会社となった会社が社員の自治的決定により将来に向かってその権利能力及び行為能力を解散前の状態に復帰させ、同一性を維持しつつその存在を継続することをいう。会社の解散によって清算人となった者は会社の継続によってその地位・権限を失い、解散前の業務執行社員・代表社員がその地位・権限を回復する。会社解散後にされた行為の効力は、会社の継続によって影響を受けない。

ところで、解散事由によっては、会社の継続は認められない場合がある。例えば、社員が欠けることによる解散（641条4号）の場合は、社員の同意の余地はない。会社の継続は清算手続結了前の制度であるため、合併による解散会社（641条5号）は直ちに消滅するので、会社の継続は不可能である。破産手続開始の決定による解散（641条6号）は、破産債権者の利害が関係するため、社員の同意のみでは継続を決め得ず、破産債権者の同意を得た上で、破産手続廃止の決定を得て会社の継続が認められる（破218条、219条）。裁判所の解散命令（824条1項）又は解散判決（833条2項）による解散（641条7号）の場合は、社員の同意で会社を継続できるのは、背理である。そのため、本条1項は、①定款で定めた存立時期の満了、②定款で定めた解散の事由の発生、③総社員の同意による解散の場合に限って、総社員の全員又は一部の同意により持分会社を継続できることとした。

2　継続のための社員の同意

641条1号ないし3号の場合、持分会社の継続は、社員の全部又は一部の同意で足りる（本条1項）。この同意は、何らの形式も要求されていないので、定款に特段の定めがない限り、特定の招集権者の招集により社員の全部が一定の日時に一定の場所に会合して決議という形式で同意することを要しない（山口地宇部支判昭和43年2月16日判時547.81）。また、合名会社の定款に存続期間の定めとともに総会の決議により更に継続できる旨の規定がある場合に、その定款規定は一部社員の同意によって会社継続をすることを許さず、社員総会の決議の方法による場合においてのみ継続を許す趣旨と解した事例がある（札幌地判昭和36年1月17日下民12.1.28）。

3　会社の継続の登記抹消

会社の解散後、一部社員が退社して会社を継続した旨の登記がされ、その社員が会社継続の効力を争う場合、会社継続に同意しない社員が退社する場合と、会社が解散する場合とで社員の地位は同一とはいえないから、継続登

記の抹消と会社の解散登記手続を求める訴えは、いずれもその利益があるものとされる（前掲昭和36年札幌地判）。他方、合資会社の継続等の決議を承認して退社し、今後会社と関係がないことを確認し、会社に不利益な行為をしないことを約した社員は、会社の継続等の登記が実体に符合しないため無効であっても、登記抹消請求の訴えに関して当事者適格を有せず、異議権を放棄した以上、登記抹消を求める法律上の利益を有しないとした事例がある（前掲昭和43年山口地宇部支判）。

4　退　　社

一部の社員が会社の継続に同意した場合は、同意した社員のみを構成員とする会社の継続が認められ、不賛成の社員はその継続が決まった日に当然退社することになる（本条2項）。この場合は、社員構成が変わった会社が法的に同一性を維持して存立し、退社した社員に関して変更の登記（915条1項）と持分の払戻し（611条）が行われる。

●(解散した持分会社の合併等の制限)

第643条　持分会社が解散した場合には、当該持分会社は、次に掲げる行為をすることができない。
　　一　合併（合併により当該持分会社が存続する場合に限る。）
　　二　吸収分割による他の会社がその事業に関して有する権利義務の全部又は一部の承継

1　解散した持分会社の合併等の制限

持分会社が解散した場合には、その持分会社は、清算の目的のための存在である（645条）。したがって、①合併によりその持分会社が存続すること（存続会社となる吸収合併（本条1号））や、②吸収分割による他の会社がその事業に関して有する権利義務の全部又は一部を承継すること（承継会社となる吸収分割（本条2号））はできない。本条の制限に違反することは、合併無効事由又は吸収分割無効事由となる。

2　清算持分会社が本条以外の規定で行うことができない行為

清算中の持分会社が、本条以外の規定で行えない行為は、①社員の入社

（674条1号、第4章第1節）及び退社（674条2号、606条、607条1項（3号及び4号を除く）、609条）、②計算書類の作成・欠損の填補（674条3号、第5章第3節（617条4項、618条及び619条を除く）‐第6節、第7節第2款）、③利益の配当・出資の払戻し（674条3号、第5章第5節、第6節）、④合名会社・合資会社が合同会社となる定款の変更（674条4号、638条1項3号・2項2号）である。

第8章 清　　算

第1節　清算の開始

● (清算の開始原因)

第644条 持分会社は、次に掲げる場合には、この章の定めるところにより、清算をしなければならない。
　一　解散した場合（第641条第5号に掲げる事由によって解散した場合及び破産手続開始の決定により解散した場合であって当該破産手続が終了していない場合を除く。）
　二　設立の無効の訴えに係る請求を認容する判決が確定した場合
　三　設立の取消しの訴えに係る請求を認容する判決が確定した場合

1　清算の開始原因
　本条は、持分会社の清算の開始原因を明らかにする。
(1) 解散した場合
　持分会社が解散した場合に清算開始となる。ただし、合併によって解散した場合と、破産手続開始決定によって解散し、その破産手続が終了していない場合は、清算手続を行う必要がないため除かれる。すなわち、合併によって会社が消滅する場合は、会社の権利義務は包括的に新設会社ないし存続会社に承継されるから、清算手続を行う必要がない。また、破産手続が開始された場合には、破産手続の下で会社の総清算が行われ、その手続は破産法等に規定されているから、この場合も本法に従った清算手続を行う必要がない。
(2) 設立無効の訴えに係る請求を認容する判決が確定した場合、及び設立取消しの訴えに係る請求を認容する判決が確定した場合
　これらの判決には、対世効があり（838条）、その訴訟の当事者のみならず、第三者に対しても効力を生ずる。遡及効はないものの、将来に向かって会社は存立を許されないものとなるから（839条）、会社の清算を行う必要があることになる。なお、これらの場合、その設立無効又は設立の取消しの

原因が一部の社員のみにある場合には、他の社員の同意によって持分会社を継続することができ、その場合は原因のある社員は退社したものとみなされるので（845条）、清算の手続を執る必要がない。

2　破産手続が開始され同時破産廃止の決定を受けた場合

　持分会社について破産手続開始決定がなされた場合、破産手続が継続する限りは、本法に基づく清算手続は行われず、破産法に従った清算処理がされる。これに対して、破産財団が破産手続費用を支弁するにも足りない場合、裁判所は破産手続開始決定と同時に破産手続廃止決定（同時破産廃止）をする（破216条1項）。この場合、破産手続が廃止されても、現務の結了をする必要がある場合があるし、また、破産会社の資産が手続費用に足りなくても、資産がある限りそれを換価し、債権者への弁済等を行うために清算手続を行う必要があり（本条1号）、したがって法人は直ちに消滅せず、本条により清算が行われる（米沢明・新注会(1)465頁）。そして会社は、その清算の目的の範囲内で、清算手続が結了するまで存続することとなる（株式会社につき、最判昭和43年3月15日民集22.3.625）。

● (清算持分会社の能力) ══════════

第645条　前条の規定により清算をする持分会社（以下「清算持分会社」という。）は、清算の目的の範囲内において、清算が結了するまではなお存続するものとみなす。

　法人は、一般的な権利能力においては自然人と変わりがないとされるが、①法令上の制限、②生命・肉体を持たないという性質上の制限、③目的の制限の3つの制限に服する。民法34条は、法令上の制限と目的の制限を定める。本条は、解散した持分会社の権利能力の範囲を清算の目的の範囲内に擬制した規定である。清算持分会社は、解散前の会社と同一の存在であって、権利能力の範囲が清算の目的に照らして、必要な範囲内に減縮されるものである（同一性説、米沢明・新注会(1)466頁）。権利主体の権利能力がそれ自体として具体的な紛争となるわけではない。清算人が行った法律行為の効果が清算中の会社に帰属するか否かという形で事件になることが考えられる。そして、会社代表者の行った法律行為が会社の目的の範囲内か外かの立証責

任に関し、解散前の会社についての議論であるが、次のとおり見解が分かれる。
(1) 請求原因説
　代表者の行為がその法人の定款の目的の範囲内であることを、行為の有効性を主張する者が主張立証しなければならないとする見解である。例えば、大判大正 11 年 7 月 17 日民集 1.402 は、「裏書ハ上告会社ノ目的タル事業ノ遂行ニ必要ナリトノコトハ之ヲ主張スル被上告人ニ於テ立証スル責アルモノトス何トナレハ会社ハ定款ニ依リテ定リタル目的ノ範囲内ニ属スル行為及其ノ目的タル事業ヲ遂行スルニ必要ナル行為ヲ為スノ権利能力ヲ有スルモ其ノ目的タル事業ノ遂行ニ必要ナル行為ナリヤ否ヤハ各場合ニ付判定スヘキ事実問題ニ属シ反証ナキ限リ直チニ会社事業ノ遂行ニ必要ナル行為ナリト推定スルコトヲ得サレハナリ」と判示し、裏書が会社の目的外の行為であることを抗弁と解した原判決を破棄差し戻している。
(2) 抗弁説
　代表者の行為がその法人の目的外であることは、その行為の無効原因であるから、行為の効力を争う者が主張立証しなければならないとする見解である。最判昭和 30 年 10 月 28 日民集 9.11.1748 は、立証責任の所在については判断していないが、抗弁説を採った第一審、原審の各判決を前提としている。司法研修所・民事訴訟における要件事実について 10 頁は、「一般に法人の社会的経済的作用の拡大に伴いその活動領域も増大していること」を理由として、抗弁説を採る。有限会社の場合であるが、伊藤滋夫＝平手勇治「要件事実論による若干の具体的考察」ジュリ 869.38 が、(代表) 取締役の代表行為が会社に帰属する局面で定款の目的を請求原因に挙げていないのは、同様の理解に立つものと理解してよいであろう。なお、公益法人に関する下級審の判決ではあるが、明瞭に抗弁説を採るものとして、東京地判昭和 62 年 9 月 22 日判時 1284.79（学校法人の創立者に対する解決金の支払の合意が贈与契約とされ、その贈与が学校法人の目的の範囲外の行為として無効とされた）がある。
　以上、解散前の会社に関しては、抗弁説が妥当であろう。さて、清算中の会社の場合であるが、その目的は、解散前の会社のように個々の会社によって目的の範囲が異なるものではなく、本条のように法令で清算の目的に一律に定められている。したがって、清算会社に法律効果の帰属を主張する者は、その法律行為が清算の目的の範囲内に入ることを基礎づける事実について主張立証する責任を負担することになろう。

訴訟物 　XのY合名会社に対する贈与契約に基づく贈与金請求権
　　　　　＊清算中のY会社は、下請業者として長年Y会社の事業について協力してきたXに対し5,000万円を贈与する契約をしたので、Xがその贈与金の支払を求めた事案である。

請求原因 　1　AはY会社の清算人であること
　　　　2　AはXに対し、金5,000万円を贈与する契約を締結したこと
　　　　3　請求原因2の贈与契約が、清算に関するものであることを基礎づける事実
　　　　＊解散した会社の権利能力は本条によって清算の目的に法定されるので、請求原因3の事実が必要となる。仮に、会社の権利能力の範囲について抗弁説を採る立場であっても、請求原因1の主張によってY会社が清算中であることが現れるから、請求原因2の行為の主張を加えると、その行為（贈与契約）が清算の範囲に入らないことが明らかである。したがって、更に、請求原因3の主張立証が必要となる。

第2節　清算人

● (清算人の設置)

第646条　清算持分会社には、1人又は2人以上の清算人を置かなければならない。

　清算人とは、清算持分会社の清算事務を遂行する者である。会社の機関としては、清算持分会社の業務を執行し（650条1項）、原則としてその対外的な代表行為を担当する機関である（655条1項・2項）。清算持分会社は、清算事務の執行をするために、1人又は2人以上の清算人を置かなければならない。ただし、清算人が複数いる場合は、その全員が代表権を有するとは限らず、それらの清算人の中から特に代表清算人が定められることがある（655条3項-5項）。なお、2人以上の清算人がいるときは、それら清算人の過半数が賛同したことによって、清算事務の執行に関する決定となる（650条2項）。

● (清算人の就任)

第647条　次次に掲げる者は、清算持分会社の清算人となる。
　一　業務を執行する社員（次号又は第3号に掲げる者がある場合を除く。）
　二　定款で定める者
　三　社員（業務を執行する社員を定款で定めた場合にあっては、その社員）の過半数の同意によって定める者
　2　前項の規定により清算人となる者がないときは、裁判所は、利害関係人の申立てにより、清算人を選任する。
　3　前2項の規定にかかわらず、第641条第4号又は第7号に掲げる事由によって解散した清算持分会社については、裁判所は、利害関係人若しくは法務大臣の申立てにより又は職権で、清算人を選任する。
　4　第1項及び第2項の規定にかかわらず、第644条第2号又は第3号に掲げる場合に該当することとなった清算持分会社については、裁判

所は、利害関係人の申立てにより、清算人を選任する。

1　清算人となる者
　清算持分会社においては、①業務を執行する社員（②又は③の者がいる場合を除く）、②定款で定める者、及び③社員（業務を執行する社員を定款で定めた場合には、その社員）の過半数の同意によって定める者は、清算人となる（本条1項）。なお、持分会社の解散事由のうち、合併による消滅（641条5号）及び破産手続開始の決定（同条6号）による解散の場合には、清算手続を要しないため、清算人も存しない。

2　裁判所による清算人の選任
　本条1項の規定により清算人となる者がないときは、裁判所は、利害関係人の申立てにより、清算人を選任する（本条2項）。

非訟事件　　A清算持分会社の清算人選任申立て
　　　　　　＊本条1項によって清算人となる者がいないので、A会社の利害関係人Xが清算人の選任を求めた事案である。申立ての趣旨は、「A会社の清算人の選任を求める。」とする。
　　　　　　＊本件非訟事件は、A会社の本店の所在地を管轄する地方裁判所の管轄に属する（868条1項）。

申立理由　1　Xは、A会社の利害関係人であること
　　　　　　＊利害関係人には、社員の債権者も含まれる（大決大正8年6月9日民録25.997）。なぜならば、社員の債権者は、清算が正当に行われることを期するために清算人の選任を申請する利益を有するからである。
　　　　　2　本条1項の規定により清算人となる者がないこと

3　社員が欠けた場合の解散
　社員が欠けたことによる持分会社の解散（641条4号）の場合は、業務執行社員が清算人になるということあり得ず、裁判所の解散命令・解散判決によって解散した持分会社の場合（同条7号）も、それまでの業務執行社員が清算人になることは、清算手続の公正の観点から望ましくないので、裁判所は、利害関係人若しくは法務大臣の申立てにより又は職権で、清算人を選任

する（本条3項）。訴訟係属中に、被告である合資会社の唯一の無限責任社員が死亡し、訴訟代理人も辞任している場合について、東京地判昭和58年10月4日判時1094.83は、旧商法122条（社員が1人になったこと又は裁判所の命令により解散した場合について、裁判所が利害関係人等の請求又は職権で清算人を選任するという規定。本条3項に相当する）の準用によって清算人を選任することが相当と解されるが、訴訟の相手方が何らの措置も執らないのに裁判所が訴訟手続進行のためだけに職権をもって清算人を選任することは適切でないとして、訴えは却下されるべきであるとした。

非訟事件　　A清算持分会社の清算人選任申立て
　　　　　　＊A会社は、社員が欠けたこと又は824条1項若しくは833条2項の規定による解散を命ずる裁判によって解散したので、裁判所に清算人の選任が申し立てられた事案である。
申立理由　1　Xは、A会社の利害関係人又は法務大臣であること
　　　　　　2　A会社は、社員が欠けたこと又は824条1項若しくは833条2項の規定による解散を命ずる裁判によって解散したこと

4　設立無効・取消しによる解散の場合の清算人の選任
　設立無効・取消しによる解散の場合（644条2号・3号）も、実質的には、会社解散判決のあった場合と同様に、無効・取消事由のあった会社の従前の業務執行社員に清算手続を委ねることは適切でないから、裁判所は、利害関係人の申立てにより、清算人を選任する（本条4項）。

非訟事件　　A清算持分会社の清算人選任申立て
　　　　　　＊A会社の設立無効を命ずる判決が確定し、又は設立取消しを命ずる判決が確定したので、利害関係人が裁判所に清算人の選任を求めた事案である。
申立理由　1　Xは、A清算持分会社の利害関係人であること
　　　　　　2　A会社について、設立の無効の訴えに係る請求を認容する判決が確定したこと、又は設立の取消しの訴えに係る請求を認容する判決が確定したこと

●（清算人の解任）

第648条　清算人（前条第2項から第4項までの規定により裁判所が選任し

たものを除く。）は、いつでも、解任することができる。
2　前項の規定による解任は、定款に別段の定めがある場合を除き、社員の過半数をもって決定する。
3　重要な事由があるときは、裁判所は、社員その他利害関係人の申立てにより、清算人を解任することができる。

1　社員による清算人の解任
　清算人（647条2項から4項までの規定により裁判所が選任したものを除く）は、いつでも解任することができる（本条1項）。すなわち、解散前持分会社の業務執行社員が解散後の清算持分会社における清算人に横滑りする場合（647条1項1号）や、定款の定め又は社員の過半数の同意により清算人の地位が与えられた場合（647条1項2号・3号）には、いつでも自由に解任できるという原則が取られる（本条1項）。この解任は、定款に別段の定めがある場合を除いては、社員の過半数をもって決定する（本条2項）。この決議に加わる社員の権利は、社員権に属する（米沢明・新注会(1)526頁）。

訴訟物	XのY合名会社に対する清算人たる地位

＊XはY会社の社員によって清算人に選任されたにもかかわらず、Y会社はXの地位を争うので、Xは地位確認を求め、Y会社はXを既に解任していると争った事案である。

請求原因	1　XはY会社の社員によって清算人に選任されたこと
	2　Y会社はXが清算人であることを争うこと

（解任の決定）

抗　弁	1　Y会社の社員の過半数をもって、Xを解任する決定をしたこと

2　裁判所による清算人の解任
　裁判所が清算持分会社の清算人を選任した場合（647条2項-4項）は、社員の判断で清算人を選ぶことが不可能又は不適切であったのであるから、清算人の地位を社員の判断で奪うことも認めるべきでない。裁判所が選任した清算人を解任するには、やはり裁判所の権限による必要がある。本条2項は、重要な事由があるときは裁判所が社員その他利害関係人の請求によって清算人を解任できることを定める。

非訟事件　　A合名会社の清算人解任の申立て
　　　　　　　＊A会社の清算人Yに解任に相当する重要な事由があるとして、A会社社員その他利害関係人Xがその解任を申し立てた事案である。

申立理由　1　XはA会社の社員その他利害関係人であること
　　　　　　2　Yは裁判所が選任した清算人であること
　　　　　　3　Yについて解任に相当する重要な事由を基礎づける事実
　　　　　　　＊重要な事由とは、清算人が清算に関する職務を懈怠し、あるいは清算事務の公正を欠き、会社・社員及び債権者の権利を害し、その他清算の遂行に支障を生ずる重大な事情がある場合などである（米沢明・新注会(1)527頁）。

●（清算人の職務）

第649条　清算人は、次に掲げる職務を行う。
　　一　現務の結了
　　二　債権の取立て及び債務の弁済
　　三　残余財産の分配

1　清算人の職務権限

　本条は、清算人の職務権限が①現務結了、②債権取立て及び債務弁済、③残余財産分配であることを定める。清算持分会社の業務執行に当たる清算人の職務を定めた本条は、①ないし③が清算持分会社の権利能力の範囲内に含まれることを前提とする。したがって、本条は、清算持分会社の権利能力が清算目的の範囲（645条）の具体的な内容を例示したものであって、清算の目的がそれに限られるわけではない。例えば、会社に功労のあった者に対しその報酬として慰労金を贈与することは清算事務を遂行するのに必要な行為に該当する（大判大正2年7月9日民録19.619）。

2　現務の結了

　現務の結了とは、会社解散時に完了していない業務を終結させることをいう。現務の結了に必要であれば、解散前に成立した取引を履行するため原材料を仕入れる契約を締結できると解される。会社を当事者とする解散前から

係属中の訴訟については、代表権ある清算人（655条）が現務の結了のため訴訟行為を担当する。会社の解散により従前の代表社員（599条）は代表権を失うため、会社を当事者とする係属中の訴訟は中断するが（民訴124条1項3号）、代表社員が法定清算人（647条1項1号）になって清算持分会社の代表権を有するときは、例外的に訴訟手続は中断しない（株式会社の代表者について、大判大正5年3月4日民録22.513）。持分会社が業務上の刑事犯罪により訴追された段階で解散して清算会社となったときは、刑事訴訟手続上の審理を受けることも現務の結了に含まれる（大判明治41年3月20日刑録14.270）。

3　債権の取立て

債権の取立てとは、債権につき債務者から弁済を受け、担保権を実行して弁済を得る等の狭義の債権取立てのほか、代物弁済（民482条）・更改（民513条）・和解（民695条）・裁判上の和解（民訴89条、267条、275条）、債権譲渡（民466条以下）による債権の換金、取立てのため債務者を支払人とする為替手形の振出しなど広義の債権の取立ても含まれる。弁済期末到来の債権は、特約のない限り、清算の開始により期限の利益が当然には失われないため、債権譲渡による換金処分が意味を持つ（江頭・株式会社法929頁）。出資について全額払込主義を採る合同会社（578条）の場合や、合名会社・合資会社で定款の定めや社員間の合意で出資の履行期を定めた場合において、履行期到来後は、清算人は債権の取立てとして出資の履行を当然に請求できる。これに対し、履行期到来前の出資義務や弁済期の定めがない出資義務については、清算持分会社の現存財産が不足して会社債務を完済できない場合に限り、出資未履行の社員に対し出資請求ができる（663条）。

> **訴訟物**　　X合名会社のYに対する金銭消費貸借契約に基づく貸金返還請求権
>
> ＊本件は、X会社がYに対して貸金の返還を求めた事案である。仮にX会社が、請求原因1の貸付けの後解散し、現在清算中であったとする。その場合に、Yが「X会社は請求原因1の後解散したこと」を主張したとしても、貸金返還請求権の行使は、本条1項2号の清算人の職務の「債権の取立て」に該当するので、抗弁たり得ない。
>
> **請求原因**　1　X会社はYに対し、金1,000万円を弁済期平成○年○月○日の約定で貸し渡したこと

第649条　225

　　　＊司法研修所・新問題研究要件事実40頁は、消費貸借契約の成立要件から、弁済期の合意をはずすに至った。ただし、貸金返還請求権の発生要件事実としては、返還時期の合意とその到来を要求している。
　2　弁済期日が到来したこと

【訴訟物】　XのYに対する保証契約に基づく保証債務履行請求権
　　　＊本件は、清算会社が金銭を借り入れるについて保証人となった者を被告として保証債務の履行請求をした事案である。

【請求原因】
　1　A合名会社が解散したこと
　　　＊請求原因1は、法律状態の主張であり、一種の権利主張である。これが争われれば、解散原因事実の主張が要求される。
　2　BはA会社の清算人であること
　　　＊請求原因2も、請求原因1と同様に、一種の権利主張である。争われれば、事実主張としては、清算人の地位取得事由に該当する具体的事実を主張立証すべきことになる。
　3　XはBに対し、金300万円を弁済期平成○年○月○日の約定で貸し渡したこと
　　　＊清算会社の場合は、権利能力が一律に清算の範囲に限定されるから、定款所定の具体的な目的の主張立証は問題とならない。ただ、清算人の行為が清算の目的の範囲内にあることは、請求原因の段階で明らかにされていなければならない。また、請求原因3の法律行為が清算の範囲に入るか否かは、彼我比較による法律判断である。金銭消費貸借契約に基づく借入れ自体は、清算の目的に背馳しないであろう。
　4　YはXとの間で、A会社がXに対し負担する請求原因3の債務につき保証する契約を締結したこと
　5　Yの請求原因4の意思表示は書面によること
　6　請求原因3の弁済期が到来したこと

（権限濫用）
【抗弁】
　1　Bは、請求原因3の際、自己又は第三者の利益を図る意思を有していたこと
　2　Xは、請求原因3の際、抗弁1のBの意思を知っていたこと、又は知らないことに過失があることを基礎づける事実
　　　＊大判大正4年6月16日民録21.953は、「会社ハ其解散後ト

難モ清算ノ目的ノ範囲内ニ於テ尚ホ存続シ会社ヲ代表スヘキ清算人ハ其目的ノ範囲内ニ於テ自己ノ職務ノ遂行上必要ナル一切ノ行為ヲ為ス権限ヲ有スルヲ以テ清算人カ其職務ノ遂行ニ必要ナリトシテ会社ヲ代表シテ為シタル行為ハ行為自体カ清算ノ目的ノ範囲ニ属セサル場合例ヘハ新ニ支店ヲ設置シ又ハ商号ヲ変更スル如キ明カニ会社ノ営業ノ存続ヲ前提トスル行為ナル場合又ハ清算人カ其職務ノ遂行ニ必要ナラサル行為ナルニ拘ハラス之ヲ必要ナリトセル場合ニ相手方カ清算人ノ真意ヲ知リ又ハ知リ得ヘキ場合ノ外会社自ラ第三者ニ対シ其責ニ任セサルヘカラス」とし、その立証責任に関し「金員貸借契約ハＡノ清算人タリシＢカ其職務ノ遂行上必要ナリトシテ会社ヲ代表シＸトノ間ニ締結シタルモノニシテＹハ其債務ニ付キ連帯保証債務ヲ負担シタルコトハ原審ノ確定スル所ナルヲ以テ仮ニ清算人ノ受領シタル金員カ……清算ノ事務ニ使用セラレサリシトスルモ金員消費貸借契約ハ夫自体清算ノ目的ニ背馳セサル行為ナルコト勿論ナレハＹニ於テ契約締結当時清算人カ職務外ニ使用スヘキ真意ヲ有シタルコト及ヒＸカ其真意ヲ知リ又ハ知リ得ヘカリシ事実ヲ立証スルニアラサレハ会社ハ清算人ノ行為ニ対シ責ニ任スヘキモノナレハ之カ連帯保証債務者タルＹモ亦其保証債務ヲ免カルルコトヲ得サルヤ言ヲ俟タス」と判示する。

4 債務の弁済
(1) 意　義
　債務の弁済とは、会社が負担する一切の債務に関する弁済をいう。取引上の債務はもちろん、退社員に対する持分の払戻債務（611条）や、解散前に利益配当の決定をして発生した配当金支払債務（621条、622条）などの履行も、債務の弁済に当たる。また、債務の弁済方法として、手形や小切手を振り出し、会社が所持する手形を裏書譲渡し、支払猶予の特約に従い書換手形を振り出すことも、清算人の職務権限に含まれる。
(2) 清算合同会社における債務の弁済方法
　清算合同会社の債務を弁済するには、清算株式会社の場合と同じく（499条）、債権者保護のための公告・個別催告手続が必要である。すなわち、清算開始原因（644条）の発生後、遅滞なく、一定の期間（2か月以上の期間）内にその債権を申し出るべき旨を官報に公告し、かつ、知れている債権者に

は各別に催告する必要がある（660条1項）。公告には、その債権申出期間内に申し出なければ清算から除斥される旨を付記する（660条2項）。この債権申出期間内は債務を弁済できず、それによって債務の履行遅滞が生じたときは、その遅滞による損害賠償債務が加算される（661条1項）。ただし、少額の債権や会社財産の物的担保付きの債権その他これを弁済しても他の債権者を害するおそれがない債権につき、清算人全員の同意で裁判所の許可を得て債務を弁済するときは、債権申出期間内の弁済もできる（661条2項）。清算持分会社が清算手続を早期に終了させるためには、約定による弁済期より前に債務を弁済することも必要になる。その場合は民法の一般原則に従い期限の利益を放棄して弁済するが（民136条2項本文）、それによって債権者の利益を害してはならない（民136条2項ただし書）。例えば、無利息債権を約定の弁済期より前に弁済する際、その弁済時点から本来の弁済期までの法定利息（中間利息）相当額を弁済額から控除することはできない。清算手続上は、条件付債権や存続期間が不確定な債権その他その債権額が不確定な債権について債務の弁済をすることが必要な場合もある。その場合は、適正な債権評価額を知るため、裁判所に鑑定人の選任を申し立て、裁判所が選任した鑑定人の評価額どおりに債務を弁済しなければならない（662条）。

5　残余財産の弁済

　残余財産は、清算持分会社の債務を完済した後に残る積極財産である。会社に出資した財産を運用して対外的な事業活動を行って得た利益を社員に分配するという会社の営利性からすると、利益配当が許されない清算持分会社において（621条の適用除外措置（674条3号））、残余財産分配によって社員への財産の還元を図ることになる。本条3号は、これを清算人の職務として規定する。残余財産を分配するためには、その前に会社債務を弁済するのが原則である（664条本文）。ただし、債務の存否や債務額に争いのある場合は、その弁済に必要と認められる財産を留保した上で、会社債務の完済前に残余財産を社員に分配し得る（664条ただし書）。残余財産の分配は、通常は金銭によるが、定款の定めや総社員の同意により現物分配も行い得る（札幌地判昭和36年1月17日下民12.1.28）。

　金銭分配をするには、会社財産の換価処分が必要となり、そのため清算人の残余財産分配の職務権限には財産の売却処分も含まれる。財産処分として、会社事業の全部又は一部の譲渡もでき、それは社員の過半数をもって決定する（650条3項）。事業譲渡による財産換価を予定するときは、実際に事業が譲渡されるまでの事業価値の減少を防ぐため、清算人の権限で事業の継

続もできるし、清算人の競業避止義務（651条、594条）はこの場合に機能する（株式会社につき、大阪地判昭和35年1月14日下民11.1.15）。

訴訟物　　XのY合名会社に対する残余財産分配請求権
　　　　　　＊本件は、Y会社社員Xが残余財産分配を求めた事案である。

請求原因　1　XはY会社の社員であること
　　　　　　2　Y会社は解散したこと
　　　　　　3　AはY会社の清算人であること
　　　　　　4　Aは、現務を結了し、債権を取り立て、かつ、債務を弁済したこと
　　　　　　　＊請求原因3及び4は残余財産分配請求権の請求原因事実としては不要との見解もあろう。
　　　　　　5　請求原因4の結果、残余財産が確定したこと及びその数額
　　　　　　6　Y会社の定款における残余財産分配基準の定めの内容、又はY会社の社員の総出資額に対するXの出資額の割合
　　　　　　　＊請求原因6は、666条により必要となる。

●（業務の執行）

第650条　清算人は、清算持分会社の業務を執行する。
　2　清算人が2人以上ある場合には、清算持分会社の業務は、定款に別段の定めがある場合を除き、清算人の過半数をもって決定する。
　3　前項の規定にかかわらず、社員が2人以上ある場合には、清算持分会社の事業の全部又は一部の譲渡は、社員の過半数をもって決定する。

1　清算人の業務執行権

本条1項は、清算人が、清算持分会社の業務を執行する権限を有することを定める。清算持分会社の対外的な業務執行をするには代表権の行使が必要であり、清算人は原則として清算持分会社の代表権を持つ（655条1項本文）。

2　清算人が2人以上の場合
　清算人は1人でも2人以上でもよいが（646条）、2人以上の清算人がいるときは、定款の別段の定めがない限り、清算人の過半数により清算持分会社の業務に関する決定をする（本条2項）。清算人の過半数で決めるとき、清算人は清算株式会社における清算人会（489条以下）のような会議体機関の一員ではなく、単独執行（代表）機関であるため、会議体の運営手続に則って多数決による意思決定をする必要はない。持ち回りで各清算人の意思を確認する方法でも、清算人の過半数の賛成が明らかになれば足りる。
　また、清算人の過半数の同意なくして、清算人が清算行為を行った場合であっても、取引安全の見地から、清算行為は無効とならないと解すべきであろう。この解釈は、要件事実論の観点からみると、清算人が会社を代表して行った法律行為についての履行を相手方から求められた場合、「清算人の過半数の同意がないこと」は、抗弁として主張自体失当であることを意味する。これに加えて、過半数の同意がないことにつき相手方が悪意である事実を主張立証して抗弁とし得る。この解釈は、取引安全保護の要請に出たものであるので、会社と社員の関係のような純然たる対内的事務執行の場合には、取引安全の保護を顧慮する必要はないので、社員に対する出資の請求や残余財産の分配などの行為は、無効と解される（米沢明・新注会(1)516頁）。次の抗弁例は、649条の解説5の設例の請求原因に対するものである。

（清算人の過半数の同意の不存在）
　抗　弁　1　Y合名会社の清算人は、AのほかB、Cが存在すること
　　　　　　2　請求原因におけるAのY会社を代表する法律行為に清算人の過半数の同意がないこと
　　　　　　3　X（相手方）は、請求原因におけるAとの法律行為の際、抗弁1及び2の事実を知っていたこと

3　事業譲渡
(1)　清算持分会社の事業の全部又は一部の譲渡
　通常の清算事務は、清算人の過半数の決議によって行うことができる（本条2項）のに対し、本条3項は、清算人が会社の営業の全部又は一部を譲渡するには社員の過半数の決議が必要であることを定める。営業譲渡をする場合に社員の過半数の決議がされなかったときの効力については見解が分かれる。
ア　無　効　説

本条は事業譲渡が社員の利害に重大な関係があるために設けられたのであり、社員の過半数の決議は事業譲渡の有効要件であると解する立場からは、その事業譲渡契約は無効と解することになる。
イ　相対無効説

営業中の会社の場合と異なり、清算中の会社は、事業譲渡を清算の一手段として行うことが多く、社員もそれを当然予期すべきであるから、法律関係の安定の見地から善意の第三者保護を図るべきである。その法的枠組みとしては、業務執行の意思決定手続を経ない代表機関の単独代表行為の問題と同様に考え、客観的・外形的に観察して代表機関たる清算人の代表行為と認められる場合には、会社にその効力は生じ、相手方が悪意の場合に一般悪意の抗弁によってその権利行使を阻止し得ると解することができる（米沢明・新注会(1)515頁）。

訴訟物　　XのY合名会社に対する売買契約に基づく土地・建物・機械引渡請求権

＊Y会社がXに対し、本件土地、建物及び機械を一括して、代金1,000万円で売買する契約を締結したので、それらの引渡しを求めたところ、その売買は、Y会社の事業譲渡に含まれるものであり、それに社員の過半数の決議を経ていないことを知っていたか否かが争点となった事案である。

請求原因　　1　AはY会社の清算人であること
　　　　　　　2　AはXとの間で、本件土地、建物及び機械を代金1,000万円で売買する契約を締結したこと

（事業譲渡）

抗　弁　　1　請求原因2の売買契約は、Y会社の営業の一部譲渡に当たること
　　　　　　　2　Y会社は、請求原因2の売買契約について社員の過半数の決議をしていないこと
　　　　　　　3　Xは、請求原因2の際、抗弁1及び2の事実を知っていたこと

(2) 存立中の持分会社と清算持分会社の事業の譲渡の規律の同異

清算中の持分会社の事業の譲渡に関しては社員が2人以上存する場合には、清算人のみでは決定できず、社員の過半数で決定しなければならない（本条3項）。これに対し、存立中の持分会社の事業の譲渡の場合は、特に制

限はないので、原則として会社の業務の執行として行われる。定款に別段の定めがなければ、存立中も清算中も社員の過半数で定め得るという点で変わりはない。しかし、存立中の会社の場合は、定款で別段の定めができる（590条1項）ことや、業務執行社員が存する場合には、原則として業務執行社員の過半数で定めることができる（591条1項）ことにおいて、清算中の会社の場合とは異なる。

● (清算人と清算持分会社との関係)

第651条 清算持分会社と清算人との関係は、委任に関する規定に従う。
　2　第593条第2項、第594条及び第595条の規定は、清算人について準用する。この場合において、第594条第1項及び第595条第1項中「当該社員以外の社員」とあるのは、「社員（当該清算人が社員である場合にあっては、当該清算人以外の社員）」と読み替えるものとする。

1　清算持分会社と清算人との関係

　清算持分会社と清算人との関係は、委任に関する規定（民643条-656条）に従う。清算持分会社と清算人の関係は、清算事務処理の委託をする側とそれを受ける側との間で契約をした当事者間の関係、すなわち①法律行為たる清算事務の委託は委任契約（民643条）、②非法律行為たる清算事務の委託は準委任契約（民656条）の関係である。

2　忠実義務

　清算人は委任契約上の受任者の義務として、清算持分会社に対し善管注意義務を負う（民644条）。清算人は、法令及び定款を遵守し清算持分会社のため忠実にその職務を行わなければならない（本条2項、594条、595条）。
　清算人が負う善管注意義務と、忠実義務との関係については、株式会社の取締役における善管注意義務と忠実義務の関係に関する議論と同様の議論（本書（2）355条1参照）があり得る。最大判昭和45年6月24日民集24.6.625は、この点について、取締役に関して、旧商法254条ノ2の規定は、同法254条3項、民法644条に定める善管注意義務を敷衍し、かつ一層明確にしたにとどまり、通常の委任関係に伴う善管注意義務とは別個の高度な義務を規定したものではないとする。

3　競業の禁止

　清算人がその立場を離れて個人又は第三者の代理人・代表者としての立場で、会社の事業の部類に属する取引を行う競業取引は、会社の取引機会や会社の取引先関係を奪うなど利益衝突の危険がある。清算人が一方で現務の結了として会社事業を行いながら、別の立場での競合的な市場取引を許容すると、会社事業の円滑な終了に支障を生じる。そのため、清算人は、社員（その清算人が社員である場合には、その清算人以外の社員）の全員の承認を受けなければ、594条1項1号及び2号の行為をしてはならない（本条2項）。

4　利益相反取引の制限

　清算人が自ら清算持分会社の取引相手になったり、第三者の代理人又は代表者として会社と取引したりする直接取引の場合や、会社が清算人の個人債務につき債権者との間で保証や債務引受けを行う結果、その清算人が会社から信用供与の利益を受ける間接取引の場合にも、清算人が自己又は第三者の利益を図って会社を犠牲にするという利益衝突の危険は大きい。例えば、清算人が現務の結了として会社の納品義務を果たすのに必要な資材を自ら会社に供給すること、会社債権を取り立てる職務の一環として債権譲渡による換価をするため自らその譲受人になることなどである。

　しかし、利益相反取引も、清算人が相手方になることで迅速な取引の実現に役立つなど、実際上の利点がある。そのため利益相反取引の規制は、本法上禁止規制という形を取らない。清算人は、595条1項1号及び2号の場合には、その取引について社員（その清算人が社員である場合にあっては、その清算人以外の社員）の過半数の承認を受けなければならない（本条2項）。最判昭和42年12月15日民集25.7.962は、「かりに株式会社の清算手続が清算人ひとりでこれをすることができるとしても、その清算人は、特段の事情のないかぎり清算会社と取引することは許されず、これに違反してされた取引は無効と解するのが相当である」と判示する。

●(清算人の清算持分会社に対する損害賠償責任) ══════

第652条　清算人は、その任務を怠ったときは、清算持分会社に対し、連帯して、これによって生じた損害を賠償する責任を負う。

清算人は善良な管理者としての注意義務を負担するのであって（651条1項、民644条）、本項の損害賠償請求権は、債務不履行責任と解することができる。ただ、民法415条とは別に、本条を設けたのは、清算人の任務は、委任契約のみによって定まるものではなく、法律上生ずる場合もあることから、その法律上の任務違反の場合にも、清算人は清算持分会社に対して損害賠償責任を生じさせるためである。その意味では、取締役の株式会社に対する損害賠償責任を定めた423条の規定と同様に考えることができる。

訴訟物　　X持分会社のYに対する本条に基づく損害賠償請求権
　　　　　＊本件は、X会社の清算人Yが清算に関する任務を怠ったため、X会社がYに対し任務懈怠に基づく損害賠償を求めた事案である。

請求原因　1　YはX会社の清算人であること
　　　　　2　Yが清算に関する任務を怠ったこと
　　　　　＊清算人の任務には、清算人の職務として明定された事項（649条）、すなわち、①現務の結了、②債権の取立て及び債務の弁済、③残余財産の分配の外、それに関連する財産目録等の作成や清算状況の報告（658条）、清算事務の終了時の計算とその承認請求（667条）などを含む（米沢明・新注会(1)533頁）。
　　　　　3　X会社に損害が発生したこと及びその数額
　　　　　4　請求原因2と3の間に因果関係があること

（無過失）
抗弁　　1　請求原因2の行為につきYの無過失評価根拠事実

（計算承認による責任免除）
抗弁　　1　Yは、清算事務の終了後、その清算に係る計算をしたこと
　　　　　2　社員は計算につき承認をしたこと、又は、社員は計算後1か月以内に異議を述べなかったこと
　　　　　＊清算人の任務懈怠責任は、清算人が清算事務の終了後その清算に係る計算をして社員の承認を得ると（667条1項）、その計算承認の効果として原則的に免除されると解される。清算株式会社の清算人には、清算事務終了後に株主総会が清算人の決算報告の承認を可決すると原則的に責任免除の効果が生じる規定があるが（507条4項本文）、その規定を欠く清算持分会社の場合も、社員の計算承認には責任免除の効果が認め

られる（米沢明・新注会(1)528-529頁）。

(不正行為)
再抗弁 1　Yの請求原因2の行為は、不正行為であること
　　　　＊667条1項ただし書の類推に基づく再抗弁である。清算人が清算に係る計算を不正にごまかしたり、社員を欺いて承認をさせたりするなど、清算人の職務執行に不正の行為があったときは、清算人の責任は免除されない。これが認められるような場合は、多くの場合、請求原因2の主張において顕れており、抗弁が主張自体失当となろう。

(消滅時効)
抗弁 1　請求原因2の任務懈怠行為のあった日
　　　　2　抗弁1の日から10年が経過したこと
　　　　3　YはXに対し、消滅時効の援用の意思表示をしたこと
　　　　＊本条の責任は法定責任であるので、10年の消滅時効完成（民167条1項）まで存続する。

● (清算人の第三者に対する損害賠償責任) ════════

第653条　清算人がその職務を行うについて悪意又は重大な過失があったときは、当該清算人は、連帯して、これによって第三者に生じた損害を賠償する責任を負う。

　解散後の清算持分会社で現務の結了や債権債務関係の清算をするときも、解散前の会社から引き継いだ集団的法律関係を終了させる必要がある。そこで、清算持分会社の清算人が故意に職務上の不正を犯したり、重過失による職務執行の結果、第三者に損害が及んだような場合には、特にその清算人が第三者の損害を賠償すべきものとして、法政策的に第三者の救済を図るのが本条の趣旨である。すなわち、本条は、清算人が悪意又は重過失でその任務を怠った結果第三者に損害を与えたときは、その清算人は第三者に対して連帯して損害賠償の責任を負うことを定める。本条の責任は、第三者保護のために、不法行為責任（民709条）とは別個独立に、法が特に認めた法的責任であると解される。したがって、本条の責任は不法行為責任を排除するものではなく、請求権競合の関係に立つ。

| 訴訟物 | XのYに対する清算人の本条に基づく損害賠償請求権 |

＊本件は、A清算持分会社の清算人Yが悪意又は重過失でその任務を怠り第三者Xに損害を与えたので、XがYに対し損害賠償請求をした事案である。

| 請求原因 |

1 　XはA会社の清算人であること
2 　Yは、その職務執行に関し任務懈怠行為があったこと
3 　Yは、請求原因2の行為に関し、悪意であったこと又は重大な過失の評価根拠事実
4 　Xが第三者であることを示す事実
　＊本条で救済されるべき第三者の範囲に関しては、清算持分会社以外の第三者を広く含むか、又は社員の立場で被った間接損害は会社の損害が賠償されればそれで填補されるので清算持分会社の社員は第三者に含まれないかが問題となる。いずれも、取締役の第三者責任（429条1項）の場合と同じく、第三者には社員を含むと解される（米沢明・新注会⑴536頁）。
5 　Xに損害が発生したこと及びその数額
　＊株式会社取締役の第三者責任（429条1項）に関すると同じく、本条所定の第三者の損害には間接損害も直接損害も含む（両損害包含説）と解するのが通説である。
6 　請求原因2の行為と請求原因5の損害発生との間に因果関係があること

（重過失評価根拠事実）

| 抗　弁 |　1　請求原因3の重過失に関するその評価障害事実

● (法人が清算人である場合の特則)

第654条　法人が清算人である場合には、当該法人は、当該清算人の職務を行うべき者を選任し、その者の氏名及び住所を社員に通知しなければならない。

2　前3条の規定は、前項の規定により選任された清算人の職務を行うべき者について準用する。

1　法人が清算人である場合の特則

　法人が清算人となった場合でも、実際にその職務を担当するのは自然人であるから、その清算人たる法人の機関決定によって、まずその自然人を選任しなければならない。また、清算持分会社の社員にその自然人の氏名・住所を通知して、誰が実際に清算人の仕事を担当するのか、明確にしておかなければならない（本条1項）。法人清算人が清算持分会社内部の業務執行のみならず対外的な代表行為の権限をも有するときは、実際上その代表権を行使すべき自然人として、上記の自然人の氏名・住所を清算人の登記により公示することも必要である（928条2項3号）。

2　準用規定

　651条ないし653条の規定は、本条1項の規定により選任された清算人の職務を行うべき者について準用する。清算持分会社の清算事務が適正に遂行されるためには、清算人が受任者としての善管注意義務（651条1項、民644条）及び忠実義務（651条2項、593条2項）に服し、競業取引と利益相反取引に関する手続規制（社員の承認を得ること）をも遵守し（651条2項、594条、595条）、これらの義務に違反した場合（任務懈怠）は、会社に生じた損害の賠償責任を負い（652条）、特に悪意・重過失があれば第三者の損害をも賠償する責任を負う（653条）という規律が不可欠である。法人が清算人となる場合に、法人にのみこれらの義務・責任規定を適用したのでは、実際に清算人の職務を行う自然人に対する規制がないため、それら規定の実効性が減殺される。そこで、法人が清算人の場合には、法人のために清算人の職務を行う自然人もこれらの義務・責任の規定に服するとされる（本条2項）。

● (清算持分会社の代表)

第655条　清算人は、清算持分会社を代表する。ただし、他に清算持分会社を代表する清算人その他清算持分会社を代表する者を定めた場合は、この限りでない。

　2　前項本文の清算人が2人以上ある場合には、清算人は、各自、清算持分会社を代表する。

　3　清算持分会社は、定款又は定款の定めに基づく清算人（第647条第2項から第4項までの規定により裁判所が選任したものを除く。以下この項において同じ。）の互選によって、清算人の中から清算持分会社を代表する清算人を定めることができる。

4　第647条第1項第1号の規定により業務を執行する社員が清算人となる場合において、持分会社を代表する社員を定めていたときは、当該持分会社を代表する社員が清算持分会社を代表する清算人となる。
　5　裁判所は、第647条第2項から第4項までの規定により清算人を選任する場合には、その清算人の中から清算持分会社を代表する清算人を定めることができる。
　6　第599条第4項及び第5項の規定は清算持分会社を代表する清算人について、第603条の規定は民事保全法第56条に規定する仮処分命令により選任された清算人又は清算持分会社を代表する清算人の職務を代行する者について、それぞれ準用する。

1　清算持分会社の代表者
　本条は、清算持分会社を代表する清算人について定める。清算株式会社を代表する清算人を定めた483条に相応する規定である。清算人はその各自が清算持分会社を代表するのが原則である（本条1項本文・2項）。その例外（本条1項ただし書）として、清算人の中から特に代表権を有する代表清算人が選任される場合と、特別の選任行為なしに清算人のうち特定の者が代表清算人に就任する場合とがある。
　清算人中からの選任による代表清算人は、その選任の仕組みによって、①会社内部で自治的に選任される代表清算人と、②裁判所によって選任される代表清算人（本条5項）とに分かれる。自治的に代表清算人を選ぶ方法には、（ⅰ）定款の規定で直接に代表清算人を指名する方法と、（ⅱ）定款でまず清算人の互選による代表清算人の選任を認める旨を定めた上で（定款授権）、その規定を根拠に清算人の互選で代表清算人を選ぶ方法がある（本条3項）。
　また、選任行為なしに、業務執行権のみを持つ清算人と業務執行権及び代表権を持つ代表清算人との区分が生じるのは、解散前の持分会社で業務執行社員の中から代表社員が限定的に定められている場合に（599条1項ただし書・3項）、会社が解散して業務執行社員が法定清算人に就任するとき（647条1項1号）である。その際、業務執行社員は清算持分会社の清算人に当然就任し、また解散前の代表社員は代表清算人に当然就任する（本条4項）。

2　清算人・代表清算人の代表権

　清算持分会社を代表する清算人ないし代表清算人は、清算持分会社の清算事務に関する一切の裁判上又は裁判外の行為をする権限を有する（本条6項、599条4項）。このように包括的な権限として法定された代表権に何らかの制限を加えたとしても、そのことを知らない善意の第三者に対しては、その制限を対抗することができない（本条6項、599条5項）。

3　職務代行者

　清算持分会社の代表者につき、仮の地位を定める仮処分命令（民保23条2項）の一種として、職務代行者選任の仮処分（民保56条）がされることがある。この仮処分命令により選任された職務代行者は、その仮処分命令に別段の定めがない限り、清算持分会社の常務にのみ権限を有する。常務とは、清算事務の通常の経過に伴って行われる業務のことであり、清算持分会社の常務に属しない行為をするためには、裁判所の許可を得る必要がある（本条6項、603条1項）。仮処分命令による特別の授権もなく裁判所の許可なしに、清算人・代表清算人の職務代行者が常務に属しない行為をしたときは無権代表行為となり、その行為の法律効果は清算持分会社に帰属しない（本条6項、603条2項本文）。ただし、そのことを清算持分会社は善意の第三者に対して対抗できず、表見責任を負う（本条6項、603条2項ただし書）。

●(清算持分会社についての破産手続の開始)

第656条　清算持分会社の財産がその債務を完済するのに足りないことが明らかになったときは、清算人は、直ちに破産手続開始の申立てをしなければならない。
　2　清算人は、清算持分会社が破産手続開始の決定を受けた場合において、破産管財人にその事務を引き継いだときは、その任務を終了したものとする。
　3　前項に規定する場合において、清算持分会社が既に債権者に支払い、又は社員に分配したものがあるときは、破産管財人は、これを取り戻すことができる。

1　清算持分会社についての破産手続の開始

　破産手続開始の決定で持分会社が解散するときは（641条6号）、最初から清算手続に入らず（644条1号括弧書）、破産手続が始まる。これに対し、本条は、持分会社の解散や設立無効・設立取消判決の確定による解散などで一旦は清算手続に入った後（644条2号・3号）、清算持分会社の財産不足による会社債務の完済不能が明らかになった場合を定める。その場合は、まず清算人が裁判所に対し破産手続の開始を申し立てる（本条1項）。この申立てに対して破産手続開始の決定がされ、清算人が破産管財人に対する事務の引継ぎを完了したときは、清算人の任務も終了する（本条2項）。ただし、破産管財人の職務権限は破産財団に属する財産の管理・処分行為に限られるため（破78条）、破産財団に関しない清算事務が現務の結了（649条1号）として必要な場合は、なお清算人の職務権限が残る（株式会社につき、大判大正4年2月16日民録21.145）。

2　清算人の破産管財人に対する事務引継ぎ

　清算人は、清算持分会社が破産手続開始の決定を受けた場合において、破産管財人にその事務を引き継いだときは、その任務を終了したものとする。

3　清算持分会社の財産処分と破産管財人の取戻権

　本条2項に規定する場合において、清算持分会社が既に債権者に支払い、又は社員に分配したものがあるときは、破産管財人は、これを取り戻すことができる。この取戻請求権は、不当利得の返還の範囲に限られるものではないとされる（鳩山秀夫・日本民法総論226頁）。この取戻請求権は、不当利得の返還の範囲に限られるものではないと解される。つまり、現存利益の抗弁が排斥されるので、この取戻請求権は、民法703条、704条の不当利得返還諸請求権とは別個の請求権と解することになろう。

　清算持分会社の清算手続中に会社債務が順次弁済される途中で完済不能になることが判明した場合に、既に一部の債権者だけが満足を得ており、その分だけ残余の破産債権者が破産財団から受領する配当の割合に減少を招来するのは不公平である。また、会社債務の完済前に社員に財産を分配することは原則禁止されるが（664条本文）、例外的に許される場合も含め（664条ただし書）、社員に会社財産を分配した後で会社債務の完済不能という事態を生じるのは、債権者がまず優先し社員はそれに劣後するという原則にも反する。そうすると、清算手続から破産手続への移行が生じた場合に、既に清算人が会社債権者に支払った弁済金や社員に分配した財産があるときは、破産

管財人の権限によってそれらの取戻しが認められる（本条3項）。

訴訟物	XのYに対する本条3項に基づく取戻請求権

＊本件は、A清算持分会社が破産手続開始の決定を受けた場合に、破産管財人Xは、A会社が既に債権者Yに支払をした金銭の取戻しを求めた事案である。

請求原因	

1　A会社は破産宣告を受けたこと
2　XはA会社の破産管財人に選任されたこと
3　請求原因1に先立って、BがA会社の清算人であったこと
4　Yは、A会社の債権者（債権額500万円）であったこと
5　BがYに対し、請求原因1に先立って、A会社の金員500万円を弁済したこと

●（裁判所の選任する清算人の報酬）

第657条　裁判所は、第647条第2項から第4項までの規定により清算人を選任した場合には、清算持分会社が当該清算人に対して支払う報酬の額を定めることができる。

1　裁判所の選任する清算人の報酬

　清算人が裁判所の権限で選任され、裁判所との関係でその就任を受諾した場合は、清算持分会社との間の任用契約は存在しないので、特約による報酬の定めを求めることができない。そのため、本条は、裁判所の選任した清算人の報酬額につき裁判所の決定権限を認めたのである。本件非訟事件は、会社の本店の所在地を管轄する地方裁判所の管轄に属する（868条1項）。

2　その他の場合の清算人の報酬

　解散前の持分会社において業務執行社員が清算人になる法定清算人（647条1項1号）の場合は、既に業務執行社員の段階で委任の法律関係があり、その中で特約により業務執行社員の報酬が定められている（593条4項、民648条1項）。業務執行社員が法定清算人に就任したときは、特約がない限り、業務執行社員段階の特約による報酬額が引き継がれると解される。これに対し、定款により清算人と定められた者や社員の過半数の同意で清算人と

定められた者（647条1項2号・3号）の場合には、それらの定めで直ちに清算人となるのではなく、当人の就任の意思表示が必要である。すなわち、清算持分会社との間の任用契約により清算人に就任するので、この場合は、受任者の報酬に関する民法の原則どおり任用契約上の合意で定められる。

第3節　財産目録等

●(財産目録等の作成等)

第658条　清算人は、その就任後遅滞なく、清算持分会社の財産の現況を調査し、法務省令〔施則160条、161条〕で定めるところにより、第644条各号に掲げる場合に該当することとなった日における財産目録及び貸借対照表(以下この節において「財産目録等」という。)を作成し、各社員にその内容を通知しなければならない。
　2　清算持分会社は、財産目録等を作成した時からその本店の所在地における清算結了の登記の時までの間、当該財産目録等を保存しなければならない。
　3　清算持分会社は、社員の請求により、毎月清算の状況を報告しなければならない。

1　会社財産の現況調査と清算財産目録・清算貸借対照表

　清算人は、清算事務を開始するに当たって、就任後遅滞なく会社財産の現況を調査し、清算開始原因(644条)が生じた日における積極財産や消極財産を把握しなければならない。積極財産についてはその交換価値を知るため処分価格で資産評価を行い(施則160条2項、161条2項・4項)、清算原因が生じた日における清算財産目録と清算貸借対照表を作成する必要がある。なお、清算財産目録と清算貸借対照表を作成した後、清算人はその内容を各社員に遅滞なく通知しなければならない(本条1項)。

　なお、本条1項が定める清算人の社員に対する清算財産目録・清算貸借対照表作成交付義務及び清算状況報告義務は、清算人が会社を代表して行うものではないから、社員は会社に対してその履行を求めることはできない(大判大正4年5月13日民録21.753)。社員が清算人に対して有する本条の権利は、それ自体が目的ではなく、手段的な権利である。本来この手段的権利は迅速に実現されるべきものであるが、手続上、特別の訴えが用意されておらず、訴訟によってその履行が求められることも稀である。これらの義務の履行は、清算人の地位に依存するため、代替執行にはよることができず、間接強制によることになる(民執172条)。ただ、このような不履行が生じる場

合は、実務上、社員は清算人を解任し、損害賠償請求を求めることになろう。

訴訟物　　XのYに対する清算財産目録及び清算貸借対照表の各作成交付請求権
　　　　　　＊本件は、A合名会社の清算人Yに対して社員Xが清算財産目録及び清算貸借対照表の作成交付を求めた事案である。

請求原因　1　YはA会社の清算人に就任したこと
　　　　　　2　請求原因1の就任後、清算財産目録、清算貸借対照表を作成するために相当な期間が経過したこと
　　　　　　3　XはA会社の社員であること

2　清算財産目録等の保存期間

　清算人が作成した清算財産目録と清算貸借対照表は、その作成時から本店所在地における清算結了の登記（929条2号・3号）までの間、保存しておかなければならない（本条2項）。ただし、社員や債権者等の利害関係者がそれらの閲覧や謄写は請求できない。この保存義務は裁判所の提出命令（659条）に備えた証拠保全の意味を持つ。

3　清算状況報告義務

　清算手続の冒頭で清算持分会社の財産状態を把握した社員は、それに続く清算手続の進捗中も抽象的な残余財産分配請求権者として、清算人による現務の結了や債権債務の決済により増減する会社財産の状態を知るべき利益を有するため、毎月の清算状況に関し報告を請求できる（本条3項）。

訴訟物　　XのYに対する清算状況報告請求権
　　　　　　＊本件は、A合名会社の社員Xが同社の清算人Yに対し、特定の月末時の清算状況の報告を求めた事案である。
　　　　　　＊この請求に対して報告義務を負うのは、清算持分会社の業務執行者たる清算人であるため、請求の相手方も清算人であると解される。

請求原因　1　YはA会社の清算人であること
　　　　　　2　Yが清算人に就職した日から特定月末が到来したこと
　　　　　　3　XはA会社の社員であること
　　　　　　4　XがYに対し、請求原因2の月末時点における清算状況の

報告を求めたこと

● (財産目録等の提出命令)

第 659 条　裁判所は、申立てにより又は職権で、訴訟の当事者に対し、財産目録等の全部又は一部の提出を命ずることができる。

1　清算財産目録等の提出命令

　裁判所は、申立てにより又は職権で、訴訟の当事者に対し、清算財産目録等の全部又は一部の提出を命ずることができる。民事訴訟法の一般原則に対する特則であるが、493条と同趣旨であるので、同条の解説を参照されたい。清算人が作成した清算財産目録等の内容は、658条1項に基づいて、各社員に通知済みであるから、本条の提出命令は、債権者が清算持分会社を被告とする訴訟の場合が多いであろう。

2　提出命令に反する場合の真実擬制の適用の是非

　裁判所が、本条に基づいて訴訟当事者に対して財産目録等の提出を命じたのに、当事者がその提出をしないときは、民事訴訟法224条の真実擬制の適用については、肯定する見解が有力である（株式会社に関して、中島弘雅・会社法コンメ(12)231頁、得津晶・新基本法コンメ(2)455頁）。しかし、民事訴訟法よりも後に制定された本法にその旨の規定がされておらず、真実擬制まで認めるのは行き過ぎである。当事者が、文書が存在することを認めながらこれを提出しない事実を、弁論の全趣旨と他の提出証拠との判断から裁判官がどのように解するかという、裁判所の自由心証の問題にとどまると解すべきである（伊藤尚・論点体系(4)569頁）。

第4節　債務の弁済等

●(債権者に対する公告等)

第660条　清算持分会社(合同会社に限る。以下この項及び次条において同じ。)は、第644条各号に掲げる場合に該当することとなった後、遅滞なく、当該清算持分会社の債権者に対し、一定の期間内にその債権を申し出るべき旨を官報に公告し、かつ、知れている債権者には、各別にこれを催告しなければならない。ただし、当該期間は、2箇月を下ることができない。
　2　前項の規定による公告には、当該債権者が当該期間内に申出をしないときは清算から除斥される旨を付記しなければならない。

1　債権者に対する公告等
　清算合同会社は、清算開始原因(644条)の発生後遅滞なく、債権申出期間を定めてその期間内に債権を申し出るよう一般に公告し、かつ、知れている債権者に対しては個別に債権申出の催告をしなければならない(本条1項本文)。これは、一部の債権者が抜け駆けの弁済を受ける不平等を避けるため、その申出期間中は債務の弁済ができないとして(661条1項本文)、最低2か月間の債権申出期間を設けて、その期間内に債権を申し出るべき旨を周知させるのである(本条1項ただし書)。この公告は、定款所定の公告方法(939条)によらず、一律に官報への掲載という方法による必要がある(本条1項本文、2条33号括弧書)。官報に掲載する方法と併せて、定款所定の公告方法を自主的に採った場合でも、知れている債権者に対する個別催告は省略できない(670条3項参照)。本条1項の知れている債権者とは、債権者が誰であるか、またその債権がいかなる原因に基づくものであるかがおおよそ会社に知れている債権者をいい、会社との間に訴訟上係争中の債権者であっても、知れている債権者に含まれる(大判昭和7年4月30日民集11.706)。

2　除斥の記載
　本条2項は、1項所定の債権申出期間の公告に付記する形で、期間内に申出をしない債権者は清算から除斥される旨をも周知させる。期間内に申出を

しなかった債権者は、知れている債権者でない限り、清算から除斥された扱いとなって、債務の弁済から残余財産分配まで清算手続が進められるため（665条）、清算事務の早期の終了を図ることに資する。

● (債務の弁済の制限)

第661条 清算持分会社は、前条第1項の期間内は、債務の弁済をすることができない。この場合において、清算持分会社は、その債務の不履行によって生じた責任を免れることができない。
　2　前項の規定にかかわらず、清算持分会社は、前条第1項の期間内であっても、裁判所の許可を得て、少額の債権、清算持分会社の財産につき存する担保権によって担保される債権その他これを弁済しても他の債権者を害するおそれがない債権に係る債務について、その弁済をすることができる。この場合において、当該許可の申立ては、清算人が2人以上あるときは、その全員の同意によってしなければならない。

1　債務の弁済の制限

　清算持分会社は、債権届出期間（660条1項の期間）内は、債務の弁済をすることができない（本条1項前段）。抜け駆け的な弁済を防止して、債権者の平等を図る趣旨である。しかし、この場合には、清算持分会社は、その債務の不履行によって生じた責任を免れることができない（本条1項後段）。すなわち、弁済期が到来した債務について債権申出期間経過後まで弁済をしないことは、債権者にとって、履行遅滞による損害賠償請求権が発生するが、遅延損害金については、清算持分会社が負担することとしたのである。

　なお、本条の弁済禁止にかかわらず、債権申出期間内に債務の弁済が行われた場合には、債務の弁済の私法上の効果は有効と解される（500条1項本文に関するが、江頭・株式会社法930頁）。

2　債権届出期間内の弁済

　本条1項にかかわらず、清算持分会社は、債権届出期間内であっても、裁判所の許可を得て、少額の債権、清算持分会社の財産につき存する担保権により担保される債権その他これを弁済しても他の債権者を害するおそれがな

い債権に係る債務について、その弁済ができる（本条2項本文）。他の債権者を害するおそれがない債権とは、①一般債権に優先する債権である国税徴収法又はその例により徴収することのできる債権、②電力、ガス、水道、電話などの継続的給付による料金債権、③清算手続に関する費用、④清算手続を遂行するために必要な従業員の給与などが該当する。この場合における許可の申立ては、清算人が2人以上あるときは、その全員の同意による必要がある（本条2項ただし書）。

● (条件付債権等に係る債務の弁済)

第662条 清算持分会社は、条件付債権、存続期間が不確定な債権その他その額が不確定な債権に係る債務を弁済することができる。この場合においては、これらの債権を評価させるため、裁判所に対し、鑑定人の選任の申立てをしなければならない。
　2　前項の場合には、清算持分会社は、同項の鑑定人の評価に従い同項の債権に係る債務を弁済しなければならない。
　3　第1項の鑑定人の選任の手続に関する費用は、清算持分会社の負担とする。当該鑑定人による鑑定のための呼出し及び質問に関する費用についても、同様とする。

1　条件付債権等に係る債務の弁済
　清算持分会社は、条件付債権、存続期間が不確定な債権その他その額が不確定な債権に係る債務を弁済することができる。この場合は、これらの債権を評価させるため、裁判所に対し、鑑定人の選任の申立てをしなければならない（本条1項）。そして、この場合には、清算持分会社は、鑑定人の評価に従いその債権に係る債務を弁済しなければならない（本条2項）。

2　鑑定人の選任手続費用
　本条1項の鑑定人の選任の手続に関する費用は、清算持分会社の負担とする。鑑定人による鑑定のための呼出し及び質問に関する費用についても、同様とする（本条3項）。

●(出資の履行の請求)

第663条 清算持分会社に現存する財産がその債務を完済するのに足りない場合において、その出資の全部又は一部を履行していない社員があるときは、当該出資に係る定款の定めにかかわらず、当該清算持分会社は、当該社員に出資させることができる。

　本条は、清算持分会社に現存する財産がその債務を完済することに不足するときは、出資の時期を定款又は通常の業務執行の方法で定めていた場合でも、その弁済期にかかわらず、清算人が社員に出資をさせることができること（出資請求権）を定める。出資請求権の権利者は清算持分会社であり、清算人はその手続を行う者である（法文の表現は手続に重点を置いている）。出資請求権に対しては、（未到来の）弁済期の定めは、抗弁となる。しかし、本条の定める事実が存在するときは、その再抗弁と位置づけられることを意味する。

訴訟物	XのYに対する出資金払込請求権

　　　　＊本件は、清算中のX合名会社に現存する財産がその債務を完済するのに足りないので、X会社が、その出資の履行をしていない社員Yに対し、出資の履行期に係る定款の定めがあるにもかかわらず、その出資を求めた事案である。

請求原因	1　YはX会社の社員であること
	2　Yの出資すべき額は金1,000万円であること
	3　X会社がYに対し、出資の履行を請求したこと

（弁済期）
抗弁	1　定款又は通常の業務執行の方法で（未到来の）弁済期の定めがあること

（清算）
再抗弁	1　X会社は清算中であること

　　　　＊この要件は請求原因段階で顕れることが多いであろう。なぜならば、訴え提起に当たって、X会社を代表する者が清算人であることが明らかとなるからである。

　　　　2　X会社の現存財産がその債務を完済するのに不足すること

●(債務の弁済前における残余財産の分配の制限)

第 664 条 清算持分会社は、当該清算持分会社の債務を弁済した後でなければ、その財産を社員に分配することができない。ただし、その存否又は額について争いのある債権に係る債務についてその弁済をするために必要と認められる財産を留保した場合は、この限りでない。

1 債務の弁済前における残余財産の分配の制限
　本条本文は、清算人は会社債務を弁済した後で残余財産を社員に分配すべきことを定める。残余財産の分配の基準については、666条が定める。すなわち定款に規定があればそれにより、その規定がない場合は、各社員の出資の額(定款に記載された出資引受額(576条1項6号)ではなく、履行済みの出資額)を基準とする(666条の2つの設例参照)。

2 財産を留保した上の残余財産の分配
　本条ただし書は、争いのある債務については、その弁済に必要と認める財産を留保して残余財産を分配できることを定める。本条に違反して、債務を完済することなく、又は、争いある債務についての弁済に必要な財産を留保することなく、残余財産の分配がなされた場合には、会社はこの分配を受けた社員に対して取戻請求権を有する。大判大正7年7月2日民録24.1331は、「被上告人両名カ無限責任社員タリシ訴外合資会社M運送店ハ明治44年12月13日解散シタルモ本訴ノ債務ヲ弁済スルコトナク清算ノ結果金2,750円ノ残余財産ヲ生シタリト為シ被上告人其他AB両名ノ社員ニ対シ各其出資額ノ割合ニ応シ右残余財産ヲ分配シタルモノニ外ナラサレハ其分配ハ違法ニシテ会社ハ分配ヲ受ケタル各社員ニ対シ之カ取戻ヲ請求スル権利ヲ有スルヤ論ヲ竢タス而シテ会社ノ此取戻請求権ハ其債権ヲ組成スルモノニシテ商法第63条ノ所謂会社財産ハ即チ此種ノ財産権ヲモ包含スヘキモノナルコトハ……明白ニシテ此解釈ハ正当ナレハ前示会社ニ対シ上告人カ本訴ノ債権ヲ有セル事実及ヒ右残余財産ノ分配ヲ受ケタル社員ニ於テ会社ニ対スル返還義務ヲ履行シ得ル資力アリ従テ会社ハ上告人ニ対シ其債務ヲ完済スルニ足ル財産ヲ有セル事実ヲ確定セル原判決カ商法第63条ニ基ク上告人ノ本訴請求ヲ排斥シタルハ正当ニシテ本論旨ハ理由ナシ」と判示する。

250

訴訟物　X清算持分会社のYに対する財産取戻請求権
　　　　　＊本件は、清算中のX会社は債務を完済していなかったにもかかわらず、清算人AがY社員Yに財産の分配をしたので、X会社は、Yに分配した財産の返還を求めた事案である。

請求原因　1　YはX会社の社員であること
　　　　　2　X会社は解散したこと
　　　　　3　AはX会社の清算人であること
　　　　　4　AはYに対し、X会社の財産の分配をしたこと
　　　　　5　Aは、請求原因4の際、X会社の債務を完済していなかったこと
　　　　　＊請求原因5の事実からすると、請求原因4の分配は、残余財産が確定しておらず、「X会社に債務完済の資力があること」は、Yの抗弁たり得ないであろう。

（財産の留保）
抗弁　1　X会社は、争いある債務についての弁済に必要な財産を留保していること

● (清算からの除斥) ══════════════════════

第665条　清清算持分会社（合同会社に限る。以下この条において同じ。）の債権者（知れている債権者を除く。）であって第660条第1項の期間内にその債権の申出をしなかったものは、清算から除斥される。
　　2　前項の規定により清算から除斥された債権者は、分配がされていない残余財産に対してのみ、弁済を請求することができる。
　　3　清算持分会社の残余財産を社員の一部に分配した場合には、当該社員の受けた分配と同一の割合の分配を当該社員以外の社員に対してするために必要な財産は、前項の残余財産から控除する。

═══════════════════════════════════

1　債権申出期間内に申し出なかった債権者の除斥
　合同会社の債権者が債権申出期間内に債権の申出をしないときは、会社がその者を債権者であることを知っているのでない限り、清算から除斥される（本条1項）。除斥された債権者に対する清算持分会社の債務は考慮されることなく、申出をした債権者や会社に知れている債権者に対する債務の弁済が

される。債権者の除斥制度は、合同会社のみに適用がある。

訴訟物　　XのY清算合同会社に対する売買契約に基づく売買代金請求権
　　　　　　＊本件は、XがY会社に売買代金の支払を求めたところ、Y会社が既に清算中で、Xが債権届出期間中に債権届出をしなかったためにXは除斥されると抗弁し、XがY会社に知れている債権者か否かが争点となった事案である。

請求原因　1　Y会社はXに対し、本件建物を代金1,000万円で売買する契約を締結したこと

（除　　斥）
抗　弁　1　Y会社は清算中であること
　　　　　2　Y会社は、平成〇年6月1日の官報に同月10日から2か月以内に債権の申出をするよう公告し、同公告に同期間内に申出をしないときは清算より除斥する旨を付記したこと
　　　　　　＊本条1項、660条に基づく事実である。
　　　　　3　Xは上記期間内に請求原因1の債権を申し出なかったこと

（知れている債権者）
再抗弁　1　XはY会社に知れている債権者であること

2　清算から除斥された債権者の権利
　債権申出期間内に申出をしないで清算から除斥された債権者も、それにより一切の請求ができなくなるわけではない。債権申出期間内に申出をしなかった債権であっても、債権自体には何らの消長を来さない。清算人が会社債務を完済したとして、社員に残余財産を順次分配し始めたところ、除斥された債権者が残余財産分配の途中で債権の申出をしてきた場合は、未だ分配されていない残余財産の一部が残っているときは、その限度で、除斥された債権者も請求ができる（本条2項）。残余財産の存在する間はいつでも弁済を請求できるものであり、かつ、その債権について相殺を禁止する規定も存在しないから、これを自働債権として相殺ができる（清算株式会社について、墨田簡判昭和39年12月23日下民15.12.3039）。

訴訟物　　X清算合同会社のYに対する請負契約に基づく請負代金請求権
　　　　　　＊本件は、清算中のX会社がYに請負代金の支払を求めた

が、YがX会社に対する貸金債権をもって相殺したと抗弁し、その貸金債権が除斥された債権であった事案である。

請求原因 1　X会社とYは、X会社が本件建物を建築し、それに対しYが報酬金1,000万円を支払う契約を締結したこと

＊それ自体抽象的な法的存在であるX会社が契約を締結するということは法的主張に過ぎず、これが争われる場合は、X会社の代表者Aが顕名した上で契約を締結した事実を主張立証しなければならない。

2　X会社は本件建物の契約を完成したこと

（相　殺）

抗弁 1　YはX会社に対し、金1,000万円を弁済期平成○年○月○日の約定で貸し渡したこと

2　弁済期日が経過したこと

3　YはX会社に対し、請求原因1の債務と抗弁1の債権を対当額で相殺する意思表示をしたこと

＊前掲昭和39年墨田簡判に従えば、「X会社は清算中であること」「X会社は、平成○年○月○日の官報に○月○日から2か月以内に債権の申出をするよう公告し、同公告に同期間内に申出をしないときは清算より除斥する旨を付記したこと」「Yは上記期間内に抗弁1の債権を申し出なかったこと」は、再抗弁とはならない。

3　一部社員に対する残余財産の分配

分配を受けた社員と受けない社員が生じるのは、不公平である。社員の利益より会社債権者の利益が優先的に扱われるべきであるが、除斥された債権者には公告や個別催告（660条1項）で周知された債権申出期間内に申し出なかった非があり、その者の利益のために社員が不公平を被るのは不当である。したがって、一部社員が既に受領した財産分配と同じ割合の分配を他の社員にも行うのに必要な財産を、未分配の会社財産から差し引いた上で、なお残余があればその残余財産に対してのみ、除斥された債権者の請求が及ぶとされる（本条3項）。

第5節　残余財産の分配

　本節は、残余財産の分配に関して分配割合を規定する666条を置くにとどまっている。清算株式会社のように残余財産の分配について内容の異なる持分に配慮した504条のような規定はなく、金銭以外の残余財産に係る特別の分配手続を定める505条のような規定もない。

●（残余財産の分配の割合）

第666条　残余財産の分配の割合について定款の定めがないときは、その割合は、各社員の出資の価額に応じて定める。

　残余財産の分配については、定款に特段の定めがない限り、その割合は、各社員の出資の価額（定款に記載された出資引受価額（576条1項6号）ではなく、履行済みの出資額）に応じて定めることとなる。残余財産の分配は金銭によるのが原則であるが、金銭以外の財産を処分して代金を分配する代わりに財産をそのまま分配することもできる（東京高判昭和38年12月9日下民14.12.2487）。こうした現物分配は社員の利益に大きく影響するため、その決定には、通常の業務執行の場合（650条）と異なって、定款の定めか総社員の同意が必要であると解しなければならない。

訴訟物	XのY清算合名会社に対する残余財産分配請求権

　＊本件は、社員XがY会社に対して、社員の出資の価額に応ずる残余財産分配を求めた事案である。

請求原因

1　XはY会社の社員であること
2　Y会社は解散したこと
3　AはY会社の清算人であること
4　Aは、現務を結了し、債権を取り立て、かつ、債務を弁済したこと
5　請求原因4の結果、残余財産が確定したこと及びその数額
6　Y会社の社員の総出資額に対するXの出資額の割合
　＊定款に特段の定めがないときは、民法上の組合における残余

財産の分割方法と同じく（民688条3項）、各社員の出資の価額に比例して残余財産を按分する（本条）。この出資の価額とは、定款に記載された出資引受価額（576条1項6号）ではなく、履行済みの出資額である。こう解すると、実際に出資して会社財産の形成に寄与した額に応じた成果の配分が実現される。

（定款の定め）

抗　弁　1　Y会社の定款における残余財産分配基準の定めの内容
　　　　＊清算持分会社の清算人が社員に残余財産を分配するに当たって、その分配割合は定款に定めがあればそれに従うから、まずは定款自治に委ねられる。
　　　　＊社員が出資価額に応じた残余財産の分配請求をした場合に、定款の定めによるとその社員の分配額が少額となる場合には、会社がその定款の定めを主張立証すべき責任を負担する。

訴訟物　XのY清算合名会社に対する残余財産分配請求権
　　　　＊本件は、社員XがY会社に対して、定款における残余財産分配基準の定めに従った残余財産分配を求めた事案である。

請求原因　1ないし5　上記設例の請求原因1ないし5と同じ。
　　　　6　Y会社の定款における残余財産分配基準の定めの内容
　　　　＊請求原因6の定款の残余財産の分配基準が主張されるのは、その基準がXにとって「Y会社の社員の総出資額に対するXの出資額の割合」より高額となるなど有利な場合である。

第6節　清算事務の終了等

第667条　清算持分会社は、清算事務が終了したときは、遅滞なく、清算に係る計算をして、社員の承認を受けなければならない。
　2　社員が1箇月以内に前項の計算について異議を述べなかったときは、社員は、当該計算の承認をしたものとみなす。ただし、清算人の職務の執行に不正の行為があったときは、この限りでない。

1　清算事務終了についての社員の承認
　本条1項は、清算人が任務を終了したときは遅滞なく計算をして各社員の承認を求めなければならないことを定める。清算人が行った計算を各社員が承認することにより清算手続は結了する。清算持分会社が清算人の計算を承認し、又はその承認を擬制された場合の法的効果については明文規定がないが、清算株式会社において清算事務の終了後に清算人の作成した決算報告を株主総会が承認したときは（507条3項）、清算人の職務執行に関して不正の行為がない限り、清算人の任務懈怠責任を免除する効果があると定められている（507条4項）。清算持分会社でも同様に、各社員が清算人の計算を承認すれば、やはり原則として清算人の責任免除を生じると解される。旧商法上も、株式会社には清算人の作成に係る決算報告書を株主総会が承認すれば清算人の責任につき解除をみなす規定があり（旧商427条3項）、合名会社では社員が清算人の計算を承認したことの効果が定められていなかったが（旧商133条）、合名会社の社員の計算承認にも清算人の責任を解除する効果があると解されていた（米沢明・新注会(1)528-529頁）。この差異をそのまま引き継いだ本法においても、同様に解すべきである。

2　清算に係る計算についての異議
　本条2項本文は、前項の計算に対して社員が1か月内に異議を述べなかった場合は承認したものとみなすことを定める。本条2項ただし書は、清算人に不正行為があるときは本文を適用しないことを定める。
　清算持分会社に関する本条所定の計算承認の効果は、清算株式会社に関す

る507条の定めと同様に、清算人の職務執行に関し不正の行為があったときに、計算承認の擬制が生じない（本条2項ただし書）だけでなく、社員が清算人の計算を承認した場合の責任免除効果も生じない（507条4項ただし書参照）と解される。残る問題は、清算人に不正の行為がなかった場合に生じる承認擬制（本条2項本文）にも、清算人の責任免除という効果を認めるかである。理論的には、各社員が清算人の計算を承認したときは、もはや責任を問わない一種の請求権放棄と解される点に、責任の免除の根拠を求め得る。清算株式会社の株主総会の決算報告承認決議は、多数決により株主の総意として清算人の決算報告を承認したものである。これに対して、清算持分会社における各社員の計算承認の擬制は、社員の総意による承認ではなく、清算人の計算に対して社員が異議を述べないで1か月を経過すれば、異議を述べることを禁じる責任追及の法的禁止とみるべきである（菊地雄介・新基本法コンメ(3)102頁）。

第7節　任意清算

　任意清算は、合名会社・合資会社が定款所定の存続期間の満了、解散事由の発生又は総社員の同意により解散した場合に、定款又は総社員の同意により、積極・消極財産の全部を各社員に帰属させる処分方法を定めて行う清算である（668条）。処分方法を定めると、解散の日（解散後に処分方法を定めた場合は、その定めた日）から2週間以内に、財産目録及び清算貸借対照表を作成する必要がある（669条、施則160条、161条）。
　持分会社の債権者との関係では、解散の日（解散後に処分方法を定めた場合は、その処分方法を定めた日）から2週間以内に、債権者保護手続（資本金の額の減少の際の手続と同様のもの）を執る必要がある（670条）。社員の債権者との関係では、社員持分を差し押さえた債権者がある場合は、その債権者の同意を得る必要がある（671条1項）。これに違反して持分会社がその財産を処分した場合は、債権者は持分会社に対して差し押さえた持分に相当する金額の支払を請求できる（671条2項）。なお、670条・671条1項の規定に違反した財産処分については、債権者は訴えにより行為の取消しを求めることができ、この場合は詐害行為取消権に関する規定（民424条以下）が準用される（863条）。以上の手続が終了すると、清算手続は完了し、その後、債権者は、定められた処分方法に従い、各社員に対して支払等を請求する。

●（財産の処分の方法）

第668条　持分会社（合名会社及び合資会社に限る。以下この節において同じ。）は、定款又は総社員の同意によって、当該持分会社が第641条第1号から第3号までに掲げる事由によって解散した場合における当該持分会社の財産の処分の方法を定めることができる。
　2　第2節から前節までの規定は、前項の財産の処分の方法を定めた持分会社については、適用しない。

1　任意清算の許容範囲
　合同会社は任意清算によることができず（本条1項括弧書）、任意清算の

方法を利用できるのは合名会社と合資会社に限られる。その理由は、①両会社には、無限責任社員が存在し、会社財産の処分方法を社員に委ねても会社債権者を害するおそれが少ない、②任意清算の財産処分は積極財産と消極財産の双方を対象とし、消極財産の処分では社員が会社の債務を適宜分担するため、合同会社で任意清算を認めると、会社債権者が本来予定していなかった消極財産の処分で会社債務を分担した各社員に対する各別の弁済請求を余儀なくさせることになるからである（相澤・新会社法解説167頁）。

2　任意清算の決定

　任意清算の決定は、①定款の定めか、②総社員の同意を要する。定款の作成や変更は総社員の同意を根拠とし（575条1項、637条）、いずれにせよ総社員の同意が必要である。換言すれば、総社員の自主的判断を基盤としない解散・清算の場合には、任意清算ができない。すなわち、任意清算は、定款所定の存続期間の満了、定款所定の解散事由の発生、又は総社員の同意を解散事由として開始される清算の場合に限って許容される（本条1項）。

3　適用除外

　任意清算では、清算人の設置から清算事務終了時の計算承認まで、法定清算の手続はすべて適用除外となる（本条2項）。それに代え、定款又は総社員の同意により定めた財産処分の方法による。任意清算における財産処分の方法を定める時期は、解散前に限らず、解散して法定清算の手続に入った後にこれを定め、法定清算から任意清算へと手続を変更できる（669条2項）。逆に、定款又は総社員の同意で任意清算の方法を定めた後、総社員の同意により法定清算へ変更することもできる（米沢明・新注会(1)473頁）。任意清算の財産処分の方法については、特段の制限はない。例えば、会社財産を事業譲渡の方法により特定の社員又は第三者に一括譲渡して対価を各社員に分配し、また会社財産をそのまま社員に分配できる（大判大正4年2月27日民録21.191）。しかし、会社債権者の利益を害してはならないので、債権者保護手続（670条、671条）が必要となる。財産処分の権限を委ねられた者は、その財産処分に関連して、債権者保護のための諸手続（公告・個別催告・担保提供その他）を執り、清算終了後も帳簿資料を保存する任務を与えられるが、法文上この者は清算持分会社を代表する社員でなければならない（672条1項括弧書）。

● (財産目録等の作成)

第669条 前条第1項の財産の処分の方法を定めた持分会社が第641条第1号から第3号までに掲げる事由によって解散した場合には、清算持分会社（合名会社及び合資会社に限る。以下この節において同じ。）は、解散の日から2週間以内に、法務省令〔施則160条、161条〕で定めるところにより、解散の日における財産目録及び貸借対照表を作成しなければならない。
  2　前条第1項の財産の処分の方法を定めていない持分会社が第641条第1号から第3号までに掲げる事由によって解散した場合において、解散後に同項の財産の処分の方法を定めたときは、清算持分会社は、当該財産の処分の方法を定めた日から2週間以内に、法務省令〔施則160条、161条〕で定めるところにより、解散の日における財産目録及び貸借対照表を作成しなければならない。

　本条は、任意清算における財産処分の前提として、清算持分会社の積極財産と消極財産を明らかにするため、清算財産目録と清算貸借対照表を作成すべきものとし、利害関係者の保護を図っている。解散の前後を問わず、任意清算のための財産処分方法を定め得るが、いずれの時点で財産処分の方法を定めるとしても、処分される財産の内容が明らかにする必要がある。そのため、解散前の定めによるときは解散の日、また解散後の定めによるときは財産処分方法を定めた日を起算点として、2週間以内に清算財産目録と清算貸借対照表を作成する（本条1項・2項）。いずれも、解散の日（清算開始時）における財産状態を明らかにする。

　本条所定の清算財産目録と清算貸借対照表の作成方法は、法定清算の場合（658条1項）と同様である。すなわち、いずれも残余財産を換価処分したときの交換価格の表示が目的であるから、処分価格で財産評価する（施則160条2項、161条2項・4項）。表示項目は、清算財産目録には資産・負債・正味資産の各部を設け、また清算貸借対照表には資産・負債・純資産の各部を設ける（施則160条3項前段、161条3項前段）。そして、資産の部と負債の部は更に各内容を示す適当な名称を付した項目に細分できる（施則160条3項後段、161条3項後段）。

● (債権者の異議)

第670条 持分会社が第668条第1項の財産の処分の方法を定めた場合には、その解散後の清算持分会社の債権者は、当該清算持分会社に対し、当該財産の処分の方法について異議を述べることができる。
 2　前項に規定する場合には、清算持分会社は、解散の日（前条第2項に規定する場合にあっては、当該財産の処分の方法を定めた日）から2週間以内に、次に掲げる事項を官報に公告し、かつ、知れている債権者には、各別にこれを催告しなければならない。ただし、第2号の期間は、1箇月を下ることができない。
 一　第668条第1項の財産の処分の方法に従い清算をする旨
 二　債権者が一定の期間内に異議を述べることができる旨
 3　前項の規定にかかわらず、清算持分会社が同項の規定による公告を、官報のほか、第939条第1項の規定による定款の定めに従い、同項第2号又は第3号に掲げる公告方法によりするときは、前項の規定による各別の催告は、することを要しない。
 4　債権者が第2項第2号の期間内に異議を述べなかったときは、当該債権者は、当該財産の処分の方法について承認をしたものとみなす。
 5　債権者が第2項第2号の期間内に異議を述べたときは、清算持分会社は、当該債権者に対し、弁済し、若しくは相当の担保を提供し、又は当該債権者に弁済を受けさせることを目的として信託会社等に相当の財産を信託しなければならない。

1　任意清算における債権者異議手続

　本条は、任意清算の財産処分の方法が社員の決定に任されるため、総債権者のための責任財産を減少させる詐害行為となり得るので、債権者保護のため、その財産処分に関する債権者異議手続を定めた。任意清算において清算持分会社の債権者が不当に害されないためには、①会社財産の内容とその処分方法の開示、②相当の期間内に異議を述べ得る機会の確保、③異議を述べた債権者にはその不安を除く適切な措置を講ずる必要がある。
　①の開示手続は、任意清算のための清算財産目録と清算貸借対照表を作成すべき期間（669条2項）内に、その清算財産目録と清算貸借対照表に記載された各財産をどのような方法により処分して清算するのかを、広く官報に

公告し、かつ、知れている債権者には各別に通知する（本条2項1号）。

②の異議申出機会は、債権者が清算持分会社に対して異議を述べるための期間（1か月以上）を設け、その期間内に異議を述べ得ることを上記の公告と個別通知に入れて債権者の異議申出を催告する方法で確保される（本条2項2号）。官報による公告と知れている債権者への個別催告という並行的な手続の手間を避けるためには、官報による公告のほか、定款所定の公告方法（939条1項2号・3号）として定めた日刊新聞紙への掲載又は電子公告の方法の併用により、知れている債権者への個別催告を省略できる（本条3項）。異議申出催告に対して、異議申出期間内に異議を述べなかった債権者は、任意清算の財産処分方法を承認したものとみなされる（本条4項）。

③保護措置は、株式会社における資本金額減少の場合（449条5項）と同様である。すなわち、適時に異議を述べた債権者に対して清算持分会社は自らの選択に従い、債務の弁済、相当の担保の提供、又は債権者への弁済のための信託会社等への相当財産の信託のいずれかを講じる必要がある（本条5項）。旧商法91条2項に関する最判昭和49年12月20日裁判集民113,655の判旨を、本項の場合に推及すれば、相当の担保を供するとは、会社債権者との間で担保物権を設定し、又は保証契約を締結することが必要と解される。

他方、債権者異議手続が終了すると、その後は財産処分の方法として定められたとおり、弁済未了の債権者は、消極財産の処分として会社債務を分担した各社員に対し支払を求め（相澤他・論点解説612頁）、債権者保護のために提供された担保を実行し、信託財産の引渡しを請求することとなる。

2　本条の手続に違反した財産処分

この手続に違反した財産処分については、清算持分会社の債権者がその処分取消しを求める訴えが設けられており（863条1項1号）、これは詐害行為取消権（民424条）の特別規定に当たる（863条2項参照）。

● (持分の差押債権者の同意等)

第671条　持分会社が第668条第1項の財産の処分の方法を定めた場合において、社員の持分を差し押さえた債権者があるときは、その解散後の清算持分会社がその財産の処分をするには、その債権者の同意を得なければならない。

2　前項の清算持分会社が同項の規定に違反してその財産の処分をした

ときは、社員の持分を差し押さえた債権者は、当該清算持分会社に対し、その持分に相当する金額の支払を請求することができる。

1　持分の差押債権者の同意

　本条1項は、持分会社が668条1項の財産の処分の方法を定めた場合において、社員の持分を差し押さえた債権者があるときは、その解散後の清算持分会社がその財産の処分をするには、その債権者の同意を得なければならないことを定める。社員の持分を差し押さえている債権者が存在する場合、その者は社員の残余財産分配請求権の上に権利を有するからである。

2　差押債権者の同意を得ない668条1項の財産処分

　本条2項は、もし、清算持分会社が本条2項に違反して、すなわち差押債権者の同意を得ないでその財産の処分をしたときは、社員の持分を差し押さえた債権者は、その清算持分会社に対し、その持分に相当する金額の支払を請求することができることを定める。

|訴訟物|　XのY清算持分会社に対する本条2項に基づく持分相当額請求権
　　　　＊本件は、Y会社が668条1項の財産処分の方法を定めた場合、社員Aの持分を差し押さえた債権者Xの同意を得ないとして財産処分をしたので、その持分に相当する金額の支払を求めた事案である。
|請求原因|　1　AはY会社の社員であること
　　　　2　XはAのY会社持分を差し押さえたこと
　　　　3　Y会社は、668条1項の財産の処分の方法を定めたこと
　　　　4　Y会社は、解散後の清算段階において、その財産を処分したこと
　　　　5　AのY会社持分は、○○万円に相当すること
（債権者の同意）
|抗　弁|　1　Y会社は、請求原因3に先立って、請求原因4の財産処分について、Xの同意を得たこと

第8節　帳簿資料の保存

第672条　清算人（第668条第1項の財産の処分の方法を定めた場合にあっては、清算持分会社を代表する社員）は、清算持分会社の本店の所在地における清算結了の登記の時から10年間、清算持分会社の帳簿並びにその事業及び清算に関する重要な資料（以下この条において「帳簿資料」という。）を保存しなければならない。
  2　前項の規定にかかわらず、定款で又は社員の過半数をもって帳簿資料を保存する者を定めた場合には、その者は、清算持分会社の本店の所在地における清算結了の登記の時から10年間、帳簿資料を保存しなければならない。
  3　裁判所は、利害関係人の申立てにより、第1項の清算人又は前項の規定により帳簿資料を保存する者に代わって帳簿資料を保存する者を選任することができる。この場合においては、前2項の規定は、適用しない。
  4　前項の規定により選任された者は、清算持分会社の本店の所在地における清算結了の登記の時から10年間、帳簿資料を保存しなければならない。
  5　第3項の規定による選任の手続に関する費用は、清算持分会社の負担とする。

1　清算人の帳簿資料の保存義務

　本条1項は、清算人（668条1項の財産の処分の方法を定めた場合にあっては、清算持分会社を代表する社員）は、清算持分会社の本店の所在地における清算結了の登記の時から10年間、清算持分会社の帳簿並びにその事業及び清算に関する重要な資料（「帳簿資料」）を保存しなければならないことを定める。保存すべき「帳簿」には、その種類や重要度の限定がないから、作成された帳簿が法律上の義務によるか又は任意の作成かを問わず、現存する一切の帳簿が保存義務の対象になる（蓮井良憲・新注会(1)577頁）。他方、「資料」は統一性のある帳簿の形を取らない記録類が含まれるため、保存す

べき資料は、「重要な」ものに限られる。事業に関する資料は、例えば事業上の重要取引に関する信書や多額の取引に関する受取証などである。また、清算に関する資料は、例えば、清算人の職務（649条）に関連して、現務の結了に向けて交わされた信書や電子メールの記録・債権取立てのための支払請求書の控え、債務の弁済と引換えに受領した受取証、残余財産分配に向けた会社財産の換価処分に関する契約書などである。

2　保存者の決定

　本条2項は、1項の規定にかかわらず、定款で又は社員の過半数をもって帳簿資料を保存する者を定めた場合には、その者は、清算持分会社の本店の所在地における清算結了の登記の時から10年間、帳簿資料を保存しなければならないことを定める。

3　帳簿資料保管者の決定

　裁判所は、利害関係人の申立てにより、本条1項の清算人又は本条2項の規定により帳簿資料を保存する者に代わって帳簿資料を保存する者を選任することができる。この場合においては、それらの規定は、適用しない（本条3項）。この裁判所が帳簿資料の保存義務者を選任する場合に係る選任手続の公的費用は、その選任を申し立てた利害関係人の負担ではなく、清算持分会社の負担となる（本条5項）。

> **非訟事件**　　A清算持分会社の帳簿資料保管者の決定申立て
> 　　＊申立ての趣旨は、「A会社の帳簿並びにその事業及び清算に関する重要な資料（「帳簿資料」）の保存者につき、下記（略）の者の選任を求める。」とする。
> 　　＊本件非訟事件は、A会社の本店の所在地を管轄する地方裁判所の管轄に属する（868条1項）。
>
> **申立理由**　1　Xは、A会社の利害関係人（例えば、代表清算人）であること
> 　　　2　A会社は、平成○年○月○日清算を結了し、同年○月○日その登記を了したこと

4　裁判所が選任した者の保存義務

　本条3項の規定により選任された者は、本条2項・3項の場合と同様に、清算持分会社の本店の所在地における清算結了の登記をすることになる時か

ら10年間、帳簿資料を保存しなければならない（本条4項）。

5　保存帳簿資料の閲覧・謄写請求等

　保存帳簿資料の閲覧・謄写請求等に関する定めはない。清算持分会社が消滅した後の問題であるから、通信の秘密（憲21条2項後段）にかかわる信書の類も保存資料に含まれるから、保存帳簿資料の自由な閲覧・謄写等は認められない。裁判上の証拠を保存するという本条の趣旨からすると、保存資料等の証拠利用は裁判所の文書提出命令等によることになる。

第9節　社員の責任の消滅時効

第673条　第580条に規定する社員の責任は、清算持分会社の本店の所在地における解散の登記をした後5年以内に請求又は請求の予告をしない清算持分会社の債権者に対しては、その登記後5年を経過した時に消滅する。
　2　前項の期間の経過後であっても、社員に分配していない残余財産があるときは、清算持分会社の債権者は、清算持分会社に対して弁済を請求することができる。

1　社員の責任の消滅時効

　本条1項は、580条所定の社員の責任は、清算持分会社の本店所在地において解散の登記をした後、5年以内に請求又は請求の予告をしない会社債権者に対しては、登記後5年を経過した時消滅することを定める。本項は、社員の責任消滅の法定期間を特に一律に解散登記（926条）をした時から起算することとしている。
　社員の責任の消滅期間である5年の期間は、社員の利益保護に基づく法定期間すなわち除斥期間であって、消滅時効期間ではないと解されよう。しかし、本条が位置する第9節は「社員の責任の消滅時効」であることからすると、立法者は消滅時効と解していることが窺える。なお、除斥期間説によっても、その期間中に請求又はその予告があればその期間が延長されるから、消滅時効と実質的な差異はない。
　本条所定の社員の責任の消滅時効は、退社員の責任につき法定された消滅時効（612条2項）と同じ構造である。ただその期間が退社員の責任では退社の登記（912条5号、913条5号、915条1項）後2年間であるのに対し、本条は会社の解散登記後5年間と長い点が異なる。これは、社員が退社しても本来の債務者である会社は存続し、他の社員も責任を負うのに対し、会社が解散して清算も結了するときは、会社債権者の債権回収にとって社員の弁済責任が重要となるためである（蓮井良憲・新注会(1)587頁）。

訴訟物	XのYに対する無限責任社員としての会社債務履行請求権

＊本件は、A清算合名会社に対する売買代金債権の債権者Xが A会社の社員Yに対し、会社債務の履行を求めたところ、A会社は除斥期間の抗弁を提出した事案である。

請求原因	1 XはA会社に対し、本件目的物を代金1,000万円で売買する契約を締結したこと

＊この主張が争われると、「XはBとの間で、本件目的物を代金1,000万円で売買する契約を締結したこと」「BはA会社の社員であること」という事実を主張立証しなければならない。

2 YはA会社の社員であること
3 A会社の財産をもって会社債務を完済できないこと、又はA会社の財産に対する強制執行が効を奏しなかったこと

(除斥期間)

抗 弁	1 本店所在地において、A会社の解散登記をした日

2 抗弁1の日から5年経過したこと

(請求の予告)

再抗弁	1 Xは、抗弁2の期間が経過するに先立って、Yに対し本件の請求をしたこと、又は、請求の予告をしたこと

2 期間経過後の残余財産

本条1項は、社員の責任の消滅期間を定めたものであって、会社債務には影響を与えない。そのため、本条2項は、1項の期間が経過した後であっても、分配しない残余財産がなお存在するときは、会社債権者は会社に対して弁済を請求できることを定める。また、会社債務に従たる保証債務に対しても何らの消長を来すことはない（大判昭和7年10月11日新聞3482.17）。

残余財産の分配を受けた社員がいるときに債権者はそれを会社に取り戻して自己の弁済に充当できるかであるが、一般論として、会社財産に参加する社員の利益と、会社財産に関する債権者の利益を比較すると、社員の利益が劣後すべきである。しかし、既に残余財産が分配されその財産に関する受領者の確定的利害が生じた後には、事情が異なる。会社債権者が社員の受領済み財産についてまで責任追及はできず、未分配の残余財産が会社にある限りで会社債権者のための責任財産になると解される（本条2項）。

第10節　適用除外等

●(適用除外)

第674条　次に掲げる規定は、清算持分会社については、適用しない。
　　一　第4章第1節
　　二　第606条、第607条第1項（第3号及び第4号を除く。）及び第609条
　　三　第5章第3節（第617条第4項、第618条及び第619条を除く。）から第6節まで及び第7節第2款
　　四　第638条第1項第3号及び第2項第2号

　本条は、清算持分会社について適用しない規定を明定する。その理由は次のとおりである。
(1)　第4章第1節（社員の加入）の規定
　本来業務執行者の地位を有すべき社員を、社員の業務執行権がない清算段階で加入させることは矛盾するからである。したがって、例えば、清算持分会社が資金の提供を受けるために、社員の加入という手段ではなく、663条による出資の履行請求や、新たに無限責任社員となる旨の定款変更をするなどにより、資金導入を試みることになろう。
(2)　606条（任意退社）、607条1項（法定退社。ただし、3号及び4号を除く）及び609条（持分の差押債権者による退社）
　清算が社員関係の終了を目的の1つとするから、清算手続とは別個に退社を認めるべきではないからである。
(3)　第5章第3節（計算書類の作成及び保存。617条4項、618条及び619条を除く）、第4節（資本金の額の減少）、第5節（利益の配当）、第6節（出資の払戻し）及び第7節第2款（資本金の額の減少に関する特則）
　残余財産の分配以外の方法で会社財産を社員に対する払戻しを避けるためである。
(4)　638条1項3号及び2項2号（定款の変更による合同会社への変更）
　清算手続の変更を生ずることになることを避けるためである。

●(相続及び合併による退社の特則)

第675条 清算持分会社の社員が死亡した場合又は合併により消滅した場合には、第608条第1項の定款の定めがないときであっても、当該社員の相続人その他の一般承継人は、当該社員の持分を承継する。この場合においては、同条第4項及び第5項の規定を準用する。

1 一般承継人の持分承継
　清算持分会社では、社員の死亡又は合併による法定退社（607条1項3号・4号）の場合、相続・合併による一般承継人が社員の持分を承継するとの定款規定の有無にかかわらず、一般承継人がその持分を当然承継する（本条前段）。この限りで、清算持分会社の社員については個性が重視されない。

2 一般承継人が複数のときの社員たる地位に基づく責任
　出資義務の全部又は一部が未履行の場合に、清算持分会社が債務完済不能という状況にあると、出資義務の履行時期等に関する定款規定の如何にかかわらず、清算持分会社は未履行の出資を履行するよう社員に請求できる（663条）。その際、社員の地位を承継した一般承継人が複数いる場合は、連帯して出資の履行責任を負う（本条後段、608条4項）。

3 一般承継人が複数のときの社員たる地位に基づく権利行使
　権利行使の面では、持分複数主義を採る株式の場合と異なり、単一の持分に関する準共有の関係（民264条）が生じ、共有株式に関する権利行使の場合（106条）と同じく、権利行使者の指定・通知をしない限り、清算持分会社に対する権利行使はできない（本条後段、608条5項本文）。権利行使者の指定は、共有財産の管理行為として（民252条本文）、一般承継人各自の承継割合に従い、その過半数で決定される（有限会社持分の準共有につき、最判平成9年1月28日裁判集民181.83）。ただ、この権利行使者の指定・通知は清算持分会社の事務処理上の便宜のための制度であるから、会社が権利行使者の指定・通知を欠く準共有持分に係る権利行使を認めるときは、そのまま権利行使ができる（本条後段、608条5項ただし書）。

第4編　社　　債

1　社債の定義

　社債は、「この法律の規定により会社が行う割当てにより発生する当該会社を債務者とする金銭債権であって、第676条各号に掲げる事項についての定めに従い償還されるものをいう。」と定義される（2条23号）。この定義につき、立案担当者は、社債に関する法律規定の適用関係を明確にしたという（相澤・新会社法解説169頁）。すなわち、発行地が日本国内外を問わず、「この法律〔本法〕の規定により会社が行う割当てにより発生する」金銭債務であれば、コマーシャル・ペーパー、シンジケート・ローン等の名称を問わず、社債に該当し、本法の社債に関する法規制（特に社債管理者の設置義務と社債権者集会に関する規定）が適用されるという。

　しかし、この定義規定には、その狙いを果たせないとの批判がある。①「この法律〔会社法〕の規定により会社が行う割当てにより発生する」という定義では会社が自らの意思でその該当性を回避できるが、本来、公衆の保護を図るための規制は、会社の意思によらず適用がされるべきである。②この定義では、総額引受けの社債該当性が明らかでない。なぜなら、総額引受けは、本法上の割当ての規定は適用されないが（679条）、社債とされるからである。③新株予約権付社債の場合には、海外が発行地であっても、新株予約権は本法による割当てを受けることになるから、この定義によれば、常に本法の社債としての規律を受けるはずであるが、法務省民事局は、国際私法上の解釈によるとしており、社債の定義規定は、法適用の明確化を図れないという（江頭憲治郎・会社法コンメ（1）52-53頁）。

2　社債の法律的性質
(1)　金銭債権性

　社債は、公衆に対する起債によって生じた会社に対する債権（本来消費貸借的なもので、その本体は純然たる債権）であり、これに従来は多くの場合有価証券が発行されていた。そして、社債契約の法律的性質は、基本的に消費貸借契約類似の無名契約であると解される。したがって、社債について、民法上の保証を付し得るし（保証付社債）、社債の合同発行（施則162条2号）をすることにより、実質的な保証付きの社債を発行することもできる（相澤他・論点解説620-621頁）。このように、社債は純然たる金銭債権であ

るにもかかわらず、本法が社債に関する規定を置くのは、①社債を有価証券化する（又は振替制度に乗せる）ことを可能にし、②公衆という集団に対する起債のためその発行に技術的処理を設けることが妥当であり、③多数の社債権者を保護し集団的な取扱いが必要であるからである（神田・会社法295頁）。

訴訟物　　　XのY株式会社に対する社債償還金請求権
　　　＊本件は、XがY会社の社債償還金の返還を求めたところ、Y会社がXに対する貸金返還請求権と相殺を主張した事案である。
　　　＊最判平成15年2月21日金判1165.13は、社債について相殺ができるとすると、1つの社債が他の社債と異なる性質を持つものになることを認めることとなり、大量性、集団性、公衆性という社債の本来の性質に反し、ひいては社債権者の団体的保護を害する結果となるから、社債の一種である金融債の償還請求権を受働債権とする相殺の意思表示は、償還期限の到来の前後にかかわらず、許されないとした原審を破棄し、「相殺の受働債権が金融債の償還請求権であることをもって、相殺ができないとする理由はないというべきである」と判示する。

請求原因　1　Xは、Y会社発行の1,000万円の社債（償還期平成○年○月○日）権者であること
　　　＊相殺の抗弁の成否に争点がある場合、社債の成立についての事実主張はされず、このような一種の権利主張で足りることになろう。
　　　2　請求原因1の償還期が到来したこと

（相殺）
抗弁　1　Y会社はXに対し、金1,000万円を弁済期平成○年○月○日の約定で貸し渡したこと
　　　2　抗弁1の弁済期が到来したこと
　　　3　Y会社はXに対し、訴訟外で、請求原因1の社債の償還債務と抗弁1の貸金返還債務を対当額で相殺する旨の意思表示をしたこと
　　　＊相殺権者が受働債権たる社債についての社債券を保有していない場合について、最判平成13年12月18日裁判集民204.

157は、「有価証券に表章された金銭債権の債務者は、その債権者に対して有する弁済期にある自己の金銭債権を自働債権とし、有価証券に表章された金銭債権を受働債権として相殺をするに当たり、有価証券の占有を取得することを要しないというべきである。けだし、有価証券に表章された債権の請求に有価証券の呈示を要するのは、債務者に二重払の危険を免れさせるためであるところ、有価証券に表章された金銭債権の債務者が、自ら二重払の危険を甘受して上記の相殺をすることは、これを妨げる理由がないからである。したがって、上告人が本件金融債券の占有を取得した原因行為である本件担保供与が否認されたとしても、上告人による本件債権元利合計10億2,410万9,589円を受働債権とする相殺は有効であって、本件債権はこれにより消滅したものというべきである。」と判示する。

(2) 附合契約性

社債発行会社と社債権者が締結する社債契約は、一般公衆である多数の社債権者が存在するから、社債権者と社債発行会社との実質的な交渉は不可能なので、社債を公衆に販売する証券会社等が社債発行会社との交渉で社債契約の内容を予め実質的に確定し、個々の社債権者は社債契約の内容について交渉の余地のない附合契約である。

3 社債発行会社
(1) 発行会社の拡大

旧商法においては、社債を発行できる会社は株式会社に限られており、合名会社、合資会社、有限会社は発行できなかった。本法は、株式会社のみならず、持分会社（合名会社、合資会社、合同会社）も、社債の発行を可能とした（676条参照）。そのため、社債に関する規定は、第2編株式会社及び第3編持分会社に共通の規定（横断的規則）として、第4編に置かれている。また、特例有限会社においても、社債を発行することが可能となった（社債に関する第4編の規定を適用除外とする特則は、整備法第1章第2節（有限会社法の廃止に伴う経過措置）中には置かれていない）。もともと有限会社において社債の発行が認められなかったのは、その非公開性にあるとされていたが、非公開会社でも資金需要は生じるのであり、非公開性の会社であっても、一律に社債発行権限を与えない理由とはならない。相澤他・論点解説

616頁は、すべての種類の会社に社債発行を認める理由として、①社債は金銭債権であるから、会社の種類によって発行の可否を区別すべき理由がないこと、②特に合同会社や特例有限会社が資産流動化の手段として社債を発行し得ることがその利便性を高めるという。しかし、一般公衆からの起債である性質からすると、社債を資金調達の手段とし得るのは、その信用確保の制度が整っている株式会社であろう。

(2) 外国会社が国内で社債を発行する場合の本法の適用の有無

　外国会社が日本法を準拠法として社債を発行する場合、社債に関する本法の規定に従う必要があるかが問題となる。旧商法当時は、社債の規定が株式会社のみに適用され、外国政府や中央銀行など日本の株式会社に相当しない組織が発行する債券については適用がないが、日本の株式会社に相当する組織が日本法を準拠法として日本で発行した債券については、一定程度適用されると解されてきた。発行の決定については設立準拠法に従うが、社債管理者や社債権者集会についての規定は直接適用されるとの前提で、少なくとも平成5年商法改正後のいわゆる「サムライ債」（外国法人が日本市場で発行する円建外債）の社債要項は作成されていた。

　しかるに、立案担当者は、外国会社は、本法所定の「社債」を発行できないと解している。「社債」とは、本法の規定に基づいて「会社」が行う割当てにより発生するその「会社」を債務者とする金銭債権であって、676条各号所定の事項（募集社債に関する決定事項）についての定めに従って償還されるものである（2条23号）が、その定義における「会社」は、株式会社、合名会社、合資会社又は合同会社をいい（2条1号）、外国会社は含まれないからである（相澤他・論点解説616-617頁）。これによると、民間外国法人が日本で日本法を準拠法として発行した債券であっても社債管理者の設置強制や社債権者集会の規定は適用されない。当事者の合意により法律と同様の規定を社債要項に盛り込むことは可能であるが、あくまで契約上の権利義務となり、また社債権者集会の裁判所の認可制度の適用もないことになる。

(3) 日本の会社が海外で社債を発行する場合の本法の適用の有無

　日本の会社が海外で社債を発行する場合、社債に関する本法の規定（特に社債管理者の設置義務規定）の適用があるかにつき見解が分かれ、社債管理者設置義務については、①準拠法が日本法の場合に適用あるとする説、②発行地が日本の場合に適用があるとする説、③対象とする投資家が日本の投資家である場合に適用があるとする説などに分かれていたが、一般には、準拠法と発行地が共に外国であれば（払込みと券面の交付地が共に日本でなければ日本は発行地ではない）、社債管理者設置義務及び社債権者集会の規定は

適用がないとされてきた。しかるに、立案担当者によると、外国法を準拠法として発行すると、本法所定の「社債」ではないので、社債に関する規定は社債管理者設置強制を含め適用されないとする（相澤・新一問一答191頁）。すなわち、社債とは、本法の規定により会社が行う割当てにより発生するその会社を債務者とする金銭債権であって、676条各号所定の事項についての定めに従い償還されるものをいうから、外国法を準拠法とする社債は、これに該当しないからである。この見解によると、外国法を準拠法とする外債を発行する場合、社債管理者の設定義務がなく、また、取締役会設置会社であっても、多額の借財（362条4項2号）又は重要な業務執行（同項柱書）に該当しない限り、取締役会決議なくして募集できることになる。

4　社債に関する法律

社債に関する一般法は、本法第4編社債であるが、そのほかの社債に関する法的規制は、次のとおりである。

(1) 担保付社債信託法

担保付社債とは、社債を担保するため物上担保が付された社債であり、担保付きの安全性が増すので社債権者に魅力的な商品であるが、発行会社の担保設定手続や担保社債権者の権利実行手続には煩わしさが伴う。そのため、担保付社債信託法においては、物上担保の目的財産を有する者が、その財産につき総債権者を受益者、受託会社を担保権者とする信託契約を締結し、以後、受託会社は信託契約に基づき取得した担保権を総債権者のために保存し、実行するという制度設計をしていた。しかし、旧商法との間に規定の重複や不統一があったため、本法制定に際し、本法の社債規定を社債の一般法とし、担保付社債信託法を担保付社債の特別法と位置づけた。

(2) 社債、株式等の振替に関する法律

平成13年制定の「短期社債等の振替に関する法律」は、平成15年に「社債等の振替に関する法律」と名称が変更され（平成14年法律第65号）、併せて一般の社債や国債等についてもその無額面化が実現し、社債等について完全な無券面化を図る振替制度が創設された。それによると、短期社債（社債振替66条1号）及び社債発行の決定において、その発行する社債の全部について同法の適用を受けることとする旨を定める社債（同条2号）は、社債券を発行しないで（社債振替67条）、その権利の帰属が振替口座簿の記載・記録により定まるとされた（社債振替66条柱書）。その後、平成16年改正時に、株券不発行制度、振替株式制度等もこの法律の中に含め、その名称を「社債、株式等の振替に関する法律」と変更した（平成16年法律第88

号)。
(3) 金融商品取引法
　社債の発行につき、本法は社債申込証を会社が作成し、それにより社債の引受けをさせることとしている。本法が定める申込証の記載事項は社債自体の内容に限られ、実質的に投資判断に必要な発行会社の内容に関するものは少ない。これに対し、金融商品取引法は、社債の公募に際して、有価証券届出書（金商2条7項、5条）により投資者の投資判断に必要な情報を開示させている。加えて、それを財務局、金融商品取引所及び認可金融商品取引業協会等で公衆に縦覧させ（金商25条）、また、証券の取得に当たり、必要な情報を記載した目論見書（金商2条10項、4条）を投資者に直接交付させている（金商4条2項・3項）。
　金融商品取引法は、開示規制としての有価証券届出書提出義務、目論見書交付義務及び有価証券報告書提出義務と業者への行為規制としての契約締結前書面交付義務（金商37条の3）、運用報告書交付義務（金商42条の7）を課しているが、販売・勧誘時における目論見書の交付により情報提供が確保されているなど投資者保護等に支障を生ずることがない場合につき、行為規制としての契約締結前書面交付義務を免除するなどの措置を講じている（金商37条の3第1項ただし書、37条の4第1項ただし書）。

5　新株予約権付社債
　新株予約権付社債とは、社債と分離できない新株予約権（発行会社の新株を買い付ける権利）の付与された社債（2条22号、254条2項・3項）である。新株予約権は、発行会社の株式を一定数だけ、発行後一定期間内に一定の価額で取得できる権利であり、発行会社に対する行使によって、発行会社の株式の交付を受けることができる権利をいう（2条21号）。新株予約権付社債は、投資家にとって新株予約権という利点が付加されているため、発行会社は、普通社債より、利率を低くできる利点がある。平成13年改正商法（同年法律第128号）により新株予約権の発行が認められた結果、従来の転換社債及び新株引受権付社債は、新株予約権付社債に含まれることとなり、共に廃止された。

6　株式と社債の接近
　社債と株式は、法律的性質は全く異なるが、いずれも、会社にとっては資金調達の方法であり投資家にとっては投資の対象であることから、経済的には近似し、また、両者の接近現象がみられる。

(1) 株式の社債化
ア　議決権制限株式・完全無議決権株式
　会社は、株主総会において議決権を行使することができる事項について内容の異なる数種の株式を発行することができる（108条）。これにより、株式の会社経営支配が後退し、債権としての社債に近づく。
イ　償還株式
　会社は、利益をもってする株式の消却につき内容の異なる数種の株式を発行できる（108条）。利益配当によって株式を消却する場合、株式は社債の償還と類似する。
ウ　配当優先株（特に非参加的累積的優先株）
　会社は、利益又は利息の配当につき内容の異なる数種の株式を発行できる（108条）。配当を普通株式より優先させる優先株式には、優先配当を受けた後残余の利益（優先配当額以上の利益）について普通株と共に配当を受けることができる参加的優先株、受けられない非参加的優先株があり、優先配当が足りないときに不足分を累積し次期以降の利益から優先的に支払うものを累積的優先株、そうでないものを非累積的優先株という。非参加的累積的優先株は、債権としての社債に近似する。
(2) 社債の株式化
　会社は、新株予約権を付した社債である新株予約権付社債を発行することができる（2条22号、254条2項・3項、旧商341条ノ2以下）。新株予約権付社債は、新株予約権の分離譲渡ができないが、社債権者は、会社の業績が上がれば新株予約権を行使して株主としての有利な地位を取得できるから、新株予約権付社債は社債の堅実性と株式の投機性を併せ持つものといえる。

第1章　総　　則

　会社が、社債の募集を行う場合は、原則として、①募集事項の決定（676条）、②申込みをしようとする者に対する通知（677条1項）、③申込み（677条2項・3項）、④割当て（678条）という順序に従って手続が執られる。また、会社は、①募集事項を決定した後、募集社債の引受けの申込みをしようとする者に対し、会社の商号、募集事項、法務省令で定める事項（社債管理者の名称及び住所や社債原簿管理人の氏名又は名称及び住所）を通知しなければならない（676条1項、施則163条）。この通知は要式行為でないため、「社債申込証」を作成する必要はない（相澤他・論点解説623頁）。

●(募集社債に関する事項の決定)

第676条 会社は、その発行する社債を引き受ける者の募集をしようとするときは、その都度、募集社債(当該募集に応じて当該社債の引受けの申込みをした者に対して割り当てる社債をいう。以下この編において同じ。)について次に掲げる事項を定めなければならない。
　一　募集社債の総額
　二　各募集社債の金額
　三　募集社債の利率
　四　募集社債の償還の方法及び期限
　五　利息支払の方法及び期限
　六　社債券を発行するときは、その旨
　七　社債権者が第698条の規定による請求の全部又は一部をすることができないこととするときは、その旨
　八　社債管理者が社債権者集会の決議によらずに第706条第1項第2号に掲げる行為をすることができることとするときは、その旨
　九　各募集社債の払込金額(各募集社債と引換えに払い込む金銭の額をいう。以下この章において同じ。)若しくはその最低金額又はこれらの算定方法
　十　募集社債と引換えにする金銭の払込みの期日
　十一　一定の日までに募集社債の総額について割当てを受ける者を定めていない場合において、募集社債の全部を発行しないこととするときは、その旨及びその一定の日
　十二　前各号に掲げるもののほか、法務省令〔施則162条〕で定める事項

1　募集社債に関する事項

会社は、その発行する社債を引き受ける者の募集をするときは、その都度、本条所定の事項(募集事項)を定めなければならない。募集事項のうち、旧商法と異なる事項は、主として法務省令で定められている(本条12号、施則162条)。なお、本条の規定は、新株予約権付社債についての社債を引き受ける者の募集については、適用されない(248条)。会社は、新株予約権付社債に付された募集新株予約権の募集事項の決定の一部として、本

条各号に掲げる事項の決定をしなければならない（238条1項6号）。
(1) 募集社債の総額（本条1号）
　募集社債の総額は、会社が1つの募集で割り当てる社債の総額であり、その募集によって発行する社債の総額に当たる。社債は、会社の資金調達の一手段であるから、社債によって総額いくらの資金調達を図るかは、重要な事項であり、募集事項の内容となる。社債の募集は、打切発行が原則であるから、会社が打切発行をしない旨を定める募集（本条11号）でない限り、募集社債の総額は、結果的には、1つの募集において発行する募集社債の総額の上限である。
(2) 各募集社債の金額（本条2号）
　各募集社債の金額は、各募集社債につき満期に償還される金額であり、社債原簿の記載事項としての「各社債の金額」（681条2号）や、社債券が発行される場合には、社債券の券面額（額面金額。697条1項2号）に当たる（相澤他・論点解説629-630頁）。1つの募集において、各募集社債の金額が1つの金額である必要はなく、会社は、各募集社債の金額として異なる金額を定めることができる。各募集社債の金額については、本法上、上限や下限に係る制限はなく、会社は任意に定め得る。
　割増償還の償還金額について超過額は各社債について同率を要請していた旧商法300条が本法制定時に削除されたことを理由に、本法では社債の償還金額は常に社債の金額と同額であるとする見解（相澤・新会社法解説173頁）によれば、社債の金額として定められた金額を上回る金額による償還（割増償還）は認められないこととなる。これに対し、実務上広く認められてきた割増償還条項は、開示がされていれば、契約自由を制限すべき理由はないから、割増償還を認める見解も説かれている（江頭・株式会社法751頁、神田・会社法300頁）。
(3) 募集社債の利率（本条3号）
ア　取締役会の決議
　取締役会設置会社（委員会設置会社を除く）の取締役会は、募集社債の利率の上限その他の利率に関する事項の要綱を定め、具体的な募集社債の利率の決定を取締役に委任することができる（362条4項5号、施則99条1項3号）。具体的な上限ではなくその要綱でも足りるとされるのは、社債をデリバティブ商品等に利用する場合に、利率の上限を画すると、商品としての魅力を失わせ、会社の資金調達に支障を来す可能性が生じるからと説明される（相澤・省令解説26頁）。
イ　利息制限法の適用

社債の利息に対する利息制限法の適用の有無については、適用を認める肯定説があるが（上田宏・新注会(10)59頁）、社債の利息に限らず、割引金、手数料などが利息とみなされるため（利息3条）、例えば、長期のゼロクーポン債（無利息債）を、発行時に割引発行し、発行後長期間経つ前に社債要項に定める一定の理由に基づいて額面で期限前償還する場合や、利息が一定のインデックスに連動する社債においても、インデックスが高騰した場合には、同法違反になる可能性がある。否定説は、①利息制限法は、金銭を目的とする消費貸借上の利息の契約に適用されるが（利息1条）、社債は消費貸借契約類似の無名契約であって、消費貸借そのものではない（2条23号も単に金銭債権と定める）、②利息制限法は、元来、消費者（借主）保護立法であるが、社債は、一般消費者が投資家となり得る金融商品であって、同法が想定する消費貸借契約とは経済実態が異なる、③インデックス債の場合は、通常、発行会社には、ヘッジその他の目的があり、インデックスが高騰して、多額の利息を支払う可能性の存在も認識して発行している、④肯定説は、発行会社の自由な資金調達を阻害する可能性があることを理由とする（長島・大野・常松法律事務所編・アドバンス新会社法［第3版］547頁）。適用否定説を相当とすべきである。

ウ　利益参加社債

　利益参加社債は、確定利息の支払が保証される上に、分配可能額がある場合、それに参加して追加利息が支払われる社債をいう。そのほか、類似の社債として、所得社債（分配可能額の存在を条件として、その中から一定の条件に従って利益を分配して利息が支払われる社債）、指数連動社債（確定利息の支払が保証される上に、配当率などの一定の指数で定まる追加利息が支払われる社債）がある。そして、利益参加社債の発行の可否については、分配可能額を株主以外の者に交付できないことなどから、発行を否定する見解が説かれるが（太田洋＝上野元・実務相談 466-467 頁）、多数説は、発行を許容した上で、剰余金の配当に一定の制約を課すことになるから、優先株式等と同様に、定款でその総額及び内容を定める必要があるとしている（藤井俊雄「利益参加社債の適法性」商法の争点Ⅰ197頁）。

(4)　募集社債の償還の方法及び期限（本条4号）

ア　償還の方法

　償還の方法には、満期（募集社債の償還の期限）に一括して償還する方法（一括償還）、満期前に償還する権限を社債発行会社に付与し、この権限に基づいて償還する方法（任意繰上償還）、定期的に一定額又は一定額以上の社債を償還する義務を社債発行会社に負わせ、この義務に基づいて償還する方

法（定時償還。739条1項参照）等がある。
イ　募集社債の償還の期限
　募集社債の償還の期限は、募集社債について償還を開始する時期である。募集社債の償還の期限としては、通常は、確定期限が定められる。ただし、確定期限が定められない永久債（社債発行会社が存続する限り償還の必要がない社債）がある。
(5) 利息支払の方法及び期限（本条5号）
　利息支払の方法及び期限には、本法による制限はない。利息支払の方法及び期限としては、利息が付される期間、利息支払の期日、その期日に支払われる利息の内容等が定められる。
(6) 社債券を発行するときは、その旨（本条6号）
ア　社債券不発行の原則
　平成16年商法改正時（同年法律第88号）に、株式について株券不発行制度が導入されたが、流通が特段予定されない社債の場合には、社債券の発行を強制する理由はないので、本条6号は、社債券についても不発行を原則とした。そして、株券の発行・不発行については、その会社が発行するすべての種類の株式について同一の取扱いを要するが、社債券の発行・不発行については、社債の種類ごとに異なる取扱いができる。
イ　社債券の存否と社債の種類
　社債券を発行する場合は、記名社債券と無記名社債券の2種類がある。また、社債、株式等の振替に関する法律は、振替機関等が備える振替口座簿上の振替えにより権利が移転する振替社債の発行も認めている（コマーシャル・ペーパーと呼ばれる「短期社債」も、振替社債の一種である）。この振替社債は、本法上の社債券不発行社債でも、無記名社債でもなく、全く別の種類の社債である。
　このように、会社は、①社債券不発行社債、②記名社債、③無記名社債、④振替社債という4種類の社債を発行し得るが、本法上、単に「社債」と規定されている場合は、4種類の社債のすべてを指す。ただし振替社債については、本法の適用除外規定が置かれている（社債株式振替86条の3。相澤他・論点解説630頁）。
(7) 社債権者が698条（記名社債・無記名社債間の転換）の規定による請求の全部又は一部をすることができないこととするときは、その旨（本条7号）
　記名社債と無記名社債は、その権利移転等の手続・対抗要件を異にしており、記名社債はそれを所有する場合の安全性に、また無記名社債は流通に便

利という特徴があるが、698条は相互の転換請求ができることを原則とするので、これを制限する場合は、募集事項として記載を要することとした。
(8) 社債管理者が社債権者集会の決議によらずに706条1項2号に掲げる行為をすることができることとするときは、その旨（本条8号）

　社債管理者は、社債権者集会の決議によらないと、社債の全部についてする訴訟行為又は破産手続、再生手続、更生手続若しくは特別清算に関する手続に属する行為（社債権者のために社債に係る債権の弁済を受け、又は社債に係る債権の実現を保全するために必要な一切の裁判上又は裁判外の行為を除く）をしてはならない（706条1項本文・2号）が、募集事項として決定しておけば、社債権者集会の決議を不要とし得る（706条1項ただし書）。これによると、社債の債務不履行時などに、直ちに社債管理者が訴訟提起できる。
(9) 各募集社債の払込金額（各募集社債と引換えに払い込む金銭の額）若しくはその最低金額又はこれらの算定方法（本条9号）

　募集社債の払込金額については、円貨に限定されておらず、外国通貨の額により定めることができる。この場合、特に合意がなければ、募集社債の引受人は、払込みの履行地における為替相場により、日本の通貨で払い込むことができる（民403条）。
(10) 募集社債と引換えにする金銭の払込みの期日（本条10号）

　募集社債と引換えにする金銭の払込みの期日が定められている場合に、払い込みがなくとも社債は成立し、払込義務が消滅することはない。会社は、依然として払込金の支払を求めることもできるし、払込期日が経過しているから催告の上社債契約を解除することもできる。無催告解除特約（債務不履行を理由に契約を解除するについて民法541条の催告を要しないとの合意）及び失権約款（債務者に債務不履行があった場合、債権者が別段の意思表示をしなくても契約が当然に解除されたものとしてその効力を失わせる合意）を付することは、もとより可能である。
(11) 一定の日までに募集社債の総額について割当てを受ける者を定めていない場合において、募集社債の全部を発行しないこととするときは、その旨及びその一定の日（本条11号）

　旧商法301条3項は、社債の成立について、社債申込証用紙に、応募額が社債総額に満たない場合も社債を成立させる旨の記載がないときは、社債全体が不成立になるとしていた。しかし、同じ資金調達の手段である新株発行では打切発行が認められており、社債に限って応募不足の場合にすべての社債を不成立とすべき根拠はない。そのため、本条11号は、応募不足の場合

は打切発行を原則とし、その場合に社債全体を不成立とするためには、特に、社債を募集する際に「一定の日」までに「募集社債の総額について割当てを受ける者を定めていない場合に、募集社債の全部を発行しないこととする」旨を定めておく必要があることとした。この特別の定めを置いておくと、応募額分についても社債は成立しない（相澤他・論点解説633頁）。

(12) (1)ないし(11)に掲げるもののほか、法務省令（施則162条）で定める事項（本条12号）

ア　分割払込み（施則162条1号）

募集社債の金銭の払込みにつき分割払込みを認める規定である。分割払込みにする場合には、その旨及び各払込みの期日における払込金額を定めなければならない。各払込みの期日は、本条10号の事項として定められる。

イ　合同発行（施則162条2号）

会社は、他の会社と合同して募集社債を発行できる（合同発行）。親子会社関係・系列関係にある会社同士で行われるであろう。合同発行をする場合には、その旨及び各会社の負担部分を定めなければならない。社債に係る金銭債務は、特別な定めがなければ、各会社が連帯して負担する（5条、商511条1項）。各会社は、それぞれ社債発行会社（682条1項括弧書）として、例えば、募集社債の払込請求等の権利を有し、社債原簿作成（681条、施則165条7号参照）等の義務を負う。一方、社債権者は、例えば、各会社に対して社債原簿の閲覧・謄写の請求権（684条2項）等の権利を有し、また、例えば、社債の譲渡を各会社に対抗するには、各会社に対して対抗要件（688条1項・2項）の具備が必要がある。

合同発行を行った場合の法律関係は、一般原則に従うこととなるが、株式会社が行う社債発行は、附属的商行為に該当し（商503条）、数人が全員のために商行為である行為により債務を負担した場合として、商法511条により各発行者の債務は連帯責任となり、その法律関係は、民法の連帯債務の規定に従うことになる（山下友信・新注会第2補巻180頁）。

ウ　現物払込み（施則162条3号）

募集社債の払込みについては、「払込金額」（本条9号。なお、括弧書参照）、「金銭の払込み」（本条10号）、「払い込まれた金銭の額」（681条3号）という文言からすると、金銭のみの払込みを前提とするかのようである。更に、本法は、募集株式につき、募集事項として現物払込みを認め（199条1項2号・3号）、また、募集新株予約権については、募集事項としては現物払込みを定めていない（238条1項3号）が、現物払込みを許容する246条2項の文言と対比すると、募集社債の払込みは金銭に限られ、施行規則162条3

号の規定は、本法が許容するものではないかとの疑義が生ずる。しかし、社債は、発行会社を債務者とする金銭債権であるが（2条23号参照）、社債契約は、消費貸借契約に類似する契約と解されるから、社債の割当てを受けた者が負担すべき債務の内容について、金銭の払込みに限定する必要はなく、その給付すべき財産の価額が特定できるものである限り、金銭以外の財産の給付であっても差し支えないと解される。会社と引受人との間で、個別に金銭の払込みに代えて現物を給付するという代物弁済契約の締結を禁止する理由はない（相澤・新会社法解説172頁）。そして、代物弁済の対象たる「金銭以外の財産」には、会社に対する債権も含まれるから（弥永・コンメ施則902頁）、例えば、既存の社債の切替用として新たに社債を発行する場合、新規発行社債の払込金の代わりに既発行社債の交付をすることもできる（相澤他・論点解説628-629頁）

そして、金銭以外の財産の給付による場合には、募集事項として、募集社債と引換えにする金銭の払込みに代えて金銭以外の財産を給付する旨の契約の内容を決定し（本条12号、施則162条3号）、募集社債を引き受けようとする者に対して通知することが必要であり（677条1項2号）、募集社債と引換にする金銭の払込みに代えて金銭以外の財産を給付する旨の契約を締結するときは、その契約の内容、更に、社債原簿には給付された財産の価額と給付の日を記載すべきこととなる（681条7号、施則166条1号）。

エ　社債管理者の約定権限（施則162条4号）

社債管理委託契約（702条）で社債管理者に法定権限以外の権利を与え得ることが明定された。会社と社債管理者の管理委託契約において、社債管理者に、いわゆる約定権限が付与される場合があるため、募集に当たり、社債管理者がいかなる約定権限を有するかも決定する必要があるとする趣旨である。

旧商法当時は、社債管理会社の約定権限行使の効果が社債権者に及ぶ根拠として第三者のためにする契約説が有力であった。本法の下では、社債管理者の約定権限は、発行会社と社債管理者間の社債管理委託契約に規定されるほか、募集社債発行に関する事項として決定され（本条12号、施則162条4号）、原則として申込人に通知され（677条1項2号）、社債原簿に記載される（681条1号、施則165条8号）から、発行会社と社債権者間の社債契約の内容となっているといえる。社債管理者の権利義務は、社債契約と社債管理委託契約に規定され、両者は相互に関連を有するから、両契約を一体として三者間契約と解し得る。

オ　社債管理者の辞任事由（施則162条5号）

会社と社債管理者とは、社債管理委託契約（702条）において、社債管理者の辞任事由を定めることができ（711条2項）、社債管理委託契約に辞任事由を定める場合には、会社は、辞任事由を定めなければならない。
カ　信託社債（施則162条6号）
　募集社債が信託社債（施則2条3項17号）であるときは、会社は、その旨及びその信託社債についての信託を特定するために必要な事項を定める必要がある。信託社債がその信託社債について信託財産に属する財産に限ってその履行の責任を負うものの場合には、委員会設置会社を除く取締役会設置会社の取締役会は、信託社債に係る募集事項（本条各号）の決定を委任する旨を定めて、その決定を取締役に委任できるとされている（362条4項5号、施則99条2項）。
(13)　特約条項
　社債要項とは、発行会社と社債権者との間の法律関係（社債契約）の内容を定めた条項をいうが、実務上、法定の募集事項に限られず、中村聡・論点体系(5)11-12頁は、次のアないしエの特約条項の存在を指摘している。
ア　期限の利益喪失条項
　社債の元利金の支払遅延、社債発行会社の他の借入金債務の不履行（クロス・デフォルト）、社債発行会社財産の差押えなどの信用不安事由が期限利益喪失事由（当然喪失条項又は請求喪失条項）として定められる。本法上、申込みをする者に対する会社の通知事項としての募集事項（677条1項2号）あるいは社債の種類を判断する基準としての施行規則165条に掲げる事項との関係では、この条項は、上記(4)募集社債の償還の方法及び期限に準ずる。
イ　財務上の特約
　財務上の特約とは、元利払の履行を確保するため、発行会社が財務上の一定の事項を遵守する旨の特約をいう。この特約違反は、期限の利益喪失事由とされることが多い。例えば、①担保提供制限条項（他の債権者への担保提供を制限し、もし他の債権に担保が提供された場合には、その無担保社債にも担保の提供を義務づける）、②社債間限定同順位特約（担保提供制限条項の対象とする同順位の債権を社債に限定する）、③純資産額維持条項及び利益維持条項（発行会社の信用悪化のモニタリングをし、早期回収を図る）、④配当制限条項（多額の剰余金の配当を制限し、将来の返済原資への悪影響を防止する）、⑤担保付切換条項（信用悪化事由が生じると、無担保社債から担保付社債に切り換えて債権保全を図る）がある。
ウ　支配権変更条項
　支配権変更条項とは、発行会社の組織再編、一定の議決権保有者の変更、

取締役の構成の重要な変更など、発行会社の支配権の異動が生じた場合で、格付けが引き下げられたときに、社債権者の債権保全や回収を図るものであり、社債権者に期限前償還請求権を認める場合が多い。償還請求の形で定められた場合には、上記(4)募集社債の償還の方法及び期限に含まれる。

エ　転売制限条項

社債の内容として譲渡制限を認める本法上の規定はないが、例えば、金融商品取引法上も、適格機関投資家私募で発行される社債には、適格機関投資家以外の者への譲渡が禁止される旨の転売制限を付することとし（金商定義府令11条1項・2項1号）、少人数私募で発行される社債には、一括譲渡以外の譲渡が禁止される旨の転売制限を付すこととしている（金商定義府令13条1項・3項1号）。金融商品取引法上の転売制限は、取得者に対する告知義務及び告知書面の交付義務が定められている（金商23条の13）。

2　募集社債に関する事項の決定機関

(1)　非取締役会設置会社

本条各号の事項の決定は、業務執行の決定である。非取締役会設置会社においては、本条各号の事項につき、原則として取締役の過半数をもって決定する（348条2項）。複数の取締役がいる場合は、本条各号の事項の決定を各取締役に委任することができる（348条3項参照）。

(2)　取締役会設置会社（委員会設置会社を除く）

ア　決定機関

本条各号の事項の決定は、業務執行の決定である。取締役会設置会社においては、これらの事項は、取締役会の決議事項である（362条2項1号）。これは、社債が借入行為の一種であって、組織法上の事項ではなく業務執行に属する行為であるが、大量的・継続的な借入れなので、会社の財産状況及び株主の利益に関係する重要事項だからである（ただ、社債権者となる公衆の保護の要請から、取締役会の決議を経ずに代表取締役が社債を発行しても、社債は有効と解されている）。委員会設置会社を除く取締役会設置会社においては、取締役会は、これらの事項の決定について、一定の事項・要綱等（362条4項5号、施則99条）を定めた上で、取締役（代表取締役又は業務担当取締役（363条1項））に委任することができる。これは、会社の資金調達の円滑化を図るためである。

イ　取締役会で最低限定めるべき事項（委任できない事項）

取締役会設置会社（委員会設置会社を除く）にあっては、最低限、次の①ないし④の項目については、取締役会において定めなければならない（362

条4項5号、施則99条)。しかし、それ以外の募集事項については、取締役会は代表取締役や業務執行取締役にそれらの決定を委任することができる。

① 2以上の募集に係る募集事項の決定を委任するときは、その旨（施則99条1項1号)

　1種類の社債を1回のみ募集するか、1種類又は2種類以上の社債を数回にわたって募集をするかは取締役会で定めなければならない。しかし、2以上の募集を行う場合に、何種類の社債を発行するか、何回の募集を行うかは、取締役会で決定する必要はない。

② 募集社債の総額の上限（①の場合にあっては、各募集に係る募集社債の総額の上限の合計額）（施則99条1項2号）

　取締役会は、1回の募集に限って委任する場合は、少なくとも募集社債の総額の上限を定める必要がある（募集社債の総額を確定額で定めてもよい）。取締役会が募集社債の総額の上限を定めた場合に、取締役が募集事項の決定の際に、募集総額を、その上限よりも少額に定めた場合には、残余額は募集されない。取締役会は、2回以上の募集を行うことを決定するときは、社債の種類あるいは募集ごとの募集社債の総額を定める必要はなく、募集社債の総額の上限の合計額のみ定めれば足りる。その上限の合計額として、例えば、償還された社債の額を再度枠に組み込む形（プログラム・アマウント。後記3(4)参照）でこれを定めてもよい。

③ 募集社債の利率の上限その他の利率に関する事項の要綱（施則99条1項3号）

　例えば、「募集社債の利率は6パーセント以内とする」「募集社債の利率の上限は、償還期限3年のものは3パーセント、5年のものは4パーセント、7年のものは5パーセントとし、その他の年限の社債を発行する場合の利率は、記載年限と利率の組合せを勘案し、合理的な範囲内に限る」「募集社債の利率は基準金利＋3パーセント以内とする。ただし基準金利とは、10年利付国債の利回りとする」と規定し、あるいは、実質的な発行コスト等を規定することもできる。また、(ⅰ)取締役会が割引発行しか認めない場合には、利率は零と定めて、払込価額に関する要綱を定めることになり、(ⅱ)割引発行とするかどうかを取締役に委ねる場合には、利率の要綱と払込金額の要綱を関連づけて規定し、実質的な利率の上限等を定めることとなろう。

④ 募集社債の払込金額（本条9号所定の払込金額）の総額の最低金額その他の払込金額に関する事項の要綱（施則99条1項4号）

募集社債の総額を定めた場合に、払込金額の総額の最低額を定めることにより、割引発行の限度額を定めることや、募集社債の総額の95パーセント以上の金額を払込金額の総額とする等、払込金額に関する事項の要綱を定めなければならない。

ウ　委任の期間

　取締役会設置会社（委員会設置会社を除く）の取締役会が、募集社債の発行の決定を取締役に委任することができる期間については、争いがある。本条が「その都度」と定めていることに鑑み、取締役に委任することができる期間には一定の限度があるとし、旧商法下では、取締役会が会社の資金計画を立てる期間や、取締役の交代可能性等を考慮して、委任の期間の最長期間を1年程度とする見解が一般的であった。しかし、委員会設置会社以外の取締役会設置会社において、取締役会が社債の募集に係る事項の決定を取締役に委任できることが明文化されながら、委任の期間につき特に定めを置いていないから、委任の期間に制限はないと解すべきであろう（相澤他・論点解説627頁）。

(3)　委員会設置会社

　委員会設置会社では、社債の募集事項は、業務執行に係る決定事項の1つとして、取締役会において決定するのが原則である（416条1項1号）。ただし、委員会設置会社においては、取締役会は、本条各号の事項の決定を執行役に委任ができる（416条4項参照）。旧商法・旧商法特例法当時、委員会等設置会社における執行役への委任の期間は問題とされておらず、本法においても、委員会設置会社については執行役への委任の期間に制限はない。

(4)　持分会社

　持分会社の業務は、定款に別段の定めがある場合を除き、業務を執行する社員の過半数をもって決定する（590条1項・2項、591条1項前段）。したがって、募集社債に係る募集事項の決定も、この手続による。なお、募集社債に係る募集事項の決定は、通常は、持分会社の常務（590条3項）には該当しないから、その社員がその権限を有する旨の定款の定めがある場合、他の業務執行社員の全員から募集事項決定につき委任を受けた場合、あるいは、業務を執行する社員が当該社員のみである場合を除き、業務を執行する社員が単独でこれを決定することはできない（相澤他・論点解説634頁）。

　持分会社においては、本条各号の事項につき、原則として社員（業務執行社員を定めた場合には業務執行社員）の過半数をもって決定する（590条2項、591条1項前段）。本条各号の事項については、持分会社の機関において決定されることが必要とされず、単に社員の過半数により決定されれば足

り、委任が許されない旨も規定されていないので、社員は、その決定を各社員に委任できると解される。委任期間の制限はない。

3　社債の設計
　取締役会が社債に関する募集事項の決定を取締役に対して委任することができる（362条4項5号、施則99条）。以下の(1)ないし(5)など多様な社債の発行が可能である（相澤他・論点解説 626-628 頁）。
(1)　シリーズ発行
　取締役が、市場動向に応じて、募集条件を変化させつつ、断続的に社債を募集する場合（シリーズ発行）には、取締役会において、①2以上の募集に係る募集事項の決定を委任する旨、②募集社債の総額の上限の合計額、②募集社債の利率の上限、④払込金額に関する要綱（例えば、払込金額は、社債の金額の〇パーセント以上とする等）を定め、他の事項については、取締役に委任すればよい。
(2)　売出発行
　一定期間を定めてその期間内に希望者に対して随時個別的に社債を売り出す方法によって社債を発行する場合（売出発行）には、取締役会において、①募集社債の総額の上限の合計額、②募集社債の利率の上限、③払込金額に関する要綱（例えば、払込金額を申込日に応じ所定の金額に定めること等）を定め、他の事項については、取締役に委任すればよい。
(3)　他社株転換社債
　他社株転換社債とは、償還時に転換対象株式の株価が一定額（転換価格）以上であれば現金で償還するが、転換価格未満であれば金銭の償還に代えて社債発行会社以外の会社の株式で代物弁済する旨が定められた社債をいう。他社株転換社債について、市場動向に応じて複数の種類のものを発行する場合には、取締役会において、①2以上の募集に係る募集事項の決定を委任する旨、②募集社債の総額の上限の合計額、③利率に関する事項の要綱、④払込金額に関する要綱（例えば、払込金額は、社債の金額の〇パーセント以上とする等）を定め、他の事項は取締役に委任し、その取締役が償還の方法として他社株転換条項を定めればよい。
(4)　プログラム・アマウント
　本法においては、既に発行された社債についての「社債の総額」の概念と、社債の引受人を募集する場合の募集事項としての「募集社債の総額」の概念とが区別されている。すなわち、「社債の総額」は、社債を一旦発行すれば、償還してもそれが減少することはない。しかし、「募集社債の総額」

ないし「募集社債の総額の上限の合計額」は、これからどのような募集を行い、どの程度の社債を割り当てるかという枠として決めるものであるから、2以上の募集を行う場合に発行後に償還された社債の金額を再度枠の中に組み込む形で募集社債の総額の上限の合計額を定めることもできる。また、このことは多数の種類の社債について発行と償還とを繰り返すような場合であっても同様であり、ある種類の社債が償還された場合に、その償還相当額を他の種類の募集社債の総額の枠に再度組み入れるという形（プログラム・アマウント）で「募集社債の総額」の上限の合計額を定めることもできる。また．プログラム・アマウントの形で「募集社債の総額」の上限の合計額を定める場合であっても、必ずしも委任期間を定める必要がないから、例えば、短期社債について、一旦定めた枠をを変更しない限り、取締役会の決議を経ないで随時発行できることとなる。

(5) 振替社債・社債券

取締役会は、発行する社債について、振替社債にするか否か、社債券を発行するか否かの決定についても、取締役に委任することができる。

● (募集社債の申込み)

第677条 会社は、前条の募集に応じて募集社債の引受けの申込みをしようとする者に対し、次に掲げる事項を通知しなければならない。
　一　会社の商号
　二　当該募集に係る前条各号に掲げる事項
　三　前2号に掲げるもののほか、法務省令〔施則163条〕で定める事項
2　前条の募集に応じて募集社債の引受けの申込みをする者は、次に掲げる事項を記載した書面を会社に交付しなければならない。
　一　申込みをする者の氏名又は名称及び住所
　二　引き受けようとする募集社債の金額及び金額ごとの数
　三　会社が前条第9号の最低金額を定めたときは、希望する払込金額
3　前項の申込みをする者は、同項の書面の交付に代えて、政令〔施令1条〕で定めるところにより、会社の承諾を得て、同項の書面に記載すべき事項を電磁的方法により提供することができる。この場合において、当該申込みをした者は、同項の書面を交付したものとみなす。
4　第1項の規定は、会社が同項各号に掲げる事項を記載した金融商品取引法第2条第10項に規定する目論見書を第1項の申込みをしよう

とする者に対して交付している場合その他募集社債の引受けの申込みをしようとする者の保護に欠けるおそれがないものとして法務省令〔施則164条〕で定める場合には、適用しない。
5 会社は、第1項各号に掲げる事項について変更があったときは、直ちに、その旨及び当該変更があった事項を第2項の申込みをした者（以下この章において「申込者」という。）に通知しなければならない。
6 会社が申込者に対してする通知又は催告は、第2項第1号の住所（当該申込者が別に通知又は催告を受ける場所又は連絡先を当該会社に通知した場合にあっては、その場所又は連絡先）にあてて発すれば足りる。
7 前項の通知又は催告は、その通知又は催告が通常到達すべきであった時に、到達したものとみなす。

1 申込みをしようとする者に対する募集事項の通知
(1) 通知事項
　会社は、募集社債の引受けの申込みをしようとする者に対し、①会社の商号、②その募集に係る676条各号に掲げる事項、③社債管理者を定めたときは、その名称及び住所、④社債原簿管理人を定めたときは、その氏名又は名称及び住所を通知しなければならない（本条1項、施則163条）。本条1項は、会社が上記①ないし④の事項を記載した金融商品取引法2条10項所定の目論見書を募集社債の申込みをしようとする者に対して交付している場合その他募集社債の引受けの申込みをしようとする者の保護に欠けるおそれがないものとして法務省令（施則164条）で定める場合には、適用しない（本条4項）。会社は、上記①ないし④の事項について変更があったときは、直ちに、その旨及び変更があった事項を募集社債の引受けの申込みをした者に通知しなければならない（本条5項）。また、会社は、法定の通知事項以外の事項も通知することができる（今井克典・会社法コンメ(16)42頁）。
(2) 通知方法
　社債申込証は本法では廃止され、会社による通知の方法は定められていないので、書面の交付に限られない。また、適格機関投資家向け私募債又は少人数私募債で、その取得者に交付される社債に関する情報を記載した書面（金商定義府令11条2項1号ロ、13条2項2号ロ）において、その私募に係る

転売制限のほか、法定の通知事項（本条1項）が記載されているときは、その書面の交付により、通知に代えることができる（金商令1条の4第3号ハ、1条の7第2号ロ(4)。相澤他・論点解説635頁参照）。

2　引受けの申込み
(1) 申込事項と申込方法
　本条2項は、676条の募集に応じて募集社債の引受けの申込みをする者は、①申込みをする者の氏名又は名称及び住所、②引き受けようとする募集社債の金額及び金額ごとの数、③会社が676条9号の最低金額を定めたときは、希望する払込金額を記載した書面を会社に交付しなければならない（本条2項）。申込みの書面は、法律上は会社が作成した書面に記入する方法による必要はない。申込者が作成した書面を交付する場合でも、所定事項の記載があれば、有効な申込みとなる（実務上は、会社が申込用紙を用意する）。また、会社の承諾を得て、電磁的方法により、申込書面記載事項を提供できる（本条3項、施令1条、施則230条）。なお、これらの申込書面の交付制度は、あくまで会社の便宜のためであるから、会社が書面によらない申込みを認めることができる（今井克典・会社法コンメ(16)46頁）。
(2) 通知事項の虚偽等による申込みの無効
　通知事項に重要な欠缺・虚偽等がある場合には、一般に申込みは無効となると解される（江頭・株式会社法747頁）。無効主張ができる時期につき、設立時募集株式の引受けの場合に設けられているような時期的制限（102条4項、211条2項）に関する規定がない。そこで、社債申込みの無効の主張には時期的な制限がなく、一般原則に従い、いつでも主張できるとの見解がある（今井克典・会社法コンメ(16)45頁）。これに対して、募集株式の引受けに関する規定を類推して、社債の利息を受領した後は、通知の虚偽等を理由とした社債申込みの無効の主張はできないとする見解も有力である（江頭・株式会社法747頁、上田宏・新注会(10)57頁）。

3　目論見書の交付と通知の適用除外
　本条1項（会社による通知事項の通知義務）の規定は、その通知事項を記載した金融商品取引法2条10項所定の目論見書を申込みをしようとする者に交付している場合その他募集社債の引受けの申込みをしようとする者の保護に欠けるおそれがない①会社が金融商品取引法の規定に基づき目論見書に記載すべき事項を電磁的方法により提供している場合、②会社が外国の法令に基づき目論見書その他これに相当する書面その他の資料を提供している場

合、③長期信用銀行法（昭和27年法律第187号）11条4項の規定に基づく公告により同項各号の事項を提供している場合、④株式会社商工組合中央金庫法（平成19年法律第74号）36条3項の規定に基づく公告により同項各号の事項を提供している場合には、適用しない（本条4項、施則164条1号）。①の金融商品取引法の規定に基づき目論見書に記載すべき事項を「電磁的方法」により提供している場合の意義が問題となるが、施行規則164条1号で用いられる「電磁的方法」は、金融商品取引法で規定されていないため、その借用概念ではなく、本法で定義される「電磁的方法」をいう（今井克典・会社法コンメ(16)43-44頁）。すなわち、金融商品取引法27条の30の9で定める「電子情報処理組織を使用する方法その他の内閣府令〔開示府令23条の2第2項〕で定める方法」により提供している場合でなく、施行規則164条1号で用いられる「電磁的方法」は2条34号、施行規則2条2項5号で定義される「電磁的方法」をいい、「電子情報処理組織を使用する方法その他の情報通信の技術を利用する方法であって法務省令〔施則222条〕で定めるもの」により提供している場合を意味する。

4 通知事項の変更

会社は、本条1項の通知事項に変更があったときは、申込者に対し、直ちにその旨及び変更事項を通知しなければならない（本条5項）。会社から変更事項の通知があった場合、申込みの後であるから、申込みの内容が変更通知に従って当然に変更されるわけではなく、他方、当初の申込みが効力を失うものではない。その場合、申込みをするか否かの判断に影響を及ぼす可能性が低い（範囲）の通知事項で、かつ、会社の意図によらず生じた変更のみが許されると解され、その範囲の変更（例えば、社債管理者の住所や社債原簿管理人の住所の変更）に限って、申込みが変更通知に従った内容となるとする見解がある（今井克典・会社法コンメ(16)48頁）。これに対して、会社から変更事項の通知があったときは、その通知に従って申込内容も変更されるが、この変更に同意しない申込者は、申込みを撤回できるとする見解がある。しかし、申込みの撤回は会社による割当て前に限られるから、変更事項の通知後すぐに会社が割当てを行うと社債契約が成立して、申込者に不意打ちの不利益が生ずる。その場合は、変更事項の通知が到達したものとみなされる時（本条7項）から会社の割当てまでの期間、変更事項の重要性、申込者が変更を予見していたかを考慮して、通知事項に重要な欠缺・虚偽等があった場合と同等に評価できるときは、申込みを無効と解すべきであろう。

5　会社が申込者に対してする通知・催告

　会社が申込者に対してする通知・催告は、本条2項1号の住所（申込者が別に通知・催告を受ける場所又は連絡先を会社に通知した場合にあっては、その場所又は連絡先）に宛てて発すれば足りる（本条6項）。この通知・催告は、その通知・催告が通常到達すべきであった時に、到達したものとみなす（本条7項）。

　私募債の募集において、発行会社が、引受けの申込みをしょうとする者に対し、社債券等の取得者に交付される社債券等の内容を説明した書面（金商定義府令11条2項1号ロ、13条3項1号ハ）を交付した場合には、その書面は、本条1項の通知の内容を含んでいるので、本条1項所定の通知を行ったことになる（相澤他・論点解説635頁）。

●（募集社債の割当て）

第678条　会社は、申込者の中から募集社債の割当てを受ける者を定め、かつ、その者に割り当てる募集社債の金額及び金額ごとの数を定めなければならない。この場合において、会社は、当該申込者に割り当てる募集社債の金額ごとの数を、前条第2項第2号の数よりも減少することができる。
　2　会社は、第676条第10号の期日の前日までに、申込者に対し、当該申込者に割り当てる募集社債の金額及び金額ごとの数を通知しなければならない。

1　割当自由の原則

　会社は、割当てを受ける者を、適法な申込者（677条2項参照）の中から定め、かつ、その者に割り当てる募集社債の金額及び金額ごとの数を、その者から交付された書面に記載された内容に従って定めなければならない（本条1項前段）。会社は、申込者に割り当てる募集社債の金額ごとの数を、書面に記載された数よりも減少できる（本条1項後段）。会社がいずれの申込者に対し割り当てるかは自由であり、また、会社が交付された書面に記載内容の範囲でどの募集社債の金額につきどれだけの数を割り当てるかも自由である（割当自由の原則）。業務執行権限を有する機関は、業務執行である割当ての前提として割当ての内容を決定できるのである（204条2項参照）。

ただ、打切発行の原則との関係で、割当自由の原則が機能するのは、申込みの総額が募集社債の総額を超える場合に、その超過額に相当する金額の範囲に限定されることになる。なぜならば、本法は、募集社債の総額について割当てを受ける者を定めていない場合でも、割り当てた範囲で募集社債が成立し、その残額について発行しないこと（打切発行）を原則とし、もし、打切発行をせずに募集社債の全部を発行しないこととするときは、募集事項にその旨の定めをすることとしている（676条11号）。そして、原則どおり打切発行をする場合に、申込みの総額が募集社債の総額以下であれば、会社は、申込みの総額について割り当てる義務を負い、打切発行をしない旨の定めがある場合に、申込みの総額が募集社債の総額以上であるときは、会社は、募集社債の総額に相当する金額について割り当てる義務を負うからである（今井克典・会社法コンメ(16)50頁）。

2　割当ての通知
　会社は、本条1項の割当ての決定に基づき、募集社債に関する事項として定めた払込期日（676条10号）の前日までに、申込者に対し、その申込者に割り当てる募集社債の金額及び金額ごとの数を通知しなければならない。会社は、割当てをしなかった申込者に対しては、通知する義務を負わない。
　割当ては申込みを前提とするが、会社が、申込みをしようとする者の申込みを条件として、予め払込期日の前日までに、その者に対する割当金額及び金額ごとの数を通知しておくことにより、申込日と払込期日を同日に設定できると解される。しかし、法文上は、割当ての通知の相手方である申込者は、申込みをしようとする者ではなく、「申込みをした者」と定義しているため（本条2項、677条5項）、疑義が残る。実務上は、法文に即して、申込日及び割当日を払込期日の前日までに設定することになろう。

●（募集社債の申込み及び割当てに関する特則）

第679条　前2条の規定は、募集社債を引き受けようとする者がその総額の引受けを行う契約を締結する場合には、適用しない。

1　総額引受契約
　総額引受契約は、募集社債を引き受けようとする者がその総額の引受けを

行う契約である。募集社債の引受けをしようとする者は、特定されていれば足り、複数であってもよい（神崎克郎・新注会(10)70頁）。これは、募集株式の総数引受契約（205条）についても同様であり、契約書が1通であること、また契約の当事者が1人であることは必要とされず、会社が複数の契約書で複数の当事者との間で契約を締結する場合にも205条が適用されるが、総額引受契約であるためには、実質的に同一の機会に一体的な契約で募集株式の総数の引受けが行われるものでなければならない（相澤他・論点解説208頁）。この理は、募集社債の総額引受契約についても同様である。したがって、発行会社と募集社債を引き受けようとする者各人との間で締結する総額引受契約の各契約書において、募集社債を引き受けようとする者全員の氏名又は名称を記載して、その全員で募集社債の総額の引受けを行うことを明記すれば、各契約書が総額引受契約の一部を構成することとなり、募集社債を引き受けようとする者各人は、他の者とともに総額引受けを行うことを相互に認識して、総額引受契約を締結したとみることができる。

　なお、売出しのための総額引受けをすることができる者は、金融商品取引業者に限られる（金商2条6項1号・8項6号、29条）。

2　総額引受けの手続

　総額引受契約の成立は、契約の成立に係る一般原則に従う。総額引受契約の成立には、会社から申込みをしようとする者への通知（677条1項）、申込みに伴う会社への書面の交付（677条2項）、及び会社から申込者への割当て（678条）は、いずれも不要である。しかるに、社債は、その定義上、会社が行う割当てにより発生するその会社を債務者とする金銭債権であるとされるところ（2条23号）、総額引受けは、会社が行う割当てがないため、総額引受けによって生じる金銭債権は、本法が定義する社債に該当するか否かという問題となる。当事者が発行契約中でそれが募集社債の割当てに代わる総額引受契約であると明示したものが社債であるといわれる（江頭・株式会社法670頁）。

3　新株予約権付社債の場合

　本条の規定は、新株予約権付社債についての社債を引き受ける者の募集については、適用されない（248条）。すなわち、新株予約権付社債に付された募集新株予約権を引き受けようとする者が、その募集新株予約権の総数の引受け及びその募集新株予約権を付した社債の総額の引受けを行う契約を締結する場合には、会社からの通知事項等について定める242条及び割当て等

について定める 243 条の適用が除外される（244 条 1 項・2 項）。

● (募集社債の社債権者)

第 680 条 次の各号に掲げる者は、当該各号に定める募集社債の社債権者となる。
　一　申込者　会社の割り当てた募集社債
　二　前条の契約により募集社債の総額を引き受けた者　その者が引き受けた募集社債

1　社債契約の成立時期

　社債の法律関係は、申込み（677 条 2 項）と承諾（678 条）により成立する消費貸借契約類似の無名契約（社債契約）である（江頭・株式会社法 663 頁）。また、総額引受契約（679 条）によっても、社債の法律関係は成立する（本条 2 号）。したがって、社債の法律関係を成立させる募集社債の引受契約、すなわち社債契約には、①申込者の申込みと会社の割当てにより成立する引受契約と、②総額引受契約の 2 種類がある。本条は、会社が募集社債を「割り当てた」時に申込者がその社債権者となること（本条 1 号）、総額引受契約により募集社債の総額を「引き受けた」時にその者が社債権者となること（本条 2 号）を定めている。

　募集社債の引受契約が成立すると、払込金額の払込みがなくても、当然に社債契約が成立する。募集社債の引受契約が成立し、その上で払込金額の払込みがあり、払込みがあって初めて社債契約が成立するというわけではない。この点で、募集社債の社債権者となる要件と、募集株式の株主となる要件とは異なる。募集株式の発行等の場合には、その引受契約ないし総額引受契約が成立することによりその相手方が引受人となり、出資の履行があって初めて引受人が株主となる（206 条、209 条）。社債の発行（681 条柱書、682 条 1 項、696 条、865 条 1 項等）は、一般には、社債契約の成立を意味すると解される。

2　払込未了の引受人の地位

　社債は、会社が申込者に割当てがされれば（又は総額引受契約が締結されれば）、成立する。したがって、新株発行の場合と異なって、払込期日まで

に払込みがされなくとも、社債は成立するし、払込義務が消滅することはない。その場合に、会社は、依然として払込金の支払を求めることもできるし、払込期日が経過しているのであるから催告の上社債発行契約を解除することもできる。無催告解除特約（債務不履行を理由に契約を解除するについて民法541条の催告を要しないとの約定）及び失権約款（債務者に債務不履行があった場合、債権者が別段の意思表示をしなくても契約が当然に解除されたものとしてその効力を失わせる約定）を付することもできる。

> 訴訟物　　XのY株式会社に対する社債権者たる地位（確認）
> ＊本件は、XがY会社の発行する社債につき引受け申込みをし、Y会社が割当ての通知を発したにもかかわらず、その後Xを社債権者と認めないので、社債権者の地位確認を求めたところ、Y会社はXが払込期日までに払込みをしなかったので解除したと主張した事案である。
> 請求原因　1　Xは、①申込みをする者の氏名X及び住所、②引き受けようとする募集社債の金額100万円及びその数10を記載した書面を、Y会社に交付して、募集社債の引受けの申込みをしたこと
> 　　　　　2　Y会社は、Xに対し、割り当てる募集社債の金額及び金額ごとの数を定めて通知を発したこと
> 　　　　　　＊会社が割当てを行う場合、申込者に対する割当ての通知が必要である（678条2項）。この通知は、申込書面に記載された住所に宛てて発信すれば足り（677条6項）、通常到達すべき時に到達したとみなされる（677条7項）。ただし、募集社債の引受契約は、その承諾に当たる割当ての通知が677条6項に従って発信されると、到達の有無に関わらず、民法526条の発信主義により、通知の発信時に成立すると解される（今井克典・会社法コンメ(16)51頁）。そうすると、通常、割当ての通知の発信時に、募集社債の引受契約の成立及び「割り当てた」ことが認められて、社債契約が成立することとなる。
> 　　　　　3　Xの社債権者としての地位をY会社が争うこと
> （解　除）
> 抗　弁　　1　本件社債契約に、払込期日の約定があること及びその期日が経過したこと

　　　　　　2　Y会社はXに対し、払込期日後、払込金を払い込むべきことを催告したこと
　　　　　　3　抗弁2の催告の後、相当期間が経過したこと
　　　　　　4　Y会社はXに対し、抗弁3の相当期間経過後、本件社債契約を解除する意思表示をしたこと
　　　　　　　＊社債契約の成立は、本条に従って認められ、払込みがあることは要件とされない。払込期日までに払込みをしなくとも、社債は消滅せず、また、割当てを受けた者の払込義務も消滅しないが、Y会社は、履行遅滞により解除できる（相澤他・論点解説631-632頁）。
　　　　　　　＊社債契約は、社債権者の払込義務と同時履行の関係に立つ社債発行会社の債務はないから、Y会社は解除の意思表示に際してXに対して履行の提供をすべきものはない。

（無催告解除特約）
　抗　弁　1　本件社債契約に、払込期日の約定があること及びその期日が経過したこと
　　　　　2　本件社債契約について、無催告解除特約（債務不履行を理由とする契約解除権の行使については催告を要しない）の合意があること
　　　　　3　Y会社はXに対し、払込期日後、本件社債契約を解除するとの意思表示をしたこと

　訴訟物　　X株式会社のYに対する社債払込金請求権
　　　　　　＊本件は、X会社が社債の申込者Yに割当てをしたが、払込期日までに払込みがされないので、払込みを求めたところ、Yは失権約款の定めがあり、支払義務は消滅したと主張した事案である。
　請求原因　1　Yは、X会社に対し、①申込みをする者の氏名Y及び住所、②引き受けようとする募集社債の金額100万円及びその数10を記載した書面を会社に交付して、募集社債の引受けの申込みをしたこと
　　　　　　2　X会社は、Yに対し、割り当てる募集社債の金額及び金額ごとの数を定めて通知を発したこと

（失権約款）
　抗　弁　1　本件社債の払込期日が経過したときは、社債契約は当然解除

されたものとしてその効力を失うとの定めをしたこと

3　払込未了の社債権者の権利行使
(1)　払込未了の社債権者の利息支払請求・償還金支払請求
　社債は、引受人による払込金額の全額の払込みの対価として、利息支払請求権や償還請求権が与えられる。したがって、全額払込みがない段階（分割払込みで一部の払込みしかない場合を含む）においては、会社は、社債権者の利息の支払や償還の請求に対して、全額払込みの欠缺の抗弁を主張することができる。このような払込未了の社債が譲渡され、当初の社債権者ではなく、社債の譲受人から利息の支払又は社債の償還の請求がされた場合、会社がこれを拒絶できるか否かは、抗弁の切断事由が存在するかどうかによって決まる（相澤他・論点解説 632-633 頁）。

訴訟物	XのY株式会社に対する社債償還金返還請求権

　　　　　＊本件は、XがY会社の社債償還金の返還を求めたところ、Y会社がXに対して全額払込みがないことを主張した事案である。

請求原因	1　Xは、Y会社発行の1,000万円の社債（償還期平成○年○月○日）権者であること

　　　　　＊全額払込みの欠缺の抗弁の成否が争点である場合、社債の成立についての事実主張はされず、このような一種の権利主張で足りることになろう。
　　　　2　請求原因1の償還期が到来したこと
（全額払込みの欠缺）

抗　弁	1　Xは請求原因1の社債の全額払込みをしていないこと

(2)　払込未了の社債権者の利息支払請求・償還金支払請求以外の権利行使
　社債の元利金の支払請求以外の社債権者の権利の行使に対しては、払込金額の払込未了を理由に拒絶することはできないと解されている（今井克典・会社法コンメ (16) 54 頁）。

● (社債原簿)

第681条　会社は、社債を発行した日以後遅滞なく、社債原簿を作成し、これに次に掲げる事項（以下この章において「社債原簿記載事項」とい

う。）を記載し、又は記録しなければならない。
一　第676条第3号から第8号までに掲げる事項その他の社債の内容を特定するものとして法務省令〔施則165条〕で定める事項（以下この編において「種類」という。）
二　種類ごとの社債の総額及び各社債の金額
三　各社債と引換えに払い込まれた金銭の額及び払込みの日
四　社債権者（無記名社債（無記名式の社債券が発行されている社債をいう。以下この編において同じ。）の社債権者を除く。）の氏名又は名称及び住所
五　前号の社債権者が各社債を取得した日
六　社債券を発行したときは、社債券の番号、発行の日、社債券が記名式か、又は無記名式かの別及び無記名式の社債券の数
七　前各号に掲げるもののほか、法務省令〔施則166条〕で定める事項

1　社債原簿

　本法は、社債も株式と同様に記名社債が発行されることを予定して、記名社債権者の権利関係を明らかにする目的から社債原簿を設けたが、無記名社債が主で記名社債が発行されることは少ない。それは、社債が会社に対する純然たる金銭債権であるため、その流通性が図れれば足り、株式のように変動する多数株主による継続的・反覆的な権利行使に対する対応を考えなくてよいからである。このような社債原簿の実情と、記名社債は債権であり、その利払いと償還との関係から債務者たる会社に対する対抗要件を具備しなくてはならないから、記名社債の名義書換えは、記名株式の名義書換えと同じ意義ではなく、債権譲渡の対抗要件（民467条1項）と同じ意義を有するものと解すべきこととなる（田中昭・新注会(10)105頁）。

2　社債原簿記載事項

　本条は、社債原簿に記載又は記録すべき事項（社債原簿記載事項）を定める。

(1) 社債の種類

　社債の種類は、社債の内容により特定される（本条1号、施則165条各号）。社債の種類を特定する事項は、具体的には、施行規則165条各号が列

挙する（①社債の利率、②社債の償還の方法及び期限、③利息支払の方法及び期限、④社債券を発行するときは、その旨、⑤社債権者が698条の規定による請求の全部又は一部をすることができないこととするときは、その旨、⑥社債管理者が社債権者集会の決議によらずに706条1項2号に掲げる行為をすることができることとするときは、その旨、⑦他の会社と合同して募集社債を発行するときは、その旨及び各会社の負担部分、⑧社債管理者を定めたときは、その名称及び住所並びに702条の規定による委託に係る契約の内容、⑨社債原簿管理人を定めたときは、その氏名又は名称及び住所、⑩社債が担保付社債であるときは、担保付社債信託法（明治38年法律第52号）19条1項1号、11号及び13号に掲げる事項、⑪社債が信託社債であるときは、その信託社債についての信託を特定するために必要な事項）。社債の募集時期あるいは発行時期を問わず、施行規則165条各号に掲げる事項が同一であれば、同一の種類を構成するものとされている。いずれか1つの事項でも異なれば、別の種類の社債を構成することとなる。ただ、社債管理委託契約の内容の同一性は、社債管理者の報酬など社債の管理と無関係な事項は含まれない。すなわち、社債の管理に関する事項、例えば約定権限等に関する事項が同一であるか否かによる（相澤他・論点解説621頁）。

　社債の内容が同じである場合には、その一部のみを別の種類として取り扱うことはできない（相澤他・論点解説622頁）。そして、社債の種類は、社債権者集会を組織する単位として機能する（715条）。

(2) 種類ごとの社債の総額及び各社債の金額

　「社債の総額」は、発行された社債の総額を意味し（相澤他・論点解説627頁）、総額引受契約が締結される場合は、募集事項である「募集社債の総額」（676条1号）と一致する（679条、680条2号）。しかし、募集社債の総額について割当てがされない場合は、募集社債の全部を発行しない旨の定めをするとき（676条11号）を除き、募集事項である「募集社債の総額」の範囲内で、会社の割当てにより社債として成立した募集社債の総額を意味する（680条1号）。「各社債の金額」は、社債の償還すべき額を意味する（相澤他・論点解説630頁）。

(3) 各社債と引換えに払い込まれた金銭の額及び払込みの日

(4) 社債権者の氏名等

　記載すべき「氏名」は、戸籍上の氏名又は通称であることを要し、架空名義や他人名義で名義書換えをしても、会社に対して株主であることを対抗することができないと解される（株式の場合であるが、東京地判昭和63年1月28日判時1269.144、（控訴審・東京高判昭和63年6月28日金法1206.32、

上告審・最判平成3年12月20日資料版商事99.27）がある。社債の場合も同様に解してよいであろう）。
(5) (4)の社債権者が各社債を取得した日
(6) 社債券を発行したときは、社債券の番号、発行の日、社債券が記名式か、又は無記名式かの別及び無記名式の社債券の数
(7) (1)ないし(6)のほか、法務省令（施則166条）で定める事項（①募集社債と引換えにする金銭の払込みに代えて金銭以外の財産の給付があったときは、その財産の価額及び給付の日、②社債権者が募集社債と引換えにする金銭の払込みをする債務と会社に対する債権とを相殺したときは、その債権の額及び相殺をした日）

3　数種類の社債を発行した場合の社債原簿
　社債原簿は、数種類の社債を発行した場合であっても、法律上は一体的なものであるが、社債原簿中の特定の種類に関する部分のみを社債原簿管理人において作成し、その備置きをすることも可能であると解されている。観念的には一体のものとしても、事実上、社債の種類ごとに社債原簿の作成及び備置きを認めることに等しい。また、社債の種類ごとに社債原簿管理人を置くか否かを決定すべきものである（相澤他・論点解説634-635頁）。

4　銘柄統合
　社債の「統合銘柄」とは、社債の流動性を高めるために、既に発行された複数の取引銘柄の社債を同一の取引銘柄の社債にすることをいう。すなわち、本条1号は、社債の権利内容を基礎にして社債の「種類」の定義規定を置き、社債の発行日が異なっても、社債の権利内容が同一であれば、社債の種類は同一であるとした。そして、この社債の「種類」を前提として、次のように銘柄統合が実現することとなる。
　① 既発行の社債と同一の種類の社債を新たに発行する場合は、募集事項を決定する際に、施行規則165条に掲げる事項について既発行の社債と同一の内容を定めれば、それらは当然に同一の種類の社債となる。
　② 既発行の2種類の社債を同一の種類の社債にする場合は、社債権者集会の決議に基づき、社債の権利内容を変更して、2種類の社債について施行規則165条に掲げる事項を同一にすれば足りる。この場合、社債購に、変更前の「社債の総額」や募集時の「社債の総額」を記載する必要はない（相澤他・論点解説622頁）。
　なお、社債の内容が同じ場合は、その一部のみを別の種類として取り扱う

ことはできない。ただし、社債の「種類」は、法律上は債権者集会を構成するグループを画するのみである。しかし、取引において別の取引銘柄と扱うことを妨げないから、取引市場の中で同一の種類の社債につき発行時期の相違等に着目して異なる取引銘柄番号等の指標をつけて、別の取引銘柄として売買することができる。

● (社債原簿記載事項を記載した書面の交付等) ━━━━━━

第682条 社債権者（無記名社債の社債権者を除く。）は、社債を発行した会社（以下この編において「社債発行会社」という。）に対し、当該社債権者についての社債原簿に記載され、若しくは記録された社債原簿記載事項を記載した書面の交付又は当該社債原簿記載事項を記録した電磁的記録の提供を請求することができる。
　　2　前項の書面には、社債発行会社の代表者が署名し、又は記名押印しなければならない。
　　3　第1項の電磁的記録には、社債発行会社の代表者が法務省令〔施則225条〕で定める署名又は記名押印に代わる措置をとらなければならない。
　　4　前3項の規定は、当該社債について社債券を発行する旨の定めがある場合には、適用しない。

1　社債原簿記載事項を記載した書面の交付請求権・電磁的記録提供請求権
(1)　請求権者
　本条1項は、社債権者（無記名社債の社債権者を除く）の社債発行会社に対するその社債権者についての社債原簿に記載・記録された社債原簿記載事項を記載した書面の交付請求権、又はこれを記録した電磁的記録（26条2項、施則224条）の提供請求権を定める。この請求権は、交付書面又は提供電磁的記録によって、社債権者が自己の権利を証明できるようにするためである。ただし、本条1項のみならず、2項、3項も、社債について社債券を発行する旨の定めがある場合には、適用されない（本条4項）。結局、本条は、社債券不発行の社債の社債権者に、その権利を証明する手段を認めたものである。

| 訴訟物 | XのY株式会社に対する社債原簿記載事項を記載・記録した書面の交付・電磁的記録提供請求権
＊本件は、Y会社の社債権者Xが社債原簿記載事項を記載した書面の交付・電磁的記録の提供を請求した事案である。
＊社債原簿に社債原簿記載事項が記載されている場合であるか、記録されている場合であるかにかかわらず、社債権者は、社債原簿記載事項を記載した書面の交付、又は記録した電磁的記録の提供のいずれかを請求することができる。

| 請求原因 | 1　XはY会社の社債権者（無記名社債の社債権者を除く）であること
2　XはY会社に対し、社債原簿記載事項を記載・記録した書面の交付又は電磁的記録の提供を請求したこと
＊社債権者が交付を請求し得る書面又は提供を請求し得る電磁的記録は、社債原簿に記載・記録された自己についての社債原簿記載事項を記載した書面又は記録した電磁的記録であり、他の社債権者についてのものではない。

（社債原簿記載事項を記載した書面の交付）

| 抗　弁 | 1　Y会社はXに対し、Xについて社債原簿記載事項を記載した書面を交付したこと
＊社債発行会社に必ずしも電磁的記録を提供する能力があるとは限らない。そのため、社債原簿に社債原簿記載事項を記載している社債発行会社は、社債権者からの電磁的記録の提供請求を拒絶して、書面の交付ができると解される。一方、社債発行会社は、社債権者からの書面の交付請求に対して、これを拒絶して、電磁的記録を提供することは許されない。

（社債券の発行）

| 抗　弁 | 1　Xの社債については、社債券が発行されていること
＊本条4項に基づく抗弁である。

(2) 証明者

　社債発行会社の代表者は、書面には署名又は記名押印を要し（本条2項）、電磁的記録には電子署名（施則225条1項10号・2項）を要する（本条3項、施則225条）。会社は、会社に代わって社債原簿の作成及び備置きその他の社債原簿に関する事務を行う者として社債原簿管理人を置いて、事務を委託できる（683条）。社債原簿管理人がその事務として、社債発行会社の代表

者の記名押印に代えて、社債原簿管理人の証印をもって本条の書面を作成することはできない。株主名簿管理人は会社の代表者でないため、その証印の証明力は弱く、法文上、株主名簿管理人を置いている場合についての特則は存在しないので、株主名簿管理人の証印をもって、会社の代表者の記名押印に代え得ないからである（相澤他・論点解説 147 頁）。

2　社債券を発行する場合の適用除外

社債券を発行する旨の定めがある社債の社債権者には、このような書面の交付請求権又は電磁的記録の提供請求権が認められない（本条4項。また、本条1項参照）。そのような社債権者は、社債券によって自己の権利を証明できるからである。すなわち、社債券が発行される場合は、社債券の交付が譲渡の効力発生要件であり、かつ、第三者対抗要件とされている（687条、688条1項・2項）。社債券の占有者は、社債についての権利を適法に有する者と推定されるからである（689条1項）。また、社債原簿記載事項の証明の請求ができる社債権者からは、「無記名社債の社債権者を除く。」とされるが（本条1項第1括弧書）、無記名社債はそもそも無記名式の社債券が発行されている社債（681条4号括弧書）であるから、社債券を発行する旨の定めがある場合を適用除外とする本条4項に該当して、除外される。

● (社債原簿管理人)

第683条　会社は、社債原簿管理人（会社に代わって社債原簿の作成及び備置きその他の社債原簿に関する事務を行う者をいう。以下同じ。）を定め、当該事務を行うことを委託することができる。

1　社債原簿管理人

社債原簿管理人とは、会社に代わって社債原簿の作成及び備置きその他の社債原簿に関する事務を行う者をいう。本条は、会社が社債原簿管理人を定め、その事務を行うことを委託することができることを定める（なお、681条1号、施則165条9号参照）。社債原簿管理人を置く場合、その決定時期は、特に定められていない。社債の募集事項（676条）に社債原簿管理人に関する事項が存在しないので、事前に包括的に定めることもできる。ある種類の社債について社債原簿管理人を置く場合は、その氏名又は名称及び住所

が募集社債の引受けの申込みをしようとする者に対する会社からの通知事項に含まれ（677条1項3号、施則163条2号）、社債の種類の同一性を判断するための社債の内容としても定められているため（681条1号、施則165条9号）、遅くとも、その通知を行う前に定める必要がある（相澤他・論点解説635頁）。

2　社債原簿管理人の設置手続
　社債原簿管理人は、定款で定める必要はない。社債原簿は、数種類の社債を発行した場合でも、法律上は一体のものであるが、社債の種類ごとに社債原簿管理人を備え、あるいは社債原簿中の特定の種類の社債に関する部分のみを社債原簿管理人において作成し、その備置きをすること等も可能である（684条）。例えば、日本国内では会社が自ら社債原簿を管理し、外国で発行した社債は、外国に在住する社債原簿管理人に社債原簿を管理するなどである（相澤他・論点解説634頁）。

3　数種類の社債が発行された場合の社債原簿管理人
　社債原簿管理人の氏名又は名称及び住所は、社債の種類の同一性を判断するための社債の内容として定められているため（681条1号、施則165条9号）、社債の種類ごとに社債原簿管理人を設置するか否かを決める必要がある。したがって、同一種類の社債について異なる社債原簿管理人を置くことはできない。また、社債原簿管理人の設置は任意であるから、複数の種類の社債が発行された場合でも、特定の種類の社債に限って社債原簿管理人を置くことも、社債の種類ごとに異なる社債原簿管理人を置くこともできる。なお、数種類の社債を発行した場合、社債原簿は法律上は一体的なものであるが、社債原簿中の特定の種類に関する部分のみを社債原簿管理人において作成し、その備置きもできると解される（相澤他・論点解説634-635頁）。

●(社債原簿の備置き及び閲覧等)

第684条　社債発行会社は、社債原簿をその本店（社債原簿管理人がある場合にあっては、その営業所）に備え置かなければならない。
　2　社債権者その他の法務省令〔施則167条〕で定める者は、社債発行会社の営業時間内は、いつでも、次に掲げる請求をすることができる。この場合においては、当該請求の理由を明らかにしてしなければならない。

一　社債原簿が書面をもって作成されているときは、当該書面の閲覧
　　　又は謄写の請求
　　二　社債原簿が電磁的記録をもって作成されているときは、当該電磁
　　　的記録に記録された事項を法務省令〔施則226条〕で定める方法に
　　　より表示したものの閲覧又は謄写の請求
　3　社債発行会社は、前項の請求があったときは、次のいずれかに該当
　　する場合を除き、これを拒むことができない。
　　一　当該請求を行う者がその権利の確保又は行使に関する調査以外の
　　　目的で請求を行ったとき。
　　二　当該請求を行う者が社債原簿の閲覧又は謄写によって知り得た事
　　　実を利益を得て第三者に通報するため請求を行ったとき。
　　三　当該請求を行う者が、過去2年以内において、社債原簿の閲覧又
　　　は謄写によって知り得た事実を利益を得て第三者に通報したことが
　　　あるものであるとき。
　4　社債発行会社が株式会社である場合には、当該社債発行会社の親会
　　社社員は、その権利を行使するため必要があるときは、裁判所の許可
　　を得て、当該社債発行会社の社債原簿について第2項各号に掲げる請
　　求をすることができる。この場合においては、当該請求の理由を明ら
　　かにしてしなければならない。
　5　前項の親会社社員について第3項各号のいずれかに規定する事由が
　　あるときは、裁判所は、前項の許可をすることができない。

1　社債原簿の備置義務

　社債発行会社は、社債原簿をその本店（社債原簿管理人がある場合にあっては、その営業所）に備え置かなければならない（本条1項）。社債原簿は、数種類の社債を発行した場合でも、法律上は一体的なものである。しかし、社債の種類ごとに社債原簿管理人を備え、又は社債原簿中の特定の種類の社債に関する部分のみを社債原簿管理人において作成し、その備置きをすることもできる（本条）。例えば、日本国内では会社が自ら社債原簿を管理し、外国で発行した社債は、外国在住の社債原簿管理人に社債原簿を管理させ得る。社債原簿の備置期限は定められていない。ただ、その社債の償還時までは備置義務が継続すると解される（野田博・会社法コンメ(16)73頁）。

2 社債原簿の閲覧・謄写請求権

社債権者その他の社債発行会社の債権者及び社債発行会社の株主又は社員（施則167条）は、社債発行会社の営業時間内は、いつでも、①社債原簿が書面をもって作成されているときは、その書面の閲覧・謄写の請求、②社債原簿が電磁的記録をもって作成されているときは、その電磁的記録に記録された事項を紙面又は映像面に表示する方法（施則226条24号）により表示したものの閲覧・謄写の請求をすることができる（本条2項前段）。この場合においては、請求の理由を明らかにしてしなければならない（本条2項後段）。これは、閲覧・謄写拒否事由（本条3項）の存否を会社に判断させるためであるから、その判断ができる程度の理由の表示が必要となる。

3 閲覧・謄写請求の拒絶事由

社債発行会社は、①閲覧・謄写請求を行う者がその権利の確保又は行使に関する調査以外の目的で請求を行ったとき、②請求を行う者が社債原簿の閲覧・謄写によって知り得た事実を利益を得て第三者に通報するため請求を行ったとき、又は③請求を行う者が、過去2年以内において、社債原簿の閲覧・謄写によって知り得た事実を利益を得て第三者に通報したことがあるものであるときは、上記2の閲覧・謄写の請求を拒絶することができる（本条3項）。

保全物　XのY株式会社に対する社債原簿の閲覧・謄写請求権の保全権能
　　　　　＊本件は、Y会社の社債権者であるXが社債原簿の閲覧・謄写を求めたところ、拒絶されたので、閲覧・謄写の仮処分を申し立てた事案である。

申立理由　1　Xは、Y会社の社債権者その他の社債発行会社の債権者及び社債発行会社の株主又は社員（施則167条）であること
　　　　　　2　Y会社は、社債原簿を書面又は電磁的記録のいずれかの方法で作成していること
　　　　　　3　Xは、社債原簿の閲覧・謄写を請求する際、その理由を明らかにしたこと
　　　　　　4　保全の必要性

（目的外請求）

抗弁　1　Xは、その権利の確保又は行使に関する調査以外の目的で請求を行ったこと

(第三者通報目的)
抗弁 1　Xは、社債原簿の閲覧・謄写によって知り得た事実を利益を得て第三者に通報するため請求を行ったこと
　　　　＊本条3項2号に基づく抗弁である。Xがいわゆる名簿屋で、社債原簿記載の氏名等を第三者に流出させる場合等である。
(過去の第三者通報)
抗弁 1　Xは、過去2年以内において、社債原簿の閲覧・謄写によって知り得た事実を利益を得て第三者に通報したことがあるものであること
　　　　＊本条3項3号に基づく抗弁である。

4　親会社社員の社債原簿閲覧・謄写請求権
　社債発行会社が株式会社である場合には、社債発行会社の親会社社員は、その権利を行使するため必要があるときは、裁判所の許可を得て、当該社債発行会社の社債原簿について本条2項各号に掲げる請求をすることができる。この場合には、請求の理由を明らかにする必要がある（本条4項）。

非訟事件　　XのY社債発行株式会社の社債原簿閲覧・謄写申立て
　　　　＊本件非訟事件は、Y会社の本店の所在地を管轄する地方裁判所の管轄に属する（868条2項）。
申立理由 1　XはA会社の社員であること
　　　　　 2　A会社は社債発行会社であるY株式会社の親会社であること
　　　　　 3　Y会社は、社債原簿を書面又は電磁的記録のいずれかの方法で作成していること
　　　　　 4　Xは、社債原簿の閲覧・謄写を請求する際、その理由を明らかにしたこと
(目的外請求)
抗弁 1　Xは、その権利の確保又は行使に関する調査以外の目的で請求を行ったこと
(第三者通報目的)
抗弁 1　Xは、社債原簿の閲覧・謄写によって知り得た事実を利益を得て第三者に通報するため請求を行ったこと

(過去の第三者通報)

抗弁 1　Xは、過去2年以内において、社債原簿の閲覧・謄写によって知り得た事実を利益を得て第三者に通報したことがあるものであること

●(社債権者に対する通知等)

第685条　社債発行会社が社債権者に対してする通知又は催告は、社債原簿に記載し、又は記録した当該社債権者の住所(当該社債権者が別に通知又は催告を受ける場所又は連絡先を当該社債発行会社に通知した場合にあっては、その場所又は連絡先)にあてて発すれば足りる。
　2　前項の通知又は催告は、その通知又は催告が通常到達すべきであった時に、到達したものとみなす。
　3　社債が2以上の者の共有に属するときは、共有者は、社債発行会社が社債権者に対してする通知又は催告を受領する者1人を定め、当該社債発行会社に対し、その者の氏名又は名称を通知しなければならない。この場合においては、その者を社債権者とみなして、前2項の規定を適用する。
　4　前項の規定による共有者の通知がない場合には、社債発行会社が社債の共有者に対してする通知又は催告は、そのうちの1人に対してすれば足りる。
　5　前各項の規定は、第720条第1項の通知に際して社債権者に書面を交付し、又は当該書面に記載すべき事項を電磁的方法により提供する場合について準用する。この場合において、第2項中「到達したもの」とあるのは、「当該書面の交付又は当該事項の電磁的方法による提供があったもの」と読み替えるものとする。

1　社債権者に対してする通知・催告

　社債発行会社が社債権者に対してする通知・催告は、社債原簿に記載・記録した社債権者の住所(社債権者が別に通知・催告を受ける場所又は連絡先を社債発行会社に通知した場合にあっては、その場所又は連絡先)に宛てて発すれば足りる(本条1項)。そして、この通知・催告は、その通知・催告が通常到達すべきであった時に、到達したものとみなされる(本条2項)。

(1) 通知を要する場合

通知を要する場合として、例えば、①社債管理者が社債権者集会の決議によらず訴訟行為又は倒産手続に属する行為をしたときの知れている社債権者に対する各別の通知（706条2項）、②事務を承継する社債管理者が選任された場合の社債発行会社による知れている社債権者に対する各別の通知（714条4項）、③社債権者集会の招集者による知れている社債権者等に対する通知（720条1項）、④社債権者集会の招集者による知れている社債権者に対する社債権者集会参考書類及び議決権行使書面の交付（721条1項）、⑤特別清算手続における債権者集会の招集者による債権の申出をした協定債権者その他清算株式会社に知れている協定債権者等に対する通知（549条1項・4項）、⑥特別清算手続において事業譲渡の許可の申立てをする場合の清算人による知れている債権者からの意見聴取（896条1項）がある。

(2) 催告を要する場合

債権者異議手続における知れている債権者に対する各別の催告（740条3項、449条2項、627条2項、635条2項、670条2項、779条2項、781条2項、789条2項、793条2項、799条2項、802条2項、810条2項、813条2項）、清算手続における知れている債権者に対する各別の催告（499条1項）がある。更に、社債権者に対して催告を行う場合としては、社債が払込みなくして成立し得るため（680条）、払込未了の社債の払込みに係る催告も考えられる。その場合、社債券不発行の社債及び記名式社債券が発行されている社債については、本条1項の適用が受けられる。これに対し、社債原簿に住所が記載・記録されない無記名社債及び振替社債については、社債の申込者が通知した住所に宛てて発すれば足りると解されている（田村諄之輔・新注会(10)143頁）。その根拠は、申込者の通知した住所に関する677条6項に準じて考えるか、本条1項括弧書により社債権者が別に通知を受ける場所又は連絡先を会社に通知した場合に含めて考えることとなる。

2　社債共有者に対する通知・催告

社債が2以上の者の共有に属するときは、共有者は、社債発行会社が社債権者に対してする通知・催告を受領する者1人を定め、社債発行会社に対し、その者の氏名又は名称を通知しなければならない（本条3項前段）。この場合においては、その者を社債権者とみなして、前述1と同様に取り扱う（本条3項後段）。社債の共有者間における権利行使者の選定に当たっては、共有物の管理行為（民252条）として、各共有者の持分の価格に従い、その過半数で決することができると解されており（有限会社の持分の共有の場合

について、最判平成 9 年 1 月 28 日裁判集民 181.83)、通知等受領者の選定に当たっても同様である。

　もし、共有者の通知がない場合には、社債発行会社が社債の共有者に対してする通知・催告は、そのうちの 1 人に対してすれば足りる（本条 4 項）。

3　720 条 1 項の通知に際する社債権者への書面交付又は電磁的方法による提供

　本条 1 項ないし 4 項の規定は、720 条 1 項の通知に際して社債権者に書面を交付し、又はその書面に記載すべき事項を電磁的方法により提供する場合について準用される（本条 5 項）。この場合において、2 項中「到達したもの」とあるのは、「当該書面の交付又は当該事項の電磁的方法による提供があったもの」と読み替える。

● (共有者による権利の行使)

第 686 条　社債が 2 以上の者の共有に属するときは、共有者は、当該社債についての権利を行使する者 1 人を定め、会社に対し、その者の氏名又は名称を通知しなければ、当該社債についての権利を行使することができない。ただし、会社が当該権利を行使することに同意した場合は、この限りでない。

1　権利行使者の指定・通知

　本条本文は、社債が数人の共有に属する場合（例えば、社債の共同引受け、社債の共同相続、組合の社債所有等。厳密には、民法 264 条の準占有というべきであろう）には、共有者は、社債についての権利を行使すべき者 1 人を定めなければならないこと、及びそれを会社に通知しなければならないことを規定する。本条本文は、会社の事務処理上の便宜のために、共有者全員による権利行使という本来認められる権利行使の方法に制限を加える趣旨である。この場合、権利行使者は、通知・催告の受領者（685 条 3 項）と同一人である必要はない。社債についての権利には、例えば、社債発行会社に対する社債の償還請求権等の権利のほかに、社債管理者がある場合の社債管理者に対する社債の償還額の支払請求権等の権利、社債権者集会における議決権等が含まれる。

2　権利行使者の選定

社債の準共有者（民264条）間で、社債の権利行使者を定める場合は、共有物の管理行為（民252条）として、各共有者の持分の価格に従いその過半数で決することができる（有限会社の持分の準共有の場合について、最判平成9年1月28日裁判集民181.83）。この場合、共有者の全員一致を要求すると、1人でも反対すれば、全員の権利行使が不可能となる不都合が生ずるからである。株式の共有者における権利行使者の選定に関して、株式が未成年の子とその親権者を含む数人の共有に属する場合、親権者が未成年の子を代理して権利行使者を指定する行為は、親権者自身を指定するときでも、利益相反行為（民826条）には当たらない（最判昭和52年11月8日民集31.6.847）が、この理は、社債の共有者における権利行使者の選定についても、同様である。

3　選定に瑕疵がある権利行使者の権利行使

会社に通知された権利行使者が適法に選定されていなかった場合に、この者による権利行使は、有効な権利行使とはいえない。しかし、権利行使者の決定は、決定された者以外の者による権利行使を認めない点で、社債の権利の帰属者の決定に類似するから、民法478条の類推適用によって、会社が通知を受けた時点で善意無過失であれば、会社や社債管理者の免責が認められ、社債権者の決議には瑕疵は認められないと解される（今井克典・会社法コンメ(16)81頁）。

4　会社の同意

権利行使者指定の通知がない場合であっても、会社が同意すれば、共有者の社債についての権利の行使は認められる（本条ただし書）。権利行使者の指定制度は、会社の事務処理上の便宜のための規定であるから、会社が、事務処理の煩雑さをいとわず、かつ、その共有者が議決権行使をする権限を有しない危険を負担して、共有者の一部に議決権を行使させることを否定する必要はないからである。ただ、会社が同意すれば、共有者の一部の者による権利行使等いかなる方法による権利行使であっても、それを認めるというものではない。本条本文は、会社の事務処理上の便宜のために、共有者全員による権利行使という本来認められる権利行使の方法に制限を加える趣旨である。したがって、共有者全員による権利行使は、本来認められる権利行使であるから、会社がこれに同意することは認められる。

しかし、共有者の間で権利行使の方法が定まらないうちに、共有者の一部

の者が権利行使をした場合には、会社は共有者の権利行使としてこのような権利行使に同意できない。また、権利行使者の通知がある場合には、会社は、通知のあった権利行使者1人による権利行使以外の方法による権利行使に同意できない。例えば、会社は、他の者による権利行使に同意して社債を償還しても免責されず、社債管理者は、会社の上記の同意の下で社債の償還額の支払をしても免責されない。社債権者集会において議決権が会社のその同意の下で行使されても、その議決権行使は、社債権者集会決議の不認可事由（733条1号）に当たる。

● (社債券を発行する場合の社債の譲渡)

第687条 社債券を発行する旨の定めがある社債の譲渡は、当該社債に係る社債券を交付しなければ、その効力を生じない。

1 証券発行社債の譲渡
(1) 効力発生要件
　社債券（記名社債券・無記名社債券）を発行する旨の定めがある社債（「証券発行社債」）の譲渡（例えば、売買、贈与、交換、代物弁済など）については、その社債券が記名社債であると、無記名社債であるとを問わず、当事者間の譲渡の意思表示と社債券を交付することによって、その効力が発生する（本条）。社債券の交付は、現実の引渡しのほか、簡易の引渡し、指図による占有移転、占有改定の方法でも可能である（民182条‐184条）。
　その結果、社債権という債権が移転するが、これとともに、社債契約の当事者としての地位の譲渡も生じて社債契約の解除権も移転すると解される（大判大正14年12月19日新聞2531.9）。
(2) 対抗要件
　無記名社債は、当事者間の意思表示に加え、社債券の交付がされた場合に、移転し（本条）、かつ、会社及び第三者に対する対抗要件を備える（688条3項）。これに対し、記名社債は、当事者間の意思表示に加えて社債券の交付がされた場合に、移転し（本条）、かつ、第三者対抗要件を備える（688条2項の反対解釈）。会社に対する対抗要件は、社債原簿の名義書換えによる（688条2項）。

2　証券不発行社債の譲渡
(1)　効力発生要件
　社債券は、株券と同様に、不発行が原則である（676条6号参照）。社債券を発行する定めのない社債（「証券不発行社債」）の場合（振替社債を除く）、社債の譲渡は譲渡人と譲受人の当事者間の譲渡の意思表示のみで効力を生じる。なお、振替社債の譲渡は、振替えの申請により、譲受人がその口座における保有欄にその譲渡に係る金額の増額の記載・記録を受けなければその効力を生じない（社債株式振替73条）。

(2)　対抗要件
　証券不発行社債については、①当事者の意思表示のみで移転することができるが、②社債原簿の名義書換えが会社及び第三者に対する対抗要件となる（688条1項）。

3　自己社債の取得
　社債発行会社が自己の社債を取得することを制限する規定はなく、業務執行の1つとして自己の社債を取得できる。なお、社債は、単純な指名債権ではなく、証券不発行社債を含め独自の財貨性を有するので、社債発行会社が自己社債を取得しても、その社債は混同により消滅しない（相澤他・論点解説638頁）。

4　社債の譲渡制限
　本法は、株式・新株予約権の場合と異なり、社債の譲渡制限に関する規定を設けていない。しかし、社債も債権であって、譲渡制限は可能である（民466条2項）。ただ、公衆に募集する社債は、譲渡性がないと引き受ける投資家はないため、譲渡制限をする社債の要請は一般にはない。しかし、社債の取得勧誘行為が金融商品取引法2条3項の有価証券の私募（適格機関投資家私募（金商2条3項2号イ、金商令1条の4第3号ハ、金商定義府令11条2項1号）、少人数私募（金商2条3項1号、金商令1条の5、1条の7第2号ハ、金商定義府令13条3項1号）、特定投資家私募（金商令1条の5の2第2項3号、金商定義府令12条1号））に該当する場合には、本来要求される有価証券届出書の提出や目論見書の作成・交付義務が免除される。

●（社債の譲渡の対抗要件）

第688条　社債の譲渡は、その社債を取得した者の氏名又は名称及び住所を

社債原簿に記載し、又は記録しなければ、社債発行会社その他の第三者に対抗することができない。
　2　当該社債について社債券を発行する旨の定めがある場合における前項の規定の適用については、同項中「社債発行会社その他の第三者」とあるのは、「社債発行会社」とする。
　3　前2項の規定は、無記名社債については、適用しない。

1　証券不発行社債の譲渡の対抗要件

　証券不発行社債の譲渡を発行会社その他の第三者に対抗するためには、その社債の取得者の氏名又は名称及び住所を社債原簿に記載・記録しなければならない（本条1項）。そのため、社債の移転時期が問題となることは稀である。社債券が発行される場合、社債券占有者は、適法に権利を有する者と推定され（689条1項）、この者から善意・無過失で社債券の交付を受けた者は権利を取得するが（同条2項）、社債原簿の記載・記録にはこのような推定規定はない。社債券が発行されない場合、社債を譲渡しようとしている者が社債権者であるか否かは、まず、社債原簿の記載・記録の有無で確認することになる。しかし、記載・記録されていても必ずしも権利者とは限らないし、記載・記録を信じて社債を譲り受けても善意取得は生じない。

2　証券発行社債の譲渡の対抗要件

　証券発行社債の譲渡の対抗要件については、①無記名社債については、社債権者の氏名又は名称及び住所が社債原簿の記載・記録事項でないので（681条4号）、社債券の交付が会社と第三者対抗要件ともなる（本条3項）。これに対し、②記名社債（記名社債が発行されることは実務上少ないが）の権利取得については、その譲渡を第三者に対抗するためには社債券の交付が必要であるが（この限りでは、無記名社債と同様）、その譲渡を社債発行会社に対抗するためには、その社債の取得者の氏名等を社債原簿に記載・記録しなければならない（本条2項）。なお、この名義書換請求は、社債券を提示することにより取得者が単独で行うことができる（691条2項、施則168条2項）。

3　名義書換えの会社に対する効果

　社債原簿の名義書換えの会社に対する効果については、まず、債権譲渡の

場合の対抗要件（民467条）と同様の意味で社債移転の対抗要件としての効果があることは、法文から明らかである。すなわち、社債の取得者は、名義書換えによって、社債の取得を会社に対抗できる。社債原簿上の名義書換制度は、「債権者」の社債権者を「債務者」の会社に知らせることにより会社の利益を保護し、かつ、会社にとって集団関係処理の技術的必要から設けられた。したがって、会社がこの利益を放棄して、名義書換えをしていない社債の移転を認め、社債の取得者に権利を行使させることもできるし、会社は社債原簿に社債権者と記載されている者であっても、真実の権利者でないときは、その権利行使を拒否し得る。すなわち、社債原簿上における名義書換えには、社債権者を確定する絶対的効力はない。

(1) 対抗力

本条1項の文言上、実質的に社債（無記名社債を除く）を有する社債権者であっても、会社に対しては、社債原簿に社債権者として記載されない限り、自己が社債権者であることを主張できない。これは、「対抗力」そのものである。

訴訟物　XのY株式会社に対する第○回の社債権者たる地位（確認）
＊Xは、Y会社の第○回社債（○○万円）をAから買い受けて社債権者となったところ、Y会社がXを社債権者として認めないので、社債権者たる地位の確認を求めたところ、Y会社は社債原簿の名義書換えがない以上、社債権者として認めるわけにはいかないなどと争った事案である。
＊請求の趣旨は、「XがY会社の第○回社債（○○万円）の社債権者たる地位を有することを確認する。」とする。

請求原因　1　AはY会社のもと（抗弁2当時）第○回社債（○○万円）の社債権者であったこと
2　AはXに対し、Y会社の請求原因1の社債を代金500万円で売買する契約を締結したこと
＊Y会社が第○回社債について社債券を発行している場合は、その社債の譲渡の効力が生ずるためには、AからXへの社債券の交付が必要である（687条）。しかし、社債券不発行が原則である以上（676条6号）、理論的には、「Y会社の第○回社債については社債権を発行する旨の定めがあること」は抗弁であり、「AはXに対し、請求原因2に基づいて、Y会社の社債券を交付したこと」は再抗弁と位置づけられると

考える。ただ、実務上は、上記抗弁を先行自白して再抗弁を請求原因段階で併せて主張立証することが多いと考えられる。

3　Y会社は、Xを社債権者として認めないこと

(対抗要件)

抗弁　1　請求原因2の社債譲渡について対抗要件（名義書換え）を具備するまで、Xを社債権者と認めないとのY会社の権利主張

＊本訴のように、XがY会社に対して社債権確認を求める場合には、Xが社債の取得原因のみならず、会社に対して対抗要件を具備していることまで、請求原因事実として主張立証する必要があるとする見解があるが（株主権についての議論であるが、野村直之「株主権の確認を求める訴え」山口和男編・裁判実務体系 (21) 70頁）、名義書換えは会社に対する対抗要件であるから、Xは請求原因で主張する必要はなく、Y会社が名義書換えの抗弁を提出した場合に、Xは名義書換えを経たこと又は名義書換手続を拒絶されたことを再抗弁として主張立証すれば足りると解すべきである。

＊対抗要件の抗弁を主張する場合に、その主張者は、相手方が対抗要件の欠缺を主張する正当の利益を有するものである必要がある。この点は、社債譲渡の当事者A・Xに対して社債発行会社であるY会社は第三者に該当することが明らかである。かつその事実は、請求原因1及び2で顕れているので、抗弁段階で、改めて主張立証する必要はない。抗弁として主張を要するのは、対抗要件の具備を問題とするというY会社の権利主張のみである（権利抗弁説。司研・紛争類型別126頁「債務者対抗要件の抗弁」の解説参照）。

(名義書換え)

再抗弁　1　Y会社（又は社債原簿管理人）は、社債原簿上、請求原因2の社債譲渡について、Xの名義を株主として記載・記録したこと

(名義書換えの拒絶)

再抗弁　1　XはAと共同で、Y会社（又は社債原簿管理人）に対し、請求原因2の社債譲渡について名義書換えを請求したところ、Y会社（又は社債原簿管理人）は、これを拒絶したこと

＊Y会社が第〇回社債が証券発行社債である場合には、再抗

弁1に加えて、「Xは名義書換請求の際、その社債券を提示したこと」が必要となろう。最判昭和41年7月28日民集20.6.1251は、株式譲渡のケースであるが、「正当の事由なくして株式の名義書換請求を拒絶した会社は、その書換のないことを理由としてその譲渡を否定し得ないのであり……、このような場合には、会社は株式譲受人を株主として取り扱うことを要し、株式名簿上に株主として記載されている譲渡人を株主として取り扱うことを得ない。そして、この理は会社が過失により株式譲受人から名義書換があつたのにもかかわらず、その書換をしなかつたときにおいても、同様である」と判示する。

（正当な理由）
再々抗弁 1　Xの名義書換請求を拒絶する正当な理由があること
　　＊正当な理由としては、社債について社債券が発行されている場合には、その社債券について除権決定がされたことが該当するであろう。
　　＊平成14年の株券失効制度導入前の事案であるが、公示催告の申立てがされている株券であっても、除権判決がされるまでは善意取得が認められる余地があるので、名義書換えのために会社に提示された株券が公示催告中の株券であることを理由とする名義書換えの拒絶は正当な理由がないとされた事例がある（最判昭和29年2月19日民集8.2.523）。また、Xが会社荒しを目的とした株式取得であることを理由とする場合も、客観的に見て正当な理由がないとされた（東京地判昭和37年5月31日下民13.5.1142）。
　　＊最判昭和60年3月7日民集39.2.107は、「旧株券は、株券提出期間が経過したのちは株券としては無効のものとなると解される。しかしながら、株券提出期間内に旧株券を提出しなかった株主も株主たる地位を失うものではなく、このことは、株券提出期間満了前に、したがつて株式譲渡制限の定款変更の効力発生前に（同法〔昭和56年改正前商法〕350条2項参照）旧株券の交付を受けて株式を譲り受け、株主の地位を取得していたが、いまだ株主名簿上の名義書換を受けていなかつた者についても異なるところはないものというべきである。そして、この名義書換との関係においては、会社は、

これを請求する株主が株主名簿に記載されていないことを理由に株主であることを否定して名義書換を拒否することはできないから、株券提出期間経過前に株主となつていた者は、右期間を徒過したためその所持する旧株券が株券としては無効となつたのちであつても、会社に対し、旧株券を呈示し、株券提出期間経過前に右旧株券の交付を受けて株式を譲り受けたことを証明して、名義書換を請求することができるものと解するのが相当である」と判示した。

(2) 資格授与的効力

社債原簿に株主として記載されると、自己が実質的な社債権者であることを証明しないで、社債原簿上の記載を援用することで、会社に対し権利行使をすることができる。この効力は、講学上、「資格授与的効力」といわれることがあるが、訴訟上の機能の局面からみると、「法律上の権利推定」の効力を認めることに等しいのである。更に、講学上は、社債原簿の記載は社債権者としての地位につき創設的効力を有するものではないから、会社は社債原簿に記載・記録されている者が実質的な社債権者でないことを主張立証してその権利行使を拒むことができると論じられているが、この点も、資格授与的効力の訴訟上の本質が「法律上の権利推定」であると解せば、当然のことなのである。以上の理を、司研・要件事実第一巻26頁の「法律上の権利推定」についての記述を引用して確認しておこう。つまり、「甲事実によって法律上推定される乙が事実ではなく権利又は法律効果である場合……、右の推定は法律上の権利推定又は簡潔に権利推定と呼ばれる。この推定規定によって乙権利の帰属を主張する者は、前提事実甲について主張立証責任を負担する。……法律上の権利推定の場合も、法律上の事実推定の場合と同様に、推定が働く時点において乙権利が被推定者に帰属していないことが主張立証されたときは、推定の効果は覆るが、右の権利の不帰属の主張立証責任は推定の効果を覆す者に帰属する。」というのである。

ところで、一般に、法律上の権利推定は、それを定める明文規定が存在して初めて認めることができるものである。結局、極めて異例ではあるが、学説上は、明文規定はないにもかかわらず、本条1項の解釈上、法律上の権利推定を認め、それを講学上「資格授与的効力」と呼んでいると解することになろう。

(3) 免責的効力

会社は、悪意・重過失がない限り、株主名簿の記載・記録に基づいてその

名義人を株主として取り扱えば、その名義人が実質的権利者でなかったとしても、会社は免責されると解されている（免責的効力）。

訴訟物　　XのY株式会社に対する社債償還請求権
　　　　　　＊本件は、社債権者Xが社債を発行したY会社に対し、直接社債償還請求権を行使したところ、Y会社は、Xが既にその社債を第三者Aに売買して社債権を喪失したと主張した事案である。社債管理者が存在しても、各社債権者が発行会社に対し元利金の支払請求をすることは妨げられない（大判昭和3年11月28日民集7.1008）。

請求原因　1　Y会社は、総額100億円、償還日平成〇年〇月〇日とする第〇回社債を発行したこと
　　　　　　2　Xは請求原因3の償還日において、Y会社の社債原簿上、第〇回社債（〇〇万円）の社債権者として記載されていること
　　　　　　＊請求原因2は、社債原簿上の記載の資格授与的効力に基づく主張である。その訴訟法的な意味は、法律上の権利推定であることは(2)で解説したとおりである。
　　　　　　3　請求原因1の償還日が到来したこと

（社債権喪失）

抗弁　　1　Xは、第〇回社債の償還日に先立って、Y会社の第〇回社債（〇〇万円）をAに対して譲渡したこと

4　名義書換えの会社以外の第三者に対する効果

社債原簿の名義書換えをすると、社債の取得者は、会社以外の第三者に対しても社債の移転を主張することができる。本条1項は、社債譲渡の対抗要件につき「会社」に対する関係と「その他の第三者」に対する関係を同じ条項に規定しているが、会社に対するとは異なり、第三者に対抗するとは、社債を二重に譲り受けたり差し押えたりした者との間において、その優劣を決する標準になることであって、民法177条における対抗と同意義と解される（松田=鈴木・條解下495頁）。

5　名義書換えの失念

社債譲受人が名義書換えを適時に行わなかったために、社債原簿には譲渡人の名義が残った状態が続く場合がある（株式の場合は「失念株」といわれる）。この場合に、社債の利息、社債の償還が会社から社債譲渡人（名簿上

の社債権者）に対してなされたときに、譲受人と譲渡人との法律関係が問題となる。当事者間では名義書換えの有無にかかわらず、実質的な社債権が譲受人に移転しているのであるから、譲受人が名簿上の譲渡人に対する不当利得返還請求権を有することになると考えられる。

訴訟物　XのYに対する不当利得返還請求権としての償還金相当額返還請求権

＊A株式会社の社債（○○万円）の社債権者Yが、これをXに売買したところ、社債原簿上Xの名義書換えをしなかったために、償還金がYに支払われた。そのため、Xは、Yに対し償還金相当額の支払を求めたのが本件である。名義社債権者Yが社債譲渡後にA会社から受領した償還金の帰属は、売買当事者たるYとXの合理的意思解釈によることとなるが、多くの場合、取得者Xに帰属するというのが当事者の意思であろう。

請求原因　1　Yは、もと（請求原因2当時）、A会社の社債（○○万円）の社債権者であったこと
2　YはXに対し、請求原因1の社債を代金500万円で売買する契約を締結したこと
3　A会社はYに対し、請求原因2の後、償還金○○万円を支払ったこと

6　名義書換えの不当拒絶・過失による懈怠

名義書換請求に対して会社が名義書換えを過失によって怠り、会社が不当に拒絶した場合の法的効果については、本法は明文規定を置いていない。この点、旧商法時代の株式に関する判例であるが、前掲昭和41年最判（株式引渡請求事件）は、「正当の事由なくして株式の名義書換請求を拒絶した会社は、その書換のないことを理由としてその譲渡を否認し得ないのであり……、従つて、このような場合には、会社は株式譲受人を株主として取り扱うことを要し、株主名簿上に株主として記載されている譲渡人を株主として取り扱うことを得ない。そして、この理は会社が過失により株式譲受人から名義書換請求があつたのにかかわらず、その書換をしなかつたときにおいても、同様であると解すべきである。今この見地に立つて本件を見るに、AはXから譲り受けた株式につき、前記基準日以前に適法に名義書換請求をしたのにかかわらず、Y社は過失によつてその書換をしなかつたというの

であるから、右株式について名義書換がなされていないけれども、Y社はAを株主として取り扱うことを要し、譲渡人たるXを株主として取扱い得ないことは明らかなところであり、従つて、右基準日に株主であつたことを前提として新株式の交付を求めるXの本訴請求を排斥した原審の判断は正当である。」と判示するところは、社債原簿に関する判例としての意義も有する。

● (権利の推定等)

第689条 社債券の占有者は、当該社債券に係る社債についての権利を適法に有するものと推定する。
 2　社債券の交付を受けた者は、当該社債券に係る社債についての権利を取得する。ただし、その者に悪意又は重大な過失があるときは、この限りでない。

1　権利推定規定－資格授与的効力
　本条1項は、社債券を占有する者はその社債券に係る社債についての適法の所持人と推定することを定めている。講学上は、社債券の占有にいわゆる「資格授与的効力」があることを認めた規定であるといわれるが、民事訴訟の領域の用語でいえば、条文見出しが「権利の推定等」となっていることから分かるとおり、「法律上の権利推定規定」である。ただ、本条2項は、前項を受けた規定であるから、その適用は譲渡の場合に限って適用されるものと解される。
　本条1項は、社債権の移転の局面と権利行使の局面において、以下のとおり機能する。
(1) 社債の権利移転の局面
　本条1項は、社債券をその占有者から譲り受けた者が、占有者が権利者でないことについて悪意又は重大な過失のない限り、善意取得できるということで機能する。「社債券の譲受人がその前主の占有者が無権利者であることについて知っていたこと、又は知らないことについて重過失があることを基礎づける事実」の主張立証責任は、社債券の譲受人の権利を否定する者が負担する。

(2) 社債の権利行使の局面

本条1項は、社債券の所持人が、社債券を所持しているという事実によって、他にもと社債権者からの社債の譲受けの事実を主張立証することなく、会社に対し権利（名義書換請求権）を行使できるという形で機能する。会社は、社債券の占有者が無権利者であることを主張立証しない限り、これを拒否できない。

訴訟物　　　XのY株式会社に対する社債原簿の名義書換請求権
　　　　　　＊本件は、XがY会社の社債券を所持している場合における名義書換請求の事案である。請求の趣旨は「Y会社はXに対し、別紙目録（略）記載のY会社の社債についてX名義に名義書換えをせよ。」とする。
　　　　　　＊Xが勝訴判決を得た場合、その債務名義の内容は不代替的作為義務を命ずるものであるので、その強制執行は間接強制（民執172条1項）によることとなろう。

請求原因　1　Y会社は、証券発行社債を発行したこと
　　　　　2　Xは請求原因1の社債券を所持すること
　　　　　　＊社債券の占有者Xは、社債権者としての「資格授与的効力」を有すると説明される（本条2項）。しかし、資格授与的効力の内容は、訴訟法上の機能から見ると、ほぼ法律上の権利推定に尽きると考えられ、資格授与的効力という実体法上の別個の法律効果の内容が何であるか、改めて検討する必要があろう。
　　　　　3　XはY会社に対し、本件社債券を名義書換えのために提示したこと
　　　　　　＊施則168条2項は、社債取得者が取得した社債が社債券を発行する定めがある場合は、社債取得者が社債券を提示して社債原簿の書換えを請求することができることを認めている。

（無権利者）

抗　弁　1　XはY会社の社債権者でない（無権利者である）こと
　　　　　　＊社債券の所持は、占有者が権利者であるとの法律上の推定を受けるので（本条1項）、その反対事実（XはY会社の社債権者でないこと）が、Y会社の抗弁と位置づけられる（株券のケースであるが、東京高判平成元年2月27日判時1309.137）。

＊Y会社側の実際の立証活動としては、X以外の者がその社債券が表章する社債についての社債権者であることを立証することになる。

2　善意取得

社債券の交付を受けた者は、その社債券に係る社債についての権利を取得する（本条2項本文）。ただし、その者に悪意又は重大な過失があるときは、この限りでない（本条2項ただし書）。社債の善意取得を生ずるのは、社債の譲渡（売買、交換・贈与等）以外にも、社債の譲渡担保（株式についてであるが大阪地判昭和30年11月25日下民6.11.2429）、社債の質権設定の場合がある。最判昭和41年6月21日民集20.5.1084は、手形についてであるが、無権代理人と取引した者について善意取得の成立を認めている。これは、社債券の場合も同様であると考えられる（株券について、江頭・株式会社法212頁）。

訴訟物	X株式会社のYに対するA株式会社の社債券引渡請求権

＊本件は、X会社の経理担当者BがX会社の財産であるA会社の社債券を自己の財産として第三者Yに譲渡したので、X会社がYに対しその返還を求めたところ、Yは善意取得を主張し、その取得時点におけるYの善意・無重過失が争点となった事案である。

請求原因	1　X会社は、A会社の本件社債のもと（抗弁1当時）権利者であること

　　2　Yは、本件社債を表章する社債券を占有していること
　　3　Yは、X会社が現在本件社債券の表章する社債の権利者であることを争うこと

（株主権喪失－善意取得）

抗弁	1　BはYに対し、本件社債を代金3,000万円で売買する契約を締結したこと

　　2　BはYに対し、抗弁1と同日に本件社債券を交付したこと

（悪意・重過失）

再抗弁	1　Yは、抗弁1の売買契約の際、Bが本件社債について無権利者であったことを知っていたこと、又は知らないことにつき重大な過失の評価根拠事実

(株主権喪失)

抗弁 1　XがCに対し、本件社債を代金3,000万円で売買する契約を締結したこと
　　　　2　XがCに対し、抗弁1と同日に本件社債券を交付したこと
　　　　＊抗弁2の後、Yが本件社債券を取得するまでの経過を主張立証する必要はない。

●(社債権者の請求によらない社債原簿記載事項の記載又は記録)

第690条　社債発行会社は、次の各号に掲げる場合には、当該各号の社債の社債権者に係る社債原簿記載事項を社債原簿に記載し、又は記録しなければならない。
　一　当該社債発行会社の社債を取得した場合
　二　当該社債発行会社が有する自己の社債を処分した場合
　2　前項の規定は、無記名社債については、適用しない。

1　社債権者の請求によらない社債原簿記載事項の記載・記録

　会社が当事者の請求によらないでも、社債原簿に記載・記録しなければならないのは、①社債発行会社の社債を取得した場合（本条1項1号）と、②社債発行会社が有する自己の社債を処分した場合（本条1項2号）である。
　①には、社債発行会社が譲渡により自己の記名社債を取得した場合のほか、合併や会社分割により自己の記名社債を一般承継した場合が含まれる。なお、社債は、一般の指名債権ではなく、証券不発行社債を含め、それ自体、独自の財貨性を有するので、社債発行会社が取得した自己社債は、混同により消滅しない（相澤他・論点解説638頁）。
　②には、社債発行会社が自己の記名社債を譲渡した場合のほか、例えば、「処分」の文言からは、自己の記名社債を消却した場合も含まれる。更に、社債発行会社がする記名社債の償還は、その対象の社債は社債発行会社が有する自己の社債ではなく、また、償還が直ちに「処分」に該当するとは言い難い。しかし、社債の償還は、社債が消滅しその社債の社債権者が存在しなくなる点では社債の消却と同様であるから、社債発行会社が自己の記名社債を償還した場合は、社債発行会社がその有する自己の社債を処分した場合に含まれると解すべきである。

2　社債原簿記載事項の記載・記録の義務の不履行

社債発行会社が本条1項の義務を履行しない場合には、次の問題が生ずる。

(1) 対抗要件の問題

社債発行会社から記名社債を譲り受けた者は、義務を履行しない社債発行会社との関係では、社債権者であることを対抗できると解するのが妥当である。しかし、社債発行会社以外の第三者との関係では、社債券を発行する旨の定めがない社債を社債発行会社から譲り受けた者は、社債権者であることを対抗できない（688条1項）。

(2) 社債原簿の記載・記録の請求の問題

社債券を発行する旨の定めがない社債の譲渡においては、社債原簿の名義書換えは、社債発行会社以外の第三者との関係でも対抗要件である。また、記名社債のうち社債券を発行する旨の定めがある社債につき、社債原簿の名義書換えが社債管理者との関係及び社債権者集会を招集する者との関係でも対抗要件であると解すると、その譲受人は、社債原簿記載事項の記載・記録がされなければ、これらの者に社債権者であることを対抗し得ない。そのため、社債発行会社から記名社債を取得した者は、社債原簿記載事項の記載・記録を請求できると解すべきである。社債発行会社から記名社債を取得した者の請求権が、691条1項の反対解釈によって排除されるとするのは妥当でない。

社債発行会社が社債原簿記載事項の記載・記録をしない場合は、社債原簿記載事項の記載・記録の請求権を有する者は、それにより被った損害の賠償を社債発行会社に求めることができるであろう。

3　無記名社債

無記名社債の社債権者は、社債原簿に記載・記録されない（681条4号）。そのため、無記名社債が移転した場合には、本条1項及び691条1項・2項は適用されない（本条2項、691条3項）。無記名社債の譲渡は、社債原簿への記載・記録を対抗要件とせず（688条3項）、振替社債についても、同様に、本条1項の規定は適用されない（社債株式振替86条の3）。

●(社債権者の請求による社債原簿記載事項の記載又は記録)━━━

第691条　社債を社債発行会社以外の者から取得した者（当該社債発行会社を除く。）は、当該社債発行会社に対し、当該社債に係る社債原簿記

載事項を社債原簿に記載し、又は記録することを請求することができる。
2 前項の規定による請求は、利害関係人の利益を害するおそれがないものとして法務省令〔施則168条〕で定める場合を除き、その取得した社債の社債権者として社債原簿に記載され、若しくは記録された者又はその相続人その他の一般承継人と共同してしなければならない。
3 前2項の規定は、無記名社債については、適用しない。

---

1 社債権者の請求による社債原簿記載事項の記載・記録－名義書換請求権
　本条1項は、社債を社債発行会社以外の者から取得した者（その社債発行会社を除く）は、その社債発行会社に対し、その社債に係る社債原簿記載事項を社債原簿に記載・記録することを請求することができる（「名義書換請求権」）を定める。この規定は、社債権者の権利を確保するための名義書換請求権を定めた強行規定であって、定款をもってしても、この請求権を制限することはできない。

2 名義書換請求権の行使方法
(1) 共同請求の原則
　名義書換えの請求の方法については、本条2項は、利害関係人の利益を害するおそれがないものとして法務省令で定める場合（原則としての社債券不発行会社の場合は施行規則168条1項が定め、例外としての社債券発行会社の場合は同条2項が定める）を除き、その取得した社債の社債権者として社債原簿に記載・記録された者又はその相続人その他の一般承継人と共同してしなければならないこと（共同請求の原則）ことを定める。社債原簿上の社債権者である社債譲渡人等と社債譲受人が共同して名義書換えを請求する場合、連名の名義書換請求書面によるほか、社債譲受人が、社債譲渡人等の同意書を添えて請求することでもよいと解される。

訴訟物　X1及びX2のY株式会社に対する社債原簿名義書換請求権
＊本件は、社債券不発行のY会社の社債取得者X1と社債原簿上に記載・記録された名義人X2が共同して名義書換えを求めた事案（本条2項）である。訴え提起前に、X1がX2と共同してY会社に対して名義書換請求をしていた場合で

あっても、その後X1がX1・X2間の社債譲渡について瑕疵・解除等を主張している場合も考えられ、X1の権利保護は訴訟告知で可能となるが、それを義務づける規定も存在しないから、共同訴訟の提起が必要と解すべきである。もし、X2のみが名義書換請求訴訟を提起した場合には、X1の共同訴訟参加がない限り、訴えは不適法却下を免れない（株式の名義書換えについてであるが、山口和弘＝原ひとみ＝矢尾和子＝大倉靖広・類型別会社訴訟Ⅱ839頁）。
* 請求の趣旨は、「Y会社はX2に対し、別紙目録（略）記載のY会社の社債について、X2名義に名義書換手続をせよ。」である。

請求原因 1　X1は、X2の取得した社債の社債権者として社債原簿に記載・記録された者又はその相続人その他の一般承継人であること
* 請求原因1及び2は、本条2項の定める共同請求の場合の要件である。本件の場合は、X2がX1と共同して訴訟提起するのが原則である。
2　X1とX2は、共同してY会社に対し、本件社債についてX2への社債原簿名義書換請求をしたこと

(2) 例外としての単独請求

　利害関係人の利益を害するおそれがないものとして法務省令で定める場合は、社債取得者による単独での名義書換請求が認められる。以下、社債券不発行会社の場合（施則168条1項1号-4号）と、社債券発行会社の場合（施則168条2項）とに分けて述べることとする。

ア　社債券不発行の場合（施則168条1項1号-4号）

　社債取得者が社債原簿上の社債権者等に対し、名義書換請求をすべきことを命ずる確定判決を得た場合において、確定判決の内容を証する書面等を提供して請求したとき、又は確定判決と同一の効力を有することを証する書面（和解調書や調停調書等）を提供して請求したとき、社債取得者が一般承継により社債を取得した者であるとき、及び、社債取得者が社債を競売により取得した者であるときである。このような場合は、権利関係が確定しているので社債原簿上の社債権者等の利益が害されないし、また、単独による名義書換請求を認めなければ、社債取得者は目的を達し得ないからである。

訴訟物　　XのYに対する社債原簿名義書換手続（協力）請求権
＊社債原簿上の社債権者又は相続人その他の一般承継人が、社債の取得者の権利を争うなどして、共同請求に協力しない場合は、社債取得者は、それらの者に対し、本条1項、2項の規定に基づいて、名義書換請求に協力せよとの判決を求めることになる。本件は、これらの者を被告として自己が実質的社債権者であることを理由に、名義書換えの共同請求をせよとの判決を求めて提訴した事案である。この訴訟は、会社を当事者とするものではない。つまり、社債の取得者Xと社債原簿上の社債券者等Yとの間で、いずれが社債権者かについて決着を付ける。そして、社債取得者が勝訴した場合は、社債原簿上の社債権者等は共同請求をしなければならないものとして、その旨の確定判決の内容を証する書面（通常、判決正本）を提供して請求した場合は、会社は、名義書換えの請求に応じなければならない。
＊請求の趣旨は、「YはXに対し、別紙目録（略）記載のA会社の社債について、X名義に社債原簿名義書換手続をせよ（名義書換手続に協力）をせよ。」である。
＊本件は、A会社が社債券不発行会社の場合であるが、株式会社は社債券不発行が原則であるから、A会社が株式会社であることが現れている以上、請求原因において「A会社は、社債券不発行会社であること」の主張は不要である。

請求原因　1　Yは社債原簿上の社債権者又は相続人その他の一般承継人であること
2　XはYからA会社の本件社債を取得した原因事実

(ア) 確定判決等がある場合（施則168条1項1号・2号）

訴訟物　　XのY株式会社に対する社債原簿名義書換請求権
＊本件は、社債取得者Xへの社債原簿名義書換請求をすべきことを命ずる確定判決（上記の「名義書換手続（協力）請求権」を訴訟物とする訴訟の確定判決）が提出されたのにもかかわらず、Y会社（社債券不発行会社）が名義書換請求を拒否したので、XがY会社を相手に名義書換えを請求した事案である。

＊社債取得者による単独請求（本条2項、施則168条1項1号）の場合である。

請求原因
1 Aは、社債原簿に記載・記録がされた者又はその一般承継人であること
2 XはAに対して、その取得した社債に係る本条1項の規定による請求をすべきことを命ずる確定判決を得たこと
3 請求原因2の確定判決の内容を証する書面その他の資料を提供して名義書換請求をしたこと
＊請求原因1ないし3は、施行規則168条1項1号の要件を満たした場合である。

訴訟物 XのY株式会社に対する社債原簿名義書換請求権
＊本件は、社債取得者Xへの社債原簿の名義書換請求をすべきことを命ずる確定判決と同一の効力を有するものの内容を証する書面その他の資料が提出されたのにもかかわらず、Y会社（社債券不発行会社）が名義書換請求を拒否したので、XがY会社を相手に名義書換えを請求した事案である。

請求原因
1 Aは、社債原簿に記載・記録がされた者又はその一般承継人であること
2 XはAに対して、その取得した社債に係る本条1項の規定による請求をすべきことを命ずる確定判決と同一の効力を有するものを得たこと
3 Xは、請求原因2の内容を証する書面その他の資料を提供して名義書換請求をしたこと
＊請求原因1ないし3は、施行規則168条1項2号の要件を満たした場合である。「確定判決と同一の効力を有するもの」とは、例えば、和解調書、認諾調書などである。

(イ) その他単独請求を認めることが相当な場合（施則168条1項3号・4号）

訴訟物 XのY株式会社に対する社債原簿名義書換請求権
＊本件は、Y会社（社債券不発行会社）の社債を一般承継したXが、一般承継を証する書面その他の資料を提供して名義書換請求をしたところ、拒否されたので、Y会社に対し、

名義書換えを求めた事案である。

請求原因　1　Xは、一般承継によりY会社の社債を取得した者であること
　　＊請求原因1は、施行規則168条1項3号の文言によったものである。これを、例えば、相続の場合における具体的な要件事実に置き直すと、1「AはY会社の社債原簿上の社債権者であること」2「Aは死亡したこと」3「XはAの子であること」（非のみ説による）などである。
　　2　Xは、請求原因1の一般承継を証する書面その他の資料を提供して請求をしたこと
　　＊請求原因1及び2は、施行規則168条1項3号の要件を満たした場合である。

訴訟物　XのY株式会社に対する社債原簿名義書換請求権
　　＊本件は、Y会社（社債券不発行会社）の社債を競落したXが、それを証する資料を提供して名義書換請求をしたところ、拒否されたので、Y会社に対し名義書換えを求めた事案である。

請求原因　1　Xは、Y会社の社債を競売により取得した者であること
　　2　Xは、本件社債を請求原因1の競売により取得したことを証する書面その他の資料を提供して名義書換請求をしたこと
　　＊請求原因1及び2は、施行規則168条1項4号の要件を満たした場合である。

イ　社債券発行の場合（施則168条2項）

　社債取得者が、記名社債のうち社債券を発行する旨の定めがある社債を取得した場合は、名義書換請求は、社債券を提示してしなければならない（本条2項、施則168条2項）。

　社債券の占有者は、適法な権利者と推定されるので（689条1項）、社債券の占有者は、自己の権利を証明する必要はなく、単独の名義書換請求を認められる。社債券の占有者は、適法な権利者と推定されるから、会社は社債取得者からの名義書換請求に応じた場合には、社債取得者が無権利者であったときでも、占有者が無権利であることの証明方法につき悪意又は重大な過失がない限り、記載・登録につき会社は責任を負わない。それは、社債券の占有者と社債原簿上の社債権者等の間で争いがある場合に、会社が、名義書換

請求に応じるか否かを自ら法律関係に立ち入って判断することは、困難であることに加え、社債取得者が株券を善意取得している可能性があるからである。

ところで、名義書換えを必要とする社債移転には、譲受けの場合だけでなく、相続・合併の場合も含まれると解されているが、社債券の占有者が権利者と推定されるのは、社債の譲渡が社債券の交付によるとされたためであるから、相続・合併の場合は、権利者との推定は働かない（689条参照）。そのため、社債券の提示に加え、相続・合併の事実を証する書面を会社に提出し（相続の場合は、遺産分割の協議書も必要であろう）、名義書換請求をすべきことになる。この場合、会社が名義書換えを拒絶するためには、被相続人又は消滅会社が社債権者でないことを証明する必要がある。

なお、社債券を提示することなく、名義書換えを請求してきた者を、会社が社債権者として取り扱い、社債原簿の名義書換えをすることが可能かという問題がある。この場合は、名義書換請求者は権利者との推定を受けないのが、会社がその危険において名義書換請求に応じることを禁止する趣旨ではないと解されている。

訴訟物 XのY株式会社に対する社債原簿の名義書換請求権
＊本件は、原告Xが社債券発行のY会社の社債券を所持している場合である。社債券発行会社において社債原簿名義書換請求がされる場合の多くは、社債取得者が社債券を提示して単独で名義書換えを請求する場合である。
＊社債取得者による単独請求（本条2項、施則168条2項）である。

請求原因 1 Xは社債取得者であること
2 Y会社の定款において、その社債に係る社債券を発行する旨の定めがあること
3 XがY会社に対し、請求原因1の取得に係る社債を表章する本件社債券を名義書換えのために提示したこと
＊請求原因3は、施行規則168条2項に基づく事実である。
＊社債券発行会社の場合には、社債券の所持者は適法な所持人であると推定されるから（689条1項）、社債券を提示するだけで名義書換えをすることができる。所持者が社債権者でないことの主張立証責任は、Y会社が負う。社債券発行会社において、名義書換請求者の提示した社債券について、社

債券公示催告申立てがされている場合、会社は社債券の提示者が無権利者であることを立証できない限り、名義書換えを拒絶することはできない（最判昭和29年2月19日民集8.2.523は、株券喪失について公示催告・除権判決制度が採用されていたときであるが、除権判決がなされるまでは善意取得が認められる余地があることを理由に、会社は、株券の所蒔者からの名義書換請求を拒絶できないとする）。

(無権利者)
抗弁 1 Xは、提示に係る本件社債に係る社債権者でないこと
＊会社は適法な権利者と推定される社債取得者から名義書換請求を受けた場合に、これを拒否できないわけではない。ただし、拒否するためには、その者が無権利者であることを会社が立証しなければならない。立証できないのに拒否すれば不当拒否となる。なお、正当な権利者たる社債権者が、社債券の占有者に対して名義書換えがなされることを防止するためには、名義書換禁止の仮処分によることとなる。

3 無記名社債
　本条1項・2項の規定は、無記名社債については、適用しない。無記名社債については、社債原簿への名義書換えが不要のためである。

● (社債券を発行する場合の社債の質入れ)

第692条 社債券を発行する旨の定めがある社債の質入れは、当該社債に係る社債券を交付しなければ、その効力を生じない。

1 本条の趣旨
　本条は、社債券を発行する定めがある社債の質入れについて定める。その内容は、株式の質入れの成立要件を定める146条2項と同様である。なお、社債券を発行する旨の定めのない社債（振替社債を除く）の質入れは、意思表示のみで効力が生じる。また、振替社債の質入れは、振替えの申請により、質権者がその口座における質権欄にその質入れに係る金額の増額の記載・記録を受けなければその効力を生じない（社債株式振替74条）。

2 社債券を発行する場合の社債の質入れの効力発生要件

社債券を発行する場合（記名社債券・無記名社債券）は、社債券の交付によりその社債券に表章される社債の質入れの効力が生じる。社債券の交付には、現実の引渡しのほか、簡易の引渡し、指図による占有移転、占有改定の方法も含まれる。そして、社債券の占有の継続が発行会社及び第三者に対する対抗要件となる（693条）。質権の実行は、民事執行法の規定に従う。質権が解除された場合は、質権者は社債券を質権者に返還しなければならない。解除後返還までの間は、無権利者が社債券を占有している状態となり、質権者が設定者に返還せずに第三者に譲渡したときは善意取得が生じ得る。

訴訟物　　XのYに対する社債券引渡請求権
　　　　　＊本件は、社債券の質権設定者が社債券の返還を求めた事案であるが、質権の設定の有無、被担保債権の弁済の有無が争点となった事案である。
　　　　　＊社債についての質権者は、債権の弁済を受けるまでその社債券を留置できる。質権に留置的効力があるために、質権の存在は、所有権に基づく所有物返還請求権に対し、占有正権原の抗弁として機能する（我妻栄=有泉亨・新訂物権法263頁）。被担保債権の消滅の事実は、質権消滅の効果を生ずるので、弁済の事実は、占有正権原の抗弁を消滅させる再抗弁として位置づけられる。

請求原因　1　Xは本件社債券を所有すること
　　　　　　2　Yは本件社債券を占有すること
（質権の設定）
抗弁　　　1　YはXに対し、金1,000万円を弁済期平成○年○月○日の約定で貸し渡したこと
　　　　　　2　YとXは、XがYに対して負担する抗弁1の債務を担保するためX所有の本件社債券に質権を設定する合意をしたこと
　　　　　　3　XはYに対し、抗弁2の質権設定に基づいて、本件社債券を交付したこと
（弁済）
再抗弁　　1　XはYに対し、抗弁1の債務を弁済したこと

●(社債の質入れの対抗要件)

第 693 条　社債の質入れは、その質権者の氏名又は名称及び住所を社債原簿に記載し、又は記録しなければ、社債発行会社その他の第三者に対抗することができない。
　2　前項の規定にかかわらず、社債券を発行する旨の定めがある社債の質権者は、継続して当該社債に係る社債券を占有しなければ、その質権をもって社債発行会社その他の第三者に対抗することができない。

1　社債券を発行する旨の定めがない社債の質入れの対抗要件

　社債券を発行する旨の定めがない社債の場合、その社債の質入れの対抗要件は、質権者の氏名・名称及び住所を社債原簿に記載・記録することである（本条1項）。これにより、質権者は、質権を社債発行会社その他の第三者に対抗することができる。

2　社債券を発行する旨の定めがある社債の質入れの対抗要件

　社債券を発行する旨の定めがある社債の場合、それが無記名社債及び記名社債のいずれであっても、その社債の質権者は、社債券の継続する占有により、質権を社債発行会社その他の第三者に対抗することができる（本条2項）。記名社債の譲渡の対社債発行会社対抗要件は、社債原簿の名義書換えである（688条2項）が、記名社債の質権の設定について社債原簿への記載・記録は認められず（694条2項）、社債券の占有により社債発行会社に質権を対抗できる。対抗要件である「継続」して占有することは、第三者に対抗する時点において占有していることであるから、質権者は、社債券の占有を一旦失っても、占有を回復すれば、改めて対抗要件を備えることになる。

3　振替社債の場合

　振替社債の質入れは、口座におけるその質入れに係る金額の増額の記載・記録により効力が発生し、社債発行会社及び第三者対抗要件が充足される。振替社債については、本条1項の適用が排除されている（社債株式振替86条の3）。

●(質権に関する社債原簿の記載等)

第694条 社債に質権を設定した者は、社債発行会社に対し、次に掲げる事項を社債原簿に記載し、又は記録することを請求することができる。
　一　質権者の氏名又は名称及び住所
　二　質権の目的である社債
　2　前項の規定は、社債券を発行する旨の定めがある場合には、適用しない。

1　記名社債のうち社債券を発行する旨の定めがない社債
　社債発行会社に対して、質権について社債原簿に記載・記録を請求し得る者は、質権設定者であり（本条1項柱書）、社債券を発行する旨の定めがない社債の質権設定者に限られる（本条2項）。社債原簿に記載・記録される事項は、質権者の氏名・名称及び住所、並びに質権の目的である社債である（本条1項1号・2号）。これにより、社債券を発行する旨の定めがない社債の質権について、社債発行会社その他の第三者への対抗要件が満たされる（693条1項）。この社債原簿への記載・記録がされると、社債発行会社の質権設定者への償還金等の支払を防止でき、かつ、質権者が社債発行会社に直接償還金等の支払を請求できる（民366条）。なお、振替社債については、本条1項の適用はない（社債株式振替86条の3）。

2　記名社債のうち社債券を発行する旨の定めがある社債
　社債の質権設定に係る社債原簿への記載・記録は、社債券が発行される旨の定めがある場合には認められない（本条2項）。社債券が発行される社債の質入れについては、無記名社債及び記名社債のいずれについても社債券の占有が社債発行会社及び第三者対抗要件であり（693条2項）、質権者は社債券を占有していれば、社債発行会社が質権設定者へ償還金等の支払を行っても対抗でき、かつ、社債発行会社に直接償還金等の支払を請求できる。

●(質権に関する社債原簿の記載事項を記載した書面の交付等)

第695条 前条第1項各号に掲げる事項が社債原簿に記載され、又は記録された質権者は、社債発行会社に対し、当該質権者についての社債原簿

に記載され、若しくは記録された同項各号に掲げる事項を記載した書面の交付又は当該事項を記録した電磁的記録の提供を請求することができる。
2　前項の書面には、社債発行会社の代表者が署名し、又は記名押印しなければならない。
3　第1項の電磁的記録には、社債発行会社の代表者が法務省令〔施則225条〕で定める署名又は記名押印に代わる措置をとらなければならない。

1　質権に関する社債原簿の記載事項を記載した書面の交付等
　694条1項各号に掲げる事項が社債原簿に記載・記録された質権者は、社債発行会社に対し、その質権者についての社債原簿に記載・記録された同項各号に掲げる事項を記載した書面の交付又はその事項を記録した電磁的記録の提供を請求することができる（本条1項）。
(1)　請求権者
　社債原簿記載事項を記載した書面の交付請求権、又はこれを記録した電磁的記録の提供請求権を有するのは、社債原簿に質権者として記載・記録された者である。したがって、請求権者は、通常は、社債券を発行する旨の定めがない社債の質権者であるが、社債原簿に質権者として記載・記録されている者であれば、その者が質権設定契約の不存在・消滅により質権者ではなくても請求し得ると解される。
(2)　社債原簿記載事項を記載・記録した書面・電磁的記録
　質権者が交付請求し得る書面又は提供請求し得る電磁的記録は、請求者である質権者についての社債原簿に記載・記録された質権権者の氏名・名称及び住所並びに質権の目的である社債（694条1項）を記載した書面又は記録した電磁的記録である。社債原簿に社債原簿記載事項が記載されている場合か、記録されている場合かにかかわらず、質権者は、書面の交付又は電磁的記録の提供のいずれかを請求できる。しかし、社債発行会社に必ずしも電磁的記録を提供する能力があるとは限らない。そのため、社債原簿に社債原簿記載事項を記載している社債発行会社は、質権者からの電磁的記録の提供請求を拒絶して、書面の交付ができると解すべきであろう。一方、社債発行会社は、質権者からの書面の交付請求に対して、これを拒絶して、電磁的記録を提供することは許されないと解される。

2　代表者の署名・記名押印及び電子記録の場合の電子署名

　この書面には、社債発行会社の代表者が署名し、又は記名押印しなければならない（本条2項）。電磁的記録の場合には、社債発行会社の代表者が法務省令で定める署名又は記名押印に代わる措置（電子署名）を執らなければならない（本条3項、施則225条1項11号・2項）。

● (信託財産に属する社債についての対抗要件等) ══════════

第695条の2　社債については、当該社債が信託財産に属する旨を社債原簿に記載し、又は記録しなければ、当該社債が信託財産に属することを株式会社その他の第三者に対抗することができない。
　　2　第681条第4号の社債権者は、その有する社債が信託財産に属するときは、株式会社に対し、その旨を社債原簿に記載し、又は記録することを請求することができる。
　　3　社債原簿に前項の規定による記載又は記録がされた場合における第682条第1項及び第690条第1項の規定の適用については、第682条第1項中「記録された社債原簿記載事項」とあるのは「記録された社債原簿記載事項（当該社債権者の有する社債が信託財産に属する旨を含む。）」と、第690条第1項中「社債原簿記載事項」とあるのは「社債原簿記載事項（当該社債権者の有する社債が信託財産に属する旨を含む。）」とする。
　　4　前3項の規定は、社債券を発行する旨の定めがある社債については、適用しない。

─────────────────────────────

1　趣　　旨

　本条は、社債の信託について、第三者に対する対抗要件（本条1項）、社債原簿への記載・記録の手続（本条2項・3項）、及び社債原簿記載事項を記載した書面の交付請求権、又はこれを記録した電磁的記録の提供請求権（本条3項）を定める。

　これらの規定は、社債券を発行する旨の定めがある社債には適用されない（本条4項）。社債券を発行する旨の定めがある社債を信託財産とする場合には、受託者は、社債券の交付を受けてこれを占有することになるから（687条参照）、社債が信託財産に属することは、社債券の占有により第三者に対

抗することができる（688条2項・3項）からである。社債券を発行する旨の定めがある社債のうち記名社債について、その譲渡の社債発行会社に対する対抗要件は、社債原簿の名義書換えである（688条2項）。しかし、社債を信託財産にすることは、譲渡には当たらないので、社債原簿の名義書換えをしなくても、社債券の占有によって、社債券を発行する旨の定めがある社債のうち記名社債が信託財産に属することを、社債発行会社に対して対抗できると解される。

2　対抗要件と社債原簿の記載・記録

　社債券を発行する旨の定めがない社債が信託財産に属することを社債発行会社その他の第三者に対抗するには、その社債が信託財産に属する旨を社債原簿に記載・記録する必要がある（本条1項）。その旨の社債原簿への記載・記録を請求することができる者は、社債原簿に社債権者として記載・記録された者（681条4号）である（本条2項）。したがって、まず、委託者は、受託者を社債原簿に社債権者として記載・記録することを請求し（691条1項）、その上で、受託者は、その有する社債が信託財産に属する旨を社債原簿に記載・記録することを請求することになる。通常は、前者の請求と同時に後者の請求がなされ、前者の社債原簿の記載・記録と後者の社債原簿の記載・記録とは同時にされるであろう。

　社債発行会社が自己の社債を信託財産とする信託の受託者又は委託者である場合には、その社債発行会社は、社債原簿の名義書換えとともに、社債権者として記載・記録された者の有する社債が信託財産に属する旨を社債原簿に記載しなければならない（本条3項、690条1項）。

3　社債原簿記載事項を記載・記録した書面・電磁的記録

　信託の受託者は、社債が信託財産に属する旨を含む社債原簿記載事項を記載した書面の交付又はこれを記録した電磁的記録の提供を請求できる（本条3項、682条）。これは、社債が信託財産に属することを証明することを可能にするためである。信託の受託者は、社債権者として、682条に基づいて社債原簿記載事項を記載した書面の交付、又はこれを記録した電磁的記録の提供を請求することができる。受託者が有する社債は、信託財産に属するので、本条3項・682条は、記載・記録される社債原簿記載事項に、社債が信託財産に属する旨を含むものとしている。

　この請求権を有する者は、社債が信託財産に属する旨を社債原簿に記載・記録することを請求した者である。社債発行会社が自己の社債を信託財産と

する信託の委託者である場合には、受託者の請求によらずに、その社債発行会社によって、社債が信託財産に属する旨は、社債原簿に記載・記録される（本条3項、690条1項2号）。そのため、受託者は、社債が信託財産に属する旨を記載した書面の交付、又はこれを記録した電磁的記録の提供を請求することができないことになる。しかし、受託者は、社債が信託財産に属する旨を社債原簿に記載・記録することを請求し得る権利を有するが、その請求がなくても、社債発行会社は、その請求権の内容に従った記載・記録を自らしているに過ぎないとも考えられる（690条の解説1参照）。したがって、社債が信託財産に属する旨について、本条2項の規定による記載・記録がされた場合には、社債発行会社が本条3項・690条1項に基づいて社債原簿に記載・記録した場合が含まれると解することもできよう。このように解することができれば、社債発行会社が自己の社債を信託財産とする信託の委託者である場合にも、受託者は、社債が信託財産に属する旨を記載した書面の交付又はこれを記録した電磁的記録の提供を請求できる。

● (社債券の発行)

第696条 社債発行会社は、社債券を発行する旨の定めがある社債を発行した日以後遅滞なく、当該社債に係る社債券を発行しなければならない。

1 社債券の性質

社債券は、社債ないし社債契約上の権利（社債権）を表章する有価証券である。社債権は、社債についての権利の存在を前提として契約上の権利を証券に表章したものであり、①本法は、社債契約の成立（680条）と社債券の発行（本条）を区分していること、②社債権の内容は社債権者集会の決議による実質的制約を受けること、③新株予約権付社債の権利内容が発行条件による制約を受けることから、要因証券と解される。社債契約の無効により社債券も無効となる（江頭・株式会社法748頁）。また、社債の償還は債券と引換えに行われるから、受戻証券と解される。社債券は、社債契約を原因関係とする要因証券である。そして、社債契約の無効事由は、取引安全の要請上、限定的に解すべきである（江頭・株式会社法749頁）。無効事由を限定すると、保護に値しない者との関係でも社債は有効とされるため、取引安全の

要請を超えた保護となること、社債契約が有効であれば社債権者であるはずの者は、社債契約の無効から経済的な不利益を受けるに過ぎないから、社債契約の無効事由を限定的に解する必要はなく、社債契約が無効の場合には、会社は、取引法上の損害賠償責任又は不法行為に基づく損害賠償責任を負うとする見解が説かれる（今井克典・新基本法コンメ(3)157頁）。

2　社債券の発行

　本条は、社債発行会社が、社債券を発行する旨の定めがある社債を発行した場合には、その発行した日以後遅滞なく、その社債に係る社債券を発行しなければならないことを定める。ここに、「遅滞なく」とは、「正当な理由がない限り速やかに」という趣旨と解される。旧商法306条は、社債の全額払込みがあった後でないと社債券を発行することができないとの定めを置いていたが、本法はこれを削除した。なお、社債は引受けの申込人に対する会社の割当てがあれば成立するから、払込みがなされないにもかかわらず発行された社債券は有効であると解される。

> **訴訟物**　　XのY株式会社に対する社債券発行（交付）請求権
> 　　　　　＊本件は、Xが募集社債の引受の申込みをしてY会社が割当てをしたので、その社債券の発行（交付）を求めたところ、払込み先履行の抗弁が主張された事案である。
> **請求原因**　1　XはY会社に対して、同社の募集社債の引受けの申込みをしたこと
> 　　　　　　2　Y会社はXに対して、割当てをしたこと

（払込金の先履行）
> **抗　弁**　　1　Xが社債の払込金の払込みをしていないこと
> 　　　　　＊会社が申込者に対して社債の割当てをしても、割当てを受けた申込者が払込みをするまでは、社債券の交付を拒絶する正当な理由があるといえるから、払込みがない以上社債権者に対し社債券の発行を拒むことができると解される（相澤他・論点解説632頁は、「払込金の支払の先履行の抗弁」が成立するという）。これに対し、社債券は、社債についての権利を表章するから、その発行には社債契約が成立すれば足り、また、払込金額は、社債券の発行に対して払い込まれるわけではなく、その払込みは社債の償還に対して先履行の関係にあるにとどまる（680条）ので、払込金額の払込未了を理由

に、社債発行会社は、社債券の発行を拒絶できないとの見解が説かれている（今井克典・新基本法コンメ(3)157頁）。実務的には、募集事項として、払込義務未了の社債権者に対する社債券不発行の定めを設けてることが無難とされる（江頭・株式会社法740頁）。

3 社債券の発行の不当拒絶と社債の譲渡

会社が不当に社債券を発行しない場合に社債権者は単なる意思表示によって社債を譲渡することの可否について、これを否定し、社債発行会社に対する損害賠償請求ができるにとどまるとの見解があるが（今井克典・新基本法コンメ(3)57頁）、肯定する見解が有力である（田中昭・新注会(10)102頁、野田博・会社法コンメ(16)84頁）。

● (社債券の記載事項)

第697条 社債券には、次に掲げる事項及びその番号を記載し、社債発行会社の代表者がこれに署名し、又は記名押印しなければならない。
　一　社債発行会社の商号
　二　当該社債券に係る社債の金額
　三　当該社債券に係る社債の種類
2　社債券には、利札を付することができる。

1 社債券の記載事項

本条1項は、社債券には、①社債発行会社の商号、②その社債券に係る社債の金額、③その社債券に係る社債の種類及びその番号を記載し、社債発行会社の代表者がこれに署名し、又は記名押印しなければならないことを定める。社債券を発行する旨の記載は、③に包含されているため、論理的には、その事項の記載がなければ、その社債券は無効ということになる。もっとも、社債券に「社債券」であることを示す表示があれば、その表示が「社債券を発行する旨」の記載となるので、通常は「社債券を発行する旨」という文言が使用されることはほとんどなく、その場合でも社債券が無効になることはない（相澤他・論点解説639頁）。

2　利　札

　本条2項は、社債券に利札を付することができることを定める。利札は、利息の支払請求権を表章する有価証券である。利札は有価証券としての受戻（引換）証券性がある（700条2項、705条2項参照）。利札は、通常は無記名社債に係る社債券に付されるが、記名社債に係る社債券に付されることを妨げない。利札の方式は、特段定められていないので、商慣習法に任されるが、利札には、利息の請求権の額の表示が予定されている（700条1項）。

● (記名式と無記名式との間の転換) ══════════════

第698条　社債券が発行されている社債の社債権者は、第676条第7号に掲げる事項についての定めによりすることができないこととされている場合を除き、いつでも、その記名式の社債券を無記名式とし、又はその無記名式の社債券を記名式とすることを請求することができる。

───────────────────────────────

1　記名式社債券と無記名式社債券との間の転換

　社債券は、債券面に社債権者の氏名を記載するか否かにより、記名式と無記名式に区分される。本条は、社債権者は、別段の定めがない限り、いつでもその記名式の社債券を無記名式とし、逆に、無記名式の社債券を記名式とすることを求める権利を有することを定める。転換請求は、社債権者が会社に対して社債券を提出して行われる。

2　例外としての転換の制限

　記名社債と無記名社債は、その権利移転等の場合の手続、対抗要件を異にしており、記名社債はそれを所有する安全性の点に、また無記名社債は流通性の点に特徴があるが、本条は、相互の転換請求ができることを原則とするので、これを制限する場合には、募集事項として記載を要することとした。例えば、会社は、募集社債に関する事項を決定する際に、転換請求の回数の制限をし（蓮井良憲・新注会第2補巻184頁）、記名式社債券の無記名式社債券への転換請求、及びその逆の転換請求のいずれも、又は一方を許さないとする旨を定め得る（676条7号）。本法は、社債券の占有が第三者対抗要件であること、善意取得制度の適用があることにつき記名式社債と無記名式社債の扱いを統一したから、無記名式社債券の記名式社債券への転換を認めない

場合であっても社債権者に不都合は生じないので、記名式社債券への転換を認めないことに合理性がある。

● (社債券の喪失)

第699条 社債券は、非訟事件手続法第100条に規定する公示催告手続によって無効とすることができる。
　2　社債券を喪失した者は、非訟事件手続法第106条第1項に規定する除権決定を得た後でなければ、その再発行を請求することができない。

1　公示催告手続

　有価証券に関する一般法理の消極的作用によれば、証券を所持しない者は権利者と認められない。しかし権利者が証券を喪失した場合に、その証券を所持する者がほかにいないときにまでなお権利行使を否定するのは不当である。そこで、非訟事件手続法100条に規定する公示催告手続（公示催告によってその公示催告に係る権利につき失権を生じさせるための一連の手続）によって証券の所持人を捜した上で、誰も権利を主張する者がいないときには、証券がこの世に存在していても、除権決定によって、それを失効させ、その上で証券なしに権利行使を認めることとされている。

　本条1項は、社債券を喪失した者が公示催告手続によって同証券を無効とすることができることを定める。除権決定は対象となった株券は有価証券としての効力を失わせる（消極的効力。なお、非訟118条1項参照）。ただし、除権決定がなされたからといって権利者はその実質的権利を失うことはない。

2　社債券の再発行

　本条2項は、社債券を喪失した者が除権決定（非訟106条）を得て株券の再発行を求めることができることを定める（なお、非訟118条2項参照）。除権決定は社債券を所持しているのと同じ地位を回復する。除権決定を得た者は、社債発行会社から社債券の再発行を受けなくても、社債発行会社に対して社債についての権利を主張することができる（非訟118条2項）。しかし、除権決定を得た者は、形式的資格を回復するにとどまり、除権決定を得たが

故に実質的権利を取得するわけではない。要するに、喪失株券に関する除権判決の効果は、その対象とする社債券を判決以後において無効とし、除権判決申立人にその社債券を所持しているのと同様の法的地位（形式的資格）を付与するにとどまり、それ以上に公示催告申立ての時に遡って社債券を無効とするものではなく、また申立人が実質上社債権者たることを確定するものでもない。株式について除権判決制度があった当時であるが、最判昭和29年2月19日民集8.2.523は、「喪失株券に関する除権判決の効果は、右判決以後当該株券を無効とし、申立人に株券を所持すると同一の地位を回復させるに止まるものであつて、公示催告申立の時に遡つて右株券を無効とするものではなくまた申立人が実質上株主たることを確定するものでもない。されば、公示催告期間中会社に対し当該株券を提示して株主名簿並に株券の名義書換を請求する第三者があつた場合、右第三者が実質上の権利者であることもあり得べきであるから、会社は単に当該株券につき喪失を理由とする公示催告の申立があるという一事を以て書換を拒むことを得ないのは蓋し当然であつて、これと異る見解に立脚する所論は採り難い。のみならず、右書換後除権判決のあつた場合、所定期間内に権利の届出及び株券の提出をしなかつた前記第三者が除権判決の効果としてその実質的権利（たとえば公示催告期間中における善意取得にもとづく権利）を失うに至る場合があるかどうか、また会社は株主名簿の最終名義人が右第三者のままとなっている場合、これを株主として一切を処理して免責されるかどうか等の点については必ずしも論議の余地なしとしないが、少くとも除権判決を得た者の会社に対する関係が、株券喪失前におけるそれ以上に出でるものでないことは、前記除権判決の効果から考えて疑を容れないところである。されば、原審が、仮に上告人において訴外A名義の本件株式を譲受けたとしても、本件割当基準日までに株主名簿の名義書換を請求しなかつた以上、割当基準日に自己が株主であつたことを以て被上告会社に対抗し得ないものと判断し、上告人の本訴請求をしりぞけたのは、被上告会社が所論新株を訴外B証券株式会社に割当てたことの当否の如何にかかわらず、正当であるといわなければならない（本件株券が上告人主張の如く盗取されたものとすれば、それ以後本件除権判決あるまでの間、上告人は株主名簿の名義書換手続を履践しようとしても、為し得ない関係にあるべきことは勿論であるが、その故を以ては上記の解釈を左右するに足りない）。」と判示する。

更に、もし除権決定申立人が実質的に無権利者であり、他に実質的社債権者の存する場合に、除権決定に基づき申立人が株券の再発行を受けても、実質的社債権者は除権決定申立人に対し再発行に係る社債券の引渡しを求め得

ることについては異論をみない。このことは、公示催告とこれに続く除権決定の制度が、その制度のうちに公示催告（ないし除権判決）申立人と公示催告期間内（ないしは除権決定前）に権利の届出をした者との間において、実体上の権利の帰属を決する手続を定めていないところからも当然帰結されるところである。ところで、この点につき、除権判決前に除権判決申立人の喪失した社債券を善意取得した者がある場合に限って、除権判決によって善意取得者はその所持する社債券が将来に向かって失効するのみならず、実質的権利をも失うとする見解がある。しかし、この見解には賛成できない。そもそも、社債券の善意取得の制度は、権利の外観を信頼した者に権利を得させるという実体上の機能を有すると同時に、社債券によって表章される権利を主張する者に、権利取得の経緯を逐一主張立証する煩を免れさせるという訴訟手続上の機能をも有している。裁判所が社債券所持人を権利の承継取得者でないとしても善意取得者であるとの判断をすることにより容易に権利の存在を認定できるのも、善意取得の規定があるからにほかならない。裁判所が前記の善意取得に関する各規定に基づいてある者が社債券によって表章される権利を有すると認定する場合、その権利が最初の権利者から承継的に取得された者ではないことを確定しているわけではない。翻って、除権判決が善意取得者の権利を失権させるという前記の見解を採るとしても、除権判決は善意取得者の有無を確定した上でなされるわけではないから、除権判決申立人と他の権利主張者との争いは別の訴訟手続によって確定されるほかない。その場合、その権利主張者は前記の見解を採る以上善意取得を援用することができないから、結局権利移転の経緯を個々具体的に主張立証しなければならないこととなり、これは権利主張者に難きを強いるものである。それのみならず、善意取得者のみは除権判決によって失権すると解することが、善意取得者のみならず、おそらく実質的権利者のほとんど全部を事実上失権させるに等しい結果を招くこととなり、社債券の流通性をも著しく阻害することになるといわざるを得ない（株券についてであるが、東京高判昭和54年4月17日高民32.1.70参照）。

非訟事件　　公示催告の申立て
　　　　　　　＊Xは、その所持していた本件社債を遺失又は盗難によって喪失したので、公示催告の申立てをした事案である。
申立理由　1　Xが本件社債券の所持人であったこと
　　　　　　　＊社債券と利札を喪失した場合及び利札のみを喪失した場合に、その利札が公示催告手続・除権決定の対象となるか明文

がない。しかし、利札も社債券同様に善意取得の対象となると解される。そのように解さないと割引債の場合と均衡が取れなくなることから、利札も公示催告手続・除権決定の対象となるのである（野田博・会社法コンメ(16)120頁）。
2　Xが本件社債券を（遺失又は盗難により）喪失したこと
＊社債券発行証明書と警察署が発行する遺失ないし盗難届受理証明書をもって申し立てることになる（非訟116条2項）。
＊社債券を毀損・汚損した場合は、社債券の喪失とはいえないため、社債券の所持人は社債発行会社にその社債券を提出して新しい社債券の交付を請求できる。毀損・汚損の程度が甚だしく真偽を判別し難いときは、社債券の喪失に当たるものとして、本条の手続に従うべきである（蓮井良憲・新注会(10)97頁）。

|訴訟物|　　　XのY株式会社に対する社債原簿の名義書換請求権|

＊XはY会社の第〇回社債券（〇〇万円）を会社に提示して社債原簿の名義書換えを求めたところ、Y会社はその社債券については既に除権決定が出されていて無効であるので、名義書換えを拒絶したが、その除権決定が留保付決定であると争った事案である。
＊請求の趣旨は「被告は原告に対し、別紙目録(略)記載の被告の社債について原告名義に名義書換えをせよ。」である。

|請求原因|1　XはY会社の第〇回社債（〇〇万円）を所持していること
2　XがY会社に対し、本件社債券を提示して名義書換えを請求したこと

（除権決定）

|抗　弁|1　請求原因1の社債券の最終名義人であるAは、本件社債券につき、その無効宣言を求める公示催告手続を申し立てたこと
2　〇〇裁判所は、請求原因2に先立って、本件公示催告手続事件につき除権決定を言い渡し、本件株券の無効を宣言したこと
＊その株券について公示催告の申立てがされていること（つまり、公示催告期間中であること）のみでは、抗弁として主張自体失当である。なぜならば、前掲昭和29年最判は、「喪失株券に関する除権判決の効果は、右判決以後当該株券を無効とし、申立人に株券を所持すると同一の地位を回復させるに

止まるものであって、公示催告申立の時に遡って右株券を無効とするものではなくまた申立人が実質上株主たることを確定するものでもない。されば、公示催告期間中会社に対し当該株券を提示して株主名簿並に株券の名義書換を請求する第三者があつた場合、右第三者が実質上の権利者であることもあり得べきであるから、会社は単に当該株券につき喪失を理由とする公示催告の申立があるという一事を以て書換を拒むことを得ないのは蓋し当然であ」ると判示するからである。

(権利の届出)
再抗弁 1　Bは、本件公示催告手続につき、権利の届出をなし、本件社債券を提出したこと
2　再抗弁1の権利届出の理由は、大要次のとおりである。
　　届出人は、商品取引員であるが、Cより、商品市場における売買取引の委託を受けるに当たり、受託契約準則に基づく義務として、Cより売買取引の受託についての担保とするため、委託証拠金として、本件社債券を取得したこと
3　抗弁2の本件除権判決は、Bの権利を留保してされたこと
4　Bは、Cから、受託契約準則による質権設定契約及び流質契約に基づき、質権の実行（流質）を行い、本件社債権を取得したこと
5　Xは、Cからら本件社債券を○○万円で買い受けたこと
　＊上記再抗弁の事案は、東京地判昭和60年3月26日判時1161.185（事案は、株券）によるものである。同判決は、「留保付除権判決とは、公示催告手続に応じて権利の届出があり、当該公示催告期日の審理において公示催告手続申立人が届出権利を否定した場合になされる判決であって、届出人の権利を留保し、届出をしない不特定の利害関係人との関係では通常の除権判決であるものをいう。したがって、権利届出人の届出権利については、除権判決の消極、積極の両効力は未だ発生しておらず、権利届出人は、除権判決の影響を受けることなく届出権利を行使することができるものといわなければならない。もっとも、権利届出人の権利届出により届け出られた権利が真実存在することになるわけではないから、公示催告手続申立人は、届出権利の存否についてこれを争うことができることは当然であり、権利届出人に対し、通

常訴訟によってその権利の不存在の確認を訴求することもできるし、通常訴訟確定までの間、保全処分により届出権利の行使を阻止することも可能である。」と判示した上で、権利届出人たる訴外会社の届出権利は、「訴外会社は委託者たる訴外Ｓから委託証拠金充用有価証券として本件株券を取得したというのであるから、訴外会社の届出権利は根質権であると解するのが相当である」とし、「訴外会社は、権利届出人として本件除権判決の影響を受けることなく根質権者としての権利を行使しえるわけであるが、権利届出人の一般承継人・特定承継人はもとより届出権利の実行により権利を取得した者及びその一般承継人・特定承継人もまた除権判決の影響を受けることはないものと解すべきである。けだし、そのように解さなければ、権利届出人の権利行使を否定したのと同一の結果となるからである。」として、訴外会社が、本件除権判決後、本件株券の取得者となったことを認定し、更に、原告は訴外会社から本件株券を1株676円で買い受けたことが認められるという。その結果、「原告は、訴外会社という権利届出人の根質権実行により権利を取得した者の特定承継人として本件株券を新たに取得したものであるから、本件除権判決による影響を受けずに権利行使をすることができるものということができる。したがって、原告は、本件株券の株主権に基づき、本件株券の発行会社である被告に対し、本件株券につき原告への名義書換を求めることができるものといわなければならない。」と判示するのである。

訴訟物　ＸのＹ株式会社に対する社債券再発行請求権

＊本件は、Ｙ会社の社債券について除権決定を得たＸがＹ会社に対し、その除権決定を提示して社債券の再発行を求めた事案である。

請求原因
1　ＸはＹ会社の本件社債券につき除権決定を得たこと
＊除権決定を取得した者は、株主としての資格授与的効力を有する。社債券の所持と同様の効力が認められる。
2　Ｘは上記の除権決定をＹ会社に提示して社債券の再発行を求めたこと

● (利札が欠けている場合における社債の償還)

第700条 社債発行会社は、社債券が発行されている社債をその償還の期限前に償還する場合において、これに付された利札が欠けているときは、当該利札に表示される社債の利息の請求権の額を償還額から控除しなければならない。ただし、当該請求権が弁済期にある場合は、この限りでない。
　2　前項の利札の所持人は、いつでも、社債発行会社に対し、これと引換えに同項の規定により控除しなければならない額の支払を請求することができる。

1　期限前償還における利札欠落社債の償還

　社債発行会社は社債券が発行されている社債をその償還の期限前に償還する場合には、償還日後の利息について支払をする必要がなくなるはずである。しかし、社債券に付される利札は独立の有価証券として流通し得るから、利札所持人が償還日後の利息を請求することができる。また、実質的に考えても、社債券に付された利札が欠落する場合は、社債券を保有する社債権者は、利札譲渡の対価を得たか、又は、社債券を利札のない社債券としての対価で取得した可能性がある。したがって、社債券が発行された社債を社債発行会社が繰上償還する際に、社債券に付された利札が欠落する場合は、社債発行会社は、社債権者に対して、償還額から期限未到来の利札の券面額を控除した額を支払うこととされる（本条1項本文。本条は、無記名社債を含め広く社債券を発行する旨の定めがある社債を対象とする）。

　本条1項ただし書は、既に支払期が到来した利札については控除しないことを定める。期限が到来している利札に関しては、既に社債償還請求権とは別個独立の具体的利息請求権が発生しているのであるから、償還額から控除するいわれはない。

訴訟物　　XのY株式会社に対する社債償還請求権
　　　　　　＊本件は、繰上償還されるY会社の社債について、社債権者Xがその償還金の支払を求めたところ、社債券に付された期限未到来の利札欠落の一部抗弁が主張された事案である。

請求原因　1　Y会社は、総額100億円、償還日平成○年○月○日とする

　　　　　　社債を発行したこと
　　　２　Xは、請求原因１のうち、1,000万円の社債を有すること
　　　３　請求原因１の社債が繰上償還されることになったこと
　　　４　請求原因３の繰上償還日の到来
（期限未到来利札の欠落）

抗　弁　１　請求原因１の社債は、社債券が発行されている社債であること
　　　２　請求原因２の社債券は、未到来の利札が欠落していること及びその金額
　　　　＊償還額から控除されるのは、期限未到来の利札の券面額である。期限が到来済みの利札については、既に社債発行会社が具体的な支払義務を負っているから、その券面額は控除の対象とならない（本条１項ただし書）。

２　利札所持者の権利

　社債券が発行されている社債を社債発行会社が繰上償還する場合には、期限未到来の利札の所持人は、社債発行会社に対して、本条１項所定の「同項の規定により控除しなければならない額」（利札の券面額）の支払を請求し得るとされている（本条２項）。支払請求額は、控除額（すなわち利札の券面額）である。控除額である支払請求額は、償還額の一部という性質を有すると解される。利札に係る権利を有する者は、利札の本来の支払期限を待たずに、支払請求ができる。そのため、利札に係る権利を有する者は、利札の本来の支払期限までの中間利息相当額を利得する結果となる。利札に係る権利を有する者の利益保護及び計算の簡便のために、中間利息相当額は、利札の券面額から控除されないとされる（大原栄一・新注会(10)135-136頁）。

訴訟物　XのY株式会社に対する控除額支払請求権
　　　　＊本件は、Y会社が社債券の発行されている社債につき繰上償還することとなったため、期限未到来の利札の所持人Xが、Y会社に対して、利札の券面額の支払を求めた事案である。
　　　　＊利息請求権といわず、あえて、控除額支払請求権というのは、償還時に支払期が未到来の利札については、本来、社債の償還後に利息が生ずる余地がないからである。償還金の一部という性質を有するものと解される。

請求原因 1　Y会社は、総額100億円、償還日平成○年○月○日とする社債を発行したこと
　　　　　 2　請求原因1の社債は、社債券が発行され、利札付きの社債であること
　　　　　 3　請求原因1の社債の繰上償還の期日が到来したこと
　　　　　 ＊支払請求は、実際に繰上償還がされた日ではなく、所定の繰上償還の期日から可能である。
　　　　　 4　Xは、請求原因1の社債の未到来の利札を所持していること
　　　　　 ＊本条2項所定の利札所持人は、期限未到来の利札に係る権利を有する者等の正当な所持人を意味する。
　　　　　 5　利札の券面額の合計は、○○円であること
（同時履行）
抗　弁 1　期限未到来の利札の返還を受けるまで、控除額の支払を拒絶すること
　　　　　 ＊利札は、受戻証券であるから、利札に係る権利を有する者は、利札を所持しなければ、支払を受けることができない。

●（社債の償還請求権等の消滅時効）

第701条　社債の償還請求権は、10年間行使しないときは、時効によって消滅する。
　　2　社債の利息の請求権及び前条第2項の規定による請求権は、5年間行使しないときは、時効によって消滅する。

1　社債の償還請求権の時効
　本条1項は、社債償還請求権の消滅時効が10年であることを定める。社債を発行する行為は会社がその事業のためにする行為であるとして商行為であるから、特段の定めがなげれば、5年の商事消滅時効にかかることになる（522条）。しかし、社債の償還請求権については、社債の公衆性及び継続性からみて短すぎると考えられるので、商法522条の特則として本条1項で10年の消滅時効期間が定められた。

| 訴 訟 物 | XのY株式会社に対する社債償還請求権
＊本件は、社債管理者Xが社債を発行したY会社に対し、その償還金の支払を求めたところ、Y会社が消滅時効を主張してその支払を拒んだ事案である。

| 請求原因 | 1　Y会社は、総額100億円、償還期限平成○年○月○日とする社債を発行したこと'
＊社債の法律的性質は、原則として消費貸借契約類似の無名契約と解されるところ、要件事実論にいう「貸借型の契約」として目的物の返還時期の合意はその契約の本質的要素であるから、返還時期は契約の成立を主張するものが負担すべきである（司研・要件事実第一巻276頁）。
2　Xは、請求原因1の社債についての社債管理者であること
3　請求原因1の償還日が到来したこと
＊償還金の返還請求をする場合、償還日が「到来」した事実も請求原因事実となる。

（消滅時効）

| 抗　弁 | 1　請求原因1の償還期限から10年間が経過したこと
＊消滅時効期間の起算点は、社債の償還期限である。
2　Y会社はXに対し、時効を援用する意思表示をしたこと
＊本条1項に基づく抗弁である。

2　社債利息請求権と700条2項の請求権の消滅時効

　本条2項は、社債の利息請求権及び700条2項所定の請求権は、商事消滅時効期間の原則に戻し、5年間行使しないときは、時効によって消滅することを定める。ただ、本条2項は、商事債権の消滅時効期間の5年及び定期給付債権の消滅時効期間の5年と同じ時効期間を定めるので、確認規定である。なお、700条2項所定の繰上償還の場合に、社債の償還額から控除される社債の利息の請求権については、償還額の一部という性質を有するが、控除される社債の利息に係る利札の所持人にとっては、その請求権は支払期限が繰り上がった利息の請求権と同様であり、そのため本条2項は、その消滅時効期間を利息の請求権と同様に5年とする（大原栄一・新注会(10)136頁、138頁）。

(1)　社債利息請求権

| 訴 訟 物 | XのY株式会社に対する社債利息金償還請求権

＊本件は、社債権者Xが社債を発行したY会社に対し、社債利息金の支払を求めたところ、Y会社が消滅時効を主張してその支払を拒んだ事案である。

請求原因 1　Y会社は、総額100億円、償還日平成○年○月○日とし、利息を年○パーセント、支払日を○とする社債を発行したこと
＊利息請求権については、厳密には、利息支払日が抗弁であり、請求原因3は再抗弁であろう。
2　Xは、請求原因1の社債のうち、1,000万円の社債を有すること
3　請求原因1の利息支払日が到来したこと

（消滅時効）
抗　弁 1　請求原因1の利息支払日から5年間が経過したこと
＊消滅時効期間の起算点は、社債の利息の支払期限である。
2　Y会社はXに対し、時効を援用する意思表示をしたこと
＊本条2項に基づく抗弁である。

(2)　700条2項に基づく控除額支払請求権

　700条2の設例につき、次の抗弁が成立する。

（消滅時効）
抗　弁 1　請求原因1の償還期限から5年間が経過したこと
＊700条2項の規定による控除額の支払請求権の消滅時効期間の起算点は、実際に繰り上げて償還した日ではなく、定められた繰上償還の期日である。
2　Y会社はXに対し、時効を援用する意思表示をしたこと
＊本条2項に基づく抗弁である。

第2章　社債管理者

●(社債管理者の設置)

第702条　会社は、社債を発行する場合には、社債管理者を定め、社債権者のために、弁済の受領、債権の保全その他の社債の管理を行うことを委託しなければならない。ただし、各社債の金額が1億円以上である場合その他社債権者の保護に欠けるおそれがないものとして法務省令〔施則169条〕で定める場合は、この限りでない。

1　社債管理者の設置強制の原則
(1) 趣　　旨
　本条本文は、社債を募集する場合、発行会社は原則として、社債管理者を定め、社債権者のために弁済の受領、債権の保全その他の社債の管理を行うことを委託すべきことを定める。旧商法当時は、社債管理者は会社に限る趣旨で「社債管理会社」と定めていたが、会社組織でない政府系金融機関等も社債管理者となり得ることを明らかにするため、本条は「社債管理者」としている。社債は、発行時から償還時まで長期にわたり、発行会社の財務内容が悪化して債務不履行という事態もあり得る。加えて、社債が少額かつ多数の社債権者により保有される場合、各社債権者が自ら社債の管理をすることは費用倒れになる。そこで社債の管理を社債管理者に一括して委ねることが効率的であるため、社債管理者の強制設置が規定された。
(2) 社債管理の契約当事者と内容
　社債管理者を定めるのは社債発行会社であり、社債の管理の委託は、社債発行会社と社債管理者の間で締結される社債管理委託契約の定めに従う。社債管理委託契約においては、「社債権者のために、弁済の受領、債権の保全その他の社債の管理」を委託する旨定めることを要する。本条本文において、委託しなければならない「社債の管理」には、社債管理者による法定権限及び約定権限の双方が含まれると解される。
(3) 社債管理者の法的地位
　社債管理者の法的地位は、本法所定の社債管理者の権限からみると、社債権者全体の法定代理人である。また、社債管理委託契約の約定により社債管

理者の権限を定めることができるが（676条12号、施則162条4号）、この約定権限の効果が社債権者全体に及ぶ根拠についても、社債管理者が社債権者全体の法定代理人であると位置づける見解が有力である（藤田友敬・会社法コンメ(16)132頁）。なお、約定権限は、募集社債の決定事項とされ（676条12号、施則162条4号）、社債申込書又は目論見書に記載して社債申込者に通知され（677条1項・4項）、社債原簿に記載される（681条1号、施則165条8号）ので、社債権者はその内容を把握できる。

(4) 社債管理者設置義務違反の効果

社債管理者を設置しないで社債が発行された場合、社債発行の効力については、取引の安全の観点から、有効と解すべきである。しかし、714条1項を類推適用して、社債発行会社は、速やかに社債権者の同意を得て、また同意が得られないときは裁判所の許可を得て、社債管理者を設置すべきであり、社債発行会社が、発行後2か月以上設置義務の履行を怠る場合は、社債総額につき期限の利益を失うこととなろう（鈴木＝竹内・会社法303頁）。

2 社債管理者を設置しない社債（不設置債）
(1) 意　　義

不設置債は、発行会社に債務不履行が生じた場合に権利保全が十分図られない危険を社債権者に負わせることになる。しかし、本条ただし書及び施則169条は、社債権者の保護に欠けるおそれがない場合として、本条本文の例外を設け、①各社債の金額（券面額のいずれも）が1億円を下らない場合、又は②ある種類ごとの社債の総額をその種類の社債の最低額をもって除した数が50を下る場合（発行口数が50未満の場合）は、社債管理者を定める必要がないこととしている。①の場合は、社債権者になる者が発行会社と交渉する能力があるのが通常であるし、②の場合は、社債権者が少数なので、直接交渉が可能であるからである。なお、発行当時は、社債の総額を社債の最低額をもって除した数が50を下る場合でも、統合銘柄等によりその数が50以上になるときは、社債管理者を定める必要が生ずる。

近時の社債発行には、発行会社側の発行費用の引下げと社債管理者の責任を避けるため、各社債の金額を1億円以上の募集とする発行もある。つまり、社債管理者に代えて、単に元利払の事務手続等を社債発行会社に代行する財務代理人（Fiscal Agent）を選任する社債（FA債）である。FA債は、債務不履行に陥ったときに、迅速な債権保全措置が講ぜられず、一部債権者が偏頗な回収行為に出るリスクがあるが、このような回収のリスクプレミアムを反映して応募利回りは高くなる。

(2) 任意設置された社債管理者

　本条ただし書により社債管理者の設置が強制されない場合にも、任意に設置することは可能である。しかし、その場合に、社債管理者となる者は703条に定める資格（銀行、信託会社、又はこれらに準ずるものとして、施行規則170条で定める者）を有することを要する。なお、社債管理者設置義務がない場合に任意に設置されたときにも、その者は本法上の社債管理者となり、本法上の社債管理者の有するすべての権限を有し義務を負う（相澤他・論点解説642頁）。

3　ユーロ債、サムライ債における社債管理者

　日本企業が日本国外でユーロ債（発行通貨の国内市場以外の市場であるユーロ市場で発行される債券。ユーロ円債とユーロ建債がある）を発行する場合、あるいは、外国企業が日本国内でサムライ債（外国法人が日本市場で発行する円建券）を発行する場合に、社債管理者の設置の要否が問題となる。本条は、「会社は、社債を発行する場合には、社債管理者を定め、社債権者のために、弁済の受領、債権の保全その他の社債の管理を行うことを委託しなければならない。」と定め、社債を「この法律の規定により会社が行う割当てにより発生する当該会社を債務者とする金銭債権であって、第676条各号に掲げる事項についての定めに従い償還されるものをいう。」と定義する（2条23号）から、例えば、株式会社が本法に従って割当て及び償還を行うものは、本法の「社債」に該当する。反対に、株式会社が外国法に従って割当・償還を行うもの及び外国企業が発行するものは、「社債」に該当しない。

(1) 日本企業の日本国外におけるユーロ債発行

ア　ユーロ債が本法に従って割当て及び償還が行われる場合

　このユーロ債は本法の「社債」に当たるが、その発行会社が本条の適用を受けて社債管理者の設置義務を負うか否かは、国際私法上の問題である。この点について、旧商法当時の解釈を推及すれば、外国法を社債契約の準拠法とした上で社債管理会社を設置しないという旧商法下の実務を維持することも可能となる（ユーロ債が本法に従って割当て及び償還が行われる場合で、かつ、外国法を社債契約の準拠法とするというのは、具体的には、ユーロ債の割当てが678条に従って行われ、676条各号に掲げる事項が本法に従って決議されて、償還がその決議の内容に従って行われる場合であり、かつ、ユーロ債の条項（Terms and Conditions）の準拠法が外国法であるというような場合である）。

イ　本法に従って割当て及び償還が行われないユーロ債

このユーロ債は本法の「社債」には該当しないので、本条は適用されないと解される。

(2) 外国企業の日本国内におけるサムライ債発行

外国企業は、本法の「会社」には該当しないので、その発行する債券は「社債」には該当しない。したがって、本条は適用されない（相澤・新一問一答191頁）。しかし、この解釈は、旧商法297条ただし書（本条ただし書）に該当しない限り、社債管理会社を必ず設置していた旧商法下での実務上の取扱いと異なる。しかし、この解釈は、外国企業が日本国内でサムライ債を発行する場合に、社債契約において、本法上の社債管理者と類似の機能を営む任意の投資家保護のための機関を設置することを禁止するものではない。旧商法当時でも、旧商法297条ただし書と同様の要件を満たさない場合には、商法上の社債管理会社と類似の機能を営む任意の機関として債券の管理会社が置かれていた。また、サムライ債の国際間取引的性格からすると日本に所在する投資家の保護の要請があり、機関投資家でない投資家を対象とする場合はその要請が特に強い。たとえ、外国企業が日本国内でサムライ債を発行する場合に本条の適用がないと解しても、投資家保護の観点から、任意の機関として投資家のためにサムライ債の管理をする者を設置することが望ましい（石津卓・実務相談445-447頁）。

● (社債管理者の資格)

第703条 社債管理者は、次に掲げる者でなければならない。
　一　銀行
　二　信託会社
　三　前2号に掲げるもののほか、これらに準ずるものとして法務省令〔施則170条〕で定める者

1　社債管理者の資格

本条は、社債管理者の資格として、①銀行、②信託会社、③これらに準ずるものとして法務省令（施則170条）で定める者を挙げる。社債管理者の資格を限定する立法趣旨は、社債権者のために社債の管理を行う者の資格をそれにふさわしい信用を有する者に限定することによって、社債権者保護を図ることにある（神田秀樹・新注会第2補巻170頁）。

2　銀行と信託会社

「銀行」は、銀行法2条の銀行をいう。また、「信託会社」としては、信託業法1条に定める主務大臣の許可を受けて信託業務を営む会社をいう（信託業2条）が、現実には、銀行業務を兼業する信託銀行のみが存在する。

3　これらに準ずる者として法務省令で定める者

本条3号の「これらに準ずる者として法務省令〔施則170条〕で定める者」は、①担保付社債信託法3条の免許を受けた者、②株式会社商工組合中央金庫、③農業協同組合法10条1項2号及び3号の事業を併せ行う農業協同組合又は農業協同組合連合会、④信用協同組合又は中小企業等協同組合法9条の9第1項1号の事業を行う協同組合連合会、⑤信用金庫又は信用金庫連合会、⑥労働金庫連合会、⑦長期信用銀行法2条に規定する長期信用銀行、⑧保険業法2条2項に規定する保険会社、⑨農林中央金庫である。なお、「株式会社ゆうちょ銀行」も銀行であり、本条1号に該当し、社債管理者となり得る（相澤他・論点解説642頁参照）。なお、社債の引受けや販売等を行う地位と社債管理者の地位は、利益が相反する危険があるので、金融商品取引業者は信託契約の受託者になれない（金商36条の4第1項）。ただし、金融商品取引業者が、社債の引受人となることは妨げない（同条2項）。

● (社債管理者の義務)

第704条　社債管理者は、社債権者のために、公平かつ誠実に社債の管理を行わなければならない。
　　2　社債管理者は、社債権者に対し、善良な管理者の注意をもって社債の管理を行わなければならない。

1　公平誠実義務

本条1項は、社債管理者が社債権者のために公平かつ誠実に社債の管理をすべきこと（公平誠実義務）を定める。公平誠実義務は、契約に基づくものではなく、本条が定める法定の義務である。

(1) 公平義務

公平義務とは、社債を、その内容・数・額に応じて公平に取り扱う義務をいう（大橋正春=渡辺賢作「社債管理者」大系(2)433頁）。例えば、社債管理者

が社債発行会社から社債権者に対する弁済を受けて受領した金銭は、各社債権者に対して債権額に応じて交付しなければならない（705条2項）。知れている社債権者に通知をする場合（706条2項）も、社債権者を平等に取り扱う必要がある。865条（社債発行会社の弁済等の取消しの訴え）も公平義務の表れである。同一種類の社債についての公平義務に限られるとすれば、公平義務とは、社債権者をその有する社債権の内容及び数額に応じて公平に取り扱う義務をいうことになる。

なお、異なる種類の社債債権者についても公平義務が機能するとの見解が説かれるが（神作裕之「社債管理会社の法的地位」鴻常夫先生古稀記念『現代企業立法の軌跡と展望』183頁）、異なる条件の社債間の取扱いの「公平」の内容が必ずしも明瞭でなく、本条1項の公平義務が信託の受託者の公平義務（信託33条）と同趣旨の規定と考えるとすれば、社債管理者は異なる種類の社債権者を公平に取り扱うべき義務を負わないと解されよう（藤田友敬・会社法コンメ(16)138頁）。

(2) 誠実義務

誠実義務とは、社債管理者の利益（社債権者以外の第三者を含む）と社債権者の利益が相反する場合に、社債管理者が自己又は第三者の利益を図って社債権者の利益を害してはならない義務をいう。ただ、その内容は、受託者は受益者の利益と相反する地位に自身を置いてはならないという英米法の忠実義務とは異なり、利益相反の状態にある場合にはそうでない場合に比べより厳格に責任を追及されることを基礎づけるものと解される。社債権者と社債管理者との利益が相反する場合に、社債権者のために裁判上又は裁判外の行為をする必要があるときは、裁判所は、社債権者集会の申立てにより、特別代理人を選任する（707条）。

誠実義務違反に当たるか否かは、仮に利害関係がなかったならいかに行動したかという基準、つまり、利害関係のない債権者が、社債管理者と同様の情報と交渉力を有していたら、同様の状況の下で社債管理者と同じ行動をとったか否かにより判定される（藤田友敬「社債の管理と法」公社債引受協会編・公社債市場の新展開347、357頁）。例えば、発行会社に財務上の特約違反が発生している状態で、社債管理者が社債について期限の利益を喪失させることを控えつつ、自己の貸付債権について約定に基づき期限の利益を喪失させこれと預金債務と相殺し、その後発行会社が倒産して社債が回収不能となる場合は誠実義務違反となる。社債管理者が発行会社から本旨弁済を受けることも、場合により誠実義務違反となり得る。社債管理者の誠実義務違反の責任についての具体化として710条2項がある。

(3) 義務違反の効果

　公平誠実義務又は善管注意義務に違反した場合、社債管理者は、710条1項における「この法律……に違反する行為をしたとき」に該当し、社債権者に対して損害賠償義務を負担するほか、713条における「その義務に違反したとき」に該当し、解任事由となり得る。

訴訟物　　XのY株式会社に対する本条1項に基づく損害賠償請求権
　　　　　　＊本件は、A株式会社発行の社債の社債管理者のY会社が公平誠実義務又は善管注意義務に違反する本法又は社債権者集会の決議に違反する行為をしたため、社債権者Xに生じた損害の賠償を、Xが求めた事案である。

請求原因　1　A会社は、同社発行の社債の社債管理者としてY会社を指定して社債権者のために弁済の受領、債権の保全その他の社債の管理をすることを委託し、Y会社はこれを受託したこと
　　　　　　＊発行会社と社債管理者間の社債管理委託契約は、第三者のためにする契約（民537条）と解される。つまり、社債管理者が許諾者、社債権者が第三者であり、社債管理者の商号が記載された事項等が申込みをしようとする者に通知され（677条1項3号、施則163条）、申込者による申込みが受諾の意思表示（民537条2項）となると解される。
　　　　　　＊委託手数料の合意は社債管理委託契約が成立するための必須要件ではない。手数料の合意がなければ、741条1項が定めるとおり、裁判所が決定することとなる。
　　　　　2　Y会社に公平誠実義務又は善管注意義務違反があること
　　　　　　＊本条1項に基づく善管注意義務違反の具体例として、①早期に社債発行会社の財産について債権保全の措置を執れば社債権を回収できたにもかかわらず、それを怠ったために、社債権者に損害が生じた場合が典型例であるが、その他、②社債発行会社の経営状況を見誤って社債権者集会に対して和解を勧告し（706条1項2号）、そのため社債総額につき期限の利益を喪失させる時期が遅れたため社債権者に損害が生じた場合（江頭憲治郎・新注会第2補巻212-213頁は、社債権者集会の決議があったことは必ずしも社債管理者が免責するものでないとする）、③財務上の特約の遵守の監視を怠ったため、適時に期限の利益喪失又は担保付切換条項の発動の時期が遅

れて社債権者に損害が生じた場合（田澤元章・会社法コンメ(16)168頁）が挙げられている。
3　XはA会社の社債の社債権者であること
4　Xに損害が生じたこと及びその数額
5　請求原因2の行為と請求原因4の損害との間に因果関係があること

2　善管注意義務
(1)法定義務
　本条2項は、社債管理者が、社債権者のために善良な管理者の注意をもって社債の管理をすべき義務を負うこと（善管注意義務）を定める。この善管注意義務は、委任関係における受任者のそれ（民644条）と同様であるが、社債管理委託契約が社債管理者と発行会社間で締結されることから、社債管理者と社債権者との間には成立しないため、特に社債権者に対する法定の義務として規定された。社債管理者の善管注意義務が問題となるのは、特に財務上の特約遵守の監視の局面と、財務上の特約違反の判定と救済措置の発動の局面である。

(2)社債管理者の善管注意義務と経営判断の原則の関係
　取締役については経営判断の原則（特定の状況下において事実認識・意思決定過程に不注意がなければ取締役に広い裁量を認める）の適用があるが、社債管理者が社債の管理に関する判断（権限の行使・不行使）について経営判断の原則の適用があるかについて見解が分かれる。江頭憲治郎「社債の管理に関する受託会社の義務と責任」鴻常夫先生還暦記念『80年代商事法の諸相』142頁は、「日本においても、発行会社に対して貸付債権をもたない受託会社がなしたこの種の判断については、結果的にそれが誤りであっても、簡単に善管注意義務違反を問うことはしないという解釈を取るべきであろうと思われる。」として、その適用を認める。これに対し、社債管理者の社債の管理は、会社の経営と異なり目的が限定され、社債管理者が高度の専門知識を有していて、社債管理者が社債権者と潜在的利益対立状態にあるから、比較的厳格な基準により判断すべきとする見解がある（北村雅史「社債管理会社の義務と責任－利益相反関係を中心として」ジュリ1217.14）。

(3)善管注意義務の範囲を制約する特約
　例えば、会社の合併等の組織再編において、社債管理者は個別催告受領権（740条3項）と異議申述権（740条2項本文）を有するが、異議を申述すべきか否かの判断に際しての善管注意義務違反による責任の発生を回避するた

め、社債管理委託契約によりこれらの権限をあえて排除することが指摘されている（740条2項ただし書。野村修也「新会社法における社債制度」ジュリ1295.119）。

3　社債管理者の約定権限行使と本条の義務
　本条に定める社債管理者の社債権者に対する義務は、法定の義務であり、約定によって軽減・免除することはできない。ただ、旧商法297条ノ3の「社債ノ管理」は、社債管理会社に法律上付与された権限の行使をいい、社債発行会社と社債管理会社との間で締結された社債管理委託契約に基づく権限（約定による権限）の行使は含まれないと解されてきたため、社債管理会社の義務は、社債管理会社の法定権限の行使に限って適用され、約定権限には及ばないと解されてきた。しかし、約定権限には、社債発行会社が「財務上の特約」条項に違反した場合に期限の利益の喪失を宣言するなどの重要な権限が含まれることが多く、このように権限の行使につき公平誠実義務や善管注意義務が課されないのでは社債権者の保護としては不十分である。そこで、本法は、規定の文言は変更しないものの、「社債の管理」には、約定権限の行使が含まれることを前提として規定の整備がされており（本条、740条2項ただし書参照）、704条の義務は、いわゆる「約定権限」の行使にも適用されると解される（江頭・株式会社法669頁）。

●（社債管理者の権限等）

第705条　社債管理者は、社債権者のために社債に係る債権の弁済を受け、又は社債に係る債権の実現を保全するために必要な一切の裁判上又は裁判外の行為をする権限を有する。
　2　社債管理者が前項の弁済を受けた場合には、社債権者は、その社債管理者に対し、社債の償還額及び利息の支払を請求することができる。この場合において、社債券を発行する旨の定めがあるときは、社債権者は、社債券と引換えに当該償還額の支払を、利札と引換えに当該利息の支払を請求しなければならない。
　3　前項前段の規定による請求権は、10年間行使しないときは、時効によって消滅する。
　4　社債管理者は、その管理の委託を受けた社債につき第1項の行為をするために必要があるときは、裁判所の許可を得て、社債発行会社の

業務及び財産の状況を調査することができる。

1　社債管理者の権限
　本条1項は、社債管理者が社債権者のために社債に係る債権の弁済を受け、又は社債に係る債権の実現を保全するために必要な一切の裁判上又は裁判外の行為をする権限を有することを定める。本項の権限は、社債権者集会の決議を要せず、社債管理者が自己の判断に基づいて行使できる。本条1項は強行規定であり、本項に基づく社債管理者の権限を、社債管理委託契約等の特約によって制限できない（江頭憲治郎・新注会第2補巻189頁）。
　本条1項に定める弁済受領及び債権保全の権限として、少なくとも、以下の①ないし⑥などが指摘されている（三原秀哲・論点体系(5)106頁）。
　①　社債の元本及び利息の支払請求
　　発行会社に対する時効中断のための催告（民153条）を含む。
　②　弁済金の受領
　　発行会社から社債の償還及び利息の支払を受けることに加え、その保証人、本条2項の義務不履行により解任された前社債管理者から受領することが含まれる。本条2項は1項により社債管理者が弁済金を受領することを前提とする。
　③　支払請求のための訴えの提起（民訴133条）
　　この行為は本条1項の「社債に係る債権の弁済を受け…るために必要な一切の裁判上…の行為をする権限」に該当する。また、支払督促の申立て（民訴383条）、破産債権の届出（破111条）、再生債権の届出（民再94条）、更生債権の届出（会更138条）も「裁判上…の行為」含まれる。社債管理者が社債権者の利益を代理して訴えを提起し訴訟追行する場合、その訴訟上の地位について法定代理人か訴訟担当かという問題がある。しかし、民事調停の申立て（民調2条）及び仲裁手続の開始（仲裁29条）は和解の権限を前提とするので、これに該当しない。
　④　社債権の保全のための仮差押え及び仮処分の申立て（民保1条、13条）
　　本条1項所定の「債権の実現を保全する」は、民事保全法1条の「（本案の）権利の実現を保全する」ことの一態様であり、社債権の保全のための仮差押え及び仮処分の申立権限があるとの趣旨である。
　⑤　確定判決等の債務名義に基づく強制執行の申立て（藤田友敬・会社法

コンメ(16)142頁)
⑥ 他の債権者によって開始された強制執行手続における配当要求(藤田友敬・会社法コンメ(16)142頁)

訴訟物　X株式会社のY株式会社に対する社債償還請求権
　　　　　＊本件は、社債管理者X会社が社債発行会社Y会社に対し社債償還請求権を行使した事案である。

請求原因 1　Y会社は、総額100億円、償還日平成○年○月○日とする社債を発行したこと
　　　　　＊社債の法律的性質は、原則として消費貸借契約類似の無名契約と解されるところ、要件事実論にいう「貸借型の契約」として目的物の返還時期の合意はその契約の本質的要素であるから、返還時期は契約の成立を主張するものが負担すべきである(司研・要件事実第一巻276頁)。
　　　2　Y会社は、請求原因1の社債の社債管理者としてX会社を指定して社債権者のための弁済の受領、債権の保全その他の社債の管理をすべきことを委託し、X会社はこれを受託したこと
　　　　　＊請求原因2の内容は、社債管理委託契約として必要最小限のものである(吉戒修一「平成5年商法改正法の解説(7)」商事1331.31)。ただし、実務上は、請求原因2のような事実主張ではなく、「X会社は、請求原因1の社債についての社債管理者であること」という主張が第一段階として行われることが多いであろう。
　　　3　請求原因1の償還日が到来したこと
　　　　　＊償還請求権を行使する場合、償還日の「到来」の事実も請求原因事実となる。

訴訟物　XのY株式会社に対する社債償還請求権
　　　　　＊本件は、社債権者X自身が社債発行会社のY会社に対し、直接社債償還請求権を行使した事案である。社債管理者が存在しても、各社債権者が発行会社に対し元利金の支払請求をすることは妨げられない(大判昭和3年11月28日民集7.1008。また、865条の取消権の存在は、これを前提としているといえよう)。しかし、社債管理者が総社債権者のため

元利金支払請求の訴えを提起したときは、各社債権者が別個に訴えを提起できない（江頭・株式会社法668頁）。社債管理者がすべての社債償還請求訴訟を提起している場合には、個々の社債権者が後追いで社債償還請求訴訟を提起することは、訴えの利益を欠くと解される（松田=鈴木・條解下498頁、藤井俊雄・新注会(10)119頁、藤田友敬・会社法コンメ(16)143頁）。

請求原因　1　Y会社は、総額100億円、償還日平成○年○月○日とする社債を発行したこと
2　Xは、請求原因1の社債のうち、100万円券10枚を所持すること
3　請求原因1の償還日が到来したこと

（弁　済）

抗　弁　1　Y会社は、請求原因1の社債の社債管理者としてA株式会社を指定して社債権者のための弁済の受領、債権の保全その他の社債の管理をすべきことを委託し、A会社はこれを受託したこと
2　Y会社はA会社に対し、Xの本訴提起に先立って、社債償還金100億円を弁済したこと

＊支払期日前に社債管理者が社債発行会社より元利金の任意弁済を受けた場合、その行為は本条1項所定の弁済受領に該当する。この場合、社債発行会社は社債につき完全な義務履行をしたものであり、各社債権者に対して負う義務を免れる（民147条1号、149条）。社債管理者が弁済金を受領した後、破産又は弁済金を流用したことなどによって、社債権者が償還額を取得できなくとも、発行会社は責任を問われない（藤田友敬・会社法コンメ(16)144頁）。

訴訟物　XのY株式会社に対する社債償還額請求権
＊本件の訴訟物の請求権は、本条2項に基づくものであって、発行会社に対する償還請求権ではなく、法文が定めるように、社債権者の社債管理者に対する「償還額」の請求権である。

請求原因　1　A株式会社は、総額100億円、償還日平成○年○月○日とする社債を発行したこと

　　　　2　Xは、請求原因1の社債のうち、100万円券10枚を所持すること
　　　　3　A会社は、請求原因1の社債管理者としてY会社を指定して社債権者のための弁済の受領、債権の保全その他の社債の管理をすることを委託し、Y会社はこれを受託したこと
　　　　4　A会社がY会社に対し、請求原因1の社債の償還金を弁済したこと

（同時履行）
抗弁　1　Xが請求原因2の社債券をY会社に引き渡すまで、償還金の引渡しを拒絶するとの意思表示をしたこと
　　　　＊社債管理者が社債の元利金につき弁済を受けた場合、各社債権者は社債管理者に対し、その支払を請求することができる（本条2項前段）が、社債券を発行する旨の定めのある社債については、社債券及び利札と引換えに社債の元利金が支払われる。

（消滅時効）
抗弁　1　Y会社が請求原因4の弁済を受けた日
　　　　2　抗弁1の日から10年が経過したこと
　　　　3　抗弁2の後、Y会社がXに対して消滅時効の援用の意思表示をしたこと
　　　　＊本条3項に基づく消滅時効の抗弁である。

2　社債管理者に対する償還額及び利息額の支払請求権

　本条2項は、本条1項の場合において社債権者が社債管理者に対し、社債券と引換えに「償還額」の、また、利札と引換えに利息（法律的性質は「利息」ではなく、「利息額」の支払請求権である）の、各支払を請求できることを定める。その意味で、社債券及び利札は、いずれも受戻証券性を有する。

　なお、社債券発行の後に貨幣価値の下落があっても、社債券発行会社は償還期限に社債券面記載の償還金額を支払うことで足りる。最判昭和36年6月20日民集15.6.1602は、「本件割増金付割引勧業債券売出当時においては純金750ミリグラムが1円とされていたのにわが国が国際通貨基金に加盟したのに伴いわが国貨幣の対外価値が純金約2.468ミリグラムが1円と定められたことも、また、右債券売出後その償還期限までの間に他にいわゆる平価切下が行われたことのないことも、ともに顕著な事実であり、そして、金硬

貨による支払の特約若しくは償還期限における貨幣価値の著しい騰落のあつた場合債券売出当時の貨幣価値を償還期限のそれに引直した金額によつて償還金を支払う旨の特約がないかぎり、債券発行売出銀行は償還期限に債券面記載の償還金額を支払うをもつて足りる……。本件債券につきかような特約のあつた事実は原判決の判示しないところであるから、論旨主張の如き理由により本件債券につき増額評価が認められるべきものとはなし難く、右債券の償還としては、貨幣価値の下落があつたとしても、被上告人は償還当時の貨幣をもつて弁済することにより免責される」と判示する。

3　消滅時効

　社債管理者に対する償還額の支払請求権の消滅時効期間及び利息の支払請求権の消滅時効期間は、いずれも10年である（本条3項）。会社が事業としてする行為及びその事業のためにする行為は商行為とされるため（5条）、本来、本条2項前段における社債の償還額及び利息の支払請求権は、商事債権に係る5年の消滅時効の適用を受ける。しかし、社債の公衆性及び継続性が考慮された結果、本条2項前段の社債管理者への請求権については、商事債権についての5年の短期消滅時効の適用を除外して、民法の一般原則によることとし、消滅時効はすべて10年とされた（701条1項。田村諄之輔・新注会(10)137頁、藤田友敬・会社法コンメ(16)125頁）。なお、社債権者が社債発行会社に対して有する社債元金に係る償還請求権は、10年の消滅時効にかかり、利息の支払請求権は、5年の消滅時効にかかる（701条）。

4　社債管理者の業務・財産調査権

　社債管理者は、その管理の委託を受けた社債につき本条1項の行為（法定権限の行使）をするために必要があるときは、裁判所の許可を得て、社債発行会社の業務及び財産の状況を調査することができる（本条4項、706条4項）。裁判所は、その決定中において調査権限又は調査事項の範囲を限定できるが、その範囲内において社債管理者は、調査を効果的に遂行するために必要な一切の権限を有する。必要な場合は、弁護士等の補助者を使用することもできる。

　また、本条4項での業務・財産調査権における調査の目的は、本条1項所定の「社債権者のために社債に係る債権の弁済を受け、又は社債に係る債権の実現を保全するために必要な一切の裁判上及び裁判外の行為をする」ために限定されるから、社債管理委託契約が定める約定権限の行使を目的としては本条4項の業務・財産調査権を行使できない（藤田友敬・会社法コンメ

(16)145頁)。そのため、社債管理委託契約において、約定権限の行使を目的とする約定権限としての業務・財産調査権を規定することがある。なお、本条4項の業務・財産調査権の行使は裁判所の許可を要するため、調査権を機動的に業務・財産調査権を行使するため、社債管理委託契約において、裁判所の許可を得ることなく、本条4項と同様の業務・財産調査権を行使できることを規定することになる（三原秀哲・論点体系(5)111頁）。

|非訟事件| XのY株式会社に対する業務・財産状況調査許可申立て
＊申立ての趣旨は、「XがY会社の業務及び財産状況を調査することを許可する。」である。
＊本件の非訟事件は、社債を発行したY会社の本店の所在地を管轄する地方裁判所の管轄に属する（868条3項）。
＊社債管理者による発行会社の業務・財産状況調査許可申立ての審理については、非訟事件手続法及び会社法は格別の規定を設けていないが、裁判は理由を付した決定の形式による（871条）。そして、許可申立てについての認容決定に対しては不服申立てをすることができない（874条4号）。

|申立理由| 1　Y会社は、第○回社債の発行会社であること
2　Xは、Y会社の社債管理者であること
＊申立理由2は法的主張（権利主張）であるから、「Xは、Y会社との間において、平成○年○月○日、Y会社第○回社債社債権者のために社債を管理することの委託契約を締結したこと」を主張することになる。
3　Xは、管理の委託を受けた社債につき、①社債権者のために社債に係る債権の弁済を受け、又は②社債に係る債権の実現を保全するために必要な一切の裁判上又は裁判外の行為をするために、社債発行会社の業務及び財産の状況を調査する必要があること

第706条　社債管理者は、社債権者集会の決議によらなければ、次に掲げる行為をしてはならない。ただし、第2号に掲げる行為については、第676条第8号に掲げる事項についての定めがあるときは、この限りでない。

一　当該社債の全部についてするその支払の猶予、その債務の不履行によって生じた責任の免除又は和解（次号に掲げる行為を除く。）
　　二　当該社債の全部についてする訴訟行為又は破産手続、再生手続、更生手続若しくは特別清算に関する手続に属する行為（前条第1項の行為を除く。）
　2　社債管理者は、前項ただし書の規定により社債権者集会の決議によらずに同項第2号に掲げる行為をしたときは、遅滞なく、その旨を公告し、かつ、知れている社債権者には、各別にこれを通知しなければならない。
　3　前項の規定による公告は、社債発行会社における公告の方法によりしなければならない。ただし、その方法が電子公告であるときは、その公告は、官報に掲載する方法でしなければならない。
　4　社債管理者は、その管理の委託を受けた社債につき第1項各号に掲げる行為をするために必要があるときは、裁判所の許可を得て、社債発行会社の業務及び財産の状況を調査することができる。

1　社債権者集会の必要的決議

　本条1項は、社債管理者が、社債権者集会の決議に基づいてのみ行使できる法定権限を規定している。705条1項所定の社債管理者の法定権限は、社債権の完全な満足につながる行為であるため社債の処分行為ではないから、社債権者集会の決議を要しない（三原秀哲・論点体系(5)113頁）。これに対し、本条1項1号及び2号の各行為は、社債権の処分行為を含むため、社債権者集会での授権を得ることが必要としたのである（藤田友敬・会社法コンメ(16)146頁）。本条1項における社債権者集会の決議は、特別決議事項とされる（724条2項2号）。

(1)社債の全部の支払の猶予、その債務の不履行によって生じた責任の免除又は和解（本条1項1号）

ア　支払猶予

　支払猶予等を行うことは、社債権者全体の利益に合致する場合があるが、社債権の処分（契約条件の改定）であるから、その都度、社債権者集会の決議（決議要件は724条2項）を求める必要がある。本条1項1号は強行法規であり、社債契約や社債管理契約でこれと異なる特約をしても無効である。

訴訟物	XのY株式会社に対する社債償還請求権
	＊本件は、Y会社の社債1,000万円の社債権者Xが、償還日が到来したので、その償還を求めた事案である。
請求原因	1　Y会社は、総額100億円、償還日平成○年○月○日とする社債を発行したこと
	2　Xは、請求原因1の社債のうち、100万円券10枚を所持すること
	3　請求原因1の償還日が到来したこと

（支払の猶予）

抗　弁	1　Y会社は、請求原因1の社債の社債管理者としてA株式会社を指定して社債権者のための弁済の受領、債権の保全その他の社債の管理をすることを委託し、A会社はこれを受託したこと
	2　社債権者集会が請求原因1の償還日を5年間延期することを決議したこと
	＊本条1項1号に基づき、「社債の全部についてするその支払の猶予」をするためには、社債権者集会の決議が必要である。
	3　Y会社とA会社とは、総社債の償還を請求原因1の償還日から5年間猶予する合意をしたこと
	＊本条1項1号の支払を猶予できる期間については特に定めはない。また、本号は、社債管理者が「社債の全部」について支払猶予等をする場合に関する規定であり、この規定があっても各社債権者が発行会社と自己の債権につき個別に支払猶予等をすることは妨げられない（江頭憲治郎・新注会第2補巻194-195頁）。

イ　債務不履行による責任の免除

「債務の不履行によって生じた責任の免除」には、社債発行会社が社債の元利金支払期限を経過したことによる履行遅滞の損害賠償責任の全部又は一部を無償で消滅させる単独行為（民519条）（江頭憲治郎・新注会第2補巻195頁）のほか、その保証人等が負担することとなる責任の免除がある。

また、社債発行会社・保証人等が社債の財務上の特約に違反する状態が生じた場合において、①当然喪失条項の場合は、期限の利益喪失後に社債発行会社との間で期限の利益を喪失させない旨合意することは「支払の猶予」と

なり、②請求喪失条項の場合は、喪失の請求をしないことを社債発行会社との間で合意することは、債務の不履行によって生じた責任の免除には該当しない（藤田友敬・会社法コンメ(16)147頁）。
ウ　和　　解
　和解は、社債権につき社債発行会社・保証人等と社債権者との間でされる互譲である（民695条、696条）。互譲である以上、何らかの社債権の処分を伴う。この和解が裁判上でされる場合は、本条1項2号の「訴訟行為」となるので、本条1項1号の「和解」は裁判外の和解に限られる。仲裁契約の締結は、それを行うにつき当事者に和解を行う権限が必要とされ、しかし仲裁は裁判外の紛争解決法であって「訴訟行為」ではないため、本条1項1号の「和解」に該当する（江頭憲治郎・新注会第2補巻196頁）。
(2) 社債の全部についてする訴訟行為又は破産手続、再生手続、更生手続若しくは特別清算に関する手続に属する行為（本条1項の行為を除く）
　本条1項2号所定の行為については、原則として社債権者集会の決議が必要であるが、発行会社が募集社債に関する事項として社債権者集会の決議によらずに行為できる旨決定した場合には、社債管理者の独自の判断により行うことができる（本条1項ただし書）。社債の債務不履行などに迅速に社債管理者が訴訟手続等を行うことができるための措置である。募集事項の定めは、募集社債を引き受けようとする者に対し通知され（677条1項2号）、その記載ある目論見書が交付され（677条4項）、又は総額引受け（679条）の場合も、その契約の交渉を通じて知ることになり、また、社債原簿にも記載・記録される（681条1項1号）ため、社債権者の保護に欠けることもない。しかし、実務上、本条1項ただし書は利用されていないといわれる。社債管理者は善管注意義務（704条2項）を負っているので、例えば、社債の債務不履行時でも、705条1項に基づく保全行為や業務・財産調査権を行使しつつ、本条1項2号の法定権限を行使するか否かについては、社債権者集会の決議を経て、善管注意義務違反となるリスクを低めるためである。
ア　訴訟行為（705条1項の行為を除く）
　本条1項2号の「訴訟行為」には、705条1項所定の訴訟行為は含まれない。705条1項の訴訟行為は処分行為を含まない訴訟行為であるからである。本条1項2号の「訴訟行為」とは、処分行為を含む訴訟行為を指すため、元利金の支払を求める訴えの取下げ（民訴261条）、請求の放棄又は認諾（民訴266条）、裁判上の和解（民訴267条）が含まれる。民事調停の申立て（民事調停法）も、和解権限を前提とする行為であり、和解は社債権の処分を伴う行為であるから、本条1項2号の「訴訟行為」に含まれる。詐害行

為取消権（民 424 条 1 項）の行使は、裁判所で行われる行為であり社債権の処分行為を伴うものであるため、同じく本条 1 項の「訴訟行為」に含まれる（江頭憲治郎・新注会第 2 補巻 187 頁）。

訴訟物　　X 株式会社の Y に対する 865 条 1 項の定める詐害行為取消権

*社債の償還は、社債管理者が社債権者のために、社債発行会社から償還を受けた上で、各社債権者に対し償還金を分配するという集団的処理によることを原則としているが、例外的に、個々の社債権者が単独で直接に社債発行会社から償還を受けることもできる。本条 1 項は、社債権者の平等待遇を図るために、社債発行会社が特定の社債権者に対して行った弁済、和解その他の行為が著しく不公正であるときは、社債管理者は訴えをもってその行為の取消しを請求することができることを定める。

*受益した相手方又は転得者が取消訴訟の被告となるのであって、社債発行会社を被告とすることはできない（866 条）。

請求原因　1　A 株式会社は社債の発行会社であること

2　A 会社は、請求原因 1 の社債の社債管理者として X 会社を指定して社債権者のための弁済の受領、債権の保全その他の社債の管理をすることを委託し、X 会社はこれを受託したこと

*本条の取消訴訟の原告となり得るのは、社債管理者である。数種の社債が発行されている場合には管理を委託された種類の社債に関してのみ取消しを求めることができる。本条の取消訴訟を提起する権限は、償還に関する権限（705 条 1 項）の延長線上において認められる。その要件が備わった場合に社債管理者は訴えを提起する義務を負うものか否かは、社債管理者が償還に関する権限を行使する義務を負うか否かという解釈問題と統一して考えるべきことである。

3　A 会社は、社債権者 Y に対し弁済、和解その他の行為をしたこと

4　請求原因 3 の行為が著しく不公正であることを基礎づける事実

*請求原因 4 の客観的要件の立証責任は、社債管理者が負う（山下友信・新注会第 2 補巻 212 頁）。

(善　意)

抗弁 1　Yは請求原因3の行為が社債権者を害するものであることを知らなかったこと
＊利得者たる社債権者(又は転得者)がその行為(又は転得)の当時、債権者を害すべきことを知らなかったときは(865条4項による民法424条1項ただし書の準用)、この取消しを請求できない。この点についての立証責任は利得者たる社債権者(又は転得者)が負担する(松田=鈴木・條解下536頁、山下友信・新注会第2補巻212頁)。

(消滅時効)

抗弁 1　Xが取消しの原因の事実を知った日
＊取消しの原因の事実を知るとは、請求原因3の事実のみならず、請求原因4の事実を知ることも必要であろう。
2　抗弁1の日から6月が経過したこと
＊865条2項前段に基づく事実である。
3　YはXに対し、時効を援用する旨の意思表示をしたこと

(除斥期間)

抗弁 1　請求原因3のA会社の行為がなされた日
2　抗弁1の日から1年が経過したこと
＊865条3項ただし書に基づく事実である。

イ　倒産手続に属する行為(705条1項の行為を除く)

倒産手続に属するいずれの行為が705条1項に定める弁済受領及び債権保全の権限(社債権の完全な満足につながる権限)に含まれ、以下述べるように、いずれの行為が本条1項2号にいう倒産手続に属する行為(社債権の全部又は一部を処分する行為)に含まれるかという問題がある。

(ア)　破産の申立て

破産の申立ては、債権全部の満足を受けることを放棄することを意味し、社債権の処分を招くから、社債権者集会の決議によるべきであり、本条1項2号に属する。

(イ)　倒産手続における債権の届出(破111条、民再94条、会更138条)

債権届出は、開始された倒産手続の中で債権者に与えられる権利を行使するために倒産手続に参加して自己の債権を確保する行為であり、社債上の権利の処分行為ではないので、705条1項に定める弁済受領及び債権保全の権限である(三原秀哲・論点体系(5)119頁)。

(ウ) 倒産手続における議決権行使

　再生型倒産手続（民事再生手続及び会社更生手続）において、再生計画案又は更生計画案が策定され、裁判所が計画案につき付議決定（民再169条、会更189条）を行った場合、債権者集会・関係人集会が開催される。社債権者は、倒産手続において、劣後的債権とされる倒産手続開始後の利息請求権等の議決権のない部分を除き、一般再生債権者又は一般更生債権者とされるが、社債管理者がその社債につき債権届出をした場合は、社債管理者が全社債権者のために債権者集会又は関係人集会において議決権を行使できる（民再169条の2第1項柱書、会更190条1項柱書）。この議決権行使は、その社債に関する処分行為を含むため、本条1項2号の「破産手続、再生手続、更生手続若しくは特別清算に関する手続に属する行為」に該当する（三原秀哲・論点体系(5)119-120頁）。

　清算型倒産手続である破産手続においても、債権者集会が開催される場合がある（破138条）。ただし、現行破産法において債権者集会の決議事項とされるのは、破産者等に対する説明の要請（破40条1項柱書、230条1項柱書、244条の6第1項柱書）及び破産管財人に対する状況報告の要請（破159条）を行う場合であり、その債権者集会において議決権行使をするには、社債管理者は、その権限を行使するに際し、本法上、予め社債権者集会決議でその旨授権を受けておく必要がある（本条1項2号）。なお、その他、破産法において債権者集会の開催が求められる場合として、財産状況報告集会（破31条1項2号）、異時破産廃止に関する集会（破217条1項）及び破産管財人の任務終了時の計算報告集会（破88条3項）が存在するが、これらにおいては議決権行使は問題とならないため、社債管理者として社債権者集会の開催を考慮する必要性はないといえる（三原秀哲・論点体系(5)120頁）。

2　公告・通知

　社債管理者は、本条1項ただし書の規定により社債権者集会の決議によらずに同項2号に掲げる行為をしたときは、遅滞なく、その旨を公告し、かつ、知れている社債権者には、各別にこれを通知しなければならない（本条2項）。この公告は、社債発行会社における公告の方法によりしなければならない。ただし、その方法が電子公告であるときは、その公告は、官報に掲載する方法によることが必要である（本条3項）。

3　社債管理者の調査権

　本条4項は、社債管理者は、その管理の委託を受けた社債につき本条1項

各号に掲げる行為をするために必要があるときは、裁判所の許可を得て、社債発行会社の業務及び財産の状況を調査することができることを定める。これは、705条4項の規定とほぼ同様であり、本条1項各号の行為をするためには、社債管理者が、社債発行会社の業務や財産の状況を調査する必要があるためである。

本条4項の調査権は法定されたものであるから、社債管理委託契約の中に定められていなくとも、裁判所の許可を得て調査権を行使できる。また、社債管理契約で定めれば、本条4項所定の場合に限らず、かつ、裁判所の許可を得なくても調査できるとすることは差し支えない。

非訟事件　　XのY株式会社に対する業務・財産状況調査許可申立て
＊申立ての趣旨は、「XがY会社の業務及び財産状況を調査することを許可する。」である。
＊本件の非訟事件は、社債を発行したY会社の本店の所在地を管轄する地方裁判所の管轄に属する（868条3項）。
＊社債管理者による発行会社の業務・財産状況調査許可申立ての審理については、非訟事件手続法及び本法は格別の規定を設けていないが、裁判は理由を付した決定の形式による（871条）。そして、許可申立てについての認容決定に対しては不服申立てをすることができない（874条4号）。

申立理由　1　Y会社は、第○回社債の発行会社であること
2　Xは、Y会社の社債管理者であること
＊申立理由2は法的主張（権利主張）であるから、「Xは、Y会社との間において、平成○年○月○日、Y会社第○回社債社債権者のために社債を管理することの委託契約を締結したこと」を主張することになる。
3　Xは、管理の委託を受けた社債につき、下記(1)又は(2)の行為をするためにY会社の業務及び財産の状況を調査する必要があること
(1)　その社債の全部についてするその支払の猶予、その債務の不履行によって生じた責任の免除又は和解（(2)に掲げる行為を除く）
(2)　その社債の全部についてする訴訟行為又は破産手続、再生手続、更生手続若しくは特別清算に関する手続に属する行為（705条1項の行為を除く）

＊本条は、「第1項各号に掲げる行為をするために必要があるとき」と規定しているため、本条4項での業務・財産調査権での調査の目的も、本条1項各号の行為を目的とする場合に限定される（約定権限の行使を目的として、本条4項の業務・財産調査権を行使できない）と解される。

● (特別代理人の選任)

第707条　社債権者と社債管理者との利益が相反する場合において、社債権者のために裁判上又は裁判外の行為をする必要があるときは、裁判所は、社債権者集会の申立てにより、特別代理人を選任しなければならない。

本条は、社債権者と社債管理者との利益相反する場合において、社債権者のために裁判上又は裁判外の行為をする必要があるときは、裁判所は社債権者集会の請求によって特別代理人を選任すべきことを定める。

非訟事件　　特別代理人選任申立て
＊申立ての趣旨は、「B株式会社に対する裁判外及び裁判上の損害賠償請求をなすためのA株式会社第〇回社債権者の特別代理人の選任を求める。」である。
＊本件の非訟事件は、社債を発行したA会社の本店の所在地を管轄する地方裁判所の管轄に属する（868条3項）。
＊裁判所は、利害関係人の陳述を聴く必要はないが（870条）、理由を付した決定をもって裁判をしなければならない（871条）。そして、選任決定に対しては、不服申立てをすることができない（870条1号）。

申立理由　1　A会社は第〇回社債の発行会社であること
2　B会社はA会社第〇回社債の社債管理者であること
3　社債権者とB会社との間で、利益が相反する事実が生じたこと
＊本条所定の「社債権者と社債管理者との利益が相反する場合」とは、①社債管理者がその義務に違反して社債権者に対

して損害賠償請求責任を負う場合、②社債権者が社債発行会社の持つ社債管理者に対する債権をもって社債を保全する場合、③社債管理者が社債権者のために弁済を受けた金額を自己のために費消した場合の社債権者による金額（及び利息相当損害金）返還請求の場合、④社債権の保全・回収と社債管理者の貸付債権の保全・回収とが競争関係に立ち、社債管理者が社債権者のために適切な行為を懈怠するおそれがある場合などである（三原秀哲・論点体系(5)123頁）。

4 本件社債権者は、平成○年○月○日、社債権者集会において、Ｂ会社に対して、裁判外又は裁判上の損害賠償請求を行うため、裁判所に対し特別代理人の選任の請求を求める決議をし、かつ、Ｘがその執行者に選任されたこと

●（社債管理者等の行為の方式）

第708条 社債管理者又は前条の特別代理人が社債権者のために裁判上又は裁判外の行為をするときは、個別の社債権者を表示することを要しない。

1 社債管理者・特別代理人の非顕名

社債管理者は、社債権者のために社債に係る債権の弁済を受け、又は社債に係る債権の実現を保全するために必要な一切の裁判上又は裁判外の行為をする権限を有するが（705条1項）、これは法定代理人としての権限行使である。社債権者のためにする代理行為は商行為でないから、本来、本人たる社債権者のためにすることを示す（顕名代理）必要がある（民99条）。しかし、社債権者は多数で常に変動し、加えて無記名社債（676条7号、698条参照）の社債権者の確知は難しく、記名社債も多数の社債権者の表示は煩雑である。この事情は、707条により選任された特別代理人も同様である。そこで、本条は、非顕名代理（商504条参照）を認めることにした（民法99条及び訴状における当事者の表示に関する民事訴訟法133条2項1号の特則）。更に、代表社債権者又は社債権者集会の決議の執行者が社債権者集会の決議を執行する場合も、本条が準用されている（737条2項）。しかし、各別に社債権者を表示しなくてよいだけで、社債管理者又は特別代理人が行為する際

は、どの社債につき行為するかを示す必要がある。具体的には「○○株式会社第○回無担保社債・社債管理者○○」と表示することにより、社債権者全体を特定して行為することになる（三原秀哲・論点体系(5)127頁。旧商法309条ノ5について江頭憲治郎・新注会第2補巻209頁）。

2　社債管理者の訴訟上の地位

社債管理者の地位を実体法上の法定代理人とする立場では、訴訟上の地位についても法定代理人と解するのが一般である（訴訟無能力者については、民事訴訟法28条により、その法定代理は原則として民法その他の法令に従うから、実体法上の法定代理人は訴訟法上も法定代理人となる）。この立場からは、本条は、民法99条、民事訴訟法133条2項の特則と理解される（吉戒修一「平成5年商法改正法の解説(9)」商事1333.21、24）。これに対して、社債管理者は、実体法上は法定代理人としても訴訟法上は法定訴訟担当であると解する見解がある（山本克己・会社法コンメ(16)156頁）。

● (2以上の社債管理者がある場合の特則)

第709条　2以上の社債管理者があるときは、これらの者が共同してその権限に属する行為をしなければならない。
　2　前項に規定する場合において、社債管理者が第705条第1項の弁済を受けたときは、社債管理者は、社債権者に対し、連帯して、当該弁済の額を支払う義務を負う。

1　複数の社債管理者の共同権限行使

本条1項は、社債管理者が2つ以上あるときはその権限に属する行為は共同して行うべきことを定める。単独で行為しても、その効力は生じない（藤井俊雄・新注会(10)124頁）。しかし、逆に、社債権者から社債管理者に対しての請求は、1つの社債管理者に行えば効力が生じる。なお、社債管理者は社債権者に対し連帯して弁済を受けた金額の支払義務を負う（本条2項）。本条1項の「権限に属する行為」には、社債管理者の法定権限（705条、706条、717条2項、729条、731条3項、737条、740条2項、865条等）に属する行為が含まれることは当然として、社債管理委託契約に定めることにより社債管理者に与える約定権限（676条12号、施則162条4号）も含まれる　（藤

井俊雄・新注会第 2 補巻 209 頁)。複数の社債管理者のうち 1 人の専断を許さない趣旨と、社債管理者の行為は社債権者にその効果が及ぶことからみて、約定権限と法定権限とを区別する理由はないからである。

2　社債管理者の連帯責任

社債管理者が 705 条 1 項の弁済を社債発行会社から受けたときは、複数の社債管理者は連帯して社債権者に対して弁済する義務を負う（本条 2 項）。本条 2 項の連帯責任は、あくまで社債発行会社から実際に弁済を受けた金額について社債権者に対して支払をする場合に関するものである。社債管理者は社債発行会社の保証人となるものではないから、社債発行会社が弁済をしないときは、社債管理者がそれに代わって支払義務を負うわけではない。この弁済支払義務の連帯性に係る規定は強行規定であり、社債契約によって排除できないと解される（藤井俊雄・新注会(10)125 頁）。弁済支払義務には、義務違反に係る連帯責任の規定（710 条 1 項）が適用されないため、法が特に連帯責任を定めたからである。

訴訟物　　　X の Y1 株式会社及び Y2 株式会社に対する社債償還額請求権

＊本件は、社債発行会社の A 株式会社の社債管理者は Y1 会社と Y2 会社であったところ、A 会社が Y1 会社に社債の償還金の全額を弁済したので、社債権者 X が Y1 会社と連帯債務を負う Y2 会社に対して請求した事案である。

＊請求の趣旨は、「Y1 会社及び Y2 会社は X に対し、各自金 1,000 万円を支払え。」である。

＊本件の訴訟物の内容をなす請求権は、705 条 2 項に基づくものであって、発行会社に対する償還請求権ではなく、法文が定めるように、「償還額」の請求権である。

請求原因　1　A 会社は、総額 100 億円、償還日平成○年○月○日とする社債を発行したこと

2　X は、請求原因 1 の社債のうち、100 万円券 10 枚を所持すること

3　A 会社は、請求原因 1 の社債の社債管理者として Y1 会社及び Y2 会社を指定して社債権者のための弁済の受領、債権の保全その他の社債の管理をすることを委託し、Y1 会社及び Y2 会社はこれを受託したこと

4　A会社がY1会社に対し、請求原因1の社債の償還金を弁済したこと
　　＊請求原因4については、「Y1会社及びY2会社はA会社から社債償還金の弁済を受けていないこと」を抗弁に回す見解もあり得よう。
　　＊706条2項は、社債管理者が弁済を受けたときは遅滞なくその旨を公告し、かつ、知れたる社債権者には各別に通知すべきことを定めるが、償還額請求権の要件事実としては、不要である。

● (社債管理者の責任)

第710条　社債管理者は、この法律又は社債権者集会の決議に違反する行為をしたときは、社債権者に対し、連帯して、これによって生じた損害を賠償する責任を負う。
　2　社債管理者は、社債発行会社が社債の償還若しくは利息の支払を怠り、若しくは社債発行会社について支払の停止があった後又はその前3箇月以内に、次に掲げる行為をしたときは、社債権者に対し、損害を賠償する責任を負う。ただし、当該社債管理者が誠実にすべき社債の管理を怠らなかったこと又は当該損害が当該行為によって生じたものでないことを証明したときは、この限りでない。
　　一　当該社債管理者の債権に係る債務について社債発行会社から担保の供与又は債務の消滅に関する行為を受けること。
　　二　当該社債管理者と法務省令〔施則171条〕で定める特別の関係がある者に対して当該社債管理者の債権を譲り渡すこと（当該特別の関係がある者が当該債権に係る債務について社債発行会社から担保の供与又は債務の消滅に関する行為を受けた場合に限る。）。
　　三　当該社債管理者が社債発行会社に対する債権を有する場合において、契約によって負担する債務を専ら当該債権をもってする相殺に供する目的で社債発行会社の財産の処分を内容とする契約を社債発行会社との間で締結し、又は社債発行会社に対して債務を負担する者の債務を引き受けることを内容とする契約を締結し、かつ、これにより社債発行会社に対し負担した債務と当該債権とを相殺すること。
　　四　当該社債管理者が社債発行会社に対して債務を負担する場合にお

いて、社債発行会社に対する債権を譲り受け、かつ、当該債務と当該債権とを相殺すること。

1 社債管理者の社債権者に対する損害賠償責任
　本条1項は、社債管理者が本法又は社債権者集会の決議に違反した行為をしたときは、これによって社債権者に生じた損害を賠償する責任を負うと定める。社債管理者は社債権者との間では直接の契約関係に立たない。したがって、本条の損害賠償責任は債務不履行責任ではなく、本法が認める特別の法定責任である（江頭憲治郎・新注会(5)211頁）。本法に違反する行為には、公平誠実義務及び善管注意義務違反も含むから、この規定は、社債管理者の法律違反及び社債権者集会の決議違反についての一般的責任を定めたものと解される（旧商法311条ノ2第1項に関するが、鈴木＝竹内・会社法471頁）。
　また、社債管理者が複数ある場合その権限に属する行為は共同して行われるが（709条1項）、このことから当然には損害賠償責任が連帯責任とならないので特に連帯責任を規定した。本条1項は強行規定であり、社債管理契約等でこれを免除・軽減する特約を定めても無効である（江頭憲治郎・新注会(5)212頁）。社債管理者に対する賠償請求権は、個々の社債権者が自己の損害額について行使するのが原則であるが（吉戒修一「平成5年商法改正法の解説(9)」商事1333.24参照）、社債管理者（705条1項。前社債管理者に対して行使する場合）や特別代理人（707条）も総社債権者のために行使できると解される（江頭憲治郎・新注会(5)213頁）。

訴訟物　　XのYに対する本条1項に基づく損害賠償請求権
　　　　　　＊本件は、社債を発行するA株式会社の社債管理者Yが本法又は社債権者集会の決議に違反する行為をしたため、社債権者Xが損害の賠償を求めた事案である。
請求原因　1　A会社は、同社発行の社債の社債管理者としてYを指定して社債権者のために弁済の受領、債権の保全その他の社債の管理をすることを委託し、Yはこれを受託したこと
　　　　　　2　Yは本法又は社債権者集会の決議に違反する行為をしたこと
　　　　　　　＊違反行為には、なすべき行為をしなかった不作為を含む。
　　　　　　3　請求原因2の行為をするにつき、Yに公平誠実義務又は善

管注意義務違反があること
＊請求原因3の要件が要求されることについて、吉戒・前掲・商事1333.25 は、「社債管理会社は、改正商法297条ノ3〔704条〕により社債権者に対し公平誠実義務および善管注意義務を負うから、本項〔旧商311条ノ2第1項（本条1項）〕の『本法律又ハ社債権者集会ノ決議ニ違反スル行為』とは、公平誠実義務または善管注意義務違反の行為をいう」ことを理由とするとする。例えば、発行会社たるA会社の財産について債権保全の措置を取っておけば、社債権を回収できたのに、それを怠ったために、社債権者に損害を発生させた場合がある。

＊本条2項は、社債権者の利益のため社債管理者の一定の行為について証明責任を転換した規定であり、同項の存在は本条1項の適用範囲を狭めることはない。したがって、例えば発行会社の社債償還・利息支払の懈怠又は支払停止から遡って3月内に社債管理者が発行会社から担保の供与を受けた場合には、本条2項の適用はないが、その行為が誠実義務違反に該当することを社債権者が立証すれば、本条1項に基づいて社債管理者が賠償責任を負う可能性はある（江頭憲治郎・新注会第2補巻214頁）。

4　XはA会社の社債の社債権者であること

＊①本条1項及び2項の賠償請求権者は、第一義的には個々の社債権者であり、各社債権者は社債管理者に対し本条に基づく損害賠償を求めることができる。②本条1項又は2項に基づき社債管理者が損害賠償請求義務を負担して履行しない場合に、714条1項各号の事由又は711条1項の規定によりその社債管理者がその地位を離れ、代わりに選任された事務承継社債管理者が、社債権者の法定代理人として、前社債管理者に対し、本条1項又は2項に基づく損害賠償請求権を総社債権者のために行使できる。③本条1項又は2項に基づき社債管理者が損害賠償請求義務を負担して履行しない場合に、社債管理者がその地位にある間に、707条に基づき特別代理人が選任されたときも、特別代理人は、社債管理者に対し、本条1項又は2項に基づく損害賠償請求権を総社債権者のために行使できる（江頭憲治郎・新注会第2補巻213頁）。

5　Xに損害が生じたこと及びその数額
          ＊本条1項所定の「これによって生じた損害」とは、①社債管
            理者のその行為がなければ社債権者が発行会社等から受けた
            であろう弁済額と、②社債権者が実際に受けた弁済額との差
            額と解するのが通説である。
          6　請求原因2の行為と請求原因5の損害との間に因果関係があ
            ること

 2　社債管理者の特別責任
　本条2項本文は、社債管理者は、社債発行会社が社債の償還若しくは利息の支払を怠り、若しくは社債発行会社について支払の停止があった後又はその前3か月以内に、次に掲げる(1)ないし(3)のいずれかの行為をしたときは、社債権者に対し、損害を賠償する責任を負うことを定める。本条2項に基づく損害賠償請求権も、契約関係にない社債管理者と社債権者との間に損害賠償責任を認めるという意味で債務不履行責任ではなく、本条1項に基づく損害賠償請求権と同様、本法が認める特別の法定責任である。
　本条2項の責任を1項のそれと比較すると、特定の利益相反行為による誠実義務違反について、社債管理者の誠実義務違反又は社債管理者の行為と社債権者の損害との因果関係の立証責任を転換した特別責任と位置づけることができる。本条2項の責任は、発行会社に対して貸付債権を有する銀行等が同時に社債管理者でもある場合に、社債管理者でありながら自己の貸付債権の優先的回収を図るような利益相反行為を防止するため、本条1項よりも厳格な要件での損害賠償責任を規定したと解するのが一般である。
　本条2項ただし書は、同項本文の例外として、①社債管理者が誠実に行うべき社債の管理を怠らなかったこと、又は②社債発行会社に生じた損害が次に掲げる(1)ないし(3)によって生じたものでないこと（因果関係の不存在）を証明したときは、社債管理者は損害賠償義務を負わないことを定める。同項ただし書が定める担保供与又は債務消滅に関する行為と社債権者の損害発生との間の因果関係の不存在の事実は、文字どおり、社債管理者がその立証責任を負う。名古屋高判平成21年5月28日判時2073.42は、「旧商法311条の2第2項〔本条2項〕は、社債発行会社に対して貸付債権を有する銀行等が同時に社債管理会社でもある場合について、社債管理会社でありながら自己の貸付債権の優先的回収をはかる利益相反行為を防止する趣旨で設けられたものであるが、経済的窮境に陥った社債発行会社に対して社債管理会社が担保を徴して救済融資を行うことは、これを機会に自己の従前からの債権

の優先的な回収を図るなどの行為に及ばない限り、原則として、社債発行会社及び社債権者にも有利であるから、社債管理会社が誠実になすべき社債管理を怠らなかった場合（同項但書）に当たり得るというべきである。というのは、救済融資は再建計画の実行を容易にさせるとともに、社債発行会社についての信用不安の高まりから破綻に至る危険性を低下させ、再建可能性に結びつくものであり、他方、救済融資を絶つことは、社債発行会社の倒産を意味し、社債権の全額償還にも支障が生じかねず、また、担保供与なくしてこのような救済融資を行うことは社会通念上期待し得ないからである。」と判示する。

(1) 担保供与、債務消滅行為

社債管理者の債権に係る債務について社債発行会社から担保の供与又は債務の消滅に関する行為を受けること（本条2項1号）は、例えば、社債発行会社に対して貸付債権を有する銀行等が同時に社債管理者でもある場合について、社債管理者でありながら自己の貸付債権の優先的回収を図る利益相反行為を防止するために、本条1項よりも厳格な要件での損害賠償責任応原因とされたものである。

> **訴訟物**　　XのY株式会社に対する本条2項に基づく損害賠償請求権
> ＊本件は、社債を発行するA株式会社の社債管理者Y会社が、Y会社の債権に係る債務についてA会社から担保の供与又は債務の消滅に関する行為を受けたため、社債権者Xが損害の賠償を求めた事案である。
>
> **請求原因**　1　A会社は、同社発行の社債の社債管理者としてY会社を指定して社債権者のために弁済の受領、債権の保全その他の社債の管理をすることを委託し、Y会社はこれを受託したこと
> 2　Y会社はA会社に対し、1億円を弁済期平成〇年〇月〇日の約定で貸し渡したこと
> 3　Y会社はA会社から、請求原因2の債権につき担保の供与又は債務の消滅に関する行為による利益を受けたこと
> ＊担保の供与とは、担保権設定契約の締結をいい、債権消滅に関する行為とは、弁済、更改、代物弁済などをいう。弁済の受領に際し、社債発行会社が3か月以内に支払停止等に陥ることを予想して本旨弁済を受けたかにより、誠実義務違反（本条2項ただし書）を判断すべきとする見解（田澤元章・会社法コンメ(16)174頁）によれば、本旨弁済（社債管理者が

自己の債権につき、約定に基づく弁済期において弁済を受けること）も「債務の消滅に関する行為」に該当し、ただし、社債管理者が、3か月以内に元利払の債務不履行又は支払停止に陥ると信ずべき合理的理由がなかったことを立証した場合に、誠実義務違反はなかったとして、本条2項ただし書による免責が認められることとなる。なお、相殺は、本条2項3号ないし4号による規制に服するため、本条2項1号の対象とはならない。

4　A会社が社債の償還若しくは利息の支払を怠り、若しくはA会社について支払の停止があった後又はその前3か月以内に、請求原因3の行為がされたこと
　＊「3か月」の期間が定められたのは、債務不履行前3か月以内の担保供与又は債務の消滅に関する行為であれば、発行会社たるA会社の財務状況が悪く、将来債務不履行が生じることを予測した行為であることが推定できるからである（吉戒修一・平成5年6年改正商法299頁）。

5　XはA会社の社債の社債権者であること

6　Xに損害が生じたこと及びその数額
　＊本条2項の「損害」の意義については、見解が分かれる。差額説は、本条2項に基づき、社債管理者が社債発行会社から本条2項各号の行為を受けたことによって社債権者が被った損害、すなわち、本条2項各号の行為がなければ社債権者が社債発行会社から受けたであろう弁済額と社債権者が実際に受けた弁済額との差額を損害とする（江頭憲治郎・新注会第2補巻216頁）。この見解は、抗弁と位置づけられる本条2項ただし書後段が社債権者に損害が生じたことを前提とする文言を使用していることと整合しない憾みがある。これに対し、回収不能額説は、本条2項は誠実義務違反に基づく損害賠償責任を規定したものと解した上で、損害を回収不能なった社債の元利金及び遅延損害金の合計額とする（吉戒・前掲・商事1333.26）。
　＊「請求原因4の行為と請求原因6の損害との間に因果関係があること」を主張立証する必要はない。逆に、その間に因果関係が存在しないことを社債管理者が抗弁（後出の「因果関係不存在」参照）として主張立証しなければならない。

（誠実義務違反不存在）

抗　弁　1　Y会社は誠実になすべき社債の管理を怠らなかったこと

＊抗弁1は、請求原因3の自己の債権につき発行会社から担保の供与又は債務の消滅に関する行為を受けるについて誠実義務に反しなかったことをいう。例えば、約定弁済を受けたものであること、債権を回収したとしてもその後につなぎ融資をしたこと、担保権の取得が救済融資のためであることなどである。

＊前掲平成21年名古屋地判は、前掲判示部分に続けて、「救済融資をするか否かの判断が必要な場面においては、再建の可能性について詳細に調査検討する時間や判断資料が限られている場合があること」「再建を果たす上で支障となっている事情は個々の事案によって様々で、その再建計画内容そのものの性質上種々の流動的な要素も含むこと、したがって、再建の予測可能性についての評価も決して一様ではないこと、更に、再建の見込みについて高度なものを要求すると、社債管理会社が主力銀行である場合に、救済融資に消極的になり、そのため社債発行会社が他行からも融資を得られず、結局、救済融資によって再建可能な場合にまでその道を閉ざしかねないこと等を併せ考えると、社債管理会社の担保取得を伴う救済融資を実行するに当たっては、自己の従前の貸付債権を回収することを目的とするのでない限り、発行会社にある程度の再建の見込みがあれば足り、必ずしも『相当程度確実な再建の見込み』がなければならないというのは相当ではな〔い〕」「X7銀行ら3行の本件各貸越契約に基づく貸付（その前倒しとしてされた平成13年1月末のX7銀行の貸付を含む。）は、急速に広まったM社に対する信用不安に対処するためのCMP〔コマーシャル・ペーパー〕実施にかかるつなぎ資金の担保としてされた救済融資であり、本件担保株式はその担保として供されたのであって、従前の貸付金債権の優先的な回収を図るためにされたわけではないから、X7銀行ら3行の社債管理会社が、本件各貸越契約に係る債務の担保として本件担保株式の担保供与を受けたことは、誠実になすべき社債管理を怠らなかった場合に当たるというべきである。」と判示する。

＊具体的には、①社債管理者が社債発行会社から債務の弁済を受け、同時に貸付けをなす債務の借換えをした場合、②社債管理者が社債発行会社の支払停止等の前3か月以内に、救済融資をすると同時に担保の供与を受けた場合等である（江頭憲治郎・新注会第2補巻217頁）。

(因果関係不存在)

抗弁 1　請求原因6の損害が請求原因4の行為によって生じたものでないこと

＊例えば、3か月以内に担保権を実行して債権の満足を得たが、その担保権はその社債発行前に取得したものであること等である（鈴木=竹内・会社法472頁）。

＊請求原因6に関し差額説を採ると、本件抗弁の内容は「自己の債権につき担保の供与若しくは債務の消滅に関する行為を受けたことにより社債権者に損害が発生しなかったことになるべきであるとする（江頭憲治郎・新注会第2補巻218頁）。

(2)特別関係者への債権譲渡

社債管理者が同人と法務省令（施則171条）で定める特別の関係がある者に対して社債管理者の債権を譲り渡す行為（その特別の関係がある者がその債権に係る債務について社債発行会社から担保の供与又は債務の消滅に関する行為を受けた場合に限る）（本条2項2号）である。

施行規則171条所定の「特別の関係」については、施行規則3条3項所定の「子会社」の実質基準のよる定義と異なり、形式基準が採用されている。この両者の差について、相澤他・論点解説644頁は、「これは、『特別の関係』を実質概念化すると、その事実認定が争点となってしまい、立証責任を転換した710条2項の規定の意義が没却されてしまうからである」という。

訴訟物　XのY株式会社に対する本条2項に基づく損害賠償請求権

＊本件は、社債を発行するA株式会社の社債管理者Y会社が、同社と法務省令（施則171条）で定める特別の関係がある者Bに対してY会社の債権を譲り渡した（その特別の関係がある者がその債権に係る債務について社債発行会社から担保の供与又は債務の消滅に関する行為を受けた場合に限る）ため、社債権者Xが損害の賠償を求めた事案である。

＊近時、社債発行会社が債務不履行に陥る事例が生じ、社債発

行会社に対して貸付債権等の債権を有する社債管理者と社債権者との利益相反が生じることもあって、本法は、社債管理者の責任を強化している。社債管理者の「特別の関係」者の行為についての社債管理者の責任もその例である。

請求原因 1　A会社は、同社発行の社債の社債管理者としてY会社を指定して社債権者のために弁済の受領、債権の保全その他の社債の管理をすることを委託し、Y会社はこれを受託したこと
2　Y会社はB（特別の関係がある者）に対し、Y会社の債権を譲渡したこと
3　Y会社とBは、①ないし③のいずれかの関係にあること
　①　法人の総社員又は総株主の議決権の50パーセントを超える議決権を有する者（「支配社員」）とその法人（「被支配法人」）との関係（施則171条1項1号）
　②　被支配法人とその支配社員の他の被支配法人との関係（施則171条1項2号）
　③　支配社員とその支配社員が合わせて他の法人の総社員又は総株主の議決権の50パーセントを超える議決権を有する関係（この場合においては、その他の法人も、その支配社員の被支配法人とみなして上記①又は②の関係と同様に扱われる（施則171条2項））
　＊本条2項2号における形式基準での「特別関係者」には該当しないが、それ以外の者（例えば、形式基準でなく実質基準において親子会社に該当する者）に対し、社債管理者が社債発行会社に対して有する自己の債権を譲渡し、譲受人がその債権につき担保の供与又は債務の消滅に関する行為を受けた場合は、本条2項2号の適用がない。しかし、そのような者に対し社債管理者が社債発行会社に対して有する自己の債権を譲渡し担保の供与又は債務の消滅に関する行為を受けたときは、本条1項の誠実義務違反に該当する余地があり、社債権者がその点を立証すれば、本条1項の損害賠償を請求できる（田澤元章・会社法コンメ(16)175頁）。
4　Bが請求原因2の債権に係る債務についてA会社から担保の供与又は債務の消滅に関する行為を受けたこと
　＊請求原因4の事実は、本条2項2号括弧書に該当する。
5　A会社が社債の償還若しくは利息の支払を怠り、若しくは

　　　　　　A会社について支払の停止があった後又はその前3か月以内
　　　　　　に、請求原因4の行為がされたこと
　　　　6　XはA会社の社債の社債権者であること
　　　　7　Xに損害が生じたこと及びその数額
（誠実義務違反不存在）
抗　弁　1　Y会社は誠実になすべき社債の管理を怠らなかったこと
（因果関係不存在）
抗　弁　1　自己の債権につき担保の供与又は債務の消滅に関する行為を
　　　　　　受けなかったとしても社債権者に損害が生じたこと

(3)社債管理者による相殺
　本条2項3号と4号は、社債管理者が、本条2項本文で規定する期間内（社債発行会社による社債の元利金の不払又は支払停止の後又はその前3か月以内）において、自己の有する社債発行会社に対する債権又は債務につき相殺適状の状態を作出して相殺を行う場合を規律する。
ア　相殺（本条2項3号前段）
　本条2項3号前段は、社債管理者が社債発行会社に対して債権を有する場合に、契約により負担する債務を自己の債権と専ら相殺に供する目的で、社債発行会社との間で社債発行会社の財産処分を内容とする契約を締結し、かつ、その債務と自己の債権とを相殺した場合を規律する。本条2項3号前段では、誠実義務違反の1つと位置づけるために、「社債発行会社の財産の処分を内容とする契約」（客観的要件）と「契約によって負担する債務を専ら当該債権をもってする相殺に供する目的」（主観的要件）が必要である。

訴訟物　　XのY株式会社に対する本条2項に基づく損害賠償請求権
　　　　　　＊本件は、社債を発行するA株式会社の社債管理者Y会社
　　　　　　が、A会社に対する債権を有する場合において、契約によ
　　　　　　って負担する債務を専らその債権をもってする相殺に供する
　　　　　　目的でA会社の財産の処分を内容とする契約をA会社との
　　　　　　間で締結し、又はA会社に対して債務を負担する者の債務
　　　　　　を引き受けることを内容とする契約を締結し、かつ、これに
　　　　　　よりA会社に対し負担した債務とその債権とを相殺したた
　　　　　　め、社債権者Xが損害の賠償を求めた事案である。
請求原因　1　A会社は、同社発行の社債の社債管理者としてY会社を指
　　　　　　定して社債権者のために弁済の受領、債権の保全その他の社債

の管理をすることを委託し、Y会社はこれを受託したこと
2　Y会社がA会社に対する債権を有していること
3　Y会社はA会社の財産の処分を内容とする契約をA会社との間で締結し、又はA会社に対して債務を負担する者の債務を引き受けることを内容とする契約を締結し、かつ、これによりA会社に対し負担した債務とその債権とを相殺したこと
4　Y会社は、請求原因3の契約によって負担する債務を専ら請求原因2の債権をもってする相殺に供する目的を有していたこと
5　Y会社は、請求原因3の契約によって負担した債務を請求原因2の債権をもって相殺をしたこと
6　A会社が、請求原因3の後3か月内に、社債の元利益の支払を怠り、又は支払を停止したこと
7　XはA会社の社債の社債権者であること
8　Xに損害が生じたこと及びその数額

（誠実義務違反不存在）
抗　弁　1　Y会社は誠実になすべき社債の管理を怠らなかったこと
（因果関係不存在）
抗　弁　1　自己の債権につき担保の供与又は債務の消滅に関する行為を受けなかったとしても社債権者に損害が生じたこと

イ　相殺（本条2項3号後段・4号）

　本条2項3号後段と同項4号は、社債発行会社による社債の元利金の不払又は支払停止の後又はその前3か月以内において、社債管理者が社債発行会社に対して債務を負担する場合に、他人が社債発行会社に対して有する債権を譲り受けて相殺をする場合と、その表裏の関係にある行為として、社債管理者が社債発行会社に対して債権を有する場合に、社債発行会社に対して債務を負担する者から債務を引き受けて相殺する場合を規律する。このような行為は社債管理者において誠実義務の違反があると解されるため、損害賠償責任を認めたものである。これらの場合、社債管理者における主観的要件は、上記いずれの場合にも必要とされない。また、本条2項3号後段、4号の規定は、民法505条以下の相殺の要件を満たした法定相殺に限らず、社債管理者と社債発行会社との合意に基づく相殺契約（約定相殺）にも類推適用があるとされる（田澤元章・会社法コンメ(16)180-181頁）。社債管理者が行う相殺につき、社債発行会社が合意したとしても、それが直ちに社債権者に

対する誠実義務違反がないとする根拠とはならないためである。

訴訟物 　　XのY株式会社に対する本条2項に基づく損害賠償請求権
＊本件は、社債を発行するA株式会社の社債管理者Y会社が、A会社に対して債務を負担する場合において、A会社に対する債権を譲り受け、かつ、その債務とその債権とを相殺したため、社債権者Xが損害の賠償を求めた事案である。

請求原因 　1　A会社は、同社発行の社債の社債管理者としてY会社を指定して社債権者のために弁済の受領、債権の保全その他の社債の管理をすることを委託し、Y会社はこれを受託したこと
　　　2　Y会社はA会社に対して債務を負担していること
　　　3　Y会社は、A会社に対する債権を譲り受け、請求原因2の債務とその債権とを相殺したこと
　　　4　A会社が、請求原因3の後3か月内に、社債の元利益の支払を怠り、又は支払を停止したこと
　　　5　XはA会社の社債の社債権者であること
　　　6　Xに損害が生じたこと及びその数額

（誠実義務違反不存在）
抗　弁 　　1　Y会社は誠実になすべき社債の管理を怠らなかったこと
（因果関係不存在）
抗　弁 　　1　自己の債権につき担保の供与又は債務の消滅に関する行為を受けなかったとしても社債権者に損害が生じたこと

● (社債管理者の辞任)

第711条　社債管理者は、社債発行会社及び社債権者集会の同意を得て辞任することができる。この場合において、他に社債管理者がないときは、当該社債管理者は、あらかじめ、事務を承継する社債管理者を定めなければならない。
　　2　前項の規定にかかわらず、社債管理者は、第702条の規定による委託に係る契約に定めた事由があるときは、辞任することができる。ただし、当該契約に事務を承継する社債管理者に関する定めがないときは、この限りでない。
　　3　第1項の規定にかかわらず、社債管理者は、やむを得ない事由があ

るときは、裁判所の許可を得て、辞任することができる。

　社債管理者は、①社債発行会社及び社債権者集会の同意を得た場合（本条1項）、②管理委託契約に定めた事由が生じた場合（本条2項）、③やむを得ない事由が存在して裁判所の許可を得た場合（本条3項）に辞任することができる。

1　同意による社債管理者の辞任
　本条1項は、社債発行会社及び社債権者集会の同意による社債管理者の辞任を定める。
(1)同意の意義
　社債発行会社の同意は、社債管理者の委任の解除の自由（民651条）に対する制限である。従前の社債管理者と新たな社債管理者との法律関係は、委託契約上の地位の承継契約であり、社債発行会社と社債権者集会の同意はその委託契約上の地位の承継についての同意と位置づけられる。社債発行会社又は社債権者集会において社債管理者の辞任につき同意が得られず、その同意しないことにつき正当な理由がない場合であっても、社債発行会社又は社債権者にはかかる同意を与える法律上の義務はない（田澤元章・会社法コンメ(16)192頁）。したがって、社債管理者はその同意を求める訴えを提起して判決を受けることはできない。
(2)同意辞任の効力発生時期
　社債権者集会での決議（724条1項の普通決議）は、裁判所の認可を受けた時に効力を生じるため（734条1項）、本条1項の同意辞任の場合、社債発行会社の同意のほか、その辞任に係る社債権者集会の同意の決議につき裁判所の認可を受けた時に、社債管理者の辞任の効力が発生する。
(3)社債権者に不利な時期の辞任における社債管理者の責任
　辞任につき社債発行会社及び社債権者集会の同意があっても、それは辞任自体についての同意にとどまる。そのため、社債管理者が社債権者に不利な時期に辞任した場合、民法651条2項本文及びただし書により、「やむを得ない事由」がない限り、社債管理者は社債権者に対し損害賠償を負う（山下友信・新注会第2補巻221頁）。ただ、民法651条2項は任意規定なので、同項に基づく損害賠償請求権は特約で排除できる（藤田友敬「社債・新株予約権」別冊商事271.102）。

2　後任の社債管理者

　社債管理者不在の状態になると社債権者の利益を害するため、同意辞任においては、社債管理者は、予め、事務承継社債管理者を定めなければならない（本条1項後段）。また、次の約定辞任については、管理委託契約において事務承継社債管理者に関する定めがないときには、約定辞任の定めは無効となる（同条2項ただし書）。しかし、許可辞任は、裁判所がやむを得ないと判断した場合であるから、辞任する社債管理者において事務承継社債管理者を定める必要はない。この場合には、社債発行会社は、社債権者集会の同意又は裁判所の許可を得て、事務承継社債管理者を定め、社債権者のために、社債の管理を行うことを委託しなければならない（714条1項2号。相澤他・論点解説642-643頁）。

　辞任する社債管理者と事務承継する社債管理者とは、別に両当事者においてその地位の移転契約を締結する必要がある（発行会社及び社債権者集会の同意は前社債管理者の辞任の効力要件ではあるが、事務承継する社債管理者を法的に拘束するのは社債管理委託契約上の地位の移転に係る契約である）。したがって、社債管理者が辞任し、その事務を承継する社債管理者を選任する場合の本条1項における同意とは、社債管理委託契約上の地位の譲渡の同意を意味することとなる。

3　約定辞任

　本条2項は、社債管理委託契約に定めた辞任事由が発生した場合、社債管理者は辞任できるとする。担保付社債の場合、信託契約に受託会社の辞任についての定めがあるときは、その定めに従って辞任することができるとの約定辞任の規定が以前から存在し（担信50条、信託57条1項）、これに倣い、本条2項は、約定辞任を定めたものである。なお、社債管理委託契約に約定辞任の定めを規定するには、社債発行会社においてその旨募集事項として決議する必要がある（676条12号、施則162条5号）。

4　裁判所の許可を得ての辞任（許可辞任）

　本条3項は、社債管理者はやむを得ない事由があるときは、1項にかかわらず、裁判所の許可を得て辞任できることを定める。「やむを得ない事由」とは、例えば、社債管理者の財務状態が著しく悪化し、社債の管理の事務を全うできなくなる等、社債管理者として社債の管理の事務を行うことを著しく困難とする事態が発生した場合をいう。

非訟事件　社債管理者の辞任許可申立て

＊申立ての趣旨は、「Y株式会社の第○回社債に関する平成○年○月○日付けの社債管理受託契約に基づくX株式会社の受託者（社債管理者）たる任務の辞任を許可する。」である。

＊本件の非訟事件は、社債を発行したY会社の本店の所在地を管轄する地方裁判所の管轄に属する（868条3項）。

＊申立ては書面による（会社非訟規1条）。申立書には、申立人である社債管理者及び相手方である社債発行会社の氏名又は名称及び住所を記載する。申立書の記載内容として、申立ての趣旨及び申立ての原因となる事実、申立てを理由づける具体的な事実ごとの証拠等について記載する（会社非訟規2条）。

＊裁判所は、理由を付した決定をもって裁判する（871条）。そして、許可申立てについての認容決定に対しては不服申立てをすることができない（874条4号）。

申立理由
1　Y会社は、第○回社債の発行会社であること
2　X会社は、Y会社の第○回社債の社債管理者であること
　＊申立人は社債管理者のX会社である。
3　X会社には、社債管理者を辞任するについてやむことを得ない事由があること
　＊同意辞任における同意を得られないこと、約定辞任の規定に従った辞任ができないこと、又は同意辞任若しくは約定辞任における事務承継管理者を選任できないことは、その事由だけでは「やむを得ない事由」とはいえない（岡光民雄・逐条新担保附社債信託法580頁）。また、社債管理者が自己の貸付債権の回収を図りたいという事情など、社債権者との利益相反関係にあるだけでは、「やむを得ない事由」に当たらない。利益相反関係が発生した場合は、社債管理者はその善管注意義務から自己より社債権者の利益を優先させるのが原則であり、また、利益相反関係が発生した場合に備えて特別代理人の制度（707条）があるからである。
4　X会社が社債管理者を辞任することについてY会社及び社債権者集会の同意を得ることができなかったこと

5　辞任後の社債管理者の選任

　許可辞任がされた場合に、他に社債管理者がないときは、社債発行会社は、事務承継社債管理者を選任する義務を負い（714条1項柱書前段・2号）、社債権者集会を招集してその同意を得るか、同意に代わる裁判所の許可の申立てをしなければならない（714条1項柱書後段）。この義務を負うにもかかわらず、その後2か月以内に社債権者集会を招集せず、又は同意に代わる裁判所の許可の申立てをしなかったときは、その社債の総額につき期限の利益を喪失する（714条2項）。

●(社債管理者が辞任した場合の責任)

第712条　第710条第2項の規定は、社債発行会社が社債の償還若しくは利息の支払を怠り、若しくは社債発行会社について支払の停止があった後又はその前3箇月以内に前条第2項の規定により辞任した社債管理者について準用する。

　本条の立法趣旨は、社債管理者が、社債発行会社に対する自己の債権の回収を目的として、社債管理委託契約上の規定に基づいて辞任（約定辞任）すること（711条2項）を防止するためである。すなわち、本条は、710条2項の規定は、社債発行会社が社債の償還若しくは利息の支払を怠り、若しくは社債発行会社について支払の停止があった後又はその前3か月以内に約定辞任（711条2項）により辞任した社債管理者について準用することを定める。本条が約定辞任の場合に限って規律対象としたのは、同意辞任（711条1項）、許可辞任（711条3項）、解任（713条）の場合は、社債権者集会又は裁判所の関与によって社債管理者がその地位を失うものであり、また資格喪失（714条1項1号）は社債管理者が金融機関としての業務の基盤を失う場合であるのに対し、約定辞任は、社債管理委託契約上の規定に基づく辞任であって辞任の時期及び辞任事由を社債管理者が選択し得る余地があるので、社債権者への責任を免れつつ自己の債権の回収を優先するリスクが高いからである。

　訴訟物　　XのY株式会社に対する711条2項に基づく損害賠償請求権

＊本件は、社債を発行するA株式会社が社債の償還等の支払を怠り、社債管理者のY会社が辞任し、社債権者Xが被った損害を求めた事案である。

[請求原因]
1　A会社は、同社発行の社債の社債管理者としてY会社を指定して社債権者のために弁済の受領、債権の保全その他の社債の管理をすることを委託し、Y会社はこれを受託したこと
2　Y会社はA会社に対して債権を負担していること
3　A会社は、社債の償還若しくは利息の支払を怠り、若しくはA会社について支払停止があったこと
4　Y会社が、請求原因3の後又はその前3か月内に、711条2項の規定によって辞任したこと
5　XはA会社の社債の社債権者であること
6　Xに損害が生じたこと及びその数額

（誠実義務違反不存在）

[抗弁]
1　Y会社は誠実になすべき社債の管理を怠らなかったこと
＊抗弁1は、請求原因3の自己の債権につき発行会社から担保の供与又は債務の消滅に関する行為を受けるについての誠実義務に反しなかったことをいう。具体例として、約定弁済、債務の借換え、救済融資に伴う担保徴求などであろう。

（因果関係不存在）

[抗弁]
1　自己の債権につき担保の供与又は債務の消滅に関する行為を受けなかったとしても社債権者に損害が生じたこと
＊例えば、3か月以内に担保権を実行して債権の満足を得たが、その担保権はその社債発行前に取得したものであること等である（鈴木＝竹内・会社法472頁）。
＊請求原因6に関し、「請求原因3の行為によりYが得た利益の額」で足りるとする見解によると、本件抗弁の内容は、「自己の債権につき担保の供与もしくは債務の消滅に関する行為を受けたことにより社債権者に損害が発生しなかったこと」であるとする（江頭憲治郎・新注会第2補巻218頁）。

● (社債管理者の解任)

第713条　裁判所は、社債管理者がその義務に違反したとき、その事務処理に不適任であるときその他正当な理由があるときは、社債発行会社又

は社債権者集会の申立てにより、当該社債管理者を解任することができる。

1 社債管理者の解任
　本条は、社債管理者がその義務に違反し、又はその事務を処理するのに不適任であるときその他正当な理由があるときは、裁判所は社債発行会社又は社債権者集会の請求によって解任できることを定める。社債管理者が社債権者の法定代理人であることに鑑み、本条は、社債発行会社の委任の解除が自由であること（民651条）に対する制限である。

非訟事件　　社債管理者の解任申立て
* 申立ての趣旨は、「X株式会社の第○回社債に関する平成○年○月○日付けの社債管理受託契約に基づくA株式会社の受託者（社債管理者）たる地位を解任する。」である。
* 本件の非訟事件は、社債を発行したX会社の本店の所在地を管轄する地方裁判所の管轄に属する（868条3項）。
* 裁判所は、社債管理者の陳述を聴いた上で（870条1項2号）、理由を付した決定をもって裁判する（871条）。申立てを認容しない裁判及び認容する裁判に対してはそれぞれ申立人あるいは社債管理者が即時抗告することができる（872条4号、870条1項2号）。
* 解任の裁判が確定すると、社債管理者の解任の効果が発生し、社債管理者はその地位を失う。ただし、社債管理者が有していた社債管理委託契約上の権利義務は、714条に基づき事務承継社債管理者に承継される。この事務承継は、社債管理委託契約上の地位の譲渡という性質を持つ。
* 裁判所は、具体的な義務違反の内容、程度等の諸般の事情を勘案して解任の是非を決定するのであり、必要的解任事由でないと解される（岡光民雄・逐条新担保附社債信託法583頁参照）。

申立理由　1　X会社は、第○回社債の発行会社であること
* 社債管理者を解任申立権者は、発行会社のほか、社債権者集会である（本条）。

2　X会社は、同社第○回社債の社債管理者としてA会社を指定して社債権者のために弁済の受領、債権の保全その他の社債の管理をすることを委託し、A会社はこれを受託したこと

3　A会社が社債管理者の義務に違反し、又はその事務を処理するのに不適任であるときその他解任につき正当な理由があることを基礎づける事実

＊「その義務に違反したとき」は、704条に定める公平誠実義務又は善管注意義務に違反することである。社債管理者が704条に定める公平誠実義務又は善管注意義務に違反する場合、「この法律……に違反する行為」(710条1項)となり、社債管理者は本条による解任の対象とされるほか、社債権者に対し、社債管理者は連帯して損害を賠償する責任を負う。また、社債管理委託契約に約定権限(676条12号、施則162条4号)を定めた場合に、約定権限の行使・不行使につき、社債管理者につき公平誠実義務又は善管注意義務の違反があれば、やはり「その義務に違反したとき」に該当する(田澤元章・会社法コンメ(16)200頁)。

＊「その事務処理に不適任であるときその他正当な理由があるとき」は、社債管理者の資力の著しい悪化・信用の低下を意味する(山下友信・新注会第2補巻224頁)。なお、社債管理者がその任務を怠ることは、不適任事由でなく、「その義務に違反したとき」に該当するものと解される。社債管理者が社債発行会社に対して多額の貸付債権を有すること自体は、社債管理者において、利益相反となり得る状態が発生したことを意味し、特別代理人の選任(707条)により対処すべき場合であり、解任事由に該当しない。また、社債管理者の解任の場合、辞任によりその地位を離れた場合の712条のような損害賠償に関する規定が存在しないため、社債権者と社債管理者との債権の保全・回収が競争関係に立つ場合に社債管理者を解任することは、それまで社債管理者であった者に自己の貸付債権の回収・保全を自由にさせることになる(田澤元章・会社法コンメ(16)201頁)。

2　社債管理委託契約における解任事由の定め
　本条に規定する以外の解任事由を社債管理委託契約において特約ができる

かという点につき、旧商法時代から、法定の解任事由以外の事由を特約することは許されないという見解が有力であった（田澤元章・会社法コンメ(16) 200頁）。担保付社債の受託会社の場合、信託行為において解任に関する別段の定めを置くことが認められる（担信51条、信託58条3項）のに対し、本法ではこの特約を認める規定がないからである。

● (社債管理者の事務の承継)

第714条 社債管理者が次のいずれかに該当することとなった場合において、他に社債管理者がないときは、社債発行会社は、事務を承継する社債管理者を定め、社債権者のために、社債の管理を行うことを委託しなければならない。この場合においては、社債発行会社は、社債権者集会の同意を得るため、遅滞なく、これを招集し、かつ、その同意を得ることができなかったときは、その同意に代わる裁判所の許可の申立てをしなければならない。
一　第703条各号に掲げる者でなくなったとき。
二　第711条第3項の規定により辞任したとき。
三　前条の規定により解任されたとき。
四　解散したとき。
2　社債発行会社は、前項前段に規定する場合において、同項各号のいずれかに該当することとなった日後2箇月以内に、同項後段の規定による招集をせず、又は同項後段の申立てをしなかったときは、当該社債の総額について期限の利益を喪失する。
3　第1項前段に規定する場合において、やむを得ない事由があるときは、利害関係人は、裁判所に対し、事務を承継する社債管理者の選任の申立てをすることができる。
4　社債発行会社は、第1項前段の規定により事務を承継する社債管理者を定めた場合（社債権者集会の同意を得た場合を除く。）又は前項の規定による事務を承継する社債管理者の選任があった場合には、遅滞なく、その旨を公告し、かつ、知れている社債権者には、各別にこれを通知しなければならない。

1　社債管理者の事務の承継

本条1項前段は、社債管理者が①703条各号に掲げる者でなくなった場合、②711条3項の規定により辞任した場合、③713条の規定により解任された場合、④解散した場合において、他に社債管理者がなくなったときは（社債管理者が複数ある場合は、その1つが資格喪失、辞任、解任又は解散しても、社債管理者はなくなったことにならない）、社債発行会社は事務を承継すべき社債管理者を定めて社債の管理をすべきことを委託しなければならないことを定める。

本条1項後段は、前段の場合において同意を得るため遅滞なく社債権者集会を招集し、もし社債権者集会の同意を得られなかったときはその同意に代えて裁判所の許可を求めるべきことを定める。社債権者集会の同意に代わる裁判所の許可は、無条件に付与されるものではない。社債権者集会は不同意の権限を有するが、この権限を濫用することは許されないのであって、不同意が権限濫用に該当する場合に裁判所の許可に代えることが本許可制度の趣旨であるから、社債権者集会が同意しないことについて正当な理由がないときに許可される（吉戒修一「平成5年商法改正法の解説(10)」商事1334.84）。

非訟事件　　社債管理者の承継者選任許可申立て
* 申立ての趣旨は、「B株式会社を、委託者X株式会社・受託者A株式会社間のX会社第○回社債に関する、平成○年○月○日付社債管理委託契約に基づく受託者の事務承継社債管理者に選任することを許可する。」である。
* 本件の非訟事件は、社債を発行したX会社の本店の所在地を管轄する地方裁判所の管轄に属する（868条3項）。
* 裁判所は利害関係人の陳述を聴く必要はない（870条参照）。許可申立てについての認容決定に対しては、不服申立てをすることができない（874条4号）。

申立理由　1　X会社は、第○回社債を発行したこと
* 申立人は、社債発行会社又は利害関係人である（714条1項・3項）。
2　A会社は、もとX会社の社債管理者であったこと
3　A会社は、①703条各号に掲げる者でなくなった、②711条3項の規定により辞任し、③713条の規定により解任され、又は④解散したこと
4　他に社債管理者がいないこと

＊本条１項においては、申立理由３の①ないし④の事由の発生のほか、「他に社債管理者がないとき」との要件が必要であるが、ここに「他に社債管理者がないとき」とは、①ないし④のいずれかの事由が発生し、その社債につき社債管理者が全くなくなることを意味する。したがって、その社債につき、社債管理者がもともと１社しか設置されない場合には、その社債管理者に①ないし④のいずれかが発生したとき、その社債につき社債管理者がおよそなくなることとなる。これに対し、社債管理者が２社以上設置されていた場合（複数管理又は共同社債管理の場合）には、その１社につき上記の事由が発生しても、他に社債管理者が残存することとなり、この要件を満たさない。

5 社債管理者の承継者としてＢ会社を選任することについて、社債権者集会の同意を得ることができなかったこと

6 申立理由５の社債権者集会の不同意が権限濫用であることの評価根拠事実

2 社債の期限の利益喪失

　本条１項前段に規定する場合に、同項各号のいずれかに該当することとなった日後２か月以内に、同項後段の社債権者集会の招集又は同意に代わる裁判所の許可の申立てがされないときは、社債の総額について期限の利益を喪失する（本条２項）。社債発行会社は、本条１項前段の場合、事務承継社債管理者の選任義務を負い、この選任義務を怠ると社債権者に不利益が生じるため、その履行を担保するために選任義務の懈怠に制裁を科すのである。そこで本条２項は、かかる選任義務の発生から２か月以内に、選任義務の履行に必要な行為（社債権者集会の招集又は同意に代わる裁判所の許可の申立て）を怠った場合、その社債の総額につき期限の利益を失わせる。その場合、社債発行会社は社債の即時償還義務を負う。

訴訟物 　ＸのＹ株式会社に対する社債償還請求権
　　　　＊本件は、社債を発行するＹ会社の社債管理者Ａ株式会社が資格を喪失し、他に社債管理者がなくなったので、社債権者Ｘが、社債の償還をＹ会社に求めた事案である。

請求原因 1 Ｙ会社は、総額100億円、償還日平成〇年〇月〇日とする社債を発行したこと

　　　　＊社債の法律的性質は、原則として消費貸借契約類似の無名契
　　　　約と解されるところ、要件事実論にいう「貸借型の契約」と
　　　　して目的物の返還時期の合意は契約の本質的要素であるか
　　　　ら、返還時期の主張立証は契約の成立を主張するものが負担
　　　　すべきである（司研・要件事実第一巻276頁）。
　　2　Y会社は、請求原因1の社債の社債管理者としてA株式会
　　　社を指定して社債権者のための弁済の受領、債権の保全その他
　　　の社債の管理をすべきことを委託し、A会社はこれを受託し
　　　たこと
　　3　Xは、請求原因1の社債のうち、1,000万円の社債権者であ
　　　ること
　　4　A会社は、①703条各号に掲げる者でなくなった、②711条
　　　3項の規定により辞任した、③713条の規定により解任された、
　　　又は④解散したこと、及び他に社債管理者がなくなったこと
　　5　請求原因4の日から2か月が経過したこと
　　　　＊本条3項の措辞は、社債発行会社が請求原因5の期間内に本
　　　　条1項の規定に違反して社債権者集会を招集せず、又は、裁
　　　　判所の許可を求めることができないことが要件とされている
　　　　が、その反対事実を社債発行会社が主張立証する責任を負担
　　　　すべきである（通常「抗弁」に位置する）。
（社債権者集会の開催）
　抗弁　1　Y会社が、請求原因5の期間内に、事務を承継する社債管
　　　　理者を定めて同意を得る社債権者集会を招集したこと
（同意に代わる裁判）
　抗弁　1　Y会社が、請求原因5の期間内に、事務を承継する社債管
　　　　理者を定めて社債権者集会の同意に代わる裁判所の許可を請求
　　　　したこと

3　利害関係人による社債管理者選任申立て
　本条1項前段に規定する場合において、やむを得ない事由があるときは、利害関係人は、裁判所に対し、事務を承継する社債管理者の選任の申立てをすることができる（本条3項）。

　非訟事件　　社債管理者の承継者選任申立て
　　　　＊申立ての趣旨は、「Xの社債管理者であるA株式会社の解任

に伴う承継者としてB株式会社をその承継者として選任する。」である。

申立理由　1　A会社は、もとB会社の社債管理者であったこと
2　A会社は、①703条各号に掲げる者でなくなった、②711条3項の規定により辞任した、③713条の規定により解任された、④解散したこと、及び他に社債管理者がいなくなったこと
＊ただし、②の場合は、「他に社債管理者がいなくなったこと」という要件は不要である。
3　XはB会社の利害関係人であること
＊「利害関係人」には、社債権者が含まれる。本条3項の下では、本条1項前段に規定する場合、すなわち、社債管理者が本条1項各号に該当し、かつ、「他に社債管理者がないとき」に限り、本条3項の利害関係人による選任申立てができると解される（清水真希子・会社法コンメ(16)209頁参照）。
4　Xが本件申立てをすることについて、やむを得ない事由があること
＊「やむを得ない事由があるとき」とは、社債管理者が不在となったにもかかわらず、社債発行会社が事務承継社債管理者の選任手続を怠っている場合をいうと解される。

4　公告・通知

本条1項前段の規定により事務承継社債管理者を定めた場合（ただし、社債権者集会の同意を得た場合を除く）、又は本条3項の規定により事務承継社債管理者の選任があった場合には、社債発行会社は、遅滞なく、その旨公告し、かつ、知れている社債権者に各別に通知しなければならない（本条4項）。本条1項前段の規定により事務承継社債管理者を定めた場合のうち、社債権者集会の同意を得た場合に、この公告・通知の義務がないのは、社債権者集会の決議は認可を受けなければ効力がなく（734条1項）、認可されれば遅滞なく公告される（735条）ので、公示が果たされるからである。

第3章　社債権者集会

　社債権者集会と株主総会の違いは、次のとおりである。
(1)社債権者集会とは、同じ種類の社債権者で構成され、社債契約の内容の変更等社債権者に重大な関係を有する事項につき決定をする臨時的合議体である（江頭・株式会社法753頁）。社債権者集会は、決定の常置的機関ではなく、臨時的機関である（717条）。常置的機関でない点は、株主総会と共通するが、株主総会と異なり、社債権者集会には「定時」の集会はない。
(2)社債権者集会は、法定の決議事項（社債の期限の利益喪失、資本減少、合併、会社分割に対する異議など）に限り社債権者の意思を決定する機関であり、その決議の執行は社債管理者その他が行う（737条）。決議は当然には効力を生ぜず、裁判所の許可があって初めて効力が生じる（732条、734条）。決議の効力発生について裁判所が介在するので、株主総会の決議と異なり、決議不存在・無効の訴えの制度はない。
(3) 株主総会は、議決権を有するすべての種類の株主を構成員とする合議体であるのに対して、社債権者集会については、すべての種類の社債権者を対象とする集会は認められておらず、同じ種類の社債権者ごとに別個の債権者集会が構成される（715条）。例えば、発行しているすべての種類の社債につき支払猶予を求める場合（706条1項1号）は、各種類の社債につき、それぞれの社債権者集会の承認決議を得る必要がある。なお、議決権のある、あらゆる種類の株式を有する株主からなる株主総会のほか、異なる種類の株主間で各種の権利を調整するために種類株主総会が設けられており、種類株主総会は社債権者集会と類似している。

●(社債権者集会の構成)

第715条　社債権者は、社債の種類ごとに社債権者集会を組織する。

1　社債権者集会の性質
　社債権者集会とは、自己の利益の擁護を目的とする権利能力なき社団である、ある種類の社債権者の機関である。また、この集会は、本法及び担保付社債信託法の規定によって特に認められた法定の機関であり、常置ではな

く、必要に応じて臨時的に招集される。社債権者集会は、それに関する費用は社債発行会社の負担であるが（742条1項）、会社の機関ではない。

2　社債に種類がある場合の社債権者集会

本条は、会社が数種の社債を発行した場合においては、債権者集会は各種類の社債ごとに組織されることを定める。社債の種類ごとに社債権者集会を開催することが必要とされるのは、①社債権者集会を認める社会・経済的基盤としての社債権者団体は本来同種の社債権者の間で認められるものであり、種類を異にする社債権者全体の間には社債権者集会を認めるべき実質的基礎（社債権者団体）がないこと（実質的理由）（神田・新注会(10) 205頁）と、②異なる種類の社債が混在した1つの社債権者集会が開催された場合には、多数派のある種類の社債権者が、少数派の別の種類の社債権者の利益を損なう決議をする可能性があり、このような利益相反の問題を回避するため（政策的理由）である（江頭・株式会社法754頁）。

3　社債の種類

「社債の種類」は、「第676条第3号から第8号までに掲げる事項その他の社債の内容を特定するものとして法務省令〔施則165条〕で定める事項」で決まる（681条1号）。それらの事項がすべて同じ社債は同じ種類の社債であり、社債権者集会も一緒に開催される。同一の種類の社債であるのに一部を除外して開催された社債権者集会は、一部の社債権者に対して招集通知がされなかった瑕疵が存在するので、決議がされても、不認可事由があることになる（733条1号）。

●（社債権者集会の権限）

第716条　社債権者集会は、この法律に規定する事項及び社債権者の利害に関する事項について決議をすることができる。

1　社債権者集会の権限

社債権者集会は、「この法律に規定する事項及び社債権者の利害に関する事項」について決議できる（本条）。旧商法319条は、多数決の濫用を防止するために、社債権者集会の決議事項は、同法が定めるもの以外は、裁判所

の許可を得なければならない社債権者の利害に重大な関係を有する事項に限定していた。本条は、この制限を廃止し、社債権者の利害に関する事項を広く決議の対象とすることとし、本法に規定された事項以外の事項（例えば、社債発行会社が履行困難に陥った場合における元利金支払猶予、利率の引下げ、一部免除など）の決議の場合も、裁判所の許可を不要としている（相澤他・論点解説645頁）。

(1) 本法所定の決議事項

本法所定の決議事項としては、①社債管理者が行う社債全部についてするその支払猶予、その不履行によって生じた責任の免除又は和解（706条1項1号）、②社債管理者が行う社債全部についてする訴訟行為又は破産手続、再生手続、更生手続若しくは特別清算に関する手続に属する事項（706条1項2号）、③社債権者と社債管理者の利益が相反する場合の特別代理人選任の申立て（707条）、④社債管理者の辞任に対する同意（711条1項）、⑤社債管理者解任の申立て（713条）、⑥社債管理者の事務を承継する後任の社債管理者の選任に対する同意（714条1項）、⑦代表社債権者の選任（736条1項）、⑧社債管理者又は代表社債権者以外の社債権者集会の決議執行者の決定（737条1項ただし書）、⑨代表社債権者若しくは決議執行者の解任、又はこれらの者に対する委任事項の変更（738条）、⑩社債元利金支払の遅延による期限の利益の喪失（739条1項）、⑪資本金等の減少、組織変更、合併、分割等における社債権者の異議の申述（740条1項）、⑫社債発行会社による弁済等の取消しの訴え（865条3項）がある。

また、手続的な決議事項としては、①社債権者集会への社債発行会社の代表者又は代理人の出席の請求（729条2項）、②社債権者集会の延期又は続行（730条）の決議がある。

(2) 社債権者の利害に関する事項

その決議内容は社債権者の共同の利益と認められる必要があり、多数決によって、社債元本の減額、社債の満期の延期等の社債権者の個人的な利益を侵害することはできない（鴻常夫・社債法172頁）。706条1項1号は、「不履行によって生じた責任の免除」と規定するが、不履行に陥った後のほか、未然に元本自体を減額して不履行を回避することもあり得る。

2　認可手続のみの一本化

旧商法319条は、社債権者集会で法定決議事項以外の事項を決議する場合には、裁判所による許可を必要としていた。しかも、社債権者集会の決議は、裁判所の認可によりその効力を生ずるとしており（旧商327条1項）、

裁判所は、決議が著しく不公正なとき、又は決議が社債権者の一般の利益に反するとき等には、社債権者集会の決議を認可できなかった（旧商326条）。そのため、法定決議事項以外の事項を決議する場合には、裁判所に決議前の許可と決議後の認可の二重の手間がかかった。本条は、社債権者集会において法定決議事項以外の事項を決議する場合の裁判所の事前許可制度を廃止し、法定決議事項以外の事項を決議する場合でも、社債権者の利害に関する事項について決議できることとし、社債権者集会の決議についての裁判所の関与は、決議後の裁判所の認可（732条-735条）のみにした。

3　裁判所の認可

社債権者集会においてされた決議は、その集会の招集者によって決議日から1週間以内に裁判所に対して認可の申立てを行い、その裁判所の認可によって効力を生じる（732条、734条1項）。裁判所の認可によって効力を生じた社債権者集会の決議は、すべての社債権者に対してその効力を生じる（734条2項）。

●(社債権者集会の招集)

第717条　社債権者集会は、必要がある場合には、いつでも、招集することができる。
　　2　社債権者集会は、次条第3項の規定により招集する場合を除き、社債発行会社又は社債管理者が招集する。

1　社債権者集会の招集

社債権者集会は、必要がある場合には、いつでも、招集することができる（本条1項）。これは、社債権者集会の決議すべき事項がある都度、随時に招集される臨時的合議体としての性質を示す。発行会社は社債に関して社債権者と交渉する利益を有する当事者であり、社債管理者は、社債権者の利益を保護すべき立場にある。したがって、この両者は必要に応じて自発的に社債権者集会を招集できる（本条2項）。社債管理者が2以上存在するときは、これらの者が共同して招集しなければならない（709条1項）。

2　招集手続

　招集者は、その集会日の2週間前までに、知れている社債権者及び社債発行会社並びに社債管理者がある場合にあっては社債管理者に対して、書面をもってその通知を発することを要するが、その書面の発出に代えて電磁的方法により通知をすることができる（720条1項・2項）。社債発行会社は、その有する自己社債については議決権を有しないこと（723条2項）、議決権の代理行使ができること（725条）、議決権の不統一行使が認められていること（728条）等、株主総会と同様の規定が置かれている。無記名の社債券を発行している場合には、社債権者集会の3週間前までに、社債権者集会を招集する旨及び社債権者集会の目的である事項等を公告しなければならない（720条4項）。

● (社債権者による招集の請求)

第718条　ある種類の社債の総額（償還済みの額を除く。）の10分の1以上に当たる社債を有する社債権者は、社債発行会社又は社債管理者に対し、社債権者集会の目的である事項及び招集の理由を示して、社債権者集会の招集を請求することができる。
　2　社債発行会社が有する自己の当該種類の社債の金額の合計額は、前項に規定する社債の総額に算入しない。
　3　次に掲げる場合には、第1項の規定による請求をした社債権者は、裁判所の許可を得て、社債権者集会を招集することができる。
　　一　第1項の規定による請求の後遅滞なく招集の手続が行われない場合
　　二　第1項の規定による請求があった日から8週間以内の日を社債権者集会の日とする社債権者集会の招集の通知が発せられない場合
　4　第1項の規定による請求又は前項の規定による招集をしようとする無記名社債の社債権者は、その社債券を社債発行会社又は社債管理者に提示しなければならない。

1　少数社債権者の意義

　社債総額の10分の1以上に当たる社債権者（数人の社債権者で満たしてもよい）は、社債権者集会の招集権が与えられている（本条1項）。招集の

対象の社債権者集会は、ある種類の社債の集会であるから、社債総額の10分の1という場合の「社債総額」とは、発行会社が既に発行している社債の総額ではなく、招集を請求する社債権者の社債と同一種類の社債の総額である。なお、社債発行会社が所有する自己社債の額は、この総額に参入しない（本条2項）。社債権者は、記名社債の場合及び社債券不発行の場合は社債原簿の閲覧（682条）により、自己の社債の保有割合を知り得る。しかし、無記名式社債券が発行されている場合は、社債原簿に記載されないため、自己の保有社債と同一種類の社債をどの程度発行会社が保有しているかを知ることは難しい。

2　招集権行使の手続
(1)少数社債権者による招集の請求
　少数社債権者は、会議の目的である事項及び招集の理由を示して、社債発行会社又は社債管理者に対して社債権者集会の招集を請求する（本条1項）。
(2)少数社債権者による招集
　上記(1)の請求後遅滞なく招集の手続が行われない場合か、招集したとしても、請求の日から8週間以内の日を社債権者集会の日とする社債権者集会の招集の通知が発せられない場合は、請求をした社債権者は裁判所の許可を得て社債権者集会を招集することができる（本条3項）。社債権者集会を本条1項・3項によって招集をしようとする無記名社債の社債権者は、その有する社債券を社債発行会社又は社債管理者に提示しなければならない（本条4項）。

> **非訟事件**　　Y株式会社の社債権者集会の招集許可申立て
> 　＊本件は、Y会社の第○回社債の総額（償還済みの額を除く）の10分の1以上に当たる社債を有する社債権者Xが、裁判所に社債権者集会の招集許可を申し立てた事案である。
> 　＊申立ての趣旨は、「○○を目的とする第○回社債の社債権者集会を申請人において招集することを許可するとの裁判を求める。」である。
> 　＊本件の非訟事件は、社債を発行したY会社の本店の所在地を管轄する地方裁判所の管轄に属する（868条3項）。
> 　＊裁判所は、理由を付した決定をもって裁判する（871条）。この申立てにつき認容する裁判に対しては不服申立てをすることができない（874条4号）。

申立理由 1　Y会社は、第〇回社債を発行したこと
2　Xは、申立理由1の社債の総額（償還済みの額を除く）の10分の1以上に当たる社債を有する社債権者であること
＊申立人は招集請求をなし得る社債権者である（本条1項）。
3　Xは、Y会社（又は社債管理者）に対し、社債権者集会の目的である事項を〇〇とし、招集の理由を〇〇と示して、社債権者集会の招集を請求したこと
4　申立理由3の請求の後遅滞なく招集の手続が行われないこと、又は申立理由3の請求があった日から8週間以内の日を社債権者集会の日とする社債権者集会の招集の通知が発せられないこと
＊Xは招集の請求をした相手方であるY会社又は社債管理者の代表取締役が招集を怠ったことを疎明しなければならない（869条）。

（権利濫用）
抗弁 1　社債権者集会の招集請求が権利濫用であるとの評価根拠事実
＊少数株主による株主総会の招集の場合も裁判所の許可が必要であるが、裁判所は、少数株主の請求が形式的要件を満たしていれば、権利濫用の場合を除き、許可しなくてはならない（江頭・株式会社法303頁）。少数社債権者による社債権者集会招集の場合の裁判所の許可についても、社債発行会社及び社債管理者による招集の場合の事前許可手続が廃止されたことからも、形式的要件を満たしていれば権利濫用の場合を除いて、裁判所は許可すべきである。

3　社債券の提示

　本条1項の規定による請求又は前項の規定による招集をしようとする無記名社債の社債権者は、その社債券を社債発行会社又は社債管理者に提示しなければならない（本条4項）。旧商法では、無記名社債券を有する者は、社債券を供託しないと社債権者集会における議決権の行使等ができなかった（旧商320条6項・7項、321条2項・3項）。しかし、債券が発行された無記名社債の大半は証券会社の保護預かりとなっていることが多く、発行総額が大きな社債の10分の1以上の供託は法務局に持ち込まれる社債券の枚数も多数となり、その手続が煩雑で、社債権者の権利行使を阻害する。そのため、本法は、供託の制度を廃止して、無記名社債の社債権者が社債権者集会

の招集を請求するには、発行会社又は社債管理者に対し、また、社債権者集会で議決権を行使するには、社債権者集会の招集者に対して無記名社債券の提示により、無記名社債券の所持人も権利行使できるようにした（718条4項、723条3項）。これでも、なお多数枚の社債券の現物を社債発行会社又は社債管理者に提示するために持ち込む作業は容易ではない。

● (社債権者集会の招集の決定)

第 719 条 社債権者集会を招集する者（以下この章において「招集者」という。）は、社債権者集会を招集する場合には、次に掲げる事項を定めなければならない。
　一　社債権者集会の日時及び場所
　二　社債権者集会の目的である事項
　三　社債権者集会に出席しない社債権者が電磁的方法によって議決権を行使することができることとするときは、その旨
　四　前3号に掲げるもののほか、法務省令〔施則172条〕で定める事項

1　社債権者集会招集者
　社債権者集会は原則として社債発行会社又は社債管理者によって招集される（717条2項）。また、社債権者が一定の要件を満たした場合に、自ら社債権者集会の招集できる（718条）。本条は、これらの3者に共通して適用される。

2　決定すべき事項
　社債権者集会の招集者は、社債権者集会を招集する場合に決定すべき事項は次のとおりである。
　①　社債権者集会の日時及び場所（本条1号）
　②　社債権者集会の目的である事項（本条2号）
　③　社債権者集会に出席しない社債権者が電磁的方法によって議決権を行使することができることとするときは、その旨（本条3号）
　④　その他法務省令（施則172条）で定める事項（本条4号）
　(i)　社債権者集会参考書類に記載すべき事項（施則172条1号）

(a) 議案及び提案の理由（施則173条1項1号）
(b) 議案が代表社債権者の選任に関する議案である場合の、(a)候補者の氏名又は名称、(b)候補者の略歴又は沿革、(c)候補者が社債発行会社又は社債管理者と特別の利害関係があるときは、その事実の概要（施則173条1項2号。(a)「名称」、(b)「沿革」は、社債権者が法人などの団体である場合）
(c) 上記以外の社債権者の議決権の行使について参考となると認める事項（施則173条2項）
(ii) 書面による議決権の行使の期限（施則172条2号）
　社債権者集会の招集者は、書面による議決権の行使の期限について、招集通知の発出後2週間を経過した時から社債権者集会の開始時までの間で、定めることができる（本条、施則172条2号）。事前に行使期限が定められないときは、社債権者は招集者の営業時間の有無にかかわらず、社債権者集会の開始時まで、書面による議決権を行使することができる。
(iii) 1人の社債権者が同一の議案につき重複して議決権を行使した場合に、議決権の行使の内容が異なるものであるときにおけるその社債権者の議決権の行使の取扱いに関する事項を定めるときは、その事項（施則172条3号）
　1人の社債権者が同一の議案につき重複して異なる内容の議決権を行使した場合、同じ方法（書面対書面・電磁的方法対電磁的方法）で複数回議決権を行使したときには、後に行使された意思表示を優先するものが多い。異なる方法（書面対電磁的方法）で複数回議決権を行使した場合は、電磁的方法による意思表示を優先するものが多い。特段の定めがない場合は、定足数を定めるための社債権者の数の基礎にはその社債権者も含めるとしても、議決権の行使については棄権と解することになる。
(iv) 各議案について賛否（棄権の欄を設ける場合は、棄権を含む）を記載する欄に記載がない議決権行使書面が招集者に提出された場合における各議案の取扱いを定めるときは、その取扱いの内容（施則172条4号）
　この取扱いを定めなかった場合は、定足数を定めるための社債権者の数の基礎にはそのような行使書面を提出した社債権者も含めるとしても、議決権の行使は棄権と解することになる。
(v) 電磁的方法によって議決権を行使することができる旨を定めた場合の①議決権行使の期限、②電磁的方法による招集通知の発出を承諾した社

債権者の請求に基づき議決権行使書面が交付されることとするときは、その旨（施則172条5号）

● (社債権者集会の招集の通知)

第720条　社債権者集会を招集するには、招集者は、社債権者集会の日の2週間前までに、知れている社債権者及び社債発行会社並びに社債管理者がある場合にあっては社債管理者に対して、書面をもってその通知を発しなければならない。
　2　招集者は、前項の書面による通知の発出に代えて、政令〔施令2条〕で定めるところにより、同項の通知を受けるべき者の承諾を得て、電磁的方法により通知を発することができる。この場合において、当該招集者は、同項の書面による通知を発したものとみなす。
　3　前2項の通知には、前条各号に掲げる事項を記載し、又は記録しなければならない。
　4　社債発行会社が無記名式の社債券を発行している場合において、社債権者集会を招集するには、招集者は、社債権者集会の日の3週間前までに、社債権者集会を招集する旨及び前条各号に掲げる事項を公告しなければならない。
　5　前項の規定による公告は、社債発行会社における公告の方法によりしなければならない。ただし、招集者が社債発行会社以外の者である場合において、その方法が電子公告であるときは、その公告は、官報に掲載する方法でしなければならない。

1　社債権者集会の招集の通知
　社債権者集会を招集するには、招集者は、社債権者集会の日の2週間前までに、知れている社債権者及び社債発行会社並びに社債管理者がある場合にあっては社債管理者に対して、書面をもってその通知を発しなければならない（本条1項）。この通知には、719条各号に掲げる事項を記載・記録しなければならない（本条3項）。招集者は、この書面による通知の発出に代えて、政令（施令2条1項4号）で定めるところにより、この通知を受けるべき者の承諾を得て、電磁的方法により通知を発することができる（本条2項前段）。この場合において、その招集者は、本条1項の書面による通知を発し

たものとみなされる（本条2項後段）。

2 他の書面の記載・記録事項との重複

招集通知の記載・記録事項は719条が定める事項である。なお、社債権者集会の招集通知の内容とされるべき事項が、同一の社債権者集会について社債権者集会参考書類又は議決権行使書面に記載・記録されている場合には、招集通知に記載・記録することを要しない（施則173条4項、174条4項）。

3 知れている社債権者

社債権者集会の招集通知は、「知れている社債権者」並びに社債発行会社及び社債管理者（社債管理者がある場合）に対して行われる。685条1項（社債権者に対する通知等）は「社債発行会社が社債権者に対してする通知又は催告は、社債原簿に記載し、又は記録した当該社債権者の住所……にあてて発すれば足りる」と定めるので、記名社債の場合で社債発行会社が招集者の場合は、社債原簿に記載・記録された社債権者に宛ててその住所に招集通知を発出すれば足りる。しかし、社債管理者や少数社債権者が招集者の場合は、この規定が適用されず、文字どおり「知れている社債権者」に対して発出することとなる。しかし、招集者が、社債発行会社とそれ以外の者とで、招集通知の発出範囲に差を設ける合理性はない。また、社債発行会社が事実上、社債原簿に記載・記録された者以外の者が社債権者であることを知っている場合に、原簿に記載・記録された者だけに招集通知を発出すれば足りると解することも疑問である。この規定は、招集者が社債発行会社である場合も、知れている社債権者がいるときには、招集通知の発送を要求した規定とする見解（丸山秀平・会社法コンメ(16)219頁）が説かれる。

4 無記名式の社債券を発行している場合

社債発行会社が無記名式の社債券を発行している場合において、社債権者集会を招集するには、招集者は、社債権者集会の日の3週間前までに、社債権者集会を招集する旨及び719条各号に掲げる事項を公告しなければならない（本条4項）。なぜならば、無記名社債・振替社債については、社債原簿に社債権者の氏名・住所が記載されないので、発行会社は原則としてその社債権者を知らない。そこで、無記名社債の発行会社は、社債権者集会の日の3週間前までに公告を要するとされる。しかし、振替社債には本条4項の適用はないが、これは、振替社債は市場性のある社債として証券会社等の口座管理機関が社債権者を把握しており、社債権者集会の開催も証券会社等を通

じて知り得るから、公告義務を課す必要がないからである。この公告は、社債発行会社における公告の方法にするのが原則であるが（本条5項本文）、招集者が社債発行会社以外の者であって、かつ、その方法が電子公告であるときは、その公告は、官報に掲載する方法ですることとなる（本条5項ただし書）。

●(社債権者集会参考書類及び議決権行使書面の交付等) ══════

第721条 招集者は、前条第1項の通知に際しては、法務省令〔施則173条、174条〕で定めるところにより、知れている社債権者に対し、議決権の行使について参考となるべき事項を記載した書類（以下この条において「社債権者集会参考書類」という。）及び社債権者が議決権を行使するための書面（以下この章において「議決権行使書面」という。）を交付しなければならない。
　2　招集者は、前条第2項の承諾をした社債権者に対し同項の電磁的方法による通知を発するときは、前項の規定による社債権者集会参考書類及び議決権行使書面の交付に代えて、これらの書類に記載すべき事項を電磁的方法により提供することができる。ただし、社債権者の請求があったときは、これらの書類を当該社債権者に交付しなければならない。
　3　招集者は、前条第4項の規定による公告をした場合において、社債権者集会の日の1週間前までに無記名社債の社債権者の請求があったときは、直ちに、社債権者集会参考書類及び議決権行使書面を当該社債権者に交付しなければならない。
　4　招集者は、前項の規定による社債権者集会参考書類及び議決権行使書面の交付に代えて、政令〔施令1条〕で定めるところにより、社債権者の承諾を得て、これらの書類に記載すべき事項を電磁的方法により提供することができる。この場合において、当該招集者は、同項の規定によるこれらの書類の交付をしたものとみなす。

───────────────────────────────

1　知れている社債権者に交付すべき書類
　本条1項は、知れている社債権者に対し、議決権行使の参考となる書類（社債権者集会参考書類）と書面投票のための議決権行使書面を交付すべき

ことを定める。通知をすべき社債権者は、記名社債権者、すなわち、知れている社債権者に限定される。以下 2 及び 3 でみるように、社債権者集会参考書類には社債権者が賛否を判断できる程度の事項を記載することを要し（施則 173 条）、議決権行使書面には、賛否を記載する欄や議決権行使期限などを記載すること（施則 174 条）が定められている。

2　社債権者集会参考書類の記載事項

社債権者集会参考書類の記載事項は、①議案及び提案の理由（施則 173 条 1 項 1 号）、②議案が代表社債権者の選任に関する議案であるときは、（ⅰ）候補者の氏名又は名称、（ⅱ）候補者の略歴又は沿革、（ⅲ）候補者が社債発行会社又は社債管理者と特別の利害関係があるときは、その事実の概要（施則 173 条 1 項 2 号）、③①②以外の社債権者の議決権の行使について参考となると認める事項（施則 173 条 2 項）である。

3　議決権行使書面の記載事項

議決権行使書面に記載する必要がある事項は、①各議案についての賛否（棄権の欄を設ける場合にあっては、棄権を含む）を記載する欄（施則 174 条 1 項 1 号）、② 1 人の社債権者が同一の議案につき重複して議決権を行使した場合に、行使の内容が異なるものであるときにおけるその社債権者の議決権の行使の取扱いに関する事項を定めるときは、その事項（施則 174 条 1 項 2 号、172 条 3 号）、③①の賛否（棄権の欄を設ける場合は、棄権を含む）記載欄に記載がない議決権行使書面が招集者に提出された場合の各議案の賛成、反対又は棄権のいずれかの意思の表示があったものとする取扱いの内容（施則 174 条 1 項 3 号、172 条 4 号）、④議決権の行使の期限（施則 174 条 1 項 4 号）（社債権者集会の日時以前の時で、社債権者集会の招集通知を発した日から 2 週間を経過した日以後の時に限る（施則 172 条 2 号））、⑤議決権を行使すべき社債権者の氏名又は名称及び行使することができる議決権の数（施則 174 条 1 項 5 号）である。

4　電磁的方法による交付

招集者は、電磁的方法による社債権者集会の通知を承諾した社債権者に対して、社債権者集会参考書類及び議決権行使書面も電磁的方法で交付することができるが、社債権者の請求があったときは、これらの書類を交付しなければならない（本条 2 項）。

5　無記名式社債券を発行している場合

無記名社債を有する社債権者には社債権者集会の招集等について公告により知らされるが（720条4項）、その社債権者から請求があったときは社債権者集会参考書類及び議決権行使書面を交付しなければならないが、この場合も、その社債権者の承諾を得て、電磁的方法でこれらの提供をすることができる（本条3項・4項）。

6　他の書面との記載事項の重複

(1) 同一の社債権者集会の招集通知の内容とすべき事項について、社債権者集会参考書類に記載している事項は、招集通知の内容とする必要がない（施則173条4項）。
(2) 同一の社債権者集会に関して招集通知の内容とすべき事項のうち、議決権行使書面に記載されている事項は、招集通知の内容とする必要がない（施則174条4項）。
(3) 同一の社債権者集会に関して社債権者に対して提供する社債権者集会参考書類に記載すべき事項のうち他の書面（招集通知及び議決権行使書面）に記載している事項又は電磁的方法により提供している事項がある場合は、これらを社債権者集会参考書類に記載する必要がない（施則173条3項）。
(4) 同一の社債権者集会に関する議決権行使書面に記載される事項のうち、前記3の②から④に掲げた事項で招集通知の内容とされているものがある場合には、これらを議決権行使書面に記載する必要がない（施則174条4項）。

第722条　招集者は、第719条第3号に掲げる事項を定めた場合には、第720条第2項の承諾をした社債権者に対する電磁的方法による通知に際して、法務省令〔施則174条〕で定めるところにより、社債権者に対し、議決権行使書面に記載すべき事項を当該電磁的方法により提供しなければならない。

　2　招集者は、第719条第3号に掲げる事項を定めた場合において、第720条第2項の承諾をしていない社債権者から社債権者集会の日の1週間前までに議決権行使書面に記載すべき事項の電磁的方法による提供の請求があったときは、法務省令〔施則174条〕で定めるところにより、直ちに、当該社債権者に対し、当該事項を電磁的方法により提

供しなければならない。

1　電磁的方法による通知を承諾した社債権者
　招集者は、社債権者集会に出席しない社債権者が電磁的方法によって議決権を行使できる旨を定めることができる（719条3号）。その場合、電磁的方法による通知を承諾した社債権者に対しては、その通知に際して、法務省令（施則174条）が定める議決権行使書面において記載される事項を電磁的方法により提供しなければならない（本条1項）。議決権行使書面は、書面投票制度で用いられる書面であり、社債権者集会に出席できない社債権者の意思を決議に反映させるためであることは、電磁的方法による議決権の行使の場合も同様なので、議決権行使書面の記載事項が電磁的方法による議決権の行使の場合もそのまま用いられるとした。

2　電磁的方法による議決権の行使を希望する社債権者
　予め電磁的方法による通知の受領について承諾を与えていなかった社債権者に対しては、議決権行使書面を送付することとなる。しかし、電磁的方法による通知の方法を承諾していない社債権者も、後に、電磁的方法による議決権の行使を希望する場合には、無記名式社債権者に関する請求期限と同じく（721条3項）、集会日の1週間前までに請求があったときは、直ちに、その事項を電磁的方法により提供しなければならない（本条2項）。

●(議決権の額等)

第723条　社債権者は、社債権者集会において、その有する当該種類の社債の金額の合計額（償還済みの額を除く。）に応じて、議決権を有する。
　　2　前項の規定にかかわらず、社債発行会社は、その有する自己の社債については、議決権を有しない。
　　3　議決権を行使しようとする無記名社債の社債権者は、社債権者集会の日の1週間前までに、その社債券を招集者に提示しなければならない。

1　議決権の数の決定方法

本条1項は、社債権者は、社債権者集会において、その有する種類の社債の金額の合計額（償還済みの額を除く）に応じて、議決権を有することを定める。旧商法299条で、各社債の金額の均一、又は最低額の整数倍のいずれかを要求していたが、これは、社債権者集会における議決権算定の必要があるためであった（田村諄之輔・新注会(10)48頁）。これに対して、本法は、社債権者の議決権をその保有する社債金額の合計額に応じて割合的に配分することとした。また、715条における同一種類の社債の要件にも、社債の最低金額の同一性は含まれていない。要するに、同一種類の社債の未償還残高（社債発行会社保有社債の額を除く）中、ある社債権者がいかなる「割合」の議決権を有しているかを決定しているのであって、それぞれの社債権者について「○票」という決め方をしていない。

2　社債発行会社の保有する社債の議決権

社債発行会社の保有社債については議決権の行使が認められない（本条2項）。これは、社債発行会社と社債発行会社以外の社債権者の間の利益の相反から、社債発行会社の権利行使による決議の不公正を防止するためである。なお、株主総会では、子会社などの保有株式についても議決権が認められないが（308条1項）、社債に関してはその規制がない。したがって、子会社はその保有する親会社社債について議決権の行使をすることは直ちに禁止されるものではない。しかし、100パーセント子会社が保有する社債は社債発行会社が自ら保有するものと同視され、議決権は認められない。

3　議決権行使のための手続

社債券不発行社債権者・記名社債権者については、社債原簿に従って議決権が付与されるので、議決権行使のために特段の手続を要しない。他方、無記名社債権者が議決権を行使するためには、社債権者集会の1週間前までに、社債発行会社又は社債管理者（招集者）に対し、無記名社債券の提示が必要となる（本条3項）。旧商法321条2項においては「無記名式ノ債券ヲ有スル者ハ会日ヨリ1週間前ニ債券ヲ供託スルニ非ザレバ其ノ議決権ヲ行使スルコトヲ得ズ」と規定していたが、これを社債権者集会招集者への提示に改めた。旧商法における「供託」の要求が718条などにおいて「提示」に変更されたことと同趣旨で、社債権者の権利行使を容易にするためである。

●(社債権者集会の決議)

第724条　社債権者集会において決議をする事項を可決するには、出席した議決権者（議決権を行使することができる社債権者をいう。以下この章において同じ。）の議決権の総額の2分の1を超える議決権を有する者の同意がなければならない。
　2　前項の規定にかかわらず、社債権者集会において次に掲げる事項を可決するには、議決権者の議決権の総額の5分の1以上で、かつ、出席した議決権者の議決権の総額の3分の2以上の議決権を有する者の同意がなければならない。
　　一　第706条第1項各号に掲げる行為に関する事項
　　二　第706条第1項、第736条第1項、第737条第1項ただし書及び第738条の規定により社債権者集会の決議を必要とする事項
　3　社債権者集会は、第719条第2号に掲げる事項以外の事項については、決議をすることができない。

1　普通決議

　社債権者集会において決議をする事項を可決するには、本条2項の場合を除いて、出席した議決権者（議決権を行使することができる社債権者）の議決権の総額の2分の1を超える議決権を有する者の同意がなければならない（本条1項）。

　具体的に、普通決議が必要となるのは、①特別代理人の選任の申立て（707条）、②社債管理者の辞任の同意（711条1項）、③社債管理者の解任の申立て（713条）、④社債管理者の事務の承継の同意（714条1項）、⑤社債権者集会の延期又は続行（730条）、⑥期限の利益の喪失の措置（739条1項）、⑦債権者異議手続の異議の申述（740条1項）、⑧不公正な弁済等の取消し（865条3項）、⑨社債権者の利害に関する事項（716条）である。

2　特別決議

　特別決議は、株主総会の場合と異なり、①定足数はなく、②総社債権者の議決権の総額の5分の1以上で、かつ、出席社債権者の議決権の総額の3分の2以上の議決権を有する者の同意があれば成立することとされている（本条2項）。これは、社債が履行不能となった場合には、社債権者の多くは価

値がほとんどなくなった社債について議決権を行使する興味を失うのが通例で、社債権者集会の定足数を満たすことが困難であることを考慮したことによる措置である（相澤他・論点解説647頁）。

具体的に、特別決議が必要となるのは、①支払の猶予、債務不履行責任の免除・和解（706条1項1号）、②訴訟行為・破産手続等の倒産手続に属する行為（弁済の受領・権利の保全等の行為を除く）（706条1項2号）、③①・②を社債管理者が行うことについての同意（706条1項）、④代表社債権者の選任（736条1項）、⑤社債権者集会の決議執行者の決定（737条1項ただし書）、⑥代表社債権者・決議執行者の解任、委任事項の変更（738条）である。

3 具体的な決議事項

社債権者集会で決議できる事項は、招集者が社債権者集会の目的である事項として定めた事項に限られる（本条3項）。これらの事項は招集通知に記載されるが、株主総会の場合と同様、目的事項を見た上で欠席を決めた社債権者に対する不意打ちを防止するためである。

●(議決権の代理行使)

第725条　社債権者は、代理人によってその議決権を行使することができる。この場合においては、当該社債権者又は代理人は、代理権を証明する書面を招集者に提出しなければならない。

2　前項の代理権の授与は、社債権者集会ごとにしなければならない。

3　第1項の社債権者又は代理人は、代理権を証明する書面の提出に代えて、政令〔施令1条〕で定めるところにより、招集者の承諾を得て、当該書面に記載すべき事項を電磁的方法により提供することができる。この場合において、当該社債権者又は代理人は、当該書面を提出したものとみなす。

4　社債権者が第720条第2項の承諾をした者である場合には、招集者は、正当な理由がなければ、前項の承諾をすることを拒んではならない。

1　議決権の代理行使

　社債権者は、代理人によってその議決権を行使することができる（本条1項前段）。その趣旨は、株主総会における議決権と同様に、社債権者にも社債権者集会における議決権行使の機会を保障するためである。社債契約や信託契約において議決権の代理行使を禁止することはできない。ただ、他人のために社債を有する者でないときは、議決権の不統一行使は認められていないから（728条）、2人以上の代理人は招集者が拒むことができる。

　社債権者集会においては、代理人による議決権行使が認められる。株主総会の場合と異なり、代理人の数の制限に関する規定は設けていない（310条5項参照）。これは、株主総会に比べて、社債権者集会においてはその臨時的性格が強いため社債権者の議決権行使をより広く認めるためである。

2　代理権の授与

　議決権を代理行使する場合においては、その社債権者又は代理人は、代理権を証明する書面を招集者に提出しなければならない（本条1項後段）。社債権者の議決権の代理行使における代理権の授与は、社債権者集会ごとにしなければならない（本条2項）。代理人が、社債権者の意思を正確に議決権に反映させるためには、社債権者集会ごとに代理権を授与することが相当であるからである。

3　代理権を証する書面に代わる電磁的方法による提供

　本条1項の社債権者又は代理人は、代理権を証明する書面の提出に代えて、政令（施行1条1項12号）で定めるところにより、招集者の承諾を得て、その書面に記載すべき事項を電磁的方法により提供することができる。この場合において、その社債権者又は代理人は、その書面を提出したものとみなす（本条3項）。社債権者が720条2項の承諾をした者である場合には、招集者は、正当な理由がなければ、本条3項の承諾をすることを拒んではならない（本条4項）。「正当な理由」としては、承諾を求める社債権者が用いる電磁的方法が招集者によって利用可能なものでない場合などである。

● (書面による議決権の行使) ══════════════

第726条　社債権者集会に出席しない社債権者は、書面によって議決権を行使することができる。

　2　書面による議決権の行使は、議決権行使書面に必要な事項を記載

し、法務省令〔施則175条〕で定める時までに当該記載をした議決権行使書面を招集者に提出して行う。
3　前項の規定により書面によって行使した議決権の額は、出席した議決権者の議決権の額に算入する。

1　書面による議決権行使

　本条1項は、社債権者集会に出席しない社債権者は書面によって議決権を行使できることを定める。同様の制度は、旧商法特例法21条の3により、議決権を有する株主数が1,000人以上の大会社の株主総会において採用されている。書面投票においては、社債権者が自ら直接議決権を行使するから、代理人によって議決権を行使する場合と異なって、代理人が本人の意思に反した議決権行使をした場合の効力の問題は生じない（菱田政宏・新注会(5)198頁）。

2　書面による議決権行使方法

　本条2項で定める議決権行使書面の招集者への提出の期限は、施行規則175条により、同172条2号の書面による議決権行使の期限、すなわち、社債権者集会の日時以前の時であって、社債権者集会の招集通知を発した日から2週間を経過した日以後の時になる。

3　議決権行使書面に必要な記載事項

　議決権行使書面に必要な記載事項は、以下のとおりである。
① 各議案についての賛否（棄権の欄を設ける場合は、棄権を含む）を記載する欄（施則174条1項1号）
② 1人の社債権者が同一の議案につき重複して議決権を行使した場合において、その同一の議案に対する議決権の行使の内容が異なるものであるときにおけるその社債権者の議決権の行使の取扱いに関する事項を定めるときは、その事項（施則174条1項2号、172条3号）
③ ①の記載欄（各議案についての賛・否・棄権の欄）に記載がない議決権行使書面が招集者に提出された場合の各議案の賛成、反対又は棄権のいずれかの意思の表示があったものとする取扱いの内容（施則174条1項3号）
④ 議決権行使の期限（施則174条1項4号）（社債権者集会の日時以前の

時で、社債権者集会の招集通知を発した日から2週間を経過した日以後の時に限る)
⑤　議決権を行使すべき社債権者の氏名又は名称及び行使ができる議決権の数（施則174条1項5号）

4　書面によって行使した議決権の額
　書面による議決権行使者の取扱書面によって議決権を行使した社債権者は、実際に社債権者集会に出席して議決権を行使したものとして扱われる（本条3項）。したがって、定足数や決議の成否においても計算に入れることになる。

● (電磁的方法による議決権の行使)

第727条　電磁的方法による議決権の行使は、政令〔施令1条〕で定めるところにより、招集者の承諾を得て、法務省令〔施則176条〕で定める時までに議決権行使書面に記載すべき事項を、電磁的方法により当該招集者に提供して行う。
　2　社債権者が第720条第2項の承諾をした者である場合には、招集者は、正当な理由がなければ、前項の承諾をすることを拒んではならない。
　3　第1項の規定により電磁的方法によって行使した議決権の額は、出席した議決権者の議決権の額に算入する。

1　電磁的方法による議決権の行使
　電磁的方法による議決権の行使は、政令（施令1条1項13号）で定めるところにより、招集者の承諾を得て、法務省令（施則176条）で定める時までに議決権行使書面に記載すべき事項を、電磁的方法によりその招集者に提供して行う（本条1項）。本条1項で定める議決権行使の時期は、施行規則176条により、同172条5号イにより定められる行使期限（社債権者集会の日時以前の時であって、社債権者集会の招集通知を発した日から2週間を経過した日以後の時）までということになる。
　社債権者が720条2項の承諾（電磁的方法による招集通知の発出の承諾）した者である場合には、招集者は、正当な理由がなければ、本条1項の承諾

をすることを拒んではならない（本条2項）。正当な理由とは、承諾を求める社債権者が用いる電磁的方法が招集者によって利用可能なものでない場合などである。

2　電磁的方法によって行使した議決権の額
　本条1項の規定により電磁的方法によって行使した議決権の額は、出席した議決権者の議決権の額に算入する（本条3項）。したがって、定足数の計算や決議の可否などにおいても計算に入れることになる。

● (議決権の不統一行使)

第728条　社債権者は、その有する議決権を統一しないで行使することができる。この場合においては、社債権者集会の日の3日前までに、招集者に対してその旨及びその理由を通知しなければならない。
　　2　招集者は、前項の社債権者が他人のために社債を有する者でないときは、当該社債権者が同項の規定によりその有する議決権を統一しないで行使することを拒むことができる。

1　議決権の不統一行使
　社債権者は、その有する議決権を統一しないで行使することができる。この場合においては、社債権者集会の日の3日前までに、招集者に対してその旨及びその理由を通知しなければならない（本条1項）。社債権者が他人のために社債を有する場合は、その他人の意思を社債権者集会に反映するために、議決権を統一しないで行使させることを認める必要があるからである。社債権者集会の3日前までに招集者に対する通知をしないで議決権が不統一行使された場合、この通知が会社事務処理の便宜のためとすれば、招集者の側からは自主的に議決権の行使を認めることができる。招集者がこれを認めなかった場合には、原則として、議決権行使は無効と解される。ただ、議決権の行使が無効となっても、定足数の充足の有無の観点からは、出席した議決権者として認められる。

2　不統一行使の拒絶
　招集者は、本条1項の社債権者が他人のために社債を有する者でないとき

は、その社債権者が同項の規定によりその有する議決権を統一しないで行使することを拒むことができる（本条2項）。不統一行使を拒絶する理由は、不統一行使の必要性について具体的な法律関係が認められなかった場合であり、これは、投票集計の煩雑さ等の会社事務処理上の都合及び不真面目な議決権行使の防止のためである（江頭・株式会社法317-318頁）。「他人のために社債を有する」とは、株主総会の議決権の不統一行使の場合と同様、信託の引受け、組合等による保有その他共有、社債原簿の名義書換未済の譲渡、名義貸し等である。不統一行使について拒絶する時期について定めはないが、株主総会における議決権の不統一行使の場合と同様に、不統一行使を行う旨の通知を受けてから、具体的に議決権が行使されるときまでは拒絶可能と考えられる。

● (社債発行会社の代表者の出席等)

第729条　社債発行会社又は社債管理者は、その代表者若しくは代理人を社債権者集会に出席させ、又は書面により意見を述べることができる。ただし、社債管理者にあっては、その社債権者集会が第707条の特別代理人の選任について招集されたものであるときは、この限りでない。
　2　社債権者集会又は招集者は、必要があると認めるときは、社債発行会社に対し、その代表者又は代理人の出席を求めることができる。この場合において、社債権者集会にあっては、これをする旨の決議を経なければならない。

1　社債発行会社の代表者の出席等

本条1項本文は、社債発行会社又は社債管理者は、その代表者又は代理人を社債権者集会に出席させ、又は書面で意見を述べることができること（意見陳述権）を定める。社債権者集会は、社債権者が自らの利害に影響を与える事項について決議をする場なので、社債権者以外の者は本来発言権がない。しかし、社債発行会社は社債元利金支払債務を負い、社債管理者は社債権者の利益を保護すべき地位にあるから、いずれも社債権者集会の決議に利害関係を有する。したがって、本条1項本文の意見陳述権が与えられる。しかるに、本条1項ただし書は、その例外として、社債管理者にあっては、そ

の社債権者集会が707条の特別代理人の選任について招集されたものであるときは、同項本文を適用しないことを定める。特別代理人の選任は、社債権者と社債管理者との間の利益が相反する場合に行われるものであるから、社債管理者は「特別利害関係人」に当たる。そのため、決議に影響を及ぼすことを避けるため、自ら意見を述べる権利は認められない。

2　出席請求権

本条2項は、社債権者集会又はその招集者は、必要があると認めるときは、社債発行会社に対し、その代表者又は代理人の出席を求めることができることを定める。これは、社債権者の議決権行使の参考に供するためのものである。発行会社は、本条1項に基づいて自ら進んで意見を述べることができる。

●(延期又は続行の決議)

第730条　社債権者集会においてその延期又は続行について決議があった場合には、第719条及び第720条の規定は、適用しない。

社債権者集会の「延期」は、社債権者集会が開催されたが、定足数の不足などの理由により議事に入らず、期日を変更する場合であり、後日開催の会議が「延会」である。「続行」は、社債権者集会が開催され議事に入ったが、時間不足等の理由で審議を中断して、後の会日に継続する場合であり、後日開催の会議が「継続会」である。いずれも延期、続行についての日時、場所を決定する決議が必要であるが、株主総会においては、日時の決定を議長に一任する旨の決議を採択できると解されており(菅原菊志・新注会(5)249頁)、社債権者集会でも同様に考えられる。そして、当初の集会と延会・継続会とは別個の集会ではなく一体のものであるから、719条(社債債権者集会の招集の決定)及び720条(社債権者集会の招集の通知)の規定は、延会・継続会には適用されない。

●(議事録)

第731条　社債権者集会の議事については、招集者は、法務省令〔施則177

条〕で定めるところにより、議事録を作成しなければならない。
2　社債発行会社は、社債権者集会の日から10年間、前項の議事録をその本店に備え置かなければならない。
3　社債管理者及び社債権者は、社債発行会社の営業時間内は、いつでも、次に掲げる請求をすることができる。
　一　第1項の議事録が書面をもって作成されているときは、当該書面の閲覧又は謄写の請求
　二　第1項の議事録が電磁的記録をもって作成されているときは、当該電磁的記録に記録された事項を法務省令〔施則226条〕で定める方法により表示したものの閲覧又は謄写の請求

1　議事録

　社債権者集会の議事については、招集者は、法務省令（施則177条）で定めるところにより、議事録を作成しなければならない（本条1項）。社債権者集会の議事録に記載・記録すべき事項は、①社債権者集会が開催された日時及び場所（施則177条3項1号）、②社債権者集会の議事の経過の要領及びその結果（施則177条3項2号）、③社債権者集会において社債発行会社・社債管理者の代表者・代理人が述べた意見（729条1項）があるときは、その意見の内容の概要（施則177条3項3号）、④社債権者集会に出席した社債発行会社の代表者又は社債管理者の氏名又は名称（施則177条3項4号）、⑤社債権者集会の議長が存するときは、議長の氏名（施則177条3項5号）、⑥議事録の作成に係る職務を行った者の氏名又は名称（施則177条3項6号）である。

2　備置き

　社債発行会社は、社債権者集会の日から10年間、本条1項の議事録をその本店に備え置かなければならない（本条2項）。

3　閲覧・謄写請求

　社債管理者及び社債権者は、社債発行会社の営業時間内は、いつでも、①本条1項の議事録が書面をもって作成されているときは、その書面の閲覧・謄写の請求、②本条1項の議事録が電磁的記録をもって作成されているときは、その電磁的記録に記録された事項を紙面又は映像面に表示する方法によ

り表示したものの閲覧・謄写の請求をすることができる（本条3項、施則226条25号）。社債権者集会の議事録の閲覧・謄写請求については、発行会社に拒絶する理由は規定されておらず、原則として、閲覧・謄写の請求には応じなくてはならないが、例えば同一の社債権者が多数回にわたる閲覧・謄写請求など権利濫用にわたる場合には、これを拒むことができる。

● (社債権者集会の決議の認可の申立て)

第732条 社債権者集会の決議があったときは、招集者は、当該決議があった日から1週間以内に、裁判所に対し、当該決議の認可の申立てをしなければならない。

　社債権者集会の決議は、それだけでは効力を生じない。社債権者集会の決議は多数決で行われるが、多数決の濫用によって不当な決議がされる危険性がある。その弊害を回避するために、裁判所の認可があって初めてその効力を生ずることとされる。本条は、社債権者集会の招集者が決議の日から1週間内に決議の認可を裁判所に請求すべきことを定める。期間経過後にされた認可の申立ても有効である（神田秀樹・新注会(16)167頁）。

|非訟事件| XのA株式会社社債権者集会決議の認可申立て
　＊申立ての趣旨は、例えば「平成○年○月○日午前○時開催のA会社（大阪市中央区○町○丁目○番○号）が発行したA会社第○回無担保社債の社債権者集会でされた別紙（略）記載の決議を認可するとの裁判を求める。」である。
　＊本件の非訟事件は、社債を発行したA会社の本店の所在地を管轄する地方裁判所の管轄に属する（868条3項）。
　＊裁判所は、利害関係人の陳述を聴いた上で（870条1項7号）、理由を付した決定をもって裁判をする（871条）。この裁判に対しては、即時抗告が認められ（872条4号、870条1項7号）、その申立てには執行停止効がある（873条）。

|申立理由| 1　A会社は、第○回社債を発行したこと
　　　　 2　Xは、申立理由1の社債についての社債権者集会を招集したこと

　　　　＊申立人は社債権者集会の招集者である（本条）。
　　3　申立理由2の社債権者集会において、申立ての趣旨記載の決議（社債権者数○名、議決権総額○円、出席社債権者数○名、議決権の額○円、うち賛成○円、うち反対○円）をしたこと
　　　＊本法所定の決議事項には、①社債の全部についてする支払の猶予・責任の免除等又は社債管理者・受託会社が社債権者のために当該行為をすることの承認（706条1項1号、724条2項、担信35条）、②社債管理者・受託会社が破産手続等に属する行為をすることの承認（706条1項2号、担信35条）、③資本金・準備金の減少又は合併等に対する異議申述の決定（740条1項）、④元利金支払遅延の場合の期限の利益喪失措置（739条1項）、⑤代表社債権者・決議執行者の選任・解任（736条1項、737条1項ただし書、738条）、⑥代表社債権者等による発行会社の弁済等の取消しの訴えの提起の決定（865条3項）、⑦社債管理者・受託会社の辞任の同意・解任請求・事務承継者の決定（711条1項、713条、714条1項、担信50条1項、51条）、⑧特別代理人の選任（707条、担信45条）、⑨集会の延期・続行（730条）などがあり、担保付社債のみに関する事項として、⑩担保の変更（担信41条1項）、⑪担保の順位の変更等（担信42条）、⑫担保権を消滅させた受託会社への供託履行請求（担信44条）などがある。
　　4　本件申立ては、申立理由3の決議の日から1週間以内にされたこと
　　　＊前出のとおり、期間経過後の申立ても有効との見解もある。

● (社債権者集会の決議の不認可) ══════════════

第733条　裁判所は、次のいずれかに該当する場合には、社債権者集会の決議の認可をすることができない。
　一　社債権者集会の招集の手続又はその決議の方法が法令又は第676条の募集のための当該社債発行会社の事業その他の事項に関する説明に用いた資料に記載され、若しくは記録された事項に違反するとき。
　二　決議が不正の方法によって成立するに至ったとき。
　三　決議が著しく不公正であるとき。

四　決議が社債権者の一般の利益に反するとき。

1　社債権者集会の決議の不認可
　本条は、裁判所が社債権者の決議を認可することができない事由（1号-4号）を限定的に定める（神田秀樹・新注会(10)169-170頁）。そのうち2号ないし4号は、いずれも規範的要件である。そして、4号は1号ないし3号と対等の関係に立たず、認可の根本原則を表明したものと解されている（松田=鈴木・條解下520頁）。裁判所は、本条の定める不認可事由以外の事由では、不認可の決定をすることができないと解される。社債権者集会の制度が認められている以上、裁判所の後見的立場にも限度があり、本条が定める事由以外の領域においては、債権者集会の私的自治を認めるべきであるからである。

　非訟事件　XのA株式会社社債権者集会決議の認可申立て
　　＊本件は、A会社の社債権者集会の決議について裁判所に対し認可申立てがされたが、その不認可事由の存否が問題となった事案である。
　　＊本件の非訟事件は、社債を発行したA会社の本店の所在地を管轄する地方裁判所の管轄に属する（868条3項）。
　　＊裁判をするには、裁判所は、利害関係人の陳述を聴かなければならない（870条1項7号）。利害関係人の範囲については事案ごとに考えるべきであるが、少なくとも招集者でない社債発行会社と社債管理人は入るとされる（東京地方裁判所商事研究会編・類型別会社非訟171頁）。この決定に対し、申立人又は利害関係人は即時抗告を行うことができる（872条4号、870条1項7号）。
　申立理由　1　A会社は第〇回社債を発行したこと
　　　　　　2　Xは、A会社の社債権者集会の招集者であること
　　＊732条により社債権者集会決議の認可申立権者は、社債権者集会の招集権者である。
　　　　　　3　申立理由2の債権者集会において、本件決議をしたこと
　　＊本件では決議された事実自体に争いがないので、簡略に記載したが、732条の設例申立理由3参照。

　　　　4　本件申立ては、申立理由3の決議の日から1週間以内にされたこと

(手続等違反決議)

抗　弁　1　社債権者集会招集の手続又はその決議の方法が法令又は社債を引き受ける者の募集のための社債発行会社の事業その他の事項に関する説明に用いた資料に記載・記録された事項に違反すること

＊本条1号の事由である。(1)招集の手続が法令に違反するとは、適法な招集通知・公告（720条1項・4項）がされなかったこと、知れている社債権者に対し議決権行使書面（721条1項）が交付されなかったこと、(2)決議の方法が法令に違反するとは、特別決議事項（724条2項）について必要な表決がされなかったこと、書面により行使された議決権額が出席した議決権者の議決権額に参入されなかったこと（726条参照）である（丸山修平・会社法コンメ(16)239頁）。

(裁量棄却)

再抗弁　1　手続上の瑕疵が軽微で決議の結果に影響を与えないこと

＊社債権者集会決議の裁量棄却制度は昭和25年商法改正（同年法律第167号）で削除されたが、株主総会決議取消しの訴えの裁量棄却の場合と同様に、その瑕疵を問題にする実益がないので、現在においても裁量棄却を認めるべきである（江頭・株式会社法759頁、鴻常夫・社債法189頁）。

(不正決議)

抗　弁　1　決議が不正の方法によって成立するに至ったこと

＊本条2号の事由である。例えば、①虚偽の事項を記載した社債権者集会参考書類を交付して決議を導いたこと、②議決権の行使に関して金品等の授受が伴ったこと、③詐欺・強迫により議決権が行使されて決議が成立したこと等である。

(不公正決議)

抗　弁　1　決議が著しく不公正であること

＊本条3号の事由である。例えば、社債の一部免除の決議に際して、少数社債権者に対し著しく不公正な免除の割合を定めることである。

(社債権者利益に反する決議)

抗　弁　1　決議が社債権者の一般の利益に反すること

＊本条4号の事由である。決議内容が利害関係を有する社債権者の利害の均一性を害する場合をいう（丸山修平・会社法コンメ(16)239頁）。例えば、会社財政の救済に必要な限度を超えた社債の一部免除、利率の引下げなどである。

2　本条列挙事由以外の事由

　裁判所は本条列挙事由以外の事由で不認可の決定はできないと解される。決議不存在・当然無効の場合には不認可にすべきとの見解もあるが、①本条4号は一般的基準を掲げているので同号に基づき不認可の決定をすれば足り、②本法が社債権者集会の自治的方法による社債の管理を認めている以上、社債権者集会の自主性を尊重すべきであり、本条はその自治の限界を画する基準を示したと解されるからである（神田秀樹・新注会(10)169頁）。

● (社債権者集会の決議の効力)

第734条　社債権者集会の決議は、裁判所の認可を受けなければ、その効力を生じない。
　　2　社債権者集会の決議は、当該種類の社債を有するすべての社債権者に対してその効力を有する。

1　社債権者集会の決議に対する裁判所の認可

　本条1項は、社債権者集会の決議が裁判所の認可によってその効力を生ずることを定める。したがって、債権者集会の決議があっても、認可の請求がされなかったとき、又は、不認可の決定がされたときは（733条）、決議は効力を生じない。社債権者集会の決議について、裁判所の後見的役割を考慮した結果である。決議の効力発生を裁判所の認可手続にかからせているところからみて、認可決定の確定は、裁判所が決議の効力を公権的に確認することである。したがって、社債権者集会の決議について、取消しの訴え又は無効確認の訴えを提起することは許されないと解される。ただし、決議の認可の決定につき社債発行会社が公告（735条）を怠ったときは、その結果即時抗告の機会を奪われた者は、決議不存在・無効を主張できるとする見解がある（神田秀樹・新注会(10)173頁）。

　なお、集会の延期・続行の決議など議事運営に関する事項に係る決議は、

直ちに効力が発生しないと意味がないから、裁判所の認可をその効力発生要件とせず、直ちに効力が生ずると解される（神田秀樹・新注会(10)172頁）。

2　社債権者集会の決議の効力の範囲

本条2項は、社債権者集会の決議は総社債権者に対してその効力を有することを定める。したがって、決議に反対した者及び集会に欠席した者に対してのみならず、決議後に社債を譲り受けた者に対しても、その決議は効力を有する（松田＝鈴木・條解下522頁）。

●(社債権者集会の決議の認可又は不認可の決定の公告) ══════

第735条　社債発行会社は、社債権者集会の決議の認可又は不認可の決定があった場合には、遅滞なく、その旨を公告しなければならない。

本条は、社債権者集会の決議に対し認可又は不認可の決定があったときは、社債発行会社が遅滞なくその旨を公告すべきことを定める。本条にいう「認可又は不認可の決定があった場合」とは、その決定が確定したことを意味する。公告義務を負担する発行会社は、その決定があったときは、遅滞なく公告することを要するのである。公告は、発行会社の定款が定める方法によって行わなければならない（166条1項9号・4項）。このような公告が要求されるのは、裁判所の認可又は不認可を、集会に欠席した社債権者に対しても知らせる必要があり、また、社債券は流通し社債の譲受人も集会の決議に拘束されるからである（734条2項）。

●(代表社債権者の選任等) ══════

第736条　社債権者集会においては、その決議によって、当該種類の社債の総額（償還済みの額を除く。）の1,000分の1以上に当たる社債を有する社債権者の中から、1人又は2人以上の代表社債権者を選任し、これに社債権者集会において決議をする事項についての決定を委任することができる。
　2　第718条第2項の規定は、前項に規定する社債の総額について準用する。

3　代表社債権者が2人以上ある場合において、社債権者集会において別段の定めを行わなかったときは、第1項に規定する事項についての決定は、その過半数をもって行う。

1　代表社債権者の選任
　本条1項は、社債権者集会が社債総額の1,000分の1以上を有する社債権者の中から1人又は数人の代表者を選任しその決議すべき事項の決定を委任できることを定める。この社債総額には、自己社債の額を参入しない（本条2項）。社債権者集会の決議事項の全部を包括的に委任することは、社債権者集会の制度の趣旨を無にするようにも思えるが、社債権者集会はいつでも代表者を解任し、委任事項を変更できるのであるから（738条）、これを認めても差し支えない（江頭・株式会社法758頁）。また、ある種類の社債の総額の1,000分の1以上という代表社債権者の被選任資格を、その選任後、社債の譲渡等で喪失した場合に、当然には代表社債権者の資格を失わないと解される（大野正道・新注会(10)176頁）。代表社債権者の解任はいつでも可能であり、また、代表社債権者がした社債権者集会の決議事項に関する決定は、裁判所の認可を受けないと効力を生じないと解されるからである。

2　代表社債権者が2人以上ある場合
　本条3項は、代表社債権者が数人ある場合において、社債権者集会において別段の定めをしないときは、委任事項の決定はその過半数をもって行うことを定める。

●(社債権者集会の決議の執行)

第737条　社債権者集会の決議は、社債管理者又は代表社債権者（社債管理者があるときを除く。）が執行する。ただし、社債権者集会の決議によって別に社債権者集会の決議を執行する者を定めたときは、この限りでない。
　2　第705条第1項から第3項まで、第708条及び第709条の規定は、代表社債権者又は前項ただし書の規定により定められた社債権者集会の決議を執行する者（以下この章において「決議執行者」という。）

が社債権者集会の決議を執行する場合について準用する。

1 社債権者集会の決議の執行

社債権者集会の決議の中には、裁判所の許可を得て効力を生じることで足りるもの（減資の承認決議、合併承認決議等）もあれば、裁判所の許可を得て効力を生じた後、その執行を必要とするものもある。例えば、期限の利益を喪失させる決議などは、その決議に従って、社債発行会社に対しその通知が必要となる。債権者集会自体は、社債権者の意思決定機関であるが、自らその執行をすることができないので、別にその執行者が必要である。そのため、本条１項本文は、社債権者集会の決議は、社債管理者、又は社債管理者のないときは、736条の代表社債権者がこれを執行することを定める。しかし、本条１項ただし書は、社債権者集会の決議をもって別に執行者を定めたときは、本条１項本文の前段の例外となる。

2 準　用

本条２項は、①705条１項から３項までの「社債管理者の権限等」に関する規定、②708条の「社債管理者等の行為の方式」に関する規定及び③709条の「２以上の社債管理者がある場合の特則」に関する規定は、代表社債権者又は本条１項ただし書の規定により定められた社債権者集会の決議を執行する者（「決議執行者」）が社債権者集会の決議を執行する場合について準用することを定める。

①により、社債管理者の弁済受領権限等、受領した場合における社債権者の償還額・利息の請求権及び社債償還額請求権の時効に関する705条１項ないし３項の規定が、代表社債権者又は決議執行者が弁済に関する決議を執行する場合に準用される。また、②の準用の結果、代表社債権者又は決議執行者が決議を執行する場合には、社債権者を各別に表示しなくてもよい。更に、③のうち、709条１項に違反する行為の効力は無効と解されている（大野正道・新注会(10)186-187頁）。

訴訟物　　ＸのＹ株式会社に対する社債償還請求権

＊本件は、代表社債権者（又は決議執行者）Ｘが社債を発行したＹ会社に対し、社債償還金の支払を求めた事案である。

請求原因　1　Ｙ会社は、総額100億円、償還日平成○年○月○日とする

社債を発行したこと
＊社債の法律的性質は、原則として消費貸借契約類似の無名契約と解されるところ、要件事実論にいう貸借型の契約に属するものと考えられるから、貸借型理論により、目的物の返還時期の合意はその契約の本質的要素であるから、返還時期は契約の成立を主張する者が負担すべきである（司研・要件事実第一巻 276 項）。
2　Xは請求原因1の社債権者集会の代表社債権者又は決議執行者であること
3　請求原因1の償還日が到来したこと
＊償還金の請求をする場合、償還日の「到来」の事実も請求原因事実となる。

訴訟物　XのY株式会社に対する社債償還請求権
＊本件は、社債を発行したY会社に対し、社債償還金の支払を求めたところ、Y会社は社債権者集会の代表社債権者又は決議執行者Aに対し社債償還金100万円を弁済した旨を抗弁した事案である。

請求原因
1　Y会社は、総額100億円、償還日平成〇年〇月〇日とする社債を発行したこと
2　Xは、請求原因1の社債のうち、100万円券10枚を所持すること
3　請求原因1の償還日が到来したこと

（弁済）
抗弁
1　Aは請求原因1の社債権者集会の代表者又は執行者であること
2　Y会社はAに対し、Xの本訴提起に先立って、社債償還金100億円を弁済したこと
＊代表社債権者又は決議執行者の弁済金受領によって、発行会社は確定的に弁済義務を免れることになる。したがって、それらの者が弁済金を受領した後、破産又は弁済金を流用したことなどによって、社債権者が償還額を取得できなくても、発行会社は責任を問われることがない。

訴訟物　XのY株式会社に対する社債償還額請求権

> *本件の訴訟物の内容をなす請求権は、本条2項（705条2項）に基づくものであって、発行会社に対する償還金請求権ではなく、法文が定めるように、「償還額」の請求権である。

請求原因
1 A株式会社は、総額100億円、償還日平成〇年〇月〇日とする社債を発行したこと
2 Xは、請求原因1の社債のうち、100万円券10枚を所持すること
3 Yは、請求原因1の社債権者集会の代表社債権者又は決議執行者であること
4 A会社がYに対し、請求原因1の社債の償還金を弁済したこと

> *請求原因4については、「Y会社はA会社から社債償還金の弁済を受けていないこと」を抗弁に回す見解もあり得よう。
> *705条2項を準用することにより、代表社債権者又は執行決議者が弁済を受けたときは遅滞なくその旨を公告し、かつ、知れたる社債権者には各別に通知すべきこととなるのであるが、これらの通知又は公告の事実は本件償還額請求権の要件事実としては不要であろう。仮に、償還額請求権の要件事実として必要とする見解に立つ場合であっても、公告と各別の通知の双方を必要とするのは不合理であり、いずれか1つで足りると解すべきであろう。

訴訟物 XのYに対する社債償還額請求権

請求原因
1 A株式会社は、総額100億円、償還日平成〇年〇月〇日とする社債を発行したこと
2 Xは、請求原因1の社債のうち、100万円券10枚を所持すること
3 Yは請求原因1の社債権者集会の代表者又は執行者であること
4 A会社がYに対し、請求原因1の社債の償還金を弁済したこと

（消滅時効）

抗弁
1 請求請求1の償還日から10年間が経過したこと
2 YはXに対し、時効を援用する意思表示をしたこと
　*本条3項（705条3項）に基づく抗弁である。

3 決議執行者が社債権者であることの要否

　決議執行者は、代表社債権者とは異なり（736条1項）、明文上、被選任資格の制限がないから、必ずしも社債権者であることを要しない（大野正道・新注会(10)182頁）。社債権者集会の決議に代わる決定を行う代表社債権者とは異なり、既に社債権者集会の決議によって社債権者の総意として決定された事項を実行する者に過ぎないからである。

● (代表社債権者等の解任等)

第738条　社債権者集会においては、その決議によって、いつでも、代表社債権者若しくは決議執行者を解任し、又はこれらの者に委任した事項を変更することができる。

1 代表社債権者・決議執行者の解任等

　代表社債権者は社債権者集会に代わりその意思を形成し、執行者は集会の決議を確実に執行するという重大な権限と職責を有しているので、社債権者の利益の維持・実現から、集会においていつでもこれを解任し、また、委任した事項を変更することができる（本条）。委任事項の変更の決議において、代表社債務者・決議執行者に新たな義務を一方的に課すことはできないとするのが通説である（藤田友敬・会社法コンメ(16)246頁）。

2 代表社債権者・決議執行者の辞任の可否

　代表社債権者及び決議執行者の辞任についての規定はないため、辞任は認められないとするのが多数説である（藤田友敬・会社法コンメ(16)247頁）。代表社債権者及び決議執行者は社債権者集会の招集権限がないが、社債権者集会における解任を得ることになる。

3 解任決議の認可決定

　社債権者集会における解任の決議又は委任事項の変更の決議は、裁判所の認可決定の確定によって、その効力を生じ（734条）、その公告が必要である（735条）。なお、社債管理者の解任については、713条が規定する。

●(社債の利息の支払等を怠ったことによる期限の利益の喪失)

第739条 社債発行会社が社債の利息の支払を怠ったとき、又は定期に社債の一部を償還しなければならない場合においてその償還を怠ったときは、社債権者集会の決議に基づき、当該決議を執行する者は、社債発行会社に対し、一定の期間内にその弁済をしなければならない旨及び当該期間内にその弁済をしないときは当該社債の総額について期限の利益を喪失する旨を書面により通知することができる。ただし、当該期間は、2箇月を下ることができない。

2 前項の決議を執行する者は、同項の規定による書面による通知に代えて、政令〔施令1条〕で定めるところにより、社債発行会社の承諾を得て、同項の規定により通知する事項を電磁的方法により提供することができる。この場合において、当該決議を執行する者は、当該書面による通知をしたものとみなす。

3 社債発行会社は、第1項の期間内に同項の弁済をしなかったときは、当該社債の総額について期限の利益を喪失する。

---

1 社債利息支払の不履行に対する救済

本条は、社債利息の支払の懈怠があるときは、社債権者集会の決議に基づき、社債発行会社に対し一定の期間(2か月以上を要する)内にその弁済をすべき旨、及びその期間内に弁済しないときは、社債の総額につき期限の利益を失うべき旨を社債権者集会の決議執行者が書面(又は電磁的方法(施令1条1項14号))をもって催告することができることを定める(本条1項・2項)。ただ、社債契約においては、発行会社が社債利息の支払を怠ったときは催告なく直ちに社債総額につき期限の利益を喪失する条項を置くことが多い。

2 社債償還の不履行に対する救済

本条所定の社債償還の不履行とは、期限の利益を喪失させる効果と連結する償還方法、すなわち、定期に社債の一部を償還しなければならない場合に限定される。この場合において、その償還を怠ったときは、社債権者集会の決議に基づき、発行会社に対して一定期間(2か月以上を要する)内にその弁済をすべき旨、及びその期間内に弁済しないときは、社債の総額につき期

限の利益を失うべき旨を社債権者集会の決議執行者が書面（又は電磁的方法）で催告することができることを定める（本条1項・2項）。期限の利益の喪失の効果が生ずるのは、発行会社による償還の懈怠に限定され、社債発行後の一定の据置期間内に、発行会社が社債権者の意思に反して一部の社債の償還を求めてきた場合には、本条の適用はない。

3　不履行による効果－期限の利益の喪失
　本条が定める不履行の効果は、①社債利息の支払懈怠、又は②社債の一部の償還の懈怠によって、社債総額について期限の利益を喪失することである。①は、その種類の全社債の利息支払の懈怠ではなく、一部の社債につき利息支払の遅滞により、②は、定期に社債の一部を償還すべき場合にその一部の償還の遅滞により、期限の利益の喪失は社債の総額に及ぶ（本条3項）。このように、一部の懈怠の効果が社債総額に及ぶとしたのは、確実であるべき社債利息の支払や社債償還について一部でも不履行があるときは、社債の信用が失われたといえるので、期限の利益を喪失させて、社債総額につき総社債権者をして公平に弁済を受けさせるためである。

訴訟物　　　X株式会社のY株式会社に対する社債償還金請求権
　　　　　＊本件は、社債を発行したY会社が利息の支払を怠ったとして、社債管理者のX会社が社債権者集会決議につき裁判所の認可を経て、期限の利益を喪失させる通知をして、社債全額の弁済を求めたところ、Y会社は通知の期間内に利息額を提供したと抗弁した事案である。

請求原因　1　Y会社は、総額100億円、償還日平成○年○月○日とする社債を発行したこと
　　　　　＊社債の法律的性質は、原則として消費貸借契約類似の無名契約と解されるところ、要件事実論にいう「貸借型の契約」として目的物の返還時期の合意はその契約の本質的要素であるから、返還時期は契約の成立を主張する者が負担すべきである（司研・要件事実第一巻276頁）。
　　　　2　本件社債は、利息を年5分とし、発行後償還日まで毎年6月末日に支払う旨の約定がなされていたこと
　　　　3　Y会社は、請求原因1の社債の社債管理者としてX会社を指定して社債権者のための弁済の受領、債権の保全その他の社債の管理をすべきことを委託し、X会社はこれを受託したこ

と
     4　特定の利息の弁済期が経過したこと
     5　請求原因4の後、X会社はY会社に対し、2か月以内に請求原因4の利息を支払うべきこと、もし支払わないときは社債総額について期限の利益を失うべきことを書面によって通知したこと
     6　請求原因5の通知は、社債権者集会の決議に基づくこと
     7　請求原因6の決議については、裁判所の認可を受けたこと
     8　請求原因5の期間の末日が経過したこと
     ＊本条3項の文言は、会社が請求原因5の期間内に弁済をしないことを要件としているが、債務を履行した事実を債務者が主張立証する責任を負担すべきである（通常「抗弁」に位置する）。

(弁済の提供)
[抗　弁]　1　Y会社がX会社に対し、請求原因5の末日の経過に先立って利息を弁済のために提供したこと

4　任意規定性

　本条が、任意規定であるかについては、見解が分かれ得る。社債権者に不利な特約を認めない反面的強行法規であるとする見解もあろうが、本条の沿革は、発行会社が定期に社債の一部を償還すべき義務を懈怠した場合に社債権者がとり得る措置について見解が分かれていた点について、立法的に解決するために昭和13年改正（同年法律第72号）で設けられた規定であって、社債権者保護のための半面的強行規定と解する必要はない（江頭・株式会社法751頁）。

[訴訟物]　XのY株式会社に対する社債償還金請求権
     ＊本件は、XはY会社が発行した社債の分割償還金の支払をしなかったとして、期限の利益の喪失条項の適用を主張して、社債全額の弁済を求めたところ、Y会社は通知された期間内に分割償還金を提供したと抗弁した事案である。
     ＊実務上、発行会社に対する2か月以上の事前の通知などの厳格な手続が定められていることが原因となって、この決議による期限の利益の喪失方法は採られておらず、社債要項に含まれるより簡易な方法で期限の利益を喪失させる方法が採ら

れてきた。本法においても、この方法は認められよう。

請求原因 1　Y会社は、総額100億円、発行から5年据え置き6年目から10年目まで毎年6月末日ごとに20億円を償還する社債を発行したこと

＊実際に発行される社債は、社債の発行後一定期間据え置き、据置期間経過後に随時償還あるいは定期的に分割返済をすることが多い。分割返済の場合は、更に、請求原因2の期限の利益喪失条項を置くことが一般である。

2　本件社債の各分割償還金の弁済期が経過したときは、当然に、Y会社はその後に到来すべき期限の利益を失い、残額全部の弁済期が経過したものとする旨の合意がされていること

＊請求原因2の約定は、期限の利益喪失条項である。この条項の文言は、一般に「借主において割賦金の支払を1回でも怠ったときは期限の利益を失い、残額全部の弁済期が経過したものとする」とされている。この文言からすると、この約款に基づく期限の利益の喪失の効果を主張するXは、条項の存在だけではなく、「Y会社が割賦金の支払を怠ったこと」についても主張立証責任を負うことになりそうである。しかし、貸主側にその主張立証責任を負わせるのは公平でなく、借主側のY会社に「割賦金の弁済の提供」の主張立証責任があると解されている（司研・要件事実第一巻272頁参照）。

3　特定の分割償還金の弁済期が経過したこと

（弁済の提供）

抗弁 1　Y会社は、請求原因1の社債の社債管理者としてX株式会社を指定して社債権者のための弁済の受領、債権の保全その他の社債の管理をすべきことを委託し、X会社はこれを受託したこと

2　Y会社がX会社に対し、請求原因3の弁済期の経過に先立って分割償還金を弁済のために提供したこと

＊期限の利益の喪失の効果を消滅させる「弁済提供の抗弁」である。

●（債権者の異議手続の特則）

第740条　第449条、第627条、第635条、第670条、第779条（第781条

第2項において準用する場合を含む。)、第789条（第793条第2項において準用する場合を含む。)、第799条（第802条第2項において準用する場合を含む。）又は第810条（第813条第2項において準用する場合を含む。）の規定により社債権者が異議を述べるには、社債権者集会の決議によらなければならない。この場合においては、裁判所は、利害関係人の申立てにより、社債権者のために異議を述べることができる期間を伸長することができる。

2 　前項の規定にかかわらず、社債管理者は、社債権者のために、異議を述べることができる。ただし、第702条の規定による委託に係る契約に別段の定めがある場合は、この限りでない。

3 　社債発行会社における第449条第2項、第627条第2項、第635条第2項、第670条第2項、第779条第2項（第781条第2項において準用する場合を含む。以下この項において同じ。)、第789条第2項（第793条第2項において準用する場合を含む。以下この項において同じ。)、第799条第2項（第802条第2項において準用する場合を含む。以下この項において同じ。）及び第810条第2項（第813条第2項において準用する場合を含む。以下この項において同じ。）の規定の適用については、第449条第2項、第627条第2項、第635条第2項、第670条第2項、第779条第2項及び第799条第2項中「知れている債権者」とあるのは「知れている債権者（社債管理者がある場合にあっては、当該社債管理者を含む。)」と、第789条第2項及び第810条第2項中「知れている債権者（同項の規定により異議を述べることができるものに限る。)」とあるのは「知れている債権者（同項の規定により異議を述べることができるものに限り、社債管理者がある場合にあっては当該社債管理者を含む。)」とする。

1　債権者の異議手続の特則

　資本金又は準備金の減少（449条）、合同会社の資本金の減少（627条）、合同会社における退社に伴う持分の払戻し（635条）、持分会社における財産処分方法（670条）、組織変更（779条（781条2項において準用する場合を含む))、吸収合併等についての消滅会社等に対する789条（793条2項において準用する場合を含む)、吸収合併等についての存続会社等に対する799条（802条2項において準用する場合を含む）又は新設合併等についての消滅会社

等に対する810条（813条2項において準用する場合を含む）の場合に、社債権者が異議を述べるには、社債権者集会の決議によらなければならない。この場合においては、裁判所は、利害関係人の申立てにより、社債権者のために異議を述べることができる期間を伸長できる。

2　社債管理者の異議
　本条2項本文は、1項の規定にかかわらず（例えば、資本金の減少等に係る債権者保護手続（449条等）において）、社債管理者は、社債管理委託契約に別段の定めがある場合を除き、社債権者のために異議を述べ得ることを定める。その理由は、社債権者が異議を述べるには社債権者集会の決議を要するが（本条1項）、①社債債権者集会の開催自体に費用がかかる上、②裁判所の決定手続を経なければならないと、異議を述べることが事実上困難となり、社債権者の利益が害されるからである。
　ただし、社債管理委託契約に別段の定め（異議申述権の排除）がある場合は、この限りでないとされる（本条2項ただし書）。したがって、社債管理者に個別催告受領権を与えたことは、かえって、社債債権者保護から後退したとの評価もある。それは、社債管理者が個別催告受領権を有しなかった旧商法下では、無記名社債権者等は、会社が把握できなかったために催告することができなかった債権者として、この連帯責任の対象とされていたために、社債権者集会が成立せず社債権者が異議申述できなかった場合でも、吸収分割会社の連帯責任により保護される可能性があったにもかかわらず、本法では、社債権者に個別催告さえすれば、吸収分割会社が無記名社債権者等に対して連帯責任を負う可能性がなくなるからである（森まどか「社債権者の異議申述権の個別行使－会社法740条1項の合理性の検討－」検証会社法395頁）。

3　読替規定
　社債発行会社における449条2項、627条2項、635条2項、670条2項、779条2項（781条2項において準用する場合を含む）、789条2項（793条2項において準用する場合を含む）、799条2項（802条2項において準用する場合を含む）及び810条2項（813条2項において準用する場合を含む）の規定の適用については、449条2項、627条2項、635条2項、670条2項、779条2項及び799条2項中「知れている債権者」とあるのは「知れている債権者（社債管理者がある場合にあっては、当該社債管理者を含む。）」と、789条2項及び810条2項中「知れている債権者（同項の規定により異

議を述べることができるものに限る。）」とあるのは「知れている債権者（同項の規定により異議を述べることができるものに限り、社債管理者がある場合にあっては当該社債管理者を含む。）」とする。

非訟事件　　異議申立期間の伸長申立て
* 申立ての趣旨は、例えば、「Xが、Y株式会社の資本減少について異議を述べる期間を平成○年○月○日まで伸長する。」である。
* 本件の非訟事件は、社債を発行したY会社の本店の所在地を管轄する地方裁判所の管轄に属する（868条3項）。
* 裁判所は社債発行会社の陳述を聴かなければならない（870条1項8号）。裁判は理由を付した決定によることとなる（871条）。申立人及び社債発行会社は認容決定に対して即時抗告ができる（872条4号、870条1項8号）。

申立理由　1　Y会社は、第○回社債を発行したこと
2　Y会社は、449条、627条、635条、670条、779条（781条2項において準用する場合を含む）、789条（793条2項において準用する場合を含む）、799条（802条2項において準用する場合を含む）又は810条（813条2項において準用する場合を含む）の規定により社債権者が異議を述べる場合に、異議申立期間が定められたこと
3　Xは、利害関係人であること
4　申立理由1の社債権者のために異議を述べることができる期間を伸長することの必要性

● (社債管理者等の報酬等)

第741条　社債管理者、代表社債権者又は決議執行者に対して与えるべき報酬、その事務処理のために要する費用及びその支出の日以後における利息並びにその事務処理のために自己の過失なくして受けた損害の賠償額は、社債発行会社との契約に定めがある場合を除き、裁判所の許可を得て、社債発行会社の負担とすることができる。
2　前項の許可の申立ては、社債管理者、代表社債権者又は決議執行者がする。
3　社債管理者、代表社債権者又は決議執行者は、第1項の報酬、費用

及び利息並びに損害の賠償額に関し、第705条第1項（第737条第2項において準用する場合を含む。）の弁済を受けた額について、社債権者に先立って弁済を受ける権利を有する。

1　社債管理者等の報酬等

　社債管理者、代表社債権者及び決議執行者に与えられる報酬、その事務処理の費用及び利息、自己に過失なくして受けた損害の賠償額は、社債発行会社との契約に定めがない場合は、裁判所の許可を得て発行会社の負担とすることができる（本条1項）。報酬等が発行会社の負担に帰するのは、社債管理者や社債権者集会の活動が、発行会社の利益になることが多いし、その活動が社債権者の利益のためだけにされる場合は、発行会社の債務不履行に起因することが多いからである（吉原和志・新注会(10)198頁）。

非訟事件　　社債管理者の報酬・費用の負担許可申立て
　　　　＊申立ての趣旨は、「委託者A株式会社と受託者X株式会社間のA会社第○回社債に関する平成○年○月○日付社債管理委託契約に基づく事務に関する別紙（略）記載の社債管理者の報酬及び費用をA会社の負担とすることを許可する。」である。
　　　　＊本件の非訟事件は、社債を発行したA会社の本店の所在地を管轄する地方裁判所の管轄に属する（868条3項）。
　　　　＊この裁判に対しては、即時抗告をすることができ（872条4号、870条1項9号）、この即時抗告は執行停止の効力を有する（873条）。

申立理由　1　A会社は、第○回社債を発行したこと
　　　　　2　X会社は、A会社第○回社債に関する社債管理者であること
　　　　　　＊申立権者は、本条2項が定めるとおり、社債管理者、代表社債権者又は決議執行者であるが、本件においては、社債管理者であるX会社が申立人となっている。
　　　　　3　申立理由2の委託に関して報酬・費用の合意をしていないこと
　　　　　4　別紙(略)記載の報酬額及び費用額が相当であることを基礎づ

ける事実

2 優先弁済権

報酬、費用等の優先弁済社債管理者、代表社債権者及び決議執行者はその報酬、費用等を、社債償還につきその弁済を受けた額について（705条1項）、社債権者に先立って弁済を受ける（本条3項）。この優先弁済権は、一種の先取特権と解されるが、あくまで、705条1項の弁済を受けた額について、すなわち、予定されていた社債償還の中で、社債償還につき弁済を受けた額に限定して認められるものである。

●(社債権者集会等の費用の負担)

第742条 社債権者集会に関する費用は、社債発行会社の負担とする。
2 第732条の申立てに関する費用は、社債発行会社の負担とする。ただし、裁判所は、社債発行会社その他利害関係人の申立てにより又は職権で、当該費用の全部又は一部について、招集者その他利害関係人の中から別に負担者を定めることができる。

1 社債権者集会の費用の負担

本条1項は、社債発行会社が社債権者集会に関する費用（例えば、招集通知、公告及び会場費等）を負担すべきことを定める。会社が負担するとしたのは、会社が招集した場合はもちろんのこと、社債管理者や少数社債権者による招集の場合も、少数株主による株主総会の招集と同じく、通常、結果的に会社のために開催して決議をすることになるからである。

2 決議認可申立ての費用

社債権者集会の招集者が決議の認可を裁判所に対して申し立てる場合の費用（732条）は、原則として発行会社が負担する。しかし、例外的に裁判所が利害関係人の申立てにより、又は職権により、その費用の全部又は一部につきその負担者を決めることができる（本条2項）。費用の全額を会社以外の者に負担させ得るのは、社債管理者が自己都合によって辞任することが認められないために解任決議を求めた場合など、決議内容が会社や社債権者の利益に何ら関しない場合がある。また、費用の一部を会社以外の者に負担さ

せる場合とは、抗告により決議不認可の決定がされて費用が多額となり、その全部を会社に負担させるのが適切ではないような場合である（鴻常夫・社債法185頁）。しかし、社債発行会社が反対の意見を述べたにもかかわらず決議されたが、その後裁判所において決議が不認可となった場合などには、その費用の全額を社債発行会社に負担させることは疑問である。

第5編　組織変更、合併、会社分割、株式交換及び株式移転

1　組織再編

組織再編は、本法上定義されていないが、①吸収合併（2条27号）、②新設合併（2条28号）、③吸収分割（2条29号）、④新設分割（2条30号）、⑤株式交換（2条31号）及び⑥株式移転（2条32号）の6つの形態があることに異論はない。更に、組織変更（2条26号）は、複数の会社が関与しないが、社員（株主）や債権者などの対内的・対外的関係に影響を及ぼす組織の変更であるので、組織再編に含めることも可能である。

2　組織再編の規定の構造

本法は、会社の組織再編に関する条文を「第5編　組織変更、合併、会社分割、株式交換及び株式移転」として、1つの編として纏めている。その内訳は、第1章から第4章までに、組織変更、合併、会社分割、株式交換及び株式移転の各組織再編における基本契約等に定めるべき事項及び効力について実体的な規定を置き、第5章において、各組織再編の当事会社ごとにその手続についての規定を置いている。

これら組織再編の規定は、従来より更に規制緩和が進められている。実体面では、合併等の対価の柔軟化（749条1項2号等）のほか、会社分割の承継の対象を事業（営業）から権利義務にしたこと（2条29号等）、組織再編後の会社債権者に対する履行の見込みの必要性まで要求しないこととした（782条1項、施則183条7号。ただし解釈上の争いはある）。また、手続面では、企業グループ内部の組織再編において、株主総会の決議までは不要と考えられる場合における略式組織再編制度（784条1項、796条等）の導入と簡易組織再編（784条3項、796条3項等）の大幅な拡充を図り、事後設立に該当する場合の検査役調査を廃止（467条1項5号）した。

3　会社の支配関係の形成

大規模会社は、単独ではなく、企業集団を形成して経済活動を行うのが通例である。企業集団に属する会社間には、株式保有を通じた資本関係が存在することが多い。この資本関係を基礎として、更に業務上の提携関係のほ

か、取締役や使用人の派遣を通じた人的関係、融資や債務保証などを通じた金融関係など、重層的な関係が形成される。

　組織再編は、会社の支配関係を形成する重要な手段である。そのうち、合併は複数の会社が単一の会社に統合する究極の企業合同行為である。会社分割は、企業組織の分離を目的とするから、必ずしも支配関係の形成を目的とする制度ではないが、支配関係の形成に利用することもできる。これに対して、株式交換・株式移転は、まさに完全親子会社関係を創設するための制度である。これに対し、組織再編以外の方法による支配関係を形成する最も直接的な方法は、支配を可能にする会社の株式（支配株式）を取得することである。以下、会社間の支配関係を形成する株式取得行為を見ることとする。

(1) 募集株式の発行等

　新たに発行する大量の新株を特定の者が引き受けること（第三者割当株式発行）により、支配権を獲得できる。これは基本的に友好的買収の場合に利用される。経営権の取得の手段としての第三者割当株式発行の最大の長所は、公開買付規制を受けないことである。買収対象会社が取締役会設置会社の場合は、取締役会が授権資本の範囲内で株式発行の権限を有しており、既存株主の具体的な同意がなくても現経営陣の意思決定により、第三者割当株式発行によって買収ができる。ただ、第三者割当株式発行による買収は既発行株式の取得による買収と比較して持株比率が高くなるほどコストが遙増する短所がある。

(2) 発行済株式の取得

ア　非上場会社を対象とする場合

　対象会社が非上場会社又は非公開会社（2条5号）である場合に、その会社の株式を譲渡により取得する方法は、市場がないため、相対取引（買収者が対象会社の株主と個別に交渉して、個々の株主との間で株式譲渡契約を締結して持株を買い取る方法）によることになる。株式譲渡契約においては、譲渡対象の株式の種類・数、議決権割合、譲渡価格、価格調整、譲渡日、譲渡の実行前提条件、表明保証条項、誓約条項、補償条項などが規定される（下記設例は、表明保証条項に関する事案である）。

　相対取引は、買取相手の株主を探索する必要があるが、①買収者は、株主を選んで買収交渉を進め、交渉時間・費用を計算しつつ、多数の株式を有する株主との交渉により効率よく株式を取得でき、②買収者と株主との個別交渉であるため、売買価格は柔軟に決定できる利点がある。非上場会社の株式を相対取引によって取得する場合に、その会社が非公開会社であるときは、その会社の取締役会の承認が必要である（107条1項1号、108条1項4号）。

訴訟物
X 株式会社の Y1 株式会社、Y2 株式会社及び Y3 に対する表明保証履行請求権

＊本件は、東京地判平成 18 年 1 月 17 日判時 1920.136 に基づく事案（賠償額等は一部簡略化した）であるが、和解債権処理（請求原因 3）が本件表明保証（請求原因 4）に違反するとして、X が Y1 会社、Y2 会社及び Y3 に対し、表明保証責任を連帯しての履行を求めたところ、Y1 会社らが、X は、本件和解債権処理について悪意又は知らないとしても重大な過失によって本件株式譲渡契約を締結したので、Y1 会社らは本件表明保証責任を負わないと主張した。

＊本件のような売主の表明保証違反について買主が約定に基づく補償請求をする場合の要件事実の整理については、森倫洋「企業買収（M＆A）における売主の表明保証違反に基づく補償請求」『企業法務判例ケーススタディ 300 企業組織編』630 頁参照。

請求原因
1　Y1 会社、Y2 会社及び Y3 は、平成 15 年 12 月 18 日、各自保有の A 株式会社の下記株式を、1 株当たり 1,165 円（全 200 万株で 23 億 3,000 万円）で売買する契約を締結したこと
　　①Y1 会社　160 万株、②Y2 会社　20 万株、③Y3　20 万株
2　Y1 会社、Y2 会社及び Y3 は、X 会社に対し、次の事項を表明保証したこと
　①　A 会社の財務諸表が完全かつ正確であり、会計原則に従って作成されたこと
　②　A 会社の財務内容は、平成 15 年 10 月 31 日付貸借対照表のとおりであり、簿外債務が存在しないこと
　③　本契約に至る前提として行われた、X 会社による A 会社の財務内容、業務内容その他 A 会社の経営・財務に関する事前監査（会計・法務に関する監査を含む）において、通常の株式譲渡契約において信義則上開示されるべき資料及び情報が漏れなく提示、開示されたこと及びそれらの資料及び情報は真実かつ正確なものであること
　④　Y1 会社、Y2 会社及び Y3 は、③の表明保証を行った事項に関し、違反したこと又は Y1 会社、Y2 会社及び Y3 が本契約に定めるその他義務若しくは法令若しくは行政規則に違反したことに起因又は関連して X 会社が現実に被った損害、

損失を補償すること
3 　A会社は、○期事業年度（平成14年4月1日から同15年3月31日まで）決算において、もともと元本の弁済に充当していた債務者からの和解契約（和解債権）に基づく返済金を利息の弁済に充当し、同額の元本についての貸倒引当金の計上はせず（「本件和解債権処理」）、かつ、本件和解債権処理は、平成15年3月期のA会社の決算書に注記されなかったこと
　　＊前掲平成18年東京地判は、「企業会計原則第1の1は、企業会計は、企業の財政状態及び経営成績に関して、真実な報告を提供するものでなければならないと定めているところ、本件和解債権処理は、元金の入金があったのに利息の入金として計上する点でこの規定に違反している。」「実務指針123項は、債権の回収可能性がほとんどないと判断された場合には、貸倒損失額を債権から直接減額して、当該貸倒損失額と当該債権に係る前期貸倒引当金残高のいずれか少ない金額まで貸倒引当金を取り崩し、当期貸倒損失額と相殺しなくてはならないと定めているから、本件和解債権処理によって利息の弁済に充当した入金額は、本来元本の弁済に充当すべきところをこれをしなかったためにそのまま回収できないことが明らかな元本額となるのであるから、少なくとも利息充当額と同額の貸倒引当金を計上する必要があるが、A会社は、これを計上しなかったのであるから、実務指針123項にも違反している。」「A会社の取締役らは、平成15年3月期の決算書上において、本件和解債権処理を注記して開示すべきであったというべきである。しかし、A会社の取締役らは、これを注記しなかったのであるから、業務遂行について必要な手続をすべて完了していなかったものというべきであり、本件株式譲渡契約8条12項に違反している。したがって、Y〔Y1会社。以下同じ〕らは、以上の点で本件表明保証した事項に違反しているというべきである。」と判示する。
4 　Xの損害発生とその数額（2億7,538万5,023円）
5 　請求原因3と請求原因4の因果関係
（悪意・重過失）
抗弁　1 　Xは、請求原因2当時、本件和解債権処理について悪意であったこと、又は知らないとしても重大な過失によって本件株

式譲渡契約を締結したこと
＊前掲平成18年東京地判は、「Ｘが、本件株式譲渡契約締結時において、わずかの注意を払いさえずれば、本件和解債権処理を発見し、Ｙらが本件表明保証を行った事項に関して違反していることを知り得たにもかかわらず、漫然これに気付かないままに本件株式譲渡契約を締結した場合、すなわち、ＸがＹらが本件表明保証を行った事項に関して違反していることについて善意であることがＸの重大な過失に基づくと認められる場合には、公平の見地に照らし、悪意の場合と同視し、Ｙらは本件表明保証責任を免れると解する余地がある」と判示する。

イ　上場会社を対象とする場合
（ア）市場外買付けによる取得
　市場外買付けは、まず相対取引によることになる。その長所・短所は非上場会社の株式の相対取引と基本的には、同様である。ただ、強制公開買付制度がある。これは、有価証券報告書提出会社が3分の1を超える株式を市場外で買い取る場合は、公開買付けによらなければならないとする法規制である。また、3か月以内に特定の取得方法（5パーセントを超える相対取引を含む10パーセントを超える株式取得）を行ったことで3分の1を超える場合の市場内買付けにも公開買付けが義務づけられた。よって、売り手会社が公開会社である場合には、相対取引によって、その会社を支配できるだけの株式を取得することは不可能であり、公開買付制度（TOB）を利用し株式を買い集めていく方法を選択しなければならない。
（イ）市場内買付けによる取得
　市場内買付けは、①取引市場で対象会社の株式を買い進めればよく、手続は容易であるが、②市場に売りに出される株式しか取得できないため、必要な株数を確保し難い、③買付けの進行により浮動株が少なくなり買付価格が上昇するので、支配権獲得のコストが割高になる、③市場で価格が変動するため、最終的な買収資金が最後まで確定せず、計画を立て難い、④市場内買付けは、大量の株式取得により価格が高騰して相手企業に買収を察知され易く、買付けが5パーセントを超えると大量保有報告書の提出を要し、取得者が開示される。なお、取引所市場内取引には立会取引と立会外取引（時間外取引）がある。平成17年6月の証券取引法（現金融商品取引法）改正（同年法律第76号）以前は、立会外取引は相対取引とされず、相対取引に対す

る規制は立会外取引に適用されていなかった。しかし、同年、ライブドアがニッポン放送株式を約35パーセントまで立会外取引（ToSNeT-1）で取得したことが契機となり、同法が改正され、立会外取引で3分の1超の株式を買い付ける場合、公開買付けが強制されることになった。

4　パーチェス法による評価

　持分プーリング法（簿価移転。例えば、吸収合併の場合、存続会社が消滅会社の資産・負債を原則として合併前の簿価で引き継ぎ、資本金、剰余金などの資本勘定の内訳もすべてそのまま引き継ぐので、のれんは発生しない）は、我が国の会計基準と国際的な会計基準との間の差異の象徴的な存在であり、我が国の会計基準に対する国際的な評価の面で障害になっていたといわる。また、その評価が直接海外市場で資金調達をする企業のみならず、我が国の資本市場や日本企業にも影響を及ぼすと考えられた。そこで、平成20年会計基準では、会計基準のコンバージェンスを推進する観点から、従来「持分の結合」に該当した企業結合のうち、共同支配企業の形成以外の企業結合については「取得」となるものとして、パーチェス法（時価移転。例えば、吸収合併の場合、存続会社は消滅会社の資産・負債を合併効力発生時の時価で引き継ぎ、合併対価として株式を発行したときは、その株式の時価総額をもって資本増加額とする。そして、資産及び負債の正味受入価額と取得対価に差があるときは、その差額はのれんとする）により会計処理を行うこととされた（平成20年12月26日改正「企業結合に関する会計基準」70項）。なお、共同支配企業の形成については、IFRS（International Financial Reporting Standards：国際財務報告基準）においても平成15年制定の結合基準と同様の処理となっているが、「持分プーリング法に準ずる方法」という名称を継続することは望ましくないので、「共同支配企業は、共同支配投資企業から移転する資産及び負債を、移転直前に共同支配投資企業において付されていた適正な帳簿価額により計上する」（前掲「企業結合に関する会計基準」38項）としている。

企業結合の分類と会計処理

結合基準（平成15年当時）		結合基準（平成20年改正後）	
企業結合の種類		会計処理（個別）	企業結合の分類	会計処理（個別）
取　得		パーチェス法	取　得	パーチェス法
持分の結合	共同支配企業の形成以外	持分プーリング法		
	共同支配企業の形成	持分プーリング法に準じた処理方法	共同支配企業の形成	簿価移転
共通支配下の取引等	共通支配下の取引	簿価移転	共通支配下の取引等	共通支配下の取引	簿価移転
	少数株主との取引	パーチェス法		少数株主との取引	パーチェス法

（髙田正昭=鶴田泰三・図表でわかる会社法と会計・税務の接点［第2版］（税務研究会出版局、2011）379頁）

第1章　組織変更

　組織変更について、本法は、実体規定と手続規定に分けて規定している。すなわち、第5編第1章組織変更（743条-747条）に実体規定を置き、更に、これとは離れた第5章組織変更、合併、会社分割、株式交換及び株式移転の手続第1節組織変更の手続（775条-781条）に手続規定を置く。したがって、組織変更を実体面と手続面にわたって全体的に理解するには、2つの章に分かれて規定されている条文を併せて見る必要がある。

第1節　通　則

●（組織変更計画の作成）

第 743 条　会社は、組織変更をすることができる。この場合においては、組織変更計画を作成しなければならない。

1　組織変更

本条前段は、会社は組織変更をすることができることを定める。組織変更とは、会社がその法人格の同一性を維持しながら、「株式会社から持分会社（合名会社、合資会社又は合同会社）」又は「持分会社から株式会社」への会社組織の変更をする行為である（2条26号）。他の組織再編行為と異なって、他の会社との関係なく単独で行うことができる。旧商法においては、組織変更は株式会社・有限会社相互間での変更（旧有限64条-68条）、合名会社・合資会社相互間での変更（旧商113条-115条、163条）にとどまったが、本法では株式会社・持分会社間での組織の変更行為を指し、旧商法とは内容が異なる。なお、持分会社間での会社の種類変更（例えば、合資会社から合同会社へ変更）は、組織変更の手続ではなく、定款変更による持分会社の種類変更の手続によって行う（638条）。

2　組織変更計画の作成

組織変更は、会社が単独で行うものであり、契約ではなく、会社が組織変更計画を作成することになる（本条後段）。組織変更計画の記載内容については、株式会社が組織変更をする場合（744条）と、持分会社が組織変更をする場合（746条）に分けて規定されている。

3　特例有限会社から持分会社への組織変更

本法施行前の有限会社は、経過措置により、当然に「特例有限会社」に移行し、本法施行後も従前の規律を受けることができる。そして、特例有限会社は、定款を変更し、商号中に「株式会社」の文字を使用することにより、本法上の株式会社になることが認めらる（整備44条、45条1項）。定款変更には、株主総会決議が必要であるが、その決議要件は、総株主の半数以上（これを上回る割合を定款で定めた場合にあっては、その割合以上）で、その議決権の4分の3以上の多数による（整備14条3項、法309条2項）。なお、持分会社は特例有限会社へ組織変更をすることができない。

4　債務超過会社の組織変更

債務超過の会社であっても組織変更ができる。それは、組織変更は、会社がその法人格の同一性を保ちつつその組織を変更する手続であるが、本法上、株式会社・持分会社のいずれも債務超過状態になることが許され、債務超過会社の組織変更は禁じられていないからである（相澤他・論点解説650頁）。

第2節　株式会社の組織変更

　株式会社が持分会社に組織変更をする場合は、①組織変更計画の作成（743条、744条1項）、②組織変更計画に関する書面等の備置き及び閲覧等（775条）、③効力発生日までの総株主の同意（776条1項）、④登録株式質権者及び登録新株予約権質権者への通知又は公告（776条2項・3項）、⑤新株予約権者に通知又は公告（777条3項・4項）、⑥債権者保護手続（779条）、⑦株券等提出手続（219条、293条）、⑧効力発生日の到来（745条、780条）、⑨組織変更の登記（920条、930条3項）の順に進む。

●（株式会社の組織変更計画）

第744条　株式会社が組織変更をする場合には、当該株式会社は、組織変更計画において、次に掲げる事項を定めなければならない。
　一　組織変更後の持分会社（以下この編において「組織変更後持分会社」という。）が合名会社、合資会社又は合同会社のいずれであるかの別
　二　組織変更後持分会社の目的、商号及び本店の所在地
　三　組織変更後持分会社の社員についての次に掲げる事項
　　イ　当該社員の氏名又は名称及び住所
　　ロ　当該社員が無限責任社員又は有限責任社員のいずれであるかの別
　　ハ　当該社員の出資の価額
　四　前2号に掲げるもののほか、組織変更後持分会社の定款で定める事項
　五　組織変更後持分会社が組織変更に際して組織変更をする株式会社の株主に対してその株式に代わる金銭等（組織変更後持分会社の持分を除く。以下この号及び次号において同じ。）を交付するときは、当該金銭等についての次に掲げる事項
　　イ　当該金銭等が組織変更後持分会社の社債であるときは、当該社債の種類（第107条第2項第2号ロに規定する社債の種類をいう。以下この編において同じ。）及び種類ごとの各社債の金額の合計額又はその算定方法
　　ロ　当該金銭等が組織変更後持分会社の社債以外の財産であるとき

は、当該財産の内容及び数若しくは額又はこれらの算定方法
六　前号に規定する場合には、組織変更をする株式会社の株主（組織変更をする株式会社を除く。）に対する同号の金銭等の割当てに関する事項
七　組織変更をする株式会社が新株予約権を発行しているときは、組織変更後持分会社が組織変更に際して当該新株予約権の新株予約権者に対して交付する当該新株予約権に代わる金銭の額又はその算定方法
八　前号に規定する場合には、組織変更をする株式会社の新株予約権の新株予約権者に対する同号の金銭の割当てに関する事項
九　組織変更がその効力を生ずる日（以下この章において「効力発生日」という。）
2　組織変更後持分会社が合名会社であるときは、前項第3号ロに掲げる事項として、その社員の全部を無限責任社員とする旨を定めなければならない。
3　組織変更後持分会社が合資会社であるときは、第1項第3号ロに掲げる事項として、その社員の一部を無限責任社員とし、その他の社員を有限責任社員とする旨を定めなければならない。
4　組織変更後持分会社が合同会社であるときは、第1項第3号ロに掲げる事項として、その社員の全部を有限責任社員とする旨を定めなければならない。

1　株式会社の組織変更計画の必要的記載事項
(1)　組織変更後持分会社が合名会社、合資会社又は合同会社のいずれであるかの別
　持分会社は、合名会社・合資会社・合同会社を総称する概念である。そのため、株式会社が持分会社となる組織変更をする場合には、組織変更後持分会社が合名会社、合資会社又は合同会社のいずれであるかの別を定める必要がある（本条1項1号）。
(2)　組織変更後持分会社の目的、商号及び本店の所在地
　株式会社の定款記載事項に関する規律（27条、32条等）と持分会社のそれ（576条）とは大きく異なるため、組織変更をする場合には、組織変更後持分会社の定款に関する事項として、会社の目的、商号及び本店の所在地を

定める必要がある（本条1項2号）。
(3) 組織変更後持分会社の社員についての次に掲げる事項
ア　社員の氏名又は名称及び住所（本条1項3号イ）
　組織変更は、会社がその同一性を維持しつつ、その組織を変更する手続であるから、組織変更をする株式会社の株主の少なくとも1人は組織変更後持分会社の社員でなければならず、かつ、組織変更をする株式会社の株主以外の者を組織変更後持分会社の社員とすることはできない。しかし、組織変更後に新たに社員を加入させることはできる。「名称」とは、社員が法人の場合を想定した文言である。
イ　合名会社に組織変更する場合は社員の全部を無限責任社員とする旨、合同会社の場合は社員の全部を有限責任社員とする旨、合資会社の場合は社員の一部を無限責任社員とし、その他の社員の全部を有限責任社員とする旨（本条1項3号ロ）
　組織変更後持分会社が合名会社になる場合は、その社員の全部を無限責任社員とする旨を定めなければならない（本条2項）。また、合資会社になる場合は、その社員の一部を無限責任社員とし、その他の社員を有限責任社員とする旨を定めなければならず（本条3項）、更に、合同会社になる場合は、その社員の全部を有限責任員とする旨を定めなければならない（本条4項）。
ウ　社員の出資の価額（本条1項3号ハ）
　出資の価額の算定の方法は、特段の規制はない。出資の価額と資本金の額とは連動しない（遠藤美光・会社法コンメ(17)55頁）。しかし、出資の価額の合計額を資本金・資本剰余金の合計額と同一にすると、出資の払戻しの場合に、計算は簡明である。
(4) (2)(3)のほか、組織変更後持分会社の定款で定める事項（本条1項4号）
　以上の(1)から(4)までは定款記載事項であるから、組織変更計画と組織変更後の定款の主要部分は、ほぼ一致することとなる。
(5) 組織変更後持分会社が組織変更に際して組織変更をする会社の株主に対してその株式に代わる金銭等（組織変更後持分会社の持分を除く）を交付するときは、その金銭等についての次のアイの事項（本条1項5号）
　組織変更をする場合は、組織変更後の持分会社の社員の持分割合を調整する必要が生じ得る。この定めは任意的であり、組織変更をする株式会社の株主に全く金銭等を交付しないことも可能である。「金銭等」は151条が定義する。実際には、持分以外のものが交付されることは少ない。
ア　金銭等が組織変更後の持分会社の社債であるときは、その社債の種類

（107条2項2号ロに規定する社債の種類）及び種類ごとの各社債の金額の合計額又はその算定方法
　イ　金銭等が組織変更後の持分会社の社債以外の財産であるときは、その財産の内容及び数若しくは額又はこれらの算定方法
(6) 上記(5)の場合には、組織変更をする株式会社の株主（組織変更をする株式会社を除く）に対する(5)の金銭等（組織変更後持分会社の持分を除く）の割当てに関する事項（本条1項6号）
　本条には、吸収合併における749条3項等に相当する定めが置かれていないことが示すとおり、株式会社から持分会社に組織変更する場合は、各株主に対して交付する持分や金銭等の内容は、その有する株式数に応じて平等に定める必要はない。なぜなら、株式会社から持分会社に組織変更を行う場合は、総株主の同意を得る必要があるからである（776条1項）（相澤他・論点解説653頁）。なお、組織変更をする会社の株主の全部又は一部は組織変更後持分会社の社員となるが、これに関する事項は、「組織変更後持分会社の定款で定める事項」（本条1項4号）で定められる。
(7) 組織変更をする株式会社が新株予約権を発行しているときは、組織変更後持分会社が組織変更に際して新株予約権の新株予約権者に対して交付する新株予約権に代わる金銭の額又はその算定方法（本条1項7号）
　持分会社は、新株予約権を発行できない。そのため、持分会社へ組織変更をする会社が新株予約権を発行していた場合、その新株予約権は、消滅する（745条5項）。そして、消滅する新株予約権の見返りとして、新株予約権者に対して、金銭を交付することとなる（交付する金銭を零円と定めることも可能である）。組織変更計画においても、組織変更をする会社の株主に対して交付する金銭等に関する事項として、(7)と次の(8)を定める必要がある。実務上は、組織変更の前に新株予約権を取得・消却するか、又は行使させて処理し、新株予約権に対して対価を交付することは少ないであろう。
(8) 上記(7)の場合は、組織変更をする株式会社の新株予約権の新株予約権者に対する(7)の金銭の割当てに関する事項（本条1項8号）
(9) 効力発生日（本条1項9号）
　組織変更は、事前に組織変更計画で定めた日に効力を生じ（745条1項）、持分会社となる。なお、組織変更をする株式会社は、組織変更計画に定めた効力発生日を変更することができ（780条1項）、変更された場合は、変更後の日を効力発生日とみなして本条の規定が適用される（780条2項）。また、効力発生日には、組織変更計画で定められた事項（744条1項2号-4号）に関して定款変更をしたものとみなされる（745条2項）。

訴訟物　　XのY持分会社に対する組織変更無効権
　　　　　　＊本件は、株式会社から持分会社へ組織変更をするについて、法定事項を定めた組織変更計画が作成されなかったことを理由とする組織変更無効の訴え（形成訴訟）の事案である。
　　　　　　＊組織変更無効判決が確定した場合には、組織変更後の会社は、当然に組織変更前の会社に復帰するものと解されており、解散の場合に準じて清算されるのではない。

請求原因　1　Y会社は、株式会社から持分会社への組織変更計画を作成したこと
　　　　　　2　請求原因1の組織変更計画所定の効力発生日が到来したこと
　　　　　　3　Xは、組織変更行為の効力発生日において組織変更をする会社の株主等であった者又は組織変更後の会社の社員等、破産管財人であること
　　　　　　　＊「組織変更について承認をしなかった債権者」は、請求原因3の無効原因について原告適格が認められない。本件は株式会社から持分会社への組織変更であるから、一般的には原告適格を認められる「組織変更をする会社の社員等であった者」や「組織変更後の会社の株主等」に該当する者はない。
　　　　　　4　請求原因1の組織変更計画は、法定事項の記載を欠くこと
　　　　　　　＊請求原因4は、本条の法定事項の一部が欠落していた場合である。全く組織変更計画が作成されず、組織変更登記があるような場合には、組織変更は不存在であり、誰でもいつどのような方法によってもその不存在を主張することができる。
　　　　　　5　本訴は、組織変更の効力が生じた日から6か月以内に提起されたこと
　　　　　　　＊828条1項6号に基づく事実である。

2　組織変更後持分会社の社員の責任

　組織変更計画書の社員に関する事項は、組織変更後持分会社の種類に応じて、社員が無限責任社員又は有限責任社員のいずれであるかの別を記載しなければならない（本条2項-4項）。これは、設立時に作成する定款と同じ規制である（576条2項-4項）。ところで、本条2項は「組織変更後持分会社が合名会社であるときは……」と定めるが、本法は、合名会社の定義規定は存在せず、逆に、「合名会社であるときは……社員の全部を無限責任社員とする旨を定めなければならない」という形で定義されている（本条2項）。

設立時の定款規定に関する 576 条 2 項ないし 4 項や定款の変更による持分会社の種類の変更に関する 638 条 1 項ないし 3 項も、同様の規定振りである（中東正文・新基本法コンメ(3)224 頁）。

● (株式会社の組織変更の効力の発生等) ══════════

第745条　組織変更をする株式会社は、効力発生日に、持分会社となる。
　2　組織変更をする株式会社は、効力発生日に、前条第 1 項第 2 号から第 4 号までに掲げる事項についての定めに従い、当該事項に係る定款の変更をしたものとみなす。
　3　組織変更をする株式会社の株主は、効力発生日に、前条第 1 項第 3 号に掲げる事項についての定めに従い、組織変更後持分会社の社員となる。
　4　前条第 1 項第 5 号イに掲げる事項についての定めがある場合には、組織変更をする株式会社の株主は、効力発生日に、同項第 6 号に掲げる事項についての定めに従い、同項第 5 号イの社債の社債権者となる。
　5　組織変更をする株式会社の新株予約権は、効力発生日に、消滅する。
　6　前各項の規定は、第 779 条の規定による手続が終了していない場合又は組織変更を中止した場合には、適用しない。

1　株式会社の組織変更の効力の発生日
　組織変更をする株式会社は、効力発生日に、持分会社となる（本条1項）。効力発生日が到来し、全手続が完了すると、登記を待たず組織変更の効力が発生し、株式会社は持分会社となり、株主は受取対価によって社員や社債権者となり、新株予約権は消滅する（本条 5 項）。なお、この効力発生日は変更できる（780 条 1 項）。そのため、予定していた効力発生日の前日までに、変更後の効力発生日を公告する必要がある（780 条 2 項）。この決定に、株主全員の同意は必要なく、業務執行機関の決定でよい（348 条 1 項・2 項、362 条 2 項 1 号）。

2 定款変更

組織変更をする株式会社は、効力発生日に、744条1項2号ないし4号所定事項の定めに従い、その事項に係る定款の変更をしたものとみなされる（本条2項）。持分会社では、定款の定めにより会社の種類が決まるので、このように定款変更が擬制されるのは、当然であろう。

3 株主から社員への身分の変更

組織変更をする会社の株主は、効力発生日に、組織変更計画の定め（744条1項3号）に従い、組織変更後持分会社の社員となる（本条3項）。

4 社債権者

組織変更の対価として社債を交付する場合には（744条1項5号イ）、組織変更をする株式会社の株主は、効力発生日に、組織変更をする株式会社の株主に対する割当てに関する事項の定め（744条1項6号）に従い、社債権者となる（本条4項）。

5 新株予約権の消滅

効力発生日に、組織変更後の会社は株式会社ではなくなるため、新株予約権はあり得ず、新株予約権は、持株会社へ組織変更する効力発生日に、消滅する（本条5項）。そのため、組織変更計画の中で新株予約権を買い取ることがあり（744条1項7号・8号）、不満な新株予約権者（新株予約権付社債を含む）には公正な価格での買取請求権が認められる（777条、778条）。

6 組織変更の手続未了及び中止

本条6項は、債権者異議手続（779条）が終了していない場合、又は組織変更を中止した場合には、組織変更に関する本条1項ないし5項の効果が生じないことを定める。債権者異議手続が終了するまで組織変更の効力が発生しないとされるのは、組織変更後の持分会社が、例えば合名会社の場合、利益配当の制限（628条）がなく、組織変更前の株式会社と同様の信用が維持されるとは限らないからである（遠藤美光・会社法コンメ(17)61頁）。

組織変更を中止する手続は場合により異なる。組織変更計画の作成後、組織変更について総株主の同意（776条1項）を得る前に中止するときは、組織変更計画の作成・承認をした機関（取締役設置会社の場合には取締役会）が、中止の決定・承認を行えば足りる。しかし、組織変更計画について総株主の同意を得た後は、取締役会の決定や代表取締役の決定のみでは足りず、

中止するには、総株主の同意が必要になる。それは、吸収型組織再編についても同趣旨の規定があり（750条6項、752条6項、759条6項、761条6項、769条6項、771条5項）、その組織再編に株主総会の承認決議がされた場合は、その中止にも株式会社の承認決議が必要と解されるので（相澤他・論点解説706頁等）、両者の均衡からである。

7　組織変更の登記

　会社が組織変更をしたときは、その効力の発生した日から2週間以内にその本店の所在地において（支店の所在地において3週間以内）、組織変更前の会社について解散の登記をし、組織変更後の会社について設立の登記をする必要がある（920条、932条）。組織変更の登記は、組織変更の効力発生要件ではない。

第3節　持分会社の組織変更

　持分会社（特に、合名会社と合資会社）の株式会社への組織変更については、本法の理念が同じ効果をもたらす事項については、同じ規制をすることから見て、持分会社を設立した上で株式会社への組織変更をするという手段をとれば、株式会社についての設立規制（緩和されたがなお合同会社に比べても数段厳重）を潜脱できる制度を認めたことになるという立法論的批判がある（稲葉・基本を問う112頁）。
　持分会社が株式会社に組織変更をする場合は、①組織変更計画の作成（743条、746条1項）、②効力発生日前日までの総社員の同意（781条1項）、③債権者保護手続（781条2項、779条）、④効力発生日の到来（747条、781条2項、780条）、⑤代表取締役の選定、本店所在地の決定（定款で定めることも可）、⑥持分会社の解散の登記と株式会社設立の登記（920条、930条3項）の順に進む。

● (持分会社の組織変更計画)

第746条　持分会社が組織変更をする場合には、当該持分会社は、組織変更計画において、次に掲げる事項を定めなければならない。
　一　組織変更後の株式会社（以下この条において「組織変更後株式会社」という。）の目的、商号、本店の所在地及び発行可能株式総数
　二　前号に掲げるもののほか、組織変更後株式会社の定款で定める事項
　三　組織変更後株式会社の取締役の氏名
　四　次のイからハまでに掲げる場合の区分に応じ、当該イからハまでに定める事項
　　イ　組織変更後株式会社が会計参与設置会社である場合　組織変更後株式会社の会計参与の氏名又は名称
　　ロ　組織変更後株式会社が監査役設置会社（監査役の監査の範囲を会計に関するものに限定する旨の定款の定めがある株式会社を含む。）である場合　組織変更後株式会社の監査役の氏名
　　ハ　組織変更後株式会社が会計監査人設置会社である場合　組織変更後株式会社の会計監査人の氏名又は名称
　五　組織変更をする持分会社の社員が組織変更に際して取得する組織

変更後株式会社の株式の数（種類株式発行会社にあっては、株式の種類及び種類ごとの数）又はその数の算定方法
六　組織変更をする持分会社の社員に対する前号の株式の割当てに関する事項
七　組織変更後株式会社が組織変更に際して組織変更をする持分会社の社員に対してその持分に代わる金銭等（組織変更後株式会社の株式を除く。以下この号及び次号において同じ。）を交付するときは、当該金銭等についての次に掲げる事項
　　イ　当該金銭等が組織変更後株式会社の社債（新株予約権付社債についてのものを除く。）であるときは、当該社債の種類及び種類ごとの各社債の金額の合計額又はその算定方法
　　ロ　当該金銭等が組織変更後株式会社の新株予約権（新株予約権付社債に付されたものを除く。）であるときは、当該新株予約権の内容及び数又はその算定方法
　　ハ　当該金銭等が組織変更後株式会社の新株予約権付社債であるときは、当該新株予約権付社債についてのイに規定する事項及び当該新株予約権付社債に付された新株予約権についてのロに規定する事項
　　ニ　当該金銭等が組織変更後株式会社の社債等（社債及び新株予約権をいう。以下この編において同じ。）以外の財産であるときは、当該財産の内容及び数若しくは額又はこれらの算定方法
八　前号に規定する場合には、組織変更をする持分会社の社員に対する同号の金銭等の割当てに関する事項
九　効力発生日

　持分会社が組織変更をする場合は、その会社は、組織変更計画において、次の(1)ないし(9)を定めなければならない。これは、組織変更後の株式会社の定款として不備がないように、組織変更計画で定めるべき事項を法定するものである。
(1)　組織変更後株式会社の目的、商号、本店の所在地及び発行可能株式総数（本条1号）
　株式会社が持分会社に組織変更をする場合と同様に、組織変更後株式会社の定款に関する事項として、(1)及び(2)のとおり、定款に定める事項を定め

(2) (1)に掲記するもののほか、組織変更後株式会社の定款で定める事項（本条2号）

例えば、会計参与・監査役・会計監査人の各設置会社であることは、2号の定款記載事項である。しかし、組織変更の法的性質は設立の一態様ではなく、あくまで会社がその同一性を維持しつつ、その組織を変更するものであるから、設立に特有の定款記載事項（28条等）に関する定めはできない。

(3) 組織変更後株式会社の取締役の氏名（本条3号）

持分会社は、定款に別段の定めがない限り、各社員が自ら業務執行・代表をするが、株式会社は、株主総会により選任された取締役等が業務執行・代表をするなど、その運営のためには、取締役等の役員を選任する必要がある。そのため、持分会社が株式会社に組織変更をする場合には、組織変更後株式会社の役員に関する事項として、組織変更後株式会社の取締役の氏名を定める必要がある。ここに「設立時取締役」ではなく、「組織変更後株式会社の取締役の氏名」との文言が使われるのは、組織変更が設立行為でないからである。このように組織変更においては、効力発生前には設立時取締役も存在する余地がなく、組織変更の効力発生前には代表取締役を選定できない（47条1項参照）。したがって、取締役会設置会社に組織変更する場合は、組織変更の効力が発生し、取締役と取締役会が存在する段階になって、代表取締役を選定することになる（相澤他・論点解説654頁）。このことは、組織変更後の株式会社が非取締役会設置会社で、定款に、代表取締役は取締役の互選で選定する、あるいは株主総会で選定すると定めた場合も同様である（349条3項）。ただ、定款により選定した場合には、組織変更の効力発生と同時に選定の効力が生じる（747条2項参照）。

(4) 組織変更後株式会社の会計参与設置会社、監査役設置会社（監査役の監査の範囲を会計に関するものに限定する旨の定款の定めがある株式会社を含む）、会計監査人設置会社の区分に応じ、会計参与の氏名又は名称、監査役の氏名、会計監査人の氏名又は名称（本条4号）

組織変更後株式会社を会計参与・監査役・会計監査人の各設置会社とする場合には、本条2号の定款記載事項となる。もしその選択がされる場合は、会計参与・監査役・会計監査人を具体的に定めておく必要がある。本号は、その他の機関構成（取締役会設置会社、監査役会設置会社、委員会設置会社）を否定する趣旨ではない。事業年度途中で持分会社が会計監査人設置会社となった場合は、会計監査人は持分会社であった期間も含めて会計監査をする必要がある。株式会社が作成すべき計算書類は、その事業年度の前事業

年度の末日の翌日からその年度の末日までの期間のものであるところ（計算59条2項）、組織変更は、あくまで、会社がその同一性を維持しながら、その組織を変更する手続であって、組織変更によっては、事業年度が変更されないからである（相澤他・論点解説 654-655 頁）。

(5) 組織変更をする持分会社の社員が組織変更に際して取得する組織変更後株式会社の株式の数（種類株式発行会社にあっては、株式の種類及び種類ごとの数）又はその数の算定方法（本条5号）

組織変更は、会社がその同一性を維持しながら、その組織を変更する手続であるから、組織変更をする持分会社の社員の少なくとも1人は組織変更後株式会社の株主としなければならず、かつ、組織変更をする持分会社の社員以外の者を組織変更後株式会社の株主としてはならない。しかし、組織変更後に第三者に対して新たに株式を発行することはできる。(6)も同様の理由による。

(6) 組織変更をする持分会社の社員に対する(5)の株式の割当てに関する事項（本条6号）

組織変更をするためには、総社員の同意が必要であるので、割当比率は自由に定め得る。

(7) 組織変更後株式会社が組織変更に際して組織変更をする持分会社の社員に対してその持分に代わる金銭等（組織変更後株式会社の株式を除く）を交付するときは、「その金銭等」が①社債（新株予約権付社債についてのものを除く）であるときは、その社債の種類及び種類ごとの各社債の金額の合計額又はその算定方法、②新株予約権（新株予約権付社債に付されたものを除く）であるときは、その新株予約権の内容及び数又はその算定方法、③新株予約権付社債であるときは、その新株予約権付社債についての①の事項及びその新株予約権付社債に付された新株予約権についての②の事項、④社債等（社債及び新株予約権）以外の財産であるときは、その財産の内容及び数若しくは額又はこれらの算定方法（本条7号）

株式会社が持分会社に組織変更をしようとする場合と同様に、「組織変更をする持分会社の社員に対して交付する金銭等に関する事項」として、(7)(8)の事項を定める必要がある。

(8) (7)の場合には、組織変更をする持分会社の社員に対する金銭等の割当てに関する事項（本条8号）

組織変更をする場合は、総社員の同意が必要であるので、(6)と同様に、割当比率は自由に定め得る。

(9) 効力発生日

　株式会社が持分会社に組織変更をする場合と同様に、組織変更計画において、組織変更の効力発生日を定める必要がある（本条9号）。

● (持分会社の組織変更の効力の発生等)

第747条　組織変更をする持分会社は、効力発生日に、株式会社となる。
　2　組織変更をする持分会社は、効力発生日に、前条第1号及び第2号に掲げる事項についての定めに従い、当該事項に係る定款の変更をしたものとみなす。
　3　組織変更をする持分会社の社員は、効力発生日に、前条第6号に掲げる事項についての定めに従い、同条第5号の株式の株主となる。
　4　次の各号に掲げる場合には、組織変更をする持分会社の社員は、効力発生日に、前条第8号に掲げる事項についての定めに従い、当該各号に定める者となる。
　　一　前条第7号イに掲げる事項についての定めがある場合　同号イの社債の社債権者
　　二　前条第7号ロに掲げる事項についての定めがある場合　同号ロの新株予約権の新株予約権者
　　三　前条第7号ハに掲げる事項についての定めがある場合　同号ハの新株予約権付社債についての社債の社債権者及び当該新株予約権付社債に付された新株予約権の新株予約権者
　5　前各項の規定は、第781条第2項において準用する第779条（第2項第2号を除く。）の規定による手続が終了していない場合又は組織変更を中止した場合には、適用しない。

1　持分会社の組織変更の効力の発生日

　組織変更をする持分会社は、効力発生日に、株式会社となる（本条1項）。組織変更後の代表取締役の選定は、組織変更の効力が生じた後に、通常の代表取締役の選定手続により行う。すなわち、非取締役会設置会社においては、取締役の各自代表が原則であるが、定款に基づき、あるいは定款の定めによる取締役の互選又は株主総会の決議によって代表取締役を選定することになる（349条3項）。これに対し、取締役会設置会社（委員会設置会社を

除く）においては、原則として取締役会の決議によって代表取締役を選定することになる（362条2項3号・3項）。

2　定款の変更

　組織変更をする持分会社は、効力発生日に、746条1号及び2号に掲げる事項についての定めに従い、その事項に係る定款の変更をしたものとみなされる（本条2項）。

3　株　　主

　組織変更をする持分会社の社員は、効力発生日に、組織変更計画の定め（746条6号所定の事項についての定め）に従い、組織変更後株式会社（746条5号）の株式の株主となる（本条3項）。

|訴訟物|　XのY株式会社に対する100株の株主たる地位（確認）
　　　　＊本件は、A合資会社が社員の持分1口に対し株式1株を割り当て、効力発生日を平成○年○月○日としてY株式会社に組織変更する旨の計画を定め、効力発生日が到来したにもかかわらず、Y会社がXを株主と認めないので、A会社の100口の持分を有する社員Xが、Y会社に対し株主たる地位の確認を求めた事案である。

|請求原因|　1　XはA会社の100口の持分を有する社員であること
　　　　2　A会社は、社員の持分1口に対し株式1株を割り当て、効力発生日を平成○年○月○日として株式会社（Y会社）に組織変更する旨の計画を定めたこと
　　　　3　効力発生日が到来したこと
　　　　4　Y会社は、Xが同社の100株の株主であることを争うこと

（債権者保護手続未了）

|抗　弁|　1　781条2項で準用する779条（2項2号を除く）による債権者保護手続が終了していないこと
　　　　＊本条5項に基づく抗弁である。組織変更を中止した場合もXは株主となり得ないが、この場合には、Y会社が成立しないので訴訟上の抗弁として登場することはないであろう。

4　社債権者、新株予約権者、新株予約権付社債の社債権者及び同社債の新株予約権の新株予約権者
(1) 社債権者
　746条7号イに掲げる事項（社債の種類及び種類ごとの金額の合計額又はその算定方法）についての定めがある場合には、組織変更をする持分会社の社員は、効力発生日に、746条8号に掲げる事項についての定めに従い、7号イの社債の社債権者となる（本条4項1号）。

|訴訟物| XのY株式会社に対する100万円の社債権者たる地位（確認）
　　　　＊本件は、A合資会社が社員の持分1口に対し社債1万円を割り当て、効力発生日を平成○年○月○日としてY株式会社に組織変更する旨の計画を定め、効力発生日が到来したにもかかわらず、Y会社がA会社の100口の持分を有する社員Xを社債権者と認めないので、XがY会社に対し株主たる地位の確認を求めた事案である。
|請求原因|　1　XはA会社の100口の持分を有する社員であること
　　　　　2　A会社は、社員の持分1口に対し社債1万円を割り当て、効力発生日を平成○年○月○日として株式会社（Y会社）に組織変更する旨の計画を定めたこと
　　　　　3　効力発生日が到来したこと
　　　　　4　Y会社は、Xが同社の100万円の社債権者であることを争うこと
（債権者保護手続未了）
|抗　弁|　1　781条2項において準用する779条（2項2号を除く）の規定による債権者保護手続が終了していないこと

(2) 新株予約権者
　746条7号ロに掲げる事項（新株予約権の内容及び数又はその算定方法）の定めがある場合は、組織変更をする持分会社の社員は、効力発生日に、746条8号に掲げる事項の定めに従い、7号ロの新株予約権の新株予約権者となる（本条4項2号）。
(3) 新株予約権付社債についての社債の社債権者及び同社債に付された新株予約権の新株予約権者
　746条7号ハに掲げる事項（新株予約権付社債の種類及び種類ごとの金額

の合計額又はその算定方法、並びに新株予約権付社債に付された新株予約権の内容及び数又はその算定方法）の定めがある場合は、組織変更をする持分会社の社員は、効力発生日に、746条8号に掲げる事項の定めに従い、7号ハの新株予約権付社債についての社債の社債権者及びその新株予約権付社債に付された新株予約権の新株予約権者となる（本条4項3号）。

5 債権者保護手続未了・組織変更中止

本条5項は、債権者異議手続（779条）が終了していない場合、又は組織変更を中止した場合には、組織変更に関する本条1項ないし5項の効果が生じないことを定める。債権者異議手続が終了するまで効力が発生しないのは、例えば合名会社が株式会社になると、社員の人的信用が会社財産の担保とされないため、組織変更前持分会社の信用が維持されるとは限らないからである。組織変更の中止の手続については、745条の解説を参照されたい。

6 組織変更の登記

会社が組織変更をしたときは、その効力の発生した日から2週間以内にその本店の所在地において（支店の所在地において3週間以内）、組織変更前の会社について解散の登記をし、組織変更後の会社について設立の登記をする必要がある（920条、932条）。組織変更の登記は、組織変更の効力発生要件ではない。

第2章 合　　併

1　合併の意義

　合併とは、2以上の会社の間の契約により、その一部又は全部の会社が解散消滅して（「消滅会社」）、その財産が合併後存続する会社（「存続会社」）又は合併により設立される会社（「新設会社」）に包括的に承継されるという効果を生ずることをいう。このように、合併には、吸収合併と新設合併の2種類があり、吸収合併とは、会社が他の会社とする合併であって、合併により消滅する会社の権利義務の全部を合併後存続する会社に承継させるものをいい（2条27号）、新設合併とは、2以上の会社がする合併であって、合併により消滅する会社の権利義務の全部を合併により設立する会社に承継させるものをいう（2条28号）。このように、合併は、会社分割や事業譲渡と異なり、存続会社又は新設会社が消滅会社の財産債務、権利義務を包括的に承継するため、承継する財産債務や権利義務を選択することができない。そのため、簿外の債務や保証債務など偶発債務も包括的に継承されるリスクを排除できない。

　合併は解散事由の一場合である（471条4号）。しかし、その他の解散事由の場合と異なり、解散会社について清算手続が執られることなく、合併の登記により消滅し（921条、922条）、その財産は存続会社又は新設会社に包括的に承継され、社員（株主）も原則としてその会社に吸収される（ただ、解散会社の株主に対して存続会社の株式以外の対価の交付をする場合には、消滅会社の株主の存続会社への吸収はない）。

2　法的性質

　合併の法的性質については、古くから議論されている。合併を会社の合体を生ずる一種特別の組織法上の契約と解する人格合一説が説かれるが、それでは、必ずしも法律的性質を明らかにしたとはいえないとの批判がある。これに対し、合併を消滅する会社の事業全部の現物出資による存続会社の新株の発行（吸収合併の場合。新株の発行のみならず、その他の合併対価の交付もあり得る）又は会社の設立（新設合併の場合）と解する現物出資説が説かれる。しかし、合併が消滅会社の事業を対価として株式が発行される等の点で現物出資的な面を含むことは確かであるが、その場合の現物出資者は消滅会社自身であるのに対して、現物出資によって株式の割当て等を受けるのは消滅する会社の株主である点で、現物出資とは異なるとの批判がある。ま

た、合併等対価の柔軟化が図られた本法の下で、合併対価として、例えば、現金が交付される場合は、消滅会社の株主は統合後の会社組織から排除されることになるので、現物出資説は維持できない。結局、人格合一か現物出資かという本質論では、合併に関する諸現象を説明し尽くすことは無理であって、個々的な解釈作業が必要である（神田・会社法 321 頁）。

3　合併と事業譲渡の相違

　吸収合併の実体は事業譲渡に類似する。いずれも株主総会の特別決議が必要で（略式手続・簡易手続を除く）、また、反対株主は株式買取請求権を有する。しかし、合併と事業譲渡は法的に次の違いがある。①事業譲渡は通常の取引法上の契約であるから、契約で決めた範囲の財産が個別に移転し（「特定承継」であって、個々の財産の移転手続が必要）、事業財産のうちのあるものを除外し又は事業の一部を移転することもできる。これに対し、合併は消滅会社の全財産が包括的に移転し（「一般承継（包括承継）」であって、個々の財産の移転手続は不要）、財産を一部除外することはできない。②事業譲渡は、全部譲渡の場合でもそれにより譲渡会社は当然には解散しない（その後、事業目的を変更して事業を続けるか、解散して残余財産を株主に分配するかを選択できる）。しかし、合併では消滅会社は法律上当然に解散・消滅し、株主は存続会社・新設会社の株式その他の対価を受け取る。③事業譲渡では、譲渡会社は債権者の承諾を得て譲受者に免責的債務引受けをさせない限り債務を免れない。しかし、合併では消滅会社の債務は当然に存続会社又は新設会社に引き継がれるので、事業譲渡とは異なり、合併では会社債権者異議手続が要求される。④合併では合併契約の作成が必要であるが、事業譲渡では要求されない。⑤合併については本法には合併無効の訴え（828 条 1 項 7 号・8 号・2 項 7 号・8 号）があるが、事業譲渡ではこれがない（神田・会社法 321-322 頁）。

4　合併による労働条件の切下げ

　吸収合併・新設合併を問わず、合併後の会社は、合併前の会社の権利義務を包括的に承継する（752 条 1 項、754 条 1 項）。そのため、合併においては、株式交換や株式移転の場合と異なり、役員の処遇、従業員の労働条件の統一など人的組織の統合に配慮する必要があり、この統合には時間がかかる。この労働条件の統一は、合併企業にとって重要な課題であり、就業規則の不利益変更が問題となる。判例は、就業規則の不利益変更につき、合理的理由があれば労働者に対する拘束力を認めており、労働契約法 10 条は、「労働者の

受ける不利益の程度、労働条件の変更の必要性、変更後の就業規則の内容の相当性、労働組合等との交渉の状況その他の就業規則の変更に係る事情に照らして合理的なものであるとき」と定めている。これは、最判平成9年2月28日民集51.2.705が、合理性を基礎づける事実として、①「就業規則の変更によって被る労働者の不利益の程度」、②「使用者側の変更の必要性の内容・程度」、③「変更後の就業規則の内容自体の相当性、代償措置その他関連する他の労働条件の改善状況」、④「労働組合等との交渉の経緯、他の労働組合又は他の従業員の対応」、⑤「同種事項に関するわが国社会における一般的状況等」を挙げていたものを明文化したものである。

|訴訟物| XのY株式会社に対する労働契約に基づく賃金差額請求権
　　　＊本件は、人件費が高水準であるA会社が経営不振となってY会社に吸収合併されたが、Y会社の賃金水準に合わせるため、合併を控えて、A会社はY会社の賃金体系に合わせる制度改正をし、合併時から適用する旨の就業規則を変更した。A会社に属していたXは合併を期に賃金が月額5万円減額されたので、Y会社に対して差額の賃金の支払を求めた事案である。
　　　＊最判昭和63年2月16日民集42.2.60は、賃金ではなく退職金の減額の事案である。7農協の合併に際し、もとの一組織の退職金支給倍率を引き下げて他の6組織のそれへ統一したが、他方、賃金額は合併に伴い増額され、この増額分及びその賞与・退職金への反映分を合計すると支給倍率低減による退職金減額分をほぼ補うこと、合併後の新組織では退職金を旧6組織に合わせる必要性が高かったこと、合併により労働者らは、休日、休暇、諸手当、定年等の面でより有利な取扱いを受けることなどから、変更の合理性を認めた。

|請求原因| 1　XはA会社に対し労務に服することを約し、A会社はXに対し月額40万円の賃金を支払う労働契約を締結したこと
　　　　2　A会社はY会社に吸収合併され、それを期に賃金額が5万円減額され、月額35万円とされたこと
　　　　3　合併後の賃金未払の累積額は、○○万円であること
（就業規則の不利益変更）
|抗　弁| 1　A会社は、就業規則を変更し、Xの職位の賃金が月額5万円の減額となる制度としたこと

＊賃金原資を減ずることなく年功的賃金制度を成果主義賃金制度に変更する場合は、不利益か否かが変更時点で一概にいえない。しかし、合意原則からすれば、労働者が不利益であるとして反対する労働条件の変更があれば、その労働者へ就業規則の労働契約規律効を及ぼすには、労働契約法 10 条の合理性の要件を充たすべきである（菅野・労働法 143 頁）。

2 抗弁 1 の就業規則の不利益変更の合理的であることを基礎づける事実
＊抗弁 2 の基礎づけ事実について、労働契約法 10 条は、①「労働者の受ける不利益の程度」、②「労働条件の変更の必要性」、③「変更後の就業規則の内容の相当性」、④「労働組合等との交渉の状況」⑤「その他の就業規則の変更に係る事情」として明文化した。
＊菅野・労働法 145 頁は、「労働条件変更が従業員の大多数を代表する組合との交渉による合意を経て行われ、当該組合に加入していない労働者がこれに反対しているという場合には、裁判所が合理性判断において判断すべきは、主として、当該組合による従業員集団の利益代表行為が、労使それぞれの検討や折衝のプロセスに照らして、真剣かつ公正に行われたかどうかである（反対者が少数組合に属している場合等少数組合との交渉の誠実性もこの判断の一部となる）。労使による真剣で公正な交渉が行われたといえる場合には、変更による不利益の程度、変更内容の相当性、変更の必要等の法定要素の全体にわたった判断はもちろん必要であるが、代表的組合との交渉による集団的利益調整を十分考慮に入れて合理性の総合判断を行うべきものと思われる」としている。

3 A 会社は、変更後の就業規則を労働者に周知させたこと
＊就業規則の変更による労働条件変更の要件は、抗弁 2 の実体的要件に尽きるのではなく、「変更後の就業規則を労働者に周知させ」たことが必要である（労契 10 条）。「周知」とは、採用に際しての労働契約規律効のための「周知」と同意義であり、「周知」は事業場の労働者集団に対し変更内容を知り得る状態におくという「周知」であって、変更内容を個別的に認識させることではなく、また、そのような「周知」は、労働基準法上限定された方法に限られず、実質的に上記の

「周知」に当たれば他の方法でもよい。なお、労働契約法11条が、就業規則の変更については、労働基準法における監督官庁への届出（労基89条）及び過半数組織組合ないし過半数代表者の意見聴取（労基90条）の定めによるべきことを規定していることについて、菅野・労働法148頁は、就業規則の合理的変更の労働契約規律効の規定（労契10条）に引き続いて規定されていることを理由として、「労働基準法上の届出と意見聴取の履践が、変更された就業規則が労働契約を規律するための絶対的要件ではないが、変更の合理性の判断要素である『その他就業規則変更に係る事情』の1つとして考慮されることを明らかにしたものと解される。」としている。

第1節　通　則

通則においては、合併契約の締結に関する748条を定めるが、実務的には、合併契約に至る交渉過程が重要であり、法的な紛争が生じ得る。

●(合併契約の締結)

第748条　会社は、他の会社と合併をすることができる。この場合においては、合併をする会社は、合併契約を締結しなければならない。

1　合併行為の適格会社

株式会社、合名会社、合資会社及び合同会社は、それぞれどのような組合せでも、相互に合併することができる（本条前段）。互いに株式会社が合併した場合、新設合併であれば、新設会社を株式会社とする（753条1項）ことに限らず、持分会社とすることもできる（755条1項）。後者は、一種の組織変更（744条）である。特例有限会社は、特例有限会社を存続会社とする吸収合併をすることができない（整備37条）。これに対し、旧商法においては、株式会社と持分会社との合併は、社員の責任の加重、持分譲渡の制限等の問題が生ずることを理由として、存続会社・新設会社は株式会社に限ると

する制限があったが（旧商 56 条 2 項）、この制限は、本法において、規制緩和の趣旨から廃止された（江頭・株式会社法 789-790 頁）。

なお、日本法に基づき設立された株式会社と外国会社との合併の可否について、立案担当者はこれを否定する（相澤・新一問一答 212 頁）。その理由は、①日本法人と外国法人との直接的な組織再編行為を認めた法令が存在せず、法制的にそれが認められるか疑問があること、②日外の会社法制で組織再編行為の効力発生時期や効果が異なる場合に、包括承継等の効果を生じさせることが困難であること、③組織再編法制は国ごとに異なるため、外国法人がどのような手続で組織再編を行った場合にその行為を有効とするかを明確に規定するのが困難であることである。これに対し、江頭・株式会社法 790 頁は、「日本の当事会社の株主・債権者で、外国会社と合併することにより不利益を被ると思う者は、株式買取請求権を行使しまたは債権者の異議手続において異議を述べることができるから、抵触法上は、各当事会社の従属法が定める手続要件が充足されることにより合併は成立する（配分的適用）と解して差し支えない」という理由で肯定説を採る。

2　合併契約の締結

本条後段は、合併をするために合併契約を締結する必要があることを定める。合併契約は、合併契約の当事会社、合併対価の内容、新設合併により設立される会社に関する事項などについて、合併当事会社間において締結される契約である。合併契約については、旧商法と異なり、書面化を要求せず、諾成契約にとどめている。しかし、合併契約で定めるべき事項は、749 条が定めるとおり、多岐にわたるので、事実上、書面化することが必要となる。

ところで、合併契約の締結という会社の業務執行行為自体は、会社を代表する代表取締役（349 条 1 項ただし書）あるいは取締役（349 条 1 項本文）の権限である。しかし、取締役会設置会社の場合には、合併契約の締結は、原則として「重要な財産の処分及び譲受け」ないし「重要な業務執行」に該当し、合併契約の基本的内容ないし必要的な決定事項（749 条 1 項、753 条 1 項）の大綱について取締役会の決議を経る必要がある（362 条 4 項柱書・1 号）。この取締役会決議が無効である場合や決議を欠いたまま合併契約が締結された場合が 362 条 4 項違反の行為の効力の問題となる。この点については、一般に会社の営業に関する包括代理権を有する代表取締役の対外的行為であって、民法 93 条に基づいて内部的意思を欠くにとどまるから原則として有効であり、相手方が決議を経ていないことを知っているとき又は知らないがそれに過失がないときに限って無効と解することとなる（最判昭和 40

年9月22日民集19.6.1656)。そうすると、取締役会決議を経るべきであった会社において、合併の相手方会社が決議を経ていないことを知り又は知り得べかりしことを主張立証しない限り、合併契約の無効を主張できない。したがって、このような主張立証に成功しなければ、合併契約の効力には瑕疵がないものと取り扱われ、合併無効の原因ともならない。

> **訴訟物**　　XのY株式会社に対する合併無効権
> 　　　　　　＊本件は、Y会社がA株式会社を吸収合併する契約について、A会社の取締役会の決議がなくY会社がこれを知り又は知り得べきであったことを理由として合併無効を求めた事案である。

> **請求原因**　1　Xは、A会社の株主であったこと
> 　　　　　　2　Y会社はA会社との間で、Y会社が存続会社、A会社が消滅会社となる吸収合併契約を締結したこと
> 　　　　　　　＊Y会社とA会社との間の合併契約は、具体的には両社の代表者間で締結されるが、その点について特段争いがない場合には、請求原因2のように法人間の契約締結という簡略形で主張することが許される。
> 　　　　　　3　請求原因2の合併契約が定める合併の効力発生日が到来したこと
> 　　　　　　4　請求原因2の合併契約の締結には、A会社の取締役会の決議を経ていないこと
> 　　　　　　　＊請求原因4の前提となる「Y会社は取締役会設置会社であること」という事実は、改めて主張するまでもなく、本件において顕れている。公開会社は取締役会を置かなければならないが、株式会社は、株式の譲渡が自由（譲渡制限の定款規定が置かれていないこと）が原則であるから、株式会社は公開会社であることが原則だからである。
> 　　　　　　5　Y会社は、請求原因2の合併契約締結の際、請求原因4の事実を知っていたこと、又は知らないことに過失があることの評価根拠事実
> 　　　　　　6　本訴の提起は、合併の効力が生じた日から6か月以内であること
> 　　　　　　　＊828条1項7号に基づく事実である。

3 合併契約上の意思表示に係る瑕疵
(1) 錯誤、詐欺、強迫

合併契約が錯誤、詐欺、強迫といった意思表示の意思欠缺又は瑕疵によって無効となり又は取り消された場合（民95条、96条）、合併は理論的には無効となるはずである。しかし、これらの事由を合併無効の原因とする主張は、合併がその登記によってその効力を生ずるまでの間に限って許されると解すると（51条2項の類推適用）、合併が効力を発するまでの間は合併無効の訴えは提起できないため、結局、これらの事由は、合併無効の訴えにおける無効原因とはならない（佐々木宗啓=野崎治子=金澤秀樹・類型別会社訴訟Ⅱ713頁）。

(2) 心裡留保、虚偽表示

合併契約について心裡留保・虚偽表示の主張が、上記(1)と同様に制限されるのかという点については、①心裡留保の主張を許容しない51条1項を類推適用して、合併契約の無効原因となり得ず、合併無効の訴えの合併無効原因にもならないとする見解、②錯誤等の場合と比較して、合併契約に係る意思表示の意思欠缺という点で類似性があり、合併に係る法律関係の安定を図るべき点で変わらないし、意思欠缺を作出した合併契約の当事会社の帰責性はより強いので、51条1項、102条3項及び51条2項、102条4項を類推し得るという見解が指摘されている（佐々木宗啓=野崎治子=金澤秀樹・類型別会社訴訟Ⅱ713-714頁）。

4 3以上の会社の合併

新設合併は、「2以上の会社がする合併」と定義され（2条28号）、当然2を超える会社が消滅会社となる合併もある。また、吸収合併も、実質的に2以上の会社を消滅会社とし存続会社を1社とする吸収合併もできるが、これは、各消滅会社と存続会社との吸収合併が各別に複数存在しこれが同時に行われると説明される（平成20年6月25日法務省民商第1774号法務省民事局商事課長通達）。そのため、一部が欠けた吸収合併を避けるためには、例えば、「一方の吸収合併の効力が発生しない場合は他の吸収合併も効力を生じない」という条項を入れて、吸収合併の効力発生について相互に条件を付ける必要がある。

第2節　吸収合併

　吸収合併は、当事会社のうちの1社が存続し、他の当事会社が解散するものである（2条27号）。実務上は、経済的に対等合併であっても、法的には新設合併は少なく、吸収合併の手続が執られることが多い。その理由は、①登録免許税額が、吸収合併であれば合併による資本金増加額に対し、新設合併であれば新設会社の資本金に対し、各1,000分の1.5であるため（登税別表1・24(1)ホ・ヘ）、前者が安いこと、②合併の際、消滅会社の受けていた営業の許認可及び金融商品取引所の上場資格等が一旦消滅し、再申請が必要となること等であるといわれる（江頭・株式会社法784-785頁）。

第1款　株式会社が存続する吸収合併

　749条は、「吸収合併存続会社」、「吸収合併存続株式会社」、「吸収合併消滅会社」、「吸収合併消滅株式会社」「吸収合併消滅持分会社」を定義する。ただ、第1款においては、紛れのない限り、単に「存続会社」「存続株式会社」「消滅会社」「消滅株式会社」「消滅持分会社」と表記する。

●(株式会社が存続する吸収合併契約)

第749条　会社が吸収合併をする場合において、吸収合併後存続する会社（以下この編において「吸収合併存続会社」という。）が株式会社であるときは、吸収合併契約において、次に掲げる事項を定めなければならない。
　　一　株式会社である吸収合併存続会社（以下この編において「吸収合併存続株式会社」という。）及び吸収合併により消滅する会社（以下この編において「吸収合併消滅会社」という。）の商号及び住所
　　二　吸収合併存続株式会社が吸収合併に際して株式会社である吸収合併消滅会社（以下この編において「吸収合併消滅株式会社」という。）の株主又は持分会社である吸収合併消滅会社（以下この編において「吸収合併消滅持分会社」という。）の社員に対してその株式又は持分に代わる金銭等を交付するときは、当該金銭等についての次に掲げる事項

イ　当該金銭等が吸収合併存続株式会社の株式であるときは、当該株式の数（種類株式発行会社にあっては、株式の種類及び種類ごとの数）又はその数の算定方法並びに当該吸収合併存続株式会社の資本金及び準備金の額に関する事項

ロ　当該金銭等が吸収合併存続株式会社の社債（新株予約権付社債についてのものを除く。）であるときは、当該社債の種類及び種類ごとの各社債の金額の合計額又はその算定方法

ハ　当該金銭等が吸収合併存続株式会社の新株予約権（新株予約権付社債に付されたものを除く。）であるときは、当該新株予約権の内容及び数又はその算定方法

ニ　当該金銭等が吸収合併存続株式会社の新株予約権付社債であるときは、当該新株予約権付社債についてのロに規定する事項及び当該新株予約権付社債に付された新株予約権についてのハに規定する事項

ホ　当該金銭等が吸収合併存続株式会社の株式等以外の財産であるときは、当該財産の内容及び数若しくは額又はこれらの算定方法

三　前号に規定する場合には、吸収合併消滅株式会社の株主（吸収合併消滅株式会社及び吸収合併存続株式会社を除く。）又は吸収合併消滅持分会社の社員（吸収合併存続株式会社を除く。）に対する同号の金銭等の割当てに関する事項

四　吸収合併消滅株式会社が新株予約権を発行しているときは、吸収合併存続株式会社が吸収合併に際して当該新株予約権の新株予約権者に対して交付する当該新株予約権に代わる当該吸収合併存続株式会社の新株予約権又は金銭についての次に掲げる事項

イ　当該吸収合併消滅株式会社の新株予約権の新株予約権者に対して吸収合併存続株式会社の新株予約権を交付するときは、当該新株予約権の内容及び数又はその算定方法

ロ　イに規定する場合において、イの吸収合併消滅株式会社の新株予約権が新株予約権付社債に付された新株予約権であるときは、吸収合併存続株式会社が当該新株予約権付社債についての社債に係る債務を承継する旨並びにその承継に係る社債の種類及び種類ごとの各社債の金額の合計額又はその算定方法

ハ　当該吸収合併消滅株式会社の新株予約権の新株予約権者に対して金銭を交付するときは、当該金銭の額又はその算定方法

五　前号に規定する場合には、吸収合併消滅株式会社の新株予約権の

新株予約権者に対する同号の吸収合併存続株式会社の新株予約権又
　　　は金銭の割当てに関する事項
　　六　吸収合併がその効力を生ずる日（以下この節において「効力発生
　　　日」という。）
　２　前項に規定する場合において、吸収合併消滅株式会社が種類株式発
　行会社であるときは、吸収合併存続株式会社及び吸収合併消滅株式会
　社は、吸収合併消滅株式会社の発行する種類の株式の内容に応じ、同
　項第３号に掲げる事項として次に掲げる事項を定めることができる。
　　一　ある種類の株式の株主に対して金銭等の割当てをしないこととす
　　　るときは、その旨及び当該株式の種類
　　二　前号に掲げる事項のほか、金銭等の割当てについて株式の種類ご
　　　とに異なる取扱いを行うこととするときは、その旨及び当該異なる
　　　取扱いの内容
　３　第１項に規定する場合には、同項第３号に掲げる事項についての定
　めは、吸収合併消滅株式会社の株主（吸収合併消滅株式会社及び吸収
　合併存続株式会社並びに前項第１号の種類の株式の株主を除く。）の
　有する株式の数（前項第２号に掲げる事項についての定めがある場合
　にあっては、各種類の株式の数）に応じて金銭等を交付することを内
　容とするものでなければならない。

１　合併契約で定めるべき事項
　吸収合併存続会社が株式会社であるときは、吸収合併契約において、以下
(1)ないし(6)の事項を定めなければならない。この法定の必要的な決定事項
が欠落するとき、又はその記載が違法なときは、その合併契約は無効であり
（江頭・株式会社法793頁）、その瑕疵は株主総会の承認があっても治癒され
ない。大判昭和19年８月25日民集23.524は、合併契約書に関する事案で
あるが、「本件合併契約書ニハ少クトモ商法第409条第２号〔本条２号〕ノ
所定事項ニ該当スル上告会社ノ発行スヘキ新株ノ種類及数並ニ被上告会社ノ
株主ニ対スル新株ノ割当ニ関スル事項ノ記載ナキコト上告人ノ主張自体ニ依
リ明白ナルモノト云フヘク凡ソ甲株式会社カ乙株式会社ヲ吸収スル合併契約
ヲ為スモカカル契約ハ要式契約ナルヲ以テ其ノ契約書ニ同条所定ノ事項ノ記
載ヲ欠クトキハ其ノ契約ハ無効ニシテ仮令株主総会ニ於テ之ヲ承認スルモ其
ノ契約ハ効力ヲ生セサルモノト解スルヲ相当トスルカ故ニ本件合併契約ノ如

キハ当然無効ナリ」と判示する。

訴訟物　XのY株式会社に対する合併無効権
＊本件は、Y会社がA株式会社を吸収合併する契約について、Y会社が株主総会で決議した合併契約に本条所定事項の記載の欠落を理由として合併無効の訴えが提起された事案である。

請求原因
1　Xは、請求原因2の当時、A会社の株主であったこと
2　Y会社はA会社との間で、Y会社が存続会社、A会社が消滅会社となる吸収合併契約を締結したこと
3　請求原因2の合併契約が定める合併の効力発生日が到来したこと
4　請求原因2の合併契約は、本条所定の事項の記載を欠くこと
＊合併契約が本条所定の記載事項を欠くときは、その契約は無効であって、株主総会が承認しても効力を有しない。
5　本訴は、合併の効力が生じた日から6か月以内に提訴されたこと
＊828条1項7号に基づく事実である。

(1) 存続株式会社及び消滅会社の商号及び住所

　合併の当事者会社に関する事項の記載である。株式会社である存続会社及び消滅会社の商号及び住所を定めなければならない（本条1項1号）。消滅会社は、2社以上であってもよい。

(2) 存続株式会社が消滅株式会社の株主又は消滅持分会社の社員に交付する金銭等に関する事項

ア　合併対価の柔軟化

(ア)　意　義

　合併対価とは、存続会社が吸収合併に際して消滅株式会社の株主に対してその株式に代えて交付する金銭等をいう（施則182条2項）。吸収合併においては、消滅株式会社の株主は、必ずしも存続株式会社の株式を交付されるとは限らず（本条1項2号イ参照）、合併契約の定めに従い、存続株式会社の社債、新株予約権、新株予約権付社債、又はその他の財産（金銭、存続株式会社の親会社株式等）を交付されることがある（本条1項2号ロ-ニ）。すなわち吸収合併においては、消滅株式会社の株主は、当然に存続株式会社に株主として承継されるわけではない。このように吸収合併を初めとする組織再

編行為の対価については、近年、会社分割その他の新たな組織再編行為に係る制度の創設、これに伴う事業の再構築の必要性の高まり、買収、事業統合等を含む企業活動の国際化を背景として、主に経済界から、会社が企業価値を高めるために行う組織再編行為の対価を存続株式会社の株式に限らず、金銭その他の財産も対価にできるようにして、後述の交付金合併（後記ウ（ア））や三角合併（後記ウ（イ））を可能とするよう要望されていた。これを受けて、本法は、吸収合併、吸収分割及び株式交換の場合において、消滅会社の株主等に対して、存続株式会社の株式を交付せず、金銭その他の財産を交付することも認めたのである（相澤・新一問一答207頁）。

(イ) 対価の柔軟化の認められる組織再編

「金銭その他の財産」を交付することが可能とされる場合は、株式会社が存続する吸収合併のみならず、持分会社が存続する吸収合併（751条1項3号）、株式会社に権利義務を承継させる吸収分割（758条4号）、持分会社に権利義務を承継させる吸収分割（760条5号）、株式会社に発行済株式を取得させる株式交換（768条1項2号）、合同会社に発行済株式を取得させる株式交換（770条1項3号）の場合も同様である。本法は、吸収合併等の対価の自由化を図っているが、合併手続として、株主が対価を選択する手続はないと解すべきである（後記オ参照）。以下イないしエにおいては、合併対価が「株式」「株式等以外の財産」及び「無対価」の場合に分けて説明し、オにおいて「対価の選択の可否」について説明する。

イ　株式の場合

存続株式会社が株式を交付するときは、株式の種類及び種類ごとの数又はその数の算定方法並びに存続株式会社の資本金・準備金の額に関する事項を定める必要がある（本条1項2号イ）。

(ア) 株式の数

この「株式の数」とは、個々の株主に対する割当数ではなく（この割当てについては、本条1項3号が定める）、株式の総数を意味する。この株式の総数は、確定数のほか「算定方法」によることもできる（本条1項2号イ等）。例えば、「変動制合併比率」は、存続株式会社の株式に市場価格がある場合に、消滅株式会社の1株の評価額を確定額で定め、合併対価である存続株式会社の1株の評価額は合併の効力発生日に近い時点の市場価格を用いて、両者の額により合併比率を定める（例えば、「消滅株式会社の株主に対し、その保有する消滅株式会社の株式1株につき、①金〇円（固定された消滅株式会社株式1株の評価額）を②存続株式会社の株式の平成〇年〇月〇日から同年〇月〇日までの間の終値による売買高加重平均価格で除して得られ

る数の存続株式会社株式を交付する」との条項)。
(イ) 資本金・準備金の額
　存続株式会社が株式を交付する場合には、資本金.準備金の額に関する事項を定める必要がある（本条1項2号イ）。存続株式会社の資本金及び準備金の額は法務省令で定められる（445条5項、計算35条、36条）。株式を交付するときは資本金等も記載が必要となるが、株式を交付しないときは、資本金等を記載する必要はない。また、株式の「交付」というのは、自己株式の交付を含む趣旨である。
(ウ) 吸収合併存続株式会社における株主資本の計算方法
　吸収合併存続株式会社における株主資本の計算方法には、次の①及び②の2つがある。
　① 吸収合併存続株式会社において変動する株主資本の総額（計算規則35条では「株主資本等変動額」と定義）が決定された上で、存続株式会社が吸収合併契約の定めに従い資本金、資本準備金及びその他資本剰余金の増加額として定めた額をそれらの増加額とすることを原則とする方法である。
　② 吸収合併存続株式会社において増加する株主資本の各項目の額を吸収合併直前の吸収合併消滅株式会社の株主資本の各項目の額と連動させることを原則とする方法である。計算規則36条は、持分プーリング法に準じた方法によって計算が行われる場合の定めである。
ウ 株式等以外の財産の場合
　旧商法は、合併対価として存続株式会社株式以外の財産を交付することを認めていなかったが、本法は、合併の対価として、存続株式会社株式（本条1項2号イ）に加えて、それ以外の金銭等を合併対価とすることを認めた（「合併対価の柔軟化」）。この合併対価の柔軟化の1つとして、存続株式会社の社債（同号ロ）、新株予約権（同号ハ）、新株予約権付社債（同号ニ）の他に、「存続株式会社の株式等以外の財産」を合併対価とすることが認められる（同号ホ）。この「存続株式会社の株式等以外の財産」には、金銭や親会社の株式も含まれる。そのため、消滅株式会社の株主等に金銭のみを交付するいわゆる「交付金合併」や、子会社が、他の会社を吸収合併等する場合に、親会社の株式（親会社が外国会社である場合にはその外国会社の株式）を対価として交付するいわゆる「三角合併」（親会社が外国会社の場合には、日本国内の子会社を通じて日本会社との間で三角合併を行い、日本会社を完全子会社化することができる）が可能となる。
(ア) 交付金合併－現金による買収合併（Cash-out Merger：キャッシュ・ア

ウト・マージャー)

キャッシュ・アウトとは、現金を対価として少数株主の締出しを行うことをいう。少数株主の締出しにより、株価変動に左右されずに長期的視野に立つ経営が可能となり、株主総会の開催その他株主対応にかかる株主管理費用、IR 費用、監査費用等の経費の節減を図ることができる。

本法は、消滅株式会社の株主に存続株式会社の株式の代わりに金銭のみを交付して合併をすることを可能にした (本条 1 項 2 号、751 条 1 項 3 号)。旧商法当時も、理論的には、買収対象会社の株式を 100 パーセント取得した後に合併することで、現金による買収合併と同様の効果を実現し得たが、それは株主が少人数ならば別として、上場会社の株式を 100 パーセント取得することは不可能であった。交付金合併は、存続株式会社 (例えば外国会社の完全子会社) が自社の株主構成を変えないで合併を行いたい場合など、閉鎖型の会社の合併において効用が大きい (江頭・株式会社法 781 頁)。

交付金合併において、消滅株式会社の株主は金銭のみが交付され、存続株式会社の株式は交付されないので、存続株式会社の株主としての地位の承継はない。したがって、消滅株式会社の株主は、存続株式会社の合併によるシナジーの分配に与れないので、交付される金銭は合併によるシナジーの分配を含む適正な価格である必要がある (785 条 1 項)。この適正な価格の算定は、①従来の実務に従って合併比率を算定し、②その合併比率に応じてシナジーの分配を行う適否を検討し、③不適切とする特段の事情がなければシナジーによる企業価値の増加額を予想し、その現在価値を合併比率に従い分配するが、評価を伴うので一義的に決定できるものではない。

また、少数株主の締出しのみを目的とする合併の許否について見解が分かれる。①目的の不当性に基づいて合併を無効とする余地を認める見解 (江頭・株式会社法 821 頁)、②少数株主の一掃により企業価値を高めるという交付金合併制度の導入理由からすると、少数株主を締め出すことを主目的とすることも「正当な事業目的」がないとはいえず、むしろ法文に存在しない「正当な事業目的」という実体要件を課すことに否定的な見解 (藤田友敬「企業再編対価の柔軟化・子会社の定義」ジュリ 1267.109)、③少数株主の締出しについて正当性を求める明文規定を欠き、少数株主の締出し自体には法律上正当性があるといえるが、少数株主の保護の観点から権利濫用として違法となる余地があるとする見解 (久保寛展「少数株主の締め出しの正当性と権利濫用」森本滋先生還暦記念『企業法の課題と展望』158 頁) などが説かれている (浦岡洋・論点体系(5)268 頁)。東京地判平成 22 年 9 月 6 日判タ 1334.117 は、吸収合併の事案ではないが、株式会社が全部取得条項付種類株式を利用

して現金を対価として少数株主を排除したのに対し、少数株主が総会決議の無効を主張したところ、裁判所が、多数決により公正な対価をもって株主資格を失わせること自体は本法が予定しているとして、その主張を排斥した。

なお、少数株主の排除のみが目的である合併に特有の問題ではないが、特別利害関係人が議決権を行使し、それが著しく不当な決議となる場合は、合併承認決議取消事由に当たることになる（831条1項3号）。

訴訟物　　XのY株式会社に対する合併承認決議取消権
　　＊本件は、株主総会における交付金合併等の承認決議に関し、「特別の利害関係を有する者が議決権を行使したことによって、著しく不当な決議がされた」（831条1項3号）として、株主総会決議取消しの訴えが提起された事案である。この訴えは、合併の効力が生ずると、訴えの利益がなくなり、そのままでは訴え却下となるので、合併無効の訴えに「訴えの変更」（民訴143条）すべきである。

請求原因　1　Xは、請求原因2の当時、A株式会社の株主であったこと
　　2　Y会社はA会社との間で、Y会社が存続株式会社、A会社が消滅株式会社となり、A会社株主に対して金銭を交付する吸収合併契約を締結したこと
　　3　Y会社は、請求原因2の合併契約を承認する株主総会決議をしたこと
　　4　請求原因3の決議は、Y会社が議決権を行使したことによって、著しく不当な決議がされたものであるとの評価根拠事実
　　＊請求原因3と4が合併無効原因を構成する。
　　＊例えば、少数株主の締出しについては、主要株主等の持株比率が上場廃止基準に触れる程度になっている場合に、金融商品取引法の継続開示の負担等を免れるために交付金合併を行うことは、事業上合理的な目的があるから不当ではない。これに対して、上場廃止基準に抵触する可能性が低く、また、市場での株式の取引も活発で、株式に流動性が認められる場合の交付金合併は不当との評価を受ける余地がある。買収対象会社の完全子会社化を意図した取引で、買収者が当初公開買付けにより多数の株式を取得した上で交付金合併等を行う場合には、公開買付けによる株式取得の前に交付金の金額も含めて開示され、公開買付けの買付価格と交付金の金額が実

質的に同等に設定されているものであれば、公開買付けから交付金合併までを一連の取引と捉えて独立した当事者間の取引としてみるべきであり、最終段階での交付金合併等の決議において買収者が特別利害関係人として決議に参加する事実を過大に評価すべきではなく、原則として不当というべきではない（藤縄憲一=田中信隆「新会社法の実務上の要点」商事1274.18）。

5　請求原因2の合併契約が定める合併の効力発生日が到来したこと

6　本訴は、株主総会決議の日から3か月以内に提起されたこと
＊831条1項に基づく事実である。

(イ) 三角合併 (Triangular Merger)

　三角合併とは、会社の吸収合併において、消滅株式会社の株主に対する合併対価として存続株式会社の親会社株式を交付してする合併をいう。すなわち、P社 (Parent) を親会社とする子会社S社 (Subsidiary) が存続株式会社となり、T社 (Target) を消滅株式会社とする吸収合併がされるときに、その対価としてT社株主にP社株式を交付することである。「存続株式会社の株式等以外の財産」（本条1項2号ホ）として存続株式会社の親会社株式を利用する類型が三角合併なのである。

　三角合併によると、①P社とS社が完全親子会社関係にあるときに、S社が企業グループ外のT社の事業を合併して承継する場合に、P社の株式を対価として交付すれば、P社とS社の完全親子会社を維持することができる。②三角合併の場合は、S社（実質的にはP社）は、T社を現金なくして買収できる。③三角合併の際に交付される親会社株式は、日本企業の株式に限られないため、外国企業が日本企業を買収する場合に自社株式を「その他の財産」たる対価として日本国内の子会社を通じて日本企業との間で三角合併を行い、日本企業を完全子会社化することも可能となった。三角合併といっても、合併契約の当事会社はS社及びT社であり、対価たる株式の発行主体のP社は、本件合併に事実上関与するにとどまる（合併対価に特殊性があるが、法的には吸収合併である）。なお、三角合併の当事会社は存続株式会社 (S社) 及び消滅株式会社 (T社) であるから、合併対価の発行主体であるP社が直接T社株主に対して自己株式を交付できず、一旦S社がT社株式を取得する必要がある。そのため、三角合併の場合は、子会社による親会社株式取得禁止の例外として、S社によるT社株式取得・保有が許さ

れる（800条、135条、施則23条8号）。なお、三角合併とは異なり、S社を消滅株式会社とし、T社を存続株式会社としてP社株式を交付する「逆三角合併」（Reverse Triangular Merger）は、認められない。

エ　無対価の場合

吸収合併においては、消滅株式会社の株主に合併対価を全く交付しないこと（「無対価合併」）も許される（本条1項2号は、「金銭等（……）を交付するときは」と規定しており、交付しない場合があることを想定している。そのため、合併の定義規定（2条27号、28号）に対価の存在が盛り込まれていない。また、施行規則182条3項における、749条1項2号及び3号に掲げる事項についての「定めがないこと」とは、無対価を意味する）。例えば、100パーセント親子会社間の親会社を存続株式会社とする合併や、共通の親会社の下の100パーセント子会社同士の合併の場合に行われる。新設型組織再編については、組織再編行為の直後に新設会社の株主が全く存在しない事態を想定できないから、吸収型組織再編についてのみ無対価の組織騙行為が認められると解される（753条1項6号等参照）。なお、無対価の組織再編行為は、債務超過会社の吸収合併のような場合に限られないが、対価として不均衡な場合は、株主総会の承認決議の取消事由や合併の差止めの対象となり得る。

オ　対価の選択の可否

吸収合併契約において、消滅株式会社株主が合併対価を選択できる条項（「消滅株式会社の株主は、その保有する消滅株式会社の株式1株に代わり、自らの選択により、存続株式会社の株式1株又は金○万円のいずれかの交付を受ける」）の効力について見解が分かれる。株主平等原則から消滅株式会社の全株主に平等に選択権を与えることを条件に肯定する見解がある（柴田和史・会社法コンメ(17)1128頁）。しかし、合併などの組織再編では対価について詳細な規定が置かれているのに、株主による対価の選択に関する手続規定が存在せず、仮に選択的対価条項を認めないとしても、合併対価として行使可能な期間を一定の期間に限った金銭を対価とする取得請求権付株式を用いれば、選択的対価と類似の効果が生じる（相澤他・論点解説78、676頁）ので否定すべきであろう。

(3)　合併比率（割当比率）

ア　意　義

(2)により存続株式会社が交付する金銭等を、消滅株式会社の株主に対しどのように割り当てるかに関する事項（「合併比率」又は「割当比率」。例えば、消滅株式会社の株主に対し、その所有する1株につき、存続株式会社の

いかなる内容の株式を何株割り当てるかという比率）を定めなければならない（本条1項3号）。本条1項3号は、前後2つの括弧書を置いている。前の括弧書によると、消滅株式会社の株主として、消滅株式会社及び存続株式会社が除かれているが、これは、それらの有する消滅株式会社の株式に対しては割当て（自己株式の発生となるような割当て）がされないこと（合併とともに消滅する）を意味する。

存続株式会社が交付する金銭等をいつの時点の消滅株式会社株主に対し割り当てるべきかについては、理論的には、合併承認決議から効力発生日の間であれば、合併契約において、いつの時点の株主と定めてもよいが（今井宏・新注会(13)85頁）、吸収合併の効力発生日（又はその前日）の株主と定める例が多い。

ところで、合併比率は、合併当事会社の企業価値のバランスを示すものである。吸収合併において、消滅株式会社の株主は、合併契約で定められた存続株式会社の株式・社債・金銭等の割当てを合併比率に基づいて受ける（本条1項2号・3号）ので、合併比率は、当事会社株主にとって重大な利害関係がある。そのため、本法は、この割当てに関する事項を吸収合併契約書の絶対的記載事項とし（本条1項3号）、また株主総会における合併契約書の承認決議を特別決議として（783条1項、795条1項、309条2項12号。ただし、略式合併・簡易合併では総会決議は不要（784条、796条））、当事会社株主の利益保護を図り、合併に反対する株主には株式買取請求権を認めて（785条、797条）、その経済的利益を図っている。

イ　合併比率の算出

合併比率は、両当事会社の企業価値によって決まるが、企業価値の算定は、DCF（Discounted Cash Flow ディスカウンティッド・キャッシュ・フロー）法による事業価値の比較により行うのが、企業財務理論上妥当とされる。企業価値は、清算価値ではなく、継続企業価値（going concern value）として把握し、将来のキャッシュ創出額により計るのが妥当だからである。ただし、DCF法を基本として、その他の算定方法（類似企業比較法等）の結果を加味して算定するのが実務であり、上場企業の場合は市場株価も考慮することとなる。

ウ　合併（割当）比率の調整のための金銭の交付等

上記(2)で定めた存続株式会社・新設会社の株式を各消滅株式会社株主に対し持株数に比例して配分すると、各株主に交付する株式数に端数が生じる場合は、競売等の処理が必要となる（234条1項5号・6号）。そこで実務的には、吸収合併においては、合併契約において割当比率の調整のための金銭

の交付（本条1項2号ホ）を定める。例えば、割当比率が消滅株式会社の普通株式1株に対し存続株式会社の普通株式1.1株の計算になる場合には、0.1株に相当する金銭評価額を定めて交付する（割当比率の調整のための合併交付金）。新設合併の場合の割当比率の調整方法としては、社債等を交付するか（753条1項8号、755条1項6号）、又は端数が生じないよう合併の効力発生前に消滅会社の株式の分割・併合を行うことになる。

エ　種類株式間の合併（割当）比率

消滅株式会社の種類株式のすべてに市場価格があれば、割当比率の決定は比較的容易であるが、いずれかの株式に市場価格がないときは、ある種類株式の株主に損害を及ぼすおそれがない割当比率を決定することは困難であり、種類株主総会（322条1項7号）又は株式買取請求権（322条2項、785条2項1号、806条2項）による処理が必要となる。

オ　不公正な合併比率

株主にとって重大な利害関係を有する合併比率が企業価値に照らして不公正である場合に、合併無効事由となるかという問題があり、見解は分かれている。

第1説は、合併比率が不公正であっても、その比率を内容とする合併契約の承認決議がされたときは、比率の不公平自体は合併無効の原因とはならず、消滅株式会社の反対株主の救済としては株式買取請求権を行使をすれば足りるとする（上柳克郎・会社法・手形法論集194頁）。この見解に対しては、株主としてとどまりつつ不公正な合併の是正を図れないという批判があったが、本法は、合併対価を柔軟化した（株主としてとどまることは保護法益ではなくなった）ので、この批判は当たらないこととなった。

第2説は、合併比率が不公正であるのみでは株式買取請求権の行使によって救済が予定されていることから合併無効原因とならないが、株主総会の合併承認決議において特別利害関係人の議決権行使により著しく不公正な合併比率が承認された場合には、決議取消原因となり（831条1項3号）、それは合併無効原因となるとする（江頭・株式会社法794頁、前田・入門716頁、相澤他・論点解説679-680頁）。

第3説は、合併比率が著しく不公正である場合には合併無効原因となるとする（鈴木=竹内・会社法510頁、神田・会社法341頁、龍田・大要472頁）。株式買取請求権の保護では不十分であり、株主として会社にとどまることは保護法益でないとしても、合併比率が著しく不公正である場合には、無効とすべきであることを根拠とする。

最判平成5年10月5日資料版商事116.196は、合併比率の不当又は不公

正それ自体は、合併契約の承認決議に反対した株主において株式買取請求権を行使できるのであるから、合併無効の原因とはならないとする。その原審である東京高判平成2年1月31日資料版商事77.193は、「Xは、合併比率が著しく不当かつ不公正であることが合併無効事由に該当すると主張するが、合併比率が不当であるとしても、合併契約の承認決議に反対した株主は、会社に対し、株式買取請求権を行使できるのであるから、これに鑑みると、合併比率の不当又は不公正ということ自体が合併無効事由になるものではないというべきである。……仮に合併比率が著しく不公正な場合には、それが合併無効事由になるとのXの主張を前提にしても、……各合併当事会社の株式の価値及びそれに照応する合併比率は、……多くの事情を勘案して種々の方式によって算定されうるのであるから、厳密に客観的正確性をもって唯一の数値とは確定しえず、微妙な企業価値の測定として許される範囲を超えない限り、著しく不当とは言えない」と判示する。後段の判示部分は、第2説を採るかのようであるが、傍論である。

> **訴訟物** 　XのY株式会社に対する株主総会決議取消権
> 　　＊本件は、吸収合併の存続株式会社が支配会社、消滅株式会社が従属会社であって、実質債務超過の消滅株式会社の株主に対して合併対価として何らの財産も交付されないときに、特別利害関係人の議決権行使が株主総会の決議取消事由に該当するかが争点となった事案である。
> 　　＊請求の趣旨は、「Yの平成○年○月○日開催の株主総会における合併承認決議を取り消す。」である。合併決議の後合併の効力発生日以前においては、合併無効の訴えを提起できず、合併決議の効力を問題とするにとどまる。しかし、合併の効力発生後は、合併決議取消しの訴えは、訴えの利益を失って訴えは却下されるので、合併無効の訴えに「訴えの変更」（民訴143条）する必要がある。
> 　　＊①合併比率を規制する規定は存在せず、②合併比率は株式の評価方法や各会社の状況等によって異なり、合併当事会社の私的自治により決すべき事項であるので、合併比率の不公正は、合併の無効原因（828条1項7号・8号）とはならない（前掲平成5年最判）。合併契約の内容に不満の株主には、株式買取請求権よる保護がある。ただし、存続株式会社が消滅株式会社の株主である場合には、存続株式会社は「特別の利

害関係を有する者」に該当するから、存続株式会社の議決権の行使により、著しく不当な決議がされた場合は、決議取消事由（831条1項3号）になり得る。

請求原因
1　XはY会社（発行済株式総数10,000株）の1,000株の株主であること
2　Y会社は、株主総会を開催し、A株式会社に吸収合併される旨の決議をしたこと
3　請求原因2の決議は、出席株主の株式9,000株のうち、A会社の有する株式、8,000株の賛成（Xの有する株式1,000株の反対）で可決されたこと
　＊株主Aが請求原因2の決議につき特別の利害関係を有することを示す事実である。著しく不公正な合併比率を内容とする合併契約（請求原因4）を承認する決議が、特別利害関係人が議決権を行使したことにより成立した場合、著しく不当な決議として、合併承認決議の取消原因があるもの（831条1項3号）と解される。
4　請求原因2の吸収合併は、消滅株式会社Y会社の株主に対価としても何も給付されない条件であること
　＊決議が不当であることを基礎づける事実である。ただ、①吸収合併されるY会社が実質債務超過の状態にあった場合は、消滅株式会社の株主が有していた株式は無価値と評価でき、Y会社の株主に対する合併対価の不交付は不合理でないこと、②本条1項2号は、消滅株式会社の株主に対してその株式に代わる「金銭等を交付するときは」と定めて、消滅株式会社株主に対して財産を交付しない吸収合併もあり得るとしていること、③全部取得条項付種類株式の導入は、従来の無償100パーセント減資を債務超過時に多数決原理で実現することにあったことからすると、本法は、実質債務超過の状態の会社の株式を多数決原理により無償で取得することを許容する趣旨と解する余地があり、Y会社の株主に対して合併の対価として財産を交付しなくとも、それ自体では合併比率に著しい不当はなく、決議取消事由とならないと解し得る。しかし、消滅株式会社の合併契約承認決議が取消事由に該当するリスクを回避し、消滅株式会社の合併契約承認株主総会において消滅株式会社の株主が合併に賛成する動機とするた

めに、実質債務超過の状態にある会社を吸収合併する場合でも、合併対価として相当額の金銭等をY会社株主に交付することは、存続株式会社の取締役の経営判断として許容される。
5 本訴は、株主総会決議の日から3か月以内に提起されたこと

(4) 吸収合併消滅株式会社が新株予約権を発行している場合

消滅株式会社が新株予約権を発行している場合には、吸収合併契約において消滅株式会社の新株予約権に対する対価の定めを置く必要がある（本条1項4号）。新株予約権は債務の一種であるから、本来存続株式会社に承継されるはずであるが、新株予約権の目的が消滅株式会社株式から存続株式会社株式に変わるので、消滅株式会社に対する新株予約権は消滅するため、それに代わる存続株式会社の新株予約権又は金銭に関する定めが必要となった。

消滅株式会社の新株予約権者に交付されるのは、あくまで「当該新株予約権に代わる当該吸収合併存続株式会社の新株予約権」（本条1項4号）であり、消滅株式会社の新株予約権が新株予約権付社債に付された新株予約権であるときは、それに代わる存続株式会社の新株予約権は、その新株予約権付社債について社債に係る債務（存続株式会社において承継したもの）を社債部分とする新株予約権付社債に付された新株予約権となる。したがって、組織再編行為の効力発生により交付された新株予約権についても、254条2項・3項等が適用される（相澤他・論点解説685頁）。しかし、新株予約権は潜在的株式の性質があるので、交付金合併を行う場合等には、存続株式会社は新株予約権ではなく金銭の交付もできる（本条1項4号ハ）。いずれにしても、合併契約の定めが、消滅株式会社の新株予約権の発行決議において予め定められた合併に際しての存続株式会社の新株予約権の交付に関する条件（236条1項8号イ）に合致する場合を除き、新株予約権者に買取請求権を認めて（787条1項1号）、新株予約権者の保護を図る。

(5) 上記(4)の場合の割当比率

消滅株式会社が新株予約権を発行している場合には、吸収合併契約において消滅株式会社の新株予約権に対する対価を定めなければならないが（(4)参照）、それに伴い、消滅株式会社の新株予約権の新株予約権者に対する存続株式会社の新株予約権又は金銭の割当てに関する事項を定めなければならない（本条1項5号）。

(6) 効力発生日

ア 意　　義

吸収合併がその効力を生ずる日を定めなければならない（本条1項6号）。吸収合併の効力発生日は、①存続株式会社が消滅株式会社の権利義務を承継し（750条1項）、かつ、②消滅株式会社の株主・新株予約権者が存続株式会社の株主・新株予約権者等になる（750条3項-5項）日である。しかし、消滅株式会社の解散（消滅株式会社の代表取締役の代表権の喪失等）は、吸収合併の登記の後でなければ第三者に対し対抗することができない（750条2項）。つまり、吸収合併の効力発生日後の合併登記前に、消滅株式会社の代表取締役が消滅株式会社の所有する不動産を第三者に譲渡した場合の法律関係は、存続株式会社は、消滅株式会社の代表取締役であった者と取引をした第三者に対して、合併による消滅株式会社の消滅を主張することができず、不動産を引き渡す義務を負うこととなる。この具体的な設例は、750条の解説2及び3を参照されたい。

イ　効力発生日の変更

合併の効力発生日は、両当事会社の合意により変更することができる（790条1項）。合併契約で定めた効力発生日までに合併手続が進行しない場合（例えば、その日までに債権者保護手続が終了しないとき）に、その効力発生日を変更すること等が考えられる。この場合は、消滅株式会社は、変更前の効力発生日（変更後の効力発生日が変更前の効力発生日前の日である場合にはその変更後の効力発生日）の前日までに、変更後の効力発生日を公告しなければならない（790条2項）。効力発生日を変更したときは、変更後の効力発生日を効力発生日とみなして、その日に存続株式会社が消滅株式会社の権利義務を承継する（790条3項）。

(7)　任意的記載事項

(1)ないし(6)の法定記載事項のほか、実務では、①剰余金の配当についての限度額に関する事項、②存続株式会社の定款変更に関する事項、③存続株式会社の取締役・監査役に関する事項のほか、④合併に伴い退職する役員の退職慰労金の支給に関する事項、⑤合併承認総会の期日に関する事項、⑥効力発生日までの業務執行における善管注意義務に関する事項、⑦事情変更による解除等に関する事項等を記載されることが多い。しかし、「吸収合併契約等」（783条1項、795条1項）、「新設合併契約等」（804条1項）としての合併承認決議の対象は、法定事項であって、それ以外の事項に関する株主総会決議は、合併承認決議とは別の決議である（相澤・新会社法解説191頁）。そのため、法定記載事項以外に違法な記載があっても、合併承認決議の効力には影響がない。

ア　存続株式会社等の取締役等の選任に関する事項

存続株式会社等の取締役・監査役の選任に関する事項は、吸収合併契約に定めるべき法定記載事項とされていない（本条）。任意に定めることは差し支えないが、それは債権的効力を有するに過ぎず、存続株式会社・承継会社において、吸収合併契約・吸収分割契約を承認する株主総会決議とは別に、取締役等の選任決議を経る必要がある（相澤他・論点解説681頁）。

イ　吸収合併契約・吸収分割契約に定めた合併等の効力発生を条件とする定款変更

　存続株式会社の定款変更に関する事項は、吸収合併契約に定めるべき法定記載事項とはされていない。もちろん、任意に定めることは妨げないが、この事項を定めても、吸収合併の法的効果に直接関連するものでなく債権的効力を有するに過ぎないから、吸収合併契約・吸収分割契約の際に、直ちに定款変更の効力が生ずるものではない。定款変更の効力を生ずるためには、存続株式会社・承継会社において、吸収合併契約・吸収分割契約を承認する株主総会決議とは別に、定款変更決議（466条等）を経る必要がある。簡易合併等の場合も、定款変更を要するときは、定款変更の決議を経る必要がある。

ウ　合併前の配当

　旧商法では、合併の日までに合併当事会社が利益配当又は中間配当を行う場合、その限度額の記載を要したが（旧商409条7号）、本法は必要としない。旧商法が利益配当などの限度額の記載を要求した理由は、合併比率の適正の維持のためとされていたが、利益配当の予定があるのであれば当事者間でそれを勘案して割当比率を定めれば足り、限度額の記載を要求する必要はないからである。ただ、実務的には、合併当事会社に剰余金配当の予定があって、その金額を踏まえて合併比率を定めた場合には、その旨を記載しておくであろうし、予定の剰余金配当が大きく変動し合併比率の変更を要する場合には、対応する規定を設けて手当てをしておく必要がある。

エ　解除条項

　当事者間で合併契約締結前に開示された情報に重大な誤りがあった場合、合併契約締結後の一方当事者の財務状況に重大な影響が生じる事象が発生した場合を解除事由とすることがある。旧商法においては、登記が合併の効力要件であったから、合併契約の解除を主張する当事者は、登記に協力しないことで合併の発効を阻止できた。しかし、本法の下では、吸収合併の場合は、効力発生日に効力が生じるため、解除事由が発生したか否かにつき争いがある場合には、その解決は容易でない。

2 吸収合併消滅株式会社が種類株式発行会社である場合

吸収合併消滅株式会社が種類株式発行会社であるときは、種類株式の内容に応じ、本条2項3号に関する事項として、①特定の種類株式の株主に対して金銭等の割当てをしないときは、その旨及びその株式の種類（本条2項1号）、②金銭等の割当てについて株式の種類ごとに異なる取扱いを行うときは、その旨及びその異なる取扱いの内容を、定めることができる（本条2項2号）。①は、ある種類株式について、相手会社の株式その他の対価を割り当てないことを認めているが、どのような状況を想定したものか（およそ無対価で消滅させることができる株式の種類として何を想定しているのか）、疑問があるとする（稲葉・解明662頁）。

3 株主平等の原則

この金銭等の割当てに関する定めは、消滅株式会社の株主の有する株式の数に応じて金銭等の交付を受けることを内容とする必要がある（本条3項）。株主平等の原則の現れである。もっとも、次の2つの例外がある。
(1) 上述の株主として、①消滅株式会社、②存続株式会社並びに③消滅株式会社が種類株式発行会社であって、その発行する種類の株式の内容が金銭等の割当てに関する事項としてその種類の株式の株主に対して金銭等の割当てをしないと定められている種類の株式の株主は除かれる（本条3項の前の括弧書）。これらの株主については、その有する株式の数に応じて金銭等の交付を受けることを内容とするものでなくてもよく、それらの者には、金銭等の交付をしないという定めをすることも許される。
(2) 種類株ごとの平等を要求するものである。すなわち、金銭等の割当てについて株式の種類ごとに異なる取扱いを行うこととする定めがある場合には、各種類の株式の数に応じて金銭等の交付を受けることを内容とする必要がある（本条3項の後の括弧書）。

この金銭等の割当てに関する事項は、存続株式会社及び消滅株式会社－合併当事会社－の株主（吸収合併消滅会社が持分会社である場合にはその社員を含む）にとって、その合併が公正であるかを判断する重要な資料となる。なお、旧商法当時は、合併対価が存続株式会社の株式及び合併交付金としての金銭の交付に限られていたので、合併の公正さは、株式の割当比率によって判断されていた。本法では、合併対価が多様化されたので、その公正さの判断は複雑さを増すことになった。

訴訟物　　XのY株式会社に対する吸収合併無効権（形成）

＊本件は、Y会社がA株式会社を吸収合併するに当たって、合併契約の必要的合意事項が欠けていることを理由として合併無効の訴えが提起された事案である。

＊請求の趣旨は、「Y会社と消滅株式会社A会社（解散時の本店所在地、東京都千代田区丸の内一丁目〇番〇号）との間において、平成〇年〇月〇日にされた合併は、これを無効とする。」である。吸収合併無効の訴えは、消滅株式会社の回復と存続株式会社の発行した株式の無効という効果を生じさせる形成の訴えである。

請求原因
1 Y会社はA会社との間で、Y会社が存続株式会社、A会社が消滅株式会社となる吸収合併契約を締結したこと
2 請求原因1の合併契約が定める合併の効力発生日が到来したこと
3 Xは、その行為の効力が生じた日において吸収合併をする会社の株主等又は吸収合併存続株式会社の株主等、破産管財人若しくは吸収合併について承認をしなかった債権者であること
4 合併契約の必要的合意事項が欠けていること

＊旧商法においては、合併契約書（旧商408条1項、411条1項）を全く作成せず、又は法定の必要的記載事項（旧商409条、410条）を記載しなかった場合は、合併無効の原因となると解されていた（前掲昭和19年大判参照）。しかし、本法は、「合併契約書」を作成すべき要式契約とはしておらず（748条）、合併契約の中で必要的に決定すべき事項を定めるにとどまり（本条1項、751条1項、753条1項、755条1項）、記載漏れ自体は、無効事由と解されない。しかし、合併契約の必要的決定事項が欠如している場合には、合併の無効原因となることは変わらない（佐々木宗啓=野崎治子=金澤秀樹・類型別会社訴訟Ⅱ720-721頁）。

＊合併無効事由については、定めが置かれていないが、一般に、①合併会社が当事者適格を欠く場合、②合併契約の錯誤・詐欺・強迫など一般私法上の瑕疵がある場合、③合併契約書の作成がないか、作成が違法な場合、④合併決議が存在しないか、合併決議に無効・取消原因がある場合、⑤債権者保護手続がされなかった場合、⑥新設合併において設立委員による定款作成がなかった場合、⑦独占禁止法15条、18条

の合併制限に違反する場合、⑧合併登記が無効の場合等である。
　　　＊合併契約に錯誤・詐欺・強迫など一般私法上の瑕疵がある場合も合併無効事由になると一般に解されている。しかし、これらの事由は、51条2項が類推適用されると解すべきであって、合併登記までに主張されないときは、合併無効事由とならないと解すべきである。
　　5　本訴は、吸収合併の効力が生じた日から6か月以内に提起されたこと

4　債務超過会社を消滅会社とする吸収合併・新設合併
　債務超過の意義には、①消滅会社が合併直前の貸借対照表上、簿価債務超過という意義と②消滅会社の合併直前の資産がその債務を完済できないという実質債務超過の意義があるが、いずれの意義であっても、以下述べるとおり、債務超過会社を消滅会社とする吸収合併・新設合併は可能である。
(1)　実質債務超過会社を合併する場合の株主総会の決議要件
　実質債務超過の状態にある株式会社を吸収合併する場合において、吸収合併契約を承認する存続会社の株主総会の決議要件については、株主に持分の一部放棄を強制することになるため多数決原理による承認の限界を超えることなどを根拠にして、存続会社の株主全員の同意を要するとの見解がある（今井宏・新注会(1)136頁）。しかし、この見解は、明文規定に反し、株主に直接義務を発生させるものではないから、株主全員の同意を要求する理由もないというべきである。株式会社が株式を発行する場合において、既存の株主の経済的価値が減少する場面は、第三者に対する株式の有利発行でも生じることであって、実質債務超過の定義自体の不明確さに起因する法的不安定を回避すべきである。すなわち、実質債務超過会社を吸収合併する場合でも、その承認決議の要件は、通常の吸収合併の承認決議の要件（309条2項12号）と同一である（相澤他・論点解説673頁）。
(2)　会計上の処理
　このような合併の場合、会社の資産として営業権を計上し、資産の再評価を行ってもなお債務超過である場合（実質債務超過）には、無増資合併しかできないとする見解がある。しかし、本法は、①簿価債務超過会社の合併も許容しており、②消滅株式会社の財産の評価については絶対的な基準がなく、合併当事会社が消滅株式会社の資産に価値を認めているなら、それを尊重し、客観的な価値との差額は、存続株式会社の見込み違いとして、のれん

の減損等により処理するのが会計基準と整合するし、③株主・債権者の保護は株式買取請求権や債権者保護手続により図られているから、実質債務超過か否かにかかわらず、存続株式会社が株式を発行する類型の吸収合併を行うことは可能であり、その際の資本金の増加額は計算規則に従って定められる（相澤他・論点解説672-673頁）。

(3) 親会社の経営破綻状況の子会社の吸収合併

親会社が経営破綻状況の子会社を救済する例は多い。ただ親会社にその法的義務はないため、このような吸収合併する親会社取締役の判断が経営判断の原則に照らして妥当か否かが問題となる。①子会社を救済するために吸収合併することが親会社自身の利益（親子会社間の営業上の関係が密接で、子会社救済が親会社の営業上の損失の回避となる）に合致するか、②合併の結果、親会社が受ける利益と親会社が被る経済的負担・不利益とを可能な限り数量化して比較し、前者が後者を上回ると合理的に判断されるかなど、その判断基準は微妙である。

訴訟物　　A株式会社のYに対する423条1項に基づく損害賠償請求権

＊本件は、A会社が実質的に債務超過の状況にあるB株式会社を吸収合併するにつき、合併条件が不公正な合併契約を締結したので、A会社の株主Xが同社の代表取締役Yに対して、代表訴訟を提起した事案である。

＊株主代表訴訟の原告は株主Xであるが、訴訟物は「A会社のYに対する423条1項に基づく損害賠償請求権」である。

請求原因　1　Xは、6か月（これを下回る期間を定款で定めた場合にあっては、その期間）前から引き続きA会社の株式を有する株主であること

＊847条1項に基づく事実である。A会社が、公開会社でない場合には、請求原因1は、「Xは、A会社の株主であること」で足りる（847条2項）。

2　Yは、請求原因4の当時、代表取締役であったこと
3　請求原因1のXは、A会社に対し、書面その他の法務省令（施則217条）で定める方法によって、Yの責任（請求原因4ないし7に基づく責任）を追及する訴えの提起を請求したこと
4　Yは、A会社が実質的に債務超過の状況にあるB会社を吸収合併するにつき、合併条件が不公正な合併契約を締結したこ

と
* 請求原因4は、Yの取締役としての任務懈怠行為を示す事実として主張されている。
* 大阪地判平成12年5月31日判時1742.141は、合併契約における合併比率が不合理・不公平のために、合併会社に損害が生じたと主張された株主代表訴訟であるが、「仮に、合併比率が合併当事会社であるA会社とB会社の資産内容からみて不合理、不公平であり、消滅会社であるB会社の株主に対し同社の資産内容に比して過当な株式（存続会社であるA会社の株式）が割り当てられたとしても、合併により、消滅会社であるB会社の資産及び負債は全て包括的に存続会社であるA会社に引き継がれており、合併交付金の支払いという形での資産の流出もなく、また、新たな債務負担はないのであるから、消滅会社であるB会社の株主が不当に利得する反面、存続会社であるA会社の株主が損失を被ることになるとしても、存続会社であるA会社自体には何ら損害は生じないものと解される（なお、存続会社であるA会社の株主が、合併比率が不合理、不公平であり合併により損害を受けると信じたのであれば、商法が定める手続を踐み、株式買取請求権を行使することにより、その損害を回避することができたものである）。」と判示する（江頭・株式会社法795頁は、判旨に賛成）。しかし、実質債務超過の状態にある会社を吸収合併した結果、合併後の存続会社の企業価値が合併前の存続会社の企業価値より低下したときは、合併によって存続会社に損害が生じているので、この裁判例とは事案を異にする。本件は、存続会社の取締役について善管注意義務違反に基づく会社に対する損害賠償責任が肯定される場合があろう（太田洋=矢野正紘・実務相談318頁）。

5　A会社の損害発生及びその数額
6　請求原因4と5の因果関係
7　A会社は、請求原因3の請求の日から60日が経過しても訴えを提起しなかったこと

●(株式会社が存続する吸収合併の効力の発生等)

第750条 吸収合併存続株式会社は、効力発生日に、吸収合併消滅会社の権利義務を承継する。
2 吸収合併消滅会社の吸収合併による解散は、吸収合併の登記の後でなければ、これをもって第三者に対抗することができない。
3 次の各号に掲げる場合には、吸収合併消滅株式会社の株主又は吸収合併消滅持分会社の社員は、効力発生日に、前条第1項第3号に掲げる事項についての定めに従い、当該各号に定める者となる。
　一 前条第1項第2号イに掲げる事項についての定めがある場合　同号イの株式の株主
　二 前条第1項第2号ロに掲げる事項についての定めがある場合　同号ロの社債の社債権者
　三 前条第1項第2号ハに掲げる事項についての定めがある場合　同号ハの新株予約権の新株予約権者
　四 前条第1項第2号ニに掲げる事項についての定めがある場合　同号ニの新株予約権付社債についての社債の社債権者及び当該新株予約権付社債に付された新株予約権の新株予約権者
4 吸収合併消滅株式会社の新株予約権は、効力発生日に、消滅する。
5 前条第1項第4号イに規定する場合には、吸収合併消滅株式会社の新株予約権の新株予約権者は、効力発生日に、同項第5号に掲げる事項についての定めに従い、同項第4号イの吸収合併存続株式会社の新株予約権の新株予約権者となる。
6 前各項の規定は、第789条(第1項第3号及び第2項第3号を除き、第793条第2項において準用する場合を含む。)若しくは第799条の規定による手続が終了していない場合又は吸収合併を中止した場合には、適用しない。

1　合併の効果
(1) 効力発生日
　本条1項は、吸収合併存続株式会社は、効力発生日に、吸収合併消滅会社の権利義務を承継することを定める。旧商法は登記時に吸収合併の効力が生じるとしていたが(旧商102条、416条1項)、上場会社等の株式の流通面で

支障があったので、本条は、登記時ではなく、効力発生日（合併契約で定めた一定の日）においてその効力が生じるとした（本条1項）。また、会社は効力発生日を変更することができるが（790条1項）、その場合に公告を要求しているのも（790条2項）、効力発生日が利害関係人に大きな影響を与えるからである。したがって、効力発生日として確定日を定めず、「存続会社の代表取締役が定めた日」というような定めを置くことは、利害関係人に一律に効力発生日を知らせることが制度的に保障されないので、許容されないと解される。確定日を定めた上で、不都合が生じた場合には、その変更手続を執れば足りる（相澤他・論点解説703-704頁）。

(2) 私法上の権利義務の包括承継

合併は、相続と並んで包括承継という法律効果を生じさせる。消滅会社の権利義務はすべて一括して法律上当然に移転し、個々の権利義務について個別の移転行為は不要である。例えば、消滅会社の債務引受けについても個々の債権者の承諾の手続は必要としない。消滅会社と従業員間の雇用契約や賃貸借契約などの継続的法律関係も当事会社間に特段の合意がない限り、存続株式会社に承継される。契約によってその一部について移転を留保することはできない。その意味で、本条は（752条1項、新設合併についての754条1項、756条1項も含め）、遺産承継に関する民法896条とパラレルな条文である。要件事実論の観点からいうと、合併前の消滅会社に対する債権者が存続株式会社に対してその支払を求める訴訟の場合、原告たる債権者が合併の事実を主張立証すべき負担を負う。この理は、被相続人に対する債権者が相続人にその支払を求める場合に、債権者が相続の事実（「被相続人の死亡」「被告が被相続人の相続人の関係にあること」）を主張立証すべき責任を負担するのと同様である。吸収合併存続株式会社が吸収合併消滅会社の権利義務を承継するのは、吸収合併消滅会社の債権者保護のためであるから、一般に義務を承継しない旨の決議をしてもその決議は無効である（今井宏・新注会(1)428頁）。合併による債権の承継については、民法467条による対抗要件を具備する必要はない。

訴訟物　XのY株式会社に対する賃貸借契約に基づく賃料請求権
＊本件は、消滅会社であるA株式会社に対する債権者Xが、存続株式会社であるY会社に対して賃料請求をした事案である。

請求原因　1　XはA会社に対し、本件建物を賃貸期間を引渡しの日から10年間、賃料月額○万円の約定で賃貸する契約を締結したこ

と
2　XはA会社に対し、請求原因1の賃貸借契約に基づき、本件建物を引き渡したこと
3　請求原因2の引渡しの日の後、一定期間が経過したこと
　＊請求原因3は、賃料発生期間の経過の主張である。
4　A会社とY会社は、Y会社を存続株式会社、A会社を消滅株式会社とする吸収合併をしたこと
　＊請求原因4は事実主張ではなく、一種の権利（状態）主張と解されるが、当事者に異議がなければ、合併の事実の簡略主張として許されるであろう。
　＊大判大正6年9月26日民録23.1498は、「合併後存続スル会社ハ合併ニ因リテ消滅シタル会社ノ権利義務ヲ包括的ニ承継スルコトハ商法第82条〔本条1項〕ノ定ムル所ニシテ義務ヲ承継スルノ規定ハ合併ニヨリ消滅シタル会社ノ債権者ヲ保護スルカ為メニ設ケラレタルモノナレハ公益規定ニシテ一般ニ義務ヲ承継セサル旨ノ反対決議ヲ為スモ無効ナリト謂ハサルヘカラス蓋シ若シ此決議ニシテ有効ナリトセハ被併合会社ノ債権者ハ全ク其債権ヲ失フニ至ルヘク然ラサレハ被併合会社ニ対シ清算ノ手続ヲ行ハサルヘカラサルニ至ルヘシ然ルニ被併合会社ニ対シ清算手続ヲ行フハ其会社ノ財産ヲ換価処分シ又ハ之ヲ分配スルコトトナリ会社合併ノ目的ト相容レサルヲ以テナリ故ニ原裁判所カ商法第82条ヲ以テ公益規定ト解シ本件債務不承継ノ決議ヲ無効ナリト判断シタルハ相当ニシテ上告論旨ハ其理由ナシ」と判示する。この判例によれば、「Y会社は、A会社との合併について、同社がXに対して負担する（滞納）賃料債務を承継しない旨の株主総会決議をしたこと」は、主張自体失当である（江頭・株式会社法780-781頁は、「存続会社・新設会社は、合併により消滅会社の権利義務を一般承継するから、たとい消滅会社の債務の全部または一部を承継しない旨の合併承認決議をしても、承継しない旨の条項が無効である。」とする）。

訴訟物　　X株式会社のYに対する消費貸借契約に基づく貸金返還請求権
　＊本件は、存続株式会社であるX会社が、消滅株式会社であ

るA株式会社の有していたYに対する債権の支払を求めた事案である。

請求原因 1 A会社はYに対し、1,000万円を弁済期平成〇年〇月〇日の約定で貸し渡したこと
2 X会社とA会社は、X会社を存続株式会社、A会社を消滅株式会社とする吸収合併をしたこと
3 請求原因1の弁済期が到来したこと
＊合併による債権の承継については、民法467条に基づく対抗要件を具備することを要しない。したがって、対抗要件の立証責任について一般に権利抗弁説を採るとしても（司研・要件事実第一巻250頁）、本件設例においては、Yの対抗要件の抗弁は成立しない。

(3) 公法上の権利義務の承継

合併によって消滅会社の公法上の権利義務が存続会社に承継されるか否かは、その公法上の制度が設けられた趣旨に照らし個別に判断することになる（江頭・株式会社法782-783頁）。

ア　営業免許

消滅会社が有していた営業免許などは、解散会社の人的・物的状況を考慮して与えられるのが普通であり、一般的に承継の対象にならないから、免許の取直しが必要となることが多いであろう。

イ　民事訴訟の当事者の地位

消滅会社が当事者となっている民事訴訟は合併により中断し、存続会社・新設会社がそれを受継するが、消滅会社の設立無効、総会決議の無効・取消しの訴えなど会社法上の訴訟は、被告適格は消滅会社に専属するから承継しないと解される（今井宏・新注会(1)433-434頁）。

ウ　刑事責任

存続株式会社に対し消滅株式会社の刑事責任を追及することはできない（最判昭和59年2月24日刑集38.4.1287）。しかし、確定済みの罰金刑等は、存続株式会社等に承継される（刑訴492条）。なお、「法人ノ役員処罰ニ関スル法律」は「法人ノ業務ヲ執行スル社員、取締役、会計参与、執行役、理事、監査役又ハ監事ニシテ刑事訴追又ハ刑ノ執行ヲ免レシムル為合併其ノ他ノ方法ニ依リ法人ヲ消滅セシメタル者ハ5年以下ノ懲役ニ処ス」（整備法124条による改正後）と、定める。

(4) 消滅株式会社の株主の承継

　旧商法においては、消滅株式会社の株主は、合併の対価として、存続株式会社・新設会社の株式の交付を受けたので、合併の効果として株主の承継が挙げられていた。しかし、本法における吸収合併の場合は、消滅株式会社の株主に、存続株式会社の株式のほか社債、新株予約権、新株予約権付社債、又は現金を含むその他の財産を交付されるので、消滅株式会社の株主は当然には存続株式会社の株主として承継されなくなった。

2　吸収合併による解散の対抗要件

　吸収合併消滅会社の吸収合併による解散は、吸収合併の登記の後でなければ、これをもって第三者に対抗することができない（本条2項）。そうすると、吸収合併の効力発生日の後に合併の登記をすると、効力発生日から登記がされるまでの間、登記上は、例えば、消滅株式会社の代表取締役はなお代表権を有するような外観を有することとなって、その間の法律関係が不明確になる。そこで、本条2項は、合併の登記がされるまでの間は、消滅株式会社は、第三者の善意・悪意を問わず、消滅株式会社の解散を対抗できないこととした（登記の効力の一般規定である908条1項に対する特則）（神田・会社法340頁）。

　訴訟物　　ＸのＹ株式会社に対する所有権に基づく返還請求権としての土地引渡請求権

　　　　＊本件は、Ａ株式会社とＹ会社間の吸収合併の効力発生日の後に、消滅株式会社であるＡ会社の代表取締役Ｂが同社の所有する土地を第三者Ｘに売買したので、Ｘが存続株式会社のＹ会社に対し、本件土地の引渡しを求め、吸収合併の登記が売買に先立ってされたか否かが争点となった事案である。

　　　　＊吸収合併の場合、消滅株式会社から存続株式会社への権利義務の一般承継は、合併契約で定めた効力発生日に生ずる（749条1項6号、本条1項、751条1項7号、752条1項）。吸収合併の場合、合併登記前の一定日にその効力が生ずると、効力発生日から合併登記がされるまでの間、登記上消滅株式会社がなお存在し、消滅株式会社の代表取締役であった者がなお消滅株式会社の代表権を有する外観を呈する。そのため、合併により本来存続株式会社に承継されている消滅株式

会社の不動産を消滅株式会社の代表取締役であった者が消滅株式会社を代表して譲渡する事態が生じ得る。本法は、このような事態に備えて、吸収合併による消滅株式会社の消滅の効果については、合併の登記をするまでの間は、第三者に対し、その善意・悪意を問わず、対抗できないとしている（本条2項、752条2項）。したがって、本件の抗弁が成立しない場合は、売買契約は有効であり（消滅株式会社が合併の登記前は第三者との関係では法人格の消滅を対抗できない）、合併登記後においては存続株式会社が、消滅株式会社の代表者と取引をした第三者に対して不動産の引渡義務を負う（相澤他・論点解説704-705頁）。

請求原因
1　A会社は、請求原因3の当時、本件土地を所有していたこと
2　Bは、請求原因3の当時、A会社の代表取締役であったこと
3　BはXとの間で、本件土地を1,000万円で売買する契約を締結したこと
4　Y会社は、本件土地を占有していること

（先立つ吸収合併登記）

抗弁
1　A会社が消滅株式会社となりY会社が存続株式会社となる吸収合併をしたこと
2　抗弁1の合併効力発生日が請求原因3の売買契約締結に先立って到来したこと
3　請求原因3の売買契約締結に先立って、抗弁2の吸収合併の登記がされたこと

3　合併と対抗要件

　存続株式会社は、いかなる権利について、吸収合併による消滅株式会社からの権利の承継を第三者に対抗するために対抗要件の具備が必要かについては見解が分かれる。通説は、法文上、権利の「移転」（権利の得喪一般）について対抗要件の具備が必要とされている不動産、船舶（民177条、商687条）については存続株式会社は対抗要件を具備する必要があるが、権利の「譲渡」について対抗要件の具備が必要とされている動産や債権（民178条、467条）などについては対抗要件の具備はなくとも存続会社は第三者に合併による権利の承継を主張できるとする。大判昭和12年4月22日民集16.487は、「合併ニ因ル債権ノ承継ニ付テハ民法第467条ノ規定ニ依ル対抗

要件ヲ具備スルコトヲ要セサルモノト解スルヲ相当トスル」と判示する。

通説に対し、この移転と譲渡の文言による区別には合理的な理由はなく、動産や債権の譲渡についても対抗要件の具備が必要とする見解が有力である（江頭・株式会社法 784 頁、原田晃治「会社分割法制の創設について（下）」商事 1566.7）。

訴訟物 　XのY株式会社に対する所有権に基づく返還請求権としての土地引渡請求権

* 本件は、Y会社はA株式会社を吸収合併したが、Xはその吸収合併効力発生日の前にA会社から同社所有の本件土地を買い取っていたので、XがY会社に対し、土地の引渡しを求めた事案である。
* 吸収合併効力発生日前に消滅株式会社のA会社が第三者Xに対し土地の売買を行った場合には、存続株式会社であるY会社は、第三者Xに対する契約上の引渡義務・所有権移転登記義務等をも承継するから、第三者Xと対抗関係に立つことはない（江頭・株式会社法 784 頁。会社分割に関するが、原田晃治「会社分割法制の創設について（下）」商事 1566.7）。
* 本件は、引渡請求の事案であるが、先に存続株式会社が吸収合併による不動産の移転登記を具備したとしても、引き続き、存続株式会社は不動産の譲受人に対して移転登記を行う必要がある（すなわち、存続会社と譲受人である第三者との間では、対抗問題は発生せず、譲渡の当事者間と同一の関係となる）。

請求原因 　1　A会社は、請求原因3の当時、本件土地の所有権を有していたこと
2　Bは、請求原因3の当時、A会社の代表取締役であったこと
3　BはXとの間で、本件土地を 1,000 万円で売買する契約を締結したこと
4　Y会社は、本件土地を占有していること
　　* 「A会社が消滅株式会社となりY会社が存続株式会社となる吸収合併か行われた」事実があっても、「その合併効力発生日が請求原因3の売買契約の後に到来した」場合は、上記訴訟物の注記のとおり、Y会社とXは対抗関係に立たない。

4　吸収合併の効力

　吸収合併消滅株式会社の株主又は吸収合併消滅持分会社の社員は、効力発生日に、吸収合併契約における金銭等の割当てに関する事項に従い、存続株式会社の株主、社債権者、又は新株予約権者となるか（本条3項1号-4号）、あるいは、株式等以外の金銭等の交付を受ける場合には、これを受け取ることとなる。

　吸収合併消滅株式会社の新株予約権は、効力発生日に、消滅する（本条4項）。

　吸収合併消滅株式会社の新株予約権者に対して吸収合併存続株式会社の新株予約権を交付するときは、消滅株式会社の新株予約権者は、効力発生日に、吸収合併契約の新株予約権又は金銭等の割当てに関する定めに従い、存続株式会社の新株予約権の新株予約権者となる（本条5項）。

5　適用除外

　本条1項ないし5項の規定による合併の効力は、789条（1項3号及び2項3号を除き、793条2項において準用する場合を含む）若しくは799条の規定による債権者異議の手続が終了していない場合又は吸収合併を中止した場合には、適用しない（本条6項）。合併を中止した場合は、「効力発生日」に合併の効力を生じないこと、つまり、合併の諸効果が発生しないことは当然である。効力発生日までに合併当事会社の債権者異議手続が終了しない場合は、債権者保護手続の観点から「効力発生日」に合併の効力が生じないこととされる（柴田和史・会社法コンメ(17)171頁）。

第2款　持分会社が存続する吸収合併

　旧商法当時は、合併会社の一方又は双方が株式会社であるときは、吸収合併の存続会社及び新設合併の新設会社は株式会社でなければならなかった（旧商56条2項）。それは、株式会社と合名会社・合資会社とが合併した場合は、合名会社・合資会社を存続会社あるいは新設会社とする実益が乏しく、また、社員の責任の加重、持分譲渡の制限等が生じるからとされていた。

　しかし、持分会社を存続会社又は新設会社とする合併を行う場合に、存続会社又は新設会社の社員となる株主の全員の同意を要することとすれば、株主の利益を害しない。また、本法は、株式会社と同様に社員全員が有限責任

である合同会社を新設したので、株式会社が合同会社を存続会社又は新設会社とする合併をしても、株主の責任は加重されない。本法は、株式会社と持分会社とが吸収合併をする場合に持分会社が存続会社となることを認め（751条1項）、株式会社が株式会社又は持分会社と新設合併をする場合に持分会社を設立することを認める（755条1項）に至った（相澤・新一問一答206頁）。

●(持分会社が存続する吸収合併契約)

第751条 会社が吸収合併をする場合において、吸収合併存続会社が持分会社であるときは、吸収合併契約において、次に掲げる事項を定めなければならない。
　一　持分会社である吸収合併存続会社（以下この節において「吸収合併存続持分会社」という。）及び吸収合併消滅会社の商号及び住所
　二　吸収合併消滅株式会社の株主又は吸収合併消滅持分会社の社員が吸収合併に際して吸収合併存続持分会社の社員となるときは、次のイからハまでに掲げる吸収合併存続持分会社の区分に応じ、当該イからハまでに定める事項
　　イ　合名会社　当該社員の氏名又は名称及び住所並びに出資の価額
　　ロ　合資会社　当該社員の氏名又は名称及び住所、当該社員が無限責任社員又は有限責任社員のいずれであるかの別並びに当該社員の出資の価額
　　ハ　合同会社　当該社員の氏名又は名称及び住所並びに出資の価額
　三　吸収合併存続持分会社が吸収合併に際して吸収合併消滅株式会社の株主又は吸収合併消滅持分会社の社員に対してその株式又は持分に代わる金銭等（吸収合併存続持分会社の持分を除く。）を交付するときは、当該金銭等についての次に掲げる事項
　　イ　当該金銭等が吸収合併存続持分会社の社債であるときは、当該社債の種類及び種類ごとの各社債の金額の合計額又はその算定方法
　　ロ　当該金銭等が吸収合併存続持分会社の社債以外の財産であるときは、当該財産の内容及び数若しくは額又はこれらの算定方法
　四　前号に規定する場合には、吸収合併消滅株式会社の株主（吸収合併消滅株式会社及び吸収合併存続持分会社を除く。）又は吸収合併消滅持分会社の社員（吸収合併存続持分会社を除く。）に対する同

号の金銭等の割当てに関する事項
　五　吸収合併消滅株式会社が新株予約権を発行しているときは、吸収合併存続持分会社が吸収合併に際して当該新株予約権の新株予約権者に対して交付する当該新株予約権に代わる金銭の額又はその算定方法
　六　前号に規定する場合には、吸収合併消滅株式会社の新株予約権の新株予約権者に対する同号の金銭の割当てに関する事項
　七　効力発生日
2　前項に規定する場合において、吸収合併消滅株式会社が種類株式発行会社であるときは、吸収合併存続持分会社及び吸収合併消滅株式会社は、吸収合併消滅株式会社の発行する種類の株式の内容に応じ、同項第4号に掲げる事項として次に掲げる事項を定めることができる。
　一　ある種類の株式の株主に対して金銭等の割当てをしないこととするときは、その旨及び当該株式の種類
　二　前号に掲げる事項のほか、金銭等の割当てについて株式の種類ごとに異なる取扱いを行うこととするときは、その旨及び当該異なる取扱いの内容
3　第1項に規定する場合には、同項第4号に掲げる事項についての定めは、吸収合併消滅株式会社の株主（吸収合併消滅株式会社及び吸収合併存続持分会社並びに前項第1号の種類の株式の株主を除く。）の有する株式の数（前項第2号に掲げる事項についての定めがある場合にあっては、各種類の株式の数）に応じて金銭等を交付することを内容とするものでなければならない。

1　合併契約で定めるべき事項
　会社が吸収合併をする場合において、吸収合併存続会社が持分会社であるときは、吸収合併契約において、次に掲げる事項を定めなければならない。
(1)　吸収合併存続持分会社及び吸収合併消滅会社の商号及び住所（本条1項1号）
　合併当事会社に関する事項として、吸収合併存続持分会社及び吸収合併消滅会社の商号及び住所を定めなければならない。

(2) 吸収合併消滅株式会社の株主又は吸収合併消滅持分会社の社員が吸収合併に際して吸収合併存続持分会社の社員となる場合の記載事項（本条1項2号）

吸収合併存続持分会社の区分に応じ、次のとおりである。

① 合名会社の場合は、社員の氏名又は名称及び住所並びに出資の価額
出資の価額（576条1項6号）は、吸収合併の効力が発生した後、存続持分会社における損益分配及び残余財産分配の基準として必要である（前田・入門183頁）。

② 合資会社の場合は、社員の氏名又は名称及び住所、社員が無限責任社員又は有限責任社員のいずれであるかの別並びに社員の出資の価額

③ 合同会社の場合は、社員の氏名又は名称及び住所並びに出資の価額

(3) 消滅株式会社の株主等に対して交付する金銭等に関する事項（本条1項3号）

消滅株式会社の株主又は消滅持分会社の社員に対して、吸収合併存続持分会社が株式又は持分に代わる金銭等を交付するときは、対価の種類に応じて、内容、数・額又はこれらの算定方法を定めなければならない。

(4) 割当て（本条1項4号）

(3)の場合には、吸収合併消滅株式会社の株主（吸収合併消滅株式会社及び吸収合併存続持分会社を除く）又は吸収合併消滅持分会社の社員（吸収合併存続持分会社を除く）に対する金銭等の割当てに関する事項を定めなければならない。この定め方については、本条3項の記載がある。

(5) 消滅する新株引受権に代わる金銭等（本条1項5号・6号）

吸収合併消滅株式会社が新株予約権を発行しているときは、吸収合併存続持分会社に引き継ぐことができないため、効力発生日に、新株予約権は消滅する（752条5項）。その消滅する新株引受権に代えて、吸収合併に際してその新株予約権者に対して交付する金銭の額又は算定方法が吸収合併に定められる必要がある（本条1項5号）。この場合、新株予約権者に対する金銭等の割当てに関する事項も定めなければならない（本条1項6号）。対価に不満のある新株予約権者は、公正な価格を求めて、新株予約権買取請求権を行使することができる（787条1項1号）。

(6) 効力発生日（本条1項7号）

効力発生日に、吸収合併消滅会社の権利義務の包括承継の効力が生ずる（752条1項）。ただし、吸収合併消滅会社の吸収合併による解散は、吸収合併の登記の後でなければ、第三者に対抗することができない（752条2項）。

2 吸収合併消滅株式会社が種類株式発行会社である場合（本条2項）

本条1項に規定する場合において、吸収合併消滅株式会社が種類株式発行会社であるときは、吸収合併存続持分会社及び吸収合併消滅株式会社は、吸収合併消滅株式会社の発行する種類の株式の内容に応じ、本条1項4号に掲げる事項として次の事項を定めることができる。

① ある種類の株式の株主に対して金銭等の割当てをしないこととするときは、その旨及びその株式の種類

② ①に掲げる事項のほか、金銭等の割当てについて株式の種類ごとに異なる取扱いを行うこととするときは、その旨及びその異なる取扱いの内容

3 株主平等の原則

本条1項4号所定の金銭等の割当てに関する事項を定めるに当たっては、持分会社を吸収合併存続会社とする吸収合併の場合には、吸収合併消滅株式会社の株主に対して交付する金銭等については、その有する株式数に応じて平等に定めなければならない（本条3項）。しかし、持分会社を吸収合併存続会社とする吸収合併において、吸収合併消滅株式会社の株主に対して持分会社の持分を交付する場合における交付金の額等については、必ずしも、その有する株式数に応じて平等に定める必要はないとする見解が有力である。その理由として、吸収合併消滅株式会社において総株主の同意（783条2項）又は種類株主全員の同意（同条4項）が必要なので、株主平等の配慮が不要であることを挙げる（相澤他・論点解説677頁）。

●（持分会社が存続する吸収合併の効力の発生等）

第752条 吸収合併存続持分会社は、効力発生日に、吸収合併消滅会社の権利義務を承継する。

2 吸収合併消滅会社の吸収合併による解散は、吸収合併の登記の後でなければ、これをもって第三者に対抗することができない。

3 前条第1項第2号に規定する場合には、吸収合併消滅株式会社の株主又は吸収合併消滅持分会社の社員は、効力発生日に、同号に掲げる事項についての定めに従い、吸収合併存続持分会社の社員となる。この場合においては、吸収合併存続持分会社は、効力発生日に、同号の社員に係る定款の変更をしたものとみなす。

4 前条第1項第3号イに掲げる事項についての定めがある場合には、

吸収合併消滅株式会社の株主又は吸収合併消滅持分会社の社員は、効力発生日に、同項第4号に掲げる事項についての定めに従い、同項第3号イの社債の社債権者となる。
5　吸収合併消滅株式会社の新株予約権は、効力発生日に、消滅する。
6　前各項の規定は、第789条（第1項第3号及び第2項第3号を除き、第793条第2項において準用する場合を含む。）若しくは第802条第2項において準用する第799条（第2項第3号を除く。）の規定による手続が終了していない場合又は吸収合併を中止した場合には、適用しない。

1　合併の効力発生日と対抗要件

　吸収合併存続持分会社は、効力発生日に、吸収合併消滅会社の権利義務を承継する（本条1項）。合併は、相続と同様に包括承継の法律効果が生じる。すなわち、本条（750条1項、新設合併についての754条1項、756条1項も含め）は、遺産承継に関する民法896条とパラレルな条文である。吸収合併消滅会社は解散して清算手続を経ることなく消滅する（471条4号、475条1号（吸収合併消滅会社が株式会社の場合）、641条5号、644条1号（吸収合併消滅会社が持分会社の場合））。しかし、効力発生日に吸収合併の効力が生じて吸収合併消滅会社が解散・消滅しても、吸収合併の登記（921条）がされた後でないと、解散を第三者に対抗できない（本条2項）。

2　社員の資格取得とみなし定款変更

　吸収合併消滅株式会社の株主又は吸収合併消滅持分会社の社員は、吸収合併契約において吸収合併存続持分会社の社員となると定められている場合には、効力発生日に、吸収合併契約の定めに従い、吸収合併存続持分会社の社員となる（本条3項前段）。この場合においては、吸収合併存続持分会社では新たに社員が加入することに伴う定款変更が必要となるが、吸収合併存続持分会社は社員に係る定款の変更をしたものとみなされる（本条3項後段）。

3　社債権者

　吸収合併契約に存続会社が社債を交付する旨の定めがあるときは、吸収合併の効力の発生により消滅会社の株主又は社員は吸収合併契約の定めに従って存続会社の社債権者になる（本条4項）

4　吸収合併消滅株式会社の新株予約権の消滅

吸収合併消滅株式会社の新株予約権は、効力発生日に、消滅する（本条5項）。存続会社が持分会社であるため、新株予約権の承継を認め得ないからである。

5　適用除外

本条1項ないし5項の規定は、789条（1項3号及び2項3号を除き、793条2項において準用する場合を含む）若しくは802条2項において準用する799条（2項3号を除く）の規定による債権者異議手続が終了していない場合又は吸収合併を中止した場合には、適用しない。債権者異議手続が終了するまで効力が発生しないのは、当事会社の権利義務がすべて存続株式会社に帰属することになるので、吸収合併前の各当事会社と同様の信用が維持されるとは限らないからである。

第3節　新設合併

　新設合併は、2以上の会社がする合併であって、当事会社の全部が解散し、それと同時に新会社が設立される（2条28号）。甲会社と乙会社による新設合併は、経済的には、①甲会社による乙会社の買収と評価される合併（時価での買取り）、②甲会社と乙会社が対等であって買収と評価されない企業合同（簿価での企業統合）、③買収済みの企業との統合（同一企業グループ内の合併）などがある。経済的に対等合併といわれる②のような場合であっても、実務上は、吸収合併の手続が執られることが多く、新設合併の形態を執ることは少ない。

第1款　株式会社を設立する新設合併

●(株式会社を設立する新設合併契約)

第753条　2以上の会社が新設合併をする場合において、新設合併により設立する会社（以下この編において「新設合併設立会社」という。）が株式会社であるときは、新設合併契約において、次に掲げる事項を定めなければならない。
　一　新設合併により消滅する会社（以下この編において「新設合併消滅会社」という。）の商号及び住所
　二　株式会社である新設合併設立会社（以下この編において「新設合併設立株式会社」という。）の目的、商号、本店の所在地及び発行可能株式総数
　三　前号に掲げるもののほか、新設合併設立株式会社の定款で定める事項
　四　新設合併設立株式会社の設立時取締役の氏名
　五　次のイからハまでに掲げる場合の区分に応じ、当該イからハまでに定める事項
　　イ　新設合併設立株式会社が会計参与設置会社である場合　新設合併設立株式会社の設立時会計参与の氏名又は名称
　　ロ　新設合併設立株式会社が監査役設置会社（監査役の監査の範囲を会計に関するものに限定する旨の定款の定めがある株式会社を

含む。）である場合　新設合併設立株式会社の設立時監査役の氏名
　　ハ　新設合併設立株式会社が会計監査人設置会社である場合　新設合併設立株式会社の設立時会計監査人の氏名又は名称
六　新設合併設立株式会社が新設合併に際して株式会社である新設合併消滅会社（以下この編において「新設合併消滅株式会社」という。）の株主又は持分会社である新設合併消滅会社（以下この編において「新設合併消滅持分会社」という。）の社員に対して交付するその株式又は持分に代わる当該新設合併設立株式会社の株式の数（種類株式発行会社にあっては、株式の種類及び種類ごとの数）又はその数の算定方法並びに当該新設合併設立株式会社の資本金及び準備金の額に関する事項
七　新設合併消滅株式会社の株主（新設合併消滅株式会社を除く。）又は新設合併消滅持分会社の社員に対する前号の株式の割当てに関する事項
八　新設合併設立株式会社が新設合併に際して新設合併消滅株式会社の株主又は新設合併消滅持分会社の社員に対してその株式又は持分に代わる当該新設合併設立株式会社の社債等を交付するときは、当該社債等についての次に掲げる事項
　　イ　当該社債等が新設合併設立株式会社の社債（新株予約権付社債についてのものを除く。）であるときは、当該社債の種類及び種類ごとの各社債の金額の合計額又はその算定方法
　　ロ　当該社債等が新設合併設立株式会社の新株予約権（新株予約権付社債に付されたものを除く。）であるときは、当該新株予約権の内容及び数又はその算定方法
　　ハ　当該社債等が新設合併設立株式会社の新株予約権付社債であるときは、当該新株予約権付社債についてのイに規定する事項及び当該新株予約権付社債に付された新株予約権についてのロに規定する事項
九　前号に規定する場合には、新設合併消滅株式会社の株主（新設合併消滅株式会社を除く。）又は新設合併消滅持分会社の社員に対する同号の社債等の割当てに関する事項
十　新設合併消滅株式会社が新株予約権を発行しているときは、新設合併設立株式会社が新設合併に際して当該新株予約権の新株予約権者に対して交付する当該新株予約権に代わる当該新設合併設立株式

会社の新株予約権又は金銭についての次に掲げる事項
　　　イ　当該新設合併消滅株式会社の新株予約権の新株予約権者に対して新設合併設立株式会社の新株予約権を交付するときは、当該新株予約権の内容及び数又はその算定方法
　　　ロ　イに規定する場合において、イの新設合併消滅株式会社の新株予約権が新株予約権付社債に付された新株予約権であるときは、新設合併設立株式会社が当該新株予約権付社債についての社債に係る債務を承継する旨並びにその承継に係る社債の種類及び種類ごとの各社債の金額の合計額又はその算定方法
　　　ハ　当該新設合併消滅株式会社の新株予約権の新株予約権者に対して金銭を交付するときは、当該金銭の額又はその算定方法
　　十一　前号に規定する場合には、新設合併消滅株式会社の新株予約権の新株予約権者に対する同号の新設合併設立株式会社の新株予約権又は金銭の割当てに関する事項
2　前項に規定する場合において、新設合併消滅株式会社の全部又は一部が種類株式発行会社であるときは、新設合併消滅会社は、新設合併消滅株式会社の発行する種類の株式の内容に応じ、同項第7号に掲げる事項（新設合併消滅株式会社の株主に係る事項に限る。次項において同じ。）として次に掲げる事項を定めることができる。
　　一　ある種類の株式の株主に対して新設合併設立株式会社の株式の割当てをしないこととするときは、その旨及び当該株式の種類
　　二　前号に掲げる事項のほか、新設合併設立株式会社の株式の割当てについて株式の種類ごとに異なる取扱いを行うこととするときは、その旨及び当該異なる取扱いの内容
3　第1項に規定する場合には、同項第7号に掲げる事項についての定めは、新設合併消滅株式会社の株主（新設合併消滅会社及び前項第1号の種類の株式の株主を除く。）の有する株式の数（前項第2号に掲げる事項についての定めがある場合にあっては、各種類の株式の数）に応じて新設合併設立株式会社の株式を交付することを内容とするものでなければならない。
4　前2項の規定は、第1項第9号に掲げる事項について準用する。この場合において、前2項中「新設合併設立株式会社の株式」とあるのは、「新設合併設立株式会社の社債等」と読み替えるものとする。

1　新設合併契約に定める事項
　新設合併契約の記載事項は、株式会社設立事項と、消滅株式会社の株式・持分・新株予約権に対して、何をどういう基準で割り当てるかという点（下記(6)ないし(11)）が経済的には重要な関心事である。
(1)　新設合併消滅会社の商号及び住所（本条1項1号）
　これは、新設合併契約の当事会社であり、新設合併契約には、新設合併消滅会社の商号及び住所を規定する必要がある。
(2)　新設合併設立株式会社の目的、商号、本店の所在地及び発行可能株式総数（本条1項2号）
(3)　(2)に掲げるもののほか、新設合併設立株式会社の定款で定める事項（本条1項3号）
　これは、定款内容を決定する事項である。定款の作成は、当然のことながら、消滅会社が定める事項である（814条2項）。
(4)　新設合併設立株式会社の設立時取締役の氏名（本条1項4号）
　新設合併に際して選任される役員等は、株主総会が合併契約を一括して承認する形で選任されるのであって、各候補者につき個別に賛否が問われることは予定されていない（施則89条4号-7号）。なお、設立時代表取締役又は設立時委員・設立時執行役は、新設会社の取締役が選定する（47条、48条）。
(5)　新設合併設立株式会社が会計参与設置会社である場合、監査役設置会社（監査役の監査の範囲を会計に関するものに限定する旨の定款の定めがある株式会社を含む）である場合、会計監査人設置会社である場合に応じて、設立時会計参与の氏名又は名称、設立時監査役の氏名、設立時会計監査人の氏名又は名称（本条1項5号）。
(6)　合併対価（本条1項6号）
ア　新設合併設立株式会社が新設合併消滅株式会社の株主又は新設合併消滅持分会社の社員に対して交付するその株式又は持分に代わる新設合併設立株式会社の株式の数又はその数の算定方法
　吸収合併の場合は、「金銭等を交付するときは」（749条1項2号）と定めるが、新設合併の本条1項6号は「交付するその株式又は持分に代わる当該新設合併設立株式会社の株式」と定める。つまり、新設合併においては、合併の対価として必ず新設合併設立株式会社の株式が交付される（新設型組織再編については、組織再編行為の直後に新設会社の株主が全く存在しないという事態を想定できないから、吸収型組織再編についてのみ無対価の組織再編行為が認められると解される）。新設会社の株式（持分）に代えて新設会

社の社債・新株予約権・新株予約権付社債を交付することは可能である（本条1項8号・9号、755条1項6号・7号）。

イ　新設合併設立株式会社の資本金及び準備金

新設合併設立株式会社の資本金及び準備金は、新設合併契約で定められる（445条5項、計算45条-48条）。新設合併は、株式会社の設立行為を含むから、合併契約において、新設合併設立株式会社の資本金及び準備金の定めが必要となる。合併・株式交換など企業結合が行われる場合の会計処理の方法については、パーチェス法（Purchase Method）と持分プーリング法（Pooling of Interest Method）がある。パーチェス法は、被結合会社の資産と負債を公正価値で評価し、資本との差額をのれんとして計上する手法であるが、基本的には、企業統合による包括継承を事業の一括購入とみる考え方に基づく会計処理手法（2006年適用の企業結合会計による、企業結合時の会計処理手法の原則的手法）である。これに対し、持分プーリング法は、被結合会社のすべての資産、負債及び資本を、それぞれの適切な帳簿価額で引き継ぐ手法である。パーチェス法と異なり、のれんは計上されず、純資産の部の構成及び金額はそのまま引き継がれる。すなわち、持分プーリング法は、企業結合を行っても、企業の継続性は維持され、持分が継続しているという考え方に基づく会計処理手法である。

(7) 新設合併消滅株式会社の株主（新設合併消滅株式会社を除く）又は新設合併消滅持分会社の社員に対する(6)①の株式の割当てに関する事項（本条1項7号）

新設合併設立会社の株主は、新設合併消滅会社の株主により構成されるから、必ず設立会社の株式を消滅会社の株主に割り当てなければならない。本条1項7号は、この株式の割当てに関する事項である（なお、株式の数に対する比例的平等を要する（本条3項））。ただし、特定の種類株主に対して設立会社の株式を割り当てないこともできる（本条2項1号参照）。また、株式のほかに合併対価として社債等を交付することができる。しかし、設立会社は設立登記までは法的に存在せず、財産も有していないので、これ以外の財産を合併対価として交付することはできない。もっとも、消滅会社の新株予約権者に金銭を交付することは認められている（本条1項10号ハ）。

(8) 新設合併設立株式会社が新設合併に際して新設合併消滅株式会社の株主又は新設合併消滅持分会社の社員に対してその株式又は持分に代わる新設合併設立株式会社の社債等（社債及び新株予約権）を交付するときは、その社債等について、社債等の種類及び種類ごとの各社債等の金額の合計額又はその算定方法に関する事項（本条1項8号）

新設会社のため、対価については社債等に限定されている。金銭は含まれていない（(10)の新株予約権と対比）。
(9) (8)の場合には、新設合併消滅株式会社の株主（新設合併消滅株式会社を除く）又は新設合併消滅持分会社の社員に対する社債等の割当てに関する事項（本条1項9号）
(10) 新設合併消滅株式会社が新株予約権を発行している場合（本条1項10号）

消滅株式会社の新株予約権は、一種の債務であるから、募集事項として合併がその取得事由（236条1項7号イ）と定められていない限り、本来、新設会社に承継されるものである。しかし、新株予約権の目的株式が消滅株式会社株式から新設会社株式に変わることから、消滅株式会社に対する新株予約権は消滅し、それに代わる新設会社に対する新株予約権が交付されるものと構成されている（本条1項10号）。もっとも、新株予約権には潜在的な株式の側面があるので、交付金合併を行う場合等には、存続会社等が新株予約権ではなく金銭を交付することも認められる（本条1項10号ハ）。ただ、合併に際し新株予約権の評価額等に不満な新株予約権者は、新株予約権買取請求権を行使することができる（808条1項1号）。
(11) (10)の場合には、新設合併消滅株式会社の新株予約権の新株予約権者に対する(10)の新設合併設立株式会社の新株予約権又は金銭の割当てに関する事項（本条1項11号）

新設合併は、新設合併設立会社の成立の日、すなわち、新設合併設立会社の設立の登記の日に効力を生じるので（756条1項、579条）、吸収合併の効力発生日の概念はない。

> **訴訟物**　XのY株式会社に対する新設合併無効権（形成）
> ＊本件は、A株式会社及びB株式会社が新設合併をして、新設会社Y会社の設立登記がされたところ、A会社で合併契約の承認のための株主総会が開催されず、合併承認決議がされていないこと理由として、Y会社に対し、新設合併無効の訴えが提起された事案である。
> ＊請求の趣旨は、「消滅株式会社A会社（解散時の本店所在地、東京都○○○）と消滅株式会社B会社（解散時の本店所在地、東京都○○○）との間において、Y会社を新設会社とする平成○年○月○日にされた合併は、これを無効とする。」である。

請求原因　1　Xは、新設合併の効力が生じた日においてY会社の株主等であった者又は新設合併により設立する会社の株主等、破産管財人若しくは新設合併について承認をしなかった債権者であること
　　　　　＊例えば、平成○年○月○日から同○年○月○日まではA会社の株主であり、同○年○月○日以降はY会社の株主であること
　　　　2　A会社及びB会社は、平成○年○月○日、新設合併をしたとして、それぞれ解散登記をし、Y会社について新設会社としての設立登記をしたこと
　　　　3　A会社においては、合併契約の承認のための株主総会が開催されておらず、合併承認決議がされていないこと
　　　　4　本訴は、新設合併の効力が生じた日から6か月以内に提起されたこと
　　　　　＊828条1項8号に基づく事実である。

2　新設合併消滅株式会社が種類株式発行会社である場合

　新設合併消滅株式会社の全部又は一部が種類株式発行会社であるときは、新設合併消滅会社は、その発行する種類の株式の内容に応じ、①ある種類の株式の株主に対して新設合併設立株式会社の株式の割当てをしないこととするときは、その旨及びその株式の種類（本条2項1号）、②新設合併設立株式会社の株式の割当てについて株式の種類ごとに異なる取扱いを行うこととするときは、その旨及び異なる取扱いの内容を定め得る（本条2項2号）。

　①は、ある種類株式について、新設会社の株式その他の対価を割り当てないものとする余地を認めているが、およそ無対価で消滅させることができる株式の種類として何を想定しているのか、如何なる状況を想定したものか疑問があるとする（稲葉・解明662頁）。

3　消滅株式会社が株式会社の場合の株主平等の原則

　合併対価の割当てに関する定め（本条1項7号）は、消滅株式会社の株主（消滅株式会社及び株式の割当てを受けない種類株主を除く）の有する株式の数（株式の種類ごとに異なる取扱いをする場合には、各種類株式の数）に応じて設立会社の株式を交付する（比例的平等である）ことを内容とするものでなければならない（本条3項）。消滅株式会社が種類株式発行会社（2条13号）の場合、消滅会社の種類株式の内容に応じ、ある種類株式の株主に

対価を交付しないことを初めとして、株式の種類ごとに異なる取扱いができる（本条3項・4項）。対価について消滅会社の種類株式の種類ごとに異なる扱いをする場合でも、同一の種類の株主間では、各株主の有する株式の数に応じて平等に合併対価を交付する必要がある（本条3項の第2括弧書）。

4　新設合併設立株式会社の社債等の準用

本条2項、3項の規定は、本条1項9号に掲げる事項について準用する。この場合において、本条2項、3項中「新設合併設立株式会社の株式」とあるのは、「新設合併設立株式会社の社債等」と読み替えるものとする。

● (株式会社を設立する新設合併の効力の発生等)

第754条　新設合併設立株式会社は、その成立の日に、新設合併消滅会社の権利義務を承継する。
　2　前条第1項に規定する場合には、新設合併消滅株式会社の株主又は新設合併消滅持分会社の社員は、新設合併設立株式会社の成立の日に、同項第7号に掲げる事項についての定めに従い、同項第6号の株式の株主となる。
　3　次の各号に掲げる場合には、新設合併消滅株式会社の株主又は新設合併消滅持分会社の社員は、新設合併設立株式会社の成立の日に、前条第1項第9号に掲げる事項についての定めに従い、当該各号に定める者となる。
　　一　前条第1項第8号イに掲げる事項についての定めがある場合　同号イの社債の社債権者
　　二　前条第1項第8号ロに掲げる事項についての定めがある場合　同号ロの新株予約権の新株予約権者
　　三　前条第1項第8号ハに掲げる事項についての定めがある場合　同号ハの新株予約権付社債についての社債の社債権者及び当該新株予約権付社債に付された新株予約権の新株予約権者
　4　新設合併消滅株式会社の新株予約権は、新設合併設立株式会社の成立の日に、消滅する。
　5　前条第1項第10号イに規定する場合には、新設合併消滅株式会社の新株予約権の新株予約権者は、新設合併設立株式会社の成立の日に、同項第11号に掲げる事項についての定めに従い、同項第10号イ

の新設合併設立株式会社の新株予約権の新株予約権者となる。

---

1 新設合併消滅会社の権利義務の承継
(1) 私法上の権利義務の包括承継
　新設合併設立株式会社は、その成立の日に、新設合併消滅会社の権利義務を包括承継する。すなわち、消滅株式会社の権利義務はすべて一括して法律上当然に移転し、個々の権利義務について個別の移転行為は不要である。例えば、消滅株式会社の債務引受けについても個々の債権者の承諾の手続は必要としない。消滅株式会社と従業員間の雇用契約や賃貸借契約などの継続的法律関係も当事会社間に特段の合意がない限り、存続株式会社に承継される。契約によってその一部について移転を留保することはできない。
(2) 消滅株式会社の株主の承継
　旧商法においては、消滅株式会社の株主は、合併の対価として、新設会社の株式の交付を受けたので（旧商410条2号）、合併の効果として株主の承継があった。本法においては、新設合併については、合併契約の定めに従い、消滅株式会社の株主に、存続会社が株式会社の場合は株式が、持分会社の場合は持分が交付され、消滅株式会社の社員としての地位は新設株式会社に承継されることになる。しかし、吸収合併の場合は、消滅株式会社の株主に、存続株式会社の株式のほか社債、新株予約権、新株予約権付社債、又は現金を含むその他の財産が交付されるので、消滅株式会社の株主は当然には存続株式会社の株主として承継されるものではない。
(3) 公法上の権利義務の承継
　合併によって消滅会社の公法上の権利義務が新設会社に承継されるか否かは、その公法上の制度が設けられた趣旨に照らし個別に判断することになる（江頭・株式会社法782-783頁）。750条の解説1(3)参照。

2 新設合併設立株式会社の株主、社債権者及び新株予約権者
　新設合併消滅株式会社の株主又は新設合併消滅持分会社の社員は、新設合併設立株式会社の成立の日に、新設合併契約における新設合併設立会社の株式又は社債等の割当てに関する事項についての定めに従い、株主、社債権者又は新株予約権者となる（本条2項・3項・5項）。

3　新設合併消滅株式会社の新株予約権の消滅

　新設合併消滅株式会社の新株予約権は、新設合併設立株式会社の成立の日に、消滅する（本条4項）。新設合併の効力発生の日の後は、新設合併消滅株式会社はもはや存在しないから、本条4項は確認的規定である。

第2款　持分会社を設立する新設合併

　本款は、持分会社を設立する新設合併を規定する。その手続は、基本的には株式会社を設立する新設合併の手続に準じるが、消滅会社に株式会社が含まれる場合は必要な手続が多いが、その場合でも、総株主の同意が必要なため反対株主に関する手続は不要である。

●(持分会社を設立する新設合併契約)

第755条　2以上の会社が新設合併をする場合において、新設合併設立会社が持分会社であるときは、新設合併契約において、次に掲げる事項を定めなければならない。
　一　新設合併消滅会社の商号及び住所
　二　持分会社である新設合併設立会社（以下この編において「新設合併設立持分会社」という。）が合名会社、合資会社又は合同会社のいずれであるかの別
　三　新設合併設立持分会社の目的、商号及び本店の所在地
　四　新設合併設立持分会社の社員についての次に掲げる事項
　　イ　当該社員の氏名又は名称及び住所
　　ロ　当該社員が無限責任社員又は有限責任社員のいずれであるかの別
　　ハ　当該社員の出資の価額
　五　前2号に掲げるもののほか、新設合併設立持分会社の定款で定める事項
　六　新設合併設立持分会社が新設合併に際して新設合併消滅株式会社の株主又は新設合併消滅持分会社の社員に対してその株式又は持分に代わる当該新設合併設立持分会社の社債を交付するときは、当該社債の種類及び種類ごとの各社債の金額の合計額又はその算定方法
　七　前号に規定する場合には、新設合併消滅株式会社の株主（新設合

併消滅株式会社を除く。）又は新設合併消滅持分会社の社員に対する同号の社債の割当てに関する事項
　　八　新設合併消滅株式会社が新株予約権を発行しているときは、新設合併設立持分会社が新設合併に際して当該新株予約権の新株予約権者に対して交付する当該新株予約権に代わる金銭の額又はその算定方法
　　九　前号に規定する場合には、新設合併消滅株式会社の新株予約権の新株予約権者に対する同号の金銭の割当てに関する事項
 2 　新設合併設立持分会社が合名会社であるときは、前項第 4 号ロに掲げる事項として、その社員の全部を無限責任社員とする旨を定めなければならない。
 3 　新設合併設立持分会社が合資会社であるときは、第 1 項第 4 号ロに掲げる事項として、その社員の一部を無限責任社員とし、その他の社員を有限責任社員とする旨を定めなければならない。
 4 　新設合併設立持分会社が合同会社であるときは、第 1 項第 4 号ロに掲げる事項として、その社員の全部を有限責任社員とする旨を定めなければならない。

 1 　持分会社を設立する新設合併契約の記載事項
　合併する会社は、合併契約を締結しなければならない（748条）。新設合併後設立される会社が持分会社であるときは、新設合併契約において、(1)ないし(9)に掲げる事項を定める必要がある（本条）。必要的事項は、持分会社設立事項と、消滅会社の株式・持分・新株予約権に対して、何を如何なる基準で割り当てるかが基本である。なお、新設合併は、新設合併設立持分会社の成立の日、すなわち、新設合併設立持分会社の設立の登記の日に効力を生じるから（756条 1 項、579条）、新設合併契約におけるの効力発生日の事項はない。
(1) 新設合併消滅会社の商号及び住所
　これは、契約当事会社に関する事項である。
(2) 新設合併設立持分会社が合名会社、合資会社又は合同会社のいずれであるかの別
　新設合併設立持分会社が新たに設立されるので、新設合併契約には、新設合併設立持分会社の組織に関する基本事項を規定する必要がある。本条 1 項

2号は、まず、合名会社、合資会社又は合同会社の別を定めるべきことを規定する。以下、3号ないし5号の事項も、組織に関する基本事項である。
(3) 新設合併設立持分会社の目的、商号及び本店の所在地
　新設会社が持分会社である場合には、それが合名会社・合資会社・合同会社のいずれであるかの別（本条1項2号）とともに、その目的・商号・本店の所在地に関する事項を合併契約に規定する（本条1項3号）。
(4)　新設合併設立持分会社の社員について、①社員の氏名又は名称及び住所、②社員が無限責任社員又は有限責任社員のいずれであるかの別、③社員の出資の価額
(5) (3)及び(4)のほか、新設合併設立持分会社の定款で定める事項（576条、577条）
(6)　新設合併設立持分会社が新設合併に際して新設合併消滅株式会社の株主又は新設合併消滅持分会社の社員に対してその株式又は持分に代わる新設合併設立持分会社の社債を交付するときは、その社債の種類及び種類ごとの各社債の金額の合計額又はその算定方法
(7) (6)の場合には、新設合併消滅株式会社の株主（新設合併消滅株式会社を除く）又は新設合併消滅持分会社の社員に対する(6)の社債の割当てに関する事項
(8) 新設合併消滅株式会社が新株予約権を発行しているときは、新設合併設立持分会社が新設合併に際して新株予約権の新株予約権者に対して交付する新株予約権に代わる金銭の額又はその算定方法
　新設合併消滅株式会社が新株予約権を発行しているときは、新設合併設立持分会社がこれを引き継ぐことができないため、効力発生日に、新株予約権は消滅する（756条4項）。そのため、消滅する新株予約権に代わって新株予約権者に対して交付する金銭に関する事項である。
(9) (8)の場合には、新設合併消滅株式会社の新株予約権の新株予約権者に対する(8)の金銭の割当てに関する事項
　対価に不満がある新株予約権者は公正な価格の支払を求めて新株予約権買取請求権の行使をすることが認められる（808条1項1号）。

2　社員の種類の定め
　新設合併設立持分会社が合名会社であるときは、1(4)②の事項として、その社員の全部を無限責任社員とする旨を定めなければならない（本条2項）。新設合併設立持分会社が合資会社であるときは、1(4)②の事項として、その社員の一部を無限責任社員とし、その他の社員を有限責任社員とする旨を定

めなければならない（本条3項）。新設合併設立持分会社が合同会社であるときは、1(4)②の事項として、その社員の全部を有限責任社員とする旨を定めなければならない（本条4項）。

● (持分会社を設立する新設合併の効力の発生等) ════════

第756条　新設合併設立持分会社は、その成立の日に、新設合併消滅会社の権利義務を承継する。
　2　前条第1項に規定する場合には、新設合併消滅株式会社の株主又は新設合併消滅持分会社の社員は、新設合併設立持分会社の成立の日に、同項第4号に掲げる事項についての定めに従い、当該新設合併設立持分会社の社員となる。
　3　前条第1項第6号に掲げる事項についての定めがある場合には、新設合併消滅株式会社の株主又は新設合併消滅持分会社の社員は、新設合併設立持分会社の成立の日に、同項第7号に掲げる事項についての定めに従い、同項第6号の社債の社債権者となる。
　4　新設合併消滅株式会社の新株予約権は、新設合併設立持分会社の成立の日に、消滅する。

───────────────────────────────

1　効力（包括承継）の発生時期
　新設合併は、新設合併設立持分会社の成立の日、すなわち、その設立登記の日に効力を生じる（本条1項、579条）。新設合併の効力発生により、新設合併設立持分会社は新設合併消滅会社の権利義務の全部を包括的に承継し（本条1項、2条28号）、また、新設合併消滅会社は解散し、清算手続を経ることなく消滅する（641条5号、644条1号、471条4号、475条1号（消滅会社が株式会社の場合））。

2　新設合併設立持分会社の社員及び社債権者
　新設合併消滅株式会社の株主又は新設合併消滅持分会社の社員は、新設合併契約における新設合併持分会社の持分又は社債の割当てに関する事項に従い、新設合併設立持分会社の成立の日に、新設合併設立持分会社の社員又は社債権者となる（本条2項・3項）。

3　新設合併消滅株式会社の新株予約権の消滅時期

　新設合併消滅株式会社の新株予約権は、新設合併設立持分会社の成立の日に、消滅する（本条4項）。新設合併設立持分会社は、新株予約権を承継し得ないから、当然の理を定めたものである。

第3章　会社分割

1　会社分割の意義
(1) 吸収分割と新設分割
　会社分割は、会社の事業に関する権利義務の全部又は一部を他の会社に承継させる行為である。「吸収分割」とは、株式会社又は合同会社がその事業に関して有する権利義務の全部又は一部を分割後他の会社に承継させることをいい（2条29号）、「新設分割」とは、1又は2以上の株式会社又は合同会社がその事業に関して有する権利義務の全部又は一部を分割により設立する会社に承継させることをいう（2条30号）。吸収合併と新設合併の区分と同じく、既存の会社に承継させる場合が吸収分割であり、会社分割に伴い新設される会社に承継させる場合が新設分割である。分割によりその有していた事業を他の会社に承継させる会社を分割会社、事業の承継を受ける会社を承継会社という。承継会社には、株式会社、合名会社、合資会社、合同会社がなれるが、分割会社となれるのは、株式会社と合同会社に限られる。会社分割の効力が生ずると、承継会社・設立会社は、吸収分割契約・新設分割計画の定めに従い、分割会社の権利義務を承継する（759条1項、761条1項、764条1項、766条1項）。事業に関して有する権利義務のどの部分が承継されるかは、吸収分割契約・新設分割計画の定めに従って定まる（江頭・株式会社法833頁）。
(2) 企業組織再編手続としての株式分割
　会社分割は、合併及び株式交換・株式移転制度とともに、企業組織再編手続の1つとして、次のように利用される。
　① 　多くの事業部門を有する会社がその事業部門を別会社として独立させて効率化を図る。
　② 　会社のある部門を他社の同種の部門と統合して合弁会社を作る。例えば、企業グループ内の各社の人事・経理など管理部門を統合して、効率化を図るなどである。
　③ 　スポンサーの支援を得つつ分割会社の事業を分割して新会社として独立させ、特別清算により対価を債権者に配当し、債務を一掃して企業再生を図る。
(3) 物的分割と人的分割
　会社分割の制度は、理論的に、物的分割と人的分割の2類型がある。分割に際して承継会社が発行する株式を分割会社に対して割り当てる場合を「物

的分割」（分社型分割）といい、分割会社の株主に割り当てる場合を「人的分割」（分割型分割）という。本法は、人的分割の制度を廃止し、会社分割はすべて物的分割であると整理したため、株式の割当比率の問題は生じない。人的分割を廃止したのは、株式分割の対価及び剰余金配当の対象財産の柔軟化を認め、承継会社の株式以外の金銭その他の財産を交付することが可能となったため、人的分割と会社分割の対象資産を単に売却して剰余金の配当等により金銭等を分配する場合との区別が困難になったからである。

本法でも、人的分割と実質的に同じ効果を生じさせる方法として、①分割会社へ株式を交付した後、会社分割が効力を生ずる日に分割会社の株主が有する全部取得条項付種類株式を会社が取得し、その対価として承継会社の株式を交付する「物的分割＋全部取得条項付種類株式の取得」方式（758条8号イ、760条7号イ、763条12号イ、765条1項8号イ）と、②分割会社へ株式を交付した後、分割の効力発生と同時に剰余金の配当として株主に交付する「物的分割＋剰余金の配当」方式（758条8号ロ、760条7号ロ、763条12号ロ、765条1項8号ロ）がある。

(4) 按分型分割と非按分型分割

旧商法当時は、会社分割に際して設立会社又は承継会社が発行する株式を分割会社の株主に割り当てる場合に、株主平等の原則により、各株主の持株数に比例して割り当てることが原則とされ（按分型分割）、全株主の同意があれば、株主の一部に対してのみ設立会社又は承継会社の株式を割り当てる非按分型の分割も許されていた。本法は、人的分割を、物的分割と剰余金の配当の組合せとして構成するのであるから、非按分型分割は一部の株主に対する剰余金の処理として扱われる（454条3項）。

(5) 共同分割

分割会社たる複数の会社が既存の承継会社に事業を承継させる場合を共同吸収分割といい、承継会社となる新設会社に事業を承継させる場合を共同新設分割という。共同新設分割については規定が存在し、各分割会社は共同して新設分割計画を作成する必要がある（762条2項）。共同吸収分割については旧商法と同じく規定が存在しないが、それを認めない趣旨ではなく、同一の会社を承継会社とする複数の吸収分割を並行して行い、吸収分割契約において相互にその実行を停止条件としておけばよい。

物的吸収分割（分社型分割）

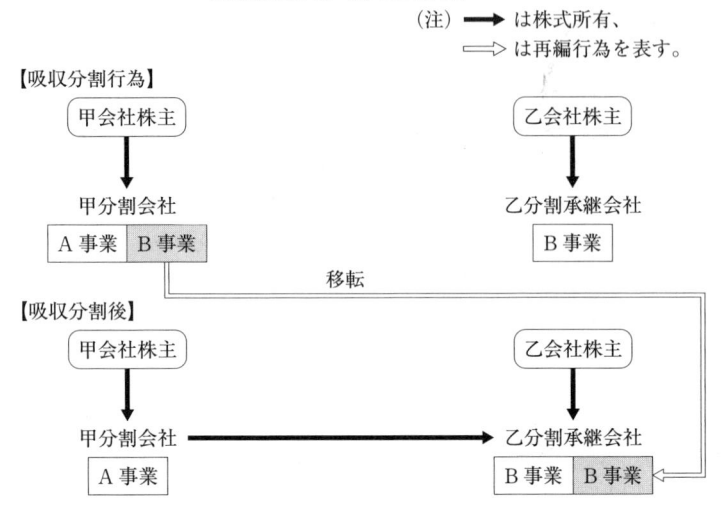

(注) ➡ は株式所有、
⇨ は再編行為を表す。

【吸収分割行為】

甲会社株主 → 甲分割会社 [A事業 | B事業]

乙会社株主 → 乙分割承継会社 [B事業]

移転

【吸収分割後】

甲会社株主 → 甲分割会社 [A事業] → 乙分割承継会社 [B事業 | B事業] ← 乙会社株主

人的吸収分割（分割型分割）

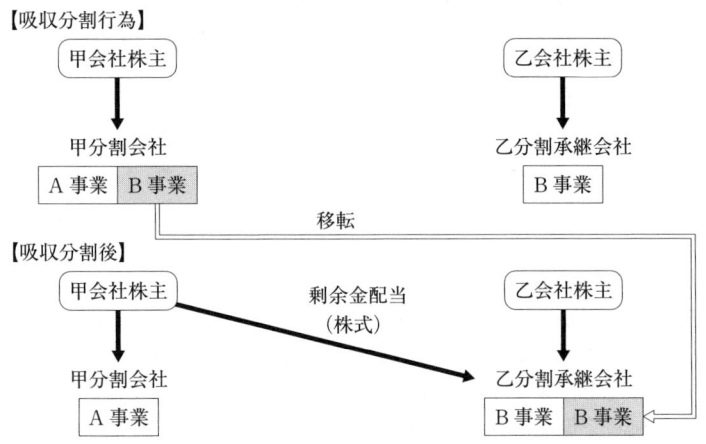

【吸収分割行為】

甲会社株主 → 甲分割会社 [A事業 | B事業]

乙会社株主 → 乙分割承継会社 [B事業]

移転

【吸収分割後】

甲会社株主 → 甲分割会社 [A事業]

甲会社株主 —剰余金配当（株式）→ 乙分割承継会社 [B事業 | B事業] ← 乙会社株主

（岸田雅雄・ゼミナール会社法入門［第7版］428頁を参考に作成）

吸収分割・新設分割手続対比表

（この対比表は、發知敏雄=箱田順哉=大谷隼夫・持株会社の実務［第6版］（東洋経済新報社、2012）303-304頁の表による。ただし、分割会社・承継会社とも株式会社であり、かつ、対価は株式の場合である。）

手　続	吸収分割	新設分割
1　取締役会決議	両会社で重要な業務執行として決議（362条4項）	分割会社（完全親会社となる会社）で重要な業務執行として決議（362条4項）
2　内容確定	両会社間で法定事項を定めた吸収分割契約締結（757条、758条）	分割会社で法定事項を定めた分割計画作成（762条、763条）
3　労働者保護手続	分割会社（親会社となる会社）で、労働者・労働組合に対する通知、協議、労働者からの異議申出受理等（労働契約承継2条-6条）	同左
4　事前開示	両会社の本店に吸収分割契約の内容等法定事項を書面・電磁的記録で備え置き、株主、債権者らに開示（782条、794条）	分割会社の本店に新設分割計画の内容等法定事項を書面・電磁的記録で備え置き、株主、債権者らに開示（803条）
5　株主らへの個別通知・公告	両会社で、吸収分割契約効力発生日の20日前までに、株主に法定事項を通知・公告（785条3項・4項、797条3項・4項） 分割会社で、同効力発生日の20日前までに、登録質権者、登録新株予約権質権者、吸収分割契約新株予約権者に法定事項を通知・公告（783条5項・6項、787条3項2号・4項） 分割会社で、分割後分割会社に対し債務の履行を請求できない分割会社の債権者に1か月以上の異議申出とその期間等法定事項を公告・催告（789条1項2号・2項・3項） 承継会社（子会社となる会社）で、債権者に1か月以上の異議申出とその期間等法定事項を公告・催告（799条1項2号・2項・3項）	分割会社で、株主総会承継決議の日から2週間以内に、株主、新設分割計画新株予約権者に法定事項を通知・公告（806条3項・4項、808条3項2号・4項） 同会社で、新設分割後分割会社に対して債務の履行を請求できない分割会社の債権者などがあれば、1か月以上の異議申出とその期間等法定事項を公告・通知（810条1項2号・2項・3項）
6　株主総会（種類株主総会）決議	両会社で吸収分割契約効力発生日の前日までに、株主総会の特別決議（309条2項12号、	分割会社で、株主総会の特別決議（309条2項12号、804条1項）

		804条1項、783条1項、795条1項、795条4項2号)	
7	効力発生日	吸収分割契約で定めた効力発生日 (758条7項、759条1項)	新設分割設立会社 (「新設会社」) の設立登記の日 (49条、764条1項、924条)
8	反対株主らから株式等買取り	両会社で、吸収分割反対の株主から株式買取り (785条、797条) 分割会社で、新株予約権者からの請求で新株予約権買取り (787条1項2号)	分割会社で、新設分割反対の株主から株式買取り (806条) 分割会社で、新株予約権者からの請求で新株予約権買取り (808条1項2号)
9	異議ある債権者への対応	両会社で、吸収分割に異議のある債権者に弁済、担保提供又は弁済のため相当財産信託 (789条1項2号・5項、799条1項2号・5項)	分割会社で、新設分割に異議のある債権者に弁済、担保提供又は弁済のため相当財産信託 (810条1項2号・5項)
10	事後開示	両会社で共同して、効力発生日後遅滞なく、承継会社が承継した分割会社の権利義務等法定事項の書面・電磁的記録を作成し、これを効力発生日から6か月間、両会社の本店に備え置き、開示 (791条1項1号・2項、801条2項・3項2号)	両会社で共同して、新設会社成立日後遅滞なく、新設会社が承継した分割会社の権利義務等法定事項の書面・電磁的記録を作成し、これを新設会社成立の日から6か月間、両会社の本店に備え置き、開示 (811条1項1号・2項、815条2項・3項2号)

2 権利義務の承継

(1) 一般承継

　会社分割による権利義務の承継は、その権利義務に関する分割会社の地位を承継する一般承継（包括承継）といわれる。すなわち、個々の権利義務ごとの個別の移転行為は不要となるはずである。しかし、会社分割の場合には、合併の場合と異なって、会社分割の効力発生後も原権利者である分割会社が存続するので、権利の二重譲渡が生じる可能性があり、会社分割による承継を対抗するために対抗要件の具備が必要である（江頭・株式会社法838頁）。神田・会社法345頁は、「分割会社は分割後も存続するので、包括承継という概念を使うのは必ずしも適切ではなく、資産の移転については第三者対抗要件の具備が必要である」という。したがって、会社分割による権利承継を第三者に対抗するためには、不動産の場合は登記により（民177条）、債権の場合は通知・承諾により対抗要件の具備を要する（民467条）。株式の場合は、吸収分割も「株式の譲渡」に当たり株主名簿の名義書換えによる

対抗要件の具備が必要である（130条）。

なお、原田晃治「会社分割法制の創設について（下）」商事1566.7は、吸収分割の効果は一般承継であるとする立場から、「分割会社が不動産を第三者に譲渡した後、分割により当該不動産を設立会社または承継会社に承継させたような場合には、設立会社または承継会社は、通常、第三者との間の契約上の地位を承継することになり、第三者と対抗関係に立たない」という。

訴訟物　XのY株式会社に対する所有権に基づく返還請求権としての土地引渡請求権

＊本件は、A株式会社とY会社間の吸収分割の効力発生日後に、A会社代表取締役Bが同社の所有する土地を第三者Xに売買した場合に、Xが承継会社のY会社に対し、本件土地の引渡しを求めた事案である。不動産が吸収分割の承継財産となった場合に、吸収分割の効力が生じた後に、吸収分割の登記前に第三者Xへ譲渡された場合は、民法177条の対抗問題である（江頭・株式会社法838頁）。

＊本件の場合は、第三者Xと承継会社Y会社の勝敗は、第三者Xの善意悪意に関わらず、その不動産の所有権移転登記の先後で決まるのであり、分割の登記は、関係がない（神田・会社法349頁は、「この例で不動産の第三者への譲渡が分割の登記後になされたような場合であったとしても、問題状況は変わらない（新設分割の場合も同じ）」としている）。

＊分割によって分割会社が解散するわけではないので、分割登記だけでは権利義務の承継を第三者に対抗することができない。

請求原因
1　A会社は、請求原因2当時、本件土地を所有していたこと
2　A会社はXとの間で、本件土地を1,000万円で売買する契約を締結したこと
3　Y会社は、本件土地を占有していること

（対抗要件）

抗　弁
1　A会社はY会社に対し、本件土地が承継財産の一部となっているゴルフ事業を吸収分割したこと
2　Xが本件土地について対抗要件を具備するまで、Xが所有者であることを認めないとのYの権利主張

(対抗要件具備)

再抗弁 1 Xは、請求原因2の売買契約に基づき、本件土地につき所有権移転登記を経たこと

(2) 契約上の地位

継続的に原材料の供給を受ける等の契約上の地位も、吸収分割契約・新設分割計画の定めに従い、契約相手方の同意なくして、法律上当然に承継される。会社分割により承継されない旨の条項が契約中にある場合でも、会社分割による承継の効力自体は生じるとする見解が有力である。分割後に契約当事者となる会社の信用が従前の分割会社に比して乏しい場合には、契約相手方は不利益を被るが、債権者の異議手続による保護はない。したがって、そのような契約相手方は、予め契約中に適当な条項（債務不履行事由、期限の利益喪失事由、解除事由、違約金発生事由などの条項は有効）を設けて予防することとなる（江頭・株式会社法852頁）。

訴訟物 X株式会社のY株式会社に対する継続的売買契約に基づく買主の地位（確認）
　　　　＊本件は、Y会社がA株式会社との間で原材料の継続的売買契約を締結していたが、A会社がX会社に原材料を使用して加工生産する事業を吸収分割したところ、Y会社はX会社の本件継続的売買契約上の買主としての地位を争うので、X会社が買主たる地位の存在の確認を求めた事案である。

請求原因 1 Y会社はA会社との間で、原材料を10年間継続的に売買する契約を締結したこと
　　　　2 A会社は、X会社との間で本件原材料を使用して加工生産する事業を吸収分割する契約を締結したこと
　　　　3 請求原因2の吸収分割の効力発生日が到来したこと
　　　　4 Y会社は、X会社が請求原因1の本件原材料の継続的売買契約の当事者（買主）であることを争うこと

(約定解除)

抗弁 1 請求原因1の継続的売買契約には、相手方の承諾を得ないで会社分割が行われた場合は、相手方は催告なくして契約を解除できる旨の特約があること
　　　　＊契約相手方の承諾を得ずに分割会社が会社分割を行っても契約相手方を拘束しない旨の条項は、相手方の承諾が法律上要

求されている契約（民625条1項）であっても会社分割の手続により承諾なしに承継させ得ることに鑑みると、無効と解すべきである。他方、契約相手方の承諾を得ない会社分割が直ちに契約相手方に契約解除権及び損害賠償請求権を発生させる旨の条項は、有効である（江頭・株式会社法852頁）。

 2　Y会社は、請求原因2の後、X会社に対して請求原因1の契約を解除する意思表示をしたこと

（承　　諾）

再抗弁　1　Y会社はX会社に対して、請求原因2の吸収分割について承諾の意思表示をしたこと
 ＊例えば、A会社又はX会社が、会社分割を行ったことをY会社に対し通知した後、会社分割後特段の異議がなく契約関係が維持されていた事実があれば、黙示の承諾が認められるであろう。

(3)　新株予約権

吸収分割契約新株予約権・新設分割計画新株予約権（758条5号イ、763条10号イ）は、分割の効力発生により消滅し、その新株予約権者（新株予約権買取請求をした者を除く）は、同日、承継会社・設立会社の新株予約権者となる（759条5項、764条7項）。

(4)　各別の催告が懈怠された債権

会社分割により承継可能な債務は、吸収分割契約又は新設分割計画の定めに従って、効力発生日に承継会社又は新設会社に承継され、あるいは分割会社にとどまる。ただし、債権者保護手続において異議を述べ得る分割会社の債権者で個別催告を要する者に対して各別の催告がされなかった場合には、分割会社と承継会社又は新設会社の双方が履行の責めを負う（759条2項・3項、764条2項・3項）。分割会社は、効力発生日又は新設会社成立の日の時点で有していた財産の価額の限度で責任を負い、また、承継会社又は新設会社は承継した財産の価額の限度で責任を負う。

(5)　譲渡制限株式

会社分割の承継財産に譲渡制限株式が含まれている場合に、その発行会社の譲渡承認の必要の有無が問題となる。①分割の効果は「承継」と規定されていて一般承継と解され、通常の譲渡とは異なること、②債務の承継が債権者の異議があれば述べるべきことが公告・催告で一括処理されていること（789条、799条）、③承継される労働者の同意を会社分割の要件としないこ

とも会社分割に伴う労働契約の承継等に関する法律からして明らかであることとの均衡から見て、譲渡制限株式の承継だけ別異に解する必要はなく、承認は不要である。

(6) 根抵当権に関する権利義務

元本確定前に根抵当権者を分割会社とする会社分割がされた場合は、根抵当権は、会社分割時に存する債権のほか、分割会社及び承継会社が分割後に取得する債権を担保することになる（民398条の10第1項）。また、元本確定前に債務者を分割会社とする会社分割がされた場合は、根抵当権は、会社分割時に存する債務のほか、分割会社及び承継会社が分割後に負担する債務を担保することになる（民398条の10第2項）。いずれの場合も、根抵当権設定者は、会社分割があったことを知った日から2週間、又は会社分割の日から1か月以内であれば、元本確定請求ができる。ただし、債務者を分割会社とする場合であって、その債務者が根抵当権設定者であるときは、元本確定請求は認められない（民398条の10第3項、398条の9第3項-5項）。

3 競業避止義務

会社分割によって事業を承継させる分割会社に対しては、本法総則が事業の譲渡人につき競業避止義務を課している（21条1項）のと異なって、競業避止義務を定めていない。すなわち、会社分割における競業避止義務の有無は、分割契約における合意に委ねている。なお、分割契約に競業禁止につき何ら定めなかった場合に、分割会社又は承継会社が競業避止義務を負うかどうかの解釈問題が残る（新設会社においても、分割会社に残った事業につき競業避止義務を負うものとされることはあり得る）。

会社分割において承継の対象になるのは、事業の全部又は一部に限定されているが、その事業の譲渡人については、21条1項で、事業譲渡の場合において、当事者が別段の意思表示をしないときは、譲渡人が同一市町村及び隣接市町村内において、20年間競業を禁止される旨が規定されている。この規定の趣旨からすると、事業譲渡と会社分割は事業の移転という効果が類似するから、分割会社は、事業の全部又は一部を承継させる者として、分割計画に別段の定めがない限り上記の規定の範囲で競業避止義務を負うとする類推適用肯定説がある一方で、①事業譲渡と会社分割は異なる概念であり、②法定の競業避止義務の内容が必ずしも合理性を有するものでないこと、③営業の自由は憲法上の職業選択の自由、財産権の保護に由来し、当事者の合意で排除できるとしても、競業避止義務を課すことには慎重であるべきこと、④会社分割による承継の対象が、「事業」から「事業に関して有する権

利義務」に変わり、「事業を譲渡した会社は」と規定する21条と文言上の違いが明確になったことから、類推適用否定説が唱えられている。

4　訴訟の承継

　会社分割が行われても、分割会社は消滅しないので、会社分割は、訴訟の中断事由ではない（民訴124条参照）。しかし、訴訟の目的たる権利義務の帰属主体は変動するので、これを訴訟手続に反映させる必要がある。例えば、分割会社が金銭支払請求訴訟の当事者であった場合に、訴訟の目的たる権利又は義務が承継会社・新設会社に承継されたとき、承継会社・新設会社は自ら参加承継の申立てをし（民訴49条）、又は相手方の訴訟引受けの申立てにより（民訴50条）、当事者となる。承継会社・新設会社が各別の催告を受けなかった分割会社の債権者に対して法定の責任（759条3項、764条3項）を負うときは、承継会社・設立会社を被告とした別訴の提起が必要となる（759条の解説2の設例における訴訟物の注記参照）。また、分割会社が、同様に法定の責任（759条2項、764条2項）を負うときは、訴えの交換的変更により分割会社に対する責任の追及が可能である（759条の解説2の設例における訴訟物の注記参照）。

第1節　吸収分割

　吸収分割は、株式会社又は合同会社（「分割会社」）がその事業に関して有する権利義務の全部又は一部を分割した後、他の会社（既存の会社。「承継会社」）に承継させることをいう（2条29号）。そして、会社分割の対象が「事業に関して有する権利義務の全部又は一部」であることについて、旧商373条、374条ノ16が「営業ノ全部又ハ一部」と規定していた関係で、その意義について見解が分かれている。

(1) 事業性（営業性）必要説

　本法でも、なお、会社分割の対象に事業性（営業性）を必要とするという見解（前田・入門721-722頁、龍田・大要474-476頁、稲葉・解明664頁）が有力である。これは、①旧商法では、承継会社によって承継される対象を分割会社の「営業ノ全部又ハ一部」と規定していたところ、会社分割は合併等と同様の組織法的な行為であり、個々の権利義務の承継をその対象にできないとされていたこと、②債権者の承諾（同意）や債務者への個別通知なしに権利義務の一括移転が認められるのは、その権利義務の有機的結合の存在のためであり、特に継続的取引契約のような契約当事者の地位の移転は、単なる債権の移転と同視できないこと、③雇用契約の譲渡には、本来、労働者の承諾（民625条1項）が必要であるが、会社分割でそれが不要なのは、事業（営業）の承継という形で労働者の保護が図られるからであること、④旧商法245条1項1号の株主総会の特別決議を要する「営業ノ全部又ハ重要ナル一部ノ譲渡」は、最大判昭和40年9月22日民集19.6.1600によれば、譲渡会社が譲渡の限度で法律上当然に21条の競業避止義務を負う結果を伴うものとされるが、会社の分割に関しては、立法の経緯からみて、競業避止義務を伴わないものも事業の全体又は一部の承継に含まれると解されていたこと、⑤会社分割の制度は、個々の権利の承継について検査役の調査を免れる手段として利用されてはならないことを前提として立法され、また、会社分割に伴う労働契約の承継等に関する法律における「承継される事業に主として従事するもの」（同法2条1項1号）という規定も維持されているが、これは一体性のある特定の事業が承継対象であることを示すなどを根拠とする。

(2) 事業性（営業性）不要説

　会社分割の承継対象は、「その事業に関して有する権利義務の全部又は一部」（2条29号・30号）とされるが、これは、客観的意義の事業及び事業活動に関して会社が保有している個別の権利及び義務であると解する。会社分

割の対象について、「事業」という事業活動を含む概念ではなく、「事業に関して有する権利義務」という財産に着目した規定を設けたのは、有機的一体性も、事業活動の承継も、会社分割の要件ではないことを明確にするためである。その根拠は、①旧商法当時は、会社分割により承継会社又は新設会社に承継する財産は「営業」に限定され、有機的一体性のない財産の移転は除外されると解されていたが、特定の権利義務の集合が事業（営業）に該当するか否かの判断は容易でなく、事後にその承継がないとされて行為が無効になると法律関係の安定を害すること、②会社分割は分割手続を経て実現される組織法上の行為であるから、事業の譲渡のように競業避止義務を生じさせるか否かによって重要な財産の譲渡の場合との区別を図る必要はなく、事業活動の承継を要件とする必要もないこと、③会社分割には、事前・事後の開示制度、債権者の異議手続等があることから、事業（営業）の承継により債権者の保護を図る必要性は乏しいこと、④雇用関係の承継については、特別法の労働承継法によって保護が図られ、事業（営業）概念が必要ないことがある（相澤他・論点解説668-669頁、江頭・株式会社法825頁）。

訴訟物　XのY1株式会社及びY2株式会社に対する吸収分割無効権
＊本件は、Y1会社がその化粧品部門に属する権利をY2会社に承継させる吸収分割をしたところ、それは事業を内容としないことを理由に吸収分割無効の訴え（形成訴訟）が提起された事案である。
＊事業性（営業性）必要説の立場であっても、稲葉・解明664頁は、「営業の一体性は、一義的に定まるものではなく、若干の過不足があっても、その効力に影響はなく（その要素の欠缺のために分割が無効になるなどということは通常考えられない）、契約や計画の上で、その範囲を確認することは有益である。」という。
＊請求の趣旨は「Y1会社が同被告の化粧品事業に関する営業の全部をY2会社に承継させる会社分割は、これを無効とする。」である。

請求原因　1　Y1会社はY2会社との間で、Y1会社の化粧品部門の事業の全部をY2会社に承継させる吸収分割契約を締結したこと
2　吸収分割契約の定める効力発生日が到来したこと
3　Xは、吸収分割の効力が生じた日において吸収分割契約をした会社の株主等若しくは社員等であった者又は吸収分割契約

をした会社の株主等、社員等、破産管財人（又は吸収分割について承認をしなかった債権者）であること
＊828条2項9号に基づく事実である。
4　請求原因1の吸収分割は、事業の譲渡を内容としない具体的事実
＊会社分割が、その登記があっても事業の譲渡を内容としていない場合、その会社分割は　無効となるとの見解に基づく事実整理である。旧商法下では、「営業ノ全部又ハ一部ヲ……承継セシムル」（旧商373条、374条ノ16）ことが会社分割の内容とされていた。そして、ここでいう営業とは、営業用財産である物及び権利だけでなく、これに得意先関係、仕入先関係、販売の機会、営業上の秘訣、経営の組織等の経済的価値のある事実関係を加え、一定の営業目的のために組織化され有機的一体として機能する財産をいうとするのが判例である（前掲昭和40年最大判）。会社分割も合併及び株式交換と同様に企業再編のための組織法上の行為であり、会社分割による権利義務の承継は包括承継の性質を有するから、分割の対象も組織的一体性を有する営業と解するのが相当であること、その包括性に注目したので契約上の地位の移転における相手方当事者の同意や債務の免責的移転における債権者の同意を不要と構成していること、個々の権利義務を分割により承継の対象とすることは現物出資の潜脱になることを理由とする。仮に上記のように解すると、事業の譲渡をその内容としていない会社分割は、たとえその旨の登記がされていても、本法にいう会社分割ではあり得ず、そのような実体は会社分割無効の原因となる。なお、会社分割とされていたものは、個別の資産譲渡、負債承継の契約であったことになり、改めてその効力が問われることになる。
5　本訴は、吸収分割の効力が生じた日から6か月以内に提起されたこと
＊828条1項9号に基づく事実である。

第1款　通　則

●(吸収分割契約の締結)

第757条　会社（株式会社又は合同会社に限る。）は、吸収分割をすることができる。この場合においては、当該会社がその事業に関して有する権利義務の全部又は一部を当該会社から承継する会社（以下この編において「吸収分割承継会社」という。）との間で、吸収分割契約を締結しなければならない。

1　吸収分割会社の適格

　吸収分割をすることができる会社について、本条前段は、株式会社及び合同会社に限っている。言い換えれば、合名会社・合資会社は分割会社となれない。それは、それらの会社の債務が吸収分割により株式会社・合同会社に承継されることにより、分割会社の債権者はその吸収分割後は承継会社の財産しか引当てとすることができなくなり、その法的地位が害されるからである（中東正文・新基本法コンメ(3)246頁）。したがって、吸収分割をすることができない合名会社、合資会社が会社分割を行っても、それは分割無効の原因となる（江頭・株式会社法857頁）。ただし、このような会社分割の登記申請の段階で受け付けられないので、訴えの提起に至るケースは稀であろう。解散後の会社は、存立中の会社を承継会社とする吸収分割をすることはできるが、解散後の会社を承継会社とする吸収分割はできない（474条2号）。これに違反することも、分割無効原因になると解される。なお、吸収分割の承継会社となる会社には制限がない。

2　吸収分割契約の締結

　本条後段は、吸収分割をするために吸収分割契約の締結が必要であることを定める。吸収分割契約は、（旧商法と異なり）書面を要求せず、諾成契約とする。しかし、吸収分割契約において定めるべき事項は、758条の定めるとおり多岐にわたり、事実上書面化が必要となろう。

(1) 分割契約の意思表示の瑕疵

　分割契約の意思表示に瑕疵があるために無効又は取消しとなった場合は、

合併契約の場合と同様に、分割無効の原因となると考えられる。例えば、分割契約の重要な部分に誤記があった場合は、表示上の錯誤があることになる。ただ、合併の場合につき、合併の本質を現物出資による増資ないし設立と解する立場から、51条2項、102条4項（旧商191条）を類推して、意思表示の瑕疵による合併契約の無効・取消しの主張は、合併が登記により効力を生じた後はできないとする見解を、分割の場合に推及する立場もあろう。

(2) 取締役会決議の欠缺・瑕疵

会社の代表取締役が分割契約を締結するためには、通常は取締役会決議に基づくことを要することになる（362条4項1号）。この場合に、取締役会決議を欠き又は取締役会手続に違法があることが分割無効原因となるかは、見解が分かれる。そもそも、取締役会決議に瑕疵・欠缺のある代表取締役の行為の効力については、会社の利益と第三者の利益の比較考量によって、個別具体的に決せられると考えられている（鈴木=竹内・会社法285頁）。取引行為は取引安全を優先させて有効と解し、組織法上の行為は会社ひいては株主の利益を優先させて無効と解する傾向がある。会社分割は組織法上の行為であるから、無効とすべき要請が高い。

ア　簡易分割や略式分割の場合

本来は株主総会の決議事項である会社分割が、簡易分割や略式分割の場合は、小規模な分割であること等を考慮して特に株主総会決議が不要であるとされることからすると、取締役会決議は、通常の分割における株主総会決議と同じ程度に、組織法上の意思決定行為としての重要性があると解される。したがって、取締役会決議の瑕疵・欠缺は、会社分割の無効原因になると解される。

| 訴訟物 | XのY1株式会社及びY2株式会社に対する吸収分割無効権 |

＊Y1会社は、その化粧品部門に関する営業の全部をY2株式会社に承継させる吸収分割をしたところ、Y1会社において吸収分割についての取締役会決議がされていないとして、吸収分割無効の訴えが提起された事案である。

| 請求原因 | 1　Y1会社はY2会社との間で、Y1会社の化粧品部門の事業の全部をY2会社に承継させる吸収分割契約を締結したこと |

2　吸収分割契約の定める効力発生日が到来したこと
3　Xは、吸収分割の効力が生じた日において吸収分割契約をした会社の株主等若しくは社員等であった者又は吸収分割契約をした会社の株主等、社員等、破産管財人であること

　　　　＊828 条 2 項 9 号に基づく事実である。
　　4　請求原因 1 の吸収分割は、簡易分割や略式分割であったこと
　　5　請求原因 1 の吸収分割について、Y1 会社において取締役会の決議がされていないこと
　　　　＊請求原因 4 のみでは無効原因としては不足であり、請求原因 5 が 4 の事実と併せて無効原因事実となると考える。
　　6　本訴は、吸収分割の効力が生じた日から 6 か月以内に提起されたこと
　　　　＊828 条 1 項 9 号に基づく事実である。

イ　通常の分割
　通常の会社分割の組織法上の意思決定は、株主総会の承認決議が重要な意味を有する。したがって、この場合は、株主総会決議の瑕疵の有無を問題とすれば足りる。これと独立して取締役会決議の瑕疵・欠缺を無効原因と解する必要はない。しかし、分割計画書作成行為ないし分割契約を行うための取締役会決議に瑕疵・欠缺がある場合には、事実上、分割承認総会招集のための取締役会決議にも瑕疵・欠缺が存することも多いであろう。もし株主総会招集のための取締役会決議に瑕疵・欠缺があると、それは株主総会決議取消原因となるから（「瑕疵の連鎖」）。最判昭和 46 年 3 月 18 日民集 25.2.183、鈴木=竹内・会社法 257 頁）、このような場合には、取締役会決議の瑕疵・欠缺が会社分割の効力に影響を及ぼすことになる（なお、総会決議取消しの訴えと分割無効の訴えとの関係については後述する）。

第 2 款　株式会社に権利義務を承継させる吸収分割

●（株式会社に権利義務を承継させる吸収分割契約）

第 758 条　会社が吸収分割をする場合において、吸収分割承継会社が株式会社であるときは、吸収分割契約において、次に掲げる事項を定めなければならない。
　一　吸収分割をする会社（以下この編において「吸収分割会社」という。）及び株式会社である吸収分割承継会社（以下この編において「吸収分割承継株式会社」という。）の商号及び住所
　二　吸収分割承継株式会社が吸収分割により吸収分割会社から承継す

る資産、債務、雇用契約その他の権利義務（株式会社である吸収分割会社（以下この編において「吸収分割株式会社」という。）及び吸収分割承継株式会社の株式並びに吸収分割株式会社の新株予約権に係る義務を除く。）に関する事項

三　吸収分割により吸収分割株式会社又は吸収分割承継株式会社の株式を吸収分割承継株式会社に承継させるときは、当該株式に関する事項

四　吸収分割承継株式会社が吸収分割に際して吸収分割会社に対してその事業に関する権利義務の全部又は一部に代わる金銭等を交付するときは、当該金銭等についての次に掲げる事項

　　イ　当該金銭等が吸収分割承継株式会社の株式であるときは、当該株式の数（種類株式発行会社にあっては、株式の種類及び種類ごとの数）又はその数の算定方法並びに当該吸収分割承継株式会社の資本金及び準備金の額に関する事項

　　ロ　当該金銭等が吸収分割承継株式会社の社債（新株予約権付社債についてのものを除く。）であるときは、当該社債の種類及び種類ごとの各社債の金額の合計額又はその算定方法

　　ハ　当該金銭等が吸収分割承継株式会社の新株予約権（新株予約権付社債に付されたものを除く。）であるときは、当該新株予約権の内容及び数又はその算定方法

　　ニ　当該金銭等が吸収分割承継株式会社の新株予約権付社債であるときは、当該新株予約権付社債についてのロに規定する事項及び当該新株予約権付社債に付された新株予約権についてのハに規定する事項

　　ホ　当該金銭等が吸収分割承継株式会社の株式等以外の財産であるときは、当該財産の内容及び数若しくは額又はこれらの算定方法

五　吸収分割承継株式会社が吸収分割に際して吸収分割株式会社の新株予約権の新株予約権者に対して当該新株予約権に代わる当該吸収分割承継株式会社の新株予約権を交付するときは、当該新株予約権についての次に掲げる事項

　　イ　当該吸収分割承継株式会社の新株予約権の交付を受ける吸収分割株式会社の新株予約権の新株予約権者の有する新株予約権（以下この編において「吸収分割契約新株予約権」という。）の内容

　　ロ　吸収分割契約新株予約権の新株予約権者に対して交付する吸収分割承継株式会社の新株予約権の内容及び数又はその算定方法

ハ　吸収分割契約新株予約権が新株予約権付社債に付された新株予約権であるときは、吸収分割承継株式会社が当該新株予約権付社債についての社債に係る債務を承継する旨並びにその承継に係る社債の種類及び種類ごとの各社債の金額の合計額又はその算定方法
　六　前号に規定する場合には、吸収分割契約新株予約権の新株予約権者に対する同号の吸収分割承継株式会社の新株予約権の割当てに関する事項
　七　吸収分割がその効力を生ずる日（以下この節において「効力発生日」という。）
　八　吸収分割株式会社が効力発生日に次に掲げる行為をするときは、その旨
　　イ　第171条第1項の規定による株式の取得（同項第1号に規定する取得対価が吸収分割承継株式会社の株式（吸収分割株式会社が吸収分割をする前から有するものを除き、吸収分割承継株式会社の株式に準ずるものとして法務省令〔施則178条〕で定めるものを含む。ロにおいて同じ。）のみであるものに限る。）
　　ロ　剰余金の配当（配当財産が吸収分割承継株式会社の株式のみであるものに限る。）

1　吸収分割契約において定めるべき事項
　吸収分割契約においては、次に掲げる事項を定めなければならない。
(1)　吸収分割株式会社及び吸収分割承継株式会社の商号及び住所（本条1号）
　会社分割により設立された会社が会社分割後、分割会社の商号を続用する場合には、特段の事情のない限り、22条1項（事業譲渡における譲受会社の商号続用の責任）が類推適用される（ゴルフクラブの名称に関する最判平成20年6月10日裁判集民228.195）。
(2)　吸収分割承継株式会社が吸収分割株式会社から承継する資産、債務、雇用契約その他の権利義務（吸収分割株式会社及び吸収分割承継株式会社の株式並びに吸収分割株式会社の新株予約権に係る義務を除く）に関する事項（本条2号）
ア　特定の方法

分割会社の権利義務のうち、分割に際して分割会社から承継会社に帰属する権利義務が何かを明確にする事項であり、分割契約書の中でも重要な事項である。分割会社の取引先（債権者）にとっては、承継自体に個別の権利義務移転の手続を要する事業譲渡の場合や、消滅会社が当然に解散・消滅する吸収合併の場合以上に、実務上は、分割契約の定めが重要な意味を持つ。承継する権利義務を個々に網羅する必要はなく、特定可能な方法によって定められていれば足りると解される。したがって、①「吸収分割会社の事業に関して有する権利義務のすべて」や、②「吸収分割承継会社の甲事業部門に属するすべての権利義務」はもちろん、③吸収分割会社にとどまる権利義務を特定し、それ以外の権利義務の一切が吸収分割承継会社に承継されるとする定めも、特定として十分であると解される（神作裕之・会社法コンメ(17) 294-295頁）。ただ、特定の権利義務が分割後いずれの会社に帰属するのかが明らかになる程度の記載は必要である（江頭・株式会社法833頁）。

イ　雇用契約上の権利義務の承継会社

株式分割と雇用契約上の権利義務との関係は、次のとおりである。例えば、A会社に、運送部門と百貨店部門があり、従業員の採用も部門別に行われており、部門間で人事交流がない場合に、百貨店部門が承継会社に承継されるときは、同部門の従業員も原則としてB会社に承継される。この場合に、雇用関係の承継を一般的に除外することは、事業の譲渡とはいえず、会社分割の対象となり得ないと解される。これに対して、例えば、A会社が銀行業を営んでおり、そのうち外国為替部門をB会社に承継させる場合に、A銀行が従業員を一括採用しており、しかも部門間で人事交流が行われているときは、その分割の時点で外国為替部門に属していた従業員の多くがそのままB会社に承継されることになろう。いずれにしても、このような労働契約上の権利義務の承継について承継会社が分割会社から承継する権利義務に関する事項として、分割契約に定めることになる。このように、会社分割は雇用契約に影響を与えるため、労働契約承継法が制定されている。そして、分割会社が雇用する労働者であって、承継会社（新設分割の場合の新設会社を含む）に承継される事業に主として従事しているものについては、同法によって手当がされている。

(3) 吸収分割により吸収分割株式会社又は吸収分割承継株式会社の株式を吸収分割承継株式会社に承継させるときは、その株式に関する事項（本条3号）

ア　分割会社の株式

分割会社の自己株式については、旧商法では、分割会社が有する自己株式

の承継の可否について、自己株式処分の手続（旧商211条）を履践する必要性如何、自己株式は事業に含まれ得るかの議論があった。本法は、吸収分割契約において分割会社が保有する自己株式を承継させる場合には、その旨を記載することを要するとし（本条3号）、自己株式処分の手続を執らずに自己株式の承継を認めることとした。この承継は、一般には認められない自己株式の特定の相手方への処分のようであるが、分割会社において株主総会の特別決議による承認があるため許される（江頭・株式会社法833頁）。

また、分割会社が承継会社の親会社である場合には、その取得は、子会社による親会社株式の取得となる。子会社による親会社株式の取得は一般的には認められていないが（135条1項）、吸収分割・新設分割により他の会社から親会社株式を承継会社・新設会社が取得することは例外として許容される（135条2項3号・4号）。しかし、この規定は、分割会社が承継会社・新設会社の親会社である場合は、適用されない（神作裕之・会社法コンメ(17)310、378頁）。135条2項3号・4号は「他の会社から親会社株式を承継する場合」と定めており、同項2号「合併後消滅する会社から親会社株式を承継する場合」と対比すると、前者の「他の会社」は分割会社が親会社以外である場合を示すからである。

イ　承継会社の株式

分割会社が承継会社の株式を保有する場合に、この承継会社の株式が会社分割によって承継会社に承継されることについても、旧商法では承継会社側の自己株式取得規制の問題が存したが、吸収分割契約の記載事項とされ（本条3号）、また自己株式の取得に関する規定（155条12号）により許容された。自己株式に関する財源規制（461条）にも服さない。

(4) 吸収分割承継株式会社が吸収分割に際して吸収分割株式会社に対してその事業に関する権利義務の全部又は一部に代わる金銭等を交付するときは、その金銭等についての事項（本条4号）

交付する対価の内容として、株式以外のものが認められる（「対価の柔軟化」）。「金銭等を交付するときは」との定めが示すとおり、対価を交付しない「無対価吸収分割」も許される。施則183条1号に、758条4号に掲げる事項についての「定めがないこと」とあるのも、これを前提としている（後記ウ参照）。なお、旧商法は、分割会社の株主に対する承継会社株式の交付（人的分割）についても定めていたが、本法は、分割会社のみが株式等の対価の交付を受けることとし、物的分割に限って定めている（ただ、分割会社はそれにより取得した承継会社株式を分割会社の株主に交付して人的分割と同じ結果を生じさせ得る）。以下、対価の種類ごとに分説する。

ア　株式の場合

　承継会社の株式を交付するときは、株式の数（種類株式発行会社にあっては、株式の種類及び種類ごとの数）又はその数の算定方法並びに承継会社の資本金及び準備金の額に関する事項を定める必要がある（本条4号イ）。

(ア) 株式の数（種類株式発行会社の場合は、株式の種類及び種類ごとの数）

(イ) 資本金・準備金

　吸収分割契約において、分割の対価を承継会社の株式とした場合には、承継会社の資本金及び準備金の記載が必要となるが、これは、分割会社から承継される権利義務に対し、本来であれば承継される純資産相当額分につき承継会社の資本金や準備金を増加すべきであるが、仮に分割により承継した純資産相当額につき資本金や準備金を増加させても、同時に承継会社が資本減少を行い、資本金や準備金を増加させないことが可能であることからすると、分割対価が承継会社の株式であっても、承継会社の資本金や準備金を増加させる必要はない。また、資本減少における債権者保護の要請に対しても、会社分割においては、債権者保護手続が設けられているから、実質的には、資本金・準備金の増加と同時に減少が行われたとみても債権者保護に欠けない。このため、分割により承継した純資産相当額をすべて剰余金として計上することが認められている。

(ウ) 吸収分割承継株式会社における株主資本の計算方法

　承継会社における株主資本の計算方法には、吸収合併における株主資本の計算方法と同様に、次の①②の2つがある。

　① 承継会社において変動する株主資本の総額（「株主資本等変動額」（計算37条1項））が決定された上で、承継会社が吸収分割契約の定めに従い資本金、資本準備金及びその他資本剰余金の増加額として定めた額をそれらの増加額とする方法（計算37条2項）。

　　計算規則37条は、この方法によって計算が行われる「取得」、「共通支配下の取引」、「逆取得」又は「共同支配企業の形成」に該当する場合における規律を定めるものである。

　　「取得」、「共通支配下の取引」、「逆取得」及び「共同支配企業の形成」は、企業結合の類型ごとの会計処理を定めるために会計上設けられた概念であり、問題となる吸収分割がそのいずれの類型に該当するかを正確に判断するためには、企業結合会計基準及び事業分離会計基準並びに適用指針を参照する必要がある。

　② 承継会社において増加する株主資本の各項目の額を適当に定める方法（計算38条）

計算規則38条は、持分プーリング法（Pooling of Interest Method）に準じた方法によって計算が行われる場合に適用される規律を主に定めるものである。

イ　株式等以外の財産

本法は、株式分割の対価として、①承継会社の株式（本条4号イ）以外に、②社債（新株予約権付社債についてのものを除く）（本条4号ロ）、③新株予約権（新株予約権付社債に付されたものを除く）（本条4号ハ）、④新株予約権付社債（本条4号ニ）のほかに、⑤「株式等以外の財産」を対価とすることを認める（本条4号ホ）。

ウ　無対価吸収分割

金融商品取引法の有価証券の「募集」には、50人以上を対象にした場合に限られず、株主が50人以上の開示会社（有価証券報告書提出会社）である吸収分割会社や新設分割会社に株式を交付する場合も含まれる。そのため、わずか1株を開示会社たる親会社1社に交付する場合においても、移転する純資産が1億円以上であると承継会社あるいは新設会社で有価証券届出書の提出が必要となり（金商2条の2第4項1号、4条1項参照）、その後も、毎事業年度ごとに有価証券報告書の提出が必要となる（金商24条1項・5項）。証券市場からの資金調達の必要がない子会社にとって無用の負担を課すことになる。上場会社が事業の一部を子会社に吸収分割する場合に、無対価吸収分割を選択するのは、子会社にこの負担を負わせないためである。

(5) 吸収分割承継株式会社が吸収分割に際して吸収分割株式会社の新株予約権の新株予約権者に対してその新株予約権に代わるその吸収分割承継株式会社の新株予約権を交付するときは、その新株予約権についての事項（本条5号）

旧商法では、分割会社の新株予約権は承継会社が承継する権利義務に含めて承継会社に承継させることができた（旧商374条ノ24第2項は、それを前提とした規定）。本法は、承継会社が承継する権利義務に新株予約権を含めないこととした上で（本条2号）、承継会社が、分割会社の新株予約権の保有者に、分割会社の新株予約権に代わって承継会社の新株予約権を直接交付することを認める（本条5号。承継会社の新株予約権の交付を受ける者が有する分割会社の新株予約権は効力発生日に消滅する（759条5項））。

なお、分割会社における新株予約権の発行決議において、将来の吸収分割時に承継会社の新株予約権を交付するものとする場合には、新株予約権の内容として、吸収分割時に承継会社の新株予約権を交付し得ること及びその条件を定めるものとされているが（236条1項8号ロ）、吸収分割契約における

承継会社の新株予約権の交付などに関する定めがこの発行決議で定められた条件に合致しない場合には、新株予約権者は買取請求権を行使できる（787条1項2号）。

(6) (5)の場合には、吸収分割契約新株予約権の新株予約権者に対する吸収分割承継株式会社の新株予約権の割当てに関する事項（本条6号）

吸収分割において、分割会社から承継される権利義務に分割会社の新株予約権を含めて、これを承継会社に承継させ得ないが（本条2号）、分割会社の新株予約権者を保護するため、分割会社の新株予約権者に対し、承継会社が分割会社の新株予約権に代えて、承継会社の新株予約権を交付できる。この場合は、(5)の事項及びその割当てに関する事項を分割契約で規定する必要がある。ただし、このような規定を設けて新株予約権を交付しても、直ちに分割会社の新株予約権者による買取請求を排除するものではない。この点は、(5)で述べたとおりである。

(7) 吸収分割がその効力を生ずる日（効力発生日）（本条7号）

この効力発生日に吸収分割の効力が生ずる。吸収合併の場合（750条2項）と異なり、吸収分割の場合には、登記の効力についての特則が設けられていない。これは、分割の場合は、分割によって分割会社が解散するわけではないので、分割の登記だけでは権利義務の承継を第三者に対抗することができないからである（神田・会社法349頁）。旧商法当時は、会社分割はその登記により効力が生じるとされており（旧商374条ノ9、374条ノ25）、契約等で定める実質的な効力発生日と法律上の効力発生日（登記の日）が異なるために上場会社の株式の円滑な流通を阻害するおそれがあったが、本法ではそれを回避できることとなった。なお、新設分割の効力は、本法でも、従来どおり、新設会社の成立の日に生じる（764条1項、766条1項）。

(8) 事実上の人的吸収分割（本条8号）

本法は会社分割を物的分割のみに限定した。しかし、分割会社が物的分割により交付された吸収分割の承継会社又は新設会社の株式・持分を分割会社の株主に対して、全部取得条項付種類株式の取得（171条1項）又は剰余金の配当として交付・配当すれば、人的分割と同様の結果が得られる（本条8号、760条7号、763条12号、765条1項8号）。この場合の全部取得条項付種類株式の取得又は剰余金の配当については財源規制が課されないが（792条、812条）、この取得又は配当を伴う吸収分割又は新設分割を行う場合に、分割会社のすべての債権者に対する債権者保護手続が義務づけられる（789条1項2号、810条1項2号）。なお、財源規制は課されないが、合併における株式買取請求に係る自己株式の取得は無制限とは解されておらず、その取

得によって債務超過になることは、資本団体としての性質上認められないこと（江頭・株式会社法811頁）との均衡からみて、会社分割の場合も、全部取得条項付種類株式の取得又は剰余金の配当により分割会社が債務超過になることは許されないと解される（林浩美・論点体系(5)319頁）。
(9) 必要的決定事項以外の事項
ア　分割前の配当
　旧商法は、分割の日までに分割当事会社が利益配当又は中間配当を行う場合、分割時の株式の割当比率の適正の維持のため、その限度額の記載を必要としていた（旧商374条ノ17第2項10号）。しかし、分割会社の利益配当は、割当比率とは本来無関係であり、承継会社に利益配当の予定があれば当事会社間でそれを勘案して割当比率を定めれば足りるので、本法ではその定めを不要とした。ただ、実務上は、承継会社に剰余金配当の予定があり、その金額を考慮して承継会社株式の割当比率を定めた場合には、その旨を明らかにすべきである。
イ　分割時に就任する取締役等
　旧商法は、分割時に就任する承継会社の取締役又は監査役を吸収分割契約の記載事項とし（旧商374条ノ17第2項11号）、吸収分割契約が株主総会で承認されれば、吸収分割の効力発生とともに取締役等の選任の効力を生じるとしていたが（旧商374条ノ25）、本法は法定事項としていない。吸収分割の法的効果に直接関係しないから、債権的効果はあるものの、吸収分割の効力発生時に取締役選任の効力は生じない。承継会社において、吸収分割契約を承認する株主総会決議とは別に取締役選任決議が必要となる（相澤他・論点解説680頁）。
ウ　吸収分割会社の吸収分割承継会社・設立会社に対する競業避止義務
　分割会社の承継会社・設立会社に対する競業避止義務は、旧商法当時は、会社分割の対象が「営業」であったため、営業譲渡における譲渡人に競業避止義務を負わせる規定（旧商25条）が会社分割にも類推適用されると解されていた（原田晃治他「会社分割に関する質疑応答」別冊商事233.10）。本法下でも、会社分割の対象である権利義務が「事業」の承継に相当する場合には、吸収分割契約、新設分割計画に別段の定めがなければ、事業譲渡に関する規定（21条）が類推適用されるべきである。特に、新設分割においては、分割会社・新設会社の利害が対立する事項に関し分割会社に義務を明確に負わせるために定めるのが適当である（江頭・株式会社法833頁）。
エ　各別の催告を受けなかった吸収分割会社の債権者に対し負担する連帯責任に関する関係会社間の求償負担割合（759条2項・3項、761条2項・3

項、764条2項・3項、766条2項・3項)

2 必要的決定事項を欠く場合

分割契約に必要的法定事項の記載を欠いていたり、定めた事項に違法があり、任意に定めた事項が分割の本質に反したりする場合に、分割無効原因となるものと解される。

訴訟物 　XのY1株式会社及びY2株式会社に対する吸収分割無効権
　　　　＊本件は、Y1会社がその化粧品部門に関する営業の全部をY2株式会社に承継させる吸収分割をしたところ、吸収分割契約は必要的記載事項が欠けることを理由として、吸収分割無効の訴えが提起された事案である。
　　　　＊請求の趣旨は、「Y1会社が同被告の化粧品事業に関する営業の全部をY2会社に承継させる会社分割は、これを無効とする。」である。

請求原因
1 　Y1会社はY2会社との間で、Y1会社の化粧品部門の事業全部をY2会社に承継させる吸収分割契約を締結したこと
2 　吸収分割契約の定める効力発生日が到来したこと
3 　Xは、吸収分割の効力が生じた日において吸収分割契約をした会社の株主等若しくは社員等であった者又は吸収分割契約をした会社の株主等、社員等、破産管財人若しくは吸収分割について承認をしなかった債権者であること
　　＊828条2項9号に基づく事実である。
4 　請求原因1の吸収分割についての吸収分割契約は必要的記載事項が欠けること
　　＊必要的決定事項の定めを欠き又は違法な内容の定めがされている吸収分割契約は無効である。
5 　本訴は、吸収分割の効力が生じた日から6か月以内に提起されたこと
　　＊828条1項9号に基づく事実である。

● (株式会社に権利義務を承継させる吸収分割の効力の発生等) ━━

第759条 　吸収分割承継株式会社は、効力発生日に、吸収分割契約の定めに従い、吸収分割会社の権利義務を承継する。

2　前項の規定にかかわらず、第789条第1項第2号（第793条第2項において準用する場合を含む。次項において同じ。）の規定により異議を述べることができる吸収分割会社の債権者（第789条第2項（第3号を除き、第793条第2項において準用する場合を含む。以下この項及び次項において同じ。）の各別の催告をしなければならないものに限る。次項において同じ。）が第789条第2項の各別の催告を受けなかった場合には、当該債権者は、吸収分割契約において吸収分割後に吸収分割会社に対して債務の履行を請求することができないものとされているときであっても、吸収分割会社に対して、吸収分割会社が効力発生日に有していた財産の価額を限度として、当該債務の履行を請求することができる。

3　第1項の規定にかかわらず、第789条第1項第2号の規定により異議を述べることができる吸収分割会社の債権者が同条第2項の各別の催告を受けなかった場合には、当該債権者は、吸収分割契約において吸収分割後に吸収分割承継株式会社に対して債務の履行を請求することができないものとされているときであっても、吸収分割承継株式会社に対して、承継した財産の価額を限度として、当該債務の履行を請求することができる。

4　次の各号に掲げる場合には、吸収分割会社は、効力発生日に、吸収分割契約の定めに従い、当該各号に定める者となる。
　一　前条第4号イに掲げる事項についての定めがある場合　同号イの株式の株主
　二　前条第4号ロに掲げる事項についての定めがある場合　同号ロの社債の社債権者
　三　前条第4号ハに掲げる事項についての定めがある場合　同号ハの新株予約権の新株予約権者
　四　前条第4号ニに掲げる事項についての定めがある場合　同号ニの新株予約権付社債についての社債の社債権者及び当該新株予約権付社債に付された新株予約権の新株予約権者

5　前条第5号に規定する場合には、効力発生日に、吸収分割契約新株予約権は、消滅し、当該吸収分割契約新株予約権の新株予約権者は、同条第6号に掲げる事項についての定めに従い、同条第5号ロの吸収分割承継株式会社の新株予約権の新株予約権者となる。

6　前各項の規定は、第789条（第1項第3号及び第2項第3号を除き、第793条第2項において準用する場合を含む。）若しくは第799

条の規定による手続が終了していない場合又は吸収分割を中止した場合には、適用しない。

1 株式会社に権利義務を承継させる吸収分割の効力の発生等
(1) 一般承継
　吸収分割承継会社は、効力発生日に、吸収分割契約の定めに従い、吸収分割会社の権利義務を承継する（本条1項）。この承継は、一般承継と解され、承継の対象とされた吸収分割会社の権利は、個別承継であれば必要となる権利移転行為や権利移転のための条件を満たすことなく分割承継会社に承継される。また、承継の対象とされた債務は、債務引受行為を要することなく、効力発生日に（吸収分割登記を待つことなく）吸収分割の法律上の効果として自動的に承継される（神作裕之・会社法コンメ(17)329頁）。

訴訟物　　　ＸのＹ株式会社に対する売買契約に基づく債権的登記請求権としての所有権移転登記請求権
　　　＊本件は、ＸがＡ株式会社から本件土地を買い受けたところ、Ａ会社が、Ｙ会社に対し、本件土地を含むゴルフ場事業を吸収分割したので、ＸがＹ会社に対し、本件土地の所有権移転登記を求める訴えを提起した事案である。
　　　＊分割の効力は、一般承継であるから、例えば、吸収分割の効力発生日前に分割会社が承継対象財産である不動産を第三者に対し譲渡した場合には、承継会社は、その不動産に関し、分割会社からその第三者に対する契約上の移転登記義務等をも承継する。したがって、その第三者と対抗関係に立つわけではない（江頭・株式会社法851頁）。すなわち、売主の地位の承継と捉えられる。

請求原因　1　Ａ会社はＸとの間で、本件土地を1,000万円で売買する契約を締結したこと
　　　　　2　Ａ会社は、Ｙ会社に対し、本件土地を含むゴルフ場事業について、吸収分割をしたこと
　　　　　3　請求原因1の売買後に、請求原因2の吸収分割の効力発生日が到来したこと
　　　＊原田晃治「会社分割法制の創設について（下）」商事1566.7

は、吸収分割の効果は包括承継であるとする立場から、「分割会社〔A会社〕が不動産を第三者〔X〕に譲渡した後、分割により当該不動産を設立会社または承継会社〔Y会社〕に承継させたような場合には、設立会社または承継会社〔Y会社〕は、通常、第三者〔X〕との間の契約上の地位を承継することになり、第三者〔X〕と対抗関係に立たない」という。

訴訟物　XのY株式会社に対する売買契約に基づく売買代金請求権
＊本件は、XがY会社に売却した本件土地の売買代金の支払を求めたところ、Y会社は、本件土地を工場用地とする製造部門の事業全部をA株式会社に承継させる吸収分割をしたので、その債務はA会社に帰属すると抗弁した事案である。
＊抗弁が主張立証されると、本件売買代金請求権の債務者はA会社となるので、本件請求は棄却を免れない。しかるに、後記(2)で検討するY会社の本条2項に基づく連帯責任は、A会社に承継された請求権と関連性があるため、請求の基礎に変更はなく、したがって、後記(2)の請求は、訴えの交換的変更（民訴143条）により履行を求めることができる。

請求原因　1　XはY会社との間で、本件土地を1,000万円で売買する契約を締結したこと
＊Y会社は、売買契約締結後、抗弁1のようにA会社との間で吸収分割をしているが、吸収分割の前後で法人格に変わりはないから、請求原因の段階では、Xは吸収分割の事実に触れることなく、請求原因1の事実のみで売買代金請求をすることができる。

（吸収分割契約）
抗弁　1　Y会社は、本件土地を工場用地とする甲製造部門の事業全部をA会社に承継させる吸収分割契約をA会社との間で締結したこと
2　抗弁1の分割契約において、請求原因1の売買代金債務はA会社に承継される旨の記載がされていたこと
3　吸収分割の効力発生日が到来したこと

(2) 対抗要件

会社分割による権利義務の承継の性質は、(1)で述べたとおり、その権利義務に関する分割会社の地位を承継する包括承継である。すなわち、個々の権利義務ごとに個別の移転行為は不要である。しかし、会社分割の場合には、合併の場合と異なって、会社分割の効力発生後も原権利者である分割会社が存続するので、権利の二重譲渡が生じる可能性があり、会社分割による承継を対抗するために対抗要件の具備が必要である（江頭・株式会社法838頁）。したがって、不動産の場合は登記により（民177条）、動産の場合は引渡しにより（民178条）、債権の場合は通知・承諾により対抗要件の具備を要する（民467条）。株式の場合は、吸収分割も「株式の譲渡」に当たり株主名簿の名義書換えによる対抗要件の具備が必要である（130条）。例えば、承継対象資産である不動産が分割会社から第三者に二重に譲渡された場合には、不動産が承継会社・新設会社又は第三者のいずれに帰属するかは、その不動産の移転登記（分割による所有権の移転登記と第三者への譲渡の登記）のいずれが先かという対抗問題となる（民177条）（相澤・新会社法解説190頁）。なお、不動産の二重譲渡の設例については、本章の前注2権利義務の承継(1)一般承継参照。

2　吸収分割において承継の対象とされた債務の債権者

本条2項は、3項も同様であるが、吸収分割における債権者保護手続（789条）において個別催告の対象となっている債権者が個別催告を受けなかった場合の効果（債務の履行請求権）を規定するものである。

吸収分割において承継の対象とされた債務（分割会社が重畳的債務引受け又は連帯保証をした債務を除く）の債権者であって、各別の催告を受けるべきものが催告を受けなかった場合は、その債権者は吸収分割契約の定めによって債務を負担しない旨が定められた吸収分割会社に対しても、その会社が効力発生日に有していた財産の価額を限度として、その債務の履行を請求することができる（本条2項）。会社分割によって不測の損害を被るおそれのある債権者の保護を図る趣旨である（江頭・株式会社法847頁）。

なお、会社分割により承継の対象となる場合でも分割会社が重畳的債務引受けや連帯保証をすることで分割後も分割会社に請求できる債権者は、債権の責任財産に実質的に変更がないから、債権者保護手続の対象とならない。

吸収分割契約により分割承継会社が負担することとなった本来の債務との関係は、不真正連帯債務の関係に立つと解される。

訴訟物 XのY株式会社に対する本条2項に基づく法定債務履行請求権
  *本件は、XがY会社に売却した本件土地の売買代金債権を有するところ、Y会社は、本件土地を工場用地とする製造部門の事業全部をA株式会社に承継させる吸収分割をしたが、Xがその債務移転についての個別の通知を受けていないと主張して、本条2項に基づく請求をした事案である。
  *本条2項の吸収分割会社の連帯責任は、売買代金支払請求権と関連性があるため、売買代金支払請求の訴えと請求の基礎に変更はなく、したがって、仮に、Y会社に対し当初売買代金支払請求の訴えを提起していた場合でも、訴えの交換的変更（民訴143条）により本条2項に基づく法定債権の履行を求めることができる。

請求原因 1 XはY会社との間で、本件土地を1,000万円で売買する契約を締結したこと
  2 Y会社は、本件土地を工場用地とする甲製造部門の事業全部をA会社に承継させる（承継する権利義務として「Y会社の甲製造部門に関する事業に関して有する権利義務のすべて」との定めがある）吸収分割契約をA会社との間で締結したこと
  3 Xは、吸収分割後Y会社に対して債務の履行（その債務の保証人としてY会社と連帯して負担する保証債務の履行を含む）を請求することができないY会社の債権者（758条8号に掲げる事項についての定めがある場合にあっては、Y会社の債権者）であること
    *請求原因3は、「Xが、789条1項2号（793条2項において準用する場合を含む）により異議を述べることができるY会社の債権者（789条2項（3号を除き、793条2項において準用する場合を含む）の各別の催告をしなければならないものに限る）であること」に該当する事実である。
  4 Xは、789条2項の各別の催告を受けなかったこと
  5 吸収分割の効力発生日が到来したこと

（物的有限責任）
抗 弁 1 吸収分割の効力が生じる日におけるY会社の財産の価額は、○○万円であったこと

＊限定されるのは、債務額ではなく責任であるので、債務額を減額することはできない。この抗弁が認められると、限定承認の場合と同様に、裁判所は、「吸収分割会社が効力発生日に有していた財産の価額の限度」において支払うことを命ずることになろう。債権者は、会社に対して債務全額の履行を請求することができる。責任限度額の「財産の価額」は、分割の効力が生ずる日におけるその正味売却価額であって、その額の立証責任は会社にある（江頭・株式会社法847頁）。

3 吸収分割において承継の対象とされなかった債務の債権者

　吸収分割において承継の対象とされなかった債務の債権者であって、各別の催告を受けるべきものが催告を受けなかった場合は、その債権者は吸収分割契約の定めによって、債務を負担しない旨が定められた承継会社に対しても、承継した財産の価額を限度として、その債務の履行を請求することができる（本条3項）。会社分割によって不測の損害を被るおそれのある債権者の保護を図る趣旨である（江頭・株式会社法847頁）。

　吸収分割契約により分割会社が負担することとなった本来の債務との関係は、不真正連帯債務の関係に立つと解される。

訴訟物　　XのY株式会社に対する本条3項に基づく法定債務履行請求権

　　　　　＊本件は、XがA株式会社に対し本件土地の売買代金債権を有していたところ、A会社は、本件土地を工場用地とする製造部門の事業全部をY会社に承継させる吸収分割をし、その分割契約において代金債務はY会社に承継されない旨の記載がされていたが、Xは個別の通知を受けていないので、Y会社にその支払を求めた事案である。

　　　　　＊XのA会社に対する売買代金支払請求の訴えと本件訴えは、被告が異なり、前訴を提起していて、その後本件の請求（連帯責任の追及）をするためには、別訴の提起が必要である。

請求原因　1　XはA会社との間で、本件土地を1,000万円で売買する契約を締結したこと

　　　　　　2　A会社は、本件土地を工場用地とする甲製造部門の事業全部をY会社に承継させる（請求原因1の売買代金債務はY会社に承継されない旨の定めがある）吸収分割契約をY会社と

の間で締結したこと
　3　Xは、吸収分割後、A会社に対して債務の履行（債務の保証人としてY会社と連帯して負担する保証債務の履行を含む）を請求することができないA会社の債権者（758条8号に掲げる事項についての定めがある場合にあっては、A会社の債権者）であること
　　＊請求原因3は、Xが、「789条1項2号の規定により異議を述べることができる吸収分割会社の債権者であること」に該当する事実である。その債権者が異議を述べることができるのは、吸収分割と同時に剰余金の配当等をする場合（758条8号の定めを設けた場合）に限られる。
　4　Xは、789条2項の各別の催告を受けなかったこと
　5　吸収分割の効力発生日が到来したこと

(物的有限責任)
[抗弁]　1　Y会社がA会社から承継した財産の価額は、分割の効力が生じる日において、○○万円であったこと
　　＊本条3項に基づく物的有限責任の抗弁である（抗弁の性質については、上記2の設例の抗弁の注記参照）。「承継した財産の価額」は、効力発生日における正味売却価額である（江頭・株式会社法847頁）。その立証責任は、会社が負う。
　　＊吸収分割契約により分割会社又は承継会社が負担することとされた本来の債務との関係は、不真正連帯債務の関係に立つと解されている。また、財産の価額の限度は債務の限度額ではなく責任の限度額を定めたものであり、債権者は、双方に対してその債権の全額を請求することができる（原田晃治他「会社分割に関する質疑応答」別冊商事233.23）。

(取消・無効事由)
[抗弁]　1　請求原因1のXとA会社間の売買契約についての取消・無効事由（取消しの場合は、加えてその意思表示）
　　＊吸収分割承継会社（Y会社）は、吸収分割会社（A会社）がその債権者（X）に対して有する抗弁によって対抗できるかが問題となる。少なくとも、取消・無効事由が存在するなど債権の成立に関する抗弁については、吸収分割承継会社もまた対抗できる（神作裕之・会社法コンメ（17）343頁）。

4 不法行為債権者の保護

会社分割における債権者異議手続は、その他の債権者異議手続とは異なり、不法行為債権者（ただし「知れている債権者」）への「各別の催告」を省略できない（789条3項、793条2項、810条3項、813条2項）。不法行為債権者に対しては、官報に加えて日刊新聞紙又は電子公告による公告がされても、周知性に乏しく、会社分割は、資本金・準備金の額の減少又は合併より会社債権者の危険（不採算部門の切り離し等）が大きいからである。他方、分割契約締結時又は分割計画作成時に会社に知れていない不法行為債権者の取扱いについて、見解が分かれる。

例えば、本条2項及び3項の債権者の保護は、いずれも789条2項の「各別の催告」を受けなかったことを要件とする（前出2及び3の解説参照）ところ、その対象者は、「知れている債権者」に限られている。すると、不法行為債権者であっても、分割会社に知られていないために各別の催告を受けなかった者は、本条所定の債権者の保護を受けられないという解釈の余地がある。しかし、789条3項括弧書は、分割会社に知られていると否とに関わらず、不法行為債権者に対しては常に各別の催告をすることを要求しているところから考えると、そのような催告をすることは事実上不可能であるから、その意義は、吸収分割契約・新設分割計画により債務を負担しないとされた会社にも、常に不法行為債権者に対する責任を負わせるとも解し得る（江頭・株式会社法847頁）。なお、不法行為債権者が異議申述の機会を実質的に与えられなかった場合、すなわち、会社分割の時点で加害者を知らない場合又は損害が発生していることを知らない場合にのみ、吸収合併の承認は擬制されないと解する見解もある（相澤他・論点解説693頁）。

これらの見解の分かれている点について、紛れの生じないように、法務省法制審議会は、平成24年8月1日付で、分割会社に知れていない債権者の保護につき、次のとおりの改正要綱案を提示した。
(1) 会社分割に異議を述べることができる分割会社の債権者であって、各別の催告（789条2項等）を受けなかったもの（分割会社が官報公告に加え日刊新聞紙に掲載する方法又は電子公告による公告を行う場合（789条3項等）にあっては、不法行為によって生じた債務の債権者であるものに限る。(2)において同じ）は、吸収分割契約又は新設分割計画において会社分割後に分割会社に対して債務の履行を請求することができないものとされているときであっても、分割会社に対して、分割会社が会社分割の効力が生じた日に有していた財産の価額を限度として、当該債務の履行を請求できるとする。

(2) 会社分割に異議を述べることができる分割会社の債権者であって、各別の催告を受けなかったものは、吸収分割契約又は新設分割計画において会社分割後に承継会社等に対して債務の履行を請求することができないものとされているときであっても、承継会社等に対して、承継した財産の価額を限度として、当該債務の履行を請求できるとする。

5 吸収分割会社の効力発生日における効果

分割会社は、効力発生日に、吸収分割契約の金銭等の交付に関する定めに従い（758条4項）、承継会社の株主、社債権者、新株予約権者又は新株予約権付社債権者になるか（本条4項）、あるいは、株式等以外の金銭等の交付を受ける場合には、これを受け取る。

分割会社の新株予約権の新株予約権者に対して承継会社の新株予約権を交付する場合には、効力発生日に吸収分割契約新株予約権は消滅し、その新株予約権者は、承継会社の新株予約権の割当てに関する事項についての定めに従い、承継会社の新株予約権の新株予約権を取得する（本条5項）。

6 債権者異議手続未了又は新設分割の中止の場合の効果

本条1項ないし5項は、789条（1項3号及び2項3号を除き、793条2項において準用する場合を含む）若しくは799条の規定による手続が終了していない場合又は吸収分割を中止した場合には、適用しない（本条6項）。したがって、吸収分割の効力発生日に先立って、債権者異議手続が終了していない場合又は吸収分割を中止した場合には、吸収分割の効力は生じない。本条6項の事由は、本条1項ないし5項に基づく吸収分割の効力の発生に対して抗弁として機能する。次に掲記する設例は、本条1項に基づく吸収分割の効果（抗弁）に対する再抗弁として、本条6項が機能するものである。

訴訟物　XのY株式会社に対する売買契約に基づく売買代金請求権
＊本件は、XがY会社に売却した本件土地の売買代金の支払を求めたところ、Y会社は、本件土地を工場用地とする製造部門の事業全部をA株式会社に承継させる吸収分割をしたので、その債務はA会社に帰属すると抗弁したところ、吸収分割の効力発生日に先立って、債権者異議手続が未了又は中止した旨の再抗弁が提出された事案である。

請求原因　1　XはY会社との間で、本件土地を1,000万円で売買する契約を締結したこと

(吸収分割契約)

抗弁 1 Y会社は、本件土地を工場用地とする甲製造部門の事業全部をA会社に承継させる吸収分割契約をA会社との間で締結したこと

2 請求原因1の工場用地の売買代金支払債務が吸収分割承継株式会社の承継する債務に含まれていること
＊抗弁1の事実主張に抗弁2の事実が顕れるときは、抗弁2の主張は不要である。

3 吸収分割の効力発生日が到来したこと

(債権者異議手続未了)

再抗弁 1 吸収分割の効力発生日に先立って、債権者異議手続が終了してないこと
＊本条6項に基づく主張である。債権者異議手続が終了するまで効力が発生しないのは、吸収分割前の各当事会社の信用が吸収分割後の各会社において維持されるとは限らないからである（中東正文・新基本法コンメ(3)251頁）。しかし、債権者異議手続の瑕疵が軽微なときにも、本条6項によって会社分割の効力が生じないとするのは妥当でない。本条2項及び3項は、各別の催告に瑕疵がある場合を定めるが、瑕疵が存在しても、債権者異議手続は終了し、分割の効力は生ずることを前提としていると解されるからである。

(中止)

再抗弁 1 吸収分割の効力発生日に先立って、吸収分割を中止したこと
＊本条6項に基づく主張である。中止の定義規定は存在しないが、通常の契約と同様に、当事会社の代表者が単独で又は他の当事会社との合意で決定することになる。株主総会の承認決議がされていたときは、中止についても株主総会決議が必要となろう（相澤他・論点解説706頁）。

第3款　持分会社に権利義務を承継させる吸収分割

●(持分会社に権利義務を承継させる吸収分割契約)

第760条　会社が吸収分割をする場合において、吸収分割承継会社が持分会

社であるときは、吸収分割契約において、次に掲げる事項を定めなければならない。
一　吸収分割会社及び持分会社である吸収分割承継会社（以下この節において「吸収分割承継持分会社」という。）の商号及び住所
二　吸収分割承継持分会社が吸収分割により吸収分割会社から承継する資産、債務、雇用契約その他の権利義務（吸収分割株式会社の株式及び新株予約権に係る義務を除く。）に関する事項
三　吸収分割により吸収分割株式会社の株式を吸収分割承継持分会社に承継させるときは、当該株式に関する事項
四　吸収分割会社が吸収分割に際して吸収分割承継持分会社の社員となるときは、次のイからハまでに掲げる吸収分割承継持分会社の区分に応じ、当該イからハまでに定める事項
　　イ　合名会社　当該社員の氏名又は名称及び住所並びに出資の価額
　　ロ　合資会社　当該社員の氏名又は名称及び住所、当該社員が無限責任社員又は有限責任社員のいずれであるかの別並びに当該社員の出資の価額
　　ハ　合同会社　当該社員の氏名又は名称及び住所並びに出資の価額
五　吸収分割承継持分会社が吸収分割に際して吸収分割会社に対してその事業に関する権利義務の全部又は一部に代わる金銭等（吸収分割承継持分会社の持分を除く。）を交付するときは、当該金銭等についての次に掲げる事項
　　イ　当該金銭等が吸収分割承継持分会社の社債であるときは、当該社債の種類及び種類ごとの各社債の金額の合計額又はその算定方法
　　ロ　当該金銭等が吸収分割承継持分会社の社債以外の財産であるときは、当該財産の内容及び数若しくは額又はこれらの算定方法
六　効力発生日
七　吸収分割株式会社が効力発生日に次に掲げる行為をするときは、その旨
　　イ　第171条第１項の規定による株式の取得（同項第１号に規定する取得対価が吸収分割承継持分会社の持分（吸収分割株式会社が吸収分割をする前から有するものを除き、吸収分割承継持分会社の持分に準ずるものとして法務省令〔施則178条〕で定めるものを含む。ロにおいて同じ。）のみであるものに限る。）
　　ロ　剰余金の配当（配当財産が吸収分割承継持分会社の持分のみで

あるものに限る。)

1 持分会社に権利義務を承継させる吸収分割契約
　本条は、合同会社・合名会社・合資会社を問わず持分会社を吸収分割承継会社とする吸収分割ができることを明らかにした上で、会社が吸収分割をする場合において、吸収分割承継会社が持分会社であるときは、吸収分割契約において、次の(1)ないし(7)を定めなければならないとする。
(1) 吸収分割会社及び吸収分割承継持分会社の商号及び住所（本条1号）
　会社分割（新設分割）により設立された会社が会社分割後、分割会社の商号を続用する場合には、特段の事情のない限り、22条1項（事業譲渡における譲受会社の商号続用の責任）が類推適用される（ゴルフクラブの名称に関する最判平成20年6月10日裁判集民228.195）。
(2) 吸収分割承継持分会社が吸収分割により吸収分割会社から承継する資産、債務、雇用契約その他の権利義務（吸収分割株式会社の株式及び新株予約権に係る義務を除く）に関する事項（本条2号）
　吸収分割契約の定めによって承継される権利義務の範囲が決まるため、その定め方は、必ずしも個々の権利義務を個別に特定して帰属先を明らかにする必要はないが、特定の権利義務が分割後いずれの会社に帰属するのかが明らかになる程度の記載は必要である（江頭・株式会社法833頁）。なお、吸収分割承継持分会社は、株式及び新株予約権に係る義務を承継することができないから、本号括弧書において一般承継される権利義務から除かれるれるのは当然であろう（2号括弧書）。分割会社の株式については本条3号によるものとされる。
(3) 吸収分割により吸収分割株式会社の株式を吸収分割承継持分会社に承継させるときは、その株式に関する事項（本条3号）
　吸収分割において分割会社の株式を承継会社に承継させる場合には、その株式に関する事項を吸収分割契約において定めるものとされており、当然に分割会社の自己株式を承継会社に承継させ得る。かかる承継は一般に認められない自己株式の特定の相手方への処分のようにみえるが、分割会社において株主総会の特別決議による承認があることで許される（江頭・株式会社法833頁）。
(4) 吸収分割会社が吸収分割に際して吸収分割承継持分会社の社員となる場合（本条4号）

吸収分割承継会社は、吸収分割会社に対して、金銭等を交付することが多いが、分割の対価は吸収分割会社自身が受け取るのが原則であって、吸収分割会社の株主が当然に受け取るのではない（本条7号参照）。吸収分割の対価は、柔軟化が図られている（本条4号・5号）。そして、吸収分割会社が吸収分割に際して吸収分割承継持分会社の社員となるときは、吸収分割承継持分会社の区分に応じ、①合名会社の場合は、社員の氏名又は名称及び住所並びに出資の価額、②合資会社の場合は社員の氏名又は名称及び住所、その社員が無限責任社員又は有限責任社員のいずれであるかの別並びにその社員の出資の価額、③合同会社の場合は、社員の氏名又は名称及び住所並びに出資の価額を定めなければならない。

　①ないし③は、持分会社の定款の絶対的記載事項にほぼ対応するが（576条1項4号-6号）、社員の出資の目的を定めることを要しない点が異なる。本条4号の場合には、承継会社（持分会社）は、定款に別段の定めがない限り、吸収分割契約について総社員の同意を得る必要がある（802条1項2号）。

(5) 吸収分割承継持分会社が吸収分割に際して吸収分割会社に対してその事業に関する権利義務の全部又は一部に代わる金銭等（吸収分割承継持分会社の持分を除く）を交付する場合（本条5号）

　①金銭等が吸収分割承継持分会社の社債であるときは、その社債の種類及び種類ごとの各社債の金額の合計額又はその算定方法、②金銭等が吸収分割承継持分会社の社債以外の財産であるときは、その財産の内容及び数若しくは額又はこれらの算定方法を定めなければならない。

(6) 効力発生日（本条6号）

　効力発生日に、吸収分割契約の定めに従って、吸収分割承継持分会社は、吸収分割会社の権利義務を承継する（761条1項）。旧商法当時は、会社分割はその登記により効力が生じるとされていたため（旧商374条ノ9、374条ノ25）、契約等で定める実質的な効力発生日と法律上の効力発生日（登記の日）が異なるために上場会社における株式の円滑な流通を阻害する弊害があるといわれていたことを改めたものである。なお、新設分割の効力については、本法においても、新設会社の成立の日に生じる（764条1項、766条1項）。

(7) 吸収分割会社の株主・社員が吸収分割承継持分会社の社員となる場合（本条7号）

　吸収分割株式会社が、吸収分割契約の定めにより、効力発生日に、全部取得条項付種類株式の取得（本条7号イ）又は剰余金の配当（本条7号ロ）を行って、分割対価としての交付を受ける吸収分割承継持分会社の持分（又は

それに準ずるもの（施則 178 条））を、吸収分割会社の株主に交付することができる。吸収分割会社が吸収型再編対価（計算 2 条 3 項 36 号）の全部をその吸収分割会社の株主に対して交付する場合を、一般に人的分割という（計算 2 条 3 項 40 号では、「分割型分割」という）。

2　必要的決定事項を欠く場合

　必要的決定事項の定めを欠き、又は違法な定めがされている吸収分割契約は、無効である。大判昭和 19 年 8 月 25 日民集 23.524 は、必要的法定事項の記載を欠く合併契約を、株主総会の承認決議があっても無効とした。

●(持分会社に権利義務を承継させる吸収分割の効力の発生等)

第 761 条　吸収分割承継持分会社は、効力発生日に、吸収分割契約の定めに従い、吸収分割会社の権利義務を承継する。

　2　前項の規定にかかわらず、第 789 条第 1 項第 2 号（第 793 条第 2 項において準用する場合を含む。次項において同じ。）の規定により異議を述べることができる吸収分割会社の債権者（第 789 条第 2 項（第 3 号を除き、第 793 条第 2 項において準用する場合を含む。以下この項及び次項において同じ。）の各別の催告をしなければならないものに限る。次項において同じ。）が第 789 条第 2 項の各別の催告を受けなかった場合には、当該債権者は、吸収分割契約において吸収分割後に吸収分割会社に対して債務の履行を請求することができないものとされているときであっても、吸収分割会社に対して、吸収分割会社が効力発生日に有していた財産の価額を限度として、当該債務の履行を請求することができる。

　3　第 1 項の規定にかかわらず、第 789 条第 1 項第 2 号の規定により異議を述べることができる吸収分割会社の債権者が同条第 2 項の各別の催告を受けなかった場合には、当該債権者は、吸収分割契約において吸収分割後に吸収分割承継持分会社に対して債務の履行を請求することができないものとされているときであっても、吸収分割承継持分会社に対して、承継した財産の価額を限度として、当該債務の履行を請求することができる。

　4　前条第 4 号に規定する場合には、吸収分割会社は、効力発生日に、同号に掲げる事項についての定めに従い、吸収分割承継持分会社の社員となる。この場合においては、吸収分割承継持分会社は、効力発生

日に、同号の社員に係る定款の変更をしたものとみなす。
5 前条第5号イに掲げる事項についての定めがある場合には、吸収分割会社は、効力発生日に、吸収分割契約の定めに従い、同号イの社債の社債権者となる。
6 前各項の規定は、第789条（第1項第3号及び第2項第3号を除き、第793条第2項において準用する場合を含む。）若しくは第802条第2項において準用する第799条（第2項第3号を除く。）の規定による手続が終了していない場合又は吸収分割を中止した場合には、適用しない。

1 持分会社に権利義務を承継させる吸収分割の効力の発生等

吸収分割承継持分会社は、効力発生日に、吸収分割契約の定めに従い、個々の権利移転や債務引受けを経ることなく、吸収分割会社の権利義務を承継する（本条1項）。本条は、吸収分割承継会社が株式会社の場合の吸収分割の法律効果を定めた759条と同様の規定である。この会社分割による権利義務の承継は、合併と同じく一般承継（包括承継）とする見解もある（江頭・株式会社法825頁）。もっとも、会社分割においては、合併と異なり、分割会社は分割後も存続するので、「包括承継」というのは必ずしも適切ではないとの指摘がある（神田・会社法345頁）。吸収分割に基づき承継される権利義務については、759条の解説を参照。

2 吸収分割において承継の対象とされた債務の債権者

吸収分割において承継の対象とされた債務（分割会社が重畳的債務引受け又は連帯保証をした債務を除く）の債権者であって、各別の催告を受けるべきものが催告を受けなかった場合には、その債権者は吸収分割契約の定めによって、債務を負担しない旨が定められた吸収分割会社に対しても、その会社が効力発生日に有していた財産の価額を限度として、その債務の履行を請求することができる（本条2項）。会社分割によって不測の損害を被るおそれのある債権者を保護する趣旨である（江頭・株式会社法847頁）。本条2項の規定は、吸収分割承継会社が株式会社である場合における759条2項とほぼパラレルの規定である。具体的な設例については、同項の設例の「吸収分割承継株式会社」を「吸収分割承継持分会社」と読み替えて参照されたい。

3　吸収分割において承継の対象とされなかった債務の債権者

　吸収分割において承継の対象とされなかった債務の債権者であって、各別の催告を受けるべきものが催告を受けなかった場合には、その債権者は吸収分割契約の定めによって、債務を負担しない旨が定められた吸収分割承継持分会社に対しても、承継した財産の価額を限度として、その債務の履行を請求することができる（本条3項）。会社分割によって不測の損害を被るおそれのある債権者を保護する趣旨である（江頭・株式会社法847頁）。本条3項の規定は、吸収分割承継会社が株式会社である場合における759条3項とほぼパラレルの規定である。具体的な設例については、同項の設例の「吸収分割承継株式会社」を「吸収分割承継持分会社」と読み替えて参照されたい。

4　吸収分割会社が吸収分割に際して吸収分割承継持分会社の社員となる場合

　吸収分割会社が吸収分割に際して吸収分割承継持分会社の社員となる場合には、吸収分割会社は、効力発生日に、760条4号に掲げる事項についての定めに従い、吸収分割承継持分会社の社員となる（本条4項前段）。この場合には、吸収分割承継持分会社は、効力発生日に、社員に係る定款の変更をしたものとみなす（同項後段）。本条4項により、吸収分割の効力と定款変更の効力が同日に発生するため、法律関係が明確化・安定化することが期待される（神作裕之・会社法コンメ(17)354頁）。

5　対価が吸収分割承継持分会社の社債である場合

　吸収分割承継持分会社が吸収分割に際して吸収分割会社に対してその事業に関する権利義務の全部又は一部に代わる吸収分割承継持分会社の社債を交付する場合には、吸収分割会社は、効力発生日に、吸収分割契約の定めに従い、760条5号イの社債の社債権者となる（本条5項）。社債以外の対価の交付を受けることが吸収分割契約に定められている場合は、それを受け取る権利を取得する。

6　債権者異議手続未了又は吸収分割の中止の場合の効果

　本条1項ないし5項の規定は、789条（1項3号及び2項3号を除き、793条2項において準用する場合を含む）若しくは802条2項において準用する799条（2項3号を除く）の規定による手続が終了していない場合又は吸収分割を中止した場合には、適用しない（本条6項）。

第2節　新設分割

　新設分割とは、1又は2以上の株式会社又は合同会社（「分割会社」）がその事業に関して有する権利義務の全部又は一部を分割により設立する会社（「新設会社」）に承継させることをいう（2条30号）。

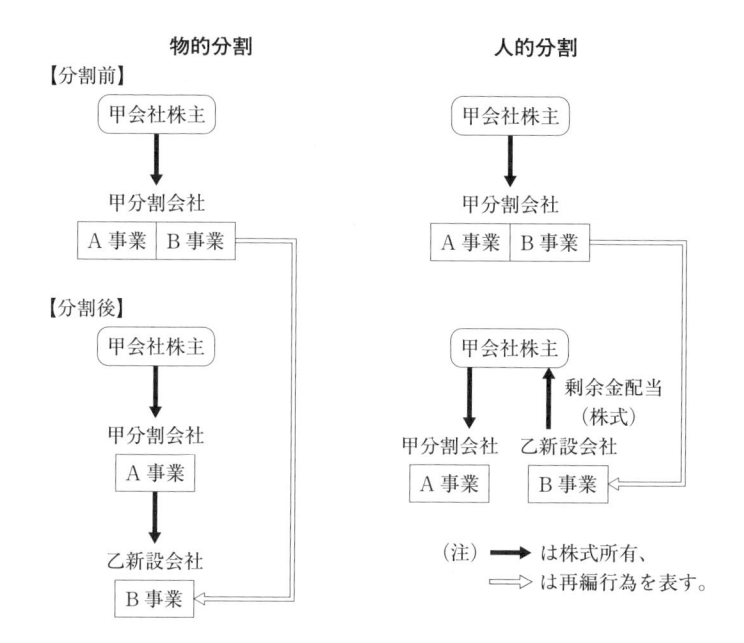

物的分割

【分割前】
甲会社株主 → 甲分割会社［A事業｜B事業］

【分割後】
甲会社株主 → 甲分割会社［A事業］ → 乙新設会社［B事業］

人的分割

甲会社株主 → 甲分割会社［A事業｜B事業］

甲会社株主 → 甲分割会社［A事業］、乙新設会社［B事業］
剰余金配当（株式）

（注）　→ は株式所有、⇒ は再編行為を表す。

第1款　通　則

●（新設分割計画の作成）

第762条　1又は2以上の株式会社又は合同会社は、新設分割をすることができる。この場合においては、新設分割計画を作成しなければならない。
　2　2以上の株式会社又は合同会社が共同して新設分割をする場合には、当該2以上の株式会社又は合同会社は、共同して新設分割計画を

作成しなければならない。

1 新設分割の適格会社

　新設分割をする場合、分割会社は、株式会社又は合同会社に限られる（本条1項前段）。合名会社及び合資会社が分割会社になれないのは、それらの会社の債権者は社員の財産によっても担保されているところ、会社分割によって他の会社にその債権が承継されると、会社債権者に不測の不利益を与える可能性が生ずるからである。この制限に対する違反は、分割無効の原因となるものと解される。解散後の会社の新設分割の可否については、新設合併の可否に関し旧商法98条2項の解釈論として争いのあるところであったが（今井宏・新注会(1)380頁）、474条2号の規定の体裁からして可能となった。

2 新設分割計画の作成

　新設分割をするためには、新設分割計画を作成しなければならない（本条1項後段）。2以上の会社が共同して新設分割をする場合には、その2以上の株式会社又は合同会社は、共同して新設分割計画を作成しなければならない（本条2項）。新設分割の場合には、その効力が生ずるまでは新設会社がまだ存在していないから、吸収分割と異なり、分割契約の締結という法律構成を取り得ないため、分割計画の作成という構成を取るのである。

(1) 分割計画の意思表示の瑕疵

　分割会社の分割計画作成は法律行為であるから、民法の意思表示の瑕疵に関する規定が適用される（因みに、定款作成行為は合同行為であるので意思表示の瑕疵に関する規定が適用されると解されている）。したがって、分割計画作成行為の意思表示に瑕疵があるために無効又は取り消されたときは、分割無効原因となるものと解する。

　共同の新設分割の場合には、分割会社間において新設分割の方法に関して契約がされるが、この契約が無効又は取り消されたときは、分割計画書作成行為に動機の錯誤があることとなろう。

(2) 決議の欠缺又は瑕疵

　会社の代表取締役が分割計画を作成するためには、通常は取締役会決議に基づくことを要する（362条4項1号）。この決議を欠き、又は、その手続の違法が、分割無効原因となるか問題となる。そもそも、取締役会決議に欠缺・瑕疵のある代表取締役の行為の効力については、会社の利益と第三者の

利益の比較衡量によって、個別具体的に決せられるべきものと考えられている（鈴木＝竹内・会社法285頁）。取引行為は取引安全の保護から有効と解し、組織法上の行為は会社ひいては株主の保護から無効と解する傾向がある。会社分割は組織法上の行為であるから、無効とすべきとされる。

ア　簡易分割や略式分割の場合

簡易分割や略式分割について考えると、本来は株主総会の決議事項である会社分割が、小規模分割であること等を条件に特に総会決議が不要であるものとされていることからすれば、取締役会決議は、通常の分割における株主総会決議と同様、組織法上の意思決定行為としての重要性があるというべきであり、これを欠くことは無効原因になるものと解すべきである。

イ　通常の分割の場合

通常の会社分割は、組織法上の意思決定行為としては株主総会の承認決議が重要な意味を持っているのであるから、この総会決議の瑕疵の有無を問題とすれば十分であり、これと独立して取締役会決議の欠缺・瑕疵を無効原因と解する必要はないものと考える。ただし、分割計画作成のための取締役会決議に欠缺・瑕疵がある場合には、分割承認総会招集のための取締役会決議にも欠缺・瑕疵が存する場合が多いものと思われるところ、総会招集のための取締役会決議の欠缺・瑕疵は、決議取消原因となるものと解されるから（鈴木＝竹内・会社法257頁、最判昭和46年3月18日民集25.2.183参照）、その限りで、取締役会決議の欠缺・瑕疵が分割の効力に影響を及ぼすことになる。

3　債務超過の権利義務を分割対象とする会社分割

承継会社が分割会社から承継する債務の額が、資産の額を上回る場合に、会社分割が可能かについては、簿価債務超過であることのみをもって吸収分割をすることは妨げられないが（795条2項1号参照）、実質債務超過の場合には、見解が分かれる。承継した権利義務が実質債務超過であっても承継会社の事業との間にシナジー効果が発生し、承継会社が会社分割の効力発生後に弁済期の到達した債務を履行できるのであれば債権者は害されないとする見解（神作裕之・会社法コンメ(17)267頁）も唱えられており、また、合併に関してであるが、①簿価債務超過会社の合併が認められており、②当事会社間が消滅会社の資産に価値を認めているのであれば、その判断を尊重し、客観的価値との差額は存続会社において、のれんの減損等により対応するのが会計基準と整合するし、③株主・債権者は株式買取請求権・債権者保護手続により保護されているから、簿価債務超過か実質債務超過かを問わず可能と

解されている（相澤他・論点解説672頁）。しかし、資本充実の原則からマイナスの財産に対して株式が発行されることは認めるべきでないから、債務超過である権利義務を承継させることは、承継会社が対価を交付しない場合に限って可能と解する見解（江頭・株式会社法808頁）も有力である。この見解では、新設分割の場合、新設会社は必ず株式を発行するため、新設分割によって実質的債務超過である権利義務を承継させることはできない（林浩美・論点体系(5)343-344頁）。

4　詐害行為となる会社分割
　分割会社の残存債権者は債権者異議手続の対象でないため、残存債権者の関与がない状態で、債務者である会社が承継会社等に対して優良事業や資産を承継させる内容の会社分割をし、承継会社等に債務の履行を請求できる債権者と残存債権者とを恣意的に選別した上で、分割会社が倒産するという詐害的な会社分割がされることがある。この詐害的な会社分割に対して、債権者が争う方法は、①会社分割について詐害行為取消権・否認権を行使する形態と、②商号続用に係る責任（22条1項）、法人格否認の法理により、会社分割において債務を負担しなかった当事会社に対して、債務に関する責任を追及する形態がある。
(1)　詐害行為取消権・否認権
　会社分割が詐害行為取消しや否認権の対象となるか否かについては、次のように見解が分かれる（難波孝一「会社分割の濫用を巡る諸問題」判タ1337.20)。
ア　否定説
　①会社分割は、組織法上の行為であり、取引行為を対象とする詐害行為取消権、否認権の対象とはならない。②本法は、会社分割につき、法律関係の画一的確定のため、会社分割無効の訴えに限って無効の主張が可能であるのに、会社分割無効の主張を、詐害行為取消権訴訟、否認権訴訟によることを許容すると、会社分割無効の訴えの制度趣旨に反し、法的安定性を害する。③詐害行為取消権、否認権の効果は相対効にとどまるので、これを認めると、新設会社と同社と取引を行った者との間で混乱を招く。④詐害行為取消権の行使により会社分割自体の効力が失われるとした場合に、会社分割の無効判決の効力に関する規定（843条）の準用が可能か疑問であることなどを理由とする（岡伸浩「濫用的会社分割と民事再生手続」NBL922.9)。
イ　肯定説
　①新設分割は、分割会社がその事業に関して有する権利義務の全部又は一

部を新設会社に承継させる法律行為であり、その事業に関する権利義務は財産権であるから、新設分割は財産権を目的とする法律行為である。会社設立行為、営業譲渡が詐害行為取消行為となる裁判例（前者は大判大正7年10月28日民録24.2195、後者は最判昭和42年3月14日裁判集民86.551）があり、これらに照らすと、会社分割も詐害行為取消権、否認権の対象となる行為である。②本法の組織法上の行為であっても、直ちに民法上の規定や破産法、民事再生法上の規定の適用が排除されるものではない。本法は、新設分割について、詐害行為取消権、否認権の適用を否定する明文の特則規定を設けていない。そもそも、会社分割無効の訴えの制度と詐害行為取消権訴訟、否認権訴訟とはそれぞれ要件及び効果も異なる別個の制度である。③詐害行為取消権や否認権の相対効は、制度趣旨からして、財産取戻しという目的を達成する限度で当事者間でのみ行為の効果を否定すれば足りることに起因しており、当然のことである。新設分割制度が濫用され、残存債権者を保護する必要がある場合において、分割会社の残存債権者と新設会社と取引した者との間の利益を比較衡量すると、残存債権者保護のために、取引者の権利が一部犠牲になってもやむを得ないなどを理由とする（東京高判平成22年10月27日金判1355.42、相澤他・論点解説674、690、723頁、藤田友敬「組織再編」商事1775.60）。

訴訟物　XのY1株式会社に対する契約上の請求権、Y1会社・Y2会社間の新設分割の取消権、価格賠償請求権

＊本件は、Xが、①Y1会社に対して、契約上の請求権の支払を求め、かつ、②債務超過であったY1会社から新設分割によって事業に関する権利義務を承継したY2会社に対し、会社分割が詐害行為に当たるとして、詐害行為取消権に基づき、会社分割の取消しと、価格賠償として上記①の債権の元本合計額に相当する額の支払を求めた事案である。争点は、①新設分割を対象とする詐害行為取消権行使の可否、②Y1会社の無資力、③会社分割についての詐害性の有無、④詐害の意思、⑤取消しの範囲及び原状回復の方法など多岐にわたる。

＊請求の趣旨は、「1　Y1会社は、Xに対し、金〇〇円を支払え。　2　Y1会社を新設分割株式会社とし、Y2会社を新設分割設立株式会社とする平成24年6月19日に効力が生じた会社分割を金〇〇円の限度で取り消す。　3　Y2会社は、X

に対し、金○○円を支払え。」である（会社分割を残存債権者の債権額の限度で取り消し、新設会社に対し残存債権者への被保全債権額の支払を命じる）。このほか、会社分割のうち新設会社が承継した権利（不動産）部分を取り消し、新設会社に対し、その不動産を分割会社に戻す（抹消登記手続）よう命ずる場合もある。

請求原因
1 XのY1会社に対する○○円の契約上の請求権（「本件被保全債権」）の発生原因事実
2 Y1会社は、同社を新設分割会社とし、同社が営む○○事業に関して有する権利義務を、新設分割設立会社であるY2会社に対して承継させる新設分割計画を作成したこと
3 本件分割計画において、請求原因1の本件被保全債権は、分割による承継の対象とされていないこと
4 Y1会社は、本件分割計画を作成した日から本件会社分割の効力が発生する新設分割設立会社の成立の日に至るまでの当時、債務超過の状態にあったこと
5 新設分割設立会社であるY2会社の設立登記がされたこと
  ＊登記により、Y2会社は成立し、会社分割の効力が生ずる。
6 Y1会社に本件会社分割によりXら債権者が害されるとの詐害の意思があったこと
  ＊前掲平成22年東京高判は、詐害性及び詐害の意思が認められることについて、原判決（東京地判平成22年5月27日判時2083.148）の判断を引用する。同地判は、「本件会社分割は、無資力のY1が、その保有する無担保の残存資産のほとんど……をY2に承継させるものであり、また、……Y1（債務者）がその対価として交付を受けたY2の設立時発行株式は、Y1の債権者にとって、保全、財産評価及び換価などに著しい困難を伴うものであって、その一般財産の共同担保としての価値が毀損され、債権者が自己の有する債権について弁済を受けることがより困難になったといえるから、本件会社分割はY1の債権者であるXを詐害するものと認めることができる。……本件会社分割により、一方で、YIの保有する債権を中心とするほとんどの無担保の残存資産が逸出してY1は会社としての実体がなくなり、他方で、Y1が対価として取得したY2の株式は、非上場株式会社の株式で

あり、株主が廉価で処分することは容易であっても一般的には流動性が乏しく、Y1の債権者にとっては、株主名簿を閲覧する権利もなく（会社法125条2項）、株券が発行されればより一層、これを保全することには著しい困難が伴い、さらに、強制執行の手続においても、その財産評価や換価をすることには著しい困難を伴うものと認めることができる。そうすると、本件会社分割により、Y1の一般財産の共同担保としての価値を実質的に毀損して、その債権者であるXが自己の有する本件被保全債権について弁済を受けることがより困難となったといえるから、本件会社分割には詐害性が認められるといわざるを得ない」及び「Y1の代表取締役Bは、本件会社分割により、Xを含むY1の債権者が有する債権について、債務超過にあったY1の一般財産から弁済を受けることがより困難となり、債権者が害されるとの認識を有していたこと、すなわち、詐害の意思を有していたものと認めることができる（なお、Y2が本件会社分割によりXら債権者が害されることに悪意でなかった、すなわち、善意であったとの主張・立証はない。）」とする。

(2) 商号続用に係る責任、法人格否認の法理等

　詐害的・濫用的な会社分割については、分割会社に残る債権者や管財人が、承継会社や新設会社に対して、商号続用に係る責任（22条1項）あるいは法人格否認の法理によって責任を追及する事例がある。

ア　22条1項類推適用

　会社分割への22条1項の類推適用に関して、事業譲渡と異なって債権者異議手続があり、分割契約・分割計画の事前・事後開示もあるため、これを否定する見解もある（北村雅史・会社法コンメ(1)218頁）。しかし、最判平成20年6月10日裁判民集228.195は、分割会社がゴルフ場の事業主体の表示としていたゴルフクラブの名称を承継会社が続用した事案で、承継会社が、承継後遅滞なくゴルフクラブの会員によるゴルフ場施設の優先的利用を拒否した等の特段の事情がない限り、22条1項の類推適用により、承継会社が会員に対し預託金返還債務を負うとした。

イ　法人格否認の法理

　福岡地判平成23年2月17日判タ1349.177は、法人格否認の法理の要件を定立した最判昭和48年10月26日民集27.9.1240を引用し、支配要件

(事業態様や支配実態は実質的に変化がなく、法人格が支配者により意のままに道具として支配されている)、目的要件（その債務支払を免れることを意図して、会社分割制度を形式的に利用・濫用するという違法又は不当な目的を有していた）を認めて法人格否認の法理の適用を肯定した。

5　詐害的な会社分割における債権者の保護

上記4のように、裁判実務は、濫用的会社分割について、詐害行為取消権や法人格否認の法理等によって救済を図るが、詐害行為取消権の行使の法的効果に不明確な点があるなど社会的コストは大きいため、立法的解決が望まれてきた（神作裕之「濫用的会社分割と詐害行為取消権（下）」商事1925.47）。

法務省法制審議会は、平成24年8月1日付で、詐害的な会社分割時における債権者の保護につき、次のとおり改正要綱案を提示している。

① 吸収分割会社又は新設分割会社（以下「分割会社」という。）が吸収分割承継会社又は新設分割設立会社（以下「承継会社等」という。）に承継されない債務の債権者（以下「残存債権者」という。）を害することを知って会社分割をした場合には、残存債権者は、承継会社等に対して、承継した財産の価額を限度として、当該債務の履行を請求することができるものとする。ただし、吸収分割の場合であって、吸収分割承継会社が吸収分割の効力が生じた時において残存債権者を害すべき事実を知らなかったときは、この限りでないものとする。

　（注）株式会社である分割会社が吸収分割の効力が生ずる日又は新設分割設立会社の成立の日に全部取得条項付種類株式の取得又は剰余金の配当（取得対価又は配当財産が承継会社等の株式又は持分のみであるものに限る。）をする場合（第758条第8号等）には、上記の規律を適用しないものとする。

② ①の債務を履行する責任は、分割会社が残存債権者を害することを知って会社分割をしたことを知った時から2年以内に請求又は請求の予告をしない残存債権者に対しては、その期間を経過した時に消滅するものとする。会社分割の効力が生じた日から20年を経過したときも、同様とするものとする。

　（注1）①の請求権は、分割会社について破産手続開始の決定、再生手続開始の決定又は更生手続開始の決定がされたときは、行使することができないものとする。

　（注2）事業譲渡及び営業譲渡（商法第16条以下参照）についても、上記と同様の規律を設けるものとする。

第2款　株式会社を設立する新設分割

●(株式会社を設立する新設分割計画)

第763条　1又は2以上の株式会社又は合同会社が新設分割をする場合において、新設分割により設立する会社（以下この編において「新設分割設立会社」という。）が株式会社であるときは、新設分割計画において、次に掲げる事項を定めなければならない。
一　株式会社である新設分割設立会社（以下この編において「新設分割設立株式会社」という。）の目的、商号、本店の所在地及び発行可能株式総数
二　前号に掲げるもののほか、新設分割設立株式会社の定款で定める事項
三　新設分割設立株式会社の設立時取締役の氏名
四　次のイからハまでに掲げる場合の区分に応じ、当該イからハまでに定める事項
　　イ　新設分割設立株式会社が会計参与設置会社である場合　新設分割設立株式会社の設立時会計参与の氏名又は名称
　　ロ　新設分割設立株式会社が監査役設置会社（監査役の監査の範囲を会計に関するものに限定する旨の定款の定めがある株式会社を含む。）である場合　新設分割設立株式会社の設立時監査役の氏名
　　ハ　新設分割設立株式会社が会計監査人設置会社である場合　新設分割設立株式会社の設立時会計監査人の氏名又は名称
五　新設分割設立株式会社が新設分割により新設分割をする会社（以下この編において「新設分割会社」という。）から承継する資産、債務、雇用契約その他の権利義務（株式会社である新設分割会社（以下この編において「新設分割株式会社」という。）の株式及び新株予約権に係る義務を除く。）に関する事項
六　新設分割設立株式会社が新設分割に際して新設分割会社に対して交付するその事業に関する権利義務の全部又は一部に代わる当該新設分割設立株式会社の株式の数（種類株式発行会社にあっては、株式の種類及び種類ごとの数）又はその数の算定方法並びに当該新設分割設立株式会社の資本金及び準備金の額に関する事項

七　2以上の株式会社又は合同会社が共同して新設分割をするときは、新設分割会社に対する前号の株式の割当てに関する事項
八　新設分割設立株式会社が新設分割に際して新設分割会社に対してその事業に関する権利義務の全部又は一部に代わる当該新設分割設立株式会社の社債等を交付するときは、当該社債等についての次に掲げる事項
　イ　当該社債等が新設分割設立株式会社の社債（新株予約権付社債についてのものを除く。）であるときは、当該社債の種類及び種類ごとの各社債の金額の合計額又はその算定方法
　ロ　当該社債等が新設分割設立株式会社の新株予約権（新株予約権付社債に付されたものを除く。）であるときは、当該新株予約権の内容及び数又はその算定方法
　ハ　当該社債等が新設分割設立株式会社の新株予約権付社債であるときは、当該新株予約権付社債についてのイに規定する事項及び当該新株予約権付社債に付された新株予約権についてのロに規定する事項
九　前号に規定する場合において、2以上の株式会社又は合同会社が共同して新設分割をするときは、新設分割会社に対する同号の社債等の割当てに関する事項
十　新設分割設立株式会社が新設分割に際して新設分割株式会社の新株予約権の新株予約権者に対して当該新株予約権に代わる当該新設分割設立株式会社の新株予約権を交付するときは、当該新株予約権についての次に掲げる事項
　イ　当該新設分割設立株式会社の新株予約権の交付を受ける新設分割株式会社の新株予約権の新株予約権者の有する新株予約権（以下この編において「新設分割計画新株予約権」という。）の内容
　ロ　新設分割計画新株予約権の新株予約権者に対して交付する新設分割設立株式会社の新株予約権の内容及び数又はその算定方法
　ハ　新設分割計画新株予約権が新株予約権付社債に付された新株予約権であるときは、新設分割設立株式会社が当該新株予約権付社債についての社債に係る債務を承継する旨並びにその承継に係る社債の種類及び種類ごとの各社債の金額の合計額又はその算定方法
十一　前号に規定する場合には、新設分割計画新株予約権の新株予約権者に対する同号の新設分割設立株式会社の新株予約権の割当てに

関する事項
十二　新設分割株式会社が新設分割設立株式会社の成立の日に次に掲げる行為をするときは、その旨
　　イ　第171条第1項の規定による株式の取得（同項第1号に規定する取得対価が新設分割設立株式会社の株式（これに準ずるものとして法務省令〔施則179条〕で定めるものを含む。ロにおいて同じ。）のみであるものに限る。）
　　ロ　剰余金の配当（配当財産が新設分割設立株式会社の株式のみであるものに限る。）

1　新設分割計画に定めるべき事項
　新設分割計画の必要的決定事項は、以下のとおりである。
(1)　新設分割設立株式会社の組織
ア　新設会社の目的、商号、本店所在地及び発行可能株式総数（本条1号）
　新設会社の目的、商号、本店の所在地は、株式会社における定款の絶対的記載事項であり（27条1号-3号）、発行可能株式総数は必ずしも原始定款の絶対的記載事項ではないが、株式会社の成立時までに定款に記載しなければならない事項である（37条1項）。
イ　アのほか新設分割設立株式会社の定款記載事項（本条2号）
　本条2号は、1号所定の事項以外の、新設会社の定款で定める事項を決定すべき旨定める。新設会社の定款には、相対的記載事項及び任意的記載事項を記載できるところ（814条1項、29条）、本条1号で定める事項以外の定款に定める事項を新設分割計画に定めなければならない。
ウ　新設分割設立株式会社の設立時の取締役の氏名（本条3号）
　本条3号は、設立時取締役の決定を求めている。発起設立においては、設立時取締役は、発起人が出資の履行が完了した後、発起人により選任されるところ（38条1項）、発起人が存在せず、出資の履行は新設分割の効力発生まで待たねばならない新設分割においては、設立時取締役を新設分割計画において決定しておく必要があるためである。
エ　新設分割設立株式会社の設立時の会計参与等の氏名（本条4号）
　新設会社が会計参与設置会社、監査役設置会社又は会計監査人設置会社である場合には、新設分割計画においてそれぞれ設立時会計参与、設立時監査役又は設立時会計監査人を決定しておかねばならない。

(2) 新設分割設立株式会社が新設分割により承継する新設分割会社の資産、債務、雇用契約その他の権利義務（本条5号）

　新設分割計画に定める資産、債務、雇用契約その他の権利義務が分割会社から新設会社に承継される（本条5号括弧書により、分割会社の株式及び新株予約権は、除外されている）。新設分割計画の定めによって承継される権利義務の範囲が決まるため、その定め方は必ずしも個々の権利義務を個別に特定して帰属先を明らかにする必要はないが、特定の権利義務が分割後いずれの会社に帰属するのかが明らかになる程度の記載は必要である（江頭・株式会社法833頁）。また、新設会社の債務を承継する方法が、重畳的債務引受けか、免責的債務引受けかは、債権者保護手続の範囲に違いを生じさせるし、株主に与える影響も大きいため、新設分割計画上、いずれの方法かを明示しなければならない。吸収分割の場合と異なり、分割会社の自己株式の承継に関する規定が設けられていないので（758条3号参照）、新設分割の場合には自己株式の承継はできない（江頭・株式会社法833頁、神作裕之・会社法コンメ(17)378頁）。①これを認めると、子会社による親会社株式取得の禁止に違反するし、②承継資産以外の資産を持たない新設会社の株式を対価として自己株式を処分する形になることを避けるためである。

　東京地判平成18年1月30日判タ1225.312は、会社分割により、被担保債務が分割会社に、担保目的物が新設会社に帰属した後に、分割会社に民事再生手続が開始されたときは、その再生債権者の有する担保権は別除権として扱わないとする。すなわち、同判決は、「民事再生法53条1項によれば、別除権者となる担保権の対象財産は『再生手続開始の時』の再生債務者の財産に限定されるから、再生債権者が再生手続開始前の時点で再生債務者の財産について担保権を有していたとしても、その後当該財産が再生債務者から他の者へ移転したことにより、再生手続開始時点において再生債務者の財産について担保権を有していない状況となった場合には、当該再生債権者の有する担保権は、当該再生債務者の再生手続においては別除権として扱われることはないと解される。」と判示する。

(3) 新設分割の対価

ア　承継する権利義務に代わって新設分割設立株式会社が交付する同社の株式に関する事項（本条6号）

　新設分割の場合は、分割により会社が新たに設立される手続である以上、会社分割に際して株式を発行することが必要であり、分割計画の必要的記載事項である。承継会社の株式を必ずしも交付しなくてもよい吸収分割とは異なり、新設分割では無対価分割は想定されておらず、新設会社は必ずその株

式を発行することを要する。そのため、吸収分割契約の法定決定事項に関する758条4号柱書は、「吸収分割の対価として「金銭等を交付するときは」という文言を用いているのに対し、新設分割に関する本条6号は「新設分割に際して新設分割会社に対して交付する……新設分割設立株式会社の株式の数」と規定しており、新設分割計画には、新設分割設立株式会社の資本金及び準備金の額に関する事項を記載しなければならない（本条6号後段）。また、資本金及び準備金の額の算定方法については、計算規則に規定が置かれる（計算49条-51条）。

イ　共同新設分割の場合には、複数の分割会社に対する新設分割設立株式会社株式の割当てに関する事項（本条7号）

2以上の分割会社が共同して新設分割をするとき（共同新設分割）は、新設分割計画においては、この株式の割当てに関する事項が定められる。このように、新設分割においては必ず新設会社の株式を発行するが、共同新設分割において1社以上の分割会社に対して新設会社の株式を交付するのであれば、他の分割会社に対しては株式を交付しないこともあり得る（相澤他・論点解説714頁）。

ウ　新設分割設立株式会社の社債等に関する事項

新設分割の対価として、新設会社の株式に加えて、同社の社債等（746条7号ニに定義され、新株予約権付社債を含む社債及び新株予約権を意味する）を交付することができ（本条8号）、その場合において共同新設分割を行うときは、社債等の割当てに関する事項を定める必要がある（本条9号）。

(4) 新設分割設立株式会社の新株予約権

新設分割計画において、新設会社が、分割会社の新株予約権に代わる新設会社の新株予約権を交付する旨を定めた場合には（本条10号）、効力発生日に、分割会社の新株予約権（本条10号イで「新設分割計画新株予約権」と定義）は消滅し、その新株予約権者は新設分割計画における新設会社の新株予約権の割当てに関する事項についての定め（本条11号）に従い、新設会社の新株予約権の権利者となる（764条7項）。従前、分割会社の新株予約権に係る義務の承継としていたものを、本法が①分割会社の新株予約権の消滅と②承継会社・新設会社の新株予約権の交付の2段階としたのは、分割会社が負担する同社の新株予約権に係る債務の内容は、あくまで「分割会社の株式を交付すること」であるところ、会社分割により債務者が承継会社・新設会社に代わり、かつ、その債務の内容も「承継会社・新設会社の株式を交付すること」に変わるから、義務の承継という処理は妥当でないからである（林浩美・論点体系(5)350-351頁）。

分割会社の新株予約権の発行に際して、その内容として、吸収分割・新設分割に際してその予約権に代えて承継会社・新設会社の新株予約権を交付することやその条件（236条1項8号）を定めていなくとも、吸収分割契約・新設分割計画において、交付や条件に関する定めを置くことができると解されている（相澤他・論点解説684頁、江頭憲治郎・会社法コンメ(6)31頁）。他方、承継会社・新設会社が持分会社の場合には、分割会社に対する新株予約権のまま残存することとなる。

(5) 事実上の人的新設分割（本条12号）

新設分割株式会社は、新設分割契約の定めにより、効力発生日に、全部取得条項付種類株式の取得（171条1項（本条12号イ））又は剰余金の配当（本条12号ロ）を行い、会社分割対価として交付を受ける新設分割設立株式会社の株式（又はそれに準ずるもの（施則179条））を、新設分割株式会社の株主に交付することができる（本条12号）。稲葉・解明665頁は、「全部取得条項付種類株式の利用を配当と別に認める理由はよく理解できない。これは分割会社の株主に対する全部取得条項付種類株式（新株式を対価とする）の付与が前提になるはずであるが、その前提の手続は、規定上示されていない（施行規則183条2号イ、同205条2号イには、171条1項の決議の開示についてのみ定めがある）。対価の柔軟化によって、株式以外の金銭等が対価とされた場合、これを株主に分配することが剰余金の配当等と区別できないという理由が提示されているが……、812条2号は、この場合の剰余金の配当については、配当規制を適用しないものとしているから、その関係での制約はない。」という。

(6) 新設分割の効力発生時

新設分割は、当事会社が単独で又は共同して新たに会社を設立するため、権利義務等が移転される対象の新設会社は会社分割の効力が生じる前は法人格を有していない。そこで、新設分割については、会社の成立時期についての原則（49条、579条）に従い、その登記の日を効力発生日としている。

2 必要的決定事項を欠く場合

必要的決定事項の定めを欠き又は違法な内容の定めがされている新設分割計画は、無効である（合併契約につき、必要的決定事項の記載を欠く合併契約は株主総会の承認決議があっても無効とした判例として、大判昭和19年8月25日民集23.524参照）。

訴訟物　XのY1株式会社及びY2株式会社に対する新設分割無効権

＊本件は、Y1会社がY2会社を設立し、Y1会社の家電事業に関する営業の全部をY2会社に承継させる会社分割をしたが、無効事由があるとして、新設分割の訴えが提起された事案である。

＊請求の趣旨は、「Y1会社がY2会社を設立し、Y1会社の家電事業に関する営業の全部をY2会社に承継させる会社分割は、これを無効とする。」である。

請求原因
1　Xは、新設分割の効力が生じた日において新設分割をする会社の株主等若しくは社員等であった者又は新設分割をする会社若しくは新設分割により設立する会社の株主等、社員等、破雇管財人若しくは新設分割について承認をしなかった債権者であること
＊828条2項10号に基づく事実である。
2　Y1会社は、平成〇年〇月〇日、その家電事業部門の事業全部を承継させる会社として、Y2会社を設立し、その旨の登記をしたこと
3　請求原因2の新設分割についての無効原因事実
＊新設分割において、新設会社の定款規定は分割計画の必要的決定事項であるところ（763条2号）、定款規定を全く記載しなかった場合のほか、その定款規定が定款の絶対的記載事項（27条）の記載を欠いている場合や絶対的記載事項の記載に違法がある場合にも、無効原因となるものと解する。なお、分割無効の主張は、分割無効の訴えのみによって行えるから、新設会社につき設立の瑕疵があるとみ得る場合であっても設立無効の訴えを提起することは許されず、新設分割無効の訴えを提起し得るのみである。
4　本訴は、新設分割の効力が生じた日から6か月以内に提起されたこと
＊828条1項10号に基づく事実である。

3　新設分割計画の変更等

新設分割計画について株主総会承認決議がされた後に計画を変更する場合は、変更につき株主総会の承認決議（特別決議）を要する（神作裕之・会社法コンメ(17)374頁）。また、新設分割計画の株主総会承認決議がされた後に新設分割を中止する場合は、中止につき株主総会の承認決議が必要である。

この点、吸収分割契約からの離脱については普通決議で足りるとする見解もあるが、少なくとも取締役会設置会社においては法律又は定款で定められた事項に限って決議できること（295条2項）及び組織再編に必要な株主総会決議は特別決議と解されること（309条2項12号）からすると、条文上は、そのような見解を採ることは難しい。なお、一定の条件の下に新設分割を中止する旨を新設分割計画に定めることは可能であり、条件成就による中止の場合は株主総会の承認は不要である（林浩美・論点体系(5)353-354頁、相澤他・論点解説706頁）。

● (株式会社を設立する新設分割の効力の発生等) ════════

第764条　新設分割設立株式会社は、その成立の日に、新設分割計画の定めに従い、新設分割会社の権利義務を承継する。
　2　前項の規定にかかわらず、第810条第1項第2号（第813条第2項において準用する場合を含む。次項において同じ。）の規定により異議を述べることができる新設分割会社の債権者（第810条第2項（第3号を除き、第813条第2項において準用する場合を含む。以下この項及び次項において同じ。）の各別の催告をしなければならないものに限る。次項において同じ。）が第810条第2項の各別の催告を受けなかった場合には、当該債権者は、新設分割計画において新設分割後に新設分割会社に対して債務の履行を請求することができないものとされているときであっても、新設分割会社に対して、新設分割会社が新設分割設立株式会社の成立の日に有していた財産の価額を限度として、当該債務の履行を請求することができる。
　3　第1項の規定にかかわらず、第810条第1項第2号の規定により異議を述べることができる新設分割会社の債権者が同条第2項の各別の催告を受けなかった場合には、当該債権者は、新設分割計画において新設分割後に新設分割設立株式会社に対して債務の履行を請求することができないものとされているときであっても、新設分割設立株式会社に対して、承継した財産の価額を限度として、当該債務の履行を請求することができる。
　4　前条に規定する場合には、新設分割会社は、新設分割設立株式会社の成立の日に、新設分割計画の定めに従い、同条第6号の株式の株主となる。
　5　次の各号に掲げる場合には、新設分割会社は、新設分割設立株式会

社の成立の日に、新設分割計画の定めに従い、当該各号に定める者となる。
　一　前条第8号イに掲げる事項についての定めがある場合　同号イの社債の社債権者
　二　前条第8号ロに掲げる事項についての定めがある場合　同号ロの新株予約権の新株予約権者
　三　前条第8号ハに掲げる事項についての定めがある場合　同号ハの新株予約権付社債についての社債の社債権者及び当該新株予約権付社債に付された新株予約権の新株予約権者
6　2以上の株式会社又は合同会社が共同して新設分割をする場合における前2項の規定の適用については、第4項中「新設分割計画の定め」とあるのは「同条第7号に掲げる事項についての定め」と、前項中「新設分割計画の定め」とあるのは「前条第9号に掲げる事項についての定め」とする。
7　前条第10号に規定する場合には、新設分割設立株式会社の成立の日に、新設分割計画新株予約権は、消滅し、当該新設分割計画新株予約権の新株予約権者は、同条第11号に掲げる事項についての定めに従い、同条第10号ロの新設分割設立株式会社の新株予約権の新株予約権者となる。

1　株式会社を設立する新設分割の効力の発生
　新設分割設立株式会社は、その成立の日に、新設分割計画の定めに従い、新設分割会社の権利義務を承継する。株式会社の成立は本店所在地における設立の登記によるから（49条）、その設立の登記の日に新設分割の効力が生ずることになる。新設分割の場合は、新設分割が不存在であるような場合を除き、新設分割設立株式会社の設立の登記の日以降は、新設分割の効力は、新設分割無効の訴えによって争うことになる。

2　新設分割において承継の対象とされた債務の債権者
　新設分割において承継の対象とされた債務（分割会社が重畳的債務引受け又は連帯保証をした債務を除く）の債権者であって、各別の催告を受けるべきものが催告を受けなかった場合には、その債権者は新設分割計画の定めによって、債務を負担しない旨が定められた新設分割会社に対しても、その会

社が効力発生日に有していた財産の価額を限度として、その債務の履行を請求することができる（本条2項）。会社分割によって不測の損害を被るおそれのある債権者の保護を図る趣旨である（江頭・株式会社法847頁）。

> [訴訟物]　　XのY株式会社に対する本条2項に基づく法定債務履行請求権
> 　　＊本件は、XがY会社に売却した本件土地の売買代金の支払を求めたところ、Y会社は、本件土地を工場用地とする製造部門の事業全部をA株式会社に承継させる新設分割をしたのであるが、Xがその債務移転についての各別の通知を受けていないと主張した事案である。
> 　　＊本条2項の新設分割会社の連帯責任は、承継された請求権と関連性があるため、請求の基礎に変更はなく、したがって、訴えの交換的変更（民訴143条1項）により履行を求めることができる。

> [請求原因]　1　XはY会社との間で、本件土地を1,000万円で売買する契約を締結したこと
> 　　　　　2　Y会社は、本件土地を工場用地とする製造部門の事業全部を新設分割設立会社たるA会社に承継させる（承継する権利義務として「Y会社の甲製造部門に関する事業に関して有する権利義務のすべて」との定めがある）新設分割を行い、A会社の設立登記をしたこと
> 　　　　　3　Xは、新設分割後、Y会社に対して債務の履行（その債務の保証人としてY会社と連帯して負担する保証債務の履行を含む）を請求することができないY会社の債権者（763条12号に掲げる事項についての定めがある場合にあっては、Y会社の債権者）であること
> 　　　　　＊請求原因4は、Xが、「810条1項2号の規定により異議を述べることができるY会社の債権者であること」（本条2項）に該当する事実である。
> 　　　　　4　Xは、810条2項の各別の催告を受けなかったこと

（物的有限責任）

> [抗弁]　　1　新設分割の効力が生じる日におけるY会社の財産の価額は、○○万円であったこと
> 　　＊限定されるのは、債務の額ではなく責任である。債権者は、

会社に対して債務全額の履行を請求することができる。責任限度額の「財産の価額」は、分割の効力が生ずる日におけるその正味売却価額であって、その額の立証責任は会社にある（江頭・株式会社法 847 頁）。

＊なお、本条 2 項は、「債権者は、新設分割計画において新設分割後に新設分割会社に対して債務の履行を請求することができないものとされているときであっても、新設分割会社に対して、…当該債務の履行を請求することができる。」ことを定めているので、「新設分割計画において新設分割後に新設分割会社に対して債務の履行を請求できないものとされていること」は、抗弁として主張自体失当である。

3　新設分割において承継の対象とされなかった債務の債権者

新設分割において承継の対象とされなかった債務の債権者であって、各別の催告を受けるべきものが催告を受けなかった場合には、その債権者は新設分割計画の定めによって、債務を負担しない旨が定められた承継会社に対しても、その会社が効力発生日に承継した財産の価額を限度として、その債務の履行を請求することができる（本条 3 項）。会社分割によって不測の損害を被るおそれのある債権者の保護を図る趣旨である（江頭・株式会社法 847 頁）。

|訴訟物|　X の Y 株式会社に対する本条 3 項に基づく法定債務履行請求権

＊本件は、X が A 株式会社に対し本件土地の売買代金債権を有していたところ、A 会社は、本件土地を工場用地とする製造部門に関する事業の全部を Y 会社に承継させる新設分割をし、その分割計画において代金債務は Y 会社に承継されない旨の記載がされていたが、X は個別の通知を受けていないので、Y 会社にその支払を求めた事案である。

＊X の A 会社に対する売買代金支払請求の訴えと本件訴えは、被告が異なり、前訴を提起していて、その後本件の請求（連帯責任の追及）をするためには、別訴の提起が必要である。

|請求原因|　1　X は A 会社との間で、本件土地を 1,000 万円で売買する契約を締結したこと

2　A 会社は、本件土地を工場用地とする製造部門に関する事

業の全部を新設分割設立会社たるY会社に承継させる（分割計画において、請求原因1の売買代金債務はY会社に承継されない旨の定めがある）新設分割を行い、Y会社の設立登記をしたこと

 3 Xは、新設分割後、Y会社に対して債務の履行（その債務の保証人としてY会社と連帯して負担する保証債務の履行を含む）を請求することができないY会社の債権者（763条12号に掲げる事項についての定めがある場合にあっては、Y会社の債権者）であること

  ＊請求原因4は、Xが、「810条1項2号の規定により異議を述べることができるY会社の債権者であること」（本条3項）に該当する事実である。

 4 Xは、810条2項の各別の催告を受けなかったこと

（物的有限責任）

[抗弁] 1 Y会社がA会社から承継した財産の価額は、分割の効力が生じる日において、〇〇万円であったこと

  ＊本条3項に基づく物的有限責任の抗弁である。「承継した財産の価額」は、効力発生日における正味売却価額である（江頭・株式会社法847頁）。その立証責任は、会社が負うと解される。

  ＊本条3項は、「債権者は、新設分割計画において新設分割後に新設分割設立株式会社に対して債務の履行を請求することができないものとされているときであっても、新設分割設立株式会社に対して、…当該債務の履行を請求することができる。」ことを定めているので、「新設分割計画において新設分割後に新設分割設立株式会社に対して債務の履行を請求できないものとされていること」は、抗弁として主張自体失当である。

（A会社・X間売買契約の無効事由）

[抗弁] 1 請求原因1のXとA会社間の売買契約についての無効事由

  ＊新設分割承継会社（Y会社）は、新設分割会社（A会社）がその債権者（X）に対して有する抗弁によって対抗できるかが問題となる。少なくとも、無効事由が存在するなど債権の成立に関する抗弁については、新設分割承継会社もまた対抗できる（神作裕之・会社法コンメ(17)343頁）。

4　共同新設分割

　新設分割会社は、新設分割計画の定めに従い、新設分割設立会社の成立の日に新設分割の対価である新設分割設立株式会社の株式の株主や社債の社債権者等になるとの規律（本条4項・5項）の適用については、「新設分割計画の定め」を763条7号及び9号に掲げる事項についての定めと読み替えている（本条6項）。このように、共同新設分割の場合の分割対価の割当てに関する事項について、新設分割計画において決定すべきものとしつつ、他の決定事項とは異なる取扱い（763条7項・9項、本条6項等）をする理由は、共同新設分割における新設分割対価の定めは組織法的性質のほかに契約的側面があるからとされる（神作裕之・会社法コンメ(17)395頁）。

5　債権者異議手続未了又は新設分割の中止の場合の効果

　吸収分割については、債権者異議手続未了又は分割を中止した場合にその効力が発生しないとする規定（759条6項）が置かれているが、新設分割にはそれに相当する規定がない。これは、吸収分割の効果発生が吸収分割契約所定の効力発生日であるのに対し、新設分割の効果発生が新設分割設立株式会社の成立の日（設立登記の日）であることによる。すなわち、吸収分割の場合は、効力発生日を経過しても、債権者異議手続が未了であったり、吸収分割自体が中止されたりしていることがあり得るが、新設分割設立株式会社の設立登記においては、債権者異議手続が履践されたことを証する書面の添付が求められ（商登86条8号）、かつ、新設分割による会社設立について手続の遵守が審査されるため、新設分割については効力発生を妨げる旨の規定が必要ないからである（神作裕之・会社法コンメ(17)395-396頁）。

第3款　持分会社を設立する新設分割

●(持分会社を設立する新設分割計画)

第765条　1又は2以上の株式会社又は合同会社が新設分割をする場合において、新設分割設立会社が持分会社であるときは、新設分割計画において、次に掲げる事項を定めなければならない。
　一　持分会社である新設分割設立会社（以下この編において「新設分割設立持分会社」という。）が合名会社、合資会社又は合同会社のいずれであるかの別

二　新設分割設立持分会社の目的、商号及び本店の所在地
三　新設分割設立持分会社の社員についての次に掲げる事項
　イ　当該社員の名称及び住所
　ロ　当該社員が無限責任社員又は有限責任社員のいずれであるかの別
　ハ　当該社員の出資の価額
四　前2号に掲げるもののほか、新設分割設立持分会社の定款で定める事項
五　新設分割設立持分会社が新設分割により新設分割会社から承継する資産、債務、雇用契約その他の権利義務（新設分割株式会社の株式及び新株予約権に係る義務を除く。）に関する事項
六　新設分割設立持分会社が新設分割に際して新設分割会社に対してその事業に関する権利義務の全部又は一部に代わる当該新設分割設立持分会社の社債を交付するときは、当該社債の種類及び種類ごとの各社債の金額の合計額又はその算定方法
七　前号に規定する場合において、2以上の株式会社又は合同会社が共同して新設分割をするときは、新設分割会社に対する同号の社債の割当てに関する事項
八　新設分割株式会社が新設分割設立持分会社の成立の日に次に掲げる行為をするときは、その旨
　イ　第171条第1項の規定による株式の取得（同項第1号に規定する取得対価が新設分割設立持分会社の持分（これに準ずるものとして法務省令〔施則179条〕で定めるものを含む。ロにおいて同じ。）のみであるものに限る。）
　ロ　剰余金の配当（配当財産が新設分割設立持分会社の持分のみであるものに限る。）
2　新設分割設立持分会社が合名会社であるときは、前項第3号ロに掲げる事項として、その社員の全部を無限責任社員とする旨を定めなければならない。
3　新設分割設立持分会社が合資会社であるときは、第1項第3号ロに掲げる事項として、その社員の一部を無限責任社員とし、その他の社員を有限責任社員とする旨を定めなければならない。
4　新設分割設立持分会社が合同会社であるときは、第1項第3号ロに掲げる事項として、その社員の全部を有限責任社員とする旨を定めな

ければならない。

1 新設分割設立持分会社の定款記載事項

　本条は、新設分割計画において定めるべき事項を法定することにより、法的拘束力を有する新設分割計画の中心的な内容を確定させる意義を有する。必要的決定事項の定めを欠き、又は違法な内容の定めがなされている新設分割計画は、無効である（合併契約につき法定事項の記載を欠く合併契約は株主総会の承認決議があっても無効とした判例として、大判昭和19年8月25日民集23.524参照）。

(1) 種類・目的・商号・住所

　新設分割計画においては、新設分割設立持分会社が、合名会社、合資会社又は合同会社のいずれであるかを定めなければならない（本条1項1号）。また、新設分割設立持分会社の目的、商号、本店の所在地を定めなければならない（同項2号）。持分会社の目的、商号、本店の所在地は、持分会社の定款の絶対的記載事項である（576条1項1号-3号）。

(2) 社員に関する事項

　新設分割設立持分会社の社員に関する事項として、①社員の名称・住所（本条1項3号イ）、②その社員が無限責任社員か有限責任社員かの別（同号ロ）、及び③その社員の出資の価額（同号ハ）を定める必要がある。これらの事項も、持分会社の定款の絶対的記載事項である（576条1項4号-6号）。新設分割設立持分会社が合名会社の場合は、社員の全部を無限責任社員とする旨（本条2項）、合資会社の場合は、その社員の一部を無限責任社員とし、その他の社員を有限責任社員とする旨（本条3項）、合同会社の場合は、その全社員を有限責任社員とする旨を定めなければならない（本条4項）。合名会社、合資会社及び合同会社を持分会社の種類として位置づけたことに伴う措置であり、576条2項ないし4項に定める定款記載事項に対応する。

　新設分割設立会社が持分会社の場合は、新設分割により新設分割会社以外の第三者が新設分割設立持分会社の社員となり得るかが問題となる。例えば、株主が1名の新設分割株式会社が新設分割により合資会社になることもあり得る。この場合、最小限、無限責任社員と有限責任社員が各1名以上存在しなければならないから、第三者を新たに社員とすることが前提になる。ただし、新設分割設立会社が合同会社の場合に、新設分割会社以外の第三者がその新設される合同会社の社員となり得るかは、別論である。なぜなら、

新設分割設立持分会社が合同会社の場合につき、578条の適用が除外されており（816条1項）、合同会社の設立の登記の時までに財産出資をする必要がある合同会社の社員につき手当てをする規定がない以上、共同新設分割会社以外の第三者が新設分割設立会社たる合同会社の社員となれないことを前提としているからである。

2　その他の記載事項

持分会社の定款には、相対的記載事項及び任意的記載事項を記載できるところ（577条、816条1項参照）、本条1項2号及び3号で定める事項以外の定款に定める事項を新設分割計画に定めなければならない（本条1項4号）。したがって、新設分割計画で定める事項には、新設分割設立持分会社の定款の記載事項が含まれることになる。

新設分割会社は、新設分割の承認決議がされたら、新設分割計画に従って新設分割設立持分会社の定款を作成する（816条2項）。

●(持分会社を設立する新設分割の効力の発生等)

第766条　新設分割設立持分会社は、その成立の日に、新設分割計画の定めに従い、新設分割会社の権利義務を承継する。

2　前項の規定にかかわらず、第810条第1項第2号（第813条第2項において準用する場合を含む。次項において同じ。）の規定により異議を述べることができる新設分割会社の債権者（第810条第2項（第3号を除き、第813条第2項において準用する場合を含む。以下この項及び次項において同じ。）の各別の催告をしなければならないものに限る。次項において同じ。）が第810条第2項の各別の催告を受けなかった場合には、当該債権者は、新設分割計画において新設分割後に新設分割会社に対して債務の履行を請求することができないものとされているときであっても、新設分割会社に対して、新設分割会社が新設分割設立持分会社の成立の日に有していた財産の価額を限度として、当該債務の履行を請求することができる。

3　第1項の規定にかかわらず、第810条第1項第2号の規定により異議を述べることができる新設分割会社の債権者が同条第2項の各別の催告を受けなかった場合には、当該債権者は、新設分割計画において新設分割後に新設分割設立持分会社に対して債務の履行を請求することができないものとされているときであっても、新設分割設立持分会

社に対して、承継した財産の価額を限度として、当該債務の履行を請求することができる。
4　前条第1項に規定する場合には、新設分割会社は、新設分割設立持分会社の成立の日に、同項第3号に掲げる事項についての定めに従い、当該新設分割設立持分会社の社員となる。
5　前条第1項第6号に掲げる事項についての定めがある場合には、新設分割会社は、新設分割設立持分会社の成立の日に、新設分割計画の定めに従い、同号の社債の社債権者となる。
6　2以上の株式会社又は合同会社が共同して新設分割をする場合における前項の規定の適用については、同項中「新設分割計画の定めに従い、同号」とあるのは、「同項第7号に掲げる事項についての定めに従い、同項第6号」とする。

1　持分会社を設立する新設分割の効力の発生

　新設分割設立持分会社は、その成立の日に、新設分割計画の定めに従い、新設分割会社の権利義務を一般承継する（本条1項）。会社分割の効力は、新設分割設立持分会社の設立の日、すなわち本店所在地において設立の登記をした日に生ずる（579条）。新設分割の場合は、新設分割がそもそも不存在であるような場合を除き、新設分割設立持分会社の設立の登記の日以降は、新設分割の効力は、新設分割無効の訴えによって争うことになる（828条1項10号・2項10号）。

2　新設分割において承継の対象とされた債務の債権者

　新設分割において承継の対象とされた債務（分割会社が重畳的債務引受け又は連帯保証をした債務を除く）の債権者であって、各別の催告を受けるべきものが催告を受けなかった場合には、その債権者は新設分割契約の定めによって、債務を負担しない旨が定められた新設分割会社に対しても、その会社が新設分割設立持分会社の成立の日に有していた財産の価額を限度として、その債務の履行を請求することができる（本条2項）。会社分割によって不測の損害を被るおそれのある債権者の保護を図る趣旨である（江頭・株式会社法847頁）。

3 新設分割において承継の対象とはされなかった債務の債権者

　新設分割において承継の対象とされなかった債務の債権者であって、各別の催告を受けるべきものが催告を受けなかった場合には、その債権者は新設分割契約の定めによって、債務を負担しない旨が定められた吸収分割設立持分会社に対しても、承継した財産の価額を限度として、その債務の履行を請求することができる（本条3項）。会社分割によって不測の損害を被るおそれのある債権者の保護を図る趣旨である（江頭・株式会社法847頁）。

　本条1項の規定にかかわらず、810条1項2号の規定により異議を述べることができる新設分割会社の債権者が同条2項の各別の催告を受けなかった場合には、その債権者は、新設分割計画において新設分割後に新設分割設立持分会社に対して債務の履行を請求することができないものとされているときであっても、新設分割設立持分会社に対して、承継した財産の価額を限度として、その債務の履行を請求できる（本条3項）。

4　新設分割設立持分会社の社員の地位

　新設分割計画においては、新設分割設立持分会社の①社員の名称及び住所、②その社員が無限責任社員又は有限責任社員のいずれであるかの別、並びに③その社員の出資の価額を記載しなければならないところ（765条1項3号）、新設分割会社は、効力発生日に、①ないし③についての定めに従い、その新設分割設立持分会社の社員となる（本条4項）。新設分割設立持分会社の社員に関する①ないし③に係る事項は、持分会社の定款の絶対的記載事項である（576条1項4号-6号）。

　新設分割設立持分会社の社員の地位は、新設分割計画の決定事項であると同時に、その新設分割設立持分会社の定款の記載事項でもあるという二重の性格を有するため、新設分割会社が新設分割設立持分会社の社員となるのは、新設分割計画の定めに従いと規定されずに、765条1項3号に掲げる事項についての定めに従うと規定されていると解される（神作裕之・会社法コンメ(17)404頁）。

5　新設分割会社に対して社債を交付する場合

　新設分割設立持分会社が新設分割に際して新設分割会社に対してその事業に関する権利義務の全部又は一部に代わる同社の社債を交付する場合（765条1項6号）には、新設分割会社は、新設分割設立持分会社の成立の日に、新設分割計画の定めに従い、その社債の社債権者となる（本条5項）。

6　共同新設分割

　本条6項は、新設分割会社は新設分割計画の定めに従い新設分割設立持分会社の成立の日に新設分割の対価である社債の社債権者等になるとの規律（本条5項）の適用については、「新設分割計画の定めに従い、同号〔765条1項6号〕」を「同項〔765条1項〕第7号〔新設分割会社に対する、新設分割設立持分会社の社債の割当てに関する事項〕に掲げる事項についての定めに従い、同項〔765条1項〕第6号」と読み替える。このように、共同新設分割の場合の分割対価の割当てに関する事項について、新設分割計画において決定すべきものとしつつ、他の決定事項とは異なる取扱いをする理由は、共同新設分割における新設分割対価の定めは組織法的性質のほかに契約的側面があるからとされる（神作裕之・会社法コンメ(17)405頁）。

7　債権者異議手続未了又は新設分割の中止の場合の効果

　新設分割については、債権者異議手続未了又は分割を中止した場合に吸収分割の効力が発生しないとする規定（761条6項）に相当する規定がない。これは、吸収分割の効果発生が吸収分割契約所定の効力発生日であるのに対し、新設分割の効果発生が新設分割設立持分会社の成立の日（設立登記の日）であることによる。すなわち、吸収分割の場合は、効力発生日を経過しても、債権者異議手続が未了であったり、吸収分割自体が中止されたりしていることがあり得るが、新設分割設立持分会社の設立には、債権者異議手続が行われたことを証する書面の添付が求められ（商登109条2項3号、116条1項、125条、86条8号）、併せて新設分割による会社設立について手続の遵守が審査されるため、新設分割については効力発生を妨げる旨の規定が置かれていないのである。（神作裕之・会社法コンメ(17)405-406頁）。

● (目　　的)

会社分割に伴う労働契約の承継等に関する法律第1条　この法律は、会社分割が行われる場合における労働契約の承継等に関し会社法（平成17年法律第86号）の特例等を定めることにより、労働者の保護を図ることを目的とする。

1 会社法の会社分割における雇用契約（労働契約）の承継
　会社分割（吸収分割又は新設分割）が行われる場合の雇用契約（労働契約）関係の権利義務は、吸収分割契約で定める「吸収分割承継株式会社が吸収分割により吸収分割会社から承継する……雇用契約その他の権利義務……に関する事項」（会社 758 条 2 号、なお、吸収分割承継持分会社にあっては会社 760 条 2 号）、又は、新設分割契約で定める「新設分割設立株式会社が新設分割により新設分割をする会社……から承継する……雇用契約その他の権利義務……に関する事項」（会社 763 条 5 号。なお、新設分割設立持分会社にあっては会社 765 条 5 号）に含まれると解されるので、会社法の限りでは、分割の対象とされる事業の全部又は一部を構成する権利義務の一部に過ぎず、雇用契約の承継に限って労働者の同意を要することにはならない。

2 労働契約承継法の目的
　会社法における会社分割に伴う雇用契約の法制では、分割会社が雇用する労働者の意思と無関係に分割契約（分割計画）にいかなる定めをするかで、その労働者の労働契約が吸収分割承継会社（新設分割設立会社）に承継されるか否かが決まるので、労働者には承継される不利益又は承継されない不利益が生じ得る。しかも、これらの不利益は、①「合併」の場合には、労働契約が包括的に承継されることで承継されない不利益が生じないこと、②「事業譲渡」の場合には労働者の同意（民 625 条 1 項）が必要とされるので承継される不利益が生じないことに比較すると均衡を失する。そのため、会社の分割に伴う労働契約の承継等に関する法律（平成 12 年法律第 103 号）が、会社の分割が行われる場合における労働契約の承継等に関して特例を定めて、労働者の保護を図っている。つまり、労働契約承継法は、①「承継会社等に承継される事業に主として従事する」労働者は、会社の判断により承継会社等に承継させ得るものとした上で、②「承継される事業に主として従事」していながら分割計画により承継会社等に承継されないとされた労働者は、異議申立てによって承継される、③その他の労働者で、分割計画により承継会社等に承継されるとされた労働者は、異議申立てにより承継されず、分割会社に残留することができるのである（労契承継 3 条-5 条）。

3 承継される労働契約
　「労働契約」とは、労務の提供とこれに対する報酬の支払が対価関係に立つ会社と労働者との間で締結される契約である。労働契約承継法は、労働関係に係る権利義務の承継について、「労働契約」を単位として法制度を構築

しており、分割計画等に記載された労働契約に関しては、これに基づく権利義務のすべてが承継されるので、就業規則、労働協約、確立された労働慣行等に基づく使用貸借、金銭消費貸借その他無名契約も、承継されるものと解されている（労働省労政局労政課編・労働契約承継法168頁）。

● (労働者等への通知)

会社分割に伴う労働契約の承継等に関する法律第2条 会社（株式会社及び合同会社をいう。以下同じ。）は、会社法第5編第3章及び第五章の規定による分割（吸収分割又は新設分割をいう。以下同じ。）をするときは、次に掲げる労働者に対し、通知期限日までに、当該分割に関し、当該会社が当該労働者との間で締結している労働契約を当該分割に係る承継会社等（吸収分割にあっては同法第757条に規定する吸収分割承継会社、新設分割にあっては同法第763条に規定する新設分割設立会社をいう。以下同じ。）が承継する旨の分割契約等（吸収分割にあっては吸収分割契約（同法第757条の吸収分割契約をいう。以下同じ。）、新設分割にあっては新設分割計画（同法第762条第1項の新設分割計画をいう。以下同じ。）をいう。以下同じ。）における定めの有無、第4条第3項に規定する異議申出期限日その他厚生労働省令〔労契承継則1条〕で定める事項を書面により通知しなければならない。
　一　当該会社が雇用する労働者であって、承継会社等に承継される事業に主として従事するものとして厚生労働省令〔労契承継則2条〕で定めるもの
　二　当該会社が雇用する労働者（前号に掲げる労働者を除く。）であって、当該分割契約等にその者が当該会社との間で締結している労働契約を承継会社等が承継する旨の定めがあるもの
2　前項の分割をする会社（以下「分割会社」という。）は、労働組合法（昭和24年法律第174号）第2条の労働組合（以下単に「労働組合」という。）との間で労働協約を締結しているときは、当該労働組合に対し、通知期限日までに、当該分割に関し、当該労働協約を承継会社等が承継する旨の当該分割契約等における定めの有無その他厚生労働省令〔労契承継則3条〕で定める事項を書面により通知しなければならない。
3　前2項及び第4条第3項第1号の「通知期限日」とは、次の各号に

掲げる場合に応じ、当該各号に定める日をいう。
一　株式会社が分割をする場合であって当該分割に係る分割契約等について株主総会の決議による承認を要するとき　当該株主総会（第4条第3項第1号において「承認株主総会」という。）の日の2週間前の日の前日
二　株式会社が分割をする場合であって当該分割に係る分割契約等について株主総会の決議による承認を要しないとき又は合同会社が分割をする場合　吸収分割契約が締結された日又は新設分割計画が作成された日から起算して、2週間を経過する日

1　労働者への通知
　労働契約承継法4条又は5条は、労働者保護の観点から、会社分割に際し利害関係を有する一定の労働者に対して、異議申出権を与えている。本条1項は、異議申出権を効果的にするために、異議申出をするか否かを判断するために必要かつ十分な情報を提供させるために、分割会社は、通知期限日（①株式会社が分割をする場合であって分割契約等について株主総会の決議による承認を要するときは、その株主総会（「承認株主総会」）の日の2週間前の日の前日、②株式会社が分割をする場合であって分割契約等について株主総会の決議による承認を要しないとき又は合同会社が分割をする場合は、吸収分割契約が締結された日又は新設分割計画が作成された日から起算して2週間を経過する日（本条3項）までに、分割に関する分割計画書等への記載の有無、分割会社に異議の申出を行うことができる最終日であって、その会社の定める期限日及び厚生労働省令（労契承継則1条）で定める事項を書面で通知しなければならないこととした（労働省労政局労政課編・労働契約承継法171頁）。

(1) 通知を受ける労働者
　分割会社が本条1項に基づいて通知を行う労働者は、分割によってその従事している業務に影響を受ける一定の労働者とする。具体的には、分割会社が雇用する労働者（いわゆる正社員に限らず、短時間労働者等を含む）のうち、承継される事業に主として従事するものとして厚生労働省令（労契承継則2条）で定める労働者（本条1項1号）及びその労働者以外の労働者であって分割契約等にその者が分割会社との間で締結している労働契約を承継会社等が承継する旨の記載があるもの（本条1項2号）である。

(2) 承継される事業に主として従事する労働者の範囲

本条1項1号により、「承継される事業に主として従事する労働者」の範囲は、分割会社が雇用する労働者のうち厚生労働省令で定めるものとされている。具体的には、労働契約承継法施行規則2条が次の①②を定める。

① 本条1項の分割契約等（「分割契約等」）を締結し、又は作成する日において、承継される事業に主として従事する労働者（分割会社がその労働者に対し承継される事業に一時的に主として従事するように命じた場合その他の分割契約等を締結し、又は作成する日においてその日後に承継される事業に主として従事しないこととなることが明らかである場合を除く）

② ①の労働者以外の労働者であって、分割契約等を締結し、又は作成する日以前において分割会社が承継される事業以外の事業（その分割会社以外の者のなす事業を含む）に一時的に主として従事するよう命じたもの又は休業を開始したもの（その労働者が承継される事業に主として従事した後、承継される事業以外の事業に従事し又は休業を開始した場合に限る）その他の分割契約等を締結し、又は作成する日において承継される事業に主として従事しないもののうち、その日後に承継される事業に主として従事することとなることが明らかであるもの

なお、労働契約承継法において、承継されるのは「事業」ではなく「事業に関する権利義務」となったから、労働契約承継法にいう「承継される事業」とは、「承継される権利義務に係る事業」と解すべきである（菅野・労働法545頁）。

労働者が「承継される事業に主として従事する」か否かによって、労働契約が承継されるか、分割会社に残るかが決まるが、その判断基準（分割会社及び承継会社等が講ずべき当該分割会社が締結している労働契約及び労働協約の承継に関する措置の適切な実施を図るための指針（平成12年労働省告示第127号。「指針」）参照）は、次のとおりである。

労働者が、分割計画（契約）を作成する時点において、①承継される事業に専ら従事する場合には「主として従事する」者であり、②承継される事業のみならず、それ以外の事業にも従事している場合には、それぞれの事業に従事する時間、それぞれの事業において労働者が果たしている役割等を総合的に判断して「承継される事業に主として従事する」か否かを判断する。

総務、人事、経理等の間接部門に従事する労働者についても、それら労働者が承継される事業に専ら従事している場合、又は承継される事業と他の事業とに従事している場合には、上記の①、②の方法によって判断する。

間接部門に従事する労働者であって、いずれの事業のために従事しているのか不明な場合には、それらの労働者を除いた労働者の過半数につき労働契約が承継されるときは、それら労働者も「承継される事業に主として従事する」ものとして、労働契約が承継される（菅野・労働法548頁）。

訴訟物　　XのY会社に対する労働契約関係の存在（確認）
　　　＊本件は、Xが分割会社たるA会社において承継される事業に主として従事する労働者であって、分割契約又は分割計画にXがA会社との間の労働契約を吸収分割承継会社又は新設分割設立会社であるY会社が承継する旨の定めがなく、本条1項の通知を適法に受けなかったため、Xは分割後に、Y会社に対し、Y会社との労働契約関係の確認を求めた事案である。
　　　＊請求の趣旨は、「XはY会社との間に労働契約上の地位を有することを確認する。」である。なお、本件のような事案の場合に、XがA会社との労働契約関係の不存在の確認を求めることは、それが許容されてもY会社との契約関係の存在が認められるわけではないので、実益に乏しい。

請求原因　1　XとA会社は、XがA会社に対し労務に服することを約し、A会社はXに対し月額20万円の賃金を支払う労働契約を締結したこと
　　　2　分割会社たるA会社と承継会社（又は新設会社）たるY会社の吸収分割の効力発生日が到来したこと（又は新設会社の設立登記がされたこと）
　　　3　Xは、①分割契約等の締結又は分割計画の作成の時点において、承継される事業に主として従事する労働者、又は、②分割契約等の締結又は分割計画の作成の時点以前において、A会社が承継される事業以外の事業に一時的に主として従事するよう命じたもの又は休業を開始したもの（その労働者が承継される事業に主として従事した後、その事業以外の事業に従事し、又は休業を開始した場合に限る）で分割契約等の締結又は分割計画の作成の時点において承継される事業に主として従事しないもののうち、その時点後に承継される事業に主として従事することとなることが明らかであるものであること
　　　＊請求原因3は、Xが承継される事業に主として従事する労

働者（本条1項1号、労契承継則2条）であることを示す事実である。
4　Xは、本条1項の通知を適法に受けなかったこと
＊Xが分割契約又は分割計画にA会社との間で締結している労働契約をY会社が承継する旨の定めがないことは、請求原因として主張する必要はないであろう。
＊「通知を適法に受けなかった場合」とは、①株主総会等の会日の2週間を切っての労働者への通知、②法定の通知事項（厚生労働省令（労契承継則2条）で定める事項を含む）の全部又は一部が欠けた通知、③通知が書面でなく口頭で行われたなどをいう。
5　Y会社はXとの雇用関係の存在を争うこと

2　労働組合への通知

　労働組合は、分割会社との間で労働協約を締結している場合、会社の分割に伴う労働協約に関する取扱いについて利害関係を有する。そのため、本条2項は、分割会社が、労働組合に対して、労働者の場合と同様に、通知期限日までに、分割に関する事項（分割会社と労働組合との間で締結している労働協約を新設会社等が承継する旨の分割計画等中の記載の有無その他厚生労働省令（労契承継則3条）で定める事項（①承継される事業の概要、②効力発生日以後における分割会社及び承継会社等の商号、住所（新設分割設立会社にあっては所在地）、事業内容及び雇用することを予定している労働者の数、③効力発生日、④効力発生日以後における分割会社及び承継会社等の債務の履行の見込みに関する事項、⑤承継される労働者の範囲及びその範囲の明示によっては労働組合にとってその労働者の氏名が明らかとならない場合には、その労働者の氏名、⑥分割会社が、労働協約を承継会社等が承継する旨のその分割契約等中の定めがある旨を通知する場合におけるその労働協約の内容））を分割会社から書面で通知することを義務づけている（労働省労政局労政課編・労働契約承継法171頁）。

3　通知の懈怠と会社分割の効力

　会社が労働者保護手続に含まれる本条所定の通知を懈怠した場合、会社分割の無効原因となるかが問題となる。この点、通知の懈怠は、重大な手続的瑕疵であるとして分割無効原因であるする見解もある（居林次雄・会社分割法制早わかり32頁）。しかし、労働者は、会社分割無効の訴えの提訴権者と

されていないから（会社828条2項9号・10号）、労働者は固有の地位に基づいて分割無効を主張できない。会社が労働者との協議（「5条協議」）義務（平成12年商法改正（同年法律第90号。平成13年4月1日施行）附則5条1項）に違反したときも、同様に解される（江頭・株式会社法811頁）。

労働者保護手続が懈怠されることに対する労働者の保護は、労働契約の帰属会社という実質によって図られるべきである。すなわち、かかる手続違背があった場合には、労働者に、労働契約承継法4条及び5条所定の「期限日」以降における異議申出が認められるべきであり、それにより、労働者保護が図られる。

● (承継される事業に主として従事する労働者に係る労働契約の承継)

会社分割に伴う労働契約の承継等に関する法律第3条 前条第1項第1号に掲げる労働者が分割会社との間で締結している労働契約であって、分割契約等に承継会社等が承継する旨の定めがあるものは、当該分割契約等に係る分割の効力が生じた日に、当該承継会社等に承継されるものとする。

1 承継される事業に主として従事する労働者に係る労働契約の承継
承継される事業に主として従事する労働者（労働契約承継法2条1項1号に掲げる労働者）が分割会社との間で締結している労働契約であって、分割計画等に承継会社等が承継する旨の記載があるものは、その分割計画等に係る分割の効力が生じた日に、新設会社等に承継されることとなる（本条）。

> **訴訟物** XのY会社に対する労働契約関係の存在（確認）
> ＊本件は、会社分割が行われた場合に、承継される事業に主として従事する労働者であるXが分割契約又は分割計画において、Y会社に承継する旨の定めがあるにもかかわらず、Y会社が労働契約関係の承継を争う場合に、Y会社との労働契約関係の存在を主張する事案である。例えば、本体の不採算部門をA会社に残したまま、将来性のある部門を承継会社等Y会社に移行させる場合に生ずることが想定される。

労働契約承継法第 3 条　609

＊請求の趣旨は、「X は Y 会社との間に労働契約上の地位を有することを確認する。」である。

請求原因
1　X と A 会社は、X が A 会社に対し労務に服することを約し、A 会社は X に対し月額 20 万円の賃金を支払う労働契約を締結したこと
2　分割会社たる A 会社と承継会社（又は新設会社）たる Y 会社の吸収分割の効力発生日が到来したこと（又は設立登記がされたこと）
3　X は、承継される事業に主として従事する労働者であること
　＊請求原因 3 は、X が労働契約承継法 2 条 1 項 1 号に掲げる労働者であることを示す事実である。
4　分割契約又は分割計画において、X と A 会社との間で締結している労働契約を、吸収分割承継会社又は新設分割設立会社たる Y 会社に承継する旨の定めがあること
　＊分割会社から承継会社又は設立会社に承継される労働契約を分割契約又は分割計画に定める場合には、承継される労働契約に係る労働者のすべての氏名が特定できることが必要である。承継される労働契約に係る労働者のすべての氏名が特定できるときには、分割会社の特定の事業場を明示して、その事業場のすべての労働者又は特定の者を除くすべての労働者に係る労働契約が承継される労働契約である旨を分割契約又は分割計画に記載することができる（指針第 2 の 2(1)）。
5　Y 会社は X との雇用関係の存在を争うこと
　＊請求原因 4 の事実が存在しながら、なお、Y 会社が X との労働契約関係を争う場合は、稀であろう。A 会社の請求原因 3 の事実の判定に誤りがあり、したがって、請求原因 4 の定めも無効であると主張している場合などが想定できる。

訴訟物
X の Y 会社に対する労働契約関係の存在（確認）
　＊本件は、会社分割が行われた場合に、承継される事業に主として従事する労働者である X が分割計画において、A 会社（新設会社）に承継する旨の定めがあるにもかかわらず、分割会社である Y 会社との労働契約関係の存在を主張する事案である。X が、本件会社分割を実質的に不採算部門切捨

ての営業譲渡であり、①労働契約承継法7条に定める措置及び平成12年改正商法附則5条1項に定める協議（5条協議）の履行があったと評価できず、会社分割の手続に違法な瑕疵があり、②民法625条の潜脱であるなどと主張して、労働者はなおY会社に対する労働契約上の地位を有することの確認等を求めた紛争である。

＊請求の趣旨は、「XはY会社との間に労働契約上の地位を有することを確認する。」である。

請求原因
1　XとY会社は、XがY会社に対し労務に服することを約し、Y会社はXに対し月額20万円の賃金を支払う労働契約を締結したこと
2　Y会社はXとの雇用関係を争うこと

（会社分割）

抗弁
1　Y会社は、A会社に新設分割を行い、A会社の設立登記がされたこと
2　Xは、①分割契約等の締結又は分割計画の作成の時点において、承継される事業に主として従事する労働者、又は、②分割契約等の締結又は分割契約の作成時点以前において、A会社が承継される事業以外の事業に一時的に主として従事するよう命じたもの又は休業を開始したもの（その労働者が承継される事業に主として従事した後、その事業以外の事業に従事し、又は休業を開始した場合に限る）で分割契約等の締結又は分割計画の作成の時点において承継される事業に主として従事しないもののうち、その時点に承継される事業に主として従事することとなることが明らかでものであること

＊抗弁2は、Xが承継される事業に主として従事する労働者（2条1項1号、労契承継則2条）であることを示す事実である。

3　分割計画において、XとY会社との間で締結している労働契約を、新設分割設立会社たるY会社に承継する旨の定めがあること
4　Y会社はXに対し、分割計画を承認する株式会社の会日の2週間前の日の前日までに、Y会社がXとの間で締結している労働契約を設立会社であるA会社が承継する旨の分割計画中の定めがあること、労働契約承継法2条1項に規定する異議

申出期限日その他厚生労働省令（労契承継則1条）で定める事項を書面により通知したこと
（5条協議義務違反）

再抗弁 1　Xとの関係において5条協議が全く行われなかったこと、又は5条協議が行われた場合であっても、その際のY会社からの説明や協議の内容が著しく不十分であること

＊最判平成22年7月12日民集64.5.1333に基づく再抗弁である。同判決は、「新設分割の方法による会社の分割は、会社がその営業の全部又は一部を設立する会社に承継させるものである（商法373条。以下、会社の分割を行う会社を「分割会社」、新設分割によって設立される会社を「設立会社」という。）。これは、営業を単位として行われる設立会社への権利義務の包括承継であるが、個々の労働者の労働契約の承継については、分割会社が作成する分割計画書への記載の有無によって基本的に定められる（商法374条）。そして、承継対象となる営業に主として従事する労働者が上記記載をされたときには当然に労働契約承継の効力が生じ（承継法3条）、当該労働者が上記記載をされないときには異議を申し出ることによって労働契約承継の効力が生じる（承継法4条）。また、上記営業に主として従事する労働者以外の労働者が上記記載をされたときには、異議を申し出ることによって労働契約の承継から免れるものとされている（承継法5条）。」「法は、労働契約の承継につき以上のように定める一方で、5条協議として、会社の分割に伴う労働契約の承継に関し、分割計画書等を本店に備え置くべき日までに労働者と協議をすることを分割会社に求めている（商法等改正法〔平成12年法律第90号〕附則5条1項）。これは、上記労働契約の承継のいかんが労働者の地位に重大な変更をもたらし得るものであることから、分割会社が分割計画書を作成して個々の労働者の労働契約の承継について決定するに先立ち、承継される営業に従事する個々の労働者との間で協議を行わせ、当該労働者の希望等をも踏まえつつ分割会社に承継の判断をさせることによって、労働者の保護を図ろうとする趣旨に出たものと解される。ところで、承継法3条所定の場合には労働者はその労働契約の承継に係る分割会社の決定に対して異議を申し

出ることができない立場にあるが、上記のような5条協議の趣旨からすると、承継法3条は適正に5条協議が行われ当該労働者の保護が図られていることを当然の前提としているものと解される。この点に照らすと、上記立場にある特定の労働者との関係において5条協議が全く行われなかったときには、当該労働者は承継法3条の定める労働契約承継の効力を争うことができるものと解するのが相当である。また、5条協議が行われた場合であっても、その際の分割会社からの説明や協議の内容が著しく不十分であるため、法が5条協議を求めた趣旨に反することが明らかな場合には、分割会社に5条協議義務の違反があったと評価してよく、当該労働者は承継法3条の定める労働契約承継の効力を争うことができるというべきである。」と判示する（本事案においては「5条協議が不十分であるとはいえず」労働者の新設会社への「労働契約承継の効力が生じないということはできない」として請求棄却）。なお、再抗弁の反対事実である5条協議を十分したことが、請求原因事実の1つであるとの考えもあり得る。

(民法625条1項の潜脱)

再抗弁 1　Y会社の会社分割は、民法625条1項の潜脱行為であることの評価根拠事実

＊例えば、Xが、本件会社分割を実質的に不採算部門切捨ての事業譲渡であるなどを主張することである。この再抗弁は、信義則違反ないし権利濫用の実質を有するものといえよう。横浜地判平成19年5月29日判タ1272.224は、この主張を認めず、Xの請求を棄却した。

2　承継の効果

　労働契約の承継により、労働契約に基づき使用者としての地位から生じる分割会社の権利義務のすべてが承継会社等に承継され、その労働契約の内容はそのまま承継会社等との間の労働契約の内容となる（分割会社は、その労働者に関しては使用者としての地位を失う）ものである。
　更に、「通知を適法に受けなかった場合」（労働契約承継法2条1項の通知を受けなかった場合を除く）であっても、通知された事項によって、労働者が適法に異議の申出を行うことができる場合にあっては、労働者が異議の申出を適法に行った場合、その異議の申出は有効である。承継される事業に主

として従事しない労働者であって分割計画等にその者が分割会社との間で締結している労働契約を承継会社等が承継する旨の記載があるにもかかわらず、労働契約承継法2条1項の通知を適法に受けなかった場合も同様であると解される。

訴訟物 　XのY会社に対する労働契約関係の存在（確認）
　　　　　＊本件は、会社分割が行われた場合に分割会社A会社の労働者XがA会社ではなく承継会社等Y会社への承継を主張する事案である。このような紛争は、本体の不採算部門をA会社に残して、将来性のある部門を設立会社等Y会社に移行させる場合に生ずることが想定される。
　　　　　＊請求の趣旨は、「XはY会社との間に労働契約上の地位を有することを確認する。」である。

請求原因 　1　XとA会社は、XがA会社に対し労務に服することを約し、A会社はXに対し月額10万円の賃金を支払う労働契約を締結したこと
　　　　　2　分割会社たるA会社と承継会社（又は新設会社）たるY会社の吸収分割の効力発生日が到来したこと（又はY会社の設立登記がされたこと）
　　　　　3　分割契約又は分割計画において、XとA会社との間で締結している労働契約を、承継会社等たるY会社に承継する旨の記載があること
　　　　　＊分割会社から承継会社等に承継される労働契約を分割計画等に記載する場合には、承継される労働契約に係る労働者のすべての氏名が特定できることが必要である。承継される労働契約に係る労働者のすべての氏名が特定できるときには、分割会社の特定の事業場を明示して、事業場のすべての労働者又は特定の者を除くすべての労働者に係る労働契約が承継される労働契約である旨を分割計画書等に記載することができる（指針第2の2(1)）。
　　　　　4　Y会社はXとの雇用関係の存在を争うこと

●━━━━━━━━━━━━━━━━━━━━━━━━━━━━━

会社分割に伴う労働契約の承継等に関する法律第4条　　第2条第1項第1号

に掲げる労働者であって、分割契約等にその者が分割会社との間で締結している労働契約を承継会社等が承継する旨の定めがないものは、同項の通知がされた日から異議申出期限日までの間に、当該分割会社に対し、当該労働契約が当該承継会社等に承継されないことについて、書面により、異議を申し出ることができる。
2 分割会社は、異議申出期限日を定めるときは、第2条第1項の通知がされた日と異議申出期限日との間に少なくとも13日間を置かなければならない。
3 前2項の「異議申出期限日」とは、次の各号に掲げる場合に応じ、当該各号に定める日をいう。
　一 第2条第3項第1号に掲げる場合　通知期限日の翌日から承認株主総会の日の前日までの期間の範囲内で分割会社が定める日
　二 第2条第3項第2号に掲げる場合　同号の吸収分割契約又は新設分割計画に係る分割の効力が生ずる日の前日までの日で分割会社が定める日
4 第1項に規定する労働者が同項の異議を申し出たときは、会社法第759条第1項、第761条第1項、第764条第1項又は第766条第1項の規定にかかわらず、当該労働者が分割会社との間で締結している労働契約は、分割契約等に係る分割の効力が生じた日に、承継会社等に承継されるものとする。

1　異議申出
　会社の分割により承継される営業に主として従事する労働者について、分割計画等の記載により、承継会社等にその労働契約が承継されないこととされた場合は、①承継会社等への労働契約の承継の対象から特定の労働者が排除される、②分割会社（又は分割会社及び承継会社）の意思のみにより、個々の労働者が従事していた職務と切り離されるなどのおそれがあるため、労働者が当該労働契約を承継させないことについて、分割会社に対し、書面により異議の申出を行うことができることとした（本条1項）。
　なお、分割計画等を承認する株主総会等の当日まで異議の申出を行うことができることとすると、労働者が異議の申出をした場合に分割会社が株主総会等までに事務的な整理を行うことが困難となるときが想定されるので、その株主総会等に向けての事務的整理に支障を来さないよう、労働者の異議申

出期限を分割会社が設定できることとしたものである。ただし、この期限設定を分割会社の意思のみに委ねることとすると、その運用次第により、労働契約の承継に係る労働者の適正な判断を確保することができなくなるおそれがあることから、異議の申出に必要な十分な時間を確保するとともに、その期限を分割計画等を承認する株主総会等の会日の 2 週間前の日からその会日の前日までの間において定めることとして、時期的に早過ぎる期限日の設定を認めないこととした。

この異議申出期限日は、分割会社が作成した分割契約等を承認する株主総会の会日の 2 週間前の日から会日の前日までの日に限られる。ただし、株式会社が分割する場合であって分割契約等について株主総会の承認を必要としないとき（簡易分割及び略式分割）、あるいは合同会社が分割する場合、分割契約等に記載された分割の効力が生じる日の前日までの日に限られる（本条 3 項）。また分割会社が異議申出期限日を定めるときは、事前通知がなされた日と期限日との間に少なくとも 13 日間を置かなければならない（本条 2 項）。なお、異議の申出は異議申出期限日までに分割会社に到達する必要があるとされている（指針第 2 の 2(2)ロ）。

2　異議申出の効果

労働者がこの異議を申し出た場合、その労働者が分割会社との間で締結している労働契約は、分割契約等に記載された分割の効力が生じた日、すなわち分割登記がなされた日に承継会社等に承継される（本条 4 項）。この規定からも明らかなように、労働者の異議申出の法的性質は、分割会社に対する請求権ではなく、形成権であり、この異議申出により分割会社との間で締結している労働契約が承継会社等に承継されるという効果が当然に生じることになる（平成 12 年 12 月 27 日労働省発地第 81 号）。

> **訴訟物**　X の Y 会社に対する労働契約関係の存在（確認）
> ＊本件は、承継される事業に主として従事する労働者（労働契約承継法 2 条 1 項 1 号に掲げる労働者）である X が、分割会社である A 会社との間で締結している労働契約であって、分割計画等に承継会社等が承継する旨の記載がない（請求原因 4 参照）ので、本条 1 項から 3 項までの規定に従い、書面により異議を申し出た上で、分割計画等に係る分割の効力が生じた後に、承継会社である Y 会社に承継されたことを主張して、Y 会社に労働契約関係の存在の確認を求めた事案

である。このような事案は、特に、本体の不採算部門をA会社に残したまま、将来性のある部門を設立会社等Y会社に移行させる場合に生じ得る。
＊請求の趣旨は、「XはY会社との間に労働契約上の地位を有することを確認する。」である。

請求原因
1　XとA会社は、XがA会社に対し労務に服することを約し、A会社はXに対し月額20万円の賃金を支払う労働契約を締結したこと
2　分割会社たるA会社と承継会社（又は新設会社）たるY会社の吸収分割の効力発生日が到来したこと（又はY会社の設立登記がされたこと）
3　Xは、A会社からY会社へ承継される事業に主として従事する労働者であったこと
＊請求原因3は、Xが労働契約承継法2条1項1号（労契承継則2条）に掲げる労働者であることを示す事実である。
4　分割契約又は分割計画において、XとA会社との間で締結している労働契約を、Y会社に承継する旨の定めがないこと
＊承継会社等Y会社に承継される事業にもともと主として従事していた請求原因3のような労働者の労働契約は、Y会社に承継されることが一般的に予定されているが、請求原因4のように承継されないことになると、Xに不利益（Xは従事していた職務と離される）が生ずるので、労働者の異議権（請求原因5）を認めている。
5　Xは、異議申出期限日までの間に、XとA会社との間の労働契約がY会社に承継されないことについて、書面により異議を申し出たこと
6　Y会社はXとの雇用関係の存在を争うこと

訴訟物
XのY会社に対する労働契約関係の存在（確認）
＊請求の趣旨は、「XはY会社との間に労働契約上の地位を有することを確認する。」である。
＊承継される事業に主として従事してきた労働者X（抗弁2）であっても、分割契約書において承継会社等A会社に承継する旨の定めがない場合には（抗弁3）、そのままでは、XはY会社に残ることになる。Xとすれば、Xが従前従事し

てきた業務はY会社には存在しなくなっているから、Xは Y会社の他の事業部門に配置転換されることとなる。その ため、Xは、異議申出をしてA会社に承継される道を選択 することができる。本件は、Y会社側は、Xがその異議申 出をしたと主張し、Xは異議を申し出たことはないと争っ た事案である。Xとすれば、仕事はA会社に分割された事 業に慣れているが、A会社の経営基盤に不安がある場合に は、異議を申し出るか否か微妙な問題である。

請求原因 1 XとY会社は、XがY会社に対し労務に服することを約 し、Y会社はXに対し月額10万円の賃金を支払う労働契約を 締結したこと
2 XはY会社において勤務していたところ、Y会社は平成○ 年○月○日以降労働契約関係の存在を争うこと

（会社分割）

抗 弁 1 分割会社たるA会社と承継会社（又は新設会社）たるY会 社の吸収分割の効力発生日が到来したこと（又はY会社の設 立登記がされたこと）
2 Xは、A会社に承継される事業に主として従事していたも のとして厚生労働省令（労契承継則2条）で定めるものである こと
＊労働契約承継法2条1項1号に該当する労働者であることを 示す。
3 分割契約又は分割計画において、XとY会社との間で締結 している労働契約を、A会社に承継する旨の定めがないこと
4 Y会社はXに対し、通知期限日までに、Y会社がXとの間 で締結している労働契約をA会社が承継する旨の分割契約等 における記載の有無、異議申出期限日その他厚生労働省令（労 契承継則1条）で定める事項を書面により通知したこと
5 XはY会社に対し、異議申出期限日までの間に、XとY会 社との間の労働契約がA会社に承継されないことについて、 書面により異議を申し出たこと
＊本条4項によれば、本条1項の異議を申し出た場合には、分 割契約等に係る分割の効力が生じた時に、XとY会社間の 労働契約は、承継会社等A会社に承継される。

● (その他の労働者に係る労働契約の承継)

会社分割に伴う労働契約の承継等に関する法律第5条 第2条第1項第2号に掲げる労働者は、同項の通知がされた日から前条第3項に規定する異議申出期限日までの間に、分割会社に対し、当該労働者が当該分割会社との間で締結している労働契約が承継会社等に承継されることについて、書面により、異議を申し出ることができる。
2　前条第2項の規定は、前項の場合について準用する。
3　第1項に規定する労働者が同項の異議を申し出たときは、会社法第759条第1項、第761条第1項、第764条第1項又は第766条第1項の規定にかかわらず、当該労働者が分割会社との間で締結している労働契約は、承継会社等に承継されないものとする。

1　異議申出権

　分割により承継される事業に主として従事する労働者以外の労働者（承継される事業に全く従事しない労働者を除く。「承継される事業に主として従事しない労働者」）について、その労働契約を設立する会社等に承継させる旨を記載した分割計画書等が作成された場合は、①設立会社等への労働契約の承継を望まない労働者が承継を強制される、②分割会社の意思のみにより、個々の労働者が従事していた職務と切り離されるおそれがあるため、労働者がその労働契約を承継させることについて、分割会社に対し、書面により異議を申し出ることができることとしている。

2　異議の申出の期限

　分割により承継される事業に主として従事しない労働者の労働契約の承継に関する異議を申し出る期限の設定や、簡易な分割により会社分割が行われる場合の規定の適用については、労働契約承継法4条に規定した労働者の場合の考え方と同じであることから、本条1項の場合については、労働契約承継法4条2項及び3項の規定を準用することとしたものである。

3　異議申出の効果

　労働者がこの異議を申し出た場合、その労働者が分割会社との間で締結している労働契約は、承継会社等に承継されない（本条3項）。この場合の異

議申出の法的性質も労働契約承継法4条と同様形成権と解され、この異議申出により分割会社との間で締結している労働契約が承継会社等に承継されないこととなる。

　承継される事業に主として従事しない労働者であって分割計画等にその者が分割会社との間で締結している労働契約を設立会社等が承継する旨の記載があるものが、本条1項の異議の申出をした場合において、分割会社が労働者を承継される事業に主として従事しているためその労働者に係る労働契約を承継会社等に承継させたものとして取り扱うときは、その労働者は、分割後においても、分割会社に対してその雇用する労働者たる地位の保全又は確認を求めることができ、また、承継会社等に対してその雇用する労働者ではないことの確認を求めることができるものである。

　承継される事業に主として従事しない労働者であって分割計画書等にその者が分割会社との間で締結している労働契約を設立会社等が承継する旨の記載があるにもかかわらず、労働契約承継法2条1項の通知を適法に受けなかった場合もこれに準ずるものである。すなわち、会社の分割後においても分割会社に対してその雇用する労働者たる地位の保全又は確認を求めることができ、また、設立会社等に対してその雇用する労働者でないことの確認を求めることができる。

訴訟物　　XのY会社に対する労働契約関係の存在（確認）
　　　　　＊本件は、会社分割が行われた場合に、労働者が設立会社等A会社ではなく分割会社Y会社への残留を主張する事案である。このようなケースは、特に、不採算部門やリスクの大きいベンチャー部門の切離しを目的とする会社分割の場合に生じ得る。
　　　　　＊請求の趣旨は、「XはY会社との間に労働契約上の地位を有することを確認する。」である。

請求原因　1　XとY会社は、XがY会社に対し労務に服することを約し、Y会社はXに対し月額20万円の賃金を支払う労働契約を締結したこと
　　　　　2　Y会社は平成○年○月○日以降、Xとの労働契約関係の存在を争うこと

（会社分割）
抗弁　　1　分割会社たるY会社と承継会社（又は新設会社）たるA会社の吸収分割の効力発生日が到来したこと（又はA会社の設

立登記がされたこと）
2　分割契約等において、XとY会社との間で締結している労働契約を、承継会社等たるA会社に承継する旨の記載があること
＊労働契約承継法3条の法文によれば、抗弁2の事実に加えて同法2条1項1号に該当する労働者であることを示す事実（「Xは、A会社に承継される事業に主として従事していたものとして厚生労働省令（労契承継則2条）で定めるものであること」）を充足して初めて、XとY会社間の労働契約が、分割契約等に係る分割の効力が生じた時に、承継会社等たるA会社に承継されるという効果を生ずるように読める。しかし、その効果を生ずるためには、同法2条1項1号に該当する労働者であることを示す事実は抗弁事実として不要である。「Xは、A会社に承継される事業に主として従事していたものとして厚生労働省令（労契承継則2条）で定めるものであること」という事実は、A会社への転籍について異議権を有さない、つまり後出の再抗弁1が成立しないことを意味することにとどまる。
3　Y会社はXに対し、通知期限日までに、Y会社がXとの間で締結している労働契約をA会社が承継する旨の分割契約等における記載の有無、異議申出期限日その他厚生労働省令（労契承継則1条）で定める事項を書面により通知したこと

（異　議）

再抗弁　1　Xは、A会社に承継される事業に主として従事していた労働者でない（A会社に承継される事業に従として従事していた労働者を含む）こと
＊労働契約承継法2条1項2号に該当する労働者であることを示す。①会社分割により承継される事業と関連性の薄い再抗弁1のような労働者Xの労働契約は、A会社に承継されることは一般的に予定されておらず、会社の意思のみで承継されることには、労働者の不利益が大きく、②労働者Xが主として従事していた職務と離れることになるので、Xの意向を反映させる必要がある。それが、再抗弁2の要件である。
2　XはY会社に対し、異議申出期限日までの間に、XとY会

社間の労働契約がA会社に承継されることについて、書面により異議を申し出たこと
＊本条3項によれば、本条1項の異議を申し出た場合には、分割契約等に係る分割の効力が生じた時に、XとY会社間の労働契約は、承継会社等たるA会社に承継されない。

訴訟物　XのY会社に対する労働契約関係の存在（確認）
＊本件は、会社分割が行われた場合に、承継される事業に主として従事するものでない労働者（労働契約承継法2条1項2号に掲げる労働者）Xについて分割契約又は分割計画においてY会社に承継する旨の定めがなされていたにもかかわらず、効力発生後Y会社が労働契約関係の承継を争うので、XがY会社との労働契約関係の存在を主張する事案である。Xが異議を申し出たか否かが争点となった事案である。
＊請求の趣旨は、「XはY会社との間に労働契約上の地位を有することを確認する。」である。

請求原因
1　XとA会社は、XがA会社に対し労務に服することを約し、A会社はXに対し月額20万円の賃金を支払う労働契約を締結したこと
2　分割会社たるA会社と承継会社（又は新設会社）たるY会社の吸収分割の効力発生日が到来したこと（又は新設会社の設立登記がされたこと）
3　分割契約又は分割契約において、XとA会社との間で締結している労働契約を、吸収分割承継会社又は新設分割設立会社たるY会社に承継する旨の定めがあること
4　Y会社はXとの雇用関係の存在を争うこと

（異議）
抗弁
1　Xは、Y会社に承継される事業に主として従事していた労働者でなかった（Y会社に承継される事業に従として従事していた労働者を含む）こと
＊労働契約承継法2条1項2号に該当する労働者であることを示す。①会社分割により承継される事業と関連性の薄い抗弁1のような労働者Xの労働契約は、Y会社に承継されることは一般的に予定されておらず、会社の意思のみで承継されることには、労働者の不利益が大きく、②労働者Xが主と

して従事していた職務と離れることになるので、Xの意向を反映させる必要がある。それが、抗弁2の要件である。
2　XはA会社に対し、異議申出期限日までの間に、XとA会社間の労働契約がY会社に承継されることについて、書面により異議を申し出たこと
　＊本条3項によれば、同条1項の異議を申し出た場合には、分割契約等に係る分割の効力が生じた時に、XとY会社間の労働契約は、承継会社等たるY会社に承継されない。
　＊労働契約承継法2条1項2号に掲げる労働者がA会社との間で締結している労働契約であって、分割契約等にY会社等が承継する旨の記載があるものは、本条1項の異議を同項の期限日までに申し出なかったときは、その分割契約等の記載に従い、Y会社等に承継されることとなる（会社758条2号、760条2号、763条5号、765条1項5号参照）。

第4章　株式交換及び株式移転

1　持株会社の解禁

　平成9年独占禁止法改正（同年法律第87号。同年12月17日施行）により持株会社が解禁された。持株会社は他の会社の株式を保有して他の会社を支配することを目的とする会社であるが、典型的には、A会社がB会社の発行済株式の全部を有することにより、A会社がB会社の完全親会社となり、B会社がA会社の完全子会社となる場合のA会社である。A会社が他に事業をせず単にB会社の持株会社である場合を「純粋持株会社」といい、A会社が他に事業を営みながらB会社の持株会社である場合を「事業持株会社」という。持株会社を新設することが認められただけでは、既存の会社を完全子会社化することが法的に困難である。なぜなら、既存のA会社が完全子会社となるべきB会社を設立して持株会社になるために、例えば、A会社が発起人となってその完全子会社であるB会社を設立し、A会社の営業の全部を現物出資する「抜け殻方式」方式では、現物出資の対象となる営業につき裁判所の選任する検査役の調査や対抗要件の具備も必要であり、手続が煩雑であった。既存の会社を完全子会社化する（すなわち、持株会社を完全親会社とする）ための一般的な法制度が必要となる。平成11年商法改正（同年法律第125号。同年10月1日施行）は、完全親会社を創設する制度として、株式交換と株式移転の両制度が新設され、本法は、それを維持している（株式交換は767条以下、株式移転は772条以下）。

　株式交換は、企業グループ外の会社を完全子会社とする場合、企業グループ内の子会社を完全子会社とする企業再編の場合などに利用され、株式移転は、企業グループ内の既存の複数の会社が1つの持株会社の傘下に入り、企業グループ経営を再編する場合に多く利用される。このような株式交換・株式移転においては、既存の会社の法人格は、完全子会社となっても維持されるので、合併における消滅会社の権利義務の承継に起因する問題が生じない。例えば、①合併は消滅会社の権利義務の一般承継であるから、存続会社・新設会社が膨大な簿外債務を承継する危険があるが、完全子会社化であれば、無価値の株式を承継するものの、マイナスではない、②法人格が別なので、従業員の労働条件の統合の問題、労働組合の複数化の問題が生じないなどである（江頭・株式会社法861頁）。

2 株式交換

株式交換は、株式会社がその発行済株式の全部を他の株式会社又は合同会社に取得させることをいう（2条31号）。取得「させる」のであって、取得「する」のではない。したがって、「株式交換する」株式会社は、子会社になるのであって、親会社になるのではない。株式交換は、既存の両会社の一方を完全子会社とし、他方をその完全親会社とするための制度である（767条以下）。すなわち、株式交換は、完全子会社となるA社の株主の有するA社株式は、株式交換によって完全親会社となる既存のB社に移転し、A社の株主は、B社からB社株式の割当てを受けるか、B社からB社株式以外の金銭等の財産を受けることとなる（何も受けない扱いも可能）。これにより、B社はA社の完全親会社となり、A社の旧株主はB社の株主となるか、あるいは、株式交換当事会社との資本関係を失う。

3 株式移転

株式移転は、1又は2以上の株式会社がその発行済株式の全部を新たに設立する株式会社に取得させることをいう（2条32号）。株式移転は、既存の会社を完全子会社としてその完全親会社を設立するための制度である（772条以下）。すなわち、株式移転は、完全子会社となるA社の株主の有するA社株式は、株式移転により設立される完全親会社B社に移転し、A社の株主は、B社が株式移転に際して発行する株式の割当てを受けるか、又はB社の社債等の交付を受ける。これにより、B社はA社の完全親会社となり、A社の旧株主はB社の株主となるか、又は、株式移転当事会社との資本関係を失う。

完全親会社として合同会社を設立する株式移転は認められない。認めるとしても、総株主の同意を要する手続になろうが、それは総株主が持株を現物出資して合同会社を設立するのと実質的に変わらず（現物出資による合同会社設立には検査役の調査は不要）、このような制度を設ける必要がないからである。なお、合名会社・合資会社を完全親会社とする株式交換も認められないのは、その種類の会社を設立会社（子会社）とする新設分割と異なり、親会社とする形態の必要が乏しいからである（江頭・株式会社法861頁）。

4 株式交換・株式移転と合併との手続の相違

株式交換・株式移転制度は、完全子会社となる立場からみれば、その株主が個別的意思と関係なくその地位を失い、その代わり完全親会社の株主（場合によってはその他の財産の所有者）となる点で、消滅会社の株主が個別的

意思と関係なく存続会社又は新設会社の株主となる合併と類似する。また、完全親会社となる立場からみれば、完全子会社となる会社の株式の全部の移転を受けてその株式を有する株主に自分の会社の株式その他の財産を交付するという点で、存続会社又は新設会社が消滅会社の権利義務を包括的に承継して、その会社の株主に自分の会社の株式その他の財産を交付する合併の場合に類似する。更に、株式交換制度は吸収合併に、株式移転制度は新設合併に類似するといえる。しかし、完全子会社となる会社にとっては、それが株式交換・株式移転制度によっても消滅せずに存続する点で合併の場合と異なり、完全親会社となる会社にとっても、完全子会社となる会社の株式その他の財産を取得するだけでその会社の権利義務を包括的に承継するものではない点で、合併の場合と異なる。

　株式交換・株式移転の当事会社が執るべき手続は、合併の手続に近似する。効果からすると、株式交換・株式移転は、完全子会社となる会社の株主が保有する株式を、完全親会社となる会社に対し現物出資して募集株式の発行等を受ける（株式交換）、又は、会社を設立する（株式移転）ことと同じである。しかるに、本法において、現物出資に似た手続（現物出資的構成）ではなく、合併に似た手続（組織法的行為構成）が採用されたのは、現物出資的構成を取ると、裁判所の選任する検査役の調査が原則として必要となるので、それを回避するためである（江頭・株式会社法865頁）。

5　外国会社との間の株式交換・株式移転
　日本法に基づき設立された株式会社・合同会社と外国会社との株式交換、又は、外国会社が完全子会社若しくは完全親会社となる株式移転が認められるかについては、旧商法下の通説は否定していた。日本の会社と外国会社との合併の可否と同じ問題であると捉えて、その外国会社が日本法上の株式会社（完全親会社となる合同会社）に相当するものであり、かつ、外国会社の従属法がその行為を認めるのであれば、可能であるとする有力説があるが（江頭・株式会社法863-864頁）、立案担当者は、本法は外国会社との株式交換を認めていないとしている（相澤・新一問一答212頁）。

　ただ、否定説に立っても、組織再編行為の対価の柔軟化により、例えば、株式交換の場合、完全子会社となる会社の株主に対して、完全親会社となる会社の株式を交付せず、金銭その他の財産を交付できる（768条1項2号ロ〜ホ）。そのため、外国会社が日本に子会社を設立して、その子会社に外国会社の株式を保有させ、その子会社を完全親会社とする株式交換を対象会社との間で行い、対価として外国会社の株式を交付すれば、外国会社と対象会社

が株式交換を行った場合と同様の効果を挙げることができる。

株式交換・株式移転手続対比表

(この対比表は、發知敏雄=箱田順哉=大谷隼夫・持株会社の実務［第6版］（東洋経済新報社、2012）301-302頁の表による。ただし、完全親会社、完全子会社とも株式会社で、対価は株式の場合であり、条文は主なもの）

手続	株式交換	株式移転
1　取締役会決議	両会社で重要な業務執行につき必要（362条4項）	完全子会社となる会社の重要な業務執行につき必要（362条4項）
2　内容確定	両会社間で法定事項を定めた株式交換契約を締結（767条、768条1項）	法定事項を定めた株式移転計画作成（772条）
3　事前開示	両会社の本店に株式交換契約の内容等を書面又は電磁的記録で株主、債権者らに開示（782条、794条）	完全子会社となる会社の本店に株式移転計画の内容等を書面又は電磁的記録で株主、債権者らに開示（803条）
4　株主らへの個別通知・公告	両会社で、株式交換効力発生日の20日前までに、その株主に所定事項を通知・公告（785条3項・4項、797条3項・4項） 完全子会社となる会社で、同効力発生日の20日前までに、登録質権者、登録新株予約権質権者、株式交換契約新株予約権者等の新株予約権者に対し、それぞれ所定事項を通知・公告（783条5項・6項、787条3項3号・4項） 完全子会社となる会社で、株式交換契約新株予約権付社債権者に1か月以上の異議申出期間等所定事項を公告・催告（789条1項3号・2項・3項） 完全親会社となる会社で、異議申出権のある債権者があれば、1か月以上の異議申出期間等所定事項を公告・催告（799条1項3号・2項・3項）	完全子会社となる会社で、株主総会承認決議の日から2週間以内に、その株主、株式移転計画新株予約権等の新株予約権者に所定事項を通知・公告（806条3項・4項、808条3項3号・4項） 完全子会社となる会社で、株式移転計画新株予約権付社債権者に1か月以上の異議申出期間等所定事項を公告・催告（810条1項3号・2項・3項）
5　株主総会（種類株主総会）決議	両会社で株式交換効力発生日の前日までに、株主総会を開き特別決議（309条2項12号、	完全子会社となる会社で、株主総会を開き特別決議（309条2項12号、804条1項）

		783条1項、795条1項）譲渡制限株式ほか種類株式発行会社が当事会社となると、更に株主総会特殊決議や種類株主総会特別決議を要する場合などあり（309条3項、783条、795条4項3号、783条）	同会社が公開会社で、設立親会社から交付される対価が譲渡制限株式なら特殊決議（309条3項）完全子会社となる会社が種類株式発行会社の場合、種類株主総会決議を要する場合もある（804条3項）
6	効力発生日	株式交換契約で、効力発生日と定めた日（768条1項6号、769条）ただし、双方の会社が合意すれば、契約締結後でも変更できる（790条）	株式移転完全親会社設立登記の日（49条、774条、925条）
7	反対株主らから株式等買取り	両会社で株式交換反対の株主から株式買取り（785条、797条）完全子会社となる会社で新株予約権者からの請求で新株予約権買取り（787条1項3号）	完全子会社となる会社で株式移転反対株主から株式買取り（806条、807条）完全子会社となる会社で新株予約権者からの請求で新株予約権買取り（808条1項3号、809条）
8	異議ある債権者への対応	両会社で、株式交換に異議のある債権者に弁済、担保提供又は弁済のため相当財産信託（789条4項3号・5項、799条1項3号・5項）	完全子会社となる会社で、株式移転に異議のある債権者に、弁済、担保提供又は弁済のための相当財産信託（810条1項3号・5項）
9	事後開示	両会社で共同して、効力発生後遅滞なく、株式交換で完全親会社が取得した完全子会社の親会社が取得した完全子会社の株式数等法定事項の書面又は電磁的記録を作成し、これを効力発生日から6か月間、それぞれの本店で開示（791条1項2号・2項、801条3項3号）	両会社で共同して、完全親会社成立の日後遅滞なく、完全親会社が取得した完全子会社の株式数等法定事項の書面又は電磁的記録を作成し、これを完全親会社成立の日から6か月間、それぞれの本店で開示（811条1項2号・2項、815条3項3号）

第1節　株式交換

　株式交換は、会社の内部にある事業に関する権利義務の承継ではなく、会社のいわば外部にある株主権を対象とする。平成11年改正商法（同年法律第125号。同年10月1日施行）で認められて以来、大手企業の企業集団再編として、既存の子会社を完全子会社化すること、新興企業においては、買収資金を要しないM&Aとして利用される。吸収合併の場合は合併後の社内の人的統合の問題があるが、株式交換であれば株式交換後も別会社として存在し続けるため、人的統合の軋轢を回避できる。株式交換後に、仮に軋轢が生じた場合にも、子会社の経営陣が会社の買戻しを実行すれば（MBO Management Buyout）、親子会社関係を解消できる。

第1款　通　則

　株式交換は、既存の株式会社（完全子会社となる会社）の株主の有する全株式が一定の日に既存の他の株式会社・合同会社（完全親会社となる会社）に移転し、前者の株主には同じ日に後者から金銭等が交付される会社の行為である（769条、771条）。手続として、合併の場合と同様、各当事会社は、法定事項を定めた株式交換契約を締結する必要がある（767条。内容決定の執行役への委任不可（416条4項19号））。
　株式会社に限らず、合同会社も完全子会社となるべき株式会社の株式を取得して完全親会社になることができる。そこで、株式会社が親会社になる場合（768条、769条）と合同会社が親会社になる場合（770条、771条）に区分して規定されている。株式交換については、合名会社及び合資会社は、株式交換における完全親会社となる会社となれない（767条、2条31号）が、これは、立法政策上、その実益が特に認められないためである（相澤・新会社法解説188頁）。

●（株式交換契約の締結）

第767条　株式会社は、株式交換をすることができる。この場合においては、当該株式会社の発行済株式の全部を取得する会社（株式会社又は合同会社に限る。以下この編において「株式交換完全親会社」とい

う。）との間で、株式交換契約を締結しなければならない。

1 株式交換契約の締結

株式会社は、株式交換をすることができる。株式交換を行うためには、完全子会社となる会社（株式会社に限る）と完全親会社となる会社（株式会社又は合同会社に限る）との間で、株式交換契約を締結しなければならない（本条）。本法上は、株式交換契約の締結に当たって契約書の作成は必要ないが、株式交換に伴う登記手続を行う際に、株式交換契約書が申請の添付書類とされているため（商登89条1号）、事実上その作成が必要となる。

2 株式交換契約締結に際しての取締役会決議

株式交換契約の締結は、取締役会設置会社においては、「重要な業務執行の決定」として、取締役会の決議が必要である（362条4項）。取締役会設置会社以外の会社においては、取締役が（取締役が2人以上ある場合には、定款に別段の定めがある場合を除き、その過半数をもって）締結を決定する（348条1項・2項）。委員会設置会社においては、取締役会は、株主総会決議による承認を要しない株式交換契約を除き、その内容の決定を執行役に委任することができない（416条4項19号）とされている。

ところで、親会社が子会社を完全子会社化するために株式交換を行うような場合、親会社の取締役が子会社の代表取締役を兼務している場合、その取締役は、親会社の株式交換契約承認の取締役会において特別利害関係人として決議に参加できないかの問題がある。もし、特別利害関係人に該当するとした場合には、子会社の代表者としてよく株式交換の適否・効果などを知っている取締役がその決定に関する取締役会決議から排除され、事情に疎い一部の取締役のみの決定により、有利であるべき株式交換が不当に否決されるという事態も生じ得るから、特別利害関係人には該当しないとする見解（合併につき、大隅健一郎=今井宏・会社法論（下II）78頁）が有力である。

3 株式交換の無効事由

株式交換の無効事由は、その手続の瑕疵である。具体的には、①株式交換契約内容の違法、②株式交換契約等に関する書面等の不備置き・不実記載、③株式交換契約の承認決議の瑕疵、④株式（新株予約権）買取請求の手続不履行、⑤債権者異議手続の不履行、⑥簡易株式交換・略式株式交換の要件を

満たさないのにその手続の履行、⑦略式株式交換差止仮処分命令に対する違反、⑧完全子会社の株主に対する対価の割当ての違法等である。このほかに、⑨株式交換の当事者適格を欠く株式交換契約、⑩株式交換契約上の意思表示に係る意思欠缺又は瑕疵による契約の無効又は取消しが考えられる。

なお、⑨は、株式交換契約において完全親会社になれるのは、株式会社と合同会社に限られるから（本条）、合名会社、合資会社を完全親会社とする株式交換契約は、当然に無効事由となると解される。しかし、実際上この無効事由が生ずることは稀であろう。⑩株式交換契約上の意思表示の意思欠缺又は瑕疵による契約の無効又は取消しについては、次の設例で検討する。

訴訟物　　XのY1株式会社及びY2株式会社に対する株式交換無効権
　　　＊本件は、Y1会社とY2会社との間で、Y1会社を完全親会社とし、Y2会社を完全子会社とする株式交換が行われたところ、株式交換契約の錯誤、詐欺、強迫等の意思表示の意思欠缺又は瑕疵により無効又は取消しを理由として、株式交換無効の訴え（形成訴訟）が提起された事案である。
　　　＊請求の趣旨は、「Y1会社とY2会社との間で、Y1会社を完全親会社とし、Y2会社を完全子会社とする株式交換は、これを無効とする。」である。

請求原因　1　Y1会社とY2会社は、Y1会社を完全親会社、Y2会社を完全子会社とし、株式交換の日を平成○年○月○日とする株式交換契約を締結したこと
　　　2　株式交換の効力が発生する日が到来したこと
　　　3　Xは、株式交換の効力が生じた日において株式交換契約をした会社の株主等若しくは社員等であった者又は株式交換契約をした会社の株主等、社員等、破産管財人であること
　　　＊828条2項11号に基づく事実である。「株式交換について承認をしなかった債権者」は、債権者保護手続の瑕疵についてのみ、株式交換無効確認の訴えを提起できると解される。
　　　4　請求原因1の株式交換契約上のY1会社又はY2会社の代表者の意思表示に係る意思欠缺又は瑕疵による契約の無効事由があること又は取消事由があり、取消しの意思表示があったこと
　　　＊株式交換は、その効果からみれば、完全子会社となる会社の株主が、その保有する株式を完全親会社となる会社に対して現物出資して新株発行を受けるのと同じであり、また、その

手続は合併に似せて構成されていることから、合併無効の訴えと同様に、51条1項、102条3項及び51条2項、102条4項（旧商法191条に対応）の類推適用をする基礎がある。すなわち、株式交換の効力が発生した後は、株式交換契約上の錯誤、詐欺、強迫といった意思表示の意思欠缺又は瑕疵を理由とする株式交換契約の無効又は取消しを内容とする株式交換無効の訴えは、51条2項の類推適用により許されない。なお、株式交換契約上の心裡留保、虚偽表示といった意思表示の意思欠缺を理由とする株式交換契約の無効を主張することの可否についても、合併契約と同様に問題となる。
5 本訴は、株式交換の効力が生じた日から6か月以内に提起されたこと
＊828条1項11号に基づく事実である。

4 持分会社の完全子会社化

株式交換において、完全子会社となる会社は、株式会社に限られ（本条）、持分会社は、株式交換において完全子会社となることはできない。もっとも、完全子会社となるべき合同会社の社員全員が完全親会社となるべき会社に対して、その有する持分を譲渡する（株式交換類似行為）ことにより、株式交換と同様の効果を生じさせることができる（相澤他・論点解説901頁）。

5 株式交換における完全子会社の債務の承継

株式交換は、完全子会社の株主から株式を取得する手続であり、完全子会社の財産の移動を生じないのが原則である。ただし、完全子会社が、新株予約権や新株予約権付社債を発行している場合に、それらを完全子会社に残存させると、完全親会社による100パーセント保有状態が崩れるおそれがある。そこで、本法は、①完全子会社の新株予約権者に対し、完全親会社が新株予約権を交付することで、完全子会社の新株予約権を消滅させ（768条1項4号ロ）、②完全子会社の新株予約権付社債については、更に親会社が新株予約権の社債部分を承継できる（同号ハ）ようにしている。したがって、②の場合は、完全親会社が、完全子会社の債務を承継することとなる（相澤他・論点解説674-675頁）。

6 債務超過会社の完全子会社化

債務超過の意味が、①完全子会社化の株式交換直後の貸借対照表上の簿価

債務超過であっても、②完全子会社化の株式交換直後の資産がその債務を完済するのに不足であっても、③それ以外の意味であっても、債務超過会社を完全子会社とする株式交換は可能である。株式交換においては、完全親会社となる会社は、完全子会社の株式のすべてを取得して対価を交付するが、完全子会社が債務超過であっても、株式交換契約の当事会社間で、完全子会社の株式に何らかの経済的価値を認めるのであれば、完全親会社が、完全親会社の株式等を対価として交付することもできる（相澤他・論点解説675頁）。なお、本法は、完全子会社が債務超過である場合に限らず、株式交換によって交換差損が生じる場合（完全親会社が交付する対価（完全親会社の株式、新株予約権及び社債を除く）の額が、取得する完全子会社株式の価額を超える場合）には、簡易株式交換をすることができず（796条3項1号イ）、取締役が株式交換契約承認に係る株主総会においてその旨を説明しなければならない（795条2項3号）として、完全親会社の株主の保護を図っている。

第2款　株式会社に発行済株式を取得させる株式交換

●（株式会社に発行済株式を取得させる株式交換契約）━━━━━

第768条　株式会社が株式交換をする場合において、株式交換完全親会社が株式会社であるときは、株式交換契約において、次に掲げる事項を定めなければならない。
一　株式交換をする株式会社（以下この編において「株式交換完全子会社」という。）及び株式会社である株式交換完全親会社（以下この編において「株式交換完全親株式会社」という。）の商号及び住所
二　株式交換完全親株式会社が株式交換に際して株式交換完全子会社の株主に対してその株式に代わる金銭等を交付するときは、当該金銭等についての次に掲げる事項
　イ　当該金銭等が株式交換完全親株式会社の株式であるときは、当該株式の数（種類株式発行会社にあっては、株式の種類及び種類ごとの数）又はその数の算定方法並びに当該株式交換完全親株式会社の資本金及び準備金の額に関する事項
　ロ　当該金銭等が株式交換完全親株式会社の社債（新株予約権付社債についてのものを除く。）であるときは、当該社債の種類及び

種類ごとの各社債の金額の合計額又はその算定方法
　　　ハ　当該金銭等が株式交換完全親株式会社の新株予約権（新株予約権付社債に付されたものを除く。）であるときは、当該新株予約権の内容及び数又はその算定方法
　　　ニ　当該金銭等が株式交換完全親株式会社の新株予約権付社債であるときは、当該新株予約権付社債についてのロに規定する事項及び当該新株予約権付社債に付された新株予約権についてのハに規定する事項
　　　ホ　当該金銭等が株式交換完全親株式会社の株式等以外の財産であるときは、当該財産の内容及び数若しくは額又はこれらの算定方法
　　三　前号に規定する場合には、株式交換完全子会社の株主（株式交換完全親株式会社を除く。）に対する同号の金銭等の割当てに関する事項
　　四　株式交換完全親株式会社が株式交換に際して株式交換完全子会社の新株予約権の新株予約権者に対して当該新株予約権に代わる当該株式交換完全親株式会社の新株予約権を交付するときは、当該新株予約権についての次に掲げる事項
　　　イ　当該株式交換完全親株式会社の新株予約権の交付を受ける株式交換完全子会社の新株予約権の新株予約権者の有する新株予約権（以下この編において「株式交換契約新株予約権」という。）の内容
　　　ロ　株式交換契約新株予約権の新株予約権者に対して交付する株式交換完全親株式会社の新株予約権の内容及び数又はその算定方法
　　　ハ　株式交換契約新株予約権が新株予約権付社債に付された新株予約権であるときは、株式交換完全親株式会社が当該新株予約権付社債についての社債に係る債務を承継する旨並びにその承継に係る社債の種類及び種類ごとの各社債の金額の合計額又はその算定方法
　　五　前号に規定する場合には、株式交換契約新株予約権の新株予約権者に対する同号の株式交換完全親株式会社の新株予約権の割当てに関する事項
　　六　株式交換がその効力を生ずる日（以下この節において「効力発生日」という。）
２　前項に規定する場合において、株式交換完全子会社が種類株式発行

会社であるときは、株式交換完全子会社及び株式交換完全親株式会社は、株式交換完全子会社の発行する種類の株式の内容に応じ、同項第3号に掲げる事項として次に掲げる事項を定めることができる。
　一　ある種類の株式の株主に対して金銭等の割当てをしないこととするときは、その旨及び当該株式の種類
　二　前号に掲げる事項のほか、金銭等の割当てについて株式の種類ごとに異なる取扱いを行うこととするときは、その旨及び当該異なる取扱いの内容
　3　第1項に規定する場合には、同項第3号に掲げる事項についての定めは、株式交換完全子会社の株主（株式交換完全親株式会社及び前項第1号の種類の株式の株主を除く。）の有する株式の数（前項第2号に掲げる事項についての定めがある場合にあっては、各種類の株式の数）に応じて金銭等を交付することを内容とするものでなければならない。

1　株式会社に発行済株式を取得させる株式交換契約の法定の決定事項

　株式交換をするためには、株式交換契約を締結しなければならず（767条）。株式交換完全親株式会社との株式交換契約においては、次に掲げる事項を定めなければならない（本条1項）。

(1)　株式交換の当事会社（本条1項1号）

　株式交換契約の当事者である株式交換をする株式会社（「株式交換完全子会社」）及び株式会社である株式交換完全親会社（「株式交換完全親株式会社」）の商号及び住所を定める。

(2)　株式交換の対価の金銭等（本条1項2号）

　株式交換完全親株式会社が株式交換に際して株式交換完全子会社の株主に対してその株式に代わる金銭等を交付するときは、その金銭等についての事項（本条1項2号イないしホは、交付する「金銭等」を、完全親会社の株式、社債、新株予約権、新株予約権付社債、株式等以外の財産に分け、それぞれ定めるべき事項を規定している）。

　本法においては、株式以外の対価も許されること（「対価の柔軟化」）となった。ただし、対価が完全親会社発行の株式以外の場合には、親会社で債権者保護手続が必要になる（799条1項3号）。受け入れる子会社株式を過大に評価する危険があり、その場合には親会社の財産が減少するからである。

「金銭等を交付するときは」とあるように交付しないことも許容される（「無対価株式交換」）。施行規則184条3項に、本条1項2号及び3号に掲げる事項についての「定めがないこと」の文言も、これを前提としている。

　株式交換（株式移転も）により対象会社は完全子会社となるが、旧商法では、完全子会社の株主は完全親会社の株主となるため、買収者の立場から見ると、少数株主の関与が残り、それを嫌う買収者にとって、株式交換は問題があった。それは、完全子会社となる会社の株主に対して完全親会社の株式を発行することが、制度上要求されていたからである。それに対し、本法は、交付対価の柔軟化を図り、株式交換の場合、完全子会社となる会社の株主に対して、完全親会社となる会社の株式を交付せず、金銭その他の財産を交付することが認められた（本条1項2号ロ‐ホ）。また、株式移転の場合、完全子会社となる会社の株主に対して、完全親会社の株式ではなく、その社債、新株予約権又は新株予約権付社債を交付することが認められた（773条1項7号）。これにより、株式交換・株式移転において完全子会社となる会社の株主に対して完全親会社の株式を交付しないことにより、少数株主を完全親会社から排除できることになった。ただし、資本関係から締め出される少数株主の不利益に鑑みると、少数株主の締出しを常に有効とするわけではないが、その基準は確定していない。

ア　株　　式
(ア)　株式の数又はその算定方法
　株式交換の対価として完全親会社の株式を交付する場合には、株式の数（種類株式発行会社では、株式の種類及び種類ごとの数）又はその数の算定方法を定める。すなわち、対価として交付する完全親会社の株式は、確定数に限らず、その算定方法を記載することでも足りる（本条1項2号イ）。株式交換契約の締結後、完全親会社が完全子会社の株式を市場等で取得したり、完全子会社の新株予約権が行使されたりすると、株式交換により発行される交換新株の数は変動するからである。
(イ)　資本金及び準備金
　株式交換の対価として完全親会社の株式が交付される場合は、完全親会社の資本金及び準備金に関する記載が必要である（本条1項2号イ）。株式交換後の完全親会社の資本金・資本準備金の額は、法務省令で定めることとされ（445条5項）、計算規則39条に具体的な規定が置かれている。
イ　社　　債
　株式交換の対価が完全親会社の社債（新株予約権付社債についてのものを除く）であるときは、その社債の種類及び種類ごとの各社債の金額の合計額

又はその算定方法を定める（本条1項2号ロ）。
　現金を対価として交付せず、社債に振り替えたものである。新株予約権についても同様である。
ウ　新株予約権
　株式交換の対価が完全親会社の新株予約権（新株予約権付社債に付されたものを除く）であるときは、その新株予約権の内容及び数又はその算定方法を定める（本条1項2号ハ）。
エ　新株予約権付社債
　株式交換の対価が完全親会社の新株予約権付社債であるときは、その新株予約権付社債の種類及び種類ごとの各社債の金額の合計額又はその算定方法及び新株予約権付社債に付された新株予約権の内容及び数又はその算定方法を定める（本条1項2号ニ）。
オ　それ以外の財産
　株式交換の対価がアないしエ以外の財産であるときは、その財産の内容及び数若しくは額又はこれらの算定方法を定める（本条1項2号ホ）。
　対価の柔軟化として金銭を交付できるが、この場合は債権者保護手続を執る必要がある（799条1項3号）。本法には、旧商法353条2項4号のような交換交付金に関する規定は存在しない。したがって、従来のように交換比率の調整等のために債権者保護手続を執らないで、完全親会社が完全子会社の株主に金銭を交付することはできない。必要があれば、完全子会社で剰余金の配当を行うか、債権者保護手続を執って金銭を交付することになる。
　金銭による株式交換を行う場合、完全子会社となる会社の株式の対価をどのように決定するかという問題がある。旧商法下では、完全子会社となる会社の株主は完全親会社の株主となったため、組織再編によるシナジー効果を、完全子会社となる会社の株主は完全親会社の株式の保有により享受できた。しかし、現金株式交換の場合、完全子会社となる会社の株主は当事会社に対する持分を失うため、シナジー効果を考慮に入れた対価設定が必要であるが、妥当な対価設定を行うことは困難を伴う。更に、完全親会社がその株式以外の財産を完全子会社となる会社の株主に交付する場合、完全親会社が現に保有する財産が流出するため、一定の場合を除き、完全親会社となる会社において債権者保護手続が要求される（799条1項3号等）。その意味で、柔軟な対価の設定は株式交換手続を煩雑にする。
(3)　(2)の場合には、株式交換完全子会社の株主（株式交換完全親株式会社を除く）に対する金銭等の割当てに関する事項（本条1項3号）
　本法は自己株式について自益権を認めない立場を採り、吸収合併の場合は

消滅会社の自己株式に対し合併新株を割り当てないことが明定されているが（749条1項3号）、株式交換については、完全親会社の有する完全子会社株式に割り当てないことが定められているのみで、完全子会社の自己株式が除外されることは明定していない。

(4) 株式交換完全親株式会社が株式交換に際して株式交換完全子会社の新株予約権の新株予約権者に対してその新株予約権に代わる株式交換完全親株式会社の新株予約権を交付するときは、その新株予約権に関する事項（本条1項4号）

　新株予約権の承継については、旧商法は、①発行会社が完全子会社となる株式交換において新株予約権が承継されることが発行決議において定められていること、②株式交換契約で定められた承継後の新株予約権の内容が発行決議において定められた方針に沿っていることを条件として完全子会社の新株予約権の完全親会社による承継を認めていた（旧商352条3項）。本法は、「承継」ではなく、完全親会社が交付する新株予約権の内容などを株式交換契約で定めることにより、完全子会社の新株予約権に代わって完全親会社の新株予約権を交付することを認める。

ア　株式交換完全親株式会社の新株予約権の交付を受ける株式交換完全子会社の新株予約権の新株予約権者の有する新株予約権（「株式交換契約新株予約権」）の内容

　株式交換契約新株予約権とは、完全子会社の発行している新株予約権のうち、株式交換契約で完全親会社の新株予約権の割当交付を受けることを定めたものをいう。

イ　株式交換契約新株予約権の新株予約権者に対して交付する株式交換完全親株式会社の新株予約権の内容及び数又はその算定方法

ウ　株式交換契約新株予約権が新株予約権付社債に付された新株予約権であるときは、株式交換完全親株式会社がその新株予約権付社債についての社債に係る債務を承継する旨並びにその承継に係る社債の種類及び種類ごとの各社債の金額の合計額又はその算定方法

　完全子会社となる会社が新株予約権を発行していた場合、株式交換後に新株予約権が行使されると、完全子会社に新たな株主が生じ、完全親会社にとって株式交換した意味が失われる。そこで、旧商法は、完全親会社が完全子会社となる会社の新株予約権に係る義務を承継することを認めていた（旧商352条3項、364条3項）。しかし、新株予約権付社債については、その新株予約権の義務は条文上明示的に承継の対象から除外され、その社債に係る債務については、旧商法下では債権者保護手続が規定されておらず、承継は認

められなかった。これに対し、本法は、完全子会社となる会社の新株予約権又は新株予約権付社債の保有者に対して完全親会社が自らの発行する新株予約権を交付し、消滅する新株予約権付社債の社債に係る債務の承継を定めた（本条1項4号・5号、773条1項9号・10号）。しかし、一方、社債に係る債務の承継は社債権者及び債務を承継する完全親会社となる会社の債権者を害するおそれがあるので、社債権者及び債権者のための債権者保護手続が必要となった（789条1項3号、799条1項3号、810条1項3号）。すなわち、株式交換後に、完全子会社に新たな少数株主が発生するリスクは解消したが、債権者保護手続が要求されることとなった。

(5) 新株予約権及び新株予約権付社債の割当て（本条1項5号）

完全親会社が株式交換契約新株予約権の新株予約権者に対して完全親会社の新株予約権を交付する場合は、その割当てに関する事項を記載する。例えば、「完全子会社新株予約権1個に対し、完全親会社新株予約権○個を割り当てる」と定める。完全子会社において複数の種類の新株予約権を発行している場合には、どの種類の完全子会社新株予約権に対してどの種類の完全親会社の新株予約権を交付するかを特定する。実務上、効力発生日の前日における完全子会社の新株予約権原簿に記載・記録された新株予約権者を対象として完全親会社の新株予約権の割当てが行われる。

(6) 効力発生日（本条1項6号）

株式交換契約には、株式交換の「効力発生日」を定めなければならない（本条1項6号、770条1項5号）。この日に、①完全親会社が完全子会社の株式（完全親会社が従前から有するものを除く）の全部を取得し（769条1項）、②完全子会社の株主・株式交換契約新株予約権の新株予約権者が株式交換契約の定めに従い完全親会社の株主・新株予約権者等になる（吸収合併の場合と同じ）。また、効力発生日は、事前及び事後開示書類の備置期間、反対株主の株式買取請求権の行使期間、株式交換無効の訴えの提起期間等の基準ともなっており、確定的に定める必要がある。

(7) 法定事項以外の事項

株式交換契約において定める事項は、法定事項に限られない。実務上、次のような事項を当事会社間で合意することがある。これらの事項は、当事会社間では有効な合意であるが、株式交換契約としての効力が認められるものではなく、株主総会の承認の対象となるのは法定事項に限られる。

ア　定款変更

旧商法では完全親会社が株式交換に伴い定款を変更するときは、定款変更の内容を株式交換契約で規定する必要があったが（旧商353条2項1号）、本

法では定款変更の内容は法定記載事項とされていない。しかし、株式交換に伴い、完全親会社がその商号、目的、発行可能株式総数等の定款記載事項を変更しようとする場合に、その変更内容を株式交換契約で定めることがある。定款変更に関する事項を株式交換契約において定めた場合、その契約が株主総会において承認されたとしても、それによって当然に定款変更の効力が生じるものではなく、別途定款変更に関する株主総会決議を経る必要がある。実務的には、かかる定款変更の承認議案は、株式交換契約承認議案と同じ株主総会において、株式交換の効力発生を停止条件として決議されることが多い。なお、株式交換の対価として完全親会社の株式が交付される場合には、完全親会社の定款の定め及びその変更事項が完全子会社において備え置くべき事前開示書類の1つとされている（施則184条4項1号イ・1項6号）。

イ　役員変更

株式交換に伴って完全親会社の役員を変更する場合、その内容を株式交換契約で定めることも可能である。しかし、有効に選任を行うためには、別途役員選任に関する株主総会決議を経る必要がある。このような役員変更の承認議案は、あくまでそれが株式交換が行われることを前提とするのであれば、株式交換契約承認議案と同じ株主総会において、株式交換の効力発生を停止条件として承認を求められるのが一般である。

ウ　剰余金の配当

予期しない当事会社の財産減少やこれに伴う交換比率への影響を回避する目的で、株式交換契約締結後に当事会社が剰余金の配当をすることを禁止（制限）する記載をすることがある。旧商法では、株式交換の日までに利益配当等を行う場合の限度額が法定記載事項とされていたが（旧商353条2項7号）、本法では法定事項とはされていない。一般に、契約締結時において想定されている剰余金の配当を除き、株式交換の効力発生日よりも前の日を基準日とする剰余金の配当を行ってはならない旨が定められる。

エ　株式交換契約の変更・解除

一定の事実が発生した場合に株式交換契約を変更又は解除できるとの記載であるが、変更及び解除のいずれも、当事会社の合意に基づいて行うものとされることがが多い。なお、株式交換契約の変更に関しては、それが株主総会における承認決議前に行われる限り、当事会社の合意のみで行うことが可能であるが、承認決議後は、株式交換比率その他の株式交換契約の基本的条件の変更には、改めて株主総会の承認を得ることが必要である（合併に関し、今井宏・新注会(13)188頁）。また、解除に関しても、天災地変その他当事者の責めに帰すことのできない事情で当事会社の財産に重大な変更を生じ

た場合、隠れた重大な瑕疵が発見された場合、又は相手方当事会社に債務不履行が生じた場合などは、株主総会の承認決議を要することなく株式交換契約の解除が可能であるが、それ以外の理由による場合には、株主総会の承認決議後は、株式交換の実現について有する株主の利益を保護するため、改めて株主総会の承認を要すると解される（今井宏・新注会(13)189頁）。

2　株式交換無効事由

株式交換契約においては、株式交換に際し株主に対し開示すべき事項が法定の必要的な決定事項として定められている（本条1項）。この法定の必要的決定事項の合意が欠落するときは、その契約は無効であり、その瑕疵は株主総会の承認があっても治癒されない。大判昭和19年8月25日民集23.524は、合併契約書（要式契約）に関する事案であるが、「本件合併契約書ニハ少クトモ商法第409条第2号ノ所定事項ニ該当スル上告会社ノ発行スヘキ新株ノ種類及数並ニ被上告会社ノ株主ニ対スル新株ノ割当ニ関スル事項ノ記載ナキコト上告人ノ主張自体ニ依リ明白ナルモノト云フヘク凡ソ甲株式会社カ乙株式会社ヲ吸収スル合併契約ヲ為スモカカル契約ハ要式契約ナルヲ以テ其ノ契約書ニ同条所定ノ事項ノ記載ヲ欠クトキハ其ノ契約ハ無効ニシテ仮令株主総会ニ於テ之ヲ承認スルモ其ノ契約ハ効力ヲ生セサルモノト解スルヲ相当トスルカ故ニ本件合併契約ノ如キハ当然無効ナリ」と判示する。

訴訟物　XのY1株式会社及びY2株式会社に対する株式交換無効権
　＊本件は、Y1会社とY2会社は、Y1会社を完全親会社、Y2会社を完全子会社とする株式交換したところ、株式交換契約の必要的決定事項を欠いていることを理由として株式交換無効の訴え（形成訴訟）が提起された事案である。
　＊被告は、完全親会社となった会社・完全子会社となった会社の双方であり（834条11号・12号）、固有必要的共同訴訟（民訴40条）である。
　＊本訴は、被告である会社の本店の所在地を管轄する地方裁判所の専属管轄に属する（835条）。

請求原因　1　Y1会社とY2会社は、Y1会社を完全親会社、Y2会社を完全子会社とし、株式交換の日を平成○年○月○日とする株式交換契約を締結したこと
　　2　株式交換の効力が発生する日が到来したこと
　　3　Xは、株式交換の効力が生じた日において株式交換契約を

した会社の株主等若しくは社員等であった者又は株式交換契約をした会社の株主等、社員等、破産管財人であること
 ＊828条2項11号に基づく事実である。なお、767条の解説3の設例の請求原因3の注記参照。
4 株式交換契約の必要的決定事項を欠いていること
 ＊請求原因4の事実は、株式交換契約内容に本条違反があるので、株式交換の無効事由となる。
5 本訴は、株式交換の効力が生じた日から6か月以内に提起されたこと
 ＊828条1項11号に基づく事実である。

3 株式交換完全子会社が種類株式発行会社である場合（本条2項）

　完全子会社が種類株式発行会社のときは、完全子会社及び完全親会社は、完全子会社の発行する種類の株式の内容に応じ、特段の事項、すなわち、①ある種類の株式の株主に対して金銭等の割当てをしないこととするときは、その旨及びその株式の種類（本条2項1号）、②①に掲げる事項のほか、金銭等の割当てについて株式の種類ごとに異なる取扱いをするときは、その旨及びその異なる取扱いの内容を定めることができる（本条2項2号）。その定めは、完全子会社の株主（完全親会社及び①の種類の株式の株主を除く）の有する株式の数（②の場合にあっては、各種類の株式の数）に応じて金銭等を交付することを内容とするものでなければならない（本条3項）。
　①は、ある種類株式について、相手会社の株式その他の対価を割り当てないものとする余地を認めているが、どのような状況を想定したものか（およそ無対価で消滅させることができる株式の種類として何を想定しているのか）、疑問があるとする（稲葉・解明662頁）。

4 株主平等の原則（本条3項）

　株式交換対価の金銭等の割当てに関する事項は、株式交換契約において定められるが（本条1項3号）、この定めは、原則として、完全子会社の株主の有する株式の数に応じて金銭等を交付することを内容とするものでなければならない（本条3項、109条参照）。ただし、株式交換完全子会社が種類株式発行会社（2条13号）である場合、株式交換完全子会社の種類株式の内容に応じ、ある種類株式の株主に対価を交付しないことのほか、株式の種類ごとに異なる取扱いを行うことができる（本条2項）。本条2項に基づき対価について完全子会社の株式の種類ごとに異なる扱いをする場合でも、同一の

種類の株主間においては、各株主の有する株式の数に応じて平等に合併対価を交付しなければならない（本条3項第2の括弧書）。

● (株式会社に発行済株式を取得させる株式交換の効力の発生等)

第769条　株式交換完全親株式会社は、効力発生日に、株式交換完全子会社の発行済株式（株式交換完全親株式会社の有する株式交換完全子会社の株式を除く。）の全部を取得する。
　2　前項の場合には、株式交換完全親株式会社が株式交換完全子会社の株式（譲渡制限株式に限り、当該株式交換完全親株式会社が効力発生日前から有するものを除く。）を取得したことについて、当該株式交換完全子会社が第137条第1項の承認をしたものとみなす。
　3　次の各号に掲げる場合には、株式交換完全子会社の株主は、効力発生日に、前条第1項第3号に掲げる事項についての定めに従い、当該各号に定める者となる。
　　一　前条第1項第2号イに掲げる事項についての定めがある場合　同号イの株式の株主
　　二　前条第1項第2号ロに掲げる事項についての定めがある場合　同号ロの社債の社債権者
　　三　前条第1項第2号ハに掲げる事項についての定めがある場合　同号ハの新株予約権の新株予約権者
　　四　前条第1項第2号ニに掲げる事項についての定めがある場合　同号ニの新株予約権付社債についての社債の社債権者及び当該新株予約権付社債に付された新株予約権の新株予約権者
　4　前条第1項第4号に規定する場合には、効力発生日に、株式交換契約新株予約権は、消滅し、当該株式交換契約新株予約権の新株予約権者は、同項第5号に掲げる事項についての定めに従い、同項第4号ロの株式交換完全親株式会社の新株予約権の新株予約権者となる。
　5　前条第1項第4号ハに規定する場合には、株式交換完全親株式会社は、効力発生日に、同号ハの新株予約権付社債についての社債に係る債務を承継する。
　6　前各項の規定は、第789条若しくは第799条の規定による手続が終了していない場合又は株式交換を中止した場合には、適用しない。

1　株式会社に発行済株式を取得させる株式交換の効力の発生等

株式交換は、吸収合併や吸収分割と同じく、株式交換契約で定められた効力発生日に効力を生じる（768条1項6号）。すなわち、株式交換完全親株式会社は、効力発生日に、株式交換完全子会社の発行済株式（完全親会社の有する完全子会社の株式を除く）の全部を取得する。ただし、効力発生日までに完全子会社若しくは完全親会社において債権者保護手続が終了していない場合又は当事会社が株式交換を中止した場合には、効力は発生しない（本条6項）。なお、株式交換の中止は、当事会社の代表者が単独で又は他の当事会社との合意により決定するが、その段階において、株主総会の承認決議がされている場合には、その中止についても株主総会の承認が必要となる（相澤他・論点解説706頁）。そのほか、効力発生日までに株主総会の承認等の手続が終了していない場合にも効力は発生せず、その後に未了の手続を終了させても株式交換の効力は発生しないと解される。このため、会社法は、債権者保護手続が当初の予定どおりに終了しない場合に備え、完全子会社が完全親会社との合意により、効力発生日を変更できるものとしている（790条1項）。既に当事会社の株主総会において株式交換契約の承認決議が行われた場合であっても、変更は可能である。この場合、完全子会社は、変更前の効力発生日（変更後の効力発生日が変更前の効力発生日前の日である場合は、変更後の効力発生日）の前日までに、変更後の効力発生日を公告する必要がある（790条2項）。このように効力発生日が変更された場合は、変更後の効力発生日に株式交換の効力が発生することとなる（790条3項）。

2　譲渡制限株式の譲渡承認

効力発生日に、株式交換完全親株式会社は株式交換完全子会社の発行済株式（完全親会社が有するものを除く）を取得し（本条1項）、株式交換による完全子会社の譲渡制限株式（2条17号）の取得について、完全子会社は承認（137条1項）したものとみなされる（本条2項）。

3　株主、社債権者、新株予約権者及び新株予約権付社債権者となる時期

株式交換では、新株予約権付社債の社債部分の承継を除き、権利義務の承継はない。効力発生日に、株式交換完全子会社の株式が株式交換完全親株式会社に移転するのみである。完全子会社の株主は、効力発生日に、完全親会社の株主（株式取得の対価として、社債、新株予約権又は新株予約権付社債が交付されるときは、社債権者、新株予約権者又は新株予約権付社債権者）となる（本条3項）。

4 新株予約権の消滅

　株式交換完全子会社の新株予約権は、効力発生日に当然には消滅せず、株式交換完全親株式会社の新株予約権を交付することが株式交換契約で定められている場合には、その定めに従い、完全子会社の新株予約権は消滅する。その代わり、完全子会社の新株予約権者であったものは、完全親会社の新株予約権の新株予約権者となる（本条4項）。

5 新株予約権付社債の承継

　新株予約権付社債が承継される場合、新株予約権部分については、株式交換契約の定めに従って、株式交換完全親株式会社の新株予約権が交付されるが、社債部分については、完全親会社の社債が新たに交付されるのではなく、株式交換完全子会社の社債を完全親会社が効力発生日にそのまま引き継ぐことになる（本条5項）。新株予約権と社債の一体性が確保されている。

第3款　合同会社に発行済株式を取得させる株式交換

　本款は、合同会社を完全親会社とする株式交換に関する手続規定を定める。その手続は、一部完全親合同会社に適用のないものを除き、株式会社を完全親会社とする株式交換に準じている。そして、合同会社が完全親会社となる場合でも、完全子会社となる株式会社の手続は、株式会社が完全親会社と変わらない。

●(合同会社に発行済株式を取得させる株式交換契約)

第770条　株式会社が株式交換をする場合において、株式交換完全親会社が合同会社であるときは、株式交換契約において、次に掲げる事項を定めなければならない。
　一　株式交換完全子会社及び合同会社である株式交換完全親会社（以下この編において「株式交換完全親合同会社」という。）の商号及び住所
　二　株式交換完全子会社の株主が株式交換に際して株式交換完全親合同会社の社員となるときは、当該社員の氏名又は名称及び住所並びに出資の価額
　三　株式交換完全親合同会社が株式交換に際して株式交換完全子会社

の株主に対してその株式に代わる金銭等（株式交換完全親合同会社の持分を除く。）を交付するときは、当該金銭等についての次に掲げる事項
　　　イ　当該金銭等が当該株式交換完全親合同会社の社債であるときは、当該社債の種類及び種類ごとの各社債の金額の合計額又はその算定方法
　　　ロ　当該金銭等が当該株式交換完全親合同会社の社債以外の財産であるときは、当該財産の内容及び数若しくは額又はこれらの算定方法
　　四　前号に規定する場合には、株式交換完全子会社の株主（株式交換完全親合同会社を除く。）に対する同号の金銭等の割当てに関する事項
　　五　効力発生日
　2　前項に規定する場合において、株式交換完全子会社が種類株式発行会社であるときは、株式交換完全子会社及び株式交換完全親合同会社は、株式交換完全子会社の発行する種類の株式の内容に応じ、同項第4号に掲げる事項として次に掲げる事項を定めることができる。
　　一　ある種類の株式の株主に対して金銭等の割当てをしないこととするときは、その旨及び当該株式の種類
　　二　前号に掲げる事項のほか、金銭等の割当てについて株式の種類ごとに異なる取扱いを行うこととするときは、その旨及び当該異なる取扱いの内容
　3　第1項に規定する場合には、同項第4号に掲げる事項についての定めは、株式交換完全子会社の株主（株式交換完全親合同会社及び前項第1号の種類の株式の株主を除く。）の有する株式の数（前項第2号に掲げる事項についての定めがある場合にあっては、各種類の株式の数）に応じて金銭等を交付することを内容とするものでなければならない。

1　合同会社に発行済株式を取得させる株式交換契約

　株式交換をする会社は、株式交換完全親会社となる株式会社又は合同会社との間で、株式交換契約を締結しなければならない（767条）。株式交換完全親会社が合同会社であるときは、株式交換契約において、次に掲げる事項

を定めなければならない。株式交換契約について必要的な記載が欠けているか記載が違法な場合、株式交換契約は原則として無効である。
(1) 株式交換の当事会社
　株式交換をする株式会社（株式交換完全子会社）と合同会社である株式交換完全親会社（株式交換完全親合同会社）の商号と住所を定めなければならない（本条1項1号）。
(2) 株式交換完全子会社の株主が株式交換に際して株式交換完全親合同会社の社員となるときは、その社員の氏名又は名称及び住所並びに出資の価額（本条1項2号）
　株式交換完全子会社の株主に交換対価として完全親合同会社の持分を交付する場合は、これにより完全親合同会社の社員となる完全子会社株主の氏名又は名称及び住所並びに出資の価額を記載しなければならない（合同会社は新株予約権を発行できないため、株式会社を完全親会社とする場合に株式交換契約記載事項とされていた新株予約権に関する事項（768条1項4号参照）は、完全親合同会社には適用がない）。
　定められた出資の価額に応じ、原則として、損益分配や残余財産の分配の割合が決められる。完全親合同会社の資本金及び資本剰余金の増加額は、債権者異議手続を経た場合を除き、株主資本等変動額（株主資本等の総額）の範囲内で、株式交換契約の定めに従い定められた額であり、利益剰余金の額は変動しない（617条1項、計算39条）。
(3) 株式交換完全親合同会社が株式交換に際して株式交換完全子会社の株主に対してその株式に代わる金銭等（株式交換完全親合同会社の持分を除く）を交付する場合におけるその金銭等の内容に関する事項（本条1項3号）
　① 株式交換完全親合同会社の社債のときは、その社債の種類及び種類ごとの各社債の金額の合計額又はその算定方法
　② 株式交換完全親合同会社の社債以外の財産のときは、その財産の内容及び数若しくは額又はこれらの算定方法
(4) (3)の場合における株式交換完全子会社の株主（株式交換完全親合同会社を除く）に対する金銭等の割当てに関する事項（本条1項4号）
　完全親合同会社が有する完全子会社の株式に対しては、本条1項3号の金銭等は交付されない（本条1項4号括弧書）。なお、合同会社の新株予約権は存在しないので、768条1項4号のように株式交換完全子会社の発行する新株予約権を完全親合同会社に実質的に承継させることはできず、新株予約権はそのまま完全子会社に残存することとなる。この事項を定めるに当たって

は、原則として（例外は、後記2）、完全子会社の株主の有する株式の数に応じて金銭等を交付することを内容とするもの（比例的平等）でなければならない（本条3項、109条1項参照）。
(5) 効力発生日
　株式交換契約においては、株式交換が効力を生ずる日（効力発生日）が定められる（本条1項5号）。効力発生日に、株式交換完全親合同会社は株式交換完全子会社の発行済株式全部を取得する（771条1項）。

2　株式交換完全子会社が種類株式発行会社の場合
　完全子会社が種類株式発行会社であるときは、当事会社は、完全子会社の発行する種類の株式の内容に応じ、本条1項4号の事項として次に掲げる例外的事項を定めることができる（本条2項）。
　① ある種類の株式の株主に対して金銭等の割当てをしないするときは、その旨及びその株式の種類
　② ①の事項のほか、金銭等の割当てについて株式の種類ごとに異なる取扱いを行うこととするときは、その旨及びその異なる取扱いの内容

3　株式交換完全子会社における株主平等原則
　株式交換完全親合同会社の持分以外の対価の割当てに関する定め（本条1項4号）は、株式交換完全子会社の株主の有する株式の数に応じて平等に交付するよう定める必要がある（本条3項）。なお、完全親合同会社の持分を交付する場合には、その持分以外の対価の割当てに関する定めは、必ずしも株式交換完全子会社の株主の有する株式の数に応じて平等に定める必要はないとされる（相澤他・論点解説78、676頁参照）。
　本条2項に基づいて完全親合同会社の持分以外の対価について完全子会社の種類株式の種類ごとに異なる扱いをする場合でも、同一の種類の株主間においては、各株主の有する株式の数に応じて平等に対価を交付しなければならない（本条3項第2の括弧書）。

●（合同会社に発行済株式を取得させる株式交換の効力の発生等）

第771条　株式交換完全親合同会社は、効力発生日に、株式交換完全子会社の発行済株式（株式交換完全親合同会社の有する株式交換完全子会社の株式を除く。）の全部を取得する。
　2　前項の場合には、株式交換完全親合同会社が株式交換完全子会社の

株式（譲渡制限株式に限り、当該株式交換完全親合同会社が効力発生日前から有するものを除く。）を取得したことについて、当該株式交換完全子会社が第137条第1項の承認をしたものとみなす。
3　前条第1項第2号に規定する場合には、株式交換完全子会社の株主は、効力発生日に、同号に掲げる事項についての定めに従い、株式交換完全親合同会社の社員となる。この場合においては、株式交換完全親合同会社は、効力発生日に、同号の社員に係る定款の変更をしたものとみなす。
4　前条第1項第3号イに掲げる事項についての定めがある場合には、株式交換完全子会社の株主は、効力発生日に、同項第4号に掲げる事項についての定めに従い、同項第3号イの社債の社債権者となる。
5　前各項の規定は、第802条第2項において準用する第799条（第2項第3号を除く。）の規定による手続が終了していない場合又は株式交換を中止した場合には、適用しない。

1　合同会社に発行済株式を取得させる株式交換の効力の発生
　株式交換契約が定めた効力発生日に、株式交換の効力は発生し、同日、株式交換完全親合同会社は、株式交換完全子会社の発行済株式（完全親合同会社の有する完全子会社の株式を除く）の全部を取得する（本条1項）。ただし、債権者異議手続が終了していない場合（802条2項において準用する799条（2項3号を除く））、又は、株式交換を中止した場合は、効力発生日に効力が発生することはない（本条5項）。

2　譲渡制限株式の取得承認
　株式交換完全親合同会社は、株式交換完全子会社の発行済株式（完全親合同会社の有する完全子会社の株式を除く）の全部を取得する（本条1項）。この場合には、完全親合同会社が完全子会社の譲渡制限株式（完全親合同会社が効力発生日前から有するものを除く）を取得について、完全子会社が承認（137条1項）をしたものとみなされる（本条2項）。

3　株式交換完全親合同会社の社員及び定款変更
　株式交換完全子会社の株主が株式交換に際して株式交換完全親合同会社の社員となるときには、完全子会社の株主は、効力発生日に株式交換契約の定

めに従い、その対価の交付を受け、完全親合同会社の社員となる（本条3項前段）。この場合、完全親合同会社は、新たに社員が加入することに伴う定款変更が必要となるが、効力発生日に、社員に係る定款の変更をしたものとみなされる（本条3項後段）。

4　社債権者

　株式交換の対価の金銭等が株式交換完全親合同会社の社債であるときは、株式交換完全子会社の株主は、効力発生日に、株式交換契約の定めに従い、その対価の交付を受け、完全親合同会社の社債権者となる（本条4項）。

第2節　株式移転

1　株式移転の意義

　株式会社は完全親会社を設立するために株式移転をすることができ、その効果として、株式移転によって完全子会社となる会社の株主の有するその会社の株式は、株式移転により設立する完全親会社に移転し、その完全子会社となる会社の株主は、その完全親会社が株式移転に際して発行する株式の割当てを受けて、その完全親会社の株主となる（772条以下）。株式の移転とは、株式の所有権の移転を意味する一般的な用語であるが、ここで用いられる「株式移転」は、完全親会社を設立する場合に限定して用いられる文言である。また、株式移転制度は、完全親会社を設立するものであるが、発起人の存在は予定されていない。それは、株式移転制度を新設合併に類似する組織法的行為として捉えているからであって、この点では、株式交換制度が吸収合併に類似する組織法的行為として捉えていることと同じである。

2　問題点

　株式移転は、既存の会社が、自らは完全子会社となって完全親会社を設立する制度である。株式移転の場合は、株式交換の場合に認められる制度のうち、完全親会社となる会社が既に存在することを前提とするものが認められないことは当然である。しかし、完全親会社が設立されるから、株式移転の対価として完全子会社となる会社に交付される金銭等の中に親会社株式が含まれる必要がある（773条1項5号）。しかるに、稲葉・解明659頁は、「1社のみが株式移転を行っただけでは、当該会社の株主全員が親会社株主に祭り上げられるだけで、むしろ問題のみが起こりかねない。この場合には、事業の選択と集中の効果は生じず、専ら株主権が縮減するだけで（従来は当該事業を行っている会社の役員の選解任・定款変更・新株発行等について直接に総会決議や差止請求等の株主権行使でコントロールできたが、これが親会社における株主権の行使を介した間接的なものになる）、経営者支配が強化されるという弊害が生ずる。」という。

●(株式移転計画の作成)

第772条　1又は2以上の株式会社は、株式移転をすることができる。この場合においては、株式移転計画を作成しなければならない。

2　2以上の株式会社が共同して株式移転をする場合には、当該2以上の株式会社は、共同して株式移転計画を作成しなければならない。

1　株式移転計画の作成

　株式移転をすることができるのは、株式会社に限られる（本条1項前段、2条32号）。完全親会社として設立される会社も、株式会社に限られる（2条32号）。株式交換と異なり、成立の時までは相手方会社（完全親会社となる会社）が存在しないので、完全子会社となる会社－複数もあり得る－だけで株式移転計画を作成しなければならない（本条）。持分会社は、株式移転における完全親会社となる新設会社となれない（本条、2条32号）。そのうち、合同会社が株式移転の新設会社となれないのは、仮に合同会社が新設会社となり得るとしても、それには完全子会社となる会社の株主全員の同意を必要とし、合同会社には現物出資について検査役の調査等の手続が存しないなど、手続において株主全員が完全子会社となる会社の株式を現物出資して合同会社を設立するのと変わらないからである。

2　持分会社の完全子会社化

　株式移転において、完全子会社となる会社は、株式会社に限られ、持分会社は、完全子会社となることはできない。もっとも、完全子会社となるべき合同会社の社員全員が、完全親会社となるべき会社に対して、その有する持分を現物出資して会社を設立する（株式移転類似行為）ことにより、株式移転と同等の効果を生じさせることができる（相澤他・論点解説901頁）。

3　共同株式移転

　甲会社と乙会社が共同して株式移転により完全親会社を設立する場合（本条2項）において、甲会社で承認決議が成立したが、乙会社では承認が得られなかったときは、甲会社における承認議案に、そのような場合でも甲会社を完全子会社とする株式移転が成立する旨の定めがあれば、甲会社のみが完全子会社となる株式移転が成立するが、定めがなければ株式移転は成立しないと解すべきである。特段の定めがない限り、企図されたのは、乙会社も加わる株式移転であるからである（江頭・株式会社法872頁）。

● (株式移転計画)

第773条 1又は2以上の株式会社が株式移転をする場合には、株式移転計画において、次に掲げる事項を定めなければならない。
　一　株式移転により設立する株式会社（以下この編において「株式移転設立完全親会社」という。）の目的、商号、本店の所在地及び発行可能株式総数
　二　前号に掲げるもののほか、株式移転設立完全親会社の定款で定める事項
　三　株式移転設立完全親会社の設立時取締役の氏名
　四　次のイからハまでに掲げる場合の区分に応じ、当該イからハまでに定める事項
　　イ　株式移転設立完全親会社が会計参与設置会社である場合　株式移転設立完全親会社の設立時会計参与の氏名又は名称
　　ロ　株式移転設立完全親会社が監査役設置会社（監査役の監査の範囲を会計に関するものに限定する旨の定款の定めがある株式会社を含む。）である場合　株式移転設立完全親会社の設立時監査役の氏名
　　ハ　株式移転設立完全親会社が会計監査人設置会社である場合　株式移転設立完全親会社の設立時会計監査人の氏名又は名称
　五　株式移転設立完全親会社が株式移転に際して株式移転をする株式会社（以下この編において「株式移転完全子会社」という。）の株主に対して交付するその株式に代わる当該株式移転設立完全親会社の株式の数（種類株式発行会社にあっては、株式の種類及び種類ごとの数）又はその数の算定方法並びに当該株式移転設立完全親会社の資本金及び準備金の額に関する事項
　六　株式移転完全子会社の株主に対する前号の株式の割当てに関する事項
　七　株式移転設立完全親会社が株式移転に際して株式移転完全子会社の株主に対してその株式に代わる当該株式移転設立完全親会社の社債等を交付するときは、当該社債等についての次に掲げる事項
　　イ　当該社債等が株式移転設立完全親会社の社債（新株予約権付社債についてのものを除く。）であるときは、当該社債の種類及び種類ごとの各社債の金額の合計額又はその算定方法
　　ロ　当該社債等が株式移転設立完全親会社の新株予約権（新株予約

権付社債に付されたものを除く。）であるときは、当該新株予約権の内容及び数又はその算定方法
 ハ 当該社債等が株式移転設立完全親会社の新株予約権付社債であるときは、当該新株予約権付社債についてのイに規定する事項及び当該新株予約権付社債に付された新株予約権についてのロに規定する事項
八 前号に規定する場合には、株式移転完全子会社の株主に対する同号の社債等の割当てに関する事項
九 株式移転設立完全親会社が株式移転に際して株式移転完全子会社の新株予約権の新株予約権者に対して当該新株予約権に代わる当該株式移転設立完全親会社の新株予約権を交付するときは、当該新株予約権についての次に掲げる事項
 イ 当該株式移転設立完全親会社の新株予約権の交付を受ける株式移転完全子会社の新株予約権の新株予約権者の有する新株予約権（以下この編において「株式移転計画新株予約権」という。）の内容
 ロ 株式移転計画新株予約権の新株予約権者に対して交付する株式移転設立完全親会社の新株予約権の内容及び数又はその算定方法
 ハ 株式移転計画新株予約権が新株予約権付社債に付された新株予約権であるときは、株式移転設立完全親会社が当該新株予約権付社債についての社債に係る債務を承継する旨並びにその承継に係る社債の種類及び種類ごとの各社債の金額の合計額又はその算定方法
十 前号に規定する場合には、株式移転計画新株予約権の新株予約権者に対する同号の株式移転設立完全親会社の新株予約権の割当てに関する事項
2 前項に規定する場合において、株式移転完全子会社が種類株式発行会社であるときは、株式移転完全子会社は、その発行する種類の株式の内容に応じ、同項第6号に掲げる事項として次に掲げる事項を定めることができる。
一 ある種類の株式の株主に対して株式移転設立完全親会社の株式の割当てをしないこととするときは、その旨及び当該株式の種類
二 前号に掲げる事項のほか、株式移転設立完全親会社の株式の割当てについて株式の種類ごとに異なる取扱いを行うこととするときは、その旨及び当該異なる取扱いの内容

3 第1項に規定する場合には、同項第6号に掲げる事項についての定めは、株式移転完全子会社の株主（前項第1号の種類の株式の株主を除く。）の有する株式の数（前項第2号に掲げる事項についての定めがある場合にあっては、各種類の株式の数）に応じて株式移転設立完全親会社の株式を交付することを内容とするものでなければならない。

4 前2項の規定は、第1項第8号に掲げる事項について準用する。この場合において、前2項中「株式移転設立完全親会社の株式」とあるのは、「株式移転設立完全親会社の社債等」と読み替えるものとする。

1 株式移転計画

　株式移転においては、株式移転先の会社（株式移転設立完全親会社）を設立しなければならないから、その定款の規定（下記(1)及び(2)）を株式移転計画に定めるとともに、また下記(3)以下を定める必要がある。法定の決定事項の定めを欠き、又は違法な内容の定めがされている新設分割計画は、無効である（合併契約につき、法定事項の記載を欠く合併契約は株主総会の承認決議があっても無効とした判例として、大判昭和19年8月25日民集23.524参照）。

(1) 株式移転設立完全親会社の目的、商号、本店所在地及び発行可能株式総数（本条1項1号）

(2) (1)のほか、株式移転設立完全親会社の定款で定める事項（本条1項2号）

　例えば、会計参与、監査役、会計監査人などの設置の有無のように機関設計についてである（326条2項）。そのため、株式移転計画においては、設立時取締役の氏名のほか（本条1項3号）、それらの役員等を設置する場合に、設立時会計参与、設立時監査役、設立時会計監査人の氏名又は名称を定めなければならない（本条1項4号）。

(3) 株式移転設立完全親会社の設立時取締役の氏名（本条1項3号）

(4) 株式移転設立完全親会社が会計参与設置会社、監査役設置会社（監査役の監査の範囲を会計に関するものに限定する旨の定款の定めがある株式会社を含む）、会計監査人設置会社である場合、設立時会計参与の氏名又は名称、設立時監査役の氏名、設立時会計監査人の氏名又は名称（本条1項4号）

上記の事項以外は、基本的に株式交換契約の内容と差異がない（本条1項5号-10号、768条1項参照）。

(5) 株式移転対価として株式移転完全子会社の株主に対して、交付される株式移転設立完全親会社の株式の数（種類株式発行会社にあっては、株式の種類及び種類ごとの数）又はその算定方法及び資本金、準備金の額に関する事項（本条1項5号）

　株式移転では、完全親会社が新設されるので、株式移転に際して株式を発行する必要がある。完全親会社の株式を必ずしも交付しなくてもよい株式交換とは異なり、株式移転の場合、完全親会社の株式を発行しなければならない。その数又はその数の算定方法とともに、完全親会社の資本金及び準備金に関する事項（445条5項、計算52条）が株式移転計画で定められる。株式の確定数に限らず、算定方法のみを定めて株式移転計画の作成後の株式数の変動に容易に対応できることは、株式交換の場合と同じである。また、完全親会社の資本金及び準備金も法定記載事項であるが、資本増加の限度額は完全親会社が取得する完全子会社の株式の価額を基準として定められ、債権者保護手続を執れば剰余金の計上も可能となることも、株式交換の場合と同じである。

(6) 株式移転完全子会社の株主に対する(5)の株式の割当てに関する事項（本条1項6号）

　割当てに関する定めは、原則として、完全子会社の株主の有する株式の数に応じて、完全親会社の株式を交付するものであることを要する（本条3項、109条1項参照）。

(7) 株式移転完全子会社の株主に対して株式移転設立完全親会社の社債等を交付する場合、①社債のときは、社債の種類及び種類ごとの各社債の金額の合計額又はその算定方法、②新株予約権のときは、新株予約権の内容及び数又はその算定方法、③新株予約権付社債のときは、新株予約権付社債についての社債の金額の合計額又はその算定方法及び新株予約権付社債に付された新株予約権についての内容及び数又はその算定方法（本条1項7号）

　完全親会社の株式のほかに、完全親会社の社債、新株予約権又は新株予約権付社債を交付することができる。金銭その他の財産の交付は株式移転の場合は認められておらず、旧商法には存在した株式移転交付金の規定（旧商365条1項4号）も存在しないので、移転比率の調整（共同株式移転の場合はその必要が生じ得る）のためでも金銭を交付できない（その必要がある場合は、完全子会社が剰余金の配当を行うことになろう）。

(8) (7)の場合には、株式移転完全子会社の株主に対する社債等の割当てに関する事項（本条1項8号）

社債の割当ても、株式の割当てと同様に、原則として株式数に応じる必要がある（本条4項）。

(9) 株式移転完全子会社の新株予約権者に対して株式移転設立完全親会社の新株予約権を交付するときにおけるその新株予約権に関する事項（本条1項9号）

①交付を受ける完全子会社の新株予約権の新株予約権者の有する新株予約権（「株式移転計画新株予約権」）の内容、②株式移転計画新株予約権の新株予約権者に対して交付する完全親会社の新株予約権の内容及び数又はその算定方法、③株式移転計画新株予約権が新株予約権付社債に付された新株予約権であるときは、完全親会社が新株予約権付社債についての社債に係る債務を承継する旨並びにその承継に係る社債の種類及び種類ごとの各社債の金額の合計額又はその算定方法

株式移転に際して、完全子会社の新株予約権に金銭を交付することはできない。新株予約権の承継に代わり、完全親会社の新株予約権を交付できることとなり、その可能な範囲が旧商法と比べて実質的に広がったこと、完全子会社が完全親会社の成立の日までに利益配当などを行う場合でも限度額の記載は不要であることは、株式交換と同じである。

(10) (9)の場合における株式移転計画新株予約権の新株予約権者に対する完全親会社の新株予約権の割当てに関する事項（本条1項10号）

(11) その他

株式移転は登記の時に効力が発生するので（774条1項、49条）、効力発生日の定めは不要である。

> **訴訟物** XのY1株式会社、Y2株式会社及びY3株式会社に対する株式移転無効権
> * 請求の趣旨は、「Y1会社（完全子会社）とY2会社（完全子会社）との間で、Y3会社（完全親会社）を設立した株式移転は、これを無効とする。」である。
> * 株式移転無効の訴えは、このような株式移転によって形成された完全親会社を解散させ、既存の各完全子会社の株主の地位を旧に回復する効果をもたらす形成の訴えである。
> * 完全親会社の設立の無効を設立無効の訴えにより主張することができない。完全親会社の設立の無効は、設立無効の訴え

ではなく、株式移転無効の訴えにより主張する必要がある。

請求原因1 1　Y1会社とY2会社は、両社を完全子会社とし、Y3会社を完全親会社として設立する株式移転計画を策定して株式移転に関する契約を締結し、Y3会社の設立登記をしたこと

2　Xは、株式移転の効力が生じた日においてY1会社若しくはY2会社の株主等であった者又はY3会社の株主等であること。
＊828条2項12号に基づく事実である。

3　請求原因2の株式移転に無効原因があること
＊株式移転無効の訴えは形成の訴えであり、株式移転無効の原因はその形成原因と位置づけられるものであるが、株式移転無効の原因は、一般の主張責任の分配に従って、その性質に応じて原告が主張立証すべき請求原因ないし再抗弁、被告が主張立証すべき抗弁等に分類される（佐々木宗啓＝野崎治子＝金澤秀樹・類型別会社訴訟Ⅱ749、724頁）。

4　本訴は、株式移転の効力が生じた日から6か月以内に提起されたこと
＊828条1項12号に基づく事実である。

2　株式移転完全子会社が種類株式発行会社である場合

株式移転をする場合、完全子会社が種類株式発行会社であるときは、完全子会社は、その発行する種類の株式の内容に応じ、その割当てに関する事項として、①ある種類の株式の株主に対して完全親会社の株式の割当てをしないこととするときは、その旨及びその株式の種類（本条2項1号）、②完全親会社の株式の割当てについて株式の種類ごとに異なる取扱いを行うこととするときは、その旨及びその異なる取扱いの内容を定めることができる（本条2項2号）。

①は、ある種類株式について、新設会社の株式その他の対価を割り当てないものとする余地を認めているが、どのような状況を想定したものか（およそ無対価で消滅させることができる株式の種類として何を想定しているのか）、疑問があるとする（稲葉・解明662頁）。

3　株式移転の対価の平等原則
(1) 対価が株式の場合

株式移転においては、株式移転完全子会社の株主に対して、その株式に代えて、株式移転設立完全親会社の株式を交付しなければならない（本条1項

5号）。株式移転計画においては、この株式の割当てに関する事項が定められる（本条1項6号）。割当てに関する定めは、原則として、完全子会社の株主の有する株式の数に応じて完全親会社の株式を交付することを内容とするものでなければならない（本条3項）。
(2) 対価が社債及び新株予約権の場合
　完全親会社の社債等を対価とする場合には、社債等の割当てに関する事項も、定めなければならない（本条1項8号）。社債等の割当てについても、原則として株式数に応じてされる必要がある（本条4項）。

● (株式移転の効力の発生等)

第774条　株式移転設立完全親会社は、その成立の日に、株式移転完全子会社の発行済株式の全部を取得する。
　2　株式移転完全子会社の株主は、株式移転設立完全親会社の成立の日に、前条第1項第6号に掲げる事項についての定めに従い、同項第5号の株式の株主となる。
　3　次の各号に掲げる場合には、株式移転完全子会社の株主は、株式移転設立完全親会社の成立の日に、前条第1項第8号に掲げる事項についての定めに従い、当該各号に定める者となる。
　　一　前条第1項第7号イに掲げる事項についての定めがある場合　同号イの社債の社債権者
　　二　前条第1項第7号ロに掲げる事項についての定めがある場合　同号ロの新株予約権の新株予約権者
　　三　前条第1項第7号ハに掲げる事項についての定めがある場合　同号ハの新株予約権付社債についての社債の社債権者及び当該新株予約権付社債に付された新株予約権の新株予約権者
　4　前条第1項第9号に規定する場合には、株式移転設立完全親会社の成立の日に、株式移転計画新株予約権は、消滅し、当該株式移転計画新株予約権の新株予約権者は、同項第10号に掲げる事項についての定めに従い、同項第9号ロの株式移転設立完全親会社の新株予約権の新株予約権者となる。
　5　前条第1項第9号ハに規定する場合には、株式移転設立完全親会社は、その成立の日に、同号ハの新株予約権付社債についての社債に係

る債務を承継する。

1　株式移転の効力の発生等
　株式移転は、新設分割と同様に、株式移転設立完全親会社の成立の日に株式の移転の効果が生じるので、完全親会社は、その日に、株式移転完全子会社の発行済株式の全部を取得する（本条1項）。具体的には、株式会社は設立登記により成立するので（49条）、完全親会社の設立登記の日をもって効力を生じる。なお、株式移転の登記申請に当たっては、債権者異議手続が適法に終了したことを証する書面を添付する必要がある（商登90条7号）。

2　株式移転完全子会社の株主
　株式移転完全子会社の株主は、株式移転設立完全親会社の成立の日に、株式移転計画の割当てに関する定め（773条1項6号）に従って、773条1項5号の株式の株主となる（本条2項）。

3　株式移転完全子会社の社債権者、新株予約権者又は新株予約権付社債権者
　株式移転では、新株予約権付社債の社債部分の承継を除き、権利義務の承継はない。完全親会社成立の日に、完全子会社の株式が完全親会社となる会社に移転するのみである。したがって、完全子会社の株主は、株式移転計画の割当てに関する定め（773条1項8号）に従って完全親会社の社債、新株予約権又は新株予約権付社債が交付されるときは、完全親会社成立の日に社債権者、新株予約権者又は新株予約権付社債権者となる（本条3項）。

4　新株予約権、新株予約権付社債
　株式移転完全子会社の新株予約権者が株式移転設立完全親会社の新株予約権を交付される場合には、完全親会社の成立の日に、完全子会社の新株予約権は消滅し、完全親会社の新株予約権者となる（本条4項）。この新株予約権が新株予約権付社債に付されたものであるときは、完全親会社は社債に係る債務を承継する（本条5項）。これは、社債と新株予約権の一体性を確保するためである。

5　株式移転無効の訴えの提訴権者

　破産管財人及び債権者については、株式交換に限ってその提訴権が規定され（828条2項11号）、株式移転については規定がない（828条2項12号参照）。これは、株式交換の完全親会社における債権者の異議手続（799条1項3号）が違法な場合の提訴権のみを想定するからであろうが、株式移転でも完全子会社の新株予約権者（一種の債権者）には、株式移転の無効の訴えを提起する利益があるから（808条1項3号、810条1項3号）、828条2項11号を類推適用して提訴権を認めるべきである（江頭・株式会社法881-882頁）。

第5章　組織変更、合併、会社分割、株式交換及び株式移転の手続

1　組織変更の手続規定

　第5章第1節は、組織変更の手続に限っての規定である（775条-781条）。組織変更の実体面は第5編第1章が定める（743条-747条）。

2　合併、会社分割、株式交換及び株式移転の手続に関する横断的規定

　第5章第2節及び第3節の手続規定は、理論的に複数の組織再編制度をまとめて横断的に規定する。すなわち、第5章第2節「吸収合併等の手続」（782条-802条）は、吸収合併、吸収分割、株式交換に関する手続をまとめて規定する（その内訳は、第1款に、吸収合併消滅会社・吸収分割会社・株式交換完全子会社側の規定を、第2款に、吸収合併存続会社・吸収分割承継会社・株式交換完全親会社側の規定を置く）。これに対し、第5章第3節「新設合併等の手続」（803条-816条）は、新設合併、新設分割、株式移転に関する手続をまとめて規定する（その内訳は、第1款に、新設合併消滅会社・新設分割会社・株式移転完全子会社側の規定を、第2款に、新設合併設立会社・新設分割設立会社・株式移転設立完全親会社側の規定を置く）。

吸収型組織再編の手続規定

吸収型組織再編	吸収合併消滅会社 吸収分割会社 株式交換完全子会社		吸収合併存続会社 吸収分割承継会社 株式交換完全子会社	
	株式会社	持分会社	株式会社	持分会社
事前開示	782条	—	794条	—
株主総会等の承認 略式手続＊ 差止請求権 簡易手続＊＊	783条 784条1項 784条2項 784条3項	793条1項 — — —	795条 796条1項 796条2項 796条3項・4項	802条1項 — — —
株式買取請求権	785条、786条	—	797条、798条	—
新株予約権買取請求権	787条、788条	—	—	—

債権者異議手続	789条	793条2項、789条	799条	802条2項、799条
効力発生日の変更	790条	793条3項、790条	−	−
対価が親会社株式である場合の特則	−	−	800条	802条2項、800条
事後開示	791条	−	801条	−
剰余金の配当等の特則	792条	−	−	−

（中東正文・新基本法コンメ（3）221頁より）

＊略式組織再編は、特別支配関係が前提となるため、単独の組織再編である新設型組織再編の場合には認めることができない（下表と対比されたい）。

＊＊吸収合併及び株式交換には設けられておらず、分割会社のみに簡易手続が設けられている。これは、分割会社株主は分割後もその分割会社の株主であるため、分割会社にとって一定割合以下の資産を移転する場合には、簡易手続を認めてよいからである。

新設型組織再編の手続規定

新設型組織再編	新設合併消滅会社 新設分割会社 株式移転完全子会社		新設合併設立会社 吸収分割設立会社 株式移転設立完全親会社	
	株式会社	持分会社	株式会社	持分会社
設立の特則	−	−	814条	816条
事前開示	803条	−	−	−
株主総会等の承認 簡易手続＊	804条 805条	813条1項	−	−
株式買取請求権	806条、807条	−	−	−
新株予約権買取請求権	808条、809条	−	−	−
債権者異議手続	810条	813条2項、810条	−	−
事後開示	811条	−	815条	−
剰余金の配当等の特則	812条	−	−	−

（中東正文・新基本法コンメ（3）221頁より）

＊簡易手続が認められるのは、新設分割会社に限られる。
＊＊新設型組織再編においては、吸収型組織再編の場合と異なり、略式手続は認められない。

このような規定の仕方は、同一グループの組織再編の手続は共通点も多いので、合理性がある。また、条文数を大幅に節約することにはなる。しかし、条文から特定の組織再編行為に適用される手続の全体像を把握し難いという難点がある（稲葉・基本を問う35頁）。

結局、組織変更を除く組織再編行為に適用される条文を引き出すためには、①その組織再編行為が吸収型と新設型のいずれに属するかを確認し（吸収型の条文が前置）、次いで、②消滅会社側と存続会社側のいずれに適用される条文かを判断し（消滅会社側の条文が前置）、③関係当事者が株式会社か持分会社かのどちらであるか（株式会社が前置）という順序に従って、条文を特定することになる。

3　基本合意書

　企業買収においては、初期の交渉の結果、当事者が合意に至った基本的事項を書面化し、買主に売主との独占交渉権を認めるなどの内容の基本合意書が締結されることが多い。平井宜雄・債権各論Ⅰ上170頁は、「銀行グループ間に業務提携等を目的とする『基本合意書』と題する書面が交わされ、その中の条項に誠実交渉義務を定め、かつ同合意書の目的と抵触するような情報提供を行わない旨を定めた条項（独占交渉義務条項）をおいただけでは、協働事業化をする合意が成立したとは言えないであろう」としている。

　基本合意書の段階では、買主は未だ対象事業について十分な情報を得ておらず、その後の過程で、デュー・ディリジェンス（Due Diligence）の結果により取引条件が変更され、最終的な事業提携（合併等）に至らないこともあり得るから、基本合意書は最終的な事業提携（合併等）に至ることについての法的拘束力はないが、独占交渉権・秘密保持義務・誠実交渉条項については法的拘束力があると解される。したがって、事業提携（合併等）に関する基本合意書（覚書）の条項の定め方にもよるが、一方的に覚書による合意を破棄したり、全く合併交渉に応じなかったりする場合には、債務不履行責任ないし契約締結上の過失の問題として、損害賠償請求権が生じ得る。また、秘密保持義務、独占交渉権の条項に合理的な理由なく違反したときには、損害賠償責任が生じ得る。

　保全物　　X株式会社のY株式会社に対する事業譲渡の独占交渉権条項に基づく独占交渉権の保全権能
　　　＊本件は、X会社とY会社の組織再編に関する基本合意書（独占交渉条項を含む）を締結し、交渉していたところ、交渉期間内であるにもかかわらずY会社が基本合意の解約を通知し、A株式会社との経営統合に関する協議を開始したので、その差止めを求めた事案である。
　　　＊申立ての趣旨は、「債務者らは、債権者以外の第三者との間

で、同債務者の事業の第三者への移転、同債務者と第三者との合併、会社分割等の取引に関する情報提供又は協議を行ってはならない。」である。

申立理由

1 X会社とY会社らは、Y会社らグループからX会社グループに対するY会社の事業の移転等から成る事業再編等に関して、期間を平成〇年〇月〇日までとする基本合意書を締結したこと

＊対等な立場の企業間においては、交渉の都度、基本合意書（LOI：Letter of Intent）が作成され、それに基づいて交渉が進行する。交渉中の権利義務関係は、基本合意書の内容と性質の解釈問題である（平井宜雄・前掲書136-137頁）。

2 申立理由1の基本合意書に、「各当事者は、直接又は間接を問わず、第三者に対し又は第三者との間で基本合意書の目的と抵触し得る取引等に係る情報提供・協議を行わないものとする」との条項（独占交渉条項）があったこと

＊独占交渉条項による不作為義務が履行の強制としての違反行為の差止めまで認めるものかについて見解が分かれる。独占交渉義務の拘束期間が不当に長期であれば無効だが、合理的範囲内に限る独占交渉義務条項は有効であり、その間、契約上の権利として法的拘束力が認められるので、差止請求権を肯定する見解（新谷勝「M＆A契約における独占交渉権に基づく、第三者との経営統合協議等差止仮処分申請が認められなかった事例－住友信託銀行対UFJホールディングス等事件」金判1206.58）に対し、岩倉正和「M＆A取引の基本合意書における独占交渉条項の効力と差止請求の可否」『企業法務判例ケーススタディ300企業組織編』610頁は、「わが国における従来の実務上、M＆A取引の過程において締結される最終契約より前の段階の基本合意書において規定される独占交渉条項に差止請求権を認めるという意思はM＆A取引の当事者（およびその代理人弁護士）には存在しなかったと考える……。したがって、本基本合意書における本件条項の規定が不明確であったとしても、当事者の合理的意思解釈として、差止請求権の存在を否定すべきである。さもなければわが国のM＆A取引実務はきわめて大きな商慣行の変更を求められることになる。」という（後掲平成16年最決参照）。

3　Y会社は、申立理由1の期間を8か月余して、基本合意の解約を通知し、A会社との経営統合に関する協議を開始したこと
　＊申立理由3は、独占交渉条項に違反する事実である。
4　保全の必要性
　＊本件仮処分命令の申立ては、仮の地位を定める仮処分であり、その発令には、「争いがある権利関係について債権者に生ずる著しい損害又は急迫の危険を避けるためこれを必要とするとき」（民保23条2項）の保全の必要性が必要であるが、最決平成16年8月30日民集58.6.1763は、①「本件基本合意書には、抗告人及び相手方らが、本件協働事業化に関する最終的な合意をすべき義務を負う旨を定めた規定はなく、最終的な合意が成立するか否かは、今後の交渉次第であって、本件基本合意書は、その成立を保証するものではなく、抗告人は、その成立についての期待を有するにすぎない……。そうであるとすると、相手方らが本件条項に違反することにより抗告人が被る損害については、最終的な合意の成立により抗告人が得られるはずの利益相当の損害とみるのは相当ではなく、抗告人が第三者の介入を排除して有利な立場で相手方らと交渉を進めることにより、抗告人と相手方らとの間で本件協働事業化に関する最終的な合意が成立するとの期待が侵害されることによる損害とみるべきである。抗告人が被る損害の性質、内容が上記のようなものであり、事後の損害賠償によっては償えないほどのものとまではいえないこと」、②「抗告人と相手方らとの間で、本件基本合意に基づく本件協働事業化に関する最終的な合意が成立する可能性は相当低いこと」、③「本件仮処分命令の申立ては、平成18年3月末日までの長期間にわたり、相手方らが抗告人以外の第三者との間で前記情報提供又は協議を行うことの差止めを求めるものであり、これが認められた場合に相手方らの被る損害は、相手方らの現在置かれている状況からみて、相当大きなものと解されること」等を総合すると、抗告人に著しい損害や急迫の危険が生ずるとはいえないとした。

（独占交渉権の消滅）
抗　弁　1　申立理由2の独占交渉権が消滅したことを基礎づける事実

＊前掲平成16年最決は、「本件条項は、両者が、今後、本件協働事業化に関する最終的な合意の成立に向けての交渉を行うに当たり、本件基本合意書の目的と抵触し得る取引等に係る情報の提供や協議を第三者との間で行わないことを相互に約したものであって、上記の交渉と密接不可分なものであり、上記の交渉を第三者の介入を受けないで円滑、かつ、能率的に行い、最終的な合意を成立させるための、いわば手段として定められたものである……。したがって、今後、抗告人と相手方らが交渉を重ねても、社会通念上、上記の最終的な合意が成立する可能性が存しないと判断されるに至った場合には、本件条項に基づく債務も消滅するものと解される。」とした上で、一般的には独占交渉権が消滅することを認めたが、本件の場合は、「現段階では、抗告人と相手方らとの間で、本件基本合意に基づく本件協働事業化に関する最終的な合意が成立する可能性は相当低いといわざるを得ない。しかし、……いまだ流動的な要素が全くなくなってしまったとはいえず、社会通念上、上記の可能性が存しないとまではいえない……。そうすると、本件条項に基づく債務は、いまだ消滅していない」と判示する。

　なお、この事件の原審（東京高決平成16年8月11日金判1199.8）は、「今日においては、客観的にみると、抗告人らと相手方との間の信頼関係は既に破壊され、かつ、最終的合意の締結に向けた協議を誠実に継続することを期待することは既に不可能となった……。したがって、遅くとも審理終結日……の時点において、本件合意のうち少なくとも本件条項については、その性質上、将来に向かってその効力を失ったものと解するのが相当であり、現時点において差止請求権を認める余地はない。」として、基本合意書に基づく独占交渉義務が消滅したと認定した。①Y1会社らが本件基本合意を白紙撤回することを決断して公表し、②X1会社が仮処分を申し立て、③その後地裁・高裁の審理で双方の主張は対立し、信頼関係はより悪化した事実によれば、高裁決定の「本件条項については、その性質上、将来に向かってその効力を失った」との認定も頷ける。しかし、これらの事情のみで独占交渉義務が消滅するのであれば、一方当事者が一方的に契

約を破棄し、相手方が仮処分を申し立てた時に独占交渉義務が消滅することになり、独占交渉義務に基づく差止めを求め得なくなる。本件では、④Y1 会社との協議は開始されたばかりで、保全地裁決定により中断されている状況下で、⑤X2 会社が、Y1 会社らに対し、5,000 億円以上の資本提供を含む経営統合の提案をしており、仮に一定期間の差止めが認められ、X1 会社が X2 会社と共同して再提案をしたとすれば、Y1 会社の経営陣が善管注意義務を果たすためには、X1 会社の再提案を検討する必要が生じた可能性もある。したがって、本件では「社会通念上、上記の可能性が存しないとまではいえないものというべき」とし、保全の必要性の観点から、Y1 会社らの損害と比較衡量により仮処分の成否を判断した最高裁決定が妥当であろう。

訴訟物 X 株式会社の Y 株式会社に対する事業譲渡の独占交渉権条項違反に基づく損害賠償請求権

＊本件は、東京地判平成 18 年 2 月 13 日判時 1928.3 によるが、Y 会社らとの間で業務提携等を企図した協働事業化に関する基本合意をした X 会社が、①基本合意に基づく協働事業化に関する最終契約を締結する義務に違反した、②基本合意に基づく独占交渉義務及び誠実協議義務に違反した、③一方的に基本合意を破棄したと主張して、Y 会社らに対し、債務不履行又は不法行為に基づく損害賠償を求めた事案である。争点は、①平成 16 年 7 月 13 日当時、Y 会社らが本件基本合意に基づいて本件協働事業化に関する最終契約を締結する義務を負っていたか、②民法 130 条の適用（類推適用）又は禁反言の原則により、同日当時、Y 会社らが本件協働事業化に関する最終契約を締結する義務を負っていたか又は同契約が締結されたとみなし得るか、③Y 会社らが本件基本合意に基づいて独占交渉義務及び誠実協議義務を負うか、④Y 会社らの独占交渉義務及び誠実協議義務が同日に消滅したか、⑤Y 会社らの債務不履行又は不法行為と相当因果関係にある損害の額である。

請求原因 1 X 会社と Y 会社らは、Y 会社らグループから X 会社グループに対する Y 会社の事業の移転等から成る事業再編等に関し

て、期間を平成○年○月○日までとする基本合意書を締結したこと

＊前掲平成 18 年東京地判は、前記争点①について、「まず、本件基本合意書に Y 会社ら及び X 会社が本件協働事業化に関する最終契約を締結すべき義務を負う旨を明確に定めた具体的な規定がないことは、……のとおりである。また、本件基本合意書 8 条 1 項は、……『各当事者は、事業・会計・法務等に関する検討、関係当局の確認状況又は調査の結果等を踏まえ、誠実に協議の上、2004 年 7 月末までを目途に協働事業化の詳細条件を規定する基本契約書を締結し、その後実務上可能な限り速やかに、協働事業化に関する最終契約書を締結する。』となっていることからも明らかなとおり、まず、Y 会社ら及び X 会社が……デュー・ディリジェンスを行い、その結果を踏まえて更に協議を行った後、平成 16 年 7 月末までを目途として、本件協働事業化の詳細条件を規定する本件基本契約を締結し、さらに、その後に本件協働事業化に関する最終契約を締結するという本件協働事業化に向けての予定及びその実現のために各当事者が誠実に協議することについて合意したことを明らかにするものにすぎず、デュー・ディリジェンスや、その後に行われる協議の結果がどのようなものであったとしても、その結果如何にかかわらず、Y 会社ら及び X 会社が本件基本契約又は本件協働事業化に関する最終契約を締結する義務を負うことを定めたものであると解することはできない。」と判示する。したがって、平成 16 年 7 月 13 日当時、Y 会社らは本件基本契約又は本件協働事業化に関する最終契約を締結する義務を負っていないから、Y 会社らの本件基本契約又は本件協働事業化に関する最終契約の締結義務違反を理由とする債務不履行に基づく損害賠償請求は、認められない。

2　請求原因 1 の基本合意に、「各当事者は、直接又は間接を問わず、第三者に対し又は第三者との間で基本合意書の目的と抵触し得る取引等に係る情報提供・協議を行わないものとする」との条項があったこと

＊前掲平成 18 年東京地判は、請求原因 2 の条項が存在し、同条項の法的拘束力を否定する事情はないから、Y 会社らは、

X会社に対し、本件基本合意書に基づき、直接又は間接を問わず、第三者に対し又は第三者との間で本件基本合意書の目的と抵触し得る取引等に係る情報提供・協議をしてはならない（独占交渉義務を負う）としている。また、同決定は、誠実交渉義務について、「本件基本合意書8条1項は、協働事業化の目的を定めた1条や誠実協議との見出しがある12条の規定に加え、更に重ねて各当事者が誠実に協議すべきことを規定していること、及び各当事者が本件基本合意を締結するに当たり、本件協働事業化の実現のためには、本件基本合意後に当然に予定されている準備作業や協議を行うに当たり、相互に誠実に協議すべき法的な義務を負う必要があるとの認識をもっていたことからすると、8条1項の規定は、Y会社ら及びX会社が本件協働事業化に向けて誠実に協議すべき法的義務を相互に負うことを定めたものであると解される。」と判示する。

3 Y会社は、請求原因1の期間を8か月余して、基本合意の解約を通知し、A株式会社との経営統合に関する協議を開始したこと

＊請求原因3は、独占交渉条項に違反した事実である。

4 損害の発生とその数額

＊前掲平成18年東京地判は、「本件協働事業化に関する最終契約が成立していない上、Y会社らが独占交渉義務及び誠実協議義務を履行していたとしても、同契約の成立が確実であったとはいえず、また、同契約の内容も具体的に確定していなかった本件においては、本件協働事業化に関する最終契約が成立した場合の得べかりし利益（履行利益）は、独占交渉義務違反及び誠実協議義務違反と相当因果関係があるとは認められないから、X会社は、Y会社らに対し、最終契約の成立を前提とする履行利益相当額の損害賠償を求めることができない……。そして、Y会社らは、独占交渉義務及び誠実協議義務の債務不履行と相当因果関係のある損害について賠償する義務を負うというべきところ、X会社は、本件において、上記債務不履行と相当因果関係のない履行利益相当額の損害ないしこれを基準に算出した損害額についてのみ主張し、それ以外の損害について、何らの主張立証もしていな

いから、Y会社らに独占交渉義務及び誠実協議義務の債務不履行に基づく損害賠償責任を認めることはできない。」と判示する。
＊本件は、契約締結上の過失の問題ではなく、基本合意に基づく独占交渉義務違反の問題である。独占交渉の結果最終契約が成立する可能性が相当程度存在すれば、単なる信頼利益（最終契約の成立を期待したことによる損害）ではなく、履行利益（最終的な合意成立によりX会社が得られるはずの利益相当の損害）を認めるか、又は損害の発生を前提として民事訴訟法248条により相当額を認定する余地もある。
＊履行利益の賠償を確保するために、基本合意で損害賠償額の予定又は違約罰としての違約金条項（民420条）を定め得る。損害賠償額の予定は、実損害額とは無関係に決め得るが、想定の実損害より著しく高額であると、公序良俗違反として無効となる余地が残る。

（独占交渉権の消滅）

抗弁 1 申立理由2の独占交渉権が消滅したことを基礎づける事実
＊前掲平成18年東京地判は、「本件基本合意に基づく独占交渉義務及び誠実協議義務は、本件基本合意書……の文言等からも明らかなとおり、Y会社ら及びX会社が、本件基本合意後、本件協働事業化に関する最終契約の成立に向けての協議、交渉を行うに当たり、両者が本件基本合意の目的と抵触し得る取引等に係る情報の提供や協議を第三者との間で行わないこと及び両者が誠実に協議を行うことを相互に約したものであって、上記協議、交渉と密接不可分のものであり、協議、交渉を円滑かつ効率的に行い、最終契約を成立させるための、いわば手段として定められたものであるといえる。したがって、本件基本合意後、Y会社らとX会社が協議、交渉を重ねても、社会通念上、本件協働事業化に関する最終契約が成立する可能性がないと判断されるに至った場合には、本件基本合意に基づく独占交渉義務及び誠実協議義務も消滅するものと解される。」と判示した（事案については、消滅を否定）。

第 1 節　組織変更の手続

　組織変更とは、会社がその法人格の同一性を維持しつつ、「株式会社から持分会社（合名会社、合資会社又は合同会社）」あるいは「持分会社から株式会社」への会社組織の変更をする行為である（2条26号）。組織変更に関する規定としては、本節が定める組織変更の手続に関する規定（775条-781条）のほか、これとは離れて、第5編第1章（743条-747条）に実体規定が置かれている。したがって、組織変更を実体面と手続面にわたって理解するには、双方の条文を併せ読む必要がある。

第 1 款　株式会社の手続

●(組織変更計画に関する書面等の備置き及び閲覧等)

第 775 条　組織変更をする株式会社は、組織変更計画備置開始日から組織変更がその効力を生ずる日（以下この節において「効力発生日」という。）までの間、組織変更計画の内容その他法務省令〔施則180条〕で定める事項を記載し、又は記録した書面又は電磁的記録をその本店に備え置かなければならない。
　2　前項に規定する「組織変更計画備置開始日」とは、次に掲げる日のいずれか早い日をいう。
　　一　組織変更計画について組織変更をする株式会社の総株主の同意を得た日
　　二　組織変更をする株式会社が新株予約権を発行しているときは、第777条第3項の規定による通知の日又は同条第4項の公告の日のいずれか早い日
　　三　第779条第2項の規定による公告の日又は同項の規定による催告の日のいずれか早い日
　3　組織変更をする株式会社の株主及び債権者は、当該株式会社に対して、その営業時間内は、いつでも、次に掲げる請求をすることができる。ただし、第2号又は第4号に掲げる請求をするには、当該株式会社の定めた費用を支払わなければならない。
　　一　第1項の書面の閲覧の請求

二　第1項の書面の謄本又は抄本の交付の請求
三　第1項の電磁的記録に記録された事項を法務省令〔施則226条〕で定める方法により表示したものの閲覧の請求
四　第1項の電磁的記録に記録された事項を電磁的方法であって株式会社の定めたものにより提供することの請求又はその事項を記載した書面の交付の請求

1　組織変更計画に関する書面等の備置き及び閲覧等
　組織変更をする株式会社は、組織変更計画備置開始日から組織変更がその効力を生ずる日（「効力発生日」）までの間、組織変更計画の内容その他法務省令（施則180条）で定める事項を記載し、又は記録した書面又は電磁的記録をその本店に備え置かなければならない。持分会社から株式会社への組織変更の場合には本条の定めるような書面等の備置きが要請されていない（781条3参照）。

2　組織変更計画備置開始日
　「組織変更計画備置開始日」とは、①組織変更計画について組織変更をする株式会社の総株主の同意を得た日、②組織変更をする株式会社が新株予約権を発行しているときは、新株予約権者に対する組織変更をする旨の通知（777条3項）の日若しくは通知に代えてする公告の日（同条4項）のいずれか早い日、又は③組織変更をする旨等の公告若しくは知れている債権者に対する催告（779条2項）の日のいずれか早い日をいう（本条2項）。なぜなら、本法においては、株主総会決議、株式買取請求・新株予約権買取請求、債権者保護手続等の各手続は、相互の先後を問わず行えるので、これらの手続のうち最も早い時点をもって備置開始日とすることとなる（本条2項、782条2項、794条2項、803条2項）。もっとも、吸収分割、新設分割又は株式交換をする場合は、その条件により、これらの手続が全く不要となる場合があり、この場合には、吸収分割契約若しくは株式交換契約の締結又は新設分割計画の作成の日から2週間を経過した日を備置開始日とされている（782条2項5号、803条2項5号。相澤他・論点解説696-697頁）。

訴訟物　　XのY株式会社に対する組織変更無効権
　　　　＊本件は、持分会社が株式会社に組織変更をするに当たって事

前開示がなかったので、変更後の株主 X が組織変更無効の訴えを提起した事案である。

請求原因 1 Y 会社は、持分会社から株式会社への組織変更計画を作成したこと
2 請求原因 1 の組織変更計画が定める効力発生日が到来したこと
3 X は、組織変更後の会社の株主であること
 ＊組織変更の効力発生日において株主等若しくは社員等であった者又は組織変更後の会社の株主等、社員等、破産管財人若しくは組織変更について承認をしなかった債権者は、組織変更無効権を有する（828 条 2 項 6 号）。
4 請求原因 1 の組織変更内容及び法務省令（施則 180 条）所定の事項を記載し、又は記録した書面又は電磁的記録を、その本店に備え置かなかったこと
 ＊請求原因 4 の事実は、組織変更無効原因となる（江頭・株式会社法 900 頁）。
5 本訴は、組織変更の効力が生じた日から 6 か月以内に提起されたこと
 ＊828 条 1 項 6 号に基づく事実である。

3 閲覧請求等

組織変更をする会社の株主及び債権者は、会社に対して、営業時間内は、いつでも、①1 項の書面の閲覧の請求、②1 項の書面の謄本又は抄本の交付の請求、③1 項の電磁的記録に記録された事項を紙面又は映像面に表示する方法（施則 226 条）により表示したものの閲覧の請求、④1 項の電磁的記録に記録された事項を電磁的方法であって会社の定めたものにより提供することの請求又はその事項を記載した書面の交付の請求ができる（本条 3 項 1 号-4 号）。ただし、②又は④の請求をするには、会社の定めた費用を支払う必要がある（同項ただし書）。

●(株式会社の組織変更計画の承認等)

第 776 条 組織変更をする株式会社は、効力発生日の前日までに、組織変更計画について当該株式会社の総株主の同意を得なければならない。
2 組織変更をする株式会社は、効力発生日の 20 日前までに、その登

録株式質権者及び登録新株予約権質権者に対し、組織変更をする旨を通知しなければならない。
　3　前項の規定による通知は、公告をもってこれに代えることができる。

1　株式会社の組織変更計画の承認
　組織変更をする株式会社は、効力発生日の前日までに、組織変更計画について総株主の同意を得なければならない（本条1項）。総株主の同意という厳格な要件を課すのは、組織変更後の会社形態が持分会社となるので、組織変更前の株主は変更後に持分会社の持分が交付される場合（744条3項）は社員になり、持分以外の金銭等が交付される場合は社員たる地位を失う。いずもその地位に大きな変動を生じるからである。本条1項には、781条1項ただし書に対応する規定がないので、定款規定を置くことによる同意の要件の回避はできないと解される。この同意は効力発生日の前日までに得ればよいので、債権者異議手続を先行させてもよい（相澤他・論点解説686頁）。このように、株式会社から持分会社への組織変更の場合は総株主の同意を要するので、各株主に交付する持分や金銭等の内容も、各株主の有する株式数に応じて平等に定める必要はない（相澤他・論点解説653頁）。また、反対株主の株式買取請求権も規定されていない。

訴訟物	XのY合同会社に対する組織変更無効権
	＊本件は、株式会社が合同会社に組織変更をするに当たって総社員の同意を得なかったので、変更後の社員Xが組織変更無効の訴えを提起した事案である。
請求原因	1　Y会社は、株式会社から合同会社への組織変更計画を作成したこと
	2　請求原因1の組織変更計画が定める効力発生日が到来したこと
	3　Xは、組織変更後の会社の社員であること
	＊組織変更の効力発生日において株主等若しくは社員等であった者又は組織変更後の会社の株主等、社員等、破産管財人若しくは組織変更について承認をしなかった債権者は、組織変更無効権を有する（828条2項6号）。

4　請求原因1の組織変更について総株主の同意がなかったこと
　　　　＊合同会社は社員の有限責任など株式会社との共通点も多いが、持分の譲渡性、業務執行制限等の点でその地位に違いがあるので、株式会社の合同会社への組織変更の場合も、総株主の同意が必要となる。同意がないことは、組織変更無効原因となる（江頭・株式会社法 900 頁）。
　　　　＊この同意は、株主総会を招集する必要はなく、全株主から個別に同意を得る方法でもよい。
　　　5　本訴は、組織変更の効力が生じた日から6か月以内に提起されたこと
　　　　＊828 条 1 項 6 号に基づく事実である。

2　通知・公告
　組織変更をする株式会社は、株式質権者及び新株予約権質権者の同意を得る必要はないが、登録株式質権者及び登録新株予約権質権者に対しては、効力発生日の 20 日前までに、組織変更をする旨を通知又は公告しなければならない（本条 2 項・3 項）。なぜなら、登録株式質権者は、組織変更に際して、その株式の株主が受けることのできる金銭等について権利を有し（151 条 10 号）、また登録新株予約権質権者も同様（272 条 1 項 2 号）だからである（遠藤美光・会社法コンメ(18)12 頁）。

3　株券提出手続
　組織変更をする株式会社が株券発行会社の場合は、株券の提出手続（株券提出公告及び各別の通知）をする必要がある（219 条 1 項 5 号）。ただし、株式の全部について株券を発行していない場合は、この手続は不要である（219 条 1 項ただし書）。また、組織変更をする株式会社が新株予約権証券や新株予約権付社債券を発行しているときは、同様の提出手続（公告及び各別の通知）が必要となる（293 条 1 項 2 号）。

●（新株予約権買取請求）

第 777 条　株式会社が組織変更をする場合には、組織変更をする株式会社の新株予約権の新株予約権者は、当該株式会社に対し、自己の有する新株予約権を公正な価格で買い取ることを請求することができる。
　　2　新株予約権付社債に付された新株予約権の新株予約権者は、前項の

規定による請求（以下この款において「新株予約権買取請求」という。）をするときは、併せて、新株予約権付社債についての社債を買い取ることを請求しなければならない。ただし、当該新株予約権付社債に付された新株予約権について別段の定めがある場合は、この限りでない。
3　組織変更をしようとする株式会社は、効力発生日の20日前までに、その新株予約権の新株予約権者に対し、組織変更をする旨を通知しなければならない。
4　前項の規定による通知は、公告をもってこれに代えることができる。
5　新株予約権買取請求は、効力発生日の20日前の日から効力発生日の前日までの間に、その新株予約権買取請求に係る新株予約権の内容及び数を明らかにしてしなければならない。
6　新株予約権買取請求をした新株予約権者は、組織変更をする株式会社の承諾を得た場合に限り、その新株予約権買取請求を撤回することができる。
7　組織変更を中止したときは、新株予約権買取請求は、その効力を失う。

1　新株予約権買取請求

　株式会社が組織変更により持分会社となる場合、持分会社には新株予約権に相当する制度が存在しないので、効力発生日に新株予約権は消滅し（745条5項）、新株予約権者はその権利を失う。これは、新株予約権者の権利を喪失させる行為なので、組織変更計画において組織変更後の持分会社が組織変更に際して新株予約権者に対して交付する新株予約権に代わる金銭の額又はその算定方法を定める必要がある（744条1項7号・8号）。しかし、組織変更は総株主の同意を要するだけで、新株予約権者の同意は要しないから、割り当てられる金銭等に満足できるとは限らない。そのため、新株予約権者には、会社に対する公正な価格による買取請求権が認められる（本条1項）。

訴訟物　　　ＸのＹ株式会社に対する新株予約権買取請求権行使に基づく売買代金請求権
　　　　　＊本件は、Ｙ会社の組織変更に伴い、同社の新株予約権者Ｘ

が買取請求権を行使し、買取価格が決定したので、その支払を求めた事案である。

＊組織変更を行うY会社の新株予約権者Xが新株予約権買取請求権を行使すると、Xの保有する新株予約権についてY会社との間で公正な価格による売買契約が成立するので（効力の発生は、組織変更の効力発生日）、XはY会社に対して売買代金請求権を有することになる。

請求原因
1　Xは、Y会社の新株予約権の新株予約権者であること
2　Y会社は組織変更をすること
3　Xは、Y会社に対し、自己の有する新株予約権を公正な価格で買い取ることを請求したこと

＊新株予約権者は株主とは異なり、会社の債権者に過ぎないから、組織変更のシナジーを享受すべき地位にない。したがって、新株予約権買取請求権における「公正な価格」は、組織変更がなされなかったとすればその新株予約権が有していたであろう価格（「なかりせば価格」）と解される。

4　請求原因3の新株予約権買取請求は、請求原因2の効力発生日の20日前の日から効力発生日の前日までの間に、その新株予約権買取請求に係る新株予約権の内容及び数を明らかにしてしたこと

＊本条5項に基づく事実である。新株予約権者の保有する新株予約権の一部に限って新株予約権買取請求権を行使することは、株式買取請求権の場合と同様に認められると解される。

5　XとY会社は、本件新株予約権の買取価格を1個〇万円と合意したこと、又は、裁判所が本件新株予約権の買取価格を1個〇万円と決定したこと

（撤　回）
抗弁
1　XはY会社に対し、新株予約権の買取請求を撤回したこと
2　Y会社は、抗弁1のXの撤回につき承諾をしたこと
＊本条6項に基づく抗弁である。

（中　止）
抗弁
1　Y会社が、組織変更を中止したこと
＊本条7項に基づく抗弁である。

（同時履行）
抗弁
1　Y会社は、新株予約権証券を発行している会社であること

2　XはY会社に対し本件新株予約権証券を引き渡すまで代金の支払を拒絶するとのY会社の権利主張
　　＊778条6項に基づく抗弁である。

2　新株予約権付社債の新株予約権の買取請求
　新株予約権付社債に付された新株予約権の新株予約権者が新株予約権買取請求をするときは、併せて、新株予約権付社債についての社債を買い取ることを請求しなければならない（本条2項本文）。もともと、新株予約権付社債は、社債と新株予約権は一体として譲渡されることが要請されているが（254条2項本文）、新株予約権買取請求の局面においても、原則として、社債部分と一体で買取請求をすべきだからである。ただし、その新株予約権付社債に付された新株予約権について、別段の定めがある場合は、別に取り扱うことができる（本条2項ただし書）。

3　組織変更をする旨の通知・公告
　新株予約権者が新株予約権の買取請求をするためには、会社が組織変更をすることを知る必要がある。そこで、組織変更をしようとする会社は、効力発生日の20日前までに、その新株予約権の新株予約権者に対し、組織変更をする旨を通知しなければならない（本条3項）。この通知は公告をもって代え得る（本条4項）。この通知又は公告と組織変更をするための株主総会の決議の先後関係について、株式買取請求権の場合と同様、規定はなく、いずれが先であっても差し支えない。

4　新株予約権買取請求の行使方法
　新株予約権買取請求は、効力発生日の20日前の日からその前日までの間に、その新株予約権買取請求に係る新株予約権の内容及び数を明らかにしてしなければならない（本条5項）。

5　新株予約権買取請求の撤回
　新株予約権買取請求をした新株予約権者は、組織変更をする株式会社の承諾を得た場合に限って、その新株予約権買取請求を撤回することができる（本条6項）。これは、濫用的な権利行使を防止するためであり、株式買取請求（116条6項、469条6項、785条6項、797条6項、808条6項）の場合と同様である。

6　組織変更の中止による新株予約権買取請求の失効
　組織変更をする株式会社が、組織変更を中止したときは、新株予約権の買取請求は、その効力を失う（本条 7 項）。

●（新株予約権の価格の決定等）

第 778 条　新株予約権買取請求があった場合において、新株予約権（当該新株予約権が新株予約権付社債に付されたものである場合において、当該新株予約権付社債についての社債の買取りの請求があったときは、当該社債を含む。以下この条において同じ。）の価格の決定について、新株予約権者と組織変更をする株式会社（効力発生日後にあっては、組織変更後持分会社。以下この条において同じ。）との間に協議が調ったときは、当該株式会社は、効力発生日から 60 日以内にその支払をしなければならない。
　2　新株予約権の価格の決定について、効力発生日から 30 日以内に協議が調わないときは、新株予約権者又は組織変更後持分会社は、その期間の満了の日後 30 日以内に、裁判所に対し、価格の決定の申立てをすることができる。
　3　前条第 6 項の規定にかかわらず、前項に規定する場合において、効力発生日から 60 日以内に同項の申立てがないときは、その期間の満了後は、新株予約権者は、いつでも、新株予約権買取請求を撤回することができる。
　4　組織変更後持分会社は、裁判所の決定した価格に対する第 1 項の期間の満了の日後の年 6 分の利率により算定した利息をも支払わなければならない。
　5　新株予約権買取請求に係る新株予約権の買取りは、効力発生日に、その効力を生ずる。
　6　組織変更をする株式会社は、新株予約権証券が発行されている新株予約権について新株予約権買取請求があったときは、新株予約権証券と引換えに、その新株予約権買取請求に係る新株予約権の代金を支払わなければならない。
　7　組織変更をする株式会社は、新株予約権付社債券が発行されている新株予約権付社債に付された新株予約権について新株予約権買取請求があったときは、新株予約権付社債券と引換えに、その新株予約権買

取請求に係る新株予約権の代金を支払わなければならない。

1　新株予約権の価格の決定
(1)　協議が成立した場合
　新株予約権買取請求があった場合に、新株予約権（その新株予約権が新株予約権付社債に付されたものである場合に、その新株予約権付社債についての社債の買取請求があったときは、その社債を含む）の価格の決定について、新株予約権者と組織変更をする株式会社（効力発生日後は、組織変更後持分会社）との間に協議が調ったときは、その株式会社は、効力発生日から60日以内にその支払をしなければならない（本条1項）。複数の新株予約権者が新株予約権買取請求権を行使した場合に、組織変更をする株式会社（又は組織変更後持分会社）は新株予約権者ごとに異なる買取価格で合意できるかが問題となるが、肯定すべきである。それは、①新株予約権の価格決定の協議は、必ずしも新株予約権買取請求権を行使した全新株予約権者と一括でなく、個別協議も許されており、②合理的な範囲内ならば、新株予約権者ごとに異なる買取価格で合意しても、善管注意義務・忠実義務に反するものでないと解されるからである。
(2)　協議が不成立の場合
　新株予約権の価格の決定について、効力発生日から30日以内に協議が調わないときは、新株予約権者又は組織変更後持分会社は、その期間の満了の日後30日以内に、裁判所に対し、価格の決定の申立てをすることができる（本条2項）。「協議が調わないとき」とは、新株予約権の価格の決定について新株予約権者と会社間に争いがある場合のみを指すのか、それとも新株予約権者としての地位のほかに、新株予約権者の持株数について争いがある場合も含むかについて、①新株予約権者としての地位や持株数等に係る争いを含む場合については、買取価格の決定の裁判ではなく、全体として通常の民事訴訟において争うべきとする見解（松田=鈴木・條解上234頁）と、②新株予約権買取請求の前提となる事実についての争いのある場合も含むとしつつ、かかる前提問題については買取価格の決定の裁判の効力は及ばず、その裁判の手続は、前提問題が判決で確定するまで中止すべきとするとの見解（鈴木・非訟事件の裁判の既判力59頁）に分かれる（株式買取請求権の場合も同様）。実務においては後説が採られている。

非訟事件　持分会社に組織変更をするA株式会社（組織変更前）の新株予約権の価格の決定申立て

＊本件は、A会社が持分会社に組織変更をしたので、新株予約権者Xがその価格の決定を申し立てた事案である。この価格決定の申立ては、組織変更をする会社もできる。

＊本件は、A会社の本店を管轄する地方裁判所の管轄に属する（868条1項）。

＊裁判所は、不適法又は理由がないことが明らかであるとして申立てを却下する裁判をするときを除き、審問期日を開催して新株予約権者及び組織変更後持分会社双方の陳述を聴くことが義務づけられ（870条2項2号）、価格決定手続の当事者主義的な運用の基盤が用意されている。

申立理由
1　A会社は、持分会社に組織変更をしたこと
2　Xは、A会社の新株予約権者であること
3　Xは、A会社に対して、組織変更の効力発生日の20日前の日から効力発生日の前日までの間に、新株予約権の内容及び数を明らかにして新株予約権（新株予約権が新株予約権付社債に付されたものである場合において、その新株予約権付社債についての社債の買取りの請求があったときは、その社債を含む）の買取請求したこと
4　買取請求に係る新株予約権の価格の決定について、XとA会社（効力発生日後にあっては、組織変更後持分会社）との間で、効力発生日から30日以内に協議が調わなかったこと
5　本件新株予約権の公正な価格の評価根拠事実
6　本件申立ては、申立理由4の期間満了の日後30日以内にされたこと

2　新株予約権買取請求の撤回

買取請求をした新株予約権者は、組織変更をする会社の承諾を得ない限り、買取請求を撤回できないのが原則であるが（777条6項）、組織変更の効力発生日から60日以内に裁判所に対して価格決定の申立てがされない場合には、その期間満了後は、新株予約権者は、いつでも新株予約権買取請求を撤回できる（本条3項）。この場合には価格決定の方法がなくなるからである（株式についてであるが、江頭・株式会社法778頁）。ただし、新株予約権者がその新株予約権買取請求に係る新株予約権の代金を受領した後は、もは

や新株予約権買取請求を撤回することはできないと解される。
　効力発生日以降においても新株予約権買取請求の撤回がされたとき（本条3項）の新株予約権者と組織変更後持分会社の間の法律関係は、株式買取請求権の場合と同様であろう。すなわち、この時期に新株予約権買取請求が撤回されると、組織変更後持分会社が原状回復義務としてその新株予約権者から取得した新株予約権の返還義務は履行不能となり、組織変更後持分会社は、組織変更をする株式会社の新株予約権者に対し、新株予約権買取請求に係る新株予約権の代金相当額の金銭返還義務を負うと解される（篠原倫太郎・論点体系(5)408-409頁）。

3　利　　息
　新株予約権買取請求に係る新株予約権の買取りは、効力発生日に効力が生じるが、裁判所に対する買取価格決定の申立ては、効力発生日の30日経過後から30日以内にされるから（本条2項）、裁判所が決定した価格に対する利息の起算点を定めておく必要がある。そのため、本条4項は、裁判所が決定した価格に対する利息につき、組織変更後持分会社は、効力発生日から60日の期間の満了日後から年6分の利率による利息の支払をしなければならないとする。

4　新株予約権の買取りの効力発生日
　新株予約権買取請求に係る新株予約権の買取りは、効力発生日に、その効力を生ずる（本条5項）。

5　新株予約権証券・新株予約権付社債券と代金の同時履行の抗弁
　組織変更をする株式会社の新株予約権は、組織変更の効力発生日に消滅しており（745条5項）、また、新株予約権証券及び新株予約権付社債券は、効力発生日に無効となっている（293条3項・1項2号）。したがって、買取請求に係る新株予約権の代金の支払時に引換えを要する新株予約権証券や新株予約権付社債券（本条6項・7項）は、組織変更に係る金銭の交付請求権を表章した有価証券と解される（株式併合についてであるが、江頭・株式会社法272頁）。777条の設例の抗弁（同時履行）を参照されたい。

● (債権者の異議)

第779条　組織変更をする株式会社の債権者は、当該株式会社に対し、組織

変更について異議を述べることができる。
2 組織変更をする株式会社は、次に掲げる事項を官報に公告し、かつ、知れている債権者には、各別にこれを催告しなければならない。ただし、第3号の期間は、1箇月を下ることができない。
　一 組織変更をする旨
　二 組織変更をする株式会社の計算書類（第435条第2項に規定する計算書類をいう。以下この章において同じ。）に関する事項として法務省令〔施則181条〕で定めるもの
　三 債権者が一定の期間内に異議を述べることができる旨
3 前項の規定にかかわらず、組織変更をする株式会社が同項の規定による公告を、官報のほか、第939条第1項の規定による定款の定めに従い、同項第2号又は第3号に掲げる公告方法によりするときは、前項の規定による各別の催告は、することを要しない。
4 債権者が第2項第3号の期間内に異議を述べなかったときは、当該債権者は、当該組織変更について承認をしたものとみなす。
5 債権者が第2項第3号の期間内に異議を述べたときは、組織変更をする株式会社は、当該債権者に対し、弁済し、若しくは相当の担保を提供し、又は当該債権者に弁済を受けさせることを目的として信託会社等に相当の財産を信託しなければならない。ただし、当該組織変更をしても当該債権者を害するおそれがないときは、この限りでない。

---

1 債権者の異議

　株式会社から持分会社へ組織変更すると、組織変更前後で株主と社員の責任が異なり、前後の会社の業務執行権・代表権の帰属など機関構造も違う。株式会社が、例えば、合同会社へ組織変更をすると、計算書類の公告義務（440条）がなくなり、「大会社」の要件を満たす株式会社であっても会計監査人の設置義務（328条）がなくなり、常勤監査役を含む監査役会の設置が不要となるなど企業統治体制の変更が生じ、会社債権者に不利益を与える。そのため、本条1項は、株式会社が組織変更をする場合には、その債権者は、組織変更について異議を述べ得る（債権者保護手続）こととした。
　株式会社から合資会社又は合名会社へ組織変更する場合は、すべての株主が有限責任のみ負う会社形態から少なくとも一部の社員が無限責任を負う会社形態へ変更するから、この面では債権者に不利益はない。しかし、本法で

は、合資会社や合名会社の社員が株式会社などの有限責任社員のみから成る会社のみで構成され得る。その場合、合資会社や合名会社であっても、実質的には、すべての社員が有限責任であることがあり得る。加えて、合資会社や合名会社では、利益配当額の制限（628条参照）や債権者の計算書類閲覧請求権がなく（625条参照）、株式会社に比較して債権者の保護に薄いので、債権者保護手続が必要となる。

「社員の責任の変更」は、合名会社・合資会社から合同会社への変更の場合にも生ずるが、本法はこれを組織変更ではなく、社員の責任の変更として扱っており、債権者保護手続は存在しない。この場合は登記前に生じた債務に対する（退社した）無限責任社員の責任（612条）として処理される。

2　債権者異議の具体的手続
(1)　公告・催告
　本条2項は、組織変更をする株式会社は、①組織変更をする旨、②計算書類（435条2項）に関する事項として法務省令（施則181条等）で定めるもの、③債権者が一定の期間（1か月を下り得ない）内に異議を述べることができる旨を官報に公告し、かつ、知れている債権者には、各別にこれを催告しなければならないことを定める。株式会社の中には、決算公告等を怠っている会社も少なくないが、このような会社については、最終事業年度に係る貸借対照表の要旨の内容を公告することとなる（施則181条7号等）。

　ただ、株式会社が上記の公告を、官報のほか、939条1項の規定による定款の定めに従い、同項2号又は3号に掲げる公告方法によりするときは、「各別の催告」はする必要がないとされる（本条3項）。

訴 訟 物	XのY株式会社に対する組織変更無効権
	＊本件は、Y会社は組織変更決議をしたにもかかわらず、知れている債権者Xにその旨の通知をしなかったので、組織変更無効の訴え（形成訴訟）が提起された事案である。
請求原因	1　Y会社は、株式会社から持分会社への組織変更計画を作成したこと
	2　請求原因1の組織変更計画が定める効力発生日が到来したこと
	3　XはY会社に知れている債権者であること
	4　Xに対して、組織変更について各別の催告がなかったこと
	＊後述(2)参照。なお、債権者保護手続期間のどの時点の債権

者を債権者保護手続の対象とすべきかについては、公告・催告の時の債権者と考えるべきであり、公告・催告の日以降に会社に対して債権者となった者に対して、その都度知れている債権者として催告を行う必要はないとされる（稲葉他編・実務相談(5)189頁参照）。
　　　5　本訴は、組織変更の効力が生じた日から6か月以内に提起されたこと
　　　　＊828条1項6号に基づく事実である。
　　　　＊株式会社から持分会社への組織変更の効力は、組織変更計画に定めた効力発生日（744条1項9号）に生ずる（745条）。
（各別の催告の省略）
抗　弁　1　Y会社は、組織変更の公告を、官報のほか、939条1項に従い、時事に関する事項を掲載する日刊新聞紙に掲載する方法又は電子公告という公告方法により行ったこと
　　　　＊本条3項に基づく抗弁である。
（弁　　済）
抗　弁　1　Y会社はXに対し、その債権につき弁済したこと
　　　　＊実務上、少額の債権者に対しては異議が出された場合に弁済をすることとして（弁済により無効事由の瑕疵が治癒され、訴えは却下となる）、逐一催告を行わないという便宜的取扱いがされることがある。

(2) 知れている債権者
　債権者保護手続として個別的に催告が必要な「知れている債権者」とは、債権者が誰であり、その債権がいかなる原因に基づくいかなる内容かを概ね会社が知っている債権者をいう。そのような債権者であれば、会社がその債権の存在を争い訴訟が継続中であっても、知れている債権者でないとは必ずしもいえない（大判昭和7年4月30日民集11.706）。会社が、その債権の不存在を確信するのが、当時の事情から合理的であると認められる場合には、後日会社が敗訴し債権の存在が認められたとしても、知れている債権者とはいえない。
(3) 公告・催告の効果
　ア　異議を述べない債権者
　債権者が本条2項3号の期間内に異議を述べなかったときは、その債権者は、組織変更について承認をしたものとみなされる（本条4項）。

イ　異議を述べた債権者

　債権者が本条2項3号の期間内に異議を述べたときは、会社は、その債権者に対し、弁済し、若しくは相当の担保を提供し、又はその債権者に弁済を受けさせることを目的として信託会社等に相当の財産を信託しなければならない。ただし、その資本金等の額の減少をしてもその債権者を害するおそれがないときは、その必要がない（本条5項）。江頭・株式会社法647頁は、資本金の額の減少無効の訴えにおいて、債権者を害するおそれがないことの立証責任は会社の負担としているが、組織変更の場合も同様に解し得る。

訴訟物　　XのY株式会社に対する組織変更無効権
　　　　＊本件は、Y会社の組織変更を承認をしなかった債権者Xが組織変更無効の訴えを提起した事案である。債権者が異議を述べたところ、債権者を害するおそれがないとして、組織変更がされた場合、これに不満があって異議を述べた債権者は、組織変更の無効の訴え（828条1項6号）を提起することで救済を求めることになる（遠藤美光・会社法コンメ(18)23頁）。

請求原因　1　Y会社は、株式会社から持分会社への組織変更計画を作成したこと
　　　　2　請求原因1の組織変更計画が定める効力発生日が到来したこと
　　　　3　Xは、Y会社の組織変更を承認しなかった債権者であること
　　　　＊「知れている債権者」が異議を述べたときは、会社がその債権者に弁済・担保提供・財産の信託をしなければならないから、その債権は弁済・担保提供・財産の信託が可能な債権でなければならない。したがって、将来の労働契約上の債権、継続的供給契約上の将来の債権等の債権者はこれに含まれないと解すべきである。なお、大判昭和10年2月1日民集14.75は、「株式会社ニ準用セラルル商法第78条ニ所謂知レタル債権者トハ債権者ノ何人タルヤ又其ノ債権ハ如何ナル原因ニ基ク如何ナル請求権ナリヤノ大体カ会社ニ知レ居レル場合ノ債権者ヲ謂ヘルモノナルコトハ当院ノ判例トスル所ニシテ……其ノ債権者ノ有スル債権カ金銭債権ノ如ク数額ノ知レタルモノナルコトハ之ヲ要スルモノニ非ス」と判示して、電

力需給契約上の供給を受ける権利もこの「債権」に含まれるとするが、いかなる方法によって将来の継続的契約上の債権について弁済・担保提供・財産の信託をするのか不明である。
  4 Xは、本条2項3号の期間内に、異議を述べたこと
  5 Y会社は、Xに対し、弁済、相当の担保提供、又はXに弁済を受けさせることを目的として信託会社等に相当の財産を信託しなかったこと
  6 本訴は、組織変更の効力が生じた日から6か月以内に提起されたこと

(債権者を害するおそれの不存在)
抗弁 1 持分会社への組織変更をしても、その債権者を害するおそれがないこと
    ＊「債権者を害するおそれがない」ことは、資本金・準備金の減少や合併等の異議手続(449条5項ただし書、627条5項ただし書、635条5項ただし書、789条5項ただし書、799条5項ただし書、810条5項ただし書)の場合と同様に、債権額や弁済期等を考慮して会社側が判断し、立証責任を負う(江頭・株式会社法647頁)。

3 債権者保護手続の開始時期
　組織再編行為の手続において、組織再編行為を承認する株主総会に先立って債権者保護手続(779条、789条、799条、810条)を開始し得る。株主総会の決議、株式買取請求、債権者保護手続の手続は、いずれも組織再編行為の効力発生のための手続であるから、組織再編行為の効力が発生するまでにこれらの必要な手続が終了していれば足り、その先後関係を問わない(775条2項、782条2項、794条2項、803条2項はこれを前提としている)。

●(組織変更の効力発生日の変更)

第780条 組織変更をする株式会社は、効力発生日を変更することができる。
  2 前項の場合には、組織変更をする株式会社は、変更前の効力発生日(変更後の効力発生日が変更前の効力発生日前の日である場合にあっては、当該変更後の効力発生日)の前日までに、変更後の効力発生日

を公告しなければならない。
　3　第1項の規定により効力発生日を変更したときは、変更後の効力発生日を効力発生日とみなして、この款及び第745条の規定を適用する。

1　効力発生日の変更

　株式会社から持分会社への組織変更の効力は、組織変更計画に定めた効力発生日（744条1項9号）に生ずるのが原則であるが（745条）、事情によっては変更を余儀なくされることもある。本条は、組織変更をする株式会社は、効力発生日を変更できることを定める（本条1項）。組織変更計画は、その会社の総株主の同意を得る必要があるため（776条1項）、組織変更計画について総株主の同意を得た後に、その記載事項を変更する場合は、改めて総株主の同意を得る必要がある。しかし、効力発生日の変更は、本条により、総株主の同意を得ることを要しない。組織変更の効力発生日を変更するための手続については特段の定めはないので、業務執行機関により決定できる。取締役が複数いる場合には取締役の過半数、取締役会設置会社の場合には取締役会の決議が必要となる（相澤他・論点解説704-705頁）。

2　効力発生日の変更手続

　効力発生日を変更するには、組織変更をする株式会社は、変更前の効力発生日の前日までに、変更後の効力発生日を公告しなければならない（本条2項）。変更後の効力発生日が、変更前の効力発生日より前の日であるときは、変更後の効力発生日の前日までに変更後の効力発生日を公告する必要がある（同項括弧書）。公告の方法については、特段の定めはなく、組織変更をする株式会社が定款に定めた公告方法による（939条1項）。

3　変更後の効力発生日と効果

　組織変更をする株式会社が、本条1項によりその効力発生日を変更した場合は、変更後の効力発生日を効力発生日とみなして、745条及び775条から780条までの規定を適用する（本条3項）。これにより、新株予約権買取請求権を行使できる期間も変更後の効力発生日の前日までとなる。なお、新株予約権買取請求権の行使は、効力発生日の20日前の日から効力発生日の前日までの間に行う必要があるが（777条5項）、この期間内に新株予約権買取請

求権を行使したにもかかわらず、効力発生日の変更によって、変更後の効力発生日から数えると21日以上前の日に行使されたことになる場合でも、その権利行使は有効である（相澤他・論点解説705頁）。

第2款　持分会社の手続

　持分会社（合名会社、合資会社又は合同会社）は、株式会社に組織変更をすることができる。その手続は、組織変更計画の作成に始まり、備置き・閲覧などの手続は不要であるが、総社員の同意、債権者保護手続、組織変更の効力発生、組織変更登記を経る点は、株式会社の組織変更と同様である。

第781条　組織変更をする持分会社は、効力発生日の前日までに、組織変更計画について当該持分会社の総社員の同意を得なければならない。ただし、定款に別段の定めがある場合は、この限りでない。
　2　第779条（第2項第2号を除く。）及び前条の規定は、組織変更をする持分会社について準用する。この場合において、第779条第3項中「組織変更をする株式会社」とあるのは「組織変更をする持分会社（合同会社に限る。）」と、前条第3項中「及び第745条」とあるのは「並びに第747条及び次条第1項」と読み替えるものとする。

1　総社員の同意

　持分会社から株式会社へ組織変更をする場合、組織変更をする持分会社のすべての社員の地位に変動が生ずるので、総社員の同意を要する（本条1項本文）。しかし、持分会社から株式会社への組織変更は、株式会社から持分会社への組織変更の場合とは異なり、定款に別段の定めがあれば総社員の同意を得る必要はなく、定款の規定により株式会社へ組織変更ができる（本条1項ただし書）。その持分会社が有限責任社員のみから構成される合同会社の場合であっても、同様である。また、これらの点は、持分会社における重要事項の決定に関する手続と同様である（637条。江頭・株式会社法899頁）。

| 訴訟物 | XのY株式会社に対する組織変更無効権
＊本件は、持分会社が株式会社に組織変更をするに当たって総社員の同意がなかったので、変更後の株主Xが組織変更無効の訴えを提起した事案である。

| 請求原因 | 1 Y会社は、株式会社から持分会社への組織変更計画を作成したこと
2 請求原因1の組織変更計画が定める効力発生日が到来したこと
3 Xは組織変更後の会社の株主であること
＊組織変更の効力発生日において株主等若しくは社員等であった者又は組織変更後の会社の株主等、社員等、破産管財人若しくは組織変更について承認をしなかった債権者は、組織変更無効権を有する（828条2項6号）。
4 請求原因1の組織変更について総社員の同意が得られていなかったこと
5 本訴は、組織変更の効力が生じた日から6か月以内に提起されたこと
＊828条1項6号に基づく事実である。

（定款による要件緩和）
| 抗 弁 | 1 Y会社の定款に、組織変更は総社員の3分の2以上の同意を得ればできる旨の規定が置かれていたこと
2 請求原因2の組織変更についてY会社の総社員の3分の2以上の同意があったこと
＊定款による要件緩和としては、例えば、原始定款における「一定規模以上のIPO（Initial Public Offering 新規株式公開）を停止条件とする株式会社への組織変更」の条項が考えられる。なお、原始定款に組織変更における総社員の同意要件の緩和規定がない場合であっても、総社員の同意を要しないで行う余地は残されている。持分会社の定款変更は原則として総社員の同意による必要があるが、定款変更の要件自体も定款の別段の定めで緩和できる（637条）。そのため、定款変更の要件が定款の別段の定めで緩和されている持分会社であれば、組織変更における総社員の同意要件緩和も、総社員の同意を得ないで行える。

2　債権者異議手続

　株式会社の組織変更における債権者異議手続は、持分会社の特性に応じた次の(1)(2)を除いて、持分会社が株式会社に組織変更する場合に準用される（本条2項前段）。

(1)　債権者に対する情報開示事項のうち、計算書類に関する情報開示は要求されない（本条2項前段括弧書は、779条2項2号を除外する）。

(2)　知れている債権者に対する各別の催告が不要とされるのは（779条3項）、持分会社が合同会社である場合に限られる（本条2項後段）。合同会社から株式会社への組織変更は、官報のほかに定款に定める日刊新聞紙に掲載する方法、又は官報のほかに電子公告の方法を採れば、知れている債権者への各別の催告を省略できるが、合名会社・合資会社から株式会社への組織変更は、知れている債権者への各別の催告の省略は認められない（779条3項、本条2項）。特に、合名会社・合資会社から株式会社への組織変更の場合は、無限責任社員の責任形態が変更し、会社債権者に対して影響を与えるからである（江頭・株式会社法899頁）。

3　組織変更計画等の備置きの不要

　株式会社が持分会社へ組織変更する場合は、組織変更計画に関する書面等を本店に備え置き、開示する必要があるが（775条1項参照）、持分会社の株式会社への組織変更の場合には、その備置き・開示義務はない。本法では、債権者異議手続が必要となる組織再編行為を行う場合には原則として債務の履行の見込みに関する事項を事前開示対象としているが、持分会社の場合は手続の簡素性の観点から書類の備置・開示義務を課さないのである（江頭・株式会社法897頁）。

第2節　吸収合併等の手続

　本節が定める吸収合併、吸収分割及び株式交換は、「吸収型再編」と呼ばれる。第1款（782条-793条）は、吸収合併消滅会社、吸収分割会社及び株式交換完全子会社の手続について、第2款（794条-802条）は、吸収合併存続会社、吸収分割承継会社及び株式交換完全親会社の手続について、区分して定める（その概容については、次頁以下の図を参照比較されたい）。それぞれの款の中は、更に、株式会社と持分会社の各手続に区分されている。
　本法は、吸収合併消滅株式会社、吸収分割株式会社及び株式交換完全子会社を纏めて「消滅株式会社等」というが、紛れの生じない限り、「消滅会社等」と表記し、また、吸収合併消滅株式会社、吸収分割株式会社も吸収合併消滅会社、吸収分割会社と表記する。

第1款　吸収合併消滅会社、吸収分割会社及び株式交換完全子会社の手続

　吸収型再編（吸収合併、吸収分割及び株式交換）を行う場合は、まず、吸収型再編に係る契約を締結する必要がある（748条、757条、767条）。本款は、契約締結後の手続のうち、「吸収合併消滅会社」、「吸収分割会社」及び「株式交換完全子会社」側の手続を纏めて定める。それらの会社が、株式会社の場合を第1目に、持分会社の場合を第2目に規定を置いている。

第1目　株式会社の手続

　株式会社の吸収型再編（吸収合併、吸収分割及び株式交換）の手続の概要は、次のとおりである（相澤他・論点解説663-664頁）。
　① 消滅会社等と存続会社等とが吸収合併契約等を締結する。
　② 消滅会社等は、吸収合併契約等のほか施行規則182条（吸収合併）、183条（吸収分割）、184条（株式交換）に規定するものを、存続会社等は、吸収合併契約等のほか191条（吸収合併）、192条（吸収分割）、193条（株式交換）に規定するものを、それぞれ備え置き、閲覧等に供する（事前開示）。

吸収合併

(注) ━━▶ は株式所有、
　　　⇒ は再編行為を表す。

【吸収合併行為】

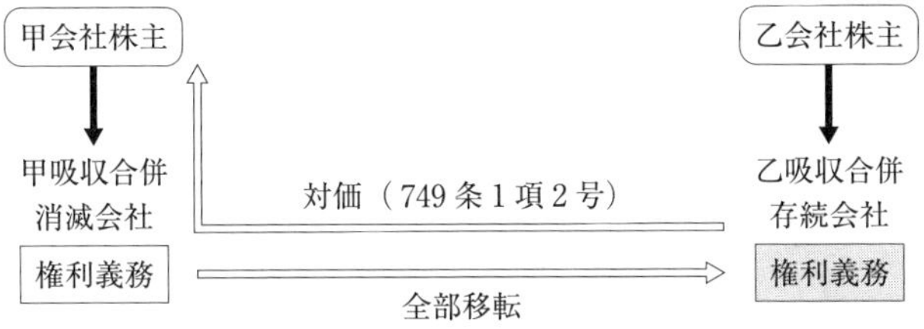

- 甲会社株主 ━━▶ 甲吸収合併消滅会社
- 乙会社株主 ━━▶ 乙吸収合併存続会社
- 対価（749条1項2号）
- 権利義務　全部移転 ⇒ 権利義務

＊乙会社が甲会社の権利義務の全部を承継し、乙会社がその対価（乙会社株式に限らず、乙会社の親会社丙会社株式や金銭等でもよい。また無対価も可）を甲会社株主に交付する（2条27号）。

【吸収合併後】

1. 対価が乙会社株式の場合

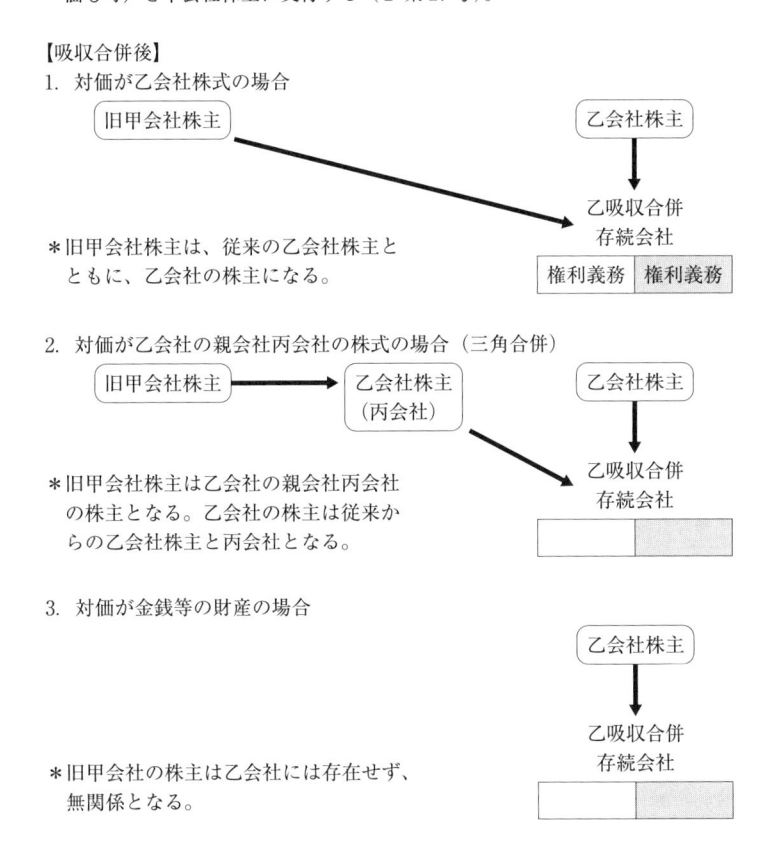

   - 旧甲会社株主 ━━▶ 乙吸収合併存続会社
   - 乙会社株主 ━━▶ 乙吸収合併存続会社
   - 権利義務｜権利義務

   ＊旧甲会社株主は、従来の乙会社株主とともに、乙会社の株主になる。

2. 対価が乙会社の親会社丙会社の株式の場合（三角合併）

   - 旧甲会社株主 ━━▶ 乙会社株主（丙会社） ━━▶ 乙吸収合併存続会社
   - 乙会社株主 ━━▶ 乙吸収合併存続会社

   ＊旧甲会社株主は乙会社の親会社丙会社の株主となる。乙会社の株主は従来からの乙会社株主と丙会社となる。

3. 対価が金銭等の財産の場合

   - 乙会社株主 ━━▶ 乙吸収合併存続会社

   ＊旧甲会社の株主は乙会社には存在せず、無関係となる。

吸収分割

(注) ⟶ は株式所有、
⟹ は再編行為を表す。

【吸収分割行為】

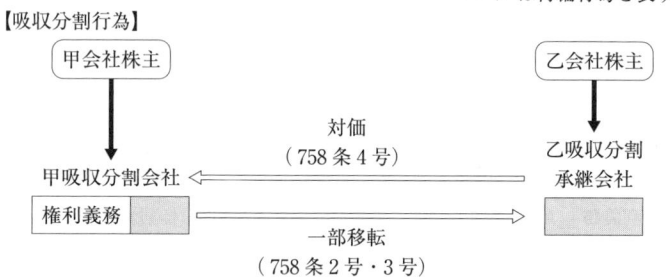

甲会社株主 → 甲吸収分割会社（権利義務）

乙会社株主 → 乙吸収分割承継会社

対価（758条4号）：甲吸収分割会社 ⟸ 乙吸収分割承継会社
一部移転（758条2号・3号）：甲吸収分割会社 ⟹ 乙吸収分割承継会社

＊乙会社が甲会社の権利義務の一部（分割事業）を承継し、乙会社がその対価（株式に限らず、また、無対価も可）を甲会社株主に交付する（2条29号）。

【吸収分割後】

1. 対価が乙会社株式の場合

甲会社株主 → 甲吸収分割会社（権利義務） → 乙吸収分割承継会社
乙会社株主 → 乙吸収分割承継会社

2. 対価が乙会社の親会社丙会社の株式の場合（三角分割）

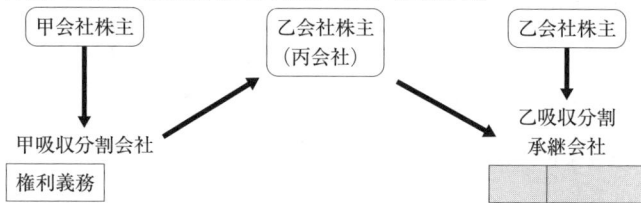

甲会社株主 → 甲吸収分割会社（権利義務） → 乙会社株主（丙会社） → 乙吸収分割承継会社
乙会社株主 → 乙吸収分割承継会社

3. 対価が金銭等の財産の場合

甲会社株主 → 甲吸収分割会社（権利義務）
乙会社株主 → 乙吸収分割承継会社

株式交換

(注) ⟶ は株式所有、
⟹ は再編行為を表す。

【株式交換行為】

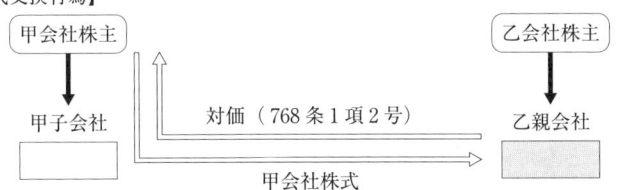

甲会社株主 → 甲子会社
乙会社株主 → 乙親会社
対価（768条1項2号）
甲会社株式

＊乙会社が甲会社株主から甲会社発行済株式全部を取得し、乙会社がその対価（乙会社株式に限らず、乙会社の親会社丙会社株式や金銭でもよい。また、無対価も可）を甲会社株主に交付する（2条31号）。

【株式交換後】

1. 対価が乙会社株式の場合

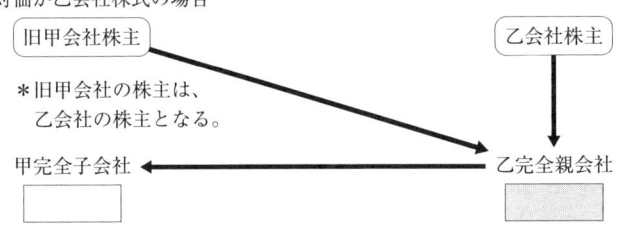

旧甲会社株主 → 乙完全親会社
乙会社株主 → 乙完全親会社
乙完全親会社 → 甲完全子会社

＊旧甲会社の株主は、乙会社の株主となる。

2. 対価が乙会社の親会社丙会社の株式の場合（三角株式交換）

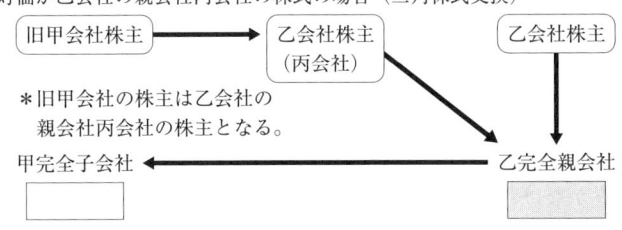

旧甲会社株主 → 乙会社株主（丙会社）
乙会社株主 → 乙完全親会社
乙会社株主（丙会社）→ 乙完全親会社
乙完全親会社 → 甲完全子会社

＊旧甲会社の株主は乙会社の親会社丙会社の株主となる。

3. 対価が金銭等の財産の場合

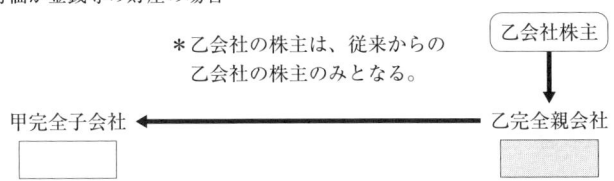

乙会社株主 → 乙完全親会社
乙完全親会社 → 甲完全子会社

＊乙会社の株主は、従来からの乙会社の株主のみとなる。

③ 消滅会社等及び存続会社等において、株主保護手続、新株予約権者の保護手続、債権者保護手続を行う。
これらの保護手続を行う順序は問わない。債権者保護手続（公告及び知れている債権者への催告）、株式買取請求手続（効力発生日の20日前の日までに株主へ通知又は公告）、新株予約権買取請求手続（効力発生日の20日前の日までに新株予約権者へ通知又は公告）を、株主総会の会日に先立って開始しておくと、株主総会の決議の日の翌日を効力発生日とすることも可能である。
④ 吸収型再編においては、吸収合併契約等で定めた効力発生日に効力が生ずる。吸収合併等の登記は、第三者に対する対抗要件である。
⑤ 効力発生日後、吸収分割会社・完全子会社は791条に基づき、存続会社等については801条に基づき、事後開示書面を備置き・閲覧等に供する。
⑥ 存続会社の役員は吸収合併によって当然に変更は生じないから、存続会社の役員を変更する場合は、別に退任・選任の手続が必要である。

● (吸収合併契約等に関する書面等の備置き及び閲覧等) ════════

第782条 次の各号に掲げる株式会社（以下この目において「消滅株式会社等」という。）は、吸収合併契約等備置開始日から吸収合併、吸収分割又は株式交換（以下この節において「吸収合併等」という。）がその効力を生ずる日（以下この節において「効力発生日」という。）後6箇月を経過する日（吸収合併消滅株式会社にあっては、効力発生日）までの間、当該各号に定めるもの（以下この節において「吸収合併契約等」という。）の内容その他法務省令〔施則182条-184条〕で定める事項を記載し、又は記録した書面又は電磁的記録をその本店に備え置かなければならない。
　一　吸収合併消滅株式会社　吸収合併契約
　二　吸収分割株式会社　吸収分割契約
　三　株式交換完全子会社　株式交換契約
2　前項に規定する「吸収合併契約等備置開始日」とは、次に掲げる日のいずれか早い日をいう。
　一　吸収合併契約等について株主総会（種類株主総会を含む。）の決議によってその承認を受けなければならないときは、当該株主総会の日の2週間前の日（第319条第1項の場合にあっては、同項の提

案があった日）
二　第785条第3項の規定による通知を受けるべき株主があるときは、同項の規定による通知の日又は同条第4項の公告の日のいずれか早い日
三　第787条第3項の規定による通知を受けるべき新株予約権者があるときは、同項の規定による通知の日又は同条第4項の公告の日のいずれか早い日
四　第789条の規定による手続をしなければならないときは、同条第2項の規定による公告の日又は同項の規定による催告の日のいずれか早い日
五　前各号に規定する場合以外の場合には、吸収分割契約又は株式交換契約の締結の日から2週間を経過した日
3　消滅株式会社等の株主及び債権者（株式交換完全子会社にあっては、株主及び新株予約権者）は、消滅株式会社等に対して、その営業時間内は、いつでも、次に掲げる請求をすることができる。ただし、第2号又は第4号に掲げる請求をするには、当該消滅株式会社等の定めた費用を支払わなければならない。
一　第1項の書面の閲覧の請求
二　第1項の書面の謄本又は抄本の交付の請求
三　第1項の電磁的記録に記録された事項を法務省令〔施則226条〕で定める方法により表示したものの閲覧の請求
四　第1項の電磁的記録に記録された事項を電磁的方法であって消滅株式会社等の定めたものにより提供することの請求又はその事項を記載した書面の交付の請求

1　消滅会社等における事前開示
　本条は、①吸収合併消滅会社のほか、②吸収分割会社、③株式交換完全子会社つまり吸収型組織再編行為において他の会社に吸収される会社（「消滅会社等」）における開示の定めである。本条の趣旨は、株主総会における議決権行使や株式買取請求等の株主による権利行使及び債権者保護手続における異議や新株予約権買取請求等の債権者による権利行使の判断資料を提供することにある。
　消滅会社等は、本条2項所定の吸収合併契約等備置開始日から、吸収合併

消滅会社にあっては吸収合併の効力発生日までの間（吸収合併消滅会社は、効力発生日に消滅するため）、吸収分割会社又は株式交完契約会社にあっては、吸収分割又は株式交換がその効力を生ずる日の後6か月を経過する日までの間、吸収合併契約、吸収分割契約、株式交換契約その他法務省令（施則182条-184条）で定める事項（事前開示事項）を記載・記録した書面・電磁的記録のその本店に備え置く開示（株主・債権者に対するもの）について定める。このような開示を必要とする理由は次のとおりである。

合併と株式交換の場合は、消滅会社と株式交換完全子会社の株主の地位が失われるという重大な結果を生ずる。

また、吸収分割会社の場合は、株主の地位の喪失はないが、会社の規模の縮小が生じ（会社は分割対価を受ける）、株式価値の内容が変わるため、その喪失の対価や持株の価値の変動の内容によって不利益を受ける株主は、保護されるべきである。

更に、合併消滅会社の債権者は存続会社の債権者になるが、それによる不利益発生の有無・程度を知るための情報開示が必要である。吸収分割会社の債権者は、その債務者（請求の相手）が分割承継会社に変更することがあり、合併消滅会社の債権者と同じ立場である（株式交換子会社の債権者は、原則として影響を受けない）（稲葉・解明686-687頁）。

2　事前開示事項

本条及び施行規則182条ないし184条により、吸収合併消滅株式会社、吸収分割株式会社及び株式交換完全子会社の開示事項がそれぞれ以下のとおり定められている。事前開示事項として、本条1項に関する施行規則182条ないし184条のほか、794条1項に関する施行規則191条ないし193条、803条1項に関する施行規則204条ないし206条の定めがある。

(1)　吸収合併消滅会社の場合

ア　吸収合併契約等の内容（本条1項1号）

吸収合併契約、吸収分割契約、株式交換契約の内容は、749条、751条、758条、760条、768条、770条の定めるところであるが、当然開示されるべき事項である。

イ　合併対価の相当性に関する事項（施則182条1項1号・3項）

合併対価（吸収合併存続会社が吸収合併に際して吸収合併消滅会社の株主に対してその株式に代えて交付する金銭等（施則182条2項））は、施行規則182条1項1号を受けて、以下のように同条3項が定めている。

(ア)　合併対価の総数又は総額の相当性（施則182条3項1号）

対価の総数又は総額を決定する際に当事会社の企業価値を算定するための方法や、算定結果、その他対価の総数・総額の決定につき考慮された事情、更には決定に至る経緯などである。なお、信頼できる第三者機関から合併対価の総数・総額が算定されたことを示す具体的な事実は、合併対価の総数・総額の決定過程やその算定根拠等の合理性を示す事情として本事項に含まれると解される（別冊商事法務編集部編「合併等対価の柔軟化への実務対応」別冊商事 309.28）。

(イ) 合併対価としてその種類の財産を選択した理由（施則 182 条 3 項 2 号）

合併対価は、原則的として存続会社の株式であるが、これに限られない（749 条 1 項 2 号）。特定の種類の財産を対価とする選択の理由を明らかにする必要がある。対価の種類にもよるが、総じて株主の利益保護（換価の容易性等）や会社の資本政策（100 パーセント子会社化の達成目的等）の記載が一般的である。稲葉・解明 691 頁は、「金銭（交付金合併）や親会社の株式（三角合併）が想定される種類の財産であるが、株主の締出しの場合には、少数株主排除（結果としての会社運営の自由度の向上）が目的としかいいようがない（公共の利益のための収用の場合とは異なり、私益である）。その場合の少数者排除を正当化するには、締出しによって得られる利益の少数株主への配分とその開示が問題になる。」という。

(ウ) 合併当事会社に共通の支配株主等がいる場合は、少数株主の利益を害しないように留意した事項（施則 182 条 3 項 3 号）。

例えば、同一企業グループに属する会社間の組織再編では、消滅会社等の少数株主の利益が害される危険性があるので、それを防止するための事項とされる。具体的には、合併対価の決定過程において企業グループとは全く利害関係がなく独立した立場での評価の実施を期待できる第三者機関の評価を求め、これに従って合併対価を決定したことなどである（別冊商事法務編集部編「合併等対価の柔軟化への実務対応」別冊商事 309.28）。

ウ　合併対価について参考となるべき事項（施則 182 条 1 項 2 号・4 項）

施行規則 182 条 1 項 2 号の合併対価の参考事項は、同条 4 項により具体化されている。

(ア) 合併対価が存続会社の株式・持分の場合（182 条 4 項 1 号）

①存続会社の定款、②合併対価株式の換価方法に関連する事項（換価市場、取引の媒介者等、譲渡制限等処分の制約）、③市場価格に関する事項、④存続会社の過去 5 年間に決算期が到来した事業年度の貸借対照表（最終事業年度のもののほか、その内容が公告されているもの、有価証券報告書の提出に伴うものを除く）とされる。

稲葉・解明692頁は、次の(ⅰ)ないし(ⅴ)の批判をする。(ⅰ)最終事業年度のものについては、施行規則182条1項4号、6項による。法定の公示がされている場合には不要とされるが、その場合でも、具体的な公示方法・時期等が明確でない状況もあり得るから、その確認方法を示すべきであるが、その手当てに欠ける。(ⅱ)存続会社の過去の計算書類等の開示につき、貸借対照表だけでなく、損益計算書・株主資本変動計算書を含む計算書類が開示されるべきであり、会社が対処すべき課題や業績に関する記載がある事業報告も開示されるべきである（施行規則182条4項2号ト(1)は、事業報告の開示に関するものである）。(ⅲ)これらの参考事項をどう参酌したかが、施行規則182条3項の合併対価の相当性に関する事項になるが、判断要素はこれだけではないし、市場価格がない場合には、将来の収益やキャッシュフローの見通し、シナジーの発生の見込み等が問題になるが、具体的な開示事項の定めが欠ける。(ⅳ)株価算定の方法に応じ、それに用いた数値を明らかにし、採用した方式、算出過程、算出者、交渉経過等を明らかにする必要がある。これらのデータ（情報）は、会社に偏在しており、株主が株式買取請求の判断をする場合も、裁判所が株式の公正な価格の決定をする場合も、会社から提供を受けるほかはなく、開示されるべきである。

(イ) 合併対価が存続会社以外の法人等の株式・持分等の場合（施則182条4項2号）

①定款（これに相当するもの）、②会社でない場合には、剰余金配当請求権・残余財産分配請求権・総会議決権・合併等の場合の株式買取請求権・資料開示請求権に相当する権利その他の合併対価に係る権利の内容、③株主等に対し日本語以外の言語による情報提供をするものであるときは、その言語、④合併効力発生日に見込まれる総会議決権等の総数、⑤日本で登記されていない場合は、代表者の氏名又は名称・住所及び役員の氏名又は名称、⑥最終事業年度の計算書類（これに相当するもの）と監査の概要、⑦最終事業年度の事業報告の内容（相当する事項の内容）と監査の概要、⑧過去5年間に決算期が到来した事業年度の貸借対照表（最終事業年度のもののほか、その内容が公告されているもの、有価証券報告書の提出に伴うものを除く）、⑨(ア)②及び③に相当する事項、⑩合併対価につき払戻請求ができるときは、その手続に関する事項とされる。

(ウ) 合併対価の全部又は一部が存続会社の社債・新株予約権・新株予約権付社債の場合（施則182条4項3号）

この場合の参考事項の定めは、株式が対価の場合の(ア)から、①（定款）を除いた②ないし④である。稲葉・解明693頁は、「新株予約権はエクイテ

ィであるが、社債は会社に対する債権である。その意味は、全く異なる。社債は交付金に支払期限の猶予を与えるものであり、その対価としての意味が問題である（将来の信用・弁済見込み）。かつての合併交付金は、株式単位との関係での合併比率の微調整のために用いられるものであったが、ここで合併対価の全部が社債とされると、締出しそのものである（株主になる余地はない）。また、新株予約権の価値の算定については、オプション価格評価モデルとして２項モデル、ブラック＝ショールズ・モデル、モンテカルロ・シュミレーション等があるが、その主要な変数である株価変動率（将来の株価の変動の見込み）は恣意的になる危険が高い（特にシナジーの見込みなどは誰にも確実なことはいえない）。合併対価にこれを用いると不確実性が倍加する。この場合にその相当性を判断するための参考事項が、社債が対価の場合と同じであるというようなことは、考えられない。」という。

(エ) ①合併対価の全部又は一部が吸収合併存続会社以外の法人の社債・新株予約権・新株予約権付社債などの場合（施則182条4項4号）、②合併対価の全部又は一部が(ア)(イ)(ウ)及び①の株式・社債・新株予約権・新株予約権付社債等及び金銭以外の財産である場合（同項5号）

　①の場合は（ア）②、③及び（イ）⑤ないし⑧の事項、②の場合は（ア）②、③の事項である。

　稲葉・解明693-694頁は、「〔施行規則182条〕4項4号は……3号の場合以上に問題があることは、明らかである。4項5号は、……換価方法と市場価格に関する情報とされる。合併対価が金銭である場合の参考事項の定めはない。相当性に関する事項で網羅されていると考えたことになるが（なお、〔施行規則〕182条1項4号・6項の計算書類に関する事項によって、近時の財産および経営成績は示されるが、企業価値の算定のためには足りない）、どうも具体性に欠ける。この場合には、買取請求権が行使された場合の公正な買取価格を判断するに足る情報が開示される必要がある（この対価は、これと同等でなければならない）。この情報開示が不十分であれば、手続進行の差止めが許されるべきである（明文の定めを置くことが適当である）。」という。

エ　吸収合併に係る新株予約権の定めの相当性に関する事項（施則182条1項3号・5項）

　吸収合併に係る新株予約権の定め（749条1項4号・5号、751条1項5号・6号）がある場合についての相当性に関する事項は、施行規則182条1項3号・5項が定める。稲葉・解明694頁は、「〔施行規則〕182条5項によって、その定めの相当性についての説明が求められる。具体性に欠け、不明

確なことは、株式の合併対価の相当性に関する事項（〔施行規則〕182条4項1号）と同じである。」という。
　交付金合併・三角合併等の場合は、消滅会社株主に対し、「合併対価の相当性に関する事項」として、合併対価としてその種類の財産が選択された理由（施則182条3項2号）、「合併対価について参考となるべき事項」として、合併対価の権利内容・換価方法等（同条4項）が記載される。消滅会社が存続会社の子会社等であって消滅会社に少数株主がいるときは、消滅会社株主に対し、「合併対価の相当性に関する事項」として、少数株主の利益を害さないように留意した事項（同条3項3号）を記載する。この相当性の記載の欠缺又は不実記載は、合併の無効事由と解される（江頭・株式会社法806、820頁）。
オ　計算書類等に関する事項（施則182条1項4号・6項）
(ア)　存続会社の計算書類等に関する事項（施則182条6項1号）
　a　最終事業年度の計算書類等（ない場合は、成立の日の貸借対照表）、臨時計算書類等
　　吸収合併において、消滅会社は相手方当事会社の最終事業年度に係る計算書類等（貸借対照表、損益計算書、株主資本等変動計算書、個別注記表、事業報告、監査報告及び会計監査報告）の内容を開示する必要がある。存続会社において最終事業年度がない場合には存続会社の成立日における貸借対照表でよく、最終事業年度の末日後の日を臨時決算日とする臨時計算書類等がある場合は、その書類の内容も開示する必要がある。なお、事前開示書類の備置きを行う会社自身の計算書類等は、通常の手続により開示されるため（442条）、改めて開示する必要はない。
　b　重要な後発事象
　　消滅会社及び相手方当事会社につき、最終事業年度の末日後に重要な財産の処分、重大な債務の負担その他の会社財産の状況に重要な影響を与える事象が発生した場合は、その内容を開示する。これは、最終事業年度の末日後に生じた合併比率等に影響を与えるからである（柴田和史・会社法コンメ(18)43頁）。
　c　新たな事業年度が生じた場合
　　効力発生日までの間に、新たな事業年度が存することとなった場合、すなわち新たに計算書類等が確定した場合（438条2項、439条、436条3項）、最新の計算書類等も開示する必要がある。この場合、上記の最終事業年度の末日後に発生した事象としては、その新たな最終事業年度の末日後に生じた事項の内容を開示すれば足りる。なお、計算書類等以外の開示項目について

も、事前開示書類の備置開始後、備置書類で開示した事項に変更が生じた場合には、変更後の事項の開示が必要である（施則182条1項6号ハ）。
　d　批　　判
　　aないしcの開示で足りるかどうかについては、次のような批判（稲葉・解明695頁）がある。まず、少なくとも、最新の財務情報は、確保されるべきであるという。つまり、最終の計算書類の基準時が例えば半年以上前の場合にも、後発事象の開示だけで足りるかどうかは、その具体的な内容が明確でないだけに疑問がある（影響の見込額の開示もない）。期末の計算書類や臨時計算書類とは違って監査手続は整備されていないが、可能な限りの監査を経てその信頼性を確保することは要求できたはずである。事業年度を経過していない場合には、特段の信用性確保の手続がない成立時の貸借対照表だけでよいとされているが、その後全く財産状況の変更がない合併の受け皿会社の場合はともかく、これを原則とすることは、極めて疑問である。最新の計算書類の作成を求めるべきであり、特段の事由がある場合について、例外として作成を要しないとすれば足りるという。
（イ）消滅会社（清算会社を除く）の計算書類・財産状態に関する事項（重要な後発事象、最終事業年度がない場合の成立の日の貸借対照表）（施則182条6項2号）
　　消滅会社自体の計算書類等については、442条による開示があることを前提として、それで賄われる。会社成立から事業年度が経過していないときは、成立時の貸借対照表を開示する（施則182条6項2号ロ）。
　カ　存続会社の債務の履行の見込みに関する事項（施則182条1項5号）
　　吸収合併が効力を生ずる日以後における吸収合併存続会社の債務（789条1項により吸収合併についての異議を述べることができる債権者に対して負担する債務に限る）の履行の見込みに関する事項であり、会社は債務の履行の見込みがあると考えていること、及び、その理由を記載する。履行の見込みの有無は、組織再編当事会社の資産状況や経営状況などを総合的に勘案して判断され、当事会社が実質債務超過か否かは、その履行の見込みの有無の判断のための一資料となり得るが、最終的にはキャッシュ・フロー等の様々な要素を勘案した結果を開示する必要がある。これは、会社債権者が合併に対して異議を述べるか否かの判断資料であるところ、江頭・株式会社法806頁は、「事実の点で記載の欠缺または不実記載がなければ、記載事実から当事会社が『債務の履行の見込みがある』との結論を導いたことに客観的合理性がなくても、そのこと自体は虚偽記載と評価されない。事実の点で記載の欠缺又は不実記載があれば、合併の無効原因となる」とする。

キ　事前開示事項の変更（施則182条1項6号）
　開示開始後開示事項に変更が生じたときは、変更後の事項を開示する。
(2) 吸収分割会社の場合
ア　吸収分割契約の内容（本条1項2号）
　開示されるべき吸収分割契約の内容は、758条各号に定められている。758条1号から7号までが、①当事会社の特定、②分割承継させる資産、債務、雇用契約その他の権利義務、③承継させる当事会社の株式、④分割対価（金銭等）、⑤分割会社の新株予約権者に対する新株予約権付与に関する事項、⑥新株予約権の割当てに関する事項、⑦効力発生日である。
イ　吸収分割の対価の相当性に関する事項（施則183条1号）
　分割対価の相当性に関する事項については、合併の場合ほど詳細な定めはないが、株主が賛否の判断をすることができる理由を明らかにする必要がある。
ウ　会社分割と同時に行う剰余金の配当等に関する事項（施則183条2号）
　施則183条2号は、吸収分割と同時に全部取得条項付種類株式の取得対価又は剰余金の配当として、吸収分割会社の株主に対し吸収分割の対価である吸収分割承継会社の株式・持分を分配する際（人的分割をする際）に（758条8号、760条7号）、これらに関する決議が行われている場合には、配当等の内容についての開示（171条1項各号、454条1項各号）と同様の事項の記載を求めている。本号の規定は、組織再編の類型の中でも会社分割に特有のものである。この開示が求められるのは、その株式・持分を取得する吸収分割会社の株主及び債権者にとって重要な影響を及ぼすからである。
エ　吸収分割契約に定める新株予約権の定めの相当性に関する事項（施則183条3号）
オ　吸収分割承継会社の計算書類等に関する事項（最終事業年度の計算書類等（ない場合は、成立の日の貸借対照表）、臨時計算書類等、重要な後発事象）（施則183条4号）
カ　吸収分割株式会社の計算書類・財産状態に関する事項（重要な後発事象、最終事業年度がない場合の成立の日の貸借対照表）（施則183条5号）
　分割会社の計算に関する事項については、各事業年度の計算書類等は、会社での備置開示がされていることを前提とし、後発事象（施則183条5号イ）と事業年度が経過していないときは、会社成立時の貸借対照表（施則183条5号ロ）の開示が求められる。
キ　吸収分割株式会社及び吸収分割承継会社の債務（吸収分割株式会社が吸収分割により吸収分割承継会社に承継させるものに限る）の履行の見込み

に関する事項（施則183条6号）

　本法制定前は、「各会社ノ負担スベキ債務ノ履行ノ見込アルコト及其ノ理由ヲ記載シタル書面」の開示が要求されていた（旧商374条ノ2第1項3号、374条ノ18第1項3号）。そして「債務ノ履行ノ見込アルコト」とは、債務の履行の見込みがあることが実体的な会社分割の要件であると解され、各会社のいずれかにその見込みがないと会社分割の無効事由となるとされていた。因みに、名古屋地判平成16年10月29日判時1881.122は、「商法374条の2第1項3号には、分割会社が本店に備え置くべき書類として『各会社の負担すべき債務の履行の見込みあること及びその理由を記載したる書面』が挙げられているが、同規定は、形式的にかかる書面の作成、備え置き義務を定めているにとどまらず、分割会社が負っていた債務を分割計画書の記載に従って新設会社が承継する場合においても、分割会社が同債務を負う場合においても、その履行の見込みがない限り、会社分割を行うことができないことを定めているものと解される。そして、同規定の趣旨が会社債権者の保護にあることからすると、この債務履行の見込みは、分割計画書の作成時点、分割計画書の本店備え置き時点、分割計画書の承認のための株主総会の各時点だけ存すればよいのではなく、会社分割時においてこれが存することを要するものと解するのが相当である。また、債務の履行の見込みは、各会社が負担する個々の債務につき、その弁済期における支払について存在することを要すると解される。」と判示し、この要件を充足していないとして会社分割（新設分割）を無効とした。

　本法においては、施行規則183条6号等は「履行の見込み」の開示を要求するのみである。そこで、相澤他・論点解説674頁は、「履行の見込みがあること」を、組織再編の自由化の観点から会社分割の実体要件ではないと解し、「会社分割をする場合において、仮に債務の履行の見込みがないというときは、上記事前備置書類にその旨を記載すれば足り、そのために会社分割が無効となることはない。」とし、併せて、「債務の履行の見込みのない会社分割を行った場合、債権者保護手続の対象とならない債権者においては、会社分割による財産移転行為について詐害行為取消権（民424条）を行使する余地がある。この場合、詐害行為取消権が行使されても、個別の財産移転が取消権の行使対象者との間で相対的に取り消されるだけであるから、会社分割の効力自体には影響を与えない。」という。

　これに対し、規定文言の変更は、本法制定前の登記実務が規定文言を理由に分割会社・承継会社・設立会社のいずれかが帳簿上債務超過であると分割登記を受理しなかった点を改めさせるためであったとして、本法において

も、いずれかの会社に債務の履行の見込みがないことが会社分割の無効事由であることは変わらないとする見解が説かれており（江頭・株式会社法840-841頁）、学説としては多数説といえよう。

訴訟物　　Xの Y1株式会社及び Y2株式会社に対する吸収分割無効権
　　　　　＊本件は、Y1会社が化粧品部門事業の全部を Y2株式会社に承継させる吸収分割をしたところ、会社債権者に対する履行の見込みについて、「履行の見込みは薄い」と記載されていたことを理由として吸収分割無効の訴え（形成訴訟）が提起された事案である。
　　　　　＊請求の趣旨は、「Y1会社が、平成○年○月○日、Y2会社に対してなした会社分割は、これを無効とする。」である。

請求原因　1　Y1会社は Y2会社との間で、Y1会社の化粧品部門の事業の全部を Y2会社に承継させる吸収分割契約を締結したこと
　　　　　2　請求原因1の吸収分割契約の定める効力発生日が到来したこと
　　　　　3　Xは、吸収分割について承認をしなかった債権者であること
　　　　　　＊828条2項9号に基づく事実である。
　　　　　4　請求原因1の吸収分割の会社債権者に対する履行の見込みについて、「履行の見込みは薄い」と記載されていたこと
　　　　　　＊債務の履行の見込みがなければ会社分割無効原因となるとする見解（江頭・株式会社法840-841頁）による。前掲平成16年名古屋地判参照。
　　　　　5　本訴は、吸収分割の効力が生じた日から6か月以内に提起されたこと
　　　　　　＊828条1項9号に基づく事実である。

ク　事前開示事項の更新（施則183条7号）
　開示事項の変更に係るもので、吸収合併の場合（施則182条1項6号）と同じである。

(3) 株式交換完全子会社の場合
　株式交換完全子会社の開示についても、吸収合併消滅会社・吸収分割会社とともに本条が定める。法務省令による事前開示事項は、施行規則184条が定める。新株予約権の承継、交換対価の柔軟化を認めたことにより利害関係

が複雑化し、また、新株予約権付社債等の承継を認めたため、債権者保護の問題が生ずることとなった。施行規則184条の開示は、吸収合併消滅会社に関する施行規則182条とほぼ同じである。

ア　株式交換契約の内容（本条1項3号）
　株式交換契約の内容は、768条が定めている（当事会社の特定のほか、株式又は新株予約権に対する交換対価に関する事項、効力発生日等）。
イ　交換対価の相当性に関する事項（施則184条1項1号・3項）
ウ　交換対価について参考となるべき事項（施則184条1項2号・4項）
エ　株式交換に係る新株予約権の定めの相当性に関する事項（施則184条1項3号・5項）
オ　計算書類等に関する事項（施則184条1項4号・6項）
（ア）株式交換完全親会社の計算書類等に関する事項（最終事業年度の計算書類等（ない場合は、成立の日の貸借対照表）、臨時計算書類等、重要な後発事象）（施則184条6項1号）
（イ）株式交換完全子会社の計算書類・財産状態に関する事項（重要な後発事象、最終事業年度がない場合の成立の日の貸借対照表）（施則184条6項2号）
カ　株式交換完全親会社の債務の履行の見込みに関する事項（789条1項の規定により株式交換について異議を述べることができる債権者があるとき）（施則184条1項5号）
キ　事前開示事項の更新（施則184条1項6号）

3　吸収合併契約等備置開始日の意義
　本条は、株主総会における議決権行使や株式買取請求等の株主による権利行使及び債権者保護手続における異議や新株予約権買取請求等の債権者による権利行使の判断資料を提供するためにあるから、事前備置きを開始すべき日（「吸収合併契約等備置開始日」）は、原則として、①株主総会の2週間前の日（書面による同意で株主総会を省略する場合には目的事項の提案があった日）、②株式買取請求に係る通知又は公告の日、③新株予約権買取請求に係る通知又は公告の日、及び④債権者異議手続に係る公告又は催告の日のうち、最も早い日である（本条2項1号-4号）。ただし、吸収分割又は株式交換の場合は、株主総会決議、株式買取請求、新株予約権買取請求及び債権者異議の全手続が不要となるとき（例えば、分割会社における簡易組織再編に該当する会社分割において権利のみを承継するとき等）には、吸収分割契約又は株式交換契約の締結の日から2週間を経過した日である（本条2項5

号)。組織再編の当事会社ごとに、別個にこれらの手続を行う結果、それぞれについて吸収合併契約等備置開始日が定まる（酒井真・論点体系(5)422-423頁）。

4　事前備置開始のための組織再編契約に係る機関承認の要否
　事前開示事項の中には、各組織再編契約（吸収合併契約、吸収分割契約及び株式交換契約）の内容が含まれている（本条1項）。この契約内容の開示に関連して、備置きに先立って当事会社の機関承認（例えば、取締役会設置会社の場合の取締役会決議）を受ける要否、当事者間で締結済みの要否が問題となる。閲覧権者がその組織再編について判断できる程度に確定的である必要があるから、機関承認を受けている必要があると解される。また、株主総会決議・株式買取請求手続・新株予約権買取請求手続・債権者保護手続のいずれの手続も必要としない吸収分割・株式交換を行う場合は、吸収分割契約作成又は株式交換契約の締結の日から2週間を経過した日から事前開示書類を備え置くとされているから、事前開示の対象となる組織再編契約は当事者間で締結済みのものを予定していると解される（酒井真・論点体系(5)423-424頁、森・濱田松本法律事務所編・新・会社法実務問題シリーズ9「組織再編」226頁）。

5　吸収合併契約等に関する書面等の閲覧
　消滅株式会社等の株主及び債権者（株式交換完全子会社にあっては、株主及び新株予約権者）は、消滅株式会社等に対して、その営業時間内は、いつでも、本条3項各号所定の書面等の閲覧・謄写を請求することができる。例えば、吸収合併の消滅会社の株主に、存続会社の株式以外の財産を交付した場合、その株主には、吸収合併の効力発生日後は、株主の資格では、事前・事後備置書類の閲覧等の請求は認められない（本条3項、794条3項、801条4項のいずれにも該当しない）。この場合であっても、消滅会社の株主が同時に消滅会社又は存続会社の債権者たる地位を有していれば、その地位に基づいて事後備置書面等の閲覧等を請求し得る。例えば、株式買取請求権を行使した株主は、効力発生日後は、存続会社の債権者たる地位に立ち、事前・事後備置書類の閲覧等を請求し得る（相澤他・論点解説709頁）。

訴訟物　　XのY株式会社に対する閲覧謄写請求権
　　　　　＊本件は、吸収合併消滅会社（又は、吸収分割会社、株式交換完全子会社）の株主等XがY会社に対して、本条1項の書

面等の閲覧等の請求を求めた事案である。

請求原因
1　Y会社は、①吸収合併消滅会社、②吸収分割会社又は③株式交換完全子会社であること
2　Xは、Y会社の株主及び債権者（株式交換完全子会社では、株主及び新株予約権者）であること
　＊事前開示書類の閲覧等の請求権者（本条3項）は、合併及び会社分割の場合は、消滅会社等の株主及び債権者（新株予約権者を含む）である。吸収分割株式会社の債権者については、自己の債権が吸収分割の対象となっているか否かを問わない。株式交換完全子会社については、株主及び新株予約権者とされている。
3　Xは、Y会社に対して、①本条1項の書面の閲覧の請求、②本条1項の書面の謄本又は抄本の交付の請求、③本条1項の電磁的記録に記録された事項を紙面又は映像面に表示する方法（施則226条27号）により表示したものの閲覧の請求、④本条1項の電磁的記録に記録された事項を電磁的方法であって消滅株式会社等の定めたものにより提供することの請求又はその事項を記載した書面の交付の請求をしたこと

6　違反の効果
　事前開示書類を備え置かない場合、虚偽の記載があるような場合には、組織再編の無効原因となり得る（江頭・株式会社法809頁等）。また、株主が、開示書類に虚偽記載がありそのために合併比率が不利なことに気づかず、株式買取請求の機会を逸した場合などには、429条1項に基づき取締役が第三者（株主）に責任を負う場合もあろう。

訴訟物　XのY1株式会社及びY2株式会社に対する株式交換無効権
　＊本件は、Y1会社とY2会社が株式交換をしたところ、事前開示を怠ったことを理由とする株式交換無効の訴え（形成訴訟）が提起された事案である。

請求原因
1　Y1会社とY2会社は、Y1会社を完全親会社、Y2会社を完全子会社とし、株式交換の日を平成〇年〇月〇日とする株式交換契約を締結したこと
2　請求原因1の株式交換契約に定める株式交換の効力発生日が到来したこと

3　Xは、株式交換の効力が生じた日において株式交換契約をした会社の株主等若しくは社員等であった者又は株式交換契約をした会社の株主等、社員等、破産管財人若しくは株式交換について承認しなかった債権者であること
　　＊828条2項11号に基づく事実である。
4　Y1会社は、株式交換契約の承認決議を行う株主総会の日の2週間前の日等の所定の日のうちいずれか早い日から株式交換の日後6か月を経過する日まで、株式交換契約の内容その他法務省令（施則184条）で定める事項を記載又は記録した書面又は電磁的記録を本店に備置きをしなかったこと
　　＊株式交換完全子会社及び株式交換完全親会社は、株式交換契約の承認決議を行う株主総会の日の2週間前の日等の所定の日のうちいずれか早い日から株式交換の日後6か月を経過する日まで、株式交換契約の内容その他法務省令（施則184条）で定める事項を記載し、又は記録した書面又は電磁的記録をその本店に備置きしなければならない。そして、株主は、これらの備置きに係る書面について、閲覧・謄本交付等の請求をすることができる（完全子会社につき782条1項・3項、施則184条、完全親会社につき794条1項・3項、施則193条）。そして、これらの書面等の備置きを怠ることは、株主の株式交換に関する判断権を不当に奪うことになりかねず、その重大性の故に、株式交換無効の原因になる。
5　本訴は、株式交換の効力が生じた日から6か月以内に提起されること
　　＊828条1項11号に基づく事実である。

● (吸収合併契約等の承認等)

第783条　消滅株式会社等は、効力発生日の前日までに、株主総会の決議によって、吸収合併契約等の承認を受けなければならない。
　2　前項の規定にかかわらず、吸収合併消滅株式会社又は株式交換完全子会社が種類株式発行会社でない場合において、吸収合併消滅株式会社又は株式交換完全子会社の株主に対して交付する金銭等（以下この条において「合併対価等」という。）の全部又は一部が持分等（持分会社の持分その他これに準ずるものとして法務省令〔施則185条〕で

定めるものをいう。以下この条において同じ。）であるときは、吸収合併契約又は株式交換契約について吸収合併消滅株式会社又は株式交換完全子会社の総株主の同意を得なければならない。

3　吸収合併消滅株式会社又は株式交換完全子会社が種類株式発行会社である場合において、合併対価等の全部又は一部が譲渡制限株式等（譲渡制限株式その他これに準ずるものとして法務省令〔施則186条〕で定めるものをいう。以下この章において同じ。）であるときは、吸収合併又は株式交換は、当該譲渡制限株式等の割当てを受ける種類の株式（譲渡制限株式を除く。）の種類株主を構成員とする種類株主総会（当該種類株主に係る株式の種類が2以上ある場合にあっては、当該2以上の株式の種類別に区分された種類株主を構成員とする各種類株主総会）の決議がなければ、その効力を生じない。ただし、当該種類株主総会において議決権を行使することができる株主が存しない場合は、この限りでない。

4　吸収合併消滅株式会社又は株式交換完全子会社が種類株式発行会社である場合において、合併対価等の全部又は一部が持分等であるときは、吸収合併又は株式交換は、当該持分等の割当てを受ける種類の株主の全員の同意がなければ、その効力を生じない。

5　消滅株式会社等は、効力発生日の20日前までに、その登録株式質権者（次条第3項に規定する場合における登録株式質権者を除く。）及び第787条第3項各号に定める新株予約権の登録新株予約権質権者に対し、吸収合併等をする旨を通知しなければならない。

6　前項の規定による通知は、公告をもってこれに代えることができる。

1　吸収合併契約等に対する承認決議
(1) 株主総会における承認決議の必要性
　吸収合併、吸収分割、株式交換など組織再編は、①会社の組織の根本に関わり、②相手会社の財産・営業成績の状態が悪い場合や合併条件が不利な場合には、株主に重大な不利益を与える。したがって、原則として、吸収合併等について当事会社の株主総会の承認決議が必要となる。しかも、この決議は、効力発生日の前日までにされる必要がある（消滅会社等については本条1項。存続会社等については795条1項。なお、新設合併・新設分割・株式移転の

消滅会社等については804条1項)。この承認決議に瑕疵がある場合、吸収合併無効、吸収分割無効、株式交換無効の原因となると解される。
(2) 決議要件

合併承認決議は、原則として、株主総会の特別決議による (309条2項12号)。これは、合併が会社の基礎に重大な影響を与えるからである。しかし、次の例外がある。①吸収合併消滅株式会社・株式交換完全子会社の譲渡制限株式でない株式の株主に対し譲渡制限株式等 (施則186条。後記3参照) が交付される場合には、これらの会社の株主総会・種類株主総会の特殊決議が必要になる (本条3項、309条3項2号、324条3項2号)。②持分会社の持分等 (施則185条。後記2参照) が交付される場合には、交付を受ける株主全員の同意を要する (本条2項・4項)。これは、持分等の譲渡性が乏しいので、対価として受領する総株主の同意を必要としたのである。③種類株式を発行している会社が組織再編を行う場合に、(ⅰ) その組織再編の結果、種類株主に損害を及ぼすおそれがある場合、及び (ⅱ) 拒否権の対象事項 (323条) に該当する場合には、その種類株主による種類株主総会の決議 (特別決議) が必要となる (322条1項7号・8号・11号、324条2項4号)。これは、①のように譲渡制限株式等が割り当てられるか否かにかかわらず、特定の種類株主に対して損害を及ぼすおそれがある場合一般についての規定である。

訴訟物　　XのY株式会社に対する吸収合併無効権
　　　　＊本件は、Y会社及びA株式会社が合併してY会社は合併による変更登記、A会社は合併による解散登記がされたが、合併決議の不存在、無効原因又は取消原因があるとして、吸収合併無効の訴え (形成訴訟) が提起された事案である。
　　　　＊請求の趣旨は、「Y会社と消滅会社A会社 (解散時の本店所在地、東京都千代田区丸の内一丁目○番○号) との間において、平成○年○月○日にされた合併は、これを無効とする。」である。吸収合併無効の訴えは、消滅会社の回復と存続会社の発行した株式の無効という効果を生じさせる形成の訴えである。

請求原因　1　Y会社はA会社との間で、Y会社が存続会社、A会社が消滅会社となる吸収合併契約を締結したこと
　　　　　　2　請求原因1の吸収合併契約が定める合併の効力発生日が到来したこと
　　　　　　3　Xは、吸収合併の効力が生じた日において吸収合併をする

会社の株主等若しくは社員等であった者又は吸収合併について承認をしなかった債権者であること
*828条2項7号に基づく事実である。

4 請求原因1の吸収合併につき、合併決議の不存在、無効原因又は取消原因があること
  *例えば、A会社の合併の相手方当事会社であるY会社が同時にA会社の大株主であり、A会社の合併承認総会において議決権を行使しA会社側に著しく不利な合併条件を定める合併契約の承認決議を成立させた場合には、831条1項3号の決議取消事由となり得る（江頭・株式会社法346頁）。著しく不利な合併条件とは、例えば、合併における合併比率が著しく不当な場合が考えられる。裁判例の中には、合併比率は、当事会社の株式の価値に照応して定められるべきであるものの、その算定に当たっては多くの事情を勘案して種々の方式によって算定され得ることを認め、厳密に客観的正確性をもって唯一の数値と確定し得ず、微妙な企業価値の測定として許される範囲を超えない限り、著しく不当とはいえないとしたものがある（東京地判平成元年8月24日判時1331.136）。
  *株式会社が合併するには、各当事会社の株主総会において合併契約を承認することを要する（本条1項、795条1項）。この承認決議は、定款に法定基準をより厳格にする定めのない限り、議決権を行使することのできる株主の議決権の過半数を有する株主が出席し、出席した株主の議決権の3分の2以上に当たる多数で行われる特別決議によって行う（309条2項12号）。ただし、旧商法では合併と同一の基準による特別決議が求められていた定款変更は更に要件が加重されている（309条4項）。なお、一定の消滅会社においては、定款に法定基準を厳格化する定めがない場合、議決権を行使することのできる株主の半数以上であって、その株主の議決権の3分の2以上に当たる多数をもって決議しなければならない（309条3項2号）。この承認決議が総会決議として不存在の場合、又は無効事由若しくは取消事由となる瑕疵がある場合、合併無効の原因が認められる（例えば、決議の定足数不足。また、旧商法当時は、合併条件算定理由書や合併貸借対

照表の記載の欠缺・不実記載、不開示も決議方法の著しい不公正を介して合併承認決議の取消事由となり、合併無効原因になるとされていた)。
　5　本訴は、吸収合併の効力が生じた日から6か月以内に提起されたこと
＊828条1項7号に基づく事実である。

(3)　株主総会の承認の時期
　旧商法では、合併契約書等を作成した上、まず株主総会の承認決議をした上で、株式買取請求、債権者保護手続を行うことになっていた。これに対し、本法では、これらの手続は、その先後を問わず、組織再編行為の効力が発生するまでに終了していれば、それで足りるとしている(本条1項、相澤他・論点解説663-664頁)。

2　総株主の同意を得なければならない場合
　吸収合併消滅会社又は株式交換完全子会社が種類株式発行会社でない場合で、吸収合併消滅会社又は株式交換完全子会社の株主に対して交付する合併対価等の全部又は一部が持分会社の持分等であるときは、総株主の同意が必要となる(本条2項)。この「持分等」について、①持分会社の持分以外の財産の具体的内容は、法務省令に委ねられており、施行規則185条は、権利の移転又は行使に債務者その他第三者の承諾を要するもの(譲渡制限株式を除く)を定める。例えば、譲渡禁止特約付指名債権などである。

3　種類株主総会の決議が必要な場合等
　吸収合併消滅会社又は株式交換完全子会社が種類株式発行会社である場合において、合併対価等の全部又は一部が「譲渡制限株式等」であるときは、その譲渡制限株式等の割当てを受ける種類の株式の種類株主(譲渡制限株式の株主を除く)から成る種類株主総会の決議を要する(本条3項)。旧商法当時も、株式の譲渡制限の定めがない会社がその定めのある会社に吸収合併される場合など、株主にとって組織再編後新たに株式譲渡制限が生じる場合には、株式譲渡制限のための定款変更決議と同じ要件の決議が必要であった(例えば合併につき、旧商法408条5項・6項)が、これを踏襲するものである。
　この「譲渡制限株式等」について、①譲渡制限株式(2条17号)以外の財産のうち何がこれに該当するかは法務省令に委ねられており、施行規則186

条が、②存続会社等の取得条項付株式であってその取得対価がその存続会社等の譲渡制限株式であるもの、③存続会社等の取得条項付新株予約権であってその取得対価がその存続会社等の譲渡制限株式であるものを定める。

4　種類株主全員の同意を得なければならない場合
　吸収合併消滅会社又は株式交換完全子会社が種類株式発行会社である場合において、合併対価等の全部又は一部が「持分等」であるときは、その持分等の割当てを受ける種類の株主の全員の同意を要する（本条4項）。持分等の割当てを受ける株主にとり、組織変更と同じ効果が生ずるからである。

5　登録質権者等に対する通知・公告
　株式質権者は、物上代位に基づき吸収合併等に伴い株主に交付されるべき金銭等を直接請求することができる（151条11号-13号）。また、新株予約権質権者についても、物上代位が認められる（272条1項3号-6号）。この物上代位請求権を確保させるために、消滅株式会社等は、効力発生日の20日前までに、その登録株式質権者（簡易吸収分割（784条3項）を行う場合を除く）及び787条3項各号所定の新株予約権の登録新株予約権質権者に対し、吸収合併等をする旨を通知するか（本条5項）、公告をしなければならない（本条6項）。これは、登録株式質権者等に対して、質権の対象である株式又は新株予約権が消滅・移転して、その権利内容が変動することを知らせることにある（相澤・新会社法解説206頁）。

●(吸収合併契約等の承認を要しない場合)

第784条　前条第1項の規定は、吸収合併存続会社、吸収分割承継会社又は株式交換完全親会社（以下この目において「存続会社等」という。）が消滅株式会社等の特別支配会社である場合には、適用しない。ただし、吸収合併又は株式交換における合併対価等の全部又は一部が譲渡制限株式等である場合であって、消滅株式会社等が公開会社であり、かつ、種類株式発行会社でないときは、この限りでない。
　　2　前項本文に規定する場合において、次に掲げる場合であって、消滅株式会社等の株主が不利益を受けるおそれがあるときは、消滅株式会社等の株主は、消滅株式会社等に対し、吸収合併等をやめることを請求することができる。
　　　一　当該吸収合併等が法令又は定款に違反する場合

二　第749条第1項第2号若しくは第3号、第751条第1項第3号若しくは第4号、第758条第4号、第760条第4号若しくは第5号、第768条第1項第2号若しくは第3号又は第770条第1項第3号若しくは第4号に掲げる事項が消滅株式会社等又は存続会社等の財産の状況その他の事情に照らして著しく不当である場合

3　前条及び前項の規定は、吸収分割により吸収分割承継会社に承継させる資産の帳簿価額の合計額が吸収分割株式会社の総資産額として法務省令〔施則187条〕で定める方法により算定される額の5分の1（これを下回る割合を吸収分割株式会社の定款で定めた場合にあっては、その割合）を超えない場合には、適用しない。

1　存続会社等（吸収合併存続会社、吸収分割承継会社又は株式交換完全親会社）が消滅株式会社等の特別支配会社の場合

(1) 略式組織再編の意義

　特別支配会社とは、B会社（被支配会社）の総株主の議決権の10分の9（これを上回る割合をB会社の定款で定めた場合は、その割合）以上を他のA会社及びA会社が発行済株式の全部を有するC株式会社その他これに準ずるものとして施行規則136条で定める法人が有している場合におけるA会社をいう（468条1項）。この場合に、消滅会社等（B会社）の株主総会の決議による吸収合併契約等の承認が不要とされる（本条1項本文）。それは、存続会社等（A会社）が消滅会社等（B会社）の株式の10分の9以上を有しているので、その10分の9を所有されている会社（B会社）が、株主総会で承認を否決することはないからである（理論的には、株主総会の特別決議に必要な総株主の議決権の3分の2以上を支配していれば承認決議は可能であるが、本法は、十分な余裕のある10分の9以上の支配を要件にした）。かつ、このような場合は迅速・略式な組織再編行為（略式合併・略式吸収分割・略式株式交換）を可能とすることが望ましいから、消滅会社等の株主総会の承認決議を省略し、取締役（会）の決定で行えるようにしたのである。

(2) 要件の判定時期

　消滅会社等が株主総会の決議によって、吸収合併契約等の承認を受けなければならない期限は、効力発生日の前日までであるから（783条1項）、存続会社が特別支配会社（本条1項）に該当するか否かも、効力発生日の前日に

おける状況で判断する（相澤他・論点解説698頁）。

　なお、略式組織再編は、特別支配関係が前提となる制度であるため、単独の組織再編行為である新設型再編の場合には認めることができず、吸収型再編と事業譲渡のみに限られる。

(3) 本条1項本文の「適用しない」の意義

ア　略式要件を満たす場合の株主総会の承認決議

　本条1項本文は、株主総会が必要である旨の規定（783条1項）を「適用しない」と定めるが、簡易組織再編の場合と同様に、略式組織再編の要件が満たされる場合であっても、消滅会社等は組織再編契約の承認のための株主総会決議を行うことができ（取締役会設置会社における株主総会の権限外のものとして295条2項に違反するものとならない）、決議をした場合には、組織再編の効力発生日の直前において略式組織再編の要件が満たされていたとしても、一旦された決議の効力が覆ることはないと解されている（簡易合併の場合につき、相澤・Ｑ＆Ａ会社法の実務論点20講180頁）。なお、稲葉・解明672頁は、「承認に関する定めを『適用しない』などとせず、『省略することができる』旨の定めにすべきであった。」という。

イ　株主総会承認を取得した場合の効果

　上記アの場合の効果について、株主が、株式買取請求権を行使するためには、株主総会に先立ち反対の意思を通知し、かつ、株主総会決議に反対する必要があるかという問題が派生する。

　第1説は、株主総会決議を経ることにより、略式組織再編の要件に該当しないものとして手続を進行することができ、通常の株主総会の承認を要する場合と同じ手続によるべきとする。その理由として、定款変更により略式組織再編の要件を変更ができる（本条1項参照）から、任意に株主総会を開催して承認を受けることで定款変更と同様の黙示の承認があったといえるが、「株主総会の決議を要する場合」に該当するという（簡易組織再編に関してであるが、武井一浩＝郡谷大輔「簡易組織再編における総会承認決議」商事1842.62）。この見解によると、事前の会社に対する反対の通知と株主総会における反対の議決権行使が必要となる。この見解に立つ会社としては、この要件を充足しない株主からの買取請求には応じないということになろう。

　第2説は、客観的に略式組織再編の要件を満たしているから、任意に株主総会決議を行った場合について「株主総会の決議を要する場合」（785条2項1号）に含めることは文理上困難であるとして、通常の株主総会の承認を要する場合と同様の手続によるべきではないとする（簡易組織再編に関してであるが、弥永真生「反対株主の株式買取請求権をめぐる若干の問題」商事

1867.6）。この見解に従えば、株主は、株主総会に先立って反対の通知をすれば、その株主総会において反対しなくても、株式買取請求をすることができることとなる。この点について裁判例は未だないようである。

2　特別支配会社関係がある場合でも特別決議が必要な場合
　存続会社等が消滅会社等の特別支配会社であっても、①吸収合併又は株式交換における合併対価等の全部又は一部が譲渡制限株式等の場合であって、②被支配会社である消滅会社等が公開会社であり、かつ③種類株式発行会社でないときは、被支配会社における株主総会決議が必要とされている（本条1項ただし書）。なぜなら、吸収合併又は株式交換における合併対価等の全部又は一部として譲渡制限株式等を交付することは、実質的には、消滅会社の株主が有する株式に新たに譲渡制限の定めを設けることと同じであるからである。そもそも、309条3項2号に該当し、株主総会の決議は特別決議より厳重な特殊決議が必要とされる。特殊決議の成立については、議決権の割合のみならず株主の頭数も要件とされる。したがって、このような場合に、特別支配会社という議決権の数のみを考慮した基準では上記の要件を満たされるとは限らないため（江頭・株式会社法819頁）、原則どおり、株主総会の承認決議が必要となるのである。なお、本条1項ただし書は、吸収分割の場合には適用されない。吸収分割の場合は、その有する吸収分割会社の株式を失い、その代わりに譲渡制限株式等の交付を受けることになるのが吸収分割会社の株主ではないからである。

3　差止請求権
(1)　本条1項本文（又は796条1項本文）の場合の差止請求権（本条2項）
　略式吸収合併が導入され、被支配会社の株主総会決議の省略が可能となったが、その反面、被支配会社の少数株主が株主総会における決議の瑕疵を争う機会がなくなった。そのため、例えば、吸収合併契約の承認決議が行われれば少数株主がその決議について決議取消しの訴えを提起できるような事情がある場合に、決議取消しの訴えに代わる少数株主の保護措置として差止請求権が認められた（江頭・株式会社法819頁）。存続会社等が特別支配会社である場合で、①吸収合併等が法令又は定款に違反する場合、②749条1項2号・3号、751条1項3号・4号、758条4号、760条4号・5号、768条1項2号・3号又は770条1項3号・4号に掲げる事項が消滅株式会社等又は存続会社等の財産の状況その他の事情に照らして著しく不当である場合、それにより消滅会社等の株主が不利益を受けるおそれがあるときは、消滅会社

第784条　719

等の株主は、その差止めを請求できることとした。

訴訟物　XのY株式会社に対する吸収合併等の差止請求権
＊本件は、吸収合併等の存続会社等であるA株式会社は消滅株式会社等であるY会社の特別支配会社であるが、その吸収合併等に法令定款に違反することを理由として、Y会社の株主Xが吸収合併等の差止めを求めた事案である。

請求原因
1　Y会社はA会社との間で、Y会社を消滅株式会社等、A会社を存続会社等とする吸収合併契約、吸収分割契約又は株式交換契約を締結したこと
2　Xは、消滅株式会社等であるY会社の株主であること
3　A会社は、差止請求時に、Y会社の特別支配会社であること
　＊消滅会社が株主総会の承認決議を受けずに吸収合併をするためには、吸収合併の効力発生日の前日に略式合併の要件の充足が必要であるが、略式合併の差止めについては、請求時に存続会社が消滅会社の特別支配会社であることで足りる。そうすると、存続会社が消滅会社の特別支配会社ではなくとも、吸収合併の効力発生日の直前に、存続会社が消滅会社の特別支配会社となる株式を取得すると、消滅会社が株主総会の承認決議を受けずに吸収合併をすることができ、消滅会社の株主は、略式合併の差止請求をする機会を失う。しかし、存続会社、消滅会社及び消滅会社の大株主間で、存続会社が吸収合併に先立って大株主から消滅会社株式を取得して消滅会社の株主総会の承認決議を受けずに吸収合併する合意が予めされ、存続会社が消滅会社の株式を取得する時期を吸収合併の効力発生日の直前まで遅らせるときは、本条2項を類推適用などして、存続会社が合意の時から既に消滅会社の特別支配会社であると解して、事前に消滅会社の株主の差止請求権行使を認める余地がある（相澤哲編著・Q&A会社法の実務論点20講182-183頁）。
4　請求原因1の吸収合併等が次の(1)又は(2)に該当すること
　(1) 法令又は定款に違反すること
　　＊「法令」とは、原則として会社を名宛人とする我が国のすべての法令を意味すると解される（最判平成12年7月7日民集

54.6.1767)。また、消滅会社及び存続会社が略式吸収合併の要件を満たさないにもかかわらず、消滅会社について略式吸収合併の手続が進められた場合も法令違反に当たる（江頭・株式会社法 820 頁）。

(2) 組織再編契約に定められた対価の内容又は割合（当事会社の資本金及び準備金の額に関する事項を含む）（749 条 1 項 2 号・3 号、751 条 1 項 3 号・4 号、758 条 4 号、760 条 4 号・5 号、768 条 1 項 2 号・3 号又は 770 条 1 項 3 号・4 号に掲げる事項）が消滅株式会社等である Y 会社又は存続会社等である A 会社の財産の状況その他の事情に照らして著しく不当であること

＊少数株主の締出しは、企業価値の増大をもたらすこともあるから、少数株主の締出し目的自体が直ちに著しく不当であるとはいえない。

＊(2)は、本条 2 項 2 号によるものであるが、同号が定める規定のうち、①749 条 1 項 2 号・3 号に掲げる事項とは、「存続会社が株式会社である吸収合併」において、存続会社が消滅会社の株主に交付する金銭等（合併対価）に関する事項及びその割当てに関する事項である。

②751 条 1 項 3 号・4 号に掲げる事項とは、「存続会社が持分会社である吸収合併」において、存続持分会社が消滅会社の株主に交付する存続持分会社の持分以外の金銭等に関する事項及びその割当てに関する事項である。

③758 条 4 号に掲げる事項とは、「承継会社が株式会社である吸収分割」において、承継会社が分割会社に交付する金銭等に関する事項である。

④760 条 4 号・5 号に掲げる事項とは、「承継会社が持分会社である吸収分割」において、分割会社が承継会社の社員となるときの出資等に関する事項や承継会社が分割会社に交付する金銭等に関する事項である。

⑤768 条 1 項 2 号・3 号に掲げる事項とは、「株式交換完全親会社が株式会社である株式交換」において株式交換完全子会社の株主にその株式に代えて交付する金銭等に関する事項である。

⑥770 条 1 項 3 号・4 号に掲げる事項とは、「株式交換完全

親会社が合同会社である株式交換」において、株式交換完全子会社の株主にその株式に代えて交付する金銭等（株式交換完全親会社の持分を除く）に関する事項である。
5　Xが不利益を受けるおそれがあること
＊本条2項は「消滅株式会社等の株主が不利益を受けるおそれがあるとき」と定めており、消滅会社自体が不利益を受けるおそれではない（360条所定の取締役の行為に対する差止請求権とは異なり、210条所定の募集株式発行等の差止請求権と同じ）。例えば、吸収合併が実行されて消滅会社の株主が吸収合併契約に定めてある合併対価の交付を受けることにより不利益を被る場合、すなわち、消滅会社の株主が有していた株式の価値に対し、交付される合併対価の価値が著しく低い場合などである。

(2) 本条1項ただし書（又は796条1項ただし書）の場合の差止請求権
　本条1項ただし書により略式吸収合併が禁止される場合であっても、同項本文の要件を満たしていれば、被支配会社である消滅会社の株主が吸収合併の差止めを行い得ると解される。それは、譲渡性の低い対価を交付されるために略式吸収合併を行うことが認められない場合であっても、9割以上の株式を保有する支配株主が略式吸収合併を行うことにより少数株主の利益を害する危険性が高い点は変わらないからである（相澤他・論点解説698-699頁）。
(3) 本条1項本文（又は796条1項本文）に該当する場合であるのに株主総会を開催した場合の差止請求権
　略式組織再編の要件を充足するのに、任意に株主総会を開催した場合に差止請求権が認められるかについては、見解が分かれる。差止請求権を定める法の趣旨が、株主総会決議を不要としたことで救済の機会が減少した少数株主の保護であることからすると、株主総会決議を経た場合には、差止請求権は否定されることとなる。しかし、①本条2項（及び796条2項）の文言上、特別支配関係がある限り差止請求が認められており、②上記(2)のとおり、本条1項ただし書（又は796条1項ただし書）により略式組織再編の要件を充足しない場合（株主総会が開催される）でも、特別支配関係がある限り、特別支配会社が少数株主の利益を侵害する危険性が高いことに変わりはないから、差止請求が認められると解すべきである（佐藤丈夫・実務相談360頁）。

(4) 本条1項本文（又は796条1項本文）の要件を満たさない場合の差止請求権

本条1項本文（又は796条1項本文）の要件を満たさない原則的な場合において、株主総会の決議による承認を得ていないときは、取締役の違法行為の差止請求権に基づき、又は合併承認決議の不存在確認を本案とする仮の地位を定める仮処分により、組織再編行為の差止めを行うこととなる（相澤他・論点解説 698-699 頁）。

4 吸収分割会社における簡易吸収分割
(1) 株主総会決議を不要とする理由

分割会社における株主総会を不要とする簡易組織再編の要件は、分割会社が吸収分割承継会社又は新設分割設立会社に承継させる資産の帳簿価額の合計額の分割会社の総資産額に対する割合が5分の1（これを下回る割合を分割会社の定款で定めた場合には、その割合）を超えないことである（本条3項、805条）。この場合の「総資産額」の内容は、施行規則187条及び207条が規定する。

他の組織再編行為における消滅会社等（吸収合併及び株式交換）には設けられていないにもかかわらず、分割会社にのみ簡易組織再編が設けられているのは、分割会社株主は会社分割後もその分割会社株主であるため、会社分割によって分割会社が有する総資産のうち特に重要ではないと評価できる一定の割合の資産を移転させるだけであれば、株主総会の承認を不要としてもよいからである。簡易吸収分割は、上場会社等が吸収分割によって子会社に事業を移転する際にも利用される。

分割会社につき簡易組織再編の要件が満たされる場合には分割会社の株主に株式買取請求権が生じないし（785条1項2号、806条1項2号）、吸収分割の略式分割の要件を満たす場合であっても分割会社の株主が一般の略式会社分割において認められている差止めの請求をすることができない（784条3項・2項）特徴がある。

(2) 簡易吸収分割の基準

基準は、「総資産額」の5分の1以下であり、「純資産額」ではない。仮に、純資産額（承継資産額－承継負債額）を基準とすると、承継負債額が大きい場合には、吸収分割会社から同社にとって大規模な事業が移転する場合にも簡易吸収分割が可能となるため、資産額を基準として、これを防止する趣旨である（江頭・株式会社法854頁）。分割会社が簡易分割の手続を執る場合には、その株主には、反対株主の株式買取請求権がない理由について、江

頭・株式会社法 856 頁は、「吸収分割・共同新設分割において分割会社が交付を受ける分割対価次第では分割会社に損害が生じ、ひいてはその株主が損害を被ることがあり得るが、簡易分割ではその損害は軽微にとどまるから、株式買取請求権を付与するまでの必要はないからである」という。しかし、稲葉・解明 675 頁は、この評価について「株主の立場からいえば、事業が株式に変わると、たとえそれが新設分割で完全子会社であっても、株主権の希薄化が起こる（その後の株式譲渡による事業譲渡は、株主の意思を問わずに行うことができる）。にもかかわらず、総会決議が要求されないだけでなく〔本条 3 項、805 条〕、救済手段としての反対株主の株式買取請求権もない〔785 条 1 項 2 号、806 条 1 項 2 号〕。したがって、少数株主が結集して反対の意思表示をすることによって総会を求めることができる制度〔796 条 4 項等〕もない。略式組織再編について認められる差止請求〔784 条 2 項等〕も認められていない〔784 条 3 項〕。」「公正な価格での買取請求権を認めなかったことは、簡易事業譲渡、簡易会社分割に共通する決定的な立法上の誤りである。」という。

(3) 本条 3 項の「適用しない」の意義
ア 簡易要件を満たす場合の株主総会の承認決議
　本条 3 項本文は、株主総会が必要である旨の規定（783 条 1 項）及び差止請求権の規定（本条 2 項）を「適用しない」と定めるが、簡易組織再編の要件を充足する場合に簡易組織再編手続を執らないことは違法であるとの見解があるが、組織再編は、株主総会の承認決議があることが原則であって、簡易組織再編手続は例外であることからすると、要件を充足したら必ず簡易組織再編手続によらなければならないというのは賛成できない（同旨、清水毅＝小松岳志「簡易合併・略式合併」登記情報 558.57、武井一浩＝郡谷大輔「簡易組織再編における総会承認決議」商事 1842.61）。なお、稲葉・解明 672 頁は、「承認に関する定めを『適用しない』などとせず、『省略することができる』旨の定めにすべきであった。」という。
イ 株主総会承認を取得した場合の効果
　簡易要件を満たすにもかかわらず、吸収分割契約に係る株主総会の承認決議を取得した場合の効果、具体的には、そもそも株式買取請求が発生しない類型である簡易会社分割の分割会社の株主に株式買取請求権が発生するかについては見解が分かれている。この点、承認決議がなくとも簡易合併等の要件が満たされていれば、その合併等が有効であることは明白なので、この場合は「株主総会の決議を要する場合」には当たらないと解すべきであろう。

● (反対株主の株式買取請求)

第785条　吸収合併等をする場合（次に掲げる場合を除く。）には、反対株主は、消滅株式会社等に対し、自己の有する株式を公正な価格で買い取ることを請求することができる。
　一　第783条第2項に規定する場合
　二　前条第3項に規定する場合
2　前項に規定する「反対株主」とは、次の各号に掲げる場合における当該各号に定める株主（第783条第4項に規定する場合における同項に規定する持分等の割当てを受ける株主を除く。）をいう。
　一　吸収合併等をするために株主総会（種類株主総会を含む。）の決議を要する場合　次に掲げる株主
　　イ　当該株主総会に先立って当該吸収合併等に反対する旨を当該消滅株式会社等に対し通知し、かつ、当該株主総会において当該吸収合併等に反対した株主（当該株主総会において議決権を行使することができるものに限る。）
　　ロ　当該株主総会において議決権を行使することができない株主
　二　前号に規定する場合以外の場合　すべての株主
3　消滅株式会社等は、効力発生日の20日前までに、その株主（第783条第4項に規定する場合における同項に規定する持分等の割当てを受ける株主を除く。）に対し、吸収合併等をする旨並びに存続会社等の商号及び住所を通知しなければならない。ただし、第1項各号に掲げる場合は、この限りでない。
4　次に掲げる場合には、前項の規定による通知は、公告をもってこれに代えることができる。
　一　消滅株式会社等が公開会社である場合
　二　消滅株式会社等が第783条第1項の株主総会の決議によって吸収合併契約等の承認を受けた場合
5　第1項の規定による請求（以下この目において「株式買取請求」という。）は、効力発生日の20日前の日から効力発生日の前日までの間に、その株式買取請求に係る株式の数（種類株式発行会社にあっては、株式の種類及び種類ごとの数）を明らかにしてしなければならない。
6　株式買取請求をした株主は、消滅株式会社等の承諾を得た場合に限り、その株式買取請求を撤回することができる。

7　吸収合併等を中止したときは、株式買取請求は、その効力を失う。

1　株式買取請求権

　株式買取請求権は、会社の基礎の変更等の行為に反対する株主が会社に対し自己の有する株式を公正な価格で買い取るべきことを請求することにより、投下資本の回収を図る権利である（定款変更に関するが、江頭・株式会社法774頁）。本条1項は、吸収合併等をする場合には、反対株主は、消滅会社等に対し、自己の有する株式を公正な価格で買い取ることを請求することができること（株式買取請求権）を定める。株主の有する株式買取請求権は、形成権と解され、行使の後、吸収合併等の効力発生日（吸収分割をする場合には、株式の代金の支払の時）に、その効力を生ずる。なお、買取価格については、買取請求をした者と会社との間で協議して決定し（786条1項）、協議が調わない場合は、裁判所が非訟事件手続で決定する（同条2項）。

　上場会社の場合は、合併に反対する株主は、株式を市場で売却して投下資本を回収できるから、株式買取請求権の行使は多くない。これに対し、非上場会社の株主は、株式の売却先を得ることが容易でないため、株式買取請求権は投下資本回収の重要な手段である。ところが、反対株主が当事会社と協議をするためには、買取株式の「公正な価格」の算定が必要となるが、それには専門家の鑑定が必要であり、価格決定の商事非訟事件の追行には時間がかかるので、株式買取制度の使い勝手は必ずしもよくない。

2　買取請求権が認められない場合

(1)　783条2項に規定する場合（完全子会社が種類株式発行会社でない場合で、交換対価の全部又は一部が持分等であるとき）（本条1項1号）

　吸収合併消滅会社の総株主の同意が必要とするため、株主に買取請求権を認める必要はない。

(2)　784条3項に規定する簡易吸収分割の場合（本条1項2号）

　もともと株主総会の決議を必要としないので、株主に買取請求権を認める必要はない。なお、等しく簡易手続であるのに、権利義務の受入れ側では反対株主に買取請求権が認められ、権利義務を承継させる側では認められていない（797条1項には本条1項括弧書の除外規定が存在しない）という差がある。これは、①分割会社では対価を会社自身が取得し株主に与える影響が

軽微であるのに対し、承継会社では対価が新株式であれば株主の持株比率を変動させるなど影響が大きいこと、②簡易事業譲渡は469条1項の「事業譲渡等」から除外されており（467条1項2号括弧書）、反対株主の買取請求権が認められていないこととの均衡による。実務的には、吸収分割会社の立場となることの多い上場会社にとって、簡易分割における株式買取請求がないことは、使い勝手のよい組織再編手段といえるであろう。

3　株式買取請求権の行使権者
(1)　吸収合併等をするために株主総会（種類株主総会を含む）の決議を要する場合（本条2項1号）
ア　株主総会に先立って吸収合併等に反対する旨を消滅会社等に対し通知し、かつ、株主総会において吸収合併等に反対した株主（その株主総会において議決権を行使できるものに限る）（本条2項1号イ）

　事前の通知と総会での反対という要件（「権利確保要件」）については、書面又は電磁的方法による議決権行使が認められている場合に、吸収合併等に反対する旨の議決権行使書の提出又は電子投票を行った株主は、株主総会に先立つ反対の通知及び総会での反対の双方の要件を満たすことになる。なお、株主総会に加えて種類株主総会においても議決権を行使することができる株主が株式買取請求権を行使するためには、株主総会及び種類株主総会の双方において吸収合併等に反対しなければならない。

イ　株主総会において議決権を行使することができない株主（本条2項1号ロ）

　相互保有株式、単元未満株主及び議決権制限株式を有する株主など合併契約を承認する株主総会での議決権を有しない株主が株式買取請求権を行使できるかにつき、従前は見解が分かれていたが、本法は明文でこれを認める。なぜなら、①投資した会社の基礎に変更が生ずる場合に、変更に反対する株主に投下資本を回収する途を与えるという株式買取請求権の趣旨からすると、議決権を前提とした権利と考える必要はなく、②議決権制限株式の株主等に買取請求権を認めないと、その種類の株主には、議決権を有する株主による議決権の行使に対抗する有効な手段がないからである（相澤・新一問一答211頁）。

　なお、①議決権を有する株式の株主で基準日前に名義書換をしなかった者や、②基準日後に株式を取得した者が「議決権を行使することができない株主」に含まれるかという問題がある。これらの株主は、確かに議決権を行使できない。しかし、①議決権を有する株主については、株主総会における反

対の議決権行使を前提とすることが制度趣旨に合致する（東京地決平成21年10月19日金判1329.30は、失念株主は「議決権を行使することができない株主」には含まれないとした）。また、②東京地決平成21年3月31日判タ1296.118は、「Nグループの株主であった相手方らが本件基本契約が締結され発表された後に本件株式交換が行われることを知ってことさらに本件株式を買い集めたものであるなどの事情が認められない」場合には、公正な価格の算定に当たって、相手方に「本件基本契約の締結及び発表日以降のN株式の価格下落リスクを負わせることは相当でない」として基準日後に取得した株式も株式買取請求の対象となるとした。

(2) 吸収合併等をするために株主総会（種類株主総会を含む）の決議を要しない場合（本条2項2号）

　この場合は、株主総会等が開催されないから、株主総会の開催と議決権を前提とする権利確保要件（反対の通知と総会での反対）を満足することなく、すべての株主が株式買取請求をすることができる。例えば、①消滅会社が存続会社の被支配会社であるときの略式合併、②分割会社が承継会社の被支配会社であるときの略式吸収分割、③完全子会社となる会社が完全親会社となる会社の被支配会社であるときの略式株式交換である（784条1項）。本法は、組織再編行為により「ある種類の株式の種類株主に損害を及ぼすおそれ」の存否により種類株主総会の決議の要否が決まり、損害を及ぼすおそれがないときは種類株主総会の決議を要しない（322条1項7号・8号・11号）。更に、損害を及ぼすおそれがあっても、定款の定めにより種類株主総会決議を要しない旨を定め得る（同条2項）。

4　公正な価格

　本条1項は、株式買取請求権の買取価格を「公正な価格」であると定める。これにより合併から生ずるシナジーの分配も可能になったと解されている。シナジーとは、次のように考えられる。甲会社と乙会社の企業価値がそれぞれ800億円と300億円であるとする。両社が合併すると、管理部門の統合によるコスト削減、システムの統合によるコスト削減のほか、企画、商品開発、製造・販売の連携による事業拡大と新規事業の創造や、巨額な研究開発投資や設備投資が可能となる。これら実現の可能性の程度には差があるが、これらの効果を総合して合併後の企業価値が1500億円になると見込まれるとすると、400億円の価値が創出されたことになる。この企業価値増加分がシナジー効果である。なお、「公正な価格」として、従来の「承認ノ決議ナカリセバ其ノ有スベカリシ公正ナル価格」も含まれると解される。即

ち、組織再編の結果、企業価値が減少する場合は、「承認ノ決議ナカリセバ其ノ有スベカリシ公正ナル価格」による買取請求が認められるべきである（神田秀樹「組織再編」ジュリ1295.130）。すなわち、本法の株式買取請求制度は、①組織再編行為等によるシナジーの再分配機能と②組織再編行為等がなされなかった場合の経済状態の保証機能という2つの異なる機能を果たすこととなる（江頭・株式会社法810頁）。

本法は、組織再編の対価として現金の交付を認めるが、この現金の額にはシナジーを含める必要があると解される（江頭・株式会社法794頁）。また、存続会社等の株式を割り当てる場合でも、株式買取価格にはシナジーを含む必要があると解される。そこで、シナジーの算出方法が重要な問題となる。

(1) 独立した当事会社間の合意が認められる場合

独立した当事会社が交渉の上合意し、株主に情報が十分提供されて株主総会で承認された以上は、組織再編の条件は原則として公正な条件として尊重されるべきである（藤田友敬「新会社法における株式買取請求権制度」江頭還暦上766頁、東京地決平成22年3月31日金判1344.36）。この場合は、経営判断原則の範囲内の問題として、仮に企業価値増加分の分配が偏ったとしても契約の自由の範囲内のこととして、相当の裁量が認められる。このように当事者の交渉の結果合意された条件を離れて、独自に企業価値増加分を算定してその分配まで決定することは、高度に専門的な知見が必要であり、一般的には裁判所がその作業をすることが適切とはいえない。

(2) 支配従属関係にある当事会社の場合

支配従属関係にある当事会社の場合には、必ずしも自由な交渉の結果として合意された条件とは言い切れないので、裁判所による従属会社の少数株主保護の必要がある。つまり、支配従属関係が当事会社の意思決定に不公正な影響を与えていないかを判断する。これが、公正であったなら、その条件が組織再編前の企業価値などに照らして明らかに不当と認められる特段の事情がない限り、上記(1)と同様に考え得る。公正とはいえない場合には、やむを得ず裁判所が条件を決定することとなる。

(3) 公開買付けが行われた場合

「公正な価格」は、株式買取請求権の効力発生時の時価が基準となり、組織再編行為等により株価が下落した場合には、組織再編行為等がなかったと仮定した場合の価格となり、逆に、組織再編行為等によりシナジー効果が生じて株価が上昇した場合は、そのシナジーを織り込んだ価格となると解される。また、組織再編行為前に、その前提として株式の公開買付けが行われた場合には、その買付価格は、組織再編行為のシナジーを織り込んだ価格と推

認されるから、公開買付けの成功により、買付者が支配プレミアムを取得したため、株価が下落したとしても、「公正な価格」は、その買付価格を下回ることはないと解される（相澤他・論点解説682頁）。

(4) 裁 判 例

　支配従属関係にある当事会社間の組織再編行為等に関する東京高決平成22年10月19日判タ1341.186は、親子会社間の株式交換の事案であるが、株式交換完全子会社の株式価値が不当に低く評価されたとして、その株主が「ナカリセバ価格」での買取りを求めたところ、「株式交換完全子会社の株主による株式買取請求（会社法785条1項）は、株式交換により企業価値ないし株主価値が毀損されることもあり得ることから、株式交換に反対する株主に、株式交換完全子会社に対して自己の有する株式を『公正な価格』で買い取ることを請求できる権利を付与することとして、株主の保護を図ることをその趣旨とするところ、上記『公正な価格』は、裁判所の裁量により、株式買取請求が確定的に効力を生ずる株式交換の効力発生日を基準として、上記趣旨に沿って、株式交換がなければ同社株式が有していたであろう客観的価値、又は、株式交換によるシナジーを適切に反映した同社株式の客観的価値を基礎として算定するのが相当である」「株式買取価格の判断基準につき、株式交換をする各当事会社が、相互に特別の資本関係がない独立した会社同士である場合には、一般に公正と認められる手続によって株式交換の効力が発生したと認められるときは、株式交換自体により当該当事会社の企業価値ないし株主価値が毀損されたり、株式交換から生ずるシナジーが適正に配分されていないことなどをうかがわせるに足りる特段の事情がない限り、当該株式交換は当該当事会社にとって公正に行われたものと推認できること、これに対し、株式交換をする各当事会社が、相互に特別の資本関係があり独立した会社同士でない場合には、当該株式交換を原因として当事会社の企業価値ないし株主価値が毀損されたと疑われる事情が存在すると疎明されたときには、当該当事会社が、株式交換によりその企業価値ないし株主価値が毀損されていないことを疎明しない限り、株式交換自体によりあるいは株式交換の条件が不利なために当該当事会社の企業価値ないし株主価値が毀損されたおそれが否定できないものとして、当該株式交換がなければ同社株式が有していたであろう客観的価値を基礎として、『公正な価格』を決定するのが相当である」と判示する。

5 株式買取請求の手続
(1) 株主に対する通知又は公告
　消滅会社及び存続会社は、合併の効力発生日の20日前までに、それぞれその株主に対して、吸収合併等をする旨並びに消滅会社の場合には存続会社の商号及び住所を、また存続会社の場合には消滅会社の商号及び住所を通知しなければならない（本条3項、797条3項）。株主総会の承認を受ける必要がないためにそれが招集されなかった場合にも、株式買取請求の行使の機会を保障するためである。消滅会社又は存続会社が①公開会社である場合又は②それぞれの会社が株主総会の決議によって吸収合併等の承認を受けた場合には、この通知は公告で代え得る（本条4項、797条4項）。
　なお、完全子会社が種類株式発行会社の場合に、交換対価として持分等の割当てを受ける株主に対して通知する必要はない（本条3項括弧書）。また、完全子会社が種類株式発行会社でない場合で、交換対価の全部又は一部が持分等のときも通知を行う必要はない（本条3項ただし書、785条1項1号）。いずれも、株主から株式交換に対する個別の同意を取得する必要があるからである。

(2) 買取請求権の行使期間等
　株式買取請求権の行使は、合併の効力発生日の20日前の日から効力発生の前日までの間に、会社に対して買取請求を求める株式の数（種類株式発行会社にあっては、買取請求を求める株式の種類及び種類ごとの数）を明らかにして行う（本条5項、797条5項）。株式買取請求の取下げが制限されるため、請求段階において従来より慎重な判断が要求されることから、株式買取請求権の行使期間をできる限り効力発生日に近づけることによって、行使権者において効力発生日における当事会社に関する正確な状況を把握できるようにするため、吸収合併・吸収分割・株式交換における株式買取請求権の行使の期間を、一律に効力発生日の20日前の日から効力発生日の前日までとした（相澤・新一問一答212頁）。
　買取請求権が行使されたときは、会社と株主が買取価格について協議し決定することが予定されている。買取価格の合意が成立したときは、会社は合併効力発生日から60日以内に買取代金の支払をしなければならない（786条1項、798条1項）。買取価格について、合併の効力発生日から30日以内に合意が成立しないときは、株主又は会社は、その期間の満了の日の後30日以内に、裁判所に対し、買取価格の決定を申し立てることができる（786条2項、798条2項）。旧商法では株主にのみ申立権を認めていたが（旧商245条ノ3第4項）、本法は会社にも申立権を認めている。

(3) 買取請求の撤回
ア　趣　　旨
　買取請求権行使後は、株主による請求の撤回は、①会社の承諾を得た場合、②価格についての協議が調わないにもかかわらず裁判所に対する価格決定の申立てが合併効力発生日から60日以内になされない場合以外は認められない（本条6項、786条3項、797条6項、798条3項）。本条6項の立法趣旨は、株式買取請求権を行使しておいて、市場で売却する方が裁判所の決定価格より有利だと判断すると、請求を撤回するという投機的な濫用行使を防止するためである。
イ　撤回した株主に対する費用請求
　撤回した株主への費用負担の請求については、見解が分かれる。この場合には、株主が株式買取請求をしたため会社に発生した費用等につき、株主に故意・過失がある場合には損害賠償請求も認められるとの見解もある。しかし、民事訴訟の提起が不法行為となる要件に関しては、最判昭和63年1月26日民集42.1.1は、裁判を受ける権利の重要性に鑑み、「当該訴訟において提訴者の主張した権利又は法律関係……が事実的、法律的根拠を欠くものであるうえ、提訴者が、そのことを知りながら又は通常人であれば容易にそのことを知りえたといえるのにあえて訴えを提起したなど、訴えの提起が裁判制度の趣旨目的に照らして著しく相当性を欠くと認められるときに限られる」としていることから、株式買取請求権も反対株主保護のための権利であるから、株主に対する損害賠償請求が認められるのは、上記の判旨の例示に準じる場合に限るとする見解もあろう。ただ、本法は、反対株主による株式買取請求の撤回には会社の承諾が原則的に必要であるから、株主に対する損害賠償請求訴訟の提起よりも、会社が株主に対して株式買取請求の撤回の承諾を与えるに際して、その条件として弁護士費用その他の株式買取請求によって会社に発生した合理的な範囲の費用等の支払を株主に求めることが実務的である（矢野正紘・実務相談388頁）。
(4) 買取請求の失効
　株式買取請求により会社から多額の現金流出の可能性が生じ、会社の株式買取りが困難となる場合に、会社が行為を中止して買取請求を失効させることができる（本条7項、797条7項）。株主は、会社の行為に反対して株式買取請求をしたから、会社がその行為をやめる以上、買取請求をを維持する必要ないからである。行為を中止するには、もとの行為の効力を生ずるに必要な手続に対応して、総会決議によることが必要な場合、取締役会決議で足りる場合、客観的な条件の定めで足りる場合がある。中止は、組織再編行為の

当事会社の代表者が単独で又は他の当事会社の代表者との合意により決定することになるが、株主総会承認決議がされている場合は、その中止にも株主総会の承認決議が必要となる（相澤他・論点解説706頁）。

6　買取請求権行使の効果

　株式買取請求による株式の買取りは、消滅会社の株式については、合併の効力発生日にその効力を生じる（786条5項）。そのため、株式買取請求をした株主に対して合併新株その他の合併対価の割当てはない。効力発生日に消滅会社の自己株式となり、合併により消滅する（消滅会社の自己株式に対し合併対価を割り当てることができない）。これに対し、存続会社の株式については、合併の効力発生日ではなく、買取請求に係る株式の代金の支払があった時に、買取りの効力を生じる（798条5項）。

　他方、存続会社も消滅会社も、買取代金が裁判所により決定された場合は、合併の効力発生日から60日の期間が満了した日以後年6分の利率による利息を支払う必要がある（786条4項、798条4項）。なお、買取価格の協議は、会社と買取請求権を行使した株主との間で別個に行われるから、株主によって買取価格が異なることがあったとしても、特段の事由がない限り、これは違法ではない。

　効力発生日後に株式買取請求が撤回された場合は、存続会社若しくは新設会社又は完全子会社は、売買契約の効力発生後に解約された場合と同様の原状回復義務を負い、株式買取請求に係る株式の代金相当額の金銭を返還する義務を負う（相澤他・論点解説681-682頁）。

●（株式の価格の決定等）

第786条　株式買取請求があった場合において、株式の価格の決定について、株主と消滅株式会社等（吸収合併をする場合における効力発生日後にあっては、吸収合併存続会社。以下この条において同じ。）との間に協議が調ったときは、消滅株式会社等は、効力発生日から60日以内にその支払をしなければならない。

　2　株式の価格の決定について、効力発生日から30日以内に協議が調わないときは、株主又は消滅株式会社等は、その期間の満了の日後30日以内に、裁判所に対し、価格の決定の申立てをすることができる。

　3　前条第6項の規定にかかわらず、前項に規定する場合において、効

力発生日から60日以内に同項の申立てがないときは、その期間の満了後は、株主は、いつでも、株式買取請求を撤回することができる。
4　消滅株式会社等は、裁判所の決定した価格に対する第1項の期間の満了の日後の年6分の利率により算定した利息をも支払わなければならない。
5　株式買取請求に係る株式の買取りは、効力発生日（吸収分割をする場合にあっては、当該株式の代金の支払の時）に、その効力を生ずる。
6　株券発行会社は、株券が発行されている株式について株式買取請求があったときは、株券と引換えに、その株式買取請求に係る株式の代金を支払わなければならない。

1　株式買取価格の決定協議

　株式買取請求があった場合の株式の買取価格の決定について、本法は、直接、裁判所による価格決定の申立てを行うのではなく、まず、当事者間で協議を行うこととしている。すなわち、株式買取請求があった場合において、株式の価格の決定について、株主と消滅株式会社等（吸収合併をする場合における効力発生日後にあっては、吸収合併存続会社）との間で協議を行い、協議が調ったときは、消滅株式会社等は、効力発生日から60日以内にその支払をしなければならない（本条1項）。株式価格の決定についての協議は、必ずしも株式買取請求権を行使した全株主との間で一括して行う必要はなく、株主ごとに個別に協議をして差し支えない（鈴木忠一「株式買取請求手続の諸問題」会社と訴訟（上）150頁）。株主ごとにその保有する株式数や主張する買取価格は異なり得るし、協議が調う時期も違うからである。

2　価格決定の申立て

　株式の価格の決定について、効力発生日から30日以内に協議が調わないときは、株主又は消滅株式会社等は、その期間の満了の日後30日以内に、裁判所に対し、価格の決定の申立てをすることができる（本条2項）。「協議が調わないとき」とは、価格決定の争いに限らず、株主の地位や持株数等に争いのある場合を含めて非訟事件としたとする見解（鈴木・非訟事件の裁判の既判力59頁。なお、前提問題について買取価格決定の裁判の効力は及ばず、買取価格決定手続は前提問題が判決によって確定するまで中止すべきと

する）と、このような争いのある場合には全体として通常の民事訴訟によるとする見解がある（松田=鈴木・條解上234頁、長谷川雄一・注会(4)166頁）。株価決定事件において株式の帰属自体が争われた事案において、裁判所は株式所有権の帰属につき争いのある場合でも、申立てを不適法として却下することはなく、まずこの点を判断し、申請人がその株式の所有者であることを認定した上で、株価の判断に入ることができるとしている（大阪地堺支決昭和43年9月26日下民19.9-10.568、なお抗告審につき、大阪高決昭和46年10月25日金判363.9）。

非訟事件　XのY株式会社に対する株式買取請求権行使に係る株式価格決定の申立て

＊本件は、Y会社を消滅株式会社等（吸収合併をする場合における効力発生日にあっては、吸収合併存続会社）、A会社を存続株式会社等とする吸収合併等に反対するY会社株主Xは、Y会社に対し、自己の有する株式を公正な価格で買い取ることを請求したが、その買取価格の協議が調わなかったので、裁判所にその価格の決定を求めた事案である。

＊申立ての趣旨は、「Xが有するY会社の株式〇万株の買取価格は、1株につき〇万円とする。」である。価格決定の裁判は、買取りを求めた株式の価格を決定するにとどまるから、この裁判は、代金支払の債務名義とならない。任意の支払がないときは、株主は、給付の訴えを提起して債務名義を取得する必要がある（鈴木忠一・非訟・家事事件の研究227頁）。

＊当事者の主張する株式価格は、裁判所が公正な価格を決定することを促すためのものであって、民事訴訟法における事項の申立てではない。そもそも価格決定の裁判自体が、実体法上の請求権の存否に係る裁判ではない。したがって、裁判所は申立ての趣旨の価格に拘束されない（鈴木忠一・前掲書225-226頁）。請求が適法であり、当事者適格が存在する限り、裁判所は必ず価格を定めるべきで、請求棄却はあり得ないのであるから、本質的に非訟事件であり、訴訟事件ではない（鈴木・非訟事件の裁判の既判力59頁）。

＊裁判所は、不適法又は理由がないことが明らかであるとして申立てを却下する裁判をするときを除き、審問期日を開催して株主及び消滅株式会社等双方の陳述を聴かなければならな

い（870条2項2号）。これにより、価格決定の手続の当事者主義的な運用を図る基盤となる。
＊本件非訟事件は、Y会社の本店の所在地を管轄する地方裁判所の管轄に属する（868条1項）

申立理由 1　Y会社は、平成○年○月○日株主総会を開催し、A会社を存続会社、Y会社を消滅会社等とする吸収合併等の承認決議をしたこと
＊本件は、吸収合併等をするために株主総会（種類株主総会を含む）の決議を要する場合を前提とする（783条2項（総株主の同意）と784条3項（略式組織再編）の場合を除く）。

2　Xは、請求原因1の株主総会に先立って吸収合併に反対する旨を消滅会社等であるY会社に対し通知し、かつ、株主総会において吸収合併に反対したY会社の○万株を有する株主（株主総会において議決権を行使することができるものに限る）であること
＊785条2項1号イは、吸収合併等をするために株主総会決議を要する場合の「反対株主」に該当する要件として、「当該株主総会に先立って当該吸収合併等に反対する旨を当該消滅株式会社等に対し通知」することを求めるが、通知の方式については特段規定していない。そのため、書面か口頭か、FAXか電子メールか等を問わず、消滅会社等に対して株主の反対の意思が通知されれば足りる。なお、株主が議決権行使書面ないし電磁的方法による議決権の行使によって、吸収合併等の承認議案につき反対の議決権を行使した場合に、これが785条2項1号イに定める事前の反対の通知として取り扱えるかが問題であるが、反対の通知の方式が特段法定されていない以上、消滅会社等に対する株主の反対の意思の通知として、同規定所定の要件を満たすものと解される（江頭・株式会社法776頁）。

2′　Xは、株主総会において議決権を行使することができない○万株を有する株主であること
＊785条2項1号ロは、吸収合併等の決議に係る株主総会において議決権を行使することができない株主については、同号イに定める要件を満たさなくとも、785条1項の「反対株主」となる旨を定める。この「議決権を行使することができ

ない株主」には、単元未満株式の株主（308条1項）や、相互保有対象議決権の総数の4分の1以上をその株式会社に保有されている株主（同項、施則67条）が含まれるが、「基準日以前に取得したが名義書換えを怠っていた株主」は含まれないと解すべきである。基準日以前に株式を取得していても、吸収合併等の決議に係る株主総会における議決権行使の基準日までに名義書換えがなければ、株式を保有する株主は議決権を行使できない。785条2項1号ロは、議決権を行使できない理由に制限を設けておらず、同規定の要件を満たすかのようである。しかし、本法は、旧商法下で解釈が分かれていた議決権制限株式の株主や簡易組織再編の際の株式に株式買取請求権が認められることを明確にしており、それ以外の株主に株式買取請求権を付与することを想定しておらず、自ら名義書換えを行った株主よりも、これを怠った株主が緩やかな要件で株式買取請求権が認められるのは均衡を失するから、このような株主を785条2項1号ロの株主とすることはできない（東京地決平成21年10月19日金判1329.30）。

2″ 吸収合併等をするために株主総会（種類株主総会を含む）決議を要しない場合であること

　　＊785条2項2号「反対株主」である。例えば、存続会社の消滅会社の株主に対する金銭等の交付が親会社となる会社の5分の1未満の場合又は両当事会社のいずれかが他方の特別支配会社の場合であって、株主総会の承認を要しないときも、反対株主に買取請求が認められる。請求原因2″の場合は、請求原因1は存在しない。

3　XとY会社は、効力発生日から30日以内に本件株式の買取価格の協議が調わなかったこと

　　＊株式買取請求による買取価格の協議は、会社と買取請求権を行使した各株主間で別々に行われるので、株主毎に買取価格が異なり得る。「公正な価格」は本来同一であり、株主平等の原則との関係もあるが、買取請求の協議による合意の法的性質は会社と株主間の株式売買契約であるから、価格の相違に法的な問題は生じない。

4　Xは、請求原因1の吸収合併の効力発生日の20日前の日から効力発生日の前日までの間に、その株式買取請求に係る株式

の数(種類株式発行会社にあっては、株式の種類及び種類ごとの数)が〇〇株であることを明らかにして、Y会社に対し、自己の有する株式を公正な価格で買い取ることを請求したこと
＊株式買取請求の対象となる「自己の有する株式」は、旧商法下においては、総会決議時に有する株式(実際には基準日に有する株式)であり、その対象となるのは、株主が決議の時から買取りの効果が発生する時まで引き続き保有していた株式に限られると解されていた(鈴木＝竹内・会社法254頁)。本法においても、株主総会の決議を要する場合、株主総会の承認決議の時に有しかつ請求の時にも現有する株式である必要があることは変わらない。ただ、株式買取請求の日から効力発生日まで株式を継続保有が必要かという点である。株券が振替機関に預託されている場合を前提として議論されていたが、株券の電子化後は、原告株主の保有状況は振替口座簿に記録され、保有状況の推移は比較的容易に立証できるので、継続保有要件を課してよいであろう。
＊東京地決昭和58年10月11日下民34.9-12.968は、合併計画の公表後に新たに株主となった者も株式買取請求権の行使が可能である(今井宏・新注会(13)100頁も同旨)ことを前提として、買取価格は、「合併を前提として形成される市場価格によるべきであり、また取得時の価格をこえることはない」とする(控訴審の東京高決昭和58年12月14日判タ525.285も同旨)。これは、株式買取請求権は反対株主の合理的期待を保護するものであって、合併計画発表後の株式取得者は、その後株価が下落した場合に合併発表前の高価格で買い取ってもらう合理的期待がないことを前提とする。

5 本件株式の公正な価格の評価根拠事実
＊「公正な価格」として、シナジー価格とナカリセバ価格の2つの基準がある。組織再編行為自体には賛成だが対価に不満がある反対株主はシナジー価格を期待するが、その後株価が下落すれば、当然ナカリセバ価格を希望する。また、組織再編行為自体に反対する株主はナカリセバ価格を期待するが、その後株価が上がれば、シナジー価格を希望する。株式買取請求権の行使時に反対理由を示す必要はなく、反対理由に対応させて算定基準を適用することは困難である。結局、株主

の反対理由と首尾一貫しない価格も原則として認めることとなろう（藤田友敬「新会社法における株式買取請求権制度」江頭還暦上283頁）。

＊東京地決昭和58年10月11日下民34.9-12.968は、平成17年改正前の「商法408条ノ3第1項によれば、右価格の決定基準は、『承認ノ決議ナカリセバ其ノ有スベカリシ公正ナル価格』とされており、その趣旨は、通常合併承認決議の影響を受けることなくして形成されたと想定される合併承認決議当日の交換価格をいうものと解せられる。しかしながら、商法が同条で合併承認決議に反対する株主に買取請求権を認めているのは、会社合併の場合に、相手方会社の内容、合併条件などによって不利益を被るおそれがある少数株主について、経済的な救済方法を図るためのものであるから、本来合併計画の公表後に、右事実を知りながら新たに株式を取得して株主となつたような者については、右のような救済方法を当然には顧慮する必要がない……。したがつて、このような株主について買取価格を決定するにあたつては、商法408条ノ3第1項の規定が直ちに適用されるのではなく、むしろ右規定の趣旨〔に〕鑑みて、その価格は、合併を前提として形成される市場価格によるべきであり、また取得時の価格をこえることはない……（けだしこのような株主になお同条の適用があるとするなら、不当な利益を与えることがありうるからである。）。」と判示する。

6 本件申立ては、請求原因3の期間満了日の後、30日以内にされたこと

3 株式買取請求の撤回

株式買取請求をした株主は、消滅株式会社等の承諾を得ない限り、株式買取請求を撤回できないが（785条6項）、効力発生日から30日以内に協議が調わない場合において、効力発生日から60日以内に価格決定の申立てがないときは、期間満了後は、株主は、いつでも、株式買取請求を撤回し得る（本条3項）。

株式買取請求が撤回された場合、株主及び消滅株式会社等はそれぞれ原状回復義務を負うこととなるが、株主は未だその株式買取請求に係る株式代金を受領していないときは、何ら義務を負わない。他方、消滅株式会社等は、

その株主から取得した株式の返還義務を負うが、吸収合併の場合は既に消滅株式会社等は解散しており、また株式交換の場合は、その効力発生に伴い、消滅株式会社等の株式は株式交換完全親株式会社に移転済みであるから、原状回復義務は履行不能となる。そのため、消滅株式会社等（吸収合併の場合は吸収合併存続株式会社）は、株主に対し、株式買取請求に係る株式の代金相当額の金銭返還義務を負うことになる（相澤・新会社法解説202頁）。

4 利　　息

消滅株式会社等は、裁判所の決定した価格に対する本条1項の期間の満了の日後（すなわち、効力発生日から60日経過後）からの年6分の利率により算定した利息をも支払わなければならない（本条4項）。利息の法的性質は、一般に、買取代金債務の遅延損害金と解されるが、債務者たる会社の帰責性を問わず、弁済期（履行期限）の経過により自動的に発生する年6分の法定利息（商514条）とする見解も説かれている（柳明昌・会社法コンメ(18)131頁）。

この利息の支払義務は、本条6項に基づき、株券の引渡しと引換えに株式の代金を支払うこととされる場合であっても、株券の引渡しの有無にかかわらず生じる。なお、効力発生日から本条1項の期間の満了の日までの期間については、本条4項が対象から除外しており、消滅会社等が履行遅滞に陥っていないことから、利息の支払は不要と解される（事業譲渡の場合の買取請求の利息についてであるが、柳明昌・会社法コンメ(12)143頁）。そして、本条1項の期間の満了の日後に株主と消滅株式会社等との間で買取価格に係る協議が調った場合における利息の支払義務及び利率については見解が分かれる。①裁判所の決定があった場合と協議が調った場合とを同等に考え（鈴木忠一「株式買取請求手続の諸問題」会社と訴訟（上）160頁）、本条4項を類推適用し、本条1項の期間の満了の日後年6分の利息が発生するとの見解と、②本条4項はあくまで裁判所の決定がされた場合の規定であり、協議が調った場合には、その協議の内容に従うべきとする見解がある（郡谷大輔=佐藤理恵子=森田多恵子「株式買取請求と遅延利息の発生時期」商事1818.45）。経済情勢等からすると、常に年6分の利率による利息を付すことが必ずしも合理的とはいえず、当事者間の合意による解決に法が介入する必要性は高くはないので、②の見解を採るべきであろう（篠原倫太郎・論点体系(5)483-484頁）。

5 株式買取請求による売買の効力発生
(1) 効力発生の時期の違いの意味
　吸収合併・新設合併又は株式交換・株式移転においては、効力発生日に消滅会社の株式が消滅し、又は完全子会社の株主が有する株式が完全親会社に移転する効果が生じるから、株式買取請求がされた後に合併や株式交換・株式移転の効力を生じた場合に、株式買取請求をしている株主には存続会社や完全親会社の株式が割り当てられるかにつき疑義があった。本法は、吸収合併の消滅会社又は株式交換の完全子会社の反対株主に対して存続会社又は完全親会社が交付する対価の割当てが生じないことを明らかにするため、本条5項は吸収合併又は株式交換における株式買取請求に係る株式の買取りは、効力発生日にその効力を生ずるとし（相澤他・論点解説681-682頁）、これに対し吸収分割の場合は、すべての権利義務の承継や株式の移転を伴わないため、株式代金の支払時に買取りの効力を生ずるとした（本条5項括弧書）。
　なお、効力発生日後に株式買取請求が撤回された場合には、存続会社又は完全子会社には原状回復義務として消滅会社又は完全子会社の株式を返還する義務が生じるが、吸収合併においては消滅株式会社が解散し（471条4項）、株式交換においては完全親会社が完全子会社の株式を取得している（769条1項、771条1項、774条1項）ことから、存続会社又は完全子会社は原状回復義務を履行することは不可能となり、買取代金相当額の金銭を返還する義務を負うことになる（相澤他・論点解説98、682頁）。これは株式買取請求権行使後に合併又は株式交換の効力を生じた場合には、同請求権を行使した株主の権利は代金請求権に確定する（株主から債権者に変わる）ことを意味すると解される。
(2) 株式の買取りの効力発生時点と剰余金の配当等の対象
　吸収分割における消滅会社等の株式についての株式買取請求に係る買取りの効力は、その株式の代金の支払の時に生じる（本条5項括弧書）。そのため、吸収分割会社が吸収分割の効力発生日に、吸収分割契約の規定に基づく吸収分割承継会社の株式のみを対価とする株式の取得（758条8号イ）や吸収分割承継会社の株式のみを配当財産とする剰余金の配当（同号ロ）を行う場合（いわゆる人的分割）には、効力発生日までに吸収分割会社の反対株主の全部又は一部に対する株式の買取りに係る代金の支払が完了していないと、その買取りの効力が生じていない以上、株式買取請求権の行使にかかわらず、その反対株主が吸収分割承継会社の株式を受け取ることとなる（相澤他・論点解説683頁、篠原倫太郎・論点体系(5)485頁）。

(3) 株式買取請求の結果としての自己株式の消却

　株式買取請求の結果としての自己株式となった合併消滅会社の株式には合併対価が交付されず（749条1項3号第1括弧書）、合併とともに消滅する。反対株主がまだ代金を交付されていない場合は、代金支払債務を承継した合併存続会社から支払われる（価格が決定しないまま承継することが多い）。

　他方、反対株主から買取請求を行使されて自己株式になった株式交換完全子会社あるいは株式移転完全子会社の株式には、完全親会社から株式等の対価が交付される（135条2項5号、施則23条2号・3号）。合併と相違し、会社自体は存続するため、株式を消滅させられないからである。そのため、完全子会社が完全親会社の株式を保有することになり、相当の時期に処分しなければならない（135条3項）。そこで、自己株式数が判明しない段階ではあるが、予め自己株式の消却決議をしておけば、効力発生日において消却できるとするのが実務である（武井一浩＝郡谷大輔＝豊田裕子「株式交換における反対株主の株式買取請求権と子会社への親会社株式の割当て」商事1812.86）。

6　同時履行の抗弁

　株券発行会社は、株券が発行されている株式について株式買取請求があったときは、株券と引換えにその株式買取請求に係る株式の代金を支払わなければならない（本条6項）。株式買取請求に係る株式の買取りの効力が「代金支払の時」に生じる場合（本条にいう吸収分割をする場合を含む）と「効力発生日」に生じる場合とでは、その意味は、次のように異なる（柳明昌・会社法コンメ(18)139頁）。

　吸収合併の消滅会社又は株式交換の完全子会社においては、組織再編の対価如何にかかわらず、組織再編の効力発生とともに失効する旧株券（219条3項）の流通を阻止するため、組織再編に際して「株券の提出手続」を必要とする（同条1項6号・7号）。そして、会社は、株券が提出されるまで、その株券に係る株式の株主が受けることができる再編対価等の交付を拒み得る（同条2項）。株券提出手続が一律に要請されることにより、買取対象となっている株式を含むすべての株券の提出が会社による対価の支払等の「先履行」となる。

　例えば、株式買取請求に係る株式の代金額が決定した後に買取請求権者が株券発行会社たる消滅株式会社等（吸収合併をする場合における効力発生日後にあっては、吸収合併存続会社）に対して代金支払請求をした場合に、次の抗弁が成立する。

（同時履行）
抗弁 1　Y会社は、株券発行会社であること
　　　2　XはY会社に対し、本件株式○○株の株券を引き渡すまで代金の支払を拒絶するとのY会社の権利主張
　　　＊786条6項に基づく抗弁である。

● (新株予約権買取請求)

第787条　次の各号に掲げる行為をする場合には、当該各号に定める消滅株式会社等の新株予約権の新株予約権者は、消滅株式会社等に対し、自己の有する新株予約権を公正な価格で買い取ることを請求することができる。
　一　吸収合併　第749条第1項第4号又は第5号に掲げる事項についての定めが第236条第1項第8号の条件（同号イに関するものに限る。）に合致する新株予約権以外の新株予約権
　二　吸収分割（吸収分割承継会社が株式会社である場合に限る。）　次に掲げる新株予約権のうち、第758条第5号又は第6号に掲げる事項についての定めが第236条第1項第8号の条件（同号ロに関するものに限る。）に合致する新株予約権以外の新株予約権
　　イ　吸収分割契約新株予約権
　　ロ　吸収分割契約新株予約権以外の新株予約権であって、吸収分割をする場合において当該新株予約権の新株予約権者に吸収分割承継株式会社の新株予約権を交付することとする旨の定めがあるもの
　三　株式交換（株式交換完全親会社が株式会社である場合に限る。）
　　次に掲げる新株予約権のうち、第768条第1項第4号又は第5号に掲げる事項についての定めが第236条第1項第8号の条件（同号ニに関するものに限る。）に合致する新株予約権以外の新株予約権
　　イ　株式交換契約新株予約権
　　ロ　株式交換契約新株予約権以外の新株予約権であって、株式交換をする場合において当該新株予約権の新株予約権者に株式交換完全親株式会社の新株予約権を交付することとする旨の定めがあるもの
　2　新株予約権付社債に付された新株予約権の新株予約権者は、前項の規定による請求（以下この目において「新株予約権買取請求」とい

う。）をするときは、併せて、新株予約権付社債についての社債を買い取ることを請求しなければならない。ただし、当該新株予約権付社債に付された新株予約権について別段の定めがある場合は、この限りでない。
3　次の各号に掲げる消滅株式会社等は、効力発生日の20日前までに、当該各号に定める新株予約権の新株予約権者に対し、吸収合併等をする旨並びに存続会社等の商号及び住所を通知しなければならない。
　一　吸収合併消滅株式会社　全部の新株予約権
　二　吸収分割承継会社が株式会社である場合における吸収分割株式会社　次に掲げる新株予約権
　　イ　吸収分割契約新株予約権
　　ロ　吸収分割契約新株予約権以外の新株予約権であって、吸収分割をする場合において当該新株予約権の新株予約権者に吸収分割承継株式会社の新株予約権を交付することとする旨の定めがあるもの
　三　株式交換完全親会社が株式会社である場合における株式交換完全子会社　次に掲げる新株予約権
　　イ　株式交換契約新株予約権
　　ロ　株式交換契約新株予約権以外の新株予約権であって、株式交換をする場合において当該新株予約権の新株予約権者に株式交換完全親株式会社の新株予約権を交付することとする旨の定めがあるもの
4　前項の規定による通知は、公告をもってこれに代えることができる。
5　新株予約権買取請求は、効力発生日の20日前の日から効力発生日の前日までの間に、その新株予約権買取請求に係る新株予約権の内容及び数を明らかにしてしなければならない。
6　新株予約権買取請求をした新株予約権者は、消滅株式会社等の承諾を得た場合に限り、その新株予約権買取請求を撤回することができる。
7　吸収合併等を中止したときは、新株予約権買取請求は、その効力を失う。

1　新株予約権の買取請求権

　本条は、吸収合併等（吸収合併、吸収分割、株式交換）における消滅株式会社等（吸収合併消滅株式会社、吸収分割株式会社、株式交換完全子会社）の新株予約権者による新株予約権買取請求権を定める。新株予約権は債権の一種であり、新株予約権者は会社の債権者であるが（相澤他・論点解説 227、247-248 頁）、新株予約権が株式と同様の経済的性質（潜在的な会社持分）を有するので、株式に準じて、一定の場合に新株予約権の新株予約権者に新株予約権買取請求権を認めるものである（神田・会社法 151 頁）。

　新株予約権買取請求権は、株式買取請求権と比較すると、次の差異がある。

　① 　新株予約権には議決権はなく、新株予約権者が新株予約権買取請求権を行使するために、組織再編行為に反対か否かは問題とならない。
　② 　新株予約権買取請求権が認められる場合は、株式買取請求権よりも限られており、組織再編行為に関しては、吸収合併等及び新設合併等における消滅会社等の新株予約権に限って認められる。存続会社等の新株予約権者の新株予約権買取請求は存在しない。新株予約権買取請求は、吸収合併等により新株予約権が消滅する場合の救済であって、存続会社等の事業内容等に与える影響からの救済ではないからである。
　③ 　株式買取請求権は株主の利益保護のため不可欠であるが、新株予約権買取請求権制度は、補充性が拭えない。例えば、新株予約権を発行する際に、新株予約権の内容として、組織再編行為を行う場合には会社が金銭を対価としてその新株予約権を取得する旨を定めておけば（236 条 1 項 7 号イ）、実質的には新株予約権の新株予約権者に金銭を割り当てるのと同様の効果を生じさせ得る。当然のことながら、この場合に新株予約権買取請求権を認める必要はない（相澤他・論点解説 684 頁）。

(1) 吸収合併消滅会社（本条 1 項 1 号）

　吸収合併消滅会社が発行する新株予約権は、合併の効力発生日に消滅するが（750 条 4 項）、合併契約で新株予約権者に対し交付する吸収合併存続会社の新株予約権又は金銭が定められる（749 条 1 項 4 号）。しかし、合併契約について新株予約権者の同意は要しないから、その内容が必ずしも相当とは限らないため、公正な価格での新株予約権買取請求権が認められている。ただし、新株予約権は、その内容として会社が消滅会社となる吸収合併又は新設合併を行う場合において、存続会社あるいは新設会社の新株予約権を交付すること及びその条件が定められていて（236 条 1 項 8 号イ）、その定めに従った新株予約権の交付が合併契約で定められた場合には、新株予約権者の権利

はその内容に従って変更されるだけであるから、買取請求権は認められない。言い換えれば、吸収合併契約で定めた対価の内容が、新株予約権の内容として定められた236条1項8号の内容（すなわち、会社が吸収合併消滅会社となる場合において、吸収合併存続会社の新株予約権を交付するか否か及び交付する場合の条件）と合致しないときにのみ、新株予約権買取請求権の行使が認められる。
(2) 吸収分割会社（本条1項2号）
　吸収分割会社が発行する新株予約権は、新株予約権者に対し、分割契約によりその保有する新株予約権に代わる承継会社の新株予約権が交付されることがある（758条5号。なお、吸収合併とは異なり、吸収分割の場合は、効力発生日以降も分割会社は引き続き存続するので、分割会社の新株予約権が存続する場合がある）。しかし、承継会社の新株予約権を与える吸収分割契約について新株予約権者の同意は要しないから、割り当てられる承継会社の新株予約権が必ずしも相当であるとは限らないため、公正な価格での新株予約権買取請求権が認められている（本条1項2号イ）。ただし、新株予約権については、その内容として会社が分割会社となる吸収分割を行う場合において、承継会社の新株予約権を交付すること及びその条件が定められていて（236条1項8号ロ）、その定めに従った新株予約権の交付が吸収分割契約で定められた場合には、新株予約権者の権利はその内容に従って変更されるだけであるから、買取請求権は認められない。また、吸収分割契約において、吸収分割会社の新株予約権者に対して吸収分割承継会社の新株予約権を交付する旨の定めがない場合において、新株予約権者の保有する新株予約権の内容として、吸収分割会社となる場合に承継会社の新株予約権を交付しないとされているのであれば（引き続き分割会社の新株予約権を保有するにとどまり）、買取請求権は認められない。
(3) 株式交換完全子会社（本条1項3号）
　会社が完全子会社となる株式交換をする場合、完全子会社となる会社の新株予約権者に対し、株式交換契約によりその保有する新株予約権に代わる完全親会社となる会社の新株予約権が交付されることがある（768条4号。なお、株式交換においては、吸収分割の場合と同じく、効力発生日以降も株式交換完全子会社が存続するので、その新株予約権が存続する場合がある）。しかし、分割契約について新株予約権者の同意等は要しないから、割り当てられる完全親会社の新株予約権が相当であるとは限らないため、公正な価格での新株予約権買取請求権が認められている（本条1項3号イ）。ただし、新株予約権については、その内容として会社が完全子会社となる株式交換を

行うときに、完全親会社となる会社の新株予約権を交付すること及びその条件が定められていて（236条1項8号ニ）、その定めに従った新株予約権を交付することが株式交換契約で定められている場合に、新株予約権者の権利はその内容に従って変更されるだけであるから、買取請求権は認められない。また、株式交換契約において、株式交換完全子会社の新株予約権者に対して株式交換完全親会社の新株予約権を交付する旨の定めがない場合において、その新株予約権者の保有する新株予約権の内容として、株式交換において株式交換完全子会社となる場合に株式交換完全親会社の新株予約権を交付しないとされているのであれば（引き続き株式交換完全子会社の新株予約権を保有することとなり）、買取請求権は認められない。

2　236条1項8号の条件

　本条1項各号所定の「236条1項8号」とは、消滅会社等の新株予約権の新株予約権者に吸収合併等の際に存続会社等の「新株予約権を交付することとするとき」（同号柱書）の条件である。したがって、「存続会社の新株予約権を交付しない」あるいは「新株予約権1個当たり金銭〇円を交付する」との定めは、そもそも同号の条件を定めたことに当たらず（郡谷大輔=和久友子・会社法の計算詳解［第2版］393頁）、双方の条件が合致する新株予約権以外の新株予約権として買取請求の対象となる。

　吸収合併等に係る契約（吸収合併契約、吸収分割契約又は株式交換契約）における新株予約権の承継に関する定めと、新株予約権の承継に関して定められた新株予約権の内容とが合致するもの以外の新株予約権についてのみ、新株予約権買取請求権が認められる。そこで、吸収合併等に係る契約及び新株予約権の内容のいずれにも新株予約権の交付に関する定めがある場合において、これら条件の合致の判断基準であるが、①新株予約権の経済的価値に着目し、合併比率等の決定時点において有した新株予約権の評価額と同価値の新株予約権を存続株式会社が承継する義務があるとする見解（江頭・株式有限686頁）には、条件の要素を動かして経済的価値が同等となる調整は幾通りもあり得るから具体的な条件を確定できないとの批判がある（藤田友敬「社債・新株予約権」別冊商事271.104）。②合併比率等に応じて株式数及び権利行使価格について調整して引き継ぐべきとする見解（今井宏「会社の合併・分割とストック・オプションの承継」河合伸一判事退官・古稀記念会社法・金融取引法の理論と実務14頁）には、単純に合併比率等に応じた新株予約権が交付されただけでは新株予約権者が損害を被る可能性が残る。そこで、実務上は、③形式的な条件の同一性を担保する条項を置くことで足りるとされ

る（言い換えれば、条件の合致の有無は形式的に行えば足りる）とされ、学説上もこれに肯定的であるものがみられる（柳明昌・会社法コンメ(18)152頁）。また、このような問題を回避するために、組織再編行為に際しての新株予約権の取得条項（236条1項7号）や、新株予約権付社債についての繰上償還条項（676条4号）を規定する例もある（柳明昌・会社法コンメ(18)153頁）。この場合、取得条項の対象となる新株予約権については、新株予約権者が新株予約権買取請求権を有することはない（相澤他・論点解説684頁）。なお、その「条件」において、組織再編行為を行う場合のうちある条件を充足する場合に限って存続会社等の新株予約権を交付することとする定めを設けることもできるが、この場合は、停止条件の成就の有無が争いになり得る（江頭・株式会社法843頁）。

3　新株予約権付社債の買取請求

新株予約権付社債に付された新株予約権の場合、新株予約権者が新株予約買取請求権を行使するときは、併せて、原則として（「別段の定め」（本条2項ただし書、808条2項ただし書）がある場合を除いて）、新株予約権付社債についての社債を買い取ることを請求しなければならない（本条2項本文、808条2項本文）。新株予約権付社債者は、新株予約権者と社債権者の地位を併有するので、理論的には、組織再編行為時に、新株予約権買取請求手続（本条等）と債権者保護手続（789条等）との両方の手続による保護を受け得る（相澤他・論点解説685頁）。「別段の定め」とは、①新株予約権付社債に付された新株予約権につき新株予約権買取請求を行う際に、その社債の買取請求をしないことができる旨の定めや、②社債の買取請求をすることを新株予約権者が選択することの可否等の定めである（相澤他・論点解説238頁）。

4　公正な価格
(1)　シナジー価格の排除

吸収合併等が行われる場合に、消滅株式会社等の新株予約権の新株予約権者は、消滅株式会社等に対し、自己の有する新株予約権を「公正な価格」で買い取ることを請求し得る（本条1項）。新株予約権者は株主とは異なり、会社の債権者に過ぎないため、組織再編行為等のシナジーを享受すべき地位にはない。そのため、新株予約権買取請求権の「公正な価格」は、株式買取請求権の場合とは異なり、新株予約権者に対しては、組織再編行為等において、その行為等の前に有した経済価値（金銭的評価）に等しい新株予約権又は金銭が交付されれば足りるとする見解が有力である（江頭・株式会社法

794頁)。これに対し、①新株予約権の引継ぎについて、発行時に具体的な引継条件が規定されていたにもかかわらず、その条件に沿った引継ぎが行われなかった場合には、公正な対価で組織再編行為等が行われ、その条件に沿った引継ぎがされた状態を想定し、その場合に得られたであろう対価を「公正な価格」とすべきであり(いわば履行利益の賠償であるが、これは新株予約権者の有する債権者としての性格と矛盾しない)、②発行時に(ⅰ)組織再編行為等の際に新株予約権を引き継ぐことは決められていたが、引継条件が十分に具体的ではない場合、(ⅱ)組織再編行為等の際の取扱いが特に定められていない場合には、組織再編行為等がなされなかったとすればその新株予約権が有していたであろう価格を「公正な価格」とすべきとの見解も存する(藤田友敬「新会社法における株式買取請求権制度」江頭還暦上306頁)。

(2) 算定方法

「公正な価格」とは、株式買取請求権の場合と同様に、一般に公正妥当なものとして受け入れられている評価方法に基づいて算定される価格である。新株予約権の評価は、これまで募集新株予約権又は新株予約権付社債の有利発行における差止めにおいて(いずれも「発行時点」)、公正な価格が問題とされてきたが、新株予約権買取請求権は、新株予約権発行後、権利行使期間内の一定時点における評価が問題となる。新株予約権はオプションとしての性質を有するから、公正な価格の評価もオプション評価理論による。この評価理論として、ブラック・ショールズ・モデル(Black-Scholes Model)、格子モデル(Lattice Model)(2項ツリーメソッドによる算定)、モンテカルロ・シミュレーション(Monte Carlo Simulation)などが説かれている。ストック・オプションについてはブラック・ショールズ・モデルが、新株予約権付ローンについては格子モデルが、一般的といわれる。裁判実務では、ある方式による結果を他の方式による結果と照合して、評価の妥当性を検証するのが一般である。

5 新株予約権買取請求の手続

(1) 通知・公告

新株予約権買取請求の実効性を高めるために、吸収型再編における消滅会社等は効力発生日の20日前までに、新設型再編における消滅会社等は、株主総会における承認決議の日から2週間以内に、新株予約権者に対し、組織再編についての通知・公告をしなければならない(本条3項、808条3項)。この通知は、公告をもって代えることができる(本条4項、808条4項)。

また、通知・公告の対象となる新株予約権者(本条3項3号)と新株予約

権買取請求権を行使できる新株予約権者（本条1項3号）の範囲を比較すると、前者が広い。すなわち、吸収合併消滅株式会社の全部の新株予約権の新株予約権者が通知を受けるが（本条3項1号）、存続会社の交付する新株予約権の割当て等の条件が236条1項8号の条件と合致するときは新株予約権の買取請求の対象とならない。これは、条件が一致するか否かの判断が困難な場合もあるため、新株予約権者全員に対して通知する必要があるからである。なお、本条3項及び4項の通知・公告と吸収合併等をするための株主総会の決議の先後関係についても、株式買取請求権の場合と同様、特に規律がなく、いずれが先であっても差し支えないと解される。

(2) 新株予約権買取請求の方法

新株予約権買取請求は、効力発生日の20日前の日から効力発生日の前日までの間に、その請求に係る新株予約権の内容及び数を明らかにしてしなければならない（本条5項）また、新株予約権付社債に付された新株予約権の買取請求を行うときは、その新株予約権付社債に付された新株予約権について別段の定めがある場合を除き、新株予約権付社債についての社債を買い取ることを併せて請求しなければならない（本条2項）。また、新株予約権者の保有する新株予約権の一部についてのみ新株予約権買取請求権を行使することも、株式買取請求権の場合と同様に認められると解される。

新株予約権は、会社に対する払込みと引換えに一定数の株式の交付を受けることができる債権であり、経済的な出捐済みの株式とは異なり、通常の債権と同様、会社は業務執行の一環として自己新株予約権を取得し得る。発行会社による新株予約権の取得については、自己株式の取得の場合のような財源規制・手続規制は存在しない（相澤他・論点解説248頁）。

(3) 新株予約権買取請求の撤回

新株予約権買取請求をした新株予約権者は、消滅株式会社等の承諾を得た場合に限り、その新株予約権　取請求を撤回することができる（本条6項）。株式買取請求の場合と同様、株価の動向を見ながらの濫用的な買取請求を防止するために撤回が制限されるのである。また、買取価格の決定について、効力発生日から30日以内に協議が調わない場合において、効力発生日から60日以内に裁判所に対して価格決定の申立てがないときは、その期間満了後は、新株予約権者は、会社の承諾を要することなく、いつでも新株予約権買取請求を撤回できる（788条3項）。

(4) 新株予約権買取請求の失効

吸収合併等を中止したときは、新株予約権買取請求は、その効力を失う（本条7項）。新株予約権買取請求がされた後に会社が吸収合併等を中止した

場合は、新株予約権を買取請求する前提が失われるから、仮に新株予約権者が企業価値が客観的に見ても増大する組織再編を望んでいても、新株予約権買取請求権行使の効力が消滅する。

● (新株予約権の価格の決定等)

第788条　新株予約権買取請求があった場合において、新株予約権 (当該新株予約権が新株予約権付社債に付されたものである場合において、当該新株予約権付社債についての社債の買取りの請求があったときは、当該社債を含む。以下この条において同じ。) の価格の決定について、新株予約権者と消滅株式会社等 (吸収合併をする場合における効力発生日後にあっては、吸収合併存続会社。以下この条において同じ。) との間に協議が調ったときは、消滅株式会社等は、効力発生日から60日以内にその支払をしなければならない。

2　新株予約権の価格の決定について、効力発生日から30日以内に協議が調わないときは、新株予約権者又は消滅株式会社等は、その期間の満了の日後30日以内に、裁判所に対し、価格の決定の申立てをすることができる。

3　前条第6項の規定にかかわらず、前項に規定する場合において、効力発生日から60日以内に同項の申立てがないときは、その期間の満了後は、新株予約権者は、いつでも、新株予約権買取請求を撤回することができる。

4　消滅株式会社等は、裁判所の決定した価格に対する第1項の期間の満了の日後の年6分の利率により算定した利息をも支払わなければならない。

5　新株予約権買取請求に係る新株予約権の買取りは、次の各号に掲げる新株予約権の区分に応じ、当該各号に定める時に、その効力を生ずる。

一　前条第1項第1号に定める新株予約権　効力発生日
二　前条第1項第2号イに掲げる新株予約権　効力発生日
三　前条第1項第2号ロに掲げる新株予約権　当該新株予約権の代金の支払の時
四　前条第1項第3号イに掲げる新株予約権　効力発生日
五　前条第1項第3号ロに掲げる新株予約権　当該新株予約権の代金の支払の時

6　消滅株式会社等は、新株予約権証券が発行されている新株予約権について新株予約権買取請求があったときは、新株予約権証券と引換えに、その新株予約権買取請求に係る新株予約権の代金を支払わなければならない。

7　消滅株式会社等は、新株予約権付社債券が発行されている新株予約権付社債に付された新株予約権について新株予約権買取請求があったときは、新株予約権付社債券と引換えに、その新株予約権買取請求に係る新株予約権の代金を支払わなければならない。

1　新株予約権買取価格の決定協議

　新株予約権買取請求があった場合の買取価格の決定については、株式買取請求権の価格決定手続と同じく、直接、裁判所に価格決定の申立てをするのではなく、まず、新株予約権者と消滅株式会社等（吸収合併の場合における効力発生日後は、吸収合併存続会社）との間で協議を行うこととしている。そして、買取価格につき協議が調ったときは、消滅会社等は、吸収合併等の場合は効力発生の日から、新設合併等の場合は設立会社の成立の日から、それぞれ60日以内にその支払を要する（本条1項、809条1項）。複数の新株予約権者が新株予約権買取請求権を行使した場合において、消滅株式会社等が新株予約権者ごとに異なる買取価格を合意することは許されることについては、株式買取請求権の場合と同様である（786条1参照）。

2　価格決定申立て

　買取価格について、吸収合併等の効力発生の日又は設立会社の成立の日から30日以内に協議が調わないときは、新株予約権者又は消滅会社等は、その期間の満了の日後30日以内に、裁判所に対し、価格決定の申立てをすることができる（本条2項、809条2項）。「協議が調わないとき」とは、株式の価格決定手続の786条2項と同様に、価格の争いに限らず、新株予約権に係る「条件の合致」の有無、新株予約権の個数に争いがある場合等を含むとする見解と、このような争いのある場合には、全体として通常の民事訴訟手続によるとの見解とがあり得る（786条2参照）。

　非訟事件　　XのY株式会社に対する新株予約権買取請求権行使に係る新株予約権価格決定申立て

* 本件は、Y会社は吸収合併、吸収分割（吸収分割承継会社が株式会社の場合）又は株式交換（株式交換完全親会社が株式会社の場合）をしたところ、Y会社（消滅株式会社等）の新株予約権者Xが、新株予約権の行使をし、Y会社との協議が調わなかったので、裁判所に本件新株予約権の買取価格の決定を求めた事案である。
* 裁判所は、不適法又は理由がないことが明らかであるとして申立てを却下する裁判をするときを除き、審問期日を開催して新株予約権者及び消滅株式会社等双方の陳述を聴かなければならない（870条2項2号）。これは、価格決定手続の当事者主義的な運用の基盤となる。
* 本件は、Y会社の本店の所在地を管轄する地方裁判所の管轄に属する（868条1項）。

<u>申立理由</u> 1　Xは、次の(1)ないし(3)のいずれかの消滅株式会社等の新株予約権の新株予約権者であること

(1) 吸収合併においては、749条1項4号・5号に掲げる事項についての定めが236条1項8号の条件（同号イに関するものに限る）に合致する新株予約権以外の新株予約権

(2) 吸収分割（吸収分割承継会社が株式会社の場合に限る）においては、次に掲げる新株予約権のうち、758条5号・6号に掲げる事項についての定めが236条1項8号の条件（同号ロに関するものに限る）に合致する新株予約権以外の新株予約権
　① 吸収分割契約新株予約権
　② 吸収分割契約新株予約権以外の新株予約権であって、吸収分割をする場合においてその新株予約権の新株予約権者に吸収分割承継株式会社の新株予約権を交付することとする旨の定めがあるもの

(3) 株式交換（株式交換完全親会社が株式会社の場合に限る）においては、次に掲げる新株予約権のうち、768条1項4号・5号に掲げる事項についての定めが236条1項8号の条件（同号ニに関するものに限る）に合致する新株予約権以外の新株予約権
　① 株式交換契約新株予約権
　② 株式交換契約新株予約権以外の新株予約権であって、株式交換をする場合においてその新株予約権の新株予約権者に株

式交換完全親株式会社の新株予約権を交付することとする旨の定めがあるもの
2　Y会社は吸収合併、吸収分割（吸収分割承継会社が株式会社の場合に限る）又は株式交換（株式交換完全親会社が株式会社の場合に限る）をすること
3　Xは、消滅株式会社等であるY会社に対し、自己の有する新株予約権を公正な価格で買い取ることを請求したこと
　　＊新株予約権者は株主とは異なり、会社の債権者に過ぎないため、当然に組織再編行為等のシナジーを享受すべき地位にあるものではなく、ここに「公正な価格」とは「ナカリセバ価格」となる。
4　請求原因3の新株予約権買取請求は、請求原因2の効力発生日の20日前の日から効力発生日の前日までの間に、その請求に係る新株予約権の内容及び数を明らかにしてしたこと
　　＊787条5項に基づく事実である。株式買取請求権制度におけると同様、新株予約権を適時に行使しなかったことについて「やむを得ない事情」があると評価できる場合には、時機に後れた新株予約権者の買取請求を不適法とすべきではない。
5　XとY会社は、効力発生日から30日以内に本件株式の買取価格の協議が調わなかったこと
6　本件新株予約権の公正な価格の評価根拠事実
7　本件申立ては、請求原因5の満了の日後30日以内にされたこと

3　新株予約権買取請求の撤回

　買取請求をした新株予約権者は、消滅株式会社等の承諾があるときのほか（787条6項）、効力発生日から30日以内に買取価格の決定について協議が調わない場合において、効力発生日から60日以内に裁判所に対して価格決定の申立てがないときは、その期間満了後は、いつでも、新株予約権買取請求を撤回することができる（本条3項）。新株予約権買取請求が撤回された場合に生じる消滅株式会社等の原状回復義務などについては、株式買取請求権の場合と同様に考えられる（786条3参照）。

4　利　　息

　消滅株式会社等は、裁判所の決定した価格に対する本条1項の期間の満了

の日後の年6分の利率により算定した利息をも支払わなければならない（本条4項）。利息の法的性質については、株式買取請求権の場合と同様に、買取代金の遅延損害金とする見解と法定利息とする見解に分かれるが、この利息についても、株式買取請求権の場合（786条4項）と同様に考えられる（786条4参照）。

5　買取りの効力発生時期（新株予約権の移転時期）

　本条5項は、新株予約権買取請求に係る新株予約権の買取りの効力発生時期について、後記(1)と(2)の新株予約権の区分に応じて、効力の発生を定めている。(1)の場合は、組織再編行為の効力と株式買取請求との関係につき疑義を生じないように、効力発生日に買取りの効力が生じるとし、(2)の場合は、(1)のような疑義が生じないので、新株予約権の買取価格の支払をした時に買取りの効力を生ずるとする。

(1)　効力発生日に買取りの効力が生ずる場合

　①吸収合併において、合併契約の承継条件と発行時の承継条件（236条1項8号イ）とが合致する場合以外の新株予約権については、効力発生日に、買取請求された新株予約権の買取の効力が生ずる（本条5項1号）。②吸収分割承継会社が株式会社である場合において、吸収分割株式会社の新株予約権のうち、吸収分割承継会社の新株予約権の割当対象とされた吸収分割会社の新株予約権（吸収分割契約新株予約権（758条5号））について、その内容等が新株予約権の内容として定められた236条1項8号ロの条件と合致する以外の新株予約権についても、また、③株式交換完全親株式会社の新株予約権の割当対象とされた新株予約権（株式交換契約新株予約権（768条1項4号イ））のうち、236条1項8号ニの条件と合致する以外の新株予約権についても、同様である（本条5項2号・4号）。

　以上の①ないし③は、吸収合併等の存続株式会社、吸収分割の承継株式会社又は株式交換の完全親会社の新株予約権が割り当てられないことを明らかにする趣旨である。つまり、消滅会社、吸収分割会社又は完全子会社の新株予約権者の有するこれらの新株予約権は、その効力発生日において消滅会社、吸収分割会社又は完全子会社に移転した（自己新株予約権となる）上で消滅する（750条5項、759条5項、769条5項）。更に、効力発生日後に新株予約権買取請求権が撤回された場合には、存続会社若しくは吸収分割会社又は完全子会社には原状回復義務として消滅会社若しくは吸収分割会社又は完全子会社の新株予約権を返還する義務が生じることとなるが、いずれの場合も効力発生日において新株予約権は消滅していることから、存続会社若し

くは吸収分割会社又は完全会社は原状回復義務の履行は不可能であり、買取代金相当額の金銭を返還する義務を負う。

(2) 買取価格の支払時に買取りの効力が生ずる場合

①吸収分割契約新株予約権以外の新株予約権であって、236条1項8号ロの条件に吸収分割承継株式会社の新株予約権を交付する旨の定めがある新株予約権、又は②株式交換契約新株予約権以外の新株予約権であって、同号ロの条件に株式交換完全親株式会社の新株予約権を交付する旨の定めがある新株予約権については、組織再編行為の効力との関係が問題とならないことから、原則どおり、その新株予約権の代金支払の時に、買取請求された新株予約権の買取りがその効力を生ずる（本条5項3号・5号）。

6　代金の支払と同時履行

新株予約権証券が発行されている場合、消滅会社等は、新株予約権証券が発行されている新株予約権について買取請求があったときは、新株予約権証券と引換えに、その新株予約権買取請求に係る新株予約権の代金を支払わなければならない（本条6項）。新株予約権付社債券が発行されている新株予約権付社債に付された新株予約権について新株予約権買取請求があった場合も同様である（本条7項）。

これらは、株券の交付と代金の支払との同時履行を定めた117条6項、470条6項、786条6項、798条6項、807条6項に対応する規定である（これらの規定は、文字どおり民法にいう同時履行の抗弁を意味するものではなく、移転の効果を生じる新株予約権に係る証券を確実に回収する趣旨と解される）。例えば、新株予約権買取請求に係る代金額が決定した後に買取請求権者が新株予約権証券が発行されている会社に対して代金支払請求をした場合に、次の抗弁が成立する。

(同時履行)

抗　弁　1　Y会社は、新株予約権証券を発行している会社であること
　　　　2　XはY会社に対し、本件新株予約権証券を引き渡すまで代金の支払を拒絶するとのY会社の権利主張
　　　　＊788条6項に基づく抗弁である。

●(債権者の異議)

第789条　次の各号に掲げる場合には、当該各号に定める債権者は、消滅株

式会社等に対し、吸収合併等について異議を述べることができる。
　一　吸収合併をする場合　吸収合併消滅株式会社の債権者
　二　吸収分割をする場合　吸収分割後吸収分割株式会社に対して債務の履行（当該債務の保証人として吸収分割承継会社と連帯して負担する保証債務の履行を含む。）を請求することができない吸収分割株式会社の債権者（第758条第8号又は第760条第7号に掲げる事項についての定めがある場合にあっては、吸収分割株式会社の債権者）
　三　株式交換契約新株予約権が新株予約権付社債に付された新株予約権である場合　当該新株予約権付社債についての社債権者
2　前項の規定により消滅株式会社等の債権者の全部又は一部が異議を述べることができる場合には、消滅株式会社等は、次に掲げる事項を官報に公告し、かつ、知れている債権者（同項の規定により異議を述べることができるものに限る。）には、各別にこれを催告しなければならない。ただし、第4号の期間は、1箇月を下ることができない。
　一　吸収合併等をする旨
　二　存続会社等の商号及び住所
　三　消滅株式会社等及び存続会社等（株式会社に限る。）の計算書類に関する事項として法務省令〔施則188条〕で定めるもの
　四　債権者が一定の期間内に異議を述べることができる旨
3　前項の規定にかかわらず、消滅株式会社等が同項の規定による公告を、官報のほか、第939条第1項の規定による定款の定めに従い、同項第2号又は第3号に掲げる公告方法によりするときは、前項の規定による各別の催告（吸収分割をする場合における不法行為によって生じた吸収分割株式会社の債務の債権者に対するものを除く。）は、することを要しない。
4　債権者が第2項第4号の期間内に異議を述べなかったときは、当該債権者は、当該吸収合併等について承認をしたものとみなす。
5　債権者が第2項第4号の期間内に異議を述べたときは、消滅株式会社等は、当該債権者に対し、弁済し、若しくは相当の担保を提供し、又は当該債権者に弁済を受けさせることを目的として信託会社等に相当の財産を信託しなければならない。ただし、当該吸収合併等をしても当該債権者を害するおそれがないときは、この限りでない。

1　債権者保護手続

本条は、吸収合併・吸収分割・株式交換を行う場合に、吸収合併消滅株式会社の債権者、吸収分割株式会社の債権者、及び株式交換において新株予約権付社債に係る債務が完全子会社から完全親会社に移転する場合の完全子会社の新株予約権付社債権者について、資本金又は準備金の額の減少の場合（449条）と同様に、債権者異議手続を要する旨を定める。この債権者異議手続が終了していなければ、効力発生日に係る本法の規定は適用されず、これら組織再編行為の効力は発生しない（750条6項、759条6項、769条6項）。

2　異議を述べ得る債権者

(1)　吸収合併の場合

吸収合併の場合、吸収合併消滅会社の債権者は、自己の債権が当然に吸収合併存続会社に移転し、自己の債権の引当てとなる会社財産に変動が生じるため、消滅会社に対して、吸収合併について異議を述べ得る（本条1項1号）。

(2)　吸収分割の場合

吸収分割の場合、吸収分割会社の債権者のうち会社分割により吸収分割承継会社に対して債権が承継され吸収分割会社に対しては請求できなくなる債権者は、自己の債権の引当てとなる財産が吸収分割承継会社の財産のみに代わるから、吸収分割会社に対して、吸収分割について異議を述べ得る（本条1項2号）。これに対して、債権が会社分割の承継対象とはならず、会社分割後も吸収分割会社に対して請求できる債権者については、吸収分割会社が承継会社から移転した純資産額に等しい対価を取得するから引当財産額に変動がないので、債権者保護手続の対象とはならない（この理は、事業譲渡の場合も同じである）。会社分割により承継の対象とされる場合でも吸収分割会社により重畳的債務引受けや連帯保証がされることで吸収分割後も吸収分割会社に請求できる債権者は、債権の引当財産に実質的な変動がないから債権者保護手続の対象とはならない。なお、会社分割上、債権者保護手続の対象とならない債権者でも詐害的な会社分割に対しては、詐害行為取消権（民424条）を行使できる余地がある。

また、分割後も吸収分割会社に請求できる債権者についても、吸収分割会社において分割の効力発生日に剰余金の配当又は全部取得条項付株式の取得（人的分割）がされる場合（758条8項、760条7項）、分割対価への交付に際して分配可能額の制限が外されており、債権者の地位に変動を生ずるおそれ

があるから（前田・入門733頁）、吸収分割会社のすべての債権者について債権者異議手続が要求される（本条1項2号第2括弧書）。
(3) 株式交換の場合
　株式交換において株式交換契約新株予約権が新株予約権付社債に付された新株予約権である場合には、その新株予約権付社債の社債権者は、株式交換完全子会社に対して、その株式交換について異議を述べ得る（本条1項3号）。なぜなら、新株予約権付社債に係る債務が完全子会社から完全親会社へ移転する場合も、債務者の交代が生ずるから、完全子会社の新株予約権付社債権者につき債権者異議手続を要するからである。なお、社債権者が異議を述べる方法については、740条の解説を参照されたい。

3　異議申述の催告
(1) 公告及び各別の催告
　本条に定める消滅株式会社等（吸収合併の場合の消滅会社、吸収分割の場合の吸収分割会社、株式交換の場合の完全子会社）は、それらの組織再編行為をする旨（本条2項1号）、存続会社等の商号及び住所（同項2号）、消滅株式会社等及び存続会社等の計算書類に関する事項として法務省令で定めるもの（同項3号。具体的には施行規則188条が定める貸借対照表の開示状況）及び一定の期間内（1か月を下ってはならない（同項ただし書））に異議を述べることができる旨（同項4号）を官報に公告し（939条1項1号）、かつ、会社に知れている債権者には各別に異議を述べるように催告しなければならない（本条2項）。官報での公告に加えて、定款で定めた「日刊新聞紙による公告」又は「電子公告」をしたときは、吸収分割における吸収分割会社の不法行為債権者を除き、この各別の催告を省略できる（本条3項。日本経済新聞の公告欄で上場会社の合併公告や会社分割の公告がされることが多いが、これは各別の催告に代わる代用公告である。債権者異議申述公告そのものの合併公告等は、官報で公告される）。不法行為債権者に各別の催告の省略が許されないのは、会社分割を損害賠償債務逃れに利用されてはならないからである。以下、公告及び各別の催告について、2点補足する。
ア　官報公告と催告における「一定の期間」の一致の要否
　両者の期間が一致すべきかについては、債権者異議申述手続の趣旨が十分な情報開示期間を設けて周知することにあるとすると、起算日や終期の一致が重要なわけではないし、782条2項4号や794条2項3号の「公告の日又は同項の規定による催告の日のいずれか早い日」という規定振りからも、官報公告と催告での「一定の期間」との一致は必要ないであろう。

イ　存続会社等と消滅会社等の公告手続

　吸収型組織再編行為の場合、存続会社等と消滅会社等の双方に債権者異議手続を要求しているが（本条、799条、810条）、両会社が同時に債権者異議手続を行う場合には、消滅会社等が行う公告と存続会社が行う公告とを1つの公告で兼ねることができると解される（相澤他・論点解説686頁）。

(2) 会社に知れている債権者

　「会社に知れている債権者」とは、債権者が誰であるか、またいかなる原因に基づく請求権かのおおよそが会社に知れている債権者をいい、訴訟において会社が債権の存在を争っている債権者もそれに該当しないとはいえない（大判昭和7年4月30日民集11.706）。会社が、その債権の不存在を確信するのが、その当時の事情から合理的であると認められる場合には、後日会社が敗訴して債権の存在が認められたとしても、知れている債権者とはいえない（江頭・株式会社法646頁）。

　非金銭債権者が知れたる債権者に該当するか否かの点は、非金銭債権者のうち、債務を直ちに弁済することが性質上不可能であり、しかも、債務不履行の場合に負担すべき損害賠償債務額の予測が困難なため、相当な担保あるいは相当な財産とはどの程度のものか判断の具体的な基準が見出せない債務は、催告を要する債務者ではないと考えられる（今井宏・新注会(1)396頁）。

訴訟物　　XのY株式会社に対する吸収合併無効権
　　　　　＊本件は、Y会社がA株式会社を吸収合併したところ、A会社が本条2項所定の公告及び催告をしなかったので、Y会社の債権者Xが吸収合併の無効を訴えた事案である。
　　　　　＊請求の趣旨は、「Y会社と消滅会社A会社（解散時の本店所在地、東京都千代田区丸の内一丁目○番○号）との間において、平成○年○月○日にされた合併は、これを無効とする。」である。吸収合併無効の訴えは、消滅会社の回復と存続会社の発行した株式の無効という効果を生じさせる形成の訴えである。

請求原因　1　Y会社はA会社との間で、Y会社が存続会社、A会社が消滅会社となる吸収合併契約を締結したこと
　　　　　　2　請求原因1の合併契約が定める合併の効力発生日が到来したこと
　　　　　　3　XのY会社に対する債権発生原因事実
　　　　　　4　Xは、吸収合併について承認をしなかったこと

＊828条2項7号によれば、「吸収合併について承認をしなかった債権者」に吸収合併無効の訴えの原告適格が与えられる。請求原因3及び4は、原告適格に関する事実である。

5　請求原因1の吸収合併につき、消滅会社A会社が本条2項所定の公告及び催告をしなかったこと

＊債権者に対する異議申述の公告及び催告がされず、又は異議を申し出た債権者に対し弁済その他必要な措置（本条2項・5項、793条2項、799条2項・5項、802条2項）が執られなかった場合には、合併無効の原因となる。しかし、今井宏・新注会(1)390頁は、催告したことの立証につき、「債権者に異議の申述の催告をしたことの立証責任は、会社側にあるが、会社が催告期間内に催告したことを証明すれば、それで相当期間内に債権者に到達したものと推定され（挙証責任の転換）、到達のなかったことは債権者側において証明を要するものと解する」という。

6　本訴は、吸収合併の効力が生じた日から6か月以内に提起されたこと

＊828条1項7号に基づく事実である。

(3)　各別の催告を受けなかった債権者

　会社が知れている債権者に対して各別の催告をすべき場合に、これを怠ったときは、その債権者は合併無効等の訴えを提訴する原告適格を有する。また、吸収分割の場合、①吸収分割において承継の対象とされた債務で、分割会社に対して請求をすることができない債権者は、分割会社が効力発生日で有していた財産の価額、②吸収分割において承継の対象とはされなかった債務の債権者は、承継した財産の価額を限度として、分割会社又は承継会社に対して請求することができる（759条2項・3項、761条2項・3項）。更に、吸収分割において、承継会社に対し、契約時に判明していない不法行為債務を承継させた場合、分割会社の不法行為により損害を受けた者が会社分割の時点で、加害者が分割会社であることを知らない場合又は損害が発生していることを知らない場合には、自己が分割会社の債権者であるという認識を欠く以上、会社分割の承認をした者とはみなされるべきではない（久保田修平・論点体系(5)513頁）。この場合には、会社分割により分割会社が一切の責任を負わない旨の免責的債務引受けは認められず、吸収分割契約の規定にかかわらず、不法行為債権者は、分割会社と承継会社の双方に損害賠償請求

ができると解される（相澤他・論点解説 693 頁）。

4　債権者が異議を述べた場合の措置

　債権者がその期間内に本条 2 項の公告又は催告に応じて合併に異議を述べたときは、原則として、会社は、弁済期の到来している債権については弁済をしなければならない。また、弁済期未到来の債権についても、期限の利益を放棄して弁済するか、そうでなければ債権者に相当の担保を供し、又は債権者に弁済を受けさせることを目的として信託会社又は信託業務を営む金融機関に相当の財産を信託することを要する（本条 5 項本文、799 条 5 項本文）。すなわち、債権者は、自己の意思に反して合併がされるときは、その債権の弁済を受けるか、又は確実に弁済を受ける保障が与えられ、保護されることになる。なお、社債権者がこの異議を述べるためには、社債権者集会の決議によることを要し、個別的に異議を述べることはできない（740 条 1 項前段。この場合の異議の期間の伸長については同条 1 項後段。また社債管理者の社債権者のための異議については、同条 2 項・3 項）。

5　債権者を害することのないとき

　組織再編行為をしても、その債権者を害するおそれがないときは、会社は債権者に対する弁済等の措置を執ることを要しない（本条 5 項ただし書）。債権者を害するおそれがないかどうかは、その債権額、弁済期等を考慮して判断される（資本金・準備金の額の減少についてであるが、江頭・株式会社法 647 頁）。例えば、異議を述べた債権者には十分な担保が既に提供されていた場合、あるいは合併の相手方会社の財産状況からその債権の弁済が確実である場合等には、債権が害されるおそれがないものと考えられ、会社はその債権者が異議を述べても、弁済等の措置を執る必要はない（前田・入門 712 頁）。債権者が異議を述べたにもかかわらず、会社が債権者を害するおそれがないと判断し、組織再編行為の手続を進めた結果、合併の効力が生じたときは、異議を述べた債権者は合併無効等、組織再編無効の訴えを提起して救済を求めることができる。その場合には、会社側が、債権者を害するおそれがないことについての立証責任を負う（江頭・株式会社法 812 頁）。

訴訟物　　X の Y 株式会社に対する吸収合併無効権

＊本件は、Y 会社が A 株式会社を吸収合併したところ、A 会社に対する債権者 X が公告・催告に対して異議を述べたにもかかわらず、弁済・担保を提供をしないので、吸収合併無

効の訴えを提起した事案である。
＊請求の趣旨は、「Y会社と消滅会社A会社（解散時の本店所在地、東京都千代田区丸の内一丁目○番○号）との間において、平成○年○月○日にされた合併は、これを無効とする。」である。吸収合併無効の訴えは、消滅会社の回復と存続会社の発行した株式の無効という効果を生じさせる形成の訴えである。
＊債権者が異議を述べたにもかかわらず、債権者を害するおそれがないとして、組織再編行為がされた場合、これに不満があって異議を述べた債権者は、合併無効等のその組織再編行為の無効の訴えを提起することで救済を求めることになる。また、合併等の組織再編の差止めの仮処分により、合併決議の効力の発生を直ちに停止して合併自体を阻止することも許される（甲府地判昭和35年6月28日判時237.30）。

請求原因
1　XのA会社に対する債権発生原因事実
2　Y会社はA会社との間で、Y会社が存続会社、A会社が消滅会社となる吸収合併契約を締結したこと
3　請求原因2の吸収合併につき、A会社が本条2項所定の公告及びXに対する催告をしたこと
4　Xは、本条2項4号の期間内に異議を述べたこと
5　A会社は、Xに対し、弁済、相当の担保提供、又はXに弁済を受けさせることを目的として信託会社等に相当の財産を信託しなかったこと
6　本訴は、吸収合併の効力が生じた日から6か月以内に提起されたこと
7　請求原因2の合併契約が定める合併の効力発生日が到来したこと

（債権者を害するおそれの不存在）

抗弁
1　吸収合併をしても債権者Xを害するおそれがないこと
＊例えば、異議を述べた債権者の債権には十分な担保が設定されている場合、その債権額と合併の相手方会社の財産状況からみて、その弁済が不安視されない場合等である。また、債権者を害するおそれとは、その組織再編行為の前後により、債権回収の可能性が変わることであり、例えば、組織再編前から債権額の全額を弁済する可能性がないところ、組織再編

によっても取立て可能の程度に変化がない場合には、債権者を害するおそれがないと解される（鴻常夫・新注会第4補巻43頁）。

＊会社側は、債権者が害するおそれがないことについての立証責任を負う（前田・入門712頁）。江頭・株式会社法812頁は、「合併をしても異議を述べた債権者を害するおそれがないことを会社が立証すれば、弁済等の必要はないが（会社789条5項但書・799条5項但書・810条5項但書）、債務の履行の見込みに関する事項を記載した開示書類……を示しただけでは必ずしも会社が右の立証を果たしたことにならない」としている。

6　債権者が異議を述べなかった場合

債権者が異議申立期間内に異議を述べなかった場合、合併等の組織再編行為を承認したものとみなされるので（本条4項）。会社は合併等の組織再編行為の手続を進行させることとなる（前田・入門712-713頁）。

7　債権者異議手続の開始と効力発生

債権者保護手続の期間は1か月以上であるため（本条2項ただし書）、遅くとも組織再編の効力発生日の1か月以上前から開始を行う必要がある。例えば、旧商法412条及び374条ノ20は、債権者保護手続としての公告等を行う時期は、合併承認や分割承認の株主総会決議の日から2週間以内と定めていたが、本法は、債権者保護手続と株主総会決議や株式買取請求との前後関係は定めていない。したがって、株主総会の決議前に、公告等を行い債権者保護手続が完了してもよい。場合によっては、その総会決議の翌日を効力発生日とすることも可能と解される（相澤他・論点解説664、686頁）。

8　会社分割において移転しない債権の債権者の保護

本法では、吸収分割又は新設分割とともに剰余金の配当又は全部取得条項付種類株式の取得をしないときは、分割後も分割会社に対し債権の全額を請求できる債権者は、債権者保護手続の対象とされていない。例えば、分割対価が承継する権利義務の価値に比して不当に低額である場合など、分割会社の残存債権者を害する吸収分割又は新設分割がされた場合は、債権者は、詐害行為取消権（民424条）などにより保護される。他方、吸収分割又は新設分割とともに剰余金の配当又は全部取得条項付種類株式の取得をする場合に

は、分配可能額を超えた財産流出があり得るから、分割後も分割会社に対し債権の全額を請求できる債権者であっても、債権者保護手続の対象となる（本条、810条。相澤他・論点解説690-691頁）。

9　会社分割の承継債務に係る債権者の保護
　本法では、吸収分割又は新設分割において、承継される債務に係る債権者は、原則として、債権者保護手続の対象となる（本条、810条）。もっとも、移転する債権者であっても、吸収分割又は新設分割後、分割会社に対して債務の履行（連帯保証債務の履行を含む）を請求できる場合においては、その吸収分割又は新設分割とともに剰余金の配当又は全部取得条項付種類株式の取得をする場合を除き、債権者保護手続の対象とはならない（相澤他・論点解説691頁）。

10　吸収分割による不法行為債務の承継
　吸収分割契約締結時に判明していない不法行為債務は、「分割会社が負担するすべての債務」と包括的に摘示して承継会社に承継させ得る。この場合に、「知れている債権者」ではないとして、各別の催告なしに、会社分割の公告のみで免責的に債務が引き受けられることは、不法行為の債権者が判明している場合と均衡を失する。そもそも、分割会社の債務について会社分割により免責的債務引受けが認められるのは、本条4項により、債権者が会社分割について承認をしたとみなされるからであり、同項は、債権者が催告又は公告により会社分割を認識できるのに、異議を述べなかったとする点に根拠がある。そのような本条4項、759条2項・3項の趣旨からすると、分割会社の不法行為の被害者が、会社分割の時点で、加害者が分割会社であることを知らない場合又は損害の発生を知らない場合は、自己が分割会社の債権者であることを認識していない以上、本条4項を適用する前提を欠き、会社分割の承認をしたとはみなされないと解される。したがって、会社分割による免責的債務引受けは認められず、分割会社の不法行為債権者は、分割会社と債務引受けをした承継会社の双方に損害賠償を請求し得ると解される。
　なお、自己を債権者として認識していない不法行為債権者に係る債務を承継の対象外とする吸収分割において、吸収分割契約の効力発生と同時に剰余金の配当等をする場合におけるその不法行為債務に係る債権者についても、同様に、本条4項は適用されず、不法行為債権者は、会社分割により移転した財産についての詐害行為取消権等の債権者保護制度を利用できると解される（相澤他・論点解説692-693頁）。

●(吸収合併等の効力発生日の変更)

第790条 消滅株式会社等は、存続会社等との合意により、効力発生日を変更することができる。
 2 　前項の場合には、消滅株式会社等は、変更前の効力発生日(変更後の効力発生日が変更前の効力発生日前の日である場合にあっては、当該変更後の効力発生日)の前日までに、変更後の効力発生日を公告しなければならない。
 3 　第1項の規定により効力発生日を変更したときは、変更後の効力発生日を効力発生日とみなして、この節並びに第750条、第752条、第759条、第761条、第769条及び第771条の規定を適用する。

1　吸収合併等の効力発生日の変更
(1)　趣　　旨
　効力発生日において株主総会の承認決議、債権者保護手続その他の手続が終了していないと、その後にこれらの手続を終了させても再編行為の効力は生じないから、そのような事態が予想される場合には、効力発生日を延期する必要が生じる。また、効力発生日までに余裕をもって法定手続を終了できるが、契約締結後の事情変更により、効力発生日を繰り上げ、又は延期する必要が生じ得る。この場合、再編行為を中止し、再度、効力発生日を変更した組織再編行為に係る契約・計画の締結等をし直すことが本来であるが、その場合には、再度、株主総会の決議・社員の同意等の手続をやり直す時間と費用がかかる。そこで、本条1項は、効力発生日の変更に限って、このような手続を必要とせずに、消滅株式会社等は、存続会社等との合意によって効力発生日の変更が可能となることを定める(組織変更に関する780条も同趣旨の規定)。「消滅株式会社等」とは、吸収合併消滅株式会社、吸収分割株式会社又は株式交換完全子会社である(782条1項第1括弧書)。また、本条1項所定の「存続会社等」とは(784条1項括弧書)、吸収合併存続会社である株式会社若しくは持分会社(749条、751条)、吸収分割承継会社である株式会社若しくは持分会社(758条、760条)、又は、株式交換完全親会社である株式会社若しくは合同会社である(767条)。
(2)　効力発生日を変更する場合の手続
　合意に関する具体的な手続については特段の定めがない。そこで、吸収型

再編行為の当事会社代表者が、他の当事会社代表者との合意によって、効力発生日を変更でき、効力発生日の変更のための株主総会決議は不要と解される。しかし、取締役会設置会社又は取締役が複数の場合は、内部手続上、取締役会決議又は取締役の過半数の決議が必要と解される。ただ、代表者に決定を委任することも可能と解される（相澤他・論点解説 705-706 頁）。

(3) 存続株式会社等における効力発生日の変更の可否

本条は、消滅株式会社等の側で、簡易な手続によって効力発生日を変更できるとしているが、存続株式会社等の側の規定がない。しかし、消滅株式会社等の簡易な効力発生日の変更を認めながら、存続株式会社等においてそれを認めない合理的な理由はないから、存続株式会社等についても簡易な効力発生日の変更を認めるべきである（柴田和史・会社法コンメ(18)178 頁）。この場合、存続株式会社等の株主・債権者等も、効力発生日の変更に関する内容を事前に知るべきであるから、消滅株式会社等の効力発生日の変更と同じ手続で、公告すべきである（柴田和史・会社法コンメ(18)182 頁）。

2 公 告

このように効力発生日を変更した場合においては、変更後の効力発生日につき公告をする必要がある（本条2項）。当然、消滅株式会社等は、変更前の効力発生日又は変更後の効力発生日のいずれか早い日の前日までに公告しなければならない。ところで、合意により吸収合併契約等所定の効力発生日を変更した場合に、存続会社等が変更後の効力発生日を公告すべきことについて規定が存在しない。柴田和史・会社法コンメ(18)790 頁は、立法論として、吸収合併等において存続会社等についても、効力発生日の変更されたこと及び変更後の効力発生日の公告を行うことを規定すべきであるとする。

3 株式買取請求権、新株予約権買取請求権の行使期間の変更

効力発生日を変更した場合は、株式買取請求権（785条5項、797条5項）、新株予約権買取請求権（787条5項）を行使できる期間も、変更後の効力発生日の前日までとなる。この場合、当初の効力発生日から数えると 20 日間以内ではあるが、変更後の効力発生日から数えると 21 日以上前の日に行使された株式買取請求権等の効力が問題であるが、株主総会で反対することを停止条件とする株式買取請求権の行使の意思表示を行うべき時期について制限を設ける合理的理由はなく、また、効力発生日の 20 日前からその前日までの間の期間は、株式買取請求権等の行使の撤回が原則としてできなくなる期間に過ぎないから、21 日以上前の日に行使された株式買取請求権等の行

使も意思表示として有効と解される（相澤他・論点解説706頁）。

●(吸収分割又は株式交換に関する書面等の備置き及び閲覧等)

第791条 吸収分割株式会社又は株式交換完全子会社は、効力発生日後遅滞なく、吸収分割承継会社又は株式交換完全親会社と共同して、次の各号に掲げる区分に応じ、当該各号に定めるものを作成しなければならない。
　一　吸収分割株式会社　吸収分割により吸収分割承継会社が承継した吸収分割株式会社の権利義務その他の吸収分割に関する事項として法務省令〔施則189条〕で定める事項を記載し、又は記録した書面又は電磁的記録
　二　株式交換完全子会社　株式交換により株式交換完全親会社が取得した株式交換完全子会社の株式の数その他の株式交換に関する事項として法務省令〔施則190条〕で定める事項を記載し、又は記録した書面又は電磁的記録
2　吸収分割株式会社又は株式交換完全子会社は、効力発生日から6箇月間、前項各号の書面又は電磁的記録をその本店に備え置かなければならない。
3　吸収分割株式会社の株主、債権者その他の利害関係人は、吸収分割株式会社に対して、その営業時間内は、いつでも、次に掲げる請求をすることができる。ただし、第2号又は第4号に掲げる請求をするには、当該吸収分割株式会社の定めた費用を支払わなければならない。
　一　前項の書面の閲覧の請求
　二　前項の書面の謄本又は抄本の交付の請求
　三　前項の電磁的記録に記録された事項を法務省令〔施則226条〕で定める方法により表示したものの閲覧の請求
　四　前項の電磁的記録に記録された事項を電磁的方法であって吸収分割株式会社の定めたものにより提供することの請求又はその事項を記載した書面の交付の請求
4　前項の規定は、株式交換完全子会社について準用する。この場合において、同項中「吸収分割株式会社の株主、債権者その他の利害関係人」とあるのは、「効力発生日に株式交換完全子会社の株主又は新株

予約権者であった者」と読み替えるものとする。

1 吸収分割又は株式交換に関する書面等の作成
　吸収分割株式会社又は株式交換完全子会社は、効力発生日後遅滞なく、吸収分割承継会社又は株式交換完全親会社と共同して、本条1項及び2項並びに施行規則189条及び190条に定める事項（事後開示事項）を記載又は記録した書面又は電磁的記録を作成する必要がある。事後開示事項は次のとおりである。
(1) 効力が生じた日（施則189条1号、190条1号）
　吸収分割契約・株式交換契約に定めた効力発生日に組織再編の効力が生じるのが原則であるが、法定手続が終了しなかった場合など、これとは異なる日に効力発生日が生じる場合がある。いずれにしても事後開示であるから、実際に効力を生じた日を記載する。
(2) 吸収分割株式会社・株式交換完全子会社における株式買取請求、新株予約権買取請求及び債権者異議の手続の経過（施則189条2号、190条2号）
　株式・新株予約権買取請求に関して法定の通知・公告をした事実やその日時など、手続内容を記載する。買取請求等がされなかった場合はその旨を、買取請求等がされた場合は、その人数及び株式数等のみを記載し、買取りの有無やその価額は記載しない事例が多い。また、その組織再編に、株式買取請求、新株予約権買取請求や債権者異議手続のいずれかの適用がない場合（例えば、吸収分割会社にとって簡易分割に該当する場合の株式買取請求手続）には、その事項がない旨が記載される（酒井真・論点体系(5)518-519頁）。
(3) 吸収分割承継会社・株式交換完全親会社における株式買取請求及び債権者異議の手続の経過(施則189条3号、190条3号)
　上記(2)参照。
(4) 承継した重要な権利義務に関する事項（吸収分割の場合）（施則189条4号）
　この記載は、吸収分割においては、いかなる権利義務が承継されたかを明らかにすることが利害関係人の判断のために必要だからである（弥永・コンメ施則1035頁）。平成9年商法改正前は、消滅会社及び存続会社の株主（消滅会社の株主は存続会社の株式引受人として報告総会に出席した）は報告総会で説明請求権を行使して、情報を得ることができた。801条所定の事後備

置書類の制度が報告総会廃止に代えて設けられたことからすると、報告総会が存在したら株主から質問がされたと思われる事項について積極的に記載されるべきと解される（柴田和史・会社法コンメ(18)188頁）。
(5) 株式交換完全親会社に移転した株式交換完全子会社の株式の数（株式交換完全子会社が種類株式発行会社であるときは、株式の種類及び種類ごとの数）（株式交換の場合）（施則190条4号）
(6) 会社分割の変更の登記をした日（吸収分割の場合）（施則189条5号）
　吸収分割については、効力発生日から2週間以内に本店の所在地において（支店の所在地では3週間以内（932条））変更登記をする必要があるが（923条）、事後開示書類には変更登記をした日を記載しなければならない（効力発生日に登記申請がされていないときは、登記申請予定日を記載する）。
(7) (1)ないし(6)のほか、吸収分割・株式交換に関する重要な事項（施則189条6号、190条5号）
　例えば、資本金及び準備金の額の変動に関する事項、組織再編対価の相当性に関する事項、効力発生日に剰余金の配当又は全部取得条項付種類株式の取得を行った場合はその旨、独占禁止法などに基づく公正取引委員会などに対する手続の履践状況など（弥永・コンメ施則1036頁等参照）や、簡易手続を利用した場合にその旨及び反対通知をした者の有無、略式組織再編を利用した場合に差止請求権を行使した者の有無・株主総会で承認を受けた旨などがこれに当たる（酒井真・論点体系(5)519-520頁）。

2　本店における備置き
　吸収分割株式会社又は株式交換完全子会社は、本条1項所定の事後備置書類を、効力発生日から6か月間、本店に備え置かなければならない（本条2項）。本条2項は「効力発生日から6箇月間」と規定するが、これは本条1項と同じく、吸収分割契約又は株式交換契約に定められた効力発生日から6か月間の意味ではなく、実際に吸収合併の効力が生じた日から6か月間と解される（柴田和史・会社法コンメ(18)186頁）。なぜならば、①債権者異議手続が終了しない場合には、吸収分割契約が定める効力発生日に効力が生じないし、②吸収分割又は株式交換無効の訴えの提訴期間は6か月間であり（828条1項9号・11号）、本条2項はこの期間に対応するが、これらの訴えの提訴期間の起算日は「効力発生日」でなく「効力が生じた日」と規定されているからである（同項9号・11号）。なお、吸収合併においては、その効力発生により、消滅会社は解散するため（471条4号）、消滅会社における事後的な備置きに関する規定はない。

3 閲覧請求権及び謄本正本交付請求権等
(1) 吸収分割株式会社の場合
　吸収分割株式会社の株主、債権者その他の利害関係人は、吸収分割株式会社に対して、その営業時間内は、いつでも、①本条2項の書面の閲覧の請求、②本条2項の書面の謄本又は抄本の交付の請求、③本条2項の電磁的記録に記録された事項を紙面又は映像面に表示する方法（施則226条）により表示したものの閲覧の請求、④本条2項の電磁的記録に記録された事項を電磁的方法であって吸収分割株式会社の定めたものにより提供することの請求又はその事項を記載した書面の交付の請求をすることができる（本条3項本文）。なお、②又は④に掲げる請求をするには、吸収分割株式会社の定めた費用を支払わなければならない（本条3項ただし書）。

> **訴訟物**　　XのY株式会社に対する閲覧謄写請求権
> 　　＊本件は、吸収分割会社Y会社の株主、債権者その他の利害関係人であるXがY会社に対して、本条2項の書面の閲覧の請求をした事案である。

> **請求原因**　1　Y会社は、吸収分割会社であること
> 　　2　Xは、吸収分割会社の株主、債権者その他の利害関係人であること
> 　　　＊閲覧等の請求権者に「その他の利害関係人」が規定されているのは、分割会社の労働者・継続的供給義務者・根抵当権設定者などのように会社債権者でなくとも分割によって契約関係に影響を受ける者をも含む趣旨である（江頭・株式会社法854頁）。
> 　　3　Xは、Y会社に対して、①本条2項の書面の閲覧の請求、②本条2項の書面の謄本又は抄本の交付の請求、③本条2項の電磁的記録に記録された事項を紙面又は映像面に表示する方法（施則226条）により表示したものの閲覧の請求、④本条2項の電磁的記録に記録された事項を電磁的方法であってY会社の定めたものにより提供することの請求又はその事項を記載した書面の交付の請求をしたこと

(2) 株式交換完全子会社の場合
　本条4項（本条3項を準用）は、株式交換の効力発生日に株式交換完全子会社の株主又は新株予約権者であった者は、株式交換完全子会社に対して、

その営業時間内において、いつでも、①本条2項所定の書面についての閲覧（本条3項1号）、②同書面についての謄本・抄本の交付（同項2号）、③電磁的記録に記録された事項を紙面又は映像面に表示する方法（施則226条）により表示したものの閲覧（本条3項3号）、又は④電磁的記録に記録された事項を電磁的方法であって株式交換完全子会社の定めたものにより提供すること若しくはその事項を記載した書面の交付（同項4号）を請求することができると規定する。ここに、「効力発生日に株式交換完全子会社の株主又は新株予約権者であった者」とは、株式交換契約の効力発生日以前から株式交換契約の効力発生日当日まで株主又は新株予約権者であった者である（柴田和史・会社法コンメ(18)191頁）。これは、株式交換契約の効力発生日後においては、株式交換完全子会社の株主は、株式交換完全親会社のみとなるが、本条は株式交換完全親会社のみを請求権者としているとは考えられないからである。なお、株式交換完全子会社の株主は、完全子会社が効力発生日後も存続するから、対価の柔軟化により完全親会社の株式以外の財産が対価とされた場合でも、完全子会社において備え置かれた事後開示書面等をその完全子会社の株主であった者等が閲覧できると解される（酒井真・論点体系(5)521頁）。

●(剰余金の配当等に関する特則)

第792条 第458条及び第2編第5章第6節の規定は、次に掲げる行為については、適用しない。
一 第758条第8号イ又は第760条第7号イの株式の取得
二 第758条第8号ロ又は第760条第7号ロの剰余金の配当

本条は、吸収分割株式会社が、吸収分割の効力発生日に、①（吸収分割会社が発行している）全部取得条項付種類株式を、吸収分割承継会社から交付される吸収分割承継会社の株式ないし持分だけを対価として（一定の場合にはそれ以外の金銭等が含まれてもよい。②について同様。施則178）取得すること（本条1号）、又は、②剰余金の配当として、吸収分割承継会社から交付される吸収分割承継会社の株式ないし持分だけを交付すること（本条2号）を、吸収分割契約に定めるときには、①②の全部取得条項付種類株式の取得・剰余金の配当について、剰余金の配当等の制限に関する本法の規定

（458条及び第2編第5章第6節の規定）が吸収分割株式会社には適用されない旨を定める。

1　全部取得条項付株式の取得による人的分割

758条8号イ又は760条7号イの全部取得条項付株式の取得については、剰余金の配当等の制限に関する本法の規定（461条1項4号等）が適用されない（本条1号）。全部取得条項付株式の取得による人的分割の具体例として、会社が発行する複数の種類の株式のうちある種類について全部取得条項を付し、その全部取得条項付株式の取得対価として吸収分割承継会社の株式等を交付することが挙げられる（トラッキング・ストックの対象になっている事業を分割する場合に、そのトラッキング・ストックの株主に吸収分割承継会社の株式を交付するなど（松尾健一・逐条解説(2)92頁））。

2　剰余金の配当による人的分割

758条8号ロ又は760条7号ロの剰余金の配当については、剰余金の配当等の制限に関する本法の規定（461条1項8号等）が適用されない（本条2号）。758条8号ロは、株式会社が吸収分割を行う場合に、吸収分割の効力発生日に、吸収分割によって吸収分割承継会社から吸収分割会社に交付される吸収分割承継会社の株式だけを剰余金の配当として交付するときには、その旨を吸収分割契約に定めなければならないものとする。厳密には、「株式だけ」ではなく、それ以外の金銭等が含まれてもよい。ただし、①剰余金配当として交付される吸収分割承継会社の株式（吸収分割に際して交付されるものに限る）の価額と、②剰余金配当として交付される上記①以外の金銭等について、「②の金額＜①＋②の合計額の20分の1の金額」という大小関係が成り立たなければならない（施則178条1号ハ）。

3　758条8号・760条7号の条件を充足しない剰余金の配当・全部取得条項付株式の取得

758条8号・760条7号は、吸収分割の効力発生日において、分割会社が両号の条件を充足しない剰余金の配当・全部取得条項付株式の取得（例えば、金銭だけを配当財産とするものや、配当財産の半分を吸収分割承継会社の株式ないし持分とし残りを金銭とするもの）を行うことを禁止するものではない。また、そのような剰余金の配当・全部取得条項付株式の取得が行われる場合に、そのことを吸収分割契約に記載する必要もない（758条柱書・8号、760条柱書・7号の反対解釈）。そのような剰余金の配当・全部取得条

項付株式の取得には、剰余金の配当等の制限に関する本法の規定が適用されるため、分割会社は、分配可能額についての規制や、分配可能額を超えた剰余金の配当等に関する規制に服する。

4　非按分型人的分割

本法は明文規定を置いていないが、総株主（社員）の同意があれば、分割会社株主に対する分割対価の非按分の割当てを行うこと（非按分型人的分割）は可能と解される（旧法当時であるが、江頭・株式有限750頁）。その場合、剰余金の配当を、分割会社の一部の株主に対してのみ行うことになる。454条3項は、剰余金の配当の際に、株主に対する配当財産の割当てに関する事項が株主の有する各種類の株式の数に応じて割り当てることを内容とすべきことを定めるが、同項が非按分型人的分割を許容しない趣旨と解する必要はない。

5　合同会社と人的分割

本法は、合同会社を分割会社とする吸収分割を行うことを許容する（757条）。しかし、758条8号・760条7号は、分割会社が株式会社であることを前提とした規定であり、また、合同会社が会社分割を行う場合について本条に相当する規定は置かれていない。以上のことから、合同会社たる吸収分割会社が会社分割の効力発生日に分割対価たる承継会社の株式ないし持分を利益の配当として社員に配当すること自体は可能であるが（758条8号・760条7号はそのような利益の配当を禁止するものではない）、たとえ配当財産が分割対価たる承継会社の株式ないし持分だけであっても、628条（利益の配当の制限）以下が適用されることになる。

第2目　持分会社の手続

1　吸収型再編に係る契約の締結

持分会社が吸収型再編の当事会社となる場合においては、持分会社を代表する社員が他の当事会社と吸収型再編に係る契約を締結する必要がある（748条、757条）。

2 吸収型再編を行う持分会社の手続
(1) 総社員の同意手続
　以下の要件に該当する場合には、吸収型再編を行う持分会社は、効力発生日の前日までに総社員の同意を得る必要がある（793条1項。なお、定款で別段の定めをすることは可能）。
　① 吸収合併における消滅会社　すべての場合
　② 吸収分割における分割会社　その事業に関して有する権利義務の全部を他の会社に承継させる場合
(2) 債権者保護手続
　債権者保護手続が必要な場合については、株式会社に準ずることとなる（793条2項）。なお、吸収合併における消滅会社が合名会社又は合資会社である場合であって、存続会社が株式会社又は合同会社であるときは、その合名会社又は合資会社が官報公告とともに日刊新聞紙又は電子公告を行うことによる個別催告の省略をすることは認められない（793条2項）。

第793条　次に掲げる行為をする持分会社は、効力発生日の前日までに、吸収合併契約等について当該持分会社の総社員の同意を得なければならない。ただし、定款に別段の定めがある場合は、この限りでない。
　一　吸収合併（吸収合併により当該持分会社が消滅する場合に限る。）
　二　吸収分割（当該持分会社（合同会社に限る。）がその事業に関して有する権利義務の全部を他の会社に承継させる場合に限る。）
　2　第789条（第1項第3号及び第2項第3号を除く。）及び第790条の規定は、吸収合併消滅持分会社又は合同会社である吸収分割会社（以下この節において「吸収分割合同会社」という。）について準用する。この場合において、第789条第1項第2号中「債権者（第758条第8号又は第760条第7号に掲げる事項についての定めがある場合にあっては、吸収分割株式会社の債権者）」とあるのは「債権者」と、同条第3項中「消滅株式会社等」とあるのは「吸収合併消滅持分会社（吸収合併存続会社が株式会社又は合同会社である場合にあっては、合同会社に限る。）又は吸収分割合同会社」と読み替えるものとする。

1 総社員の同意

　吸収合併は、消滅会社となる持分会社のすべての社員の地位に変動が生ずるので、総社員の同意を必要としている（本条1項1号）。これに対し、吸収分割は、分割会社の社員に与える影響は通常の事業譲渡と同様であるから、原則として総社員の同意は不要なのであるが、権利義務の全部を承継させる場合には、合併とほぼ同様の効果が生ずるから、例外的に、総社員の同意を必要としている（本条1項2号）。

　なお、いずれの場合も、定款に別段の定めを設けることができる（本条1項柱書ただし書）。すなわち、総社員の同意が必要な場合において、定款でその要件を軽減することを内容とする定めを設けることも可能であるし、総社員の同意が不要な場合において、定款で総社員の同意その他の要件を定めることも可能である（相澤他・論点解説702-703頁）。

2 債権者の異議手続及び効力発生日の変更の準用

　本条2項により、株式会社が消滅会社等になる場合の債権者異議手続に関する規定（789条）及び効力発生日の変更に関する規定（790条）が、持分会社が消滅会社等になる場合に準用されている。

(1) 債権者の異議手続

　本条2項前段によって、株式会社が消滅会社等となる組織再編行為に関する債権者の異議手続に関する789条が、持分会社を消滅会社等とする組織再編行為に準用される。

　本条2項前段括弧書により、789条1項3号と同条2項3号は、準用の対象から除外されている。前者が準用されないのは、持分会社が完全子会社となる株式交換は本法上許容されていないからである。後者が準用されないのは、平成17年改正前商法100条の規律（株式会社の合併に関する平成17年改正前商法412条と異なり、最終の貸借対照表に関する事項の公告を要しなかった）を引き継いだものである。

　本条2項後段によって、789条の準用時には、次の読替えがなされる。
第1に、789条1項2号の「債権者（第758条第8号又は第760条第7号に掲げる事項についての定めがある場合にあっては、吸収分割株式会社の債権者）」とあるのを、単に「債権者」と読み替える。これは、758条8号、760条7号の規定が、分割会社が株式会社であることを前提とするからである。

　第2に、789条3項所定の「消滅株式会社等」は、「吸収合併消滅持分会社（吸収合併存続会社が株式会社又は合同会社である場合にあっては、合同会社に限る。）又は吸収分割合同会社」と読み替えられる。読替え後の括弧

書によって、吸収合併消滅会社が合名会社又は合資会社であり、かつ、吸収合併存続会社が株式会社又は合同会社である場合には、個別の催告の省略が認められない。そのような合併の効力発生とともに無限責任社員が存在しなくなり、その無限責任社員の効力発生以前の責任も消滅するから、会社債権者を害するおそれが高いためである（相澤・新会社法解説 206 頁）。
(2) 効力発生日の変更
　本条 2 項前段によって、組織再編の効力発生日の変更に関する 790 条が、持分会社を消滅会社等とする組織再編行為に準用される。

第 2 款　吸収合併存続会社、吸収分割承継会社及び株式交換完全親会社の手続

　本款は、契約締結後の手続のうち、「吸収合併存続会社」、「吸収分割承継会社」及び「株式交換完全親会社」側の手続をまとめて定める。それらの会社が、株式会社の場合を第 1 目に、持分会社の場合を第 2 目に置いている。

第 1 目　株式会社の手続

　吸収合併存続株式会社、吸収分割承継株式会社又は株式交換完全親株式会社について、本法は、この第 1 目において「存続株式会社等」と定義するが（794 条 1 項括弧書）、第 1 目の解説では、単に「存続会社等」という。

●(吸収合併契約等に関する書面等の備置き及び閲覧等)

第 794 条　吸収合併存続株式会社、吸収分割承継株式会社又は株式交換完全親株式会社（以下この目において「存続株式会社等」という。）は、吸収合併契約等備置開始日から効力発生日後 6 箇月を経過する日までの間、吸収合併契約等の内容その他法務省令〔施則 191 条-193 条〕で定める事項を記載し、又は記録した書面又は電磁的記録をその本店に備え置かなければならない。
　2　前項に規定する「吸収合併契約等備置開始日」とは、次に掲げる日のいずれか早い日をいう。
　　一　吸収合併契約等について株主総会（種類株主総会を含む。）の決

議によってその承認を受けなければならないときは、当該株主総会の日の2週間前の日（第319条第1項の場合にあっては、同項の提案があった日）
二　第797条第3項の規定による通知の日又は同条第4項の公告の日のいずれか早い日
三　第799条の規定による手続をしなければならないときは、同条第2項の規定による公告の日又は同項の規定による催告の日のいずれか早い日
3　存続株式会社等の株主及び債権者（株式交換完全子会社の株主に対して交付する金銭等が株式交換完全親株式会社の株式その他これに準ずるものとして法務省令〔施則194条〕で定めるもののみである場合（第768条第1項第4号ハに規定する場合を除く。）にあっては、株主）は、存続株式会社等に対して、その営業時間内は、いつでも、次に掲げる請求をすることができる。ただし、第2号又は第4号に掲げる請求をするには、当該存続株式会社等の定めた費用を支払わなければならない。
一　第1項の書面の閲覧の請求
二　第1項の書面の謄本又は抄本の交付の請求
三　第1項の電磁的記録に記録された事項を法務省令〔施則226条〕で定める方法により表示したものの閲覧の請求
四　第1項の電磁的記録に記録された事項を電磁的方法であって存続株式会社等の定めたものにより提供することの請求又はその事項を記載した書面の交付の請求

1　存続会社等における事前開示

本条は、①吸収合併存続会社のほか、②吸収分割承継会社、③株式交換完全親会社（「存続会社等」）における開示の定めである。すなわち、存続会社等は、吸収合併契約等備置開始日から効力発生日後6か月を経過する日までの間、吸収合併契約等の内容その他法務省令（施則191条-193条）で定める事項（事前開示事項）を記載・記録した書面・電磁的記録をその本店に備え置く開示（株主・債権者に対するもの）について定める。

本条の事前開示制度は、株主が組織再編条件の公正等を判断し、また、会社債権者が組織再編に対し異議を述べるか否かを判断するための資料を提供

するために設けられている（江頭・株式会社法803頁等）。

　存続会社等の株主の地位に変更はない。吸収合併存続会社と吸収分割承継会社の場合は、事業の収容が生じ、株式交換完全親会社の場合は、子会社の全株式の取得（株主の収容）が生ずる。いずれも、原則としてその対価が吸収する会社の株式であり（承継する事業に対応する新株主の収容が生じる）、例えば、株式を対価とする場合は、吸収者の株主にとっては、持株比率が低下する。その収容する事業や株式の対価（比率）によっては、株主に不利益が生ずる。更に、債権者は、この再編行為により、債権の引当てとなる会社財産の価値が減少するリスクが問題となる（稲葉・解明687頁）。

2　事前開示事項

　本条及び施行規則191条ないし193条により、吸収合併存続株式会社、吸収分割承継株式会社及び株式交換完全親株式会社の開示事項がそれぞれ以下のとおり定められている。吸収合併契約等の内容その他法務省令で定める事項が開示すべき事項である。

(1) 吸収合併存続会社

ア　吸収合併契約の内容（本条1項）

　吸収合併契約、吸収分割契約、株式交換契約の内容は、749条、751条、758条、760条、768条、770条の定めるところであるが、当然開示されるべき事項である。

イ　合併対価の相当性に関する事項（施則191条1号）

　事前開示書類においては、対価の相当性に関する事項を開示することとされている。具体的には、①組織再編対価の総数又は総額の相当性に関する事項、②組織再編対価としてその種類の財産を選択した理由、③吸収合併存続会社と吸収合併消滅会社とが共通支配下関係にあるときは、吸収合併存続会社の株主の利益を害さないように留意した事項、④吸収合併消滅会社の株主・社員への合併対価の割当比率の相当性に関する事項、⑤吸収合併存続会社の資本金及び準備金の額に関する事項を相当とする理由等が含まれる（柴田和史・会社法コンメ(18)205頁）。

ウ　吸収合併に係る新株予約権の定めの相当性に関する事項（施則191条2号）

エ　消滅会社の計算書類等に関する事項（最終事業年度の計算書類等（ない場合は、成立の日の貸借対照表）、臨時計算書類等、重要な後発事象）（施則191条3号）、又は消滅会社（清算株式会社又は清算持分会社に限る）の計算書類等に関する事項（清算貸借対照表）（施則191条4号）

オ　存続会社の財産状態に関する事項（重要な後発事象）（施則 191 条 5 号）
カ　存続会社の債務の履行の見込みに関する事項（施則 191 条 6 号）
キ　イないしカの事項の更新（施則 191 条 7 号）
(2) 吸収分割承継株式会社
ア　吸収分割契約の内容（本条 1 項）
イ　吸収分割の対価の相当性に関する事項（施則 192 条 1 号）
ウ　会社分割と同時に行う剰余金の配当等に関する事項（施則 192 条 2 号）
　施行規則 192 条 2 号は、吸収分割と同時に全部取得条項付種類株式の取得対価又は剰余金の配当として、吸収分割会社の株主に対し吸収分割の対価である吸収分割承継会社の株式・持分を分配する際（いわゆる人的分割）に、これらに関する決議が行われている際には、配当等の内容についての開示（171 条 1 項各号、454 条 1 項各号）と同様の事項についての記載を求めている。施行規則 192 条 2 号の規定は、組織再編の類型の中でも会社分割に特有のものである。吸収分割会社だけでなく、吸収分割承継会社にもこのような開示が求められている理由は、吸収分割の対価である吸収分割承継会社の株式を吸収分割会社がそのまま保有するか、あるいは、その株式が吸収分割会社の株主間に分散するのかは、吸収分割承継会社の株主の利害に影響を及ぼし得るからである（柴田和史・会社法コンメ(18)207 頁）。
エ　吸収分割契約に定める新株予約権の定めの相当性に関する事項（施則 192 条 3 号）
オ　吸収分割会社の計算書類等に関する事項（最終事業年度の計算書類等（ない場合は、成立の日の貸借対照表）、臨時計算書類等、重要な後発事象）（施則 192 条 4 号）、又は吸収分割会社（清算株式会社又は清算持分会社に限る）の計算書類等に関する事項（清算貸借対照表）（施則 192 条 5 号）
カ　吸収分割承継株式会社の財産状態に関する事項（重要な後発事象）（施則 192 条 6 号）
キ　吸収分割承継株式会社の債務の履行の見込みに関する事項（施則 192 条 7 号）
ク　イないしキの事項の更新（施則 192 条 8 号）
(3) 株式交換完全親株式会社
ア　株式交換契約の内容（本条 1 項）
イ　交換対価の相当性に関する事項（施則 193 条 1 号）
ウ　株式交換に係る新株予約権の定めの相当性に関する事項（施則 193 条 2 号）

エ　株式交換完全子会社の計算書類等に関する事項（最終事業年度の計算書類等（ない場合は、成立の日の貸借対照表）、臨時計算書類等、重要な後発事象）（施則193条3号）
　オ　株式交換完全親株式会社の財産状態に関する事項（重要な後発事象）（施則193条4号）
　カ　株式交換完全親株式会社の債務の履行の見込みに関する事項（799条1項の規定により株式交換について異議を述べることができる債権者があるとき）（施則193条5号）
　キ　イないしカの事項の更新（施則193条6号）

3　吸収合併契約等備置開始日
　本条は、株主総会における議決権行使や株式買取請求等の株主による権利行使及び債権者保護手続における異議や新株予約権買取請求等の債権者による権利行使の判断資料を提供するために設けられた。したがって、事前備置きを開始しなければならない日（「吸収合併契約等備置開始日」）は、原則として、①株主総会決議の2週間前の日（書面による同意で株主総会を省略する場合（書面決議）には、目的事項について提案があった日）、②株式買取請求に係る通知又は公告の日、及び③債権者異議手続に係る公告又は催告の日のうち、最も早い日とされる（本条2項）。組織再編の当事会社ごとに、別個にこれらの手続を行う結果、それぞれ独自に吸収合併契約等備置開始日が定まる（酒井真・論点体系(5)532頁）。

4　事前備置書類の不備置き又は虚偽記載の効果
　事前備置書類が法定の期間本店に備え置かれなかった場合、又は内容に重要な虚偽記載（記載洩れを含む）があった場合は、吸収合併・吸収分割・株式交換の手続の瑕疵を生じ、原則として吸収合併の無効（828条1項7号）、吸収分割の無効（同項9号）、株式交換の無効（同項11号）の事由になると解される。

5　株主・債権者による事前備置書類の閲覧請求等（本条3項）
(1)　一　　般
　吸収合併存続会社・吸収分割承継会社の株主及び債権者、並びに、株式交換完全親会社の株主（株式交換完全親会社において債権者異議手続が行われる場合には、その債権者も含む）は、各会社に対して期間中の会社営業時間内においては、いつでも、①事前備置書類が書面のときは、その書面の閲覧

の請求（本条3項1号）、及び、その書面の謄本又は抄本の交付の請求（同項2号）を、②事前備置書類が電磁的記録のときは、電磁的記録に記録された事項を紙面又は映像面に表示する方法（施則226条）により表示したものの閲覧の請求（本条3項3号）、及び、電磁的記録に記録された事項を電磁的方法であって各会社の定めたものにより提供することの請求又はその事項を記載した書面の交付請求（同項4号）ができる。

なお、株主・債権者が事前備置書類の謄本若しくは抄本の交付請求、又は、電磁的記録に記録された事項を電磁的記録であって会社の定めたものにより提供することの請求若しくはその事項を記載した書面の交付の請求をするときは、会社所定の費用を支払わなければならない（本条3項ただし書）。

(2) 株式交換完全親会社の債権者の閲覧等の請求権

株式交換完全親会社において閲覧等を請求できる債権者は限られる。すなわち、①株式交換完全子会社の株主に対して交付する交換対価が株式交換完全親会社の株式その他これに準ずるものとして法務省令（施則194条）で定めるもののみである場合以外の場合（本条3項括弧書）、すなわち、株式交換完全子会社の株主に対して株式交換完全親会社の株式以外の財産を交付し、かつその財産の額が株式交換の対価総額の20分の1を超える場合、又は、②株式交換完全子会社が新株予約権付社債を発行している場合において株式交換契約によりその新株予約権が株式交換契約新株予約権と定められることに伴い、株式交換完全親会社がその新株予約権付社債の社債に係る債務を承継することになる場合（本条3項括弧書、768条1項4号ハ）、すなわち、株式交換完全親会社のすべての債権者が株式交換に対する異議申述権を有する場合（799条1項3号）に限って、これら債権者は、事前備置書類の閲覧等の請求権を有する。これは、その異議申述権を行使するために、本条の閲覧等の必要が生ずるからである。

● (吸収合併契約等の承認等)

第795条 存続株式会社等は、効力発生日の前日までに、株主総会の決議によって、吸収合併契約等の承認を受けなければならない。
　2　次に掲げる場合には、取締役は、前項の株主総会において、その旨を説明しなければならない。
　　一　吸収合併存続株式会社又は吸収分割承継株式会社が承継する吸収合併消滅会社又は吸収分割会社の債務の額として法務省令〔施則195条1項〕で定める額（次号において「承継債務額」という。）が

併消滅会社又は吸収分割会社の資産の額として法務省令〔施則195条2項-4項〕で定める額（同号において「承継資産額」という。）を超える場合
二　吸収合併存続株式会社又は吸収分割承継株式会社が吸収合併消滅株式会社の株主、吸収合併消滅持分会社の社員又は吸収分割会社に対して交付する金銭等（吸収合併存続株式会社又は吸収分割承継株式会社の株式等を除く。）の帳簿価額が承継資産額から承継債務額を控除して得た額を超える場合
三　株式交換完全親株式会社が株式交換完全子会社の株主に対して交付する金銭等（株式交換完全親株式会社の株式等を除く。）の帳簿価額が株式交換完全親株式会社が取得する株式交換完全子会社の株式の額として法務省令〔施則195条5項〕で定める額を超える場合
3　承継する吸収合併消滅会社又は吸収分割会社の資産に吸収合併存続株式会社又は吸収分割承継株式会社の株式が含まれる場合には、取締役は、第1項の株主総会において、当該株式に関する事項を説明しなければならない。
4　存続株式会社等が種類株式発行会社である場合において、次の各号に掲げる場合には、吸収合併等は、当該各号に定める種類の株式（譲渡制限株式であって、第199条第4項の定款の定めがないものに限る。）の種類株主を構成員とする種類株主総会（当該種類株主に係る株式の種類が2以上ある場合にあっては、当該2以上の株式の種類別に区分された種類株主を構成員とする各種類株主総会）の決議がなければ、その効力を生じない。ただし、当該種類株主総会において議決権を行使することができる株主が存しない場合は、この限りでない。
一　吸収合併消滅株式会社の株主又は吸収合併消滅持分会社の社員に対して交付する金銭等が吸収合併存続株式会社の株式である場合　第749条第1項第2号イの種類の株式
二　吸収分割会社に対して交付する金銭等が吸収分割承継株式会社の株式である場合　第758条第4号イの種類の株式
三　株式交換完全子会社の株主に対して交付する金銭等が株式交換完全親株式会社の株式である場合　第768条第1項第2号イの種類の株式

1 吸収合併契約等の承認

本条は、存続会社等における吸収合併契約、吸収分割契約及び株式交換契約(「吸収合併契約等」。782条1項第5括弧書)の承認等について規定する。消滅会社等については783条が対応する規定である。

存続会社等は、効力発生日の前日までに、原則として、株主総会の決議によって、吸収合併契約等の承認を得なければならない(本条1項)。これらの行為は、会社の基礎に重大な影響を与えるため、株主総会の特別決議による承認が必要である(309条2項12号)。したがって、株主総会の決議は、株主総会において議決権を行使することができる株主の議決権の過半数(3分の1以上の割合を定款で定めた場合は、その割合以上)を有する株主が出席し、出席した株主の議決権の3分の2(これを上回る割合を定款で定めた場合は、その割合)以上の多数決をもって行われる(同項柱書前段)。

ただ、例外として、存続会社等において、いわゆる略式組織再編(796条1項本文)又は簡易組織再編(同条3項)に当たるときは、存続会社等における株主総会の決議による吸収合併契約等の承認は不要となる。

訴訟物 　　XのY株式会社に対する吸収合併無効権
　　　　　＊本件は、Y会社がA株式会社を吸収合併したところ、無効原因があるとして、合併無効の訴えが提起された事案である。
　　　　　＊請求の趣旨は、「Y会社と消滅会社A会社(解散時の本店所在地、東京都千代田区丸の内一丁目○番○号)との間において、平成○年○月○日にされた合併は、これを無効とする。」である。吸収合併無効の訴えは、消滅会社の回復と存続会社の発行した株式の無効という効果を生じさせる形成の訴えである。

請求原因 　1　Y会社はA会社との間で、Y会社を存続会社、A会社を消滅会社とする吸収合併契約を締結したこと
　　　　　2　請求原因1の吸収合併契約所定の効力発生日が到来したこと
　　　　　＊新設合併の効力発生は合併登記によるが、本件のような吸収合併の効力発生は合併契約に定めた効力の発生する日の到来による。
　　　　　3　Xは、吸収合併の効力が生じた日において吸収合併をするY会社及びA会社の株主等若しくは社員等であった者又は吸収合併後存続するY会社の株主等社員等、破産管財人若し

は吸収合併について承認をしなかった債権者であること
　　　　＊828条2項7号に基づく事実である。
　　4　請求原因1の吸収合併の無効原因となる事由
　　　　＊合併無効事由については、定めが置かれていないが、吸収合併に限らず一般的にいえば、①合併会社が当事者適格を欠く場合、②合併契約に錯誤・詐欺・強迫など一般私法上の瑕疵がある場合、③合併契約書の作成がないか、作成が違法な場合、④合併決議が存在しないか、合併決議に無効・取消原因がある場合、⑤債権者保護手続がされなかった場合、⑥新設合併において設立委員による定款作成がなかった場合、⑦独占禁止法15条、18条の合併制限に違反する場合、⑧合併登記が無効の場合等である。
　　5　本訴は、吸収合併の効力が生じた日から6か月以内に提起されたこと
　　　　＊828条1項7号に基づく事実である。

2　差損が生ずる場合における取締役の説明義務

　本法は、合併や会社分割を含めた組織再編行為によって差損（吸収合併等において存続株式会社等が承継する負債の簿価が資産の簿価を超える場合又は合併対価等の存続株式会社等における簿価が承継する純資産額を超える場合）が生じる場合（下記の(1)ないし(3)）を認めた上で、その場合には、取締役は株主の利益保護のため、存続会社等における組織再編行為に係る契約を承認する株主総会においてその旨の説明を必要とする（本条2項）。
(1) 吸収合併存続会社又は吸収分割承継会社が承継する吸収合併消滅会社又は吸収分割会社の債務の額として施行規則195条1項で定める額（「承継債務額」）が吸収合併存続会社又は吸収分割承継会社が承継する吸収合併消滅会社又は吸収分割会社の資産の額として施行規則195条2項ないし4項で定める額（「承継資産額」）を超える場合（本条2項1号）
　ここに承継債務額及び承継資産額は、施則195条1項・2項が定めるとおり、吸収合併存続会社又は吸収分割承継会社の貸借対照表を基準に算定される。算定の基礎となる額としては、「計上すべき額」「付すべき額」があるが、よるべき基準は、その組織再編に適用される会計処理の準則である。
(1)は、債務超過会社を吸収合併する（会計上の合併差損が生じる）ことを明文で認めたことを意味する。本法は、合併の会計処理を一般に公正妥当な会計基準に委ねており、消滅会社の純資産の時価が合併による資本金の増加

額を超過する限り、消滅会社の純資産の帳簿価額で受け入れて生じる会計上の合併差損を認めることになった。しかし、時価による消滅会社の純資産額がマイナスの実質的債務超過会社を消滅会社とする合併ができるかは見解が分かれるが、神田・会社法 332 頁が、「会社法のもとでは、株主総会等による承認があったような場合には、これを認めないとする理由は見出しがたい」というように、合併を肯定すべきであろう。

　なお、連結配当規制適用会社（計算 2 条 3 項 51 号）においては、子会社が損失を計上している場合でも、既にその損失は親会社の分配可能額の計算上控除されている。したがって、吸収合併や吸収分割によりその子会社の損失を親会社が承継することになっても、親会社の分配可能額への影響は生じない（相澤・省令解説 144 頁）。そのため、施行規則 195 条 3 項、4 項は、吸収合併存続株式会社又は吸収分割承継会社が連結配当規制適用会社である場合において、消滅会社又は分割会社が子会社のときは、原則として差損が生じないことを明確にしている。

(2) 吸収合併存続株式会社又は吸収分割承継株式会社が吸収合併消滅株式会社の株主、吸収合併消滅持分会社の社員又は吸収分割会社に対して交付する金銭等（吸収合併存続株式会社又は吸収分割承継株式会社の株式等を除く）の帳簿価額が承継資産額から承継債務額を控除して得た額を超える場合（本条 2 項 2 号）

　これは、吸収合併や吸収分割で資産・負債を受け入れるに際し、その対価として受入会社の所有財産を交付することとした場合に、その対価たる財産の帳簿価額が受入純資産額を超え、含み損が実現した場合である。

(3) 株式交換完全親株式会社が株式交換完全子会社の株主に対して交付する金銭等（株式交換完全親株式会社の株式等を除く）の帳簿価額が株式交換完全親株式会社が取得する株式交換完全子会社の株式の額として施行規則 195 条 5 項で定める額を超える場合（本条 2 項 3 号）

　株式交換の対価として完全親会社の財産を交付する場合に、その財産の帳簿価額が受入純資産額を超え、含み損が実現したときが問題となる。旧商法当時は、資本充実の観点から、株式交換の時点の時価で債務超過の会社を完全子会社とする株式交換はできないと解されていた。そのため、債務超過の会社を完全子会社とする株式交換を企図する場合、その資産を再評価して債務超過でないと認識する手法があったが、そのような再評価は恣意的であるとの批判を免れず、また、完全子会社となる会社が、のれんや含み益を考慮してもなお債務超過である場合には、株式交換はできなかった。本法は、完全親会社となる会社に差損を生じさせる株式交換をも行うことを認めた。た

だし、この場合は、簡易株式交換の要件が満たされるとしても、完全親会社となる会社の株主総会の決議が必要となる（796条3項ただし書。なお、完全親会社となる会社が完全子会社となる会社の被支配会社である場合は、完全親会社において差損が生じても、略式株式交換制度により完全親会社における株主総会決議は不要である（796条1項））。

3 自己株式を承継取得する場合の説明義務

吸収合併消滅会社又は吸収分割会社の資産に吸収合併存続会社又は吸収分割承継会社の株式が含まれている場合は、吸収合併存続会社又は吸収分割承継会社の取締役は吸収合併契約又は吸収分割契約の承認をする株主総会において、その株式に関する事項を説明しなければならない（本条3項）。会社が自己株式を取得し保有することは155条所定の場合に限り許され、そこには合併後消滅する会社から吸収合併存続会社の株式を承継する場合及び吸収分割する会社から吸収分割承継会社の株式を承継する場合が含まれる（155条11号・12号）。これらは、会社が特定株主から自己株式を取得する場合に類似する。しかし、会社が特定株主から自己株式を取得する場合、特定株主以外の株主は株式の譲渡人に自己を加えることを請求する権利があるが（160条3項）、吸収合併や吸収分割において自己株式を承継する場合、消滅会社又は分割会社以外の株主に160条3項所定の権利は認められていない。また、剰余金の分配可能額を上限とする財源規制もない。そのため、吸収合併存続会社又は吸収分割承継会社の取締役は吸収合併契約又は吸収分割契約の承認を行う株主総会において、その株式に関する事項を説明する必要が生じる（柴田和史・会社法コンメ(18)224頁）。

4 種類株主総会の決議

(1) 存続会社等が種類株式発行会社であって、合併対価等として交付する金銭等が存続会社等の株式である場合

この場合には、交付する種類の株式（譲渡制限株式であって、199条4項の定款の定めがないものに限る）の種類株主を構成員とする種類株主総会の決議がなければ、その組織再編の効力は発生しない（本条4項）。これは、公開会社であっても譲渡制限株式に関する募集事項の決定については種類株主総会の決議が必要とされること（199条4項）との均衡を取るため、種類株主総会における特別決議（324条2項6号）が必要とされるものである。ただし、定款に譲渡制限種類株式を有する種類株主によって構成される種類株主総会の決議を不要とする旨の定めがあるときは、決議は、当然のことな

がら不要である。
(2) 種類株式発行会社が組織再編を行う場合に、種類株主による種類株主総会の決議（特別決議）が必要となる（322条1項7号・9号・12号、324条2項4号）場合

これは、特定の種類株主に対して損害を及ぼすおそれがある場合一般についての規定である。

ア　組織再編の結果「種類株主に損害を及ぼすおそれがある」場合

例えば、存続会社等に関して本条4項が適用される場面としては、存続会社等が新たな種類株式を発行する場合がある。また、普通株式と非参加型優先配当・無議決権株式を発行している会社が存続会社等となる組織再編を行い、消滅会社等の株主に対して普通株式を割り当てる場合に、交付対価が過大であるときは損害を被る場合がある。なお、種類株式の内容として、種類株主総会決議が必要であると322条1項に規定されている場合でも、種類株主総会の決議を不要とする旨を定め得る（322条2項・3項）。この定めがあれば、組織再編のために種類株主に損害を及ぼすおそれの有無を問わず、種類株主総会決議は不要となる（酒井真・論点体系(5)542-543頁）。

イ　拒否権の対象事項（323条）に該当する場合

例えば、組織再編契約の承認につき種類株主総会の決議を要する旨定めた場合、その組織再編によりその種類株主に損害を及ぼすおそれがあるか否かにかかわらず、種類株主総会の決議が必要になる。

● (吸収合併契約等の承認を要しない場合等)

第796条　前条第1項から第3項までの規定は、吸収合併消滅会社、吸収分割会社又は株式交換完全子会社（以下この目において「消滅会社等」という。）が存続株式会社等の特別支配会社である場合には、適用しない。ただし、吸収合併消滅株式会社若しくは株式交換完全子会社の株主、吸収合併消滅持分会社の社員又は吸収分割会社に対して交付する金銭等の全部又は一部が存続株式会社等の譲渡制限株式である場合であって、存続株式会社等が公開会社でないときは、この限りでない。
　　2　前項本文に規定する場合において、次に掲げる場合であって、存続株式会社等の株主が不利益を受けるおそれがあるときは、存続株式会社等の株主は、存続株式会社等に対し、吸収合併等をやめることを請求することができる。

一　当該吸収合併等が法令又は定款に違反する場合
　　二　第749条第1項第2号若しくは第3号、第758条第4号又は第768条第1項第2号若しくは第3号に掲げる事項が存続株式会社等又は消滅会社等の財産の状況その他の事情に照らして著しく不当である場合
　3　前条第1項から第3項までの規定は、第1号に掲げる額の第2号に掲げる額に対する割合が5分の1（これを下回る割合を存続株式会社等の定款で定めた場合にあっては、その割合）を超えない場合には、適用しない。ただし、同条第2項各号に掲げる場合又は第1項ただし書に規定する場合は、この限りでない。
　　一　次に掲げる額の合計額
　　　イ　吸収合併消滅株式会社若しくは株式交換完全子会社の株主、吸収合併消滅持分会社の社員又は吸収分割会社（以下この号において「消滅会社等の株主等」という。）に対して交付する存続株式会社等の株式の数に1株当たり純資産額を乗じて得た額
　　　ロ　消滅会社等の株主等に対して交付する存続株式会社等の社債、新株予約権又は新株予約権付社債の帳簿価額の合計額
　　　ハ　消滅会社等の株主等に対して交付する存続株式会社等の株式等以外の財産の帳簿価額の合計額
　　二　存続株式会社等の純資産額として法務省令〔施則196条〕で定める方法により算定される額
　4　前項本文に規定する場合において、法務省令〔施則197条〕で定める数の株式（前条第1項の株主総会において議決権を行使することができるものに限る。）を有する株主が次条第3項の規定による通知又は同条第四項の公告の日から2週間以内に吸収合併等に反対する旨を存続株式会社等に対し通知したときは、当該存続株式会社等は、効力発生日の前日までに、株主総会の決議によって、吸収合併契約等の承認を受けなければならない。

1　略式組織再編
(1)　存続会社等の株主総会の承認決議が不要の場合
　本条1項は、消滅会社等が存続会社等の特別支配会社である場合には、存続会社等の株主総会における吸収合併契約等の承認決議を必要としないこと

（略式組織再編）を定める。なお、同項が適用される吸収合併消滅会社は株式会社又は持分会社、同項が適用される吸収分割会社は株式会社又は合同会社、同項が適用される株式交換完全子会社は株式会社である。

　特別支配会社とは、ある会社の総株主の議決権の10分の9（これを上回る割合をその会社の定款で定めた場合にはその割合）以上を、消滅会社等及びその消滅会社等が発行済株式の全部を有する株式会社その他これに準ずるものとして施行規則136条で定める法人（いわゆる完全子法人、完全孫会社、完全孫法人を含む）との合算で有している場合における消滅会社等をいう（468条1項参照）。消滅会社が存続株式会社の特別支配会社である場合には、存続株式会社の株主総会においてその議決権の10分の9以上を消滅会社が支配しているので、存続会社において株主総会を開催しても決議の結果が明らかであり（理論的には、株主総会の特別決議に必要な総株主の議決権の3分の2以上を支配していれば承認決議は可能であるが、本法は、十分な余裕を持った10分の9以上の支配を要件にした）、かつ、このような場合については迅速・略式な組織再編行為（略式合併・略式吸収分割・略式株式交換）を可能とすることが望ましいから、存続会社等の株主総会の承認決議を省略し、取締役（会）の決定で行えるようにしたのである。

　なお、略式組織再編は、特別支配関係が前提となる制度であるため、単独の組織再編行為である新設型再編の場合には認めることができず、吸収型再編と事業譲渡にのみに限った制度である（本章前注の手続規定表参照）。

訴訟物	XのY1株式会社及びY2株式会社に対する吸収分割無効権

＊本件は、Y1会社が化粧品事業に関する事業全部をY2会社に承継させる会社分割をしたところ、略式分割の要件を満たさないのに株主総会決議がなかったことを理由として、吸収分割無効の訴えが提起された事案である。

＊本件に関する一般的な注記は、828条の解説13の設例の注記を参照されたい。

請求原因	

1　Y1会社はY2会社との間で、Y1会社の化粧品部門の事業の全部をY2会社に承継させる吸収分割契約を締結したこと

2　請求原因1の吸収分割契約の定める効力発生日が到来したこと

3　Xは、吸収分割の効力が生じた日において吸収分割契約をした会社の株主等若しくは社員等であった者又は吸収分割契約をした会社の株主等、社員等、破産管財人又は吸収分割につい

て承認をしなかった債権者であること
　　　＊828条2項9号に基づく事実である。
　4　請求原因1の吸収分割について、Y2会社において株主総会の決議がなかったこと
　5　本訴は、吸収分割の効力が生じた日から6か月以内に提起されたこと
　　　＊828条1項9号に基づく事実である。

（略式分割）

抗弁　1　Y1会社はY2会社の特別支配会社であること
　　　＊特別支配会社とは、Y2会社の総株主の議決権の10分の9（これを上回る割合を当該会社の定款で定めた場合にはその割合）以上を、Y1会社及びY1会社が発行済株式の全部を有する株式会社その他これに準ずるものとして施行規則136条で定める法人（いわゆる完全子法人、完全孫会社、完全孫法人を含む）との合算で有している場合におけるY1会社をいう。

（譲渡制限株式の発行・交付）

再抗弁　1　Y1会社に対して交付する金銭等の全部又は一部がY2会社の譲渡制限株式である場合であって、Y2会社が公開会社でないとき
　　　＊本条1項ただし書に基づく再抗弁である。後記(2)を参照されたい。

(2) 略式組織再編の要件を充足しても、存続会社等の株主総会の承認決議が必要な場合

　①被支配会社を消滅会社とする合併において、被支配会社が公開会社であって、支配会社の譲渡制限株式を合併対価として交付する場合は、被支配会社の株主総会の特殊決議が必要となり（784条1項ただし書、783条、309条3項2号）、②被支配会社を存続会社とする吸収合併等において、被支配会社が株式譲渡制限会社であって、被支配会社の譲渡制限株式を合併対価として交付する場合は、被支配会社の株主総会の特別決議が必要となる（本条1項ただし書）。これを吸収合併に限ると次の理由による。まず、非公開会社が募集株式の発行等を行う場合、発行される株式は譲渡制限株式（2条17号）であり、非公開会社では新たな株主の加入を慎重に考え、持株比率の維持に対する配慮から、既存株主の保護のために株主総会における特別決議が必要

とされる（199条2項、309条2項5号）。吸収合併の実行により、存続株式会社では、新たな株主の加入及び存続株式会社の株主における持株比率の変動が生ずるので、ここでも存続株式会社の譲渡制限株式を有する既存の株主の保護のため上記の募集株式の発行等との均衡から、吸収合併の場合も株主総会の特別決議が必要とされた。したがって、存続会社が非公開会社であって、消滅会社の株主又は消滅持分会社の社員に対して交付する金銭等（合併対価）の全部又は一部が存続株式会社の譲渡制限株式である場合は、消滅会社が存続会社の特別支配会社であっても、存続会社において株主総会決議で吸収合併契約の承認を受けることが必要と規定されるのである（本条1項ただし書）。

2　吸収合併等の差止請求権

略式合併制度が導入され、被支配会社の株主総会決議の省略が可能となったことは、その反面、被支配会社の少数株主が、株主総会の不公正な決議を争う機会が乏しくなることを意味する。そのため、株主総会の決議を争う救済手段が与えられない少数株主の保護のため、本条1項本文に規定する場合において、①吸収合併等が法令又は定款に違反する場合、②749条1項2号若しくは3号、758条4号又は768条1項2号若しくは3号に掲げる事項が存続会社等又は消滅会社等の財産の状況その他の事情に照らして著しく不当である場合であって、存続会社等の株主が不利益を受けるおそれがあるときは、存続会社等の株主は、存続会社等に対し、吸収合併等をやめることを請求することができる（本条2項）。

逆に、消滅会社が存続会社の総議決権の90パーセント以上（定款でこれより大きい割合を定めることができる）を単独で又は100パーセント子会社その他これに準ずるものとして法務省令（施則136条）で定める法人と併せて有している場合（468条1項参照）には、存続会社の株主総会の承認を要しないが、消滅会社の株主に存続会社の譲渡制限株式が交付され存続会社が公開会社でないときは、存続会社の株主総会の承認を要する（本条1項ただし書）。存続会社の株主に差止請求権が認められることは、消滅会社の場合と同様である。

訴訟物　XのY株式会社に対する吸収合併等の差止請求権
＊本件は、被支配会社の株主Xが、略式合併等が法令又は定款に違反し、又は著しく不当な条件で行われたことにより、不利益を受けるおそれがあるとして、その差止めを請求した

事案である（784条2項、本条2項）。これは、通常の合併では、株主総会決議取消しの訴え（831条）が可能であることとの均衡から、株主総会の決議がない略式合併等で被支配会社の少数株主を保護するために設けられた制度である。

請求原因
1　A株式会社とY会社は、A会社を消滅会社とし、Y会社を存続会社とする吸収合併契約等を締結したこと
2　請求原因1の吸収合併等は、吸収合併消滅会社であるA会社が存続会社であるY会社の特別支配会社であること
3　Xは、存続会社であるY会社の株主であること
4　請求原因1の吸収合併等が法令又は定款に違反すること、又は、749条1項2号若しくは3号、758条4号、又は768条1項2号若しくは3号に掲げる事項が存続会社又は消滅会社の財産の状況その他の事情に照らして著しく不当であること
5　Y会社の株主が不利益を受けるおそれがあること

3　簡易組織再編
(1) 存続会社等の株主総会の承認決議が不要の場合

本条3項は、吸収合併の存続会社、吸収分割の承継会社、株式交換の完全親会社となる会社が吸収合併、吸収分割、株式交換に際し、消滅会社等の株主等に対して対価として交付する存続会社等の株式、社債、新株予約権、その他の財産の価額の合計額が、施行規則196条により算定される存続会社等の純資産額（算定された純資産額が500万円未満の場合には500万円）の20パーセント以下である場合には、株主総会の決議は不要であるとした（本条3項）。本条3項を数式化すると、

　　本条3項1号（注1）÷本条3項2号（注2）≦1／5

となる（ただし、本条3項の定める20パーセントについて存続会社等の定款に別段の定めがない場合であること及び種類株式が発行されていない場合であることを前提とする）。

（注1）本条3項1号（分子）　消滅会社等の株主等に対して交付する存続会社等の株式数×（存続会社等の純資産÷存続会社等の発行済株式総数）（同号イ）＋消滅会社等の株主等に対して交付する存続会社等の社債、新株予約権又は新株予約権付社債の帳簿価額の合計額（同号ロ）＋消滅会社等の株主等に対して交付する存続会社等の株式等以外の財産の帳簿価額の合計額（同号ハ）

（注2）本条3項2号（分母）　存続会社等の純資産額

ここで存続会社が消滅会社の株主に対して交付する金銭等の存続会社の純資産額の割合が20パーセント以下であることの要件を判断する時点は、合併の効力発生日と解される。

　旧商法においては、株式割合と資産割合との2つの判断基準であったが（存続会社の合併に際して発行する株式数が発行済株式総数の5パーセント以下であり、かつ合併交付金が現存純資産額の2パーセント以下である場合であった（旧商413条ノ3第1項））、本法では、これを資産割合に一本化し、かつ、その割合を20パーセントに引き上げて要件を緩和した（なお、定款で20パーセントを下回る割合を基準に定めることもできる）。

| 訴訟物 | XのY株式会社に対する吸収合併無効権 |

＊本件は、Y会社がA株式会社を吸収合併したところ、簡易組織再編（本条3項）の要件を満たさないのに株主総会の承認手続が執られなかったことを合併無効原因があるとして、合併無効の訴えが提起された事案である。

＊本件に関する一般的な注記は、795条の解説1の設例の注記を参照されたい。

| 請求原因 | 1　Y会社はA会社との間で、Y会社を存続会社とし、A会社を消滅会社とする吸収合併契約を締結したこと |

2　請求原因1の吸収合併契約所定の効力発生日が到来したこと

3　Xは、吸収合併の効力が生じた日において吸収合併をするA会社及びY会社の株主等若しくは社員等であった者又は吸収合併後存続するY会社の株主等、社員等、破産管財人若しくは吸収合併について承認をしなかった債権者であること

＊828条2項7号に基づく事実である。

4　請求原因1の吸収合併について、Y会社において株主総会の承認決議がなかったこと

5　本訴は、吸収合併の効力が生じた日から6か月以内に提起されたこと

＊828条1項7号に基づく事実である。

（簡易合併）

| 抗弁 | 1　Y会社が、本件吸収合併に際し、A会社の株主等に対価として交付するY会社の株式、社債、新株予約権、その他の財産の価額の合計額が、施行規則196条により算定されるY会社の純資産額（算定された純資産額が500万円未満の場合には

500万円）の20パーセント以下であること
＊簡易合併の場合は、本条3項本文（存続会社等に株主総会の承認決議に関する795条1項の規定を適用しない）に基づく抗弁である。

（差損発生）
再抗弁 1　Y会社が承継するA会社の債務の額として施行規則195条1項で定める額（「承継債務額」）が、Y会社が承継するA会社の資産の額として施行規則195条2項ないし4項で定める額（「承継資産額」）を超えること（795条2項1号）、又は、Y会社がA会社の株主に対して交付する金銭等（Y会社の株式等を除く）の帳簿価額が、承継資産額から承継債務額を控除して得た額を超えること（同項2号）
＊本条3項ただし書、795条2項各号に基づく再抗弁である。795条の解説2(1)(2)及び後記(2)ア参照。

（譲渡制限株式の発行・交付）
再抗弁 1　A会社の株主に対して交付する金銭等の全部又は一部がY会社の譲渡制限株式であって、Y会社が公開会社でないこと
＊本条3項ただし書、本条1項ただし書に基づく抗弁である。後記(2)イ参照。

（一定の株主の反対）
再抗弁 1　施行規則197条所定の数の株式（795条1項の株主総会において議決権を行使できるものに限る）を有する株主が、その組織再編の効力発生日の20日前までにされる株式買取請求権に関する通知又は公告（797条3項・4項）の日から2週間以内に簡易組織再編に反対である旨をY会社に通知したこと
＊本条4項に基づく再抗弁である。後記(2)ウ参照。

(2) 簡易組織再編の要件を充足しても、存続会社等の株主総会の承認決議が必要な場合

簡易組織再編の要件を充足する場合であっても、次のア及びイの場合には株主総会決議が必要とされる（本条3項ただし書）。

ア　存続会社等に差損が生ずる場合（795条2項）

本法は、簿価債務超過の会社であっても消滅会社となれること、及び吸収合併等によって差損が生ずることも許容した上で、存続会社等において差損が生ずる場合は、存続会社等にとっては、過去に計上した損失の引受けとい

う要素があるので、存続会社等につき株主総会の決議が必要とした（本条3項ただし書）。この場合は、存続会社等における株主総会の承認が必要となるだけでなく、取締役が株主総会において795条2項各号に該当する旨を説明しなければならない（795条2項）。

例えば、①親会社を存続会社とし、子会社を消滅会社とする吸収合併を行う場合には、子会社が簿価資産超過であったとしても、親会社における子会社株式の帳簿価額が子会社の純資産額よりも大きいときは、抱き合わせ損が発生する。また、②親会社を承継会社とし、子会社を分割会社とする吸収分割を行う場合には、子会社の分割対象事業が簿価資産超過であったとしても、これに対応して減少する親会社における子会社株式の帳簿価額の減少額が分割対象事業の純資産額よりも大きいときは、抱き合わせ損が発生する。したがって、①②の場合は、親会社は簡易分割によることはできない。

イ　譲渡制限株式を発行・交付する場合（本条1項ただし書）

非公開会社が存続会社等である場合は、存続会社等の株式の発行又は移転を伴う組織再編行為を行うときは、非公開会社の募集株式の募集につき株主総会の決議が必要であること（199条2項）との均衡を図るため、存続会社等の株主総会の決議が必要となる（本条3項ただし書。相澤他・論点解説699-700頁）。

ウ　一定の株主の反対がある場合（本条4項）

本条4項では、簡易組織再編の要件（20パーセント要件）を満たしており、上記アイのいずれにも該当しない場合でも、簡易組織再編によれないことがあることが定められている。すなわち、簡易組織再編に該当する場合において、施行規則197条で定める数の株式（795条1項の株主総会において議決権を行使できるものに限る）を有する株主が、その組織再編の効力発生日の20日前までにされる株式買取請求権に関する通知又は公告（797条3項・4項）の日から2週間以内に簡易組織再編に反対である旨を存続会社等に通知したときは、存続会社等は簡易組織再編を遂行できないことになる。この場合、その存続会社等は、効力発生日の前日までに、株主総会の決議によって組織再編契約の承認を得なければならないが、組織再編契約を締結し直すなどその組織再編に係る手続を初めからやり直す必要はない。なお、株主からの反対通知があった時点で株主総会の招集の手続を行っていたのでは、当初の組織再編契約に定められた効力発生日までに株主総会の承認決議を得ることは困難なため、組織再編当事会社の合意により組織再編の効力発生日を変更して、その組織再編に係る手続を継続できる（酒井真・論点体系(5)550頁）。この場合の一定の数を定める施行規則197条は、定款により定

足数又議決要件等が変更される多くの場面を想定した規定であるが、要するに、組織再編行為に関して株主総会の承認を得ようとすると、否決される可能性のある数を定めている。
(3) 簡易組織再編の要件を充足する場合の任意の株主総会の承認決議

　本条3項、4項によれば、例えば、簡易合併の場合、①合併対価に係る帳簿価額等の合計額が存続会社の純資産額の20パーセント以下、②合併により存続会社の純資産額が減少せず、③存続会社が公開会社であること又は非公開会社がその会社の株式を対価としない、④株主に対する通知・公告の日から2週間以内に一定の数の株式を有する株主が合併に反対する通知をしないという要件を充足する必要がある（ただし、訴訟上の攻撃防御の位置づけは、前記(1)の設例参照）。しかし、①、②の要件は、合併期日の直前まで判明しない場合があり（①は、合併対価の決定方法として一定の算式を用いた場合、②は、合併後その合併により承継した資産や負債の評価をしなければ判明しない場合）があり、④の要件については、合併手続の構造上、手続開始後でないと分からない。

　そこで、簡易合併の有するこのリスクを実務的に回避するために、簡易合併の可能性があっても、合併契約につき予め株主総会の承認を得ることがある。ただ、本条3項は「前条第1項……は、適用しない」と規定しており、それでもなお簡易合併の要件に該当する合併契約に係る株主総会の承認が有効かという問題がある。武井一浩＝郡谷大輔「簡易組織再編における総会承認決議」商事1842.61は、「（ⅰ）簡易合併の要件のうち前記①の20パーセント基準のみが問題となる場合について『（これを下回る割合を存続株式会社等の定款で定めた場合にあっては、その割合）』（会社法796条3項）という規定における定款で定める割合を下げる定款変更を、（ⅱ）前記②から④までの要件をも問題とする場合には当該合併契約の承認そのものを株主総会の特別決議をもって承認する旨の定款変更を、それぞれ行った上で、当該合併契約の承認を株主総会の特別決議をもって行うことも可能」であり、「合併契約の承認に係る株主総会の決議と定款変更に係る株主総会の決議の決議要件は、いずれも特別決議（合併契約の承認については会社法309条2項12号、定款変更については同項11号）と、されてい」るので、「簡易合併の要件に該当する合併契約につき株主総会で承認を行うに当たり、あえて前記のような形式的な定款変更決議を介在させなくとも、当該合併契約の承認につき株主総会の特別決議が成立している以上は、当該合併契約の承認を株主総会の承認事項とすることについても黙示的な承認があるものと考えることが、当該株主総会の決議の趣旨の合理的な解釈である」として、合併契約の承認に

ついての株主総会の決議は、その合併が簡易合併の要件に該当する場合であっても795条1項に定める総会決議と同様、株主総会の正当な権限に基づき行われた決議であると解しており、これは、株式買取請求権の要件とも関係するが（797条の解説1(1)ウ参照）、この見解が妥当と考える。

4 反対株主の数の算定

本条3項本文に規定する場合において、法務省令（施則197条）で定める数の株式（795条1項の株主総会において議決権を行使できるものに限る）を有する株主が797条3項の規定による通知又は同条4項の公告の日から2週間以内に吸収合併等に反対する旨を存続株式会社等に対し通知したときは、存続株式会社等は、効力発生日の前日までに、株主総会の決議によって、吸収合併契約等の承認を受けなければならない（本条4項）。

簡易組織再編をする場合においても、一定の数の株主が反対するときは、株主総会の決議が必要となるが、その数は施行規則197条が規定しており、その内容は、その組織再編行為に関して株主総会の承認を得ようとしたら、否決される可能性のある数としている（相澤他・論点解説701頁）。

● (反対株主の株式買取請求)

第797条 吸収合併等をする場合には、反対株主は、存続株式会社等に対し、自己の有する株式を公正な価格で買い取ることを請求することができる。

2 前項に規定する「反対株主」とは、次の各号に掲げる場合における当該各号に定める株主をいう。

一 吸収合併等をするために株主総会（種類株主総会を含む。）の決議を要する場合 次に掲げる株主

イ 当該株主総会に先立って当該吸収合併等に反対する旨を当該存続株式会社等に対し通知し、かつ、当該株主総会において当該吸収合併等に反対した株主（当該株主総会において議決権を行使することができるものに限る。）

ロ 当該株主総会において議決権を行使することができない株主

二 前号に規定する場合以外の場合 すべての株主

3 存続株式会社等は、効力発生日の20日前までに、その株主に対し、吸収合併等をする旨並びに消滅会社等の商号及び住所（第795条第3項に規定する場合にあっては、吸収合併等をする旨、消滅会社等の商

号及び住所並びに同項の株式に関する事項）を通知しなければならない。
4　次に掲げる場合には、前項の規定による通知は、公告をもってこれに代えることができる。
　一　存続株式会社等が公開会社である場合
　二　存続株式会社等が第 795 条第 1 項の株主総会の決議によって吸収合併契約等の承認を受けた場合
5　第 1 項の規定による請求（以下この目において「株式買取請求」という。）は、効力発生日の 20 日前の日から効力発生日の前日までの間に、その株式買取請求に係る株式の数（種類株式発行会社にあっては、株式の種類及び種類ごとの数）を明らかにしてしなければならない。
6　株式買取請求をした株主は、存続株式会社等の承諾を得た場合に限り、その株式買取請求を撤回することができる。
7　吸収合併等を中止したときは、株式買取請求は、その効力を失う。

1　反対株主の買取請求権
　吸収合併等をする場合には、反対株主は、存続株式会社等に対し、自己の有する株式を公正な価格で買い取ることを請求することができる（本条 1 項）。
(1)　反対株主
ア　吸収合併等をするために株主総会（種類株主総会を含む）の決議を要する場合（本条 2 項 1 号）
（ア）株主総会に先立って吸収合併等に反対する旨を存続株式会社等に対し通知し、かつ、株主総会において吸収合併等に反対した株主（その株主総会において議決権を行使することができるものに限る）（本条 2 項 1 号イ）
　事前の通知による反対と株主総会における反対という要件については、書面又は電磁的方法による議決権行使が認められている場合に、吸収合併等に反対する旨の議決権行使書の提出又は電子投票を行った株主は、双方の要件を満たすものと解される。
　また、株主総会のみならず種類株主総会においても議決権を行使することができる株主が株式買取請求権を行使するためには、株主総会及び種類株主総会の双方において吸収合併等に反対する必要がある。

（イ）株主総会において議決権を行使することができない株主（本条2項1号ロ）

　例えば、単元未満株式の株主（308条1項）や、相互保有対象議決権の総数の4分の1以上をその株式会社に保有されている株主（同項、施則67条）が挙げられる。これらに加えて、①基準日以前に取得したが名義書換えを怠っていた株主や、②基準日後に株式を取得した株主が含まれるかが問題となるが、東京地判平成21年10月19日金判1329.30は、「基準日以前に議決権を有する株式を取得しながら名義書換を怠って株主名簿上の株主でなかった者は含まない」としている。そのほか、消滅株式会社等の場合（785条）と同様と考えられる。

イ　吸収合併等をするために株主総会（種類株主総会を含む）の決議を要しない場合（本条2項2号）

　例えば、合併のために株主総会決議を要しない場合には、すべての株主が「反対株主」に該当することとなる（785条2項2号、本条2項2号）。

ウ　簡易組織再編に該当する場合に任意で株主総会の承認決議を経た場合

　このような場合が本条2項の「吸収合併等をするために株主総会の決議を要する場合」（本条2項1号）に該当するか否か（同項2号）が問題となる。この場合の任意の株主総会の承認決議が有効であるという見解（796条の解説3(3)参照）を採ると、買取請求権行使の要件として、事前の会社に対する反対通知及び株主総会における反対の議決権行使が必要となる（武井一浩＝郡谷大輔「簡易組織再編における総会承認決議」商事1842.63）。これに対し、承認決議に法的効力がないとする見解によれば、このような行使要件は課せられず、すべての株主に買取請求権が与えられることとなる。

(2)　公正な価格

　吸収合併等における存続会社等に対する株式買取請求における「公正な価格」についての論点は、消滅会社等の場合（785条）と同様に考えられる（785条の解説4参照）。公正な価格は、シナジー効果も含む趣旨であるとされている。従来、株式買取請求権は、株式交換等に反対の株主が、その投下資本を回収する手段であるとされてきたが、本法においては、シナジー効果も公正な価格に含むこととなったため、その機能は変わったといえる。

2　株式買取請求の手続

　存続会社等は、効力発生日の20日前までに、株主に対し、吸収合併等をする旨並びに消滅会社等の商号・住所を通知又は公告する（本条3項・4項）。簡易組織再編にあっても、株主への通知等の方法により、組織再編に

関する情報を株主に提供しなければならない。株主は、株主総会の決議を要する場合でかつ議決権を有するときは、株主総会に先立って反対の通知をし、かつ総会でも反対の議決権行使をすることができる（本条2項）。株主総会の決議を要しない場合又は議決権を有しない株主は、買取請求権を行使することができる（本条1項）。

3　株式買取請求権の行使方法

　反対株主による株式買取請求は、効力発生日の20日前の日から効力発生日の前日までの間に、その株式買取請求に係る株式の数（種類株式発行会社にあっては、株式の種類及び種類ごとの数）を明らかにしてしなければならない（本条5項）。後述4のように買取請求の撤回が制限され、株主において請求に際してより慎重な判断が求められることから、株式買取請求権の行使期間をできる限り効力発生日に近づけ、株主において効力発生日における当事会社の状況を正確に把握できるようにするため、買取請求権の行使期間は効力発生日の20日前の日からその前日までとされる。

4　撤　　回

　一旦買取請求権を行使すると、存続会社等の承諾がなければそれを撤回することができない（本条6項）。自由に撤回することを可能とした場合には、株式に市場価格があるときは、株主が株式買取請求を行いつつ、その後の株価の動向等によっては買取請求を撤回してその株式を市場で売却する、といった株式買取請求権の濫用的な行使を防止するためである。

> **訴訟物**　　XのY株式会社に対する株式買取請求権行使による売買契約に基づく売買代金請求権
> 　　　　　　＊本件は、Y会社がA株式会社との間で吸収合併等をするところ、存続会社等のY会社の株主Xが、自己の保有株式を公正な価格で買い取ることを請求し、買取価格が決定したので、その買取代金の支払を求めた事案である。
>
> **請求原因**　1　Y会社はA会社との間で、Y会社を存続会社とし、A会社を消滅会社とする吸収合併契約等を締結したこと
> 　　　　　　2　Xは、次のいずれかの株主であること
> 　　　　　　　(1) 吸収合併等をするために株主総会（種類株主総会を含む）の決議を要する場合においては、次に掲げる株主
> 　　　　　　　　①株主総会に先立って吸収合併等に反対する旨をY会社に

　　　　　　対し通知し、かつ、株主総会において吸収合併等に反対した株主（その株主総会において議決権を行使することができるものに限る）
　　　　②株主総会において議決権を行使することができない株主
　　＊例えば、無議決権株主等が含まれる。
　　(2) 前記(1)以外の場合におけるすべての株主
　　＊例えば、存続会社の消滅会社の株主に対する金銭等の交付が親会社となる会社の5分の1未満の場合又は両当事会社のいずれかが他方の特別支配会社の場合であって、株主総会の承認を要しないときも、反対株主に買取請求が認められる。
3　Xは、存続会社等であるY会社に対し、自己の有する株式を公正な価格で買い取ることを請求したこと
　　＊公正な価格は、買取価格にシナジー効果分が含まれる。例えば、合併がなかったならば1株の価値が5万円であるが、合併がされるために1株の価値が7万円になったと考えられる場合には、Xは、1株7万円を基準とした価格で買取りを請求することができる。
4　請求原因3の株式買取請求は、請求原因1の吸収合併の効力発生日の20日前の日から効力発生日の前日までの間に、その株式買取請求に係る株式の数（種類株式発行会社にあっては、株式の種類及び種類ごとの数）が○○株であることを明らかにしてしたこと
5　XとY会社は、本件株式の買取価格を1株○万円と合意したこと、又は、裁判所が本件株式の買取価格を1株○万円と決定したこと
　　＊798条1項、2項に基づく事実である。

(同時履行)
抗　弁　1　Y会社は、株券発行会社であって、本件株式について株券を発行していること
2　XはY会社に対し、本件株式○○株の株券を引き渡すまで代金の支払を拒絶するとのY会社の権利主張
　　＊798条6項に基づく抗弁である。

●（株式の価格の決定等）

第 798 条 株式買取請求があった場合において、株式の価格の決定について、株主と存続株式会社等との間に協議が調ったときは、存続株式会社等は、効力発生日から 60 日以内にその支払をしなければならない。
2 株式の価格の決定について、効力発生日から 30 日以内に協議が調わないときは、株主又は存続株式会社等は、その期間の満了の日後 30 日以内に、裁判所に対し、価格の決定の申立てをすることができる。
3 前条第 6 項の規定にかかわらず、前項に規定する場合において、効力発生日から 60 日以内に同項の申立てがないときは、その期間の満了後は、株主は、いつでも、株式買取請求を撤回することができる。
4 存続株式会社等は、裁判所の決定した価格に対する第 1 項の期間の満了の日後の年 6 分の利率により算定した利息をも支払わなければならない。
5 株式買取請求に係る株式の買取りは、当該株式の代金の支払の時に、その効力を生ずる。
6 株券発行会社は、株券が発行されている株式について株式買取請求があったときは、株券と引換えに、その株式買取請求に係る株式の代金を支払わなければならない。

1 本条の意義

本条は、吸収合併等をする場合に、反対株主が存続会社等に対して株式買取請求をする場合の価格決定手続等を定める。吸収合併等に係る消滅会社等の株主による株式買取請求における価格決定手続（786 条）と規定振りは類似するが、買取請求の相手方と価格決定申立手続の相手方が同一であり、株式買取請求の効力発生日が「代金支払の時」であることからすると、定款変更等に係る株式買取請求の価格決定手続（117 条）、事業譲渡等に係る株式買取請求の価格決定手続（470 条）と実質的に同一の内容となる。

2 買取価格の協議と支払

株式の買取価格の決定について、直接、裁判所による価格決定の申立てを行うのではなく、まず、当事間で協議を行うことを予定し、その間で協議が

調えば、会社は効力発生日から60日以内に支払をしなければならない（本条1項）。複数の株主が株式買取請求権を行使した場合、存続株式会社等が株主ごとに異なる買取価格を合意することについては、消滅株式会社等の場合と同様に、合理的な範囲内であれば、株主ごとに異なる買取価格で合意をすることも、直ちに株主平等原則や善管注意義務・忠実義務に反するものではなく、本法上許容され得るものであり、ある株主とは異なる買取価格で合意がされた場合でも、他の株主との間でされた買取価格の合意の効力には影響を及ぼさないと解すべきである（久保田修平・論点体系(5)563頁）。

3　裁判所に対する価格決定の申立て

　本条2項は、株主総会の決議を基準とせず、効力発生日から30日の期間満了の日後30日以内に、株主及び存続株式会社等に価格決定を申し立てることを認める。株式の価格決定手続は非訟事件（第7編第3章、会社非訟事件等手続規則）とされる。

4　株式買取請求の撤回

　効力発生日の20日前の日から効力発生日の前日までの間に株式買取請求をした株主は、消滅会社等の承諾を得ない限り、その株式買取請求を撤回できないのが本則であるが（797条6項）、本条3項において、効力発生日から60日以内に価格決定の申立てがされない場合を撤回事由として追加している（本条3項）。

5　利息の支払

　本条4項は、裁判所が決定した買取対象株式の代金支払債務について、効力発生日から60日経過後に年6分の利息が発生することを規定する。債務の弁済期は効力発生日から60日経過後であり、効力発生日から60日以内は、株式の買取代金債務の弁済期は到来しないことを明らかにする。

　本条6項に基づき、株券の引渡しと引換えに株式の代金を支払わなければならない場合であっても、株券の引渡しの有無にかかわらず本項の利息は生じることとなるが、効力発生日から本条1項の期間の満了の日までの期間については、本条4項が対象から除外しており、また、存続会社等が履行遅滞に陥っていないから、利息の支払は要しないものと解される（柳明昌・会社法コンメ(12)143頁）。また、本条1項の期間の満了の日後に株主と存続会社等との間で買取価格に係る協議が調った場合の利息の支払義務及び利率については、①裁判所の決定がなされた場合と協議が調った場合とを同等に取り

扱うべきとして（鈴木忠一「株式買取請求手続の諸問題」会社と訴訟（上）160頁）、本条4項を類推適用し、本条1項の期間の満了の日後年6分の利息が発生するとの見解と、②本条4項はあくまで裁判所の決定がなされた場合の規定であり、協議が調った場合は、その協議の内容に従うべきとする見解（郡谷大輔=佐藤理恵子=森田多恵子「株式買取請求と遅延利息の発生時期」商事1818.45）がある。金利情勢から見て年6分の利率による利息を強制することは合理的でないことや、当事者間の合意による解決に法が介入する必要性はないから、②説が妥当であろう（久保田修平・論点体系(5)586-589頁）。

6　株式買取請求の効力発生時期
　株式買取請求に係る株式の買取請求は、定款変更等に係る株式買取請求（117条）、事業譲渡等に係る株式買取請求（470条）、吸収分割に係る株式買取請求（785条）と同様、「代金支払の時」にその効力が生ずることを規定する（本条5項）。存続株式会社等の株主は、吸収合併の消滅会社又は株式交換（又は株式移転）により完全子会社となる会社の株主と異なって存続会社等の株式をそのまま持ち続けることになり、あえて「効力発生日」に株式買取請求の効力を生じさせる必要はないからである（柳明昌・会社法コンメ(18)267頁）。なお、786条の解説5を参照されたい。

7　株券発行会社等における支払方法
(1)　株券発行会社
　株券発行会社は、株券が発行されている株式につき株式買取請求があったときは、株券と引換えに、その株式買取請求に係る代金を支払わなければならない（本条6項）。これは、新株予約権証券及び新株予約権付社債券を含め、株式・新株予約権及び新株予約権付社債の買取請求権制度に共通するものとなっている。
(2)　振替制度利用会社
　振替株式の買取りを行う場合について、買取りに係る会社による代金の支払と株式買取請求を行った株主による振替申請が同時履行の関係に立つことになる。

> 非訟事件　　XのY株式会社に対する株式買取請求権行使に係る株式の価格決定の申立て
> 　＊本件は、Y会社が吸収合併等をするところ、存続会社等の

Y 会社の株主 X が、自己の保有株式を公正な価格で買い取ることを請求し、買取価格の協議が調わなかったので、裁判所にその価格の決定を求めた事案である。

＊裁判所は、不適法又は理由がないことが明らかであるとして申立てを却下する裁判をするときを除き、審問期日を開催して株主及び存続会社等双方の陳述を聴くことが義務づけられた（870条2項2号）。これらは、価格の決定の手続における当事者主義的な運用をするための基盤となろう。

＊価格決定の申立ては、既に行使済みの株式買取請求権に関して具体的な価格の決定を求めるものであり、別個の権利行使ではないから、価格の決定の申立てに際しては別途個別株主通知を要しないと解される（東京地方裁判所商事研究会編・類型別会社非訟110頁）。これに対し、吸収合併や株式交換における消滅会社等の場合のように、効力発生日以降に個別株主通知を行うことができなくなる場合はともかく、存続会社等の株主のように、効力発生日も個別株主通知を行使できるのであれば、個別株主通知を要求すべきとの反対説も存する（葉玉匡美＝仁科秀隆監修・株券電子化ガイドブック（実務編）337-338、341頁）。

＊本件非訟事件は、Y 会社の本店の所在地を管轄する地方裁判所の管轄に属する（868条1項）。

申立理由
1 Y 会社は A 株式会社との間で、Y 会社を存続会社とし、A 会社を消滅会社とする吸収合併契約を締結したこと
2 X は、次の株主であること
(1) 吸収合併等をするために株主総会（種類株主総会を含む）の決議を要する場合においては、次に掲げる株主
① 株主総会に先立って吸収合併等に反対する旨を Y 会社に対し通知し、かつ、株主総会において吸収合併等に反対した株主（その株主総会において議決権を行使することができるものに限る）
② 株主総会において議決権を行使することができない株主
＊例えば、無議決権株主等が含まれる。
(2) 前記(1)以外の場合におけるすべての株主
＊例えば、存続会社の消滅会社の株主に対する金銭等の交付が親会社となる会社の5分の1未満の場合又は両当事会社のい

ずれかが他方の特別支配会社の場合であって、株主総会の承認を要しないときも、反対株主に買取請求が認められる。
3 Xは、存続会社等であるY会社に対し、自己の有する株式を公正な価格で買い取ることを請求したこと
4 請求原因3の株式買取請求は、請求原因1の吸収合併の効力発生日の20日前の日から効力発生日の前日までの間に、その株式買取請求に係る株式の数(種類株式発行会社にあっては、株式の種類及び種類ごとの数)が○○株であることを明らかにしてしたこと
5 XとY会社は、効力発生日から30日以内に本件株式の買取価格の協議が調わなかったこと
  ＊本条2項に基づく事実である。「協議が調わないとき」とは、株式の価格の決定について株主と会社間に争いがある場合のみを指すのか、それとも株主としての地位自体や株主の持株数について争いがある場合をも含むかにつき、消滅会社等の場合と同様に争いがある。①株主としての地位や持株数等に係る争いを含む場合については、買取価格の決定の裁判ではなく、全体として通常の民事訴訟において争うべきとする見解(長谷川雄一・注会(4)166頁)と、②「協議が調わないとき」とは、株式買取請求の前提となる事実についての争いのある場合も含むとしつつ、このような前提問題については買取価格の決定の裁判の効力は及ばず、その裁判の手続は、前提問題が判決によって確定するまで中止すべきとする見解(鈴木・非訟事件の裁判の既判力59頁)がある(久保田修平・論点体系(5)563-564頁)。裁判実務は②によっていると思われる。
6 本件株式の公正な価格の評価根拠事実
7 本件申立ては、請求原因5の満了の日後30日以内にされたこと
  ＊本条2項に基づく事実である。

● (債権者の異議)

第799条 次の各号に掲げる場合には、当該各号に定める債権者は、存続株式会社等に対し、吸収合併等について異議を述べることができる。

一　吸収合併をする場合　吸収合併存続株式会社の債権者
　二　吸収分割をする場合　吸収分割承継株式会社の債権者
　三　株式交換をする場合において、株式交換完全子会社の株主に対して交付する金銭等が株式交換完全親株式会社の株式その他これに準ずるものとして法務省令〔施則198条〕で定めるもののみである場合以外の場合又は第768条第1項第4号ハに規定する場合　株式交換完全親株式会社の債権者
2　前項の規定により存続株式会社等の債権者が異議を述べることができる場合には、存続株式会社等は、次に掲げる事項を官報に公告し、かつ、知れている債権者には、各別にこれを催告しなければならない。ただし、第4号の期間は、1箇月を下ることができない。
　一　吸収合併等をする旨
　二　消滅会社等の商号及び住所
　三　存続株式会社等及び消滅会社等（株式会社に限る。）の計算書類に関する事項として法務省令〔施則199条〕で定めるもの
　四　債権者が一定の期間内に異議を述べることができる旨
3　前項の規定にかかわらず、存続株式会社等が同項の規定による公告を、官報のほか、第939条第1項の規定による定款の定めに従い、同項第2号又は第3号に掲げる公告方法によりするときは、前項の規定による各別の催告は、することを要しない。
4　債権者が第2項第4号の期間内に異議を述べなかったときは、当該債権者は、当該吸収合併等について承認をしたものとみなす。
5　債権者が第2項第4号の期間内に異議を述べたときは、存続株式会社等は、当該債権者に対し、弁済し、若しくは相当の担保を提供し、又は当該債権者に弁済を受けさせることを目的として信託会社等に相当の財産を信託しなければならない。ただし、当該吸収合併等をしても当該債権者を害するおそれがないときは、この限りでない。

1　債権者保護手続
　旧商法当時は、組織再編において債権者保護手続を要するとされていたものは、会社の責任財産に変動の生じる場合の「合併」及び「会社分割」のみであり、単に株主構成に変動を来すに過ぎない株式交換及び株式移転の場合（1株未満の端数を調整するための株式交換交付金の交付の場合も、少額

には、債権者保護手続を要しないとされていた（旧商374条ノ4、374条ノ20、412条）。しかし、本法においては、合併等対価の柔軟化が認められ、株式交換に際して、金銭等、完全親会社となる会社の株式以外の財産を対価とすることが可能となった。この場合、完全親会社となる会社の財産が減少することになるため、株式交換の対価として完全親会社が交付する対価が完全親会社の株式その他これに準ずるもの（施則198条）のみである場合以外は、合併・会社分割同様、完全親会社における債権者保護の手続を必要とすることとなった（本条1項3号）。債権者保護手続（本条5項）に違反した場合は、その株式交換が無効となるが、これを主張することのできる者は、株式交換を承認しなかった債権者に限られ、しかも、主張内容は、自己が受けるべきであったのに受けられなかった手続の瑕疵に限られると解される。

2　債権者の異議

①吸収合併をする場合には、吸収合併存続株式会社の債権者が、②吸収分割をする場合には、吸収分割承継株式会社の債権者が、③株式交換をする場合において、株式交換完全子会社の株主に対して交付する金銭等が株式交換完全親株式会社の株式その他これに準ずるものとして法務省令（施則198条）で定めるもののみである場合以外の場合又は768条1項4号ハに規定する場合（新株予約権付社債に付された新株予約権の場合）には、株式交換完全親株式会社の債権者が、それぞれ、存続株式会社等に対し、吸収合併等について異議を述べることができる（本条1項）。

例えば、合併の場合には、相手方当事会社の経営状態が悪い場合には、債権回収が困難となる危険が増大するため、他方当事会社の債権者の不利益が生ずることとなる。

3　公告・催告
(1) 公告・催告の必要性

本条1項の規定により存続株式会社等の債権者が異議を述べることができる場合には、存続株式会社等は、①吸収合併等をする旨、②消滅会社等の商号及び住所、③存続株式会社等及び消滅会社等（株式会社に限る）の計算書類に関する事項として法務省令（施則199条）で定めるもの、④債権者が一定の期間（1か月を下ることができない）内に異議を述べることができる旨を官報に公告し、かつ、知れている債権者には、各別にこれを催告しなければならない（本条2項）。しかし、存続株式会社等が本条2項の規定による公告を、官報のほか、939条1項の規定による定款の定めに従い、同項2号

(時事に関する事項を掲載する日刊新聞紙への掲載）又は3号（電子公告）に掲げる公告方法によりするときは、本条2項の規定による各別の催告は、する必要がない（本条3項）。

訴訟物　　XのY株式会社に対する吸収合併無効権
＊本件は、Y会社がA株式会社を吸収合併したが、この吸収合併につき、債権者異議手続を執らなかったので、吸収合併について承認をしなかった債権者Xが吸収合併無効の訴えを提起した事案である。
＊請求の趣旨は、「Y会社と消滅会社A会社（解散時の本店所在地、東京都千代田区丸の内一丁目○番○号）との間において、平成○年○月○日にされた合併は、これを無効とする。」である。吸収合併無効の訴えは、消滅会社の回復と存続会社の発行した株式の無効という効果を生じさせる形成の訴えである。

請求原因　1　Y会社はA会社との間で、Y会社を存続会社とし、A会社を消滅会社とする吸収合併契約を締結したこと
2　請求原因1の吸収合併契約が定める効力発生日が到来したこと
3　Xは、吸収合併について承認をしなかった債権者であること
＊828条2項7号に基づく事実である。
4　請求原因1の吸収合併につき、債権者異議手続を執らなかったこと
5　本訴は、吸収合併の効力が生じた日から6か月以内に提起されたこと
＊828条1項7号に基づく事実である。

(2) 知れている債権者

「知れている債権者」の意義についてのリーディング・ケースである大判昭和7年4月30日民集11.706は、「知レタル債権者トハ債権者ノ何人タルヤ又其ノ債権ハ如何ナル原因ニ基ク如何ナル請求権ナリヤノ大体力会社ニ知レ居レル場合ノ債権者ヲ謂ヘルモノニシテ而シテ其ノ会社ニ知レ居レリヤ否ハ個々ノ場合ニ於テ諸般ノ事情ヲ審査シタル上決スヘキ事実問題ニ属スルモノトス然レハ縦令会社カ他人ヨリ起サレタル請求訴訟ニ於テ其ノ主張スル債

権ノ存在ヲ争ヘリトテ必シモ会社敗訴ノ判決確定スルニ至ル迄ノ間ハ其ノ債権者ヲ以テ所謂知レタル債権者ニ該当セサルモノト為スコトヲ要スルモノニ非スシテ尚ホ未タ訴訟ノ繋属中ト雖事件ノ経過既ニ表ハレタル訴訟資料其ノ他種々ノ事情ヲ調査シタル上其ノ債権者ヲ以テ所謂知レタル債権者ニ該当スルモノト認定スルコトヲ妨ケサルモノトス」と判示する。ただ、会社がその債権の不存在を確信するのがその当時の状況から合理的な場合は、後に会社が敗訴し債権が確定しても、知れている債権者ではないと解される（江頭・株式会社法 623 頁）。

(3) 公告・催告の効果

ア　異議を述べない債権者

　債権者が本条 2 項 4 号の期間内に異議を述べなかったときは、その債権者は、資本金等の額の減少について承認をしたものとみなされる（本条 4 項）。

イ　異議を述べた債権者

　債権者が本条 2 項 4 号の期間内に異議を述べたときは、存続株式会社等は、その債権者に対し、弁済し、若しくは相当の担保を提供し、又はその債権者に弁済を受けさせることを目的として信託会社等に相当の財産を信託しなければならない。ただし、その吸収合併等をしてもその債権者を害するおそれがないときは、この限りでない（本条 5 項）。

　債権者を害するおそれがないことの立証責任は、会社が負担する。

| 訴訟物 | X の Y 株式会社に対する吸収合併無効権 |

＊本件は、Y 会社が吸収合併をするについて承認をしなかった債権者 X は、異議を述べたにもかかわらず、Y 会社が X に対し、弁済、相当の担保提供、又は X に弁済を受けさせることを目的として信託会社等に相当の財産を信託しなかったので、X が合併無効の訴えを提起した事案である。

| 請求原因 | 1　Y 会社は A 株式会社との間で、Y 会社を存続会社とし、A 会社を消滅会社とする吸収合併契約を締結したこと |

　　2　請求原因 1 の吸収合併契約が定める効力発生日が到来したこと

　　3　X は、Y 会社の吸収合併について承認をしなかった債権者であること

　　4　X は、本条 2 項 4 号の期間内に、異議を述べたこと

　　5　Y 会社は、X に対し、弁済、相当の担保提供、又は X に弁済を受けさせることを目的として信託会社等に相当の財産を信

託しなかったこと
6 本訴は、吸収合併の効力が生じた日から6か月以内であること

（債権者を害するおそれの不存在）
抗弁 1 吸収合併をしてもXを害するおそれがないこと
＊合併をしても異議を述べた債権者を害することがないことを会社が立証すれば、弁済等の必要はないが（789条5項ただし書、本条5項ただし書、810条5項ただし書）、債務の見込みに関する事項を記載した開示書類を示しただけでは必ずしも会社がその立証を果たしたことにならない（江頭・株式会社法778頁）。

4 消滅会社等と存続会社等が1つの公告で行う債権者保護手続の可否
　吸収型再編を行う場合における債権者保護手続は、消滅会社等と存続会社等のそれぞれについて行う必要があるが（789条、799条）、消滅会社等と存続会社等とが同時に債権者保護手続を行う場合においては、消滅会社等が行わなければならない公告と存続会社等が行わなければならない公告とを1つの公告で兼ねることは差し支えない。この場合は、消滅会社等の公告すべき事項と存続会社等の公告すべき事項とをすべて公告する必要があるが、重複する事項については「吸収合併等をする」旨等の1つの記載で足りると解される（相澤他・論点解説686頁）。

5 株式交換における債権者保護手続
(1) 新株予約権付社債の承継
　株式交換では、原則として完全子会社の財産には変動が生じないが、例外的に、新株予約権付社債が完全親会社となる会社に承継される場合がある。そこで、その場合には、完全子会社においてはその新株予約権付社債権者について、完全親会社においては全債権者について、それぞれ債権者保護手続を執るべきこととされている（789条1項3号、本条1項3号）。
(2) 完全親会社の株式以外の対価の交付
　株式交換に際しては、完全子会社の株主に対して完全親会社の株式以外の財産を対価として交付することも認められるため（768条1項2号）、その場合は、原則として、完全親会社における債権者保護手続を要する（本条1項3号）。これは、完全親会社が対価としてその会社の株式を交付するときは、財産の価格が仮に不当に評価されたとしても、会社の責任財産の流出が生じないの

で、債権者は害されないが、その会社の株式以外の財産を交付するときは、対価が不当であれば、不当な財産流出が生じ、債権者が害されるからである。なお、この場合でも、完全親会社の株式と併せて株式以外の財産を交付する場合であって、その株式以外の財産の合計額が完全子会社の株主に交付する金銭等の合計額の20分の1未満のときは、債権者に及ぼす影響が軽微であるため、債権者保護手続を要しない（本条1項3号、施則198条。相澤他・論点解説694頁）

●（消滅会社等の株主等に対して交付する金銭等が存続株式会社等の親会社株式である場合の特則）

第800条　第135条第1項の規定にかかわらず、吸収合併消滅株式会社若しくは株式交換完全子会社の株主、吸収合併消滅持分会社の社員又は吸収分割会社（以下この項において「消滅会社等の株主等」という。）に対して交付する金銭等の全部又は一部が存続株式会社等の親会社株式（同条第1項に規定する親会社株式をいう。以下この条において同じ。）である場合には、当該存続株式会社等は、吸収合併等に際して消滅会社等の株主等に対して交付する当該親会社株式の総数を超えない範囲において当該親会社株式を取得することができる。

　2　第135条第3項の規定にかかわらず、前項の存続株式会社等は、効力発生日までの間は、存続株式会社等の親会社株式を保有することができる。ただし、吸収合併等を中止したときは、この限りでない。

1　消滅会社等の株主等に対して交付する金銭等が存続株式会社等の親会社株式である場合の特則

　135条は、日本の会社法上の会社による親会社株式の取得を禁止するのみならず、外国会社（2条2号）や外国の組合などが日本の株式会社の子会社に該当する場合にはこれらのものによる親会社株式の取得も禁止する（2条3号、施則3条1項、2条3項2号）。その上で、組織再編対価とすることを目的とした日本の会社法上の株式会社による親会社株式の取得については、本条がそれを許容する。また、外国会社や外国の組合などによる親会社株式の取得については、135条1項の親会社株式取得の例外を規定する135条2項に基づき（同項5号）、施行規則23条8号が、合併などを行う場合に対価として交付することを目的として子会社である外国会社や外国の組合などが

親会社株式を取得することを許容する。日本の会社法上の株式会社に認めるのであれば、同様のことを外国会社や外国の組合などにも認めてよいというのが立法趣旨である。この施行規則23条8号には、取得した親会社株式の保有可能期間に関する本条2項に相当する定めがなく、135条3項がそのまま適用される。施行規則23条8号の上記の立法趣旨からも本条2項の規定を類推適用すべきであろう（弥永・コンメ施則172頁、浦岡洋・論点体系(5)573頁）。

2 三角組織再編をするための子会社の親会社株式の取得・保有の特則

子会社による親会社の株式の取得は禁止されているが（135条1項）、三角合併等の三角組織再編をするために、次の例外的措置が認められている。すなわち、消滅会社等の株主に対して交付する金銭等の全部又は一部が存続会社等の親会社株式である場合には、存続会社等は、吸収合併等に際して消滅会社等の株主に対して交付するその親会社株式の総数を超えない範囲でその親会社株式を取得し（本条1項）、かつ、効力発生日までの間は、その親会社株式を保有することが認められる（本条2項本文）。存続会社等が親会社株式を取得する手続については、特段の規定はなく、親会社における募集株式の発行等の手続（199条-209条）等の一般的な規定により取得できることとなる。子会社が外国会社であり、外国会社同士で三角合併を行う場合には、135条の例外として、親会社株式の取得が認められている（施則23条6号ロ。相澤他・論点解説678頁）。

3 例外としての保有の禁止

子会社Aが存続会社として他の会社Bを消滅会社として吸収合併をする場合に、AがBの株主に対して、合併対価としてAの親会社Cの株式を交付することがあり得るが（749条1項2号・3号）。そのために必要な範囲で子会社Aが親会社Cの株式を取得し、保有することを認めようというものである。したがって、この吸収合併を中止したときは、そのような保有は認められず、処分しなければならない（本条2項ただし書）。

本条に基づいて子会社が親会社株式を保有できるのは効力発生日までであるが（本条2項）、どの時点から存続会社等が親会社株式を取得できるかは明定されていない。本条が親会社株式を対価として交付する吸収合併等を前提としていることからすると、本条に基づき子会社が親会社株式を取得できるのは、原則として、吸収合併契約、株式交換契約又は吸収分割契約を締結した後と解すべきであろう（大石篤史＝勝間田学＝東條康一「三角合併の実務

対応に伴う法的諸問題」商事 1802.15)。

● (吸収合併等に関する書面等の備置き及び閲覧等)

第801条　吸収合併存続株式会社は、効力発生日後遅滞なく、吸収合併により吸収合併存続株式会社が承継した吸収合併消滅会社の権利義務その他の吸収合併に関する事項として法務省令〔施則200条〕で定める事項を記載し、又は記録した書面又は電磁的記録を作成しなければならない。

2　吸収分割承継株式会社（合同会社が吸収分割をする場合における当該吸収分割承継株式会社に限る。）は、効力発生日後遅滞なく、吸収分割合同会社と共同して、吸収分割により吸収分割承継株式会社が承継した吸収分割合同会社の権利義務その他の吸収分割に関する事項として法務省令〔施則201条〕で定める事項を記載し、又は記録した書面又は電磁的記録を作成しなければならない。

3　次の各号に掲げる存続株式会社等は、効力発生日から6箇月間、当該各号に定めるものをその本店に備え置かなければならない。
　一　吸収合併存続株式会社　第1項の書面又は電磁的記録
　二　吸収分割承継株式会社　前項又は第791条第1項第1号の書面又は電磁的記録
　三　株式交換完全親株式会社　第791条第1項第2号の書面又は電磁的記録

4　吸収合併存続株式会社の株主及び債権者は、吸収合併存続株式会社に対して、その営業時間内は、いつでも、次に掲げる請求をすることができる。ただし、第2号又は第4号に掲げる請求をするには、当該吸収合併存続株式会社の定めた費用を支払わなければならない。
　一　前項第1号の書面の閲覧の請求
　二　前項第1号の書面の謄本又は抄本の交付の請求
　三　前項第1号の電磁的記録に記録された事項を法務省令〔施則226条〕で定める方法により表示したものの閲覧の請求
　四　前項第1号の電磁的記録に記録された事項を電磁的方法であって吸収合併存続株式会社の定めたものにより提供することの請求又はその事項を記載した書面の交付の請求

5　前項の規定は、吸収分割承継株式会社について準用する。この場合において、同項中「株主及び債権者」とあるのは「株主、債権者その

他の利害関係人」と、同項各号中「前項第1号」とあるのは「前項第2号」と読み替えるものとする。
6　第4項の規定は、株式交換完全親株式会社について準用する。この場合において、同項中「株主及び債権者」とあるのは「株主及び債権者（株式交換完全子会社の株主に対して交付する金銭等が株式交換完全親株式会社の株式その他これに準ずるものとして法務省令〔施則202条〕で定めるもののみである場合（第768条第1項第4号ハに規定する場合を除く。）にあっては、株式交換完全親株式会社の株主）」と、同項各号中「前項第1号」とあるのは「前項第3号」と読み替えるものとする。

1　吸収合併等に関する書面等の作成
　本条1項及び2項並びに施行規則200条及び201条により、吸収合併存続株式会社及び吸収分割承継会社（合同会社が吸収分割をする場合における吸収分割承継株式会社に限る）の事後開示事項が定められている。基本的に、791条所定の事項と同様であるが、吸収合併存続株式会社については、782条1項により消滅株式会社が本店に備え置いた書面に記載された事項又は電磁的記録に記録された事項が追加されている（施則200条5号）。これは、吸収合併消滅株式会社の事前開示書類については、効力発生日後はどこにも備え置かれないことになってしまうために、吸収合併存続株式会社はその内容を事後開示書類に記載して本店に備え置くこととされたのである（相澤・省令解説139頁、酒井真・論点体系(5)580頁）。

2　事後開示
(1)　吸収合併における存続会社は、効力発生日後遅滞なく、吸収合併に関する事項を記載した書面等を作成した上で、これを備え置かなければならない（本条1項・3項1号）。具体的な記載事項は、①吸収合併が効力を生じた日、②消滅会社における株式買取請求手続・新株予約権買取請求手続・債権者保護手続の経過、③存続会社における株式買取請求手続・債権者保護手続の経過、④吸収合併により存続会社が消滅会社から承継した重要な権利義務に関する事項、⑤消滅会社（株式会社に限る）の事前備置書類の記載・記録事項（吸収合併契約の内容を除く）、⑥吸収合併の登記をした日、⑦その他吸収合併に関する重要な事項である（施則200条）。

(2) 吸収分割における存続会社は、効力発生日後遅滞なく、分割会社と共同して、吸収分割に関する事項を記載した書面等を作成した上で、これを備え置かなければならない（791条1項1号、本条2項・3項2号）。具体的な記載事項は、①吸収分割が効力を生じた日、②分割会社における株式買取請求手続・新株予約権買取請求手続・債権者保護手続の経過、③承継会社における株式買取請求手続・債権者保護手続の経過、④吸収分割により承継会社が分割会社から承継した重要な権利義務に関する事項、⑤吸収分割の登記をした日、⑥その他吸収分割に関する重要な事項である（施則201条）。

(3) 株式交換における完全親会社は、効力発生日後遅滞なく、完全子会社と共同して、株式交換に関する事項を記載した書面等を作成した上で、これを備え置かなければならない（791条1項2号、本条3項3号）。具体的な記載事項は、①株式交換が効力を生じた日、②完全子会社における株式買取請求手続・新株予約権買取請求手続・債権者保護手続の経過、③完全親会社における株式買取請求手続・債権者保護手続の経過、④株式交換により完全親会社に移転した完全子会社の株式の数（完全子会社が種類株式発行会社であるときは、株式の種類及び種類ごとの数）、⑤その他株式交換に関する重要な事項である（施則190条。相澤他・論点解説707-708頁）

3 閲覧等

吸収合併存続株式会社の株主及び債権者（新株予約権者を含む）は、吸収合併存続株式会社に対して、その営業時間内は、いつでも、次に掲げる請求をすることができる（本条4項本文）。ただし、2号又は4号に掲げる請求をするには、その吸収合併存続株式会社の定めた費用を支払わなければならない。

① 本条3項1号の書面の閲覧の請求
② 本条3項1号の書面の謄本又は抄本の交付の請求
③ 本条3項1号の電磁的記録に記録された事項を紙面又は映像面に表示する方法（施則226条）により表示したものの閲覧の請求
④ 本条3項1号の電磁的記録に記録された事項を電磁的方法であって吸収合併存続株式会社の定めたものにより提供することの請求又はその事項を記載した書面の交付の請求

4 準用

(1) 本条4項の規定は、吸収分割承継株式会社について準用される（本条5項）。この場合において、同項中「株主及び債権者」とあるのは「株主、

債権者その他の利害関係人」と、同項各号中「前項第1号」とあるのは「前項第2号」と読み替えるものとする。

閲覧等の請求権者に「その他の利害関係人」が規定されているのは、会社債権者でなくても、分割承継会社の労働者、継続的供給義務者、根抵当権者など分割により契約関係に影響を受けるからである（江頭・株式会社法854頁）。

(2) 本条4項の規定は、株式交換完全親株式会社について準用される（本条6項）。この場合において、同項中「株主及び債権者」とあるのは「株主及び債権者（株式交換完全子会社の株主に対して交付する金銭等が株式交換完全親株式会社の株式その他これに準ずるものとして法務省令〔施則202条〕で定めるもののみである場合（第768条第1項第4号ハに規定する場合を除く。）にあっては、株式交換完全親株式会社の株主）」と、同項各号中「前項第1号」とあるのは「前項第3号」と読み替えるものとする。

株式交換完全親株式会社（「完全親会社」）が交付する対価が主として完全親会社の株式の場合には、特に完全親会社の債権者を保護する必要はないため、債権者に閲覧等の請求権は認められない。ここで、「主として」完全親会社の株式の場合とは、株式交換完全子会社の株主に対して交付する対価の95パーセントを超えるものが完全親会社の株式の場合をいう（施則202条）。また、完全親会社が完全子会社の新株予約権付社債の新株予約権についての扱いに伴ってその社債を承継することを株式交換契約に定めた場合には（768条1項4号ハ）、完全親会社において債務の増加が想定されるため、完全親会社の債権者に閲覧等の請求権が認められる。

第2目　持分会社の手続

第802条　次の各号に掲げる行為をする持分会社（以下この条において「存続持分会社等」という。）は、当該各号に定める場合には、効力発生日の前日までに、吸収合併契約等について存続持分会社等の総社員の同意を得なければならない。ただし、定款に別段の定めがある場合は、この限りでない。
　一　吸収合併（吸収合併により当該持分会社が存続する場合に限る。）第751条第1項第2号に規定する場合

二　吸収分割による他の会社がその事業に関して有する権利義務の全部又は一部の承継　第760条第4号に規定する場合
三　株式交換による株式会社の発行済株式の全部の取得　第770条第1項第2号に規定する場合
2　第799条（第2項第3号を除く。）及び第800条の規定は、存続持分会社等について準用する。この場合において、第799条第1項第3号中「株式交換完全親株式会社の株式」とあるのは「株式交換完全親合同会社の持分」と、「場合又は第768条第1項第4号ハに規定する場合」とあるのは「場合」と読み替えるものとする。

1　存続持分会社等の総社員の同意
　本条1項所定の吸収型組織再編行為（持分会社が存続会社等になる場合）は、持分会社が消滅会社となる場合と異なり、いずれも、存続持分会社等の社員に与える影響は通常の事業譲受け（吸収合併・吸収分割の場合）や株式の取得（株式交換の場合）と同様である。したがって、原則として（定款に別段の定めがあるときを除き）、総社員の同意は不要であるが、社員の過半数（業務執行社員を定款で定めた場合は、その過半数）をもって決定する（590条2項、591条1項）。
　持分会社が存続会社等になる形で次の組織再編行為をする場合は、効力発生日の前日までに、組織再編契約についてその持分会社の総社員の同意を得なければならないとされている（本条1項）。これは、組織再編行為により新たに社員を加える場合であるから、新たな社員の加入の場合（604条）と同様に、総社員の同意を必要とするのである。
　①　吸収合併　吸収合併消滅株式会社の株主又は吸収合併消滅持分会社の社員が吸収合併に際して吸収合併存続持分会社の社員となる場合（751条1項2号）
　②　吸収分割による他の会社がその事業に関して有する権利義務の全部又は一部の承継　吸収分割会社が吸収分割に際して吸収分割承継持分会社の社員となる場合（760条4号）
　③　株式交換による株式会社の発行済株式の全部の取得　株式交換完全子会社の株主が株式交換に際して株式交換完全親合同会社の社員となる場合（770条1項2号）
なお、これらの場合、いずれも定款に別段の定めを設けることができる。

すなわち、総社員の同意が必要な場合に、定款でその要件を軽減する定めを設けることもできるし、総社員の同意が不要な場合に、定款で総社員の同意その他の要件を定めることもできる（相澤他・論点解説 702-703 頁）。

2　債権者異議手続の準用

　本条2項により、株式会社が存続会社等になる場合の債権者異議手続に関する規定（799条）が、持分会社が存続会社等になる場合に準用されている。すなわち、799条1項3号の「株式交換完全親株式会社の株式」とあるのを、「株式交換完全合同会社の持分」と読み替えた上で準用し、799条1項3号の「場合又は第768条第1項第4号ハに規定する場合」という文言は、「場合」と読み替えた上で準用する。これは、768条1項4号が、株式会社が株式交換完全親会社になる場合に、完全親会社が完全子会社の新株予約権者に対してその新株予約権に代わる完全親会社の新株予約権を交付する場合の規定であり、合同会社が完全親会社となる場合には、そもそも新株予約権を交付できないからである。

3　三角組織再編の場合の特則の準用

　本条2項により、三角組織再編の場合の子会社による親会社株式の取得に関する特則に関する規定（800条）が、持分会社が存続会社等になる場合に準用される。持分会社が当事会社となる組織再編においても、その親会社である株式会社の株式を対価として交付することがあり得るが、800条の適用がない限り、子会社が親会社の株式を取得できないのは持分会社も同様であるからである（135条）。

第3節　新設合併等の手続

　本節が定める新設合併、新設分割及び株式移転は、「新設型再編」と呼ばれる。第1款（803条-813条）は、新設合併消滅会社、新設分割会社及び株式移転完全子会社の手続について、第2款（814条-816条）は、新設合併設立会社、新設分割設立会社及び株式移転完全親会社の手続について、区分して定める。それぞれの款の中は、更に、株式会社と持分会社の各手続に区分されている。

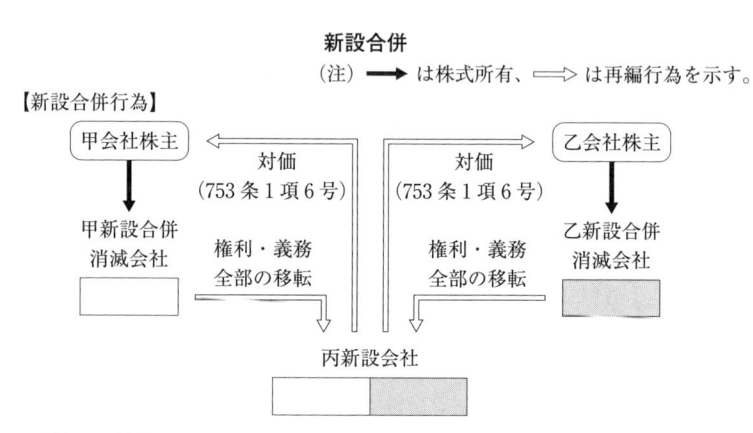

新設合併

（注）→ は株式所有、⇒ は再編行為を示す。

【新設合併行為】

甲会社株主 → 甲新設合併消滅会社
乙会社株主 → 乙新設合併消滅会社

対価（753条1項6号）
権利・義務全部の移転
→ 丙新設会社

＊新設の丙会社が、消滅する甲・乙両会社の権利義務の全部を承継し、その対価として丙会社株式を甲・乙両会社の株主に交付する（2条28号）。

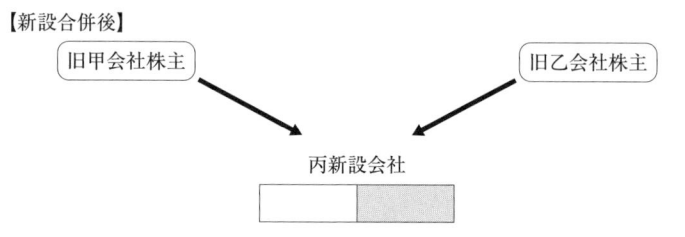

【新設合併後】

旧甲会社株主　　旧乙会社株主
　　　↘　　　↙
　　　丙新設会社

新設分割（分社型分割）

（注）→ は株式所有、⟹ は再編行為を示す。

【新設分割行為】

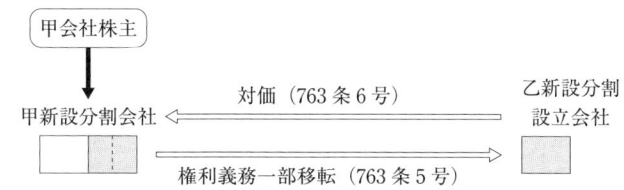

甲会社株主 → 甲新設分割会社 ⟵ 対価（763条6号） ⟵ 乙新設分割設立会社
甲新設分割会社 ⟹ 権利義務一部移転（763条5号）⟹ 乙新設分割設立会社

＊新設の乙会社が甲会社のある事業に関して有する権利義務の全部又は一部を承継し、その対価として乙会社株式を甲会社に交付する（2条30号）。

【新設分割後】

甲会社株主 → 甲新設分割会社　　乙新設分割設立会社

株式移転

（注）→ は株式所有、⟹ は再編行為を示す。

【株式移転行為】

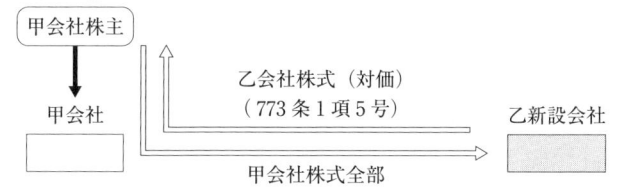

甲会社株主 → 甲会社
乙会社株式（対価）（773条1項5号）
甲会社株式全部　乙新設会社

＊新設される乙会社が甲会社発行済株式全部を取得し、乙会社がその対価として乙会社株式を交付する（2条32号）。

【株式移転後】

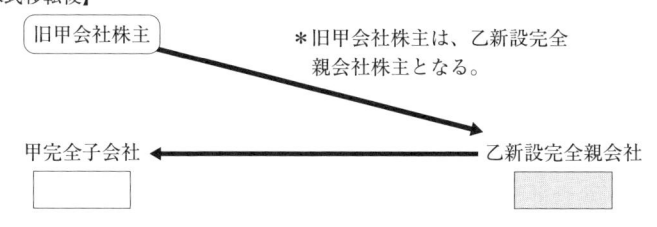

旧甲会社株主　＊旧甲会社株主は、乙新設完全親会社株主となる。

甲完全子会社 ← 乙新設完全親会社

第1款　新設合併消滅会社、新設分割会社及び株式移転完全子会社の手続

　新設型再編（新設合併、新設分割及び株式移転）を行う場合は、まず、新設再編に係る契約・計画を締結・作成する必要がある（748条、762条、772条）。本款は、その後の手続のうち、「新設合併消滅会社」、「新設分割会社」及び「株式移転完全子会社」側の手続を纏めて定める。

第1目　株式会社の手続

　本法は、新設合併消滅株式会社、新設分割株式会社、株式移転完全子会社を、併せて「消滅株式会社等」と定義するが（803条1項）、本目の解説では、紛れが生じない場合は、「消滅会社等」という。また、新設合併消滅株式会社、新設分割株式会社についても、「新設合併消滅会社」「新設分割会社」という（株式移転完全子会社については、略称を用いない）。

●(新設合併契約等に関する書面等の備置き及び閲覧等) ════════

第803条　次の各号に掲げる株式会社（以下この目において「消滅株式会社等」という。）は、新設合併契約等備置開始日から新設合併設立会社、新設分割設立会社又は株式移転設立完全親会社（以下この目において「設立会社」という。）の成立の日後6箇月を経過する日（新設合併消滅株式会社にあっては、新設合併設立会社の成立の日）までの間、当該各号に定めるもの（以下この節において「新設合併契約等」という。）の内容その他法務省令〔施則204条-206条〕で定める事項を記載し、又は記録した書面又は電磁的記録をその本店に備え置かなければならない。
　一　新設合併消滅株式会社　　新設合併契約
　二　新設分割株式会社　　新設分割計画
　三　株式移転完全子会社　　株式移転計画
2　前項に規定する「新設合併契約等備置開始日」とは、次に掲げる日のいずれか早い日をいう。
　一　新設合併契約等について株主総会（種類株主総会を含む。）の決

議によってその承認を受けなければならないときは、当該株主総会の日の2週間前の日（第319条第1項の場合にあっては、同項の提案があった日）
二　第806条第3項の規定による通知を受けるべき株主があるときは、同項の規定による通知の日又は同条第4項の公告の日のいずれか早い日
三　第808条第3項の規定による通知を受けるべき新株予約権者があるときは、同項の規定による通知の日又は同条第4項の公告の日のいずれか早い日
四　第810条の規定による手続をしなければならないときは、同条第2項の規定による公告の日又は同項の規定による催告の日のいずれか早い日
五　前各号に規定する場合以外の場合には、新設分割計画の作成の日から2週間を経過した日
3　消滅株式会社等の株主及び債権者（株式移転完全子会社にあっては、株主及び新株予約権者）は、消滅株式会社等に対して、その営業時間内は、いつでも、次に掲げる請求をすることができる。ただし、第2号又は第4号に掲げる請求をするには、当該消滅株式会社等の定めた費用を支払わなければならない。
一　第1項の書面の閲覧の請求
二　第1項の書面の謄本又は抄本の交付の請求
三　第1項の電磁的記録に記録された事項を法務省令〔施則226条〕で定める方法により表示したものの閲覧の請求
四　第1項の電磁的記録に記録された事項を電磁的方法であって消滅株式会社等の定めたものにより提供することの請求又はその事項を記載した書面の交付の請求

1　新設合併契約に関する書面等の備置き
　本条は、新設合併消滅会社、新設分割会社、株式移転完全子会社（「消滅会社等」）は、それぞれ新設合併契約、新設分割計画・株式移転計画の内容のほか、法務省令（施則204条-206条）で定めるものの開示について定める。消滅会社等は、新設合併契約等備置開始日（本条2項）から新設会社の成立の日後6か月を経過する日（新設合併消滅会社にあっては、新設会社の

成立の日）までの間、組織再編行為に係る契約・計画の内容等を記載した書面等をその本店に備え置かなければならない（本条1項）。

新設合併消滅会社の立場は、吸収合併消滅会社と同じである。単独の株式移転は、株主が完全親会社の株主になるだけで、株主権の縮減が起こる。共同株式移転（772条2項）は、持株会社を設立して、企業グループ経営を行い易くする（新設会社の比率が問題になる）。共同新設分割は、それぞれ一部の事業を分割した上合体し、合弁会社を設立する場合等に利用される（762条2項）。新設分割も、それのみでは株主権の縮減が生じるが、事業の分離による事業再編の手段となり得る（稲葉・解明687-688頁）。

2 事前開示事項

開示される事項は、新設合併消滅会社については、新設合併契約の内容（753条）のほか施行規則204条所定の事項、新設分割会社については、新設分割計画の内容（763条）と施行規則205条所定の事項、株式移転完全子会社については、株式移転計画の内容（773条）と施行規則206条所定の事項である。

(1) 新設合併消滅株式会社

ア 新設合併契約の内容（本条1項1号）

新設合併契約の内容は、753条の定めるところであるが、当然開示されるべき事項である。まず、新設合併契約そのものの内容の開示が必要である。753条1項1号から6号までは、新設会社の設立に関する定めであるが、その6号は、7号から9号までとともに合併対価についての定めでもある。合併対価は、基本的には、新設会社の株式であるが、社債・新株予約権・新株予約権付社債とすることもできる（753条1項8号）。10号、11号は、新株予約権が発行されている場合についての定めである（稲葉・解明699頁）。

イ 合併対価の相当性に関する事項（施則204条1号イ・ロ）

施行規則204条1号は、消滅会社の株式の合併対価並びに新設会社の資本金及び準備金の額に関する事項の相当性に関する事項である。これは、吸収合併消滅会社についての施行規則182条1項1号の定めに相当する。

新設合併は、2以上の会社が合併契約を締結し、これに基づいてその権利義務の全部を承継する新設会社を設立するものである。消滅会社の株主は新設会社の株主になるから、持株の価値が保存されシナジーの配分を期待できる適正な合併比率かどうかが重要である（吸収合併における消滅会社と同じ）。債権者にとっては、その債務の履行が確保されるか否かが問題であり、これらの利害関係に即した情報開示が求められる（稲葉・解明699頁）。新設

合併等における消滅会社等による事前開示書類の具体的内容を定めた施行規則の条文は、平成19年の同規則の改正（同年法務省令第30号。同年5月1日施行）の際に明確化が図られたものである（相澤哲＝松本真＝清水毅＝細川充＝小松岳志「合併等対価の柔軟化に伴う『会社法施行規則の一部を改正する省令』」商事1800.13等）。

ウ　新設合併に係る新株予約権の定めの相当性に関する事項（施則204条2号イ・ロ）

施行規則204条2号は、新株予約権の処理に関する定めの相当性に関する事項であって、施行規則182条1項3号に相当する。

エ　他の消滅会社の計算書類等に関する事項（最終事業年度の計算書類等（これがない場合は、成立の日の貸借対照表）、臨時計算書類等、重要な後発事象）（施則204条3号）、又は、他の新設合併消滅会社（清算株式会社又は清算持分会社に限る）の計算書類等に関する事項（清算貸借対照表）（施則204条4号）

施行規則204条3号は、他の新設合併消滅会社についての計算書類等に関する事項で、施行規則182条1項4号、6項1号に相当する。施行規則204条4号は他の消滅会社が清算会社である場合につき、清算開始時の貸借対照表の内容を開示すべきことを定める。

オ　消滅会社の計算書類・財産状態に関する事項（重要な後発事象、最終事業年度がない場合の成立の日の貸借対照表）（施則204条5号）

施行規則204条5号は、その消滅会社の計算に関する事項で、施行規則182条6項2号の定めに相当する。

カ　新設合併設立会社の債務（他の消滅会社から承継する債務を除く）の履行の見込みに関する事項（施則204条6号）

施行規則204条6号は、債権者保護手続の対象となる債権者に対する債務について、債務の履行の見込みに関する事項で、施行規則182条1項5号に相当する。

キ　事前開示事項の更新（施則204条7号）

施行規則204条7号は、開示事項の変更が生じた場合のもので、施行規則182条1項6号に相当する。

(2)　新設分割株式会社

ア　新設分割計画の内容（本条1項2号）

新設分割計画の内容は、762条1項の定めるところであるが、当然開示されるべき事項である。新設分割の際には、新設分割計画が作成される（762条1項）。共同新設分割の場合は、新設分割計画を共同作成する（同条2項）。

物的分割であれば、株主の把握する株式の内容が事業ではなく、子会社株式になる。単独の新設分割（完全子会社が成立する）であれば、株主の富の移転はないはずだが、その後の経営者の経営の自由度は増大する。新設分割計画に定めるべき条項は、763条に定められる。その1号から6号までは新設会社の設立に関する事項であり、その6号は、7号から9号までとともに分割対価についての定めである。新設分割では、原則として完全子会社が設立されるが、共同新設分割の場合につき、763条7号、9号に特段の定めがある。10号、11号は、新株予約権の処理に関する定め、12号は、人的分割を行う場合についての定めである（稲葉・解明700頁）。

イ　新設分割の対価の相当性に関する事項（施則205条1号イ・ロ）

　施行規則205条1号は、分割対価の相当性に関する事項である。

ウ　新設分割と同時に行う剰余金の配当等に関する事項（施則205条2号イ・ロ）

　施行規則205条2号は、新設分割と同時に剰余金の配当等をする場合におけるその剰余金の配当等に関する事項であり、人的分割を行う場合についての定めで、施行規則183条2号と同旨である。

エ　新設分割計画に定める新株予約権の定めの相当性に関する事項（施則205条3号）

　施行規則205条3号は、新株予約権に関する処理の相当性に関する事項で、施行規則183条3号と同旨である。

オ　他の新設分割会社の計算書類等に関する事項（最終事業年度の計算書類等（ない場合は、成立の日の貸借対照表）、臨時計算書類等、重要な後発事象）（施則205条4号）、又は、他の新設分割会社（清算株式会社又は清算持分会社に限る）の計算書類等に関する事項（清算貸借対照表）（施則205条5号）

　施行規則205条4号は、他の分割会社の最終事業年度に係る計算書類等の内容であり、新設合併に関する施行規則204条3号と同旨である。5号は、分割会社（共同当事会社も含む）において最終事業年度の末日後に重要な財産の処分、重大な債務の負担その他の会社財産の状況に重要な影響を与える事象が生じたときは、その内容であり、新設合併に関する施則204条4号と同旨である。

カ　新設分割会社の計算書類・財産状態に関する事項（重要な後発事象・最終事業年度がない場合の成立の日の貸借対照表）（施則205条6号）

　施行規則205条6号は、新設分割会社の計算に関するもので、施行規則204条5号と同旨である。

キ　新設分割株式会社及び新設分割設立会社の債務（新設分割株式会社が新設分割により新設分割設立会社に承継させるものに限る）の履行の見込みに関する事項（施則205条7号）

　施行規則205条7号は、債権者保護手続の対象となる債権者に対する債務について、新設分割会社及び債務を承継する新設会社の債務の履行の見込みに関する事項で、施行規則183条6号と同旨である。

ク　事前開示事項の更新（施則205条8号）

　施行規則205条8号は、開示事項の変更に関するもので、すべての事前開示に共通である。

(3) 株式移転完全子会社

ア　株式移転計画の内容（本条1項3号）

　株式移転をする場合は、株式移転計画の作成を要し、共同株式移転をするには、株式移転計画を共同して作成しなければならない（772条）。株式移転計画の内容は、773条の定めるところであるが、当然開示されるべき事項である。株式移転によって、株式移転をする会社の株主は、株式移転によって設立される完全親会社の株主になる。親会社の株主になることによって、株主権の縮減が生じることは、株式交換や物的会社分割の場合と同じである（株式交換・株式移転・新設分割の場合には、完全親会社の株主になる）。1つの会社のみが株式移転を行うことは、株主権の縮減のみが生じるにとどまるので、その正当性には、疑問がある。その場合、対価として、新設会社の株式のみが与えられるのであれば、株主が平等に扱われる限り、その対価としての相当性には問題はない（持株の価値の増減は起こらない）。共同株式移転の場合には、当事会社間の株式配分比率の相当性が問題になる（企業価値に応じた配分がされなければ、不公平になる）。社債等（社債及び新株予約権（746条7号ニ））を対価とする余地が認められているが、必要性には疑問がある。債権者の地位には、影響しないのが原則である（稲葉・解明701頁）。

イ　移転対価の相当性に関する事項（施則206条1号）

　完全子会社の株主に交付する対価についての定めの相当性に関する事項である。

ウ　株式移転に係る新株予約権の定めの相当性に関する事項（施則206条2号）

　分割会社の新株予約権者に交付する完全子会社の新株予約権についての定めの相当性に関する事項である。

エ　他の株式移転完全子会社の計算書類等に関する事項（最終事業年度の計

算書類等(ない場合は、成立の日の貸借対照表)、臨時計算書類等、重要な後発事象)(施則206条3号)
　他の完全子会社の最終事業年度に係る計算書類等の内容である。
オ　株式移転完全子会社の計算書類・財産状態に関する事項(重要な後発事象、最終事業年度がない場合の成立の日の貸借対照表)(施則206条4号)
　完全子会社(共同当事会社も含む)において最終事業年度の末日後に重要な財産の処分、重大な債務の負担その他の会社財産の状況に重要な影響を与える事象が生じたときは、その内容である。
カ　株式移転設立完全親会社の債務(他の株式移転完全子会社から承継する債務を除き、異議を述べることができる債権者に対して負担する債務に限る)の履行の見込みに関する事項(810条の規定により株式移転について異議を述べることができる債権者があるとき)(施則206条5号)
　債権者保護手続の対象となる債権者に対する債務について、完全親会社の債務の履行の見込みの有無に関する事項等である。
キ　事前開示事項の更新(施則206条6号)
　イないしカの事項に変更が生じた場合は、記載も変更しなければならない。

|訴訟物|　XのY1株式会社、Y2株式会社及びY3株式会社に対する株式移転無効権
＊本件は、Y1会社とY2会社は、両社を完全子会社とし、Y3会社を完全親会社として設立する株式移転計画を策定して株式移転をしたが、株式移転計画の内容を記載した書面等をその本店に備え置かなかったため、株式移転無効の訴え(形成訴訟)が提起された事案である。
＊本訴の請求の趣旨は、「Y1会社とY2会社との間で、Y3会社を設立した株式移転は、これを無効とする。」である。

|請求原因|　1　Y1会社とY2会社は、平成○年○月○日、両社を完全子会社とし、Y3会社を完全親会社として設立する株式移転計画を策定して株式移転に関する契約を締結し、平成○年○月○日、Y3会社の設立登記をしたこと
　2　Xは、株式移転の効力が生じた日においてY1会社又はY2会社の株主等であった者又はY3会社の株主等であること
　＊828条2項12号に基づく事実である。
　3　Y1会社とY2会社は、株式移転計画の承認決議を行う株主

総会の日の 2 週間前の日等の所定の日のうちいずれか早い日から株式交換の日後 6 か月を経過する日まで、株式移転計画の内容その他法務省令（施則 206 条）で定める事項を記載し、又は記録した書面又は電磁的記録をその本店に備え置かなかったこと
   * 本条 1 項、2 項に基づく事実であり、株主は、これらの備置きに係る書面等について、閲覧・謄本交付等を請求できる（本条 3 項）。また、完全親会社は、その成立の日から 6 か月間、株式移転により取得した完全子会社の株式の数その他株式移転に関する事項として法務省令（施則 210 条）で定める事項を記載し、又は記録した書面又は電磁的記録をその本店に備え置き、株主の閲覧等に供しなければならない（815 条 3 項 3 号・6 項）。完全子会社が事前に備え置くべきこれらの備置き等を怠ることは、株主の株式移転に関する判断資料を与えないことになるため、株式移転無効の原因になる。
4　本訴は、効力を生じた日から 6 か月以内に提起されたこと
   * 828 条 1 項 12 号に基づく事実である。

3　新設合併契約等備置開始日
　本条の趣旨は、①株主総会での議決権行使や株式買取請求等の株主の権利行使、及び②債権者保護手続での異議や新株予約権買取請求等の債権者の権利行使の判断資料を提供することにある。したがって、事前備置きを開始すべき日（「新設合併契約等備置開始日」）は、①新設合併契約・新設分割計画・株式移転計画について株主総会の承認を要する場合には、総会の日の 2 週間前の日（319 条 1 項のみなし決議の場合は、取締役あるいは株主による提案があった日）、②株式買取請求・新株予約権買取請求に関する通知・公告の日のいずれか早い日、③債権者（一部社債権者含む）の異議に関する公告・催告の日のいずれか早い日、④①ないし③のいずれにも該当しない場合には、分割計画の作成の日から 2 週間を経過した日である（本条 2 項）。この④は、分割会社の場合、総会承認決議、株式買取請求、新株予約権買取請求の通知・公告、債権者の異議に係る公告・催告のいずれもが不要の場合（例えば、新設分割株式会社における簡易組織再編に該当する会社分割において権利のみを承継する場合等）があるためである（吸収分割の場合も同様。782 条 2 項 5 号）。
　組織再編の当事会社ごとに、別個にこれらの手続を行う結果、それぞれの

会社について独自に新設合併契約等備置開始日が定まる。消滅会社等は、新設合併契約等備置開始日から、各組織再編が効力を生じる日後6か月を経過する日までの間、事前開示書類を本店に備え置く必要がある（本条1項）。なお、新設合併消滅会社は、効力発生日に消滅するため、新設合併契約等備置開始日から新設合併設立会社の成立の日までの間が備置期間とされている（酒井真・論点体系(6)5頁）。

4　閲　覧　等
(1)　閲覧等の請求権者
　事前開示書類の閲覧等の請求権者（本条3項）は、新設合併及び新設分割の場合は、消滅会社等の株主及び債権者（新株予約権者を含む）である。新設分割会社の債権者は、自己の債権が吸収分割の対象であるか否かを問わない。株式移転完全子会社の場合の閲覧請求権者は、株主及び新株予約権者である。株式移転完全子会社の場合に限って株主と新株予約権者とされ債権者が含まれないのは、株式移転完全子会社の場合は、株式移転が完全子会社の債権者の利害に影響を及ぼさないからである。
(2)　閲覧対象
　請求権者は、①事前開示書類の閲覧（本条3項1号）、②同書面の謄本若しくは抄本の交付（本条3項2号）、③電磁的記録に記録された事項を紙面又は映像面に表示する方法（施則226条）により表示したものの閲覧（本条3項3号）、又は、④電磁的記録に記録された事項を電磁的方法であって消滅会社等の定めたものにより提供すること若しくはその事項を記載した書面の交付（本条3項4号）を請求できる。そのうち、②及び④の場合には、請求者は消滅会社等が定めた費用を支払わなければならない（本条3項ただし書）。

● (新設合併契約等の承認)

第804条　消滅株式会社等は、株主総会の決議によって、新設合併契約等の承認を受けなければならない。
　　2　前項の規定にかかわらず、新設合併設立会社が持分会社である場合には、新設合併契約について新設合併消滅株式会社の総株主の同意を得なければならない。
　　3　新設合併消滅株式会社又は株式移転完全子会社が種類株式発行会社である場合において、新設合併消滅株式会社又は株式移転完全子会社

の株主に対して交付する新設合併設立株式会社又は株式移転設立完全親株式会社の株式等の全部又は一部が譲渡制限株式等であるときは、当該新設合併又は株式移転は、当該譲渡制限株式等の割当てを受ける種類の株式（譲渡制限株式を除く。）の種類株主を構成員とする種類株主総会（当該種類株主に係る株式の種類が2以上ある場合にあっては、当該2以上の株式の種類別に区分された種類株主を構成員とする各種類株主総会）の決議がなければ、その効力を生じない。ただし、当該種類株主総会において議決権を行使することができる株主が存しない場合は、この限りでない。

4 消滅株式会社等は、第1項の株主総会の決議の日（第2項に規定する場合にあっては、同項の総株主の同意を得た日）から2週間以内に、その登録株式質権者（次条に規定する場合における登録株式質権者を除く。）及び第808条第3項各号に定める新株予約権の登録新株予約権質権者に対し、新設合併、新設分割又は株式移転（以下この節において「新設合併等」という。）をする旨を通知しなければならない。

5 前項の規定による通知は、公告をもってこれに代えることができる。

1 新設合併契約等の承認
(1) 原　　則
　本条1項は、消滅会社等（新設合併消滅会社・新設分割会社・株式移転完全子会社）における株主総会での承認手続を定めており、新設合併契約、新設分割計画、株式移転計画について、原則として株主総会における特別決議による承認を必要としている（本条1項、309条2項12号）。これは、株主総会において議決権を行使することができる株主の議決権の過半数（3分の1以上の割合を定款で定めた場合は、その割合以上）を有する株主が出席し、その株主の議決権の3分の2（これを上回る割合を定款で定めた場合は、その割合）以上の多数決で行われる（309条2項柱書前段）。これらの組織再編行為は会社の基礎に重大な影響を与えるからである。

訴訟物　　ＸのＹ株式会社に対する新設合併無効権
　　　　＊本件は、Ａ株式会社及びＢ株式会社は、平成○年○月○日、

新設合併をしてY会社を設立したが、A会社においては、合併契約の承認決議がされなかったので、合併無効の訴え（形成訴訟）が提起された事案である。

＊請求の趣旨は、「消滅会社A会社（解散時の本店所在地、東京都千代田区丸の内一丁目○番○号）と消滅会社B会社（解散時の本店所在地、東京都中央区銀座一丁目○番○号）との間において、Y会社を新設会社とする平成○年○月○日にされた合併は、これを無効とする。」である。

請求原因　1　A会社及びB会社は、Y会社を新設会社とする新設合併契約を締結したこと

2　請求原因1に基づいて、A会社及びB会社はそれぞれ解散登記をし、Y会社について新設会社としての設立登記をしたこと

3　Xは、新設合併の効力が生じた日においてA会社又はB会社の株主等若しくは社員等であった者又はY会社の株主等、社員等、破産管財人若しくは新設合併について承認をしなかった債権者であること

＊828条2項8号に基づく事実である。

＊例えば、平成○年○月○日から平成○年○月○日まではA会社の株主であり、平成○何○月○日以降はY会社の株主であること

4　A会社においては、合併契約の承認のための株主総会が開催されておらず、合併承認決議がされていないこと

5　本訴は、新設合併の効力が生じた日から6か月以内に提起されたこと

＊828条1項8号に基づく事実である。

訴訟物　XのY1株式会社、Y2株式会社及びY3株式会社に対する株式移転無効権

＊本件は、Y1会社とY2会社は、両社を完全子会社とし、Y3会社を完全親会社として設立する株式移転をしたが、株式移転の承認のための株主総会が開催されていないことを理由とする株式移転無効の訴え（形成訴訟）が提起された事案である。

＊請求の趣旨は、「Y1会社とY2会社との間で、Y3会社を設

立した株式移転は、これを無効とする。」である。

請求原因
1　Y1会社とY2会社は、両社を完全子会社とし、Y3会社を完全親会社として設立する株式移転計画を策定したこと
2　請求原因1の株式移転計画に基づき、Y3会社の設立登記をしたこと
3　Xは、株式移転計画の効力が生じた日においてY1会社又はY2会社の株主等であった者又はY3会社の株主等であること
　＊828条2項12号に基づく事実である。
4　Y1会社又はY2会社においては、株式移転の承認のための株主総会が開催されていないこと
　＊完全子会社となる会社が株式移転を行うためには、株式移転計画（773条）を作成し、これについて株主総会における承認決議を得る必要がある（804条1項）。株式移転計画の承認決議は特別決議による（309条2項12号。なお、309条3項3号（公開会社であり、かつ、株主に対して交付する金銭等の全部又は一部が譲渡制限株式等である場合における株主総会）の場合もある）。株式移転計画においては、設立する完全親会社の定款等の事項が定められる。そして、この承認決議が不存在の場合、又は無効若しくは取消事由となる瑕疵がある場合、株式移転無効の原因が認められる。
5　本訴は、株式移転の効力が生じた日から6か月以内に提起されたこと
　＊828条1項12号に基づく事実である。

(2) 例　　外
ア　総株主の同意
　新設合併設立会社が持分会社である場合は、合併契約につき、新設合併消滅株式会社の総株主の同意を得なければならない（本条2項）。消滅会社の株主に対し株式に代えて新設合併設立持分会社の持分等が交付されるが、これは組織変更があったと同じ効果を株主に生じさせるものであり、持分等の譲渡性の低さもあるため、対価として受領する総株主の同意を必要としたものである。なお、総株主の同意を得るために株主総会を開催する必要はなく、総株主から個別的同意を得ることができればよい。
イ　種類株主総会の特殊決議
　本条3項は、種類株式発行会社である新設合併消滅会社・株式移転完全子

会社の非譲渡制限株式の株主に対し、譲渡制限株式等（783条3項、施則186条）が交付される場合は、新設合併・株式移転の効力発生のためには、種類株主総会の特殊決議が必要である（本条3項本文、324条3項2号）。非譲渡制限株式の株主に対し譲渡制限株式が交付される場合は、その株主にとって株式の自由譲渡性が制限され、不利益が生ずるからである。ただし、種類株主総会において議決権を行使できる株主が存しない場合は、この限りでない（本条3項ただし書）。

2　株主総会招集通知・参考書類の記載事項

　新設合併契約の承認議案を株主総会に提出する場合は、①新設合併を行う理由、②新設合併契約の内容の概要のほか、③その株式会社が新設合併消滅会社である場合において298条1項（株主総会の日時・場所、目的等）の決定をした日における施行規則204条各号（6号、7号を除く）に掲げる事項（事前開示事項）があるときは、その事項の内容の概要、④新設合併設立会社の取締役、会計参与、監査役及び会計監査人に就任するものについて、それぞれを独立の議題とした場合に株主総会参考書類に記載すべき事項を、株主総会参考書類に記載することとされる（施則89条）。施行規則204条各号所定の事項については、基本的に事前開示書類で開示する事項と同様のため、実務的には株主総会参考書類に関しても同様の記載をしている。新設分割及び株式移転の総会承認議案についても、同様に株主総会参考書類における記載事項（施則90条、91条）が定められている（酒井真・論点体系(6)11頁）。

3　通知・公告

　消滅会社等は、新設合併契約・新設分割計画・株式移転計画の承認の株主総会決議後2週間以内に、登録株式質権者・登録新株予約権質権者に対し、新設合併・新設分割・株式移転が行われる旨を通知又は公告をしなければならない（本条4項・5項）。なぜなら、新設合併設立会社・新設分割設立会社・株式移転完全親会社が交付する合併対価・分割対価・株式移転対価は、それぞれ効力発生日における新設合併消滅会社の株主に、また新設分割会社に、あるいは株式移転完全子会社の株主に割り当てられることとなるし（754条2項・3項、756条2項・3項、764条4項・5項、766条4項・5項、774条2項・3項）、新設合併消滅会社・新設分割会社・株式移転完全子会社の新株予約権は新設合併設立会社・新設分割設立会社・株式移転完全親会社の新株予約権に置き換わるので、登録質権者には物上代位等に関し重大な利害関

●(新設分割計画の承認を要しない場合)

第805条 前条第1項の規定は、新設分割により新設分割設立会社に承継させる資産の帳簿価額の合計額が新設分割株式会社の総資産額として法務省令〔施則207条〕で定める方法により算定される額の5分の1(これを下回る割合を新設分割株式会社の定款で定めた場合にあっては、その割合)を超えない場合には、適用しない。

1 新設組織再編における簡易分割制度
(1) 新設分割会社の簡易分割
　分割会社の株主に及ぼす影響が軽微なものについて、分割会社の株主総会の承認決議なしに会社分割を行うこと(簡易分割)が認められている。すなわち、新設分割会社の株主に及ぼす影響が軽微な会社分割(新設分割設立会社に承継させる資産の帳簿価額の合計額が新設分割会社の総資産額として法務省令(施則207条)で定める方法により算定される額の5分の1(分割会社の定款でこれを下回る割合を定め得る)を超えない場合)については、その会社の株主総会の承認決議なしに行うことができる(本条)。つまり、新設分割計画について、すなわち、簡易分割の場合(新設分割計画の承認を要しない場合)には、取締役会設置会社では取締役会が承認すれば足りる(個個の取締役に委任できない)こととなるし(362条4項1号)、委員会設置会社では、執行役への委任により行える(416条4項18号括弧書)。
　基準を総資産の額(施則207条)とし、純資産額(承継資産額から承継負債額を引いた額)としていないのは、純資産額を基準とすると、承継負債額を大きくすれば新設分割会社から大規模な事業が移転する場合等にも簡易分割の手続で可能となる不都合を避けるためである(江頭・株式会社法854頁)。施行規則207条にいう総資産の額は、原則として新設分割計画を作成した日における総資産の額とされる。
　なお、簡易分割の場合、分割対価によっては分割会社に損害が生じての株主が損害を被ることもあり得るが、簡易分割の場合は、損害は軽微であるため、反対株主に株式買取請求権は与えられていない(806条1項2号、本条)。それ以外の手続は、通常の新設分割の手続と同じである(江頭・株式

会社法856頁)。例えば、分割会社における債権者異議手続は省略できない。分割会社の債務が分割計画の定めに従い分割会社と設立会社に割り振られると、各債権者に不利益を与える可能性があり、当事会社の責任財産も減少する危険性もある。更に、分割会社の債権者が、分割計画の定めに従い設立会社の債権者とされ、分割会社がその債務について重畳的債務引受けを行わない場合は、免責的債務引受けが組織的に行われ、債権者にとって債務者の交替となり、債権者の地位に大きな影響が生じるからである。

(2) 新設合併消滅会社及び株式移転完全子会社における簡易組織再編の否定
　新設合併消滅会社及び株式移転完全子会社について、このような簡易組織再編を認めていないのは、この場合は株主に及ぼす影響が大きいからである(第5章前注の「新設型組織再編の手続規定」表の注＊参照)。

２　新設型組織再編における略式組織再編の否定
　新設型組織再編においては、略式組織再編を認めていない(第5章前注の「新設型組織再編の手続規定」表の注＊＊参照)。これは、新設型組織再編は、当事会社が単独で又は他の当事会社と共同して新設会社の設立に向けた行為を行うものであり、吸収型組織再編のように当事会社が双務的な債権債務関係を負うものではないからである(相澤・新会社法解説198頁)。

●(反対株主の株式買取請求)

第806条　新設合併等をする場合(次に掲げる場合を除く。)には、反対株主は、消滅株式会社等に対し、自己の有する株式を公正な価格で買い取ることを請求することができる。
　一　第804条第2項に規定する場合
　二　前条に規定する場合
２　前項に規定する「反対株主」とは、次に掲げる株主をいう。
　一　第804条第1項の株主総会(新設合併等をするために種類株主総会の決議を要する場合にあっては、当該種類株主総会を含む。)に先立って当該新設合併等に反対する旨を当該消滅株式会社等に対し通知し、かつ、当該株主総会において当該新設合併等に反対した株主(当該株主総会において議決権を行使することができるものに限る。)
　二　当該株主総会において議決権を行使することができない株主
３　消滅株式会社等は、第804条第1項の株主総会の決議の日から2週

間以内に、その株主に対し、新設合併等をする旨並びに他の新設合併消滅会社、新設分割会社又は株式移転完全子会社（以下この節において「消滅会社等」という。）及び設立会社の商号及び住所を通知しなければならない。ただし、第1項各号に掲げる場合は、この限りでない。

4　前項の規定による通知は、公告をもってこれに代えることができる。

5　第1項の規定による請求（以下この目において「株式買取請求」という。）は、第3項の規定による通知又は前項の公告をした日から20日以内に、その株式買取請求に係る株式の数（種類株式発行会社にあっては、株式の種類及び種類ごとの数）を明らかにしてしなければならない。

6　株式買取請求をした株主は、消滅株式会社等の承諾を得た場合に限り、その株式買取請求を撤回することができる。

7　新設合併等を中止したときは、株式買取請求は、その効力を失う。

1　反対株主の株式買取請求

　本条は、新設合併等（新設合併、新設分割、株式移転）をする場合に、反対株主が消滅株式会社等（803条1項。新設合併消滅株式会社、新設分割株式会社、株式移転完全子会社）に対してする株式買取請求の要件・手続等について規定する。いわゆる新設型組織再編行為の消滅会社等の反対株主の買取請求権について規定したものである。

　なお、本条1項括弧書は、新設合併等のうち、①新設合併設立会社が持分会社の場合（804条2項）と、②新設分割において簡易新設分割の要件を満たす場合（805条）には、反対株主に株式買取請求権を与えていない。これは、①は、そもそも総株主の同意を要するので、反対株主が存在しないこと、②は、簡易新設分割の規模から見て、株主の被る損害のおそれが軽微であるからである。

2　反対株主

　新設型組織再編行為には、新設分割の場合の簡易新設分割（805条）を除き、簡易組織再編・略式組織再編は存しないため、他の株式買取請求の場合と異なり、反対株主の要件を定める際「株主総会（種類株主総会を含む）の

決議を要する場合以外の場合」は想定されていない。
　「反対株主」とは、次の(1)又は(2)の要件を充足する株主をいう。
(1)　804条1項の株主総会（新設合併等をするために種類株主総会決議を要する場合は、種類株主総会を含む）に先立って新設合併等に反対する旨を消滅株式会社等に対し通知し、かつ、株主総会において新設合併等に反対した株主（株主総会において議決権を行使できるものに限る）
　ア　反対の通知の方法
　本条2項1号は、新設合併等をするために株主総会決議を要する場合の「反対株主」の要件を規定しているが、事前の反対の通知の方式を定めていないから、書面か口頭か等を問わず、消滅株式会社等に対して株主の反対の意思が通知されれば足りる。また、株主が議決権行使書面ないし電磁的方法による議決権の行使によって、新設合併等の承認議案につき反対の議決権を行使した場合であっても、消滅株式会社等に対する株主の反対の意思の通知の要件を満たすと解される（江頭・株式会社法776頁）。
　イ　株主総会及び種類株主総会における反対の議決権の行使
　株主総会と種類株主総会の双方について議決権が認められる種類株式の場合に、種類株式の株主が本条2項1号の要件を満たすためには、株主総会及び種類株主総会において、反対の議決権を行使しなければならない（江頭・株式会社法776頁）。ただし、その種類株式の種類株主に損害を及ぼすおそれがないこと等により、種類株式に係る種類株主総会を要しない場合には、株主総会においてのみ反対の議決権を行使すれば足りると解される。
　ウ　簡易新設分割の要件を満たす会社が任意に株主総会決議を経た場合
　新設分割設立会社において簡易新設分割の要件を満たすが、手続的瑕疵の発生を回避するために株主総会の承認決議を得たときに、新設分割設立会社等の株主に、本条2項1号が適用されるか見解が分かれる。
　適用肯定説は、①簡易新設分割は手続簡素化のための制度であり、新設分割設立会社が通常の手続を選択することを否定する必要はないこと、②簡易新設分割の要件は定款の定めによって加重でき、任意に株主総会を開催し、定款変更に要するのと同様の特別決議で新設分割の承認決議をすれば、形式的には定款変更決議がなくても実質的に本条2項1号の株主総会を要する場合に該当すると解されること、③株主総会が開催される以上、株主に反対通知及び株主総会における反対の意思表示を要求しても、それは株主にとり過大な負担でないという（十市崇＝館大輔「反対株主による株式買取請求権（上）」商事1898.96）。
　これに対し、適用否定説は、①定款変更をしていないこと、②客観的に簡

易新設分割の要件に該当する以上、本条2項1号の「決議を要する場合」の文言に該当しないこと、③肯定説によると、任意に株主総会を開催して、新設分割設立会社が恣意的に「反対株主」の範囲を限定できることになることを理由として、任意の株主総会の開催の有無を問わず、本条2項2号に基づきすべての株主に株式買取請求権を認めるべきとする（吸収合併等についてであるが、弥永真生「反対株主の株式買取請求をめぐる諸問題」商事1867.5）。

(2) 株主総会において議決権を行使することができない株主

　本条2項2号は、新設合併等の決議に係る株主総会において議決権を行使することができない株主については、1号所定の要件を満たさなくとも、本条1項の「反対株主」となる旨を定める。この「議決権を行使することができない株主」としては、①単元未満株式の株主（308条1項）や、②相互保有対象議決権の総数の4分の1以上を会社に保有されている株主（同項、施則67条）のほか、③株主総会の議決権を有しない種類株式について、その種類株式に係る種類株主総会を要しない場合は、その種類株式の株主も該当すると解される。

ア　基準日以前に取得したものの名義書換未了の株主及び基準日後に株式を取得した株主

　これら株主は、吸収合併等の消滅株式会社等の場合と同様に、本条2項2号に該当しないと解される。

イ　新設合併等の計画の公表後に株式を取得した株主

　新設合併等の計画公表後の株式取得者に株式買取請求権を認めるべきかは、見解が分かれる。投機的購入を防ぐために否定説も説かれるが、その取得行為は計画を知りながら行われたとは直ちにいえないし、新設合併等の実施の是非を計画公表前に株式を取得した株主のみで決すべき理由はなく、計画公表後に株式を取得した株主が新設合併等に反対することも不当とはいえないから、株式買取請求権は認めた上で、濫用防止は買取価格決定の際に考慮すれば足りると解される（事業譲渡に関するが、宍戸善一・新注会(5)287頁）。

ウ　簡易組織再編に該当しないのに、消滅株式会社等で株主総会決議を経ずに行われた新設分割

　この場合株主総会が未開催なので、株主が本条2項1号所定の反対の議決権行使ができない。会社が法律上の手続を履践しないことにより、株主の権利が奪われるのは不当でる。したがって、株主は本条2項2号の「議決権を行使することができない株主」に該当するとして、株式買取請求権の行使を認めるべきである（弥永真生「反対株主の株式買取請求権をめぐる若干の諸問

題」商事1867.5、松田=鈴木・條解上230頁参照）。なお、種類株式発行会社において、種類株主に損害を及ぼすおそれがあるのに、種類株主総会（322条1項）が開催されなかった場合の種類株主についても、種類株主総会における反対の議決権行使等がなくても株式買取請求権を認めるべきである（785条に関するが、柳明昌・会社法コンメ(18)100頁）。

3 株式買取請求の手続
(1) 通知又は公告（本条3項・4項）
　新設型再編行為は法人の設立行為が伴い、会社設立の日（設立登記の日）が効力発生日となり（754条1項、764条1項、774条1項）、その日までに株主総会（種類株主総会を含む）の決議、株式買取請求・新株予約権買取請求の手続、債権者異議手続が設けられているが、手続遅延防止のため、株式買取請求に係る通知・公告は、804条1項の株主総会の決議から2週間以内にしなければならない（本条3項本文）。手続の遅延を防止するため期限を設ける趣旨からすると、株主総会決議後の通知等に限る必要はなく、株主総会開催前に通知を発送することもできる。なお、株式買取請求の認められない本条1項各号の場合には、3項本文の通知を要しない（本条3項ただし書）。
　新設型再編では、分割会社における簡易新設分割を除き（この場合はもともと株式買取請求は認められていない）、必ず株主総会（種類株主総会）の承認決議を必要とするから、株主総会の招集手続を通じて株主に情報提供がされるので、本条3項による通知は、一般的に公告による代替が認められている（本条4項）。本法が株主に対して要求する情報提供は、新設合併等をする旨並びに消滅会社等（組織再編行為が共同で行われる場合の他の新設合併消滅会社、新設分割会社又は株式移転完全子会社）及び設立会社の商号及び住所のみである（本条3項本文）。しかし、組織再編行為において買取請求権の行使のために必要な会社の通知・公告は、その性質上、株主の権利行使の機会を確保するためにとどまらず、株式の交換比率を踏まえて投資判断を可能にする情報まで提供すべきとするなら、本法の要求する情報提供では不十分であろう。

(2) 反対株主による株式買取請求（本条5項）
　本条5項は、株式買取請求について、①通知・公告の日から20日以内に、②その株式買取請求に係る株式の数（種類株式発行会社にあっては、株式の種類及び種類ごとの数）を明らかにして行うべきことを定めているが、それ以外の権利行使方法については特段の定めはない。したがって、書面か口頭

か等を問わず、消滅会社等に対して、上記①及び②を満たした株式買取請求の意思が通知されれば足りると解される。また、株式買取請求に係る株式の数を明らかにすべき旨を規定している点（上記②）は、反対株主が保有するすべての株式について株式買取請求をする必要はなく、その一部についてのみ株式買取請求権を行使することも認める趣旨である（なお、株式買取請求に関しては、議決権の不統一行使に関する313条3項のように、権利行使を会社が拒み得る規定はない）。したがって、反対株主は、第三者のために株式を有する場合でなくても、任意に株式買取請求権の一部行使ができ、消滅会社等はこれを拒むことはできないのである（柳明昌・会社法コンメ(12)122頁、宍戸善一・新注会(5)294頁）。

4　公正な価格

組織再編行為においては、一般にシナジーの分配が議論される。新設合併等における消滅会社等に対する株式買取請求における「公正な価格」については、吸収合併等における消滅会社等の場合と同様にシナジー分配が問題となる（785条の解説4を参照）。

しかし、新設型再編行為のうち、新設分割と株式移転（共同新設分割と共同株式移転は除く）の場合は、分割比率や移転比率の公正が問題となる余地はなく、シナジー分配の不公正という問題は生じないから、この類型の場合の株式買取請求における「公正な価格」は「決議ナカリセバ其ノ有スベカリシ価格」となると解される（藤田友敬「新会社法における株式買取請求権制度」江頭還暦上283頁）。

5　株式買取請求の撤回

株式買取請求をした後は、原則として撤回することはできず、消滅株式会社等の承諾がある場合（又は設立会社の成立の日から60日以内に価格決定の申立てがなされない場合（807条3項））に撤回が認められる（本条6項）。新設型組織再編では、設立会社の成立の日（設立登記の日）が効力発生日となることから、吸収型組織再編において効力発生日から60日以内に価格決定がされないときが撤回事由とされることと平仄を合わせる趣旨と解される。

6　株式買取請求の失効

株式買取請求権は、新設合併等に反対又は対価に不満等がある場合に認められる株主の権利であり、会社が新設合併等をやめた以上、買取請求を認め

る理由はなく、株式買取請求は失効する（本条7項）。

● (株式の価格の決定等)

第807条 株式買取請求があった場合において、株式の価格の決定について、株主と消滅株式会社等（新設合併をする場合における新設合併設立会社の成立の日後にあっては、新設合併設立会社。以下この条において同じ。）との間に協議が調ったときは、消滅株式会社等は、設立会社の成立の日から60日以内にその支払をしなければならない。
2　株式の価格の決定について、設立会社の成立の日から30日以内に協議が調わないときは、株主又は消滅株式会社等は、その期間の満了の日後30日以内に、裁判所に対し、価格の決定の申立てをすることができる。
3　前条第6項の規定にかかわらず、前項に規定する場合において、設立会社の成立の日から60日以内に同項の申立てがないときは、その期間の満了後は、株主は、いつでも、株式買取請求を撤回することができる。
4　消滅株式会社等は、裁判所の決定した価格に対する第1項の期間の満了の日後の年6分の利率により算定した利息をも支払わなければならない。
5　株式買取請求に係る株式の買取りは、設立会社の成立の日（新設分割をする場合にあっては、当該株式の代金の支払の時）に、その効力を生ずる。
6　株券発行会社は、株券が発行されている株式について株式買取請求があったときは、株券と引換えに、その株式買取請求に係る株式の代金を支払わなければならない。

1　本条の意義

　本条は、新設合併等（804条4項。新設合併、新設分割又は株式移転）をする場合に、反対株主から消滅株式会社等（803条1項）に対して株式買取請求がなされた場合の価格決定手続並びに買取価格及び利息の支払等について規定する。本条の規定する価格決定手続は、吸収型組織再編に係る消滅株式会社等に対する株式買取請求における価格決定手続（786条）とは、新た

な設立会社の成立の日に権利義務の全部又は一部承継されることに伴い（754条1項、764条1項、774条1項）、株式買取請求の効力を生ずる効力発生日が設立会社の成立の日となる点で異なる。

2　買取価格の協議と支払

　株式の買取価格の決定について、直接、裁判所による価格決定の申立て（反対株主からの申立てに限らず、買取請求の相手方となる会社からもできる）を行うのではなく、まず、当事者間で協議を行うことを予定し、当事者間に協議が調った場合には、設立会社の成立の日から60日以内に支払わなければならないとされる（本条1項）。

　複数の株主が株式買取請求権を行使した場合、消滅会社等が株主ごとに異なる買取価格を合意することについては、吸収合併等における消滅会社等の場合と同様であり、合理的な範囲内であれば、直ちに株主平等原則や善管注意義務・忠実義務に反するものではなく、ある株主とは異なる買取価格で合意がされた場合であっても、他の株主との間でされた買取価格の合意の効力には影響を及ぼさないと解される（鈴木忠一「株式買取請求手続の諸問題」会社と訴訟（上）150頁、篠原倫太郎・論点体系(6)24頁）。

3　裁判所に対する価格決定の申立て

　株式の価格の決定について、設立会社成立の日（設立登記の日）から30日の期間満了の日後30日以内に、株主及び消滅株式会社又は新設合併をする場合における新設合併設立会社の成立の日後は、新設合併設立会社に価格決定を申し立てる権利を認める。株式の価格決定手続は非訟事件とされる。

　なお、この期間内に株主又は消滅会社等の双方が裁判所に対して価格の決定の申立てを行わなかった場合でも、一旦行使した株式買取請求権の効力は失われない。したがって、その後も引き続き株式の買取価格について協議を行い、合意を成立させて買取価格の支払を行うことできる（篠原倫太郎・論点体系(6)26頁）。また、協議が調わない場合に、買取価格に係る給付訴訟を提起できるかについても、吸収合併等における消滅会社等の場合と同様であり、給付訴訟の訴訟要件を欠かない以上、かかる訴訟提起も可能であるが、給付訴訟において買取価格を争うことを認めてしまうと、価格の決定の申立ての期限を定めた趣旨が没却されることになる。なお、この給付訴訟の提起が認められるとすれば、存続会社等からの債務不存在確認訴訟の提起も認めるべきとする見解がある（十市崇＝館大輔「反対株主による株式買取請求権（中）」商事1900.63）。

株主が価格決定の申立てをする場合、本来、買取対象となる株式が振替株式でないときは株主名簿上の株主であること、それが振替株式であるときは個別株主通知（社債株式振替154条3項）を要する。しかし、新設型組織再編において、設立会社成立の日に株式買取請求の効力が生じた後は、消滅株式会社等の株主は株式を失っており、振替口座簿上の記録も抹消されているから、個別株主通知をすることもできない。したがって、価格決定の申立ての際には、個別株主通知を要することなく、合併等の効力発生日（設立登記の日）の直前において消滅株式会社等の株主であったことで足りる。

非訟事件　　XのY株式会社に対する株式買取請求権行使に係る株式価格決定の申立て
　　＊本件は、新設合併等に反対の消滅株式会社等であるY会社株主が株式買取請求権を行使し、裁判所に価格の決定を求めた事案である。
　　＊裁判所は、不適法又は理由がないことが明らかであるとして申立てを却下する裁判をするときを除き、審問期日を開催して株主及び消滅会社等双方の陳述を聴くことが義務づけられており（870条2項2号）、価格の決定手続の当事者主義的な運用の基盤がある。
　　＊本件非訟事件は、Y会社の本店の所在地を管轄する地方裁判所の管轄に属する（868条1項）。

申立理由　1　Y会社は、新設合併等をする（804条2項に規定する場合と805条に規定する場合を除く）消滅会社等（新設合併をする場合における新設合併設立会社の成立の日後にあっては、新設合併設立会社）であること
　　2　Xは、次の(1)又は(2)の株主であること
　　　(1)　804条1項の株主総会（新設合併等をするために種類株主総会の決議を要する場合は、種類株主総会を含む）に先立って新設合併等に反対する旨を消滅会社等に対し通知し、かつ、株主総会において新設合併等に反対した株主（株主総会において議決権を行使できるものに限る）
　　　(2)　株主総会において議決権を行使することができない株主
　　3　Xは、消滅会社等であるY会社に対し、自己の有する株式を公正な価格で買い取ることを請求したこと
　　　＊本件の公正な価格とシナジーの関係については806条4を参

照されたい。
    4 請求原因3の株式買取請求は、新設合併等に関する通知（806条3項）又は公告（806条4項）をした日から20日以内に、その株式買取請求に係る株式の数（種類株式発行会社にあっては、株式の種類及び種類ごとの数）が○○株であることを明らかにしてしたこと
    5 XとY会社は、Y会社の成立の日から30日以内に本件株式の買取価格の協議が調わなかったこと
    ＊本条2項に基づく事実である。「協議が調わないとき」とは、株式の価格の決定について株主と会社間に争いがある場合のみを指すのか、それとも株主としての地位そのものや、当該株主の持株数について争いがある場合をも含むかの問題がある。①株主としての地位や持株数等に係る争いを含む場合については、買取価格の決定の裁判ではなく、全体として通常の民事訴訟において争うべきとする見解（長谷川雄一・注会(4)166頁）と、②「協議が調わないとき」とは、株式買取請求の前提となる事実についての争いのある場合も含むとしつつ、かかる前提問題については買取価格の決定の裁判の効力は及ばず、当該裁判の手続は、前提問題が判決によって確定するまで中止すべきとする見解（鈴木・非訟事件の裁判の既判力59頁）がある。
    6 本件株式の公正な価格の評価根拠事実
    7 本件申立ては、請求原因5の満了の日後30日以内にされたこと
    ＊本条2項に基づく事実である。

4 株式買取請求の撤回

設立会社の成立の日から60日以内に裁判所に対する価格の決定の申立てが行われなかった場合には、株主は、いつでも株式買取請求を撤回することができる（本条3項）。ただし、株主がその株式買取請求に係る株式の代金を受領した後は、もはや株式買取請求を撤回できないと解すべきであろう。

5 利息の支払

本条4項は、消滅株式会社等は、裁判所の決定した価格（買取対象株式の代金支払債務）に対する設立会社成立の日から60日の期間満了の日の後年

6分の利息を支払わなければならないことを定める。また、新設分割をする場合を除き、株式買取請求の効力が設立会社成立の日に生ずることから、設立登記がされた時点で買取対象株式は消滅株式会社に移転・消滅することになり、株主としての地位を喪失する一方、その時点で新設合併設立会社に対する確定的な買取代金支払債権に変容すると考えられるのに、なお60日経過後まで利息を生じないことになる。

　この利息の支払義務については、吸収合併等における消滅株式会社等の場合（786条4項）と同様である。すなわち、本条6項に基づき、株券の引渡しと引換えに株式の代金を支払わなければならないとされる場合であっても、株券の引渡しの有無にかかわらず生じる。他方で、設立会社成立の日から本条1項の期間の満了の日までは、本条4項が利息発生の対象期間から除外していることと、消滅会社等が履行遅滞に陥ったのではないから、利息の支払は要しないと解される（柳明昌・会社法コンメ(12)143頁）。また、本条1項の期間の満了の日後に株主と消滅会社等との間で買取価格に係る協議が調った場合の利息の支払義務及び利率については、①裁判所の決定がされた場合と協議が調った場合とを同等に取り扱うべきとして（鈴木忠一「株式買取請求手続の諸問題」会社と訴訟（上）160頁）、本条4項を類推適用し、本条1項の期間の満了の日後年6分の利息が発生するとの見解と、②本条4項は裁判所の決定がなされた場合の規定であり、協議が調った場合には、その協議の内容に従うとする見解（郡谷大輔=佐藤理恵子=森田多恵子「株式買取請求と遅延利息の発生時期」商事1818.45）がある。経済情勢等からすると、常に年6分の利息を付すことが必ずしも合理的とはいえないし、当事者間の合意による解決に法が介入する必要性は高くない局面であり、②の見解が合理的であろう（篠原倫太郎・論点体系(6)28頁）。

6　株式買取請求の効力の発生－株式の移転時期
(1) 新設合併及び株式移転
　新設合併及び株式移転の場合、株式買取請求に係る株式の買取りは、設立会社の成立の日（すなわち設立登記の日）にその効力を生ずる（本条5項）。本法は、新設合併の消滅会社又は株式移転により完全子会社となる会社における株式買取請求の対象となる株式に対しては、新設会社又は完全親会社の株式が割り当てられないことを明らかにしている。このため、株式買取請求がされた後、新設合併の効力が生じたときは、消滅会社となる会社の反対株主の有する株式は、その効力発生日において消滅会社に移転した上で消滅することになる。また、株式移転の効力が生じたときは、完全子会社となる会

社の反対株主の有する株式は、その効力発生日において完全子会社を経て完全親会社に移転することとなる（相澤他・論点解説 682 頁）。
(2) 新設分割
　新設分割の場合、株式買取請求に係る株式の買取りは、その株式の代金の支払の時にその効力を生ずる（本条 5 項括弧書）。そのため、新設分割会社が新設分割設立会社の成立の日において、新設分割計画の規定に基づく新設分割設立会社の株式のみを対価とする株式の取得（763 条 12 号イ）や新設分割設立会社の株式のみを配当財産とする剰余金の配当（同号ロ）を行う場合（「人的分割」の場合）には、新設分割設立会社の成立の日までに新設分割会社の反対株主の全部又は一部に対する株式の買取りに係る代金の支払が完了しないと買取りの効力が生じない以上、株式買取請求権の行使にかかわらず、反対株主が新設分割設立会社の株式を受け取ることとなる（相澤他・論点解説 683 頁）。

7　株券発行会社等における支払方法
　株券発行会社は、株券が発行されている株式について株式買取請求があったときは、株券と引換えに、その株式買取請求に係る株式の代金を支払わなければならない（本条 6 項）。しかし、本法上、新設合併及び株式移転の手続において、組織再編の効力発生とともに失効する旧株券を回収するために「株券の提出手続」が必要とされており、買取対象となる株式に係る株券を含むすべてが会社による買取代金支払の「先履行」となる。

● (新株予約権買取請求)

第 808 条　次の各号に掲げる行為をする場合には、当該各号に定める消滅株式会社等の新株予約権の新株予約権者は、消滅株式会社等に対し、自己の有する新株予約権を公正な価格で買い取ることを請求することができる。
　　一　新設合併　第 753 条第 1 項第 10 号又は第 11 号に掲げる事項についての定めが第 236 条第 1 項第 8 号の条件（同号イに関するものに限る。）に合致する新株予約権以外の新株予約権
　　二　新設分割（新設分割設立会社が株式会社である場合に限る。）　次に掲げる新株予約権のうち、第 763 条第 10 号又は第 11 号に掲げる事項についての定めが第 236 条第 1 項第 8 号の条件（同号ハに関するものに限る。）に合致する新株予約権以外の新株予約権

イ　新設分割計画新株予約権
　　　ロ　新設分割計画新株予約権以外の新株予約権であって、新設分割をする場合において当該新株予約権の新株予約権者に新設分割設立株式会社の新株予約権を交付することとする旨の定めがあるもの
　　三　株式移転　次に掲げる新株予約権のうち、第773条第1項第9号又は第10号に掲げる事項についての定めが第236条第1項第8号の条件（同号ホに関するものに限る。）に合致する新株予約権以外の新株予約権
　　　イ　株式移転計画新株予約権
　　　ロ　株式移転計画新株予約権以外の新株予約権であって、株式移転をする場合において当該新株予約権の新株予約権者に株式移転設立完全親会社の新株予約権を交付することとする旨の定めがあるもの
2　新株予約権付社債に付された新株予約権の新株予約権者は、前項の規定による請求（以下この目において「新株予約権買取請求」という。）をするときは、併せて、新株予約権付社債についての社債を買い取ることを請求しなければならない。ただし、当該新株予約権付社債に付された新株予約権について別段の定めがある場合は、この限りでない。
3　次の各号に掲げる消滅株式会社等は、第804条第1項の株主総会の決議の日（同条第2項に規定する場合にあっては同項の総株主の同意を得た日、第805条に規定する場合にあっては新設分割計画の作成の日）から2週間以内に、当該各号に定める新株予約権の新株予約権者に対し、新設合併等をする旨並びに他の消滅会社等及び設立会社の商号及び住所を通知しなければならない。
　　一　新設合併消滅株式会社　全部の新株予約権
　　二　新設分割設立会社が株式会社である場合における新設分割株式会社　次に掲げる新株予約権
　　　イ　新設分割計画新株予約権
　　　ロ　新設分割計画新株予約権以外の新株予約権であって、新設分割をする場合において当該新株予約権の新株予約権者に新設分割設立株式会社の新株予約権を交付することとする旨の定めがあるもの
　　三　株式移転完全子会社　次に掲げる新株予約権

イ　株式移転計画新株予約権
　　ロ　株式移転計画新株予約権以外の新株予約権であって、株式移転をする場合において当該新株予約権の新株予約権者に株式移転設立完全親会社の新株予約権を交付することとする旨の定めがあるもの
4　前項の規定による通知は、公告をもってこれに代えることができる。
5　新株予約権買取請求は、第3項の規定による通知又は前項の公告をした日から20日以内に、その新株予約権買取請求に係る新株予約権の内容及び数を明らかにしてしなければならない。
6　新株予約権買取請求をした新株予約権者は、消滅株式会社等の承諾を得た場合に限り、その新株予約権買取請求を撤回することができる。
7　新設合併等を中止したときは、新株予約権買取請求は、その効力を失う。

1　新株予約権の買取請求

　組織再編行為に際して新株予約権の承継が行われる場合に、新設合併契約等において定められた承継の具体的条件が、新株予約権発行時に定められた承継の条件と異なるときには、消滅会社等の新株予約権者は、消滅会社等に対し、自己の有する新株予約権を公正な価格で買い取ることを請求できる（本条1項）。

(1)　新設合併消滅会社（本条1項1号）

　新設合併をする場合、消滅会社発行の新株予約権は、合併の効力発生日に消滅する（754条4項）。合併契約において新株予約権者に対し金銭その他の財産の割当てが定められることがあるが（753条1項10号）、合併契約について新株予約権者の同意は要しないから、割り当てられる金銭等が相当とは限らない。そのため、公正な価格での買取請求権が認められている。ただし、新株予約権は、その内容として会社が消滅会社となる新設合併を行う場合において、新設会社の新株予約権を交付する旨及びその条件が定められ、かつ、その定めに従った新株予約権の交付が合併契約で定められているときには、新株予約権者の権利はその内容に従って変更されるにとどまり、買取請求権は認められない。これに対し、対価の内容が、新株予約権の内容とし

て定められた236条1項8号イの内容（会社が新設合併消滅会社となるときに、新設合併設立会社の新株予約権を交付するか否か及び交付する場合の条件）と合致しない場合に、新株予約権買取請求権の行使ができる。

(2) 新設分割会社（本条1項2号）

新設分割においては、新設合併の場合とは異なり、新設分割設立会社の成立の日以降も新設分割会社は引き続き存続するため、新設分割会社の新株予約権も存続する余地がある。そのため、新設分割計画において、①新設分割会社の新株予約権者に対して新設分割設立会社の新株予約権を交付する旨の定めがない場合において、その新株予約権者の保有する新株予約権の内容として、新設分割会社となるときには新設分割設立会社の新株予約権を交付しないとされている場合には、新株予約権買取請求権は認められない。しかし、②新設分割会社の新株予約権者に対して新設分割設立会社の新株予約権を交付する旨の定めがある場合（本条1項2号イ）において、その新株予約権者の保有する新株予約権の内容として、新設分割設立会社の新株予約権を交付する旨及びその条件が定められているときに、割当交付される対価の内容が新株予約権の内容として定められた条件と合致しない場合には、新株予約権買取請求権が認められる。

また、新設分割計画において、③新設分割会社の新株予約権者に対して新設分割設立会社の新株予約権を交付する旨の定めがあるにもかかわらず（本条1項2号イ）、その新株予約権者の保有する新株予約権の内容としては、新設分割設立会社の新株予約権を交付しない旨が定められている場合、あるいは、④新設分割設立会社の新株予約権を交付する旨の定めがないにもかかわらず、新株予約権の内容としては、新設分割設立会社の新株予約権を交付する旨が定められている場合（本条1項2号ロ）には、新設分割計画の定めと新株予約権の内容が合致しないため、新株予約権買取請求権が認められる。

(3) 株式移転完全子会社（本条1項3号）

株式移転においては、新設分割の場合と同様、株式移転設立完全親会社の成立の日以降も株式移転完全子会社が存続するため、その新株予約権も存続する余地がある。そのため、株式移転計画において、①株式移転完全子会社の新株予約権者に対して株式移転設立完全親会社の新株予約権を交付する旨の定めがない場合において、その新株予約権者の保有する新株予約権の内容として、株式移転完全子会社となるときに株式移転設立完全親会社の新株予約権を交付しないとされているのであれば、新株予約権買取請求権は認められない。しかし、②株式移転完全子会社の新株予約権者に対して株式移転設

立完全親会社の新株予約権を交付する旨の定めがある場合（本条1項3号イ）において、その新株予約権者の保有する新株予約権の内容として、株式移転設立完全親会社の新株予約権を交付する旨及びその条件が定められている場合には、割当交付される対価の内容が新株予約権の内容として定められ条件と合致しないときには、新株予約権買取請求権が認められる。

また、株式移転計画において、③株式移転完全子会社の新株予約権者に対して株式移転設立完全親会社の新株予約権を交付する旨の定めがあるにもかかわらず（本条1項3号イ）、その新株予約権者の保有する新株予約権の内容としては、株式移転設立完全親会社の新株予約権を交付しない旨が定められている場合、あるいは、④株式移転設立完全親会社の新株予約権を交付する旨の定めがないにもかかわらず、新株予約権の内容としては、株式移転設立完全親会社の新株予約権を交付する旨が定められている場合（本条1項3号ロ）には、やはり株式移転計画における定めと新株予約権の内容が合致しないため、新株予約権買取請求権が認められる。

2　株式買取請求権との差異

新株予約権者も、組織再編行為によりその権利が影響を受ける場合があり、その場合には新株予約権者に新株予約権買取請求権の行使を認めることとして、新株予約権者の保護を図った。新株予約権には議決権はなく、株式買取請求権の場合のように、新株予約権者が組織再編行為に反対しているか否かは問題とならない。他方で、新株予約権買取請求権が認められる局面は、株式買取請求権よりも限られており、組織再編行為に関しては、吸収合併等及び新設合併等における消滅会社等の新株予約権についてのみ行使できる。また、これらの場合も、常に新株予約権買取請求権を行使できるわけではなく、新株予約権の内容として予め定められた組織再編行為等における承継の条件と異なる取扱いがされる場合に限って、行使できる（篠原倫太郎・論点体系(6)34頁）。

3　新株予約権付社債の新株予約権及び社債の買取請求

新株予約権付社債に付された新株予約権の新株予約権者は、新株予約権付社債の新株予約権と社債とを分離して譲渡できない（254条2項・3項）など、新株予約権と社債は一体的に取り扱われる。そのため、新株予約権買取請求をするとき、別段の定め（238条1項7号）がない限り、併せて、新株予約権付社債についての社債の買取りを請求しなければならない（本条2項）。

4 新株予約権買取請求の手続

新株予約権買取請求手続においては、まず、新株予約権者に必要な情報を提供するために行う通知又は公告を行う（本条3項・4項）。これを受けて新株予約権者は、新株予約権買取請求に係る新株予約権の内容及び数を明らかにして新株予約権の買取請求をする（本条5項）。具体的には、以下のとおりである。

(1) 通知又は公告をすべき時期

新設型再編の効力は、効力発生日ではなく、新設会社の設立の日（設立登記の日）に生じることから、効力発生に必要な諸手続の遅延を防ぐため、会社が通知又は公告をすべき時期は、合併等承認決議の日から2週間以内とされる（本条3項・4項）。ただし、2週間以内の通知又は公告は期限を定めるものであり、合併等承認決議前に通知又は公告をしてもよい。合併等承認決議を要しない場合には、総会承認決議の日ではなく、これに代わる新設合併消滅株式会社の総株主の同意を得た日（804条2項）又は新設分割計画の作成の日（805条）から2週間以内となる（本条3項）。

(2) 通知又は公告の対象となる新株予約権者

本条3項、4項に基づく通知又は公告の対象となる新株予約権者の範囲は、新株予約権の買取請求ができる新株予約権者の範囲と必ずしも一致しない。新設合併契約等における新株予約権の承継に関する定めと、新株予約権の承継に関して定められた新株予約権の内容との合致の有無の判断は、容易でないので、新株予約権の内容として236条1項8号の定めのあるものを保有するすべての新株予約権者に対する通知又は公告を必要としたためである（相澤・新会社法解説202頁）。

(3) 新株予約権買取請求権の行使方法

新株予約権の買取請求は、効力発生日の20日前の日から効力発生日の前日までの間ではなく、通知（本条3項）又は公告（本条4項）の日から20日以内である（本条5項）。この時間的な要件は株式買取請求権手続と同じく、制度の安定性の見地から厳格に解すべきである（柳明昌・会社法コンメ(18)341頁）。具体的な権利行使方法については特段の定めはないので、書面か口頭か等を問わず、消滅株式会社等に対して、新株予約権買取請求の意思が通知されれば足りると解される。また、新株予約権者の保有する新株予約権の一部についてのみ新株予約権買取請求権を行使することも、株式買取請求権の場合と同様に（785条参照）、認められる。

5　公正な価格

新設合併等が行われる場合に、消滅株式会社等の新株予約権者は、消滅株式会社等に対し、自己の有する新株予約権を公正な価格で買い取ることを請求することができる。本条にいう「公正な価格」の意義は、787条1項所定の吸収合併等に係る新株予約権買取請求権における「公正な価格」と同様と解される。すなわち、新株予約権者は株主とは異なり、あくまで会社の債権者に過ぎないため、一般に株式買取請求権における「公正な価格」が組織再編行為等によるシナジーを織り込んだ価格とされている（相澤他・論点解説682頁）のとは異なり、いわゆる「ナカリセバ価格」である。

6　新株予約権買取請求の撤回

新株予約権買取請求をした新株予約権者は、消滅株式会社等の承諾を得た場合に限り、その新株予約権買取請求を撤回することができる（本条6項）。その趣旨は、吸収合併等に係る新株予約権買取請求権における新株予約権買取請求の撤回と同様である（787条6項）。

7　新株予約権買取請求の失効

新設合併等を中止したときは、新株予約権買取請求は、その効力を失う（本条7項）。その趣旨は、吸収合併等に係る新株予約権買取請求権における新株予約権買取請求の失効と同様である（787条7項）。

● (新株予約権の価格の決定等)

第809条　新株予約権買取請求があった場合において、新株予約権（当該新株予約権が新株予約権付社債に付されたものである場合において、当該新株予約権付社債についての社債の買取りの請求があったときは、当該社債を含む。以下この条において同じ。）の価格の決定について、新株予約権者と消滅株式会社等（新設合併をする場合における新設合併設立会社の成立の日後にあっては、新設合併設立会社。以下この条において同じ。）との間に協議が調ったときは、消滅株式会社等は、設立会社の成立の日から60日以内にその支払をしなければならない。

　2　新株予約権の価格の決定について、設立会社の成立の日から30日以内に協議が調わないときは、新株予約権者又は消滅株式会社等は、その期間の満了の日後30日以内に、裁判所に対し、価格の決定の申立てをすることができる。

3　前条第6項の規定にかかわらず、前項に規定する場合において、設立会社の成立の日から60日以内に同項の申立てがないときは、その期間の満了後は、新株予約権者は、いつでも、新株予約権買取請求を撤回することができる。
4　消滅株式会社等は、裁判所の決定した価格に対する第1項の期間の満了の日後の年6分の利率により算定した利息をも支払わなければならない。
5　新株予約権買取請求に係る新株予約権の買取りは、次の各号に掲げる新株予約権の区分に応じ、当該各号に定める時に、その効力を生ずる。
　一　前条第1項第1号に定める新株予約権　新設合併設立会社の成立の日
　二　前条第1項第2号イに掲げる新株予約権　新設分割設立会社の成立の日
　三　前条第1項第2号ロに掲げる新株予約権　当該新株予約権の代金の支払の時
　四　前条第1項第3号イに掲げる新株予約権　株式移転設立完全親会社の成立の日
　五　前条第1項第3号ロに掲げる新株予約権　当該新株予約権の代金の支払の時
6　消滅株式会社等は、新株予約権証券が発行されている新株予約権について新株予約権買取請求があったときは、新株予約権証券と引換えに、その新株予約権買取請求に係る新株予約権の代金を支払わなければならない。
7　消滅株式会社等は、新株予約権付社債券が発行されている新株予約権付社債に付された新株予約権について新株予約権買取請求があったときは、新株予約権付社債券と引換えに、その新株予約権買取請求に係る新株予約権の代金を支払わなければならない。

1　新株予約権の買取価格の協議と支払期間
　新株予約権の買取価格の決定について、株式買取請求権の価格決定手続と同様に、裁判所に対して直ちに価格決定の申立てを行うのではなく、まず、新株予約権買取請求を行った新株予約権者と消滅株式会社等（新設合併をす

る場合における新設合併設立会社の成立の日後にあっては、新設合併設立会社）との間での協議を行うこととしている。そして、当事者間の協議によって価格が決定した場合には、消滅株式会社等は、効力発生日から60日以内にその支払をしなければならない（本条1項）。

　複数の新株予約権者が新株予約権買取請求権を行使した場合において、消滅株式会社等が新株予約権者ごとに異なる買取価格を合意することは許されるかについては、株式買取請求権の場合と同様に考えられる。すなわち、①新株予約権の価格の決定についての協議は、必ずしも新株予約権買取請求権を行使した全新株予約権者との間で一括して行う必要はなく、個別に協議をすることも差し支えなく、②合理的な範囲内であれば、新株予約権者ごとに異なる買取価格で合意をすることも、直ちに善管注意義務・忠実義務に反するものではなく、③ある新株予約権者と合意された買取価格は、他の新株予約権者との間でされた買取価格の合意の効力には影響を及ぼさないと解される（篠原倫太郎・論点体系(6)41頁）。

2　新株予約権の価格決定の申立て

　新株予約権の価格の決定について、設立会社の成立の日から30日以内に協議が調わないときは、新株予約権者又は消滅株式会社等は、その期間の満了の日後30日以内に、裁判所に対し、価格の決定の申立てをすることができる（本条2項）。本条の趣旨は、吸収合併等に係る新株予約権買取請求における「裁判所に対する価格決定の申立て」の場合と同様と解される（788条2項）。「協議が調わないとき」とは、①新株予約権の価格の決定について新株予約権者と会社間に争いがある場合に限るのか、それとも、②新株予約権者としての地位自体あるいは持株数について争いがある場合も含むかについて、②の場合については、買取価格の決定の裁判ではなく、全体として通常の民事訴訟において争うべきとする見解と、②を肯定しつつこの前提問題については買取価格の決定の裁判の効力は及ばず、その裁判の手続は、前提問題が判決によって確定するまで中止すべきとする見解がある（株式買取請求の「協議が調わないとき」についてであるが、786条の解説2を参照されたい）。

　上記協議の期間内に新株予約権者又は消滅株式会社等のいずれもが裁判所に対して価格の決定の申立てを行わなかった場合であっても、一旦行使された新株予約権買取請求権の効力は失われない。したがって、その後も引き続き新株予約権の買取価格についての協議を行い、合意を得たときに、それに基づいて代金の支払を行うことも可能と解される。その場合に買取価格に付

されるべき利息については、後記4を参照されたい。また、協議が調わない場合に、買取価格に係る給付訴訟を提起できるかについても、株式買取請求権の場合と同様に考えられる。給付訴訟の訴訟要件を欠くことがない以上、かかる訴訟提起も可能であるが、給付訴訟において買取価格を争うことを認めてしまうと、価格の決定の申立ての期限を定めた趣旨が没却されることとなる。

上記の期間内に裁判所に対する価格の決定の申立てが行われなかった場合には、新株予約権者は、いつでも新株予約権買取請求を撤回することができる（本条3項）。ただし、新株予約権者がその新株予約権買取請求に係る新株予約権の代金を受領した後は、もはや新株予約権買取請求を撤回することはできないと解すべきであろう（篠原倫太郎・論点体系(6)45頁）。

非訟事件　　XのY株式会社に対する新株予約権価格決定の申立て
　　＊本件は、新設合併の新設合併消滅株式会社であるY会社の新株予約権者Xが、新株予約権買取請求権を行使し、裁判所に公正な価格の決定を求めた事案である。
　　＊裁判所は、不適法又は理由がないことが明らかであるとして申立てを却下する裁判をするときを除き、審問期日を開催して新株予約権者及び消滅株式会社等双方の陳述を聴くことが義務づけられた（870条2項2号）。これにより、価格決定手続における当事者主義的な運用を図る基盤ができた。
　　＊本件は、Y会社の本店の所在地を管轄する地方裁判所の管轄に属する（868条1項）。

申立理由
1　Y会社は新設合併の新設合併消滅株式会社（新設合併設立会社の成立の日後にあっては新設合併設立会社）であること
2　Xは、753条1項10号又は11号に掲げる事項についての定めが236条1項8号の条件（同号イに関するものに限る）に合致する新株予約権以外のY会社の新株予約権の新株予約権者であること
3　Xは、Y会社に対し、自己の有する新株予約権を公正な価格で買い取ることを請求したこと
4　請求原因3の新株予約権買取請求は、新設合併に関する通知・公告（808条3項・4項）の日から20日以内に、その新株予約権買取請求に係る新株予約権の内容及び数を明らかにしてしたこと

＊808条5項に基づく事実である。
5　XとY会社は、設立会社の成立の日から30日以内に本件新株予約権の買取価格の協議が調わなかったこと
＊本条2項に基づく事実である。
6　本件新株予約権の公正な価格の評価根拠事実
7　本件申立ては、請求原因5の期間の満了の日後30日以内にされたこと
＊本条2項に基づく事実である。

非訟事件　XのY株式会社に対する新株予約権価格決定の申立て
＊本件は、新設分割の新設分割株式会社であるY会社の新株予約権者Xが、新株予約権買取請求権を行使し、裁判所に公正な価格の決定を求めた事案である。

申立理由
1　Y会社は、新設分割（新設分割設立会社が株式会社である場合に限る）をする新設分割株式会社であること
2　Xは、Y会社の次の(1)(2)の新株予約権のうち、763条10号又は11号に掲げる事項についての定めが236条1項8号の条件（同号ハに関するものに限る）に合致する新株予約権以外の新株予約権の新株予約権者であること
(1)　新設分割計画新株予約権
(2)　新設分割計画新株予約権以外の新株予約権であって、新設分割をする場合においてその新株予約権の新株予約権者に新設分割設立株式会社の新株予約権を交付することとする旨の定めがあるもの
3　Xは、Y会社に対し、自己の有する新株予約権を公正な価格で買い取ることを請求したこと
4　請求原因3の新株予約権買取請求は、新設分割に関する通知・公告（808条3項・4項）の日から20日以内に、その新株予約権買取請求に係る新株予約権の内容及び数を明らかにしてしたこと
5　XとY会社は、設立会社の成立の日から30日以内に本件新株予約権の買取価格の協議が調わなかったこと
6　本件新株予約権の公正な価格の評価根拠事実
7　本件申立ては、請求原因5の満了の日後30日以内にされたこと

非訟事件　XのY株式会社に対する新株予約権価格決定の申立て
＊本件は、株式移転の株式移転完全子会社であるY会社の新株予約権の新株予約権者Xが、新株予約権買取請求権を行使し、裁判所に公正な価格の決定を求めた事案である。

申立理由
1　Y会社は株式移転をする株式移転完全子会社であること
2　Xは、Y会社の次の(1)(2)の新株予約権のうち、773条1項9号又は10号に掲げる事項についての定めが236条1項8号の条件（同号ホに関するものに限る）に合致する新株予約権以外の新株予約権の新株予約権者であること
　(1)　株式移転計画新株予約権
　(2)　株式移転計画新株予約権以外の新株予約権であって、株式移転をする場合においてその新株予約権の新株予約権者に株式移転設立完全親会社の新株予約権を交付することとする旨の定めがあるもの
3　Xは、Y会社に対し、自己の有する新株予約権を公正な価格で買い取ることを請求したこと
4　請求原因3の新株予約権買取請求は、株式移転に関する通知・公告（808条3項・4項）の日から20日以内に、その新株予約権買取請求に係る新株予約権の内容及び数を明らかにしてしたこと
5　XとY会社は、設立会社の成立の日から30日以内に本件株式の買取価格の協議が調わなかったこと
6　本件新株予約権の公正な価格の評価根拠事実
7　本件申立ては、請求原因5の満了の日後30日以内にされたこと

3　新株予約権買取請求の撤回

　808条6項の規定にかかわらず、本条2項に規定する場合において、設立会社の成立の日から60日以内に同項の申立てがないときは、その期間の満了後は、新株予約権者は、いつでも、新株予約権買取請求を撤回することができる（本条3項）。本条3項の趣旨は、吸収合併等に係る新株予約権買取請求における新株予約権買取請求の撤回の場合と同趣旨に解される（788条3項）。

4　法定利息

　消滅株式会社等は、裁判所の決定した価格に対する本条1項の期間の満了の日後の年6分の利率により算定した利息をも支払わなければならない（本条4項）。この利息の性質に関しては、吸収合併等に係る新株予約権買取請求における利息と同様に解される（788条4項）。

　この利息は、本条6項に基づき新株予約権証券の引渡しと引換えに新株予約権の代金を支払わなければならないとされる場合であっても、新株予約権証券の引渡しの有無にかかわらず生じることとなるが、設立会社の成立の日から本条1項の期間の満了の日までの期間については、利息の支払は要しないものと解される。

　また、本条1項の期間の満了の日後に新株予約権者と消滅株式会社等との間で買取価格に係る協議が調った場合の利息の支払義務及び利率については、①本条4項を類推適用し、本条1項の期間の満了の日後年6分の利息が発生するとの見解と、②本条4項はあくまで裁判所の決定がされた場合の規定であり、協議が調った場合には、その内容に従うべきとする見解がある。経済情勢等からすると、常に年6分の利率による利息を付すことが必ずしも合理的ではないことや、当事者間の合意により解決が図られる場合にまで法が介入する必要性は高くないことからすると、②の見解が合理的であろう。

5　新株予約権の買取りの効力発生

　新設合併消滅会社の新株予約権買取請求の対象となる新株予約権、新設分割会社の新設分割計画新株予約権又は株式移転計画新株予約権については、設立会社成立の日（設立登記の日）に、それぞれ新設合併消滅会社、新設分割会社又は株式移転完全子会社に移転（本条5項1号・2号・4号）した上で消滅する（754条4項、764条4項、774条4項）。このため、新株予約権買取請求がされ新設合併等の効力が生じた後にその請求が撤回された場合には、新設会社、新設分割会社あるいは完全子会社は原状回復義務を履行することは不可能であり、買取代金相当額の金銭を返還する義務を負うことになる。これに対し、新設分割計画新株予約権以外又は株式移転計画新株予約権以外の新株予約権であって、新設分割又は株式移転をする場合においてその新株予約権の新株予約権者に新設分割設立株式会社又は株式移転設立完全親会社の新株予約権を交付することとする旨の定めがある新株予約権は、新株予約権買取請求の対象となるが、当然に消滅したり承継されたりせず残存することになり、新株予約権の代金支払の時に買取りの効力を生ずる（本条5項3号・5号）。

6 同時履行の抗弁

　新株予約権証券及び新株予約権付社債券が発行されている場合等における支払方法は、以下(1)(2)のとおりであるが、吸収合併等に係る新株予約権買取請求における新株予約権証券及び新株予約権付社債券が発行されている場合等における支払方法の問題と同様と解される（788条6項）。

(1) 新株予約権証券

　消滅株式会社等は、新株予約権証券が発行されている新株予約権について買取請求があったときは、新株予約権証券と引換えに、その新株予約権買取請求に係る新株予約権の代金を支払わなければならない（本条6項）。

(2) 新株予約権付社債券

　消滅株式会社等は、新株予約権付社債券が発行されている新株予約権付社債に付された新株予約権について買取請求があったときは、新株予約権付社債券と引換えに、その新株予約権買取請求に係る新株予約権の代金を支払わなければならない（本条7項）。

● (債権者の異議)

第810条　次の各号に掲げる場合には、当該各号に定める債権者は、消滅株式会社等に対し、新設合併等について異議を述べることができる。
　一　新設合併をする場合　新設合併消滅株式会社の債権者
　二　新設分割をする場合　新設分割後新設分割株式会社に対して債務の履行（当該債務の保証人として新設分割設立会社と連帯して負担する保証債務の履行を含む。）を請求することができない新設分割株式会社の債権者（第763条第12号又は第765条第1項第8号に掲げる事項についての定めがある場合にあっては、新設分割株式会社の債権者）
　三　株式移転計画新株予約権が新株予約権付社債に付された新株予約権である場合　当該新株予約権付社債についての社債権者
　2　前項の規定により消滅株式会社等の債権者の全部又は一部が異議を述べることができる場合には、消滅株式会社等は、次に掲げる事項を官報に公告し、かつ、知れている債権者（同項の規定により異議を述べることができるものに限る。）には、各別にこれを催告しなければならない。ただし、第4号の期間は、1箇月を下ることができない。
　一　新設合併等をする旨
　二　他の消滅会社等及び設立会社の商号及び住所

三　消滅株式会社等の計算書類に関する事項として法務省令〔施則208条〕で定めるもの
　　四　債権者が一定の期間内に異議を述べることができる旨
　3　前項の規定にかかわらず、消滅株式会社等が同項の規定による公告を、官報のほか、第939条第1項の規定による定款の定めに従い、同項第2号又は第3号に掲げる公告方法によりするときは、前項の規定による各別の催告（新設分割をする場合における不法行為によって生じた新設分割株式会社の債務の債権者に対するものを除く。）は、することを要しない。
　4　債権者が第2項第4号の期間内に異議を述べなかったときは、当該債権者は、当該新設合併等について承認をしたものとみなす。
　5　債権者が第2項第4号の期間内に異議を述べたときは、消滅株式会社等は、当該債権者に対し、弁済し、若しくは相当の担保を提供し、又は当該債権者に弁済を受けさせることを目的として信託会社等に相当の財産を信託しなければならない。ただし、当該新設合併等をしても当該債権者を害するおそれがないときは、この限りでない。

1　債権者の異議
(1)　新設合併の場合（本条1項1号）
　新設合併の場合、新設合併消滅会社の債権者は、自己の債権が新会社に当然に移転し、自己の債権の引当ての会社財産に変動が生じることから、債権者保護手続の対象となる。
(2)　新設分割の場合（本条1項2号）
　新設分割の場合、分割会社の債権者のうち新設分割により新設分割会社に対して債権が承継され分割会社に対しては請求できなくなる債権者は、自己の債権者の引当てとなる財産が新設分割会社の財産のみに変わるから、債権者保護手続の対象となる。これに対し、会社分割により、分割承継の対象となった分割会社債務は、債権者の承諾なしに承継会社に移転するが、分割後も分割会社に債務の履行を請求できる債権者（移転の対象でなかった債権の債権者及び移転の対象となったが分割会社が重畳的債務引受けや連帯保証をしているため、なお分割会社に請求できる債権者）については、債権者異議手続を執る必要はない。分割会社の分割対象である事業に関する権利義務は承継会社に移転するが、その対価としての株式等が分割会社に交付され、債

権者の引当てとなる会社財産に実質的な変動はないからである。なお、会社分割上、債権者保護手続の対象でない債権者であっても詐害行為取消権（民424条）を行使する余地がある（会社分割と詐害行為取消権については762条の解説5を参照されたい）。
(3) 株式移転の場合（本条1項3号）
　株式移転の場合、旧商法当時は新株予約権付社債を完全親会社が承継することは認められていなかったが、会社法制定時に、完全子会社となる会社の新株予約権付社債を完全親会社が承継することを認め、併せて社債権者に対する債権者保護手続が規定された。

2　異議申述の催告
(1) 催告（本条2項）
　本条所定の各当事会社（新設合併の場合は消滅会社、新設分割の場合は新設分割会社、株式移転の場合は完全子会社）は、それらの組織再編行為をする旨（本条2項1号）、存続会社等の商号及び住所（同項2号）、消滅株式会社等及び存続会社等の計算書類に関する事項として法務省令で定めるもの（同項3号、施則208条）、及び一定期間内（1か月を下ってはならない。本条2項ただし書）に異議を述べることができる旨（同項4号）を官報に公告し（939条1項1号）、かつ、会社に知れている債権者には各別に催告しなければならない。
(2) 知れている債権者
　「知れている債権者」の意義についてのリーディング・ケースである大判昭和7年4月30日民集11.706は、「知レタル債権者トハ債権者ノ何人タルヤ又其ノ債権ハ如何ナル原因ニ基ク如何ナル請求権ナリヤノ大体カ会社ニ知レ居レル場合ノ債権者ヲ謂ヘルモノニシテ而シテ其ノ会社ニ知レ居レリヤ否ハ個々ノ場合ニ於テ諸般ノ事情ヲ審査シタル上決スヘキ事実問題ニ属スルモノトス然レハ縦令会社カ他人ヨリ起サレタル請求訴訟ニ於テ其ノ主張スル債権ノ存在ヲ争ヘリトテ必シモ会社敗訴ノ判決確定スルニ至ル迄ノ間ハ其ノ債権者ヲ以テ所謂知レタル債権者ニ該当セサルモノト為スコトヲ要スルモノニ非スシテ尚ホ未タ訴訟ノ繋属中ト雖事件ノ経過既ニ表ハレタル訴訟資料其ノ他種々ノ事情ヲ調査シタル上其ノ債権者ヲ以テ所謂知レタル債権者ニ該当スルモノト認定スルコトヲ妨ケサルモノトス」と判示する。ただ、会社がその債権の不存在を確信するのがその当時の状況から合理的な場合は、後に会社が敗訴し債権が確定しても、知れている債権者ではないと解される（資本金・準備金の額の減少に係る債権者異議の場合と同様である。江頭・株式会

(3) 公告・催告の効果
ア　異議を述べない債権者
　債権者が本条2項4号の期間内に異議を述べなかったときは、その債権者は、新設合併等について承認をしたものとみなされる（本条4項）。
イ　異議を述べた債権者
　債権者が本条2項4号の期間内に異議を述べたときは、株式会社は、その債権者に対し、弁済し、若しくは相当の担保を提供し、又はその債権者に弁済を受けさせることを目的として信託会社等に相当の財産を信託しなければならない。ただし、新設合併等をしてもその債権者を害するおそれがないときは、この限りでない（本条5項）。債権者を害するおそれがないことの立証責任は、会社が負担する。

訴訟物	XのY株式会社に対する新設合併無効権

＊本件は、新設合併について承認をしなかった新設合併消滅株式会社の債権者Xが、新設合併無効の訴え（形成訴訟）を提起した事案である。

請求原因	1　A株式会社及びB株式会社は、Y会社を新設会社とする新設合併契約を締結したこと

　　　　　2　請求原因1に基づいて、A会社及びB会社は、それぞれ解散登記をし、Y会社について新設会社としての設立登記をしたこと
　　　　　3　Xは、A会社又はB会社に対する債権者であること
　　　　　4　Xは、請求原因1の新設合併について本条2項4号の期間内に、異議を述べたこと
　　　　　＊828条2項10号に基づく事実である。
　　　　　5　Y会社は、Xに対し、弁済、相当の担保提供、又はXに弁済を受けさせることを目的として信託会社等に相当の財産を信託しなかったこと
　　　　　6　本訴は、新設合併の効力が生じた日から6か月以内に提起されたこと
　　　　　＊828条1項10号に基づく事実である。

（債権者を害するおそれの不存在）

抗弁	1　新設合併をしてもXを害するおそれがないこと

　　　　　＊合併しても異議を述べた債権者を害することがないことを会

社が立証すれば、弁済等の必要はないが（789条5項ただし書、799条5項ただし書、本条5項ただし書）、債務の見込みに関する事項を記載した開示書類を示しただけでは立証を果たしたとはいえない（江頭・株式会社法812頁）。

●(新設分割又は株式移転に関する書面等の備置き及び閲覧等)━━

第811条　新設分割株式会社又は株式移転完全子会社は、新設分割設立会社又は株式移転設立完全親会社の成立の日後遅滞なく、新設分割設立会社又は株式移転設立完全親会社と共同して、次の各号に掲げる区分に応じ、当該各号に定めるものを作成しなければならない。
　一　新設分割株式会社　新設分割により新設分割設立会社が承継した新設分割株式会社の権利義務その他の新設分割に関する事項として法務省令〔施則209条〕で定める事項を記載し、又は記録した書面又は電磁的記録
　二　株式移転完全子会社　株式移転により株式移転設立完全親会社が取得した株式移転完全子会社の株式の数その他の株式移転に関する事項として法務省令〔施則210条〕で定める事項を記載し、又は記録した書面又は電磁的記録
2　新設分割株式会社又は株式移転完全子会社は、新設分割設立会社又は株式移転設立完全親会社の成立の日から6箇月間、前項各号の書面又は電磁的記録をその本店に備え置かなければならない。
3　新設分割株式会社の株主、債権者その他の利害関係人は、新設分割株式会社に対して、その営業時間内は、いつでも、次に掲げる請求をすることができる。ただし、第2号又は第4号に掲げる請求をするには、当該新設分割株式会社の定めた費用を支払わなければならない。
　一　前項の書面の閲覧の請求
　二　前項の書面の謄本又は抄本の交付の請求
　三　前項の電磁的記録に記録された事項を法務省令〔施則226条〕で定める方法により表示したものの閲覧の請求
　四　前項の電磁的記録に記録された事項を電磁的方法であって新設分割株式会社の定めたものにより提供することの請求又はその事項を記載した書面の交付の請求
4　前項の規定は、株式移転完全子会社について準用する。この場合において、同項中「新設分割株式会社の株主、債権者その他の利害関係

人」とあるのは、「株式移転設立完全親会社の成立の日に株式移転完全子会社の株主又は新株予約権者であった者」と読み替えるものとする。

1 新設分割又は株式移転に関する書面等の作成
　本条1項は、新設分割会社又は株式移転完全子会社に対し、「新設分割設立会社又は株式移転設立完全親会社の成立の日後遅滞なく」、新設分割設立会社又は株式移転設立完全親会社と共同して事後開示書類（又は電磁的記録）を作成しなければならない旨定めている。新設型組織再編の効力発生は、新設会社の成立の日に生じるものとされているため、会社成立の日が基準とされている。組織再編手続の経過等につき開示を要求することにより、その適正な履行を間接的に担保するほか、株主又は債権者が組織再編の無効の訴えを提起すべきか否かを判断する資料を提供する趣旨で、この制度が設けられている（江頭・株式会社法803、839頁）。

2 開示事項
　本条1項、並びに施行規則209条及び210条は、新設分割会社及び株式移転完全子会社の事後開示事項を定めている。基本的に、791条所定の事項と同様であるが、新設分割設立会社及び株式移転設立完全親会社は効力発生日まで存在せず、株式買取請求、新株予約権買取請求及び債権者異議の各手続は履践される余地がないため、これらに関する事項は開示対象とならない。

3 新設分割又は株式移転に関する書面等の備置き
　新設分割株式会社又は株式移転完全子会社は、新設分割設立会社又は株式移転設立完全親会社の成立の日から6か月間、新設分割により新設分割設立会社が承継した新設分割株式会社の権利義務その他の新設分割に関する事項（施則209条）、あるいは株式移転により株式移転設立完全親会社が取得した株式移転完全子会社の株式の数その他の株式移転に関する事項（施則210条）を、記載又は記録した書面又は電磁的記録をその本店に備え置かなければならない。設立会社の成立の日から6か月とされているのは、新設分割無効の訴え、株式移転無効の訴えの提訴期間が、いずれもその効力を生じた日から6か月とされているためである（828条1項10号・12号）。

4　新設分割に関する書面等閲覧等

　新設分割株式会社の株主、債権者その他の利害関係人は、新設分割株式会社に対して、その営業時間内は、いつでも、①書面の閲覧の請求、②書面の謄本又は抄本の交付の請求、③電磁的記録に記録された事項を法務省令（施則225条32号）で定める方法により表示したものの閲覧の請求、④電磁的記録に記録された事項を電磁的方法であって新設分割株式会社の定めたものにより提供することの請求又はその事項を記載した書面の交付の請求をすることができる。ただし、②又は④の請求をするには、新設分割株式会社の定めた費用を支払わなければならない。

　閲覧等の請求権者として、「その他の利害関係人」が定められているのは、分割会社の労働者、継続的供給義務者、根抵当権設定者など、会社債権者でなくても分割により契約関係に影響を受ける者をも含む趣旨である（江頭・株式会社法854頁）。

5　株式移転完全子会社の書面等閲覧等の特則

　本条3項の規定は、株式移転完全子会社について準用されるが、書面等閲覧等を請求できる者は、「株式移転設立完全親会社の成立の日に株式移転完全子会社の株主又は新株予約権者であった者」に限られ、「債権者」を除外するのは、株式移転設立完全親会社にあっては、株式移転が完全子会社の債権者の利害に影響を及ぼさないからである（宮島司・会社法コンメ(18)352頁）。

●（剰余金の配当等に関する特則）

第812条　第458条及び第2編第5章第6節の規定は、次に掲げる行為については、適用しない。
　一　第763条第12号イ又は第765条第1項第8号イの株式の取得
　二　第763条第12号ロ又は第765条第1項第8号ロの剰余金の配当

　本法は、会社分割につき、人的分割を廃止し、専ら物的分割のみに限ったが、形式は物的分割としつつも、実質的に人的分割となる方法も認めている。すなわち、物的分割の場合、分割対価は分割会社に分配されるが、この物的分割により分割会社が得た対価すなわち新設会社の株式を、全部取得条

項付種類株式の取得又は剰余金の配当という形で株主への分配を認め、実質的に人的分割と同様の機能を果たし得ることとしたのである。このように、全部取得条項付種類株式の取得又は剰余金の配当の方法を使うことにより人的分割を実質的に認めた根拠は、組織再編における対価柔軟化の一環として、分割会社の株主への金銭での分割対価の支払を認めた以上、分割会社が資産を売却して剰余金の配当を行うことと区別する理由がないからである。

しかし、全部取得条項付種類株式の取得、剰余金の配当にはいずれも財源規制があるので、人的分割の手段としてこれらを用いる場合に財源規制との調整を図る必要があり、本条が設けられた（宮島司・会社法コンメ(18)353頁）。すなわち、458条（株式会社の純資産額が300万円を下回る場合の適用除外）及び第2編第5章第6節（剰余金の配当等に関する責任）の規定は、①763条12号イ又は765条1項8号イの株式の取得、②763条12号ロ又は765条1項8号ロの剰余金の配当の行為については適用しないとしたのである。

第2目　持分会社の手続

第813条　次に掲げる行為をする持分会社は、新設合併契約等について当該持分会社の総社員の同意を得なければならない。ただし、定款に別段の定めがある場合は、この限りでない。
一　新設合併
二　新設分割（当該持分会社（合同会社に限る。）がその事業に関して有する権利義務の全部を他の会社に承継させる場合に限る。）
2　第810条（第1項第3号及び第2項第3号を除く。）の規定は、新設合併消滅持分会社又は合同会社である新設分割会社（以下この節において「新設分割合同会社」という。）について準用する。この場合において、同条第1項第2号中「債権者（第763条第12号又は第765条第1項第8号に掲げる事項についての定めがある場合にあっては、新設分割株式会社の債権者）」とあるのは「債権者」と、同条第3項中「消滅株式会社等」とあるのは「新設合併消滅持分会社（新設合併設立会社が株式会社又は合同会社である場合にあっては、合同会

社に限る。)又は新設分割合同会社」と読み替えるものとする。

1 総社員の同意手続
　持分会社が次の組織再編行為をする場合は、効力発生日の前日までに、組織再編契約について総社員の同意を得なければならない(本条1項本文)。ただし、定款に別段の定めがある場合はその必要はなく、定款の規定に則して新設合併等を行うことができる(本条1項ただし書)。
(1) 新設合併
　持分会社が消滅会社となる新設合併は、消滅会社となる持分会社のすべての社員の地位に変動が生じ、影響を与えるので総社員の同意が必要である。
(2) 新設分割(持分会社(合同会社に限る)がその事業に関して有する権利義務の全部を他の会社に承継させる場合に限る)
　合同会社がその事業に関して有する権利義務を他の会社に承継させる場合は、権利義務のすべてを承継させるときに限り、総社員の同意が必要とされる。新設分割については、分割会社の社員に与える影響は通常の事業譲渡と同様であるから、原則として、総社員の同意は不要であるが、権利義務の全部を承継させる場合は、合併に類似する効果が生ずるため、例外的に、総社員の同意が必要である。

2 債権者の異議手続の準用
　本条2項により、株式会社が消滅会社等になる場合の債権者異議手続に関する規定(810条)が、持分会社が消滅会社等になる場合に準用されている。その債権者異議手続については、持分会社が消滅会社等になる場合に特有の手当てがされている。すなわち、810条1項2号の「債権者(第763条第12号又は第765条第1項第8号に掲げる事項についての定めがある場合にあっては、新設分割株式会社の債権者)」とあるのを、単に「債権者」と読み替えた上で準用している。これは、763条12号、765条1項8号の規定が、分割会社が株式会社であることを前提とするからである。
　また、810条3項の「消滅株式会社等」という文言を、「新設合併消滅持分会社(新設合併設立会社が株式会社又は合同会社である場合にあっては、合同会社に限る)又は新設分割合同会社」と読み替えた上で準用している。合名会社・合資会社が行う合併であって、新設合併設立会社が株式会社又は合同会社である場合には、合併の効力発生とともに無限責任社員が存在しな

くなり、その無限責任社員の効力発生以前の責任も消滅し、債権者を害するおそれが高いので、各別の催告の省略は認めない趣旨である。

第2款　新設合併設立会社、新設分割設立会社及び株式移転設立完全親会社の手続

本款は、「新設合併設立会社」、「新設分割設立会社」及び「株式移転設立完全親会社」側の手続をまとめて定める。

第1目　株式会社の手続

本法は、新設型再編（新設合併、新設分割、株式移転）を、会社の設立の一態様としているため、新設型再編を行う場合であっても、原則として、設立に関する規定が適用されるが、組織再編行為の特性に鑑み、一部の規定について適用除外としている（814条1項、816条1項）。

●(株式会社の設立の特則)

第814条　第2編第1章（第27条（第4号及び第5号を除く。）、第29条、第31条、第39条、第6節及び第49条を除く。）の規定は、新設合併設立株式会社、新設分割設立株式会社又は株式移転設立完全親会社（以下この目において「設立株式会社」という。）の設立については、適用しない。
　2　設立株式会社の定款は、消滅会社等が作成する。

1　株式会社の設立の特則
　新設合併、新設分割、株式移転などの新設型再編は、会社の設立の一形態である。そのため、新設型再編を行う場合には、原則として設立に関する規定が適用されるが、組織再編行為の特性から、一部の規定は適用除外されている（本条1項、816条1項）。例えば、財産引受けについての検査役の調査などの規定は適用されない。また、事後設立規制については、467条1項5

号が「第25条第1項各号に掲げる方法により設立したものに限る」と定めているため、新設型再編には適用されない。

新設型再編にも適用される設立の規定は、①定款の記載・記録事項（27条1号-3号、29条）、②定款の備置き及び閲覧等（31条）、③設立時取締役の員数等（39条）、④設立時代表取締役等の選定等（47条、48条）、⑤株式会社の成立（49条）である。

2　定款の作成

設立株式会社の定款は、消滅会社等が作成するが（(本条2項）、旧商法においては、新設合併の場合、定款の作成その他設立に関する行為は、各会社において選出した設立委員が共同して行わなければならないことが規定されていた（旧商56条3項、旧有限63条1項）が、本法では削除された。しかし、適法に選任された設立委員による定款作成がない場合には、合併無効の原因となると解される。

3　設立時代表取締役の選定

新設型組織再編で設立される株式会社が取締役会設置会社の場合には代表取締役を置く必要があるが（362条3項）、本条により47条（第2編第1条第6節に含まれる）の適用があるとされており、設立時取締役の過半数で設立時代表取締役を選定することとなる（47条3項）。また、設立時代表取締役を予め定款により選定することは差し支えないから（相澤他・論点解説40頁）、新設合併契約、新設分割計画又は共同株式移転計画において、新設される株式会社の定款で定める事項として代表取締役の選定に関する事項を定めることにより（753条1項3号、763条2号、773条1項2号）、設立時代表取締役を選定することもできる（相澤他・論点解説711頁、浦岡洋・論点体系(6)59頁）。

● (新設合併契約等に関する書面等の備置き及び閲覧等) ━━━━━

第815条　新設合併設立株式会社は、その成立の日後遅滞なく、新設合併により新設合併設立株式会社が承継した新設合併消滅会社の権利義務その他の新設合併に関する事項として法務省令〔施則211条〕で定める事項を記載し、又は記録した書面又は電磁的記録を作成しなければならない。

2　新設分割設立株式会社（1又は2以上の合同会社のみが新設分割を

する場合における当該新設分割設立株式会社に限る。）は、その成立の日後遅滞なく、新設分割合同会社と共同して、新設分割により新設分割設立株式会社が承継した新設分割合同会社の権利義務その他の新設分割に関する事項として法務省令〔施則212条〕で定める事項を記載し、又は記録した書面又は電磁的記録を作成しなければならない。
3 次の各号に掲げる設立株式会社は、その成立の日から6箇月間、当該各号に定めるものをその本店に備え置かなければならない。
　一　新設合併設立株式会社　第1項の書面又は電磁的記録及び新設合併契約の内容その他法務省令〔施則213条〕で定める事項を記載し、又は記録した書面又は電磁的記録
　二　新設分割設立株式会社　前項又は第811条第1項第1号の書面又は電磁的記録
　三　株式移転設立完全親会社　第811条第1項第2号の書面又は電磁的記録
4 新設合併設立株式会社の株主及び債権者は、新設合併設立株式会社に対して、その営業時間内は、いつでも、次に掲げる請求をすることができる。ただし、第2号又は第4号に掲げる請求をするには、当該新設合併設立株式会社の定めた費用を支払わなければならない。
　一　前項第1号の書面の閲覧の請求
　二　前項第1号の書面の謄本又は抄本の交付の請求
　三　前項第1号の電磁的記録に記録された事項を法務省令〔施則226条〕で定める方法により表示したものの閲覧の請求
　四　前項第1号の電磁的記録に記録された事項を電磁的方法であって新設合併設立株式会社の定めたものにより提供することの請求又はその事項を記載した書面の交付の請求
5 前項の規定は、新設分割設立株式会社について準用する。この場合において、同項中「株主及び債権者」とあるのは「株主、債権者その他の利害関係人」と、同項各号中「前項第1号」とあるのは「前項第2号」と読み替えるものとする。
6 第4項の規定は、株式移転設立完全親会社について準用する。この場合において、同項中「株主及び債権者」とあるのは「株主及び新株予約権者」と、同項各号中「前項第1号」とあるのは「前項第3号」と読み替えるものとする。

1 新設合併契約等に関する書面等の作成
(1) 新設合併設立株式会社は、成立の日後遅滞なく、新設合併消滅会社から承継した新設合併消滅会社の権利義務その他の新設合併に関する事項として法務省令で定める事項を記載し、又は記録した書面又は電磁的記録を作成しなければならない（本条1項）。記載事項は、①新設合併が効力を生じた日、②消滅会社における株式買取請求手続・新株予約権買取請求手続・債権者保護手続の経過、③新設合併により新設会社が消滅会社から承継した重要な権利義務に関する事項、④その他新設合併に関する重要な事項である（施則211条）。なお、新設会社は、上記書面等のほか、消滅会社の事前備置書類の記載事項を記載した書面等も備え置かなければならない（本条3項、施則213条）。
(2) 新設分割設立会社・株式移転設立完全親会社は、新設分割会社・株式移転設立完全子会社と共同して事後開示書類を作成する必要がある（811条1項、本条2項）。新設分割の場合の記載事項は、①新設分割が効力を生じた日、②分割会社における株式買取請求手続・新株予約権買取請求手続・債権者保護手続の経過、③新設分割により新設会社が分割会社から承継した重要な権利義務に関する事項、④その他新設分割に関する重要な事項である（施則209条・212条）。株式移転の場合の記載事項は、①株式移転が効力を生じた日、②完全子会社における株式買取請求手続・新株予約権買取請求手続・債権者保護手続の経過、③株式移転により新設会社に移転した完全子会社の株式の数（完全子会社が種類株式発行会社のときは、株式の種類及び種類ごとの数）、④その他株式移転に関する重要な事項である（施則210条）。

2 新設合併契約等に関する書面等の備置き
　新設合併設立株式会社、新設分割設立株式会社、株式移転設立完全親会社は、その成立の日から6か月間、①新設合併設立株式会社の場合は、本条1項の書面又は電磁的記録及び新設合併契約の内容その他法務省令（施則213条）で定める事項を記載し、又は記録した書面又は電磁的記録、②新設分割設立株式会社の場合は、本条2項又は811条1項1号の書面又は電磁的記録、③株式移転設立完全親会社の場合は、811条1項2号の書面又は電磁的記録を、その本店に備え置かなければならない（本条3項）。

3 新設合併設立株式会社の株主及び債権者の閲覧等
　新設合併設立株式会社の株主及び債権者は、新設合併設立株式会社に対して、その営業時間内は、いつでも、上記2の①について、①閲覧の請求、②

謄本又は抄本の交付の請求、③電磁的記録に記録された事項を紙面又は映像面に表示する方法（施則226条）により表示したものの閲覧の請求、④電磁的記録に記録された事項を電磁的方法であって新設合併設立株式会社の定めたものにより提供することの請求又はその事項を記載した書面の交付の請求をすることができる（本条4項本文）。これは、新設合併に関する手続の経過を事後的に開示させることにより、適正な手続の履行を担保し、新設合併無効の訴えを提起するか否かを判断する資料を株主及び会社債権者に提供するものである。ただし、上記②又は④の請求をするには、新設合併設立株式会社の定めた費用を支払わなければならない（本条4項ただし書）。

4　新設分割設立株式会社の株主及び債権者の閲覧等
　本条4項の開示の規定は、新設分割設立株式会社について準用する。この場合、同項中の「株主及び債権者」は「株主、債権者その他の利害関係人」と、同項各号中の「前項第1号」は「前項第2号」と読み替える（本条5項）。ここに利害関係人とは、新設分割設立株式会社の労働者、継続的供給義務者、根抵当権設定者など、会社債権者でなくとも、分割によって契約関係に影響を受けるものをいう（江頭・株式会社法854頁）。

5　株式移転設立完全親会社の株主及び債権者の閲覧等
　本条4項の開示の規定は、株式移転設立完全親会社について準用する。この場合、同項中の「株主及び債権者」は「株主及び新株予約権者」と、同項各号中の「前項第1号」は「前項第3号」と読み替える（本条6項）。

第2目　持分会社の手続

● (持分会社の設立の特則)

第816条　第575条及び第578条の規定は、新設合併設立持分会社又は新設分割設立持分会社（次項において「設立持分会社」という。）の設立については、適用しない。
　2　設立持分会社の定款は、消滅会社等が作成する。

1 趣　旨

　持分会社の通常の設立手続については、575条ないし579条の5か条が定める。それに対し、本条は、新設合併又は新設分割により持分会社が設立される場合の特則を定める。つまり、新設合併設立持分会社又は新設分割設立持分会社（「設立持分会社」）の設立の場合には、575条（定款の作成）及び578条（合同会社の設立時の出資の履行）の規定を適用しない（本条1項）。合同会社の設立時の出資の履行が不要なのは、その社員の持分は、新設合併消滅会社の株式又は持分に対する対価として与えられており、既に出資済みだからである。以上の結果、新設合併及び新設分割に関して持分会社の通常の設立についての規定の適用を受けるのは、定款の記載事項（絶対的記載事項（576条）、相対的記載事項及び任意的記載事項（577条））と設立登記（579条）の規定にとどまる（宮島司・会社法コンメ(18)374-375頁）。なお、株式移転により設立されるのは株式会社に限られるから、株式移転の場合は本条は問題とならない。

2　定款の作成

　設立持分会社の場合は、通常の持分会社の設立の場合（575条）とは異なり、社員となろうとする者が定款作成をすることはなく、消滅会社等が作成する（本条2項）。設立に関わる事項は、消滅会社等が新設合併契約・新設分割計画の中で定める（755条1項、765条1項）。

第6編　外国会社

1　外国会社

外国会社は、「外国の法令に準拠して設立された法人その他の外国の団体であって、会社と同種のもの又は会社に類似するもの」と定義される（2条2号）が、企業活動の国際化が進行する中で、外国会社の我が国への進出も著しい。本編は、外国会社の事業活動について規定を置くが、外国会社の登記に関する事項は、第7編雑則 第4章登記 第3節外国会社の登記（933条以下）に、日本の会社登記と併せて規定している。

2　会社の渉外関係－国際私法と実質法

会社に関する私法的な法律関係が国際的・渉外的な要素を含む場合、法適用に当たっては、次の段階を踏む（神田・会社法362頁）。

第1に、問題となる法律関係（「単位法律関係」）にいずれの国の法律を適用するかを決める（準拠法の決定）段階である。一般に、会社の法人格の有無を含めて会社の内部組織に関する法律関係については、その会社がその国の法律に準拠して設立された国の法律が準拠法となると解されている（設立準拠法主義）。もっとも、会社の内部組織に関する法律関係の限界は必ずしも明確ではなく、個々の法律問題（例えば、子会社による親会社株式取得の禁止、社債の成立や効力など）については、当然に設立準拠法主義によるのではなく、個々の法律問題ごとに検討すべきである。外国会社が日本において取引をする場合の準拠法は、当事者の意思によるとされている。

第2に、準拠法が決まった場合には、その法律（「実質法」）において、問題となる法律関係に具体的にどのような私法規範が適用されるべきかを検討する段階である。

3　本法における外国会社の取扱い

(1) 本法は、外国会社について、利害関係人を保護するために、本編を設けている（817条-823条）。

(2) これ以外の本法の規定について、すなわち、本法が「会社」という場合に外国会社は常に含まれるかについては、旧商法では明らかではなく商法・有限会社法の個別の規定ごとに検討する必要があったが、本法は、明記した。例えば、親会社・子会社も外国会社が含まれる。

(3) 本法は、外国会社との直接的な組織再編行為を認めていない。それは、次の理由によるといわれる（相澤・新一問一答212頁）。
　① 日本法人と外国法人との直接的な組織再編行為を認めた法令は存在せず、法制的に外国法人との直接的な組織再編行為が認められるかどうか自体に疑問がある。
　② 日本の会社法制と外国の会社法制との間で組織再編行為の効力発生時期や効果に係る規律が異なる場合に、包括承継等の効果を生じさせることが困難である。
　③ 外国法人側の組織再編法制は国ごとに異なるため、外国法人が、どのような手続で組織再編を行った場合にその行為を有効とするかを明確に規定することが困難である。

● (外国会社の日本における代表者)

第817条　外国会社は、日本において取引を継続してしようとするときは、日本における代表者を定めなければならない。この場合において、その日本における代表者のうち1人以上は、日本に住所を有する者でなければならない。
　2　外国会社の日本における代表者は、当該外国会社の日本における業務に関する一切の裁判上又は裁判外の行為をする権限を有する。
　3　前項の権限に加えた制限は、善意の第三者に対抗することができない。
　4　外国会社は、その日本における代表者がその職務を行うについて第三者に加えた損害を賠償する責任を負う。

1　日本における代表者
　本条1項前段は、継続的に日本で取引を行う場合には、日本における代表者を定めなければならないことを、同項後段は、日本における代表者のうち少なくとも1名は、日本に住所を有する必要があることをそれぞれ規定する。本条における「日本に住所を有する」の意味は、民法22条に基づく「住所」であると解されるため、「生活の本拠」がその決定基準になる。これは、日本国内の債権者を保護するために、外国会社の日本における代表者が、少なくとも1名、日本国内に住所を有する必要があること（したがっ

て、日本国内の債権者は、その外国会社を被告とする訴えを日本の裁判所に提起できる）を明確にしている。本法上、外国会社が日本において継続して取引を行おうとする場合であっても、支店や営業所を置くことは義務づけられていない。本条の「取引を継続してしようとする」とは、一定の計画に従う集団的企業的取引活動をいう。偶発的個別的取引、市場調査や情報収集の域を超えない活動は本条にいう継続取引ではない。また、取引回数よりも、継続的事業活動の一環か否かの観点から判断すべきであり、日本で債券の発行等の資金調達をするだけであれば、継続取引に該当しないと解される。この観点から、日本に定まった代理店すら置かずに取引をする外国会社の場合は、原則として、継続取引と認められないとする見解もある（江頭・株式会社法907頁）。しかし、通信技術の発達に伴い、外国との間の直接取引が盛んになった結果、営業所の設置を義務づける合理性はなく、江頭・株式会社法907頁も「製品について明確に日本向けの宣伝活動等を行っている場合には継続取引に該当し得る。」というように、日本に営業所を設けず、電子的手法による取引のみを行っている場合であっても、継続取引に該当すると解すべきである（金子圭子＝石川祐・論点体系(6)69頁）。

2　代表権の範囲

本条2項は、外国会社の日本における代表者がその会社の日本における業務に関する一切の裁判上又は裁判外の行為をする権限を有すること、3項は、2項の権限に加えた制限は、善意の第三者に対抗することができないこと、4項は、外国会社は、その日本における代表者がその職務を行うについて第三者に加えた損害を賠償する責任を負うことをそれぞれ規定する。これは、349条4項、5項及び350条に対応する規定であり、その解釈は本条2項ないし4項についても参考とされるべきである。

本条2項の権限は、「日本における業務」に限定されている。しかし、それ以外の業務との限界は、必ずしも明らかでない。ところで本条の趣旨は、外国会社の取引相手方の保護及び内国会社の競争上の地位の保全のため、外国会社の代表者の権限及びその行為に対するその会社の責任につき（外国会社の機関の権限ないし責任はその会社の従属法により決定されるという原則の例外として）、内国会社と同様の規制に服させる点にあることからすると、外国会社の取引相手方が内国者であることは重要な判断要素の1つである（金子圭子＝石川祐・論点体系(6)71頁）。

訴訟物　　XのY外国会社に対する売買契約に基づく目的物引渡請求

　　　　　権
　　　＊本件は、Y会社の日本における代表者AがXとの間で売買
　　　　契約を締結し、XがY会社に対し目的物の引渡しを求めた
　　　　ところ、Y会社は、代表者の代表権に制限があることを主
　　　　張し、Xがその制限について善意・無過失であることを主
　　　　張した事案である。

請求原因 1　AはY会社の日本における代表者であること
　　　　2　AはXと間で、本件目的物を代金3億円で売買する契約を
　　　　締結したこと
　　　＊請求原因1及び2の事実により、Aの行った法律行為の商
　　　　行為性が基礎づけられる（商503条）。それに加えて、商法
　　　　504条により代表者の顕名の要件事実の主張立証は不要で
　　　　ある。しかし、代表者に代表意思がない場合には、代理行為と
　　　　は評価できない。そのため、代理意思の攻撃防御方法上の位
　　　　置づけが問題となる。代理意思の存在を請求原因とする見解
　　　　と、その不存在を抗弁とする見解とがある（伊藤滋夫＝平手
　　　　勇治「要件事実論による若干の具体的考察」ジュリ869.38、司
　　　　研・要件事実第一巻69頁）。本書は後説を採用する。

（代表権の制限）
抗　弁 1　Y会社においては、3億円以上の売買契約の締結について
　　　　は、経営会議の決議を要する制限があること
　　　　2　請求原因2の売買契約について、Y会社の経営会議の決議
　　　　がないこと
　　　＊この抗弁は、本条3項によるものである。

（善　意）
再抗弁 1　Xが請求原因1の当時、抗弁1の事実を知らなかったこと
　　　　2　再抗弁1につき、Xに重大な過失のあることを基礎づける
　　　　事実
　　　＊この再抗弁は、本条3項によるものである。再抗弁2の無過
　　　　失については、本書(2)349条6を参照されたい。

訴訟物　XのY外国会社に対する本条4項の定める不法行為に基づ
　　　　く損害賠償請求権
　　　＊本件は、Y会社の日本における代表者Aがその職務を行う
　　　　について第三者Xに損害を与えたとして、XがY会社に対

して損害の賠償を求めた事案である。

請求原因　1　AはY会社の日本における代表者であること
2　Xの権利（保護法益）の存在
3　Aが請求原因2に対して（加害）行為をしたこと
4　請求原因3についてAに故意又は過失があることを基礎づける事実
5　請求原因3のAの行為が、Y会社におけるAの職務に関するものであること
　　＊本条4項の「職務を行うについて」の該当性判断は、行為の外見上、代表者の職務行為と認められるか否かによる。
6　Xに損害が発生したこと及びその数額

●（登記前の継続取引の禁止等）

第818条　外国会社は、外国会社の登記をするまでは、日本において取引を継続してすることができない。
　2　前項の規定に違反して取引をした者は、相手方に対し、外国会社と連帯して、当該取引によって生じた債務を弁済する責任を負う。

1　外国会社の登記
(1)　登記事項
　外国会社の登記事項は、基本的には、①日本における同種の会社又は最も類似する会社の種類での登記事項による。それに加えて、②会社の設立準拠法、③代表者の氏名及び住所、④株式会社と同種又は類似の会社の場合は貸借対照表等の公告方法・電磁的公開のウェブサイトのアドレス等である（933条。なお、934条、935条参照）。外国会社は日本に営業所を設ける必要はないものの、営業所を設けた場合は、登記する必要がある（936条）。
(2)　裁判管轄
　裁判管轄については、民事訴訟法4条5項、5条5号参照。なお、最判昭和56年10月16日民集35.7.1224は、民事訴訟法4条5項制定前であるが、「本来国の裁判権はその主権の一作用としてされるものであり、裁判権の及ぶ範囲は原則として主権の及ぶ範囲と同一であるから、被告が外国に本店を有する外国法人である場合はその法人が進んで服する場合のほか日本の裁判

権は及ばないのが原則である。しかしながら、その例外として、わが国の領土の一部である土地に関する事件その他被告がわが国となんらかの法的関連を有する事件については、被告の国籍、所在のいかんを問わず、その者をわが国の裁判権に服させるのを相当とする……。そして、この例外的扱いの範囲については、この点に関する国際裁判管轄を直接規定する法規もなく、また、よるべき条約も一般に承認された明確な国際法上の原則もいまだ確立していない現状のもとにおいては、当事者間の公平、裁判の適正・迅速を期するという理念により条理にしたがつて決定するのが相当であり、わが民訴法の国内の土地管轄に関する規定、たとえば、被告の居所（民訴法2条）、法人その他の団体の事務所又は営業所（同4条）、義務履行地（同5条）、被告の財産所在地（同8条）、不法行為地（同15条）、その他民訴法の規定する裁判籍のいずれかがわが国内にあるときは、これらに関する訴訟事件につき、被告をわが国の裁判権に服させるのが右条理に適うものというべきである。」と判示した上で、上告人は、マレーシア連邦会社法に準拠して設立され、同連邦国内に本店を有する会社であるが、Aを日本における代表者と定め、東京都港区に営業所を有するので、たとえ上告人が外国に本店を有する外国法人であっても、上告人は日本国の裁判権に服するものとしていた。

2　登記前の継続取引の禁止

本条1項は、外国会社が479条に定める登記をするまでは日本において取引を継続して行うことができないことを定める。外国会社が日本に支店を設け、まだその登記のない間に行った行為であっても、その後登記をした以上は、その会社の行為として何人もこれを否認できない（大判昭和3年4月27日民集7.302）。本条1項の登記義務の要件である「日本において取引を継続」することは、817条1項の「日本における代表者」の選定義務の要件である「日本において取引を継続」しようとする場合と同義である（なお、817条1項に基づき選定された「日本における代表者」は外国会社の登記事項である（933条2項2号））。

3　本条1項に違反して取引をした者の個人責任

本条2項は、前項の規定に反して取引をした者が、その取引について会社と連帯してその責任を負うことを定める。本条2項の「取引をした者」とは、必ずしも外国会社の「日本における代表者」（817条1項）に限定されず、外国会社から与えられた権限の範囲内で会社の名において実際に取引を行った者も含まれると解される（上田純子・新基本法コンメ(3)336頁）。

本条2項が取引行為をした代表者又は代理人にも連帯責任を負わせた趣旨は、未登記の外国会社は実体が不明確であるため、取引の相手方を保護するために行為者自身にも責任を負わせるものである。

訴訟物	XのYに対する本条2項に基づく連帯債務履行請求権

＊本件は、YがA外国会社の代表者として、Xと売買契約を締結したので、Xが本条2項に基づいてY個人に対して売買代金の連帯債務の履行を求めたところ、Yは本件売買契約に先立ってA会社の登記がされていたことを主張した事案である。

請求原因	1　XはYとの間で、本件目的物を代金1,000万円で売買する契約を締結したこと

　　　　　2　請求原因1の際、YはA会社の日本における代表者であると表示したこと

（先立つ外国会社登記）

抗弁	1　請求原因1に先立って、A会社の外国会社の登記がされていたこと

＊抗弁1と異なって、本条に基づく外国会社登記前の取引をした者の個人的責任は、取引後に外国会社が登記を行っても消滅しないと解される（上田純子・新基本法コンメ(3)336頁）。

4　本条に違反する取引の外国会社の責任

　本条1項に基づく登記の有無によって、外国会社の代表者又は代理人が行った取引行為は、外国会社の取引として何ら私法上の効力の影響を受けない。すなわち、外国会社の正当な代表者又は代理人が会社の名で取引している以上、外国会社は取引の相手方に対して責任を負い、その一方で、相手方も登記の欠缺を理由に取引の効力を否定することはできない（上田純子・新基本法コンメ(3)336頁）。

5　908条と本条との関係

　本条2項は、取引の安全を図る趣旨で、登記前の取引について行為者の連帯責任を定めているから、登記の一般的効力を定めた908条と本条の適用関係が問題となる。この点については、営業所設置・登記・公告義務が規定されていた平成15年法律第138号による改正前商法481条について、①登記前は専ら行為者にも人的責任が生ずるが、登記後はすべての第三者に対し、

会社のみが責任を負うという説と、②在日営業所を設置しないで継続取引をする場合は、行為者は常に人的責任を負うが、在日営業所を設けかつ相手方がこれを知って取引をする場合は、登記前でも行為者責任を認める必要はないが、逆に、登記後でも公告がない限り営業所設置につき善意の第三者に対し行為者は責任を負うとする説があった。これを本条に置き換えると、①は、登記前であれば、登記事項につき第三者が悪意であっても、行為者は本条2項に基づき連帯責任を負い、登記後は外国会社のみが責任を負うこととなり（908条不適用説）、②は、登記事項につき第三者が悪意であれば、登記前であっても本条2項は適用されず行為者は連帯責任を負わない（908条適用説）ことになる。908条と本条ともに取引の安全を確保する趣旨であるが、本条が、内国取引者保護のための特別規定であることからすると、908条の適用は排除されるべきであり、行為者は、相手方の善意・悪意を問わず、外国会社の登記前には一律連帯責任を負うとするのが妥当である（上田純子・新基本法コンメ(3)336頁）。

6　架空の会社名で取引を行った者の責任

　本条2項は、外国会社の正当な代表者又は代理人が取引行為を行った場合、本来は外国会社のみが責任を負うのが原則であるところ、取引の相手方保護のため、登記前には行為者にも連帯責任を負わせたものであるが、架空の外国会社の名で取引が行われた場合にも、相手方保護のために本条2項が適用されるかが問題となる。この点については、ある者が、架空の外国会社の名前で複数人が取引行為を行ったとして、旧商法481条を根拠に取引行為者らが連帯責任を負っていると主張したところ、その外国会社の存在が立証されない限り、本条に基づく連帯責任の規定の適用の前提を欠くとして、同条の適用を否定された事案がある（旧商法481条につき、東京地判昭和35年8月9日下民11.8.1647）。本条の適用が否定される結果、架空の内国会社名での取引が行われた場合と同様に、架空の外国会社名を使用して取引をした個人の責任のみが残ることになる。

● (貸借対照表に相当するものの公告)

第819条　外国会社の登記をした外国会社（日本における同種の会社又は最も類似する会社が株式会社であるものに限る。）は、法務省令〔施則214条〕で定めるところにより、第438条第2項の承認と同種の手続又はこれに類似する手続の終結後遅滞なく、貸借対照表に相当するも

のを日本において公告しなければならない。
2　前項の規定にかかわらず、その公告方法が第939条第1項第1号又は第2号に掲げる方法である外国会社は、前項に規定する貸借対照表に相当するものの要旨を公告することで足りる。
3　前項の外国会社は、法務省令〔施則215条〕で定めるところにより、第1項の手続の終結後遅滞なく、同項に規定する貸借対照表に相当するものの内容である情報を、当該手続の終結の日後5年を経過する日までの間、継続して電磁的方法により日本において不特定多数の者が提供を受けることができる状態に置く措置をとることができる。この場合においては、前2項の規定は、適用しない。
4　金融商品取引法第24条第1項の規定により有価証券報告書を内閣総理大臣に提出しなければならない外国会社については、前3項の規定は、適用しない。

1　貸借対照表に相当するものの公告
　外国会社の登記をした外国会社（日本における同種の会社又は最も類似する会社が株式会社であるもの）は、法務省令（施則214条）で定めるところにより、438条2項の承認と同種の手続又はこれに類似する手続の終結後遅滞なく、貸借対照表に相当するものを日本において公告しなければならない（本条1項）。
　本条の公告義務が、日本における同種の会社又は最も類似する会社が株式会社であるものに限られるのは、内国会社についても株式会社についてのみ貸借対照表又はその要旨の公告が義務づけられているためである（前田庸「商法等の一部を改正する法律案要綱の解説〔Ⅴ・完〕」商事1625.17）。また、「第438条第2項の承認と同種の手続又はこれに類似する手続」とは、日本における貸借対照表と同種又は類似する計算書類をその外国会社の設立準拠法上確定させる手続と解されている。すなわち、外国会社の設立準拠法上、日本における貸借対照表と同種又は類似する計算書類の確定につき株主総会での承認手続が要求されないとしても、外国会社が営利法人である以上、剰余金処分や損失処理をするために貸借対照表のような計算書類を何らかの手続により確定することが必要であるから、その手続が終了してその計算書類が確定した後遅滞なくそれを公告等する必要がある（始関正光編著・Q&A平成14年改正商法323頁）。

2　要旨の公告

本条1項の規定にかかわらず、その公告方法が939条1項1号又は2号に掲げる方法である外国会社は、本条1項に規定する貸借対照表に相当するものの要旨を公告することで足りる（本条2項）。

3　電磁的方法による情報提供

本条2項の外国会社は、インターネットに接続された自動公衆送信装置を使用する方法（施則215条）により、本条1項の手続の終結後遅滞なく、同項に規定する貸借対照表に相当するものの内容である情報を、その手続の終結の日後5年を経過する日までの間、継続して電磁的方法により日本において不特定多数の者が提供を受けることができる状態に置く措置を執ることができる。この場合には、本条1項、2項の規定は、適用しない（本条3項）。

4　適用除外

金融商品取引法24条1項により有価証券報告書を内閣総理大臣に提出しなければならない外国会社については、本条1項ないし3項の規定は、適用しない（本条4項）。有価証券報告書が公開される（金融商品取引法に基づく有価証券報告書等の開示書類に関する電子開示システム（EDINET）により、原則として提出翌日には、有価証券報告書を閲覧ができる）ことから、公告を要求しなくても、国内の債権者に損害を与える危険性は高くないからである。

●（日本に住所を有する日本における代表者の退任）

第820条　外国会社の登記をした外国会社は、日本における代表者（日本に住所を有するものに限る。）の全員が退任しようとするときは、当該外国会社の債権者に対し異議があれば一定の期間内にこれを述べることができる旨を官報に公告し、かつ、知れている債権者には、各別にこれを催告しなければならない。ただし、当該期間は、1箇月を下ることができない。

　2　債権者が前項の期間内に異議を述べたときは、同項の外国会社は、当該債権者に対し、弁済し、若しくは相当の担保を提供し、又は当該債権者に弁済を受けさせることを目的として信託会社等に相当の財産を信託しなければならない。ただし、同項の退任をしても当該債権者を害するおそれがないときは、この限りでない。

3　第1項の退任は、前2項の手続が終了した後にその登記をすることによって、その効力を生ずる。

1　日本に住所を有する日本における代表者の退任
　外国会社の登記をした外国会社は、日本における代表者（日本に住所を有するもの）の全員が退任しようとするときは、その外国会社の債権者に対し異議があれば一定の期間内にこれを述べることができる旨を官報に公告し、かつ、知れている債権者には、各別にこれを催告しなければならない。ただし、その期間は、1か月を下ることができない（本条1項）。
　本条では代表者の退任事由について限定はなく、辞任・解任又は任期満了の外、死亡のように代表者がその地位を失う場合を広く含むと解される。更に、内国債権者の保護の趣旨から、日本に住所を有する代表者のすべてが国外に住所を移転するなど、日本における代表者が日本の住所を失う場合も広く含むと解される。一方、日本に住所を有する日本における代表者全員が退任する場合でも、後任が選任されているときは、現在の代表者の退任登記と新しい代表者の就任登記を同時申請すれば足り、本条の債権者異議手続は不要と解されている（上田純子・新基本法コンメ(3)339頁）。

2　債権者の異議
　債権者が本条1項の期間内に異議を述べたときは、外国会社は、その債権者に対し、弁済し、若しくは相当の担保を提供し、又はその債権者に弁済を受けさせることを目的として信託会社等に相当の財産を信託しなければならない。ただし、同項の退任をしてもその債権者を害するおそれがないときは、この限りでない（本条2項）。例えば、その外国会社の営業成績が弁済期においても良好であることが見込まれ、外国からの送金等によって弁済期に確実な弁済が見込まれる場合や、債権につき十分な担保権が設定されている場合などである。

3　退任の効力
　本条1項の退任は、本条1項、2項の手続が終了した後にその登記をすることによって、その効力を生ずる（本条3項）。

● (擬似外国会社)

第 821 条 日本に本店を置き、又は日本において事業を行うことを主たる目的とする外国会社は、日本において取引を継続してすることができない。
  2 前項の規定に違反して取引をした者は、相手方に対し、外国会社と連帯して、当該取引によって生じた債務を弁済する責任を負う。

1 擬似外国会社

　我が国の会社法の規制、課税が厳しいなどの理由で、外国法に基づいて設立した会社が、日本に本店を置き、又は日本において事業を行うことを主たる目的とする場合がある。このような外国会社を、擬似外国会社という。本条の趣旨は、日本法の適用を回避するために故意に外国法に従って会社を設立すること、つまり、我が国の会社法制の脱法・潜脱を防止することにある。

(1) 「本店」の意義

　本条1項の「本店」の意義については、見解が分かれる。①客観的に事業の本拠として活動している事業所とする見解によると、「日本において事業を行うことを主たる目的とする」という要件の適用場面がほとんどなくなってしまうし、外国会社が日本の支店で継続的な取引を行っている場合に、事業の本拠地を日本に移転しただけで、継続的な取引が禁止されるという不都合が生じることとなる。したがって、②日本の会社の「本店」概念と同様、定款又はこれに準ずるものにより、事業の本拠地と定められた事業所であると解すべきである。そして、「日本において事業を行うことを主たる目的とする」とは、日本における事業がその存立に必要不可欠であることを前提に設立された外国会社をいうと解される (相澤他・論点解説 740 頁)。

(2) 「同一の規定に従う」の意義

　改正前商法では、そのような会社は、「日本ニ於テ設立スル会社ト同一ノ規定」に従うと定めていたが (平成 17 年改正前商法 482 条)、「同一の規定に従う」の意義については、①日本においての法人格が認められないとする見解 (擬似外国会社は日本法に準拠して再設立しないと日本法上法人格は認められない) と、②設立についての規定には従わないが、後はすべて、日本の商法の規定に従うものとする見解に分かれていた。東京地判昭和 29 年 6

月4日判タ40.73は、「商法第482条の規定によれば、日本に本店を設け又は日本において営業を為すことをもつて主たる目的とする会社は、外国において設立するものといえども、日本において設立する会社と同一の規定に従うことを要するのであるから前記のように日本に本店を有し、且つもっぱら日本において営業をすることを目的とするP会社はたとえ米国デラウエア州法に準拠して設立されたものであるとしても、わが商法所定の会社設立の要件を具備すべきものであるところ、同会社は単に商法第479条に基いて営業所を設けているのみであり、しかもこのような場合、同営業所の設置は許すべからざるものであるから、右営業所は又法律上不存在のものである。従つて、債務者は右営業所が法律上不存在であることを前提としてP会社の代表取締役としても、日本における代表者としても同会社名義の財産を管理処分し、且つ取引を継続してすることはできない。」と判示していた。本法では、上記のように規定を改めて、法人格を否定しないこととした。

　神田・会社法364頁は、擬似外国会社の範囲について、「これに該当すると実務上困るのは外国証券会社と資産証券化・流動化で用いられるSPCであると言われてきた。そこで、会社法のもとでは、『日本において事業を行うことを主たる目的とする外国会社』〔821条1項〕を『もっぱら日本で事業を行うことを目的とする外国会社』と狭く解釈するようである。」という。

2　擬似外国会社の取引の禁止と責任

　擬似外国会社は、日本において取引を継続してすることができない（本条1項）。これに違反して取引をした者は、相手方に対し、擬似外国会社と連帯して、取引によって生じた債務を弁済する責任を負うこととされる（本条2項）。「連帯」しての責任との文言は、擬似外国会社にも法人格はあることが前提とされている。なお、本条1項に違反しても、その契約自体は、無効にならないと解される。

　本条2項の「取引をした者」とは、擬似外国会社の日本における代表者に限らず、その擬似外国会社の名において実際に取引を行った者も広く含むと解される（長島・大野・常松法律事務所編・アドバンス新会社法（第3版）774頁）。また、本条2項に基づく責任は、取引の相手方が取引当時に擬似外国会社であると認識していたか否かを問わず生じる。また、本条は、擬似外国会社と相手方との間の取引を無効にするものではない。すなわち、擬似外国会社は、その会社の正当な代表者又は代理人が会社の名で取引している以上、取引の相手方に対して責任を負うことになり、他方で、取引相手方も本条を根拠に自ら取引の効力の無効を主張できない（上田純子・新基本法コン

メ(3)341頁)。

訴訟物　XのYに対する本条2項に基づく連帯債務履行請求権
＊本件は、Xが日本に本店を置き、又は日本において事業を行うことを主たる目的とするA外国会社との間で、本件目的物を1,000万円で売買する契約を締結し、Xがその売買契約をA会社として取引をした者Yに対し、売買代金額相当額の連帯債務の履行を求めた事案である。

請求原因
1　XはA会社との間で、本件目的物を1,000万円で売買する契約を締結したこと
2　A会社は、日本に本店を置き、又は日本において事業を行うことを主たる目的とする外国会社であること
　＊821条の「事業」の場所は、営業所や従業員の所在地で決定されるものではなく、顧客や仕入先の所在地、取引場所、取引の方式、資金調達場所等を考慮して実質的に判断される（相澤・新一問一答230頁）。
　＊「主たる目的」は、客観的要件ではなく、主観的要件であるので、単に日本国内の事業と国外の事業の規模を比較しては決められない。例えば、①当初は外国での事業が中心であったが、後に日本での事業規模が拡大して、現在は事業の大半が日本に移行している場合、②現在は日本でのみ事業活動をしているが、将来は、他国の事業活動をも予定している場合、③外国会社が日本に加えて他の国でも事業を行うために設立されたが他国の事業は失敗し、現在は日本でのみ事業を継続している場合でも、日本での事業を行うことを主たる目的としているとはいえない（相澤・新一問一答230-231頁）。
3　Yは請求原因1の売買契約をA会社として取引をした者であること
　＊本条の立法趣旨からすると、A会社名義の取引を実質的に行った者が責任を負うこととなる。

● (日本にある外国会社の財産についての清算) ══════

第822条　裁判所は、次に掲げる場合には、利害関係人の申立てにより又は職権で、日本にある外国会社の財産の全部について清算の開始を命ず

ることができる。
　一　外国会社が第827条第1項の規定による命令を受けた場合
　二　外国会社が日本において取引を継続してすることをやめた場合
2　前項の場合には、裁判所は、清算人を選任する。
3　第476条、第2編第9章第1節第2款、第492条、同節第4款及び第508条の規定並びに同章第2節（第510条、第511条及び第514条を除く。）の規定は、その性質上許されないものを除き、第1項の規定による日本にある外国会社の財産についての清算について準用する。
4　第820条の規定は、外国会社が第1項の清算の開始を命じられた場合において、当該外国会社の日本における代表者（日本に住所を有するものに限る。）の全員が退任しようとするときは、適用しない。

1　日本にある外国会社の財産についての清算

　裁判所は、①外国会社が827条1項の規定による命令を受けた場合、②外国会社が日本において取引を継続してすることをやめた場合には、利害関係人の申立てにより又は職権で、日本にある外国会社の財産の全部について清算の開始を命ずることができる（本条1項）。本条の趣旨は、内国債権者の保護を図ることにあるから、清算の対象となる「日本にある外国会社の財産」とは、国内に所在している外国会社の財産を広く含むと解される。また、外国会社の債権については、破産法4条2項、民事再生法4条2項の規定を類推し、裁判上の請求ができる債権については日本にある財産と解されている（上田純子・新基本法コンメ(3)342頁）。

　この場合には、裁判所は、清算人を選任する（本条2項）。本条1項1号及び2号の場合には、特段の定めがないと、日本国内にある財産を国外に持ち出すことができる。それは、外国会社に対する債権者が引当財産を失うことを意味する。そのため、利害関係人が清算手続を申し立て得るとしている。

　非訟事件　　XのY外国会社に対する日本にある財産について清算開始・清算人選任の申立て
　　　　　　　＊本件は、Y会社が827条1項の規定による取引係属禁止命令又は営業所閉鎖命令を受け、又はY会社が日本において

取引を継続してすることをやめたため、利害関係人Xが清算開始・清算人選任の申立てをした事案である。
＊申立ての趣旨として、「Y会社の日本における営業所につき、清算手続を開始し、清算人を選任する。」ことを求める。
＊本件非訟事件は、Y会社の日本における営業所の所在地（日本に営業所がない場合は、日本における代表者の住所地）を管轄する地方裁判所の管轄に属する（868条4項）。

申立理由 1　Xは、Y会社の利害関係人であること
＊申立人は、本条1項1号が定める。「利害関係人」の範囲は、内国会社の特別清算（511条1項）とは異なり、明定されていない。これは、外国会社には様々な形態があるため（2条2号。その意義については817条解説1参照）、具体的な列挙が困難であり、外国会社の実質に即して個別具体的に解決すべきだからである。例えば、本条の趣旨から内国債権者は「利害関係人」に当たるし、日本における代表者（817条1項）も、日本における業務に関する一切の裁判上又は裁判外の権限を有する（同条2項）ので、「利害関係人」であると解されるが、株主・社員は日本において残余財産の分配を受けるものでないから、原則には利害関係人に当たらず、日本国内財産が残余財産分配請求権の主要な財源である場合には含まれると解される（上田純子・新基本法コンメ(3)342頁）。
2　Y会社が827条1項の規定による取引係属禁止命令又は営業所閉鎖命令を受けたこと、又はY会社が日本において取引を継続してすることをやめたこと
＊外国会社が日本における継続取引をやめた（本条1項2号）と判断されると、清算の開始という重大な効果が生ずるから、その判断は慎重であるべきである。また、外国会社が営業所廃止後も電子的取引等により日本における継続取引を行うこともあるので、営業所の廃止は重要な考慮要素ではあるが、それのみで本条1項2号に該当するとはいえない。
3　清算手続の必要性

2　準用規定
476条、第2編第9章第1節第2款、492条、同節第4款及び508条の規

定並びに同章第2節（510条、511条及び514条を除く）の規定は、その性質上許されないものを除き、本条1項の規定による日本にある外国会社の財産についての清算について準用する。

3　日本における代表者の辞任
　820条の規定は、外国会社が本条1項の清算の開始を命じられた場合において、その外国会社の日本における代表者（日本に住所を有するもの）の全員が退任しようとするときは、適用しない。

4　擬似外国会社の外国会社としての登記
　擬似外国会社も外国会社に含まれるので、第6編及び827条等の外国会社に関する規定が適用され、外国会社の登記（933条）ができる。旧商法482条においては、擬似外国会社は、日本法人として再設立することが求められていたので、外国会社の登記ができず、かつ、旧商法下で、擬似外国会社について外国会社の登記をした場合には、不実の登記に関する過料が課され、あるいは、公正証書原本等不実記載罪等が成立するおそれがあったが、本法では、この問題はなくなった（相澤他・論点解説741頁）。

● (他の法律の適用関係)

第823条　外国会社は、他の法律の適用については、日本における同種の会社又は最も類似する会社とみなす。ただし、他の法律に別段の定めがあるときは、この限りでない。

1　外国会社に対する他の法律の適用の原則
　本条本文は、外国会社に対する本法以外の日本法の適用について、日本における同種の会社又は最も類似する会社とみなして適用することとしている。本法は、「外国会社」を定義した上で（2条2号）、個々の条文において外国会社への適用の有無を定めている（817条の解説参照）。例えば、本法以外の日本の法律で「会社」と規定されている場合は、原則として外国会社にも適用される（大隅=今井=小林・概説582頁）。

2 例　外

　本条ただし書は、外国会社に対して法律に別段の定めがある場合は、その規定の適用を受けることを定める。「別段の規定」としては、①民事手続に関する民事訴訟法4条5項等、②物権的権利取得に関する外国人土地法1条、海上運送法42条、航空法4条、鉱業法17条等、③知的財産権に関する特許法25条、実用新案法2条の5第3項、意匠法68条3項、商標法77条3項等、④営業活動に関する銀行法4条3項、保険業法185条、金融商品取引法49条ないし49条の5、58条の2等、⑤公法上の地位に関する法人税法2条4号、4条3項等がある（金子圭子＝石川祐・論点体系(6)96頁）。

　因みに、外国会社の普通裁判籍は、日本における主たる営業所により、もし営業所がない場合は主たる業務担当者の住所により定める（民訴4条5項）。

第 7 編　雑　　則

　本編は「雑則」と名づけられているが、「第 1 章　会社の解散命令等」に始まり、「第 2 章　訴訟」（組織に関する訴え、責任追及等の訴え、役員解任の訴え等）、「第 3 章　非訟」、「第 4 章　登記」、「第 5 章　公告」など、実務上重要な規定が置かれている。

第 1 章　会社の解散命令等

　本章は、株式会社と持分会社とに共通して適用される規定と解散命令に相当する外国会社についての制度に関する定めをまとめている。旧商法当時における会社法総則（旧商 58 条、59 条）にあった会社の解散命令に関する規定に官庁等の法務大臣に対する通知義務の規定を加えたもの（824 条‐826 条）と、旧商法 484 条に相当する外国会社の取引継続禁止・営業所閉鎖命令に関する規定（827 条）とを収めている。ただ、その手続は、第 3 章非訟において分離して定められている。

第 1 節　会社の解散命令

● (会社の解散命令)

第 824 条　裁判所は、次に掲げる場合において、公益を確保するため会社の存立を許すことができないと認めるときは、法務大臣又は株主、社員、債権者その他の利害関係人の申立てにより、会社の解散を命ずることができる。
　一　会社の設立が不法な目的に基づいてされたとき。
　二　会社が正当な理由がないのにその成立の日から 1 年以内にその事業を開始せず、又は引き続き 1 年以上その事業を休止したとき。
　三　業務執行取締役、執行役又は業務を執行する社員が、法令若しくは定款で定める会社の権限を逸脱し若しくは濫用する行為又は刑罰法令に触れる行為をした場合において、法務大臣から書面による警

告を受けたにもかかわらず、なお継続的に又は反覆して当該行為をしたとき。
2　株主、社員、債権者その他の利害関係人が前項の申立てをしたときは、裁判所は、会社の申立てにより、同項の申立てをした者に対し、相当の担保を立てるべきことを命ずることができる。
3　会社は、前項の規定による申立てをするには、第1項の申立てが悪意によるものであることを疎明しなければならない。
4　民事訴訟法（平成8年法律第109号）第75条第5項及び第7項並びに第76条から第80条までの規定は、第2項の規定により第1項の申立てについて立てるべき担保について準用する。

1　会社の解散命令

471条6号及び641条7号は、「824条1項の規定による解散を命ずる裁判」を、株式会社及び持分会社の解散の事由の1つであることを定めている。本条1項は、解散命令の申立人、申立理由を定めるものである。本条の定める解散命令は、会社解散の判決がされる場合（833条）と異なり、非訟事件として処理される。そして、会社解散命令等の手続については、法務大臣の関与など特則が置かれている。

(1)　不法な目的の会社設立

本条1項1号所定の解散事由である「会社の設立が不法な目的に基づいてされたとき」とは、例えば定款目的が公序良俗に違反する場合である。しかし、定款目的の不法に限定されず、設立の実質的意図が不法な場合を含むが（例えば、定款では雑貨の輸入業を目的としているが、麻薬の密貿易を行う意図で設立した場合）、実際に不法の行為をしたことは問わないと解される。

非訟事件　　XのA会社（株式会社、持分会社）解散命令申立て

＊本件は、Y会社に本条1項1号の解散原因があるとして、利害関係人が解散命令を申し立てた事案である。申立ての趣旨は、「Y会社に対して解散を命ずる。」である。

＊本条所定の解散命令の申立てをした場合には、その手続における当事者は申立人のみであり、会社は当事者ではない（金子修・一問一答非訟事件手続法14頁）。解散の対象とされる会社は、当事者ではないが、その陳述の聴取がされる（870

条1項10号)。
　　＊管轄は、本店所在地を管轄する地方裁判所である（868条1項)。裁判は、理由を付した決定で行う（871条1号・870条13号、871条2号・874条)。申立て認容・却下いずれの裁判に対しても不服のある利害関係人は即時抗告ができ（872条4号)、即時抗告があると執行は停止される（873条)。

申立理由 1　申立人Xは、法務大臣、A会社の株主、社員、債権者その他の利害関係人のいずれかであること
　　＊株主、社員及び債権者を除いた利害関係人としては、この制度が公益確保を目的としている立法趣旨からみて、株主や会社債権者と同じように、その会社の存立につき直接に法律上の利害関係を有するものに限られると解すべきである。例えば、取締役、監査役、検査役、社債管理者、担保付社債の受託会社、更生管財人、子会社の株主・債権者（鴻常夫「判批」ジュリ469号270頁）のほか、公害罪が成立した場合の公害調査委員会などが該当し得る（島十四郎・新注会(1)177頁)。しかし、有限会社の社員に対する債務名義に基づき、同社員の持分を差し押さえたに過ぎない者はこれに当たらない（札幌高函館支決昭和43年4月2日下民19.3-4.173)。
　2　A会社の設立が不法な目的に基づいてされたこと
　　＊本条1項1号所定の解散事由である。解散を命じた裁判例としては、利息制限法の適用を免れるため設立された合資会社で、その行為が債務者を不当に搾取する貸付行為であるときは公序良俗に反するもの（徳島地決昭和9年12月11日新聞3796.4)、保険業法の脱法行為を行う目的で設立し、保険類似行為をしたもの（大阪控決明治37年1月22日新聞187.24、前橋地決明治37年8月1日新聞226.15、東京控決明治38年2月4日新聞268.8）がある。
　3　公益を確保するためA会社の存立を許すべきでないとの評価根拠事実
　　＊上記3の要件は、規範的要件と解される。ただ、法文上は、「公益を確保するため会社の存立を許すことができないと認めるとき」であるから、これは法律判断の問題であり、あえて当事者の主張を要しないとする余地もあろう。

(2) 開業遅延、営業休止

　本条1項2号は、「会社が正当な理由がないのにその成立の日から1年以内にその事業を開始せず、又は引き続き1年以上その事業を休止したとき」を解散事由とする。これは、実際には事業を営む意思がないのに、会社制度を悪用して会社を濫設して詐欺等により公衆に損害を及ぼすことを防止する趣旨である。株式会社については、休眠会社の「みなし解散」制度（472条）があるが、その適用は、①株式会社に限られ、かつ、②最後の登記から12年が経過した場合である。また、③登記の有無のみを基準にしているため、登記さえ行えば適用を回避できる。これに対し、解散命令事由としての事業休止は、会社登記とは無関係の実質的な事業の休止である。

非訟事件　　XのA会社（株式会社、持分会社）解散命令申立て
　　　　　　　＊本件は、A会社に本条1項2号の解散原因があるとして、利害関係人が解散命令を申し立てた事案である。申立ての趣旨は、「A会社に対して解散を命ずる。」である。

申立理由　1　申立人Xは、法務大臣、A会社の株主、社員、債権者その他の利害関係人のいずれかであること
　　　　　　2　A会社が成立の日から1年以内にその事業を開始せず、又は1年以上その事業を休止したこと
　　　　　　　＊本条1項2号所定の解散事由である。事業の開始とは、定款所定の目的である事業自体の開始をいい、単なる準備行為だけでは足りない。大決明治45年7月25日民録18.712は、製氷会社の開業につき、「所謂開業トハ……本件会社ニ付テ云ヘハ其目的タル製氷及ヒ販売ナル直接行為ヲ指称スルモノニシテ敷地ノ開墾及ヒ製氷貯蔵所ヲ建設スルカ如キハ開業ノ準備タルニ過キサルモノトス」と判示した。事業の休止としては、有価証券の売買を目的とする会社が事業不振により、代表取締役が行方不明となり、店舗は閉鎖されたままで、顧客からの預り証券は処分されて債権者に返済されず、備付書類も存在せず、再建の見込みが全くない場合に解散を命じ（松山地西条支決昭和37年9月11日商事265.26）、会社の代表取締役が死亡し取締役の法定数に欠員が生じたが、これらの選任手続が一切されず、会社を代表する者が存しない状態で、1年以上事業がされていない場合に解散を命じた（神戸地決昭和57年9月1日民事月報37.12.67）事例がある。

　　　　3　申立理由2の事業不開始又は事業休止に正当な事由がないこ
　　　　　との評価根拠事実
　　　　　　＊正当な事由の不存在は、規範的要件であるから、その評価根
　　　　　　　拠事実が要件事実となる。
　　　　4　公益を確保するためY会社の存立を許すべきでないとの評
　　　　　価根拠事実
　　　　　　＊上記3の要件は、規範的要件である。なお、(1)の設例の申
　　　　　　　立理由3の注参照。

(3) 法令若しくは定款に定める会社の権限を逸脱し若しくは濫用する行為、
　又は刑罰法令に触れる行為
　　本条1項3号は、「業務執行取締役、執行役又は業務を執行する社員」が、
　次のア又はイの行為をし、かつ、「法務大臣から書面による警告を受けたに
　もかかわらず、なお継続的に又は反覆して当該行為をしたとき」を解散事由
　として定める。
ア　法令又は定款で定める会社の権限を逸脱し又は濫用する行為
　　法令による会社の権限の制限は、例えば、金融機関の他業禁止を定める銀
　行法12条、保険業法100条、金融商品取引法33条などがある。なお、権限
　外行為の効果の有効・無効は問わない。
　　定款に掲げる目的自体のほか客観的にその目的を達成するに必要又は有益
　である行為は行い得るが、法令によって禁止制限を受ける行為とか、実質的
　に定款又は法令の趣旨からみてすべきでない行為がこれに当たる。
イ　刑罰法令に触れる行為
　　会社をめぐる利害関係人の保護を目的とする法令のみでなく、社会一般の
　利益保護を目的とする経済法や税法のような法令もこれに当たる。ただ、違
　反に対する制裁は過料とか、営業停止、又は免許の取消しでは足りず、必ず
　刑罰であることが必要である。
ウ　法務大臣から書面による警告を受け、なお継続的に又は反覆してその行
　為をしたこと
　　法務大臣の警告は、職権で行われるものであり、株主、債権者等の利害関
　係人から法務大臣に対して警告の発出を求める申立権はなく、そのような申
　立てがされても、それは法務大臣による職権の発動を促すものであり、法務
　大臣に応答義務はなく、法務大臣が警告を発しなかったことに対する不服申
　立てもできない（山田知司「会社の解散命令」裁判実務大系(21)273頁。大阪
　地判平成5年10月6日判時1512.44は、法務大臣は旧商法58条1項に該当

する事実をやむを得ない事情により認識できなかったので、各規制権限を行使すべき作為義務があったとする余地はないとした)。

非訟事件　　　XのA会社(株式会社、持分会社)解散命令申立て
　　　　　　＊本件は、A会社に本条1項3号所定の解散原因があるとして、利害関係人が解散命令を申し立てた事案である。申立ての趣旨は、「A会社に対して解散を命ずる。」である。

申立理由　1　申立人Xは、法務大臣、Y会社の株主、社員、債権者その他の利害関係人のいずれかであること
　　　　　　2　A会社の業務執行取締役、執行役又は業務を執行する社員が、①法令若しくは定款で定める会社の権限を逸脱し若しくは濫用する行為、又は、②刑罰法令に触れる行為をしたこと
　　　　　　3　A会社は、申立理由2の違反行為につき、法務大臣から書面による警告を受けたこと
　　　　　　4　A会社は、申立理由3の後、継続的に又は反覆して申立理由2の行為をしたこと
　　　　　　＊違反行為の反覆・継続について法務大臣が一応書面による警告をしたのにかかわらず、その行為が継続又は反覆された場合に初めて解散命令の事由となる。
　　　　　　＊申立理由2ないし4は、本条1項3号の解散事由である。
　　　　　　5　公益を確保するためY会社の存立を許すべきでないとの評価根拠事実

2　担保提供命令
(1)　悪　　意

　株主、社員、債権者その他の利害関係人が、悪意で会社解散命令の申立てをしたときは、裁判所は、会社の申立てにより、会社解散命令の申立てをした者に対し、相当の担保を立てるべきことを命じ得る(本条2項)。会社は、担保提供命令の申立てをするには、会社解散命令の申立てが悪意によるものであることを疎明する必要がある(本条3項)。ここに悪意とは、申立人が単に主観的に申立ての要件を欠くことを知るだけでは足りないが、申立人が会社を害する意思まで有する必要はなく、申立てが会社を害することを知ることで足りる。ただ、申立人が申立ての要件を欠くことを認識しながら申し立てる場合は、会社を害することを知っていると事実上推定されるであろう。また、会社を害する意思があれば、申立ての要件が満たされていても悪

意によるものとされる（島十四郎・新注会(1)180頁）。
(2) 担　保

　解散命令の申立ては、訴えの提起ではなく非訟事件手続なので、本条による担保の提供は民事訴訟法81条の「他の法令により訴えの提起について立てるべき担保」には該当せず、民事訴訟法81条は適用されない。しかし、担保提供の性質は、同じであるから、本条4項は、民事訴訟法の担保提供の条文（民訴75条5項・7項、76条-80条の規定）を準用している。

● (会社の財産に関する保全処分)

第825条　裁判所は、前条第1項の申立てがあった場合には、法務大臣若しくは株主、社員、債権者その他の利害関係人の申立てにより又は職権で、同項の申立てにつき決定があるまでの間、会社の財産に関し、管理人による管理を命ずる処分（次項において「管理命令」という。）その他の必要な保全処分を命ずることができる。
　2　裁判所は、管理命令をする場合には、当該管理命令において、管理人を選任しなければならない。
　3　裁判所は、法務大臣若しくは株主、社員、債権者その他の利害関係人の申立てにより又は職権で、前項の管理人を解任することができる。
　4　裁判所は、第2項の管理人を選任した場合には、会社が当該管理人に対して支払う報酬の額を定めることができる。
　5　第2項の管理人は、裁判所が監督する。
　6　裁判所は、第2項の管理人に対し、会社の財産の状況の報告をし、かつ、その管理の計算をすることを命ずることができる。
　7　民法第644条、第646条、第647条及び第650条の規定は、第2項の管理人について準用する。この場合において、同法第646条、第647条及び第650条中「委任者」とあるのは、「会社」と読み替えるものとする。

1　会社の財産に関する保全処分

　会社について解散命令の申立て（824条1項）がされた場合には、その申立てにつき決定があるまで時間を要するから、その間に会社の財産が散逸す

るおそれがある。そのため、裁判所は、824条1項の申立てがあった場合には、法務大臣若しくは株主、社員、債権者その他の利害関係人の申立てにより又は職権で、同項の申立てにつき決定があるまでの間、会社の財産に関し、管理人による管理を命ずる処分（「管理命令」）その他の必要な保全処分を命ずることができる（本条1項）。

非訟事件 　　Y株式会社（又は持分会社）の財産保全処分申立て
　　　　　　　＊本件は、Y会社の本店の所在地を管轄する地方裁判所の管轄に属する。外国会社の場合は、日本における営業所の所在地（それを設けていない場合は、日本における代表者の住所地）を管轄する地方裁判所の管轄に属する（868条4項）。

申立理由 　1　Y会社は、会社解散の申立てを受けていること
　　　　　　2　Xは、法務大臣又は株主、社員、債権者その他の利害関係人であること
　　　　　　3　Y会社の財産に関し、管理人による管理を命ずる処分（「管理命令」）その他の保全の必要性

2　管理人の選任・管理・解任

　裁判所は、管理命令をする場合には、その管理命令において、管理人を選任しなければならない（本条2項）。その管理人に関しては、特別清算手続の監督委員に関する規定を準用し、選任基準・選任手続等（会社非訟規27条）、裁判所による監督事務（同30条）、報酬の額の標準（同31条）などにつき規定が置かれている（同38条）。裁判所は、法務大臣若しくは株主、社員、債権者その他の利害関係人の申立てにより、又は職権で、管理人を解任することができる（本条3項）。

　裁判所は、管理人を選任した場合には、会社がその管理人に対して支払う報酬の額を定めることができる（本条4項）。そして、裁判所は、管理人を監督し（本条5項）、管理人に対し、会社の財産の状況の報告及びその管理の計算を命ずることができる（本条6項）。管理人が会社の財産の状況の報告及び管理の計算を命じられた場合（本条6項）には、利害関係人は、裁判所書記官に対し、①報告又は計算に関する資料の閲覧、②資料の謄写、③資料の正本、謄本又は抄本の交付等を請求できる（906条1項-3項）。

3　管理人と会社の関係

　本条7号は、管理人と会社の関係を委任関係と擬制し、次のように委任に

関する規定を準用する。
(1) 管理人の注意義務
　管理人は、善良な管理者の注意をもって、管理に係る事務を処理する義務を負う（民644条）。
(2) 管理人による受取物の引渡し等
　管理人は、管理に係る事務を処理するに当たって受け取った金銭その他の物を会社に引き渡さなければならない。その収取した果実についても、同様とする。管理者は、会社のために自己の名で取得した権利を会社に移転しなければならない（民646条）。
(3) 管理人の金銭の消費についての責任
　管理人は、会社に引き渡すべき金額又はその利益のために用いるべき金額を自己のために消費したときは、その消費した日以後の利息の支払を要する。この場合になお損害があるときは、その賠償責任を負う（民647条）。
(4) 管理人による費用等の償還請求等
　管理人は管理に係る事務を処理するのに必要な費用を支出したときは、会社に対し、その費用及び支出日以降の利息の償還を請求できる（民650条1項）。また、管理人は管理に係る事務を処理するのに必要な債務を負担したときは、会社に対し、自己に代わってその弁済をすることを請求できる（同条2項前段）。この場合に、その債務が弁済期にないときは、会社に対し、相当の担保を供させることができる（同条2項後段）。更に、管理人は、管理に係る事務を処理するため自己の過失なく損害を受けたときは、会社に対し、その賠償を請求できる（同条3項）。

●(官庁等の法務大臣に対する通知義務)

第826条　裁判所その他の官庁、検察官又は吏員は、その職務上第824条第1項の申立又は同項第3号の警告をすべき事由があることを知ったときは、法務大臣にその旨を通知しなければならない。

　本条が法務大臣に対する通知義務を定めた理由は、一般の非訟事件手続と異なり、会社の解散命令の手続には、公益の代表者たる法務大臣の関与手続（904条）があるからである。

第2節　外国会社の取引継続禁止又は営業所閉鎖の命令

第827条　裁判所は、次に掲げる場合には、法務大臣又は株主、社員、債権者その他の利害関係人の申立てにより、外国会社が日本において取引を継続してすることの禁止又はその日本に設けられた営業所の閉鎖を命ずることができる。
一　外国会社の事業が不法な目的に基づいて行われたとき。
二　外国会社が正当な理由がないのに外国会社の登記の日から1年以内にその事業を開始せず、又は引き続き1年以上その事業を休止したとき。
三　外国会社が正当な理由がないのに支払を停止したとき。
四　外国会社の日本における代表者その他その業務を執行する者が、法令で定める外国会社の権限を逸脱し若しくは濫用する行為又は刑罰法令に触れる行為をした場合において、法務大臣から書面による警告を受けたにもかかわらず、なお継続的に又は反覆して当該行為をしたとき。
2　第824条第2項から第4項まで及び前2条の規定は、前項の場合について準用する。この場合において、第824条第2項中「前項」とあり、同条第3項及び第4項中「第1項」とあり、並びに第825条第1項中「前条第1項」とあるのは「第827条第1項」と、前条中「第824条第1項」とあるのは「次条第1項」と、「同項第3号」とあるのは「同項第4号」と読み替えるものとする。

1　外国会社の取引継続禁止又は営業所閉鎖の命令
　本条は、内国会社の解散命令（824条）に対応して規定されたものである。裁判所は、①外国会社の事業が不法な目的に基づいて行われたとき、②外国会社が正当な理由がないのに外国会社の登記の日から1年以内にその事業を開始せず、又は引き続き1年以上その事業を休止したとき、③外国会社

が正当な理由がないのに支払を停止したとき、④外国会社の日本における代表者その他その業務を執行する者が、法令で定める外国会社の権限を逸脱し若しくは濫用する行為又は刑罰法令に触れる行為をした場合において、法務大臣から書面の警告を受けたにもかかわらず、なお継続的に又は反覆してその行為をしたときは、法務大臣又は株主、社員、債権者その他の利害関係人の申立てにより、外国会社が日本において取引継続の禁止又はその日本に設けた営業所の閉鎖を命ずることができる（本条1項）。

非訟事件 　Y外国会社の取引継続禁止又は営業所閉鎖の命令申立て
　　　　　＊申立ての趣旨は、「Y会社の取引の継続を禁止する。」又は「Y会社の営業所の閉鎖を命じる。」である。
　　　　　＊本件は、Y会社の日本における営業所の所在地（日本に営業所を設けていない場合は、日本における代表者の住所地）を管轄する地方裁判所の管轄に属する（868条4項）。

申立理由 1　申立人Xは、法務大臣又はY会社の株主、社員、債権者その他の利害関係人のいずれかであること
　　　　　2　次の(1)ないし(4)のいずれかに該当すること
　　　　　(1) Y会社の事業は、不法な目的に基づいて行われたこと
　　　　　　＊我が国の公益確保のためには、外国会社の設立目的ではなく（824条1項1号参照）、外国会社の日本での事業が不法な目的に基づき行われたかが問題となる（本条1項1号）。
　　　　　(2) ①Y会社は、Y会社の登記の日から1年以内にその事業を開始せず、又は引き続き1年以上その事業を休止したこと、②①に正当な理由がないこと
　　　　　　＊事業不開始・休止の起算点は、会社成立の日（824条1項2号）ではなく、我が国の公益確保のため外国会社の登記の日とされる（本条1項2号。外国会社の登記については、933条-936条、817条、818条参照）。
　　　　　(3) ①Y会社は、支払を停止したこと、かつ、②①に正当な理由がないこと
　　　　　　＊支払停止は支払不能と推定され（破15条2項）、支払不能は破産手続開始原因であり、破産手続開始は、内国会社の会社解散事由となる（471条5号、641条6号）。本条1項3号は、外国会社につき日本で破産手続が開始されなくても、資産窮乏の顕著な兆候が生じた時に財産保全処分を行い（本条2

項、825条)、内国所在財産の国外への流出を防止し、特別清算（822条1項1号・3項）の実効性を確保する趣旨と解される（岡本善八・新注会(13)543頁）。
- (4) ①Y会社の日本における代表者その他その業務を執行する者は、法令で定めるY会社の権限を逸脱し若しくは濫用する行為又は刑罰法令に触れる行為をした場合において、法務大臣から書面による警告を受けたこと、②①の後に継続的に又は反覆して①の行為をしたこと
    - ＊外国会社について、内国会社のように定款違反行為（824条1項3号参照）が存在しないのは、日本の公益確保のためには、外国会社の我が国での法令違反のみを問題とすれば足りるからである。
- 3 公益を確保するためY会社の存立を許すべきでないとの評価根拠事実
    - ＊内国会社の解散命令に関する824条は、「公益を確保するため会社の存立を許すことができないと認めるとき」という要件を定めているのに対し、外国会社に関する本条は、この要件を規定していない。ただ、両者を特に異にする理由はないから、この要件は外国会社の場合も必要と解すべきである（東京地裁商事研究会・商事非訟・保全事件の実務575頁）。

2　準用条文

　824条2項（会社の担保提供申立て）、同条3項（悪意の疎明）、同条4項（担保提供に関する民事訴訟法の規定の準用）、及び825条（会社財産に関する保全命令）、826条（官庁等の法務大臣に対する通知義務）の規定は、本条1項所定の外国会社の場合について準用する。この場合において、824条2項中「前項」、同条3項及び4項中「第1項」、並びに825条1項中「前条第1項」は「第827条第1項」と、826条中「第824条第1項」は「次条第1項」と、「同項第3号」は「同項第4号」と、それぞれ読み替えるものとする。

第2章　訴　　訟

1　本章の構造

　本章は、株式会社に関する訴訟に関する定めを中心とするが、持分会社の会社訴訟も定められている。第1節会社の組織に関する訴えは、その典型である。第2節及び第3節は、その節名どおり、株式会社に関するものである。第4節も、株式会社についてのみの制度である特別清算に関するものである。第5節と第6節は、持分会社に関するが、第5節はその社員の除名等の訴えであり、第6節は清算会社の財産処分の取消しの訴えである。第7節は社債発行会社の弁済等の取消しの訴えという特殊なものである。

2　会社訴訟の特色

　会社の組織に関する訴え（828条-846条）と社債に関する訴え（865条-867条）を除くと、株式会社に関する訴訟と持分会社に関する訴訟とに分けて規定を設けている。ただ、株式会社の役員の責任追及の訴え（847条-853条）や株式会社の役員の解任の訴え（854条-856条）までもが、その実体規定（423条等、339条等）と切り離して、この第2章に収められている。理論的には筋を通しているといえるが、分かり難いとの立法論としての批判がある（稲葉・基本を問う36頁）。

　ところで、確定判決の効力は当事者間に及ぶのが原則である（「既判力の相対性」、民訴115条1項）。しかし、会社の法律関係には、多数の利害関係人がおり、訴訟当事者間のみの相対的な解決では法律関係の混乱が生じるので、統一的な処理が必要となる場合がある。例えば、①会社設立に瑕疵があって無効となる場合は、その法人格の有無について統一的な解決をしないと、会社と法律関係を有する者すべてが不安定な立場に立つことになる。また、②株主総会、取締役会、代表取締役等によって会社は運営されるが、取締役の選任の株主総会決議が無効である場合は、その取締役が行った取締役会の意思決定や代表取締役としての法律行為に影響を与える。更に、③新株発行の手続に瑕疵があって無効となる場合は、その株式の株主の議決権行使にも瑕疵が生じ、それが株主総会の決議の瑕疵となり（瑕疵の連鎖）、多数の法律関係に影響を与える。また、本法は、請求権の前提となる法律関係の前提となる法律関係を否定するための形成訴訟（828条等）を設けるとともに、そのような法律関係についての確認の訴えの確認の利益を認めて（829条1項、830条1項等）、確定判決の効力を第三者に拡張している（「対世

効」、838条)。

3 会社訴訟の実態
(1) 実際に提起される会社訴訟
　稲葉・解明704頁は、会社訴訟が活用される例が極めて少ないとした上で、「株主代表訴訟を典型とする役員等の責任追及訴訟……のほかは、多くは会社の内紛に起因する株主総会の決議の瑕疵（不存在・無効・取消し）の訴え（830、831）や役員解任の訴え（854〜856）等の役員特に取締役の地位をめぐる訴訟、それを本案とする業務執行停止・代行者選任の仮処分の事件が主なものである。それに加えて、最近は上場会社についても、……新株・新株予約権発行の差止請求権に基づく発行差止めの仮処分等が、多く見られる。そのほかには、株主権の存否・行使をめぐる訴訟と差止請求、新株発行等不存在・無効の訴え、解散の訴え、役員退職慰労金をめぐる訴訟、会計帳簿等の開示請求訴訟等も比較的よくみる訴訟類型である。」という。
(2) 会社訴訟の特徴
　法廷に実際に登場する会社訴訟の特徴については、①非公開会社の訴訟が大部分を占め、そのうち約8割から9割が同族会社であり、先代の死亡後に兄弟姉妹間に紛争が生じる例が目立つこと、②会社訴訟が民事訴訟事件に占める割合が少なく、そのためか本法の理解が十分でない主張が見られること（例えば、新株発行無効の訴えでは、判例が無効原因を限定して解するのに取締役会決議や株主総会決議の欠缺のみ主張する例や、取締役の報酬請求や退職慰労金請求を361条を意識しないで主張する例がある）、③非公開会社においては、本法が要求する手続を遵守していないこと（非公開会社では株主総会や取締役会を開催していない例（創立総会からのすべての株主総会の不存在確認を請求した極端な例を含む）が多く、紛争発生前は問題とされなかったが、紛争が生じたために訴訟となって係属する。従前からの慣例で株主総会や取締役会が不開催であったとの主張もされるが、強行法規を原則とする本法では、そのような主張はまず通らない）が挙げられている。そして、このような実情からみて、和解が適切な場合も多く、訴訟実務上も、会社の経営陣の関係者が原告の持株を買い取り、原告が訴えを取り下げる和解が多いことが指摘される（小川正敏・類型別会社訴訟Ⅱ933頁）。

第1節　会社の組織に関する訴え

　旧商法は、会社訴訟に関する個別規定を設けていたが、網羅的ではなく、また解釈に委ねられる部分が多かったため、訴訟手続上の問題点が多く存在した。本節は、従前から判例により認められていた訴訟も「会社の組織に関する訴え」として統合した上で、類型化し、提訴期間、当事者適格などの訴訟要件、管轄、判決の効力（対世効、不遡及）などについて特別の規定を設けて問題の解決を図った。

● (会社の組織に関する行為の無効の訴え)

第828条　次の各号に掲げる行為の無効は、当該各号に定める期間に、訴えをもってのみ主張することができる。
　一　会社の設立　会社の成立の日から2年以内
　二　株式会社の成立後における株式の発行　株式の発行の効力が生じた日から6箇月以内（公開会社でない株式会社にあっては、株式の発行の効力が生じた日から1年以内）
　三　自己株式の処分　自己株式の処分の効力が生じた日から6箇月以内（公開会社でない株式会社にあっては、自己株式の処分の効力が生じた日から1年以内）
　四　新株予約権（当該新株予約権が新株予約権付社債に付されたものである場合にあっては、当該新株予約権付社債についての社債を含む。以下この章において同じ。）の発行　新株予約権の発行の効力が生じた日から6箇月以内（公開会社でない株式会社にあっては、新株予約権の発行の効力が生じた日から1年以内）
　五　株式会社における資本金の額の減少　資本金の額の減少の効力が生じた日から6箇月以内
　六　会社の組織変更　組織変更の効力が生じた日から6箇月以内
　七　会社の吸収合併　吸収合併の効力が生じた日から6箇月以内
　八　会社の新設合併　新設合併の効力が生じた日から6箇月以内
　九　会社の吸収分割　吸収分割の効力が生じた日から6箇月以内
　十　会社の新設分割　新設分割の効力が生じた日から6箇月以内
　十一　株式会社の株式交換　株式交換の効力が生じた日から6箇月以内

十二　株式会社の株式移転　株式移転の効力が生じた日から6箇月以内
2　次の各号に掲げる行為の無効の訴えは、当該各号に定める者に限り、提起することができる。
　一　前項第1号に掲げる行為　設立する株式会社の株主等（株主、取締役又は清算人（監査役設置会社にあっては株主、取締役、監査役又は清算人、委員会設置会社にあっては株主、取締役、執行役又は清算人）をいう。以下この節において同じ。）又は設立する持分会社の社員等（社員又は清算人をいう。以下この項において同じ。）
　二　前項第2号に掲げる行為　当該株式会社の株主等
　三　前項第3号に掲げる行為　当該株式会社の株主等
　四　前項第4号に掲げる行為　当該株式会社の株主等又は新株予約権者
　五　前項第5号に掲げる行為　当該株式会社の株主等、破産管財人又は資本金の額の減少について承認をしなかった債権者
　六　前項第6号に掲げる行為　当該行為の効力が生じた日において組織変更をする会社の株主等若しくは社員等であった者又は組織変更後の会社の株主等、社員等、破産管財人若しくは組織変更について承認をしなかった債権者
　七　前項第7号に掲げる行為　当該行為の効力が生じた日において吸収合併をする会社の株主等若しくは社員等であった者又は吸収合併後存続する会社の株主等、社員等、破産管財人若しくは吸収合併について承認をしなかった債権者
　八　前項第8号に掲げる行為　当該行為の効力が生じた日において新設合併をする会社の株主等若しくは社員等であった者又は新設合併により設立する会社の株主等、社員等、破産管財人若しくは新設合併について承認をしなかった債権者
　九　前項第9号に掲げる行為　当該行為の効力が生じた日において吸収分割契約をした会社の株主等若しくは社員等であった者又は吸収分割契約をした会社の株主等、社員等、破産管財人若しくは吸収分割について承認をしなかった債権者
　十　前項第10号に掲げる行為　当該行為の効力が生じた日において新設分割をする会社の株主等若しくは社員等であった者又は新設分割をする会社若しくは新設分割により設立する会社の株主等、社員等、破産管財人若しくは新設分割について承認をしなかった債権者

十一　前項第11号に掲げる行為　当該行為の効力が生じた日において株式交換契約をした会社の株主等若しくは社員等であった者又は株式交換契約をした会社の株主等、社員等、破産管財人若しくは株式交換について承認をしなかった債権者

十二　前項第12号に掲げる行為　当該行為の効力が生じた日において株式移転をする株式会社の株主等であった者又は株式移転により設立する株式会社の株主等

　本条は、会社の組織に関する行為の無効の訴え（形成の訴え）について、その提訴期間と原告適格について規定する。以下においては、まず、総論として、訴えの性質、提訴期間、原告適格、訴えの利益について1ないし4で説明し、次いで、各論として本条1項1号ないし12号の訴えの提訴期間、原告適格、被告適格及び無効原因その他について、5ないし16で説明する。

1　会社の組織に関する行為の無効の訴え（本条1項1号-12号）の性質
　一般的に、形成の訴えとは、法律行為など一定の要件事実の発生によって直ちに法律関係の変動を生じるとせず、その要件に該当する事実が存在することを訴えをもって主張し、裁判所がその存在を認めて、法律関係の変動を判決で宣告し、その判決（形成判決）が確定して初めて変動の効果が生じると取り扱うのである。
　本条1項柱書は、「訴えをもってのみ主張できる」と規定し、会社の組織に関する行為の無効の主張は、無効の訴えによらなければならないことを定める。これは、本条各号が定める訴え以外の訴えにおいてその請求を理由づける事実として本条1項各号の行為の無効を主張することや、抗弁としてその無効を主張することができないことを意味する。すなわち、本条1項1号ないし12号所定の無効の訴えは、その判決が確定するまでは有効なものとして取り扱われ、判決が確定して初めて無効となる形成の訴えである。

2　提訴期間
　本条1項柱書は、会社の組織に関する行為の無効の訴えを同項の「各号に定める期間」に提訴しなければならないことを定める。法律関係の早期安定と画一的処理を図るための立法である（831条1項が、株主総会等の決議の取消しの訴えは、株主総会等の決議の日から3か月以内に提訴を要するとす

るのも同趣旨である）。提訴期間の法律的性質につき、次の議論がある。
(1) 除斥期間説
　この期間は、実体法上の除斥期間であると解し、この期間経過後の訴え提起は棄却されるとし、期間経過後の取消事由追加が制限されるのもこの期間が実体法上の除斥期間であるからこそ、原告の攻撃防御方法を制限したものであるとする見解がある（岩原紳作・新注会(5)356頁は、株主総会決議の取消しの訴えについてこの見解を採る）。この見解に従えば、提訴が本条の定める期間経過後であることは抗弁であって、被告会社が除斥期間の起算点と期間の経過の事実を主張立証すべきこととなる。
(2) 提訴期間（訴訟要件）説
　裁判実務は、本項の期間を訴訟要件としての提訴期間と解しているとみることができる（兼子一・民事訴訟法体系158頁は、出訴期間を担保提供の必要と同列に扱っている）。本書もこの見解を採る。つまり、提訴期間を遵守して提訴した事実を認めることができないときは、訴訟要件を欠き、不適法として却下されることとなる（下級審であるが、東京地判昭和52年1月25日判時858.103は、提訴期間経過後の訴えを却下している）。すると、訴訟要件の存否は職権調査事項であっても、それが認められないことによる不利益は原告に帰するので、提訴期間を遵守した事実は、事実上、原告の主張立証責任に帰するのである。具体的には、総会決議取消しを求める原告は、取消しを求める総会決議がされた日を主張立証すれば、訴え提起の日は裁判所に顕著な事実であるから容易にその要件の充足関係が明らかになろう。

3　原告適格
(1) 訴訟要件としての当事者適格
　本条2項は、同条1項1号ないし12号の行為の無効の訴えの原告適格を定め、また、834条1号ないし21号は、会社の組織に関する訴えの被告適格を定める。これら当事者適格は、訴訟物である権利関係又は法律関係の存否について、当事者として訴訟を追行し、本案判決を求めることができる資格をいう（兼子一・民事訴訟法体系158頁）。形成の訴えにおいては、当事者適格は、明文で規定される点において、給付や確認の訴えと異なる（本条、831条1項、832条、854条など）。これは、給付判決や確認判決が、当事者間でのみ効力（相対効）を生ずるのと異なり、形成判決の効力が、通常、第三者にも及ぶ（対世効）ので（838条）、訴訟物についての訴訟追行に真にふさわしい者を選んで、第三者の手続保証を図る必要があるからである。

(2) 当事者適格の審理と判決
ア　弁論主義との関係

　当事者適格は、本案判決の判断を示す前提としての訴訟要件の1つであり、当事者の利益のみに関わるものではなく、その存在を裁判所が職権で顧慮すべきもの（職権調査事項）である。しかし、その判断資料の収集をも職権でできるか（職権探知主義）は別問題である。当事者適格は、（訴えの利益とともに）判決による紛争解決の実効性を吟味するために機能する点では公益に関わるから、職権調査事項ではあるものの、その性質上、弁論主義の支配する本案の審理と密接に関連することから、その判断資料の収集の責任は当事者にある（弁論主義）と解されている。伊藤・民事訴訟法167頁は、当事者適格に職権探知は妥当しない訴訟要件であるという。そして、本案の理由の存否と訴訟要件を具備しているか否かは、特に区分せず並行的に審理されることが多い。本案判決の基準時が口頭弁論終結時であり、訴訟要件が本案判決の前提要件であることから、訴訟要件判断の基準時も口頭弁論終結時とされる。裁判所は職権で調査した上、その具備を認めれば、本案判決をする。不備が判明すれば、補正を命じ、補正できない場合はそれ以上本案の審理せずに、訴え却下の終局判決をするのが原則である。

イ　請求自体に理由がない場合

　当事者適格が争点となった訴訟において、請求自体に理由のないことが明らかな場合に、裁判所が訴訟要件の審理を遂げないで請求棄却の判決ができるかが問題となる。訴訟要件が本案判決の前提であり、手続の明確・安定を確保する観点からは、これを否定すべきである（伊藤・民事訴訟法166頁）。しかし、当事者適格（に限らず、任意管轄、当事者能力、訴えの利益、再訴禁止、二重起訴禁止、訴えの併合要件、抗弁事項など被告自身の利益保護や無益な訴訟の排除を目的とする訴訟要件）の場合は、棄却判決も可能とする見解が有力である。なぜなら、当事者適格等の訴訟要件につき審理を遂げて、その存在が認められれば棄却判決をすることになるし、逆に不存在ということで却下判決をすると、その要件を補正した別訴が提起された場合、裁判所も再審理の上、結局、棄却判決をすることになり、いずれも訴訟経済に反するからである。

4　訴えの利益
(1) 本条所定の訴えについての訴えの利益

　本条が定める会社組織に関する行為の無効の訴えは、形成の訴えである（前記1参照）。形成判決による権利関係の変動がいかなる場合に認められる

かは、法に規定されている。したがって、その規定に基づいて形成の訴えが提起されていれば、当然に訴えの利益が認められ、その有無について争いが生じることはない。しかし、訴訟係属中に訴訟外の事実の発生によって、審理対象の権利関係が過去のものとなった場合には、訴えの利益が認められるのは、過去の権利関係の変動を求めることについて原告がなお法律上の利益を有する場合だけに限られる。例えば、設立無効の訴えの係属中に会社が解散・破産した場合は、訴えの利益が喪失するとも見えるが、解散の場合は設立無効の判決が確定すると、利害関係人の申立てによる裁判所の清算人選任（478条4項、647条4項）や、破産の場合は同意廃止（破218条）による会社継続が可能であるから、訴えの利益を認め得るであろう。

(2) 株主総会決議の瑕疵と組織上の行為の無効の訴え

各種組織行為の横断的な無効事由として、その組織行為に必要な株主総会の承認決議に瑕疵があることが挙げられる。すなわち、株主総会承認決議に無効事由（830条2項）又は取消事由（831条1項）がある場合に、その組織行為の効力が発生すると、総会決議無効確認の訴え・取消しの訴えは訴えの利益を欠くこととなり（最判昭和40年6月29日民集19.4.1045）、その後は、その組織行為の効力を争う本条の無効の訴えによることになる（吸収説）。すなわち、総会決議取消しの訴え提起後に行為の効力が発生した場合は、原告は、組織上の行為の無効の訴えに訴えの変更（民訴143条）をする必要がある。この場合、総会決議取消しの訴えならば3か月の提訴期間があるが、取消事由に該当する事実を本条の組織上の行為の無効の訴えの無効事由として主張する場合は、総会期日から3か月以上経過していても、無効事由として主張できるかが問題となり、裁判実務は、これを肯定していた（下級審であるが、東京地判昭和41年6月15日下民17.5-6.488）。

しかし、本法下では併存説（江頭・株式会社法350頁）が有力である。それは、旧商法の下では、債権者異議手続・株券提出手続を承認総会決議後にする必要があったため、組織上の行為の承認総会決議から効力発生までに最低1か月の期間があり、株主等はその期間中に決議取消しの訴えを本案訴訟とする決議の執行停止の仮処分（甲府地判昭和35年6月28日判時237.30）を得て効力発生を止め得た。しかし、本法では、債権者異議手続・株券提出手続のない組織再編行為及び承認決議前にこれらの手続を開始して承認総会決議翌日に効力の発生する組織再編行為が認められるため、決議の執行停止の仮処分が事実上できない。本条の無効の訴えには遡及効がなく（839条）、違法決議の主導者が無効判決確定前に少数派株主等を排除した会社で何を行っても株主等に救済手段がないのは不都合であるから、効力発生後も決議取

消しの訴え等決議の瑕疵を攻撃する訴えが、無効の訴えに吸収されず併存して存続すべきであるというのである。

5　会社の設立無効の訴え
(1) 提訴期間
　会社は、本店所在地において設立登記をすることにより成立する（株式会社の場合は、49条）が、法定の要件を実質的に満たしていなければ、その設立手続は無効であって、法律上かかる会社の存在を承認することはできない。しかし、法律上無効な会社であっても、会社として一応成立し、活動を開始すれば、有効に成立した場合と同様に多数の法律関係が展開されるから、一般原則による無効の主張及びその効果を認めたのでは法律関係の安定を図れない。そのため、会社の成立の日から2年以内に、設立無効の訴えによってのみ設立の無効を主張し得るとした（本条1項1号）。2年が経過すれば設立手続に瑕疵があっても、設立は有効なものとして確定する。
(2) 原告適格
　設立無効の訴えの原告適格を有する者は、本条2項1号が定める。
ア　株式会社の場合
　「株主等」すなわち、株主、取締役又は清算人が原告適格を有する。ただし、監査役設置会社にあっては株主、取締役、監査役又は清算人であり、委員会設置会社にあっては株主、取締役、執行役又は清算人である。株主の提訴権は単独株主権であるから、係属中の保有株式の増減は原告適格に影響がないが、株式を全部譲渡したときは原告適格を失う（山口賢・新注会(13)350頁）。また、原告たる株主が死亡した場合については、下記イと同様に考えることになろう。旧商法では、一律に、株主、取締役及び監査役が提訴権者とされていたが、①本法では、監査役の設置が任意となったことから、監査役は監査役設置会社に限って提訴権者とし、②判例（大判昭和13年12月24日民集17.2713）が、清算会社であっても設立無効の訴えを認めていたことから、清算中の会社の代表者は清算人であるから、清算人についても提訴権を認めることとした。
イ　持分会社の場合
　「社員等」すなわち、持分会社の社員又は清算人が原告適格を有する。旧商法では、提訴権者を社員に限っていた（旧商136条、147条）。清算人に提訴権を認めるべきことは、株式会社の場合と同じであるから、本法で加えられた。なお、最大判昭和45年7月15日民集24.7.804は、有限会社の解散請求、社員総会決議取消し・無効の訴えについて、社員たる原告が死亡し

て相続が生じた事例について、社員権が自益権と共益権を包含するものであり、共益権は自益権の価値の実現を保障するために認められたものであるから一身専属的な権利とはいえず、相続の対象になるとした上で、相続人は被相続人の法律上の地位を包括的に承継するから、被相続人の提起した訴訟の原告たる地位を承継すると判示した。この判例に照らせば、設立無効の訴えについても、社員たる原告が死亡した場合は相続人（合併の場合は存続会社）が訴訟を受継すると解すべきである。

(3) 被告適格

会社設立無効の訴えの被告となり得るものは、設立する会社に限られる（834条1号）。この被告適格については、834条3(1)を参照されたい。

(4) 設立無効事由

ア　株式会社の設立無効事由

会社の設立無効原因は、一般論としては、設立手続に重大な瑕疵があることである（江頭・株式会社法113頁）。株式会社については、会社の設立が公序良俗若しくは法の強行規定又は株式会社の本質に反する場合（小林量・新基本法コンメ(3)361頁）とされるが、法的安定性の要請から、無効事由は限定的に認められている。具体的には、①出資額が定款で定めた出資額（27条4号）に不足していること（本書(1)27条4設例）、②ある発起人が株式を1株も引き受けていないこと（25条2項）（本書(1)25条2設例）、③定款の必要的記載事項（27条各号）の記載が欠けていること、④公証人による定款の認証がないこと（30条1項）（本書(1)30条1設例）、⑤発起人全員の同意による株式発行事項の決定がないこと（32条1項）（本書(1)32条1設例）、⑥募集設立において創立総会（65条）が開催されていないこと（本書(1)65条1設例）、⑧預合い、見せ金の払込みが行われたこと（後出の設例参照）等の客観的事由が無効事由であると解されている。しかし、発起人や引受人の設立時発行株式引受けの意思表示に係る錯誤や虚偽表示は、設立自体の無効事由とはならないと解される。

訴訟物　　XのY株式会社に対する設立無効権

＊請求の趣旨は、「Y会社の設立を無効とする。」である。設立の無効は、会社成立後2年以内に限り訴えを提起することによってのみ主張でき（本条1項1号）、攻撃防御方法として主張することはできない。東京高判昭和43年5月15日判タ226.178は、「商法第428条によれば、会社の設立の無効はその成立の日より2年内に訴をもつてのみこれを主張しう

べく、……A 会社が昭和 38 年 10 月 10 日成立したこと明白であり、……控訴人は、右同日から 2 年経過した後である原審における昭和 41 年 2 月 16 日の口頭弁論期日においてはじめて、訴としてではなく、本件の抗弁として設立無効の主張をするに至つたことが明らかであるから、控訴人の A 会社の設立無効の主張は、……理由がない」と判示する。
* 設立無効の訴えの管轄は、Y 会社の本店の所在地を管轄する地方裁判所に専属する（835 条 1 項）。

請求原因 1 Y 会社は、平成○年○月○日設立されたこと
* 本件訴訟を提起した日は、裁判所に顕著な事実であるから、請求原因 1 の設立の日と照らし合わせると、2 年の提訴期間を守っているか否かが、おのずと明らかとなる。
* 新設合併、株式移転及び新設分割による会社設立の場合、設立無効の訴えではなく、それぞれ、合併無効の訴え（本条 1 項 7 号・8 号）、株式移転無効の訴え（本条 1 項 12 号）、新設分割無効の訴え（本条 1 項 10 号）によるべきであり、新設会社に係る設立無効の訴えによることはできない（山口和宏=原ひとみ=矢尾和子=有田浩規・類型別会社訴訟 II 861 頁）。
2 X は、Y 会社の株主、取締役又は清算人（監査役設置会社においては監査役が、委員会設置会社においては執行役が加わる）であること
* 本条 2 項 1 号に基づく原告適格に関する主張である。会社設立の無効の訴えについて、会社成立後に株主となった者にも原告適格を認めるのが大審院の判決（大判昭和 7 年 5 月 20 日法学 1 下.571）である。この判決からすれば、行為の効力発生時に株主であることが求められている本条 2 項 6 号以下の組織再編行為を除いては、事後に株式を取得した者に無効の訴えの原告適格を認めることとなる。
3 Y 会社の設立に無効事由が存在すること
* 株式会社の設立無効事由については、上記ア参照。
4 本訴は、Y 会社成立の日から 2 年以内に提起されたこと
* 会社の設立無効の訴えの提訴期間は、会社の成立の日から 2 年以内である。会社は、本店所在地における設立登記により成立するから（49 条）、設立登記の日から 2 年以内に提訴しなければならない。

＊会社の定款上の目的が不法であるなど、公序良俗に反する場合には、無効確認の利益が存在する限り、提訴期間の制限はなく、設立無効の訴えが提起できるとの見解もあるが、そのような場合においては提訴期間経過後はむしろ解散命令の制度（824条1項）によるべきものと解され、明文の規定に反してまで出訴期間の制約を排除することは疑問である。

（裁量棄却）
抗　弁 1　瑕疵の程度が軽微であって、関係者に実質的損害が発生していないこと
＊請求原因3に形式上該当していたとしても、瑕疵の程度が軽微であり関係者に実質的損害は発生していない場合は、無効事由に該当しないとし、又は裁量棄却（昭和25年法律第167号改正前商法428条3項、136条、137条）の処理が可能であると説かれている（江頭・株式会社法114頁）。

（権利濫用）
抗　弁 1　本訴の提起が権利無効であることの評価根拠事実
＊名古屋地判昭和53年12月19日判時921.121は、発起人として設立に深く関与し、会社成立後は取締役に就任したこともある者が、創立総会の不開催を理由に設立無効の訴えを提起することは、権利濫用に当たるとした。

訴訟物　XのY株式会社に対する株式会社設立無効権
＊本件は、預合い、見せ金による仮装払込みが行われた場合の設立無効の訴えの事案である。

請求原因 1　Y会社は、平成○年○月○日設立されたこと
2　Xは、Y会社の株主等であること
3　Y会社設立の払込みは、預合い又は見せ金で行われたこと
＊預合いは、発起人が払込取扱金融機関から借入れをし、それを株式の払込金として会社の預金に振り替えて、借入金を返済するまでその預金を引き出さないことを約することをいう。これは、全額払込主義の趣旨（34条1項）に反するものとして無効である（965条参照。最決昭和35年6月21日刑集14.8.981、最判昭和42年12月14日刑集21.10.1369）。これに対し、見せ金は、発起人が払込取扱金融機関以外から株式の払込みに充てる金額を借り入れて株式の払込みに充て、会社

の成立後直ちにそれを払込取扱銀行等から引き出して、自己の借入金の弁済に充てることをいう。見せ金の効力については、有効説もあるが、見せ金を全体的に考察すれば、個々の行為は無関係なものではなく、当初から計画された払込仮装のためのからくりの一環であるから、資本充実を期する法の趣旨に反して無効であるとするのが通説・判例であり、見せ金による設立登記完了は公正証書原本等不実記載・同行使罪に当たる（最決昭和40年6月24日刑集19.4.469）と解していた。そして、見せ金による払込みを無効と解した場合、見せ金の程度が大きい場合には、設立無効原因となると解される。

4　本訴は、Y会社成立の日から2年以内に提起されたこと

（保管証明責任の履行）

抗弁　1　払込取扱銀行等が保管証明責任を履行したこと

＊払込取扱銀行等が保管証明責任を負う（64条1項）としても（ただし、払込取扱銀行等に見せ金について悪意・重過失があった場合にのみ保管証明責任を負わせるとの見解がある）、それを理由に払込みの欠缺の著しい会社の設立無効を救済することは適切でないが、保管証明責任が履行されれば、払込み欠缺の治癒がされるから、本訴が棄却される余地がある（谷川久・新注会(2)325頁）。なお、本法は、発起設立の場合、発起人は銀行又は信託会社等の「払込取扱場所」に払込みをする必要があるが（34条2項）、払込取扱銀行による保管証明制度（旧商189条1項）は廃止された。他方、募集設立の場合は、払込取扱銀行による保管証明制度は維持された（64条1項）。

イ　持分会社の設立無効事由

本法は、持分会社の設立無効原因については規定せず、解釈に委ねている。無効事由としては、客観的瑕疵及び主観的な無効事由が認められており、それに該当する具体的な事実を主張立証しなければならない。具体的な無効事由は、次の（ア）（イ）のように解されよう。

（ア）客観的瑕疵による無効事由

定款に絶対的記載事項が記載されていない場合、記載が違法な場合又は設立登記が無効な場合等である。これは、設立には定款作成と設立の登記が要

件となっており、いずれかについて絶対的記載事項を欠いていることは、準則手続に関する違反であり、客観的無効原因となる。
（イ）主観的瑕疵による無効事由
　通説は、持分会社設立を目的とする社員の1人又は数人の意思表示に瑕疵欠缺があること、つまり、発起人は定款に署名・捺印をしなければならないが、この定款作成行為に心神喪失、要素の錯誤又は心裡留保が存在する場合は主観的無効原因になると解している。例えば、合併については、下級審ではあるが、名古屋地判平成19年11月21日金判1294.60は、当事会社の錯誤無効を無効事由と認めている。ただし、意思表示の瑕疵欠缺に関する規定のうち、相手方に対する意思表示であることを前提とする規定、例えば民法94条（虚偽表示）が、設立行為又は定款作成行為を合同行為と解した場合に主観的無効原因となるかは見解が分かれる。民法94条も適用し得るとする見解がある一方、大判昭和7年4月19日民集11.837は、合資会社の定款作成は各社員の併行する意思表示から成る合同行為であり、各社員相互間の意思表示はないとして、民法93条（心裡留保）の適用を認めるが、民法94条の適用を認めない。

【訴訟物】　XのY合名会社に対する設立無効権
　＊請求の趣旨は、「Y合名会社の設立を無効とする。」である。
　＊数人の提起する会社設立無効の訴えは、類似必要的共同訴訟となる（伊藤・民事訴訟法565頁）。すなわち、数個の訴えが同時に係属するときには、弁論及び裁判は併合することを要し（837条）、訴えが併合された場合には、類似必要的共同訴訟（請求について各自が単独で当事者適格を有し個別的に訴え又は訴えられるが、共同して訴え又は訴えられた場合には、判決を共同訴訟人全員につき合一に確定させ勝敗を一律に決めることが法律上要求される訴訟）となる。

【請求原因】　1　Y合名会社は、平成○年○月○日設立されたこと
　＊本件訴訟を提起した日は、裁判所に顕著な事実であるから、請求原因1の設立の日と照らし合わせると、2年の提訴期間を守っているか否かが、おのずと明らかとなる。
　2　XはY会社の社員又は清算人であること
　＊本条2項1号に基づく原告適格に関する主張である。
　3　Y会社の設立に無効事由が存在すること
　＊持分会社の設立無効事由については、上記（ア）（イ）参照。

4　本訴は、Y会社成立の日から2年以内に提起されたこと

（ウ）持分会社においては、本条の設立無効制度とは別に取消制度が設けられており、民法上の取消原因（民5条、13条、96条）等及び債権者を害する場合（詐害行為）に取消しが可能である（832条）。
(5)　設立無効判決の効力
ア　遡及効の否定
　設立無効判決の効力は、法律関係の錯綜を回避するため、遡及しない（839条）ので、設立から無効判決の確定までの間に生じた法律関係は、無効判決の影響を受けない。すなわち、創立総会や株主総会により選任された取締役が会社の機関として行った対内的・対外的活動は有効であり、これにより、会社は第三者に対して契約上の権利義務を有し、取締役の行為について不法行為や不当利得に基づく義務を負担する。発起人・取締役又は監査役等はそれぞれ会社及び第三者に対し責任を負う（山口和宏＝原ひとみ＝矢尾和子＝有田浩規・類型別会社訴訟Ⅱ860頁）。会社は、清算の目的の範囲内では、なお存続し（476条）、会社の行った賃貸借及び転貸借関係が当然に失効するものではない（最判昭和32年6月7日裁判集民26.839）。
イ　清算手続
　設立無効の判決の確定により、会社は、有効に成立した会社が解散した場合に準じて清算をする（475条2号）。この清算は、利害関係人の請求によって裁判所の選任する清算人が行う（478条4項）。しかし、通常の解散と異なり、会社の継続（473条）は認められない（山口賢・新注会(13)357頁）。
(6)　会社の不成立及び不存在
　会社の不成立とは、会社の実体形成手続が途中で中止され、設立登記に至らなかった場合をいう。これに対して、会社の不存在とは、設立登記がされているが、実体形成手続が全くされていない場合をいう（東京高判昭和36年11月29日下民12.11.2848）。そして、設立無効の訴えは、設立手続に瑕疵があって無効となるべき会社が設立登記を経て有効に成立したとの外形を有する場合、取引の安全を図るため会社の事実上の存在を尊重しつつその消滅を図るものである。したがって、不完全でも会社の実体が存在し、かつ設立登記により会社が外形上成立することが、設立無効の訴えを認めるための前提となる。会社が不成立ないし不存在の場合には、設立無効の訴えを提起する必要はなく、一般原則により、だれでも、いつでも、如何なる方法でもその不存在を主張できる（大判昭和12年9月2日判決全集4.17.49）。しかし、不存在の認定は、法律関係の安定の観点から慎重にすべきとされる（江

頭・株式会社法113頁)。

不成立ないし不存在の会社と取引した第三者に対しては、それを代表した者が無権代理人としての責任を負う(民117条、118条)。不成立の会社の発起人となった者は、株式引受人に対しても、受領した株金及び申込証拠金を返還することを要し、設立に関して支出した費用は、定款に定めがある場合でも、すべて発起人が連帯して負担し(56条)、株式引受人に分担させ得ない(江頭・株式会社法111頁、山口賢・新注会(13)363頁、前田・入門72頁)。

6　新株発行無効の訴え
(1) 提訴期間
　新株発行無効の訴えの提訴期間は、新株の発行が効力を生じた日から6か月以内(非公開会社は1年以内)である(本条1項2号)。株式の発行は払込期日に効力が生じるから、払込期日から6か月以内(非公開会社は1年以内)に新株発行無効の訴えを提起しなければならない(本条1項2号)。この期間内に提訴がないときは、新株発行は有効なものとして確定する。旧商法では、新株発行無効の訴えについては、会社の種類を問わず、6か月としていた。しかし、非公開会社においては新株発行手続の具体的な発行事項の公告又は通知が省略されるため(201条3項)、株主が年1回開催される定時株主総会まで、新株発行の事実を知らない可能性がある。また、非公開会社の場合は、株主の移動も頻繁ではないため新株発行等が無効とされてもそれによる弊害は大きくなく、株主の保護をより重視すべきである。そこで、定時株主総会が年1回の開催であることを考慮し、非公開会社における新株発行無効の訴えの提訴期間を1年に延長した(相澤・新一問一答236頁)。
(2) 原告適格
　新株発行無効の訴えの原告適格を有する者は、本条2項2号が定める。すなわち、その会社の株主、取締役又は清算人であるのが原則であるが、監査役設置会社にあっては、株主、取締役、監査役又は清算人であり、委員会設置会社にあっては、株主、取締役、執行役又は清算人である(本条2項2号)。
ア　株　　主
　新株発行無効の訴えの原告となるためには、訴え提起時から訴訟中を通じて株主であることが必要である(近藤弘二・新注会(7)358頁)。また、株主であることを株式会社に対抗するためには、株主名簿に株主として記載されることが必要である(東京地判平成2年2月27日金判855.22)。新株発行の際には株主でなかったが、発行後に被告会社の株式を譲り受けて株主となっ

た者については、特に原告適格を認めないとする規定がないから、原告適格を肯定すべきである。また、議決権のない株主であっても、新株発行は発行された新株の議決権行使による会社運営を初め、剰余金の配当にも影響を与えるので、新株発行無効の訴えの原告適格を認めるべきである（新株発行差止めの訴えについてであるが、近藤弘二・新注会(7)292頁）。

イ　取締役、執行役

原告適格を有する取締役・執行役とは、代表取締役・代表執行役を定める会社の場合にあっては、代表取締役・代表執行役に限られるとの見解もあろうが、旧商法当時においては、代表権を有さない取締役にも原告適格を認めるのが通説であったことからすると（近藤弘二・新注会(7)358頁）、取締役・執行役はすべて原告適格を有すると解することになろう。

ウ　監査役

監査役は、原則として業務監査権を有するので、原告適格を認められたのであるから（近藤弘二・新注会(7)359頁）、業務監査権を有さない監査役については、原告適格を否定すべきであろう。

エ　清算人

本法制定前は、清算中の会社において、新株発行無効の訴えは認められないとされ（近藤弘二・新注会(7)359頁）、当然清算人は原告適格を有さなかった。しかし、本法は、清算中の会社も新株を発行することができることとなったので（487条2項1号）、清算人も提訴権者に加えられた。

オ　第三者

会社が申込者の中から新株の割当てを受ける者を定めたが（204条）、申込者に対し割り当てられた新株の数を通知することをしなかった場合であっても、割当てと引受けがある以前は、会社内部の意思決定の問題に過ぎないこと、本法も第三者を原告となる者と定めていないことから、この申込者は新株発行無効の訴えを提起できないと解される（旧商法当時の第三者の新株引受権についてであるが、鈴木＝竹内・会社法411頁）。

(3)　被告適格

新株発行無効の訴えの被告となり得るものは、株式を発行した会社に限られる（834条2号）。この被告適格については、834条3(2)を参照されたい。

　訴訟物　　XのY株式会社に対する新株発行無効権
　　　　＊請求の趣旨は、「Y会社が平成○年○月○日にした普通株式○○株の新株発行を無効とする。」である。
　　　　＊新株発行無効の訴えについては、以下(1)(2)のとおり、訴訟

物の特定の問題が生ずる（相澤他・論点解説 216-217 頁）。
(1) 株券発行会社の場合
　株券発行会社においては、株式は、株券に表章され、その譲渡は株券の交付によって行われる。そのため、新株発行無効の訴えにおいて、株券番号等によって、いつの募集事項の決定決議に基づいて発行されたものかが特定できる。
(2) 株券不発行会社の場合
　株券不発行会社においては、株券番号等による新株の特定はできず、既存の株式と新株とを区別できない。したがって、株券不発行株式について、新株発行無効の訴えを提起するためには、募集事項の決定決議を特定することでは足りず、無効請求の対象株式の現在の保有者とその株式数を明らかにしない限り、訴訟物が特定されないため、不適法却下となる。

請求原因 1　Xは、Y会社の株主等であること
　＊請求原因1は、権利主張である。例えば、「XがY会社の株主であること」に争いがある場合には、これに代えて、①「AはY会社のもと（②当時）株主であったこと」②「AはXに対し、Y会社の本件株式を〇〇万円で売買する契約を締結したこと」を主張立証しなければならない。更に、Xは、Y会社に株主であることを対抗することができなければならない。順を追うと、Y会社から、「Xが株主名簿の名義書換えをするまで、XをY会社の株主と認めないとのY会社の権利主張」が抗弁（対抗要件の抗弁）として主張されると、Xは、「XはY会社の株主名簿の名義書換えを済ませたこと」を再抗弁（対抗要件具備の再抗弁）として主張立証しなければならないこととなる。実務的には、請求原因の段階から再抗弁をも先行的に主張して、「XはY会社の株主名簿上の株主であること」を主張することとなる。前掲平成2年東京地判は、「原告は、平成2年2月20日の本件口頭弁論期日において……本件株券を提出するまで、本件株券を被告に示したことはないこと、したがって、原告は、現在まで、被告に対し、本件株券を呈示して本件株式につき原告への名義書換えをすべき旨の請求をしたことはないことが認められる。そうすると、仮に原告においてAから本件株式の譲渡

を受けていたとしても、商法第206条第1項により、原告は、被告に対し、本件株式の取得を対抗することができないから、株主として適法に本件訴えを提起・遂行することはできないことになる（なお、仮に原告が今後適法な名義書換えの請求をして本件株式の取得を被告に対抗することができるようになったとしても、被告との関係で原告が株主となるのは、その時点からであり、本件訴えの出訴期間（平成元年6月2日まで）が経過するまでの間、原告が被告の株主でなかったことに変化が生ずるわけではないから、本件訴えは適法に提起されたものとすることはできず、却下を免れない。）。」と判示する。

2　Y会社は、新株発行をしたこと
　＊新株発行無効の訴えは、募集手続による株式の発行に限らず、会社の成立後における株式の発行すべてに適用され、新株予約権の行使による株式の発行、取得条項付株式による取得の対価の交付としての株式の発行、株式無償割当てによる株式の発行なども対象となる。

3　請求原因2の新株発行についての無効原因事由
　＊新株発行無効の訴えは、形成訴訟であり、法律の要件が認められる場合に提起することができる訴訟であるから、無効原因を構成する事実の主張立証責任は、原告にあると解される。

4　本訴は、株式の発行の効力が生じた日から6か月以内（非公開会社は、株式の発行の効力が生じた日から1年以内）に提起されたこと
　＊無効事由の追加は、提訴期間経過後は許されない（最判平成6年7月18日裁判集民172.967）。本条1項2号が新株発行無効の訴えの提訴期間を6か月以内又は1年以内と制限したのは、新株発行の法律関係を早期に確定することにあり、新たな無効事由について提訴期間後の主張を許すと、法律関係が不安定となって、提訴期間の趣旨が没却されるからである。これに対し、新株発行差止請求の訴えから新株発行無効の訴えに変更された場合は、その変更が新株発行の提訴期間を経過していても、提訴期間の遵守に欠けるところはない（最判平成5年12月16日民集47.10.5423）。

＊非公開会社に限って提訴期間が1年とされているから、6月を超えて1年以内の提訴期間を主張するためには、「Y会社が非公開会社であること」を主張立証しなければならない。
＊新株発行の効力の発生した日、すなわち株主となる時期は、実際に出資の履行をした日であり（209条）、新株発行の登記の日ではない。東京高判昭和61年8月21日判タ627.204は、旧商法の事案であるが、訴えを提起する株主が新株発行の事実を知り得なかったとしても、「発行の日」の解釈を別にしたり、提訴期間の延長は認め得ないとしている。

(4) 新株発行無効事由

　新株発行無効の訴えは、新株発行の手続に法令・定款に違反する重大な違反がある場合に、その発行を一体として無効とすることを求める訴えである（この点、個々の新株引受無効確認の訴えとは異なる。ただ、新株発行無効原因がその回の新株発行全部に共通せず、一部の引受人との間に限ってある場合には、その一部の新株発行の無効を訴えることも可能である）。ところで、新株発行無効事由については、条文に定めがなく、株式譲受人の取引安全の要請を図る必要があること、新株発行は株式会社の資金調達の手段であり、拡大された規模で営業活動を開始した後に資金調達が無効とされる場合に取引先や債権者等にも影響を与えることなどから、判例は、無効事由を限定することによって、法的安定性を確保し、瑕疵ある新株発行を生じさせないためには、新株発行差止請求権（210条）を利用するよう動機づけているといえる（得津晶・論点体系 (6) 118頁）。であるからこそ、判例は、差止請求権の利用の機会を失わせた新株発行、あるいは差止命令に違反する新株発行には、無効事由があるとするのである（下記ア(ア)参照）。これに対し、本法は株式会社に旧有限会社を統合したため、募集株式の発行等の場面においては従前の有限会社の規律に近い本法下の全株式譲渡制限会社には、従来の判例の射程は及ばず、無効事由を限定的に解する必要がないと指摘する見解がある（江頭・株式会社法713頁）。

ア　無効事由
(ア) 差止請求権に関する事由

　差止事由が存在する場合において株主への募集事項の通知・公告（201条3項・4項）を欠いている場合（最判平成9年1月28日民集51.1.71、最判平成10年7月17日裁判集民189.395)、定款による株式譲渡制限会社において株主の有する新株引受権（202条1項）を無視してされた募集株式の発行等

において通知（202条4項）を欠いた場合（東京高判平成12年8月7日判タ1042.234）は、差止請求権の行使の機会を奪うこととなるので、重大な瑕疵であって、無効事由に該当する。もちろん、差止仮処分命令に違反して発行等がされた場合（前掲平成5年最判、本書(1)210条4(1)）は、無効事由に該当すると解される。

(イ) 差止請求権に関係ない重大な法令・定款違反

定款所定の発行可能株式総数を超過する場合（37条、113条、東京地判昭和31年6月13日下民7.6.1550、本書(1)37条2及び199条1(1)ア設例）、譲渡制限株式の株主の募集株式割当権（202条2項）に反する発行（前掲平成12年東京高判、東京高判平成6年2月24日金判956.20）、代表取締役によらない（発行権限のない者の）新株の発行（本書(1)201条1(1)設例）である。

更に、学説は、定款の認めない種類の株式の発行（108条、本書(1)199条1(1)イ）・譲渡制限株式の発行における株主総会・種類株主総会決議の瑕疵（199条2項・4項、202条3項4号、204条2項、322条1項4号）を無効事由に掲げている（江頭・株式会社法714頁）。しかし、無効判決に先立って定款変更がされ、発行された株式に関し、その発行についての定めが定款に置かれたときは、その瑕疵が治癒される（大隅健一郎＝今井宏・会社法論（中）［第3版］667頁）。

イ　無効とならない事由

株式の発行価額その他発行の条件が募集ごとに均等でない場合（199条5項違反）や、発行価額未満の金額しか払い込まれていないのに新株を発行した場合（208条1項違反）は、取締役の損害賠償責任や株式引受人の填補責任（212条1項1号）で解決できる場合もあること、新株発行に関しては取引の安全も考慮すべきなので、これらの場合の新株発行は有効と解される。

ウ　無効事由になるか否か見解が分かれる事由

(ア) 新株発行に関する取締役会決議又は株主総会決議の不存在

公開会社の新株の発行（株主以外の第三者に対する有利発行の場合を除く）には取締役会決議が必要であるが（202条3項3号、201条1項、199条1項）、その決議がない場合であっても、対外的に会社を代表する権限のある取締役が発行した以上、取引安全の見地から、その新株発行は有効であると解される（最判昭和36年3月31日民集15.3.645）。そして、株主総会の特別決議を経ないでされた新株の有利発行も無効事由にならないと解されている（神田・会社法148頁）。しかし、非公開会社が新株を発行する場合は、既存株主の持分比率を保護するために株主総会の特別決議を必要としているから

（199条2項、309条2項5号）、その決議がない新株発行は無効と解し得る（江頭・株式会社法714頁は、「譲渡制限株式（会社2条17号）である募集株式の発行等に必要な株主総会・種類株主総会決議（会社199条2項4項、202条3項4号、204条2項、322条1項4号）に瑕疵があることは、原則として当該発行の無効事由である（横浜地判平成21.10.16判時2092号148頁）。」という）。そして、最判平成24年4月24日判時2160.121は、「会社法上、公開会社（同法2条5号所定の公開会社をいう。以下同じ。）については、募集株式の発行は資金調達の一環として取締役会による業務執行に準ずるものとして位置付けられ、発行可能株式総数の範囲内で、原則として取締役会において募集事項を決定して募集株式が発行される（同法201条1項、199条）のに対し、公開会社でない株式会社（以下「非公開会社」という。）については、募集事項の決定は取締役会の権限とはされず、株主割当て以外の方法により募集株式を発行するためには、取締役（取締役会設置会社にあっては、取締役会）に委任した場合を除き、株主総会の特別決議によって募集事項を決定することを要し（同法199条）、また、株式発行無効の訴えの提訴期間も、公開会社の場合は6箇月であるのに対し、非公開会社の場合には1年とされている（同法828条1項2号）。これらの点に鑑みれば、非公開会社については、その性質上、会社の支配権に関わる持株比率の維持に係る既存株主の利益の保護を重視し、その意思に反する株式の発行は株式発行無効の訴えにより救済するというのが会社法の趣旨と解されるのであり、非公開会社において、株主総会の特別決議を経ないまま株主割当て以外の方法による募集株式の発行がされた場合、その発行手続には重大な法令違反があり、この瑕疵は上記株式発行の無効原因になると解するのが相当である。」と判示した上で、非公開会社が株主割当て以外の方法により発行した新株予約権に株主総会によって行使条件が付された場合に、行使条件がその新株予約権を発行した趣旨に照らして新株予約権の重要な内容を構成しているときは、行使条件に反した新株予約権の行使による株式の発行は、これにより既存株主の持株比率がその意思に反して影響を受けることになる点で、株主総会の特別決議を経ないまま株主割当て以外の方法による募集株式の発行がされた場合と異なるところはないから、上記の新株予約権の行使による株式の発行には、無効原因があるとしている。

(イ) 株主以外の第三者への有利発行に関する株主総会決議の不存在

　株主以外の第三者に対し、「特に有利な金額」（199条3項）により株式が発行される場合には、公開会社においても、株主総会の特別決議が必要であるが、この場合であっても、取引の安全、法的安定性の見地から、新株の発

行は無効とはならず、取締役の損害賠償責任のほか、株式引受人の引受填補責任（212条1項1号）や取締役の損害賠償責任で解決すべきである（最判昭和40年10月8日民集19.7.1745、最判昭和46年7月16日裁判集民103.407、最判昭和48年4月6日金法683.32、最判昭和52年10月11日金法843.24）。

(ウ) 新株発行事項の公示の欠如（本書(1)201条3(3)設例）

公開会社が取締役会決議によって募集事項を定めた場合には、会社は払込期日の2週間前までに、株主に対し、募集事項を通知し、又は通知に代えて公告しなければならないが（201条3項・4項）、通知・公告を欠いたことは、株主が新株発行差止めを請求した際に、それが許容される場合に限り新株発行無効事由となると解される。最判平成9年1月28日民集51.1.71は、上告会社の新株発行につき、①新株発行に関する事項について旧商法280条ノ3ノ2（201条3項・4項）に定める公告又は通知がなく、②新株発行を決議した取締役会について、取締役Aに招集の通知（旧商259条ノ2（368条1項））がされず、③代表取締役Bが株主総会における自己の支配権を確立するためにしたものであり、④新株を引き受けた者が真実の出資をしたといえず、資本の実質的な充実を欠いているという事実を前提として、「新株発行に関する事項の公示（〔商〕法280条ノ3ノ2に定める公告又は通知）は、株主が新株発行差止請求権（同法280条ノ10）を行使する機会を保障することを目的として会社に義務付けられたものであるから……新株発行に関する事項の公示を欠くことは、新株発行差止請求をしたとしても差止めの事由がないためにこれが許容されないと認められる場合でない限り、新株発行の無効原因となると解するのが相当であり、右③及び④の点に照らせば、本件において新株発行差止請求の事由がないとはいえないから、結局、本件の新株発行には、右①の点で無効原因があるといわなければならない。」と判示する。これは、新株発行の際に通知・公告がされないという瑕疵は重大であるため、原告がその瑕疵を主張立証したときは、被告会社が他に新株発行差止事由がなかったことの主張立証責任を負うことを明らかにしたものと解される。

(エ) 株式の割当てを受ける権利の無視（本書(1)202条4設例）

株主の募集株式の割当てを受ける権利の無視は、それが一般的な（全部又は大部分）無視があった場合にのみ無効となると解されている。（鈴木=竹内・会社法428頁）。ただし、江頭・株式会社法715頁は、「その見解は、株主が持株比率の維持に重要な利害を有しない株式の発行等のケースを念頭に置いていると思われ、譲渡制限株式に関する株主の募集新株の割当てを受ける権利の無視は、軽微かつ偶発的に生じたものでない限り、原則として無効

事由になると解すべきである。」という。
(オ) 著しく不公正な方法による発行（本書(1)210条4(2)）
　著しく不公正な方法により新株が発行された場合、取引安全の要請から新株発行は無効にならないと一般に解されている。しかも、その結論は新株を発行した会社が小規模で閉鎖的であっても変わらないとするのが判例である（最判平成6年7月14日裁判集民172.771）。しかし、それでは、損害を受けた株主は、新株発行差止めの訴えを提起するか、取締役に対し損害賠償を請求するしかないが、①会社が新株発行の通知・公告を欠いた場合には新株発行差止めの訴えを提起する機会を失うこと、②取締役に対する損害賠償請求も損害額の算定が困難であるから、会社が新株を発行すると、株主はもはや実質的に救済を受け得なくなる。そこで、取引安全を考慮する必要がない場合には、著しく不公正な方法による新株発行は無効とする余地が残る。
(カ) 発行手続等の瑕疵の無効事由のある新株予約権が行使されて発行された株式
　事前差止めについてであるが、新株予約権の発行の差止事由が存在する場合は当然にその後の募集株式等の発行にも差止事由があるとした事例がある（新潟地決平成20年3月27日金判1298.59。東京高決平成20年5月12日判夕1282.273）。この決定を新株予約権発行における瑕疵が発行される株式にも承継されると解したものとすれば、新株予約権発行の無効事由は、新株発行無効の訴えにおける無効事由に該当するともいえる（得津晶・論点体系(6)119頁）。そして、東京地判平成21年3月19日判時2052.108は、新株予約権の行使条件違反は新株発行の無効原因となることを認める。同判決は、「法は、新株予約権の発行価額の払込期日（無償発行の場合には発行日）の2週間前に新株予約権事項を公告又は通知すべき旨定めるが（商法280条の23〔240条2項・3項〕）、新株予約権の行使については、公告又は通知に関する規定が設けられておらず、……そうすると、新株予約権の行使が行使条件に違反する場合であっても、株主がこれを察知して、新株発行を事前に差し止めることは事実上不可能に等しい。株主は、行使条件に違反する新株予約権の行使による新株の発行を事前に差し止めることは事実上不可能に等しいにもかかわらず、行使条件に違反する新株予約権の行使により、株式の財産的価値の低下という損害を被ることになるが、このような結果を容認することは、第三者有利発行に係る新株予約権の行使条件の決定について株主総会特別決議を要求し、株主の負担に帰す第三者に対する過度の財産上の利益提供の防止を図った法の趣旨（商法280条の21第1項〔238条3項〕、同条の20第2項6号〔238条1項〕）を没却することになる。このような場合、

株主は、新株予約権の行使に関与した取締役又は新株予約権を行使した者に対して損害賠償を請求することもできるとしても、株主の救済として実効性があるとはいえない。そこで、第三者有利発行に係る新株予約権の行使条件に違反する新株予約権の行使は、当該行使条件が、新株予約権の目的に照らして細目的な行使条件であるといえない限り、新株発行の無効原因となると解すべきである。」と判示する。

　ウ　無効事由の主張立証責任

　形成の訴えである新株発行無効の訴えは、法律の要件が認められる場合に提起できる訴訟であるから、原告が無効原因を主張立証すべきである。ただし、例えば新株発行の際に通知・公告（201条3項・4項）がされていない場合には、通知・公告の事実がないことを立証するのは困難なため、被告会社が通知・公告の存在を立証すべきである。また、新株発行の際に通知・公告がされていない場合は、その瑕疵は重大であるため、原告がその点の主張をした場合には、被告会社が他に新株発行差止事由のないことを主張立証すべきである（最判平成9年1月28日民集51.1.71）（真鍋美穂子＝藁谷恵美＝森純子・類型別会社訴訟Ⅱ603-604頁）。

(5)　新株発行無効の判決の効力

　新株発行無効の訴えの認容判決が確定すると、新株発行は将来に向かってその効力を失う（839条。遡及効）。なお、無効判決の効力については、840条を参照されたい。

7　自己株式の処分無効の訴え

(1)　提訴期間

　自己株式の処分無効の訴えは、自己株式の処分の発行が効力を生じた日から6か月以内（非公開会社は1年以内）に提訴しなければならない（本条1項3号）。新株発行と類似する自己株式の処分無効の訴えの提訴期間については、新株発行と同様の提訴期間の規定を設けている（期間の差を設けた趣旨については、前記6(1)参照）。

(2)　原告適格

　原告適格を有する者は、その会社の株主、取締役又は清算人（監査役設置会社は株主、取締役、監査役又は清算人、委員会設置会社は株主、取締役、執行役又は清算人）である（本条2項3号）。新株発行無効の訴えと同じ者であり、清算人も原告適格を有するのも、6(2)エ記載と同じ理由である。

(3)　被告適格

　被告適格を有するものは、自己株式の処分をした会社に限られる（834条

3号)。この被告適格については、834条3号を参照されたい。

訴訟物	XのY株式会社に対する自己株式処分無効権

＊Y会社が募集株式の発行手続を経ないで自己株式を処分したので、株主等Xがその無効を求めた事案である。

請求原因	

1　Xは、Y会社の株主等であること
2　Y会社は、自己株式を処分したこと
3　請求原因2の自己株式処分についての無効事由
　＊自己株式処分無効事由については、下記(4)を参照されたい。
4　本訴は、自己株式の処分の効力が生じた日から6か月以内（非公開会社は、自己株式の処分の効力が生じた日から1年以内）に提起されたこと
　＊自己株式の違法処分を事後的に無効とすると、株式取得者又は転得者の利益を害するから、これを防止するため、事前に違法な自己株式の処分の差止めを認め（210条参照）、かつ、事後の無効の訴えの提起期間を6か月の短期間に制限した。そして、提起期間を制限することにより残る不公正な処分価格の問題は、公正な価格との差額の支払により解決する。

(4) 自己株式処分無効事由
　本法は、自己株式の処分を原則として新株発行と同様のものと位置づけており（199条1項参照）、無効事由についても新株発行の無効事由と同様に考えることができる。
ア　株式の発行と同じ募集の手続による処分
　会社が自己株式の処分をするためには、法に特別の定めがある場合（次のイ参照）を除いて、株式の発行の場合と同様に募集株式の発行手続を経る必要がある（199条1項）。すなわち、自己株式の処分に応じて譲受けの申込みをした者に対し、自己株式を割当て譲渡するという方法を採ることにより、公開会社の場合は処分価格の公正を確保し、非公開会社の場合はそれとともに株主間の持株比率の不公正を防止する。この場合における自己株式の処分の無効事由は、募集新株発行の無効事由に準ずるものと解される。
イ　ア以外の例外的な自己株式の処分
　本法が認めるア以外の自己株式処分の形態として、①取得請求権付株式・取得条項付株式・全部取得条項付種類株式を会社が取得する際に交付する他の種類の株式として自己株式を交付する場合（108条2項5号ロ・6号ロ、

171条1項1号イ)、②株式無償割当てに自己株式を交付する場合（185条)、③単元未満株主の売渡請求に対して会社が単元未満自己株式を売り渡す場合（194条3項)、④新株予約権の行使に対し会社が自己株式を交付する場合（282条)、⑤吸収合併・吸収分割・株式交換の際に存続会社等が自己株式を交付する場合（749条1項2号イ、758条4号イ、768条1項2号イ）などが認められているが（江頭・株式会社法261-262頁)、これらの自己株式による代用（転用）は、内部者取引の弊害が認められないので、募集株式の発行手続を必要としないのである。

ウ　市場売却の不許
　会社が自己株式を処分する方法として、本来、株式市場で売却するのが適正な方法といえるが、内部者取引の防止のため、本法制定時に179条が削除され、市場売却は認められていない。

(5) 自己株式の処分の無効判決の効力
　自己株式の処分の無効判決が確定した場合における効果として、将来効（839条）が生ずるが、それだけでは明確でない点を841条が定める。それぞれの条文の解説を参照されたい。

8　新株予約権発行無効の訴え
(1) 提訴期間
　提訴期間は、新株予約権発行の効力が生じてから、6か月以内（非公開会社は1年以内）である。新株予約権は割当日に効力が生ずるから、提訴期間は割当日から6か月以内（非公開会社は1年以内）である（本条1項4号)。新株発行と類似する新株予約権発行の無効の訴えの提訴期間については、新株発行と同様の提訴期間の規定を設けている（期間の差を設けた趣旨については、前記6(1)参照)。
　なお、無効とされなかった新株予約権の行使により株式の発行・自己株式の処分が行われる場合に、株主がその株式の発行・自己株式の処分の効力を争う可能性は否定できない。

(2) 原告適格
　原告適格を有する者は、その会社の株主、取締役又は清算人（監査役設置会社は株主、取締役、監査役又は清算人、委員会設置会社は株主、取締役、執行役又は清算人）と新株予約権者である（本条2項4号)。

(3) 被告適格
　被告適格を有するものは、新株予約権の発行をした会社に限られる（834条4号)。この被告適格については、834条4号を参照されたい。

| 訴訟物 | XのY株式会社に対する新株予約権無効権
＊Y会社が新株予約権の発行をしたので、株主等又は新株予約権者Xがその無効を求めた事案である。
| 請求原因 | 1　Xは、Y会社の株主等又は新株予約権者であること
2　Y会社は、取締役会を開催し、新株予約権について次のとおり発行事項を決定したこと

記
　①　発行する新株予約権の種類及び総普通株式○万株（新株予約権1個当たりの目的たる株式の数1万株）
　②　発行する新株予約件数の総数　○万株
　③　新株予約権の発行価額　1個につき○円（1株につき○円）
　④　申込期間　平成○年○月○日から同年○月○日
　⑤　払込期日　平成○年○月○日
　⑥　割当方法　第三者割当て（割当先○○）
　⑦　新株予約権の行使価額　1株につき○円
　　　　　　（以下　略）
3　請求原因2の新株予約権についての無効原因事由
＊下記(4)参照。
4　本訴は、新株予約権の発行の効力が生じた日から6か月以内（非公開会社は、新株予約権の発行の効力が生じた日から1年以内）に提起されたこと

(4) 新株予約権の発行無効事由

　新株予約権は、流通すると利害関係人が多数発生するおそれがあり、また、事前差止制度（247条）が設けられていることも、募集株式の発行等と同じなので、新株予約権発行の無効事由は、募集株式の発行等の場合と同様に考えることができる。
　新株予約権発行の無効事由として、①譲渡制限株式を目的とする新株予約権が株主総会・種類株主総会の決議のない発行（238条2項・4項、241条3項4号、243条2項、322条1項5号）、②譲渡制限株式を目的とする新株予約権につき株主の割当てを受ける権利（241条2項）を無視した割当て、③公開会社において募集事項の通知・公告（240条2項・3項）を欠く第三者割当て又は公募の方法による発行、④新株予約権の発行差止仮処分に違反する発行等がある（江頭・株式会社法743頁）。
　新株予約権の発行の場合は、新株発行と異なり、その前段階であるから、

株式取引の安全確保の程度が低く、新株発行の場合よりも無効事由を緩やかに解し得る。例えば、⑤新株予約権の目的である株式数が会社の交付可能株式数を超過する、⑥募集新株予約権に係る払込金額が引受人に特に有利であるため株主総会の特別決議を要する場合にその決議がない、⑦著しく不公正な方法による発行のため株主が不利益を受ける等は、無効事由と解し得る。

(5) 新株予約権発行の無効判決の効力

新株予約権発行の無効判決が確定した場合における効果として、将来効(839条)が生ずるが、それだけでは明らかでない点を842条が定める。それぞれの条文の解説を参照されたい。

9 資本金の額の減少無効の訴え

(1) 提訴期間

資本金の額の減少の無効の訴えの提訴期間は、法律関係の画一的確定を図るために、資本金の額の減少の効力発生日から6か月以内である（本条1項5号）。「資本金の額の減少が効力を生じた日」とは、株主総会の決議により資本金の額の減少が効力を生じると定めた日である（828条1項5号、447条1項3号）。資本金の額の減少の無効は訴えをもって主張する必要があり、無効認容判決の確定により資本金の額の減少が無効とされる。

(2) 原告適格

原告適格を有する者は、その会社の株主、取締役又は清算人（監査役設置会社は株主、取締役、監査役又は清算人、委員会設置会社は株主、取締役、執行役又は清算人）と破産管財人又は資本金の額の減少について承認をしなかった債権者である（本条2項5号）。承認をしなかった債権者は、弁済がされると債権者でなくなり、担保の提供・弁済のための財産信託があれば、訴えの利益がなくなる（449条5項。小橋一郎・新注会(13)249頁）。清算人と破産管財人については、本法制定前は、原始無効の効力が遡及したため、減資とともにした払戻しのを無効としそれを会社に取り戻す必要があったので、提訴権者とする必要があったが、本法は、減資の無効も将来効しかなく(839条)、減資に基づいてされた剰余金の配当も有効であるから、実益には疑問があると指摘されている（小林量・新基本法コンメ(3)359頁）。

(3) 被告適格

資本金の減少無効の訴えの被告となり得るものは、その会社に限られる(834条5号)。この被告適格については、834条の解説3(5)を参照されたい。

訴訟物　XのY株式会社に対する資本金額減少無効権（形成）

＊資本金額減少の効力発生前は、資本金額減少無効の訴えを提起できず、資本金額減少決議取消しの訴え又は決議無効・不存在確認の訴えを提起できるに止まる。他方、資本金額減少の効力発生後は資本金額減少無効の訴えのみ提起でき、資本金額減少決議の取消し又は無効・不存在確認の訴えは訴えの利益を欠くこととなる（資本金額減少の効力が発生し、資本金額減少無効の訴えを提起できる以上、資本金額減少の手続の一部である資本金額減少の決議の効力のみを争うことは訴えの利益を欠く）。

請求原因
1　Xは、Y会社の株主等、破産管財人又は資本金額の減少について承認をしなかった債権者であること
　　＊原告適格については、上記(2)参照。なお、Y会社に知れている債権者であるにも関わらず、催告を受けなかった債権者も原告適格を有する（小橋一郎・新注会(13)249頁）。
2　Y会社は、平成○年○月○日開催の株主総会において、資本金額減少の決議をしたこと
3　請求原因2の資本金額の減少についての無効原因事由
　　＊請求原因3の事由として、資本金額減少の手続又は内容に瑕疵（資本金額減少決議の無効又は取消し、債権者保護手続の瑕疵等）を挙げることができる。資本金額の減少についての無効事由については、下記(4)参照。
4　本訴は、資本金額の減少の効力が生じた日から6か月以内に提起されたこと

（訴えの利益の喪失）

抗弁
1　Y会社は、異議を述べたXのために担保の提供・弁済のための財産信託をしたこと

(4) 資本金の額の減少無効事由

　資本金額の減少の無効事由は、それを行う手続の瑕疵であるとされる（江頭・株式会社法634頁）。例えば、株主総会決議に無効・取消原因となる瑕疵がある場合（大判大正15年3月27日民集5.222、東京地判昭和41年6月15日下民17.5-6.488）や債権者の異議手続が履行されない場合がある（本書(2)447条5設例、449条3設例参照）。ただ、東京高判昭和59年6月28日判時1124.210は、資本金減少の決議をする株主総会を招集した代表取締役を取締役に選任したとする株主総会が不存在であったとしても、資本金減少決議

をする総会については、招集権者の点を除いて適法に招集及び決議がされ、その決議に基づく資本金減少・株式併合手続が進められた以上、外観を基礎として諸般の法律関係が進展していく場合の法的安定の要請から、資本金減少決議及びこれに基づいて行われた資本金減少、株式併合は有効と認められるとしている（判文の表示は「資本減少」）。
(5) 資本金の額の減少無効判決の効力

　無効の効力は、当事者だけでなくすべての関係人に対しても効力を生じるが（対世効）、資本金の額の減少の効力は、遡るのではなく判決確定時から将来に向かってのみ生ずる（838条、839条）。

10　会社の組織変更無効の訴え
(1) 提訴期間

　組織変更に無効原因がある場合は、組織変更の効力が生じた日から6か月以内に提訴しなければならない。組織変更計画においては効力発生日を定めることを要する（744条1項9号、746条9号）。そして、効力発生日に組織変更が効力を生じる。したがって、組織変更無効の訴えは、組織変更計画中に定められた効力発生日から6か月以内に訴えを提起しなければならない（本条1項6号）。

　なお、組織変更の手続が全くされていないにもかかわらず、組織変更登記がある場合には、組織変更は不存在であり、誰でもいつでもどのような方法によってもその不存在を主張できる。
(2) 原告適格

　原告適格を有する者は、組織変更の効力発生日において組織変更をする会社の株主、取締役又は清算人（監査役設置会社は、株主、取締役、監査役又は清算人、委員会設置会社は、株主、取締役、執行役又は清算人）若しくは社員等であった者又は組織変更後の会社の株主等、社員、清算人、破産管財人若しくは組織変更について承認をしなかった債権者である（本条2項6号）。

　最判昭和46年6月29日民集25.4.711は、旧有限会社法当時の事案であるが、「会社の組織変更は、会社がその前後を通じて同一人格を保有するものとはいえ、法がそのために、総株主または総社員の一致による総会の決議等一定の厳格な手続を要求し、かつ、登記簿上は、旧会社の解散および新会社の設立の各登記を経ることとし、あたかも会社の設立または合併の如き手続を規定していること、ならびに、組織変更が、会社と利害関係を有する多数の者との間における複雑な法律関係に影響を及ぼすため、その無効につい

ては画一的な処理を必要とすることを考え合せれば、その手続に重大な瑕疵があるとしてその無効を争う場合には、会社の設立無効の訴に関する商法428条〔828条1項6号・2項6号〕の規定を準用し、組織変更後の会社の株主または取締役は、組織変更後の会社を被告として、その設立無効の訴を提起しうるものと解するのが相当である。そして、有限会社が株式会社に組織変更された場合において、組織変更当時有限会社の社員たる地位を有していた者は、当然株主たる地位を与えられるべきものであるから、なんらかの故なき理由で表面上株主として遇せられていないとしても、実質上は、なお株主としての地位を有するものというべきであり、商法428条の準用にあたつては、なお株主に準じて、右組織変更後の株式会社の設立無効の訴を提起しうべき原告適格を有するものと解すべきである。」と判示する。

(3) 被告適格

会社の組織変更無効の訴えの被告となり得るものは、組織変更後の会社に限られる（834条6号）。この被告適格については、834条6号の解説を参照されたい。

訴訟物	XのY株式会社に対する組織変更無効権
	＊本件は、Y会社が組織変更を行ったところ、その効力発生日における組織変更をする会社の株主等若しくは社員等であった者又は組織変更後の会社の株主等、社員等、破産管財人若しくは組織変更について承認をしなかった債権者Xが、その無効を求めた事案である。
請求原因	1　Y会社は、組織変更をしたこと
	＊組織変更とは、法人格の同一性を維持しながら、別の種類の会社に組織を変更することであるが、具体的には、株式会社が持分会社に変わる場合と、反対に、持分会社が株式会社に変わる場合とがある（743条以下）。
	2　Xは、組織変更の効力発生日において組織変更をする会社の株主等若しくは社員等であった者又は組織変更後の会社の株主等、社員等、破産管財人若しくは組織変更について承認をしなかった債権者であること
	＊旧商法には明文規定がなかったが、前掲昭和46年最判は、組織変更当時の社員・株主で理由なく地位を奪われた者は、原告適格を失わないと判示していた。
	3　請求原因1の組織変更についての無効事由

＊組織変更の無効事由については、下記(4)参照。
4　本訴の敵は、組織変更の効力が生じた日から 6 か月以内であること

(4) 組織変更の無効事由

　組織変更の無効事由は、組織変更手続の瑕疵であるとされる（江頭・株式会社法 900 頁）。例えば、①法定事項を定めていない組織変更計画の作成（743 条）（744 条設例参照）、②組織変更計画の内容と法務省令事項の事前開示がないことと株主及び会社債権者の閲覧（株式会社から持分会社への組織変更の場合のみ。775 条）の拒絶（775 条設例参照）③組織変更計画についての総株主又は総社員の同意（776 条 1 項、781 条 1 項）（776 条設例参照）、④会社債権者保護手続（779 条、781 条 2 項）がされていないこと（779 条設例参照）、⑤組織変更後の会社の資本金額の計上等の達法、⑥新株予約権買取請求手続（777 条 1 項）の未履行等である。

(5) 組織変更無効判決の効力

　組織変更無効判決が確定した場合には、組織変更後の会社は、当然に組織変更前の会社に復帰するものと解されており、解散の場合に準じて清算されるのではない。

11　吸収合併無効の訴え

(1) 提訴期間

　合併無効の訴えは、合併の効力が生じた日から 6 か月以内に提起する必要があるが（本条 1 項 7 号）。この期間の起算日は、吸収合併にあっては、合併の効力が発生する日として（750 条 1 項、752 条 1 項）、合併契約で定められる日（749 条 1 項 6 号、751 条 1 項 7 号）をいう。なお、この効力発生日は、当事会社間の合意により所定の手続により変更できる（790 条）。当初定められた効力発生日が変更された場合は、変更後の効力発生日がその起算点となる。そして、合併無効の訴えは、合併の効力を失わせる形成の訴えであるから、合併の効力発生日以前に提訴はできない。

　なお、合併無効の原因が、新設会社の定款上の目的が公序良俗に反するときは、提訴期間の制限を受けず、提訴期間経過後であっても合併無効の訴えを提起できるとする見解があるが、疑問である。提訴期間経過後は、合併無効の訴えを提起できず、存続会社又は新設会社の解散命令を請求すべきである（824 条 1 (1) の設例）。

　原告は、出訴期間経過後に、新規の無効原因事由を追加主張できるかとい

う点については、合併無効の訴えに出訴期間の制限があることに照らすと、株主総会決議取消しの訴えと同様に出訴期間経過後に新たな無効事由を追加して主張できないと解される（最判昭和51年12月24日民集30.11.1076）。
(2) 原告適格
　原告適格を有する者は、吸収合併の効力発生日において吸収合併をする会社の株主等（株主、取締役又は清算人（監査役設置会社にあっては株主、取締役、監査役又は清算人、委員会設置会社にあっては株主、取締役、執行役又は清算人））若しくは社員等（社員又は清算人）であった者又は吸収合併後存続する会社の株主等、社員等、破産管財人若しくは吸収合併について承認をしなかった債権者である（本条2項7号）。
ア　株　　主
　存続会社の株主は、自己が株主でなかった消滅会社に係る合併承認決議の瑕疵を主張し提訴することができない。自己の利益については適正な手続を経て保護されているからである。消滅会社の合併承認決議の瑕疵を争い得るのは、消滅会社の株主であった存続会社の株主に限られる。
　吸収合併の効力発生日において吸収合併をする会社の株主又は吸収合併後の存続会社の株主（828条2項7号）が提訴権者である。そして、提訴のための株主の地位は、原告適格の存在が判決をするための適法要件であることからすると、口頭弁論終結時までで足りる（通説）とはいえず、訴え提起時から判決確定時（訴訟終了の時）まで引き続いて存在している必要があることとなる（小橋一郎・新注会(13)247頁）。また、株主であれば、持株数に制限はなく、1株の保有であってもよく、提起後に持株数に増減があってもよい。合併決議に反対しなかった株主でも提訴可能である。また、株式買取請求権を行使した株主も、合併の効力発生日又はその後の株式代金支払日に買取りの効力が発生すること（786条5項、798条1項・5項、807条5項）から、効力発生日における株主であった者として提訴権者となる。株主の地位を喪失すると、原告適格は失われる。ところで、提訴株主が死亡しその有する株式について共同相続が開始した場合、株式は共同相続人の準共有に属するので（最判昭和45年1月22日民集24.1.1、最判昭和52年11月8日民集31.6.847）、106条本文に基づき共同相続人間で権利行使者1名を持分の過半数（民264条、252条。最判平成9年1月28日裁判集民181.83）をもって指定して会社に通知し、この権利行使者が株主権を行使する。これは、共同相続人が準共有者として合併無効の訴えを提起する場合も同じであり、権利行使者の指定を受けて会社に通知しないときは、特段の事情がない限り、原告適格を有しない（最判平成3年2月19日裁判集民162.105）。

イ　取締役、監査役及び清算人

　取締役、監査役及び清算人は、法令を遵守した会社運営を確保するために提訴権を認められるから、原告としてすべての合併無効の原因を主張できる。しかし、新設合併の場合に消滅会社であるA会社の取締役から新設会社であるB会社の取締役に就任した者が、B会社における合併無効原因を主張できるかは問題がある。

　吸収合併の効力発生日において吸収合併をする会社の取締役又は吸収合併後の存続会社の取締役（本条2項7号）は、提訴権者になる。提訴した取締役が存続会社又は新設会社の取締役であれば、存続会社又は新設会社の機関構成に応じて、353条（非取締役会設置会社）、364条（取締役会設置会社）、386条1項（監査役設置会社）、408条1項（委員会設置会社）の適用を受ける。その取締役が、株主や債権者の地位で提訴していても、馴合いのおそれがあるから、同様である。ただし、消滅会社の取締役であっても、存続会社の取締役でなければ、被告存続会社の取締役ではないから、これらの規定の適用はない。

ウ　債　権　者

　合併を承認しなかった債権者（本条2項7号・8号）とは、当事会社及び存続会社の債権者であって、異議申立期間内（789条2項4号、799条2項4号、810条2項4号）に異議を述べた債権者である。異議申立期間内に異議を述べなかった債権者は、合併を承認したものとみなされるから（789条4項、793条2項、799条4項、810条4項）、積極的に異議を述べる必要がある。もっとも、会社に知れていた債権者で会社から異議申立てに関する催告を受けなかった債権者は、異議申立ての機会を奪われたのであるから、実際に異議を述べていなくとも、合併の承認を擬制できず、合併を承認しなかった債権者に含まれる（佐々木宗啓=野崎治子=金澤秀樹・類型別会社訴訟Ⅱ705頁）。

　合併を承認しなかった債権者は、合併無効の訴えにおいて主張できる債権者保護手続上の瑕疵は、自己が受けなかった手続上の瑕疵に限られ、自己には関係のない他の知れている債権者が異議申述の催告を受けなかったことを主張することはできない（訴えの利益がない）。

(3) 被告適格

　会社の吸収合併無効の訴えの被告となり得るものは、吸収合併後存続する会社に限られる（834条7号）。この被告適格については、834条7号の解説を参照されたい。

訴訟物　　Ｘの Ｙ 株式会社に対する吸収合併無効権（形成）

＊請求の趣旨は、「Ｙ 会社と消滅会社 Ａ 株式会社（解散時の本店所在地、東京都千代田区丸の内一丁目〇番〇号）との間において、平成〇年〇月〇日にされた合併は、これを無効とする。」である。吸収合併無効の訴えは、消滅会社の回復と存続会社の発行した株式の無効という効果を生じさせる形成の訴えである（本条 1 項柱書）。合併無効判決が確定するまでは、合併は有効なものとして取り扱われる。

＊数人の提起する会社吸収合併無効の訴えは、類似必要的共同訴訟となり（伊藤・民事訴訟法 624 頁）、数個の訴えが同時に係属するときには、弁論及び裁判は併合しなければならない（837 条）。

＊合併無効の訴えは、合併後の存続会社の本店所在地の地方裁判所の専属管轄に属する（835 条 1 項）。管轄裁判所が複数あるときは、先に訴えの提起のあった裁判所の管轄に専属する（同条 2 項）。なお、裁判所は、著しい損害又は遅滞を避けるために必要があると認めるときは、申立てにより又は職権で、他の管轄裁判所に移送することができる（同条 3 項）。

＊対世効を有する合併無効の訴えにあっては、処分権主義や弁論主義の適用が制限され、被告は請求の認諾や裁判上の和解ができないだけでなく、当事者が自白をしたとしても自白の拘束力を認めることはできないと解する。

＊一般的に、形成の訴えの場合、その請求（訴訟物）は法定の形成要件に該当する事実が請求原因を構成するが、合併無効の訴えのように形成要件が法律上列挙されず、ある事項の違法確定に形成の効果が結び付けられている場合には、その違法そのものが 1 個の請求となる。この場合は、違法をもたらす個別の事由は、攻撃防御方法として、一般の主張立証責任の分配に従い、請求原因、抗弁、再抗弁の配列が決まる（請求原因 3 の注記参照）。

請求原因　1　Ｙ 会社は Ａ 会社との間で、Ｙ 会社が存続会社、Ａ 会社が消滅会社となる吸収合併契約を締結したこと

2　請求原因 1 の合併契約が定める合併の効力発生日が到来したこと

＊合併の効力は最終的には効力発生日の到来によって効力を生

ずるが、それに至るまで、多くの手続が順次適法に積み重ねられて初めて効力を有することになる。他方、合併無効の訴えは、その手続の特定部分の瑕疵（請求原因4）を主張するものである。そうすると、請求原因4を除く合併に必要な手続については、黙示で適法にされたとの主張がされたと解し、それを前提として、審理は進められる（佐々木宗啓＝野崎治子＝金澤秀樹・類型別会社訴訟Ⅱ724-725頁）。

3　Xは、吸収合併の効力が生じた日において吸収合併をする会社の株主等若しくは社員等であった者又は吸収合併後存続する会社の株主等、社員等、破産管財人若しくは吸収合併について承認をしなかった債権者であること

＊合併の無効の訴えの提訴権者には、合併等をする会社の株主等であった者や社員等であった者（本条2項7号・8号）が含まれるので、合併に際して、存続会社の株式の交付を受けなかった消滅会社の株主も、訴えを提起できる。合併対価の柔軟化に伴い、合併により存続会社の株式以外の財産が消滅会社の株主に交付されることがあり得るところ、合併時に株主であった者は、株主総会の承認決議等の合併手続に関与し、かつ、自己の保有株式について、合併による権利関係の変動の影響を直接受けた者であるから、その後、株主の地位を失ったかどうかにかかわらず、合併の瑕疵を主張する固有の利益を有するので、そのような者も提訴権者となるのである。なお、組織変更・会社分割・株式交換・株式移転の無効の訴えの提訴権者についても、同様である（相澤他・論点解説719頁）。

4　請求原因1の吸収合併の無効事由

＊合併無効事由については、後記(4)を参照されたい。例えば、合併承認決議の取消しを合併無効原因として主張する場合には、①取り消されるべき総会決議の存在、②招集漏れ等の取消原因となるべき事実を主張することになる。なお、原告の主張する取消原因に関係しないその他の手続の履践については、黙示の適法成立の主張が請求原因においてされたものと取り扱うのが合理的である。また、合併承認決議の不存在を合併無効原因として主張する場合は、原告は、①物理的な不存在をいうのであれば、(ⅰ)取り消されるべき総会決議の外

観、(ⅱ)物理的不存在の指摘を主張し、②総会決議が存在することを前提に法律的評価として不存在をいうのであれば、(ⅰ)法的に不存在と評価すべき総会決議の存在、(ⅱ)法的に不存在と評価すべき瑕疵となる事実の存在（及び争点を明らかにする意味での法律主張）を主張し、被告は、①については適法な総会決議の成立を、②については、反論の法律主張で足りなければ、瑕疵とされる事実の不存在（具体的には、適法な手続を基礎づける事実）又は瑕疵の治癒を基礎づける事実をそれぞれ抗弁として主張することになる。なお、この②においても、原告から法的瑕疵を問われなかったその他の手続の履践については、黙示に適法に行われたとの主張がされたものと取り扱うことになろう。

＊合併無効の訴えが提起された場合に、株主総会決議の取消しの訴えの提訴期間が経過した段階で、新たに決議取消原因を無効事由として、追加主張することはできないと解される。なお、総会決議取消事由があったとしても、裁量棄却（831条2項）が可能である場合には、裁判所は、総会決議取消事由のみを無効事由として主張する合併無効の訴えについては、同項を類推適用して、訴えを棄却することもできると解される（相澤他・論点解説721頁）。

5　本訴は、合併の効力が生じた日から6か月以内に提起されたこと

(4) 合併無効事由

　本法は、合併無効事由について具体的な規定を置いていない。一般的には、合併の無効事由は、合併の手続上の瑕疵であるとされている（江頭・株式会社法820頁）。以下においては、吸収合併に限らず、新設合併についてもその無効事由をみることとする。

ア　合併契約の違法

(ア) 合併会社の適格上の瑕疵

　本法は、株式会社・合名会社・合資会社・合同会社の4種の会社間における合併を認める。旧商法・旧有限会社法の下では、解散後の会社も合併することができるが、存続会社は他の当事会社でなければならないとされていた（旧商98条2項、147条、416条1項、旧有限63条1項）。本法においても、持分会社については、同様の制約が設けられている（643条1号（旧商98条

2項、147条に対応))。このような合併の制限に違反し、存続会社又は新設会社が法定の適格を欠く場合は、合併無効の原因となる。
(イ) 合併契約上の意思表示の瑕疵
　合併契約が錯誤・詐欺・強迫の意思表示の意思欠缺又は瑕疵によって無効となり、又は取り消された場合（民95条、96条）、合併契約は無効であり、延いて合併も無効になると解されている。名古屋地判平成19年11月21日金判1294.60は、51条2項の類推適用について「吸収合併においては、合併契約に、その『効力発生日』を記載しなければならないところ（会社法749条1項6号）、その日に効力が発生する（会社法750条1項）。また、各会社は、合併契約締結の日から上記効力発生日までの間に、合併承認決議、債権者の異議手続等の手続を終了させなければならない（会社法783条1項、750条6項）。そして、株式会社が吸収合併をしたときは、効力発生日から2週間以内に、存続会社の本店所在地において、消滅会社につき解散の登記、存続会社につき変更の登記をしなければならない（会社法921条）。ところで、株式会社は、その本店の所在地において設立の登記をすることにより成立するものであり（会社法49条）、同設立の登記（すなわち会社の成立）後は、錯誤を理由とする設立時発行株式の引受けの無効の主張は制限される（会社法51条2項）。そうすると、錯誤を理由とする合併契約の無効の主張も、合併の登記がなされた後は、会社法51条2項の類推によって許されないとする考えがありうるところである。……会社法51条2項は、民法95条の特則として、特定の株主（すなわち発起人）からの無効主張を制限することを規定するものであり、認容判決が対世効を有する設立無効の訴えの制度（会社法828条1項1号、838条）と相俟って会社の成立が不安定な状態に置かれることを防止している。したがって、会社法51条2項の目的は、究極的には取引の安全、すなわち、他の株主、会社債権者を含めた関係者の保護にあると解される。」として原則を確認した上で、本件合併につき、その効力発生日は平成19年10月1日であって、同日、被告につき変更の登記が、A有限会社につき解散の登記がされている事案について、「存続会社である被告が消滅会社であるA有限会社の経営していた遊技場の経営を引き継ぐことは本件合併の当然の前提であったにもかかわらず、A有限会社が本件合併前に風俗営業法7条の2に規定する公安委員会の承認を受ける手続を行っていなかったことにより、被告が、現時点で、合法に遊技場経営をなすことができず、かつ、1店舗については、今後も、被告自身が、A有限会社と同様の営業許可を取得することが困難であるという事情がある。かかる事情があるにもかかわらず、会社法51条2項の類推適用により、錯誤無

効の主張を制限することは、被告の営業価値を著しく毀損する結果につながることは明らかであり、合併前の各会社の株主はもとより、各会社の債権者にも重大な損害を発生させることになる。したがって、本件において、会社法51条2項を類推適用すべきではなく、原告において、本件合併契約の錯誤無効を主張することは許される。」と判示する。

|訴訟物| XのY株式会社に対する吸収合併無効権（形成）
＊本件は、吸収合併無効の原因として合併契約ないし合併決議の錯誤が主張された前掲平成19年名古屋地判の事案を基にするものである。同判決の見解に従い、錯誤無効につき51条2項の類推適用がないとする立場による。

|請求原因|
1 Y会社はA株式会社との間で、Y会社を存続会社、A会社を消滅会社とする吸収合併契約を締結したこと
2 合併契約の定める効力発生日が到来したこと
3 Xは、請求原因1の合併の効力発生日においてY会社の取締役であること
4 A会社の経営していた遊技場の経営を引き継ぐことが合併の当然の前提であったこと
5 A会社が合併前に風俗営業法7条の2所定の公安委員会の承認手続をしていなかったこと
＊Y会社が、合法的に遊技場経営をすることができないことを意味する。
6 Y会社は、請求原因1当時、請求原因5の事実を知らなかったこと
7 本訴は、合併の効力が生じた日から6か月以内に提起されたこと

（ウ）合併契約の内容の違法

本法は、合併をする会社は合併契約を締結しなければならないが（748条）、合併契約の書面性を要求していない。しかし、合併契約において必要的に定めなければならない事項を規定しており（吸収合併につき749条1項、751条1項、新設合併につき753条1項、755条1項）、例えば、合併契約の必要的記載事項の欠缺（749条の設例参照）、合併契約を無効とする有害的記載事項の存在、存続会社の資本金・準備金の額が適法に計上されていないこと等は、無効事由と解される（江頭・株式会社法821頁）。

イ　合併契約への株主総会承認決議の不存在（合併承認決議の瑕疵）、必要な株主全員の同意（783条2項・4項、804条2項）の不存在

　持分会社が合併するには、合併契約について総社員の同意を要し（793条1項、802条1項）、株式会社が合併するには、各当事会社の株主総会において合併契約を承認することを要する（783条1項、795条1項）。この承認決議は、定款に法定基準を厳格化する定めのない限り、議決権を行使することのできる株主の議決権の過半数を有する株主が出席し、出席した株主の議決権の3分の2以上に当たる多数で行われる特別決議により行う必要がある（309条2項12号）。この承認決議が総会決議として不存在の場合、又は無効事由若しくは取消事由がある場合、合併無効の原因が認められる。

訴訟物　　　XのY株式会社に対する株主総会決議取消権
　　　　　＊合併決議後、吸収合併については合併の効力発生日、新設合併については新設会社の成立の登記がされる日以前においては、合併は効力が生じていない。この場合は、合併決議取消しの訴えと合併無効の訴えの競合は問題とならず、合併決議取消しの訴えを提起できる。

請求原因　1　Y会社の株主総会は、A株式会社を吸収合併する旨の決議をしたこと
　　　　　2　XはY会社の株主であること
　　　　　3　請求原因1の株主総会の決議取消事由
　　　　　　＊佐々木宗啓＝野崎治子＝金澤秀樹・類型別会社訴訟Ⅱ724-725頁は、「原告の主張する取消原因に関係しないその余の手続の履践については、黙示の適法成立の主張が請求原因においてされたものと取り扱うのが合理的であり、実務上も改めて手続に関する事実摘示をしたり、これを踏まえて適法を認定することは行っていない。」という。
　　　　　4　本訴は、請求原因2の株主総会決議の日から3か月以内に提起されたこと

（訴えの利益の不存在）

抗弁　　　1　本訴提起前、Y会社とA会社の吸収合併は、効力を生じたこと
　　　　　　＊合併無効の訴えは、合併という法律関係の画一的な確定を図るために、合併の無効を招来するような合併手続又は内容の瑕疵を、個々に独立の訴えとして提起することを排斥する趣

旨である。したがって、合併決議は合併手続上履践すべき一過程であるから、合併の効力が生じた後は、合併決議の瑕疵について合併決議の不存在確認・無効確認又は取消しの訴えを提起することはできない。

(訴えの利益の喪失)

抗　弁　1　本訴提起後、Y会社とA会社の吸収合併は、効力を生じたこと

＊訴え提起当時は、適法であったが、その後訴えの利益が喪失する場合がある。合併承認決議の取消事由と合併無効無効原因との関係については見解が分かれる。第1説は、合併承認決議に取消事由がある場合には、決議取消しの訴えの提起のみが可能であり、決議取消判決が確定すれば、合併無効の訴えなくして合併は無効となるという。しかし、合併の無効原因は、株主総会の決議の無効・不存在又は決議取消事由の存在が多く、合併無効の訴えで決議の瑕疵を争えないとすると、合併無効の訴えの存在意義が事実上なくなるので、妥当でない。第2説は、合併無効を主張するためには、決議取消しの訴えと合併無効の訴えとがともに必要であるとする見解がある。しかし、決議の取消し等を合併無効の訴えで争うことができることとすれば、決議の取消しの訴えと合併無効の訴えとの双方を必要とすべき理由は乏しいので、これも妥当でない。第3説は、合併の効力発生後は、合併承認議決の瑕疵についても、決議取消しの訴えではなく、合併無効の訴え（本条1項7号・8号）によって争うべきであり、総会決議の取消事由も合併無効の原因となるとする見解（吸収説）が妥当である（相澤他・論点解説719-720頁）。合併の効力発生前に提起した株主総会の決議取消しの訴えの係属中に、合併の効力が生じたことから、合併無効の訴えを行うためには、決議の取消しの訴えと合併無効の訴えとでは訴訟物が異なるから、訴えの変更（民訴143条1項）の手続が必要である。吸収説に立つと、合併の効力発生後は、合併無効の訴えに変更をしないと訴えの利益を失う。

訴訟物　XのY株式会社に対する吸収合併無効権（形成）

＊本件は、吸収合併無効の原因として合併決議の取消事由が主

張され、その主張が許される期間が問題となった事案である（請求原因 4 参照）。

請求原因 1　Y 会社は A 会社との間で、Y 会社が存続会社、A 会社が消滅会社となる吸収合併契約を締結したこと
2　請求原因 1 の吸収合併契約が定める合併の効力発生日が到来したこと
3　X は、吸収合併の効力が生じた日において吸収合併をする会社の株主等若しくは社員等であった者又は吸収合併後存続する会社の株主等、社員等、破産管財人若しくは吸収合併について承認をしなかった債権者であること
4　Y 会社の吸収合併の承認決議に存在する取消原因事実
＊合併無効の訴えには 6 か月の提訴期間（本条 1 項 7 号・8 号）、合併承認決議取消しの訴えには 3 か月の提訴期間（831 条 1 項）がある。そのため、合併決議の取消しの訴えが合併の効力が生じた後は合併無効の訴えに変更されるとしても、決議の瑕疵を合併無効事由として主張できる期間が 6 か月か 3 か月かについては見解が分かれる。①法文を重視して 6 か月とする見解（佐々木宗啓「合併・会社分割無効の訴え」大系(4) 393 頁）、②決議取消しの訴えの提訴期間を設けた趣旨を重視して本来決議の瑕疵を争い得た 3 か月とする見解（江頭・株式会社法 350 頁）、③合併無効の訴えを提起し得るが、3 か月経過後は決議の取消事由を主張できず、裁判所は、総会決議の取消事由のみを無効事由として主張する訴えには、裁量棄却（831 条 2 項類推）が可能との見解（相澤他・論点解説 721 頁）がある。
5　本訴は、合併の効力が生じた日から 6 か月以内に提起されたこと

ウ　債権者保護手続の不履践

債権者に対する異議申述の公告及び催告がされず、又は異議を申し出た債権者に対し弁済その他必要な措置（789 条 2 項・5 項、793 条 2 項、799 条 2 項・5 項、802 条 2 項（旧商 100 条、147 条、412 条に対応。なお、旧有限 63 条 1 項））が執られなかった場合には、合併無効の原因となる。なお、異議申述の公告及び催告をすべき時期について、旧商法は合併の決議の日から 2 週間以内に行う必要があると規定していたが（旧商 100 条等）、本法はこの制

約を設けていない。

エ　新設合併において設立委員による定款作成がなかったこと

　旧商法においては、新設合併の場合、定款の作成その他設立に関する行為は、各会社において選出した設立委員が共同して行うことを要したが（旧商56条3項、旧有限63条1項）、本法では削除され、適法に選任された設立委員による定款作成がない場合には、合併無効の原因となる。

オ　解散会社の株主に対する株式割当ての違法

　解散会社の株主・社員に対する株式・持分の割当てが違法に行われたことも、合併無効の原因となる。単に不公正な割当てであるだけでは足りない。

カ　合併登記の無効

　合併をした会社は合併の登記をしなければならず（921条、922条）、本法では新設合併については新設会社の成立の登記により、その効力を生ずるので、合併登記が無効な場合も合併無効の原因となる。ただし、本法の下における吸収合併については、登記は合併の効力に関わりを持たないから、登記の無効は吸収合併の無効を生じさせることはない。

キ　その他の合併無効の原因

　その他に、①略式組織再編（784条1項）や簡易組織再編（796条3項）の要件を満たさないのに株主総会の承認手続が執られなかった場合、②合併後の企業担保権の順位に関して合併会社の企業担保権者間に協定がないこと（企担8条2項）、③独占禁止法の定める合併制限に抵触すること（独禁15条、18条）、④合併について主務大臣の認可・許可を要する場合に（銀行30条、保険業153条1項3号等）これを欠くことも、合併無効の原因となる。例えば、合併契約等に関する書面等の不備置・不実記載、株式・新株予約権買取請求手続の未履行、略式合併の際の差止仮処分命令違反、消滅会社の株主への株式等の割当ての違法等である。

ク　無効原因とならない事由

(ア)　消滅会社が簿価債務超過である場合

　旧商法下では、消滅会社が簿価債務超過である場合において合併が許されないとされており、これが合併無効の原因となるかという問題があった。本法では、消滅会社が簿価債務超過会社である場合を含めて、存続会社等に差損が生ずる合併であっても株主総会の特別決議により可能となった（795条2項、796条3項）。

(イ)　合併比率の著しい不公正

　合併比率の不公正を無効事由とすべきとする見解（神田・会社法341頁）と、株式買取請求権による救済で足り、合併無効事由にはならないとする見

解（江頭・株式会社法794頁）が対立する。最判平成5年10月5日資料版商事116.196は、株式買取請求権の存在を理由に合併比率の不公正自体は合併無効事由にはならないとし、他方、合併比率算定の基礎となる企業価値から見て「著しく」不公正な場合に合併無効事由になるかについて判断を保留しつつ、事案に関して著しく不公正とはいえないとして請求を棄却した原審の結論を維持している。他方、多額の簿外債務を考慮せずに計算された合併比率が不公正であり、存続会社が損害を被ったものとして取締役に株主代表訴訟で民事責任を追及した事案において、合併比率の不当性は、一方会社の株主が利得し他方会社の株主が損失を被るといった株主間の不公平の問題であり、会社自体には損害が生じていないことを理由に請求を棄却する判断の中で、傍論ながら、合併無効原因に当たり得ることを裁判所は認めている（東京地判平成6年11月24日資料版商事130.91）。なお、合併比率の不公正が主張できる事案は、合併を承認する株主総会決議が、特別利害関係人の議決権行使による著しく不当な総会決議（831条1項3号）として取消事由となり、ひいてはそれが合併無効事由となる場合もあろう。

(ウ) 正当な事業目的の不存在

　本法は、合併の対価として株式以外の金銭等を用いることができるから、ペーパー・カンパニーを存続会社とする交付金合併のように、少数派株主の締出しのみを目的とした合併が認められるかが問題となる。制度が濫用された場合における消滅会社の少数派株主を救済する法理として、合併に「正当な事業目的」の存在を要求して、これが存在しないことを合併無効事由とする見解もあるが、明文の根拠のない要件の導入自体に疑問があり、このような合併を承認する株主総会決議を特別利害関係人の議決権行使による著しく不公正な総会決議として、総会決議取消し及びこの総会決議の瑕疵をもって合併無効事由とする方法によるべきであろう（江頭・株式会社法821頁）。

(5) 確定判決の効力とその後の法律関係

ア　合併の無効認容判決

(ア) 財産関係

　合併の無効判決は対世効を有するが（838条）、遡及効を有しないから（839条）、合併無効の判決によって解散した消滅会社は将来に向かって復活する。そのため、存続会社又は新設会社、株主及び第三者間において生じた権利義務に影響を及ぼさないし、存続会社又は新設会社と第三者との間の法律関係や会社が株主に対して実施した剰余金の配当はいずれも有効である。そして、消滅会社の合併当時の所有財産で現に存続会社又は新設会社に存在するものは、復活した消滅会社に属する。存続会社又は新設会社が合併後に

負担した債務は、合併当事会社との連帯債務となり、存続会社又は新設会社が合併後に取得した財産は合併当事会社の共有に属する（843条1項1号・2号・2項）、この場合の両会社の債務の負担部分及び財産の共有部分は協議により定め、協議が調わないときは、裁判所が各会社の申立てにより、合併の効力発生時の各会社の財産の額その他一切の事情を考慮して定める（843条3項・4項）。

(イ) 復活する会社の機関

復活した消滅会社の代表取締役・取締役・監査役は、合併当時の代表取締役・取締役・監査役が当然に復職するのではなく、消滅会社の復活後にこれらの者が選定されるまでは、合併無効判決確定の時における存続会社又は新設会社の代表取締役・取締役・監査役が消滅会社の代表取締役・取締役・監査役の権利義務者（346条1項、351条1項）となる。

また、消滅会社の株主はその会社の株主として復活するが、合併に当たって端数株式として処分された株式に係る株主は復活しない。

イ　請求棄却判決

請求棄却判決には対世効がない。しかし、複数の訴えは弁論が併合され、判決後は、出訴期間の制限があるので、法的安定性は事実上保たれる。また、敗訴した原告に悪意又は重大な過失があったときには、その原告は会社に対して連帯して損害賠償責任を負うこととなる（846条）。

12　新設合併無効の訴え

(1) 提訴期間

ア　「合併の効力が生じた日」の意義

新設合併無効の訴えは、合併の効力が生じた日から6か月以内に提起しなければならない（本条1項8号）。この出訴期間の起算日である合併の効力が生じた日とは、新設合併にあっては、新設会社について設立登記をした日（49条、579条）に、新設会社が消滅会社の権利義務を承継することになる（754条1項、756条1項）から、この日が出訴期間の起算日となる。なお、合併無効の訴えは、合併の効力を失わせる形成の訴えであるから、合併がその効力を発生する日の前に提訴することはできない（佐々木宗啓=野崎治子=金澤秀樹・類型別会社訴訟 II 700-701頁）。

イ　出訴期間経過後の提訴の可否

新設会社の定款上の目的が公序良俗に反するときのように、無効確認の利益が存在する限り、いつでも合併無効の訴えを提起でき、出訴期間に制限がないとする見解があるが、賛成できない。このような場合には、出訴期間経

過後は、合併無効の訴えではなく、むしろ、存続会社又は新設会社の解散命令を請求すべきものである（佐々木宗啓＝野崎治子＝金澤秀樹・類型別会社訴訟Ⅱ702頁）。

(2) 原告適格

原告適格を有する者は、合併の効力発生日において新設合併をする会社の株主等（株主、取締役又は清算人（監査役設置会社にあっては株主、取締役、監査役又は清算人、委員会設置会社にあっては株主、取締役、執行役又は清算人））若しくは社員等（社員又は清算人）であった者又は新設合併により設立する会社の株主等、社員等、破産管財人若しくは新設合併について承認をしなかった債権者である（本条2項8号）。この原告適格については、基本的に吸収合併無効の訴えと同様であるが（本条11(2)参照）、以下、説明を要するものにつき補足する。

ア　株　　主

新設合併については、新設合併の効力が生じた日において新設合併をする会社の株主又は新設合併後の新設会社の株主（本条2項8号）が提訴権者である。そして、提訴のための株主の地位は、訴え提起時から判決確定時まで引き続いて存在していることが必要である。その他の論点については、吸収合併無効の訴えと同じであるので、前出11(2)アを参照されたい。

イ　取　締　役

新設合併については、新設合併の効力が生じた日において新設合併をする会社の取締役又は新設合併後の新設会社の取締役（本条2項8号）が提訴権者になる。そして、提訴した取締役が新設会社の取締役であれば、新設会社の機関構成に応じて、353条（非取締役会設置会社）、364条（取締役会設置会社）、386条1項（監査役設置会社）、408条（委員会設置会社）の適用を受ける。当該取締役が、株主や債権者の地位で提訴していたとしても、馴合いのおそれの関係は存在するから、同様である。しかし、消滅会社の取締役であったとしても、新設会社の取締役でなければ、被告である新設会社の取締役には当たらないから、これらの条文の適用はないと解される。

ウ　債　権　者

合併について承認しなかった債権者（本条2項7号・8号）とは、当事会社及び新設会社の債権者であって、異議申立期間内（789条2項4号、799条2項4号、810条2項4号）に異議を述べた債権者に限られる。その他の点は、吸収合併無効の訴えと同じであるので、前出11(2)ウを参照されたい。

(3) 被告適格

会社の新設合併無効の訴えの被告となり得るものは、新設合併により設立

する会社に限られる（834条8号）。この被告適格については、834条8号の解説を参照されたい。

訴訟物　　XのY株式会社に対する新設合併無効権（形成）

＊請求の趣旨は、「消滅会社A会社（解散時の本店所在地、東京都千代田区丸の内一丁目〇番〇号）と消滅会社B株式会社（解散時の本店所在地、東京都中央区銀座一丁目〇番〇号）との間において、Y株式会社を新設会社とする平成〇年〇月〇日にされた合併は、これを無効とする。」である。

＊新設合併の無効を主張するためには、新設会社の設立無効の訴えによることはできず、新設合併無効の訴えによらなければならない。新設合併無効の訴えは、消滅会社の回復と新設会社の発行した株式の無効という効果を生じさせる形成の訴えである。合併無効判決が確定するまでは、合併は有効なものとして取り扱われる。それは、合併という法律関係の画一的な確定を図るために、合併無効の原因となり合併の無効を招来するような合併手続において履践すべき各手続又は遵守すべき内容の瑕疵を個別に取り上げて独立の訴えとして提起することを排斥するためであるからである。

＊本件の合併無効の訴えは、合併後の新設会社の本店所在地の地方裁判所の専属管轄に属する（835条1項）。管轄裁判所が複数あるときは、先に訴えの提起のあった裁判所の管轄に専属する（同条2項）。裁判所は、著しい損害又は遅滞を避けるために必要があると認めるときは、申立てにより又は職権で、他の管轄裁判所に移送することができる（同条3項）。

＊数人の提起する新設合併無効の訴えは、類似必要的共同訴訟となる（伊藤・民事訴訟法624頁）。すなわち、数個の訴えが同時に係属するときには、弁論及び裁判は併合することを要し（837条）、類似必要的共同訴訟（請求について各自が単独で当事者適格を有し個別的に訴え又は訴えられるが、共同して訴え又は訴えられた場合は、判決を共同訴訟人全員につき合一に確定させ勝敗を一律に決めることが法律上要求される訴訟）となる。

請求原因　1　A会社及びB会社は、平成〇年〇月〇日、新設合併をしたとして、それぞれ解散登記をし、Y会社について新設会社と

　　　　　しての設立登記をしたこと
　　　２　Xは、新設合併の効力が生じた日において新設合併をする
　　　　　会社の株主等若しくは社員等であった者又は新設合併により設
　　　　　立する会社の株主等、社員等、破産管財人若しくは新設合併に
　　　　　ついて承認をしなかった債権者であること
　　　　　＊例えば、平成〇年〇月〇日から平成〇年〇月〇日まではA
　　　　　　会社の株主であり、平成〇年〇月〇日以降はY会社の株主
　　　　　　であること
　　　３　A会社においては、合併契約の承認のための株主総会が開
　　　　　催されておらず、合併承認決議がされていないこと
　　　４　本訴は、新設合併の効力が生じた日から6か月以内に提起さ
　　　　　れたこと

(4) 新設合併無効事由
　上記11(4)を参照されたい。
(5) 新設合併無効判決の効力
　新設合併無効判決の効力については、843条が定める。同条の解説を参照されたい。

13　吸収分割無効の訴え
(1) 提訴期間
　吸収分割の無効は、吸収分割の効力発生日から6か月内に訴えによってのみ主張できる（本条1項9号）。そして、吸収分割は、吸収分割契約で定められた「吸収分割がその効力を発生する日」に効力が発生するから（758条1項7号、760条1項6号）、この日が出訴期間の起算日である吸収分割の効力が生じた日となる。出訴期間経過後に新たな無効原因事由を追加主張することはできないと解すべきである。
(2) 原告適格
　原告適格を有する者は、吸収分割の効力が生じた日において吸収分割契約をした会社の株主等（株主、取締役又は清算人（監査役設置会社にあっては株主、取締役、監査役又は清算人、委員会設置会社にあっては株主、取締役、執行役又は清算人））若しくは社員等（社員又は清算人）であった者又は吸収分割契約をした会社の株主等、社員等、破産管財人若しくは吸収分割について承認をしなかった債権者である（本条2項9号）。
ア　株　　主

原告適格が認められる株主は、分割会社、又は、新設会社ないし承継会社の株式を、訴え提起の時に有し、かつ、事実審の口頭弁論終結時まで引き続き株式を有することを要する者と解する。訴訟係属中に株主としての資格を失えば、原告適格がなくなり、訴えが却下される。
　持株数の要件はないから、1株の株主でも原告適格が認められる。また、議決権のない株主でも原告適格が認められるものと解する。株式買取請求権を行使している株主も、代金の支払を受けるまでは株式の移転の効力が生じないから（786条5項、807条5項）、提訴可能である。
　株主が主張できる無効原因に制限はないものと解すべきである。債権者保護手続の瑕疵や独占禁止法違反を無効原因として主張することも可能であるし、また、例えば、A社とB社が共同の新設分割を行いC社を設立した場合において、C社の株主がA社やB社の分割手続の瑕疵を主張することができることはもとより、A社の株主がB社の分割手続の瑕疵を主張することも可能であると解する。同様に、A社とB社が吸収分割を行った場合に、A社の株主がB社の分割手続の瑕疵を主張できるものと解する。共同分割ないし吸収分割を行うに当たり、B社の分割手続が公正に行われることに対するA社の期待は、法的保護に値するからである（あるいは、B社の分割手続に瑕疵がある場合は、A社の分割計画行為ないし分割契約の意思表示に要素の錯誤を生じているものともいえるであろう）。なお、取締役、監査役、清算人、破産管財人が提訴した場合についても、同様に、すべての無効原因を主張し得るものと解すべきである。分割を承認しなかった債権者及び公正取引委員会が提訴した場合については後述する。
イ　取締役
　株主の場合と同様、分割の効力が生じた日において会社の取締役であった者、又は、会社の取締役が原告適格を有し、後者の「取締役」といえるためには、訴え提起当時、取締役であることを要し、かつ、口頭弁論終結時まで引き続き取締役であることを要するものと解する。したがって、分割の効力が生じた時に取締役ではなかった取締役が提起した分割無効の訴えの係属中に、その取締役が、任期満了、辞任、解任等により地位を失った場合や清算手続が開始され取締役が清算人とならなかった場合には、原告適格を失うから、訴えは却下される。
　民事再生、会社更生の各手続中の会社の取締役も、原告適格を有する。なお、清算中の会社には、そもそも取締役は存在せず（478条1項）、提訴権を有するのは清算人である。
　現に取締役である者が分割無効の訴えを提起した場合、被告会社の代表者

については834条の解説5(2)参照。
　ウ　執行役
　　委員会設置会社にあっては、執行役も原告適格を有する。いつの時点で執行役であることを要するかの問題は、取締役の場合と同様である。なお、現に執行役である者が分割無効の訴えを提起した場合、委員会設置会社を代表するのは、原則として監査委員会が選定する監査委員である（408条1項2号）。
　エ　監査役
　　監査役設置会社にあっては、監査役も原告適格を有する。どの時点で監査役であることを要するかの問題は、取締役の場合と同様である。定款により監査の範囲が会計監査権限に限定されている監査役も提訴権を有する（旧商特25条参照）。
　オ　清算人
　　どの時点で清算人であることを要するかの問題は、取締役の場合と同様である。通常清算の場合の清算人のみならず、特別清算の場合の清算人を含む（合併の場合につき、小橋一郎・新注会(13)249頁）。
　カ　破産管財人
　　破産会社がそもそも分割の適格を有しないことからすれば、破産管財人に提訴権が認められている趣旨は、分割後に、分割会社ないし新設会社又は承継会社が破産した場合における破産債権者等の利害関係人保護のためであるものと解される。どの時点で破産管財人であることを要するかの問題は、取締役の場合と同様、訴え提起当時から口頭弁論終結時まで破産管財人でなければならないと解する。なお、民事再生手続や会社更生手続における管財人については、提訴権が認められていない。これらの管財人に提訴権が認められないのは、会社再建中に管財人がこのような提訴をすること自体現実的ではなく、会社の過去の組織法的行為の効力を争うことは時間と費用がかかり、効力が否定されればかえって法律関係を複雑にするからである。
　キ　分割を承認しなかった債権者
　　分割を承認しなかった債権者とは、異議申立期間内に異議を述べた債権者のことであり、かかる債権者に限り提訴権を有する。会社に知れた債権者であるのに会社から異議申立ての催告を受けなかった者は、異議申立ての機会を与えられなかったのであるから、分割を承認しなかった債権者に含まれると解される。この催告を受けなかった債権者は、分割契約書の記載上で債務を負担しないとされた会社に対しても弁済請求できるから（759条2項・3項）、提訴権を与えなくてもよいように見える。しかし、会社分割契約書に

より分割会社・設立会社が連帯債務を負う場合にも債権者保護手続が必要とされることとの均衡から、提訴可能と解される（江頭・株式会社法858頁）。

　債権者は、弁済を受ければ債権者でなくなるから原告適格を失うものと解する。また、担保提供・弁済のための財産信託がなされた場合（789条5項、810条5項）は、訴えの利益がなくなると解される（鈴木=竹内・会社法522頁）。吸収分割によりその債務が承継されない分割会社の債権者は、分割会社が吸収分割の対価として取得した承継会社の株式を剰余金の配当として株主に交付する場合等を除き、債権者保護手続において異議を述べることができないので（789条1項2号）、提訴権を有しない。

　債権者は、分割無効原因のうち、債権者保護手続の瑕疵のみを主張することができ、他の無効原因を主張できないものと解する（神崎克郎・新注会(12)106頁以下）。債権者が異議を述べたときは、会社は、原則として、弁済、担保提供、又は、財産信託をする義務があり、会社がその義務を怠ることを分割無効原因となるとすれば債権者の保護として足りるからである。

ク　公正取引委員会

　独占禁止法によって、公正取引委員会の提訴権が認められている（独禁18条2項）。規定の構造からも、公正取引委員会の性質からも、公正取引委員会は、分割無効原因として、独占禁止法15条の2第2項及び3項並びに同条4項において準用する10条8項の規定の違反のみに限って主張でき、他の無効原因を主張できない。

(3)　被告適格

　会社の吸収分割無効の訴えの被告となり得るものは、吸収分割契約をした会社に限られる（834条9号）。この被告適格については、834条9号の解説を参照されたい。

> **訴訟物**　　XのY1株式会社及びY2株式会社に対する吸収分割無効権
> ＊請求の趣旨は、「Y1会社が同社の化粧品事業に関する営業の全部をY2会社に承継させる会社分割は、これを無効とする。」である。
> ＊吸収分割無効の訴えは、権利義務の全部又は一部の吸収会社への承継の効果を失わせる効果を有する形成の訴えである。会社分割は、会社の営業の全部又は一部を他会社に承継させる組織上の行為をいう。そのうち、会社吸収分割は、分割により営業を承継する会社が既に存在する他会社（承継会社）である場合である。

請求原因 1　Y1会社は、平成〇年〇月〇日、その化粧品部門に関する営業の全部をY2会社に承継させ、Y2会社を承継会社とする変更登記をしたこと
2　Xは、吸収分割の効力が生じた日においてY1会社若しくはY2会社の株主等若しくは社員等であった者又はY1会社若しくはY2会社の株主等、社員等、破産管財人若しくは吸収分割について承認をしなかった債権者であること
　　＊「分割について承認をしなかった債権者」には、①債権者異議手続で異議を述べた会社債権者のほか、②各別の催告を受けなかった者が含まれる。②の債権者は、吸収分割契約・新設分割計画の定めにより債務を負担しないとされた会社に対しても債務の履行を請求できるから、分割無効の訴えの提訴権まで与える必要はないかのようであるが、分割会社が分割対価である株式等を株主に分配する場合には分割会社・承継会社（設立会社）が連帯債務を負うときも債権者の異議手続を要することとの権衡から、手続の懈怠に対し無効の訴えを提起できると解される。また、将来の労働契約上の債権を有するに過ぎない労働者は、債権者の異議手続の対象でないから、分割無効の訴えの提訴権はなく、労働者保護手続が遵守されなかった場合は、その者に承継・残留の選択権が付与されることで救済を受ける（江頭・株式会社法858-859頁）。
3　請求原因1の吸収分割についての無効原因事実
　　＊分割無効原因については、後記(4)参照。会社分割無効の訴えは形成の訴えであり、会社分割無効の原因はその形成原因と位置づけられるものではあるが、会社分割無効の原因は、一般の主張責任の分配に従って、その性質に応じて原告が主張立証すべき請求原因ないし再抗弁、被告が主張立証すべき抗弁等に分類される（佐々木宗啓＝野崎治子＝金澤秀樹・類型別会社法Ⅱ766、724頁）。
4　本訴は、吸収分割の効力が生じた日から6か月以内に提起されること

(4) 吸収分割無効事由
　吸収分割無効の原因となる事由について、明文規定がない。分割無効の判決に対世効が認められその影響の大きいことに鑑みると、一般的にその原因

となる事由は限定的に解釈すべきものとされる。そして、会社分割の無効事由は、分割手続の瑕疵であるとされる（江頭・株式会社法857頁）。具体的には、以下のとおりである。
ア　吸収分割契約の違法
（ア）　会社分割の当事者適格を欠く分割
　吸収分割承継会社となる会社には制限がないが、吸収分割ができる会社は株式会社及び合同会社に限定される（757条）。吸収分割をすることのできない合名会社・合資会社が会社分割を行っても無効である。
（イ）　分割契約書の作成の懈怠ないし必要的記載事項の記載漏れ
　旧商法の下では、吸収分割では分割契約書による締結が必要であり（旧商374条ノ17第1項）、この分割契約書においては旧商法374条ノ17第2項所定の事項を記載しなければならなかった。本法の下では、吸収分割契約が締結されなければならず（757条）、かつ、この吸収分割契約においては758条、760条所定の事項を定める必要がある。この必要的決定事項を欠く会社分割は無効になると解される。
（ウ）　吸収分割契約の内容の違法
　会社分割契約の内容の違法としては、具体的には、合名会社・合資会社が分割会社となる場合（2条29号・30号違反）、承継会社・設立会社の資本金・準備金の額の不適法な計上等が挙げられるが、債務の履行の見込みがない場合については見解が分かれる。会社分割比率の不公正が分割無効事由に該当するか、株式買取請求権による救済で足りるかについては、合併同様の議論がある（江頭・株式会社法857頁は無効事由ではないとする）。
イ　分割契約書の備置きの懈怠
　吸収分割では、吸収分割会社及び吸収分割承継会社は、吸収分割契約等の内容その他法務省令で定める事項を記載し、又は記録した書面又は電磁的記録をその本店に備え置かなければならない（吸収分割会社につき782条1項2号・3項、施則183条、吸収分割承継会社につき794条1項・3項、施則192条）。株主及び債権者は、その閲覧・謄本等の交付等を請求することができる（803条3項）。そして、吸収分割会社、吸収分割承継会社及び新設分割会社において、これらの事前開示すべき事項を記載した書類の事前の備置きを怠ることは、株主等の関係者の株式分割に関する判断権を奪う重大な瑕疵であるために、株式分割無効の原因になる。
ウ　吸収分割契約の承認決議の瑕疵
　吸収分割を行うためには吸収分割契約を締結し、また、株式会社が当事会社の場合、これらについて株主総会における承認決議を得る必要がある（新

設分割につき762条、804条1項）。吸収分割契約の承認は特別決議による（309条2項12号）。そして、この承認決議が不存在の場合（796条の設例）、又は無効若しくは取消事由となる瑕疵がある場合、会社分割無効の原因が認められる。

　エ　事業の譲渡を内容としない分割

　会社分割の登記がされているが、事業の譲渡を内容としない会社分割が無効となるかが問題となる（第3章第1節前注の設例）。旧商法の下では、「営業ノ全部又ハ一部ヲ…承継セシムル」（旧商373条、374条ノ16）ことが会社分割の内容とされており、その営業とは、営業用財産である物及び権利だけでなく、これに得意先関係、仕入先関係、販売の機会、営業上の秘訣、経営の組織等の経済的価値のある事実関係を加え、一定の営業目的のために組織化され、有機的一体として機能する財産と解する見解がある（最大判昭和40年9月22日民集19.6.1600）。会社分割も合併及び株式交換と同様に企業再編のための組織法上の行為であり、会社分割による権利義務の承継は包括承継の性質を有するとされるから分割の対象も組織的一体性を有する営業と解するのが相当であること、その包括性に注目したから、契約上の地位の移転における相手方当事者の同意や債務の免責的移転における債権者の同意を不要と構成していること、個々の権利義務を分割により承継の対象とすることは現物出資の潜脱ともなることを理由とする。このように解すると、営業の譲渡をその内容としていない会社分割は、たとえその旨の登記がされていても、本法にいう会社分割ではあり得ず、そのような実体は会社分割無効の原因となる。本法は、「事業に関して有する権利義務の全部又は一部を……承継させる」（2条29号・30号）ことを会社分割の内容と規定するので、事業の承継は会社分割の要件でないと解する余地もある

　オ　吸収分割契約上の意思表示に係る瑕疵

　吸収分割において、会社分割の効力が発生した後は、吸収分割契約上の錯誤、詐欺、強迫といった意思表示の意思欠缺又は瑕疵を理由とする吸収分割契約の無効又は取消しを内容とする会社分割無効の訴えは、吸収分割の効果は合併に近く、かつ、その手続は合併に類似する組織法的な行為として構成されていることからすると、合併に関する51条2項、102条4項の類推適用により許されないと解される。

　カ　債務の履行の見込み

　会社分割においては、本法制定前、債務の履行の見込みがあること及びその理由を記載した書面の開示が要求されていたため、一般に、債務の履行の見込みが会社分割の要件であり、その不存在が会社分割無効事由となると解

していた（名古屋地判平成 16 年 10 月 29 日判時 1881.122）。本法は、単に債務の履行の見込みの開示のみを要求しているから（施則 183 条 6 号等）、債務履行の見込みのないことは会社分割無効事由ではなくなったと解することもできる。しかし、その文言変更は、登記上、分割会社・承継会社・設立会社が帳簿上債務超過であっても分割の登記を拒絶しない趣旨に過ぎず、従前どおり、分割無効事由に該当するとの見解（江頭・株式会社法 841 頁）が有力である（得津晶・論点体系(6)137 頁）。

キ　労働者との協議義務

　会社分割が行われる場合、労働者にとって使用者がいずれの会社になるかは、労働者の重大な利害に関わる。そのため、労働契約承継法は、労働者への通知義務（同法 2 条 1 項）、協議義務（平成 12 年商法改正法附則 5 条 1 項、分割会社及び設立会社等が講ずべき当該分割会社が締結している労働契約及び労働協約の承継に関する措置の適切な実施を図るための指針（平成 12 年 12 月 27 日労働省告示第 127 号）第 2・4(1)イ）、措置義務（同法 7 条）等を定めている。これらの通知義務、5 条協議義務、7 条措置義務等に反した場合の会社分割に与える効果は法定されていない（江頭・株式会社法 849 頁）。最判平成 22 年 7 月 12 日民集 64.5.1333 は、個別の労働関係については、5 条協議が全く行われなかった場合、又は説明や協議の内容が著しく不十分であるため、法が 5 条協議を求めた趣旨に反することが明らかな場合には労働契約承継法 3 条を用いて労働契約承継の効力を争うことができ、7 条措置については 5 条協議違反の判断の事情となるとしたが、分割無効事由との関係については判断していない。あくまで、労働者の帰属会社を定める効果のみを与える趣旨と考えられる。

ク　その他

　その他に、①法令の定める資本金又は準備金として計上すべき額に違反すること（445 条 5 項、計算第 2 編第 3 章第 4 節、第 6 節）、②債権者保護手続（799 条、802 条 2 項、810 条、813 条 2 項）の不履践、③略式組織再編（796 条 1 項）や簡易組織再編（分割会社につき 784 条 3 項、805 条、承継会社につき 796 条 3 項）の要件）の要件を満たさないのに株主総会の承認手続が執られなかった場合など、④独占禁止法の会社分割制限に抵触すること（独禁 18 条 2 項）、⑤主務大臣の認可・許可を要する場合（銀行 30 条 2 項、保険業 173 条の 6 等）にこれを欠くことも会社分割の無効事由になる。

(5) 吸収分割無効判決の効力

　吸収分割無効判決の効力については、843 条が定める。同条の解説を参照されたい。

14 新設分割無効の訴え
(1) 提訴期間
ア 「新設分割の効力が生じた日」の意義
　新設分割無効の訴えは、新設分割の効力が生じた日から6か月以内に提起しなければならない（本条1項10号）。この出訴期間の起算日である新設分割の効力が生じた日とは、新設会社について設立登記をした日（49条、579条）に、新設分割設立会社が新設分割会社の権利義務を承継することになる（764条1項、766条1項）から、この日が新設分割の効力が生じた日（本条1項10号）として新設分割無効の訴えの出訴期間の起算日となる。なお、新設分割無効の訴えは、新設分割の効力を失わせる形成の訴えであるから、新設分割がその効力を発生する日以前に提訴することはできない。
イ 出訴期間経過後の提訴の可否
　新設分割設立会社の定款上の目的が公序良俗に反するときのように、無効確認の利益が存在する限り、いつでも新設分割無効の訴えを提起することができ、出訴期間に制限がないとする見解もある。しかし、新設分割契約の公序良俗違反や新設分割計画の承認に係る株主総会決議の無効を理由に6か月の出訴期間内に合併無効の訴えを提起すべきであり、出訴期間経過後は、新設分割無効の訴えによるのではなく、存続会社又は新設会社の解散命令を請求すべきものである（新設合併についてであるが、佐々木宗啓＝野崎治子＝金澤秀樹・類型別会社訴訟Ⅱ707頁）。出訴期間経過後に新たな無効原因事由を追加して主張することはできないと解すべきである。
(2) 原告適格
　原告適格を有する者は、新設分割の効力が生じた日において新設分割をする会社の株主等（株主、取締役又は清算人（監査役設置会社にあっては株主、取締役、監査役又は清算人、委員会設置会社にあっては株主、取締役、執行役又は清算人））若しくは社員等（社員又は清算人）であった者又は新設分割をする会社若しくは新設分割により設立する会社の株主等、社員等、破産管財人若しくは新設分割について承認をしなかった債権者である（本条2項10号）。残存債権者は、分割会社に対し、債務の履行を求めることができ、本法上は、債権者保護の対象とはなっていない（810条1項2号）。したがって、分割会社の残存債権者は、原告適格を有しない。
(3) 被告適格
　会社の新設分割無効の訴えの被告となり得るものは、新設分割をする会社及び新設分割により設立する会社に限られる（834条10号）。この被告適格については、834条10号の解説を参照されたい。

| 訴訟物 | XのY1株式会社及びY2株式会社に対する新設分割無効権
＊請求の趣旨は、「Y1会社（分割会社）がY2会社（設立会社）を設立し、Y1会社の家電事業に関して有する権利事務の全部をY2会社に承継させる会社分割は、これを無効とする。」である。 |

| 請求原因 | 1　Y1会社は、平成○年○月○日、その家電事業部門に関する事業の全部を承継させる会社として、Y2会社を設立し、その旨の登記をしたこと
2　Xは、新設分割の効力が生じた日においてY1会社の株主等若しくは社員等であった者又はY1会社若しくはY2会社の株主等、社員等、破産管財人若しくは新設分割について承認をしなかった債権者であること
3　請求原因1の新設分割についての無効原因事実
＊後記(4)参照。
4　本訴は、新設分割の効力が生じた日から6か月以内に提起されたこと |

(4) 新設分割無効事由

　新設分割無効の原因となる事由について、本法は具体的な定めを置いていない。分割無効の判決に対世効が認められその影響の大きいことに鑑みると、一般的にその原因となる事由は限定的に解釈すべきである。新設分割無効の原因としては、次のような事由がある。

ア　会社分割の当事者適格を欠く分割

　新設分割により設立する会社には限定がないが（762条1項）、新設分割ができる会社は株式会社及び合同会社に限定される。したがって、合名会社・合資会社が会社分割を行っても無効である。

イ　分割計画書の作成の懈怠ないし必要的決定事項の決定漏れ

　旧商法当時は、新設分割では新設分割計画の作成が必要であり、この分割計画書においては旧商法374条2項所定の事項を記載する必要があった。前掲平成16年名古屋地判は、「［平成17年改正前］商法374条の2第1項3号には、分割会社が本店に備え置くべき書類として『各会社の負担すべき債務の履行の見込みあること及びその理由を記載したる書面』が挙げられているが、同規定は、形式的にかかる書面の作成、備え置き義務を定めているにとどまらず、分割会社が負っていた債務を分割計画書の記載に従って新設会社が承継する場合においても、分割会社が同債務を負う場合においても、その

履行の見込みがない限り、会社分割を行うことができないことを定めているものと解される。そして、同規定の趣旨が会社債権者の保護にあることからすると、この債務履行の見込みは、分割計画書の作成時点、分割計画書の本店備え置き時点、分割計画書の承認のための株主総会の各時点だけ存すればよいのではなく、会社分割時においてこれが存することを要するものと解するのが相当である。また、債務の履行の見込みは、各会社が負担する個々の債務につき、その弁済期における支払について存することを要すると解される。」と判示する。

これに対し、本法では、新設分割では新設分割計画の作成を要する（762条）。そして、この新設分割計画においては763条、765条所定の事項をそれぞれ必要的に定めなければならない。これらの必要的な決定事項を欠く会社分割は無効になると解される。なお、「債務の履行の見込み」があることまでは要求していない。

ウ　分割計画書の備置きの懈怠

新設分割株式会社は、新設分割計画の内容その他法務省令で定める事項を記載し、又は記録した書面又は電磁的記録をその本店に備え置かなければならず（803条1項2号、施則205条）、株主及び債権者は、その閲覧・謄本等の交付等を請求することができる（803条3項）。なお、新設分割設立会社は、新設分割により新設分割設立会社が承継した新設分割株式会社の権利義務その他の新設分割に関する事項として法務省令で定める事項を記載し、又は記録した書面又は電磁的記録をその本店に備え置かなければならず（815条2項・3項2号、施則212条）、株主、債権者その他の利害関係人は、その閲覧・謄本等の交付等を請求することができる（815条5項）。そして、新設分割会社において、これらの事前開示すべき事項を記載した書類の事前の備置き等を怠ることは、株主等の関係者の株式分割に関する判断資料を奪うという重大な瑕疵であるため、株式分割無効の原因になる。

エ　新設分割計画の承認決議の瑕疵

新設分割を行うためには新設分割計画を作成し、株式会社が当事会社の場合、これらについて株主総会における承認決議を得る必要がある（新設分割につき762条、804条1項）。新設分割計画の承認は特別決議による（309条2項12号）。そして、この承認決議が不存在の場合、又は無効若しくは取消事由となる瑕疵がある場合、会社分割無効原因となる。

オ　事業の譲渡を内容としない分割

会社分割の登記がされているが、事業の譲渡をその内容としていない場合、その会社分割は無効となるかが問題となる。旧商法の下では、「営業ノ

全部又ハ一部ヲ…承継セシムル」(旧商373条、374条ノ16)ことが会社分割の内容とされていた。そして、営業とは、営業用財産である物及び権利だけでなく、これに得意先関係、仕入先関係、販売の機会、営業上の秘訣、経営の組織等の経済的価値のある事実関係を加え、一定の営業目的のために組織化され、有機的一体として機能する財産をいうと解されていた(前掲昭和40年最大判)。会社分割も合併及び株式交換と同様に企業再編のための組織法上の行為であり、会社分割による権利義務の承継は包括承継の性質を有するものであるとされることから分割の対象も組織的一体性を有する営業と解するのが相当であること、その包括性に注目したからこそ、契約上の地位の移転における相手方当事者の同意や債務の免責的移転における債権者の同意を不要と構成していること、個々の権利義務を分割により承継の対象とすることは現物出資の潜脱ともなりかねないことを理由とする。仮に上記のように解すると、営業の譲渡をその内容としていない会社分割は、たとえその旨の登記がされていても、本法にいう会社分割ではあり得ず、そのような実体は会社分割無効の原因となる。なお、会社分割とされていたものは、個別の資産譲渡、負債承継の契約であったことになり、改めてその効力が問われることになる。本法は、「事業に関して有する権利義務の全部又は一部を……承継させる」(2条29号・30号)ことを会社分割の対象と定めることから、事業の承継は会社分割の要件ではないとする見解が有力に説かれている。

カ　その他

　その他に、①法令の定める資本金又は準備金として計上すべき額に違反すること(445条5項、計算第2編第3章第4節、第6節)、②債権者保護手続(799条、802条2項、810条、813条2項)の不履践、③会社法上の略式組織再編(796条1項)や簡易組織再編(分割会社につき784条3項、805条、承継会社につき796条3項)の要件を満たさないのに株主総会の承認手続が執られなかった場合など、④独占禁止法の会社分割制限に抵触すること(独禁18条2項)、⑤主務大臣の認可・許可を要する場合(銀行30条2項等)にこれを欠くことも会社分割の無効事由になる。

(5)　新設分割無効判決の効力

　新設分割無効判決の効力については、843条が定める。同条の解説を参照されたい。

15　株式交換無効の訴え

(1)　提訴期間

　株式交換の無効は、株式交換の効力発生日から6か月内に訴えによっての

み主張できる（本条1項11号）。そして、株式交換は、株式交換契約で定められた「株式交換がその効力を発生する日」に効力が発生するから（768条1項6号、770条1項5号）、この日が出訴期間の起算日である株式交換の効力が生じた日となる。株式交換無効の訴えの提起後、出訴期間を経過してから新規の無効原因事由を追加して主張することはできないと解される。

(2) 原告適格

　株式交換無効の訴えの原告適格を有する者は、株式交換の効力発生日において株式交換契約をした会社の株主等（株主、取締役又は清算人（監査役設置会社にあっては株主、取締役、監査役又は清算人、委員会設置会社にあっては株主、取締役、執行役又は清算人））若しくは社員等（社員又は清算人）であった者又は株式交換契約をした会社の株主等、社員等、破産管財人若しくは株式交換について承認をしなかった債権者である（本条2項11号）。

　株式交換無効の訴えの原告適格を有する者の定めは、利害関係の薄い者による濫訴を防止する趣旨であると解される（山口賢・新注会(13)349頁）。複数の者が訴えを提起すると、それは類似必要的共同訴訟となる。ただ、株式の譲渡はその株式を取得した者の氏名又は名称及び住所を株主名簿に記載し、又は記録しなければ、会社その他の第三者に対抗できないのであるから（130条1項）、実質的な株主であっても株主名簿の書換えを行っていなければ、株主たることを会社に対抗できず、株主としての原告適格が認められない（真鍋美穂子「新株発行等の無効・不存在の確認、差止めの訴え」大系(4)309頁）。名古屋地一宮支判平成20年3月26日金判1297.75は、「会社法828条2項11号は、株式交換無効の訴えの提訴権者を、『当該行為の効力が生じた日において株式交換契約をした会社の株主等若しくは社員等であった者又は株式交換契約をした会社の株主等、社員等、破産管財人若しくは株式交換について承認をしなかった債権者』に限定しているところ、株式の譲渡は、その株式を取得した者の氏名又は名称及び住所を株主名簿に記載し、又は記録しなければ、株式会社その他の第三者に対抗することができないのであるから（会社法130条1項）、実質的な株主であっても株主名簿の書換えを行っていなければ、株主たることを会社に対抗することができず、株主としての原告適格を認めることもできないというべきである。したがって、原告が被告Y会社の実質的株主であっても、株主名簿の名義書換をしていない以上、本件株式交換無効の訴えの原告適格は認められない。」と判示する。

(3) 被告適格

　会社の株式交換無効の訴えの被告となるのは、株式交換契約をしたすべての会社であり、かつ、これに限られる（834条11号）。この被告適格につい

ては、834条の解説2を参照されたい。

訴訟物　　XのY1株式会社及びY2株式会社に対する株式交換無効権
* 請求の趣旨は、「Y1会社とY2会社との間で、Y1会社を完全親会社とし、Y2会社を完全子会社とする株式交換は、これを無効とする。」である。
* 株式交換無効の訴えは、株式交換によって形成された完全親子会社の関係を解消する効果を生じさせる形成の訴えであり、訴訟手続については、合併無効の訴えと同様である。旧商法当時は債権者等には株式交換無効の訴えが認められていなかったが、本法は、承認をしなかった債権者等も無効の訴えを提起できることとした（本条2項11号）。
* 対世的効果を有する株式交換無効の訴えにあっては、処分権主義や弁論主義の適用が制限され、被告は請求の認諾や裁判上の和解をすることができないだけでなく、当事者が自白をしても自白の拘束力を認め得ないと解される。
* 株式交換契約の承認決議の瑕疵（不存在、無効又は取消事由）を主張する訴えは、株式交換の効力発生日以後は、株式交換無効の訴えに吸収され、決議不存在確認・無効確認又は取消しの訴えはもはや独立して訴えを維持できなくなる。例えば、効力発生前に提起された決議取消しの訴えは、効力の発生に伴って、株式交換無効の訴えに変更（民訴143条1項）をする必要がある。この場合、交換無効の訴えの被告が交換契約の当事会社とされ（834条11号）、管轄が当事会社両社の本店所在地の地方裁判所となるが（835条1項）、決議取消しの訴えが係属する裁判所が「先に訴えの提起のあった裁判所」として管轄を有する（同条2項）。

請求原因　1　Y1会社とY2会社は、Y1会社を完全親会社、Y2会社を完全子会社とし、株式交換の日を平成○年○月○日とする株式交換契約を締結したこと
2　Xは、株式交換の効力が生じた日においてY1会社若しくはY2会社の株主等若しくは社員等であった者又はY1会社若しくはY2会社の株主等、社員等、破産管財人若しくは株式交換について承認をしなかった債権者であること
* 株式交換につき債権者保護手続を要する場合がある（789

条、799条）ことから、株式交換無効の訴えの提訴権者に「株式交換を承認しなかった債権者」（本条2項11号）が加えられている。株式交換を承認しなかった債権者とは、株式交換について異議を述べることができる債権者（789条1項3号、799条1項3号）のうち株式交換を承認した債権者又は債権者保護手続で異議を述べなかった債権者（789条4項、799条4項）以外の債権者をいい、社債権者も新株予約権者も「債権者」に当たる。また、株式交換完全親会社については、その会社が株式以外の財産を対価として交付する場合又は完全子会社の新株予約権付社債を承継する場合に債権者は異議を述べ得るので、その場合に承認をしなかった社債権者や新株予約権者も提訴権を有する（逆に、そのような場合以外の場合については、債権者は提訴権を有しない）。更に、株式交換完全子会社については、株式交換契約新株予約権が付された新株予約権付社債についての社債権者以外の債権者は、株式交換について異議を述べることができず（789条1項3号）、提訴権も有しないこととされている（相澤他・論点解説721-722頁）。

3 株式交換の無効事由

＊株式交換無効事由については、後記(4)参照。その主張立証責任については、株式交換無効の訴えが形成の訴えであることから、株式交換無効の原因はその形成原因と位置づけられる。その上で、株式交換無効事由は、一般の主張責任の分配に従って、その性質に応じて原告が主張立証すべき請求原因ないし再抗弁等、被告が主張立証すべき抗弁等に分類される。（佐々木宗啓＝野崎治子＝金澤秀樹・類型別会社訴訟Ⅱ 739-740、724頁）

4 本訴は、株式交換の効力が生じた日から6か月以内に提起されたこと

＊株式交換無効の訴えについては6か月の出訴期間が定められており（本条1項11号）、株式交換承認決議に係る決議取消しの訴えについては3か月の出訴期間が設けられている（831条1項）。そこで、株式交換決議の瑕疵を争う方法が株式交換無効の訴えに吸収され限定されるとしても、その出訴期間は6か月か、決議取消しの訴えに出訴期間を設けた趣旨

を重視し、本来決議の瑕疵を争うことのできた3か月かが問題となるが、法文のとおり、6か月と解すべきである。なお、株式交換無効の訴えの提起自体は可能であるが、3か月を過ぎてから決議の取消事由を主張することは許されず、裁判所は、総会決議の取消事由のみを無効事由として主張する訴えについては、裁量棄却が可能との見解がある。

（対抗要件）
抗弁 1 Xが株主名簿の名義書換えをするまでXを株主と認めないとのY会社の権利主張
　　＊前掲平成20年名古屋地一宮支判参照。なお、会社が株式の譲渡を認めて譲受人を株主として扱うことは許されるため（最判昭和30年10月20日民集9.11.1657）、会社が株式の譲渡を認めて譲受人を株主として扱っている場合には、名義書換未了の株主にも株主総会決議取消しの訴えの原告適格が認められることになる。

（対抗要件の具備）
再抗弁 1 Xは、Y会社の株主名簿上に株主として名義書換えをしたこと

（信義則違反）
再抗弁 1 Y会社が名義書換えの欠缺を指摘してXの株主たる地位を争うことが信義則に反して許されないとの評価根拠事実
　　＊前掲平成20年名古屋地一宮支判は、「会社が従前、当該名義書換未了株主を株主として認め、権利行使を容認してきたなどの特段の事情が認められる場合には、訴訟において会社が名義書換の欠缺を指摘して株主たる地位を争うことが、信義則（禁反言）に反して許されないと判断されることがあり得る。」と判示する。

(4) 株式交換無効事由

　株式交換の無効事由については、明文規定が置かれておらず、具体的には、株式交換契約の内容の違法、株式交換契約等に関する書面等の不備置・不実記載、株式交換契約の承認決議の瑕疵、株式・新株予約権買取請求の手続の未履行、債権者異議手続の未履行、要件を満たさない簡易株式交換・略式株式交換、略式株式交換の差止仮処分命令違反、完全子会社の株主に対する対価の割当ての違法等と解される（江頭・株式会社法880-881頁）。内容の

違法は、例えば、株式交換契約の必要的決定事項の欠缺又は有害的事項の存在、資本金・準備金の額の不適法な計上などである（江頭・株式会社法880、821頁）。株式交換比率の不公正が無効事由に該当するか、それとも、株式買取請求権による救済で足りるとするかは、合併同様、論じられる。以下、補足する。

ア　株式交換の当事者適格を欠く株式交換契約

　株式交換において完全親会社となり得る会社は、株式会社及び合同会社に限られる（767条）。合名会社、合資会社は完全親会社になることができないから、これを完全親会社とする株式交換契約は無効となる。

イ　株式交換契約上の意思表示に係る意思欠缺又は瑕疵による契約の無効又は取消し

　株式交換は、当事会社間において、株式交換契約を締結する必要がある（767条）が、これは錯誤、詐欺、強迫等の意思表示の意思欠缺又は瑕疵によって無効となり、又は取り消された場合（民95条、96条）、株式交換は無効となるようにみえる（767条3の設例）。しかし、これらの事由を株式交換契約の無効原因とする主張は、株式交換の日までの間に限り許される（51条2項の類推適用）。すなわち、株式交換は、その効果からみると、完全子会社となる会社の株主が、その保有する株式を完全親会社となる会社に対して現物出資して新株発行を受けるのと同じであり、また、その手続は合併と並行的に構成されていることから、合併無効の訴えの場合と同様に、51条2項の類推適用をする基礎がある。このような主張の制限を認めるときは、結局、これらの株式交換契約の事由は、株式交換無効の原因とはならないことになる。

ウ　株式交換契約の必要的決定事項を欠く瑕疵

　株式交換契約については、株主に対し開示すべき事項が法定の必要的な決定事項として定められている（768条1項）。この法定の必要的な決定事項の合意が欠落するときは、その契約は無効であり、その瑕疵は株主総会の承認があっても治癒されない（佐々木宗啓＝野崎治子＝金澤秀樹・類型別会社訴訟Ⅱ737頁。合併に関する大判昭和19年8月25日民集23.524。768条の設例）。

エ　株式交換契約の内容等を記載した書面等の備置きの懈怠

　株式交換完全子会社及び株式交換完全親会社は、株式交換契約の承認決議を行う株主総会の日の2週間前の日等の所定の日のうちいずれか早い日から株式交換の日後6か月を経過する日まで、株式交換契約の内容その他法務省令で定める事項を記載し、又は記録した書面又は電磁的記録をその本店に備置かなければならない（782条）。そして、株主は、これらの備置きに係る

書面について、閲覧・謄本交付等の請求ができる（完全子会社につき782条1項3号・3項、施則184条、完全親会社につき794条1項・3項、施則193条）。そして、これらの書面等の備置きを怠ることは、株主の株式交換に関する判断資料を不当に奪うことになり、その重大性の故に、株式交換無効の原因になると解する（佐々木宗啓=野崎治子=金澤秀樹・類型別会社訴訟Ⅱ738頁）。

オ　株式交換契約についての株主総会の承認決議の不存在等の手続違背

株式交換契約は、完全親会社及び完全子会社の株主総会の承認を得なければならない（783条1項、795条1項）。承認は特別決議による必要がある（309条2項12号）。この承認決議が不存在の場合、又は無効若しくは取消事由となる瑕疵がある場合、株式交換無効の原因となる（佐々木宗啓=野崎治子=金澤秀樹・類型別会社訴訟Ⅱ738頁）。

カ　その他の株式交換無効の原因

①完全子会社となる会社の株主に対する違法な株式の割当てがされたこと、②略式組織再編（784条1項）や簡易組織再編（796条3項）の要件を満たさないのに株主総会の承認手続が執られなかったことは、株式交換無効の原因となる。また、③債権者保護手続（799条5項）に違反した場合も株式交換が無効となる。この債権者保護手続違反を無効事由とする場合、これを主張できる者は、株式交換を承認しなかった債権者に限られ、しかも、主張内容は、自己が受けられなかった手続の瑕疵に限られる（佐々木宗啓=野崎治子=金澤秀樹・類型別会社訴訟Ⅱ738-739頁）。④株式・新株予約権買取請求の手続の不履践、⑤独占禁止法の規制違反（独禁9条-11条）、⑥株式交換について主務大臣の認可・許可を要する場合（銀行52条の17第1項1号、保険業271条の18第1項1号等）にこれを欠くことなども、株式交換無効の原因となる。

(5)　判決の効力と株式交換無効判決確定後の法律関係

ア　株式交換の無効判決

株式交換の無効判決は、株式交換により形成された完全親子会社の関係（769条1項）を解消する効果を生じ、対世効を有するが（838条）、遡及効はない（839条）。そこで、株式交換無効の判決が確定して、旧完全子会社の発行済株式の全部を取得した旧完全親会社が、株式交換に際して旧完全親会社株式を交付したときは、旧完全親会社は、判決確定時における旧完全親会社株式に係る株主に対し、株式交換の際に旧完全親会社株式の交付を受けた者が有していた旧完全子会社の株式を交付しなければならない。この際、旧完全親会社が株券発行会社の場合には、旧完全子会社株式を交付するのと

引換えに旧完全親会社株式に係る旧株券の返還を請求できる（844条1項）。旧完全親会社が旧完全子会社の株式を他に移転済みの場合には、金銭処理となる。ところで、株式交換の無効判決は遡及効がないため（839条）、株式交換がされたことを前提に判決の確定までの間にされた行為は影響を受けない。旧完全親会社が株式交換により発行した株式は、将来に向かってその効力を失うのみであり、株式交換無効の判決が確定するまでの間に旧完全親会社から交付を受けた株式を他に移転しているときには、その移転は有効である。そのため、設立された旧完全親会社が完全子会社の株式を移転すべき相手方は、株式交換の無効判決が確定した時点における株主とされ、旧完全子会社の株主であった者とは必ずしも一致しない（佐々木宗啓＝野崎治子＝金澤秀樹・類型別会社訴訟Ⅱ742頁）。

イ 請求棄却判決

請求棄却判決には対世効がない。しかし、出訴期間の制限及び弁論の併合の関係で、事実上、法的安定性は保たれる。また、敗訴した原告に悪意又は重大な過失があったときには、その原告は会社に対して連帯して損害賠償責任を負う（846条）。

16 株式移転無効の訴え
(1) 提訴期間

原告は、株式移転の効力発生日から6か月以内に提訴しなければならない（本条1項12号）。そして、株式移転は、完全親会社を設立して行われるため、その効力は、設立する完全親会社の成立の日に生ずる（774条）。この完全親会社の成立の日とは、設立登記がされた日である（49条）。したがって、出訴期間の起算日である株式移転の効力が生じた日も、設立する完全親会社の登記がされた日となる。また、出訴期間経過後に新規の無効原因事由を追加して主張することはできないと解すべきである。

(2) 原告適格

株式移転無効の訴えにつき原告適格を有するものは、株式移転の効力が生じた日において株式移転をする株式会社の株主等（株主、取締役又は清算人（監査役設置会社にあっては株主、取締役、監査役又は清算人、委員会設置会社にあっては株主、取締役、執行役又は清算人））であった者又は株式移転により設立する会社（完全親会社）の株主等である（本条2項12号）。なお、株式移転無効の訴えにおいては、株式交換無効の訴えと異なり、破産管財人及び債権者が提訴権者として規定されていないが、株式移転の場合であっても、完全子会社の新株予約権者には株式移転無効の訴えを提起する利益

がある（808条1項3号、810条1項3号）から、828条2項11号を類推して提訴権を認めるとする見解（江頭・株式会社法881-882頁）がある。
(3) 被告適格
　会社の株式移転無効の訴えの被告となり得るものは、株式移転をする会社及び株式移転により設立する会社に限られる（834条12号）。この被告適格については、834条の解説2を参照されたい。

訴訟物　　XのY1株式会社、Y2株式会社及びY3株式会社に対する株式移転無効権
* 請求の趣旨は、「Y1会社（完全子会社）とY2会社（完全子会社）との間で、Y3会社（完全親会社）を設立した株式移転は、これを無効とする。」である。
* 株式移転無効の訴えは、このような株式移転によって形成された完全親会社を解散させ、既存の各完全子会社の株主の地位を旧に回復する効果をもたらす形成の訴えである。
* 処分権主義・弁論主義の適用はないため、株式交換無効の訴えと同様に、被告は請求の認諾又は和解をすることができない。また、自白の拘束力を認めることもできないと解される。訴訟手続については、会社の組織に関する訴え（834条）として、同一の請求を目的とする会社の組織に関する訴えに係る訴訟が数個同時に係属するときには弁論及び裁判は併合することを要する（837条）など、合併無効の訴えと同一の規制に服する。
* 完全親会社の設立の無効を設立無効の訴えにより主張することはできない。完全親会社の設立の無効は、設立無効の訴えではなく、株式移転無効の訴えにより主張する必要がある。
* 株式移転無効の訴えと承認決議に係る株式移転承認決議不存在確認、無効確認又は取消しの訴えの関係については、株式移転が効力を発した日以後においては、決議の瑕疵を主張することのできる訴えは、株式移転無効の訴えに吸収され、株式移転承認決議不存在確認、無効確認又は取消しの訴えは、もはや独立して提起することができなくなる。また、株式移転無効の原因として株式移転承認決議の取消原因にあたる瑕疵を主張する場合、その提訴期間は、株主総会決議取消しの訴えに関する提訴期間である3か月に短縮されるのか、株式

移転無効の訴えの提訴期間として明定された 6 か月であるのかが問題となるが、株式交換無効の訴えの場合と同様に解すべきである。

請求原因　1　Y1 会社と Y2 会社は、両社を完全子会社とし、Y3 会社を完全親会社として設立する株式移転計画を策定して株式移転に関する契約を締結し、Y3 会社の設立登記をしたこと

2　X は、株式移転の効力が生じた日において Y1 会社若しくは Y2 会社の株主等であった者又は Y3 会社の株主等であること

3　請求原因 1 の株式移転に無効原因があること

＊後記(4)参照。株式移転無効の訴えは形成の訴えであり、株式移転無効の原因はその形成原因と位置づけられるものであるが、株式移転無効の原因は、一般の主張責任の分配に従って、その性質に応じて原告が主張立証すべき請求原因ないし再抗弁、被告が主張立証すべき抗弁等に分類される（佐々木宗啓＝野崎治子＝金澤秀樹・類型別会社訴訟 II 749、724 頁）。

4　本訴は、株式移転の効力が生じた日から 6 か月以内に提起されたこと

(4) 株式移転無効事由

株式移転無効の事由については、明文の規定が置かれておらず、解釈に委ねられている。

ア　株式移転に関する株主総会の承認決議の瑕疵（不存在、無効事由又は取消事由の存在）

完全子会社となる会社が株式移転をするためには、株式移転計画を作成し（773 条）、これにつき株主総会における承認決議を得る必要がある（804 条 1 項）。株式移転計画の承認は特別決議による（309 条 2 項 12 号）。そして、この承認決議が不存在の場合、又は無効若しくは取消事由となる瑕疵がある場合、株式移転無効原因となる。

イ　株式移転計画の内容等を記載した書面等の備置きの懈怠

株式移転完全子会社は、株式移転計画の承認決議を行う株主総会の日の 2 週間前の日等の所定の日のうちいずれか早い日から株式交換の日後 6 か月を経過する日まで、株式移転計画の内容その他法務省令で定める事項を記載し、又は記録した書面又は電磁的記録をその本店に備え置かなければならない。そして、株主は、これらの備置きに係る書面について、閲覧・謄本交付等の請求をすることができる（803 条 1 項 3 号・3 項、施則 206 条）。また、

完全親会社は、その成立の日から6か月間、株式移転により完全親会社が取得した完全子会社の株式の数その他株式移転に関する事項として法務省令で定める事項を記載し、又は記録した書面又は電磁的記録をその本店に備え置き、株主の閲覧等に供しなければならない（815条3項3号・6項、施則210条）。そして、完全子会社が事前に備え置くべきこれらの備置き等を怠ることは、株主の株式移転に関する判断資料を不当に奪うことになり、その瑕疵は重大であるため、株式移転無効原因になる（佐々木宗啓=野崎治子=金澤秀樹・類型別会社訴訟Ⅱ749頁）。

ウ　その他の株式移転無効の原因

①完全子会社となる会社の株主に対する違法な株式の割当てがされた場合、②債権者保護手続の不履践（810条）、③株式・新株予約権買取請求の手続の不履践（806条、808条）、④独占禁止法の規制違反（独禁9条-11条）、⑤株式移転について主務大臣の認可・許可を要する場合（銀行52条の17第1項1号、保険業271条の18第1項1号等）にこれを欠くことも、株式移転無効の原因となる。

(5)　判決の効力と株式移転無効判決確定後の法律関係

ア　株式移転の無効判決

株式移転の無効判決は、対世効を有するが（838条）、遡及効はない（839条）。この判決が確定した場合、設立された完全親会社は、将来に向けて設立の効力が失われ（839条）、設立無効の登記をした上、解散の場合に準じて清算手続を執ることとなる（475条3号）。

また、株式移転をした旧完全子会社の発行済株式の全部を取得した旧完全親会社が、株式移転に際して旧完全親会社の株式を交付したときは、旧完全親会社は、判決確定時の旧完全親会社株式に係る株主に対し、株式移転の際に旧完全親会社株式の交付を受けた者が有していた旧完全子会社の株式を交付しなければならない。この際、旧完全親会社が株券発行会社のときは、旧完全子会社株式を交付するのと引換えに、旧完全親会社株式に係る旧株券の返還を請求ができる（844条1項）。旧完全親会社が旧完全子会社の株式を他に移転済みのときは、金銭処理となる。ここでも、株式移転の無効判決には遡及効がなく（839条）、株式移転を前提に判決の確定までの間にされた行為は影響を受けない。株式移転無効の判決が確定するまでの間に設立された旧完全親会社が発行した株式の割当てを受けた株式を他に移転しているときには、その移転は有効である。そのため、設立された旧完全親会社が旧完全子会社となった会社の株式を移転すべき相手方は、株式移転の無効判決が確定した時点における株主とされ、旧完全子会社の株主であった者とは必ずし

も一致しない（佐々木宗啓=野崎治子=金澤秀樹・類型別会社訴訟Ⅱ752頁）。
イ　請求棄却判決
　請求棄却判決には対世効がない。しかし、出訴期間の制限及び弁論の併合の関係で、事実上、法的安定性は保たれる。敗訴した原告に悪意又は重大な過失があったときには、その原告は会社に対して連帯して損害賠償責任を負う（846条）。

●（新株発行等の不存在の確認の訴え）

第829条　次に掲げる行為については、当該行為が存在しないことの確認を、訴えをもって請求することができる。
　一　株式会社の成立後における株式の発行
　二　自己株式の処分
　三　新株予約権の発行

1　新株発行の不存在の確認の訴え
(1) 訴えの性質
　新株発行不存在確認の訴えは、明文規定がなかった旧商法当時から、認められていた。最判平成9年1月28日民集51.1.40は「商法は、このように新株発行無効の訴えを創設しているが、新株発行不存在確認の訴えについては何ら規定するところがない。しかしながら、新株発行が無効であるにとどまらず、新株発行の実体が存在しないというべき場合であっても、新株発行の登記がされているなど何らかの外観があるために、新株発行の不存在を主張する者が訴訟によってその旨の確認を得る必要のある事態が生じ得ることは否定することができない。このような新株発行の不存在は、新株発行に関する瑕疵として無効原因以上のものであるともいうことができるから、新株発行の不存在についても、新株発行に無効原因がある場合と同様に、対世効のある判決をもってこれを確定する必要がある。」と判示していた（最判平成15年3月27日民集57.3.312も同旨）。本条は、新株発行の不存在確認の訴えを明定するとともに、自己株式の処分・新株予約権の発行についても、その不存在確認の訴えを定めることとなった。新株発行等の不存在の確認の訴えの性質は、文字どおり、確認の訴えである。したがって、新株発行の不存在は、訴えの提起に限らず、抗弁や他の方法による主張も可能である。

(2) 提訴期間

　新株発行の無効は、株主のみならず、会社債権者等の利害関係人にも影響を与えるから、取引の安全の見地から、新株発行無効の訴えをもってのみ、かつ、6か月又は1年の提訴期間に限って主張できる（828条1項2号）。これに対し、新株発行不存在確認の訴えについては、提訴期間の定めが置かれていないが、提訴期間に関する828条1項2号の規定は類推適用すべきではない。前掲平成15年最判は、その理由について、「明文の規定がないにもかかわらず、新株発行無効の訴えに準じて新株発行不存在確認の訴えを認めるのであるから、同訴えについては、その性質に反しない限り新株発行無効の訴えに関する規定を類推適用するのが相当である。しかし、新株発行無効の訴えの出訴期間に関する規定については、これを類推適用すべきでなく、新株発行不存在確認の訴えに出訴期間の制限はないものと解するのが相当である。新株発行不存在確認の訴えは、新株発行に瑕疵があるためにこれを無効とすることを求める新株発行無効の訴えと異なり、外観にかかわらず新株発行の実体が存しない場合にその不存在の確認を求めるものであるが、新株発行の不存在はこれを前提とする訴訟においていつでも主張することができるから、新株発行不存在確認の訴えの出訴期間を制限しても、同期間の経過により新株発行の存否が終局的に確定することにはならないのであり、新株発行の効力を早期に確定させるために設けられた出訴期間に関する規定を類推適用する合理的な根拠を欠くというべきだからである。」と判示する。

(3) 原告適格

　旧商法当時、原告適格を有するものについて、明文の規定がなかったが、新株発行不存在確認の訴えは、その性質に反しない限り、新株発行無効の訴えに関する規定を類推適用され、新株発行無効の訴えと同様に、株主、取締役及び監査役が新株発行不存在確認の訴えを提起し得ると解されていた。本法においても、原告適格の明文の規定はないが、確認の利益を有するものに原告適格を認めるべきであり、確認の利益が認められるのは、株主等（監査役設置会社にあっては株主、取締役、監査役又は清算人、委員会設置会社にあっては株主、取締役、執行役又は清算人）であろう。

(4) 被告適格

　新株発行等不存在の訴えの被告適格を有するものは、株式を発行した会社である（834条13号）。前掲平成9年最判は、旧商法当時から、「商法の明文の規定を欠いてはいるが、新株発行無効の訴えに準じて新株発行不存在確認の訴えを肯定する余地があり、この場合、新株発行無効の訴えに対比して出訴期間、原告適格等の訴訟要件が問題となるが、この訴えは少なくとも、

新株発行無効の訴えと同様に、会社を被告としてのみ提起することが許されるものと解すべきである。」と判示していた。新株を引き受けたとされる株主を被告とした場合、訴えは却下される。被告適格については、834条13号の解説を参照されたい。

訴訟物　XのY株式会社に対する新株発行不存在（確認）
　＊本件は、新株発行の実体がないのにその登記のみが存在するとして、不存在確認の訴えが提起された事案である。
　＊請求の趣旨は、「Y会社が、平成〇年〇月〇日にした普通株式5万株の新株発行は不存在であることを確認する。」である。
　＊新株発行不存在確認の訴えは、会社の本店所在地のある地方裁判所に管轄がある（835条1項）。また、この訴えが複数同時に係属するときは、弁論及び裁判は併合される（837条）。

請求原因　1　Y会社は、平成〇年〇月〇日に5万株の新株発行をしたとの登記があること
　＊Xは、新株発行の外形の存在を主張立証しなければならない。請求原因1は、外形の存在の事実を示すものである。
　2　XはY会社の株主等であること
　＊新株発行不存在確認の訴えを明文化した本法においても、特に原告適格について定めていないが、通常の確認の訴えと同様に、確認の利益がある者に原告適格が認められる。
　3　確認の利益
　＊請求原因1の事実は、確認の利益を示す事実でもある。

（募集新株発行）

抗弁　1　Y会社においては、平成〇年〇月〇日に募集新株5万株の払込みがされ、Y会社代表取締役Aが新株発行をしたこと
　＊新株発行不存在の訴えの場合には、被告たる会社が新株発行の事実を主張立証すべきである。しかし、他の債務不存在確認訴訟の場合と同じく、原告は争点を明確にするため、不存在とする根拠が何かを事実上主張すべきであろう（不存在の立証は不要）。

(5) 新株発行不存在事由
　旧商法当時から、裁判実務は、新株発行不存在確認の訴えを認めており、

①新株発行の外観があるのにその実体がない場合（物理的不存在）のほか、②無効事由を超える著しい法的瑕疵がある場合（法律的に新株発行が存在しないと評価される場合）に限り、不存在となるとしていた。②は、株主総会決議の場合には、法的な瑕疵が著しいために決議が存在しないと評価される場合と同様である。前掲平成15年最判は、不存在事由について、「新株発行不存在確認の訴えについては、商法に何ら規定がないが、新株発行の実体がないのに新株発行の登記がされているなどその外観が存する場合には、新株発行が無効である場合と同様に、対世効のある判決をもって新株発行の不存在を確定し、不実の外観を除去する必要があると認められるから、商法280条ノ15〔本条〕以下に規定されている新株発行無効の訴えに準じて新株発行不存在確認の訴えを肯定すべきである」と判示する。外観の典型は、上記判例の挙げる「登記」である（911条3項9号・12号）。その他、取締役会議事録（371条）や株主総会議事録（318条）、新株申込証（203条2項）等も新株発行等の外観に含まれる。

本法においても、新株発行不存在確認の訴えに提訴期間の制約がなく、新株発行後時日を経てから新株発行が不存在とされた場合には関係人に与える影響も大きいから、不存在事由は限定的に解すべきである。

取締役会が開催されず決議がない場合であっても、代表権を有する取締役により、その取締役会を開催したものとして株式払込金が払い込まれた上、発行済株式の総数及び資本の額につき変更登記がされたときは、新株発行手続が全くされていないとはいえず、新株発行としての実体はあると解される（東京高判平成15年1月30日判時1824.127）。見せ金による払込みの場合は、旧商法では取締役が共同して引受担保責任（旧商280条ノ13第1項）を負うから、新株発行が無効とならず、不存在でもないと解されていた（最判平成9年1月28日民集51.1.71）。しかし、本法は、取締役引受担保責任を定めていないため、見せ金による新株の発行が新株発行不存在事由になると解する余地があろう。

代表権限のない者が新株名義の株券を勝手に発行した場合なども不存在と解すべきである。株式会社の代表権がある取締役（又は代表取締役）としての登記がされていない者が行った新株の発行は、原則として会社の機関による行為とは認められず、その者の行為によって発行された新株は偽造されたものともいえるから、新株発行としては不存在というべきであろう（前掲平成15年東京高判参照）。

これに対し、取締役会決議や株主総会決議がない場合の手続的瑕疵の場合、株主に対する通知・公告がない場合、定款上の発行株式総数を超える新

株発行をした場合などは、不存在ではない。
(6) 株式発行不存在確認の判決の効力
ア 対世効
　新株発行不存在確認の訴えの認容判決には、対世効が認められる（838条）。そのため、通常の民事訴訟と同様の処分権主義を認めることはできない。したがって、認容判決と同内容の和解又は認諾はできないと解されている。発行無効判決が確定した場合には、新株発行は将来に向かってその効力を失う（839条）。
イ 遡及効
　新株発行不存在確認の訴えは確認の訴えであるため、認容判決により、新株発行は発行時から不存在であったことになる。新株発行不存在確認の訴えが確定した場合は、それに関する登記は裁判所書記官の職権による嘱託によってされる（937条1項1号ホ）。

2　自己株式の処分不存在確認の訴え
(1) 訴えの性質
　本条は、新株発行の不存在確認の訴えを明定するとともに、自己株式の処分・新株予約権の発行についても、その不存在確認の訴えを定めることとなった。自己株式の処分不存在の確認の訴えの性質は、文字どおり、確認の訴えである。そのため、自己株式の処分の不存在は、訴えの提起に限らず、抗弁や他の方法による主張も可能である。なお、会社が保有している自己株式の処分は、株式の引受人を募集する手続において株式の発行と共通していることから、本法では募集新株発行の枠組みで整理されている（第2編第2章第8節199条以下）。したがって、自己株式の処分不存在確認の訴えは、新株発行不存在の訴えと対応させて考え得る。
(2) 提訴期間
　自己株式の処分は、株主のみならず、会社債権者等の利害関係人にも影響を与えるから、取引の安全の見地から、自己株式の処分の無効の訴えは、訴えをもってのみ、かつ、6か月又は1年の提訴期間に限って主張できると限定的に認められる（828条1項3号）。しかし、新株不存在確認の訴えについては、提訴期間の規定は類推適用すべきではない。出訴期間の制限はないと解すべきである。上記1(2)参照。
(3) 原告適格
　原告適格については、明文の規定が存在しない。しかるに、前述したように、自己株式の処分は、本法では募集新株発行の枠組みで整理されている。

したがって、自己株式の処分不存在確認の訴えは、新株発行不存在の訴えと同様に考え得る。上記1(3)参照。
(4) 被告適格
　自己株式の処分不存在の訴えの被告適格を有するものは、自己株式の処分をした会社である（834条14号）。本法制定前から、最判平成9年1月28日民集51.1.40は、新株発行不存在確認の訴えの事案であるが、この旨を判示していた。被告適格については、834条3(10)を参照されたい。

| 訴訟物 | XのY株式会社に対する自己株式の処分不存在（確認）
＊本件は、自己株式処分の実体がないのにその登記のみが存在するとして、不存在確認の訴えが提起された事案である。
＊請求の趣旨は、「Y会社が、平成○年○月○日にした普通株式5万株の自己株式の処分は不存在であることを確認する。」である。
＊自己株式の処分不存在確認の訴えは、会社の本店所在地のある地方裁判所に管轄がある（835条1項）。また、この訴えが複数同時に係属するときは、弁論及び裁判は併合される（837条）。

請求原因　1　Y会社は、平成○年○月○日に5万株の自己株式の処分をしたとして、株式を交付したこと
　　　　　＊株式の発行と自己株式の処分を併せて、株式の交付という（199条1項）。
　　　　2　XはY会社の株主等であること
　　　　　＊自己株式の処分不存在確認の訴えを明文化した本法においても、原告適格については定めていないが、通常の確認の訴えと同様に、確認の利益がある者に原告適格が認められる。
　　　　3　法律的に自己株式の処分が存在しないと評価される法的瑕疵を示す事実
　　　　　＊下記(5)参照。
　　　　4　確認の利益
　　　　　＊請求原因1の事実は、確認の利益を示す事実でもある。

(5) 自己株式の処分不存在事由
　自己株式の処分は、募集新株発行の枠組みで整理されているところ、裁判実務は、新株発行不存在事由として、①新株発行の外観があるのにその実体

がない場合（物理的不存在）のほか、②無効事由を超える著しい法的瑕疵がある場合（法律的に新株発行が存在しないと評価される場合）を認めていた。これとの均衡を考えると、自己株式の処分の不存在としても、同様に2種類があるといえよう。
(6) 自己株式の処分不存在確認判決の効力
　上記1(6)参照。

3　新株予約権の発行不存在確認の訴え
(1) 訴えの性質
　本条は、新株発行の不存在確認の訴えを明定するとともに、自己株式の処分・新株予約権の発行についても、その不存在確認の訴えを定めることとなった。新株予約権の発行不存在の確認の訴えの性質は、文字どおり、確認の訴えである。したがって、新株予約権の発行不存在は、訴えの提起に限らず、抗弁や他の方法による主張も可能である。
(2) 提訴期間
　新株予約権の発行は、株主のみならず、会社債権者等の利害関係人にも影響を与えるから、取引の安全の見地から、新株予約権の発行無効は訴えをもってのみ、かつ、6か月又は1年の提訴期間に限って主張できると限定的に認められる（828条1項4号）。しかし、新株予約権の発行不存在確認の訴えについては、提訴期間の規定は類推適用すべきではなく、出訴期間の制限はないと解すべきである。
(3) 原告適格
　原告適格を有するものについては、明文の規定が存在しないので、原則どおり、確認の利益を有するものに原告適格を認めることとなる。
(4) 被告適格
　新株予約権の発行不存在の訴えの被告適格を有するものは、新株予約権の発行をした会社である（834条15号）。被告適格については、834条の解説3(11)を参照されたい。
(5) 新株予約権の発行不存在確認事由
　新株発行不存在の訴えの場合と同様に、①物理的不存在と②法律的に新株予約権発行が存在しないと評価される場合とがある（前記1(5)参照）。

　訴訟物　　XのY株式会社に対する新株予約権の発行不存在（確認）
　　　　　＊本件は、新株予約権の発行の実体がないのにその登記が存在するとして、不存在確認の訴えが提起された事案である。

＊新株予約権の登記は、設立の登記事項とされ（911条3項12号）、設立後に申請される新株予約権に関する登記は、登記の態様による分類上（味村治・新訂詳解商業登記（上）14頁）、旧商法下における独立の登記から変更の登記として位置づけられている。

請求原因　1　Y会社は、平成〇年〇月〇日に5万株の新株予約権の発行をしたとの登記があること
　　　　　　＊Xは、新株予約権の発行の外形の存在を主張立証しなければならない。請求原因2の登記は、外形の存在の事実を示すものである。新株予約権の発行の不存在の立証責任を負うものではない。
　　　　2　XはY会社の株主等であること
　　　　　　＊新株予約権の発行不存在確認の訴えを明文化した本法においても、原告適格については定めていないが、通常の確認の訴えと同様に、確認の利益がある者に原告適格が認められる。
　　　　3　確認の利益
　　　　　　＊請求原因1の事実は、確認の利益を示す事実でもある。
（募集新株予約権の発行）
抗　　弁　1　Y会社においては、平成〇年〇月〇日に、Y会社代表取締役Aが募集新株予約権の発行をしたこと
　　　　　　＊新株予約権の発行不存在の訴えの場合には、被告たる会社が新株予約権の発行の事実を主張立証すべきである。

(6) 新株予約権の発行不存在確認判決の効力
　上記1(6)参照。

4　会社の分割不存在確認の訴え
(1) 訴えの性質
　分割不存在確認の訴えについては、明文の規定がない。そこで、分割不存在確認の訴えの訴訟類型が認められるかが問題となる。単に登記の外観が存するだけで分割等の実体が全く存しない場合に、対世効をもって不存在を確定する必要のあることについては、新株発行等の場合と分割等の場合とで何ら異なるところはない。したがって、分割不存在確認の訴えは、会社の組織に関する訴えの1つとして認められるべきであり、その訴訟要件や効果等については、新株発行等無効の訴えと新株発行等不存在確認の訴えの関係を参

考にしつつ、分割無効の訴えの規定を必要な範囲で準用することとなろう。

分割不存在確認の訴えは、形成訴訟ではなく確認訴訟であるから、分割不存在は、分割不存在確認の訴えによらなくても、他の訴訟の攻撃防御方法として主張できることは当然である。

(2) 提訴期間

会社分割の無効は、株主のみならず、会社債権者等の利害関係人にも影響を与えるから、取引の安全の見地から、会社分割の無効は訴えをもってのみ、かつ、分割の効力が生じた日から6か月の提訴期間に限って主張できる（828条1項9号・10号）。しかし、会社分割不存在確認の訴えについては、828条1項9号・10号の規定は類推適用すべきでない。その理由については、1(2)参照。

(3) 原告適格

原告適格については、新株発行等の不存在の確認の訴えの原告適格の定めが設けられていないことからすると、分割不存在確認の訴えについても、分割無効の訴えに準ずるのではなく、紛争の実情に応じて個別に確認の利益を判断すべきである。もっとも、確認の利益が認められる原告は、分割無効の訴えの提訴権者（828条2項9号・10号）である場合が殆どであろう。

(4) 被告適格

被告適格については、分割無効の訴えの場合と同様に解すべきである（新株発行不存在確認の訴えの被告適格者は、新株発行無効の訴えのそれと同様である（834条13号））。したがって、分割会社及び承継会社ないし新設会社を共同被告として訴えるべきものと解する。

> **訴訟物**　XのY1株式会社及びY2株式会社に対する吸収分割不存在（確認）
>
> * 本件は、Y1会社が化粧品事業に関する事業の全部をY2会社に承継させる会社分割が行われたところ、吸収分割の実体がないとして不存在確認の訴えが提起された事案である。
>
> * 請求の趣旨は、「Y1会社がその化粧品事業に関する事業の全部をY2会社に承継させる会社分割は、不存在であることを確認する。」である。
>
> * 管轄については、会社の組織に関する訴えの規定（835条）を準用すべきである。分割不存在の概念の存在理由からして、出訴期間の制限はない（(1)参照）。弁論等の併合、債権者及び株主の担保の提供の義務についての会社の組織に関す

る訴えの規定（836条、837条）も準用すべきである。

請求原因
1 Y1会社は、平成〇年〇月〇日、その化粧品部門に関する事業の全部をY2会社に承継させ、Y2会社を承継会社とする変更登記をしたこと
2 Xは、吸収分割の効力が生じた日においてY1会社若しくはY2会社の株主等若しくは社員等であった者又はY1会社若しくはY2会社の株主等、社員等、破産管財人又は吸収分割について承認をしなかった債権者であること
3 請求原因2の吸収分割についての不存在事由
　＊請求原因3は、後記(5)②の場合の要件事実である。後記(5)①の場合、吸収分割の存在が抗弁事由となる。
4 確認の利益

訴訟物 XのY1株式会社及びY2株式会社に対する新設分割不存在（確認）
　＊本件は、Y1会社（分割会社）がY2会社（設立会社）を設立し、Y1会社の家電事業に関して有する権利事務の全部をY2会社に承継させる会社分割が行われたところ、その新設分割に実体がないとして、新設分割不存在確認の訴えが提起された事案である。
　＊請求の趣旨は、「Y1会社（分割会社）がY2会社（設立会社）を設立し、Y1会社の家電事業に関して有する権利事務の全部をY2会社に承継させる会社分割は、不存在であることを確認する。」である。

請求原因
1 Y1会社は、平成〇年〇月〇日、その家電事業部門に関する事業の全部を承継させる会社として、Y2会社を設立し、その旨の登記をしたこと
2 Xは、新設分割の効力が生じた日においてY1会社の株主等若しくは社員等であった者又はY1会社若しくはY2会社の株主等、社員等、破雇管財人若しくは新設分割について承認をしなかった債権者であること
3 請求原因1の新設分割についての不存在事実
　＊上記の吸収分割不存在の訴えの設例の請求原因3の注記参照。
4 確認の利益

(5) 会社分割不存在事由

　分割不存在とは、分割が無効であるにとどまらず、分割の実体が存在しないというべき場合（前掲2(4)平成9年最判参照）であるが、典型的には、①何らの分割手続も履践されずに、分割の登記のみがなされている場合である。例えば、分割手続が適法に進められた場合でも、吸収分割の効力発生日以降に、所定の期間内に分割の登記（923条）がされずに放置されたときは、組織法上の行為である会社分割は、第三者に対抗可能な状態に置かれることが不可欠の要素であると解されるから、不存在事由となる。また、②新設会社の目的が公序良俗に反する場合や分割が独占禁止法15条の2第1項に違反する場合には、瑕疵の著しい場合として分割不存在に当たると解される。独占禁止法15条の2第2項違反は、単なる届出義務違反等に過ぎないから、出訴期間を超えて主張し得るものとする必要はない。

(6) 分割不存在確認判決の効力

　訴えを認容する判決は、第三者に対してもその効力を有するものと解すべきである（838条の準用）。また、会社の組織に関する訴えについての敗訴原告の損害賠償義務の規定（846条）や裁判による登記の嘱託の規定（937条3項2号・3号）も準用されるものと解する。しかし、分割不存在確認の訴えは、形成訴訟ではなく確認訴訟であるから、分割無効の訴えに関する判決の不遡及効の規定（839条）やこれを前提とする権利義務の帰属の規定（843条）は、準用されない。

5　会社設立不存在確認の訴えの可否

　会社設立不存在確認の訴えについては、明文の規定がない。法律関係の安定の観点からこのような会社の不存在は容易に認めるべきでないとの見解もあるが（江頭・株式会社法113頁）、会社設立について、設立登記はあるが設立手続の一切を欠いているような場合には、無効の訴えによらず、原告適格の制限や提訴期間の制限なしに、不存在の主張を認めるべきである。東京高判昭和36年11月29日下民12.11.2848は、定款上の発起人の署名が偽造され定款が無効で、株式への払込みの大部分が存在せず、創立総会の招集がなく、取締役等の機関の選出もされておらず、適法な取締役・代表取締役も存在しないため登記申請も無効であって、設立登記後の会社経営にも登記簿上の取締役が一切関与していない事実関係の下で、会社の不存在を認めた。

● (株主総会等の決議の不存在又は無効の確認の訴え)

第830条 株主総会若しくは種類株主総会又は創立総会若しくは種類創立総会(以下この節及び第937条第1項第1号トにおいて「株主総会等」という。)の決議については、決議が存在しないことの確認を、訴えをもって請求することができる。

2 株主総会等の決議については、決議の内容が法令に違反することを理由として、決議が無効であることの確認を、訴えをもって請求することができる。

1 株主総会決議不存在確認・無効確認の訴え
(1) 訴えの性質
ア 確認訴訟

 株主総会の決議に重大な瑕疵がある場合又は決議自体が不存在の場合には、その決議はもともと無効又は不存在無効なのであるから、決議の効力について訴えによって確定しておかなくても、個別の紛争が生じた場合に、その決議の不存在・無効を主張すれば足りる。例えば、被告は、抗弁として、株主総会の決議は法令に違反して無効であると主張することも可能である(本書(2)454条1(1)設例参照)。しかし、総会決議が無効又は不存在であるということは、多数の利害関係人の法律関係に影響を及ぼすので、本条は、決議の不存在及び無効を訴訟物とする訴えを認め、「決議が存在しないことの確認」及び「決議が無効であることの確認」と定めるように、訴えの性質は確認の訴えであることを明瞭にした。

 本法制定前から、裁判実務は、これを確認訴訟と捉えていた。旧商法252条の株主総会決議無効確認の訴えの性質については、下級審判決であるが、東京地判昭和30年11月11日下民6.11.2365は、確認訴訟であることを立法の沿革に遡って詳細に説示している。また、最判昭和38年8月8日民集17.6.823は、株主総会決議不存在確認の訴えは、過去の事実関係の存否を確定することを目的とするものであるから、不適法であるとの主張に対して、「本訴は、上告会社において……第1審判決主文掲記の内容の株主総会決議が何ら行われなかつたのにかかわらず、商業登記簿にその旨の記載がなされ、会社その他の関係人においてあたかもこれが適法に拘束力を有するかのように取扱われ勝ちであるから、その失当であることを判決により明確に

し、もつて上告会社および被上告人らを含むその関係人間において、右株主総会決議の拘束力のないことの画一的確定を計ることを目的としたものである」「本件は、……株主総会決議の不存在という単なる過去の事実関係の存否の確定を求めるものではなく、商業登記簿に登記されて外見上会社その他関係人に拘束力を持つかのように見える株主総会決議がその効力を有しないことの確定を求めるものである」「商法 252 条は、『総会ノ決議ノ内容ガ法令又ハ定款ニ違反スルコトヲ理由トシテ決議ノ無効ノ確認ヲ請求スル訴』について規定し、商法 109 条の準用によりその無効確定判決に対世的効力を与えているが、株主総会決議がその成立要件を欠き不存在と評価される場合においても、本件のようにその決議の内容が商業登記簿に登記されている場合に、その効力のないことの対世的確定を求める訴の必要性は決議の内容の違法の場合と何ら異らず、同条においてとくにこれを除外する趣旨がうかがわれないから、本訴は商法 252 条に照し適法である」と判示する。

イ 訴えの利益

確認の訴えの対象は、現在の法律関係であって、過去の権利関係や法律行為の効力の確認は、原則として不適法であるとされている。しかし、過去の権利関係や法律行為の効力の確認が、かえって現在の権利関係をめぐる紛争の解決にとって適切である場合には、確認の利益を認めることができる。株主総会決議不存在確認の訴え・決議無効確認の訴えは、これに当たる。例えば、株主総会決議は、権利関係の前提となる法律行為としての性質を持ち、それに基づいて種々の権利関係が成立するものであり、かつ、過去になされた法律行為と考えられる。しかし、法は、派生的権利関係を確認の対象とすることに代えて、それらの基礎にある決議の存在や効力を確認することが、紛争の抜本的、かつ、一挙に解決に資することができることに着目して、これについて確認の利益を認めたものである（伊藤・民事訴訟法 176 頁）。

(2) 提訴期間

決議の不存在あるいは無効については、瑕疵が重大であるため提訴期間を制限されていない。したがって、請求訴訟等については、その請求をすることができる限り、いつでも、決議の無効や不存在を主張することができるし、株主総会の決議の不存在・無効の確認の訴えは、原告がその決議に利害関係を有する限り、いつまでも訴えを提起することができる。

なお、株主総会決議の無効確認の訴えの係属中に、無効原因として主張されていた瑕疵が取消事由に該当することが判明した場合、原告が取消しの訴えの原告適格の要件を満たし、また、無効確認の訴えの提起が取消しの訴えの提訴期間中に行われたものであったときには、取消しの訴えに変更するこ

とができると解される。なぜなら、取消しの訴えの提訴期間の制限が設けられているのは、軽微な瑕疵について提訴せずに放置した場合は、瑕疵が治癒されたとして法的安定を確保することにあり、提訴期間中に無効確認の訴えが提訴され、決議取消事由に該当する瑕疵が争われていれば、その瑕疵を原因とする取消しの訴えへの変更を禁止する理由はないからである。因みに、最判昭和 54 年 11 月 16 日民集 33.7.709 は、「商法が株主総会決議取消の訴と同無効確認の訴とを区別して規定しているのは、右決議の取消原因とされる手続上の瑕疵がその無効原因とされる内容上の瑕疵に比してその程度が比較的軽い点に着目し、会社関係における法的安定要請の見地からこれを主張しうる原告適格を限定するとともに出訴期間を制限したことによるものであつて、もともと、株主総会決議の取消原因と無効原因とでは、その決議の効力を否定すべき原因となる点においてその間に差異があるためではない。このような法の趣旨に照らすと、株主総会決議の無効確認を求める訴において決議無効原因として主張された瑕疵が決議取消原因に該当しており、しかも、決議取消訴訟の原告適格、出訴期間等の要件をみたしているときは、たとえ決議取消の主張が出訴期間経過後になされたとしても、なお決議無効確認訴訟提起時から提起されていたものと同様に扱うのを相当とし、本件取消訴訟は出訴期間遵守の点において欠けるところはない」と判示する。

(3) 原告適格

原告については、明文の規定は設けられていない（830 条の 831 条との対比）。しかし、確認の利益は必要であるから、会社債権者には、確認の利益を認めることができず、原告適格はないと解される。例えば、違法な計算書類承認決議に基づく違法な剰余金分配の場合、債権者は総会決議の無効を争わずとも、直接株主に対して違法分配額の自己への支払を求めることができるので（463 条 2 項）、決議無効確認の訴えを提起すべき法律上の利益がない。違法な剰余金分配以外の場合にも、無効確認を求める利益は殆ど考えられない（今井宏「株主総会決議の瑕疵」大隅健一郎先生還暦記念商事法の研究 143 頁）。決議不存在についても、会社の内部的な手続違背であるから、決議不存在を主張できるのは原則として会社内部の関係者に限られる。そのため、原告適格を有する者は事実上、株主、取締役、監査役設置会社の監査役、委員会設置会社の執行役等ということになろう（真鍋美穂子=白崎直彦=西村英樹=馬渡直史・類型別会社訴訟 I 359 頁）。

数人の提起する株主総会決議不存在・無効確認の訴えは、類似必要的共同訴訟となる（決議無効確認の訴えについて、伊藤・民事訴訟法 624 頁）。すなわち、数個の訴えが同時に係属するときには、弁論及び裁判は併合すること

を要し（837条）、訴えが併合された場合には、類似必要的共同訴訟（請求について各自が単独で当事者適格を有し個別的に訴え又は訴えられるけれども、共同して訴え又は訴えられた場合には、判決を共同訴訟人全員につき合一に確定させ勝敗を一律に決めることが法律上要求される訴訟）となる。

ア　株　　主

　株主は、一般に、原告適格を認められる。決議当時は株主でなく、決議後に株式を譲り受けた者であっても、原告として株主総会決議不存在・無効確認の訴えを提起できると解される。しかし、株主総会決議不存在・無効確認の訴えは、株主の共益権（監督是正権）に基づくものであるから、訴訟係属中は株主でなければならない（岩原紳作・新注会(5)328頁）が、訴訟提起時と同一の株式を有している必要はない（最判昭和42年9月28日民集21.7.1970）。なお、下級審ではあるが、名古屋地一宮支判平成20年3月26日金判1297.75は、「株主総会決議無効確認の訴えの原告適格は無制限ではなく、原告適格が認められるためには法律上の利害関係を有する必要があるところ、株主であることを法律上の利害関係として主張する場合には、株主名簿の名義書換を行って株主たる地位を会社に対抗できることが必要になる」と判示する。訴訟係属中に株式を譲渡するなどして、株主でなくなった以上、原告適格を失うと解される（設立無効の訴えに関しても、大判昭和8年10月26日民集12.2626）。

(ア)　原告たる株主が主張できる瑕疵

　株主総会決議不存在・無効確認の訴えは、株主の共益権に基づくものであり、適正な会社運営のための訴訟であることからすると、自己の利益を害されない株主であっても、原告適格を有するとするのが通説である（決議取消しの訴えに関するが、前掲昭和42年最判）。ただ、招集通知の欠缺という瑕疵について、招集通知を受けなかった株主が決議の瑕疵を争わないのは、決議の結果に満足しているからであり、それにもかかわらず招集通知を受けた他の株主に決議の瑕疵を争うための訴訟を提起させる必要はないとの見解もある（鈴木=竹内・会社法258頁）。

(イ)　議決権なき株式の株主

　株主総会決議不存在・無効確認の訴えの原告適格は、確認の利益がある限り認められるが、議決権なき株式の株主に確認の利益が認められるであろうか。通説は、株主総会決議取消しの訴えに関し、株主総会決議取消しの訴えを提起できる権利は、議決権があることを前提とする共益権であるから、議決権なき株式の株主は原則として株主総会決議取消しの訴えの原告適格を有せず、例外的に、株主総会決議により株主の地位を奪われた株主（171条1

項等）は、その決議が取消されれば、株主の地位を回復する余地があるのは、その決議取消しの訴えの原告適格が認められるとしている（江頭・株式会社法347頁）。これに対し、決議時の株主でなくても、また、自己の権利を侵害された株主でなくても原告適格を有すると解されていること、株主総会決議取消しの訴えを提起し得る権利は議決権でなく株主権の一内容であることからすると、法令・定款に従った会社経営を求める株主の権利実現のために議決権なき株式の株主も決議内容の瑕疵に関しては株主総会決議取消しの訴えを提起し得ると解することができ（菅原菊志・新注会(5)245頁）、株主総会決議不存在・無効確認の訴えも同様と解することができよう。

(ウ) 共有株式の場合

株式の共有の場合は、その株式についての権利を行使する者1名を定め、会社に対してその者の氏名又は名称を通知する必要があり（106条本文）、通知がない場合は、会社が権利行使を認めた場合を除き、原告適格がないので、訴えは却下される（最判平成2年12月4日民集44.9.1165、最判平成3年2月19日裁判集民162.105参照）。この「株式会社が当該権利を行使することに同意した場合」（106条ただし書）については、①準共有されている株式が発行済株式の全部に相当し、共同相続人のうちの1人を取締役に選任する旨の株主総会決議があった旨の登記がされているときに、他の共同相続人が提起した株主総会決議不存在確認の訴え（前掲平成2年最判）、②共同相続人の準共有に係る株式が双方又は一方の株式会社の発行済株式総数の過半数を占めているのに合併契約書の承認決議がされたことを前提として合併の登記がされているときの合併無効の訴え（前掲平成3年最判）においては、準共有者間で権利行使者の指定がない場合であっても、原告適格を認めている（本書(1)106条2設例参照）。

(エ) 株式交換、株式移転等があった場合

株式交換、株式移転等によって株主資格を失った場合、裁判例は、旧商法の下では、親会社の株主は、子会社に対する株主代表訴訟の原告適格を喪失するとしていた（東京高判平成15年7月24日判時1858.154、東京地判平成13年3月29日判時1748.171）。しかし、本法は、一定の場合に株主代表訴訟の原告適格を喪失しないと定めることとなったが（851条）。株主総会決議不存在確認・無効確認の訴えの原告適格については、本法が原告適格を失わないとする規定を置いていないことから問題となるが、株主代表訴訟の場合の851条の規定を類推適用すべきであろう。

(オ) 訴訟の承継

相続により持分を取得した相続人は、株主総会決議取消しの訴え及び株主

総会決議無効確認の訴えの原告たる地位を継承する（最大判昭和45年7月15日民集24.7.804）。しかし、株式に共同相続が開始すると、遺産分割がされるまで、共同相続人が相続分に応じてこれを準共有することになり（最判昭和45年1月22日民集24.1.1、最判昭和52年11月8日民集31.6.847）、株式が準共有されている場合は、上記（ウ）のとおり、権利行使者の指定（106条）が必要となる。また、株主名簿の書換未了の株式取得者は会社に対して株主であることを対抗できず、相続人についても同様に取り扱われるため、訴訟係属中に株主名簿の書換えをする必要がある。他方、特定承継の場合には、原告適格は承継しない。すなわち、判例（前掲昭和45年最大判）及び有力説（江頭・株式会社法347頁）は、訴訟係属中に株式を譲渡した場合には、旧株主は株主総会決議不存在・無効確認の訴えの原告適格を失い、譲受人も譲渡人の訴訟上の地位を承継しないとしている。

イ　取締役等

取締役、監査役、委員会設置会社の執行役等は、会社に対して善良な管理者として職務を遂行する義務（取締役及び監査役の場合。330条、民644条）や、会社のために忠実に職務を行う義務（取締役及び執行役の場合。355条、419条2項）を負う。この義務には、株主総会決議を遵守することも含まれる。しかし、株主総会決議が不存在又は無効であるような場合には取締役等はかかる決議を遵守する必要はない。したがって、取締役等は、決議の有効無効や存否について疑いがあるか、争いのあるときは、原則として株主総会決議不存在・無効確認の訴えを提起する法律上の利益を有する（小島孝・新注会(5)391、402頁）。再選されなかった取締役等は、その決議の不存在・無効確認によって自己の地位が回復される場合には、その決議に関し原告適格が認められるが、それ以外の場合には、在任中の決議の効力を争うことについて法律上の利益を有することを特に主張立証しなければ、在任中の株主総会決議の不存在・無効確認の訴えの原告適格を有しないと解される。①解任された取締役は、株主総会決議の効力を争うにつき法律上の利益を有することを特に主張立証しない限りは当然に株主総会決議につき無効確認を求める適格があるとはいえない（東京地判昭和36年11月17日下民12.11.2754）、②もともと単なる形式上の社員及び取締役に過ぎず、実体を伴わない単なる登記簿上の取締役には、取締役の名義回復の可能性があるというだけでは株主総会決議不存在確認の訴えの訴えの利益は認められない（東京高判昭和53年4月4日判タ368.347）、③適法な選任手続を経ていない登記上の取締役について、解任決議があったとしてその登記が抹消された場合でも、その取締役はもともと取締役ではないのであるから、解任の株主総会

決議不存在確認の訴えには訴えの利益がない（大阪高判昭和57年5月28日判時1059.140）がある。

(4) 被告適格

株主総会決議不存在・無効確認の訴えについて被告適格を有するものは、その株式会社に限られる（834条16号）。代表者は代表権のある取締役又は代表取締役である（349条1項・4項）。ただし、原告が取締役の場合には特則が設けられている（353条、364条、386条、408条1項）。なお、834条16号の解説を参照されたい。

訴訟物　　XのY株式会社に対する株主総会決議不存在（確認）
＊本件は、株主総会開催禁止の仮処分決定に違反して株主総会が開催され決議がされたため、株主XがY会社に対し、株主総会決議不存在確認の訴えを提起した事案である。

請求原因　1　Y会社は、定時株主総会において、Aを取締役に選任する決議をしたこと
2　XはY会社の株主であること
＊株式の譲渡は、取得者の氏名・名称及び住所が株主名簿に記載・記録されなければ会社に対して対抗できない（130条1項）。したがって、株主名簿に記載されていない株主は、原則として株主総会決議不存在・無効確認の訴えの確認の利益を有しない。以下に掲記する対抗要件の抗弁、対抗要件具備の再抗弁が成立する所以である。
3　請求原因1の株主総会の決議不存在事由
4　確認の利益
＊株主総会決議がその成立要件を欠く場合でも、その決議内容が商業登記簿に登記され、外見上会社その他の関係人に拘束力を持つかのように見えるときは、その効力のないことの確定を求める訴えは適法である（前掲昭和38年最判、最判昭和45年7月9日民集24.7.755）。実際に決議がされていない以上、決議は不存在とされることになる。ただし、議事録上の株主総会決議の記載が明らかな誤記である場合は、その決議の不存在確認を求める請求には確認の利益がない（大阪高判昭和46年11月30日下民22.11-12.1163）。

（対抗要件）

抗弁　1　Xが株主名簿の名義書換えをするまでXを株主と認めない

とのY会社の権利主張
* 会社が株式の譲渡を認めて譲受人を株主として扱うことは許されるとされているため（最判昭和30年10月20日民集9.11.1657）、会社が株式の譲渡を認めて譲受人を株主として扱っている場合には、名義書換未了の株主にも株主総会決議不存在確認の訴えの原告適格が認められることになる。

(対抗要件の具備)

再抗弁 1　Xは、Y会社の株主名簿上に株主として名義書換えをしたこと
* ①会社が過失により名義書換えを拒絶した場合、②株主が会社に対する株主権確認・株主名簿の名義書換えの認諾調書を有する場合（東京地判昭和46年8月16日判時649.82）、③実質上の株主が株主名簿の名義書換請求をしたとしても、会社がこれを拒絶することが明白であって、会社においてその株主が実質上の株主である事実を知っており、かつ、その事実を容易に証明し得る状態にある場合（名古屋高判平成3年4月24日高民44.2.43）等は、名義書換えなくして株主であることを主張できると解される。これらの場合には、名義書換えが未了の株主であっても、株主総会決議不存在・無効確認の訴えの確認の利益も認め得る。

(5) 決議不存在事由・無効事由
ア　決議不存在事由
　決議不存在事由として、一般に、①株主総会を開催した事実が全くなく、決議が事実上存在しない場合（物理的不存在）と、②招集手続等の違法が著しくて法律的意味において総会決議が存在すると評価することができない場合（法律的不存在）とが認められている。
(ア) 物理的不存在
　物理的不存在は、事実概念であって、決議の不存在（ないし存在）それ自体が要件事実である。
(イ) 法律的不存在
　法律的不存在は、株主総会の招集手続や決議方法の瑕疵の程度が著しいものなどであって、決議があったとは評価できないものであるから、規範的要件であり、その評価根拠事実が要件事実となる。なお、不存在事由は、瑕疵の程度を問題とする点で、決議取消事由と連続性を有するといえる。

994

|訴訟物| XのY株式会社に対する株主総会決議不存在（確認）
　　　＊本件は、株主総会開催禁止の仮処分決定に違反して株主総会が開催され決議がされたため、株主XがY会社に対し、株主総会決議不存在確認の訴えを提起した事案である。

|請求原因| 1　Y会社は、平成○年○月○日開催の臨時株主総会において、Aを取締役に選任する決議をしたこと
2　XはY会社の株主であること
　　＊株主名簿に記載されていない株主は、原則として株主総会決議不存在・無効確認の訴えの確認の利益を有しないから、対抗要件の抗弁、対抗要件具備の再抗弁が成立し得るが、この点については、上記の設例参照。
3　請求原因1の株主総会に先立って、Y会社代表取締役Bに対し、株主総会開催禁止の仮処分又株主総会決議禁止の仮処分が発令されていたこと
　　＊株主総会開催禁止の仮処分の被保全権利は、特定の株主総会に関する取締役の違法行為差止請求権（360条1項）である。この株主総会開催禁止の仮処分決定に違反して株主総会が開催され決議がされた場合は、この仮処分の被保全権利が取締役の違法行為差止請求権であって、取締役に対して不作為義務を課すものに過ぎないから、その仮処分決定に反する株主総会開催は、取締役の会社に対する義務違反の責任が生じるが、株主総会を開催した行為が無効又は不存在となることはないので、決議には瑕疵がないとする見解がある（東京高判昭和62年12月23日判タ685.253）。しかし、①株主総会開催禁止の仮処分は、単に取締役に対し不作為義務を課すだけでなく、株主総会招集権限を一時的に剥奪する効果を生じ、これに反して開催された株主総会は無権限者の招集といえること、②この仮処分決定には対世効があるので、仮処分決定に反して開催された株主総会は法律上の株主総会とは認められないこと、③仮処分決定の実効性を担保するためには、この仮処分決定に反して株主総会が開催され決議がされた場合には、決議は招集権限のない者によってされたものであるから、決議不存在と解すべきである（浦和地判平成11年8月6日判タ1032.238）。
　　＊株主総会決議禁止の仮処分は、特定の株主総会決議に関し、

取締役の違法行為差止請求権（360条1項）を被保全権利として認められる仮処分である。この点において、上記の株主総会開催禁止の仮処分決定の場合と同様である。したがって、株主総会決議禁止仮処分決定に反してされた決議の効力についても、不存在と解し得る。なお、株主総会決議禁止の仮処分決定に違反して決議がされたときは、株主総会及び決議は法律上一応存在するため、決議不存在ではなく決議無効であるとする見解もあるが（小島孝・新注会(5)389頁）、決議内容の法令違反というのは無理であろう。

4　確認の利益

（訴えの利益の喪失）

抗弁　1　先行決議で選任された役員が辞任や任期満了で退任したこと
　　　　2　全員出席総会において新たな役員が選任されたこと
　　　　　＊株主総会の先行決議が不存在であるときは、その決議によって選任された取締役が招集手続に関与した後行決議は、全員出席総会においてされたなど特段の事情がない限り、後行の株主総会決議は不存在である（最判平成2年4月17日民集44.3.526）。したがって、後行の役員選任決議が有効であるとされるような特段の事情があるときには、先行する役員選任決議の決議不存在確認の確認の利益はなくなるが、そうでなければ先行する役員選任決議の決議不存在確認の訴えの利益は喪失しない（最判平成11年3月25日民集53.3.580、最判平成13年7月10日金法1638.40）。

a　招集手続に関する不存在事由

（a）取締役会決議・代表権ある取締役による招集

　株主総会の招集は、取締役会設置会社の場合には取締役会決議により、それ以外の場合には取締役によって決定され（298条1項・4項）、業務執行の1つとして、代表権のある取締役が株主に招集通知を発することによって開催される（299条）。取締役会設置会社の場合に、取締役会決議が存在せず、代表権のある取締役以外の取締役が招集した株主総会は、法律上の意義における株主総会とはいえないから、その決議は不存在となる（最判昭和45年8月20日裁判集民100.373）。しかし、株主総会開催に取締役会決議が必要とされている取締役会設置会社において、代表権のある取締役が取締役会決議なく株主総会を招集しても、取締役会決議の有無は外部から分からないた

め、招集権限のある代表取締役が株主総会を招集した以上、その決議の瑕疵は取消事由であると解される（最判昭和46年3月18日民集25.2.183）。

(b) 株主に対する通知

株主に対する通知は、株主に株主総会への準備をさせるために必要であり、株主に対して招集通知がされなかったことは、招集手続が法令に違反することになるため（831条1項1号）、決議取消事由になると解される。ただし、招集手続を欠いた株式数が多いときは、法的に株主総会であるとは評価できないとして、決議不存在事由となるとされている（本書(2)299条1(1)第2設例）。例えば、招集手続を欠いた株式数が全体の4割を超えるような場合は、決議取消事由にとどまらず、決議不存在事由となるとされる（東京高判昭和30年7月19日下民6.7.1488、東京高判昭和63年3月23日判時1281.145、東京高判平成2年11月29日判時1374.112、東京高決平成4年1月17日東高民時報43.1-12.2）。

決議不存在事由となるか決議取消事由となるかの判断の際に、会社の主観的意図（例えば特定の株主を排除する会社側の意図）も考慮すべきであるとする見解もある。しかし、排除された株主の株式数が全体の4割を超えるような場合には、会社の主観的意図にかかわらず、決議は不存在とされるべきである。他方で、排除された株主の株式数が極めて少なく、その株主が株主総会決議取消しの訴えの提起期間を徒過したために株主総会決議不存在確認の訴えを提起した場合は、提訴期間内に株主総会決議取消しの訴えを提起できなかった理由、株主総会決議取消しの訴えがされた場合に裁量棄却され得る事案なのかどうか、株式会社側の特定株主排除の意図の悪質さ、その決議を不存在とした際の他の利害関係人に与える影響等を総合考慮して決議不存在事由になるかが検討される。

(c) 全員出席株主総会等の場合

招集権者による株主総会の招集の手続を欠く場合であっても、株主全員がその開催に同意して出席した全員出席総会において、株主総会の権限に属する事項について決議をしたときは、その決議は有効と解するのが判例である（最判昭和46年6月24日民集25.4.596）。また、株主の作成に係る委任状に基づいて選任された代理人が出席することにより株主全員が出席したことになる株主総会において決議がされたときには、株主が会議の目的たる事項を了知して委任状を作成したものであり、かつ、その決議が会議の目的たる事項の範囲内のものである限り、決議は有効に成立すると解される（最判昭和60年12月20日民集39.8.1869）。更に、本法は、書面による議決等を定めた場合を除き、議決権を有する株主が招集手続を執らないことを同意している

ときは、招集手続は不要としている（300条）。
b　議決権行使についての不存在事由
　会社が株主の議決権行使を制限することは、一株一議決権の原則（308条1項）に反することになる。したがって、株主の議決権行使を制限して得られた株主総会決議は、決議方法の法令違反として決議取消事由となる。もっとも、招集手続の瑕疵で述べたのと同様に、議決権行使の制限の割合が著しい場合には、決議不存在事由になると解されており、裁判例を分析すると、招集手続を欠いた株式数が全体の4割を超えるような場合には、決議取消事由にとどまらず、決議不存在事由となる。
c　仮処分決定違反
　株主総会開催禁止の仮処分に違反して株主総会が開催され決議された場合、また、株主総会決議禁止の仮処分に違反して株主総会決議がされた場合の決議の効力については、その被保全権利は、いずれも取締役の違法行為差止請求権（360条1項）であることから、前掲設例の請求原因3の注記のとおり、決議不存在と解すべきである。
イ　決議無効事由
　決議無効事由は、「決議の内容が法令に違反すること」である（本条2項）。例えば、次のとおりである。
（ア）会社の目的を非営利目的に変える定款変更決議（本書(1)27条1(2)設例参照）
（イ）剰余金配当請求権・残余財産請求権を株主に与えない旨の定款変更決議（本書(1)105条2(1)設例参照）
（ウ）利益をすべて社会福祉事業に支出する旨の定款変更決議（本書(1)105条3(2)設例参照）
（エ）その資格を有さない社外取締役を選任した種類株主総会決議（本書(1)108条12(9)設例参照）
（オ）株主平等原則に反する決議（109条。本書(1)109条3(1)設例参照。ただし、不利益を受ける株主の同意がある場合を除く）
（カ）発行可能株式総数を発行済株式総数未満にする（定款変更）決議（本書(1)113条2設例参照）
（キ）発行可能株式総数を発行済株式総数の4倍を超えて増加する定款変更決議（113条3項違反）
（ク）188条違反の単元株数とする決議（本書(1)188条2設例参照）
（ケ）189条違反の決議（本書(1)189条2(2)設例参照）
（コ）取締役会設置会社において定款で総会決議事項とされていない事項の

決議（295条2項）
（サ）欠格事由を有する者を取締役に選任する決議（331条1項）
（シ）公開会社が取締役は株主に限るという制限を設ける決議（331条2項）
（ス）取締役の選任を議長に一任する決議
　　決議の方法が法令に違反するとして取消事由に当たるのではなく、決議の内容自体が法令（329条1項）に違反すると解すべきである。
（セ）役員の報酬金額等の決定を取締役会に一任する決議
　　役員の退職慰労金（弔慰金）は職務執行の対価として定款又は株主総会決議により決めることになる（361条、379条、387条等）ので、株主総会決議により役員の報酬（退職慰労金を含む）の金額などの決定を無条件に取締役会に一任することは、法令に違反する決議であるから無効事由となる。しかし、株主総会決議において、明示的若しくは黙示的に、その支給に関する基準を示し、具体的な金額、支払時期、支払方法などはその基準によって定めるべきものとしてその決定を取締役会に任せることは許され、その決議に瑕疵はない（最判昭和39年12月11日民集18.10.2143、最判昭和44年10月28日裁判集民97.95、最判昭和48年11月26日判時722.94）。
　　そして、退任取締役に贈呈する退職慰労金の額等の決定を取締役会に一任したところ、取締役会がそれを更に取締役会長等に一任した場合であっても、退職慰労金の額等に関する内規があり、委任を受けた取締役会にも、再委任を受けた取締役会長等にも、退職慰労金の額の決定に裁量の余地がない場合には、その決議は361条（旧商269条）等に反するものではなく、無効ではない（最判昭和58年2月22日裁判集民138.201）。
（ソ）違法な計算書類を承認する決議（438条2項。本書(2)438条2設例参照）
（タ）公序良俗に反する内容の決議（民90条）
(6) 決議不存在・無効事由の主張立証責任
ア　決議不存在の主張立証責任
　決議不存在確認訴訟にあっては、決議が不存在であることを原告において主張立証すべきか、それとも決議が存在することを被告において主張立証すべきか。この点については、次のとおり、見解が分かれる。
（ア）被告説
　総会決議不存在確認訴訟は、総会決議の効力に関する消極的確認訴訟の一種であるが、消極的確認訴訟においては、攻撃方法としての請求原因である一定の事実主張というものはなく、訴訟物である権利の発生原因事実については、被告にその主張立証責任があると解されている（債務不存在確認の訴

えについてであるが、10訂民事判決起案の手引「事実摘示記載例集」19頁）。不存在の事実の直接の立証は、理論上も実際上も困難であることが理由とされている。結局、決議不存在確認訴訟における確認の対象を決議自体の存否と解するならば、その主張立証責任についても、一般原則により、被告の側に決議が存在することにつき立証責任があることとなる（大隅健一郎・商事法研究（上）418頁）。

（イ）原　告　説

　霜島甲一「決議を争う訴訟の訴訟物」民事訴訟雑誌 11号 126頁は、決議取消訴訟と決議不存在訴訟の訴訟物が同一であるとする見解に立った上で、主張立証責任に関し、次のように論じる。「従前の判例の大勢では、決議不存在の事由は原告の主張、立証責任事項と取扱われていることに変りない。以上に対し、近時の東京地裁の実務は、不存在事由〔具体的には、決議が存在する事実のことであろう〕を被告の立証責任とする。……消極的確認の訴の一般原則によれば、あたかも債務不存在確認の訴のごとく、右の東京地裁の実務が理論上正当ともみられる。決議の不存在の主張についての直接の立証は、理論上も実際上も困難であるといえよう。しかし以上の帰結が、理論上の意味での立証責任の配分につきいわれるとすれば、四分六分の心証で決議効が否定される点、決議効安定の要請の前に一抹の不安を感ぜざるをえない。理論上も、過去の決議の存否の確定という特別の制度の利用を欲する者は、その要件事実をみずから立証すべきものと考えられる。そのように解したうえでの決議不存在確認の訴の請求を理由あらしめる事実とは、決議の存在を疑わしむべき事実の存在するということであり、そのようにいえば、具体的事実をあげなくとも主張責任ははたされたとみるべきで、原告はそのような事実の一、二を、主要事実の具体的な徴表として選んで立証すればよいことになる（『不存在』という主要事実の性格上、主要事実を直接立証する立証方法が考えられないというにとどまり、判文構成上の困難もないと考えるが、この点は批判をまって再考したい）」という（なお、霜島甲一「総会決議の取消・無効を主張する訴訟の訴訟物」実務民事訴訟講座 5　19頁も同旨）。

　しかし、決議の存在・不存在が問題となっている場合においては、決議の存在に関する心証が 4 分程度にとどまる場合は、むしろ決議は存在するものとみるべきではない。決議効安定の要請は決議が存在することを前提とする問題と考える。また、請求を理由づける事実に該当するとされている「決議の存在を疑わしむべき事実」とは、決議が存在することという抗弁事実に対する反証に過ぎないものと解すべきであろう。

（ウ）折　衷　説

決議不存在の類型として、前記(5)アの不存在事由でみたとおり、一般に、①株主総会を開催した事実が全くなく、決議が事実上存在しない場合と、②招集手続等の違法が著しくて法律的意味において総会決議が存在すると評価することができない場合とがある。①の場合には、被告である会社において決議の存在を主張立証すべき責任を負い、これに対し、②の場合には、その違法を根拠づける事実は、決議不存在を主張する原告において主張立証する責任を負うとする見解がある（真鍋美穂子・商事関係訴訟74-75頁）。この見解を要件事実論の観点からすると、折衷説のいう①と②の各場合は、平面的に区分されるにとどまるものではなく、①と②は重層的な構造になっている。つまり、決議不存在の訴えが提起された場合には、被告が抗弁として、決議の存在につき主張立証責任を負い、この抗弁（決議の物理的存在）が立証された場合には、この系列の攻撃防御方法は、この抗弁の成立で終了し、再抗弁はない。しかし、その抗弁事実（決議の物理的存在）を前提として、法律的に総会決議があったとは評価できない程度の法律上の瑕疵に該当する事実を予備的請求原因として、原告が主張立証すべきであると解し得る。この理は、②の不存在事由が取消事由と連続性を有し、瑕疵の程度の著しいものであるという性質からも根拠づけることができる。

訴訟物　　XのY株式会社に対する総会決議不存在（確認）
　　　　　　＊本件は、株主Xが主位的に株主総会が物理的に存在しないと主張し、予備的に法的な不存在事由を主張した事案である。
　　　　　　＊請求の趣旨は、「Y会社の定時株主総会における剰余金の配当決議は不存在であることを確認する。」である。
　　　　　　＊総会決議は、複数当事者の内容が同じ意思表示の一致により成立するので、法律行為のうち合同行為である。しかし、各意思表示が、その独立性を失って団体内部を拘束する統一的な行為となる点、また、多数決の原理を入れる点等において民法上の合同行為に対して特色がある。
請求原因　1　Y会社は、定時株主総会を開催し、剰余金の配当決議をしたと主張していること
　　　　　　＊請求原因1は、確認の利益を示す事実である。なお、「Y会社が主張する決議が不存在であること」は、訴訟物を特定するための請求原因として主張すべきであるが、これは、請求を理由あらしめる請求原因事実ではない。決議が存在するこ

とが、被告の抗弁なのである。
      2　XはY会社の1,000株を有する株主であること
        ＊Xは、Y会社が決議があったと主張する当時の株主でなくても、その後株式を譲り受けた者であっても、原告適格は有する。しかし、株主総会決議不存在確認の訴えは、株主の共益権に基づくものであると考えられるため、訴訟係属中、株主であることを要し、訴訟係属中に株式を譲渡して被告会社の株主でなくなった場合には、原告適格を失うと解される。
        ＊株主総会決議不存在確認の訴えは、株主の共益権に基づくものであり、適正な会社運営のための訴訟であることからすると、自己の議決権等の権利を害されたのではない株主も、原告適格を有すると解される。
        ＊議決権なき株式の株主について株主総会決議不存在確認の訴えの原告適格は、確認の利益がある限り、認められるとされるが、議決権なき株式の株主につきいかなる場合に確認の利益が認められるかが問題となる。なお、株主総会決議取消しの訴えの原告適格を参照されたい。

(株主総会決議の存在)

抗　弁　1　Y会社は、定時株主総会を開催し、剰余金の配当決議をしたこと

予備的請求原因　1　(Y会社は、定時株主総会を開催し、剰余金の配当決議をしたこと)
        ＊請求原因1は、上記抗弁事実そのものである。
      2　(XはY会社の1,000株を有する株主であること)
      3　本件総会の招集通知は、Y会社の債権者が発したこと
        ＊上記3の主張は、上記抗弁に対する再抗弁ではなく、上記請求原因と抗弁を前提とする予備請求原因と解されよう。

訴　訟　物　X株式会社のYに対する取締役の地位不存在（確認）
        ＊本件は、株主総会決議不存在（法的不存在）が被告Yの抗弁として主張された事業である。

請求原因　1　X会社は、株主総会において、Yを取締役に選任する決議をし、Yはこれを承諾したこと
      2　X会社は、請求原因1の後、平成○年○月○日開催の株主総会において、取締役Yを解任する決議をしたこと

　　　　　　3　Yは取締役を解任されたことを争うこと
　　　　　　　＊確認の利益を示す事実である。
（決議不存在）
抗　弁　1　請求原因2の株主総会の招集通知は、X会社の債権者が発したこと

イ　決議無効の主張立証責任
　決議無効確認訴訟における無効事由（「決議の内容が法令に違反すること」）を原告が主張立証すべきことについては、正面から議論されることは少ないが、肯定すべきである（斉藤清實「株主総会決議不存在確認請求訴訟と請求の認諾」司法研修所創立20周年記念論文集第2巻（民事編2）236頁は、「株主総会決議無効確認訴訟における無効事由が原告側の主張立証事項であることに問題はない」という）。

訴訟物　　XのY株式会社に対する総会決議無効（確認）
　　　　　＊決議無効確認の訴えの訴訟物の内容自体について厳密に詰めて議論はされていないようである。とりあえず、総会決議の無効という法律効果の存否としたが、ほかに、決議の効力そのもの、あるいは、決議の違法性等の見解がある（小山昇「無効訴訟の訴訟物」訴訟物論集〔増補〕163頁）。しかし、いかなる見解を採ろうとも、決議が数個の法令に違反する無効事由を有するときでも、その無効事由ごとに訴訟物が異なるものではなく、訴訟物自体は1個である。
　　　　　＊本件の請求の趣旨は、「Y会社は、定時株主総会において、取締役Aの退職慰労金贈呈の件の議案につきなしたその贈呈の金額、時期、方法等を取締役会に一任する旨の決議は無効であることを確認する。」である。

請求原因　1　Y会社は、定時株主総会において、取締役Aの退職慰労金贈呈の件の議案につきなしたその贈呈の金額、時期、方法等を取締役会に一任する旨の決議をしたこと
　　　　　＊請求原因1の決議は、「Y会社に存在する内規に従って」という制限を付けていないと、違法であると解される。
　　　　　2　XはY会社の株主であること
　　　　　＊株主総会決議不存在・無効確認の訴えの認容判決には対世効があるため（838条）、株主総会決議不存在・無効確認の訴

えにおいては、自白の拘束力を認めないとする見解が有力である。ただし、この見解に立っても、株主総会決議不存在・無効確認の訴えのすべての請求原因事実について自白の拘束力を認めない扱いとするのか、訴え以外の方法によって株主総会決議不存在・無効が主張された場合にも自白の拘束力を認めない扱いをするのかは、見解が分かれ得る。例えば、株主総会決議不存在・無効確認の訴えにおいて原告適格に関する「原告が株主であること」について、自白の拘束力を認めない扱いをする場合、株主権確認訴訟において処分権主義・弁論主義が認められていることとの整合性が問題となる。
3 確認の利益
  ＊株主総会決議がされ、会社その他の関係人に法的効果をもたらすときには、確認の利益が認められる。

| 訴訟物 | XのY株式会社に対する株主総会決議無効（確認） |

＊本件は、Y会社が第三者に対する有利発行を含む新株発行に関する決議をしたところ、株主Xが新株発行無効確認の訴えを提起したが、その新株発行が効力を生じたので、訴えの利益の存否が争点となった事案である。

請求原因	1 Y会社は、新株発行の株主総会決議をしたこと
	2 XはY会社の株主であること
	3 請求原因1の株主総会決議の無効事由
	4 確認の利益

（訴えの利益の喪失）

| 抗弁 | 1 新株発行の効力が生じたこと |

＊株主総会決議無効確認の訴えの係属中に、その決議に基づいて会社が手続を進めた場合に、その決議無効確認の訴えの確認の利益は失われる場合がある。例えば、新株発行に関する株主総会決議無効確認の訴えの係属中に新株が発行された場合には、新株発行無効の訴えを提起しない限り、新株の発行を無効とすることができないため、新株発行に関する株主総会決議無効確認の訴えは確認の利益を失う（最判昭和37年1月19日民集16.1.76、最判昭和40年6月29日民集19.4.1045）。

| 訴訟物 | XのY株式会社に対する株主総会決議無効（確認） |

1004

　　　　　　＊本件は、Y会社の株主総会がA株式会社を吸収合併する決議をしたが、その決議に無効事由が存在するので、株主Xが株主総会決議無効の訴えを提起した事案である。

請求原因
1　Y会社の株主総会は、A会社を吸収合併する旨の決議をしたこと
2　XはY会社の株主であること
3　請求原因1の株主総会決議の無効事由
4　確認の利益

（訴えの利益の喪失）

抗　弁
1　Y会社とA会社の吸収合併の効力発生の日が到来したこと
　　＊合併の無効は合併無効の訴え（828条1項7号・8号）をもってのみ主張することができるので、株主総会決議無効確認の訴えの係属中に合併の効力が生じた場合は、訴えの変更により合併無効の訴え等に変更でき、反面、決議無効確認の訴えは、訴えの利益を喪失する。

訴訟物
　XのA破産財団に対する破産債権（破産債権査定異議の訴え）
　　＊本件は、株主総会決議が法令（461条1項）に違反するとして決議無効を抗弁として主張する事案である。東京地判昭和30年11月11日下民6.11.2365は、更生債権確定訴訟において、更生管財人から株主総会決議が法令違反により無効であるとの抗弁が提出され、それが認定された。

請求原因
1　A株式会社は、株主総会において、1株につき8円の利益配当をする剰余金の配当決議したこと
2　Xは、（請求原因1の利益配当の基準日における）A会社の100万株の株主であること
3　○○地方裁判所は、A会社に対し破産開始決定をしたこと
4　Yは破産者A会社の破産管財人に選任されたこと
5　Xは利益配当請求権800万円につき破産債権届出をしたこと
6　Yは債権調査期日において請求原因5の届出債権につき異議を述べたこと
7　Xは、請求原因について査定申立てをしたこと
8　裁判所は、請求原因債権の存在を否定する破産債権査定決定

（違法な剰余金の配当）
抗　弁　1　損益計算書は、売上高が30億円水増しされ、売上原価に20億円の計上漏れがあり、配当可能利益が存在しなかったこと
　　　　　＊前掲昭和30年東京地判は、総会決議無効確認の訴えが確認訴訟であるとした初期の事案である。同判決は、「同条〔旧商252条〕にいう決議無効とは一般原則にいう無効と同一であり、決議無効確認の訴の訴訟上の請求は一般原則による無効確認の訴と全く同一である。従ってその訴の性質はあくまで一般原則にいう無効確認の訴であり、その訴を認容する判決は即ち一般原則にいう無効確認の判決である。……株式会社における法律関係の画一的確定の要請と法的確実の要請から、第252条において、第1には、無効原因事由につき、これを一般原則に委ねることなしに、その原因事由を制限的にかかげると共に取消との限界について一応の基準を与え、第2には決議無効の主張につき、無効確認の訴という形で提起された場合には、特にそのときに限つて決議取消の訴とほぼ同一に取扱い、その訴を認容する判決には訴訟当事者以外の第三者にも広くその効力を及ぼすことにした、とかように解すべきである。してみれば、右のごとき決議無効原因が存在し、且つそれを主張する一般原則上の利益の存する限り、何人でも何時にても主張しうるものであつて、決議無効を主張する方法は、一般原則に従い、必ずしも訴によることを要せず、訴訟上の抗弁その他いかなる方法で主張するかは全く主張者の自由である」と判示する。

2　株主総会決議不存在確認・無効確認の訴えの認容判決の効力
(1)　対　世　効
ア　意　　義
　一般原則によれば、不存在確認又は無効確認の認容判決は訴訟の当事者以外の者に対してはその効力が及ばない。それでは、訴訟当事者間では決議は不存在又は無効であり、それ以外の者との関係では決議は依然存在し、又は有効であるという錯綜した関係を生ずる。そのため、本法は、会社の組織に関する訴えに属する株主総会決議無効確認訴訟及び不存在確認訴訟の各認容判決が確定した場合に、判決効を第三者に拡張する（838条）。これらの訴

えの存在意義の1つは、この判決効の第三者への拡張にある。判決効の拡張が認められる訴訟においては、合一確定の要請が働くため、同一の請求を目的とする訴えが数個継続する場合には、裁判を併合しなければならず（837条）、その訴訟は、類似必要的共同訴訟となる。これに対し、抗弁以下の攻撃防御方法として決議の不存在・無効を主張する場合は、既判力は、訴訟物たる請求権についてのみ及び、判決理由中の判断である決議の不存在・無効には及ばず、その判断は第三者を拘束しない。このような訴訟が複数係属しても併合されることもなく、併合されても通常共同訴訟となるに過ぎない。

イ　原告敗訴判決における対世効の有無

原告敗訴の場合に、838条の文言から対世効を認めないのが通説である。取消訴訟の場合は、3か月の提訴期間が定められているから、棄却判決に対世効がなくとも問題は生じない。しかし、無効確認の場合は提訴期間の制限がないため、問題が生じ得る。決議無効確認訴訟における原告敗訴判決は、原告勝訴判決と同様に対世効を有するとする見解もある。そうしないと、Aの敗訴判決の既判力と、Bの勝訴判決の既判力（対世効）が衝突して、前者については同一決議が有効とも無効とも決定しないという不都合が生ずるという（小島孝・注会(4)242頁）。しかし、838条が勝訴判決に対世効を認める文言と整合しない。そこで、対世効の優先劣後で対処する見解が説かれる。Aが敗訴した後にBが勝訴したような場合、838条が勝訴判決のみに対世効を認めた趣旨からみて、後から出た無効判決が優越し、会社とAは、ともに決議が有効であるとの主張ができないという（岩原紳作・新注会(5)348頁）。

(2)　和解又は認諾の可否

株主総会決議不存在・無効確認の訴えの認容判決には対世効があるため、認容判決と同様の効果を生ずる認諾はできないし、認容判決と同様の内容となる和解もできないと解されている。838条の解説3を参照されたい。

(3)　判決後の登記手続

株主総会において決議した事項の登記がある場合に、その決議に関する株主総会決議不存在・無効確認の訴えが確定したときには、裁判所書記官は、職権により、本店及び支店の所在地でその旨の登記をする（937条1項1号ト(1)）。支店に関する930条2項各号の登記がされているときも同じである。

●（株主総会等の決議の取消しの訴え）

第831条 次の各号に掲げる場合には、株主等（当該各号の株主総会等が創立総会又は種類創立総会である場合にあっては、株主等、設立時株主、設立時取締役又は設立時監査役）は、株主総会等の決議の日から3箇月以内に、訴えをもって当該決議の取消しを請求することができる。当該決議の取消しにより取締役、監査役又は清算人（当該決議が株主総会又は種類株主総会の決議である場合にあっては第346条第1項（第479条第4項において準用する場合を含む。）の規定により取締役、監査役又は清算人としての権利義務を有する者を含み、当該決議が創立総会又は種類創立総会の決議である場合にあっては設立時取締役又は設立時監査役を含む。）となる者も、同様とする。
　一　株主総会等の招集の手続又は決議の方法が法令若しくは定款に違反し、又は著しく不公正なとき。
　二　株主総会等の決議の内容が定款に違反するとき。
　三　株主総会等の決議について特別の利害関係を有する者が議決権を行使したことによって、著しく不当な決議がされたとき。
2　前項の訴えの提起があった場合において、株主総会等の招集の手続又は決議の方法が法令又は定款に違反するときであっても、裁判所は、その違反する事実が重大でなく、かつ、決議に影響を及ぼさないものであると認めるときは、同項の規定による請求を棄却することができる。

1　株主総会決議取消しの訴え－総論
(1)　訴　訟　物
　旧訴訟物理論においては、特定の取消事由ごとに別個の訴訟物を構成し得ることになり、他方、新訴訟物理論では、各々の取消事由ごとに訴訟物は分断されず、取消自体の主張が包括的に1つの訴訟物を構成することになじむ。しかし、旧訴訟物理論の立場であっても、株主総会決議取消訴訟について、取消事由ごとに訴訟物を別個のものと捉えるとは限らない。伊藤・民事訴訟法206頁は、「同一決議についてその取消しを求める地位は、当該決議についての手続上または内容の瑕疵という事実にもとづいて生じるものであり、その瑕疵に相当する具体的事実によって区別されるものでないとすれ

ば、訴訟物は単一と考えられる」としている（岩原紳作・新注会(5)352頁参照）。

なお、株主総会決議取消しの訴え、無効確認の訴え及び不存在確認の訴えが、いずれも決議の効力の否定宣言を求める点で共通であり、同一の決議については、訴訟物は共通1個であるとする見解も有力である（新堂・新民事訴訟法333頁）。しかし、それぞれの訴えが形成訴訟・確認訴訟と別個の訴訟類型として定められているところから、別個の訴訟物であると解するのが裁判実務である。

(2) 訴えの性質

株主総会決議取消訴訟は形成訴訟である。通常は一定の要件事実の発生によって直ちに法律効果の変動を生ずるが、形成訴訟制度はその要件に該当する事実が存在することを訴えをもって主張し、裁判所がその存在を認めて法律関係の変動を判決で宣言し、それが確定して、初めて法律関係の変動の効果が生じるとするものである（新堂・新民事訴訟法208頁）。取消事由のある株主総会決議は、決議取消しの訴え（本条）によって取り消さない限り、その決議は有効として取り扱われる。決議取消判決が確定して、初めてその決議は遡及的に無効となる。

(3) 訴えの利益

ア　意　義

民事訴訟は、具体的権利義務に関する紛争を解決する手段であるから、権利関係を対象とするものであっても、本案判決による紛争解決が期待できない場合は、裁判所が本案判決をする要件（訴訟要件としての狭義の「訴えの利益」）を欠くことになる。いかなる場合に形成判決による権利関係の変動が認められるかは、法に規定が設けられている。したがって、それらの規定に基づいて形成の訴えが提起されていれば、当然に訴えの利益が認められる。しかし、訴訟係属中に訴訟外の事実の変動により、その権利関係が過去のものとなった場合は、訴えの利益が認められるのは、過去の権利関係の変動を求めることにつき、原告がなお法律上の利益を有する場合に限られる（訴えの利益の喪失につき後出8参照）

イ　否決の決議と訴えの利益

株主総会決議取消しの対象となる決議は、成立（可決）した決議であり、否決した決議ではない。この点、東京地判平成23年4月14日資料版商事328.64は、「Xは本件各否決の取消しを求めているが、株主総会決議の取消しの訴え（会社法831条）の対象となる株主総会決議とは、当該取消しを会社法上の訴えとして設けた趣旨に鑑みて、飽くまでも『成立した決議』とい

うべきであるから、定足数を満たし、かつ、議案に対する法定多数の賛成によって成立したものをいうことになる（同法309条参照）。そうすると、議案が否決されたということは、上記決議が成立しなかったということであって、そもそも同法831条所定の株主総会決議には当たらない。換言するならば、否決の取消しを求める訴えは、定型的に訴えの利益を欠いているというべきである。」と判示する。同判決は、否決が取り消されると今後3年以内に同一の理由で再提案ができる（304条ただし書）という訴えの利益があるとの主張に対しては、「上記のように否決が取消訴訟の対象たる決議に当たらないと解される以上、このような再提案の可否については、実際に再提案をしてこの再提案を会社が拒否したとすればそのときに、これを争うことが可能であると解されるから、再提案を制限する同条〔304条〕ただし書があるからといって、否決の取消しの訴えの利益を肯定し、株主総会決議取消しの訴えの対象となるとすべき理由にはならない」とした。

2　提訴期間
(1) 法的性質
　本条1項は、決議取消しの訴えは決議の日から3か月以内に提起しなければならないことをも定める。この提訴期間の法律的性質については、見解が分かれる。
ア　除斥期間説
　この期間は、実体法上の除斥期間であると解し、この期間経過後の訴え提起は棄却されることは当然として、期間経過後の取消事由追加が制限されるのもこの期間が実体法上の除斥期間であるからこそ、原告の攻撃防御方法を制限したものであるとする見解（岩原紳作・新注会(5)356頁）がある。この見解に従えば、提訴が本条の定める期間経過後である事実は抗弁であって、会社が主張立証責任を負うことになる。裁判所は、除斥期間について被告の援用がなくても職権によって訴えを棄却しなければならないが、これは援用する意思表示が不要であるにとどまり、弁論主義が機能する以上、被告が除斥期間の起算点と期間の経過の事実を主張立証すべきである。
イ　提訴期間（訴訟要件）説
　実務の通説的見地は、本項の期間を提訴期間と解しているとみてよかろう。本書もこの見解を採る。つまり、提訴期間は訴訟要件の性質を有し（兼子一・民事訴訟法体系158頁は、担保担供の必要と並べて出訴期間を挙げている）、それを遵守して提訴した事実を認めることができないときは、訴訟要件を欠き、不適法として却下されることとなる。つまり、訴訟要件の存否

は職権調査事項であっても、それが認められないことによる不利益は原告が負うこととなる。したがって、提訴期間を遵守した事実は、結局、原告の主張立証責任に帰するのである。具体的には、総会決議取消しを求める原告は、取消しを求める総会決議がなされた日を主張立証すれば、訴え提起の日は裁判所に顕著な事実であるから容易にその要件の充足関係が明らかになる。

(2) 取消事由の追加主張

ア　決議取消訴訟における取消事由の追加

　決議取消しの訴えを提起した後、本条1項所定の期間経過後に新たな取消事由を追加主張することの可否については、決議の早期安定の要請と株主等による取消訴訟による瑕疵を是正する権利との政策的比較衡量をめぐって見解が分かれる。肯定説は、提訴期間の規定は決議取消しの訴え提起を制限するものであり、取消事由の追加主張は訴訟進行中の攻撃防御方法により解決すべきであるとする。これに対し、否定説は、決議取消事由である株主総会の手続上の瑕疵は比較的軽微な瑕疵であって時の経過によりその採証が困難になることから、早期に総会決議の効力を明確にして法的安定性を図る必要があることを挙げる。最判昭和51年12月24日民集30.11.1076は、否定説の立場を採り、その理由について、「株主総会決議取消しの訴えを提起した後、商法248条1項所定の期間経過後に新たな取消事由を追加主張することは許されないと解するのが相当である。けだし、取消しを求められた決議は、たとえ瑕疵があるとしても、取り消されるまでは一応有効のものとして取り扱われ、会社の業務は右決議を基礎に執行されるのであつて、その意味で、右規定は、瑕疵のある決議の効力を早期に明確にさせるためその取消しの訴えを提起することができる期間を決議の日から3ヵ月と制限するものであり、また、新たな取消事由の追加主張を時機に遅れない限り無制限に許すとすれば、会社は当該決議が取り消されるのか否かについて予測を立てることが困難となり、決議の執行が不安定になるといわざるを得ないのであつて、そのため、瑕疵のある決議の効力を早期に明確にさせるという右規定の趣旨は没却されてしまうことを考えると、右所定の期間は、決議の瑕疵の主張を制限したものと解すべきであるからである。」と判示する。

イ　決議無効原因として主張された瑕疵が取消原因に該当し、かつ、取消訴訟の原告適格、出訴期間等の要件を満たしているときに、決議取消しの主張が出訴期間経過後にされた場合

　最判昭和54年11月16日民集33.7.709は、株主総会決議無効確認の訴えの決議無効原因として主張された瑕疵が決議取消原因に該当し、かつ、決議

取消訴訟の出訴期間等の要件を満たしているときは、決議取消しの主張が出訴期間経過後にされたとしても、その決議取消しの訴えは出訴期間の関係では決議無効確認の訴えの提起時に提起されたのと同様に扱うのが相当であるとする。すなわち、同判決は、「商法が株主総会決議取消の訴と同無効確認の訴とを区別して規定しているのは、右決議の取消原因とされる手続上の瑕疵がその無効原因とされる内容上の瑕疵に比してその程度が比較的軽い点に着目し、会社関係における法的安定要請の見地からこれを主張しうる原告適格を限定するとともに出訴期間を制限したことによるものであつて、もともと、株主総会決議の取消原因と無効原因とでは、その決議の効力を否定すべき原因となる点においてその間に差異があるためではない。このような法の趣旨に照らすと、株主総会決議の無効確認を求める訴において決議無効原因として主張された瑕疵が決議取消原因に該当しており、しかも、決議取消訴訟の原告適格、出訴期間等の要件をみたしているときは、たとえ決議取消の主張が出訴期間経過後にされたとしても、なお決議無効確認訴訟提起時から提起されていたものと同様に扱うのを相当とし、本件取消訴訟は出訴期間遵守の点において欠けるところはない。」と判示する。

結局、判例の立場は、株主総会決議取消しの訴え、無効確認の訴え及び不存在確認の訴えが、同一の決議に関するものであっても、別個の訴訟物であるという通説を前提としながらも、当初決議取消しの訴えが提起され、その後予備的請求として明示的に決議取消しの主張が追加された場合には、当初の無効確認の訴えの無効事由が取消事由に該当するものである限り、無効確認の訴えを提起したときに取消しの訴えが提起されたのと同様に取り扱うことを認めるのである。

訴訟物　　XのY株式会社に対する株主総会決議取消権
　　　　　　＊請求の趣旨は、「Y会社の平成○年○月○日開催の株主総会におけるAを取締役に選任する決議を取り消す。」である。
　　　　　　＊決議取消訴訟の訴訟物は、通常、総会決議取消権と表現されるが、内容的には、手続上の瑕疵（違法）である。請求原因3のような具体的な個々の瑕疵の主張は、請求を理由づける事由である。したがって、複数の瑕疵を主張した場合であっても、請求の併合となるものではない（兼子一・民事訴訟法体系165頁）。

請求原因　1　XはY会社の株主であること
　　　　　　＊自己の議決権を害されたのではない株主であっても、株主総

会決議取消しの訴えが共益権に基づく以上、原告適格を有する。ただし、招集通知がなされなかったという瑕疵について、招集通知を受けなかった株主が決議の瑕疵を争わないのは、決議の結果に満足しているからであり、それにもかかわらず招集通知を受けた他の株主に決議の瑕疵を争うための訴訟を提起させる必要はないとする反対説もある。

＊株主総会決議取消しの訴えを提起する権利は、議決権があることを前提とする共益権であることを理由として、議決権なき株式の株主は、原則として株主総会決議取消しの訴えの原告適格を有しないとするのが通説である（江頭・株式会社法316頁）。他方、決議時の株主でなくても原告適格を有するし、自己の権利を侵害された株主でなくても原告適格を有すると解されていること、株主総会決議取消しの訴えを提起し得る権利は議決権でなく株主権の一内容であることを理由に、法令、定款に従った会社経営を求める株主の権利実現のために議決権なき株式の株主も決議内容の瑕疵に関しては株主総会決議取消しの訴えを提起し得るという見解もある（岩原紳作・新注会(5)329頁）。

＊株式交換、株式移転等があった場合、株式交換、株式移転等によってその株式会社の株主でなくなったようなときは、裁判例は、旧商法の下では、親会社の株主は、子会社に対する株主代表訴訟の原告適格を喪失するとしていたが、本法は、一定の場合に、株主代表訴訟の原告適格を喪失しないとしている（851条）。株主総会決議取消しの訴えの原告適格を検討する際に851条の類推適用の適否が問題となろう。

2 　Y会社は、平成○年○月○日に株主総会を開催し、Aを取締役に選任する決議をしたこと

＊「総会決議がなされた日」が要件事実として要求されるのは、訴訟要件たる出訴期間（本条1項）と関係する（請求原因4参照）。

3 　本件総会の招集通知は、その会日より5日前に各株主に対し発送されたこと

＊請求原因3は、取消事由を表すものである。株主総会の招集は、会日より2週間前（非公開会社である取締役会設置会社においては、1週間前となる。取締役会非設置会社であれ

ば、定款によって更に短縮することもできる）に各株主に対して書面をもって通知することとされているが（299条1項）、株式会社がこの期限を守らないことは、決議取消事由になる。
4　本訴は、請求原因2の株主総会決議の日から3か月以内に提起されたこと
＊訴え提起の日は、裁判所に顕著な事実であり、裁判所は両者を併せれば、出訴期間が守られているか否かを判断できる。

3　原告適格

株主総会決議取消しの訴えの原告適格は、以下の(1)(2)のように、基本的に会社内部の者に限定されている。これは、決議取消事由が瑕疵の程度が比較的軽微であり、また、その瑕疵は内部的規律である定款違反等であって、第三者にその瑕疵を主張させる利益はないからである。

(1) 株主等（本条1項前段）

株主総会決議取消しの訴えを提起できるのは、旧商法当時は株主、取締役、監査役であったが（旧商247条1項等）、本条1項前段は、「株主等（当該各号の株主総会等が創立総会又は種類創立総会である場合にあっては、株主等、設立時株主、設立時取締役又は設立時監査役）」であるとする。ここに「株主等」とは、828条2項1号において「株主、取締役又は清算人（監査役設置会社にあっては、株主、取締役、監査役又は清算人、委員会設置会社にあっては、株主、取締役、執行役又は清算人）」と定義されている。

決議当時は株主でなく、その後に株式を譲り受けた者であっても、原告として株主総会決議取消しの訴えを提起できると解される。しかし、株主総会決議取消しの訴えは、株主の共益権（監督是正権）に基づくから、口頭弁論終結時までは株主資格を有している必要がある（岩原紳作・新注会(5)328頁）。

原告たる株主が訴訟係属中に株式を譲渡するなど特定承継が生じて株主でなくなると、原告適格は承継されない（最大判昭和45年7月15日民集24.7.804は、訴訟係属中に株式を譲渡した場合、旧株主は株主総会決議不存在・無効確認の訴えの原告適格を失い、かつ、譲受人も譲渡人の訴訟上の地位を承継しないとしている）（本書(1)130条4(2)設例）。これに対して、原告たる株主が死亡して相続により株式の持分を取得した相続人は、株主総会決議取消しの訴え（及び無効確認の訴え）の原告たる地位を継承する（前掲昭和45年最大判）。もっとも、株式に共同相続が開始すると、遺産分割がさ

れるまでは、共同相続人が相続分に応じて準共有することになり（最判昭和45年1月22日民集24.1.1、最判昭和52年11月8日民集31.6.847）、権利行使者の指定（106条）が必要となる。そのため、訴訟係属中に権利行使者を指定する必要がある（本書(1)106条解説4設例）。また、株主名簿の書換えをしていない株式取得者は会社に対して株主であることを対抗できず、相続人も同様であるから、訴訟係属中に株主名簿の書換えをすることも必要となる。

なお、種類株主総会の決議の取消しの訴えを、その種類以外の種類株主が提起できるかについては、本条が、種類株主総会の決議の取消しの訴えの提訴権者として、「株主」を挙げていることから、肯定される。これは、種類株主総会の決議がないと効力が生じない行為等があり、この場合には、決議がその種類の株主以外の株主全員の利害に関係するからである。

訴訟物　　XのY株式会社に対する株主総会決議取消権
＊数人の提起する株主総会決議取消しの訴えは、類似必要的共同訴訟となる（伊藤・民事訴訟法624頁）。すなわち、数個の訴えが同時に係属するときには、弁論及び裁判は併合することを要し（837条）、訴えが併合されると、類似必要的共同訴訟（請求について各自が単独で当事者適格を有し個別的に訴え又は訴えられるが、共同して訴え又は訴えられた場合は、判決を共同訴訟人全員につき合一に確定させ勝敗を一律に決めることが法律上要求される訴訟）となる。

請求原因　1　Y会社は、株主総会において、Aを取締役に選任する決議をしたこと
2　XはY会社の株主であること
＊株式の移転は、取得者の氏名又は名称及び住所が株主名簿に記載されなければ会社に対して対抗できない（130条1項）。したがって、株主名簿に記載されていない株主は、原則として株主総会決議取消しの訴えの原告適格を有しない。以下に掲記する対抗要件の抗弁、対抗要件具備の再抗弁が成立する所以である。
＊通説は、株主総会決議取消しの訴えを提起できる権利は、議決権があることを前提とする共益権であるから、議決権なき株式（単元未満株式を含む）の株主は、原則として株主総会決議取消しの訴えの原告適格を有しないとする。これに対

し、自己の権利を侵害された株主でなくても原告適格を有すると解されていること（鈴木=竹内・会社法258頁は反対）、株主総会決議取消しの訴えの提起権は議決権の有無と必然的関係がないことなどを理由に、法令・定款に従った会社経営を求める株主の権利実現のために議決権なき株式の株主も株主総会決議取消しの訴えの提起権を有するとの見解もある（松田=鈴木・條解上211頁）。

* 株式が共有されている場合は、株式の権利を行使する者1名を定め、会社に対してその者の氏名又は名称を通知することが必要であり（106条）、通知がない場合は、会社が権利行使を認めた場合を除き、原告適格がないとして、訴え却下となるのが原則である（最判平成2年12月4日民集44.9.1165（事案は不存在確認）、最判平成3年2月19日裁判集民162.105参照）。もっとも、旧商法下では、権利行使者の指定及び会社に対する通知を欠くときには、共有者全員が議決権を共同で行使する場合を除き、会社側から議決権の行使を認めることもできないとされていたため（最判平成11年12月14日裁判集民195.715）、106条所定の「株式会社が当該権利を行使することに同意した場合」の意義が問題となる。権利行使者が指定されていない場合は原則として原告適格は認められないが、判例は、①準共有に係る株式が会社の発行済株式の全部に相当し、共同相続人のうちの1人を取締役に選任する旨の株主総会決議がされたとしてその登記がされているときに、他の共同相続人が起こした株主総会決議不存在確認の訴え（前掲平成2年最判）、②共同相続人の準共有に係る株式が双方又は一方の株式会社の発行済株式総数の過半数を占めているのに合併契約書の承認決議がされたことを前提として合併登記がされているときの合併無効の訴え（前掲平成3年最判）においては、準共有者間で権利行使者の指定がない場合でも、原告適格を認めている。

3　請求原因1の株主総会の決議取消事由

* 株主総会決議取消しの訴えは、株主の共益権に基づくものであり、適正な会社運営のための訴訟であるから、自己の利益を害されない株主も、原告適格を有するとするのが通説である（最判昭和42年9月28日民集21.7.1970）。ただ、招集通

知が一部なかった瑕疵について、通知を受けなかった株主が
その瑕疵を争わないのは、決議の結果に満足しているからで
あり、招集通知を受けた株主に決議の瑕疵を争う原告適格を
認める必要はないとする見解もある（鈴木＝竹内・会社法258
頁）。
　4　本訴は、請求原因2の株主総会の日から3か月以内に提起さ
れたこと

（対抗要件）
抗弁　1　Xが株主名簿の名義書換えをするまでXを株主と認めない
とのY会社の権利主張
＊会社が株式の譲渡を認めて譲受人を株主として扱うことは許
されるため（最判昭和30年10月20日民集9.11.1657）、会社
が株式の譲渡を認めて譲受人を株主として扱っている場合に
は、名義書換未了の株主にも株主総会決議取消しの訴えの原
告適格が認められることになる。

（対抗要件の具備）
再抗弁　1　Xは、Y会社の株主名簿上に株主として名義書換えをした
こと
＊会社が過失により名義書換えを拒絶した場合、株主が会社に
対する株主権確認・株主名簿の名義書換えの認諾調書を有す
る場合（東京地判昭和46年8月16日判時649.82）、実質上の
株主が株主名簿の名義書換請求をしても会社が拒絶すること
が明白であり、会社としてその株主が実質上の株主であるこ
とを知り、かつ、その事実を容易に証明し得る状態にある場
合（名古屋高判平成3年4月24日高民44.2.43）には、名義
書換えがなくても株主であることを主張できるとされる。そ
うすると、これらの場合には名義書換えが未了の株主であっ
ても、株主総会決議取消しの訴えの原告適格を肯定できると
解される。

（株式交換、株式移転による原告適格の喪失）
抗弁　1　Xは、本訴提起の後、株式交換、株式移転によってY会社
の株主でなくなったこと
＊抗弁1のような場合、裁判例は、旧商法の下では、親会社の
株主となった者は、子会社の取締役に対する株主代表訴訟の
原告適格を喪失するとしていた（東京高判平成15年7月24

日判時 1858.154)。本法は、一定の場合に、株主代表訴訟の原告適格を喪失しないと明定するが（851条）、株主総会決議決議取消しの訴えの原告適格については、その旨の規定を置いていないから、株式交換、株式移転によって株主でなくなった場合には、原告適格を失うと解すべきであろう。

(2) 決議の取消しにより取締役、監査役又は清算人となる者

本条1項後段は、決議の取消しにより取締役、監査役又は清算人（その決議が株主総会又は種類株主総会の決議である場合にあっては346条1項（479条4項において準用する場合を含む）の規定により取締役、監査役又な清算人としての権利義務を有する者を含み、決議が創立総会又は種類創立総会の決議である場合にあっては設立時取締役又は設立時監査役を含む）となる者も、原告適格を有することを定めている。

旧商法においては、再選されなかった取締役や解任された取締役に原告適格が認められるか否かが法文上明らかではなかったが、本法はこれを明文化した。したがって、株主総会で再任されなかった取締役も、他の取締役の選任決議が取り消されることによって、任期満了後も取締役の権利義務を有することとなる場合（346条1項）には、原告適格を有することになり、解任された取締役も、その解任決議が取り消されれば直接その地位を回復することになるので、原告適格を有することになる（江頭・株式会社法348頁）。

(3) 決議の取消しにより株主となる者

本条1項後段は、前述のように、決議の取消しにより取締役、監査役又は清算人となる者も、原告適格を有することを明文化したが、キャッシュ・アウト・マージャー（Cash out Merger）により株主の地位を失った者のように株主総会決議によって株主の地位を奪われた株主の原告適格の規定は置かれていない。しかし、このような株主も、その地位を奪った総会決議の取消訴訟の原告適格が認められるべきである。その理由について、東京高裁平成22年7月7日判時2095.128は、「当該決議が取り消されない限り、その者は株主としての地位を有しないことになるが、これは決議の効力を否定する取消訴訟を形成訴訟として構成したという法技術の結果にすぎないのであって、決議が取り消されれば株主の地位を回復する可能性を有している以上、会社法831条1項の関係では、株主として扱ってよいと考えられるからである。」と判示する。中間試案第2部第3・3においても、この旨を明文化することが提案されている。

4 被告適格

株主総会決議取消しの訴えにおいて、被告となり得る者はその会社に限られる（834条17号）。この被告適格については、834条17号の解説を参照されたい。

5 決議取消事由

株主総会に手続又は内容の瑕疵があって決議の効力を否定する必要がある場合には、株主総会の決議は、会社の基本的な意思決定として、株主や債権者等多くの関係者に重大な影響を与えることから、瑕疵の程度が比較的低いもの、すなわち、①株主総会の招集手続・決議方法が法令若しくは定款に違反し、又は著しく不公正なとき、②決議内容が定款に違反するとき、③特別利害関係人の議決権の行使により著しく不当な決議がされたときについては、決議取消事由になる。②の事由は、決議をするに先立ってその決議の内容を許容する定款規定に変更する決議を怠ったことを意味するのであるから、結局、②は、①のうちの決議の方法が定款に違反した場合に含まれるといえよう。そうすると、決議取消事由は、理論上①と③のみということになる。要件事実論の観点からいうと、取消原因とされる「法令……に違反し」「定款に違反し」（本条1項1号）及び「定款に違反する」（本条1項2号）は、それ自体は要件事実ではなく、各個別の法令の規定又は定款の規定に違反する具体的事実が要件事実となる。また、「著しく不公正」（本条1項1号）「著しく不当」（本条1項3号）はいずれも規範的要件であって、その評価根拠事実が要件事実となる。

(1) 招集手続の法令・定款違反

株主総会の招集は、取締役会設置会社の場合には取締役会決議により、それ以外の場合には取締役によって決定され（298条）、業務執行の1つとして代表権のある取締役が株主に招集通知を発することによって開催される（299条）。これに関して、以下に挙げる法令違反が主張されることが、実務上多い（これに対し、招集手続に関する定款違反の主張は少ない）。

ア　株主に対する通知の欠缺（本書(2)299条1(1)設例。例外として通知が省略できる場合がある（本書(1)196条1設例)。）

株主に対する通知は、株主に株主総会への出席の機会を与え、議事及び議決に参加するための準備をさせるためのものである。株主に対して招集通知がされなかったことは、招集手続が法令に違反することになるため（本条1項1号）、決議取消事由になると解されるが、招集手続を欠いた株式数が大きいときには、不存在事由となるとされている。裁判例によると、招集手続

を欠いた株式数が全体の4割を超えるような場合には、決議取消事由にとどまらず、決議不存在事由となるとされている。決議不存在事由となるか決議取消事由になるかを判断する際に、株式数だけでなく、株主数も基準とすべきとする見解があるが、本法は、決議要件は株式数を基準とし、株主数を基準としていないことからすると、株主数を基準とする必要はないであろう。

イ　招集通知期間不足（本書(2)299条1(2)設例）

株主総会の招集は、会日より2週間前（株式譲渡制限会社である取締役会設置会社は、1週間前。株式譲渡制限会社である非取締役会設置会社は、定款によって1週間を更に短縮することも可）に各株主に対して書面をもって通知しなければならないが（299条1項）、会社がこの期限を守らないことは、決議取消事由になる（最判昭和44年12月18日裁判集民97.799、最判昭和46年3月18日民集25.2.183）。

ウ　招集通知を発する方法（本書(2)299条2設例）

取締役会設置会社では、株主総会の招集に当たっては、書面による招集通知又は株主の承諾を得て電磁的方法による招集通知をする必要がある（299条2項2号・3項）。したがって、取締役会設置会社における口頭による招集通知は、招集手続に瑕疵があり、決議取消事由となる。非取締役会設置会社では、書面等による議決権行使によらない場合は、口頭による招集も認められる（299条2項2号参照）から、口頭による招集であっても、招集手続に瑕疵はないことになる。

エ　招集通知及び参考書類の記載不備（本書(2)299条4設例）

299条2項・3項に基づく株主総会招集通知には、株主総会開催の日時・場所のほか、会議の目的である事項を記載又は記載しなければならない（299条4項）。したがって、株主総会開催の日時・場所、会議の目的である事項の記載がない場合には、その決議には取消事由があると解される。

本法が株主総会の目的である事項を記載することを求めるのは、株主が株主総会における議題を事前に知って準備をするためであるから、招集通知の記載は、議題の概要が分かる程度の記載、決議事項が何であるかを知り得る記載であれば足りる（鈴木=竹内・会社法230頁）。しかし、会議の目的たる事項の記載が「定款の一部変更の件」のように具体性に欠ける記載にとどまるときは、決議取消事由に当たると解される。また、株主が出席困難な日時・場所の招集通知がされたときも同様である。

更に、取締役会設置会社においては、定時株主総会の招集通知の際、株主に対し、貸借対照表・損益計算書などの計算書類、事業報告等を送付する必要がある（437条）。これらの書類の送付に不備があるときも、通知が不適

法であって、決議取消事由になる（大阪地堺支判昭和 63 年 9 月 28 日判時 1295.137）。

オ　計算書類の不備置（本書(2) 442 条 1 設例）

　定時株主総会では、会社の決算報告がされ、計算書類の承認がされる（438 条 2 項）。そのため、取締役は定時株主総会の会日の 2 週間前（取締役会設置会社の場合）又は 1 週間前（非取締役会設置会社の場合）より、監査役の監査等（436 条）を受けた計算書類を本店に備え置く必要がある（442 条 1 項）。この計算書類の備置きの懈怠については、これが直ちに取消事由とならず、備置きがなかったために、株主が賛否の態度を決するための準備をして株主総会に臨むことができない場合、決議の成立手続が著しく不公正であるという取消事由になるという見解もあるが、判例は、招集手続の法令上の瑕疵があるとして、計算書類承認決議は決議取消事由があると解している（最判昭和 54 年 11 月 16 日民集 33.7.709、福岡高宮崎支判平成 13 年 3 月 2 日判タ 1093.197）。不備置のほかに、442 条 1 項所定の備置期間を満たさない場合も同様である。

カ　全員出席株主総会（本書(2) 300 条 2(2)設例）

　取締役の決定又は取締役会の決議を経ないで、若しくは代表権のある取締役による招集通知なくして開催された株主総会の決議には瑕疵があることになる。しかし、招集権者による株主総会の招集の手続を欠く場合であっても、株主全員がその開催に同意して出席したいわゆる全員出席総会において、株主総会の権限に属する事項について決議をしたときは、その決議は有効に成立するとするのが判例である。また、株主の作成に係る委任状に基づいて選任された代理人が出席することにより株主全員が出席したことになる株主総会において決議がされたときには、株主が会議の目的たる事項を了知して委任状を作成し、かつ、その決議が会議の目的たる事項の範囲内のものである限り、決議は有効に成立するとされている。更に、本法は、書面による議決等を定めた場合を除き、議決権を有する株主が招集手続を執らないことに同意しているときは、招集手続は不要としている（300 条）。

キ　取締役会決議を欠く株主総会招集（本書(2) 298 条 4 設例）

　株主総会開催に取締役会決議が必要とされている場合（取締役会設置会社の場合）に、代表権のある取締役が取締役会決議なく株主総会を招集しても、取締役会決議の有無は外部から判明し難いため、外形的に招集権限のある代表取締役が株主総会を招集した以上、その決議の瑕疵は取消事由であると解されている（最判昭和 46 年 3 月 18 日民集 25.2.183）。また、取締役会決議が存在せず、代表権のある取締役以外の取締役が招集した株主総会は、法

律上の意義における株主総会とはいえないから、その決議は不存在となると解されている（最判昭和45年8月20日裁判集民100.373）。
　ク　代表権のある取締役による招集がない場合
　株主総会の招集は業務執行の1つとして代表権のある取締役が行うべきであるが、株主総会開催を決議した取締役会において、特定の株主総会に関する株主への招集権限を取締役に付与することは許されると解されており、この場合はその取締役は代表権がなくても招集権限があることになる。取締役会決議を経て、招集権限のない者が株主総会を招集した場合、その決議には決議不存在事由があるという裁判例等と、決議取消事由に過ぎないとする解する立場がある。
(2)　決議方法の法令・定款違反
　決議の方法に関する取消事由となるものとしては、①株式を共有する株主が権利行使者を定めないで議決権行使をした場合（本書(1)106条4設例）、②株主でないものが議決権行使をした場合（本書(1)130条4(4)設例）、③自己株式の買受けの株主総会承認決議において売主の株主が議決権行使をした場合（本書(1)160条4設例）、④売渡請求に係る株式の株主が総会で議決権行使をした場合（本書(1)175条2設例）などがある。
　ア　議決権行使の制約（本書(2)308条7設例）
　株主は1株につき1個の議決権を有する（308条1項）。そのため、会社が議決権のある株主の議決権行使を制限したような場合には、決議には決議方法の法令違反としての決議取消事由があることになる。その瑕疵が著しい場合には、不存在事由となると解される。他方、議決権行使が制限された議決権数が少ないような場合には、裁量棄却される場合もある。
　イ　取締役の出席
　全員出席総会や株主の同意により招集手続をしなかった場合（300条）において、取締役が招集されていないことが株主総会決議の瑕疵となるか否かについては、①取締役には株主総会における説明義務はあるが出席権はないから、株主らがその説明義務を果たす必要がないとしている場合には株主総会に取締役が出席する必要はないから、取締役が株主総会に出席していないことは決議の瑕疵とはならないとする立場もあるが、②株主総会は株主によって構成されるが、完全な自足性を持った機関ではなく、その招集権や発案権は原則として会社の執行機関が有しているため、株主総会への出席は取締役の義務にとどまらず、権限でもあるとして、取締役に株主総会開催の通知をせず、あるいは取締役の出席を不当に拒絶した場合には、その決議には取消事由があると解すべきである。

ウ　代理人による議決権行使（本書(2)310条2(2)設例）
(ア)　代理人資格
　会社は、会社荒らしなどを防止するために、議決権行使の代理人資格をその会社の（議決権のある）株主に限る旨を定款で定めることがある。このような議決権行使の代理人の資格制限の定款規定は、株主総会が株主以外の第三者により撹乱されるのを防止し、会社の利益を保護しようとする趣旨に出たものと認められ、合理的な理由による相当程度の制限ということができるから有効であるとされている。もっとも、会社が定款で議決権行使の代理人資格を株主に限定している場合に、株主である地方公共団体・会社の職員・従業員が議決権を代理行使することは、その職員・従業員が株主でなくても定款に違反しないとされているため、この場合は、会社の職員・従業員が議決権行使をしても決議取消事由とはならない。逆に、その職員・従業員の議決権行使を制限した場合には、制限された株式数に応じて、決議取消事由又は決議不存在事由となる。株主が未成年者の場合は、その法定代理人は株主ではなくても代理人として議決権を行使できる。したがって、株主ではない法定代理人が議決権を行使したことは決議の瑕疵とはならない。
(イ)　代理権の不存在
　株主が代理人により議決権を行使する場合には、代理権を証する書面を会社に提出しなければならない（310条1項）。実際には、株主総会開催時に委任状を点検して代理人資格を確認するが、その点検は、印鑑照合による手続が行われ、時間的余裕がないときには、招集通知状やその封筒、又は同封の出席票の提出をもって確認することが一般である。このような確認方法が実施され、会社がその代理人に代理権がないことについて善意であるときには、代理人として出席した者が実際には代理権がなかったことが判明しても、会社は免責され、決議の瑕疵とはならないと解される。株主が株式会社である場合、代表取締役が議決権行使の委任状を作成するが、後日その取締役に代表権がなかったことが判明した場合も、前述の方法によって委任状が確認された、かつ、株主総会を開催する会社が、取締役に代表権がないことについて善意であるときには、その議決権行使は有効であり、決議の瑕疵とはならないと解される（真鍋美穂子＝白崎直彦＝西村英樹＝馬渡直史・類型別会社訴訟Ⅰ412頁）。
エ　株主間契約違反の議決権行使
　新規事業を行うために会社を設立する場合、出資者は設立に先立って、取締役の人選方法、会社の運営方法等について株主間契約を締結する。この株主間契約に反する決議（例えば、株主が、他の株主が派遣した取締役の解任

決議に賛成し、あるいは再任決議を否決した場合）がされた場合の問題がある。株主間契約が締結され、その会社の株主が契約当事者のみである場合には、その株主間契約は、会社の設立の目的やその後の運営方針を定めたものとして会社を拘束し、定款と同視し得るから、株主間契約違反は定款違反と同じであるとして決議取消事由であるとする見解もある。しかし、議決権を一定の方向等に行使することを他の株主と合意する契約は有効であるが、株主がこの契約に違反しても議決権行使自体の効力に影響はないと解すべきである。しかし、株主間契約違反の議決権行使が、会社や他の株主との関係でも権利濫用となる場合には、その行使された議決権行使を定足数や可決要件の算定となる株式数から控除し、その結果、決議が成立要件を欠いているとして株主総会決議取消しの訴えを提起し、また、決議が存在しないとして株主総会決議不存在確認の訴えを提起することがあり得る（真鍋美穂子＝白崎直彦＝西村英樹＝馬渡直史・類型別会社訴訟Ⅰ414頁）。

オ　議決権行使と民法の規定の適用

議決権行使に心裡留保、通謀虚偽表示、錯誤、詐欺などの意思表示の瑕疵がある場合に、議決権行使の効力ないし決議の効力が問題となる。議決権の行使は議案に対する株主の意見の表明であるから、意思表示に準じて考え得るので、意思表示に関する民法の一般原則に服するものと解せられる。したがって、例えば未成年者が法定代理人の同意なしに行った議決権の行使は取り消すことができ（民5条2項）、錯誤、詐欺又は強迫による議決権の行使も無効であるか又は取り消すことができることになる（民95条、96条）。そして、議決権行使に民法の規定が適用され、それにより決議が必要な可決要件を欠くことになる場合は、決議取消事由があると解され、瑕疵ある株式数が大きい場合は、決議不存在と評価されることもある。株主総会決議の内容自体に何ら法令又は定款違反がなく、単に決議をする動機・目的に公序良俗違反があるような場合には、議決権は無効にはならないと解される（真鍋美穂子＝白崎直彦＝西村英樹＝馬渡直史・類型別会社訴訟Ⅰ414-415頁）。

カ　議決権行使許容の仮処分との関係

①株主権若しくは株主権に基づく妨害排除請求権、又は②名義書換請求権を被保全権利として、議決権行使許容の仮処分決定の申立てがされることがある。この仮処分の債権者は、株主であると主張する者であり、債務者は、①の場合には債権者が株主であることを争っている者であり、会社も債権者が株主であることを争っていれば会社も含まれ、②の場合には、会社のみとなろう。議決権行使許容の仮処分決定に従って議決権行使がされて決議がされたが、本案訴訟において債権者が株主でないことが確定したような場合、

債権者を株主として扱ってされた決議に瑕疵があるかが問題となる。これについては、仮処分決定が後になって不当であったと判断されるに至った場合でも、その決定の取消しの裁判がされるまでは決議は有効であり、また、決議後に仮処分決定が取り消されても、遡及的に効力を失うわけではないから、その決議に取消事由が認められないと解すべきである。ただ、仮処分決定は暫定的なものであり、その効力は必要最低限度とすべきなので、決議の効力が本案判決によっても影響されないとするのは仮処分決定に不当に強い効力を与えるため、議決権行使許容の仮処分決定が決議後に覆った場合には、取消事由となるとする見解もあろう。

キ 株主総会の運営に関する問題

　株主総会は、定款に特別の定めがない限り、株主総会において選任された者が議長となってこれを指揮・運営する。そして、議長の選任や、議長の株主総会の運営、議決方法に問題がある場合には、決議方法の法令違反や、決議が著しく不公正な方法によるとして決議取消事由となる場合がある。

(ア) 議長の選任の瑕疵

　定款で定められた議長が株主総会の開催定刻に遅刻し、出席株主だけで株主総会を開催して決議した場合、議長の遅刻が社会通念上許される程度のものであるときは、出席株主等による決議には決議方法の法令・定款違反があり、取消事由があると解される。逆に、議長が独断で閉会を宣言し、他の取締役とともに退場した場合は、取締役のみが議長たり得るとする定款の規定にかかわらず、株主を議長に選任して株主総会を続行し得る。

(イ) 社員株主主導の決議

　株式会社が円滑な議事進行確保のために従業員たる株主（「社員株主」）とリハーサルを行うことは、会社ひいては株主の利益に合致し、取締役ないし取締役会に認められた業務執行権（362条2項）の範囲内の行為であると解される。しかし、社員株主に議長の報告や付議について、「異議なし」などと発言させることを準備し、これを株主総会において実行して一方的に議事を進行させて、他の株主の質問する機会を奪ったときには、決議方法が著しく不公正であるとされ、取消事由となる場合がある。また、株主総会運営を円滑に進めるため、社員株主に株主総会に運営の協力を得るため、社員株主を他の株主に先立って会場に入場させて、株主席の前方に着席させることは合理的な理由がなく、株主平等原則に違反し、このような措置を執った株主総会の決議は、決議方法が法令に違反する取消事由となる余地がある（真鍋美穂子＝白崎直彦＝西村英樹＝馬渡直史・類型別会社訴訟Ⅰ416頁）。

(ウ) 株主提案権を排除した決議（本書(2)304条設例、305条設例）

株主は、ある事項を株主総会の議題とすべきことを請求し得る議題提案権（303条1項）と議案を提出する議案提案権（304条）及び株主総会の招集通知に自己が提出する議案の要領を記載すべきことを請求し得る議案の要領の通知請求権（305条1項）を有する。これらの株主提案権は、株主が株主総会の機会を利用して、経営に関する自らの意見を株主総会の審議に直接反映させて株主総会の活性化を図るための制度である。

　株主が事前に提出した議案には、会社提案に対する修正ないし反対提案としてされるものがあるが（例えば、役員選任議案について、会社提案とは異なる者を候補者とする場合）、それが適法にされているのに会社が採用せず、招集通知に記載しない場合には、株主提案に対応する会社提案の議案についての決議取消事由になると解される。他方、株主の議案が会社提案に対応しない内容の場合に会社がそれを採用しなかったときは、決議そのものが存在しないので、決議の取消しという問題は生じない（真鍋美穂子=白崎直彦=西村英樹=馬渡直史・類型別会社訴訟Ⅰ418頁）。

　株主の事前の議案提出権を無視した場合、株主総会の決議全体の取消事由になるか見解が分かれる。招集通知漏れの場合と同様に、その株主総会決議の全体に影響を及ぼす共通の手続的瑕疵であるとしてその株主総会のすべての決議の取消事由となるとする見解もあるが、判例・通説は招集手続全体の瑕疵ではないため、他の決議の瑕疵にはならないと解している。

　株主総会においては、株主が議案を提出することもあるし（304条）、議案の修正を求める動議、議案の実質的審議を求める動議等を出すこともある。この場合、議事整理権（315条1項）を有する議長が、議案や動議提案の趣旨説明をさせ、議案や動議の採否を総会に諮ることになる。この場合に議長が適法な議案や動議を取り上げなかったときは、その議案や動議の内容や決議の内容によっては、決議方法が著しく不公正な場合として決議取消事由に該当し得る。ただ、株主による議案や動議の提案が正当な株主権の行使ではなく、株主総会を混乱させ、会社を困らせるための行動であるときは、その株主の議案や動議の提案は権利の濫用であり、議長がこれを取り上げなくとも決議の方法が著しく不公正とはいえない（真鍋美穂子=白崎直彦=西村英樹=馬渡直史・類型別会社訴訟Ⅰ419頁）。

(エ) 招集通知に記載のない事項についてされた決議（本書(2)299条4設例）

　株主総会において、予め株主に通知がなかった事項を決議した場合には、いわゆる全員出席総会や総株主の同意（300条）の場合、取締役会非設置会社の場合（309条5項参照）を除き、決議方法の法令違反として決議取消事由に当たると解されている。株主総会の招集通知に「取締役増員の件」と記

載されていたのに取締役の解任決議をした場合（（最判昭和31年11月15日民集10.11.1423））、招集通知に「取締役3名の選任」が議案とされていたのに「取締役4名の選任」を議案として決議がされた場合（東京高判平成3年3月6日金判874.23）、いずれも決議方法の法令違反として取消事由に当たるとされている。ただし、取締役選任を議題とする招集通知に「取締役全員任期満了につき改選の件」と記載されているときは、特段の事情がない限り、株主総会において従前の取締役と同数の取締役を選任する旨の記載があると解することができるから、この場合、従前の取締役と同数の取締役を選任する決議は、招集通知に記載のない事項を株主総会において決議したことにならないとされている（最判平成10年11月26日金判1066.18）。（真鍋美穂子＝白崎直彦＝西村英樹＝馬渡直史・類型別会社訴訟Ⅰ421-422頁）。

(オ) 監査役、会計監査人の監査を経ない計算書類の承認決議（本書(2)436条3設例）

　計算書類等（435条1項・2項）は、監査役・監査委員会又は会計監査人の監査、取締役会の承認を得て（436条）、定時株主総会に提出し、承認を受ける必要がある（438条1項・2項）。監査役・監査委員会の監査、会計監査人の監査を経ないで作成された計算書類の承認決議の瑕疵の存否については、決議方法に法令違反がある場合の取消事由になると解される（東京地判平成元年8月22日金判844.16）。これに対し、承認の対象に重大な法令違反がある場合というべきことを理由として、決議無効事由である決議内容の法令違反とする見解もあろう（真鍋美穂子＝白崎直彦＝西村英樹＝馬渡直史・類型別会社訴訟Ⅰ423頁）。

(カ) 説明義務違反（本書(2)314条2(6)設例）

　314条は、株主に正当な質問をする機会を確保し、株主の株主総会参与権の実質化を図るために、取締役・会計参与・監査役及び執行役の説明義務を定める。他方、株主の権利濫用といえる不当な質問権の行使を防止するため、同条には説明義務が生じない場合として、①株主総会の目的である事項に関しないものである場合、②その説明をすることにより株主の共同の利益を著しく害する場合、③その他正当な事由のある場合として法務省令（施則71条）で定める場合には、説明を拒絶できるとしている。

　説明義務違反が決議取消事由になるか否かについては、①取締役等に説明義務違反が認められる場合でも、会社としては正当な事由があって説明を拒んだと考えていたのに、後になって裁判所の判断によって不当であったとして決議が取り消されると、重大な結果を生じるため、説明義務違反はそれ自体では決議取消事由とはならず、それを基礎として決議方法が著しく不公正

と認められる場合に初めて決議の効力に影響を与えるという見解（鈴木竹雄「株主総会の運営に関する諸問題」商事925.2）と、②説明義務の不履行は当然決議の方法についての法令違反（場合によっては決議方法の著しい不公正）に該当するという見解（竹内昭夫・改正会社法解説［新版］109頁）があるが、説明義務違反が認められる場合が限定されていることからも、後者の見解が相当であろう（真鍋美穂子＝白崎直彦＝西村英樹＝馬渡直史・類型別会社訴訟Ⅰ430頁）。

　株主総会においては、株主からの事前の質問に対し、重複する質問を纏めた上で会社が一括回答をし、更に質疑を受けて採決に入ることがある。このような一括回答が説明義務違反となるかであるが、会社の説明の方法については規定が存在しないこと、会社は株主が会議の目的事項を合理的に判断するのに客観的に必要な範囲の説明をすれば足りることなどから、一括回答は直ちに違法とならないし、仮に一括回答によって必要な範囲の説明に不十分な点があったとしても、それを補充する説明をすれば足りることであるから、一括回答自体は説明義務違反には当たらない（真鍋美穂子＝白崎直彦＝西村英樹＝馬渡直史・類型別会社訴訟Ⅰ431頁）。

ク　議案の採決方法の瑕疵（本書(2)315条4(1)設例）

　株主総会においては、議長の議事進行により、各議案に対する採決がされる（315条1項）。株主総会における議事の方式については法律に特別の規定はないから、定款に別段の定めがない限り、株主総会の討論の過程を通じてその最終段階に至って議案に対する各株主の確定的な賛否の態度が自ずから明らかとなって、その議案に対する賛成の議決権数がその株主総会決議に必要な議決権数に達したことが明白になった以上、そのときに表決が成立したものと解すべきであって、必ずしも挙手、起立、投票などの採決の手続を執ることを要しないとされている。しかし、議長が投票という表決方法を選択しながら、投票によって意思を表明しない者の内心を推測し、賛成票を投じたと扱うことは取消事由となる（大阪地判平成16年2月4日金判1191.38）。

　また、決議の方法について定款に別段の定めがないときには、議案の賛否を判定できる方法であれば、いかなる方法によるかは、議事整理権を有する議長の裁量に委ねられているので、拍手による採決方法も違法ではなく、総会場において議長の議事進行につき過半数の賛成があった上で、その後の議事が進行している場合には、拍手により出席者の過半数の意思を確認できたときは、違法とはいえない。

ケ　定足数不足の総会決議（本書(2)309条2(2)設例）

定足数不足の株主総会決議は、決議自体の違法ではなく、決議方法の違法であるため、決議は無効事由ではなく、決議取消事由となる（最判昭和35年3月15日裁判集民40.367）。特別決議事項について特別決議に必要な賛成議決権がなかったことが判明した場合も、決議方法の法令違反の決議取消事由となる。

(3) 決議内容の定款違反

　決議内容の定款違反は、法令違反の場合と異なり、決議取消事由とされている（本条1項2号）。これは、定款違反は単なる株式会社内部の自治規則の違反に過ぎないため、株主・取締役らの会社関係者がその瑕疵を主張した場合に限って決議を取り消せばよいからである（江頭・株式会社法346頁）。決議内容が定款違反となる具体例は、①定款所定の人数を超える数の取締役を選任する旨の決議、②定款で定めた任意準備金を積み立てない利益処分案の承認決議などである。③定款所定の発行可能株式総数を超える新株発行が、発行済株式総数の4倍を超えるような場合、決議内容に定款違反とともに法令違反があるため、決議無効事由にも該当する。なお、決議内容の定款違反の場合には、裁量棄却は認められていない（本条2項）。

(4) 特別利害関係人の議決権行使による著しく不当な決議

　特別利害関係人が議決権を行使し、それが著しく不当な決議である場合には、決議取消事由に当たる（本条1項3号）。株主総会において特別の利害関係を有する株主が議決権を行使した場合であっても、直ちにその決議に瑕疵があることになるのではなく、更に、その議決権行使により著しく不当な決議が成立した場合に初めて決議取消事由となる。これは、特別利害関係取締役が取締役会において議決権行使をすること自体が認められていないこと（369条2項）と大きく異なる。株主はその有する権利である株式の議決権を自己の利益を考えて行使できるのが原則であるのに対し、取締役は職務として善管注意義務・忠実義務に従って公正な議決権行使が期待されているという差異があるからである。

　具体的に、特別利害関係を有する株主としては、例えば、①役員退職慰労金を支給する決議における受給予定者又はその相続人、②株式会社の事業の全部又は重要な一部の譲受予定者、③株主である取締役の行った不法行為の損害賠償義務を免除する場合の株主は、これに当たると解される。

　これに対して、①株主である取締役の解任に関する株主総会決議における株主の場合、②株主総会において株主を取締役に選任する決議における株主の場合、③事業譲渡に係る株主総会決議における譲受会社の代表取締役をしている株主の場合（最判昭和42年7月25日民集21.6.1669）などは、特別

第 831 条　　1029

利害関係人に当たらないと解される。

訴訟物　　Ｘの Y 株式会社に対する株主総会決議取消権
　　　　　＊請求の趣旨は、「Y 会社の定時株主総会における事業の全部譲渡の承認決議を取り消す。」である。

請求原因　1　Y 会社は、定時株主総会を開催し、その事業の全部を A に譲渡する旨の決議をしたこと
　　　　　2　X は Y 会社（発行済株式総数 10,000 株）の 1,000 株の株主であること
　　　　　3　請求原因 1 の決議は、出席株主の株式 9,000 株のうち、A の有する株式 4,000 株を含め、7,000 株の賛成で可決されたこと
　　　　　4　A は Y 会社の事業と同種の営業をする者であること
　　　　　＊株主 A が請求原因 1 の決議につき特別の利害関係を有することを示す事実である。
　　　　　5　請求原因 1 の事業譲渡の対価が低廉であること
　　　　　＊決議が不当であることを基礎づける事実の一例である。
　　　　　6　本訴は、請求原因 1 の株主総会決議の日から 3 か月以内に提起されたこと

訴訟物　　Ｘの Y 株式会社に対する株主総会決議取消権
　　　　　＊本件は、全部取得条項付株式を用いた少数株主排除（スクィーズ・アウト）を狙った株主総会決議につき、決議取消しの訴えが提起され、その株主の原告適格の消長が争点となった事案である。
　　　　　＊本件の請求の趣旨は、「1　Y 会社の平成 21 年 6 月 25 日開催の臨時株主総会における、①Y 会社を種類株式発行会社とする定款変更決議、②Y 会社の普通株式に全部取得条項を付することなどを内容とする定款変更決議、③上記①、②の定款変更により全部取得条項付種類株式に変更される株式（旧普通株式）を Y 会社が同年 7 月 28 日付で、旧普通株式 1 株につき A 種種類株式 12 万 6380 分の 8 株を対価として取得する決議（本件取得決議）を取り消す。2　Y 会社は、同日開催の普通株主による種類株主総会において、請求の趣旨②と同内容の定款変更決議を取り消す。」である。

請求原因 1　Y会社は、平成21年6月25日開催の臨時株主総会において、①Y会社を種類株式発行会社とする定款変更決議、②Y会社の普通株式に全部取得条項を付することなどを内容とする定款変更決議、③上記①、②の定款変更により全部取得条項付種類株式に変更される株式（旧普通株式）をY会社が同年7月28日付で、旧普通株式1株につきA種種類株式12万6380分の8株を対価として取得する決議（本件取得決議）をしたこと

2　Y会社は、同日開催の普通株主による種類株主総会において、請求原因1と同内容の定款変更決議をしたこと

3　請求原因1及び2の各決議は、Cの有する株式4,000株を含め、出席議決権の3分の2以上の多数をもって可決されたこと

4　Xは、請求原因1の決議当時、Y会社の普通株式の株主であったこと

＊東京地判平成22年9月6日判タ1334.117は、「(1)株主総会決議取消の訴えは形成の訴えであり、法定の要件が満たされる以上、当然に原告適格が認められる。他方、同訴えは、株主の共益権に基づくものであるから、訴え提起時に原告適格が認められても、訴訟係属中に株主たる地位を失えば、原告適格を喪失する場合があると解される（最高裁大法廷昭和45年7月15日判決・民集24巻7号804頁参照）。(2)原告らが本件訴えを提起した平成21年7月27日当時、原告らは被告の株主であり、原告適格を有していたところ（会社法831条1項前段）、本件各決議によって、取得日である同月28日に、B以外の株主（原告らを含む）は、A種種類株式の1株に満たない端数を交付されるに過ぎず、被告の株主としての地位を喪失することとなる。しかし、原告が被告の株主としての地位を失う原因は、本件各決議の効力によるものであり、原告が本件各決議に取消事由があると主張しているにもかかわらず、当該決議の取消訴訟の原告適格を有しないという解釈は、当該株主の権利保障にあまりにも乏しく、条理上もあり得ないものである。思うに、本件各決議の効力により、取得日である平成21年7月28日に原告らが、被告の株主としての地位を喪失するにしても、本件各決議の取消請求の認容判決が確定により、本件各決議の効力が遡及的に無

効となる余地がある以上、原告らが同請求の本案判決を求める訴訟上の地位、すなわち原告適格を喪失することはない。なお、かく解するときは、会社法831条1項後段は、旧商法247条1項に規定する『取締役』に『当該決議の取消により取締役となる者を含む』とする解釈を明文化したにすぎないと位置づけることとなり、会社法831条1項後段に株主が含まれていないことは、原告らの原告適格を否定する根拠とはならない。」と判示する。

5 Cは、平成21年6月25日当時、Y会社（発行済株式総数6万1635株）の株式を4万4090株（持株比率71.5パーセント）を保有していたこと

6 請求原因1及び2の各決議は、それら各決議と特別の利害関係のあるCの議決権行使により、著しく不当な決議がされたことの評価根拠事実

＊前掲平成22年東京地判は、「会社法831条1項3号による取消事由があるというためには、(1)『決議につき特別の利害関係を有する者が議決権を行使したことにより決議が成立した』という特別利害関係の要件及び(2)『決議が著しく不当である』という不当性の要件を必要とする。上記(2)の不当性の要件について検討するに、全部取得条項付種類株式制度を規定した会社法108条1項7号、2項7号、171条ないし173条が、多数決により公正な対価をもって株主資格を失わせることを予定していることに照らせば、単に会社側に少数株主を排除する目的があるというだけでは足りず、同要件を満たすためには、少なくとも、少数株主に交付される予定の金員が、対象会社の株式の公正な価格に比して著しく低廉であることを必要とすると解すべきである。なお、少数株主は、価格決定の申立てにおいて価格の公正さを争う機会を有しているものの、権利行使に必要な手続的要件の具備や、価格決定手続に要する費用・時間を考慮すると、当該決議の効力自体を争う途を閉ざすことは相当でない。」「全部取得条項付種類株式制度については、倒産状態にある株式会社が100％減資する場合などの『正当な理由』がある場合を念頭に導入が検討されたという立法段階の経緯があるにしても、現に成立した会社法の文言上、同制度の利用に何らの理由も必要とされ

ていないこと、取得決議に反対した株主に公正な価格の決定の申立てが認められていること（会社法172条1項）に照らせば、多数決により公正な対価をもって株主資格を失わせること自体は会社法が予定しているというべきであるから、被告に少数株主を排除する目的があるというのみでは、同制度を規定した会社法108条1項7号、2項7号、171条ないし173条の趣旨に違反するとはいえない。」「全部取得条項付種類株式を用いてBが被告を完全子会社化するスキームにおいては、最終的にBのみが被告の株式を取得し、それ以外の少数株主には現金を交付する結果となるものの、本件各決議自体は、被告の筆頭株主であったBも含め、本件各決議の当時の被告の普通株主らに対し、普通株式1株当たりA種種類株式12万3860分の8株を交付することを内容とするものであり、株主平等原則に違反するとはいえない。」と判示する。

7 本訴は、請求原因1の株主総会決議の日から3か月以内に提起されたこと

6 取消事由の主張立証責任

　株主総会決議取消しの訴えは形成の訴えであり、法律の要件が認められる場合に提起できる訴訟である。形成訴訟は、法律が形成の利益のある場合を選び出しているのであるから、原告が、原告適格、決議取消事由について所定の要件を充足していることを立証しなければならない。決議の著しい不当性については、利害関係人の議決権行使により決議が成立したときは、会社が決議内容の公正さを立証しなければならないとする見解もあるが（岩原紳作・新注会(5)327頁）、法文の措辞からは、決議内容の不公正さ（具体的にはその評価根拠事実）も原告が主張立証すべき請求原因事実と解される。

　なお、訴訟の資料が被告会社に存在する場合が多いため、訴訟実務としては、決議が法令に則って適正に行われているということを基礎づける事実について、被告会社が反証として積極的に立証活動をすべきであろう。

7 決議取消認容判決の効力
(1) 取消しの遡及効

　839条は、無効及び取消しの判決の効力について、その遡及効を否定しているが、同条所定の判決には、株主総会決議取消しの訴え（834条17号）が

含まれていない。したがって、決議が判決によって取り消された場合は、その決議は決議の時に遡って無効となる。このような決議に基づいてなされた行為の効力は、一般に、次のように考えられている（鈴木=竹内・会社法262-263頁）。

ア　総会決議を有効要件としない行為の場合

例えば、法令の定めによらず、定款の規定によって株主総会の決議事項とされている場合の売買契約、賃貸借契約、支配人選任、社債の発行などである。この場合は、決議が取り消されたとしても何らその効力に影響を及ぼさない。決議が有効であることを前提とする請求に対して、株主総会の決議が取り消されたことは、抗弁として機能しないことを意味する。

イ　総会決議を有効要件とする行為の場合

総会決議を有効要件とする行為とは、例えば、①事業の全部譲渡又は一部の重要な事業譲渡等（467条1項）、②役員（取締役、会計参与、監査役）及び会計監査人の選任（329条1項）、③剰余金の配当（454条1項）、④定款変更（466条）、⑤会社解散（471条3号）、⑥会社合併（783条1項、795条1項）などである。この場合は、決議が取り消されたときは、その決議に基づいてされた行為も（会社の内部関係にとどまらず、外部関係においても）遡及的に無効とならざるを得ない。しかし、そのままでは法的安定を害し、殊に決議がなされた外観的事実を信頼した者の保護に欠ける場合があるので、次のように処理することとなる。

(ア)　遡及効を否定する規定がある場合

例えば、合併手続の一環として株主総会の決議が必要されるところ、合併承認決議取消しの訴えが継続中に合併の効力が生ずれば合併無効の訴えに変更され、合併無効の認容判決が確定した場合には、遡及効を否定する規定（839条）が置かれている。

(イ)　遡及効を否定する規定がない場合

このような特別規定がない場合として、例えば、取締役の選任決議が取り消された場合に、その取締役が代表取締役に選任された後取消判決確定までに行われた取引については、表見代表取締役の規定（354条）や不実登記の信頼保護の規定（908条2項）により取引の安全を図る。その他善意者保護規定（民109条、110条、112条）などを適用・類推適用することによって不当な結果を回避することになる。なお、取締役の選任決議が取り消された場合に、その取締役が招集した株主総会でした決議の効力については、本書(2)362条2(3)第1の設例、368条2設例を参照されたい。

(2) 対 世 効

株主総会の決議取消しの訴えは、法律関係を画一的に確定するために、訴えが認容された場合には、第三者に対する判決効の拡張（838条）が認められている。

8　訴えの利益の喪失
(1) 役員選任決議

役員選任の株主総会決議取消しの訴えの係属中、その決議に基づいて選任された役員すべてが任期満了により退任し、その後の株主総会決議によって新役員が選任された場合には、その訴えが役員の在任中の行為について会社の受けた損害を回復することを目的とするものである等の特別の事情が立証されない限り、訴えの利益は失われると解するのが通説・判例である（判例・学説については、岩原紳作・新注会(5)334頁）。ただ、伊藤・民事訴訟法179-180頁は、この通説判例に対して疑問を呈して、「第1審判決においては、株主総会決議の手続についての瑕疵が認められて取消判決がなされ、それに対して被告が控訴し、控訴審係属中に上記のような理由から訴えの利益が消滅して、訴え却下判決がなされることは、訴訟についてかならず一定程度の時間を要することを考えれば、原告の本案判決を求める権利、すなわち裁判を受ける権利を否定する結果となる。決議取消しの訴えについては、決議によって具体的不利益を受けるかどうかにかかわりなく株主に当事者適格が認められているのであり（会社831Ⅰ）、そのことは、決議の違法性を除去すること、いいかえれば決議を適法に行わせること自体が、訴えの利益を基礎づける原告の法的利益であることを法が認めたものである。訴えの利益の基礎がこのような組織法上の利益である限り、決議にもとづく個別的な法律効果や法律上の地位がその後の事情によって消滅しても、決議取消しを求める訴えの利益が消滅することはない。」という。

訴訟物	XのY株式会社に対する株主総会決議取消権

＊請求の趣旨は、「Y会社の平成○年○月○日開催の株主総会におけるAを取締役に選任する旨の決議を取り消す。」である。

請求原因	1　Y会社は、平成23年○月○日に定時株主総会を開催し、Aを取締役に選任する決議をしたこと

2　Xは、Y会社の株主名簿上、1,000株の株主として記載されていること

3 　本件総会の招集通知は、その会日より10日前に各株主に対し発送されたこと
4 　本訴は、請求原因1の株主総会決議の日から3か月以内に提起されたこと

(訴えの利益の喪失)

本案前抗弁　1 　平成25年○月○日に、その任期を満了し、同日開催の定時株主総会においてAが取締役に選任されたこと

＊最判昭和45年4月2日民集24.4.223は、「形成の訴は、法律の規定する要件を充たすかぎり、訴の利益の存するのが通常であるけれども、その後の事情の変化により、その利益を欠くに至る場合がある（当裁判所昭和……37年1月19日第二小法廷判決、民集16巻1号76頁参照）。しかして、株主総会決議取消の訴は形成の訴であるが、役員選任の総会決議取消の訴が係属中、その決議に基づいて選任された取締役ら役員がすべて任期満了により退任し、その後の株主総会の決議によつて取締役ら役員が新たに選任され、その結果、・取消を求める選任決議に基づく取締役ら役員がもはや現存しなくなつたときは、……特別の事情のないかぎり、決議取消の訴は実益なきに帰し、訴の利益を欠くに至るものと解するを相当とする。」と判示する。

(特別の事情)

再抗弁　1 　本件取消しの訴えが、Y会社のためにするなど特別の事情があること

＊前掲昭和45年最判は、「本件につきかかる特別事情が存するか否かを見るに、……Xの取消を求める株主総会の決議によつて選任された取締役らは、いずれもすべて任期終了して退任しているというのであるところ、所論は、取消し得べき決議に基づいて選任された取締役の在任中の行為について会社の受けた損害を回復するためには、今なお当該決議取消の利益の利益があるものと主張し、そのいうところは、本件取消の訴は、会社の利益のためにすると主張するものと解されるところがある。しかして、株主総会決議取消の訴は、単にその訴を提起した者の個人的利益のためのみのものでなく、会社企業自体の利益のためにするものであるが、Xは、右のごとき主張をするにかかわらず本件取消の訴が会社のため

にすることについて何等の立証をしない以上、本件について特別事情を認めるに由なく、結局本件の訴は、訴の利益を欠くに至つたものと認める外はない。」と判示して、特別の事情の立証責任を原告Xに課している。この点について、訴えの利益は訴訟要件であって、裁判所が職権をもって調査すべき事項であるとして批判される。確かに、特別の事情は、訴えの利益に関するものではあるが、裁判所が職権調査をした結果、その有無が不明な場合は、当事者の立証責任に課せられる局面が残ることは実務上当然のことである。

(2) 取消対象の決議に関する内容の再決議がされた場合

例えば、計算書類等承認の株主総会決議取消しの訴えの係属中に、その後に到来した決算期の計算書類等の承認がされた場合であっても、先の決算期の計算書類等の承認決議が再度なされたなどの特段の事情がない限り、株主総会決議取消しの訴えの利益は失われない（最判昭和58年6月7日民集37.5.517）。

また、退職慰労金贈呈の株主総会決議取消しの訴えの係属中に、先行決議の取消判決が確定した場合には遡って効力を生じるが、先行決議と同内容の決議が有効に成立し、それが確定したときは、特別の事情がない限り、先行決議に関する株主総会決議取消しの訴えには訴えの利益がない（最判平成4年10月29日民集46.7.2580）。

訴訟物	XのY株式会社に対する株主総会決議取消権

＊請求の趣旨は、「Y会社の平成○年○月○日の定時株主総会における第○期利益処分案を承認する決議を取り消す。」である。

＊株主総会等決議取消しの訴えの被告適格を有するのは、その会社である（834条17号）。

＊決議取消訴訟の訴訟物は、通常、総会決議取消権と表現されることが多いが、厳密には、手続上の瑕疵（違法）である。請求原因3のような具体的な個々の瑕疵の主張は、請求を理由づける事由である。したがって、複数の瑕疵を主張した場合であっても、請求の併合となるものではない（兼子一・民事訴訟法体系165頁）。

請求原因	1	Y会社は、平成○年○月○日に定時株主総会を開催し、剰

余金の配当決議をしたこと
* 「総会決議がなされた日」は、訴訟要件たる出訴期間（828条1項）と関係する。訴え提起の日は、裁判所に顕著な事実であり、裁判所は両者を併せれば、出訴期間が守られているか否かを明瞭に判断できる。
2 XはY会社の1,000株の株主であること
* 請求原因2の主張は、一種の権利主張であるから、争われれば、「XはY会社の株主名簿上1,000株の株主として記載されていること」という事実（資格授与的効力の発生要件事実）を主張立証することになる。
3 本件総会の招集通知は、その会日より10日前に各株主に対し発送されたこと
4 本訴は、請求原因1の株主総会決議の日から3か月以内に提起されたこと

（再決議）

抗弁 1 Y会社は、請求原因1の後、株主総会を開催し、再度、剰余金の配当決議をしたこと
* 請求原因1の決議の後、次期以降の事業年度の剰余金の配当が株主総会で決議されたことでは、訴えの利益はなくならない。訴えの利益を失わせるためには、請求原因1の剰余金の配当を再度決議しなければならない。前掲昭和58年最判は、「株主総会決議取消の訴えのような形成の訴えは、法律に規定のある場合に限つて許される訴えであるから、法律の規定する要件を充たす場合には訴えの利益の存するのが通常であるけれども、その後の事情の変化により右利益を喪失するに至る場合のあることは否定しえないところである。しかして、被上告人らの上告人に対する本訴請求は、昭和45年11月28日に開催された上告会社の第42回定時株主総会における『昭和45年4月1日より同年9月30日に至る第42期営業報告書、貸借対照表、損益計算書、利益金処分案を原案どおり承認する』旨の本件決議について、その手続に瑕疵があることを理由として取消を求めるものであるところ、その勝訴の判決が確定すれば、右決議は初めに遡つて無効となる結果、営業報告書等の計算書類については総会における承認を欠くことになり、また、右決議に基づく利益処分もその効力

を有しないことになつて、法律上再決議が必要となるものというべきであるから、その後に右議案につき再決議がされたなどの特別の事情がない限り、右決議取消を求める訴えの利益が失われることはないものと解するのが相当である。」と判示する。そして、同判決は、特別の事情の存否について検討し、①本件決議が取り消されたとしても、決議の後43期ないし54期の各定時株主総会において各期の決算案は承認されて確定しており、決議取消しの効果は、43期ないし54期の決算承認決議の効力に影響を及ぼすものではないから、本件決議取消しの訴えはその利益を欠くに至つたとの主張について、「株主総会における計算書類等の承認決議がその手続に法令違反等があるとして取消されたときは、たとえ計算書類等の内容に違法、不当がない場合であつても、右決議は既往に遡つて無効となり、右計算書類等は未確定となるから、それを前提とする次期以降の計算書類等の記載内容も不確定なものになると解さざるをえず、したがつて、上告会社としては、あらためて取消された期の計算書類等の承認決議を行わなければならないことになるから、所論のような事情をもつて右特別の事情があるということはできない。」とし、②修正動議無視の瑕疵は、その後動議にいう水俣病補償積立金及び水俣病対策積立金以上の額の水俣病の補償金及び対策費が支出され、動議の目的が既に達成されているので、その瑕疵は治癒され訴えの利益は失われたとの主張について、「被上告人らの上告人に対する本訴請求は、株主の入場制限及び修正動議無視という株主総会決議の手続的瑕疵を主張してその効力の否認を求めるものであるから、右修正動議の内容が後日実現されたということがあつても、そのことをもつて右特別の事情と認めるに足りず、……訴えの利益を欠くに至つたものと解することはできない。」と判示し、いずれも特別の事情を否定した。

9 裁量棄却
(1) 意　義
　決議取消事由が存在しても、①それが招集手続又は決議方法の法令・定款違反という手続上の瑕疵に過ぎない場合には、②裁判所はその違反する事実

が重大でなく（瑕疵の軽微さ）、かつ、③決議に影響を及ぼさないと認めるときは、決議取消しの請求を棄却できる（本条2項）。②の瑕疵の軽微さとは、招集手続・決議方法を定める法令・定款の規定により、株主に与えられた利益が侵害されたか否かで決まる。そして法令・定款違反であるものの株主の利益が侵害されなかった瑕疵とは、取り上げるに値しない些細な瑕疵であり、それを問題にすること自体が権利濫用に当たるような瑕疵とされる（竹内昭夫・判例商法1 205頁）。したがって、瑕疵が軽微であることを理由に取消請求を棄却すべき場合は極めて限られる（岩原紳作・新注会(5)378頁）。③の決議に影響を及ぼさないとは、非株主や代理人資格のない者による議決権行使等、票数の数え間違いと同視できる場合であり、違法投票を除いても決議が有効に成立していたと認められる場合にのみ、決議の結果に影響がないこととなる（岩原紳作・新注会(5)377頁）。

この裁量棄却の要件である①ないし③は、会社が主張立証すべき抗弁である（請求原因で既に顕れている事実を除く）。これは、手続上の瑕疵の場合、新たに株主総会をやり直して決議すれば同じ決議になるようなときにまで、決議を取り消す必要がないとの理由による。いかなる場合に裁量棄却がなされるかについて、最判昭和46年3月18日民集25.2.183は、株主総会招集の手続又はその決議の方法に性質、程度からみて重大な瑕疵がある場合には、その瑕疵が決議の結果に影響を及ぼさないと認められるときであっても、株主総会決議取消しの請求を認容すべきであってこれを棄却できないとして、瑕疵が軽微か重大かが一次的な基準であることを明示した。

(2) 裁量棄却の対象外の瑕疵

本条2項によれば、決議取消事由のうち、①株主総会等の招集手続又は決議の方法が著しく不公正なとき、②株主総会等の決議について特別の利害関係を有する者が議決権を行使したことによって、著しく不当な決議がされたときは、裁量棄却の対象から外されている（なお、「株主総会等の決議の内容が定款に違反するとき」とは、その決議をする前に定款変更決議をしておくことを怠ったという意味で、決議の方法が法令に違反する一場合と考えられるから、裁量棄却の対象となること自体は否定されない）。①及び②が、裁量棄却の対象外とされているのは、それらの場合が、そもそも本条2項のいう「その違反する事実が重大でなく」と矛盾するからである。

決議内容に無効原因がある場合や決議が不存在である場合については、株主の手続的な利益ではなく、決議内容により侵害される利益を保護するものであるから、裁量棄却は認められない。

| 訴訟物 | XのY株式会社に対する株主総会決議取消権 |

＊請求の趣旨は、「Y会社の定時株主総会における剰余金の配当決議を取り消す。」である。
＊決議取消訴訟の訴訟物は、手続上の瑕疵である。請求原因3のような具体的な個々の瑕疵の主張は、請求を理由づける事由である。したがって、複数の瑕疵を主張した場合でも請求の併合ではない（兼子一・民事訴訟法体系165頁）。

請求原因	

1　XはY会社の株主名簿上1,000株の株主であること
2　Y会社定時株主総会は、剰余金の配当決議をしたこと
3　本件総会の招集通知は、その会日より10日前に各株主に対し発送されたこと
　＊299条1項は、総会を招集するに当たっては、会日から2週間前に各株主に対し招集通知を発送することを要することを定める。会日と発送日との間にそれぞれの日を除いて2週間あることを要し（大判昭和10年7月15日民集14.1401）、この期間を欠く場合は、総会決議が招集手続に法令違反があることとなり、それは取消しの訴えの取消事由となる。招集通知漏れの程度が著しい場合は、決議不存在事由となる（最判昭和33年10月3日民集12.14.3053）。
4　本訴は、請求原因2の株主総会決議の日から3か月以内に提起されたこと

（裁量棄却）

抗　弁	

1　法令又は定款に違反する事実が重大でないこと
　＊抗弁1の瑕疵の程度は、多くの場合、請求原因3の事実主張において現れることとなる。その場合、改めて抗弁において主張することは不要である。
　＊前掲昭和46年最判は、「株主総会招集の手続またはその決議の方法に性質、程度等から見て重大な瑕疵がある場合には、その瑕疵が決議の結果に影響を及ぼさないと認められるようなときでも、裁判所は、決議取消の請求を認容すべきであつて、これを棄却することは許されないものと解するのが相当である。」と判示し、理由として、株主総会招集の手続又はその決議の方法に重大な瑕疵がある場合にまで、単にその瑕疵が決議の結果に影響を及ぼさないということで、決議取消しの請求を棄却し、その決議を有効として存続させること

は、招集の手続又は決議の方法を厳格に規制して株主総会の適正な運営を確保し、それにより、株主及び会社の利益を保護する趣旨を没却することになることを挙げる。
　2　その違反が決議に影響を及ぼさないとの評価根拠事実

● (持分会社の設立の取消しの訴え)

第832条　次の各号に掲げる場合には、当該各号に定める者は、持分会社の成立の日から2年以内に、訴えをもって持分会社の設立の取消しを請求することができる。
　一　社員が民法その他の法律の規定により設立に係る意思表示を取り消すことができるとき　当該社員
　二　社員がその債権者を害することを知って持分会社を設立したとき　当該債権者

1　総　論

　本条は、持分会社の設立時に、社員に取消原因である主観的瑕疵がある場合、また、その会社の設立が債権者詐害行為である場合に、民法その他の規律の特別法として、持分会社の設立の取消しの訴えを認めたものである。持分会社設立取消しの訴えは、会社の組織に関する訴えに属し（834条18号・19号参照）、取消原因と提訴権者によって2つに区分される。すなわち、①社員が民法その他の法律の規定により設立に係る意思表示を取り消すことができるときは、その社員が訴えを提起でき（本条1号）、②社員が債権者を害することを知って持分会社を設立したときはその債権者が訴えを提起できる（本条2号）。なお、本条は、持分会社の設立自体を争うものであり、それと別に、設立時にされた社員の出資行為のみを取り消すことは、本条の適用範囲ではない。社員の出資行為については、本条によらず民法上の取消しを行使できる（相澤他・論点解説568頁）。
　本条所定の2つの訴えに共通する検討事項は、以下(1)ないし(6)のとおりである。
(1)　訴えの性質
　設立取消しの訴えは、認容判決が確定して初めて法律関係の変動が生じる形成の訴えである。また、設立取消しの訴えは、訴えをもって請求できると

されているから（本条柱書）、設立の取消しは、訴えを提起する方法によってのみ主張できるのであり、他の訴訟において抗弁などの攻撃防御方法として主張することはできない。

(2) 提訴期間

提訴期間は、持分会社の成立の日から2年以内である（本条柱書）。したがって、設立取消しの訴えを提起する場合には、行為能力の制限による取消しや詐欺又は強迫による意思表示による取消しについての民法126条、詐害行為取消権についての民法426条の適用はない。法律関係の早期安定を図る趣旨である。そして、設立取消しの訴えを提起していても、提訴期間経過後において新たな取消原因を追加して主張することはできない（最判昭和51年12月24日民集30.11.1076は、株主総会決議取消しの訴えについて提訴期間経過後に新たな取消事由を追加して主張できないとする）。

(3) 訴訟手続

ア　弁論及び裁判の併合

設立取消しの訴えは、会社の組織に関する訴えであるから、同一の請求を目的とする設立取消しの訴えに係る訴訟が数個同時に係属するときは、その弁論及び裁判は、併合してしなければならない（837条）。この複数の訴訟は、類似必要的共同訴訟と解されており、弁論の重複と判決の矛盾を避けるためである。

イ　訴えの取下げ、請求の放棄、認諾及び和解

会社の組織に関する訴えであっても、訴えの取下げを否定する理由はない。また、請求の放棄は第三者の利益を害することがないから許されると解される。しかし、この訴えは、認容判決に対世効（838条）があり、当事者には訴訟物に係る係争利益の処分権限がないから、請求の認諾や和解は許されないと解される。もっとも、訴えの取下げや請求の放棄を内容とする和解は可能である。

ウ　自　白

会社の組織に関する訴えにおける自白の成否については、この訴えが有する対世効によって利益を害される第三者の保護のため自白の成立は否定すべきとする見解と、対世効を受ける第三者の保護は訴訟参加等によって図ることができるから、自白の成立を認めるべきとの見解が対立する。838条の解説を参照されたい。

(4) 設立取消しの訴えの判決の効果

ア　認容判決の効力

(ア) 判決の効力

設立取消しの訴えは会社の組織に関する訴えであるから、設立取消しの訴えの認容判決が確定した場合は、法律関係の画一的確定のために第三者に対する対世効が認められる（838条）。したがって、設立取消しの訴えの認容判決が確定した後は、何人も設立の取消しを争うことはできない。また、設立取消しの訴えに対する認容判決の確定によって、持分会社の設立が取り消されるが、第三者を保護するため、設立の取消しの効果は将来に向かってのみ生じ（839条による遡及効の否定）、持分会社、社員及び第三者の間に生じた既存の権利義務関係に影響を及ぼさない。その持分会社は、既存の債務を履行する責任を負い、社員の責任（580条）や出資義務（576条1項6号）についても有効に設立した会社と変わらない。

（イ）清　算

設立取消しの訴えに対する認容判決が確定したときは、解散の場合に準じて、持分会社は清算する必要が生じる（644条3号）。設立取消しの訴えに対する認容判決には遡及効がないから、持分会社は有効に成立した会社と同様に、清算することになる。そして、その持分会社は、清算の目的の範囲内において、清算が結了するまでは存続するものとみなされる（645条）。この場合、利害関係人の申立てによって、裁判所が選任する清算人（647条4項）による法定清算がされるのであり、任意清算（668条）は認められない。この清算人を選任する裁判に対しては不服申立てができない（874条1号）。裁判所は、持分会社が清算人に対して支払う報酬の額を定めることができる（657条）。

（ウ）登記の嘱託

設立取消しの訴えの認容判決が確定したときは、裁判所書記官は、職権で、遅滞なく、持分会社の本店の所在地を管轄する登記所にその登記を嘱託しなければならない（937条1項1号チ）。この登記は、商業登記の一般的な効力を有するにとどまり、登記によっては設立の取消しの効果が生じるものではない。

（エ）会社の継続

設立取消しの訴えに対する認容判決が確定した場合でも、取消しの原因が一部の社員のみにあるときは、他の社員の全員の同意によって、持分会社を継続することができる。845条の解説参照。

イ　原告敗訴判決の場合の効果

（ア）既　判　力

設立取消しの訴えの請求棄却判決が確定したときは、その判決は一般原則（民訴115条）によって訴えの当事者間にのみ既判力を有する。訴え却下判

決の場合も同様である。したがって、例えば、債権者による設立取消しの訴えについて請求棄却判決が確定しても、提訴期間内であれば、同一の取消原因であっても他の債権者が設立取消しの訴えを提起できる。なぜなら、原告の請求が棄却されたことは、その原告の主張に理由がないことにとどまり、また、馴合い訴訟の弊害があるからである。

(イ) 損害賠償

原告が敗訴した場合において、原告に悪意又は重大な過失があったときは、原告は被告に対し連帯して損害を賠償する責任を負う。これは、濫訴を防止する趣旨である。846条の解説参照。

2　社員による設立取消しの訴え

本条1号は、持分会社の社員が民法その他の法律の規定により設立に係る意思表示に瑕疵があるときは、その意思表示を訴えによって取り消すことができることを定める。

(1) 原告適格

原告適格を有する者は、取り消すことができる意思表示をした社員である(本条1号)。原告適格を有する社員が口頭弁論終結時までに退社した場合は、原告適格を失うと解すべきであろう。

(2) 被告適格

被告適格を有するのは、その持分会社である(834条18号)。834条解説3(14)参照。

(3) 取消原因

持分会社の設立の取消しは、設立自体に客観的な瑕疵が存在する場合ではなく、特定の社員の設立行為が取り消し得る場合に可能となる。例えば、成年被後見人が行った設立行為(民9条)、保佐人の同意のない被保佐人の設立行為(民13条)、未成年者の法定代理人の許可なくして行った設立行為(民5条)、詐欺又は強迫による設立行為(民96条)、後見人が後見監督人の同意なくして被後見人に代わって設立行為、又は、後見監督人の同意なくして後見人が同意した未成年者の設立行為(民865条、864条、13条)などが取消原因となるのである。したがって、設立取消しの訴えを提起することができる者は、無能力者若しくは瑕疵ある意思表示をした者、その代理人又は承継人である。他方、被告はその持分会社のみである(834条18号)。

訴訟物　　XのY持分会社に対する設立取消権

＊本条1号の訴えの被告適格を有するのは、持分会社のみであ

る（834条18号）。なお、社員による取消しの訴えについて、持分会社を代表する者が存しないときは、訴えを提起した社員以外の社員の過半数をもって、持分会社を代表する者を定めることができる（601条）。

＊持分会社の設立取消しの訴えは、持分会社の本店の所在地を管轄する地方裁判所の管轄に専属する（835条1項）。会社の本店の所在地については、登記簿の記載如何によらず、実質的な営業の本拠地をいうとする実質説と、定款で定めて登記をした本店の所在地をいうとする形式説がある。会社の営業上の取引から生ずる紛争に関する訴訟については、実質的な本店所在地に訴えを提起することを認めて差し支えないが、会社の組織に関する訴えについては、管轄裁判所が形式的・画一的に定まっていることが必要であり、形式説が相当である。

請求原因 1　XはY会社についての設立行為をしたこと
　　＊会社法制定前は、合資会社に旧商法147条によって合名会社に関する設立取消しの規定が準用される場合は、Xが有限責任社員のときは、その意思表示に瑕疵があっても取消原因とならないとする見解が唱えられていた。
2　請求原因1の当時、Xは成年被後見人であったこと
　　＊「Xは成年被後見人であったこと」というのは、法律状態の主張である。仮にこれが争われると、Xは、「請求原因1に先立って、○○家庭裁判所がXに対し成年被後見人の審判をしたこと」「審判が後見人Aに告知されたこと」「告知の日から2週間が経過したこと」を主張立証しなければならない。
3　AはXの配偶者であること
4　Aは請求原因1のXの設立行為を取り消す意思表示をしたこと
　　＊個々の社員の設立行為を取り消すことによって、会社自体の設立を最終的に無効とするためには、本条の定める訴えによらなければならない。
5　Aは、請求原因4の際、Xのためにすることを示したこと
6　本訴は、Y会社の成立の日から2年以内に提起されたこと

3 債権者による設立取消しの訴え

本条2号は、社員が自己の債権者を害することを知った上で会社を設立したときは、債権者がその社員と会社に対する訴えをもって会社設立の取消しを請求できることを定める。債権者による設立取消しの訴えの制度は、昭和13年商法改正の際に設けられたものであるが（旧商141条）、改正前から通説・判例は、会社に対する出資の約束は設立行為と不可分の関係にあるから、会社の設立行為自体を詐害行為として民法424条に基づいて取り消すことができると解していた（大判大正7年10月28日民録24.2195）。しかし、会社の創設を目的とする「設立行為」自体は理論上取消しの対象となりえず、ただ単に社員の財産出資の合意部分（雉本朗造説）又はその履行行為部分（竹田省説）のみが取消しの対象となるに過ぎないとする有力な見解が存在し、また、個人的な民法424条を会社の設立という団体法上の行為に適用することの疑義もあった。そこで、これらの疑義を払拭する目的で、民法424条と同様の趣旨を組織法の観点から修正して設けられたのが本条である。このような観点から、会社の詐害的設立行為取消しには受益者に当たる会社の悪意を要しないこととした（田中耕太郎・会社法概論上185-186頁）。

ただ、この点を要件事実論の観点からみると、もともと民法424条の領域においても、受益者の悪意は請求原因事実ではなく、受益者の善意が抗弁なのであるから、会社の詐害設立行為は受益者に当たる会社の悪意を必要としないものとして要件を緩和したという講学上の上記議論は、設立取消しを求める原告の請求原因段階における主張立証責任を軽くしたものではなく、単に、被告たる会社が自己の善意を抗弁として主張しても主張自体失当となることを意味するのである。

(1) 原告適格

原告適格を有する者は、詐害的な設立行為をした社員の債権者である（本条2号）。この債権者は、その持分会社の定款作成までに社員に対して債権を取得した債権者に限られ、定款作成の後、出資の履行前に社員に対して債権を取得した債権者は、設立の取消しを求めることができないと解される（東京地判昭和47年7月6日下民23.5-8.356）。

(2) 被告適格

被告適格を有するのは、その持分会社及びその社員である（834条19号）。したがって、本条に基づく訴訟は、社員と会社の双方を被告としないと、不適法却下となる。被告適格については、834条解説2参照。

(3) 取消原因

債権者による設立取消しの訴えの取消原因は、詐害行為（民424条）、否

認（破160条、民再127条、会更86条）が該当する。もっとも、債権者による設立取消しの訴えの要件としては、「社員がその債権者を害することを知って持分会社を設立した」ことのみで足りる。他方で、民法424条1項ただし書と異なり、受益者たるその持分会社の善意は抗弁にならない。

本条の「債権者を害すること」が、債権者に供する全体財産の減少である狭義の詐害行為のみを指すのか、それとも、特定の債権者を優遇する債権者間の不公平が問題となる偏頗行為を含むのかは、破産法が両概念を区分し（狭義の詐害行為は破160条）、偏頗行為については否認の要件を加重しているから（破162条）、民法上の詐害行為取消権同様に議論となる。

訴訟物 　XのY1及びY2持分会社に対する設立取消権

*　請求の趣旨は、「被告Y1が平成○年○月○日にした被告Y2会社の設立は、これを取り消す。」である。これに対し、仮に、原告Xが「訴外Y1が被告Y2会社の出資として金1,000万円を給付した行為は、原告XとY2会社の関係においてこれを取り消す。Y2会社はXに対し、金1,000万円を支払え。」という民法424条に基づく「請求の趣旨」を求めても、請求棄却となる。なぜならば、最判昭和39年1月23日民集18.1.87によれば、「商法141条の規定は詐害行為の取消に関する一般規定たる民法424条の特則として規定されたものであり、したがつて商法の右規定の適用または準用（同法147条、有限会社法75条1項）ある会社についての詐害設立取消には、民法の右規定を適用する余地はない」と判示するからである。

*　本条の適用の結果、設立が取り消された場合、清算が行われる（644条2号）。詐害された債権者Xは、債務者たる社員Y1が分配を受ける残余財産に対して権利を主張することができるが、Y2会社から直接債権の回収を図ることができない。立法論的な批判の生ずる所以である。

請求原因 　1　XはY1に対し、Y2会社の定款の作成に先立って、金1,000万円を弁済期平成25年9月30日の約定で貸し渡したこと

*　請求原因1は、Xの原告適格を示す事実である（3(1)参照）。

2　Y1は、金1,000万円を出資して平成25年10月5日にY2会社を設立したこと

＊本件訴訟を提起した日は、裁判所に顕著な事実であるから、請求原因2の設立の日と照らし合わせると、2年の提訴期間を守っているか否かが、自ずと明らかとなる。
　3　請求原因2の法律行為がその時点でXを害することを基礎づける事実
　4　Y1は請求原因2の設立行為がXを害することを知っていたこと
　5　本訴は、Y2会社の成立の日から2年以内に提起されたこと

●（会社の解散の訴え）

第833条　次に掲げる場合において、やむを得ない事由があるときは、総株主（株主総会において決議をすることができる事項の全部につき議決権を行使することができない株主を除く。）の議決権の10分の1（これを下回る割合を定款で定めた場合にあっては、その割合）以上の議決権を有する株主又は発行済株式（自己株式を除く。）の10分の1（これを下回る割合を定款で定めた場合にあっては、その割合）以上の数の株式を有する株主は、訴えをもって株式会社の解散を請求することができる。
　一　株式会社が業務の執行において著しく困難な状況に至り、当該株式会社に回復することができない損害が生じ、又は生ずるおそれがあるとき。
　二　株式会社の財産の管理又は処分が著しく失当で、当該株式会社の存立を危うくするとき。
　2　やむを得ない事由がある場合には、持分会社の社員は、訴えをもって持分会社の解散を請求することができる。

1　会社解散の訴えと会社解散命令の相違
　会社の解散の訴え（本条）は、会社が自治的能力を喪失し、解散させることに「やむを得ない事由」がある場合に、社員の利益保護の見地から認められた制度である。解散判決請求権は、社員又は少数株主が有する共益権に属する監督是正権の1つである。これに対して、会社解散命令の制度（824条）は、会社の解散の訴えと同じく会社を解散させる効果を有するが、私的

利益の保護を図る解散判決とは異なり、公益維持の観点から設けられた非訟事件手続に属するものである。

2　株式会社の解散の訴え
　株式会社の解散請求訴訟の原告適格は、総株主の議決権の10分の1以上（これを下回る割合を定款で定めた場合は、その割合）の議決権を有する株主又は発行済み株式の10分の1以上（これを下回る割合を定款で定めた場合は、その割合）の数の株式を有する株主に限られる。解散判決の制度は、主に株式に譲渡性のない閉鎖型の会社の少数株主が損害を防止するため行使する最後の救済手段と位置づけられる（江頭・株式会社法903頁）。また、実体的要件は、持分会社の解散の場合に要求される「やむを得ない事由」があることに加えて、①会社が業務の執行において著しく困難な状況に至り、会社に回復することができない損害が生じ、又は生ずるおそれがあるとき（本条1項1号）、又は②会社の財産の管理又は処分が著しく失当で、会社の存立を危うくするとき（本条1項2号）という要件が加重されている。これは、①多数決原理を根幹とする団体である物的会社の基本的性格を犠牲にして少数株主の私法的利益を保護することには慎重であるべきであるし、②間接有限責任である物的会社は企業を継続することが会社債権者の保護になるからである。「やむを得ない事由」の要件は、後出3の持分会社の要件に関連して説明することとし、会社の解散の場合の加重要件について、以下述べる。

(1) 株式会社が業務の執行において著しく困難な状況に至り、会社に回復することができない損害が生じ、又は生ずるおそれがあること（本条1項1号）

　この要件は、取締役間に分裂を生じて業務に停滞を生じていることでは足りず、例えば、取締役の対立が拮抗していて、株主が取締役の改選を行っても停滞を打開し得ないような状態にあること、かつ、このような膠着状態が、会社に回復すべからざる損害を生ずるおそれがあることを要するのであり、会社が営利法人として存在することが殆ど不可能な状態になければならないと解するのが通説である。

　本条1項1号に該当するとした①大阪地判昭和35年1月22日下民11.1.85、②東京地判平成元年7月18日判時1349.148、③東京高判平成3年10月31日金判899.8、④大阪地判平成5年12月24日判時1499.127、⑤高松高判平成8年1月29日判タ922.281、⑥東京高判平成12年2月23日金判1091.40がある一方、該当しないとした、⑦東京地判昭和63年5月19

日金判 823.33 がある。

| 訴訟物 | Xの Y 株式会社に対する解散請求権 |

＊訴訟物たる解散請求権は、社員又は少数株主に付与された共益権たる監督是正権の1つである。解散判決の訴えは、形成訴訟であり、請求の趣旨は、「Y 会社を解散する。」である。

＊本訴の被告となるのは、会社であり（834条20号）、本訴は被告となる Y 会社の本店所在地を管轄する地方裁判所が専属管轄を有する（835条1項）。

| 請求原因 | 1　Xは、Y 会社の総株主（株主総会において決議をすることができる事項の全部につき議決権を行使することができない株主を除く）の議決権の10分の1（これを下回る割合を定款で定めた場合は、その割合）以上の議決権を有する株主又は発行済株式（自己株式を除く）の10分の1（これを下回る割合を定款で定めた場合は、その割合）以上の数の株式を有する株主であること |

＊持分会社の提訴権者は各社員であるが（本条2項）、株式会社の場合は、①総株主の議決権の10の1以上の議決権を有する株主、又は②発行済株式の10分の1以上の数の株式を有する株主に原告適格が限定されている（本条1項）。①の総株主からは、株主総会において議決をすることができる事項の全部につき議決権を行使することができない株主が除かれ、②の発行済株式からは自己株式が除かれている。また、①②に共通する10分の1以上という割合は、これを下回る割合を定款で定めた場合は、その下回る割合となる。この10分の1の割合又は定款でこれを下回って定められた割合の数は、少数株主権として累積可能であり、累積された場合は固有必要的共同訴訟となる。また、この10分の1の数は、訴え提起時から弁論終了の時までの継続が必要である（記録閲覧請求権に関する最決平成18年9月28日民集60.7.2634参照）。もっとも、一定数の株主であれば足り、保有株式が入れ替わっても差し支えない。

＊旧商法上の株主又は旧有限会社法上の社員の提起した会社解散の訴え、株主総会又は社員総会決議取消しの訴え及び同無効確認の訴えは、訴えを提起した株主又は社員が死亡して

も、相続により持分を取得した相続人が原告の地位を承継すると解する判例（最大判昭和45年7月15日民集24.7.804）があり、本法においても同様に解すべきである。なお、譲渡等の特定承継が行われた場合は、原告の地位の承継は否定されている（前掲昭和45年最大判）。
2　Y会社が業務の執行において著しく困難な状況に至り、Y会社に回復することができない損害が生じ、又は生ずるおそれがあること
　　＊請求原因2については、上記(1)で掲記した判例①ないし⑥参照。
3　Y会社の解散についてやむを得ない事由の評価根拠事実
　　＊前掲昭和35年大阪地判は、「右の規定〔旧商406条ノ2（本条）〕は昭和25年法律第167号による商法の改正によって新しく設けられた条文でアメリカ法にならつた……。この規定は、株式会社の団体性、したがつてそこから導かれる多数決の原理と矛盾しても、なおかつ少数株主の利益を保護する必要がある場合を認めて設けられたものである。しかしながら、株式会社の多数決団体たる性格はもとより株式会社の最も根本的な性格であるから、これを犠牲にして少数株主の利益の保護をはかるについては極めて慎重でなければならない。それゆえにこそ、同条は、その第1、2号にかなり厳格な要件を規定したうえ、なお『やむを得ない事由』があつてはじめて解散を請求でき、またそれも訴によらなければならないとした……。ところで、同条の……本文にいう『やむを得ない事由』という文言は極めて抽象的な表現であるが、右に説明したようなこの規定の性格から考えると『やむを得ない事由』があるというのは、株式会社解散の手続として判決による以外に方法がないというような形式的な内容ではなく、同条の第1号もしくは第2号に定める場合であつて、しかも一切の事情を考慮してやはり会社を解散するのが相当と考えられる状況にある、すなわち会社を解散することがとりもなおさず会社、および株主の利益を正当に保護するゆえんであると認められるという実質的な内容を持つものと解するのが相当である。（会社を解散するには判決による以外に方法がないということは必要ではない。たとえば株主総会にお

いて解散決議が絶対に成立しないとはいゝ切れないような場合とか、破産の申立をして、会社の破産により解散することが考えられる場合であつてもよい)。」と判示する。

(やむを得ない事由の評価障害事由)

抗弁 1 Y会社の解散するについて「やむを得ない事由」の評価障害事実

(2) 株式会社の財産の管理又は処分が著しく失当で、会社の存立を危うくすること(本条1項2号)

この要件は、取締役による会社財産の不当な流用・処分などがあって、取締役が多数の株主を背景としているなど、他の方法では誤った経営ないし非行を是正することが期待できない場合であることを要し、かつ、このような誤った経営ないし非行が、会社を破綻させる程度であることを要すると解している。①及び②は本条1項2号に該当するとした事例であり、③は該当しないとした事例である。

① 前掲平成8年高松高判は、本条1項1号事由の問題も含む有限会社の事案である。

② 大阪地判昭和57年5月12日判時1058.122は、「いわゆる休眠会社である被告に対し解散判決をなすべき事由の有無について検討するにあたつては、商法406条ノ3(昭和49年法律第21号により追加)〔472条〕のいわゆる休眠会社の整理に関する規定の法意をも併せ考慮して同法406条ノ2〔本条〕の要件の有無を判断するのが相当であると解すべきである。」とした上で、「商法406条ノ2第1項1号では、『会社ノ業務ノ執行上著シキ難局ニ逢着シ』た結果『会社ニ回復スベカラザル損害ヲ生ジ又ハ生ズル虞』のあることが、2号では、『会社財産ノ管理又ハ処分ガ著シク失当』であるため『会社ノ存立ヲ危殆ナラシムル』ことがそれぞれ要件とされているが、このような厳格な要件を必要としているのは、営業を継続中の企業においては、会社を解散するか否かの判断は、第1次的には株主の多数意思(商法405条参照)に委ねられるべきであつて、多数株主が営業の継続を希望しているにもかかわらず、少数株主の請求により、判決によつて会社を解散させることができるのは、企業の継続が株主の共同利益を害するきわめて例外的な場合に限られるべきであとの法意に出たものと解される。しかしながら、商法406条ノ3第1項に規定するような休眠会社またはこれに準じるような会社については、右と同様に解すべき必要性は全くなく、このような会社は、その

こと自体では直ちに商法58条の解散命令の対象とはならないとしても、前記の休眠会社の弊害を考えるならば、商法406条ノ2の判決による解散事由との関係では、たとえ、株主の多数意思のもとに会社が休眠状態に置かれたものであつても、また会社決算上は債務超過の状態にはなくても、少なくとも、同条1項に規定する以上の株式を所有する株主が、休眠状態の継続を是とせず、会社財産の清算を求める場合には、会社を休眠状態のままに放置していること自体が会社の業務体制の欠缺を意味し、会社名義の悪用等による不測の損害を蒙る虞れなしとせず、したがつて、会社財産の管理方法としては著しく失当といえるから、近い将来会社が営業活動を再開する予定であり、しかもそれが実現可能なものである等の特段の事情のない限り、商法406条ノ2第1項2号に該当する事由があるものというべきである。」と判示する。

③　前掲昭和63年東京地判は、「Xは、……(1)被告会社は英米法上のパートナーシップが観念される閉鎖的会社であるところ、パートナー間で合意された会社の設立目的を多数決原理によって変更を加えることは、多数決の濫用にあたり、Y会社の存在理由はなくなった、(2)原告には人の同一性についての錯誤があり、合弁契約及びY会社の設立は無効であるが、設立無効の形式を取り得ないとすれば、解散を命ずべきである。また、右錯誤は被告Y1及びY2の欺罔行為によるものであり、詐欺行為に対する救済は被告会社の解散を認めることにある、(3)Y会社は本件解約によりXがY会社に寄せていた期待を裏切り、原告に著しい損害を与えている、と主張するけれども、右はいずれも商法406条ノ2〔本条〕第1項1号又は2号の要件事実を充たしているものとはいえず、かつ、会社の解散を求め得るのは、右各号の定める事由がある場合に限られる……から、主張自体失当である。」と判示する。

訴訟物　　XのY株式会社に対する解散請求権
　　　　　＊解散を請求する訴えの性質、管轄については、前出(1)の設例の訴訟物の注記参照。

請求原因　1　Xは、Y会社の総株主（株主総会において決議をすることができる事項の全部につき議決権を行使することができない株主を除く）の議決権の10分の1（これを下回る割合を定款で定めた場合は、その割合）以上の議決権を有する株主又は発行済株式（自己株式を除く）の10分の1（これを下回る割合を定款で定めた場合は、その割合）以上の数の株式を有する株主

であること
*原告適格については、前出(1)の設例の請求原因1の注記参照。
2　Y会社の財産の管理又は処分が著しく失当で、その存立を危うくすること
*請求原因2については、上記(2)で掲記した判例①ないし③参照。
3　Y会社の解散するについて「やむを得ない事由」の評価根拠事実

(やむを得ない事由の評価障害事由)
抗　弁　1　Y会社の解散するについて「やむを得ない事由」の評価障害事実

3　持分会社の解散の訴え
　本条2項は、「やむを得ない事由」があるときは持分会社の各社員が合名会社の解散を裁判所に請求できること（解散請求権）を定める。同項により会社の解散を請求する場合、訴えを提起して解散の判決を求めるのであって、非訟事件手続法によるものではない。また、その裁判は、決定ではなく、判決の形式による。同項の訴えは、形成の訴えであり、解散判決が確定すると、会社は当然解散となり、清算手続に入る（641条7号）。
　解散要件である「やむを得ない事由」の意義については、旧商法当時の判例が、①社員間の不和等を原因として、事業継続が困難な状態に陥っていて、解散が唯一最後の手段である場合、②多数派社員の不公正かつ利己的な業務執行により、少数派社員がいわれのない不利益を被っており、この状態を打破する方法として、解散以外に公正かつ相当な手段がない場合の2類型を示している（佐々木宗啓＝野崎治子＝矢尾和子＝有田浩規・類型別会社訴訟Ⅱ777頁）。

(1)　事業継続の不可能と社員間の不公正
　解散請求は、社員とは別の法人格を有し、独立した取引活動を行う会社を解体して、社員や少数株主の私的利益を保護する最終手段である。したがって、社員間に不和対立があっても、それ自体では解散の「やむを得ない事由」とならず、その不和対立に基づいて会社の正常な運営に必要な意思決定ができないために、事業の継続が不可能となることが必要である。これに対し、最判昭和61年3月13日民集40.2.229は、新たな解散事由として社員間の不公正という事由を認める。同判決は、製糸業を営むために設立された

旧会社において、一部の社員が製糸業を廃業し、製糸業を継続する社員たちは新会社を設立し、新会社が旧会社の工場及び敷地を使用して旧会社と同様の業務を行ったため、旧会社は、新会社からの賃料が唯一の収入であったが、収入は製糸業を継続している社員たちの役員報酬の支払等に充てられ、製糸業を廃業した社員らは少額の配当を受けている事案であった。同判決は、「商法112条1項〔本条2項〕が合名会社の社員に会社の解散請求権を認める事由として定めた『已ムコトヲ得ザル事由』（以下『解散事由』という。）のある場合がいかなる場合かについて考えるに、合名会社は社員間の強い信頼関係が維持されていることを会社存立の基礎とする人的会社であるから、感情的な原因により、社員間の信頼関係が破壊されて膠着した不和対立状態が生じ、会社の目的たる業務の執行が困難となり、その結果会社ひいては総社員が回復し難い損害を被つているような場合には、これを打開する手段のない限り、解散事由があるものというべきである」と解散事由の原則を確認した上で、「右のような場合のみならず、合名会社は総社員の利益のために存立する目的的存在であるから、会社の業務が一応困難なく行われているとしても、社員間に多数派と少数派の対立があり、右の業務の執行が多数派社員によつて不公正かつ利己的に行われ、その結果少数派社員がいわれのない恒常的な不利益を被つているような場合にも、また、これを打開する手段のない限り、解散事由があるものというべきである。」として、旧会社の業務自体の継続は不可能でなくとも、社員間の不公正が解散事由となることを認めた。

(2) 窮境打開の方法

解散事由が認められるためには、社員の意思統一による打開の方法もなく、社員ないし株主の正当な利益保護のために解散が唯一の最後の手段である必要があるとされている。すなわち、解散をしないで別の方法により会社の窮境を打開することができる場合には「やむを得ない事由」は認められないことになる。そして、最判昭和33年5月20日民集12.7.1077も、合資会社の社員の間に不和対立があって、そのままの状態では会社を存続させることが困難であっても、現に社員の1名が除名される情勢にあり、その除名によって十分打開の途があると認められるときは、解散事由があるときに該当しないと判示している。しかし、この事案は、会社解散請求訴訟と原告会社・被告無限責任社員間の社員除名請求訴訟とが並存し、本件判決と同時に不和対立の原因となっていた社員の除名を命ずる判決も言い渡されているから、抽象的に除名請求訴訟の手続があるというだけで解散請求が否定されるのではなく、本判決は、社員の除名という確実な打開方法が別に存在する場

合に、解散を否定したものと解される。
　これに対し、前掲昭61年最判は、「そこでいう打開の手段とは、その困難な事態を解消させることが可能でありさえすれば、いかなる手段でもよいというべきではなく、社員間の信頼関係が破壊されて不和対立が生ずるに至った原因、解散を求める社員又はこれに反対する社員の右原因との係わり合いの度合い、会社の業務執行や利益分配が解散を求める社員にとつてどの程度不公正・不利益に行われてきたか、その他諸般の事情を考慮して、解散を求める社員とこれに反対する社員の双方にとつて公正かつ相当な手段であると認められるものでなければならないと解するのが相当である。」と判示している。

(3) 他の解散方法を採れないことの程度
　合意による解散・破産手続開始申立て等の他の解散方法を採り得る場合には、解散判決以外の解散手段が可能といえる。この点に関して、前掲昭和35年大阪地判は、「『やむを得ない事由』があるというのは、株式会社解散の手続として判決による以外に方法がないというような形式的な内容ではなく、同条の第1号もしくは第2号に定める場合であつて、しかも一切の事情を考慮してやはり会社を解散するのが相当と考えられる状況にある、すなわち会社を解散することがとりもなおさず会社、および株主の利益を正当に保護するゆえんであると認められるという実質的な内容を持つものと解するのが相当である。」とし、「たとえば株主総会において解散決議が絶対に成立しないとはいい切れないような場合とか、破産の申立をして、会社の破産により解散することが考えられる場合であつてもよい」という。すなわち、現実にこれらの手段を試みて、奏功しないことを確認しなければならないとまで解する必要はなく、解散決議や破産手続開始申立て等について、事実上の見込みがないか又は極めて困難と判断される場合には、「やむを得ない事由」に該当すると解される。また、解散命令請求が可能であるとしても、解散命令が公益維持を目的とするが、解散判決は少数派社員の私益保護を目的とするという制度趣旨の違いから、解散判決請求が可能と解されている。

> **訴訟物**　　XのY持分会社に対する解散請求権
> 　　　　　＊請求の趣旨は、「Y会社を解散する。」である。
> 　　　　　＊被告となるのは、持分会社自体である（834条21号）。
> 　　　　　＊解散を請求する訴えは形成訴訟であり、解散判決の確定により会社解散の効力を生ずる。
> **請求原因**　1　XはY会社の社員であること

＊人的会社である持分会社について解散の訴えを提起するために、各社員に原告適格が認められている。
　2　Y会社の解散がやむを得ないことを基礎づける事実
　　　＊「やむを得ない事由」とは、2つの類型が知られている。すなわち、①社員間の不和等を原因として、事業継続が困難な状況に陥っており、解散以外に手段がない場合、②多数社員による不公正かつ利己的な業務執行によって、少数派社員が恒常的に不利益を被っており、解散以外に手段がない場合である。①及び②が問題とする「解散以外に手段がない場合」については、その反対事実が抗弁に位置すると解される。

（窮境打開の可能性）

抗　弁　1　特定の社員を除名すれば、会社の存続困難な事情を打開できること
　　　＊解散につきやむを得ない事由があるときに当たらないとした前掲昭和33年最判参照。
　　　＊自己破産申立てが可能であるとしても、現実にこれらの方法を履践しなければならないとまで解する必要はなく、破産申立て等について、事実上の見込みがないか、又は極めて困難と判断される場合には、「やむを得ない事由」が認められると解される。前掲昭和35年大阪地判は、解散判決以外に方法がないことは必要でないと判示する。
　　　＊公益維持を目的とする解散命令（824条1項）の請求ができるとしても、社員又は株主の私益保護の観点に立つ解散の訴えとは制度趣旨が違うので、会社の解散の訴えの提起が可能である。
　　　＊請求原因2がいわゆる規範的要件であるため、抗弁1の事実は、請求原因2に対してその評価障害事実と解される。

　4　処分権主義・弁論主義の制約
　会社の解散の訴えも、通常の民事訴訟手続の中に位置づけられている。しかし、会社解散の訴えは、①一部の株主や社員が代表者と通謀して他の株主や社員の利益に反して解散することを防止する必要があること、②会社の多数決団体性と少数社員の救済との背反する接点において解決を求める制度であって、訴えをもってのみ解散を主張し得るとしているのは、判決によってのみこのような困難な問題の解決を図る趣旨であること（谷川久・新注会

(13) 27頁)、③認諾は、訴えの訴訟物である権利が当事者間で自主的解決に委ね得ることを前提とするが、解散の訴えの訴訟物は、当事者の処分になじまない権利であることを考慮すると、処分権主義（認諾）及び弁論主義（自白の拘束力）の適用が制限されるべきである（前掲昭和35年大阪地判、鳥取地判昭和42年4月25日判タ218.219）。また、会社の解散の訴えにおいて、被告会社は解散を内容とする和解をする権限はないと解される。もっとも、提訴株主が請求の放棄あるいは取下げをすることは、対世効をもって権利関係を確定しないし、また、解散の訴えに係る請求権が社員ないし株主の私的利益保護のための権利であることからすると、可能と解すべきである。

5 会社解散判決後の法律関係
(1) 解散認容判決が確定した場合
　解散認容判決は確定すると、創設的効力が生じ、会社は当然解散したものとして清算手続に入る。株式会社の解散判決の場合は、裁判所は、471条6号による解散として、利害関係人若しくは法務大臣の請求、又は職権により清算人を選任することになる（478条3項）。持分会社の解散判決の場合の適用条文は、641条7号及び647条3項である。この清算人が、会社財産を換価し、債権者に対して弁済をした上、残余財産を株主等に分配手続をする。また、判決確定後、裁判所書記官は、職権で遅滞なく解散した会社の本店の所在地を管轄する登記所にその登記の嘱託をすることとなる（937条1項1号リ）。
(2) 請求棄却判決が確定した場合
ア　損害賠償請求
　請求棄却判決が確定すると、原告に悪意又は重大な過失があったときは、原告は会社に対し、連帯して損害賠償の責任を負う（846条）。
イ　再　訴
　解散請求が棄却されたときでも、その判決には創設的効力がないから、別の事由に基づき再び解散の訴えを提起することは妨げられない（佐々木宗啓＝野崎治子＝矢尾和子＝有田浩規・類型別会社訴訟Ⅱ786頁）。

● (被告)

第834条　次の各号に掲げる訴え（以下この節において「会社の組織に関する訴え」と総称する。）については、当該各号に定める者を被告とする。

一　会社の設立の無効の訴え　設立する会社
二　株式会社の成立後における株式の発行の無効の訴え（第840条第1項において「新株発行の無効の訴え」という。）　株式の発行をした株式会社
三　自己株式の処分の無効の訴え　自己株式の処分をした株式会社
四　新株予約権の発行の無効の訴え　新株予約権の発行をした株式会社
五　株式会社における資本金の額の減少の無効の訴え　当該株式会社
六　会社の組織変更の無効の訴え　組織変更後の会社
七　会社の吸収合併の無効の訴え　吸収合併後存続する会社
八　会社の新設合併の無効の訴え　新設合併により設立する会社
九　会社の吸収分割の無効の訴え　吸収分割契約をした会社
十　会社の新設分割の無効の訴え　新設分割をする会社及び新設分割により設立する会社
十一　株式会社の株式交換の無効の訴え　株式交換契約をした会社
十二　株式会社の株式移転の無効の訴え　株式移転をする株式会社及び株式移転により設立する株式会社
十三　株式会社の成立後における株式の発行が存在しないことの確認の訴え　株式の発行をした株式会社
十四　自己株式の処分が存在しないことの確認の訴え　自己株式の処分をした株式会社
十五　新株予約権の発行が存在しないことの確認の訴え　新株予約権の発行をした株式会社
十六　株主総会等の決議が存在しないこと又は株主総会等の決議の内容が法令に違反することを理由として当該決議が無効であることの確認の訴え　当該株式会社
十七　株主総会等の決議の取消しの訴え　当該株式会社
十八　第832条第1号の規定による持分会社の設立の取消しの訴え　当該持分会社
十九　第832条第2号の規定による持分会社の設立の取消しの訴え　当該持分会社及び同号の社員
二十　株式会社の解散の訴え　当該株式会社
二十一　持分会社の解散の訴え　当該持分会社

1　会社の組織に関する訴えの被告適格

　本条は、1号から21号に掲げる訴えを、「会社の組織に関する訴え」と定義して、それぞれの訴えについて、被告とすべきものを定める。旧商法当時は、会社の組織に関する訴えについて、債権者が原告となる場合の合名会社等の設立の取消しの訴え（旧商141条）を除き、被告となるべき者を明示していなかった。そのため、例えば、最判昭和36年11月24日民集15.10.2583のように株主総会等決議の取消しの訴えの被告となるべき者について争われたほか、特に当事者適格に関し固有必要的共同訴訟か否かが争われた。その訴えが、固有必要的共同訴訟であると判断されると、共同訴訟人全員が当事者となっていなければ、当事者適格を欠き訴えは不適法として却下される。しかし、このような手続的な問題で、解釈の余地を残すことは訴訟経済上望ましくないので、本条は、会社の組織に関する訴えにおいて被告となるべきものを明定した。以下、本条各号の訴えを、2と3で固有必要的共同訴訟とそれ以外の訴訟に分けて検討し、4と5で被告会社の取締役が原告となっている訴えにおいて被告会社の代表者について述べる。

2　固有必要的共同訴訟

　共同訴訟人全部について判決内容の合一確定が要請される訴訟類型を必要的共同訴訟という。必要的共同訴訟は、更に固有必要的共同訴訟と類似必要的共同訴訟に区分される。固有必要的共同訴訟は、「訴訟の目的が共同訴訟人の全員について合一にのみ確定すべき場合」（訴訟物たる権利関係に関する判決の内容を矛盾なく統一すべき必要）であるため（民訴40条1項）、共同訴訟人たるべき者全員が当事者となって初めて訴訟追行権が認められる。本条9号ないし12号及び19号の訴えが固有必要的共同訴訟とされている。手続保障の観点から、被告適格を有する者全員を共同被告として訴えを提起しなければなならない（固有必要的共同訴訟）としたのである。

　①吸収分割無効の訴えについては、吸収分割契約をした会社、すなわち分割会社及び承継会社（本条9号）、②新設分割無効の訴えについては新設分割をする会社及び新設分割により設立する会社（本条10号）、③株式交換の無効の訴えについては、株式交換契約をした会社、すなわち、完全親会社となった会社及び完全子会社となった会社（本条11号）、④株式移転の無効の訴えについては、株式移転をする会社及び株式移転により設立する会社（本条12号）、⑤832条2号の規定による持分会社の設立の取消しの訴えについてはその持分会社及び社員（本条19号）が、それぞれ被告と定められている。①ないし④の場合は、すべての当事会社が被告となる固有必要的共同訴

訟であり、⑤の場合はその持分会社と社員が被告となる固有必要的共同訴訟である。①ないし⑤の訴訟のいずれにあっても、上記の被告を共同被告としないで一部の者のみを当事者とした訴訟の結果に他の者が拘束されるとすれば他の者の手続保障を害するからである。なお、⑤については、旧商法当時の下級審判決であるが、鳥取地判昭和43年8月30日下民19.7-8.524が、持分会社と社員とが固有必要的共同訴訟の関係に立つとしていた。

3 固有必要的共同訴訟以外の訴訟
(1) 会社の設立の無効の訴え

設立無効の訴えの被告は、設立する会社である（本条1号）。

原告が一般の株主（取締役でない者）又は監査役である場合は、会社を代表すべき者は代表取締役であり（349条4項）、取締役が原告であるときは、株主総会（取締役会設置会社では取締役会）がその訴えについて会社を代表する者を定めることができる（353条、364条）。また、監査役設置会社では、取締役が原告である場合には、監査役が会社を代表する（386条1項）。なお、清算中の会社に対する会社設立無効の訴えは、清算人を会社の代表者として提起すべきである（大判昭和13年12月24日民集17.2713）。

持分会社においては、業務執行社員が会社を代表するが（599条4項）、社員が原告となった場合で、その訴えについて持分会社を代表する者（その社員を除く）が存しないときは、その社員を除いた社員の過半数をもって、会社を代表する者を定めることもできる（601条）。

(2) 新株発行の無効の訴え

会社の成立後における株式の発行の無効の訴え（「新株発行の無効の訴え」）の被告は、株式の発行をした会社である（本条2号）。これは、本法制定前からの通説であった（近藤弘二・新注会(7)359頁）。

株式発行無効の訴えを提起されている会社が吸収合併された場合には、その訴えは存続会社に承継される。この場合の事案について、福岡高判昭和41年7月18日高民19.4.330は、「合併の本質に照せば、合併により解散会社の株式は消滅して存続会社の株式に代ることになるが、右新旧の株式は法律上同一性を有するものと解すべく、このことは、解散会社についていえば、合併前に新株の発行が行なわれた場合の新株式についても同様である。本件においては本件合併前既に被控訴会社の前記新株発行について、株式引受人による払込が完了し合併による解散を了したことは、当事者間に争がないので、右新株発行に伴う法律上財産上の効果は合併に因り当然存続会社に承継せられたものというべく、たといこれにつき新株発行無効の訴が提起せ

られ、合併当時尚係争中であるとしても、この訴訟の判決の効力に関する商法の規定からみて右の結論を左右しない。そうすると存続会社である訴外会社に本件訴訟を承継させた後仮に同社が敗訴したとしても、新株の株主に対する払込金の払戻等判決確定後の事務処理をするにつき合併の問題を含まない通常の新株発行無効判決確定後の事務処理に比し特段の支障はないものと考えられる。」「本件新株発行無効の訴は解散会社である被控訴会社に専属し、その消滅により終了したと判断するのは相当でなく、存続会社が本件訴訟を承継するものと解すべきである。」と判示する。

(3) 自己株式の処分の無効の訴え

自己株式の処分の無効の訴えの被告は、自己株式の処分をした会社である（本条3号）。

(4) 新株予約権の発行の無効の訴え

新株予約権の発行の無効の訴えの被告は、新株予約権の発行をした会社である（本条4号）。なお、新設する新株予約権の発行の無効又は不存在確認の訴えについては、新株発行の無効又は不存在確認の訴えに準じることとしている。

(5) 資本金の額の減少の無効の訴え

資本金の額の減少の無効の訴えの被告は、資本金の額の減少をした会社である（本条5号）。これは、従来からの通説であった（神崎克郎・新注会(12) 105頁）。

(6) 組織変更の無効の訴え

会社の組織変更の無効の訴えの被告は、組織変更後の会社である（本条6号）。組織変更の無効について、旧有限会社法の事案であるが、最判昭和46年6月29日民集25.4.711 は、「会社の組織変更は、会社がその前後を通じて同一人格を保有するものとはいえ、法がそのために、総株主または総社員の一致による総会の決議等一定の厳格な手続を要求し、かつ、登記簿上は、旧会社の解散および新会社の設立の各登記を経ることとし、あたかも会社の設立または合併の如き手続を規定していること、ならびに、組織変更が、会社と利害関係を有する多数の者との間における複雑な法律関係に影響を及ぼすため、その無効については画一的な処理を必要とすることを考え合せれば、その手続に重大な瑕疵があるとしてその無効を争う場合には、会社の設立無効の訴に関する商法428条〔828条1項1号・2項1号〕の規定を準用し、組織変更後の会社の株主または取締役は、組織変更後の会社を被告として、その設立無効の訴を提起しうるものと解するのが相当である。」と判示する（なお、同判決は、設立無効の訴えの提起をいうが、本法においては、

組織変更無効の認容判決が確定すれば、839条によって設立も無効となる）。
(7) 吸収合併の無効の訴え
　会社の吸収合併の無効の訴えの被告は、吸収合併後存続する会社である（本条7号）。
　吸収合併無効の訴えは合併手続における瑕疵を理由とするものである。しかし、①合併後の存続会社の増資の存在自体を争うものであり、②法的に消滅した消滅会社を被告にできないから、存続会社を被告とすれば足りる。
(8) 新設合併の無効の訴え
　会社の新設合併の無効の訴えにおいては、新設会社の存在自体が争われるから、その被告は、上記(7)と同じ理由により、新設合併による新設会社である（本条8号）。
(9) 会社の成立後における株式の発行が存在しないことの確認の訴え
　会社の成立後における株式の発行が存在しないことの確認の訴えの被告は、株式の発行をした会社である（本条13号）。旧商法当時は、新株発行不存在確認の訴えの被告となるのは会社に限られ、新株を引き受けた株主を被告とした場合、その訴えは却下されていた。最判平成9年1月28日民集51.1.40は、「商法は、このように新株発行無効の訴えを創設しているが、新株発行不存在確認の訴えについては何ら規定するところがない。しかしながら、新株発行が無効であるにとどまらず、新株発行の実体が存在しないというべき場合であっても、新株発行の登記がされているなど何らかの外観があるために、新株発行の不存在を主張する者が訴訟によってその旨の確認を得る必要のある事態が生じ得ることは否定することができない。このような新株発行の不存在は、新株発行に関する瑕疵として無効原因以上のものであるともいうことができるから、新株発行の不存在についても、新株発行に無効原因がある場合と同様に、対世効のある判決をもってこれを確定する必要がある。したがって、商法の明文の規定を欠いてはいるが、新株発行無効の訴えに準じて新株発行不存在確認の訴えを肯定する余地があり、この場合、新株発行無効の訴えに対比して出訴期間、原告適格等の訴訟要件が問題となるが、この訴えは少なくとも、新株発行無効の訴えと同様に、会社を被告としてのみ提起することが許されるものと解すべきである。」と判示する。
(10) 自己株式の処分が存在しないことの確認の訴え
　自己株式の処分が存在しないことの確認の訴えの被告は、自己株式の処分をした会社である（本条14号）。本法においては、自己株式の処分は、新株発行と同じ枠組みで整理されており、自己株式の処分が存在しないことの確認の訴えの被告適格を有するのは、自己株式を処分する会社のみである。

(11) 新株予約権の発行が存在しないことの確認の訴え
　新株予約権の発行の不存在確認の訴えの被告は、新株予約権の発行をした会社である（本条15号）。
(12) 株主総会等の決議が存在しないこと又は株主総会等の決議の内容が法令に違反することを理由としてその決議が無効であることの確認の訴え
　株主総会等の決議が存在しないこと又は株主総会等の決議の内容が法令に違反することを理由としてその決議が無効であることの確認の訴えについては、その会社のみが被告適格を有する（本条16号）。ところで、株主総会決議不存在確認の訴えの認容判決が確定すると、その判決は対世効を有するため（838条）、決議の効力如何によりその地位に影響を受ける役員は、被告に共同訴訟的補助参加できるが、共同訴訟参加人となるには原告適格又は被告適格が認められなければならないので、被告である会社に共同訴訟参加することはできない。なお、新堂・新民事訴訟法774-775頁は、「他人間の権利関係の変動を生じさせることを目的とする形成訴訟または変動を生じさせると同じ程度に重大な影響を与える確認訴訟においては、原則として、その権利関係の主体を共同被告とする必要がある。」として、立法担当者の見解と異なるが、株主総会の取締役選任決議の取消請求（本条17号参照）・無効確認請求（本条16号参照）においても、本条16号・17号にもかかわらず、その取締役と会社を共同被告にすべきである（固有必要的共同訴訟）とする。その理由として、「これらの者は、いずれも高度の利害関係をもち、その一部を除いては十分な訴訟追行を期待できないのみならず、もし一部の者のみを当事者とした訴訟の結果が除かれたものをも拘束するとすれば、この者の裁判を受ける権利を侵害することになるし、だからといって、個別に解決するということになれば、当該紛争を解決したことにならない、という関係が見られるからである。」という。
　清算結了登記を経由した会社であっても、清算開始の原因となった解散決議の存否を訴訟物とする訴訟においては、当事者能力が認められる（東京高判昭和56年11月25日判時1029.76）。
(13) 株主総会等の決議の取消しの訴え
　株主総会等の決議の取消しの訴えの被告は、決議の取消しを求められる会社である（本条17号）。株主総会等の決議の取消しの訴えの被告適格をその会社に限ることは、前掲昭和36年最判によって確定していたが、本法はこれを明文化した。同判決は、「本件は、被上告人会社の臨時株主総会の招集手続が法令に違背することを理由として、商法247条〔831条〕の規定にもとずき、本件株主総会の決議の取消を求める訴訟であること、上告人は、第

1審で、民訴75条の規定により、被告（被上告人）会社の共同訴訟人として本件訴訟に参加する旨の申出をしたものであることは、記録上、明らかである。そして、第三者が同条の規定により訴訟に参加することが許されるためには、当該訴訟の目的が当事者の一方および第三者について合一にのみ確定すべき場合であることのほか、当該訴訟の当事者となりうる適格を有することが要件となつていることは、同条の法意に徴し、明らかである。すなわち、上告人の本件参加の申出が許されるためには、上告人は本件訴訟の被告となりうる適格を有しなければならないのである。ところが、本件訴訟の被告となりうる者は、その性質上、被上告人会社に限られると解するのが相当であるから、上告人が本件訴訟の被告となる適格を有しないことは自明の理である。」と判示する。取締役選任を内容とする株主総会決議の取消の訴えについては、会社と取締役を共同被告とすべきであるとする見解があるが、伊藤・民事訴訟法619頁は、「決議の性質からして当事者適格が会社に限定されるとすれば、このような議論は成立しない。会社法834条17号では、このことが明らかにされている。」と述べる。

(14) 832条1号による持分会社の設立の取消しの訴え

832条1号による持分会社の設立の取消しの訴えの被告は、取消しを求められる持分会社である（本条18号）。

(15) 株式会社の解散の訴え

株式会社の解散の訴えの被告は、解散を求められる株式会社である（本条20号）。これは、従来からの通説であった（島十四郎・新注会(1)453頁、谷川久・新注会(13)27頁）。

(16) 持分会社の解散の訴え

持分会社の解散の訴えの被告は、解散を求められる持分会社である（本条21号）。解散請求の相手方は会社であって、社員ではないとした古い裁判例がある（合資会社につき大判明治37年4月22日民録10.513）。

4　取締役の被告側の共同訴訟参加の可否

本条が被告を定めたのは、被告となり得る者の最少限を定めたのではなく、被告となり得る者を限定する趣旨を含む。そして、会社の組織に関する訴えにおいて被告側に共同訴訟参加（民訴52条）することは、共同訴訟参加人に当事者適格が必要とされているところ（前掲昭和36年最判）、本条が被告を会社に限定している以上、取締役等を含めてできない。しかし、対世効のある請求認容判決によって権利関係に大きな影響を受ける取締役に自己の法的地位を守るために手続に関与する途を認める必要性はあり、補助参加

（民訴42条）又は独立当事者参加（民訴47条1号前段）の余地が主張される（山本克己・会社法判例百選102頁）。

5　会社訴訟における株式会社の代表者
(1)　会社が当事者となる一般的な訴訟
ア　非取締役会設置会社
　非取締役会設置会社においては、取締役が1名のときはその取締役が（349条1項本文）、取締役が複数のときは各取締役が会社を代表することを原則とし（同条2項）、定款、定款の定めに基づく取締役の互選又は株主総会の決議により選任された代表取締役がある場合は、これらの者が会社を代表する（同条3項・4項）。この一般的な会社代表の規律に従い、会社訴訟においても、各取締役又は会社を代表する者と定められた取締役が、会社を代表することになる。
イ　取締役会設置会社
　取締役会設置会社においては、代表取締役が業務を執行するとともに、会社を代表する（363条1項1号、349条4項）。そのため、会社訴訟においても、代表取締役が会社を代表する。
ウ　委員会設置会社
　取締役会は、取締役会決議により1人又は2人以上の執行役を選任し、執行役の中から代表執行役を選定しなければならないが、執行役が1人の場合はその者が当然に代表執行役になる（402条1項・2項、420条1項）。そして、代表執行役が会社の業務に関する一切の裁判上又は裁判外の行為をする権限を有する（420条3項、349条4項）。そのため、会社訴訟においても、代表執行役が会社を代表する。
(2)　会社と取締役等間の訴訟
　一般的には、代表取締役（代表取締役が存在しない会社の場合は取締役）が、訴訟上会社を代表する（349条1項・4項）。しかし、会社と取締役との間の訴訟について会社の代表取締役の代表権を否定したのは、代表取締役は、本来会社の利益を図るために会社を代表して訴訟を追行すべきところ、訴訟の相手方が同僚の取締役である場合には、会社の利益よりもその取締役の利益を優先させ、馴合い訴訟により会社の利益を害するおそれがあることから、これを防止する趣旨による。そして、会社と取締役間の訴訟については、いずれが、原告・被告であっても、利益相反・馴合い訴訟のおそれが生ずる。これは、訴訟で会社と対立当事者となる取締役が、代表取締役、業務担当取締役、社外取締役、その他の取締役のいずれかであるかを問わない。

旧商法当時は、監査役は取締役の業務に関し監査権を有するから、会社と取締役間の訴訟に関する会社代表者として、監査役が代表権を有していた（旧商275条ノ4前段）。しかし、本法では、会社形態の選択の自由化が図られ、監査役が必須機関ではないため、会社形態に応じて、訴訟上の会社代表者は、以下アないしウのとおりとされた。

　ア　非監査役設置会社（委員会設置会社を除く）

　会社が取締役（もと取締役を含む。これはもと取締役であっても、会社又は現取締役に対する影響力を無視できないから、馴合い訴訟の可能性は否定できないからである）に対し、又は取締役が会社に対して訴えを提起する場合には、代表取締役が訴訟上会社を代表するとの原則（349条4項）にかかわらず、公正を確保するために、株主総会又は取締役会は、その訴えについて会社を代表する者を定めることができる（353条、364条）。そこで、取締役会設置会社については、株主総会により代表者と定められた者、これがないときは、取締役会で会社を代表する者と定められた者が、訴訟につき会社を代表することになる。ただし、会社を代表する者を定めなかった場合には、代表取締役が訴訟上会社を代表する。

　イ　監査役設置会社

　監査役設置会社の場合は、取締役会設置会社であっても、会社が取締役（元取締役を含む）に対し、又は取締役が会社に対して訴えを提起する場合には、その訴えについては、監査役が会社を代表する（386条1項、旧商法275条ノ4を踏襲）。監査役に取締役の業務執行に対する監督権があることから、取締役との訴訟において、訴訟追行権を与えるのである。しかし、例えば、取締役の地位確認の訴えにおいて、代表取締役が訴訟の相手方を取締役と認めていない場合は、馴合いのおそれはないことが明らかであるから、会社代表は原則どおり代表取締役であると解される（最判平成5年3月30日民集47.4.3439。後記(3)ア参照）。

　なお、監査役は、株主代表訴訟においても、損害賠償責任追及訴訟の提訴請求を受ける。株主代表訴訟を提起したとの訴訟告知を受け、補助参加について同意し、和解の通知を受けるのも監査役である（386条2項、847条1項、849条2項・3項、850条2項）。

　ウ　委員会設置会社

（ア）　監査委員以外が訴訟の当事者である場合

　委員会設置会社が、執行役若しくは取締役（元執行役・元取締役を含む）に対し、又は執行役若しくは取締役が委員会設置会社に対して訴えを提起する場合は、監査委員会が選定する監査委員が委員会設置会社を代表する

(408条1項2号)。
　委員会設置会社には監査役が存在せず、監査役の有する監督機能は監査委員会が担う。しかし、会議体である監査委員会が自ら会社を代表して訴訟を追行できないから、監査委員会が会社を代表して訴訟を追行する監査委員を選定する。会社を代表する監査委員として複数人を選定した場合、意見の対立があると、訴訟の追行上支障が生ずるから、選定される監督委員は、1人に限られるべきである。もとより、選定された監査委員に事故が生じた場合に備えて、予備的に監査委員を選任することは差し支えない。
(イ)　監査委員が訴訟の当事者である場合
　監査委員がその訴訟の当事者である場合は、監査委員の連帯性から、別の監査委員を選定しても公正を欠くおそれがあるから、取締役会又は株主総会が定めた者が委員会設置会社を代表する（同項1号）。
(3)　上記(2)の場合の例外
　ア　取締役・監査役選任の株主総会決議不存在・無効確認の訴え及び株主総会決議取消しの訴えの場合
　一般的に、会社を当事者とする訴訟においては、代表権のある取締役が会社を代表するのが原則である（349条1項・4項）。しかし、取締役と会社間の訴訟における会社代表者については、上記(2)のとおり、特別の規定が置かれている。ただ、株主総会決議不存在確認・無効確認の訴えの対象が役員選任決議である場合は、認容判決が確定すると、その決議が決議時から不存在であったことになるため、この訴訟において、会社を代表する者が上記の(2)の規律でよいか疑問である。この点については、①決議不存在・無効であると主張する者と、決議は存在して自らが株式会社を代表する者であると主張する者とが決議の瑕疵の存否を争うのが訴訟経済に資すること、②決議が存在するとしてその外形があるような場合に、決議の存在を前提として会社の代表者となっている者に被告会社の代表者として訴訟を担当させることは不合理とはいえないので、瑕疵があるとして争われている決議に基づいて選任された取締役・監査役やその取締役らにより構成される取締役会や、その取締役らが招集した株主総会によって定められた者が会社を代表してよいであろう。
　イ　職務執行停止・代行者選任の仮処分決定がある場合
　取締役選任の株主総会決議の不存在確認の訴え等を本案として、取締役の職務執行停止・職務代行者選任の仮処分決定が認められると、取締役らについては職務執行が停止され、裁判所の選任した取締役の職務代行者が、取締役の業務を行うことになる。職務執行を停止された取締役が代表取締役であ

るときには、仮処分決定に別段の定めがない限り、その代表取締役は一切の職務執行（会社代表権の行使を含む）をすることができず、代表取締役の職務代行者として選任された者が会社代表者として株式会社の常務に属する一切の職務を行うことになる（352条）。したがって、この場合には、取締役選任決議の不存在確認の訴え等の本案において会社を代表すべき者は職務代行者となる（最判昭和59年9月28日民集38.9.1121）。なお、職務執行を停止された代表取締役は、本案訴訟に共同訴訟的補助参加できる。
(4) 無権限者による訴訟追行の場合

　会社を代表して行動する者が代表権を有することは、訴訟要件であり職権調査事項である。代表権がない場合は、裁判所は、訴状を補正させ（民訴137条1項）、補正しないときは訴えを却下する（同条2項）。これを裁判所が看過して、代表権限のない者が行った訴訟行為は、訴訟上の効力を生ずることなく無効であり（訴訟上の行為のため、表見代理も不成立）、確定判決は再審事由の瑕疵を帯びる。

● (訴えの管轄及び移送)

第835条　会社の組織に関する訴えは、被告となる会社の本店の所在地を管轄する地方裁判所の管轄に専属する。
　　2　前条第9号から第12号までの規定により2以上の地方裁判所が管轄権を有するときは、当該各号に掲げる訴えは、先に訴えの提起があった地方裁判所が管轄する。
　　3　前項の場合には、裁判所は、当該訴えに係る訴訟がその管轄に属する場合においても、著しい損害又は遅滞を避けるため必要があると認めるときは、申立てにより又は職権で、訴訟を他の管轄裁判所に移送することができる。

1　会社の組織に関する訴えの専属管轄

　会社の組織に関する訴えは、被告会社の本店の所在地を管轄する地方裁判所の管轄に専属する（本条1項、834条）。
(1) 専属管轄

　専属管轄は、法定管轄の中で特に訴訟事件処理の適正迅速を図るため、ある事件を特定の裁判所の管轄にのみ属するものとし、同一事件について他の

裁判所が管轄を持つことを排除する管轄の定めをいう。本条1項は、会社の組織に関する訴えが、複数の原告から複数の裁判所に対し提訴されると、訴訟経済の無駄が生じ、矛盾する判決が生じ得るので、これを回避するため専属管轄を定める。この場合、受訴裁判所は、管轄権を有する場合にのみ本案判決ができるので、管轄権の存在は訴訟要件である。裁判所は、その存在に疑義があれば、職権で調査しなければならない。そのためには、職権で証拠調べができる（民訴14条）。管轄は訴え提起の時を標準として定める（民訴15条）。したがって、管轄を定める住所の変更があっても管轄は変わらない（管轄の恒定）。管轄原因の変動に伴い管轄が変動すると、裁判所は常に管轄原因の変動に留意することを要し、審理の渋滞・手続の不安定を招来するからである。

管轄権の存在が認められればそのまま本案の審理を進めるが、被告から管轄違いの抗弁が提出されている場合は、それについて中間判決（民訴245条）又は終局判決の理由中で判断する。管轄権がないと認めれば、決定で管轄権のある裁判所に移送することとなる（民訴16条1項）。

(2) 本店所在地の意義

本店所在地に意義については見解が分かれる。すなわち、①商業登記簿上の記載にかかわらず会社の実体上の本店所在地（すなわち、会社の営業を統括する場所的中心である営業所（実質的意義の本店）の所在地）をいうとする実質説（東京高決平成10年9月11日判タ1047.289）と、②定款で定めて商業登記簿上に記載されている本店所在地をいうとする形式説（東京高決平成11年3月24日判タ1047.292）とがある。会社の組織に関する訴えの管轄を専属管轄とする理由は、同一行為に関して複数の訴えが提起された場合に、弁論・裁判を併合して判断の統一を図るためであるから、「本店の所在地」が本法上、定款の絶対的記載・記録事項であり（27条3号）、商業登記簿の登記事項とされていること（911条3項3号）からすると、形式説を相当というべきである（江頭・株式会社法344頁）。

(3) 本店所在地を変更する定款変更決議

本店所在地を変更する定款変更決議に対する不存在・無効確認の訴えの場合に、訴え提起時の本店所在地を管轄する裁判所に提起したところ、訴えが認められたときには、結局、定款変更決議で定められた本店所在地には管轄がなかったことになる。この問題は、①総会決議不存在確認、無効確認の訴えについての本店所在地が専属管轄とされた趣旨は、対世効のある総会不存在確認、無効確認の訴えについての複数の裁判所の判断を避けるためであり、②管轄は訴えを提起するときに定めること（民訴15条）を重視すると、

本店所在地に関する定款変更決議が不存在・無効とする判決が出される場合であっても、訴え提起時の本店所在地を管轄する地方裁判所が専属管轄を有する裁判所であると解することになる（東京地方裁判所商事研究会・商事関係訴訟53頁）。

2　2つ以上の管轄がある競合

　会社吸収分割、会社新設分割、株式交換、株式移転については、その行為が行われた後に、2以上の会社が存続する。つまり、①吸収分割については「吸収分割契約をした会社」（分割会社及び承継会社）、②新設分割については「新設分割をする会社及び新設分割により設立する会社」、③株式交換については「株式交換契約をした会社」（完全親会社及び完全子会社）、④株式移転については「株式移転をする株式会社及び株式移転により設立する株式会社」である。そのため、いずれの会社の本店所在地を管轄地とするかが問題となる。本条2項は、834条9号ないし12号の規定により2以上の地方裁判所が管轄権を有するときは、各号に掲げる訴えは、先に訴えの提起があった地方裁判所が管轄することを定める。

3　移　　送

　本条2項によって先に訴えを提起された裁判所が管轄裁判所になるとしても、その裁判所が、常に審理に適するとは限らないし、管轄合意の利用と相俟って被告の応訴上の利益を損なう場合もあり得る。本条3項は、2項の場合には、裁判所は、その訴えに係る訴訟がその管轄に属する場合において著しい損害又は遅滞を避けるため必要があるときは、申立て又は職権により、訴訟を他の管轄裁判所に移送できることを定める。「著しい損害」とは先に訴えが提起された裁判所で審理すると、当事者に著しい経済的負担を強いる場合であり、「遅滞を避けるため」とは先に訴えが提起された裁判所で審理すると、裁判所及び当事者の負担となり訴訟の遅滞となる場合である。その判断要素は、①当事者の住所、②尋問予定の証人の住所、③予定される検証物の所在地、④その他の事情であり、これらが総合的に勘案される。

●（担保提供命令）

第836条　会社の組織に関する訴えであって、株主又は設立時株主が提起することができるものについては、裁判所は、被告の申立てにより、当該会社の組織に関する訴えを提起した株主又は設立時株主に対し、相

当の担保を立てるべきことを命ずることができる。ただし、当該株主が取締役、監査役、執行役若しくは清算人であるとき、又は当該設立時株主が設立時取締役若しくは設立時監査役であるときは、この限りでない。
2　前項の規定は、会社の組織に関する訴えであって、債権者が提起することができるものについて準用する。
3　被告は、第1項（前項において準用する場合を含む。）の申立てをするには、原告の訴えの提起が悪意によるものであることを疎明しなければならない。

1　会社の組織に関する訴えについての担保提供命令
(1)　株主又は設立時株主が原告となる場合
　本条1項本文は、会社の組織に関する訴えであって、株主又は設立時株主が提起することができるものについて、裁判所は被告の申立てによって、相当の担保を提供すべきことを命ずることができることを定める。
　担保提供命令の担保は提訴が不法行為を構成する場合に、被告に生じる損害賠償請求権を担保するための制度であるが、濫訴の防止機能をも有している。これに対して、その株主が、取締役、監査役、執行役又は清算人であるときは、これらの者は機関又は職務として提訴するものであるから、提訴権を濫用することはない。そこで、これらの者の提訴は、担保提供の対象とされていない。
　旧商法では、株主が原告となる設立の無効の訴えについては、合併無効の訴えにおける担保提供命令（旧商106条）のような規定はなかったが、本条は、株主が株式会社の設立の無効の訴えを提起した場合にも、裁判所は、被告の請求により、相当の担保の提供を命ずることができることとした。これは、担保提供命令の制度が一般に敗訴原告の損害賠償責任を担保するためのものであり、設立無効の訴えに敗訴した原告につき損害賠償責任を課しておきながら（846条）、担保提供命令の対象としない合理的な理由がなく、また、濫訴防止や他の会社の組織に関する訴えとの均衡からも、設立無効の訴えについて担保提供命令の制度を認めるのが妥当であるからである（相澤他・論点解説47-48頁）。
(2)　株主と取締役等の立場を兼ねる場合
　本条1項ただし書は、その株主がその会社の取締役、監査役、執行役若し

くは清算人であるとき、又はその設立時株主が設立時取締役若しくは設立時監査役であるときは、本文の適用がないことを定める。原告株主が、取締役、監査役、執行役若しくは清算人であるとき、又は設立時株主が設立時取締役若しくは設立時監査役であるときは、株主等による提訴として担保提供の対象とすべきか否かの問題が生じる。理論的には、いずれの立場で提訴したかが基準になるが、実際にその区別は困難である。また、担保提供の申立てに備えて、両方の資格で提訴するとか、取締役等の資格で提訴することになる。そのため、本法は、この場合を担保提供の対象にしなかったのである。

2　債権者が原告となる会社の組織に関する訴えについての担保提供命令
　本条1項の規定は、会社の組織に関する訴えであって、債権者が提起することができるものについて準用する。会社の組織に関する訴えの提起は、合併・会社分割等については、これを承認しなかった債権者にも認められているが（828条2項5号-11号）、この場合も、株主等による提訴の場合と同様に、不当訴訟による損害賠償責任が生ずる場合があることから、担保提供の対象になる（本条2項）。

3　悪意の疎明
　本条3項は、被告が本条1項の担保提供の申立てをする場合には、原告の訴えが株主の悪意によることを疎明する必要があることを定める。「悪意によるものであること」とは、会社に不利益を被らせる主観的意図（害意）を要するとする見解がある。例えば、東京高決昭和51年8月2日判時833.108は、「商法第252条第249条第2項により準用される同法第106条第2項は、会社が同条第1項の担保提供を請求するには会社において『訴ノ提起ガ悪意ニ出デタルモノナルコト』を疎明することを要するとされており、右規定は、株主が原告である場合についていえば、原告が株主の権利の正当な行使としてではなく、いわゆる会社荒しのように株主の権利を乱用してことさらに会社を困らせるため訴を提起することがあるので、このような訴の提起を抑制する必要があり、他方株主の権利の正当な行使を妨げないようにすることも要請されるところから、会社において前記の点を疎明したときにのみ原告に対し担保の提供を命ずることとしたのであって、右規定にいう『悪意』とは『害意』の意に解されるのである。」と判示する。

（参　　考）　　Y株式会社のXに対する担保提供の申立て

＊申立ての趣旨は、「被申立人(X)は平成○年(ワ)第○号○○事件につき、相当の額（あるいは、○○万円）を担保として供託せよ。」である。
＊裁判所が担保提供命令を発令する場合は、必ず担保額を定めなければならない。担保の提供を命じるか、担保額をいくらにするかは、被告に生じるおそれのある損害額を合理的に算定した上で、裁判所が裁量により決定する。

申立の理由
1 Xは、Y会社の株主又は設立時株主であること
2 Xは、Y会社の組織に関する訴えを○○地方裁判所に提起し、現在係属中であること
3 請求原因2の訴えの提起は悪意に基づくものであること
＊例えば、株主総会の特別決議を経ないで第三者に対して新株の有利発行がされたとする新株発行無効の訴えの提起に対し、被告会社が担保提供命令を申し立てた事案について、大阪地決平成10年7月7日判時1679.161は、最高裁の判例によれば原告主張の瑕疵は無効原因として認められる可能性は低いが、原告は、最高裁判決の射程外であることを主張する訴訟活動ができ、それを違法とはいえず、原告を「悪意」とはできないとした。
4 請求原因2の訴えによって生ずるおそれのある損害及びその数額

4 担保提供命令と即時抗告
　被告会社は、担保提供申立ての却下決定に対し即時抗告を申し立てることができ、また、原告株主等は、担保提供命令に対し即時抗告を申し立てることができる（民訴81条、75条7項）。

5 原告が担保を提供しない場合
　原告株主等が、裁判所の命じた担保を提供するまでは、被告は応訴を拒否できるが（民訴81条、75条4項）、原告が期間内に担保を立てない場合は、裁判所は被告の申立てにより、訴えを却下することができる（民訴81条、78条）。

● (弁論等の必要的併合)

第 837 条 同一の請求を目的とする会社の組織に関する訴えに係る訴訟が数個同時に係属するときは、その弁論及び裁判は、併合してしなければならない。

1 類似必要的共同訴訟

　類似必要的共同訴訟は、当事者適格が共同で行使される必要はなく、当事者適格そのものは各当事者単独で認められるが、ある当事者に対する判決の既判力が他の当事者たるべき者に拡張されるところから合一確定の必要が生ずる訴訟である。同一の請求を目的とする会社の組織に関する訴えに係る訴訟が数個同時に係属するときは、まさに類似必要的共同訴訟であるので、本条は、その弁論及び裁判は、併合してしなければならないと定めた。類似必要的共同訴訟の例としては、数人の提起する会社合併無効の訴え（828条1項7号・8号・2項7号・8号）、会社設立無効の訴え（828条1項1号・2項1号）、株主総会決議取消し又は無効確認の訴え（831条、830条2項）などがある。数人の株主による責任追及等の訴え（847条）については、法定訴訟担当者たる適格者相互間に直接に判決の効力が拡張されるわけではないが、本人たる被担当者に拡張され（民訴115条1項2号）、その反射的効果として、他の適格者に拡張されるので、同様に類似必要的共同訴訟の成立を認めてよい（伊藤・民事訴訟法624頁。なお、ここでいう反射効は、一般にいわれる反射効とは区別される）。

2 弁論及び裁判の併合

　弁論の併合とは、同一の訴訟上の裁判所又は官署としての裁判所に別個に係属している数個の請求を、同一手続内で審理することを命ずる措置をいう。併合により、数個の請求について、弁論及び証拠調手続のみならず、判決を含むすべての審理を1個の訴訟手続で併合して行う。そのため、数個の請求について矛盾のない判断が可能になり、統一的解決を図ることができ、これは上訴審まで維持される。一般に弁論を併合するか否かは、裁判所の裁量であるが、本条は、弁論の併合を命じており、併合されるべき訴訟は類似必要的共同訴訟となるので、併合しないで審判すると本条に反する判決と解される。もっとも、大判昭和8年3月10日民集12.462は、数個の設立無効

の訴えに関する事案であるが、「一ノ訴ニ付弁論ヲ終結シタル後裁判所カ他ノ訴ノ提起アリタルコトヲ知ラスシテ裁判ヲ為シタル場合又ハ裁判所カ他ノ訴ノ提起アリタルコトヲ知ルモ前示原審ノ如キ見解ノ下ニ弁論ヲ再開セスシテ裁判ヲ為シタル場合ニ於テ当事者ハ該裁判ニ対シ併合審理ヲ為ササリシ手続上ノ瑕疵アルコトヲ理由トシテ不服ヲ申立ツルコトヲ得サルモノトス蓋シ前示法条ハ裁判所ニ対シテ併合シテ審理裁判ヲ為スコトヲ訓示スル趣旨ノ規定ニ過キサルヲ以テ之ニ反シテ為シタル裁判ノ効力ハ之ニ依リ影響ヲ受クルモノニ非サレハナリ」と判示する。本条は、裁判所に対して併合審理裁判をすることを訓示する規定であるから、これに反してされた裁判の効力はこれによって妨げられないこととなろう。

3 同時に係属しない場合

同一の請求を目的とする訴訟が、同時に係属しないときは併合の余地はなく、前訴と後訴の関係になる。しかし、前訴の請求認容判決は、対世効があるので、後訴は提起し得ない。前訴の請求棄却判決については、原告が異なる前訴判決の既判力に抵触せず、後訴の提起は可能であると解する余地がある。しかし、仮にそう解しても、設立無効の訴えを除き、提訴期間は6か月であるから、提訴期間内に後訴が提起されるのは、前訴が取り下げられた場合以外には殆どない。

● (認容判決の効力が及ぶ者の範囲)

第838条 会社の組織に関する訴えに係る請求を認容する確定判決は、第三者に対してもその効力を有する。

1 認容判決の対世効

本条は、訴訟法規であり、会社の組織に関する訴え(834条1号-21号)を認容する確定判決は、第三者に対してもその効力(「対世効」)を有することを定める。もともと、判決の既判力は、訴訟当事者間においてのみ効力(個別相対効)を有するのが原則である(民訴115条1項)。しかし、会社の組織に関する訴えに係る認容判決は、訴訟当事者以外の者にも利害関係を有する問題であって、個別相対効の原則を貫くと、法律関係が混乱することとなる。そのため、会社の組織に関する訴えの認容確定判決の既判力は当事者

以外の第三者にも及ぶこととして、法律関係の画一的処理を図った。訴訟当事者以外の第三者にも効力が及ぶ対世効が存在するために、その請求たる訴訟物に関して当事者適格を有する者を適切に定め（828条2項、831条1項、832条、833条、834条）、審理においては、弁論の併合を必要とし（837条）、認諾ができないと解されるなど、既判力の拡張を受ける第三者の手続的地位を保障している。

2　敗訴判決の効力

　原告が敗訴した判決については、第三者に対する効力を有するとの規定がなく、この敗訴判決には対世効がないと解されている。伊藤・民事訴訟法555頁がいうように、「立法者は、団体法律関係の主体としての他の当事者適格者の訴権を尊重する趣旨から、合目的的考慮に基づいて、実際上法律関係の変更を生ぜしめる請求認容判決のみに対世効を認めることとしたものと思われる」からである。ただ、提訴期間が定められている組織に関する訴えの場合は、敗訴判決が確定した後に、第三者が改めて訴えを提起し直すことは、提訴期間から見て時間的に不可能であろう。

3　対世効と訴訟上の和解

　会社の組織に関する訴えに係る請求は、私人間における法律関係と異なり、株主や一般債権者等多数人の法律関係であり、民事訴訟法の一般原則により個別的相対的に処理することは、法律関係の錯雑と不安定を招来するので、本条はその認容確定判決に対世効を与えた。そして、認容判決によって定めるべき法律効果を内容とする認諾的な和解は許されないとするのが多数説である。ただ、対世効のない請求放棄的な合意、訴え取下げ、訴訟終了の合意を内容とする訴訟上の和解は許されると解すべきである（裁判所書記官研修所実務研究報告・書記官事務を中心とした和解条項に関する実証的研究 25-26頁）。

4　対世効と認諾・自白

　本条の無効の訴えでは、認容判決には対世効が認められていることから、当事者が紛争を自主的に解決する権能であるところの、処分権主義及び弁論主義が制限される。名古屋地判平成 19 年 11 月 21 日金判 1294.60は、「会社の組織に関する関する訴えに係る請求を認容する確定判決は、第三者に対してもその効力を有する（会社法 838 条）。かかる請求については、当事者が紛争を自主的に解決する権能（処分権主義及び弁論主義）が制限されている

と解すべきであり、本件において、被告は、請求の認諾をなしえず、裁判上の自白も裁判所を拘束しない。」と判示する。福田千穂子＝神田由里子＝徳岡治＝山崎栄一郎・類型別会社訴訟Ⅰ57頁は、「明文の規定なしに職権探知主義の適用まで認めるのは行き過ぎであるにしても、判決に対世効のある会社関係訴訟では認諾・自白の適用はなく、原告は請求原因事実を証拠によって立証する必要があると解すべきである」という。なお、この制約を正当化する対世効が生じるのは認容判決に限られるから、処分権主義の制約は、認容を導く請求の認諾及び訴訟上の和解に限られ、認容とは正反対の請求の放棄は認め得るし、弁論主義の制約も被告会社の抗弁事実を原告が自白する場合は自白の拘束力が認められるであろう。

● (無効又は取消しの判決の効力)

第839条 会社の組織に関する訴え（第834条第1号から第12号まで、第18号及び第19号に掲げる訴えに限る。）に係る請求を認容する判決が確定したときは、当該判決において無効とされ、又は取り消された行為（当該行為によって会社が設立された場合にあっては当該設立を含み、当該行為に際して株式又は新株予約権が交付された場合にあっては当該株式又は新株予約権を含む。）は、将来に向かってその効力を失う。

1 無効又は取消判決の効力の不遡及

　会社の組織に関する訴えのうち、834条1号から12号までの訴え（①設立無効の訴え、②新株発行無効の訴え、③自己株式処分無効の訴え、④新株予約権発行無効の訴え、⑤資本金の額の減少無効の訴え、⑥組織変更無効の訴え、⑦吸収合併無効の訴え、⑧新設合併無効の訴え、⑨吸収分割無効の訴え、⑩新設分割無効の訴え、⑪株式交換無効の訴え、⑫株式移転無効の訴え）と同条18号及び19号の訴え（⑬832条1号による持分会社設立取消しの訴え、⑭832条2号による持分会社設立取消しの訴え）の認容判決が確定したときは、その判決において無効とされ又は取り消された行為は、将来に向かってその効力を失う（本条）。無効又は取消しの効果を遡及させると法律関係が錯綜するので、その混乱を防止するためである。したがって、例えば、新株発行無効判決が確定した場合には、それに先立ってされた株主の権

利行使は有効であり、株主総会の手続も遡及的に無効となったりはしない。
　そして、本条は遡及効を否定しつつも、認容判決確定後の処理として、①については、清算（475条2号、644条2号）、②については840条、③については841条、④については842条、⑦ないし⑩については843条、⑪については844条、⑫については844条に加えて清算（475条3号）、⑬及び⑭については清算（644条3号）がそれぞれ置かれている。⑤⑥については、後処理の規定は置かれていない。
　⑤に関連して、資本減少の決議無効ではなく、不存在の事案であるが、東京高判昭和59年6月28日判時1124.210は、資本減少の決議をする株主総会を招集した代表取締役を取締役に選任した株主総会が不存在であっても、資本減少決議をする総会については、招集権者の点を除いて適法に招集及び決議がされ、その決議に基づく資本減少・株式併合手続が進められた以上、外観を基礎として諸般の法律関係が進展していく場合の法的安定の要請から、資本減少決議及びこれに基づいて行われた資本減少・株式併合は有効としている。資本金額の減少無効判決確定以前に剰余金の配当がされ、減少した資本金額を前提にすれば適法であり、かつ、減少が無効となった資本金額を前提とすると違法配当となる場合、配当規制違反の配当の効力について有効・無効説のいずれを採用しても、その配当は有効であり、かつ、株主は返還義務（462条1項）を負わない（小林量・新基本法コンメ(3)382頁）。
　⑥については、組織変更無効判決が確定した場合には、組織変更後の会社は、当然に組織変更前の会社に復帰するものと解される（解散の場合に準じて清算されるのではない）。遡及効が否定されるので、組織変更の効力発生後・無効判決の確定前に会社、株主（社員）及び第三者の間に生じた権利・義務は影響を受けない（江頭・株式会社法901頁）。

2　設立、株式、新株予約権の失効
　上記1の認容判決が確定すると、その行為自体を無効とし、又は取り消すのみならず、その行為によって会社が設立された場合にあっては「設立」、その行為に際して株式又は新株予約権が交付された場合にあっては「株式」又は「新株予約権」も、将来に向かって効力を失うこととなる。
　これら設立、株式、新株予約権についても将来に向かってその効力を失うこととしたのは、例えば、組織再編行為の無効確定に伴い、組織再編に際しての会社設立は無効となり、また交付した自己株式も将来に向かって無効となることを意味する。自己株式が将来に向かって無効にならないとすると、無効判決等の確定後もその株式が転々譲渡される状況が残ることとなり、無

効判決の効力が減殺されるからである。

3 834条13号から17号まで、20号及び21号に掲げる訴えの判決についての本条の不適用

　上記1の遡及効のない各訴えと異なり、①会社の成立後における株式の発行不存在確認の訴え（834条13号）、②自己株式の処分不存在確認の訴え（同条14号）、③新株予約権の発行不存在確認の訴え（同条15号）、④株主総会等の決議不存在又は株主総会等の決議無効確認の訴え（同条16号）、⑤株主総会等の決議取消しの訴え（同条17号）、⑥株式会社の解散の訴え（同条20号）及び⑦持分会社の解散の訴え（同条21号）については、本条の適用がないことが明確になっており、本条の限りでは、遡及効があることとなる。しかし、それでは、これまで築かれてきた法律関係の安定を害することになるので、次の解釈上又は法令上の手当てがされている。

(1) 会社の成立後における株式の発行不存在確認の訴え（834条13号）、自己株式の処分不存在確認の訴え（同条14号）、新株予約権の発行不存在確認の訴え（同条15号）

　　829条の解説1(6)を参照されたい。

(2) 株主総会等の決議不存在又は株主総会等の決議無効確認の訴え（同条16号）

　　830条の解説2を参照されたい。

(3) 株主総会等の決議取消しの訴え（同条17号）

　　831条の解説7を参照されたい。

(4) 株式会社の解散の訴え（同条20号）及び⑦持分会社の解散の訴え（同条21号）

　会社解散の訴えについては、本条では遡及効が否定されていないが、この認容確定判決は解散原因であり（471条6号、641条7号）、会社は清算手続に入ることになる（475条1号、644条1号）。

●（新株発行の無効判決の効力）

第840条　新株発行の無効の訴えに係る請求を認容する判決が確定したときは、当該株式会社は、当該判決の確定時における当該株式に係る株主に対し、払込みを受けた金額又は給付を受けた財産の給付の時における価額に相当する金銭を支払わなければならない。この場合において、当該株式会社が株券発行会社であるときは、当該株式会社は、当

該株主に対し、当該金銭の支払をするのと引換えに、当該株式に係る旧株券（前条の規定により効力を失った株式に係る株券をいう。以下この節において同じ。）を返還することを請求することができる。
2　前項の金銭の金額が同項の判決が確定した時における会社財産の状況に照らして著しく不相当であるときは、裁判所は、同項前段の株式会社又は株主の申立てにより、当該金額の増減を命ずることができる。
3　前項の申立ては、同項の判決が確定した日から6箇月以内にしなければならない。
4　第1項前段に規定する場合には、同項前段の株式を目的とする質権は、同項の金銭について存在する。
5　第1項前段に規定する場合には、前項の質権の登録株式質権者は、第1項前段の株式会社から同項の金銭を受領し、他の債権者に先立って自己の債権の弁済に充てることができる。
6　前項の債権の弁済期が到来していないときは、同項の登録株式質権者は、第1項前段の株式会社に同項の金銭に相当する金額を供託させることができる。この場合において、質権は、その供託金について存在する。

1　新株発行の無効判決の効力
　新株発行の無効判決が確定すると、発行した新株は将来に向かって無効となる（839条）。したがって、発行済株式数は減少し、新株発行前の株式数に戻ることになる。しかし、稲葉・解明706頁は、立法論として、「上場株式のような場合には、疑問がある（手続が整備されていないから、無効判決に抵抗があるということにもなる）。買入消却のような手法を検討すべきであろう」との指摘をする。なお、判決が確定するまでの間にされた議決権の行使、剰余金の配当などは影響を受けない。本条は、新株発行無効の訴えにおいて無効判決が確定した場合の効力（将来効）について、将来効というだけでは明らかでない点を明確にし、利害調整を図ったものである。

2　新株発行無効に基づく払込金額（又は給付財産）相当額の支払
　新株発行無効の訴えの認容判決に、遡及効を認めないとしても、事後処理を必要とする。そこで、本条1項前段は、その請求の認容判決が確定した場

合の処理を定める。すなわち、新株発行の無効の訴えに係る請求を認容する判決が確定したときは、会社は、その判決の確定時におけるその株式に係る株主に対し、払込みを受けた金額又は給付を受けた財産の給付の時における価額に相当する金銭を支払わなければならない。

訴訟物 　　XのY株式会社に対する新株発行無効に基づく払込金額（又は給付財産）相当額支払請求権
　　　　　　＊本件は、Y会社の新株無効の訴えの認容判決が確定した後、無効となった株式についての判決確定時の株主Xがその株式の払込金額又は給付財産の給付時の価額に相当する金銭の支払を求め、Y会社はXの保有する無効株券の返還につき同時履行の抗弁を主張した事案である。

請求原因 1　Y会社の行った新株発行の無効の訴えに係る請求を認容する判決が確定したこと
　　　　　 2　Xは、請求原因1の判決の確定時における本件株式に係る株主であること
　　　　　 3　Y会社が、払込みを受けた金額又は給付を受けた財産の給付の時における価額に相当する金銭

（同時履行）
抗弁 　　1　Y会社は株券発行会社であること
　　　　　 2　請求原因3の金銭の支払は、Xが本件株式に係る旧株券を返還するまで支払うことを拒絶するとのYの権利主張
　　　　　　＊本条1項後段に基づく抗弁である。Y会社が株券発行会社のときは、株券（旧株券）は効力を失うが（839条）、株券が残存すると二重の返還請求を受ける可能性があるので、それを回避するために株主に対し金銭の支払と引換えに、旧株券の返還を請求できるとされた。

3　新株発行無効に基づく払込金額（又は給付財産）相当額の変更

　上記2の払戻しに係る金銭の金額が、払戻しを命ずる判決が確定した時における会社財産の状況に照らして著しく不相当であるときは、裁判所は、会社又は株主の申立てにより、払戻金額の増減を命ずることができる（本条2項）。これは、新株無効判決確定までその株主も会社の支配権（議決権）を有し、事業活動に関与していたため、会社の事業活動の損益を帰属させることが妥当だからである（小林量・新基本法コンメ(3)384頁）。また、江頭・株

式会社法718頁は、「株式が判決確定時から将来に向かって失効するとしながら、株主に対する支払金額を、原則として①判決確定時の株式とせず、②払込金額相当額としている理由は、無効となる募集株式の発行等は、実際上、閉鎖型のタイプの会社において募集株式の引受人が特に有利な払込金額で株式を取得する結果になっているものが圧倒的に多く、①の金額を支払うと、多くの場合当該株主に不当な利益を与えることになるからである。」とする。この増減申立ては、本条1項の判決が確定した日から6か月以内にしなければならない（本条3項）。

非訟事件　X株式会社のYに対する新株発行無効判決確定に基づく払込金額の払戻額の減額変更申立て
  * 本件の増減を命ずる裁判は、形成の裁判の性質を有する。申立ての趣旨は、「X会社発行の新株を無効とする判決の確定により、X会社がYに対して新株に対する払込金額の払戻しをする額を、1株につき○万円減額する。」である。主文には1株につき云々の額を増減すべき旨を掲げるべきであり、増減した結果、申立人に対して払い戻すべき具体的金額を掲げるべきではない。なぜなら、この裁判は1株の払込金額の増減を確定するのが目的であり、かつ、この裁判は、総株主に対してその効力を生ずる（878条）からである（松田=鈴木・條解下388頁。なお、鈴木忠一・非訟事件の裁判の既判力60頁参照）。

申立理由
1　X会社は、平成○年○月○日、新株を○○株発行したこと
2　Yは、X会社に対し、新株発行に際して、○○万円を払い込んだこと
3　申立理由1の新株発行につき、新株発行無効の判決がされ、確定したこと
4　申立理由3の結果、払い戻すべき金額○○万円が判決確定時における会社財産の状況に照らして著しく不相当（高額）である評価根拠事実
  * 具体的には、払込金額の支払が会社財産の状況に照らして著しく不相当（高額）になったことである。新株発行後、会社の経営状況が著しく向上して、株主が払戻金額の増加を申し立てる場合も理論上はあり得るが、実際には、会社の経営状況が悪化した場合が多いであろう。よって、減額を認める

「会社財産の状況に照らして著しく不相当であるとき」とは、募集株式の発行等の後に会社の経営状況が悪化し、払込金額からの減額が必要な場合と解されている（江頭・株式会社法718頁）。

5　本件申立ては、申立理由3の判決が確定した日から6か月以内に提起されたこと

非訟事件　XのY株式会社に対する新株発行無効判決確定に基づく払込金額の払戻額の増額変更申立て

＊申立ての趣旨は、「Y会社発行の新株を無効とする判決の確定により、Y会社がXに対して新株に対する払込金額の払戻しをする額を、1株につき〇万円増額する。」である。

＊江頭・株式会社法718-719頁は、株主が増額を求める場合について、「発行等の後に経営状況が著しく良くなるケースも皆無ではないことから、株主が払込金額からの増額を請求する余地も法文上認められているが、通常は考え難い。」という。

申立理由
1　Y会社は、平成〇年〇月〇日、新株を〇〇株発行したこと
2　Xは、Y会社に対し、新株発行に際して、〇〇万円を払い込んだこと
3　申立理由1の新株発行につき、新株発行無効の判決がされ、確定したこと
4　申立理由3の結果、払い戻すべき金額〇〇万円が判決確定時における会社財産の状況に照らして著しく不相当（低額）である評価根拠事実
5　本件申立ては、申立理由3の判決が確定した日から6か月以内に提起されたこと

4　無効株式に対する質権

新株発行無効判決の確定により、失効した新株を目的とする質権を保護するため、失効した新株に存する質権は、株主が受けるべき金銭の上に存在する（本条4項）。そして、その登録株式質権者は、会社からその金銭を受領し、他の債権者に先立って自己の債権の弁済に充てることができる（本条5項）。なお、質権者の債権の弁済期が到来していないときは、登録株式質権者は、会社に対し、その金銭に相当する金額を供託させることができ、この

場合、質権は、その供託金について存在することとなる（本条6項）。

●(自己株式の処分の無効判決の効力)

第841条 自己株式の処分の無効の訴えに係る請求を認容する判決が確定したときは、当該株式会社は、当該判決の確定時における当該自己株式に係る株主に対し、払込みを受けた金額又は給付を受けた財産の給付の時における価額に相当する金銭を支払わなければならない。この場合において、当該株式会社が株券発行会社であるときは、当該株式会社は、当該株主に対し、当該金銭の支払をするのと引換えに、当該自己株式に係る旧株券を返還することを請求することができる。
2　前条第2項から第6項までの規定は、前項の場合について準用する。この場合において、同条第4項中「株式」とあるのは、「自己株式」と読み替えるものとする。

1　自己株式の処分の無効判決の効力
　本条は、自己株式の処分の無効の訴えにおいて無効判決が確定した場合に、将来効（839条）というだけでは明らかでない部分を明確にし、利害調整を図ったものである。本法は、自己株式の処分と新株の発行は原則として同じ枠組みで整理するため、840条と同様の規律をしている。すなわち、会社は、新株発行と同じ規制の下で、自己株式を処分できるが、規制違反の自己株式の処分は無効となる。そして、自己株式の処分の無効判決が確定すると、自己株式の処分は将来に向かって無効となる。その場合、自己株式の処分行為のみが無効となるのではなく、その処分により交付された株式も無効となる（839条）。株式を無効とする理由は、「株式自体は有効（権利が会社に戻る）とすると、株券発行会社においてはそれを第三者が善意取得する等の事態が生じ、法律関係が混乱しかねない」からである（江頭・株式会社法718頁）。

2　自己株式の処分の無効に基づく払込金額（又は給付財産）相当額の支払
　自己株式の処分の無効の訴えの認容判決に、遡及効を認めないとしても、事後処理を必要とする。そこで、本条1項は、自己株式の処分の無効の訴えの請求を認容する判決が確定したときは、会社は、その判決の確定時におけ

るその自己株式に係る株主に対し、払込みを受けた金額又は給付を受けた財産の給付の時における価額に相当する金銭を支払わなければならないことを定める。

| 訴訟物 | XのY株式会社に対する自己株式処分無効に基づく払込金額（又は給付財産）相当額支払請求権 |

＊本件は、Y会社の自己株式処分無効の訴えの認容判決が確定したので、無効となった株式についての判決確定時の株主Xがその株式の払込金額又は給付財産の給付時の価額に相当する金銭の支払を求め、Y会社はXの保有する無効の株券の返還につき同時履行の抗弁を主張した事案である。

| 請求原因 | 1 Y会社の行った自己株式の処分の無効の訴えに係る請求を認容する判決が確定したこと
2 Xは、請求原因1の判決の確定時におけるその自己株式に係る株主であること
3 Y会社が払込みを受けた金額又は給付を受けた財産の給付の時における価額に相当する金銭 |

（同時履行）
| 抗弁 | 1 Y会社は株券発行会社であること
2 請求原因3の金銭の支払は、Xが自己株式に係る旧株券を返還するまで支払うことを拒絶するとのYの権利主張。 |

＊本条1項後段に基づく抗弁である。これは、旧株券は無効となるが（839条）、これを回収しておかないと、会社は二重の返還請求を受ける危険があるからである。

3　自己株式の処分の無効に基づく払込金額（又は給付財産）相当額の変更
　上記2の払戻しに係る金銭の金額が、払戻しを命ずる判決が確定した時における会社財産の状況に照らして著しく不相当であるときは、裁判所は、株式会社又は株主の申立てにより、払戻金額の増減を命ずることができる。この申立ては、本条1項の判決が確定した日から6か月以内にしなければならない（本条2項、840条2項・3項）。
　江頭・株式会社法718頁は、「株式が判決確定時から将来に向かって失効するとしながら、株主に対する支払金額を、原則として①判決確定時の株式とせず、②払込金額相当額としている理由は、無効となる募集株式の発行〔自己株式の処分〕等は、実際上、閉鎖型のタイプの会社において募集株式

の引受人が特に有利な払込金額で株式を取得する結果になっているものが圧倒的に多く、①の金額を支払うと、多くの場合当該株主に不当な利益を与えることになるからである。」としている。

非訟事件　　X株式会社のYに対する自己株式処分無効に基づく払込金額の払戻額の減額変更申立て
　　　　＊申立ての趣旨は、「X会社の自己株式処分を無効とする判決の確定により、X会社がYに対して新株に対する払込金額の払戻しをする額を、1株につき○万円減額する。」である。
　　　　＊増額変更を求める設例は省略した。その構造は、840条3の第2設例と同様である。

申立理由
1　Y会社は、平成○年○月○日、自己株式○○株を処分したこと
2　Yは、X会社に対し、自己株式処分に際して、○○万円を払い込んだこと
3　申立理由1の自己株式処分につき、自己株式処分無効の判決がされ、確定したこと
4　申立理由3の結果、払い戻すべき金額○○万円が申立理由3の判決確定時における会社財産の状況に照らして著しく不相当（高額）である評価根拠事実
　　＊具体的には、払込金額の支払が会社財産の状況に照らして著しく不相当になったことである。
5　本件申立ては、申立理由3の判決が確定した日から6か月以内に提起されたこと

4　無効自己株式に対する質権
　自己株式処分無効判決の確定により、失効した自己株式を目的とする質権を保護するため、失効した自己株式に存する質権は、株主が受けるべき金銭の上に存在する。そして、その登録株式質権者は、会社からその金銭を受領し、他の債権者に先立って自己の債権の弁済に充てることができる。なお、質権者の債権の弁済期が到来していないときは、登録株式質権者は、会社に対し、その金銭に相当する金額を供託させることができ、この場合、質権は、その供託金について存在することとなる（本条2項、840条4項-6項）。

●（新株予約権発行の無効判決の効力）

第842条 新株予約権の発行の無効の訴えに係る請求を認容する判決が確定したときは、当該株式会社は、当該判決の確定時における当該新株予約権に係る新株予約権者に対し、払込みを受けた金額又は給付を受けた財産の給付の時における価額に相当する金銭を支払わなければならない。この場合において、当該新株予約権に係る新株予約権証券（当該新株予約権が新株予約権付社債に付されたものである場合にあっては、当該新株予約権付社債に係る新株予約権付社債券。以下この項において同じ。）を発行しているときは、当該株式会社は、当該新株予約権者に対し、当該金銭の支払をするのと引換えに、第八百三十九条の規定により効力を失った新株予約権に係る新株予約権証券を返還することを請求することができる。

2　第840条第2項から第6項までの規定は、前項の場合について準用する。この場合において、同条第2項中「株主」とあるのは「新株予約権者」と、同条第4項中「株式」とあるのは「新株予約権」と、同条第5項及び第6項中「登録株式質権者」とあるのは「登録新株予約権質権者」と読み替えるものとする。

1　新株予約権発行の無効判決の効力
　本条は、新株予約権発行無効の訴えにおいて無効判決が確定した場合の効力について、将来効（839条）だけでは明らかでない点を明確にし、利害調整を図ったものである。
(1) 払込金額（又は給付財産）相当額の返還
　新株予約権発行無効の訴えの請求認容判決が確定したときは、会社は、判決確定時における新株予約権に係る新株予約権者に対し、払込みを受けた金額又は給付を受けた財産の給付の時における価額に相当する金銭を支払わなければならない（本条1項前段）。これは、新株予約権の有償発行を前提とした、その返還義務に関する定めであるから、無償発行の場合は、会社は返還義務を負わない。
(2) 新株予約権証券の返還
　新株予約権に係る新株予約権証券（新株予約権が新株予約権付社債に付されたものである場合にあっては、新株予約権付社債に係る新株予約権付社債

券）を発行しているときは、会社は、新株予約権者に対し、金銭の支払をするのと引換えに、839条の規定により効力を失った新株予約権に係る新株予約権証券の返還を請求できる（本条1項後段）。この場合、新株予約権証券は効力を失っているが、二重の返還請求を受けることを回避するために、株主に対し払込みを受けた金銭の支払と引換えに、新株予約権証券の返還を請求できるとしたのである（返還義務の履行と証券の返還請求とは、同時履行の関係にある）。

訴訟物 XのY株式会社に対する新株予約権発行無効に基づく払込金額（又は給付財産）相当額支払請求権

*本件は、Y会社の新株予約権発行無効の訴えの認容判決が確定したので、無効となった新株予約権についての判決確定時の新株予約権者Xがその払込金額又は給付財産の給付時の価額に相当する金銭の支払を求め、Y会社はXの保有する無効となった新株予約権証券の返還につき同時履行の抗弁を主張した事案である。

請求原因
1 Y会社の行った新株予約権の発行の無効の訴えに係る請求を認容する判決が確定したこと
2 Xは、請求原因1の判決の確定時におけるその新株予約権に係る新株予約権者であること
3 Y会社が払込みを受けた金額又は給付を受けた財産の給付の時における価額に相当する金銭

（同時履行）

抗弁
1 Y会社はその新株予約権に係る新株予約権証券（新株予約権が新株予約権付社債に付されたものである場合は、新株予約権付社債に係る新株予約権付社債券）を発行していること

*新株予約権付社債については、分離型のものは新株予約権と社債が別個に発行されるから、ここで新株予約権付社債とは非分離型のものを指す（小林量・新基本法コンメ(3)386頁）。
*新株予約権付社債については、新株予約権の発行無効の判決により、社債発行も無効になる（江頭・株式会社法743頁）。

2 請求原因3の金銭の支払は、Xが新株予約権に係る新株予約権証券（839条により失効済み）を返還するまで支払うことを拒絶するとのYの権利主張

2 本条2項による840条2項から6項までの規定の準用

(1) 新株予約権発行無効に基づく払込金額（又は給付財産）相当額の変更

本条1項の金銭の金額が同項の判決が確定した時における会社財産の状況に照らして著しく不相当であるときは、裁判所は、同項前段の会社又は新株予約権者の申立てにより、払戻金額の増減を命ずることができる。この申立ては、同項の判決が確定した日から6か月以内にしなければならない（本条2項、840条2項・3項）。

新株発行無効の場面で、金額の増減命令が認められるのは、新株無効判決確定まではその株主も議決権を有し、会社の事業活動に関与していたため、会社の事業活動の損益を帰属させることが妥当だからである（小林量・新基本法コンメ(3)384頁）。しかるに、新株予約権者には議決権はなく、会社の経営に関与できないことからすると、新株発行無効、自己株式処分無効の場面と同一には論じ得ない。これは、社債部分を含む新株予約権付社債が無効となった場合に特に問題となる。そこで、新株予約権発行無効の場合は、金額の増減が認められる「払戻金額が新株発行無効判決確定時における会社財産の状況に照らして著しく不相当であるとき」とは、新株発行無効等の場合より大きく絞られ、事情変更の法理が適用されるような場合に限られよう。

非訟事件　X株式会社のYに対する新株予約権発行無効に基づく払込金額の払戻額の減額変更申立て

＊申立ての趣旨は、「X会社発行の新株を無効とする判決の確定により、X会社がYに対して新株に対する払込金額の払戻しをする額を1個につき、○万円減額する。」である。

＊増額変更を求める設例は省略した。その構造は、840条3の第2の設例と同様である。

＊この申立てについての裁判は、総新株予約権者に対して、その効力を有する（878条2項）。

申立理由
1　X会社は、平成○年○月○日、新株予約権を○○個発行したこと
2　Yは、X会社に対し、新株予約権発行に際して、○○万円を払い込んだこと
3　申立理由1の新株予約権発行につき、新株予約権発行無効の判決がされ、確定したこと
4　申立理由3の結果、払い戻すべき金額○○万円が新株予約権発行無効判決が確定した時における会社財産の状況に照らして

著しく不相当（高額）である評価根拠事実
5 本件申立ては、申立理由3の判決が確定した日から6か月以内に提起されたこと

(2) 無効新株予約権に対する質権
　新株予約権発行無効判決の確定により、失効した新株予約権を目的とする質権を保護するため、失効した新株に存する質権は、新株予約権者が受けるべき金銭の上に存在する。そして、その登録新株予約権質権者は、会社からその金銭を受領し、他の債権者に先立って自己の債権の弁済に充てることができる。なお、質権者の債権の弁済期が到来していないときは、登録新株予約権質権者は、会社に対し、その金銭に相当する金額を供託させることができ、この場合、質権は、その供託金について存在することとなる（本条2項、840条4項-6項）。

● (合併又は会社分割の無効判決の効力)

第843条 次の各号に掲げる行為の無効の訴えに係る請求を認容する判決が確定したときは、当該行為をした会社は、当該行為の効力が生じた日後に当該各号に定める会社が負担した債務について、連帯して弁済する責任を負う。
　一 会社の吸収合併　吸収合併後存続する会社
　二 会社の新設合併　新設合併により設立する会社
　三 会社の吸収分割　吸収分割をする会社がその事業に関して有する権利義務の全部又は一部を当該会社から承継する会社
　四 会社の新設分割　新設分割により設立する会社
2　前項に規定する場合には、同項各号に掲げる行為の効力が生じた日後に当該各号に定める会社が取得した財産は、当該行為をした会社の共有に属する。ただし、同項第4号に掲げる行為を1の会社がした場合には、同号に定める会社が取得した財産は、当該行為をした1の会社に属する。
3　第1項及び前項本文に規定する場合には、各会社の第1項の債務の負担部分及び前項本文の財産の共有持分は、各会社の協議によって定める。
4　各会社の第1項の債務の負担部分又は第2項本文の財産の共有持分について、前項の協議が調わないときは、裁判所は、各会社の申立て

により、第1項各号に掲げる行為の効力が生じた時における各会社の財産の額その他一切の事情を考慮して、これを定める。

1　合併又は会社分割の無効判決確定による合併前の債務・財産の帰趨
　合併及び会社分割無効の訴えにおいてそれぞれ無効判決が確定した場合における効果として将来効が発生する（839条）とされているが、本条は、それでは明確でない点を規律し、合併及び会社分割後、それぞれの無効が確定するまでの間に取得した権利義務の帰趨について利害調整を図った。
(1)　合併無効判決確定の場合
　合併無効の訴えの被告は、存続会社又は新設会社であるが（834条7号・8号）、合併無効の判決の効力は将来に向かって生じ（遡及効の否定）、存続会社・新設会社は、将来に向かっていわば分割されることとされている（江頭・株式会社法820頁）。そして、合併後その無効判決の確定の日までの間にされた存続会社又は新設会社とその株主及び第三者との間の法律関係は影響を受けない。将来に向かって、吸収合併の場合は消滅会社が復活し、新設合併の場合は新設会社が解散し、消滅会社が復活する（従前の商号をもって復活し、合併後社員に変更があったときは、変更後の状態で復活する）。
　この場合の処理として、合併後に存続会社又は新設会社が負担した債務については、復活した各合併当事会社が連帯して弁済責任を負い（本条1項1号・2号）、合併後に存続会社又は新設会社が取得した財産は、各当事会社（その行為をした会社）の共有となる（本条2項本文。ただし、新設分割の場合に本条2項本文の適用があるのは共同新設分割の場合に限る（本条2項ただし書参照））。そして、合併当事会社の負担部分又は持分は、当事会社の協議をもって定めるが、協議が調わないときは、裁判所が、各社の申立てにより、合併の時における各会社の財産の額その他一切の事情を斟酌して定める（本条3項・4項）。
　新設会社が当事者である訴訟が、合併無効によりどうなるかについては、規定がない（当事会社が合併により消滅した場合については民事訴訟法209条が定める）。訴訟手続は中断し、実体上の権利関係の承継者が訴訟を受継するものと解される（小橋一郎・新注会(1)447-448頁）。

　訴訟物　　XのY1株式会社及びY2株式会社に対する合併新設会社の負担債務連帯履行請求権

＊本件は、Y1会社とY2会社が新設合併をして設立したA株式会社に対する新設合併の無効の訴えの認容判決が確定したとき、A会社に対して売買代金支払請求権を有するXが、復活した合併当事会社Y1会社とY2会社に対して、その連帯債務の履行を求めた事案である。

請求原因 1　Y1会社とY2会社が新設合併をして、A会社を設立したこと
2　A会社に対する新設合併無効の訴えを認容する判決が確定したこと
3　Xは、無効判決の確定の日に先立って、A会社と、土地を代金1,000万円で売買する契約を締結したこと

(2) 分割無効判決確定の場合

　分割無効の訴えの被告は、吸収分割の場合は、分割会社と承継会社（吸収分割契約をした会社）、新設分割の場合は分割会社と設立会社である（834条9号・10号）。分割会社と承継会社又は分割会社と設立会社をいずれも共同被告としなければならないが、合一的確定の必要があるから、共同被告とする訴訟形態は、固有必要的共同訴訟となる。

　分割無効の確定判決の遡及効は否定され、以下、ア及びイのとおりとなる。

ア　新設分割の場合

　新設分割については、共同分割の場合（(ウ)、(エ)及び(オ)）とそうでない場合（(ア)及び(イ)）とで効果が異なる。

(ア)　分割会社は、新設会社が分割後に負担した債務につき弁済の責めに任ずる（本条1項4号）。

(イ)　新設会社が分割後取得した財産は、分割会社の所有に属する（本条2項ただし書）。

(ウ)　共同分割の場合、分割会社は、新設会社が分割後負担した債務につき連帯して弁済の責めに任ずる（本条1項4号）。

(エ)　共同設立の場合、新設会社が分割後取得した財産は分割会社の共有に属する（本条2項本文）。

(オ)　上記(ウ)及び(エ)の場合において、各会社の負担部分又は持分は、その協議で定めるものとされ、協議が成立しないときは、裁判所は、各会社の申立てにより、分割の時における各会社の財産の額その他一切の事情を斟酌してこれを定める（本条3項・4項）。

1094

| 訴訟物 | Xの Y 株式会社に対する新設分割設立会社の負担債務連帯履行請求権 |

＊本件は、Y 会社が A 株式会社を設立して新設分割をしたところ、新設分割無効の訴えの認容判決が確定したので、A 会社に売買代金支払請求権を有する X が、分割会社である Y 会社に対して、その連帯債務の履行を求めた事案である。

| 請求原因 | 1 Y 会社（分割会社）と A 会社（新設会社）の新設分割無効の訴えを認容する判決が確定したこと
2 X は A 会社との間で、無効判決の確定の日までの間に、土地を代金 1,000 万円で売買する契約を締結したこと |

イ 吸収分割の場合
(ア) 分割会社は、承継会社が分割後に負担した債務につき連帯して弁済の責めに任ずる（本条1項3号）。
(イ) 承継会社が分割後取得した財産は各会社の共有に属する（本条2項本文）。
(ウ) 上記(ア)及び(イ)の場合において負担部分及び共有持分については、上記ア(オ)と同様である。

| 訴訟物 | Xの Y1 株式会社及び Y2 株式会社に対する吸収分割承継会社の負担債務連帯履行請求権 |

＊本件は、Y1 会社が Y2 会社に事業の一部を移転する吸収分割をしたところ吸収分割無効の訴えの認容判決が確定したので、承継会社である Y2 会社に売買代金支払請求権を有する X が吸収分割会社 Y1 会社に対して、その連帯債務の履行を求めた事案である。

| 請求原因 | 1 Y1 会社（分割会社）と Y2 会社（承継会社）を被告とする吸収分割無効の訴えに係る請求を認容する判決が確定したこと
2 X は、無効判決の確定の日までの間に Y2 会社と、本件土地を代金 1,000 万円で売買する契約を締結したこと |

2 債務の負担部分又は財産の持分の決定
　本条3項は、本条1項、2項の場合において、各会社の負担部分又は共有持分はその協議によって決定すべきことを定める。そして、本条4項は、3項の協議が調わない場合、裁判所が各社の申立てによって合併又は分割の時

における各会社の財産の額その他一切の事情を斟酌して負担部分又は共有持分を決定することを定める。この場合、対立当事者が存在し、その間に権利義務の範囲について争いがあるときであっても、相手方に対する請求権の存否の確定ないしは本来有した負担部分又は共有持分の確定を目的とせず、裁判所の裁量による形成を認めたものに過ぎないから、当事者適格が存在する限り申立ての棄却はあり得ない。したがって、形式的形成訴訟としても立法し得るものであるが、現行法においては実質上も訴訟事件ではなく非訟事件と解すべきである（鈴木・非訟事件の裁判の既判力60頁）。

非訟事件　　X株式会社とA株式会社の吸収合併無効判決確定による承継会社の債務負担部分及び取得財産共有持分の決定申立て
＊本件は、X会社がA会社を吸収合併したところ吸収合併無効判決が確定したので、X会社が合併後負担した債務についてのX会社とA会社の負担部分とX会社が合併後取得した財産についてのX会社とA会社の持分の決定を申し立てた事案である。申立ての趣旨は、「A会社と合併して存続したX会社が負担した別紙（略）記載の債務についてのX会社とA会社の各負担部分及びX会社が取得した別紙（略）記載の財産についてのX会社とA会社の各持分の決定を求める。」である。実務上は、申立会社であるX会社が負担部分と持分を具体的に主張することになろう。

申立理由　1　X会社はA会社との間で、A会社を吸収合併したこと
2　申立理由1の吸収合併について、合併無効の判決がされ、それが確定したこと
3　X会社及びA会社は、X会社が負担した別紙（略）記載の債務についてのX会社とA会社の各負担部分及びX会社が取得した別紙（略）記載の財産についてのX会社とA会社の各持分についての協議が調わなかったこと
4　吸収合併にの効力が生じた時における各会社の財産の額その他一切の事情

● (株式交換又は株式移転の無効判決の効力)

第844条　株式会社の株式交換又は株式移転の無効の訴えに係る請求を認容する判決が確定した場合において、株式交換又は株式移転をする株式

会社（以下この条において「旧完全子会社」という。）の発行済株式の全部を取得する株式会社（以下この条において「旧完全親会社」という。）が当該株式交換又は株式移転に際して当該旧完全親会社の株式（以下この条において「旧完全親会社株式」という。）を交付したときは、当該旧完全親会社は、当該判決の確定時における当該旧完全親会社株式に係る株主に対し、当該株式交換又は株式移転の際に当該旧完全親会社株式の交付を受けた者が有していた旧完全子会社の株式（以下この条において「旧完全子会社株式」という。）を交付しなければならない。この場合において、旧完全親会社が株券発行会社であるときは、当該旧完全親会社は、当該株主に対し、当該旧完全子会社株式を交付するのと引換えに、当該旧完全親会社株式に係る旧株券を返還することを請求することができる。

2　前項前段に規定する場合には、旧完全親会社株式を目的とする質権は、旧完全子会社株式について存在する。

3　前項の質権の質権者が登録株式質権者であるときは、旧完全親会社は、第1項の判決の確定後遅滞なく、旧完全子会社に対し、当該登録株式質権者についての第148条各号に掲げる事項を通知しなければならない。

4　前項の規定による通知を受けた旧完全子会社は、その株主名簿に同項の登録株式質権者の質権の目的である株式に係る株主名簿記載事項を記載し、又は記録した場合には、直ちに、当該株主名簿に当該登録株式質権者についての第148条各号に掲げる事項を記載し、又は記録しなければならない。

5　第3項に規定する場合において、同項の旧完全子会社が株券発行会社であるときは、旧完全親会社は、登録株式質権者に対し、第2項の旧完全子会社株式に係る株券を引き渡さなければならない。ただし、第1項前段の株主が旧完全子会社株式の交付を受けるために旧完全親会社株式に係る旧株券を提出しなければならない場合において、旧株券の提出があるまでの間は、この限りでない。

1　株式交換又は株式移転の無効判決の効力

株式交換・株式移転無効の訴えにおいてそれぞれ無効判決が確定した場合における効果として将来効（839条）が生ずるとされているが、本条はそれ

だけでは明確でない点を定め、無効の対象となる株式交換及び株式移転によって旧完全親会社が取得した株式を旧完全子会社の株主へ返還させる一方、旧完全子会社株主が株式交換・株式移転によって取得していた旧完全親会社株式に設定した質権の取扱いについて利害調整を図った。なお、確定前の完全親会社・完全子会社の行った取引や株主総会の決議の効力については瑕疵の問題は生じない。

　株式交換により完全親会社となるX会社が、完全子会社となるY社の株主に交付したX社の株式は将来に向かって無効となるため、X会社が有するY会社株式は、無効判決の確定時点のX会社株式の株主（株式交換によるX会社株式の交付を受けた者）に交付される（本条1項前段）。

　また、株式移転の無効判決の場合は、設立されたX会社については、その設立が無効となり（839条）、清算手続が開始され（475条3号）、X会社は解散に準じて清算する。843条の適用はない。この場合、X会社が有するY会社株式は、無効判決の確定時点において、株式移転において発行されたX社株式の株主に交付される（本条1項前段）。更に、本条1項後段は、この場合に、旧完全親会社が株券発行会社であるときは、旧完全親会社は、株主に対し、旧完全子会社株式を交付するのと引換えに、旧完全親会社株式に係る旧株券を返還することを請求することができることを定める。

　更に、株式交換又は株式移転の際に、完全子会社の株主に対し、完全親会社株式以外の財産を交付していた場合には、一般の不当利得の原則に従い、旧完全親会社は、金銭その他の財産等を交付した相手方に対して、旧完全子会社株式を返還するとともに、交付した金銭その他の財産等の返還を受けることになる（相澤他・論点解説722頁）。

| 訴訟物 | XのY株式会社（旧完全親会社）に対する旧完全子会社株式の交付還請求権 |

＊本件は、株式交換無効の訴えの認容判決が確定したので、確定時の旧完全親会社株式の株主Xが旧完全子会社株式の交付をY会社（旧完全親会社）に求めた事案である。

| 請求原因 | 1　株式交換無効の訴えの請求認容判決が確定したこと |

2　株式交換をする旧完全子会社の発行済株式の全部を取得する旧完全親会社がその株式交換に際して旧完全親会社株式を交付したこと

3　Xは、判決確定時における旧完全親会社株式の株主であること

（同時履行）

抗　弁　1　旧完全親会社のY会社が株券発行会社であること
　　　　　2　Xが旧完全子会社株式を交付するまで旧完全親会社株券を返還しないとのY会社の権利主張
　　　　　＊旧完全親会社が旧完全子会社の株主に発行した株式や移転した自己株式は、無効となる（839条）。そのため、旧完全親会社は、無効とされた旧完全親会社株式の判決確定時の株主に対し、旧完全子会社株式を交付しなければならない（本条1項）。その旧完全子会社株式の交付と、旧完全親会社の旧株券の交付とは、同時履行の関係に立つ（同項後段）。

訴訟物　XのY会社（旧完全親会社）に対する旧完全子会社株式の交付還請求権
　　　　　＊本件は、株式移転無効の訴えの認容判決が確定したので、確定時の旧完全親会社株式の株主Xが旧完全子会社株式の交付をY会社（旧完全親会社）に求めた事案である。

請求原因　1　株式移転無効の訴えの請求認容判決が確定したこと
　　　　　　2　株式移転をする旧完全子会社の発行済株式の全部を取得する旧完全親会社がその株式移転に際して旧完全親会社株式を交付したこと
　　　　　　3　Xは、判決確定時における旧完全親会社株式の株主であること

（同時履行）

抗　弁　1　旧完全親会社が株券発行会社であること
　　　　　2　Xが旧完全子会社株式を返還するまで旧完全親会社株券を返還しないとのY会社の権利主張

2　旧完全親会社株式を目的とする質権

　株式交換又は株式移転の無効の訴えに係る請求を認容する判決が確定した場合は、旧完全親会社株式を目的とする質権は、旧完全子会社株式について存在する。

3　登録株式質権者の場合

　本条2項の質権の質権者が登録株式質権者であるときは、旧完全親会社は、本条1項の判決の確定後遅滞なく、旧完全子会社に対し、登録株式質権

者についての148条各号に掲げる事項（①氏名又は名称及び住所、②質権の目的である株式）を通知しなければならない。

4　通知を受けた旧完全子会社
　本条3項の規定による通知を受けた旧完全子会社は、その株主名簿に同項の登録株式質権者の質権の目的である株式に係る株主名簿記載事項を記載し、又は記録した場合には、直ちに、その株主名簿に登録株式質権者についての148条各号に掲げる事項を記載し、又は記録しなければならない。

5　旧完全子会社株式に係る株券の引渡し
　本条3項に規定する場合において、同項の旧完全子会社が株券発行会社であるときは、旧完全親会社は、登録株式質権者に対し、本条2項の旧完全子会社株式に係る株券を引き渡さなければならない。ただし、本条1項前段の株主が旧完全子会社株式の交付を受けるために旧完全親会社株式に係る旧株券を提出しなければならない場合において、旧株券の提出があるまでの間は、この限りでない。

●(持分会社の設立の無効又は取消しの判決の効力)

第845条　持分会社の設立の無効又は取消しの訴えに係る請求を認容する判決が確定した場合において、その無効又は取消しの原因が一部の社員のみにあるときは、他の社員の全員の同意によって、当該持分会社を継続することができる。この場合においては、当該原因がある社員は、退社したものとみなす。

1　持分会社の設立無効・取消判決の効力
(1)　会社継続
　持分会社の設立の無効又は取消しの訴えに係る請求を認容する判決が確定した場合において、その無効又は取消しの原因が一部の社員のみにあるときは、他の社員の全員の同意によって、その持分会社を継続し得る。これは、取消原因が一部の社員にある場合にも設立の取消しとなるのは、他の社員の意思に反し、企業維持の観点からも望ましくないので、取消原因のある社員を除き、会社の継続を可能とする。ただ、会社の継続の選択は、清算結了す

るまでに限られる。なお、会社の継続以前に清算人がした行為は有効である。
(2) 社員のみなし退社
　会社継続がされたときは、取消原因のある社員は、退社したものとみなされる。したがって、その社員の退社登記がされ（915条1項）、また、その社員は持分の払戻しを受けることができる（611条）。しかし、その社員は、退社の登記前に生じた持分会社の債務について従前の責任の範囲で弁済する責任を負う（612条）。

2　継続の登記
　持分会社の設立無効又は設立取消しの訴えの請求認容判決が確定すると、裁判所書記官は、職権により、登記の嘱託をしなければならず（937条1項1号イ・チ）、そのままでは設立無効又は取消しの登記がなされたままとなっている。よって、本条により、持分会社の継続が決まった場合には、2週間以内に、本店の所在地において、継続の登記をする必要がある（927条）。

●(原告が敗訴した場合の損害賠償責任)

第846条　会社の組織に関する訴えを提起した原告が敗訴した場合において、原告に悪意又は重大な過失があったときは、原告は、被告に対し、連帯して損害を賠償する責任を負う。

1　原告が敗訴した場合の損害賠償責任
　本条は、会社の組織に関する訴えを提起した原告が敗訴した場合において、原告に悪意又は重大な過失があったときは、またその場合に限り、原告は被告に対し連帯して損害賠償義務を負うことを定める。これは会社の組織に関する訴えを提起して敗訴した原告の責任要件を、一般の不法行為責任のの場合の故意又は過失とすることは、訴権の保護を図るために適切でないので、軽過失の場合は責任を問わず、悪意又は重大な過失の存在を責任要件としたものである。
　一般に裁判を受ける権利は憲法上保障されており（憲法32条）、原告が訴訟で主張した権利又は法律関係が、事実的・法律的根拠を欠くものであり、かつ、原告がそれを知りながら又は通常人であれば容易にそのことを知り得

たといえるのにあえて訴えを提起したなど、訴えの提起が裁判制度の趣旨に照らして著しく相当性を欠くと認められるときに限って、原告に不法行為に基づく損害賠償責任が認められる（最判昭和 63 年 1 月 26 日民集 42.1.1）。本条は、この不当訴訟による損害賠償責任のうち、会社の組織に関する訴えの局面を特別に定めたものであり、担保提供命令制度（836 条）と並んで、濫用的な訴えの提起を抑止する趣旨である。

2　悪　意
　原告が敗訴した場合において提訴が相手方に対する不法行為となるのは、上記のように訴えの提起が裁判制度の趣旨に照らして著しく相当性を欠くと認められる場合に限られる。それは、訴えを提起する際に、原告に自己の主張する権利等の根拠につき、高度の調査・検討が要請されると、裁判制度の自由な利用が著しく阻害される結果となるからである（前掲昭和 63 年最判）。判例は、裁判制度の自由利用の妨げとなることを理由に、提訴の不法行為性の認定を厳格に解する傾向にある。本法は、会社の組織に関する訴えの原告が、敗訴した場合の不法行為基準を、原告に悪意又は重大な過失があったときとするのは、判例の見解に近い。そこで、敗訴が証拠上の理由、あるいは法解釈を原因とするときは、原告に悪意・重大な過失があるとはいえない。

訴訟物　　X 株式会社の Y に対する本条 2 項に基づく損害賠償請求権
　　　　　　＊X 会社に対して悪意又は重大な過失によって会社の組織に関する訴えを提起した同社の株主 Y が敗訴したので、X 会社が Y に対し被った損害の賠償を求めた事案である。

請求原因　1　Y は X 会社の社員であること
　　　　　　　＊担保提供の場合と異なり（836 条 1 項・2 項）、損害賠償責任を負う敗訴原告には、株主の場合に限らず、取締役、監査役、執行役、清算人が含まれる。
　　　　　2　X 会社と A 会社は平成○年○月○日に合併した旨、X 会社については合併による変更登記、A 会社については合併による解散登記がされていること
　　　　　3　Y は X 会社に対し、請求原因 2 の合併につき合併無効の訴えを提起したこと
　　　　　4　Y は、請求原因 3 の合併無効の訴えにつき、敗訴したこと
　　　　　　＊会社の組織に関する訴えに関する提訴の責任は、原告が敗訴

した場合の責任であるが、敗訴した場合とは、敗訴判決の確定をいう。
5　Yの訴訟追行に悪意があったこと、又は重大な過失の評価根拠事実
　＊悪意又は重大な過失の有無は、提訴時を基準にすることを原則とするが、提訴の不法行為という趣旨から、訴訟の係属中に、原告の主張した権利等が、事実的・法律的根拠を欠くものであり、かつ原告がそのことを知りながら、又は容易に知り得たのに、訴えを取り下げないまま訴訟を継続して敗訴した場合も、悪意又は重過失の要件を満たすと解される。

第2節　株式会社における責任追及等の訴え

1　株主による責任追及等の訴え

株主による責任追及等の訴えは、会社に帰属する請求権について、株主による訴え提起を含む訴訟追行を認める法定訴訟担当である。すなわち、本来は会社が提起すべき①発起人の責任を追及する訴え、②設立時取締役の責任を追及する訴え、③設立時監査役の責任を追及する訴え、④役員等（取締役、監査役・執行役又は会計監査人）の責任を追及する訴え、⑤清算人の責任を追及する訴え、⑥120条3項の利益（株主の権利行使に関して供与した利益）の返還を求める訴え、⑦212条1項又は285条1項（公正な払込金額との差額等の支払義務）による支払を求める訴えである。これらは、本法制定時に、株主代表訴訟のほか株主による法定訴訟担当が認められていた訴えのほか、従来は、株主による代表訴訟の対象ではなかった会計監査人の会社に対する責任や、本法が創設した会計参与の会社に対する責任も、併せて847条による訴えとして、纏めて規定した。

2　改正点

本法は、旧商法267条以下に定めていた株主代表訴訟制度を、前述1のとおり、責任追及等の訴えとして847条以下にまとめて規定したほか、①濫用訴訟の却下（株主が自己若しくは他人の不正な利益を図り、又は会社に損害を加える目的を有する場合の提訴制限）、②不提訴理由の通知義務（会社が株主から取締役の責任について提訴請求を受けた場合に、提訴期間中に訴えを提起しなかったときは、会社は、その株主又は取締役の請求により、遅滞なくその株主又は取締役に対し、訴えを提起しなかった理由を書面（不提訴理由書）で通知する必要がある）、③原告適格の継続（株主が、株式交換・株式移転により完全親会社の株主となっても、完全子会社となった会社について係属中の株主代表訴訟の原告適格を喪失しない（合併の消滅会社についても同様）等の改正が加えられた。

●(責任追及等の訴え)

第847条　6箇月（これを下回る期間を定款で定めた場合にあっては、その期間）前から引き続き株式を有する株主（第189条第2項の定款の定めによりその権利を行使することができない単元未満株主を除く。）

は、株式会社に対し、書面その他の法務省令〔施則 217 条〕で定める方法により、発起人、設立時取締役、設立時監査役、役員等（第 423 条第 1 項に規定する役員等をいう。以下この条において同じ。）若しくは清算人の責任を追及する訴え、第 120 条第 3 項の利益の返還を求める訴え又は第 212 条第 1 項若しくは第 285 条第 1 項の規定による支払を求める訴え（以下この節において「責任追及等の訴え」という。）の提起を請求することができる。ただし、責任追及等の訴えが当該株主若しくは第三者の不正な利益を図り又は当該株式会社に損害を加えることを目的とする場合は、この限りでない。

2　公開会社でない株式会社における前項の規定の適用については、同項中「6 箇月（これを下回る期間を定款で定めた場合にあっては、その期間）前から引き続き株式を有する株主」とあるのは、「株主」とする。

3　株式会社が第 1 項の規定による請求の日から 60 日以内に責任追及等の訴えを提起しないときは、当該請求をした株主は、株式会社のために、責任追及等の訴えを提起することができる。

4　株式会社は、第 1 項の規定による請求の日から 60 日以内に責任追及等の訴えを提起しない場合において、当該請求をした株主又は同項の発起人、設立時取締役、設立時監査役、役員等若しくは清算人から請求を受けたときは、当該請求をした者に対し、遅滞なく、責任追及等の訴えを提起しない理由を書面その他の法務省令〔施則 218 条〕で定める方法により通知しなければならない。

5　第 1 項及び第 3 項の規定にかかわらず、同項の期間の経過により株式会社に回復することができない損害が生ずるおそれがある場合には、第 1 項の株主は、株式会社のために、直ちに責任追及等の訴えを提起することができる。ただし、同項ただし書に規定する場合は、この限りでない。

6　第 3 項又は前項の責任追及等の訴えは、訴訟の目的の価額の算定については、財産権上の請求でない請求に係る訴えとみなす。

7　株主が責任追及等の訴えを提起したときは、裁判所は、被告の申立てにより、当該株主に対し、相当の担保を立てるべきことを命ずることができる。

8　被告が前項の申立てをするには、責任追及等の訴えの提起が悪意に

よるものであることを疎明しなければならない。

1　株主代表訴訟の趣旨

　発起人、設立時取締役、設立時監査役、役員等（取締役、監査役、執行役、会計参与、会計監査人）若しくは清算人の会社に対する責任は、本来、会社が追及すべきである。しかし、それらの者と会社との間の情実に左右されて訴え提起の懈怠の可能性がある。そのため、株主が、会社に代わって会社のために、それらの者に対し責任追及の訴えを提起すること（株主代表訴訟）ができることとした。併せて、株主代表訴訟の制度は、①120条3項（株主の権利の行使に関して利益供与を受けた者の会社に対する責任）の利益の返還を求める訴え、②212条1項（募集株式の引受人の会社に対する責任）若しくは285条1項（新株予約権を行使した新株予約権者の会社に対する責任）による支払を求める訴えについても転用されている（本条1項本文）。このように、本法は、個々の株主が会社の有する権利を会社のために行使して上記の者の責任を追及する株主代表訴訟を認め、会社の損害回復と任務懈怠の抑止を図っている。

　株主代表訴訟の制度的な問題点を、2つ挙げておこう。第1は、三輪芳朗「株主代表訴訟」会社法の経済学178頁が、「『本来当然なされるべき取締役の責任』の範囲は誰が決めるか、『追及』すべき責任かどうかを誰が判断するか、『追及』あるいは放置（さらに免除）することが『株主の利益』に合致するかどうかを誰が判断するかなどという点に関する回答が、かりに『取締役会ではない』としても、そこからただちに『個別株主である』とし、さらに『適切代表の要件』を一切求めないとする結論に至るのはあまりに大胆で無謀な飛躍である。」と指摘するところである。第2は、理論的問題であるが、株式会社における株主有限責任制度は、個人としての株主の無限責任を排除することで巨大な企業組織を可能とし、それによって個人では得ることができない経済規模が実現したのであるが、そうして実現した経済規模を動かすべき地位を占めた者が、その経営に問題があったからといって、そうした経済規模に匹敵する責任をすべて個人として負担すべきとするのは不合理でないか。責任を問われた取締役個人の具体的な行為に対応する責任相当額とはどの程度であるかについては、慎重な検討を要する。

2　原告適格
(1) 法定訴訟担当

　当事者適格は、原則として、訴訟物たる権利・法律関係の主体に認められる。この例外である訴訟担当は、権利義務の主体以外の第三者（担当者）が、その主体に代わって訴訟物について当事者適格を認められる（担当者への判決の効力は、民事訴訟法115条1項2号により被担当者に拡張される）。訴訟担当には、第三者の当事者適格の取得原因により、法が定める効果に基づく法定訴訟担当と、主体の意思に基づく任意的訴訟担当とに区分され、更に、法定訴訟担当は、訴訟追行権付与の目的が第三者の利益保護か、被担当者たる権利関係の主体の利益保護かによって、狭義の法定訴訟担当と職務上の当事者とに区分される。本条3項所定の株主代表訴訟の原告株主は、会社が役員等に対して有する損害賠償請求権等の訴訟物について、会社が役員等に対する訴えを懈怠する可能性を考慮した狭義の法定訴訟担当である。なお、狭義の法定訴訟担当は、法が定めた担当者に当事者適格、すなわち訴訟追行権が与えられるが、その基礎として、権利関係についての実体法上の権能が与えられる場合と、そうでない場合とがあり、前者の場合には、権利関係の主体に対しては、管理処分権が剥奪又は制限される効果が生じる。伊藤眞「株主代表訴訟の原告株主と執行債権者適格（上）（下）」金法1414.6、1415.13は、債権質権者・代位債権者の場合には、自己への給付を求めることができ、給付を受けたものを自己の債権の弁済に充てることができるのに対して、責任追及等の訴えの場合には、会社に対する給付を求め得るのみで、自己に対する給付を求めることはできないから、実体法上の権能は与えられていない（本条1項・3項、850条1項参照）ところ、この差異は、差押命令に基づく執行の方法や担当者による訴訟上の和解の可否などに影響を及ぼすという。

(2) 株式保有期間による制限
ア　制限の内容

　責任追及の訴えの原告適格は、原告の株式保有期間と株式数による制限がある。すなわち、提訴請求をすることができる株主は、原則として、6か月前から引き続き株式を有する株主であり（成立後6か月を経ない会社では、成立後引き続き株主であればよい（北沢正啓・新注会(6)366頁））。本条1項は、提訴請求前の株式保有期間の6か月を定款で短縮し得ることを定める。提訴請求の時のみ株主であれば足りるのではなく、株主代表訴訟の事実審の最終口頭弁論期日まで株主であり続ける必要がある。この要件を満足しない場合は、原告適格を欠き、訴訟要件を欠くことになるから、訴えは却下され

る。
　また、株式の譲渡制限会社については、継続的な株式保有期間の要件が設けられていない。これは、株式譲渡制限会社においては、株主の変動が少なく、かつ、新たに株主となるためには取締役会の承認を要するので、保有期間の制限がなくとも、提訴権の濫用の懸念がないからである。
　株主代表訴訟を提起し得る株主の持株数は定められていないので、単独株主権として1株以上の株主でも提訴権が認められる。単元未満株について、定款で責任追及の訴え提起権を制限し得ることについては、本書(1)189条を参照されたい。

イ　問　題　点

　本法の定める各種訴えの中で、株主代表訴訟の提訴要件は、特に緩やかである。違法行為是正権は、役員解任の訴え以外は、すべて単独株主権であるが、株主代表訴訟以外は、提訴期間などの別の要件が課される。例えば、組織に関する行為の無効訴えの提訴期間は、事象発生から、設立の場合は2年（非公開会社の設立の場合は1年）、その他の場合は6か月である（828条）。また、株主総会決議取消しの訴えの提訴期間は、決議の日から3か月である（831条）。これに対して、株主代表訴訟は、6か月の株式継続保有要件が存在するのみである（非公開会社の場合は、この要件もない）。会社の経営戦略等に不満の株主は、株式を売却して会社から離れることが通例であるが、提訴要件の緩和もあって、株主代表訴訟が選択されることも少なくない。しかし、共益権の行使は、株主全体の利益のための視点を無視できないのであって、株主代表訴訟提起権のような単独株主権の場合は、その行使が容易であるだけに、何らかの手続的な制限が必要である。

(3)　原告適格の喪失

ア　破産管財人の選任

　株式会社に対して破産手続の開始決定がされると、破産財団に関する財産の管理・処分の権利は破産管財人に専属する（破78条1項）。また、破産財団に関する訴えについては、破産管財人が当事者適格を有し（破80条）、係属中の訴訟は中断し（民訴124条）、破産管財人と相手方間で受継が行われる（破45条参照）。そして、役員等の責任追及等の訴えを破産管財人に委ねても、その職責上、提訴や訴訟追行を懈怠するおそれはない（破78条2項10号、85条）。そのため、破産管財人が選任された場合、株主は責任追及等の訴えに関する原告適格を失い（東京地決平成12年1月27日金判1120.58）、係属中の責任追及等の訴えは中断し、破産管財人が受継する（東京地判平成7年11月30日判タ914.249）。

イ　更生管財人の選任

　株式会社に対して会社更生手続の開始決定がされ、更生管財人が選任された場合も、上記アと同様に、株主は責任追及等の訴えの原告適格を失う（東京地判昭和41年12月23日下民17.11-12.1311、東京高判昭和43年6月19日判タ227.221、大阪高判平成元年10月26日判タ711.253）。

ウ　管財人の選任

　民事再生手続の開始決定がされても、原則として、株式会社は財産の管理・処分権限を失わないので、株主も責任追及等の訴えの原告適格を失わない。ただ、管理命令が出されると、再生債務者の業務の遂行、財産の管理・処分の権利は管財人に専属し（民再66条）、再生債務者の財産関係の訴えについて管財人が当事者適格を有するなど（民再67条1項）、上記アイの場合と同様に、株主は責任追及等の訴えに関する原告適格を失う。民事再生手続中に自己株式の無対価による強制取得（100パーセント減資）がされた場合は、既存株主は株主の地位を失うので、責任追及等の訴えに関する原告適格を失う（東京地判平成16年5月13日判時1861.126）。なお、特別清算が開始された場合は、民事再生手続が開始されて管理命令の発出がない場合と同様に、株式会社は財産に対する管理・処分権限を失わないので、株主は責任追及等の訴えの原告適格も失わない（澤口実・論点体系(6)203-204頁）。

エ　金融整理管財人

　金融整理管財人による業務及び財産の管理を命ずる処分がされた場合（預金保険74条1項）、その金融機関を代表し、業務の遂行並びに財産の管理及び処分を行う権利は金融整理管財人に専属することになるが（預金保険77条1項）、破産管財人とは異なり、訴訟手続において、金融整理管財人は、当事者ではなく、金融機関を代表する地位にあるに過ぎないので、株主は責任追及等の訴えの原告適格を失わない（最判平成15年6月12日民集57.6.640）。

(4)　類似必要的共同訴訟

　数人の株主によって責任追及の訴えが提起された場合は、数人の社員による責任追及の訴え（一般法人278条）と同様に、法定訴訟担当者たる適格者相互間に直接に判決の効力が拡張されるわけではないが、本人たる被担当者に拡張され（民訴115条1項2号）、その反射的効果として、他の適格者に拡張されるので、類似必要的共同訴訟の成立を認めてよい（伊藤・民事訴訟法624頁）。最判平成12年7月7日民集54.6.1767は、「商法267条に規定する株主代表訴訟は、株主が会社に代位して、取締役の会社に対する責任を追及する訴えを提起するものであって、その判決の効力は会社に対しても及び

（民訴法115条1項2号）、その結果他の株主もその効力を争うことができなくなるという関係にあり、複数の株主の追行する株主代表訴訟は、いわゆる類似必要的共同訴訟と解するのが相当である。」と判示する。

3　提訴請求の方法
(1)　請求先である株式会社の代表者
　株主は、株主代表訴訟を提起するに先立ち、会社に対し責任追及の訴えの提訴請求をする必要がある（本条1項）。提訴請求の宛先となる会社の代表者は、監査役設置会社の場合は監査役（386条2項1号）、委員会設置会社の場合は監査委員（408条3項1号）、それ以外の場合は会社を代表すべき取締役である。取締役が1人の場合は、提訴請求を受けたその取締役は、責任追及の要否を判断する代表者を選任する議案を株主総会に付議する義務を負う（353条）。
(2)　提訴すべき内容の特定
　株主は、会社に対し、被告となる者と請求の趣旨及び請求を特定するのに必要な事実を書面又は電磁的方法によって明らかにしなければならない（施則217条）。しかし、提訴請求には、請求原因事実が漏らさず記載されている必要はなく、いかなる事実・事項について責任の追及が求められているのかが判断できる程度まで特定されていれば足りる（東京地判平成8年6月20日判時1572.27）。
(3)　有効な提訴請求がない株主代表訴訟の取扱い
　裁判実務においては、単に会社を宛先にして提訴請求した場合は無効とまではいえない（大阪地判平成12年5月31日判時1742.141）とする一方、代表者を誤った場合には提訴請求を無効とする（東京地判平成4年2月13日判時1427.137）。また、提訴請求を欠いた場合でも、訴え提起後に提訴請求をして60日以内に会社が提訴しなければ瑕疵が治癒されるとする。大阪高判平成18年6月9日判時1979.115は、事後的ではあるが会社に提訴の要否を検討する機会が与えられ、会社は検討の結果、不提訴の判断をしたから、提訴請求の趣旨は満たされており、却下の必要はないとする。これに対し、東京地判平成4年2月13日判時1427.137は、株主が会社に対して訴えの提起を請求することなく訴えを提起し、その後に会社に対して同一の訴えの提起を請求した場合は、会社がその請求に応じて訴えを提起したとしても、その訴えは二重起訴として却下されるおそれがあり、会社に対し真に訴えを提起する機会を与えたことにならないとして治癒を否定する。そもそも、株主代表訴訟の訴訟物は、会社の有する権利であって、権利者の権利行使の意見を

聴かないまま訴え提起を認めるのは背理であるから、治癒は認められるべきでない。ただ、提訴請求を欠いても、会社が被告に補助参加したとき（大阪地判平成12年6月21日判時1742.146）、会社が原告に共同訴訟参加したとき（東京地判昭和39年10月12日下民15.10.2432）、提訴請求の要件を満たす株主と満たさない株主が共同原告として株主代表訴訟を提起したとき（大阪地判平成6年3月1日判タ893.269）は、既に会社による提訴の要否が検討済みであるから、瑕疵の治癒が認められる。

　最判平成21年3月31日民集63.3.472は、農業協同組合の理事の責任追及の訴えに関する提訴請求を、監事ではなく代表理事に送付した事案であるが、監事が請求書の記載内容を正確に理解した上で訴訟を提起すべきか否かを自ら判断する機会があったときには、適法な提訴請求がされたと同視できるとする。この事案では、監事が出席する理事会で提訴請求書の記載内容が読み上げられた上で、理事会で一旦記載内容に沿って訴訟を提起する決議がされたので、監事が請求書の記載内容を正確に理解して訴訟を提起すべきか否かを判断する機会があったとして、提訴を適法と判断した（当時の農業協同組合法では組合員代表訴訟について旧商法の規定を準用していた）。

4　濫用的な訴えの却下
(1) 意　義
　株主代表訴訟の機能は、株主による会社に生じた損害の回復を図るとともに、会社経営者に対する監督是正権の行使にある。そこで、代表訴訟提起権は、会社及び株主一般の適正な利益確保のために行使しなければならず、濫用は許されない。本条1項ただし書は、提訴資格を有する株主であっても、不当な目的による濫用訴訟、すなわち、「当該株主若しくは第三者の不正な利益を図り又は当該株式会社に損害を加えることを目的とする場合」については、提訴を認めない。本条1項ただし書に該当する場合には、責任追及等の訴えの提起の請求が無効となるため、株主は株主代表訴訟を提起することができないから、提起された株主代表訴訟は不適法な訴えとして却下される。従来も、不当な代表訴訟の提起に対しては提訴権の濫用を理由に却下できるとされていたが（長崎地判平成3年2月19日判時1393.138）、本条1項ただし書は、その取扱いの実体法上の根拠づけをし、そのような濫用的提訴の類型化を図ったのである。

　なお、会社法案847条1項2号（原案）は、「訴えにより当該株式会社の正当な利益が著しく害されること、当該株式会社が過大な費用を負担することになること、その他これに準ずる事態が生ずることが相当の確実さをもっ

て予測される場合」（847条1項ただし書は株主の害意等といった主観的要件を必要とするが、会社法案847条1項2号は主観的要件を必要としない客観的条件にかかわる）についても、株主代表訴訟の提起を制限しようとしていたが、過度に株主の提訴権を制約するおそれがあるとして衆議院の審議段階で削除された。この削除の経緯からすると、原案規定が定めていた事情が存在するのみでは、株主代表訴訟の却下を求め得ないと解される。ただ、本条1項ただし書は、訴権濫用に該当する場合の一部を明確にしたものであって、それ以外の濫用的な訴訟についての「訴権濫用の法理」を排除する趣旨ではない。

(2) 本条1項ただし書と担保提供命令（本条7項）の関係

本条1項ただし書は、その訴えが提訴株主若しくは第三者の不正な利益を図り、又は「株式会社」に損害を加えることを目的とする場合に提訴請求を不適法とするものであり、「株式会社」の保護の観点から新設された。これに対し、担保提供命令（本条7項）は、代表訴訟が「被告である役員」に損害を与える場合において、被告が悪意の原告株主に対して有する損害賠償請求権を担保するために、裁判所が被告の申立てにより、原告株主に担保の提供を命ずる制度であり、被告の保護のための制度である。担保提供命令は、不当な株主代表訴訟を却下する方策として運用されてきたが、①専ら株式会社に損害を生じさせる目的で株主代表訴訟が提起された場合には、担保提供命令に係る担保では、その損害自体の賠償請求権を担保できないし、②原告が担保提供した場合は、訴訟は継続するので、濫訴防止機能の限界があった。そこで、株式会社に損害を加える目的で提訴された場合等代表訴訟の趣旨に反する訴訟を却下するために本条1項ただし書が新設された（相澤・新一問一答246頁）。

5　責任追及の対象となる取締役の責任

(1) 全債務包含説

本条は、株主代表訴訟の対象となる責任の発生原因について制約をしておらず、また、実質的にも役員間には密接な関係が存在して訴え提起の懈怠の可能性は広く存在するので、代表訴訟で追及できる責任の範囲を限定すべきではないとする見解（例えば、取締役（設立取締役）の場合、52条1項、53条1項、120条4項、423条1項、464条1項、465条1項など本法が規定する責任に限らず、取締役・会社間の取引により生じた債務等を含む取締役の会社に対するすべての債務について提起できるとする）が、従来からの通説（全債務包含説）である（鈴木＝竹内・会社法300頁、前田・入門439

頁)。因みに、この立場に立つ大阪高判昭和54年10月30日高民32.2.214は、「商法267条の規定により、株主が会社のために訴をもつて追及することのできる『取締役の責任』には、取締役が法令又は定款に違反した結果生じた会社に対する損害賠償責任や会社に対する資本充実責任だけでなく、不動産所有権の真正な登記名義の回復義務も含まれると解するのが相当である。」と判示し、その理由として、取締役の会社に対する責任を追及する訴えの提起は、元来、取締役の善管注意義務ないし忠実義務の履行請求権の主体である会社のみが行い得るが、特に、第三者である株主も行い得るとしたのは、取締役間の密接な関係から会社の訴え提起懈怠の可能性が少なくないことに鑑み、その結果、会社すなわち株主の利益が害されることを防止してその利益を確保することにあるから、取締役間の特殊の関係に基づく訴提起懈怠の可能性は、取締役が会社に対し不動産所有権の真正な登記名義の回復義務を負う場合でも異ならないからであるとする。

(2) 限定債務説

　株主代表訴訟は、本法が、株主総会の権限を限定し、取締役の権限を広範なものとするとともに、取締役の特定の行為について、取締役に対し、会社と取締役との間の委任契約に基づく善管注意義務による責任を超えて厳格化、定型化された特別の責任を負わせており、その責任の履行を確実なものとし、株主の地位を保護するための制度である。訴えの不提起について裁量権が認められていない（例えば、取引上の債務の履行の猶予を認めるのが相当の場合でもそれができない）我が国においては、全債務包含説に立つと、会社の経営判断を制約し過ぎることになる。そうすると、株主代表訴訟によって追及することのできる取締役の責任は、総株主の同意によってのみ免責が認められる423条1項所定の責任など、本法が取締役の地位に基づいて取締役に負わせている厳格な責任（「取締役の地位に基づく責任」）に限ると解すべきであり、取締役がその地位に基づかないで会社に負う責任を含まないと解される。（江頭・株式会社法458頁）。

(3) 取引債務包含説

　最判平成21年3月10日民集63.3.361は、「株主代表訴訟の制度は、取締役が会社に対して責任を負う場合、役員相互間の特殊な関係から会社による取締役の責任追及が行われないおそれがあるので、会社や株主の利益を保護するため、会社が取締役の責任追及の訴えを提起しないときは、株主が同訴えを提起することができることとしたものと解される。そして、会社が取締役の責任追及をけ怠するおそれがあるのは、取締役の地位に基づく責任が追及される場合に限られないこと、同法266条1項3号は、取締役が会社を代

表して他の取締役に金銭を貸し付け、その弁済がされないときは、会社を代表した取締役が会社に対し連帯して責任を負う旨定めているところ、株主代表訴訟の対象が取締役の地位に基づく責任に限られるとすると、会社を代表した取締役の責任は株主代表訴訟の対象となるが、同取締役の責任よりも重いというべき貸付けを受けた取締役の取引上の債務についての責任は株主代表訴訟の対象とならないことになり、均衡を欠くこと、取締役は、このような会社との取引によって負担することになった債務〔「取締役の会社に対する取引債務」〕についても、会社に対して忠実に履行すべき義務を負うと解されることなどにかんがみると、同法267条1項にいう『取締役ノ責任』には、取締役の地位に基づく責任のほか、取締役の会社に対する取引債務についての責任も含まれると解するのが相当である。」と判示し、いわゆる取引債務包含説を採ることを明らかにし、実務的には、一応の決着をみた。

訴訟物　　A株式会社のYに対する名義借用契約終了に基づく債権的登記請求権としての所有権移転登記請求権
　　　　　＊A会社が土地の買受けに当たり、取締役であるYに対し、土地の所有名義をYとする所有権移転登記手続を委託し、Yとの間で期限の定めのないY所有名義の借用契約を締結していたが、その契約の終了に基づき、A会社への真正な登記名義の回復を原因とする所有権移転登記手続を求めて、A会社の株主Xが株主代表訴訟を提起した事案である。
　　　　　＊株主代表訴訟の原告は株主Xであるが、訴訟物は「A会社のYに対する名義借用契約終了に基づく債権的登記請求権としての所有権移転登記請求権」である。

請求原因　1　Xは、6か月（これを下回る期間を定款で定めた場合は、その期間）前から引き続きA会社株式を有する株主であること
　　　　　2　Yは、請求原因5の当時、取締役であったこと
　　　　　3　請求原因1のXは、A会社に対し、書面その他の法務省令（施則217条）で定める方法によって、Yの責任（請求原因4及び5に基づく責任）を追及する訴えの提起を請求したこと
　　　　　4　A会社が土地の買受けに当たり、Yに対し、土地の所有名義をYとする所有権移転登記手続を委託し、Yとの間で期限の定めのないY所有名義の借用契約を締結していたこと
　　　　　5　請求原因4の借用契約が終了したこと
　　　　　＊Xの請求は、本件各土地につき、A会社とその取締役であ

るYとの間で締結されたY所有名義の借用契約の終了に基づき、A会社への真正な登記名義の回復を原因とする所有権移転登記手続を求めるものであるから、取締役の会社に対する取引債務についての責任を追及するものということができる。これに対し、Xの請求が、A会社の取得した本件各土地の所有権に基づき、A会社への真正な登記名義の回復を原因とする所有権移転登記手続を求める場合（訴訟物を「A会社のYに対する所有権に基づく妨害排除請求権としての所有権移転登記請求権」とし、請求原因は、本件設例の4及び5に代えて、「A会社は本件土地を所有していること」「Yは、本件土地について所有権移転登記名義を有していること」とする）は、取締役の地位に基づく責任を追及するものでも、取締役の会社に対する取引債務についての責任を追及するものでもない。

6　本訴は、請求原因3の請求の日から60日が経過した後に提起されたこと

＊請求原因8の期間内に「責任追及の訴えを提起しなかったこと」は、請求原因ではない。その期間内に「責任追及の訴えを提起したこと」が抗弁となると解される。

＊有効な提訴請求がされたが、その後60日を経過しないで提起された株主代表訴訟の取扱いについては、見解が分かれる。60日の期間は会社が提訴するか否かを判断するためのものであるから、その期間経過前に提起された株主代表訴訟は不適法却下を免れないとも考えられる。しかし、有効な提訴請求がされており、提訴請求の趣旨は一応満たされていること、会社が60日の期間内に訴訟を提起しない場合に限って、同期間経過により、その瑕疵は治癒される（名島享卓＝森岡泰彦＝川原田貴弘＝小濱浩庸・類型別会社訴訟Ⅰ295頁）。

6　株主代表訴訟を提起できる場合
(1) 役員等、発起人、設立時取締役、設立時監査役、清算人に対する責任追及
ア　一般的な設例

訴訟物　　A株式会社のYに対する423条1項に基づく損害賠償請求

権
　　　　＊本件は、株主が役員等（取締役、監査役、執行役、会計参与、会計監査人）、発起人、設立時取締役、設立時監査役、又は清算人の任務懈怠の責任追及をする事案である。それ以外の者に対する責任追及の場合については、(2)以下の設例を参照されたい。
　　　　＊株主代表訴訟の原告は株主Xであるが、訴訟物は「A株式会社のYに対する423条1項に基づく損害賠償請求権」である。

請求原因 1　Xは、6か月（これを下回る期間を定款で定めた場合は、その期間）前から引き続きA会社株式を有する株主であること
　　　　＊対会社の関係でないから、株主名簿上の記載（確定力）によることはできないが、有力な間接事実となろう。
　　　　＊A会社が、公開会社でない場合には、請求原因1は、「Xは、A会社の株主であること」で足りる（本条2項）。
　　　　＊請求原因1は、訴訟要件である原告適格に関する主張であって、実体法上の請求権（A会社のYに対する423条1項に基づく損害賠償請求権）についての要件事実ではない。しかし、訴訟要件のうち、訴えの利益や当事者適格は審理の開始の面では職権調査ではあるが、資料収集の面では、これらが訴訟物と密接な関係があるので、弁論主義が機能すると解されている（新堂・新民事訴訟法237頁は、原告適格の判断の基礎になるべき事実は当事者の弁論に現れたものに限るべきだとし、高橋宏志・重点講義民事訴訟法下［第2版］7頁は、原告適格の判断の基礎になるべき事実は当事者が主張すべきであるとする。請求原因1として掲記する所以である。逆に、原告適格の喪失は、抗弁となる）。
　　　2　Yは、請求原因5の当時、役員等（取締役、監査役、執行役、会計参与、会計監査人）、発起人、設立時取締役、設立時監査役、又は清算人であったこと
　　　3　請求原因1のXは、A会社に対し、書面その他の法務省令（施則217条）で定める方法によって、Yの責任（請求原因4ないし7に基づく責任）を追及する訴えの提起を請求したこと
　　　　＊会社に対して訴訟提起を請求することは、訴訟要件である（大阪地判昭和41年12月16日下民17.11-12.1237）。

4　Yの役員等（取締役、監査役、執行役、会計参与、会計監査人）、発起人、設立時取締役、設立時監査役、又は清算人としての具体的任務
　　＊監査役設置会社においては、取締役が業務の執行を担当するので、実務上は、取締役ないし代表取締役の責任が問題となることが多い。
5　Yは請求原因4の任務を怠ったこと
　　＊取締役の業務執行に関する意思決定や執行行為の局面で課される注意義務に違反したかは、経営判断の原則によって規律される。経営判断の原則は、法令・定款に違反する行為ではないことを前提として、①経営判断をするに当たり、前提となる情報の把握について重大な過失がなく、②経営者としての専門性を発揮した範囲内の判断を行えば、結果的に損害が生じても責任を負わないことである。この要件を備えた上で経営判断を執行したところ、結果的に会社に損害が発生したとしても、取締役に対して、会社に損害賠償責任を負わせることはできない。主張立証の局面でいうと、取締役の業務執行上の任務懈怠を主張することは、取締役の委任契約上の債務の不完全履行を主張することであるため、Yが①又は②に反していることを、原告Xが主張立証する必要がある。
　　＊江頭・株式会社法440頁は、「取締役は、会社に利益を生じさせることを請け負っている（結果債務）わけではなく、善管注意義務をつくして職務を執行すること自体がその債務内容である。したがって、取締役の債務の本旨に従った履行がないことの証明（原告が主張・立証を要する）は、同時に注意義務違反があることの証明であり……、その証明がなされれば、通常、取締役が無過失を証明する余地はない。」という。この指摘は、任務を怠る行為が、多くの場合債務の不完全履行であることに鑑みれば、任務懈怠行為を主張すると、それは事実上取締役の過失を主張することとほぼ等しいという意味で頷ける。しかし、この指摘は、「通常」という限定をしているとおり、例えば、監視義務違反の場合などにおいては、後記の無過失の抗弁は成立する余地は十分あり得る。
6　A会社の損害発生及びその数額
　　＊前掲平成12年5月大阪地判は、合併契約における合併比率

が不公平であるため合併会社に多額の損害が生じたとの主張がされた株主代表訴訟の事案であるが、「仮に、合併比率が合併当事会社であるＡ社とＢ社の資産内容からみて不合理、不公平であり、消滅会社であるＢ社の株主に対し同社の資産内容に比して過当な株式（存続会社であるＡ社の株式）が割り当てられたとしても、合併により、消滅会社であるＢ社の資産及び負債は全て包括的に存続会社であるＡ社に引き継がれており、合併交付金の支払いという形での資産の流出もなく、また、新たな債務負担はないのであるから、消滅会社であるＢ社の株主が不当に利得する反面、存続会社であるＡ社の株主が損失を被ることになるとしても、存続会社であるＡ社自体には何ら損害は生じないものと解される（なお、存続会社であるＡ社の株主が、合併比率が不合理、不公平であり合併により損害を受けると信じたのであれば、商法が定める手続を践み、株式買取請求権を行使することにより、その損害を回避することができたものである）。……以上の次第で、仮に、本件合併契約における合併比率が不合理、不公平であったとしても、Ａ社に損害は生じないのであり、株主代表訴訟は、会社のいわば所有者たる株主が、会社が受けた損害の回復を通じ、株主自身の利益の回復を図るために認められた手段であるから、会社に損害が発生しない以上、合併比率の当、不当について判断するまでもなく、原告の請求は、主張自体理由がないものと言わざるを得ない。」と判示する。

＊法人に課せられる罰金は法人を名宛人として法人自体を罰するためのものであるから、法人に課せられた罰金は取締役の賠償責任額に含めるべきではないと解すべきである（上村達男「日本航空電子工業代表訴訟判決の法的検討（下）」商事1434.13）。また、各種両罰規定は、個人とは別個に法人を罰するものであり、その罰金額をみても個人の場合に比較すると桁外れに高額である。会社が社会的実在として社会的作用を営んでいることは判例においても認められているところであり、会社は個人とは比較にならない巨額の資産を有していることがあるために、個人とは別に刑事罰を科したのであるから、これを取締役個人に転嫁することは背理である。仮

に、取締役の会社に対する損害賠償責任額に法人として課せられた罰金額が含まれるとしたら、その実質は二重処罰であり、法人を個人とは別に罰した立法趣旨は全うされないことになる（佐伯仁志「法人処罰に関する一考察」松尾浩也先生古稀祝賀論文集上巻 654 頁）。この点は、課徴金等についても同様の考察が可能と考えられる。

7　請求原因 5 と 6 の因果関係

＊「公開株式会社のある一時期を担う一取締役・経営者の責任において、……駅伝の最終走者に勝敗の全責任を負わせるようなことを当然視すべきではない……責任を問われた取締役個人の具体的な行為にまさに対応すべきであり、……それを超えた損害額については、会社自体が責任を負担すべきものである」と指摘されるとおり（上村達男「取締役が対会社責任を負う場合における損害賠償の範囲」商事 1600.4）、適切な因果関係の認定が必要である。すなわち、法令違反事実と損害との因果関係は、比較的特定し易い（例えば、利益供与をした額等）が、善管注意義務違反が問題となるときは、かかる特定が個々の取締役について困難なために、ややもすると連帯責任の下、一律に取締役に負担を強いがちである。連帯責任は、会社が被った損害についてその案件にかかわった取締役全体として負担する趣旨であるが、善管注意義務における各取締役の過失の程度や監視義務の責任の程度は異なるから、取締役に対して一律の連帯責任を課すことは適切ではない。割合的因果関係理論（事実的因果関係があるかないかの二者択一ではなく、損害が元来存在していた事由（素因）もあるから、事故の損害への寄与度を限度として損害賠償を命じるもの）を用いて、取締役の責任負担額に差を設けている判決例もある。例えば、関税法・外為法違反に関連した東京地判平成 8 年 6 月 20 日判時 1572.27 は、損害に対する因果関係の割合的認定によって、各取締役が負担する責任の範囲を、その寄与度に応じて限定し、取締役の一部については損害の 2 割を限度に、他の一部の取締役に対しては損害の 4 割を限度に賠償責任があるとした。

＊大阪高判平成 18 年 6 月 9 日判時 1979.115 は、直接の損害とそれ以外の理由による支出が混在していることなどを考慮し

て因果関係の及ぶ範囲を限定した事例である。同判決は、A食品販売会社における食品衛生法上使用が認められていない添加物を使用した商品の販売について、取締役 Y1 及び Y2 の善管注意義務違反とその後の添加物の使用を「積極的には公表しない」方針が、保健所の立入検査後に急遽公表を迫られて疑惑報道がされるという結果を招いたので、Y1、Y2 と、その他の被告らは、事実を知った時期及び地位などからその割合を異にするものの、善管注意義務違反による損害拡大の責任を負うべきであるとした上で、①「本件混入を知りながらそれを隠して『大肉まん』の販売を継続し、Nに対して 6300 万円を口止め料の趣旨を含めて支払い、尋ねられるまで本件混入や販売継続の事実を一審被告 Y1 に報告しなかったのはS及びKである。その誤りが本件損害をもたらした根本的で最大の要因である。仮に如何に早期に事実を公表したとしても、このような食品衛生法を無視した重大な違法行為と悪質な隠ぺい工作が、フードサービス事業グループ及び〔フランチャイズ〕事業本部の各最高責任者たる取締役らによって行われたという事実がある以上、そのこと自体によって消費者の〔A会社〕全体に対する信頼は著しく失墜してしまうことは避けられない。1審被告らにできたことは、その損害の拡大を防止し信頼を回復するという2次的な対応にとどまる。」②「上記 105 億 6,100 万円のうちには、……『大肉まん』在庫品廃棄費用のように本件販売継続や公表遅滞による販売等の禁止処分との因果関係が明確なものもあるが、その多くは、費目により因果関係の濃淡は様々であり、……主には他の要因によって出捐の必要性が生じたのではないかと疑われるものも少なくない。個別的な検討は不可能であるが、総額 105 億余円全体にならして因果関係の程度をいうとすれば、その割合はかなり低いとの心証を禁じがたい。」③「本件証拠上認められない事実に関する報道による影響も大きく、これについてまで1審被告らに責任を負わせることは相当でない。」ことなどを認定し、「1審被告らの善管注意義務違反と相当因果関係にある損害は、上記出捐額との関係ではかなり控えめにこれを算定するのが相当である。」とした上で、1審被告らの善管注意義務違反と因果関係が認

　　　　　められる損害は、Y1とY2については、各自「本件出捐
　　　　　105億6100万円の5パーセントに当たる5億2,805万円」
　　　　　その他の1審被告らについては、「本件出捐105億6,100万
　　　　　円の2パーセントに当たる2億1,122万円」としている。
　　　8　本訴は、請求原因3の請求の日から60日が経過した後に提
　　　　起されたこと
（無過失）
抗　弁　1　請求原因4の任務を怠ったことがYの責めに帰すことがで
　　　　きないものであること
　　　　＊Yの無過失の抗弁に関して、監視義務違反の任務懈怠が問
　　　　われた場合を例とすると、次のとおりになる。取締役会は、
　　　　すべての取締役で組織し、取締役の職務の執行を監督する会
　　　　社機関であるから（362条1項・2項2号）、取締役会を構成
　　　　している各取締役は、他の取締役の業務執行に関する監視義
　　　　務を会社に対して負う。取締役の監視義務とは、代表取締役
　　　　を含めた他の取締役が業務執行する中で、その執行状況を適
　　　　切に把握して、法令・定款違反を行っていないか、過失を問
　　　　われることがないかなどについて、監視する義務をいう。
　　　　①　取締役会付議案件や報告案件については、業務担当取締
　　　　役からの説明を聴取する中で、法令・定款違反の疑義や、裁
　　　　量を逸脱するような事業を実施しようとしていないか、善良
　　　　なる管理者としての視点から監視することになる。したがっ
　　　　て、法令・定款違反等のおそれがあるのにもかかわらず、是
　　　　正措置を要請しなかった場合、異議を述べなかった場合、又
　　　　は放置する場合には、監視義務違反として責任を問われる可
　　　　能性が生じる。この場合、監視義務違反に対する抗弁として
　　　　は、反対意見を表明したり、是正措置を要請したりすること
　　　　であり、その証拠を取締役会議事録等の中で記録としてとど
　　　　めておくことによって、裁判の審理の際には、被告とされた
　　　　取締役は、監視義務違反はなかった旨の立証が可能である。
　　　　②　取締役会に上程していない案件に関しては、無過失の抗
　　　　弁が問題となるのではなく、取締役の監視義務違反（任務懈
　　　　怠）が成立するための客観的要件として、（ⅰ）取締役が、
　　　　他の取締役の業務執行を知ることができたこと、又は（ⅱ）
　　　　業務執行を知るべきであったのに看過した特段の事情がある

ことが、原告によって主張立証される必要がある。具体的には、「取締役が、他の取締役の業務執行を知ることができること」とは、取締役会以外の会議又は委員会で、客観的に他の取締役の業務執行状況の審議を行う場や報告を受けるなどする場が存在するケースであり、「業務執行を知るべきであったのに看過した特段の事情がないこと」とは、例えば、内部通報制度によって不正事項の指摘が社内でされたのに対応を放置した場合に、放置した特段の理由がなければ監視義務違反ということになろう。

* 業務担当取締役による職務執行上の過失責任を考える場合、取締役間の信認関係を無視することはできない。取締役間の信認関係とは、他の業務担当取締役が業務執行をしている領域については、適正な業務執行がされているという信頼を前提とし得ることである。一定規模の会社では、事業案件は、企画・立案から実行に至るまで手続や承認が必要とされる。この手続や承認について、業務担当外の取締役が具体的に確認をすることは現実的でなく、担当部署の処理に任せるのが通常であり、信頼の関係に依拠することになる。

* 監視義務の具体的内容は、内部統制システムとも関係する。本法制定前は、委員会等設置会社に限って、内部統制システムの構築義務が導入されていた（旧商特21条の7第1項2号、旧商則193条）。本法は、監査役設置会社までその適用対象範囲を拡大した上で、すべての大会社に対して、会社の業務の適正を確保するための体制（内部統制システム）の構築の基本方針について、取締役（会）が決定することを義務づけた（348条4項、362条5項）。これを取締役の責任の観点から見ると、取締役会として内部統制システムの構築の基本方針を決定した後は、内部統制システムの構築・整備を前提として、業務担当取締役の職務の執行について、他の取締役はその運用範囲の中で監視義務を果たすことになる。したがって、その時点における水準に特段遅れを取らない内部統制システムが整備され、その運用に特段の問題がない場合には、監視義務違反の過失を問われることはない。

* 社外取締役の監視義務は、常勤の取締役のそれとは同列に論じ得ない。社外取締役は、非常勤であることが多く、会社の

業務実態に日常的に接していないし、その職務としては、取締役会に出席して、第三者の立場から、会社経営に対して専門的な知見に基づいて助言等を行う役割が期待されている。また、監視義務の点からは、社外取締役は会社経営とは独立した立場から、業務執行取締役の法令・定款違反を防止する役割を担っている。因みに、利益相反のある不動産取引の決議に関連して社外取締役の監視義務の存否が争われた事案において、神戸地尼崎支判平成7年11月17日判時1563.140は、中立的立場としての責任を果たさなかったとして、社外取締役の責任を認容したが、控訴審の大阪高判平成10年1月20日判タ981.238は、取引の詳細を知ったのは取締役会の席上が初めてであったこと、不動産取引が会社の定款に違反しないことは弁護士に確認し、価格については、不動産鑑定士の鑑定書によっているから問題ないと考えたことをもって、監視義務の過失を否定した。

(債権喪失－債権譲渡)

抗弁 1　本件訴訟の係属中、A会社はBとの間で、Yに対する任務懈怠の基づく本件損害賠償請求権を○万円で売買する契約を締結したこと

＊株主代表訴訟は、原告株主が会社に対する給付を求め得るにとどまり、自己に対する給付を求め得ないから、実体法上の権能は与えられていない。すなわち、代表訴訟の被担当者たる会社は、訴訟外の第三者であるが、利益の帰属者であり、会社は請求権自体を失うわけではない。和歌山地判平成12年2月15日判時1736.124は、「原告らは、本件株主代表訴訟の提起により、訴外銀行は本件損害賠償請求権に係る管理処分権を喪失しており、本件譲渡契約により、本件損害賠償請求権に係る譲渡の効果は生じていないと主張するが、このように解すべき明文の根拠はない上、株主代表訴訟の提起後も、会社は、自ら当該訴訟に参加することによって、訴訟追行をなし得るのであり（商法268条2項〔849条1項〕本文）、株主代表訴訟の提起により、当該損害賠償請求権に係る訴権の行使方法について制限を受けるものの、その管理処分権の全てを喪失するものとは解し難く、右主張は採用の限りでない。」と判示する。これに対し、法定訴訟担当の対象

債権の処分は禁じられるのが原則として疑問を示す見解もある（江頭・株式会社法 459 頁。なお、東京地判平成 17 年 5 月 12 日金法 1757.46 は、特別清算手続における清算手続における清算人による譲渡を理由に、株主代表訴訟を棄却した）。

2　抗弁 1 が Y に対する責任を回避する目的でされたものでない特段の事情（評価根拠事実）

＊取締役に対する損害賠償請求権の譲渡は、これが責任の免除・軽減と評価される場合には、424 条の責任免除・軽減の手続に従う必要がある。その規制は、「譲渡」についても及ぶと解される。そうでないと、総株主の同意なしに取締役の責任を事実上免除する脱法行為となるからである。したがって、譲渡行為が、責任の免除・軽減と評価されるような場合には、その取締役に対する損害賠償請求権の譲渡は無効と解すべきである。しかし、取締役に対する損害賠償請求権の譲渡が責任の免除・軽減と評価されない場合には、424 条の責任免除・軽減の手続を経なくとも、譲渡が認められるべきである。因みに、前掲平成 17 年東京地判は、「会社の取締役に対する損害賠償請求権（商法 266 条 1 項各号の請求権）について、法は、その譲渡を禁止しておらず、また、その譲渡に関する特別の手続を定めていないから、会社は、その有する債権として、原則としてこれを第三者に譲渡することが可能であると解される。他方、会社による取締役に対する損害賠償請求権の免除について、商法上厳格な規制（商法 266 条 5 項から 15 項まで）が設けられていることを考慮すると、取締役に対する責任追及を回避する目的で取締役に対する損害賠償請求権の譲渡が行われた場合には、その譲渡は、法の趣旨を潜脱するものとして無効となると解すべきである。そして、株主代表訴訟が提起され、又はその提起が予定されている場合（商法 267 条 1 項に基づく提訴請求があった場合）において、会社が当該損害賠償請求権を譲渡した場合には、特段の事情のない限り、その譲渡は取締役に対する責任追及を回避する目的でされたものと推認されるというべきである。」とした上で、株主代表訴訟の提起後に、補助参加人（会社）が被告に対する損害賠償請求権を含む債権を第三者に一括譲渡し、被告に対してその旨の譲渡の通知も行ったのであるか

ら、特段の事情のない限り、その譲渡は取締役に対する責任追及を回避する目的でされたものと一応推認することができるが、①本件売却契約を決定・締結した清算人は、補助参加人の解散に当たって選任された弁護士であり、被告を含む補助参加人の元取締役の利益を図るべき利害関係がないこと、②清算人は補助参加人の資産のうち早期の換価が困難なものを一括して売却の対象とし、本件売却契約を含む一括売却は特別清算手続の早期終結を目的としていたこと、③清算人は、売却先を債権者の協力を得ながら決定し、売却価格は不当に低廉とはいえないこと、④清算人は、本件売却契約の締結につき、監査委員の同意（旧商法445条（535条））に加えて、総債権者の90パーセント以上の同意を得ており、適正な手続を履践していること、⑤本件売却契約により被告に対する損害賠償請求権の譲渡を受けた第三者は、被告を含む補助参加人の元取締役に対する損害賠償請求権の履行を求めて本件訴訟における和解に利害関係人として参加し、被告を除く元取締役らがその責任を認めて補助参加人に賠償金を支払い、その一部が補助参加人から第三者に交付されるとの和解が成立しているから、第三者による補助参加人の元取締役に対する責任追及も一応行われたと評価でき、「本件においては、被告に対する損害賠償請求権の譲渡が取締役らに対する責任追及を回避する目的でされたという推認を覆す特段の事情が認められるというべきである。」と判示する。

＊前掲平成12年和歌山地判は、「株主から監査役に対し、取締役の責任を追及する訴え提起の請求がされた後、会社が当該損害賠償請求権を譲渡した場合において、その譲渡の前後の具体的事情—例えば、右譲渡に係る対価が不当に低廉であるとか、譲受人においてその債権の履行を真摯に求めない等の具体的事情から、右譲渡が架空のものであること或いは当該取締役を株主代表訴訟から免れさせる旨の目的に出たものであることが推認できる場合には、右譲渡を通謀虚偽表示によるものとし、或いは信義則に基づいて、その効力を否定すべき場合もあり得るものと解される。」と判示する。

（妨訴抗弁）

抗　弁　1　YはXに対し、担保提供の申立てをしたこと

＊担保提供の申立てに対しては、裁判所は決定をもって応答するが、担保供与決定（民訴75条5項・6項）がされると原告が所定額の担保を提供するまで、却下決定がされたときはその確定まで、被告は応訴を拒むことができる。却下決定は即時抗告に服し（民訴75条7項）、即時抗告は執行停止の効力を有するから、却下決定が確定するまで訴訟を進行することができない。被告が適法に応訴を拒んでいる限り、裁判所は口頭弁論又は準備手続の期日を指定して訴訟を進行させてはならない（兼子一原著・条解民事訴訟法［第2版］339頁）。

（担保不提供）
抗　弁　1　Xは担保提供決定で命ぜられた期間内に担保を提供しなかったこと
＊担保提供命令が発令されて確定した場合に、原告が命ぜられた期間内に担保を提供しないときは、責任追及の訴えは、判決で却下される（民訴78条、81条）。

（不当訴訟）
抗　弁　1　責任追及等の訴えは、X若しくは第三者の不正な利益を図り又はA会社に損害を加えることを目的とすること
＊本条1項ただし書に基づく抗弁であり、これが認められれば、訴えは不適法却下となる。相澤・新一問一答245頁は、「一般的に原告適格は職権調査事項ではあるが、この要件については、訴権の濫用の場合と同様、その判断資料の収集の責任は当事者（被告）にある。」としている。なお、具体例として、①総会屋の訴訟外で金銭を要求する目的の訴訟提起、②株主の会社に対し事実無根の名誉毀損的主張をして会社の信用を傷つける目的の訴訟提起などが挙げられている。ただ、この訴訟は、会社の利益を図る訴訟であるから、取締役等に責任が認められる可能性が高い場合は、事実上、却下される可能性は低い。逆に、取締役等の責任が認められる可能性が低い場合は、裁判所は訴訟の不当性を緩やかに認定することは考えられる。
＊担保提供決定が発出され、Xがこれに応じて担保を提供した場合であっても、この抗弁は主張することができる。

（訴権の濫用）
抗　弁　1　本件訴えは、専らYに損害を加えることを目的とすること

＊本条1項ただし書は、一般法理である訴権の濫用（長崎地判平成3年2月19日判時1393.138）の一部を明確化したものであり、訴権の濫用の法理を排斥するものではない。したがって、本件抗弁事実のとおり、専ら取締役Yに損害を加える目的の訴訟のように本条1項ただし書に該当しない場合にも、訴権の濫用として、不適法却下される場合があり得る。

（原告適格の喪失）
抗弁　1　A会社は、破産手続の開始決定を受け、破産管財人が選任されたこと
　　　　＊前出2(3)アを参照されたい。

イ　役員等の会社との間における取引上の債務がある場合
　前掲平成21年最判は、会社が責任追及を懈怠するおそれがあるのは取締役の地位に基づく責任が追及される場合に限らないこと等を理由に、旧商法267条1項にいう「取締役ノ責任」には、取締役の会社に対する取引債務の責任も含まれると判示し、具体的には、所有権に基づく登記請求権については株主代表訴訟の対象にならないとしつつ、会社と取締役間の契約に基づく真正な登記名義の回復を原因とする所有権移転登記手続請求権については、取引債務として対象となるとした（詳細については、前出5(3)参照）。

訴訟物　　A株式会社のYに対する金銭消費貸借契約に基づく貸金返還請求権
　　　　＊本件は、A会社の役員等Yに対する貸金債権の返還を、株主XがA会社に代わって求めた事案である。
　　　　＊株主代表訴訟の原告は株主Xであるが、訴訟物は「A会社のYに対する金銭消費貸借契約に基づく貸金返還請求権」である。

請求原因　1　Xは、6か月（これを下回る期間を定款で定めた場合は、その期間）前から引き続きA会社株式を有する株主であること
　　　　2　Yは、請求原因5の当時、役員等（取締役、監査役、執行役、会計参与、会計監査人）であったこと
　　　　3　請求原因1のXは、A会社に対し、書面その他の法務省令（施則217条）で定める方法によって、Yの責任（請求原因4及び5に基づく責任）を追及する訴えの提起を請求したこと
　　　　＊代表訴訟で追及し得る責任については、取引債務包含説が判

例といえるが、本件においては、そのうち、役員等（取締役、監査役、執行役、会計参与、会計監査人）が会社から金銭を借り受けた結果生じる貸金返還債務について責任追及がされる場合を想定している。
4　A会社はYに対し、1,000万円を弁済期平成○年○月○日の約定で貸し渡したこと
5　請求原因4の弁済期が到来したこと
6　本訴は、請求原因3の請求の日から60日が経過した後に提起されたこと

ウ　会計監査人に対する請求

　会社監査人としての監査のよるべき基準について、大阪地判平成20年4月18日判時2007.104は、株主代表訴訟の事案ではないが、「平成10年3月期から平成13年3月期の間に適用される『通常実施すべき監査手続』とは、監査基準・一般基準の適格性基準に適合した職業監査人を前提として、監査人がその能力と実務経験に基づき十分な監査証拠を入手するために『正当な注意』をもって必要と判断して実施する監査手続をいうものと認められる。そして、『通常実施すべき監査手続』に従って、個別の被監査会社の状況に応じて、監査計画を策定し、画一的なものではない多様な監査証拠を入手し、監査要点に応じて必要かつ十分と考えられる監査手続を実施することが、監査人に課せられた善管注意義務であると解される。」「平成3年の監査基準の改正において、それまでの『通常の監査手続』という言葉から、『通常実施すべき監査手続』と言葉が改められ、監査手続の例が削除されたことからすれば、監査手続の設定に当たり、単に定められた監査手続を全て実施すればよいということではなく、監査の効率性を加味し、被監査会社ごとに監査上の危険性を考慮した個別の監査手続を行うことを目的として、監査基準等の改正が行われた……。したがって、『通常実施すべき監査手続』といえるかの判断に当たっては、平成10年3月期ないし平成13年3月期において、リスク・アプローチが妥当していたと認められる。監査人は、監査の効率性の観点から、かつてのように必要な監査手続を全て実施しなければならないということではなく、固有のリスクや内部統制上のリスクを正確に検証し、監査上の危険性を最小限に抑えるべく、リスクの高いところに監査資源を集中させて、財務諸表の記載の正確性について合理的な監査意見を形成することが求められる……。そのためには、監査人は、個別の被監査会社の固有のリスクと内部統制上のリスクを正確に評価し、監査上の危険性を最小限

にした上で、監査要点のリスクに応じて監査計画を立案し、どの監査要点を集中的に監査すべきでどの監査要件は内部統制に依拠すべきかを区別した上で、必要かつ十分な監査証拠を収集し、合理的な監査意見を表明するための心証形成を行う必要がある。」と判示する。

訴訟物　　A株式会社のYに対する423条1項に基づく損害賠償請求権
＊本件は、会計監査人Yが任務懈怠によってA会社に損害を与えたので、A会社の株主XがA会社に代わってその賠償を求めた事案である
＊株主代表訴訟の原告は株主Xであるが、訴訟物は「A株式会社のYに対する423条1項に基づく損害賠償請求権」である。

請求原因　1　Xは、6か月（これを下回る期間を定款で定めた場合は、その期間）前から引き続きA会社株式を有する株主であること
2　Yは、請求原因5の当時、A会社の会計監査人であったこと
＊会社と会計監査人との関係は、委任関係である。
3　請求原因1のXは、A会社に対し、書面その他の法務省令（施則217条）で定める方法によって、Yの責任（請求原因5に基づく責任）を追及する訴えの提起を請求したこと
4　Yは、会計監査人としてA会社の計算書類及びその附属明細書、臨時計算書類並びに連結計算書類を監査したこと
＊396条1項前段参照。
5　Yは請求原因4の任務を懈怠したこと
＊前掲平成20年大阪地判は、「平成13年3月期において、B地区の工事の実在性について追加監査手続を実施しなかったことは、『通常実施すべき監査手続』を満たしているとはいえず、被告の監査手続に過失が認められる。」と判示する。
＊任務懈怠の立証責任は、委任の性質上会社側にある。任務懈怠の例としては、①虚偽の計算関係書類の作成に関与し会社に法人税の過払又は分配可能額を超える剰余金の配当を生じさせる、②虚偽の有価証券報告書の作成に関与し会社に虚偽記載等による投資家に対する責任（金商21条の2）を生じさせる、③監査の実施の不適切により会社業務に支障を生じさ

せる、④使用人の不正経理を見逃す、⑤守秘義務に違反する（会計士 27 条）等がある（江頭・株式会社法 568 頁）。
* 旧商法及び旧商法特例法においては、会計監査人の行為に基づく責任は、株主代表訴訟の対象外であった（旧商 267 条）。しかし、本法では、会計監査人を含む役員等（423 条 1 項）の責任を責任追及等の訴えの対象としているため（本条 1 項）、会計監査人の行為に基づく責任も本法上の責任追及等の訴えの対象となる。ところで、本法施行前に生じた会計監査人の責任については、「旧商法特例法の規定による会計監査人の施行日前の行為に基づく損害賠償責任については、なお従前の例による」旨の経過措置規定が設けられている（整備 55 条）。この規定は、施行日前の行為に基づく損害賠償責任についてはその責任の性質（過失責任か無過失責任か）及び免除の可否並びに免除のための手続が旧商法特例法の規律に従うことを意味するにとどまる。したがって、本法施行前に行われた会計監査人の行為に基づく責任も、責任追及等の訴えの対象となる（相澤他・論点解説 426-427 頁）。

6　A会社の損害発生及びその数額
* 前掲平成 20 年大阪地判は、「違法配当金については、被告が粉飾決算であることに気づき、監査意見の表明を差し控えていれば、A 会社には配当可能利益がなかったのであり、株主総会で利益処分案が承認されることはなかったといえることから、被告の監査契約の不履行と相当因果関係のある損害である。……被告に過失が認められるのは、平成 13 年 3 月期の監査のみであるから、この監査に基づいた決算による配当可能利益につき、原告に損害が認められる。その金額は、8,575 万 3,896 円である。原告が配当を受けた株主に対して有する不当利得返還請求権と被告に対する損害賠償請求権は、いわば不真正連帯債務の関係にあり、不当利得返還請求権の存在するからといって、損害がないという関係にはない。」と判示する。

7　請求原因 5 と 6 の因果関係
8　本訴は、請求原因 3 の請求の日から 60 日が経過した後に提起されたこと

（過失相殺）

抗弁 1　A会社の過失評価根拠事実
　　＊前掲平成20年大阪地判は、「民事再生法上の管財人は、再生債務者の権利を代わりに行使する限度での権限が与えられているから、原告の損害賠償請求権は、A会社の被告に対する監査契約の債務不履行に基づく損害賠償請求権を行使することになる。とすれば、監査契約の債務不履行において、A会社の旧経営陣に過失が認められる場合は、原告側の過失として、過失相殺を行うべきである。そして、本件は、被告の監査手続に過失があったとしても、A会社の旧経営陣が被告に発覚されないように、巧妙な工作をこらした粉飾であったことから、A会社側の落度は重大である。また、監査人が公益的な立場としての責任を負っているとはいえ、粉飾を発見することが相当困難な場合も考えられるから、およそ一切の過失相殺を否定することは、監査人に不可能を強いることになるし、経営者が自ら不正を行っておきながら、監査人に一切の責任を負担させることはやはり不合理である。」と判示し、過失相殺（民418条）を認める（龍田節・新注会(6)573頁は、公正な監査を担保するために反対）。

(2) 株主の権利行使に関する違法な利益供与（120条3項）の利益返還請求

　会社は、誰に対してであれ、株主の権利の行使に関し、自己又はその子会社の計算で財産上の利益を供与してはならない（120条1項）。企業経営の健全性を確保し、併せて会社財産の浪費を防止する趣旨である。株主の権利の行使に関する違法な利益供与は無効であるから、会社は利益を受けた者に対し、供与利益の返還を請求できる（120条3項前段）。120条3項前段の請求権は不当利得返還請求権の性質を有すると解されるから、会社の計算で利益供与を受けた者は会社に、子会社の計算で利益供与を受けた者は子会社に、それぞれ利益を返還すべきである。しかし、会社が返還請求をすると、会社担当者が利益供与罪や、会社荒し等贈収賄罪の自白をしたと等しい状況となるから、会社があえて利益返還を求めることは期待し難い（関俊彦・新注会(9)247頁）。このような訴え提起の懈怠可能性の弊害を回避するため、株主が会社に代わって、取締役及び執行役の会社に対する責任を追及することが認められた。

訴訟物	A株式会社のYに対する120条3項前段に基づく供与利益返還請求権

* 株主代表訴訟の原告は株主Xであるが、訴訟物は「A会社のYに対する120条3項前段に基づく供与利益返還請求権」である。
* 本件訴訟物（請求権）は、A会社のYに対する不当利得返還請求権の性質を有するが、120条3項の請求権は、民法703条そのものではない。民法703条と別に会社法上の不当利得返還請求権として規定したのは、非債弁済、不法原因給付などの抗弁を断ち切るためである。
* 120条3項前段の請求権のうち、株式会社に対する返還義務は責任追及等の訴え（本条1項）の対象となるが、子会社に対する返還義務はその対象とはならない。

請求原因	

1　Xは、6か月（これを下回る期間を定款で定めた場合は、その期間）前から引き続きA会社株式を有する株主であること
2　A会社はYに対し、株主の権利の行使に関し、A会社又はその子会社の計算において財産上の利益の供与をしたこと
* 請求原因2は、120条1項の規定に違反して財産上の利益の供与をしたことを意味する。すなわち、A会社からYへの「利益」の移動には「法律上の原因」がないことを示す。また、供与を受けるYは、A会社の株主でなくとも、第三者であってもよい。
* 請求原因2に代えて、法律上の事実推定規定（120条2項前段・後段）の主張立証を選択することも可能である。
3　請求原因1のXは、A会社に対し、書面その他の法務省令（施則217条）で定める方法によって、Yの利益を返還することを求める訴えの提起を請求したこと
4　本訴は、請求原因3の請求の日から60日が経過した後に提起されたこと

（免　除）

抗　弁	

1　A会社はYに対し、A会社がYに対して有している120条3項前段に基づく供与利益返還請求権を免除したこと
* 株式会社又は子会社は、株式会社の総株主の同意なく、業務執行者において、業務執行の一環として、この利益供与を受けた者の義務を免除することができる。

（同時履行の抗弁）

抗弁 1　Yは、請求原因2の利益と引換えにA会社に給付した物があること
2　A会社が抗弁1の物を返還するまで、請求原因2の受けた利益の返還を拒絶するとのYの権利主張
＊120条3項後段に基づく同時履行の抗弁である。

(3)　212条1項の支払請求

　取締役（委員会設置会社の場合には、取締役又は執行役）の会社に対する212条1項に基づく責任は、会社に取締役と通謀した者に対する責任の追及を期待することは実際上困難である。このような訴え提起の懈怠の可能性を封ずるため、株主が会社に代わって、取締役及び執行役の会社に対する責任を追及する訴えを提起することが認められる。

ア　212条1項1号

　212条1項1号は、取締役と通じて著しく不公正な払込金額で募集株式を引き受けた者が、会社に対し払込金額と公正な価額との差額に相当する金額を支払う義務を負うことを定める。

訴訟物　A株式会社のYに対する212条1項1号に基づく差額相当金額払込義務履行請求権
＊本件は、A会社の新株発行に際して、Yは同社の取締役（又は執行役）と通じて著しく不公正な払込金額で募集株式を引き受けたので、株主Xが、A会社に対してYに対する提訴をすべき旨の請求をした上で、Yに対して、払込金額と募集株式の公正な価額との差額に相当する金額の支払を求めた事案である。
＊株主代表訴訟の原告は株主Xであるが、訴訟物は「A会社のYに対する212条1項1号に基づく差額相当金額払込義務履行請求権」である。

請求原因 1　Xは、6か月（これを下回る期間を定款で定めた場合は、その期間）前から引き続きA会社株式を有する株主であること
2　YはA会社の取締役（A会社が委員会設置会社の場合には、取締役又は執行役）と通じて著しく不公正な払込金額で募集株式を引き受けたこと
3　請求原因2の払込金額と募集株式の公正な価額との差額に相

当する金額
4 　請求原因1のXは、A会社に対し、書面その他の法務省令（施則217条）で定める方法によって、Yに対する支払を求める訴えの提起を請求したこと
5 　本訴は、請求原因4の請求の日から60日が経過した後に提起されたこと

イ　212条1項2号

212条1項2号は、209条（株主となる時期）の規定により募集株式の株主となった時におけるその給付した現物出資財産の価額がこれについて定められた199条1項（株式の募集事項）3号の価額に著しく不足する場合は、その募集株式の引受人は、その不足額の支払義務を負うことを定める。このような事態が生ずるのは、会社の取締役と引受人の通謀があることが多いため、その支払義務履行請求の訴えについては提訴懈怠の可能性は存在する。

訴訟物　　A株式会社のYに対する212条1項2号に基づく差額相当金額払込義務履行請求権

＊本件は、A会社の新株発行に際して、Yが209条により募集株式の株主になった時におけるその給付した現物出資財産の価額がこれについて定められた199条1項3号の価額に著しく不足するので、株主Xが、A会社に対してYに対する提訴をすべき旨の請求をした上で、Yに対して、その不足額の支払を求めた事案である。

＊株主代表訴訟の原告は株主Xであるが、訴訟物は「A会社のYに対する212条1項2号に基づく差額相当金額払込義務履行請求権」である。

請求原因　1　Xは、6か月（これを下回る期間を定款で定めた場合は、その期間）前から引き続きA会社株式を有する株主であること
2 　209条の規定により募集株式の株主になった時におけるその給付した現物出資財産の価額がこれについて定められた199条1項3号の価額に著しく不足すること
3 　請求原因2の不足額
4 　請求原因1のXは、A会社に対し、書面その他の法務省令（施則217条）で定める方法によって、Yに対する支払を求める訴えの提起を請求したこと

1134

　　　5　本訴は、請求原因4の請求の日から60日が経過した後に提起されたこと

(取消し)
抗　弁　1　Yは請求原因2の事実を知らなかったこと
　　　2　Yの抗弁1の善意につき重過失がないとの評価根拠事実
　　　＊　「重過失があるとの評価根拠事実」を再抗弁とする見解もあろうが、212条2項は、請求原因2につき「善意でかつ重大な過失がないときは」と定めており、また、212条の責任は実質的に見て追加出資の性質を有するものであるから、取消しは厳格な要件の下に認められたと解すべきであろう。
　　　3　Yは、A会社に対し、募集株式の引受けの申込み又は205条の契約に係る意思表示を取り消したこと

(4) 285条1項の支払請求
ア　285条1項1号
　285条1項1号は、取締役（委員会設置会社の場合は、取締役又は執行役）と通じて金銭の払込みを要しないこととする条件が著しく不公正な条件であるときにその新株予約権を引き受けた者が、会社に対し、公正な価額を支払う義務を負うことを定める。まさに取締役（又は執行役）と引受人との通謀が要件とされていることが示唆するとおり、提訴懈怠の可能性は高いと考えられる類型である。

訴訟物　　A株式会社のYに対する285条1項1号に基づく公正な価額払込義務履行請求権
　　　＊本件は、YはA会社の新株予約権を行使した新株予約権者であるが、238条1項（新株予約権の募集事項）2号所定の場合で、募集新株予約権につき金銭の払込みを要しないこととすることが著しく不公正な条件であり、Yは取締役（又は執行役）と通じて新株予約権を引き受けた場合であるので、株主Xが、A会社に対してYに対する提訴をすべき旨の請求をした上で、Yに対して、新株予約権の公正な価額の支払を求めた事案である。
　　　＊株主代表訴訟の原告は株主Xであるが、訴訟物は「A会社のYに対する285条1項1号に基づく公正な価額払込義務履行請求権」である。

第847条　1135

請求原因　1　Xは、6か月（これを下回る期間を定款で定めた場合は、その期間）前から引き続きA会社株式を有する株主であること
2　A会社が新株予約権を募集するに当たり、新株予約権と引換えに金銭の払込みを要しないこととする場合（238条1項2号の場合）において、そのことが著しく不公正な条件であること
3　Yは取締役（A会社が委員会設置会社の場合には、取締役又は執行役）と通じて新株予約権を引き受けたこと
4　Yは請求原因3の新株予約権を行使したこと
5　請求原因3の新株予約権の公正な価額
6　Xは、A会社に対し、書面その他の法務省令（施則217条）で定める方法によって、Yに対する支払を求める訴えの提起を請求したこと
7　本訴は、請求原因6の請求の日から60日が経過した後に提起されたこと

イ　285条1項2号
　285条1項2号は、取締役（又は執行役）と通じて著しく不公正な払込金額で新株予約権を引き受けた者が、会社に対し、払込金額と公正な価額との差額に相当する金額を支払う義務を負うことを定める。285条1項1号と同様に、通謀が要件とされており、これも提訴懈怠の可能性は高い類型である。

訴訟物　A株式会社のYに対する285条1項2号に基づく差額相当金額払込義務履行請求権
＊本件は、YはA会社の新株予約権を行使した新株予約権者であるが、238条1項3号所定の場合で、取締役（又は執行役）と通じて著しく不公正な払込金額で新株予約権を引き受けた場合であるので、株主Xが、A会社に対してYに対する提訴をすべき旨の請求をした上で、Yに対して、払込金額とその新株予約権の公正な価額との差額に相当する金額の支払を求めた事案である。
＊株主代表訴訟の原告は株主Xであるが、訴訟物は「A会社のYに対する285条1項2号に基づく差額相当金額払込義務履行請求権」である。

1136

請求原因
1　Xは、6か月（これを下回る期間を定款で定めた場合は、その期間）前から引き続きA会社株式を有する株主であること
2　A会社が新株予約権を募集するに当たり、新株予約権と引換えに金銭の払込みを要することとする場合（238条1項3号の場合）において、YはA会社の取締役（A会社が委員会設置会社の場合には、取締役又は執行役）と通じて著しく不公正な払込金額で新株予約権を引き受けたこと
3　Yは請求原因2の新株予約権を行使したこと
4　請求原因2の払込金額とその新株予約権の公正な価額との差額に相当する金額
5　Xは、A会社に対し、書面その他の法務省令（施則217条）で定める方法によって、Yに対する支払を求める訴えの提起を請求したこと
6　本訴は、請求原因5の請求の日から60日が経過した後に提起されたこと

ウ　285条1項3号
　285条1項3号は、新株予約権を行使することによって株主となった（282条）時におけるその給付した現物出資財産の価額がこれについて定められた236条1項3号の価額に著しく不足する場合は、その募集株式の引受人は、その不足額の支払義務を負う。このような事態が生ずるのは、285条1号・2号と異なり法律要件とされていないが、実際上、会社の取締役（又は執行役）と株主の通謀があることが多いため、その支払義務履行請求の訴えについては提訴懈怠の可能性は存在する。

訴訟物　　A株式会社のYに対する285条1項3号に基づく不足額払込義務履行請求権
　　＊本件は、YはA会社の新株予約権を行使した新株予約権者であるが、282条の規定により株主となった時におけるその給付した現物出資財産の価額がこれについて定められた236条1項3号の価額に著しく不足するので、株主Xが、A会社に対してYに対する提訴をすべき旨の請求をした上で、Yに対して、不足額の支払を求めた事案である。
　　＊株主代表訴訟の原告は株主Xであるが、訴訟物は「A会社のYに対する285条1項3号に基づく不足額払込義務履行

請求権」である。

請求原因
1 Xは、6か月（これを下回る期間を定款で定めた場合は、その期間）前から引き続きA会社株式を有する株主であること
2 YはA会社の新株予約権を行使した新株予約権者であること
3 Yは、請求原因2の権利行使日（282条の規定により株主となった時）におけるその給付した現物出資財産の価額がこれについて定められた236条1項3号の価額に著しく不足すること
4 請求原因3の不足額
5 請求原因1のXは、A会社に対し、書面その他の法務省令（施則217条）で定める方法によって、Yに対する支払を求める訴えの提起を請求したこと
6 本訴は、請求原因5の請求の日から60日が経過した後に提起されたこと

（取消し）
抗弁
1 Yは請求原因3の事実を知らなかったこと
2 Yの抗弁1の善意につき重過失がないとの評価根拠事実
＊「重過失があるとの評価根拠事実」を再抗弁とする見解もあろうが、285条2項は、「善意でかつ重大な過失がないときは」と定めていること、また、285条1項の責任は実質的に見て追加出資の性質を有するから、取消しは厳格な要件の下に認められたものと解すべきであろう。
3 Yは、A会社に対し、新株予約権の行使に係る意思表示を取り消したこと

7　提訴期間
　会社が本条1項の請求のあった日から60日以内に訴えを提起しないときは、その請求をした株主は会社のために訴えを提起できる（本条3項）。逆に言うと、株主が取締役の責任を追及する訴えを提起するには、事前に会社に対して訴えの提起を請求した日から60日以内には訴えを提起してはならないのは、取締役の責任を追及する訴えの訴訟物は、会社の取締役に対する請求権であり、本来、この訴訟物について原告適格を有するのは会社であるから、まずは会社にその訴訟追行の機会が与えられるべきであり、会社がその機会を与えられたにもかかわらず、訴えを提起しないときに初めて、株主に、会社のためにその訴訟追行の適格を与えるのが相当であるからである。

したがって、株主が会社に対して訴えの提起を請求することなく訴えを提起し、その後に会社に対して同一の訴えの提起を請求した場合には、仮に会社がその請求に応じて訴えを提起したとしても、その訴えは、二重起訴に当たるとして却下されるおそれがあるから（民訴142条）、会社に真に訴えを提起する機会を与えたことにならないので、株主の訴えは瑕疵が治癒されず、不適法却下を免れない（東京地判平成4年2月13日判時1427.137）。

本条5項本文は、本条1項及び3項所定の期間の経過によって会社に回復できない損害を生ずるおそれがある場合には、本条1項及び3項の規定にかかわらず、本条1項の株主は直ちに本条4項の訴えを提起できることを定める。例えば、会社の責任追及等の対象者に対する損害賠償請求権が消滅時効にかかるおそれがある場合である。なお、この提訴請求の省略は、本条1項ただし書の定める訴権濫用の場合に認められないのは当然であろう（本条5項ただし書）。

8　不提訴理由の開示
(1)　不提訴理由の通知の趣旨

会社は、本条1項の規定により株主からその役員等の責任追及の訴えの提起の請求を受けた場合に、その請求の日から60日以内に責任追及の訴えを提起しないときは、請求をした株主や請求の対象とされた役員等から請求があれば責任追及の訴えの提起をしない理由を、書面その他の法務省令で定める方法により、遅滞なく通知しなければならない（本条4項）。施行規則218条は、この通知の方法について、①株式会社が行った調査の内容（同条1号）、②役員等の責任又は義務の有無についての判断及びその理由（同条2号）、及び、③役員等に責任又は義務があると判断した場合において責任追及の訴えを提起しないときはその理由（同条3号）を記載した書面の提出（又はこれらの事項の電磁的方法による提供）によるべき旨を定めている。上記①は、②の判断の基礎とした資料を含むものである（同条1号括弧書）。③は、審理への影響と監査役の判断の限界の関係で、予備的記載にする等の慎重な配慮を要する。この記載如何によっては、役員等の防御権を事実上奪う結果となる可能性もあるので、慎重な対応が必要となる。

不提訴理由の通知の趣旨は、①役員等の責任の有無を判断するための資料の多くは会社が保有しており、紛争の適切な解決のためには、提訴請求に対し会社が充実した調査をすることが重要であるため、その目的に資する趣旨で提訴請求株主に不提訴理由の開示請求権を与えたこと、②役員間の馴合いで提訴しない事態が生じないよう牽制することにとどまらず、③株主等が代

表訴訟を遂行する上で必要な訴訟資料の収集を可能にすることなどにある。
(2) 不提訴理由の通知の効果

　会社から不提訴の理由の通知を受けると、株主は、会社が取締役に責任がないとした判断資料を得ることができ、これにより、株主は不提訴理由の通知内容を利用して提訴・訴訟追行をする場合もあるし、逆に、代表訴訟の提起を止める場合もある。東京地決平成9年5月30日資料版商事159.103は、旧商法当時の事案であるが、監査役の株主への通知書を株主の「悪意」の一資料とした。他方、提訴対象とされた取締役等も、自己に責任がないこと又は会社が提訴しない理由を知ることにより、その後、株主代表訴訟が提起されても、それに対する防御方法を得ることができる。更に、請求があれば不提訴の理由を通知しなければならない制度は、会社も提訴するか否かの判断を慎重にすることになる。

(3) 不提訴理由の通知の内容と監査役の責任

　本条4項の不提訴理由の通知制度によって、不提訴理由の通知に応じる義務のほか、いかなる法的効果が生じるのかは明らかでない。提訴請求後の株主代表訴訟で原告株主が勝訴したとしても、監査役が合理的な情報収集を経て誠実に不提訴の判断を下した限り、原則として任務懈怠とはならない。

9　訴訟目的の価額算定

　本条6項は、本条3項又は5項の訴えの訴訟目的の価額算定については財産上の請求ではない請求に係る訴えとみなすとしている。したがって、民事訴訟費用等に関する法律4条2項が適用され、その訴額は160万円とみなされ、同法3条1項によって、代表訴訟の申立手数料は、13,000円で足りることとなる（同法別表1・1(2)）。

10　担保提供
(1) 担保提供申立ての効果

　株主が株主代表訴訟を提起したときは、裁判所が被告の申立てによって相当の担保を供すべきことを命じ得る（本条7項）。本条の担保提供は、訴訟要件の1つであり、抗弁事実と解される（兼子一・民事訴訟法体系149頁）。同項に定める代表訴訟の提起につき供すべき担保については、民事訴訟法81条によって被告の応訴拒絶権に関する民事訴訟法75条4項が準用される。民事訴訟法75条4項は、妨訴抗弁（本案についての審理拒絶権）の典型と解されている。担保の申立てに対しては、裁判所は決定をもって応答するが、担保供与決定（民訴75条5項・6項）がされると、原告が所定額の担

保を提供するまで、却下決定がされたときはその確定まで、被告は応訴を拒むことができる。却下決定は即時抗告に服し（民訴75条7項）、即時抗告は執行停止の効力を有するから、却下決定が確定するまで訴訟を進行することができない。被告が適法に応訴を拒んでいる限り、裁判所は、口頭弁論又は準備手続の期日を指定して、訴訟を進行させてはならない（兼子一原著・条解民事訴訟法［第2版］339頁）。

(2) 悪　　意
ア　意　義

　被告が本条7項の申立てをするには、責任追及等の訴えの提起が「悪意」によるものであることを疎明しなければならない（本条8項）。この「悪意」については、見解が分かれている。従来は、原告が被告を害することを知るとする見解（悪意説）と、単なる悪意を越えて不当に被告を害する意思を有していることとする見解（害意説）があり、総会決議取消訴訟や同無効確認訴訟に係る担保提供の「悪意」については害意説が通説といえた（岩原紳作・新注会(5)365頁）。しかし、株主代表訴訟の担保提供の「悪意」については、害意説でなく、悪意説が通説といわれる（岩原紳作「代表訴訟と株主の害意」判タ 948.134-135）。また、多数の裁判例の集積があり、被告が会社に対して責任を負うべき理由がないのにあえて提訴する（提訴が不法行為と評価できる）「不当訴訟要件」と、不法不当な利益を得るなど、正当な株主権の行使と相容れない目的で提訴する「不法不当目的要件」とに区別する見解（江頭・株式会社法462頁）が有力である。

　因みに、東京高決平成7年2月20日判タ 895.252 は、「訴えの提起が不当訴訟であるとして、その訴えの原告に損害賠償義務が認められるのは、故意による場合だけではなく過失による場合（重大な過失に限るかどうかはともかく）も含むと解されるが、原告が過失によって自己の請求に理由がないことを知らずに訴えを提起したことが疎明された場合にまで、担保提供を命ずることができると解することは、『悪意』という文言にそわないものであって、相当ではないといわなければならない。そして、請求に理由がないことの疎明がある場合とは、原告が請求原因として主張する事実をもってしては請求を理由あらしめることができない場合（主張自体が失当である場合）、請求原因事実の立証の見込みが極めて少ないと認められる場合、又は、被告の抗弁が成立して請求が棄却される蓋然性が高い場合などがあげられる。そして、右の事情を認識しながら訴えを提起していると一応認められるならば、自己の請求が理由のないことを知って訴えを提起したものと推認することができる。」と判示する。

上記の主張自体失当について敷衍すると、代表訴訟の当初の段階において、請求原因事実を完全に整えることは困難であるから、訴え提起後補充することは認めるべきであるとする見解がある。しかし、代表訴訟の訴訟物が、会社の取締役に対する請求権であり、株主が訴えに及ぶ前提として、会社に対し会社自身が取締役に対し訴えを提起すべき責任を特定して書面で通知すべきことを要求している以上、株主が提起した代表訴訟の訴訟物はもちろん、その請求原因事実は前記の書面で指摘した事実と同一性を欠くような事実にまで変更することはできない。仮に、そのような追加的変更をしても不適法却下を免れないであろう。
　ところで、担保提供命令の発令は、平成9年以後は、急激に減少した。これは、不当訴訟の類型の悪意の審査は本案審理と重複するところも多く、本案の審理を進めて終局的解決を促進する方針によるものであろう（小林久起「東京地裁における商事事件の概況〔上〕」商事1580.7、永井裕之「大阪地裁における商事事件の概況」商事1658.6）。
　イ　疎明責任
　本条8項が、「被告が前項の申立てをするには、責任追及等の訴えの提起が悪意によるものであることを疎明しなければならない。」と定めているとおり、被告に原告の悪意についての疎明責任があることは明らかである。
(3) 担保提供命令の効果
　担保提供命令が発令されて確定した場合に、原告が命ぜられた期間内に担保を提供しないときは、責任追及の訴えは、判決で却下される（民訴78条、81条）。第1審で発令された担保提供命令が即時抗告され、抗告審で棄却されたときは、その時に命令は確定する。特別抗告又は許可抗告の申立てがされても、これら申立ては執行停止の効力がない（民訴334条1項参照）。そのため、命ぜられた期間内に担保提供がないと、判決で訴えは却下される。

11　責任追及等の訴えの判決の効力
(1) 会　　社
　責任追及等の訴えにより原告が受ける判決は、勝訴・敗訴の如何を問わず、本来の訴訟適格者である会社に対し同一の効力を及ぼす（民訴115条1項2号）。
(2) 原告株主以外の株主
　株主代表訴訟が原告株主の敗訴に終わった場合に、他の株主が同一訴訟を提起することができるか否かという問題がある。訴訟担当者が訴訟物たる権利関係についても当事者適格を本人に代わって行使するものである以上、本

人がその権利関係についてもはや行うことができない主張は、担当者もすることができなくなると解すべきである（代位債権者の法定訴訟担当者について伊藤・民事訴訟法557頁）。この理は、株主代表訴訟の場合も同様に解し得る。この効力は、訴訟担当に基づく訴訟法上の効果であって反射的効果というべきである（当事者間の判決の効力を第三者が援用、又は当事者が第三者に対して判決の効力を主張できると説かれる「反射効」とは異なる）。

　原告から訴訟告知を受けた会社がする公告（849条4項）と再審の訴えが通常より広く認められていること（853条1項）から他の株主に対する手続保障は確保されていることなどからも、株主代表訴訟の判決の効力は、原告以外の株主に対しても及ぶと解される（北沢正啓・新注会(6)358頁）。

12　認容確定判決の強制執行

　原告勝訴判決の執行については、原告株主に執行債権者の適格を認めるか否かで見解が分かれている。裁判実務は、肯定説によっているようである。

(1)　肯　定　説

　会社が強制執行に及ばないことがあり得るので、制度の実効性を図るために、原告株主が第1次的な執行債権者適格を有し、会社は民事執行法23条1項2号に基づいて執行債権者たり得るとし、金銭執行の方法により、配当の受領資格を有するのは会社とする見解である（霜島甲一「株主代表訴訟における強制執行の可否・方法」ジュリ1062.80）。多数説といえよう。新谷勝・会社訴訟・仮処分の理論と実務［第2版］417-418頁は、①株主代表訴訟の原告が実体法上の管理権を持たず、執行につき固有の利害関係を有さないことは、自己への給付を求め得ないことを意味するにとどまり、原告の執行債権者適格の否定に結びつくものではない、②民事執行法23条1項1号の、債務名義に表示された当事者とは原告であり、同項2号の他人とは会社であるから、執行債権者から原告を排除する必要はなく、原告は本来の執行債権者適格者の会社と並んで執行債権者適格を有することなどを理由とする。

(2)　否　定　説

　執行債権者たる適格は会社のみであると解すべき見解が説かれている（伊藤眞「株主代表訴訟の原告株主と執行債権者適格（上）（下）」金法1414.6、1415.13）。その根拠とするところは、以下の3点である。すなわち、①民事執行法23条1項1号にいう「債務名義に表示された当事者」は訴訟物たる権利の主体である会社を意味するものであり、法定訴訟担当者たる原告株主は訴訟追行権を有し、勝訴判決を得て、弁護士費用の償還を求めることはできるが、執行債権者たる適格は与えられない。②代表訴訟の訴訟物は会社の

被告取締役に対する損害賠償請求権であり、原告株主は本条の要件を満たして訴訟物について訴訟追行権を取得する。その意味で、他の債権者代位等の法定訴訟担当と共通性がある。しかし、代位債権者は第三債権者に対して一定の給付を求める実体法上の権能（実体法上の管理権）を認められるのに対し、代表訴訟の原告株主は訴訟物たる会社の損害賠償請求権について訴訟追行権は認められるものの、その基礎として実体法上の管理権は与えられていない。このことは、本条 3 項が「当該請求をした株主は、株式会社のために、責任追及等の訴えを提起することができる。」と規定し、民法 423 条が権利自体の代位行使を認めていることとの違いに現れるのである。③類似の問題と解されてきた第三者のための契約における要約者の地位と、代表訴訟の原告株主の地位との間には、判決主文において確定され、債務名義における執行債権となる権利との関係に重大な差異がある。

● (訴えの管轄)

第848条 責任追及等の訴えは、株式会社の本店の所在地を管轄する地方裁判所の管轄に専属する。

1 本店の所在地

　本条は、責任追及等の訴えが、株式会社の本店所在地の地方裁判所の専属管轄であることを定める。本店所在地に意義については見解が分かれる。すなわち、定款で定めて商業登記簿上に記載されている本店所在地をいうという形式説（東京高決平成 11 年 3 月 24 日判タ 1047.292）と、商業登記簿上の記載にかかわらず株式会社の実体上の本店所在地（すなわち、会社の営業を統括する場所的中心である営業所（実質的意義の本店）の所在地）をいうとする実質説（東京高決平成 10 年 9 月 11 日判タ 1047.289）とがある。

　責任追及の訴えの管轄を専属管轄とする理由は、同一行為に関して複数の訴えが提起された場合に、弁論・裁判を併合して判断の統一を図るためである。「本店の所在地」は、定款の絶対的記載・記録事項であり（27 条 3 号）、登記事項である（911 条 3 項 3 号）ことからすると、形式説が相当である。

2 専属管轄の定めのある責任追及等の訴え

　専属管轄の定めのある責任追及等の訴えは、847 条 1 項で定義されるもの

に限られる。提訴の主体は、株主に限定されず、請求権の本来の帰属主体の会社が提起する訴えも含まれる。しかし、取締役の第三者に対する責任（429条）を追及する訴えは、847条1項で定義される責任追及等の訴えには該当しないので、本条の適用はない（旧商法268条1項について、大阪高決昭和54年1月16日判タ381.154。澤口実・論点体系(6)213頁）。

● (訴訟参加)

第849条 株主又は株式会社は、共同訴訟人として、又は当事者の一方を補助するため、責任追及等の訴えに係る訴訟に参加することができる。ただし、不当に訴訟手続を遅延させることとなるとき、又は裁判所に対し過大な事務負担を及ぼすこととなるときは、この限りでない。
2 株式会社が、取締役（監査委員を除く。）、執行役及び清算人並びにこれらの者であった者を補助するため、責任追及等の訴えに係る訴訟に参加するには、次の各号に掲げる株式会社の区分に応じ、当該各号に定める者の同意を得なければならない。
　一 監査役設置会社　監査役（監査役が2人以上ある場合にあっては、各監査役）
　二 委員会設置会社　各監査委員
3 株主は、責任追及等の訴えを提起したときは、遅滞なく、株式会社に対し、訴訟告知をしなければならない。
4 株式会社は、責任追及等の訴えを提起したとき、又は前項の訴訟告知を受けたときは、遅滞なく、その旨を公告し、又は株主に通知しなければならない。
5 公開会社でない株式会社における前項の規定の適用については、同項中「公告し、又は株主に通知し」とあるのは、「株主に通知し」とする。

1　訴訟参加

　訴訟参加とは、第三者が既に係属している他人間の訴訟に加入してその訴訟手続に関与し、自己の名において訴訟行為をすることをいう。訴訟参加には、当事者として参加する当事者参加（独立当事者参加、共同訴訟参加）と、当事者とはならず既存の当事者の訴訟行為を補助する補助参加とがあ

る。本条1項本文は、株主又は会社が、「共同訴訟人として、又は当事者の一方を補助するため」責任追及等の訴えに係る訴訟に参加することができることを定めている。これは、特に株主や会社が民事訴訟法42条所定の「利害関係」の有無にかかわらず、本法上の制度として、責任追及等の訴えに役員のために「補助参加」できるとした点に意義がある（この理解については、争いがある。後記3(2)参照）。

2　共同訴訟参加
　共同訴訟参加とは、係属中の訴訟に、第三者が原告又は被告の共同訴訟人として加入する場合で、必要的共同訴訟として民事訴訟法40条の規律を受ける。類似必要的共同訴訟を発生させる参加形態である（民訴52条、民訴規20条3項）。したがって、参加する第三者は訴訟の当事者適格を有する必要がある（最判昭和36年11月24日民集15.10.2583）。株主が原告となる責任追及の訴えが係属する場合には、他の株主も、一定の株式保有要件を満たす以上、元来原告適格を有するから、原告の共同訴訟人として共同訴訟参加できることに問題はない。また、民事訴訟法の一般原則に基づいて、会社が独立当事者参加することを、本条は否定するものではないと解されよう。

3　補助参加
(1)　旧商法当時の状況
　旧商法268条2項本文は、「株主又ハ会社ハ前項ノ訴訟ニ参加スルコトヲ得」と定め、株主又は会社が民事訴訟法42条による補助参加をすることができたが、これはあくまで、民事訴訟法42条所定の「訴訟の結果について利害関係を有する第三者」の要件の充足が必要であると解されてきた。ここに「利害関係」とは、法律上の利害関係であると解されるため、特に、会社が被告取締役のために補助参加する場合について、議論があった。そして、最決平成13年1月30日民集55.1.30は、取締役の意思決定が違法であるとして取締役に対し提起された株主代表訴訟において、特段の事情のない限り、取締役を補助するために訴訟に参加することが許されるとした。すなわち同判決は、「民訴法42条所定の補助参加が認められるのは、専ら訴訟の結果につき法律上の利害関係を有する場合に限られ、単に事実上の利害関係を有するにとどまる場合は補助参加は許されない（最高裁昭和……39年1月23日……裁判集民事71号271頁参照）。そして、法律上の利害関係を有する場合とは、当該訴訟の判決が参加人の私法上又は公法上の法的地位又は法的利益に影響を及ぼすおそれがある場合をいうものと解される。」とした上

で、「取締役会の意思決定が違法であるとして取締役に対し提起された株主代表訴訟において、株式会社は、特段の事情がない限り、取締役を補助するため訴訟に参加することが許されると解するのが相当である。」と判示し、その理由づけとして、「取締役の個人的な権限逸脱行為ではなく、取締役会の意思決定の違法を原因とする、株式会社の取締役に対する損害賠償請求が認められれば、その取締役会の意思決定を前提として形成された株式会社の私法上又は公法上の法的地位又は法的利益に影響を及ぼすおそれが……あり、株式会社は、取締役の敗訴を防ぐことに法律上の利害関係を有する……からである。そして、株式会社が株主代表訴訟につき中立的立場を採るか補助参加をするかはそれ自体が取締役の責任にかかわる経営判断の1つであることからすると、補助参加を認めたからといって、株主の利益を害するような補助参加がされ、公正妥当な訴訟運営が損なわれるとまではいえず、それによる著しい訴訟の遅延や複雑化を招くおそれはなく、また、会社側からの訴訟資料、証拠資料の提出が期待され、その結果として審理の充実が図られる利点も認められる。」と判示した。しかし、なお、民事訴訟法42条の要件を充足することが前提であるとして、判旨のいう「特段の事由」の有無を巡って争いは生じ得た。

(2) 本条1項の意義

本条1項は、民事訴訟法42条の補助参加ではなく、本法独自の補助参加の制度を認めた。その理由について、相澤・新一問一答251頁は、「代表訴訟の訴訟物は会社の有する損害賠償請求権であり、また、その基礎となる事実は、会社の営業や運営に密接にかかわるものである以上、会社がその訴訟の結果（訴訟物についての判断およびその理由）について利害関係を有しないことはほとんど考えられないうえ、会社は、原告が勝訴した場合には、原告である株主から費用の支払請求を受ける立場にあるから、訴訟の遂行方法についても重大な利害関係を有しているといえる。それにもかかわらず、会社が取締役側に補助参加をするたびに、その可否をめぐる争いが生ずるとすれば、裁判の迅速性や訴訟経済の点からも望ましくない。」という（江頭・株式会社法464頁、神田・会社法248頁など。通説）。これに対し、新谷勝・会社訴訟・仮処分の理論と実務[第2版]408頁は、会社の株主代表訴訟への参加と補助参加を同一条文で規定した（本条1項）としても、補助参加の利益を問題にせず、被告取締役に補助参加できると即断できないとして、その理由について、「会社の原告への参加は、株主が代表訴訟を提起した後は、会社は二重提訴となるから取締役等の責任追及訴訟を提起できないが、その代わりに参加を認めるのであり、参加は当事者としての参加（共同訴訟参

加）であるから、参加の利益を問題にする必要がない。これに対して、会社が被告取締役に補助参加する場合は、補助参加の利益を必要とすることは、民事訴訟法上の参加であることから明らかである。」という（笠井正俊「株主代表訴訟の被告側への会社の補助参加の可否」会社法判例百選［第2版］144頁も同旨）。

4　不当に訴訟手続を遅延させる訴訟参加の不許

「不当に訴訟手続を遅延せしめ」というのは、参加することにより訴訟を遅延させ、あるいは理由のない引き延ばし目的の参加を認めないという趣旨である。「裁判所に対し過大な事務負担を及ぼすこととなる」というのは、例えば、不必要なほど多数の株主が参加の申出をするなど、著しく合理性に欠ける参加の申出がされた場合である。したがって、裁判所の負担がある程度増えることでは足らないし、また、裁判所の負担が大きくなっても、正当な参加申出の場合は、この要件を満たさないと考えられるから、裁判所は参加申出を却下できない。不当に訴訟手続を遅延させ、又は裁判所の負担を著しく大きくする場合に該当するか否かは、当事者の主張がなくても、訴訟が係属する裁判所が職権で判断すべきである。そして、不当に訴訟手続を遅延させ、又は裁判所の事務負担を著しく大きくすると裁判所が判断した場合は、参加申出を却下することになる。

5　会社が取締役等の補助参加をするについての監査役等の同意

(1) 会社が取締役等（取締役（監査委員を除く）、執行役及び清算人並びにこれらの者であった者）に補助参加する場合

本条2項は、会社が取締役等のために補助参加するには、監査役等（監査役又は監査委員）の同意を得なければならないとしている。会社が被告側に補助参加するという判断は、場合によっては企業不祥事を隠蔽することともなるので、その判断の適正を確保するために、手続的要件として、監査役設置会社では監査役の同意、また委員会設置会社では各監査委員の同意を必要としたのである。同意を欠く補助参加の申出は、有効要件を欠くものとして無効である。この同意を得た上で参加する会社を代表する者は本来の会社代表者（取締役、代表取締役、代表執行役）と解される（名島亨卓＝森岡泰彦＝川原田貴弘＝小濱浩庸・類型別会社訴訟Ⅰ298頁）。

(2) 会社が原告株主側に訴訟参加をする場合

この場合には、監査役や監査委員の同意は不要である。会社が原告側に共同訴訟参加する場合及び会社が原告株主側に補助参加する場合は、会社と取

締役との間の訴えにおける会社の代表の原則どおり、監査役設置会社では監査役が会社を代表する。

6　訴訟告知

　株主は、責任追及等の訴えを提起したときは、遅滞なく、株式会社に対し、訴訟告知をしなければならない（本条3項）。訴訟告知は、訴訟に参加することのできる第三者に参加の機会を与える機能を有するが、告知をする株主側の主な意義は、補助参加の利益を有する被告知者が参加をしなかった場合に、その者に対して参加的効力を及ぼすところにある（民訴53条4項）。一般に、訴訟告知をするか否かは任意であるが（民訴53条1項）、株主が取締役等の責任追及の訴えを提起したときは、義務的である。この訴訟告知に応じて、株式会社が株主のために補助参加をするという選択をすることが可能であることは当然である。しかし、提訴請求を受けて会社が提訴しなかった上で株主が責任追及の訴えを提起しているのであるから、訴訟告知に応じて会社が株主のために補助参加するということは稀であろう。

　また、株式会社は、責任追及等の訴えを提起したとき、又は本条3項の訴訟告知を受けたときは、遅滞なく、その旨を公告し、又は株主に通知しなければならない（本条4項）。公開会社でない株式会社の場合には、公告を選択することができず、株主に通知する必要がある（本条5項）。これは、他の株主に訴訟の存在を知らせることを目的とする。これによって、新たに別の株主から代表訴訟が提起されることもあるが、その場合には、それら複数の訴訟は、当事者適格こそ各株主に認められるが、権利義務の帰属者（被担当者）への既判力の拡張を通じて判決の効力が相互に及ぶから、類似必要的共同訴訟に当たると解すべきである。それら事件は併合されて審理されることとなる。最判平成12年7月7日民集54.6.1767は、「商法267条に規定する株主代表訴訟は、株主が会社に代位して、取締役の会社に対する責任を追及する訴えを提起するものであって、その判決の効力は会社に対しても及び（民訴法115条1項2号）、その結果他の株主もその効力を争うことができなくなるという関係にあり、複数の株主の追行する株主代表訴訟は、いわゆる類似必要的共同訴訟と解するのが相当である。」と判示する。

7　訴訟参加した会社の代表者

　責任追及等の訴えに係る訴訟において、会社が一方当事者に補助参加する場合の会社代表者は、次のとおりである（弥永真生ほか・実務相談222-223頁）。

(1) 会社が被告役員側に補助参加する場合

監査役設置会社であれば監査役の同意が、委員会設置会社であれば各監査委員の同意がそれぞれ必要とされていること（本条2項）からすれば、会社が被告役員側に補助参加する場合は、代表取締役（委員会設置会社にあっては代表執行役）が会社を代表すると解される。

(2) 会社が原告株主側に補助参加する場合

ア　監査役設置会社において、取締役（取締役であった者を含む）に対する訴えの場合

監査役が会社を代表する（386条1項参照）。

イ　委員会設置会社において、執行役（元執行役を含む）又は取締役（元取締役を含む）に対する訴えの場合

監査委員がその訴えに係る訴訟の当事者である場合には、取締役会が定める者（株主総会がその訴えについて委員会設置会社を代表する者を定めた場合は、その者）、その他の場合には監査委員会が選定する監査委員が会社を代表する（408条1項参照）。

ウ　上記アイ以外の場合における取締役（元取締役を含む）に対する訴えの場合

取締役会設置会社においては、取締役会が定める者（364条参照）、その他の会社においては株主総会が定める者（353条）が会社を代表する。

エ　上記アないしウのいずれにも該当しない場合

代表取締役（委員会設置会社にあっては代表執行役）が会社を代表する（349条4項、420条3項参照）。

●（和解）

第850条　民事訴訟法第267条の規定は、株式会社が責任追及等の訴えに係る訴訟における和解の当事者でない場合には、当該訴訟における訴訟の目的については、適用しない。ただし、当該株式会社の承認がある場合は、この限りでない。

　2　前項に規定する場合において、裁判所は、株式会社に対し、和解の内容を通知し、かつ、当該和解に異議があるときは2週間以内に異議を述べるべき旨を催告しなければならない。

　3　株式会社が前項の期間内に書面により異議を述べなかったときは、同項の規定による通知の内容で株主が和解をすることを承認したものとみなす。

4　第55条、第120条第5項、第424条（第486条第4項において準用する場合を含む。）、第462条第3項（同項ただし書に規定する分配可能額を超えない部分について負う義務に係る部分に限る。）、第464条第2項及び第465条第2項の規定は、責任追及等の訴えに係る訴訟における和解をする場合には、適用しない。

1　株主代表訴訟における和解の問題点
　株主代表訴訟の和解（訴訟上の和解）には、手続的な問題があった。すなわち、①株主代表訴訟は法定代位訴訟の形式を採るため、会社の権利を行使して訴訟を担当している原告株主が会社の権利の処分となる和解をする権限があるか（原告の和解権限）、②取締役の責任を免除するためには総株主の同意が必要であるから、責任の一部を免除する和解はできないとの問題である。
　平成13年12月商法改正（同年法律第149号）で、株主代表訴訟における和解について、その障害となる問題点を除去した。すなわち、旧商法268条5項は、会社が株主代表訴訟において和解をすることができることを認め、その場合については、権利の帰属主体たる会社の意思を無視する和解がされないように、会社が訴訟に関与していない場合は、裁判所による会社に対する和解内容の通知を義務づけた上で、会社の異議がない場合に限って、和解を認めるという法制を採用した。本法は、この法制を受け継いだ。

2　会社が当事者でない訴訟上の和解の効力
(1)　会社の承認がない場合
　民事訴訟法267条は、和解等を調書に記載したときは、その記載は、確定判決と同一の効力を有すると規定する。しかし、同条は、株式会社が責任追及等の訴えに係る訴訟における和解の当事者でない場合には、その訴訟における訴訟の目的については、適用されない（本条1項本文）。会社が責任追及等の訴えに係る訴訟における当事者でない場合というのは、会社が、責任追及訴訟の原告でなく、また株主代表訴訟の当事者でない場合（すなわち、株主代表訴訟については、原告株主に共同訴訟参加していない場合、被告役員等に補助参加していない場合）を指す。和解に関与し、反対する機会が付与されていたか否かを基準にすべきであり、利害関係人として和解に参加していた場合も関与していたと解される。

本条1項は、会社の承認のない和解を否定するものではなく、その場合でも、訴訟上の和解自体は有効である。また、訴訟外の和解も無効ではない。しかし、これらの和解には、取締役の責任を免除する効力も再訴の禁止の効力も認められない（江頭・株式会社法465頁）。

(2) 会社が承認した場合

本条1項ただし書は、会社が訴訟に関与していなくても、会社が和解を承認すれば、会社に対し和解の効力が及ぶとしている。「確定判決と同一の効力」に執行力が含まれることには異論がないが、既判力を含むかについては争いがある。ただ、本法は手続的規制を置いていることからすれば、会社が和解内容を承認した場合は、その内容に会社もすべての株主も拘束され、再訴が禁止されると解される。

株主代表訴訟において、会社が和解の当事者でない場合には、裁判所は、会社に対し、和解の内容を通知し、かつ、和解に異議があるときは、2週間以内に異議を述べるべき旨を催告しなければならないこととし（本条2項）、会社が期間内に書面によって異議を述べなかったときは、株主原告が通知の内容どおりの和解をすることを承諾したものとみなすこととしている（本条3項）。したがって、上記(1)の会社の承認がない場合というのは、書面で和解に異議を述べた場合に限られる。それ以外の場合は、和解の効力は会社に及ぶ。なお、会社が訴訟告知や裁判所からの催告を受ける場合の代表者は監査役又は監査委員である（386条2項2号、408条1項2号）。

3　違法行為抑制の措置設置の和解条項

訴訟上の和解は、訴訟係属中に当事者双方が訴訟物たる権利関係について主張を互いに譲歩することにより訴訟を終了させる旨の期日における合意である。訴訟上の和解では、訴訟物たる実体法の権利義務に捉われず、社会的に妥当な柔軟な解決を選択し得る。責任追及の訴えの機能として、損害回復機能の他に違法行為抑制機能がある。判決によると、損害回復は可能であるが、会社に違法行為抑制の措置を講じることはできない。原告株主の目的が、会社に違法行為抑制措置を講じさせることである場合は、和解を選択することとなる。現に、利害関係人たる会社が将来に向けての違法行為抑制の措置を講じることを表明する和解（東京地裁平成10年10月30日成立〔資料版商事176.188〕、東京地裁平成11年12月21日成立〔資料版商事190.227〕等）がある。なお、このような業務執行に属する意思表明の主体は会社であるから、補助参加の場合と同じく、監査役又は監査委員の同意を得て、会社（代表取締役）が和解に利害関係人として参加することになる。

4　総株主の同意を要するとの規定の適用排除

55条（発起人、設立時取締役、設立時監査役の責任の免除）、120条5項（財産上の利益供与をした取締役・執行役の責任の免除）、424条（取締役、会計参与、監査役、執行役又は会計監査人の責任の免除。486条4項において準用する場合を含む）、462条3項（剰余金の配当等に関する業務執行者等の責任の免除。同項ただし書に規定する分配可能額を超えない部分について負う義務に係る部分に限る）、464条2項（買取請求に応じて株式を取得した業務執行者の責任の免除）及び465条2項（欠損が生じた場合の業務執行者の責任の免除）の規定は、その責任の免除について、いずれも「総株主の同意」を要件としている。ところが、会社による責任追及訴訟においても、株主代表訴訟においても、和解は役員等の責任の一部免除を内容とするから、総株主の同意を要する責任免除規定との抵触が生ずる。そのため、本条4項は、責任追及等の訴えに係る訴訟における和解をする場合には、前記の責任免除に関する規定の適用を排除して立法的解決を図った（訴訟上の和解では一部免除の制限額とは関係なく、取締役の責任を免除できる）。

● (株主でなくなった者の訴訟追行)

第851条　責任追及等の訴えを提起した株主又は第849条第1項の規定により共同訴訟人として当該責任追及等の訴えに係る訴訟に参加した株主が当該訴訟の係属中に株主でなくなった場合であっても、次に掲げるときは、その者が、訴訟を追行することができる。

一　その者が当該株式会社の株式交換又は株式移転により当該株式会社の完全親会社（特定の株式会社の発行済株式の全部を有する株式会社その他これと同等のものとして法務省令〔施則219条〕で定める株式会社をいう。以下この条において同じ。）の株式を取得したとき。

二　その者が当該株式会社が合併により消滅する会社となる合併により、合併により設立する株式会社又は合併後存続する株式会社若しくはその完全親会社の株式を取得したとき。

2　前項の規定は、同項第1号（この項又は次項において準用する場合を含む。）に掲げる場合において、前項の株主が同項の訴訟の係属中に当該株式会社の完全親会社の株式の株主でなくなったときについて準用する。この場合において、同項（この項又は次項において準用する場合を含む。）中「当該株式会社」とあるのは、「当該完全親会社」

と読み替えるものとする。
3 　第1項の規定は、同項第2号（前項又はこの項において準用する場合を含む。）に掲げる場合において、第1項の株主が同項の訴訟の係属中に合併により設立する株式会社又は合併後存続する株式会社若しくはその完全親会社の株式の株主でなくなったときについて準用する。この場合において、同項（前項又はこの項において準用する場合を含む。）中「当該株式会社」とあるのは、「合併により設立する株式会社又は合併後存続する株式会社若しくはその完全親会社」と読み替えるものとする。

1 　株式交換・株式の移転と株主地位

　株式交換とは、完全子会社となる甲社の全株式を完全親会社となる乙社が取得し、その代わりに、甲社の株主が乙社の株式を取得する。この株式交換により、甲社は乙社の完全子会社となり（甲社の株主は、乙社のみの1人株主）、従来の甲社の株主は、甲社の株主の地位を失い、乙社の株主となる。また、株式移転とは、完全子会社となる甲社の全株式を、新しく設立して完全親会社となる乙社が取得し、その代わりに、甲社の株主が乙社の株式を取得する。この株式移転により、甲社は乙社の完全子会社となり（甲社の株主は、乙社のみの1人株主）、従来の甲社の株主は甲社の株主の地位を失い、乙社の株主となる。つまり、株式交換又は株式移転によって、従来の甲社の株主は乙社の株主となるものの、甲社に対して行使し得た権利を、完全親会社である乙社を通じてしか行使できなくなる。

　そうすると、株主が責任追及の訴えを提起した後に株式交換又は株式移転がなされ、原告がその会社の株主でなく、完全親会社の株主になった場合に原告適格を失うかという問題が生ずる。この点について、東京地判平成13年3月29日判時1748.171は、「6月前ヨリ引続キ株式ヲ有スル株主」という提訴資格について、株式交換又は株式移転によって完全子会社となる会社の株主たる資格を喪失した場合にも、原告がその会社の株主でなくなった以上は原告適格を喪失するとして、訴えを却下しており、裁判実務においては、一般的には、原告適格は失われるとの解釈が一般的であった。しかし、①株式交換又は株式移転によって甲社の株主の地位を失い、完全親会社乙社の株主になるのは株式を売却した場合等とは異なり、自己の意思によるものではなく、会社の行為の結果、株主地位の喪失が生ずること、②原告株主

は、完全親会社の株主として、実質的な株主としての利益を持ち続けており、株主代表訴訟において原告として会社の利益を適切に代表する動機、資格を持ち続けていること、③原告株主に代わって株主となる完全親会社の経営陣は、多くの場合、株主代表訴訟の被告であるかその影響下にある者であるため、完全親会社が代わって株主代表訴訟を追行することが期待できないこと等を理由として、裁判実務に対して学説は批判的であった。

2　責任追及の訴えの継続中の株式交換・株式移転、合併と原告適格

　上記1のとおり、責任追及の訴えが継続中に株式交換・株式移転が行われた場合に、本法制定前の裁判実務は、原告適格を失うとしていたが、これに学説は批判的であった。本条は、代表訴訟の継続中に、株式の交換又は移転が行われた場合は、原告は当事者適格を継続することを定め、立法的に解決した。本条1項柱書の「責任追及等の訴えを提起した株主」とは原告株主であり、また「第849条第1項の規定により共同訴訟人として当該責任追及等の訴えに係る訴訟に参加した株主」とは、会社の提起した役員等の責任追及訴訟又は他の株主が提起した代表訴訟に共同訴訟的補助参加した株主をいう。

(1)　株式交換・株式移転

　訴訟の係属中に、株式交換又は株式移転が行われた結果、原告が完全子会社となった会社の株主でなくなった場合も、原則としては、当事者適格（原告適格だけでなく、参加人適格）を失わない。原則としてというのは、訴訟の継続中に、株式交換又は株式移転により株主でなくなったという要件のみでは不十分であり、完全親会社の株式を取得したとき、つまり完全親会社の株主となることが必要とされているからである。すなわち、株式交換又は株式移転がされた場合、一般に、その会社の株主は、完全親会社の株主となり、完全親会社の株式を取得する。この場合は、株主としての地位の実質的な同一性が失われないから、当事者適格を失うことはない。しかし、完全親会社の株式の交付に代えて現金の交付もできる。この場合は、株式を取得しないから完全親会社の株主とならず、完全親会社とも絶縁する。したがって、当事者適格を継続させる必要がないから、当事者適格は失われる。

(2)　合　　併

　原告が株主である会社が合併により消滅する場合も、(1)と同様の問題が生ずる。この場合は、理論的に当事者適格は失わない。すなわち、合併の消滅会社となる会社において株主代表訴訟が継続しており、合併により原告株主が存続会社又は新設会社の株主となる場合は、旧商法及び民事訴訟法の解

釈として、消滅会社の株主たる地位が存続会社等に包括承継されるため、原告株主はその訴訟の原告適格を喪失しないものと解し得た。しかし、合併を初めとする組織再編行為の対価の柔軟化が認められると、消滅会社株主が合併によって存続会社等の株主となる場合でも、それを一律に消滅会社株主の地位の存続会社又は新設会社による包括承継と解し得るかは疑義が生ずるので、法律関係の明確化を図って、本条1項2号は株式交換又は株式移転が行われた場合（本条1項1号）と併せて、規定を設けた。すなわち、原告が株主である会社が、合併により消滅する会社であるが、原告が合併により設立する株式会社又は合併後存続する株式会社若しくはその完全親会社の株式を取得し、その株主となった場合は、当事者適格を失わない。しかし、合併の場合は存続会社又は新設会社の株式の交付に代えて現金の交付をすることが可能である。現金の交付を受けた場合は、存続会社又は新設会社の株主ではなくなるので、当事者適格の継続を認める必要がないから、当事者適格を失うこととなる。

3　株式交換、株式移転又は合併を繰り返した場合の原告適格

　原告が株式交換、株式移転又は合併により完全親会社や存続会社等の株主となった後は、本条1項が準用される。例えば、完全親会社が、更に株式交換、株式移転又は合併をした場合に、原告が更にその完全親会社又は存続会社等の株主となっている限り、原告適格を喪失しない（本条2項・3項）。

　株式交換、株式移転又は合併が3回以上繰り返される場合には、その株式交換．株式移転又は合併の直前に行われた株式交換、株式移転又は合併が、本条2項の「この項又は次項において準用する場合」又は同条3項の「前項又はこの項において準用する場合」に該当するため、この2項又は3項のいずれかの規定に基づき同条1項が準用されることとなると解される。

　因みに、原告株主が株主代表訴訟を提起した後、対象会社が株式交換を行ったため、原告株主が完全親会社の株式を取得した場合において、その完全親会社が完全子会社となった対象会社の株式の一部を第三者に譲渡する等によって完全親会社でなくなったとき、原告株主は原告適格を喪失するかについては、明文の規定がない。完全親会社による第三者への株式譲渡が、株主代表訴訟を免れるための仮装行為にも等しい取引であった場合には、原告株主の原告適格は失われないと解すべきである。

　なお、株主代表訴訟以外にも、株主であることを原告適格の要件とする訴訟がある。このような訴訟が係属している際に株式交換等が行われた場合、原告適格の喪失の有無について規定がない。しかし、株式交換等の後も原告

株主の株式会社に対する利害関係が継続し、かつ、株式交換等によりその訴訟の訴えの利益が消滅することがない限り、その株主は原告適格を喪失すると解すべきではない（本条の類推適用）。

4 多重代表訴訟
(1) 意　義
　多重代表訴訟とは、子会社の役員等の子会社に対する責任について、子会社が子会社の役員等に対して責任追及をしない場合に、親会社の株主自らが原告となって、子会社に代わり、子会社の役員等を被告とする訴訟を提起することを認める制度である。現行法は、これを認めていない。すなわち、現行の責任追及の訴えを提起する株主は、6か月前からその会社の株主であり、かつ訴訟の係属中引き続き株主でなければならない。したがって、親会社の株主は、法律的には別の権利主体である子会社の役員等の責任を追及するための当事者適格が認められない。例外として、株主が会社役員を被告として株主代表訴訟を提起した後にその会社が株式交換又は株式移転によって他の会社の子会社となり、原告であった株主が親会社の株主になった場合は、引き続きその株主が子会社役員に対する株主代表訴訟を続行できる（本条1項1号）。しかし、これは、株主代表訴訟が係属中に株式交換又は株式移転により完全子会社化が行われた場合に限られており、役員の責任が発生した後に株主代表訴訟を提起する前に株式交換又は株式移転がされて親会社の株主となった場合は、その株主は株式交換又は株式移転によって子会社となった会社の役員に対して株主代表訴訟を提起できない。

(2)「会社法制の見直しに関する要綱」（法制審議会平成24年9月7日承認答申）
　法制審議会は「会社法制の見直しに関する要綱」を、平成24年9月7日、承認し、法務大臣に答申したが、その中に、多重代表訴訟制度を導入することとしている。導入の理由は、概ね次のとおりである。
　親会社自身は子会社株式を保有するのみで自らは事業を行わない純粋持株会社の場合が典型であるが、親会社の株主は、子会社の事業活動に対して実質的に出資を提供しているにもかかわらず、子会社の役員の任務懈怠により子会社に損害が生じ、それにより親会社の株式の価値の毀損が生じたとしても、現行制度では、株主代表訴訟を提起できるのは、その会社の株主に限られるため、親会社の株主は、子会社の役員に対して株主代表訴訟を提起できない。また、子会社役員の任務懈怠が認められる場合には、親会社は、子会社の株主として、株主代表訴訟により子会社役員の責任を追及することがで

きるが、親会社の役員と子会社の役員の間では、企業グループの同僚意識から責任追及がされないおそれがある。このように、親会社株主による出資により営まれる子会社事業に対して、出資を提供した親会社株主の監督が及ばないのは問題であるとする。

もちろん、親会社の取締役が関与した子会社取締役の行為に基づいて子会社に損害が生じ、その結果、親会社に損害が生じた場合は、子会社の管理を行う親会社の取締役の責任を問い得る（最判平成5年9月9日民集47.7.4814）。しかし、この方法では、子会社の損害回復と子会社取締役の責任は解決されない。更に、親会社の損害を子会社株式の価値の低下によるものの場合は、子会社の損害と親会社の損害とを同じものではない。また、子会社の損害発生に親会社取締役の関与がない場合は、監視義務違反の問題であるが、事業活動は子会社の経営者が独自に行っているから、親会社の取締役の責任を認め難い。そこで、「多重代表訴訟」の導入に至った。

導入される予定の内容であるが、①多重代表訴訟を提起できる株主は最終完全親会社の株主に限定される。②子会社のみならず最終完全親会社にも損害が生じていることを要件とする。③責任追及の対象は、責任の原因となった事実が生じた日において重要な子会社である株式会社の取締役等の責任に限定されている。④重要な子会社であるか否かは、その子会社の株式の帳簿価額が最終完全親会社の総資産額の5分の1超であるかどうかを基準に判断する。⑤提訴できる最終完全親会社の株主について、総株主の議決権の100分の1以上の議決権又は発行済株式の100分の1以上を有することが求められるなどである。

● (費用等の請求)

第852条 責任追及等の訴えを提起した株主が勝訴（一部勝訴を含む。）した場合において、当該責任追及等の訴えに係る訴訟に関し、必要な費用（訴訟費用を除く。）を支出したとき又は弁護士若しくは弁護士法人に報酬を支払うべきときは、当該株式会社に対し、その費用の額の範囲内又はその報酬額の範囲内で相当と認められる額の支払を請求することができる。

2 責任追及等の訴えを提起した株主が敗訴した場合であっても、悪意があったときを除き、当該株主は、当該株式会社に対し、これによって生じた損害を賠償する義務を負わない。

3 前2項の規定は、第849条第1項の規定により同項の訴訟に参加し

た株主について準用する。

1　株主勝訴の場合
　本条1項は、責任追及等の訴えを提起した株主が勝訴（一部勝訴を含む）した場合において、その訴訟を行うのに必要と認めるべき費用であって、訴訟費用（民訴費2条に定めるもの）でないもの（例えば、事実調査費用）を支出したとき、又は弁護士に報酬を支払うべきときは、株主は会社に対しその費用の範囲内又はその報酬額の範囲内において相当な額の支払を請求することができること（費用償還請求権）を定める。
(1)　勝訴の意義
　本条1項の「勝訴」とは、和解した場合を含む（東京高判平成12年4月27日金判1095.21は、訴訟上の和解により取締役が会社に対して損害賠償をする旨約した場合を含むとする）。これに対して、原告が訴えを取り下げた場合は、それが原告の求めることが実現した結果であっても、費用は請求できないと解される（最判平成17年4月26日裁判集民216.617は、町に代位して、町長の職にあった者らに対して損害賠償を請求する住民訴訟の事案であるが、この旨判示する）。実務的には、株主による責任追及訴訟が訴訟上の和解で終了する場合は、同時に、その訴訟外で原告と会社との間で、費用の支払につき和解が成立することが多い。和解と原告弁護士費用の関係について、適切に対応しないと、「会社のために」されるべき訴訟が株主全体の利益に結びつかないとして、三輪芳朗「株主代表訴訟」会社法の経済学176頁は、法と経済学との観点からであるが、アメリカの経験に基づく4点を指摘する。すなわち、「(1)代表訴訟の大部分は和解で終わる。(2)公開会社で現実に代表訴訟を引き起こす原動力は、弁護士費用を狙った原告弁護士である。(3)はじめから和解することを目的とした濫訴（strike suit）が少なくない。(4)代表訴訟は、原告株主、被告取締役、会社の3者を当事者とする訴訟である。……原告と被告は、負担を会社に押し付けながら双方の利益になる決着を図ることが可能である。」と指摘する。
(2)　相当の額
　最判平成21年4月23日民集63.4.703は、住民訴訟に関する弁護士報酬の事案であるが、「〔地方自治法〕242条の2第7項の……立法趣旨に照らすと、同項にいう『相当と認められる額』とは、旧4号住民訴訟において住民から訴訟委任を受けた弁護士が当該訴訟のために行った活動の対価として必

要かつ十分な程度として社会通念上適正妥当と認められる額をいい、その具体的な額は、当該訴訟における事案の難易、弁護士が要した労力の程度及び時間、認容された額、判決の結果普通地方公共団体が回収した額、住民訴訟の性格その他諸般の事情を総合的に勘案して定められるべきものと解するのが相当である。」と判示する。住民訴訟は住民個人の利益ではなく住民共通の利益のためにされるのであるから、株主個人の利益ではなく株主共通の利益のためにされる株主代表訴訟の場合と類似するので、前掲平成 21 年最判の基準となる要素は株主代表訴訟においても同様に解することができる。例えば、大阪地判平成 22 年 7 月 14 日判時 2093.138 は、「株主は、全株主の代表者として、会社に代わって、取締役の責任追及の訴えを提起するものであり、この株主代表訴訟において株主が勝訴したときは、これにより会社が現実に経済的利益を受けることになるのであるから、株主がそのために費やした費用をすべて負担しなければならないとすることは、衡平の理念に照らし適当とはいい難い。そこで、旧商法 268 条ノ 2 第 1 項は、株主代表訴訟を提起した株主が勝訴した場合に、その訴訟を委任した弁護士に支払うべき報酬額の範囲内で『相当ナル額』の支払を会社に対して請求することができることとしたのである。」「旧商法 268 条ノ 2 第 1 項の以上のような立法趣旨に照らすと、同項にいう『相当ナル額』とは、株主代表訴訟において株主から訴訟委任を受けた弁護士が当該訴訟のために行った活動の対価として必要かつ十分な程度として社会通念上適正妥当と認められる額をいい、その具体的な額は、当該訴訟における事案の難易、弁護士が要した労力の程度及び時間、認容された額、判決の結果当該会社が回収した額、株主代表訴訟の性格その他諸般の事情を総合的に勘案して定められるべきものと解するのが相当である。」と判示する。

訴 訟 物　　X の Y 株式会社に対する本条 1 項に基づく費用償還請求権
　　　　　　＊本件は、X が Y 会社の取締役 A に対して責任追及等の訴えを提起して、その勝訴（一部勝訴を含む）が確定したので、訴訟追行に必要であった費用を請求したところ、Y 会社との間で、その額について合意できなかったために、訴訟を提起した事案である。

請求原因　　1　X は Y 会社の取締役 A に対して責任追及等の訴えを提起して、その勝訴（一部勝訴を含む）が確定したこと
　　　　　　2　請求原因 1 の訴訟を行うのに必要と認めるべき費用であって、訴訟費用でないものを支払ったこと及びその額

3　Xが請求原因1の弁護士報酬を支払うべきこと及びその額
　　　　＊株主が、その請求する費用を支出した額及びその相当性並びに弁護士費用の相当性を基礎づける事実を主張立証しなければならない。
　　　4　請求原因2及び3のうち、Y会社が負担すべき相当額を基礎づける事実
　　　　＊会社が負担すべき相当額については、個別具体的な訴訟において、その請求額、当事者の数、事案の内容（難易度）などの諸般の事情を考慮して、弁護士の訴訟追行の対価として相当な額の諸点から客観的に決められる（神戸地判平成10年10月1日判時1674.156、前掲平成12年東京高判、東京地判平成16年3月22日判タ1158.244、前掲平成21年最判、前掲平成22年大阪地判）。

2　株主敗訴の場合
(1)　会社の敗訴株主に対する損害賠償請求
　本条2項は、株主が敗訴した場合は、株主に悪意がなければ会社に対して損害賠償の責任を負わないことを定める。稲葉・解明709頁は、会社の「損害」が代表訴訟の目的によってもたらされるものを意味するのであれば、会社は訴訟に参加することによって防止できたはずであり、その機会を利用することなくこのような主張を許してよいか疑問であるとする。

訴訟物　　　X株式会社のYに対する本条2項に基づく損害賠償請求権
　　　　＊本件は、X会社の取締役Aに株主代表訴訟を提起して敗訴が確定したYに対し、損害を被ったX会社がYは悪意があったとして損害賠償請求を求めた事案である。
　　　　＊本件の訴訟物は、民法709条そのものではなく、その特則である本条2項に基づく損害賠償請求権と解するものである。

請求原因　1　AはX会社の取締役であること
　　　　2　YはAに対して提起した責任追及等の訴えについて、敗訴し確定したこと
　　　　3　Yは、請求原因2の訴えについて悪意があったこと
　　　　＊この悪意とは、不適当な訴訟追行により敗訴し会社の権利を失わせる認識、及び、いわれない訴訟を提起することにより会社の信用失墜等の損害を与える意図の双方を含む（松田＝

鈴木・條解上 320 頁、江頭・株式会社法 465 頁）。
4　X 会社に損害が発生したこと及びその数額
5　請求原因 2 の訴えと請求原因 4 の損害との間に因果関係があること

(2) 勝訴役員等の会社に対する費用額の損害賠償請求権

　株主が全面的に敗訴（役員側の勝訴と評価できる和解を含む）した場合には、被告取締役は、弁護士報酬を含め防御に要した費用の相当額を、受任者が委任事務を処理するために受けた損害として、会社に対しての支払を求めることができるかについては、見解が分かれる。明文の規定がないことから否定説（北沢正啓・新注会(6)383 頁）もあるが、役員等と会社は委任関係にあるから、受任事務を処理するために自己に過失なくして損害を受けたときに当たり、民法 650 条 3 項の規定に基づき応訴費用の支払を請求できるとする肯定説（江頭・株式会社法 466 頁）があり、実務の運用もこれに従っている。元役員など現時点で会社と委任関係にない者についても、民法 650 条 3 項の類推適用により、支払が可能である。なお、役員等の一部勝訴の場合は、役員等に無過失が必要であるが（民 650 条 3 項）、株主の費用償還が一部勝訴の場合にも認められることとの均衡からすると、費用等の一部の支払を認めるべきであろう。

訴訟物　　X の Y 株式会社に対する民法 650 条 3 項に基づく損害賠償請求権
　　　　＊本件は、Y 会社の取締役 X が株主から責任追及等の訴えを提起されて、その勝訴が確定したので、Y 会社に防御のためにかかった費用の支払を求めたところ、その額について折り合いがつかなかったので、訴えを提起した事案である。
　　　　＊X が Y 会社の取締役を退職した後に責任追及等の訴えを提起された場合にも、民法 650 条 3 項の類推適用がされてしかるべきであろう。

請求原因　1　X は Y 会社の取締役であること
　　　　2　X は株主から責任追及等の訴えを提起されて、その勝訴（X 側の勝訴と評価できる和解を含む）が確定したこと
　　　　　＊X が勝訴したということは、X の委任事務処理に過失がなかったことを示す事実でもある。
　　　　3　請求原因 2 の訴訟を行うのに必要と認めるべき費用であっ

　　　　　て、訴訟費用でないものを支払ったこと及びその額
　　　　＊例えば、Xが弁護士報酬を支払ったこと（及びその額）が
　　　　　これに含まれる。
　　　4　請求原因2及び3のうち、Y会社が負担すべき相当額を基
　　　　礎づける事実

　3　訴訟参加株主の場合
　本条3項は、本条1項及び2項の規定を851条2項の規定に基づいて訴訟に参加した株主に準用することを定める。

●(再審の訴え)

第853条　責任追及等の訴えが提起された場合において、原告及び被告が共謀して責任追及等の訴えに係る訴訟の目的である株式会社の権利を害する目的をもって判決をさせたときは、株式会社又は株主は、確定した終局判決に対し、再審の訴えをもって、不服を申し立てることができる。
　2　前条の規定は、前項の再審の訴えについて準用する。

　1　再審の訴え
　株主が責任追及等の訴えが提訴された場合であっても、なお、原告と被告が共謀する馴合い訴訟の危険が拭えない。そこで、訴訟参加の制度とは別に、確定判決を覆す本法上の特別の再審制度が用意された（この制度は、会社訴訟（本法第7編第2章）の中でも責任追及等の訴えに限って設けられている）。本条は、民事訴訟法の一般の再審事由を緩和し、当事者について異なる定めを置く。すなわち、本条1項は、責任追及の訴えが提起された場合に、原告及び被告の共謀によって訴訟の目的である会社の権利を害する目的で判決をさせたときは、会社又は株主が確定した終局判決に対して再審の訴えにより不服の申立てができることを定める。
　なお、本条の再審の訴えは、判決に限らず、和解や請求放棄があった場合も本条が類推適用されて再審の対象となると解される（大阪地判平成15年9月24日判時1848.134参照）。この再審の訴えは、会社に限らず株主も提起できる。提訴する株主に特別の限定（継続保有や提訴請求前置）はない。ま

た、判決の確定当時に株主であった必要もない（北沢正啓・新注会(6)384頁）。

なお、稲葉・解明709頁は、「会社の権利を害する目的」が代表訴訟の目的によってもたらされるものを意味するのであれば、会社は訴訟に参加することにより防止できたはずであり、その機会を利用しないで、このような主張を許すことは疑問であるとする。

本条1項に定める再審の訴えは、再審事由と提起権者が一般の再審請求と異なるだけで、管轄裁判所、訴訟手続、再審期間などはすべて民事訴訟の規定に従う。再審の訴えは、判決確定後、再審の事由を知った日から30日以内に提起しなければならない（民訴342条1項）。

| 訴訟物 | XのY株式会社に対する本条1項に基づく再審請求権 |

＊再審の訴訟物について、原判決の取消要求の側面を独立した訴訟物と認めず、前訴訟の訴訟物のみとする1個説もあるが、2個説（原判決取消要求という独立した訴訟物と前訴訟の訴訟物）が通説である。なお、訴状には、再審の趣旨及び不服の理由として具体的な再審事由を記載する（民訴343条）。本件設例では、前訴訟の訴訟物及びその請求原因を省略した。

＊再審の訴えには、判決の取消しだけではなく、責任追及等の訴えについて再審判の求めも含まれていることから、対象となる責任追及等の訴えにおける被告が、再審の訴えにおいても当然に相手方となるが、前訴の原告も相手方に加えるべきと解される（阿部一正＝江頭憲治郎＝熊谷一雄＝稲葉威雄＝金築誠志「条解・会社法の研究(11)」別冊商事248.239）。

| 請求原因 | 1　XはY会社の株主であること |

＊再審の原告適格を有する者は、確定判決の効力を受け、その取消しを求める利益を有する者であり、原則として、前訴の当事者で全部又は一部敗訴した者である。ただ、本件のように、第三者の訴訟担当の場合の実質的利益帰属主体である株主も判決効を受けるから、当事者と並び、又はこれに代わって、再審原告となり得る。当事者適格の有無は職権調査事項である。原告適格のない者が提起した再審の訴え、又は被告適格のない者に対する再審の訴えは、いずれも却下される（最判昭和51年4月8日判時848.7）。

2　AはY会社の取締役であること
　＊再審の被告適格を有する者は、一般の事件では、再審原告との間で確定判決の効力を受け、その取消しにより不利益を受ける者であり、原則として、前訴で勝訴した当事者である。
　＊再審の訴えの相手方は、確定判決の原告及び被告である。A会社も相手方となる。
3　Y会社はAに対し、責任追及の訴えを提起したこと
4　裁判所は、請求原因3の訴えにつき請求棄却の判決をし、かつ確定したこと
5　請求原因4の請求棄却は、Y会社とAとが、共謀してY会社の損害賠償請求権を害する目的をもって判決させたものであること
　＊民事訴訟の再審の訴えと、本条の再審の訴えは、再審事由に差異がある。民事訴訟法338条1項では、1号から10号まで、その事由を限定列挙しており、責任追及等の訴えにおける馴合い訴訟を考えると、民事訴訟法338条1項5号ないし7号に当たる可能性があるが、いずれも罰すべき行為について有罪判決の確定等が要件となっており（民訴338条2項）、この要件を満たす場合は稀である。これに対して、本条の再審の事由は、原告と被告が共謀して責任追及等の訴えに係る訴訟の目的である会社の権利を害する目的をで判決をさせることである。主観的要件（「共謀」や「目的」）の立証は容易ではないが、民事訴訟法の再審事由と比較すれば、緩和されている（澤口実・論点体系(6)230頁）。
6　本訴は、請求原因4の後、請求原因5の事実を知った日から30日以内に提起されたこと

2　再審の審理と裁判

再審の訴えは、確定判決の取消しとその判決に代わる新判決を求める複合的な申立てであるから、これに対する審理手続も、再審開始許否の審理と本案の実体審理とがある。

(1) 訴訟要件・再審事由の審理

まず、訴訟要件の審理において、裁判所は、再審の訴えの訴訟要件を調査し、不適法である場合には、決定で却下する（民訴345条1項）。更に、再審事由の審理であるが、本案の審理に先立って、再審事由を審理する。再審

事由が認められない場合は、決定で再審の請求を棄却する（民訴345条2項）。この決定が確定すると、再審棄却決定の紛争解決機能を高め、法的安定を確保するために、同一事由を不服の理由として再審の訴えを提起できない（民訴345条3項）。これに対し、再審事由が認められる場合は、再審開始決定がされる（民訴346条1項）。再審手続が開始されると、確定判決が覆る可能性が生じ、相手方当事者に重大な利害を及ぼすので、予め相手方を審尋する必要がある（民訴346条2項）。以上の決定に対しては即時抗告を認めることとして、両者の利益保護を図り、本案審理前の判断を確定させて、手続の安定と経済性を確保する（民訴347条）。

(2) 本案の審理

再審開始決定が確定した場合は、裁判所は、不服申立ての限度で、本案の審理・判断をする（民訴348条1項）。本案の審理は、原訴訟の口頭弁論終結前の状態に復し、再審事由が付着する訴訟手続又は訴訟資料を取り除き、瑕疵ある手続をやり直し、当事者双方から新たに提出される訴訟資料を加えて判断をする。審理の結果、原判決を不当と認めれば、これを取り消して更にこれに代わる判決をし（民訴348条3項）、原判決を正当とするときは、再審の請求を棄却する（民訴348条2項）。

3 費用等の負担

本条2項は、852条の費用等の負担に関する規定を本条1項の訴えに準用することを定める。

第3節　株式会社の役員の解任の訴え

●(株式会社の役員の解任の訴え)

第854条　役員（第329条第1項に規定する役員をいう。以下この節において同じ。）の職務の執行に関し不正の行為又は法令若しくは定款に違反する重大な事実があったにもかかわらず、当該役員を解任する旨の議案が株主総会において否決されたとき又は当該役員を解任する旨の株主総会の決議が第323条の規定によりその効力を生じないときは、次に掲げる株主は、当該株主総会の日から30日以内に、訴えをもって当該役員の解任を請求することができる。
　一　総株主（次に掲げる株主を除く。）の議決権の100分の3（これを下回る割合を定款で定めた場合にあっては、その割合）以上の議決権を6箇月（これを下回る期間を定款で定めた場合にあっては、その期間）前から引き続き有する株主（次に掲げる株主を除く。）
　　イ　当該役員を解任する旨の議案について議決権を行使することができない株主
　　ロ　当該請求に係る役員である株主
　二　発行済株式（次に掲げる株主の有する株式を除く。）の100分の3（これを下回る割合を定款で定めた場合にあっては、その割合）以上の数の株式を6箇月（これを下回る期間を定款で定めた場合にあっては、その期間）前から引き続き有する株主（次に掲げる株主を除く。）
　　イ　当該株式会社である株主
　　ロ　当該請求に係る役員である株主
2　公開会社でない株式会社における前項各号の規定の適用については、これらの規定中「6箇月（これを下回る期間を定款で定めた場合にあっては、その期間）前から引き続き有する」とあるのは、「有する」とする。
3　第108条第1項第9号に掲げる事項（取締役に関するものに限る。）についての定めがある種類の株式を発行している場合における第1項の規定の適用については、同項中「株主総会」とあるのは、「株主総会（第347条第1項の規定により読み替えて適用する第339条第1項の種類株主総会を含む。）」とする。

4　第108条第1項第9号に掲げる事項（監査役に関するものに限る。）についての定めがある種類の株式を発行している場合における第1項の規定の適用については、同項中「株主総会」とあるのは、「株主総会（第347条第2項の規定により読み替えて適用する第339条第1項の種類株主総会を含む。）」とする。

1　趣　旨

　株式会社の役員（取締役、会計参与及び監査役（329条1項））は、事由の如何を問わず、いつでも、株主総会又は種類株主総会の決議によって解任され得る（339条1項、347条1項）。しかし、そのためには、定款に別段の定めがある場合を除いて、議決権行使ができる株主の議決権の過半数を有する株主が株主総会に出席した上で、出席株主の議決権の過半数の賛成が必要である（309条1項。累積投票で選任された取締役の解任の場合又は監査役の解任の場合には特別決議が必要（309条2項7号））。このため、多数派株主に支持される役員に非行があった場合には、少数派株主が解任しようとしても、解任決議が成立しないことがある。そこで、昭和25年商法改正（同年法律第167号）において、多数株主の自治の範囲を超えた専横を排除するために、裁判所の判断による取締役解任の制度が設けられ、本条はこれを踏襲する。すなわち、329条1項所定の役員の職務の執行に関し、不正の行為又は法令若しくは定款に違反する重大な事実があったにもかかわらず、①その役員を解任する旨の議案が株主総会（種類総会の決議で役員を選任する種類株式を発行している場合にはその役員の選任権限を有する種類株主総会）において否決されたとき、又は、②役員を解任する旨の株主総会決議があったにもかかわらず、役員解任について特定の種類株主総会決議を要する旨の定めのある種類株式が発行されており、その種類株主総会において役員解任決議が得られないために株主総会の解任決議の効力が生じないとき（323条）には、本条1項1号及び2号所定の株主は、その株主総会の日から30日以内に、訴えをもって役員の解任を請求することができる（本条1項）。

2　提訴期間

　役員を長く不安定な立場に置くことは望ましくないので、少数株主は、株主総会の日から30日以内に役員解任の訴えを提起しなければならない（本条1項柱書）。

3　原告適格
(1)　持株比率
　役員解任の訴えを提起できる公開会社の株主は、①総株主の議決権の100分の3以上の議決権を6か月前から引き続き有する株主、又は、②発行済株式の100分の3以上の数の株式を6か月前から引き続き有する株主である（本条1項）。非公開会社の場合は、持株比率要件は同じであるが、6か月の株式保有期間要件はない（本条2項）。上記①の「総株主」からは、その役員の解任議案について議決権を行使できない株主及びその請求に係る役員である株主が除外され、この除外株主は解任の訴えの原告たり得ない（本条1項1号イ・ロ）。また、②の「発行済株式」からはその会社である株主及びその請求に係る役員である株主の有する株式が除外され、この除外株主は解任の訴えの原告たり得ない（同項2号イ・ロ）。①及び②の持株比率は、定款で引き下げ得る。単独でこの持株比率に達しない株主も、他の株主と合わせて持株比率要件を満たせば、合同して解任の訴えを提起できる。
(2)　保有期間
　株式保有期間（6か月）の起算点は、訴え提起の時点であり、その時から遡って6か月間のいかなる時期においても、その時期における総株主の議決権の100分の3以上の議決権又は発行済株式の100分の3以上の数の株式を有している必要がある（ただし、同じ株式である必要はない）。定款で株式保有期間を短縮することもできる（本条1項1号・2号の各括弧書）。
(3)　原告適格の喪失
　訴訟提起後、提訴株主は所定の持株要件を判決確定時まで保有していることを要する（今井潔・新注会(6)76頁。ただし、福田千恵子「取締役の解任の訴え」大系(4)349頁は、口頭弁論終結時までとする。訴訟係属中に保有株式を譲渡して持株要件を欠く場合には原告適格を失い、訴えは却下となるとする（今井潔・新注会(6)76頁は、棄却とする）。ただ、新株発行により持株比率が低下した場合は、通説は原告適格を喪失しないと解している。しかし、資金調達の必要から適法に新株発行がされて原告の持株比率が低下した場合にまで、少数株主権たる解任請求権を認めるのは疑問である。最決平成18年9月28日民集60.7.2634は、検査役選任申立事件であるが、申立て時に株主が総株主の議決権の100分の3以上を有していても、その後、会社が新株を発行したことにより株主が会社の総株主の議決権の100分の3未満の持株となった場合は、会社がその株主の申請を妨害する目的で新株発行したなど特段の事情のない限り、申請人の適格を欠き不適法却下を免れないとしており、役員解任の訴えも同様に解すべきである。

株主代表訴訟の係属中に、原告が株式交換により株主の地位を喪失した場合は、原告適格を失って訴えは却下されるとする裁判例（東京地判平成15年2月6日判時1812.143、東京高判平成15年7月24日判時1858.154）があったが、851条が新設され原告適格を失わないこととなった。この851条を類推適用して役員解任の訴えの原告適格を認めるべきとする見解があるが（新谷勝・会社訴訟・仮処分の理論と実務[第2版]218-219頁）、同条は株主代表訴訟に限っての特則であるから、類推適用は困難であろう。

4　役員解任否決決議の前置

　役員解任の訴えを提起するためには、①役員を解任する旨の議案が株主総会において否決され、又は②株主総会で役員を解任する旨の決議があったが、役員解任について特定の種類株主総会決議を要する旨の定めのある種類株式が発行されており、種類株主総会で役員解任決議がされないため、株主総会での解任決議が効力を生じないこと（323条）のいずれかが必要である（本条1項）。この要件が設けられたのは、第一次的に株主総会の自治を尊重する趣旨である。裁判所による解決は最後の手段であって、株主総会の意思決定の機会を経ずに、司法的な救済を求めることは、許されない。

(1) 定足数未達の流会

　本条1項柱書所定の「当該役員を解任する旨の議案が株主総会において否決されたとき」に、定足数不足による流会が該当するかについては、①定足数の出席を得て解任議案を上程して審議の上で決議が成立しなかった場合に限る見解（東京地判昭和35年3月18日下民11.3.555）があるが、②これでは、多数派株主が出席拒否をすると役員解任の訴えを提起できなくなる不合理を招くので、「否決されたとき」とは、議題の解任の決議が成立しなかった場合を意味し、多数派の株主の欠席により定足数未達で流会となった場合や、定足数を充足しているのに一方的に議案が撤回されて議長が閉会を宣して流会となった場合も含まれる（福田千恵子＝神戸由里子＝徳岡治＝山﨑栄一郎・類型別会社訴訟Ⅰ13頁、今井潔・新注会(6)74頁、高松高決平成18年11月27日金判1265.14）。

(2) 緊急動議による役員解任議案の否決

　株主総会の議題として予定されていなかったが、緊急動議で役員解任が議題として上程され、否決された場合にも、役員解任の訴えを提起する要件を充足するであろうか。非取締役会設置会社の株主総会では、招集の際に定められた目的事項（298条1項2号）以外の事項についても決議することができるので（309条5項参照）、要件を当然充足する。これに対し、取締役会設

置会社では、招集の際に定められた目的事項以外の事項を決議できない（309条5項）。そこで招集の際に定められた目的事項以外の事項の決議は単なる取消事由（831条1項1号）ではなく、無効ないし不存在事由（830条）に該当するとの立場からは、緊急動議による否決決議が、出訴期間の経過によって有効に確定することはないから、このような無効ないし不存在の否決決議をもって本条1項の否決決議があったとはいえない。ただ、目的事項以外の事項について決議しても決議取消事由にとどまるとの見解によると、緊急動議による否決決議を本条1項所定の否決決議と解し得る（福田千恵子=神戸由里子=德岡治=山﨑栄一郎・類型別会社訴訟Ⅰ13-14頁）。
(3) 解任決議がされる見込みがない場合

　役員の解任議案を付議しても可決される見込みがない場合に、株主総会の否決決議を経ないで役員解任の訴えを提起できるかという問題がある。本条1項が株主総会による否決決議を役員解任の訴えの要件とした趣旨は、株主総会の自治を尊重することにあるから、株主総会による意思決定の機会のないまま、裁判による救済を求めることはできない（仮に、事実上の否決の見込みをもって「否決されたとき」に該当するとすると、株主総会の日から30日以内という出訴期間の起算点が不明であり、出訴期間を定めた法の趣旨にも反する）。なお、取締役が、役員の解任を議案とする株主総会の招集に応じない場合に、株主は裁判所の許可を得て株主総会招集を行い（297条4項）、総会決議を経てから、役員解任の訴えを提起することになる。なお、株主が裁判所の許可を得て株主総会を招集するためには、定款に別段の定めがない限り、総株主の議決権の100分の3以上の議決権を有することが必要であるから（297条1項・4項）、発行済株式の100分の3以上の数の株式を有し、役員解任の訴えの原告適格を有する株主であっても、上記の議決権割合を満たさない場合には、裁判所に株主総会招集許可申請ができない。しかし、このような株主も、役員解任の訴えを提起するためには、否決決議を経る必要があるというのが本法の建前である（相澤他・論点解説301頁）。

5　職務の執行に関し不正の行為又は法令若しくは定款に違反する重大な事実（854条1項柱書）
　以下、(1)ないし(4)は、福田千恵子=神戸由里子=德岡治=山﨑栄一郎・類型別会社訴訟Ⅰ15-17頁による。詳細は、同書を参照されたい。
(1) 職務執行関連性
　「職務の執行に関し」とは、職務執行それ自体に限らず、職務の執行に直接又は間接に関連してされた場合も含み、取締役会の承認のない競業行為

や、取締役会の承認を得ずに会社と行う自己取引（非取締役会設置会社の場合には株主総会の承認を得ない競業行為・自己取引）を含む（今井潔・新注会(6)74頁）。

(2) 不正の行為

「不正の行為」とは、取締役がその義務に違反して会社に損害を生じさせる故意の行為、例えば会社財産の費消などをいう（今井潔・新注会(6)74頁）。なお、「不正の行為」については、法令定款違反の場合と異なり、重大性は文言上要求されていないが、不正という性質上当然必要と解される。「不正の行為」の有無が争われた裁判例としては、大阪地判平成5年12月24日判時1499.127がある。

(3) 法令若しくは定款に違反する重大な事実

「法令若しくは定款に違反する重大な事実」とは、過失の場合も含むが重大な違反であることを要する。これは、軽微な違反にまで裁判所の介入を認めると、株主総会の自治を侵すからである。また、経営判断の尊重の原則は、解任請求においても、取締役の善管注意義務違反を判断する場合と同様に考慮される（今井潔・新注会(6)74頁）。「法令若しくは定款に違反する重大な事実」の有無が争われた事例としては、東京地判昭和28年12月28日判タ37.80、神戸地判昭和51年6月18日下民27.5-8.378、東京地判平成17年9月21日判タ1205.221、高松高決平成18年11月27日金判1265.14などがある。

(4) 解任事由の発生時期

解任の訴えの解任事由の発生時期が争点となった事案において、前掲平成18年高松高決は、取締役解任の事案であるが、本条1項が解任事由につき「あったにもかかわらず」と規定しているから、解任議案が否決された後にその取締役について生じた事由は解任事由とできないが、解任議案が否決される時点までに生じた事由は、解任事由とし得ると判示し、解任が議案となった株主総会の開催過程で生じた事由を解任事由として主張することを認めた。この見解によると、否決決議後にその役員に新たな不正行為等が生じた場合は、その事実を前提として改めて役員解任を議案とする株主総会を開催し、否決決議を得た上で、新たな解任事由に基づく解任請求を追加（訴えの追加的変更）する必要がある。他方、否決決議までに生じた事由であれば役員解任が議案となった株主総会において、その事由が明示的に解任事由として審議の対象となっていなくとも、解任の訴えにおいては主張し得る。

訴訟物　　XのY1株式会社とY2に対する役員（取締役、会計参与及

び監査役）解任権

*本件は、Y1会社の役員Y2の不正行為等を理由とする株主総会決議が否決されたため、株主XがY1の解任を求めて訴えを提起した事案である。

*本件役員解任の訴えの被告は、Y1会社と役員Y2の両者である（855条）。その請求の趣旨は、例えば、取締役解任の場合は、「Y2をY1会社の取締役から解任する。」又は「Y1会社の取締役Y2を解任する。」である。

*本件役員解任の訴えは、Y1会社の本店の所在地を管轄する地方裁判所の管轄に専属する（856条）。

請求原因
1 Y2は、Y1会社の役員であること
2 Y2は、職務の執行に関し不正の行為又は法令若しくは定款に違反する重大な事実があったこと

*「職務の執行に関し」とは、職務執行自体に限らず、職務の執行に直接又は間接に関連する場合（例えば、取締役会の承認を得ない競業行為・自己取引（非取締役会設置会社においては株主総会の承認を得ない競業行為・自己取引））を含む。

*「不正の行為」とは、役員がその義務に違反して会社に損害を発生させる故意の行為（例えば、会社財産の私消）をいう。

*「法令若しくは定款に違反する重大な事実」とは、過失の場合も含むが重大な違反であることを要する。これは、会社の自治の観点から、軽微な違反にまで裁判所の介入を認めるべきではないからである。

3 Y2を解任する旨の議案が株主総会において否決されたこと、又はY2を解任する旨の株主総会の決議が323条の規定によりその効力を生じないこと

*役員Y2の解任を株主総会の議案として提案した者と原告株主Xが同一である必要はない。

*本条1項所定の「当該役員を解任する旨の議案が株主総会において否決されたとき」の意義については、前出4(1)を参照されたい。

*総会の議事日程において役員解任が議題として予定されていなかったにもかかわらず、緊急動議で役員解任が議題として上程され、否決された場合については、前出4(2)を参照さ

4 Xは、次の(1)又は(2)の株主であること
(1) 総株主（次に掲げる株主を除く）の議決権の100分の3（これを下回る割合を定款で定めた場合は、その割合）以上の議決権を6か月（これを下回る期間を定款で定めた場合は、その期間）前から引き続き有する株主（次に掲げる株主を除く）
  ① その役員を解任する旨の議案について議決権を行使することができない株主
  ② その請求に係る役員である株主
(2) 発行済株式（次に掲げる株主の有する株式を除く）の100分の3（これを下回る割合を定款で定めた場合は、その割合）以上の数の株式を6か月（これを下回る期間を定款で定めた場合は、その期間）前から引き続き有する株主（次に掲げる株主を除く）
  ① その株式会社である株主
  ② その請求に係る役員である株主
  ＊Y1会社が非公開会社の場合には、前記(1)及び(2)の「6か月（これを下回る期間を定款で定めた場合は、その期間）前から引き続き有する」という要件は不要となり、単に株式を「有する」ことで足りる（本条2項）。
  ＊提訴権者の要件を、「総株主の議決権の100分の3以上」（本条1項1号）に限らず、「発行済み株式の100分の3以上」（本条1項2号）としているのは、議決権のない株主についても役員解任の訴えを認めるのが相当であるからである。
5 本訴は、請求原因3の株主総会の日から30日以内に提起されたこと
  ＊請求原因3の開催年月日の主張は、Xが本件訴えをその日から30日内に提起したことを明らかにするために必要である。

（信義則違反）

抗 弁 1 Xの本訴提起が権利濫用又は信義則違反であるとの評価根拠事実
  ＊株主総会において解任の否決に賛成した株主が役員解任の訴えを提起することについては、許されないとする見解もあるが、役員解任の訴えは、共益権の一種であり、権利行使に際

しては会社の社団的利益のために行使すべき要因を含むのであるから、解任否決決議に積極的に賛成した者が提起したというだけで原告適格を否定するのは困難である。ただし、他の事情が更に加わった場合に、信義則違反（禁反言）や権利濫用が争われる余地が残る（福田千恵子=神戸由里子=德岡治=山﨑栄一郎・類型別会社訴訟I9頁）。

(退任－訴えの利益の喪失)

抗　弁 1　Y2は任期満了で退任したこと

＊本条の解任の訴えの目的は、現に役員の地位にある者の地位を剝奪することにあるから、被告役員が退任した場合には、役員解任の訴えは、訴えの利益を欠き、却下される。

＊役員解任の訴え係属中に、被告役員が任期満了で退任し、株主総会で再任された場合についても、訴えの利益は原則として否定されることになる（前掲昭和51年神戸地判、大阪高判昭和53年4月11日判時905.113、名古屋地判昭和61年12月24日判時1240.135）。なぜならば、①役員としての資質・資格に関しての適不適につき株主総会で新たな判断がされた以上は、特別の事情のない限り解任の訴えは実益がなくなること、②この訴訟が再任前の取締役の地位を奪うことを目的とするものであれば目的を喪失し既に訴えの利益を欠くし、再任後の役員の地位を奪うことを目的とするものであれば、再任後に解任議案が否決された事実はないから、訴えは不適法である。再任された場合は、改めて株主の信任を得たのであるから、特別の事情のない限り、訴えの利益は消滅する。任期満了によって原則として訴えの利益は失われるが、訴えの原因であるその役員の違法行為が再選後も継続しており、かつ、多数者が原告株主らの反対を押し切ってその再選を認めたような事情がある場合には、実質的には従前の役員の地位が継続しているものとみて、例外的に訴えの利益を肯定する余地があろう。

6　解任判決の効力

役員解任の判決は、会社と役員間の本法上の法律関係を解消する形成判決である（最判平成10年3月27日民集52.2.661）。解任判決が確定すると、当然に解任の効果が生じ、その役員の残任期間における役員としての地位を将

来に向かって失わせる効果が生ずる（前掲昭和53年大阪高判）。そして、役員解任の判決の効力は上記の限度にとどまり、役員の欠格事由とはされていないから、解任された者が次の株主総会で役員に再任されることは妨げられない（今井潔・新注会(6)79頁、福田千恵子＝神戸由里子＝徳岡治＝山﨑栄一郎・類型別会社訴訟Ⅰ17頁）。

役員解任の訴えについては、対世効に関する規定は存在しないから（838条参照）、認容判決に対世効はないと解される。ただし、役員解任の訴えが、会社と役員の双方を被告とすべき固有必要的共同訴訟であるから（855条）、特に不都合は生じない。

7　取締役・監査役の選任に関する種類株式発行会社の場合
(1)　取締役に関する108条1項9号に掲げる事項の定めがある種類株式発行会社においては、本条1項の「株主総会」とあるのは、「株主総会（第347条第1項の規定により読み替えて適用する第339条第1項の種類株主総会を含む。）」とする（本条3項）。
(2)　監査役に関する108条1項9号に掲げる事項の定めがある種類株式発行会社においては、本条1項の「株主総会」とあるのは、「株主総会（第347条第2項の規定により読み替えて適用する第339条第1項の種類株主総会を含む。）」とする（本条4項）。

8　取締役の職務執行停止・代行者選任の仮処分
取締役解任の訴えが提起されても、この訴えは形成の訴えであるから、取締役の地位は動かない。しかし、被告である取締役の職務執行に関し、不正の行為又は法令若しくは定款に違反する重大な事実がある場合に、その地位にあるということでは、会社に重大な損害が生じるおそれがある。この場合には、株主は、会社及びその取締役を債務者として、取締役の職務執行停止・代行者選任の仮処分を申し立てることができる（民保23条2項）。取締役の職務を代行する者の権限については、352条を参照されたい。

●(被告)

第855条　前条第1項の訴え（次条及び第937条第1項第1号ヌにおいて「株式会社の役員の解任の訴え」という。）については、当該株式会社

及び前条第1項の役員を被告とする。

1　固有必要的共同訴訟

　本条は、役員解任の訴えは、会社と役員役の双方を被告としなければならない必要的共同訴訟であることを定める。本法制定前は、会社被告説、役員被告説、会社と役員の共同被告説に分かれていたが、最判平成10年3月27日民集52.2.661は、「商法257条3項所定の取締役解任の訴えは、会社と取締役との間の会社法上の法律関係の解消を目的とする形成の訴えであるから、当該法律関係の当事者である会社と取締役の双方を被告とすべきものと解される。これを実質的に考えても、この訴えにおいて争われる内容は、『取締役ノ職務遂行ニ関シ不正ノ行為又ハ法令若ハ定款ニ違反スル重大ナル事実』があったか否かであるから、取締役に対する手続保障の観点から、会社とともに、当該取締役にも当事者適格を認めるのが相当である。したがって、取締役解任の訴えを会社と当該取締役の双方を被告とすべき固有必要的共同訴訟と解し、会社である被上告人のみを被告として提起された本件取締役解任の訴えを不適法として却下すべきものとした原審の判断は、正当として是認することができる。」と判示し、実務的には決着していた。本条は、役員解任の訴えは会社及び役員を被告とすると明文化したものである。

2　役員権利義務者をを被告とする本訴提起の可否

　役員が欠けた場合又は本法若しくは定款で定めた役員の員数が欠けた場合は、任期満了又は辞任により退任した役員は、新たに選任された役員が就任するまでなお役員としての権利義務を有する（346条1項）。この役員権利義務者を被告として解任の訴えを提起できるか否かについては争いがあるが、最判平成20年2月26日民集62.2.638は、これを否定する。①役員解任の訴えは、在任中の役員の解任を求めるものであって、役員権利義務者を相手として提起できるとの明文上の根拠は存在せず、②役員解任の訴えは、株主総会でその役員の解任議案が否決されたこと（又は否決決議が効力を生じなかったこと）を訴え提起の要件とするところ、株主は、仮役員の選任を申し立てることにより、役員権利義務者の地位を失わせることができることから、役員権利義務者については株主総会で解任することができないと解されていることが根拠となる。

　もし取締役権利義務者を辞めさせるには、少数株主は取締役解任の訴えで

はなく、所定数の取締役の選任を求めるべきである（297条1項・4項）。

3　役員の退任と訴えの却下

　役員解任の訴えは、役員の地位を残存期間について剝奪し、将来に向かって役員の地位を失わせることを目的とする。そのため、解任訴訟の係属中に、その役員が辞任又は任期満了で退任した場合は、訴えはその目的を失い訴えの利益がなくなるので、訴えは却下となる。株主総会において同一人が取締役に再任された場合であっても、再任を待たずに訴えの利益が消滅しているので、訴えは却下となる（大阪高判昭和53年4月11日判時905.113）。なお、854条5の設例の抗弁（退任－訴えの利益の喪失）を参照されたい。

●(訴えの管轄)

第856条　株式会社の役員の解任の訴えは、当該株式会社の本店の所在地を管轄する地方裁判所の管轄に専属する。

　会社の役員の解任の訴えは、会社の本店の所在地を管轄する地方裁判所の管轄に専属する（本条）。定款で定め登記をした本店所在地と、実質的な営業本拠地が異なる場合に、いずれが「本店の所在地」になるかについては、①登記簿の記載にかかわらず実質的な営業の本拠地をいうとの実質説（東京高決平成10年9月11日判タ1047.289）と、②定款で定め登記をした本店の所在地をいうとの形式説（東京高決平成11年3月24日判タ1047.292）が対立する。「本店の所在地」の意義は役員解任の訴えにとどまらず、株主総会決議取消しの訴えなど会社の組織に関する訴えの管轄についても同様に問題となる（835条1項参照）。これら訴えについて専属管轄が定められた趣旨は、同一の原因により複数の者から訴えを提起された場合に、弁論や裁判を併合することによって判断が矛盾することを防ぐためであるから、管轄裁判所は形式的・画一的に決定される必要があり、形式説が相当である。

第 4 節　特別清算に関する訴え

● (役員等の責任の免除の取消しの訴えの管轄)

第 857 条　第 544 条第 2 項の訴えは、特別清算裁判所 (第 880 条第 1 項に規定する特別清算裁判所をいう。次条第 3 項において同じ。) の管轄に専属する。

　本条は、役員等の責任の免除の取消しの訴え (544 条 2 項) が、880 条 1 項所定の特別清算裁判所の管轄に専属することを定める。清算株式会社が役員等に対する責任の免除を既にしている場合には、清算株式会社は特別清算手続開始後に、免除の取消しを求めることができる (544 条 1 項)。その免除の取消しは、訴え又は抗弁によって行使することができる (同条 2 項)。本条は、そのうち、免除の取消しを訴えをもって求める場合における管轄裁判所を定めるものである。

訴訟物	X 清算会社の Y に対する取締役損害賠償免除の取消権

　＊544 条 2 項は、免除の取消権は、訴え又は抗弁によって行使することを定める。ところで、役員責任免除取消しの訴えにおいて取消権が行使されて、その認容判決が確定しても、清算株式会社は、損害賠償の認容判決を得たわけではないから、新たに損害賠償請求を認める債務名義を取得しないと、最終的な目的を達し得ない。そのため、実務上は、役員等責任査定決定の手続の中で、査定の申立てに対する責任免除の抗弁がされたときに、再抗弁として行使されることが多いと考えられる (本書(2)544 条 2 の設例参照)。

請求原因	1　X 株式会社は特別清算開始命令を受けたこと

　　　　　2　Y は X 会社の代表取締役であること
　　　　　3　第 50 期事業年度は、5,000 万円の欠損であったこと
　　　　　4　X 会社の株主総会は、第 50 期事業年度につき 1,000 万円の剰余金の配当をする決議をしたこと
　　　　　5　請求原因 4 の決議に基づき、1,000 万円の剰余金の配当がさ

　　　　れたこと
　　6　Ｙは、請求原因4の議案を（作成し）株主総会に提出したこと
　　7　Ｘ会社はＹの責任を免除する意思表示をしたこと
　　8　請求原因7の免除について総株主の同意があったこと
　　＊これは424条の免除の主張である。他に、425条、426条の免除がある。
　　9　請求原因8の対象役員の責任の免除は、請求原因1の特別清算開始の申立てがあった後若しくははその前1年以内にしたものであること、又は、②不正の目的によってしたこと
　　＊①は544条1項前段、②は同項後段に基づく主張である。
　　10　Ｘ会社は、請求原因8の対象役員等の責任の免除を取り消す意思表示をしたこと

（消滅時効）

抗　弁　1　請求原因10の取消しの意思表示に先立って、特別清算開始の命令があった日から2年を経過したこと
　　2　ＹはＸ会社に対して、消滅時効を援用する旨の意思表示をしたこと
　　＊544条3項前段に基づく主張である。

（除斥期間）

抗　弁　1　請求原因10の取消しの意思表示に先立って、Ｙの責任の免除の日から20年を経過したこと
　　＊544条3項後段に基づく主張である。

● **（役員等責任査定決定に対する異議の訴え）**

第858条　役員等責任査定決定（第545条第1項に規定する役員等責任査定決定をいう。以下この条において同じ。）に不服がある者は、第899条第4項の規定による送達を受けた日から1箇月の不変期間内に、異議の訴えを提起することができる。
　2　前項の訴えは、これを提起する者が、対象役員等（第542条第1項に規定する対象役員等をいう。以下この項において同じ。）であるときは清算株式会社を、清算株式会社であるときは対象役員等を、それぞれ被告としなければならない。
　3　第1項の訴えは、特別清算裁判所の管轄に専属する。

4　第1項の訴えについての判決においては、訴えを不適法として却下する場合を除き、役員等責任査定決定を認可し、変更し、又は取り消す。
　　5　役員等責任査定決定を認可し、又は変更した判決は、強制執行に関しては、給付を命ずる判決と同一の効力を有する。
　　6　役員等責任査定決定を認可し、又は変更した判決については、受訴裁判所は、民事訴訟法第259条第1項の定めるところにより、仮執行の宣言をすることができる。

1　役員等責任査定決定に対する異議の訴え
　役員等責任査定決定は、清算会社の役員等に対する損害賠償請求権の存在及び内容を確定する効果を有するので、その当否については、裁判手続による判断を受ける機会を保障する必要がある（伊藤・破産法449頁）。そのため、545条1項所定の役員等責任査定決定に不服がある者は、899条4項の規定による送達を受けた日から1か月の不変期間内に、異議の訴えを提起できることとされた（本条1項）。異議の訴えの性質については、仮差押異議と同様に査定の当否につき訴訟手続によって裁判を求めるものと解する見解があるが、査定の変更を求める形成の訴えと解すべきであろう。本条の異議の訴えが認められる以上、異議の訴えによらず、査定を受けた者が債務不存在の訴えを提起できないし、逆に清算会社が別訴で不足分の損害賠償請求の訴えを提起できないと解すべきである（清算会社は、査定申立てによらず、通常の損害賠償請求訴訟を提訴し得るが、これは別論である）。

2　異議の訴えの被告
　責任査定の対象となる役員等の側が訴えを提起する場合には、清算会社を被告とする。これに対し、清算会社の側が異議の訴えを提起する場合には、対象役員等を被告とする（本条2項）。

3　専属管轄
　本条1項の異議の訴えの管轄について、役員等の責任の免除の取消しの訴え（544条）についての管轄（857条）と同様、特別清算裁判所（清算会社の特別清算事件が係属する地方裁判所（880条1項））に専属する（本条3項）。

4　異議の訴えについての判決

　この異議の訴えについての判決は、訴えを不適法として却下する場合を除き、役員等責任査定決定を認可し、変更し、又は取り消すこととなる（本条4項）。本訴は決定の効力につき形成的宣言を求める形成訴訟である。

　清算会社が異議の訴えを提起する場合の請求の趣旨は、例えば、「査定を取り消し、金〇〇万円と査定するとの判決を求める。」とする（実質的に、査定の増額）。清算会社からの異議の訴えについて請求棄却の判決をする場合は、主文で、請求棄却を掲げるほかに、査定決定がいくらかの賠償額を査定していたときは、「査定を認可する」との宣言をすべきである。

　対象役員等（542条1項に規定する対象役員等（発起人、設立時取締役、設立時監査役、423条1項に規定する役員等（取締役、会計参与、監査役、執行役又は会計監査人）又は清算人））が異議の訴えを提起する場合は、請求の趣旨を「原告が、被告に対して負担すべき損害賠償債務の額を〇〇万円及びこれに対する平成〇〇年〇月〇日から完済まで年5分の割合による金員と査定した〇〇地方裁判所平成〇〇年（モ）第〇〇号の損害賠償査定決定を取り消すとの裁判を求める。」とする。民事再生法における異議の訴え（民再145条）によって査定決定が全部取り消された事例として、東京地判平成16年9月28日判時1886.111がある。

5　異議の訴えの判決の効力

　役員等責任査定決定を認可し、又は変更した判決は、判決主文中に給付を命ずる文言はないが、損害賠償を認容する実質を考慮し、強制執行に関しては、給付を命ずる判決と同一の効力を有するものとされる（本条5項）。すなわち、既判力と執行力が認められる。

6　仮執行の宣言

　この判決について、受訴裁判所は、民事訴訟法259条1項の定めるところにより、仮執行の宣言をすることができる（本条6項）。

訴訟物　　X株式会社のYに対する役員等責任査定決定に対する異議権
　　　　　　＊役員等責任査定決定の異議の訴えは、これを提起する者が、清算株式会社であるときは対象役員等（542条1項に規定する対象役員等）を、被告としなければならない（本条2項）。
　　　　　　＊請求の趣旨においては、役員等責任査定決定の取消し又は変

更を求めることを明らかにする。その意味で、本訴は決定の効力について形成的宣言を求める形成訴訟である。清算会社が異議の訴えを提起する場合の請求の趣旨は、例えば、「査定を取り消し、金〇〇万円と査定するとの判決を求める。」とすることになろう（実質的に、査定の増額を求める）。清算会社からの異議の訴えについて請求棄却の判決をする場合は、その主文において、請求棄却を掲げるほかに、査定決定がもともといくらかの賠償額を査定しているときは、「査定を認可する。」との宣言をすべきであろう。

＊本訴は、特別清算裁判所の管轄に専属する（本条3項）。

請求原因
1　X会社は、特別清算開始決定を受けたこと
2　Yは、X会社の発起人、設立時取締役、設立時監査役、423条1項所定の役員等又は清算人であったこと
3　X会社はYに対する役員等責任査定を申し立てたところ、裁判所は責任が存在しないとの決定をしたこと
4　Yは、任務を怠ったこと
5　X会社の損害及びその数額
6　請求原因4と5との間の因果関係
7　本訴は、請求原因3の日から1か月以内に提起されたこと

訴訟物　XのY株式会社に対する役員等責任査定決定に対する異議権

＊役員等責任査定決定の異議の訴えは、これを提起する者が、対象役員等（542条1項に規定する対象役員等）であるときは清算会社を被告としなければならない（本条2項）。

＊査定を受けた者から異議の訴えを提起する場合は、その請求の趣旨は「査定を取り消すとの判決を求める。」となる。

請求原因
1　Y会社は、特別清算開始決定を受けたこと
2　Xは、Y会社の発起人、設立時取締役、設立時監査役、423条1項所定の役員等又は清算人であったこと
3　Y会社はXに対する役員等責任査定を申し立てたところ、裁判所はYがX会社に対し損害賠償として〇〇万円の支払義務がある旨の決定をしたこと
4　本訴は、請求原因3の決定の後、1か月以内に提起されたこと

（任務懈怠による損害賠償責任）
抗　弁　1　Yは、請求原因2の任務を怠ったこと
　　　　　2　X会社の損害及びその数額
　　　　　3　抗弁1と2との間の因果関係

第5節　持分会社の社員の除名の訴え等

●(持分会社の社員の除名の訴え)

第859条　持分会社の社員(以下この条及び第861条第1号において「対象社員」という。)について次に掲げる事由があるときは、当該持分会社は、対象社員以外の社員の過半数の決議に基づき、訴えをもって対象社員の除名を請求することができる。
　一　出資の義務を履行しないこと。
　二　第594条第1項(第598条第2項において準用する場合を含む。)の規定に違反したこと。
　三　業務を執行するに当たって不正の行為をし、又は業務を執行する権利がないのに業務の執行に関与したこと。
　四　持分会社を代表するに当たって不正の行為をし、又は代表権がないのに持分会社を代表して行為をしたこと。
　五　前各号に掲げるもののほか、重要な義務を尽くさないこと。

1　除名制度

　除名は、特定社員の社員資格をその意思に反して剥奪する行為であり、退社事由の1つである。本条は、①ある社員につき本条1号ないし5号のいずれかに該当する事実があること、②他の社員の過半数の決議がされること、の2つの要件が充足される場合に、持分会社は、裁判所に対してその社員の除名を宣告する判決を求めることができることを定める。除名の法律効果は、判決の確定によって生ずる(形成訴訟)。

2　法定除名事由
(1)　出資の義務を履行しないこと(本条1号)

　本条1号の「出資の義務を履行しないこと」は、遡ると、昭和13年改正前商法において「社員カ出資ヲ為スコト能ハサルトキ又ハ催告ヲ受ケタル後相当ノ期間内ニ出資ヲ為ササルトキ」(旧商70条1号)と定められていた。すなわち、出資の履行不能及び履行遅滞をともに明らかにしていたのを、単に出資の義務を履行しないことと定められたのである。したがって、「催告

後相当の期間内に」出資をしないという要件が削除されたと解すべきではない（古瀬村邦夫・新注会(1)318頁）。これを要件事実論の観点から言えば、出資の義務を履行しないこととは、定款又は総社員の同意による弁済期の定めがある場合を除いては、「会社が社員に出資の履行をするよう催告したこと」及び「催告した日から相当期間が経過したこと」であって、これに対し、履行した事実が社員側の主張立証すべき抗弁ということになる。

【訴訟物】　X持分会社のYに対する除名宣告判決請求権
　　　＊持分会社の社員の除名の訴えの被告は、対象社員である（861条1号）。
　　　＊持分会社の社員の除名の訴えは、持分会社の本店の所在地を管轄する地方裁判所の管轄に専属する（862条）。

【請求原因】
1　YはX会社の社員であること
2　X会社はYに対し、出資金○○万円の履行を催告したこと
3　請求原因2の催告の日から相当期間が経過したこと
4　X会社は、Y以外の社員の過半数をもって除名をする旨の決議をしたこと
　＊本条所定の「対象社員以外の社員の過半数」の意義に関して、社員が2名の場合に1人の決議がそれに代替し得るか、被除名者が複数の場合それらの者を一括して他の社員の過半数の決議でよいのか、有限責任社員のする無限責任社員の除名決議が可能かが論じられている（後出3(4)(5)参照）。

（弁　済）
【抗弁】　1　請求原因3の相当期間の末日に先立って、YはX会社に対する出資金○○万円を支払ったこと

(2) 594条1項（598条2項において準用する場合を含む）の規定に違反したこと（本条2号）

　業務執行社員（法人が業務執行社員である場合に、その業務を執行する社員の職務を行うべき者）が競業避止義務に違反したことを除名理由とする。会社に損害が生じたと否とを問わない。

【訴訟物】　X持分会社のYに対する除名宣告判決請求権
　　　＊X会社の業務執行社員Yは、自己若しくは第三者のためにX会社の事業の部類に属する取引をし、又は、X会社の事

業と同種の事業を目的とする会社の取締役、執行役若しくは業務を執行する社員となったので、除名決議をした上で、除名宣告を求めた事案である。

請求原因
1 YはX会社の業務執行社員であること
2 Yは、①自己若しくは第三者のためにX会社の事業の部類に属する取引をしたこと、又は、②X会社の事業と同種の事業を目的とする会社の取締役、執行役若しくは業務を執行する社員となったこと
3 Yは、Y以外の社員の全員の承認を受けなかったこと
　＊請求原因3の反対事実である「Y以外の社員の全員の承認を受けたこと」を抗弁に回すこととする見解もあろう。
4 X会社は、Y以外の社員の過半数をもって除名をする旨の決議をしたこと

（定款の定め）
抗弁 1 定款に別段の定めがあること

(3) 業務を執行するに当たって不正の行為をし、又は業務を執行する権利がないのに業務の執行に関与したこと（本条3号）

「不正の行為」とは、例えば、会社の金銭を横領した場合などが典型例である。「業務を執行する権利がないのに業務の執行に関与」するとは、定款で業務執行権の権利がないことが定められている社員が業務執行に関与した場合などである。

訴訟物　X持分会社のYに対する除名宣告判決請求権
　＊X会社の社員Yは、業務執行において不正の行為をし、又は、業務執行権がないのに業務執行に関与したので、除名決議をした上で、Yの除名宣告を求めた事案である。

請求原因
1 YはX会社の社員であること
2 Yは、①業務を執行するに当たって不正の行為をし、又は、②業務を執行する権利がないのに業務の執行に関与したこと
3 X会社は、Y以外の社員の過半数をもって除名をする旨の決議をしたこと

(4) 持分会社を代表するに当たって不正の行為をし、又は代表権がないのに持分会社を代表して行為をしたこと。

「代表権がないのに持分会社を代表して行為をした」とは、定款で業務執行社員を定めた場合において（591条1項）、それ以外の者が代表行為を行うことをいう。損害の発生の有無を問わない。

訴訟物　　X持分会社のYに対する除名宣告判決請求権
　　　　　　＊X会社の社員Yは、会社を代表するについて不正の行為をし、又は、代表権がないのに代表行為をしたので、除名決議をした上で、Yの除名宣告を求めた事案である。

請求原因　1　YはX会社の業務執行社員であること
　　　　　　2　Yは、①X会社を代表するに当たって不正の行為をし、又は、②代表権がないのにX会社を代表して行為をしたこと
　　　　　　3　X会社は、Y以外の社員の過半数をもって除名をする旨の決議をしたこと

(5) 重要な義務を尽くさないこと。

前記(1)ないし(4)のほか「重要な義務を尽くさないこと」とは、例えば、代表社員が放漫経営の結果会社を倒産させ、債務整理又は再建できないまま、会社債務及び遅延損害金を増大させ他の社員に損害を及ぼす危険が生じていることなどである（福島地会津若松支判昭和42年8月31日下民18.7-8.910）。なお、重要な義務を尽くさないことには、一定の過失を要すると解されている（大判大正7年7月10日民録24.1422）。

訴訟物　　X持分会社のYに対する除名宣告判決請求権
　　　　　　＊X会社の業務執行社員Yは、悪意又は過失によって重要な義務を尽くさなかったので、除名決議をした上で、Yの除名宣告を求めた事案である。

請求原因　1　YはX会社の業務執行社員であること
　　　　　　2　Yは、重要な義務を尽くさなかったこと
　　　　　　3　Yの請求原因2について、悪意又は過失の評価根拠事実
　　　　　　＊前掲大正7年大判は、「商法第70条〔本条〕第5号ノ其他社員カ重要ナル義務ヲ尽ササルトキトハ其社員ノ悪意ニ出テタルト将過失ノ結果ナルトヲ問ハサルハ勿論ナリト雖モ……原院カYハX会社カ未タ解散シタルコトナキニ拘ラス顧客ニ対シ会社ハ既ニ解散シテ目下工場ノ整理中ニ付キ機械ノ注文ハYノ自宅若クハ其設ケタル鉄工所仮工場ニ宛テ注文セラ

レタキ旨ノ案内状ヲ郵送シタルハ固ヨリ軽挙タルコトヲ免レサルモ其当時X会社カ情勢ニ於テY以外ノ他ノ社員全部カ会社ヲ解散スルノ外ナキモノトシ先ツ営業ヲ中止スルニ決シ工場ヲ閉鎖シ職工ヲ解雇シYニ対シ会社ト同種ノ営業ヲ一個人ニテ為スヘキコトヲ許諾シタル事実サヘ存スルカ故ニYノ如キ鉄工ノ技術ヲ有スルモ深ク事理ニ通セサル者カ会社ハ既ニ解散セシモノト速断シ其顧客ニ対シ如上ノ案内状ヲ発シタル行為ハ同条第5号ニ該当セサル旨ヲ判示シ社員ノ悪意ニ出タルコトヲ要スルモノ為ササルハ勿論其要求スル過失ノ程度ニ達セサルモノト為シタルハ相当ニシテ」と判示する。

  4　X会社は、Y以外の社員の過半数をもって除名をする旨の決議をしたこと

3　他の社員の過半数の決議
(1)　決議の方式
　決議の方式については、特段の定めがなく、持回り決議や書面による決議を含め自由であると解される（古瀬村邦夫・新注会(1)321頁）。もとより、社員総会を開催して決議もできるが、旧商法における合資会社の事案につき、会社の内部関係として組合に関する民法の規定が準用され（旧商147条、68条）、また法が招集通知に関する規定を設けていないことから、通知の手続は法律上必要ないと解される（最判昭和33年5月20日民集12.7.1086）。
(2)　定款による除名手続の変更の可否
　除名は法定退社事由であり（607条1項8号）、対象となった社員はその意思にかかわらず、強制的にその地位を奪われる。したがって、法定の除名手続は会社ないしは他の社員の利益と除名される社員の利益の調整を図る強行的な規定であり、裁判によらずに除名できるという除名手続の変更を定款に定めても、その規定は無効であるが（古瀬村邦夫・新注会(1)332-333頁）。逆に、除名を請求するための内部手続（社員の過半数による決議）を加重することは妨げられない（大隅健一郎=今井宏・会社法上88頁）。
(3)　業務執行権・代表権の消滅請求
　業務執行権・代表権の消滅請求は直ちにその社員としての地位を奪われるものではないが、業務執行権・代表権の消滅請求も対象社員の権限を縮小し、その利益にかかわるので、除名手続に関する(1)(2)の理は等しく妥当する（古瀬村邦夫・新注会(1)329頁参照）。

(4) 社員が 2 人の場合

　大判明治 42 年 10 月 13 日民録 15.772 は、「商法第 70 条〔本条〕ニ所謂他ノ社員ノ一致トハ除名セラルヘキ社員ノ外尚ホ複数ノ社員アリテ其者等ノ意思ノ合致ヲ謂フモノニシテ社員ノ除名ハ会社カ 3 名以上ノ社員ヨリ成ル場合ニ於テ有効ニ行ハルヘキコトヲ知ルニ足ルノミナラス法律カ会社ノ解散ノ外除名ニ因ル社員ノ退社ナルモノヲ認ムル所以ハ一ニ会社ノ存続ヲ図リ其解散及ヒ新設ノ不利ヲ免レシメンカ為メナリ然ルニ会社カ 2 名ノ社員ヨリ成ル場合ニ於テモ除名スルコトヲ得ルトキハ会社ハ商法第 74 条第 5 号〔641 条 4 号〕ニ依リ当然解散スヘク法律カ会社ノ存続ヲ図ル趣旨ニ牴触スルヲ以テ斯ノ如キ場合ニ於ケル除名ハ到底許ス可キモノニアラス況ンヤ会社ニ対シテ不正行為アル社員ヲ除名スルコト能ハサル結果ハ 3 名以上ノ社員ヨリ成ル会社ニ於テ他ノ社員ノ一致ヲ得サルトキニ均シク生スル所ナルニ於テオヤ故ニ本論旨ハ孰レモ理由ナシ」と判示する。

(5) 被除名者が複数（一括除名）の場合

　除名される社員が数人いる場合、他の社員の過半数の決議は、各人ごとに別々にされなければならないか、それとも一括しての除名決議でよいかについては、否定するのが判例の立場である。大判昭和 4 年 5 月 13 日民集 8.470 は、「上告会社ハ 11 名ノ社員ヨリ組織セラレ被上告人 Y1、Y2、Y3 ハ無限責任社員其ノ他ノ者ハ有限責任社員ナリシ処……社員総会ニ於テ……結局残余ノ 4 名ノ社員ニ於テ被上告人等 7 名ヲ除名スル旨ノ決議ヲ為シタリト云フニ在リ商法第 105 条ニ依リ合資会社ニ準用セラルル同法第 70 条〔本条〕ニハ『社員ノ除名ハ左ノ場合ニ限リ他ノ社員ノ一致ヲ以テ之ヲ為スコトヲ得』トアルヲ以テ除名セラルヘキ社員ハ常ニ除名セラルヘキ法定ノ原因ヲ具備スル特定ノ一社員ニ限リ其ノ以外ノ社員ノ一致ヲ要スルモノナルニヨリ数名ノ社員ヲ除名セントスル場合ニ於テハ其ノ除名ノ原因カ総テノ被除名者ニ同一ナルト否トヲ問ハス被除名者ノ各人ニ付他ノ社員ノ同意ヲ要スルモノニシテ被除名者数人ヲ一括シ其ノ余ノ社員ノミノ同意ヲ以テ除名スルコトヲ得サルモノト解スルヲ相当トス蓋若シ然ラスシテ同時ニ数人ノ社員ヲ除名スルコトヲ得ルモノトセンカ社員間ニ争ヲ生シタル際多数者カ少数者ヲ悉ク除名シ若ハ少数者カ多数者ヲ除名スルカ如キ不都合ナル結果ヲ生スルニ至レハナリ……本件上告会社ノ前示社員総会ニ於ケル被上告人等 7 名ヲ除名スル決議ハ叙上商法ノ規定ニ違反スルモノナルニヨリ法律上無効ナリト謂ハサル可ラス」と判示する。

●(持分会社の業務を執行する社員の業務執行権又は代表権の消滅の訴え)

第860条 持分会社の業務を執行する社員(以下この条及び次条第2号において「対象業務執行社員」という。)について次に掲げる事由があるときは、当該持分会社は、対象業務執行社員以外の社員の過半数の決議に基づき、訴えをもって対象業務執行社員の業務を執行する権利又は代表権の消滅を請求することができる。
一 前条各号に掲げる事由があるとき。
二 持分会社の業務を執行し、又は持分会社を代表することに著しく不適任なとき。

1 業務執行権又は代表権の消滅制度

業務執行権又は代表権の消滅制度は、特定の社員の業務執行権又は代表権を、その者の意思に関わらず剝奪する制度である。本条は、①ある対象業務執行社員につき859条1号ないし5号、②持分会社の業務を執行し、又は持分会社を代表することに著しく不適任なとき、他の社員の過半数の決議がされることのいずれかに該当する事実がある場合には、持分会社は、対象業務執行社員以外の社員の過半数の決議に基づき、訴えをもって対象業務執行社員の業務執行権又は代表権の消滅を請求することができることを定める。業務執行権又は代表権の消滅の法律効果は、判決の確定によって生ずる(形成訴訟)。業務執行権の消滅と代表権の消滅は各別にされ得るが、業務執行権の消滅は当然に代表権の消滅を伴う。

2 法定消滅事由

業務執行権又は代表権の消滅事由として、①出資の義務を履行しないこと、②594条1項(598条2項において準用する場合を含む)の規定に違反したこと、③業務を執行するに当たって不正の行為をし、又は業務を執行する権利がないのに業務の執行に関与したこと、④会社を代表するに当たって不正の行為をし、又は代表権がないのに会社を代表して行為をしたこと、⑤前記①ないし④のほか、重要な義務を尽くさないこと(本条1号)は、前条1号ないし5号所定の法定除名事由と同一である。更に、特有の消滅事由として、⑥会社の業務を執行し、又は代表することに著しく不適任なときが挙

げられている。

> **訴訟物**　X持分会社のYに対する社員の業務執行権又は代表権の消滅宣言請求権
>   ＊X会社の業務執行社員Yは、悪意又は過失によって重要な義務を尽くさなかったので、除名決議をした上で、Yの業務執行権又は代表権の消滅宣言を求めた事案である。
>   ＊持分会社の業務を執行する社員の業務執行権又は代表権の消滅の訴えの被告は、対象業務執行社員である（861条2号）。
>   ＊持分会社の業務を執行する社員の業務執行権又は代表権の消滅の訴えは、持分会社の本店の所在地を管轄する地方裁判所の管轄に専属する（862条）。

> **請求原因**
> 1　YはX会社の業務執行社員であること
> 2　Yは、重要な義務を尽くさなかったこと
>   ＊請求原因2は、本条1号、859条5号に基づく事由である。福島地会津若松支判昭和42年8月31日下民18.7-8.910は、会社経営の実権を握る社員が、放漫経営の結果会社を倒産させ、経理面も杜撰で、何ら債務整理の方法を講じない場合には、859条5号の「重要な義務を尽くさないこと」に該当し、代表権又は業務執行権喪失宣告の事由となるとする。同判決は、「Yらは、……Yらの会社代表権や業務執行権を喪失させる必要はない旨抗争するので、……案ずるに、……X会社は既に事実上倒産し、その営業を停止しているのであるから、今後Yらが会社のため新たに不当な借入をなしたり、その他不正行為をなしたりして会社に損害を与えるがごときことは殆ど考えられない。しかしながら、……X会社は、その会社財産を以てしてはとうてい弁済が不可能と認められる多額の債務を今なお負担しているため、適切にその債務の整理をすることが急務であり、合名会社の性質上全社員にとつてそのことが重大な関心事であるが、Yらは、会社の営業停止後既に1年余を経た現在に至つても、何ら適切な債務の整理方法を講じないため、このまま放置するならば、会社が破綻することは必至であるのみならず、Yら以外の他の社員個人にも損害のおよぶ可能性がある……ところ、Yら以外の他の社員において、Yらに代つてX会社の再建ある

いは適切な債務の整理をしようとする動きのあることが……
窺われるから、Yらの会社代表権や業務執行権の喪失を宣
告する必要性がないとは、一概にいえない。」と判示する。
3 Yの請求原因2について、悪意又は過失の評価根拠事実
4 X会社は、Y以外の社員の過半数をもって、業務執行権又
は代表権を消滅させる（剝奪する）旨の決議をしたこと

訴訟物 X持分会社のYに対する社員の業務執行権又は代表権の消滅宣言請求権

請求原因
1 YはX会社の業務執行社員であること
2 Yは、X会社の業務を執行し、又はX会社を代表すること
に著しく不適任なこと
  ＊「著しく不適任」とは、精神的・肉体的理由によってその任
  に堪えないことをいうと解される（古瀬村邦夫・新注会(1)
  329頁）。
3 X会社は、Y以外の社員の過半数をもって、業務執行権又
は代表権を消滅させる（剝奪する）旨の決議をしたこと

3 除名事由、業務執行権・代表権の消滅事由の定款による追加・除外

除名は、859条各号の「事由があるとき」に認められるが、これは強行法規と解され、通説は、追加・除外を認めない（古瀬村邦夫・新注会(1)331頁）。裁判実務も、旧商法86条1項各号は強行法規であるので、定款で退社事由を追加することはできないとする（東京地判平成9年10月13日判時1654.137）。これは、「社員は他の社員の過半数の決議により退社する」のような定めが法定退社事由である「定款で定めた事由」（607条1項1号）に当たる、若しくは「総社員の同意」（同項2号）という要件が軽減された定めであるとも解し得る。その点で、除名については法定退社事由を定める607条の解釈とも関連し、業務執行権・代表権の消滅請求事由については除名事由の場合と同様に解される（古瀬村邦夫・新注会(1)329頁参照）。

● (被告)

第861条 次の各号に掲げる訴えについては、当該各号に定める者を被告とする。
  一 第859条の訴え（次条及び第937条第1項第1号ルにおいて「持

分会社の社員の除名の訴え」という。）　対象社員
二　前条の訴え（次条及び第937条第1項第1号ヲにおいて「持分会社の業務を執行する社員の業務執行権又は代表権の消滅の訴え」という。）　対象業務執行社員

　本条は、持分会社の社員の除名の訴え（859条）の被告が対象となる社員であること、また、持分会社の業務を執行する社員の業務執行権又は代表権の消滅の訴え（860条）の被告が対象業務執行社員であることを定める。

● (訴えの管轄)

第862条　持分会社の社員の除名の訴え及び持分会社の業務を執行する社員の業務執行権又は代表権の消滅の訴えは、当該持分会社の本店の所在地を管轄する地方裁判所の管轄に専属する。

　本条は、持分会社の社員の除名の訴え（859条）及び持分会社の業務を執行する社員の業務執行権又は代表権の消滅の訴え（860条）は、その持分会社の本店の所在地を管轄する地方裁判所の専属管轄であることを定める。定款で定め、かつ登記をした本店所在地と、実質的な営業本拠地が異なる場合に専属管轄となる「本店の所在地」の意義については、争いがあり、①登記簿の記載にかかわらず実質的な営業の本拠地をいうとする実質説（東京高決平成10年9月11日判タ1047.289）と、②定款で定め登記をした本店の所在地をいうとする形式説（東京高決平成11年3月24日判タ1047.292）がある。「本店の所在地」の意義は社債発行会社の弁済等の取消し等の訴えにとどまらず、株主総会決議取消しの訴えなど会社の組織に関する訴えの管轄についても同様に問題となる（835条1項参照）。これら訴えについて専属管轄が定められた趣旨は、同一の原因により複数の者から訴えを提起された場合に、弁論や裁判を併合することによって判断の矛盾を防ぐためであるから、管轄裁判所は形式的・画一的に決定される必要があり、形式説が妥当である。

第6節　清算持分会社の財産処分の取消しの訴え

●(清算持分会社の財産処分の取消しの訴え)

第863条　清算持分会社（合名会社及び合資会社に限る。以下この項において同じ。）が次の各号に掲げる行為をしたときは、当該各号に定める者は、訴えをもって当該行為の取消しを請求することができる。ただし、当該行為がその者を害しないものであるときは、この限りでない。
　一　第670条の規定に違反して行った清算持分会社の財産の処分　清算持分会社の債権者
　二　第671条第1項の規定に違反して行った清算持分会社の財産の処分　清算持分会社の社員の持分を差し押さえた債権者
　2　民法第424条第1項ただし書、第425条及び第426条の規定は、前項の場合について準用する。この場合において、同法第424条第1項ただし書中「その行為によって」とあるのは、「会社法（平成17年法律第86号）第863条第1項各号に掲げる行為によって」と読み替えるものとする。

1　清算持分会社の財産処分の取消しの訴え

　本条1項本文は、持分会社のうち合名会社及び合資会社について解散をして任意清算をする場合に（668条-671条）、債権者保護のために規定された670条又は671条に違反して財産の処分がなされたときは、民法424条の詐害行為取消権と同様の趣旨で債権者による清算持分会社の財産の処分の取消しを認めたものである。したがって、本条1項本文の法律的性質については、民法424条におけると同様の見解の対立があり得る。大判明治44年3月24日民録17.117は、債権者取消権を形成権と請求権との合体した単一の権利であり、その訴えは給付の訴えと合体した形成の訴えと解する立場（折衷説）を採っており、本条1項本文の取消権もそれと同様に解し得る。

　本条1項ただし書は、本文の場合であっても、その処分によって債権者を

害さないときは、取消しを免れることを定める。その処分が債権者を害さない事実は、被告の受益者又は転得者がその主張立証責任を負う抗弁である。

2　民法 424 条 1 項ただし書、425 条及び 426 条の準用

　本条 2 項は、1 項の場合に、民法 424 条 1 項ただし書（詐害行為取消権）、425 条（詐害行為取消しの効果）及び 426 条（詐害行為取消権の期間的制限）を準用する。本条 2 項は、民法 424 条を準用するに当たって、同条 1 項ただし書に限っており、同条 1 項本文を準用しない。これは、本条 1 項本文に基づく取消権の要件としては、会社が財産処分をするに際して会社債権者を害することを知っていたこと（主観的要件）を不要とする趣旨と解される。

　また、民法 425 条の準用によって、債権者たる会社の一般財産が総債権者のための共同担保であるという原則が、本条の取消権行使に関しても、注意的に明らかにされている。債権者取消権に関する判例法理に従えば、債権者は、不動産の登記名義の回復に関しては受益者又は転得者に対し、債務者名義への登記回復を求め得るにとどまり、直接債権者名義への登記の回復を求め得ない（最判昭和 53 年 10 月 5 日民集 32.7.1332）。しかし、債権者は、受益者又は転得者に対し、会社の処分行為によって逸出した利益又は財産の返還（不動産又は動産の占有の回復－金銭の引渡しを含む）を求め得る。財産の返還は現物返還を原則とするが、返還を求め得ない場合は、現物に代わって金銭の価値の返還を求め得る。債権者は、上記の利益又は財産を自己に直接支払い又は引き渡すことを請求できる（大判大正 10 年 6 月 18 日民録 27.1168、最判昭和 39 年 1 月 23 日民集 18.1.76）。

　更に、本条の定める取消権の期間的制限に関し、民法 426 条が準用される結果、取消権は、2 年の時効期間と、20 年の除斥期間に服することになる。

訴訟物　　XのYに対する本条 1 項本文に基づく会社財産処分取消権（詐害行為取消権）

　　＊本件は、清算持分会社の債権者の取消権（本条 1 項 1 号）が行使された事案である。本件取消しの訴えの原告は会社債権者であり、取消しの効果を被告との間で相対的に考える通説によると、被告は受益者又は転得者である。そして、請求の趣旨は、例えば、「訴外 A と被告 Y が平成○年○月○日に本件土地についてなした売買契約を原告 X と被告 Y との間で取り消す。被告 Y は本権土地についてなした本件所有権

移転登記の抹消登記手続をせよ。」とすることになる。なお、目的物の返還に代えて価格賠償を求める場合は、前記の請求の趣旨第1項の取消しを「原告Xの債権額の限度において」求めるべきことを付加し、第2項においては、原告の債権額に相当する金額の支払を求めることになろう。この価格賠償請求権の法的性質は、受益者又は転得者に対する不法行為損害賠償請求権に類する債権あるいは原状回復ないし不当利得返還請求権である（奥田昌道・債権総論［増補版］322頁）。

請求原因　1　A合名会社（又は合資会社）は任意清算手続に入ったこと
　　＊本条が適用されるのは、合名会社又は合資会社が解散をして任意清算をする場合である（本条1項本文括弧書）。持分会社の清算において、法定清算（646条-667条）によらず、任意清算（668条以下）により清算できるのは、合名会社と合資会社に限られ、合同会社は任意清算の方法により得ない（668条1項本文括弧書）。これは、合名会社と合資会社には無限責任社員が存在し、清算人を選任して行う法定清算でなく社員の任意清算の方法でも債権者を害することは少ないことと、仮に合同会社で消極財産の処分において社員が会社債務を分担すると、社員の間接責任と矛盾するからである。

　　2　請求原因1に先立つXのA会社に対する債権の発生原因事実
　　＊請求原因2は、被保全権利の要件事実である。これについて、時的要素は別として、「XのA会社に対して債権を有すること」で足りるとする見解もあるが、それでは債権発生の原因事実が明らかにならない。具体的には、例えば、「XはA会社に対し、甲土地を1,000万円で売買する契約を締結したこと」などである。

　　3　A会社が、任意清算の方法で清算する旨と債権者が一定期間内に異議を述べることができる旨の公告及び催告の手続違反をしたこと（670条2項）、又は異議を述べた債権者に対する弁済若しくは担保提供等の義務に違反したこと（670条5項）
　　＊請求原因3は、670条の規定に違反して行ったことを示す事実主張である。

　　4　A会社がYに対し、A会社の本件土地を代金1,000万円で売買する契約を締結したこと

　　　　5　請求原因4の契約に基づいて、Yへの所有権移転登記がなされたこと

(債権者を害さないこと)
抗　弁　1　請求原因4の財産処分によっても債権者の全額の弁済が受けられること
　　　　＊財産処分によっても債権者の全額の弁済が受けられる場合には取消権を行使することはできない（本条1項ただし書）。

(善　意)
抗　弁　1　Yは請求原因4の当時、その処分がXを害することを知らなかったこと
　　　　＊受益者又は転得者がその行為又は転得の時において債権者を害すべき事実を知らなかった場合にも取消権を行使できない（本条2項、民424条1項ただし書）。

(消滅時効)
抗　弁　1　Xが請求原因4の契約締結の事実を知った日
　　　　2　抗弁1の日から2年が経過したこと
　　　　3　YはXに対し、消滅時効を援用する旨の意思表示をしたこと
　　　　＊本条2項及び民法426条前段に基づく消滅時効の抗弁である。

(除斥期間)
抗　弁　1　請求原因4の契約が締結された日
　　　　2　抗弁1の日から20年が経過したこと
　　　　＊本条2項及び民法426条後段に基づく除斥期間の抗弁である。

訴訟物　XのYに対する本条1項本文に基づく会社財産処分取消権（詐害行為取消権）
　　　　＊本件は、清算持分会社の社員持分の差押債権者の取消権（本条1項2号）が行使された事案である。

請求原因　1　A合名会社（又は合資会社）は任意清算手続に入ったこと
　　　　2　BはA会社の社員であること
　　　　3　Xは、Bの持分を差し押さえた債権者であること
　　　　4　A会社が、Xの同意を得ないで財産処分を行ったこと
　　　　＊請求原因4は、671条の規定に違反して行ったことを示す事

実主張である。

● (被告)

第864条　前条第1項の訴えについては、同項各号に掲げる行為の相手方又は転得者を被告とする。

　清算持分会社の財産処分の取消しの訴えにおいては、財産処分行為の相手方又はその転得者が被告となることを定める。民法424条の詐害行為取消権に関する確定した判例（大判明治44年3月24日民録17.117）を明文化するものである。すなわち、同判決は、被告適格について、詐害行為の取消しは相対的に効力を生ずるに過ぎないことを理由として、利得返還請求の相手方である受益者又は転得者のみであると判示した。

第7節　社債発行会社の弁済等の取消しの訴え

●(社債発行会社の弁済等の取消しの訴え)

第865条　社債を発行した会社が社債権者に対してした弁済、社債権者との間でした和解その他の社債権者に対してし、又は社債権者との間でした行為が著しく不公正であるときは、社債管理者は、訴えをもって当該行為の取消しを請求することができる。

2　前項の訴えは、社債管理者が同項の行為の取消しの原因となる事実を知った時から6箇月を経過したときは、提起することができない。同項の行為の時から1年を経過したときも、同様とする。

3　第1項に規定する場合において、社債権者集会の決議があるときは、代表社債権者又は決議執行者(第737条第2項に規定する決議執行者をいう。)も、訴えをもって第1項の行為の取消しを請求することができる。ただし、同項の行為の時から1年を経過したときは、この限りでない。

4　民法第424条第1項ただし書及び第425条の規定は、第1項及び前項本文の場合について準用する。この場合において、同法第424条第1項ただし書中「その行為によって」とあるのは「会社法第865条第1項に規定する行為によって」と、「債権者を害すべき事実」とあるのは「その行為が著しく不公正であること」と、同法第425条中「債権者」とあるのは「社債権者」と読み替えるものとする。

1　社債発行会社の弁済等の取消しの訴え
(1)　趣　　旨

　社債の償還は、社債管理者が社債権者のために、社債発行会社から償還を受けた上で、各社債権者に対し償還金を分配するという集団的処理によることを原則としているが、例外的に、個々の社債権者が単独で直接に社債発行会社から償還を受けることもできる。本条1項は、社債発行会社が特定の社債権者に対して行った弁済、和解その他の行為が著しく不公正であるとき

は、社債権者の平等待遇を図るために、社債管理者は訴えをもってその行為の取消しを請求することができることを定める。

本条の取消権は、詐害行為取消権（民424条）と類似するが、不利益を受けた社債権者が単に詐害行為取消権を行使できるとするのみでは救済として不十分となる場合があるため、本条が設けられた。なぜなら、債務の本旨弁済は、原則として詐害行為とはならず、債務者と弁済受領者の通謀が要件とされており、この立証は容易でない。また、個々の社債権者が訴えをもって詐害行為取消権を行使することも時間的・経済的な負担が重い。そこで、本条は、①社債管理者に取消権を与え、社債の償還の集団的処理に平仄を合わせて、効率的な権利行使ができるようにし、②取消権の客観的要件として、弁済等に関して著しい不公正があれば足りるとして、債務者たる社債発行会社の無資力の要件を外し、③取消権の主観的要件を緩和して、債務者たる社債発行会社の悪意を積極的要件としない（善意を抗弁とした）。これにより、本条は、社債発行会社の責任財産の保全を越えて、社債権者の平等取扱確保を目的とすることになった（山下友信・新注会(10) 209-210頁）。

個々の社債権者は、本条1項の取消しの訴えの原告適格を有しない。法文上、原告適格を有する者は、社債管理者（本条1項）、代表社債権者又は737条2項の決議執行者（本条3項本文）に限られているからである。

訴訟物　　X株式会社のYに対する本条1項の定める詐害行為取消権
＊詐害行為取消権（民424条）の法的性質については、形成権説、請求権説、折衷説、責任説が説かれるが、折衷説が判例・通説である。本条の取消権についても折衷説によるのが相当である。なぜならば、本条の取消権の目的たる社債権者の平等確保という観点からみて、社債発行会社が現実に一部社債権者に対して財産を流出させているときには、この行為を取り消すとともに、その財産を返還させることが必要であり、他方、単に和解をしただけで未だ財産の流出がないときには、その和解を取り消すだけで足りるが、そのような効果を折衷説は認めるからである。なお、詐害行為取消権についての折衷説は、取消しの効果は相対的であり、取消債権者と受益者又は転得者の間でのみ取消しの効力が生ずるものとし、債務者には効力が及ばないとするが、それは受益者又は転得者に取消しの効力を生じさせれば責任財産の確保には十分であるためであり、このことは本条の取消権についても同

様である。すなわち、本条の取消権の本質は不平等な行為を取り消し、かつ、必要な場合にはそれを根拠として流出した財産の取戻しを請求することにある。そして、取消権は有利な取扱いを受けた社債権者又は転得者に対して行使され、取消しの効果は相対的であると解される（山下友信・新注会(10)20-211 頁）。

＊受益した相手方又は転得者が取消訴訟の被告となるのであり、社債発行会社を被告とすることはできない（866 条）。

＊取消しの範囲であるが、相手方に対して給付された利益が社債総額を超えることはまずないから、社債管理者は、社債発行会社と相手方間の行為を全部取り消し、相手方又は転得者からそれらの者が取得した全部の財産の返還を求めることができると解される。この場合、相手方が、平等な弁済がされたなら受け得た額について保持できるとする抗弁は認められない。あくまで、社債管理者が全部の返還を受けた後に、改めて平等に分配べきである（山下友信・新注会(10)213 頁）。

請求原因
1　A 株式会社は社債の発行会社であること
2　A 会社は、請求原因 1 の社債の社債管理者として X 会社を指定して社債権者のための弁済の受領・債権の保全その他社債の管理を委託し、X 会社はこれを受託したこと

＊本条の取消訴訟の原告となり得るのは、社債管理者である。数種の社債が発行されている場合には管理を委託された種類の社債に関してのみ取消しを求め得る。本条の取消訴訟を提起する権限は、償還に関する権限（705 条 1 項）の延長線上において認められる。その要件が備わった場合に社債管理者は訴えを提起する義務を負うか否かは、社債管理者が償還に関する権限を行使する義務を負うか否かという問題と統一して考えるべきことである。

3　A 会社は、社債権者 Y に対して弁済その他の行為、又は社債権者 Y との間において和解その他の行為をしたこと
4　請求原因 3 の行為が著しく不公正であることの評価根拠事実
＊請求原因 4 の客観的要件の立証責任は、社債管理者が負う（山下友信・新注会(10)212 頁）。

（善　意）
抗　弁　1　Y は請求原因 3 の行為が社債権者を害するものであること

を知らなかったこと
＊利得者たる社債権者（又は転得者）がその行為（又は転得）の当時、債権者を害すべきことを知らなかったときは（本条4項による民法424条1項ただし書の準用）、この取消しを請求できない。債権者を害すべきことを知らないことの立証責任は利得者たる社債権者（又は転得者）が負担する（松田＝鈴木・條解下536頁、山下友信・新注会(10)212頁）。

（消滅時効）

抗弁 1　Xが取消しの原因の事実を知った日
＊取消しの原因の事実を知るとは、請求原因3の事実のみならず、請求原因4の事実を知ることも必要であろう。
2　抗弁1の日から6か月が経過したこと
3　YはXに対し、消滅時効を援用する旨の意思表示をしたこと

（除斥期間）

抗弁 1　請求原因3のA会社の行為がなされた日
2　抗弁1の日から1年が経過したこと

(2) 本条の取消権と民法424条の詐害行為取消権

　個々の社債権者が、本条の取消権と独立して同一の行為について詐害行為取消権を行使することができるかについては、見解が分かれる。請求権は競合するとの見解に立つと詐害行為取消権を行使すると事実上優先弁済を得られるのであり、一部の社債権者に詐害行為取消権の行使を認めることによりその社債権者のみが優先的弁済を受け、かえって社債権者間の平等が害される可能性が生ずる。本条の取消しの訴えが民法424条を社債権者団体について修正をした特則と解して、両者の権利の要件を共に満たすときには、本条の権利行使しかできないと解する見解（松田＝鈴木・條解下536頁、鴻常夫・社債法225頁）に立てば、個々の社債権者は民法424条の詐害行為取消権を行使することはできない。

　また、社債権者以外の会社債権者は、本条に基づく訴え提起の有無にかかわらず、民法424条の訴えを提起することが当然可能である。

2　消滅時効・除斥期間

　本条2項は、社債管理者が取消しの原因の事実を知った時から6か月、行為の時から1年内にこれを提起する必要があることを定める。本条2項の期

間の法律的性質であるが、ややその文言は異なるが、民法426条の期間と同様に、6か月は時効期間であり、1年は除斥期間と解すべきである。

3　代表社債権者又は決議執行者の訴え
(1) 趣　　旨
　本条3項本文は、社債権者集会の決議があるときは代表社債権者又は社債権者集会の決議執行者（以下、本項3において、決議執行者という）（737条2項）もまた本条1項の訴えを提起できることを定める。これは、社債権者間の平等を害する不公正な行為に対する救済方法は社債権者自身に認めることが考え得るが、社債権者の団体性を考慮すると、個々の社債権者には認めず、代表社債権者又は決議執行者に限って全社債権者のために訴えを提起し得るものとしたのである。代表社債権者又は決議執行者にこのような権限が与えられることは、主として、社債管理者が存しない場合又はそれが存しても本条1項所定の訴えを提起しない場合に実益がある。これに対し、社債管理者が既に本条1項所定の取消しの訴えを提起しているときには、重ねて代表社債権者又は決議執行者が取消しの訴えを提起できないと解される（山下友信・新注会(10)217頁）。
(2) 除斥期間
　本条3項ただし書は、代表社債権者又は決議執行者が社債発行会社の行為の時から1年内に訴えを提起することができることを定める。この期間の法律的性質は、前記2のとおり、除斥期間と解される。2項と対比すると、取消原因事実を知った時から6か月内という制限は設けられていない。これは、社債権者は多数であるのが通常であり、そのような多数の者の知・不知によって提訴期間が左右されることは適切でないからである。

訴訟物　　　XのYに対する本条1項の定める取消権
　　　　　　＊本件は、A株式会社が社債権者Yとの間で著しく不公正な和解をしたので、代表社債権者（又は決議執行者）Xがその弁済等の取消しを求めた事案である。
請求原因　1　A株式会社は社債の発行会社であること
　　　　　　2　XはA会社の代表社債権者又は決議執行者であること
　　　　　　3　A会社は、社債権者Yとの間で和解をしたこと
　　　　　　4　請求原因3の和解が著しく不公正であることを基礎づける事実
　　　　　　5　社債権者集会が、請求原因3の行為を取り消すべきことを決

議したこと

(善意)

抗弁 1 Yは請求原因3の和解が社債権者を害するものであることを知らなかったこと

＊利得者たる社債権者（又は転得者）がその行為（又は転得）の当時、債権者を害すべきことを知らなかったときは（本条4項による民法424条1項ただし書の準用）、取消しを請求できない。この点についての立証責任は利得者たる社債権者（又は転得者）が負担する（松田＝鈴木・條解下53頁）。

(除斥期間)

抗弁 1 請求原因3のA会社の和解がされた日
2 抗弁1の日から1年が経過したこと

4 民法424条、425条の準用

本条4項は、受益者・転得者の善意に関する民法424条1項ただし書及び詐害行為の取消しに関する民法425条の規定を、本条1項及び3項の訴えに準用することを定める。本条の訴えは、この準用規定からも明らかなように、民法424条1項本文の定める詐害行為取消権の特則である。ただ、詐害行為取消権と異なるのは、①行使主体が個々の債権者でなく社債管理者であること（本条1項）、②債務者である発行会社の詐害意思が要件とされていないこと（本条1項と民法424条の対比）、③権利の消滅期間が短縮されていること（本条2項）、④社債権者集会の決議があれば代表社債権者又は決議執行者もこの訴えを提起できること（本条3項）などである。

●(被告)

第866条 前条第1項又は第3項の訴えについては、同条第1項の行為の相手方又は転得者を被告とする。

本条は、社債発行会社の弁済等の取消し等の訴え（865条1項・3項）については、その行為の相手方又は転得者が被告となることを定める。社債発行会社を被告とすることはできない。債権者取消権の被告適格については、判例は、当初は、債務者、受益者、転得者を共同被告とする必要的共同訴訟と

解したが（大判明治38年2月10日民録11.150）、大判明治44年3月24日民録17.117は、詐害行為の取消しは相対的に効力を生ずるに過ぎないとして、利得返還請求の相手方である受益者又は転得者のみであるとした。本条は、この判例の立場に立って、被告適格を明定したものである。

相手方及び転得者がいずれも悪意である場合には、社債管理者は相手方を被告として、その者との間で行為を取り消し、財産の返還に代わる損害の賠償を請求すること、又は、転得者のみを被告として、行為を取り消し、財産の返還を請求することのいずれかを選択できる。これに対して、相手方のみが悪意で、転得者が善意の場合は、相手方のみを被告として、取消しとともに財産の返還に代わる損害の賠償を請求するか、又は、転得者に影響を及ぼさない限りで財産の返還を請求するしかない（例えば、相手方が取得した不動産に善意で抵当権を取得した者がいる場合には、抵当権付の状態で不動産の返還を請求できるにとどまる）。

● (訴えの管轄)

第867条 第865条第1項又は第3項の訴えは、社債を発行した会社の本店の所在地を管轄する地方裁判所の管轄に専属する。

本条は、社債発行会社の弁済等の取消し等の訴え（865条1項・3項）は、その社債発行会社の本店所在地を管轄する地方裁判所の専属管轄となることを定める。定款で定め登記をした本店所在地と実質的な営業本拠地が異なる場合に専属管轄となる「本店の所在地」がいずれを意味するかについては、見解が分かれる。①登記簿の記載にかかわらず実質的な営業の本拠地をいうとの実質説（東京高決平成10年9月11日判タ1047.289）と、②定款で定め登記をした本店の所在地をいうとの形式説（東京高決平成11年3月24日判タ1047.292）がある。「本店の所在地」の意義は社債発行会社の弁済等の取消し等の訴えにとどまらず、株主総会決議取消しの訴えなど会社の組織に関する訴えの管轄についても同様に問題となる（835条1項参照）。これら訴えについて専属管轄が定められている趣旨は、同一の原因により複数の者から訴えを提起された場合に、弁論や裁判を併合することによって判断が矛盾することを防ぐためであり、管轄裁判所は形式的・画一的に決定される必要があり、形式説が相当である。

第3章 非　　訟

1　訴訟事件と非訟事件
(1) 両者の区別

　非訟事件とは、形式的には、裁判所が判断作用をすることを目的とする事件で訴訟事件（裁判所が当事者の意思如何にかかわらず終局的に事実を確定し当事者の主張する実体的権利義務の存否を確定することを目的とする事件）以外のものをいう。

　訴訟事件と非訟事件の実質的・内容的な区別について、兼子一・民事訴訟法体系40頁は、「両者の区別は、国家作用の性質にあるとするのが相当である。即ち訴訟の裁判は、法規に抽象的に予定されたところを適用して紛争を解決するのに対し、非訟事件では国家が端的に私人間の生活関係に介入するために命令処分をするのであって、前者は民事司法であるのに対し、後者は民事行政である。同じく権利関係の確定形成をもたらす場合でも、訴訟の判決は法の適用による判断作用の効果であるに対し、非訟事件では結果を意欲する処分行為に基くものである。行政処分は本来行政庁の権限に属するが、民事関係については沿革的政策的に司法機関である裁判所又はその監督の下に行わせるところに、非訟事件が生じるのである」といい、非訟事件は国家（裁判所）が端的に私人間の生活関係に介入するために命令処分をする民事行政であると解している。

(2) 非訟事件の手続の特徴

　金子修・一問一答非訟事件手続法37頁は、非訟事件の特徴として、①処分権主義の制限、②職権探知主義、③非公開主義、④簡易迅速主義を挙げて、大略次のように説く。

ア　処分権主義の制限

　非訟事件の手続は処分権主義の原則を採っていない。その手続の申立ては私的利益の実現のために限らず、裁判所が公益の立場から利害関係人の申立てによらず職権で手続を開始する場合がある。また、清算人の選任は、法務大臣に申立権が認められている（478条3項）。これは、裁判所の職権による事件開始に準ずる。また、裁判所の審理対象範囲も必ずしも申立ての内容に拘束されないので、非訟事件手続法は、民事訴訟法246条（判決事項）に相当する規定を設けていない。また、当初から不当であった裁判又は事情変更により不当になった裁判のうち一定のものは、職権で取消し又は変更が可能とされている（非訟59条）。しかし、多くの非訟事件は申立てを前提として

おり、このような申立事件において、申立てで求められている事項と異なる事項についていきなり審理判断することは、当事者等の手続追行の機会の保障、不意打ち防止の観点から相当でない。
イ　職権探知主義
　民事訴訟は、実体法上の私的自治の原則の手続法への反映として弁論主義を採用する。これに対し、非訟事件は、その多くが、審理対象を自ら処分できないものであり、その裁判により形成された法律関係が対世効を有し、公共の利益にも影響を与える。この意味で、非訟事件は公益性があり、実体的真実に合致した裁判の要請が高い。この非訟事件の性格から、裁判所が後見的に関与し、当事者の主張に拘束されず、当事者の提出した資料に限定されずに、広い裁量下で適切な法律関係を形成すべく、職権で事実の調査及び証拠調べを可能としている（非訟49条1項）。
ウ　非公開主義
　非訟事件の手続は、実体法上の権利義務の存否を最終的に確定しないため憲法上の公開の要請がないこと、公開主義を採ると秘密の暴露をおそれる者から真実の発見に必要な資料が収集できなくなり、公益性に反する場合もあること、また、公開主義を前提とすると簡易迅速な処理の要請にも反するため、審問、証拠調べ等を公開の場所で行わない非公開主義を採用している（非訟30条）。
エ　簡易迅速主義
　非訟事件の手続は、実体法上の権利義務の存否を最終的に確定するものでなく、多くの事件は実体法上の権利義務関係の確定は別途争い得るし、また、実体法上の権利義務関係を前提に具体的な法律関係を設定・形成するので、非訟事件手続は簡易迅速な手続に親しむ。そのため、非訟事件手続は、訴訟手続よりも簡易な手続により迅速処理を図っている。これは、忌避申立ての簡易却下（非訟13条5項）、受命裁判官による手続（非訟46条）、電話（テレビ）会議システムの利用（非訟33条4項、47条）、終局決定の相当と認める方法による告知による効力発生（非訟56条1項‐3項）、決定に対する不服申立てについて通常抗告を認めず、即時抗告できない終局決定についての裁判書作成の省略（非訟57条1項ただし書）、原裁判所による裁判の更正（非訟71条）、終局決定に対する即時抗告に執行停止効がない原則（非訟72条1項）等に表れている。

2　会社非訟事件における手続保障
　会社非訟事件のうち、紛争性の高い事件である①株式等の価格の決定に係

る事件（非訟事件手続法（平成23年法律第52号）による改正前会社法870条4号・6号）及び②合併等が無効とされた後の債務の負担部分又は財産の共有持分の決定に係る事件（同870条15号）、③帳簿等閲覧等の許可に係る事件（同870条1号）については、手続保障の程度が高められている。

3　非訟事件と要件事実

　非訟事件においては、要件事実の認定は不要である。伊藤・民事訴訟法8頁は、非訟事件における要件事実に触れて、「非訟事件の場合には、権利義務の確定を目的とせず、したがって、要件事実存否の確定の必要もない。非訟事件における裁判所の判断について指摘される裁量性は、厳格な要件事実の認定や法律要件に拘束されずに裁判所が法律関係を形成しうることを意味する。」という。

　裁判例を見ると、私人の保護、助成ないし監督という国家の目的を達成するために裁判所が国家機関として有する形成機能を発動して、私人の権利関係の変更にのり出すのが非訟事件であり（広島高決昭和36年5月26日高民14.3.243）、憲法82条、32条の法意に照らし、金銭債務臨時調停法（昭和7年法律第26号。同26年10月1日廃止）7条の法意を考えてみるに、同条の調停に代わる裁判は、単に既存の債務関係について、利息、期限等を形成的に変更することに関するもの、即ち性質上非訟事件に関するものに限られ、純然たる訴訟事件につき事実を確定し当事者の主張する権利義務の存否を確定する裁判は、これに包含されていないものと解するのが相当とするのであり、同法8条がこの裁判を「非訟事件手続法ニ依リ之ヲ為ス」と規定したのも、その趣旨に外ならない（最大決昭和35年7月6日民集14.9.1657）としている。

　このように非訟事件においては、要件事実の意義は訴訟事件には及ばないが、本書においては、申立てを根拠づける事実を「申立理由」として記載し、抗弁的に機能する事実を「抗弁」と表記している。

4　非訟事件と立証責任

　許可申立てに係る非訟事件については、その原因となる事実を疎明しなければならないことが定められているが（869条。ただし、その例外）、許可申立て以外の非訟事件についての立証責任に関しては、特段規定がない。非訟事件については、一般にその立証責任を否定するのが通説とされる。しかし、否定されるのは、主観的立証責任にとどまるのであって、客観的立証責任は、非訟事件の場合であっても、肯定されるべきであろう。職権探知主義の手続の下でも、客観的立証責任の適用があるのであり（これを否定する

と、法が職権探知主義を採る場合は裁判所は真偽不明の事態は生じない、言い換えれば、職権探知主義の下では裁判所は「全知者」となるという背理を生む）（兼子一・民事法研究第3巻128-129頁、三ヶ月章・民事訴訟法408頁）、したがって、非訟事件においても、客観的立証責任の原則は認めるべきである（鈴木・非訟事件の裁判の既判力195-196頁）。

5　会社非訟事件手続
　会社非訟事件の手続については、一部の規定を除き非訟事件手続法（平成23年法律第52号）に定める非訟事件の手続の通則（第2編　非訟事件の手続の通則）の規定が適用され、それと本法第7編第3章　非訟（868条以下）の規定とを併せて、会社非訟事件を処理するための手続が定まる（金子修・一問一答非訟事件手続法2頁）。

第1節　総　　則

●（非訟事件の管轄）

第868条　この法律の規定による非訟事件（次項から第5項までに規定する事件を除く。）は、会社の本店の所在地を管轄する地方裁判所の管轄に属する。
　2　親会社社員（会社である親会社の株主又は社員に限る。）によるこの法律の規定により株式会社が作成し、又は備え置いた書面又は電磁的記録についての次に掲げる閲覧等（閲覧、謄写、謄本若しくは抄本の交付、事項の提供又は事項を記載した書面の交付をいう。第870条第2項第1号において同じ。）の許可の申立てに係る事件は、当該株式会社の本店の所在地を管轄する地方裁判所の管轄に属する。
　　一　当該書面の閲覧若しくは謄写又はその謄本若しくは抄本の交付
　　二　当該電磁的記録に記録された事項を表示したものの閲覧若しくは謄写又は電磁的方法による当該事項の提供若しくは当該事項を記載した書面の交付
　3　第705条第4項、第706条第4項、第707条、第711条第3項、第713条、第714条第1項及び第3項、第718条第3項、第732条、第740条第1項並びに第741条第1項の規定による裁判の申立てに係る事件は、社債を発行した会社の本店の所在地を管轄する地方裁判所の

管轄に属する。
4　第822条第1項の規定による外国会社の清算に係る事件並びに第827条第1項の規定による裁判及び同条第2項において準用する第825条第1項の規定による保全処分に係る事件は、当該外国会社の日本における営業所の所在地（日本に営業所を設けていない場合にあっては、日本における代表者の住所地）を管轄する地方裁判所の管轄に属する。
5　第843条第4項の申立てに係る事件は、同条第1項各号に掲げる行為の無効の訴えの第一審の受訴裁判所の管轄に属する。

1　非訟事件の管轄の原則
(1)　専属管轄
　会社非訟事件（会社非訟規1条）に関する管轄については、本条1項が、会社の本店所在地を管轄する地方裁判所の管轄に属することを原則とする旨を定め、2項から5項までに例外を列挙している。会社訴訟の管轄を定める835条1項や848条等は、「管轄に専属する」と定めるのに対し、本条は、単に、「管轄に属する」と規定するにとどまるが、非訟事件の管轄は原則として専属管轄と解されるから（三井哲夫・注解非訟事件手続法［改訂］128頁、462頁）、本条の管轄も専属管轄であるとする見解が有力である。しかるに、専属管轄か否かは、①申立人が申し立てた裁判所が管轄裁判所と異なる場合、②申立人と相手方との間で管轄裁判所と異なる合意管轄がされた場合が問題となる。①については、非訟事件手続法10条1項は民事訴訟法16条を準用して、管轄違いを理由とする移送を明確にした。また、②については、相手方が想定される非訟事件のうち一方当事者が会社以外の場合は、譲渡制限会社の株式に係る株主と指定買取人（144条7項・2項）との間の買取請求事件以外には見当たらず、しかも、指定買取人は会社の本店所在地の供託所への供託が必要となるため（142条2項）、あえて本店所在地以外に管轄裁判所を認める実益に乏しく、また、非訟事件手続法上も合意管轄に係る規定は置かれていないから、会社非訟事件では合意管轄は認めない見解を採れば足り、専属管轄であるか否かを論ずる実益はない（阿多博文・論点体系(6)271頁）。
(2)　本店所在地の意義
　会社訴訟では、管轄裁判所に係る「本店」（835条1項、848条、856条、

862条、867条）の所在地の意義については、①実質説（登記簿の記載にかかわらず実質的な営業の本拠地をいう）と②形式説（定款で定め（27条3号）、登記した（911条3項3号、912条3号、913条3号、914条3号）本店の所在地をいう）との対立があるが、実務は形式説によっている。

2　親会社社員による書面・電磁的記録の閲覧・謄写許可申立事件

　親会社の株主又は社員による、子会社が作成し又は備え置いた書面又は電磁的記録（定款（31条3項）・創立総会議事録（81条4項）・株主名簿（125条4項）・新株予約権原簿（252条4項）・株主総会議事録（318条5項）・種類株主総会議事録（325条、318条5項）・取締役会議事録（371条5項・4項）・監査役会議事録（394条3項・2項）・委員会議事録（413条4項・3項）・会計帳簿（433条3項）・計算書類等（442条4項）・社債原簿（684条4項）等）に係る閲覧等（本条2項1号・2号）の許可の申立てに係る事件については、子会社の本店の所在地を管轄する地方裁判所が管轄裁判所となる（本条2項）。

3　社債に関する非訟事件

　社債管理者による社債発行会社の業務及び財産の状況の調査の許可申立事件（705条4項、706条4項）、社債権者集会の申立てによる特別代理人選任申立事件（707条）、社債管理者の辞任の許可申立事件（711条3項）、社債管理者の解任申立事件（713条）、事務を承継する社債管理者についての社債権者集会の同意に代わる許可申立事件（714条1項）、事務を承継する社債管理者選任申立事件（同条3項）、社債権者による社債権者集会の招集許可申立事件（718条3項）、社債権者集会の決議の認可申立事件（732条）、債権者異議手続における社債権者が異議を述べ得る期間の伸長申立事件（740条1項）、社債管理者等の報酬等を社債発行会社の負担とすることの許可申立事件（741条1項）については、社債発行会社の本店の所在地を管轄する地方裁判所が管轄裁判所となる（本条3項）。

4　外国会社に関する非訟事件

　外国会社の財産の清算開始命令事件（822条1項）、外国会社の取引継続の禁止又は外国会社の営業所閉鎖の命令事件（827条1項）、会社の財産に関する保全処分（827条2項、825条1項）については、その外国会社の日本における営業所の所在地（日本に営業所を設けていない場合は、日本における代表者の住所地）を管轄する地方裁判所が管轄裁判所となる（本条4項）。

5 合併・分割無効確定判決の債務負担部分・共有持分の決定に関する非訟事件

会社の合併又は分割の無効判決が確定した場合における債務の負担部分又は財産の共有持分の決定申立事件（843条4項）については、その確定した無効判決がされた訴え、すなわち、会社の吸収合併無効の訴え、会社の新設合併無効の訴え又は会社の吸収分割無効の訴えの第1審の受訴裁判所が管轄裁判所となる（本条5項）。

6 管轄違いの移送

非訟事件手続法10条1項は、民事訴訟法16条（管轄違いの場合の移送）等の規定を準用する（1(1)①参照）。

● (疎明)

第869条 この法律の規定による許可の申立てをする場合には、その原因となる事実を疎明しなければならない。

---

1 非訟事件における職権探知主義の例外

非訟事件は、訴訟事件と異なり、職権探知主義が採用されている（非訟49条）ので、裁判所が職権で事実と証拠を収集する権限を有し、申立人が立証責任を負うことはないのが原則である。しかし、本条は、裁判所の許可を求める会社非訟事件については、申立人にその原因事実の疎明責任を課すこととした。このように、非訟事件において、当事者に疎明責任を負わせる規定が置かれている場合には、裁判所は職権探知の責任もなく、当事者が客観的立証（疎明）責任を負うと解される（鈴木忠一・非訟・家事事件の研究352、354頁）。申立人が疎明しない場合、又は疎明不十分の場合は、申立ては、却下される。

本条の適用を受けない会社非訟事件においては、職権探知主義が採られるが、現実問題として、裁判所は、何の手掛りもなく事実の探知や証拠調べができるわけではない。非訟事件手続法49条2項が「当事者は、適切かつ迅速な審理及び裁判の実現のため、事実の調査及び証拠調べに協力するものとする。」と定める所以である。

2　疎　　明

「証明」が、裁判官がその事実の存在について確信を得た状態をいうのに対し、「疎明」とは、事実の存在が一応確からしいという程度の心証をいう。判決をするための事実認定としては、一般に証明が必要であるが、裁判所の心証の程度を軽減して迅速な事件処理を重視する手続の場合には、疎明で足りるのである（例えば、仮差押え・仮処分などのような民事保全手続の場合などは、疎明で足りる）。非訟事件における疎明の方法は、民事訴訟法の規定が準用されるので、本条の疎明も、即時に取調べ可能な証拠により行う必要がある（非訟50条、民訴188条）。「即時に」とは、審問期日で審理される事項であればその審問期日において、期日が開かれない場合には、その申立てに際してという意味である。別の期日を定め、それまでに準備しなければ取調べができないものは即時性を欠くので、人証は、在廷する証人の尋問や出頭した相手方当事者の尋問のみが許される。在廷が困難な当事者、第三者は陳述書を作成し書証として提出する。

3　許可申立事件

許可の申立てをする事件においては、疎明が申立ての要件である。したがって、申立人がその原因となる事実について疎明がない場合は、申立ては却下される。本条は、許可申立てについて、「その原因となる事実」の疎明を求めるのみであるが、兼子一原著・条解民事訴訟法［第2版］1072頁は、「相手方の反証や抗弁事由もまた疎明による。したがって、結果において、証明の場合に比して挙証責任に訴えなければならない真否不明の領域が、狭いことになる。」という。例えば、親会社社員の会計帳簿の閲覧許可申立事件において、会社側が拒絶事由を主張する場合は、裁判所の許可手続の中で会社側がその事由の存在を疎明することになる（江頭・株式会社法651頁）。

許可申立ての形式を取る非訟事件としては、次のものがある。
(1)　少数株主の総会招集の許可申立事件（297条4項）
具体例としては、本書(2)297条2設例を参照されたい。
(2)　株式等の任意売却の許可申立事件（197条2項、234条2項前段、235条2項）
具体例としては、本書(1)197条3設例を参照されたい。
(3)　職務代行者に関する事件のうち、常務外行為の許可申立事件（352条1項、420条3項、483条6項、603条1項、655条6項）
具体例としては、本書(2)352条2(3)設例等を参照されたい。

(4) 会社関係書類の閲覧等の許可申立事件
ア 取締役会議事録等（監査役設置会社又は委員会設置会社の場合371条3項、債権者の場合371条4項、親会社社員の場合371条5項、清算人会の場合490条5項）
具体例としては、本書(2)371条3の設例を参照されたい。
イ 子会社の定款等（31条3項、81条4項、82条4項、125条4項、252条4項、318条5項、319条4項、433条3項、442条4項）
具体例としては、本書(2)433条5設例を参照されたい。
ウ 子会社（会計参与設置会社）の計算書類等（378条3項）
具体例としては、本書(2)378条2(2)設例を参照されたい。
エ 監査役会又は委員会の議事録（394条2項・3項、413条3項・4項）
具体例としては、本書(2)394条3設例を参照されたい。
オ 子会社（清算株式会社）の貸借対照表等（496条3項）
具体例としては、本書(2)496条3設例を参照されたい。
カ 子会社の社債原簿（684条4項）
具体例としては、684条4設例を参照されたい。
(5) 清算会社の少額債権等の弁済許可申立事件（500条2項、661条2項）
具体例としては、本書(2)500条3設例を参照されたい。
(6) 社債に関する許可申立事件
ア 社債発行会社の業務・財産状況の調査の許可（705条4項、706条4項）
具体例としては、705条4設例を参照されたい。
イ 社債管理者の辞任許可（711条3項）
具体例としては、711条4設例を参照されたい。
ウ 事務承継社債管理者についての社債権者集会の同意に代わる許可（714条1項）
具体例としては、714条1設例を参照されたい。
エ 社債権者による招集の請求（718条3項）
具体例としては、718条2設例を参照されたい。
オ 社債管理者等の報酬等についての社債発行会社の負担の許可（741条1項・2項）
具体例としては、741条1設例を参照されたい。

4 本条の適用除外
特別清算における許可申立てについては、協定債権者の債権者集会の許可申立て（547条3項）を除いては、本条の適用が除外されている（881条）。

● (陳述の聴取)

第870条　裁判所は、この法律の規定（第2編第9章第2節を除く。）による非訟事件についての裁判のうち、次の各号に掲げる裁判をする場合には、当該各号に定める者の陳述を聴かなければならない。ただし、不適法又は理由がないことが明らかであるとして申立てを却下する裁判をするときは、この限りでない。
　一　第346条第2項、第351条第2項若しくは第401条第3項（第403条第3項及び第420条第3項において準用する場合を含む。）の規定により選任された一時取締役、会計参与、監査役、代表取締役、委員、執行役若しくは代表執行役の職務を行うべき者、清算人、第479条第4項において準用する第346条第2項若しくは第483条第6項において準用する第351条第2項の規定により選任された一時清算人若しくは代表清算人の職務を行うべき者、検査役又は第825条第2項（第827条第2項において準用する場合を含む。）の管理人の報酬の額の決定　当該会社（第827条第2項において準用する第825条第2項の管理人の報酬の額の決定にあっては、当該外国会社）及び報酬を受ける者
　二　清算人又は社債管理者の解任についての裁判　当該清算人又は社債管理者
　三　第33条第7項の規定による裁判　設立時取締役、第28条第1号の金銭以外の財産を出資する者及び同条第2号の譲渡人
　四　第207条第7項又は第284条第7項の規定による裁判　当該株式会社及び第199条第1項第3号又は第236条第1項第3号の規定により金銭以外の財産を出資する者
　五　第455条第2項第2号又は第505条第3項第2号の規定による裁判　当該株主
　六　第456条又は第506条の規定による裁判　当該株主
　七　第732条の規定による裁判　利害関係人
　八　第740条第1項の規定による申立てを認容する裁判　社債を発行した会社
　九　第741条第1項の許可の申立てについての裁判　社債を発行した会社
　十　第824条第1項の規定による裁判　当該会社
　十一　第827条第1項の規定による裁判　当該外国会社

2　裁判所は、次の各号に掲げる裁判をする場合には、審問の期日を開いて、申立人及び当該各号に定める者の陳述を聴かなければならない。ただし、不適法又は理由がないことが明らかであるとして申立てを却下する裁判をするときは、この限りでない。
　一　この法律の規定により株式会社が作成し、又は備え置いた書面又は電磁的記録についての閲覧等の許可の申立てについての裁判　当該株式会社
　二　第117条第2項、第119条第2項、第193条第2項（第194条第4項において準用する場合を含む。）、第470条第2項、第778条第2項、第786条第2項、第788条第2項、第798条第2項、第807条第2項又は第809条第2項の規定による株式又は新株予約権（当該新株予約権が新株予約権付社債に付されたものである場合において、当該新株予約権付社債についての社債の買取りの請求があったときは、当該社債を含む。）の価格の決定　価格の決定の申立てをすることができる者（申立人を除く。）
　三　第144条第2項（同条第7項において準用する場合を含む。）又は第177条第2項の規定による株式の売買価格の決定　売買価格の決定の申立てをすることができる者（申立人を除く。）
　四　第172条第1項の規定による株式の価格の決定　当該株式会社
　五　第843条第4項の申立てについての裁判　同項に規定する行為をした会社

1　陳述の聴取

　本条は、裁判所が、会社非訟事件（本法第2編第9章第2節「特別清算」の規定による事件を除く）の裁判をする場合に、陳述を聴く必要がある裁判及び陳述を聴取すべき者（陳述聴取の相手方）を定めている。非訟事件における事実の探知及び証拠調べについては、職権探知主義が原則であるが（非訟49条1項）、本条が定める事件については、裁判所に対して陳述の聴取することを義務づけて、利害関係人にその意見を陳述する機会を与えている。「陳述を聴かなければならない」とは、裁判所が、本条1項各号が定める者に意見の陳述の機会を与える必要があるとの趣旨であり、その機会を与えられた者が陳述をしない場合には、裁判所は陳述を聴かずに裁判できる（鈴木忠一・非訟・家事事件の研究223頁）。

陳述の聴取が義務づけられる利害関係人の範囲を定める基準として、①申立人は、申立書に記載するなどの方法によって自己の意見を裁判所に伝え得るため、必要的陳述聴取の対象とせず、②申立人以外に特定の利害関係人が存在する事件であって裁判前に陳述聴取することによって裁判の目的達成に支障が生ずることのないもの（本条1項各号の事件）については、陳述の聴取を受ける機会を保障する必要がある。本条が陳述聴取を要求する理由は、陳述聴取が必要な裁判については、陳述聴取の相手方が不服申立権を有するため、裁判をする際にも意見聴取の機会を十分与える必要が存することによる（花村良一「会社非訟事件等手続規則の解説」判タ1200.35）。

2　必要的陳述聴取事件
(1)　一時役員等の報酬決定
　裁判所が選任した、一時取締役、会計参与、監査役、代表取締役、委員、執行役若しくは代表執行役の職務を行うべき者（346条2項、351条2項、401条3項、403条3項、420条3項）、清算人、一時清算人若しくは代表清算人の職務を行うべき者（479条4項、346条2項、483条6項、351条2項）、検査役又は管理人（825条2項、827条2項）の報酬の額の決定においては、会社（827条2項の場合は、外国会社）及び報酬を受ける者の陳述を聴かなければならない（本条1項1号）。

非訟事件　　一時役員の報酬額の決定申立
　　　　　＊裁判所は、一時役員の職務を行うべき者を選任した場合には、株式会社がその者に対して支払う報酬の額を定めることができることとしている（346条3項）。本件は、一時役員の選任申立てと同時に申し立てられる。
　　　　　＊申立ての趣旨は、「A株式会社の一時役員の報酬を下記（略）のとおり定める。」である。
　　　　　＊本件非訟事件は、A会社の本店の所在地を管轄する地方裁判所の管轄に属する（868条1項）。
申立理由　1　裁判所は、346条2項の規定によって一時役員の職務を行うべき者を選任したこと
　　　　　2　一時役員の相当の報酬額を基礎づける事実
　　　　　＊裁判所が、報酬額の決定をするためには、支払者の会社と受給者の一時役員の陳述を聴いて（本条1項1号）、事実上両者の合意形成を図ることが必要となる。

(2) 清算人等の解任

　清算人又は社債管理者の解任についての裁判においては、その清算人又は社債管理者の陳述を聴かなければならない（本条1項2号）。

ア　清算人の解任

非訟事件　　清算人解任の申立て
　　　　＊重要な事由があるときは、裁判所は、申立理由1の株主の申立てにより、清算人を解任することができることとしている（479条2項）。申立ての趣旨は、「A株式会社の清算人Yを解任する。」である。
　　　　＊本件非訟事件は、A会社の本店の所在地を管轄する地方裁判所の管轄に属する（868条1項）。

申立理由　1　Xは、次の(1)又は(2)のいずれかのものであること
　　　　(1)　総株主（①②の株主を除く）の議決権の100分の3（これを下回る割合を定款で定めた場合は、その割合）以上の議決権を6か月（これを下回る期間を定款で定めた場合は、その期間）前から引き続き有する株主（①②の株主を除く）
　　　　　①　清算人を解任する旨の議案について議決権を行使することができない株主
　　　　　②　その申立てに係る清算人である株主
　　　　(2)　発行済株式（①②の株主の有する株式を除く）の100分の3（これを下回る割合を定款で定めた場合は、その割合）以上の数の株式を6か月（これを下回る期間を定款で定めた場合は、その期間）前から引き続き有する株主（①②の株主を除く）
　　　　　①　その清算株式会社である株主
　　　　　②　その申立てに係る清算人である株主
　　　2　Yは、平成○年○月○日開催のA会社の定時総会において、清算人に選任されたこと
　　　3　Yを解任するに価する重要な事由を基礎づける事実
　　　　＊「重要な事由」を基礎づける事実としては、Yが清算に関する職務を懈怠し、清算事務の公正を欠き、会社・社員・株主・会社債権者の利益を害しその他清算遂行に支障を生ずる重大な事情があること等であろう。
　　　　＊本条1項2号は、清算人解任非訟事件において、清算人の陳

述聴取が必要であるとしているので、清算人は、その陳述において弁明をする機会が与えられる。

イ　社債管理者の解任

具体例としては、713条1設例を参照されたい。

(3) 変態設立事項の変更の決定

裁判所は、変態設立事項に関する33条4項に基づく検査役の報告を受けた場合において、28条各号に掲げる事項（33条2項の検査役の調査を経ていないものを除く）を不当と認めたときは、これを職権で変更する決定をしなければならないが（33条7項）、この33条7項の規定による変更の裁判においては、設立時取締役、28条1号の金銭以外の財産を出資する者及び同条2号の譲渡人の陳述を聴く必要がある（本条1項3号）。

(4) 募集株式等に対する現物出資財産の価額の変更の決定

募集株式・新株予約権行使に係る現物出資財産の価額を調査するために選任された検査役は、必要な調査を行い、調査結果を裁判所に報告しなければならない。そして、検査役の報告を受けた裁判所は、目的物の評価額が不当であると認めたときは、これを変更しなければならない（207条4項・7項、284条4項・7項）。この裁判においては、その株式会社及び199条1項3号又は236条1項3号の規定により金銭以外の財産を出資する者の陳述を聞かなければならない（本条1項4号）。

(5) 金銭分配請求権を行使した株主に支払う市場価格のない配当財産の価額の決定等

株式会社（清算株式会社）は、金銭分配請求権を行使した株主に対し、その株主が割当てを受けた配当財産（残余財産）に代えて、その配当財産（残余財産）の価額に相当する金銭を支払わなければならないが、その配当財産（残余財産）に市場価格がない場合は、株式会社（清算株式会社）の申立てにより裁判所がその価額を定める（455条2項2号、505条3項2号）。この裁判においては、その株主の陳述を聴かなければならない（本条1項5号）。

具体例としては、本書(2)456条2の設例を参照されたい。

(6) 基準未満株式を有する株主に支払う市場価格のない配当財産の価額の決定等

株式会社（清算株式会社）は、基準未満株式を有する株主に対し、その株主が割当てを受けた配当財産（残余財産）の価額として定めた額にその基準未満株式の数の基準株式数に対する割合を乗じて得た額に相当する金銭を支払わなければならないが、その配当財産（残余財産）に市場価格がない場合

は、株式会社（清算株式会社）の申立てにより裁判所がその価額を定める（456条、506条）。この裁判においては、その株主の陳述を聴かなければならない（本条1項6号）。

具体例としては、本書(2)506条の設例を参照されたい。

(7) 社債権者集会の決議の認可

社債権者集会の決議があったときは、招集者は、その決議があった日から1週間以内に、裁判所に対し、その決議の認可の申立てをしなければならないが（732条）、この裁判においては、利害関係人の陳述を聴かなければならない（本条1項7号）。

具体例としては、732条の設例を参照されたい。

(8) 債権者保護手続における異議期間の伸長

449条等の規定により社債権者が異議を述べるには、社債権者集会の決議によらなければならないが、この場合には、裁判所は、利害関係人の申立てにより、社債権者のために異議を述べることができる期間を伸長することができる（740条）。この裁判においては、社債発行会社の陳述を聴かなければならない（本条1項8号）。

具体例としては、740条3の設例を参照されたい。

(9) 社債管理者等の報酬等を社債発行会社の負担とする許可

社債管理者、代表社債権者又は決議執行者の報酬等は、社債発行会社との契約に定めがある場合を除き、裁判所の許可を得て、社債発行会社の負担とすることができるが（741条1項）、この裁判においては、社債発行会社の陳述を聴かなければならない（本条1項9号）。

具体例としては、741条1の設例を参照されたい。

(10) 会社の解散命令

裁判所は、会社の設立が不法な目的に基づいてされた場合等において、公益を確保するため会社の存立を許すことができないと認めるときは、法務大臣又は株主、社員、債権者その他の利害関係人の申立てにより、会社の解散を命ずることができるが（824条1項）、この裁判においては、その会社の陳述を聴かなければならない（本条1項10号）。

具体例としては、824条1(1)ないし(3)の設例を参照されたい。

(11) 外国会社の取引継続の禁止又は営業所閉鎖の命令

裁判所は、外国会社の事業が不法な目的に基づいて行われた場合等には、法務大臣又は株主、社員、債権者その他の利害関係人の申立てにより、外国会社が日本において取引を継続してすることの禁止又はその日本に設けられた営業所の閉鎖を命ずることができるが（827条1項）、この裁判において

は、その外国会社の陳述を聴かなければならない（本条1項11号）。
　具体例としては、827条1の設例を参照されたい。

3　審問期日を開き申立人等の陳述を聴取すべき事件
　裁判所は、紛争性の高い会社非訟事件について、利害の対立する関係者に主張する機会を与えるために、原則として、審問の期日を開いて、申立人及び本条2項各号に定める者の陳述を聴かなければならない。ただし、不適法又は理由がないことが明らかであるとして、申立てを棄却する裁判をするときは、この聴取は不要である（本条2項）。
(1)　取締役会等の閲覧・謄写（本条2項1号）
　本法の規定により株式会社が作成し、又は備え置いた書面又は電磁的記録についての閲覧等の許可の申立てについての裁判においては、申立人と株式会社双方の陳述を聴かなければならない。申立理由に対する積極否認事実や、抗弁的事実に当たる閲覧等の拒絶事由などはこの陳述によって主張される。
　本条1号の裁判としては、親会社社員の定款の閲覧等（31条3項）、創立総会議事録の閲覧等（81条4項）、創立総会決議に係る同意書面等の閲覧等（125条4項）、新株予約権原簿の閲覧等（252条4項）、株主総会議事録の閲覧等（318条5項）、株主総会決議に係る同意書面等の閲覧等（319条4項）、株主・債権者・親会社社員の取締役会議事録等の閲覧等（371条3項-5項）、親会社社員の計算書類等の閲覧等（378条3項）、債権者・親会社社員の監査役会議事録の閲覧等（394条3項）、株主・債権者・親会社社員の委員会議事録の閲覧等（413条3項・4項）、親会社社員の会計帳簿等の閲覧等（433条3項）、計算書類の閲覧等（442条4項）、清算株式会社の親会社社員の貸借対照表等の閲覧等（496条3項）、親会社社員の社債原簿の閲覧等（684条4項）等がある。
　具体例としては、本書(2)371条3以下設例等を参照されたい。
(2)　株式等買取請求権行使による買取価格の決定（本条2項2号）
　株式又は新株予約権（その新株予約権が新株予約権付社債に付されものである場合で、その新株予約権付社債についての社債の買取りの請求があったときは、その社債を含む）の価格の決定（117条2項、119条2項、193条2項、194条4項、470条2項、778条2項、786条2項、788条2項、798条2項、807条2項、809条2項）においては、申立人と価格の決定の申立てができる者双方の陳述を聴かなければならない。
　具体例としては、本書(1)117条2(2)設例等を参照されたい。

(3) 譲渡制限株式の売買価格の決定（本条2項3号）

譲渡制限株式の売買価格の決定（144条2項・7項、177条2項）の裁判においては、申立人と売買価格の決定の申立てをすることができる者双方の陳述を聴かなければならない。株式会社又は譲渡等承認請求者は、141条1項の規定による通知があった日から20日以内に、裁判所に対し、売買価格の決定の申立てをすることができる（144条2項・7項）。144条1項の規定にかかわらず、2項の期間内に同項の申立てがあったときは、その申立てにより裁判所が定めた額をもって140条1項2号の対象株式の売買価格とする（144条4項）。このように裁判所に申立てをすることができる期間については定められているが、当事者の協議が行われたことは要件とはされていないため、協議を行わないままに売買価格の決定の申立てを行うこともできる。この理由について、相澤他・論点解説69頁は、「協議が拒否された場合等において期間の徒過により申立てができないこととすることは不都合であるし、協議をせずに売買価格の決定の申立てが行われる場合は、通常、当事者に協議をする意思がない場合が多いものと考えられ、事前の協議を義務づける実益も乏しいといえるからである。」という。

具体例としては、本書(1)144条2設例等を参照されたい。

(4) 全部取得条項付種類株式の取得に関する価格の決定（本条2項4号）

全部取得条項付種類株式の価格の決定（172条1項）の裁判においては、申立人と株式会社双方の陳述を聴かなければならない。

具体例としては、本書(1)172条1設例を参照されたい。

(5) 合併無効・会社分割無効判決が確定した場合の債務負担部分・財産共有持分の決定（本条2項5号）

この場合（843条4項）の裁判においては、申立人と同項に規定する行為をした会社双方の陳述を聴かなければならない。

具体例としては、843条2の設例を参照されたい。

4 陳述の聴取が不要な事件

本条1項各号及び2項各号に掲げる事件以外の非訟事件は、以下のとおり、裁判所は陳述の聴取をする必要はない（相澤・新会社法解説221頁）。

(1) 密行性が必要とされる事件

不利益を受ける者から事前に陳述の聴取を行うと裁判の目的を達成することができない事件については、陳述の聴取を要しない。例えば、①持分会社の社員の持分差押権者による保全処分申立事件（609条3項）、②社債管理者による社債発行会社の業務・財産状況の調査の許可申立事件（705条4項

等)、③解散命令又は外国会社の継続取引禁止・営業所閉鎖命令申立てに伴う保全処分申立事件（825条1項、827条1項）である。
(2) 特定の者から陳述を聴取することが困難な事件

利害関係人が多数存在し、そのすべてから陳述聴取をすることが困難である事件については、陳述の聴取を義務づけないで、裁判所が、職権探知主義を前提に、その裁量により適切な裁判資料の収集を行えばよいこととする。例えば、①所在不明株主の株式又は端数合計分の株式の任意売却許可申立事件（197条2項、234条2項）、②株主総会の招集許可申立事件（307条1項等）、③社債管理者の辞任許可申立事件（711条3項）、④事務承継社債管理者の選定許可申立事件（714条1項）、⑤社債権者集会の招集許可申立事件（718条3項）、⑥社債権者集会の費用の負担者の変更申立事件（742条2項）、⑦新株発行、自己株式処分、新株予約権発行の無効判決確定に伴う払戻金の増減申立事件（840条2項等）である。
(3) 裁判所に広い裁量が認められている事件

裁判所がその人選について裁量権を有し、人選により関係者の利益を害するおそれがない事件については、陳述の聴取を不要とする。例えば、検査役、一時役員等の職務の遂行を行う者、清算人、代表清算人、鑑定人、帳簿資料保存者、社債管理者の特別代理人、事務承継社債管理者（「検査役等」）の選任又は選定申立事件（33条1項等）である。

また、その裁判の性質上、裁判所に広い裁量権が認められている事件については、陳述の聴取が不要とされる場合がある。例えば、①株主総会招集命令・調査結果通知命令事件（307条1項等）、②職務代行者の常務外行為の許可申立事件（352条1項）、③清算中の会社の弁済許可申立事件（500条2項等）である。

更に、管理人については、もともと裁判所の監督の下にあるため、管理人の陳述の聴取は要しない。例えば、①管理人の選任又は解任事件（825条2項等）、②管理人に対する財産状況報告・管理計算命令事件（825条6項等）である。

5 本条1項・2項事件でも陳述の聴取が不要の場合

本条1項及び2項ただし書は、「不適法……が明らかであるとして申立てを却下する裁判をするとき」と定め、更に、陳述の聴取を不要とする場合として「理由がないことが明らかである」ときが追加されている。この「理由がないこと」は、不適法却下との均衡から制限的に解すべきである。

6　申立適格の充足の基準日

　会社非訟事件の申立てにおいて、所定の持株要件をいつまで充足すべきかについては、原則として、申立時から裁判確定時まで満たす必要があるが、会社側の事情（新株発行等）によって持株要件を下回ることになった場合は、申立ての却下は免れると従来解されてきた。しかし、①このような二分論は法文上の根拠がなく、②新株発行は株主の持株割合の変動をもたらす正当な会社の財務行為であり、原則として権利濫用や信義則違反に当たらないこと、③少数株主権を害する信義・公平の原則に反する特段の事情がある場合には、例外的に救済すれば足りることから、事情により区別せず、会社側の事情による場合も原則として申立適格は失われ、例外的に少数株主権行使を阻害する目的で会社側の行為により申立適格を喪失させられたときに限り、信義則・権利濫用を理由に申立適格の喪失が制限されるとの見解が主張される。最決平成18年9月28日民集60.7.2634は、検査役選任（旧商294条）に関するが後者の見解を採用する。なお、この会社非訟事件に関する申立適格に関する見解が、会計帳簿等閲覧謄写請求訴訟等の訴訟手続にもその趣旨が等しく及ぶとする見解がある（福田千恵子＝藁谷恵美＝川原田貴弘＝俣木泰治・類型別会社訴訟Ⅱ 662頁）。

● (申立書の写しの送付等)

第870条の2　裁判所は、前条第2項各号に掲げる裁判の申立てがあったときは、当該各号に定める者に対し、申立書の写しを送付しなければならない。
　2　前項の規定により申立書の写しを送付することができない場合には、裁判長は、相当の期間を定め、その期間内に不備を補正すべきことを命じなければならない。申立書の写しの送付に必要な費用を予納しない場合も、同様とする。
　3　前項の場合において、申立人が不備を補正しないときは、裁判長は、命令で、申立書を却下しなければならない。
　4　前項の命令に対しては、即時抗告をすることができる。
　5　裁判所は、第1項の申立てがあった場合において、当該申立てについての裁判をするときは、相当の猶予期間を置いて、審理を終結する日を定め、申立人及び前条第2項各号に定める者に告知しなければならない。ただし、これらの者が立ち会うことができる期日においては、直ちに審理を終結する旨を宣言することができる。

6 　裁判所は、前項の規定により審理を終結したときは、裁判をする日を定め、これを同項の者に告知しなければならない。
7 　裁判所は、第1項の申立てが不適法であるとき、又は申立てに理由がないことが明らかなときは、同項及び前2項の規定にかかわらず、直ちに申立てを却下することができる。
8 　前項の規定は、前条第2項各号に掲げる裁判の申立てがあった裁判所が民事訴訟費用等に関する法律（昭和46年法律第40号）の規定に従い当該各号に定める者に対する期日の呼出しに必要な費用の予納を相当の期間を定めて申立人に命じた場合において、その予納がないときについて準用する。

1 　申立書の写しの送付
　裁判所は、870条2項所定の会社非訟事件の申立てがあった場合には、会社など同項各号に定める者に対し、申立人の主張に対する反論をする機会を保障するために、原則として、申立書の写しを送付しなければならない（本条1項）。申立書の写しを送付することができないなどの不備がある場合には、その不備の補正を命じなければならないとし（送付に要する費用を予納しない場合も同じ）、不備を補正しないときは、申立書を却下しなければならない（本条2項・3項）。なお、この場合は、審問の期日を開いたり、審理の終結をしたりすること等を要しない。870条2項本文並びに本条5項及び6項は、申立てについての裁判をする際の規定であり、申立書を却下する際には適用されない。
　この却下命令に対しては、即時抗告をすることができる（本条4項）。

2 　主張及び反論の期限
　裁判所は、主張及び反論の期限を設定し、主張及びその反論の機会を保障するために、原則として、相当の猶予期間を置いて、審理を終結する日を定め、申立人及び870条2項各号に定める者に告知しなければならない（本条5項本文）。ただし、これらの者が立ち会うことができる期日においては、直ちに審理を終結することができる（本条5項ただし書）。なお、裁判所は、審理の終結の日以後に提出された資料を判断の基礎にできないから、この審理の終結の日は、裁判所の判断の基準時となる。

3　裁判をする日の告知

裁判所は、申立人及び870条2項各号に定める者双方に対し、裁判をする日を予め知らせて、時間的な予測可能性を確保し、併せて申立人等に即時抗告などの裁判後の対応に備えさせるために、原則として、裁判をする日を定め、これらの者に告知しなければならない（本条6項）。

4　申立ての却下

本条1項の申立てが不適法又は理由のないことが明らかなときは、同項及び5項・6項にかかわらず、裁判所は、直ちに申立てを却下できる（本条7項）。

5　費用予納の懈怠

申立人が、期日の呼出しに必要な費用の予納を命じられたが、これに従わない場合には、審理の終結等をせずに、申立てを却下することができる（本条8項・7項）。

●（理由の付記）

第871条　この法律の規定による非訟事件についての裁判には、理由を付さなければならない。ただし、次に掲げる裁判については、この限りでない。
一　第870条第1項第1号に掲げる裁判
二　第874条各号に掲げる裁判

1　理由の付記

本法の定める非訟事件についての裁判には、理由を付するのが原則である。会社非訟事件の裁判に対しては不服申立てができるのが原則であるが、これは、原審の判断過程を明らかにして、上級審が原審の当否を判断するためには、裁判の理由を明らかにする必要があるからである（相澤・新会社法解説222頁）。

2　理由の付記の例外

①報酬の額を決定する裁判（870条1項1号）と、②不服申立てが制限さ

れている裁判（874条各号）については、理由を付する必要がない（本条）。報酬額の決定は、裁判所が諸般の事情を考慮して決定するので、その理由を明らかにすることが必ずしも適切でないこと、不服申立てが制限されている場合は、上級審に対する説明という必要がないからである（相澤・新会社法解説222頁）。

● (即時抗告)

第872条 次の各号に掲げる裁判に対しては、当該各号に定める者に限り、即時抗告をすることができる。
　一　第609条第3項又は第825条第1項（第827条第2項において準用する場合を含む。）の規定による保全処分についての裁判　利害関係人
　二　第840条第2項（第841条第2項において準用する場合を含む。）の規定による申立てについての裁判　申立人、株主及び株式会社
　三　第842条第2項において準用する第840条第2項の規定による申立てについての裁判　申立人、新株予約権者及び株式会社
　四　第870条第1項各号に掲げる裁判　申立人及び当該各号に定める者（同項第1号、第3号及び第4号に掲げる裁判にあっては、当該各号に定める者）
　五　第870条第2項各号に掲げる裁判　申立人及び当該各号に定める者

1　即時抗告

本条は、会社非訟事件の裁判の中で、不服申立ての方法として即時抗告ができる裁判及び即時抗告ができる者を定めている。会社非訟事件の裁判に対する即時抗告は、裁判の告知を受けた日から2週間の不変期間内にする必要がある（非訟67条）。なお、特別清算手続における即時抗告については、884条が定める。

2　即時抗告をすることができる裁判

(1)　退社予告をした持分の差押債権者の申立てによる保全処分（609条3項）、会社解散命令の申立てがされた際の保全処分（825条1項）、又は外国

会社の取引継続禁止若しくは営業所閉鎖の命令の申立てがされた際の保全処分（827条2項、825条1項）

これらの保全処分によって利害関係人の利益が害されるおそれがあり、かつ、保全処分という性質上、早期に法律関係を確定する必要があるから、利害関係人の即時抗告の申立てが許されている（本条1号）。

(2) 新株発行無効判決による払戻金額の増減（840条2項）又は自己株式処分無効判決による払戻金額の増減（841条2項、840条2項）の申立てについての裁判

新株の発行等の無効判決による払戻金額の増減の裁判については、対世効が認められるため（878条）、申立人、会社及びすべての株主又は新株予約権者がこの裁判に利害関係を有し、かつ、その無効判決に伴う清算を行うため（840条等）、法律関係の早期確定の必要があることから、それらの者が即時抗告の申立てが許されている（本条2号）。

(3) 新株予約権発行無効判決による払戻金額の増減（842条2項、840条2項）の申立てについての裁判

上記(2)と同様の理由で、申立人、新株予約権者及び株式会社による即時抗告の申立てが許されている（本条2号）。

(4) 陳述の聴取が要求されている裁判

これらの裁判（870条1項）については、申立人及び陳述の聴取の対象者は、裁判に具体的な利害関係を有しているため、裁判に不服があれば上級審で争う機会を与えるべきであり、かつ、事件の性質上、早期に法律関係を確定する必要があるので、原則として、申立人及び陳述聴取の対象者が即時抗告の申立てが許される（本条4号）。なお、検査役等の報酬決定の裁判（870条1項1号）、現物出資等の変更命令（870条1項3号・4号）については、申立事件ではないので、意見聴取の対象者のみが即時抗告を申し立てることができる。（相澤・新会社法解説222-223頁）

(5) 審問期日を開き申立人らの陳述を聴取すべき事件

これらの事件（870条2項各号）は、紛争性の高いものであり、申立人及び陳述聴取の対象者は即時抗告を申し立てることができる（本条5号）。

● (抗告状の写しの送付等) ══════════════════

第872条の2 裁判所は、第870条第2項各号に掲げる裁判に対する即時抗告があったときは、申立人及び当該各号に定める者（抗告人を除く。）に対し、抗告状の写しを送付しなければならない。この場合において

は、第870条の2第2項及び第3項の規定を準用する。
2　第870条の2第5項から第8項までの規定は、前項の即時抗告があった場合について準用する。

1　抗告状の送付
　抗告裁判所は、870条2項所定の裁判に対する即時抗告があった場合には、申立人又は同項各号に定める者に対し、抗告人の主張に対する反論をする機会を保障するために、原則として、抗告状の写しを送付する必要がある（本条1項前段）。抗告状を送付できない等の不備がある場合には、不備の補正を命じ、不備を補正しないときは、抗告状を却下できる（本条1項後段、870条の2第2項・3項）。なお、この際には審問の期日を開いたり、審理の終結をすること等を要しない。

2　審理を終結する日の告知
　抗告裁判所は、主張及びその反論の機会を十分に保障するために、原則として、相当の猶予期間を置いて、審理を終結する日を定め、抗告人及び870条2項各号に定める者に告知しなければならない（本条2項、870条の2第5項本文）。

3　裁判をする日の告知
　抗告裁判所は、主張及び反論を尽くした抗告人及び870条2項各号に定める者に対し、裁判をする日を予め知らせることによって、時間的な予測可能性を確保するとともに当事者等に特別抗告又は抗告許可の申立ての検討など抗告審における判断への対応に備えさせるために、原則として、裁判をする日を定め、これらの者に告知しなければならない（本条2項、870条の2第6項）。

4　申立ての却下
　即時抗告が不適法である場合又は即時抗告に理由がないことが明らかである場合は抗告状の写しを送付する必要はなく、審問や審理の終結等の手続を経ずに即時抗告を却下できる（本条2項、870条の2第7項）。

5　費用予納の懈怠

抗告人が、期日の呼出しに必要な費用を予納しない場合も、抗告状の写しの送付や審理の終結等をせずに、即時抗告を却下できる（本条2項、870条の2第8項）。

●（原裁判の執行停止）

第873条　第872条の即時抗告は、執行停止の効力を有する。ただし、第870条第1項第1号から第4号まで及び第8号に掲げる裁判に対するものについては、この限りでない。

1　執行停止

本条本文は、即時抗告が認められる裁判については、原則として、即時抗告により執行停止の効力が生ずることを定める。非訟事件の裁判は、裁判を受ける者（裁判を受ける者が数人あるときは、そのうちの1人）に告知することによって効力を生ずる（非訟56条2項）。また、即時抗告は、特に定めた場合を除き、執行停止の効力を有しない（非訟72条1項本文）。民事訴訟法において即時抗告は執行停止の効力を有するとされているが（民訴334条1項）、非訟事件手続法は、即時抗告も含めて抗告には執行停止の効力がないことを原則としている（最大決昭和27年3月26日民集6.3.378）。しかし、本条は、872条に基づいて即時抗告がされた場合は、ただし書に掲げる裁判（870条1項1号-4号・8号）に対するものを除き、即時抗告が原裁判の執行停止の効力を有することを定めている。

2　執行停止効の生じない場合

本条ただし書は、例外として、次に掲げる裁判に対する即時抗告については、執行停止効は生じないことを定める（以下(1)ないし(4)の根拠については、阿多博文・論点体系(6)292頁による）。

(1)　一時役員等の報酬決定（870条1項1号）

一時役員等の報酬決定の裁判が執行停止されると、一時役員等が無報酬で職務を行わなければならなくなる。しかし、これは相当でないため、即時抗告には執行停止効を認めない。

(2) 清算人等の解任（870条1項2号）

　裁判所が、清算人等の解任の裁判をしても、執行停止により裁判確定までそれらの者が職務執行を継続できるとするのは相当ではないからである。

(3) 現物出資等の変更（870条1項3号・4号）

　裁判所が、現物出資等を不適当と認めて変更を命じても、裁判が執行停止されて変更前の現物出資等の内容が実行されることは相当ではなからである。

(4) 債権者保護手続における異議期間の伸張（870条1項8号）

　異議期間の伸長の裁判が執行停止されると、異議期間が終了してしまい、異議期間の伸張の裁判が無意味になるからである。

● (不服申立ての制限)

第874条　次に掲げる裁判に対しては、不服を申し立てることができない。

　　一　第870条第1項第1号に規定する一時取締役、会計参与、監査役、代表取締役、委員、執行役若しくは代表執行役の職務を行うべき者、清算人、代表清算人、清算持分会社を代表する清算人、同号に規定する一時清算人若しくは代表清算人の職務を行うべき者、検査役、第501条第1項（第822条第3項において準用する場合を含む。）若しくは第662条第1項の鑑定人、第508条第2項（第822条第3項において準用する場合を含む。）若しくは第672条第3項の帳簿資料の保存をする者、社債管理者の特別代理人又は第714条第3項の事務を承継する社債管理者の選任又は選定の裁判

　　二　第825条第2項（第827条第2項において準用する場合を含む。）の管理人の選任又は解任についての裁判

　　三　第825条第6項（第827条第2項において準用する場合を含む。）の規定による裁判

　　四　この法律の規定による許可の申立てを認容する裁判（第870条第1項第9号及び第2項第1号に掲げる裁判を除く。）

　本条は、次の裁判について、不服申立てを制限している。

(1) 一時役員等の選任又は選定の裁判

　関係者が、選任・選定された一時役員等の人選に不服を申し立てる合理的

理由は通常認められず、また、一時役員等を早期に選任しなければ、設立や会社等の業務に支障を生ずるから、一時役員等の選任又は選定の裁判については、不服申立てをすることはできない（本条1号）。なお、「選任又は選定の裁判」を規定し、「選任又は選定についての裁判」と規定していないから、選任又は選定を却下する裁判については、不服申立てをすることができる。

(2) 管理人の選任及び解任の裁判・管理人に対する財産状況の報告等の命令

　管理人は、裁判所の監督下にあるから、裁判所が管理人に対して行う決定については、不服申立てをすることはできない（本条2号・3号）。

(3) 許可申立てを認容する裁判

　870条1項9号及び2項1号に掲げる裁判を除き、許可申立てを認容する裁判によって不利益を受ける者を具体的に想定できないため、この裁判については、不服申立てをすることはできないこととされている（本条4号）。

● (非訟事件手続法の規定の適用除外)

第875条　この法律の規定による非訟事件については、非訟事件手続法第40条及び第57条第2項第2号の規定は、適用しない。

　本法が定める会社非訟事件については、公益を代表する検察官の意見陳述・立会い等を定める非訟事件手続法40条及び終局決定の裁判書の記載事項について理由の要旨で足りるとする同法57条2項2号の適用がない（本条）。なお、非訟事件手続法40条は、非訟事件に関する検察官の陳述・立会い及び検察官への事件・審問期日の通知を規定しているが、いずれも形骸化しており、ほとんど行われていないといわれる。また、その必要性も乏しく、労働審判法（29条1項）、借地借家法（42条1項）等は非訟事件手続法の規定を準用しているが、非訟事件手続法40条の規定を準用の対象から除外していることとの均衡を図ったものである（相澤・新会社法解説224頁）

● (最高裁判所規則)

第876条　この法律に定めるもののほか、この法律の規定による非訟事件の

手続に関し必要な事項は、最高裁判所規則〔会社非訟規〕で定める。

1　最高裁判所規則への委任規定

　本条は、本法に定めるもののほか、本法所定の会社非訟事件の手続に関し必要な事項は、最高裁判所規則で定めることとする委任規定である。

2　会社非訟事件等手続規則

　本条を受けて、会社非訟事件等手続規則（平成18年最高裁判所規則第1号）が定められている。同規則が適用される手続としては、①本法の規定による非訟事件（会社非訟事件）の手続（会社非訟規第1章‐第5章）、②本法の規定による登記の嘱託の手続（同規則42条）、③本法の規定を準用する他の法令の規定による非訟事件の手続（同規則43条）がある。

　同規則の規定の配置は、本章（非訟）の構成と同様である。すなわち、第1章「総則」は、特別清算事件を含む本法の規定に基づくすべての非訟事件に適用があり、第2章から第5章までは、個別の非訟事件の手続ごとの「特則」の規定である。また、上記②の登記嘱託の手続の添付書面に関する規定（登記嘱託の規定は、本法第7編第4章に規定されている）と、上記③の本法の規定を準用する他の法律の規定による非訟事件の手続を定める規定については、いずれも本章には対応する規定がないので、同規則第6章「雑則」を設けて、纏めて規定している（花村良一「会社非訟事件等手続規則の解説」判タ1200.32）。

第2節　新株発行の無効判決後の払戻金増減の手続に関する特則

● (審問等の必要的併合)

第877条　第840条第2項（第841条第2項及び第842条第2項において準用する場合を含む。）の申立てに係る事件が数個同時に係属するときは、審問及び裁判は、併合してしなければならない。

　新株発行の無効の訴え（840条2項）、自己株式処分の訴え（841条2項）、新株予約権発行無効の訴え（842条2項）の判決が確定後、株主又は会社による増減申立てによる増減命令の裁判の効力は、総株主又は総新株予約権者に対して、その効力を生じる（878条）。したがって、同事件が、数個同時に係属するときは、判断の不統一を避け、合一確定を図るため、審問及び裁判を併合しなければならない。

● (裁判の効力)

第878条　第840条第2項（第841条第2項において準用する場合を含む。）の申立てについての裁判は、総株主に対してその効力を生ずる。
　2　第842条第2項において準用する第840条第2項の申立てについての裁判は、総新株予約権者に対してその効力を生ずる。

1　対世効
　新株発行等を無効とする判決が確定すると、その判決は対世効を有し（838条）、法律関係の画一的確定が図られる。無効の効力は将来効であるにもかかわらず（839条）、株主、新株予約権者には、その時点での時価額ではなく、払込金相当額が払い戻される（840条1項、841条1項）。それは、江頭・株式会社法718頁によると、「株主に対する支払金額を、原則として

①判決確定時の株式の時価とせず、②払込金額相当額としている理由は、無効となる募集株式の発行等は、実際上、閉鎖型のタイプの会社において募集株式の引受人が特に有利な払込金額で株式を取得する結果になっているものが圧倒的に多く、①の金額を支払うと、多くの場合当該株主に不当な利益を与えることになるからである」という。

2　払戻金増減命令申立事件

上記1の払戻金（＝払込金相当額）の金額が判決確定時の会社財産の状況に照らし著しく不相当であるときに、会社又は株主、新株予約権者が金額の増減を申し立てることができる（840条2項・3項、841条2項）。払戻金増減命令の手続及び裁判の効力は、その前提となる新株発行等の無効の効果（対世効、将来効）との均衡から、合一的に確定させる必要がある。その裁判の性質は形成裁判と解され、審問及び裁判は必要的併合手続とし、裁判の効力が総株主、総新株予約権者に及ぶと規定している。なお、ここにいう「総株主」と「総新株予約権者」とは、あくまで、無効とされた募集株式、自己株式新株予約権についての総株主・総新株予約権者であるのであって、既存の株主・新株予約権者は含まない（山崎悠基・新注会(7)375頁）。

第3節　特別清算の手続に関する特則

第1款　通　　則

　特別清算の手続については、会社非訟事件等手続規則の第1章（総則）、同規則第3章（特別清算の手続に関する特則）が適用される。そのうち、特別清算の手続全般に適用される通則規定が、第3章第1節に設けられている。

●(特別清算事件の管轄)

第879条　第868条第1項の規定にかかわらず、法人が株式会社の総株主（株主総会において決議をすることができる事項の全部につき議決権を行使することができない株主を除く。次項において同じ。）の議決権の過半数を有する場合には、当該法人（以下この条において「親法人」という。）について特別清算事件、破産事件、再生事件又は更生事件（以下この条において「特別清算事件等」という。）が係属しているときにおける当該株式会社についての特別清算開始の申立ては、親法人の特別清算事件等が係属している地方裁判所にもすることができる。

2　前項に規定する株式会社又は親法人及び同項に規定する株式会社が他の株式会社の総株主の議決権の過半数を有する場合には、当該他の株式会社についての特別清算開始の申立ては、親法人の特別清算事件等が係属している地方裁判所にもすることができる。

3　前2項の規定の適用については、第308条第1項の法務省令で定める株主は、その有する株式について、議決権を有するものとみなす。

4　第868条第1項の規定にかかわらず、株式会社が最終事業年度について第444条の規定により当該株式会社及び他の株式会社に係る連結計算書類を作成し、かつ、当該株式会社の定時株主総会においてその内容が報告された場合には、当該株式会社について特別清算事件等が係属しているときにおける当該他の株式会社についての特別清算開始の申立ては、当該株式会社の特別清算事件等が係属している地方裁判

所にもすることができる。

1　特別清算事件の管轄
　特別清算は、親会社等の倒産時に、子会社等の清算に利用されることがあり、親会社等の特別清算事件が係属している裁判所、更には、親会社等の破産事件、再生事件又は更生事件が係属している裁判所において、子会社等の特別清算事件を処理し得る管轄の特例を設けると事件処理上便宜であることから、本条は定められた。
(1)　子会社に関する管轄の拡大
　甲法人（親法人）が乙会社（子会社）の総株主（株主総会において決議できる事項の全部につき議決権を行使できない株主を除く）の議決権の過半数を有する場合には、甲法人について特別清算事件、破産事件、再生事件又は更生事件（「特別清算事件等」）が係属しているときにおける乙会社についての特別清算開始の申立ては、甲法人の特別清算事件等が係属している地方裁判所にもすることができる（本条1項）。なお、「株式会社がその総株主の議決権の4分の1以上を有することその他の事由を通じて株式会社がその経営を実質的に支配することが可能な関係にあるものとして法務省令で定める株主」（施則67条参照）は議決権を有しないが（308条1項）、本条1項、2項の適用に関しては、その株主の保有する株式についても議決権を有するものとみなされる（本条3項）。
(2)　孫会社の管轄の拡大
　(1)の子会社に関する管轄の拡大と同じように、孫会社についても管轄が拡大されている。すなわち、子会社が単独で、又は親法人と子会社が併せて、他の株式会社の総株主の議決権の過半数を有する場合には、その他の株式会社（孫会社）についての特別清算開始の申立ては、親法人の特別清算事件等が係属している地方裁判所にもすることができる（本条2項）。

2　連結子会社の管轄の特例
　甲株式会社が最終事業年度について甲会社及び乙株式会社に係る連結計算書類を作成し、かつ、甲会社の定時株主総会においてその内容が報告された場合には、甲会社について特別清算事件等が係属しているときにおける乙会社（連結子会社）についての特別清算開始の申立ては、甲会社（連結親会社）の特別清算事件等が係属している地方裁判所にもすることができる（本

条4項)。連結親会社が清算中である場合における「最終事業年度」とは、連結親会社の直近の清算事業年度でも解散事業年度でもなく、解散前の最終事業年度のことを指す。また、管轄の拡大の要件となる連結関係の有無に関して、最終事業年度について連結計算書類を作成し、かつ、定時株主総会においてその内容が報告されたものに限定しているのは、その判断を形式的かつ容易なものとして手続的安定を図るためである(相澤・新一問一答149頁)。

なお、会計監査人設置会社であれば、会社の規模にかかわらず、連結計算書類を作成することができるので、本条4項の管轄の特例は、大会社以外の会計監査人設置会社にも適用がある。

● (特別清算開始後の通常清算事件の管轄及び移送)

第880条 第868条第1項の規定にかかわらず、清算株式会社について特別清算開始の命令があったときは、当該清算株式会社についての第2編第9章第1節(第508条を除く。)の規定による申立てに係る事件(次項において「通常清算事件」という。)は、当該清算株式会社の特別清算事件が係属する地方裁判所(以下この節において「特別清算裁判所」という。)が管轄する。

2 通常清算事件が係属する地方裁判所以外の地方裁判所に同一の清算株式会社について特別清算事件が係属し、かつ、特別清算開始の命令があった場合において、当該通常清算事件を処理するために相当と認めるときは、裁判所(通常清算事件を取り扱う1人の裁判官又は裁判官の合議体をいう。)は、職権で、当該通常清算事件を特別清算裁判所に移送することができる。

1 通常清算事件の管轄の特則

清算会社について特別清算開始の命令がされたときは、清算会社についての通常清算事件は、その清算会社の特別清算事件が係属する地方裁判所(特別清算裁判所)が管轄する(本条1項)。これは、特別清算が自己完結的な清算手続ではなく、通常清算事件が特別清算に先行し、又は同時並行的に係属することを考慮し通常清算事件についても特別清算事件が係属する地方裁判所で統一的な処理ができるようにするためである。なお、本条項は、特別

清算開始後にされる通常清算事件について適用されるものであり、特別清算開始前に適法に裁判所に係属した通常清算事件は、たとえその通常清算事件についての裁判がある前に他の裁判所で特別清算開始の命令があったとしても管轄違いとはならない（深山雅也・新基本法コンメ(3)453頁）。なお、清算結了後の事件である帳簿資料の保存事件（508条2項）は除かれ、同事件については、原則どおり、会社の本店の所在地の地方裁判所が管轄する（本条1項第1の括弧書）。

2　通常清算事件の移送

　通常清算事件が特別清算事件に先行して係属している場合（本条2項）、特別清算開始後は、その通常清算事件も特別清算事件が係属する地方裁判所で統一的な処理をすることが合理的である。ただ、その通常清算事件の終結が間近な場合など、審理の程度や事件の特殊性等によって、なお従前の裁判所で審理することが適当である場合もある。そこで、特別清算開始前の通常清算事件については、一律に特別清算裁判所へ移送するものとはしないで、特別清算裁判所に移送するか否かを、通常裁判所の判断に委ねている。なお、当事者の移送の申立ては、裁判所の職権発動を促すものであって、申立権ではない。また、移送の裁判に対して不服を申し立てることもできない（深山雅也・新基本法コンメ(3)453頁）。

● (疎明)

第881条　第2編第9章第2節（第547条第3項を除く。）の規定による許可の申立てについては、第869条の規定は、適用しない。

1　許可申立て事件についての「疎明」の解除

　本法の規定に基づいて裁判所の許可を申し立てる事件については、原則としてその原因となる事実を疎明しなければならない（869条）。しかし、本条は、特別清算における許可の申立てについて、その例外として、疎明に関する869条の規定を適用しないこととした。本条の適用を受けて、疎明義務が課されない許可申立ては、513条（特別清算開始の申立ての取下げの許可）、525条2項（清算人代理の選任の許可）、529条（2人以上の監督委員の単独職務執行・職務分掌の許可）、532条2項（監督委員の清算株式会社

に対する債権譲渡等の許可)、535条1項(清算株式会社の行為の許可)、536条1項(特別清算会社の事業譲渡の許可)、537条2項(債務弁済の許可)の各申立てである。これは、特別清算手続が裁判所の監督下に実施されるため、裁判所が申立ての「原因となる事実」を判断できるからである。

2 適用除外

本条は、例外として、547条3項については疎明義務を解除していない。すなわち、少数協定債権者による債権者集会の招集の許可の申立てについては、①一定の協定債権者からの招集請求後、遅滞なく招集手続が行われないこと、又は②その請求の日から6週間以内の日を債権者集会の日とする招集通知が発せられないことを要件として認められる手続であるから、その事実の有無を裁判所が把握するために、例外的に、「原因となる事実」の疎明が必要とされる。

●(理由の付記)

第882条 特別清算の手続に関する決定で即時抗告をすることができるものには、理由を付さなければならない。ただし、第526条第1項(同条第2項において準用する場合を含む。)及び第532条第1項(第534条において準用する場合を含む。)の規定による決定については、この限りでない。
　2　特別清算の手続に関する決定については、第871条の規定は、適用しない。

1 理由の付記

特別清算の手続に関する決定で即時抗告ができるものには、本条1項ただし書の場合を除いて、理由を付さなければならない(本条1項本文)。これらの決定に理由付記が必要なのは、この裁判の実質上の当事者である会社のほか、申立人、その他の利害関係人に対し、裁判所の特別清算手続きに関する決定の事由の存否についての判断根拠を知らせる外、これら決定に対しては即時抗告が許されているから、反論を検討する判断材料を与えて実質的に反論権を保障し、上級審にもその裁判の理由を明らかにする必要があるからである(深山雅也・新基本法コンメ(3)454-455頁)。ただし、清算人及び清算

人代理の報酬の決定（526条）並びに監督委員及び調査委員の報酬の決定（532条1項、534条）については、即時抗告をすることができるものの、理由付記を要求していない（本条1項ただし書。報酬の決定については、特別清算以外の会社非訟事件についても同様の取扱いとされる（871条1号、870条1項1号）。

2　適用除外
　理由付記の一般規定である871条の適用はない（本条2項）。

● (裁判書の送達)

第883条　この節の規定による裁判書の送達については、民事訴訟法第1編第5章第4節（第104条を除く。）の規定を準用する。

　本条は、特別清算に関する規定による裁判書の送達については、民事訴訟法第1編第5章第4節（送達場所等の届出について定める民事訴訟法104条を除く）の規定を準用することを定める。すなわち、特別清算の手続に関する裁判は、他の会社非訟事件とは異なって、相当と認める方法による裁判の告知（非訟56条1項）とせず裁判書の送達を要求しているものがあるところ（889条4項等）、非訟事件手続法第2編には、裁判書の送達に関する規定が38条のみであるため、民事訴訟法（及び民事訴訟規則）の送達に関する規定を準用したものである。ただし、送達場所等の届出に関する民事訴訟法104条は準用されていない。

● (不服申立て)

第884条　特別清算の手続に関する裁判につき利害関係を有する者は、この節に特別の定めがある場合に限り、当該裁判に対し即時抗告をすることができる。
　2　前項の即時抗告は、この節に特別の定めがある場合を除き、執行停止の効力を有する。

1　即時抗告

　非訟事件の終局決定以外の裁判については、即時抗告ができるのが原則であるが（非訟81条）、特別清算事件の手続においては、手続の安定性を確保する必要が強く認められることから、特別の定めがある場合に限って、その裁判に対し即時抗告をすることができるものとしている（本条1項）。

　なお、即時抗告があった場合において、裁判所が特別清算事件の記録を送付する必要がないと認めたときは、特別清算裁判所の裁判所書記官は、抗告事件の記録のみを抗告裁判所の裁判所書記官に送付すれば足り（会社非訟規15条1項）、また、抗告事件の記録が送付された場合において、抗告裁判所が特別清算事件の記録が必要であると認めたときは、抗告裁判所の裁判所書記官は、速やかに、その送付を特別清算裁判所の裁判所書記官に求めなければならない（会社非訟規15条2項）。

2　執行停止の効力

　特別清算の手続に関する裁判に対する即時抗告は、原則として執行停止の効力を有することとし、必要に応じて執行停止の効力を有しない旨の特別の定めを設けることとしている（本条2項）。具体的には、他の手続の中止命令等に対する即時抗告についての担保権の実行の手続等の中止命令等に対する即時抗告についての891条4項、調査命令に対する即時抗告についての892条3項、清算人の解任に対する即時抗告についての893条3項、清算株式会社の財産に関する保全処分等に対する即時抗告についての898条3項が、この「特別な定め」に該当する。

● (公告) ══════════════════════

第885条　この節の規定による公告は、官報に掲載してする。
　　2　前項の公告は、掲載があった日の翌日に、その効力を生ずる。

════════════════════════════════

1　公　　告

　特別清算においては、裁判所は、特別清算開始の命令及び特別清算開始命令を取り消す決定の確定（890条1項・6項）、株主名簿の記載等の禁止の処分及びその裁判を変更し又は取り消す決定（898条5項）、協定の認可の決定（901条3項）、特別清算終結の決定及び特別清算終結の決定を取り消す決定

の確定（902条1項・4項）について、公告をすべきこととしている。本条1項は、これを受けて、それらの公告は、官報に掲載してすることを定める。公告の事務は、裁判所書記官が取り扱う（会社非訟規16条）。

2　公告の効力発生
　本条2項は、公告の掲載がされた翌日に、公告の効力が生ずることを定める。

●（事件に関する文書の閲覧等）

第886条　利害関係人は、裁判所書記官に対し、第2編第9章第2節若しくはこの節又は非訟事件手続法第2編（特別清算開始の命令があった場合にあっては、同章第1節若しくは第2節若しくは第1節（同章第1節の規定による申立てに係る事件に係る部分に限る。）若しくはこの節又は非訟事件手続法第2編）の規定（これらの規定において準用するこの法律その他の法律の規定を含む。）に基づき、裁判所に提出され、又は裁判所が作成した文書その他の物件（以下この条及び次条第1項において「文書等」という。）の閲覧を請求することができる。
　2　利害関係人は、裁判所書記官に対し、文書等の謄写、その正本、謄本若しくは抄本の交付又は事件に関する事項の証明書の交付を請求することができる。
　3　前項の規定は、文書等のうち録音テープ又はビデオテープ（これらに準ずる方法により一定の事項を記録した物を含む。）に関しては、適用しない。この場合において、これらの物について利害関係人の請求があるときは、裁判所書記官は、その複製を許さなければならない。
　4　前3項の規定にかかわらず、次の各号に掲げる者は、当該各号に定める命令、保全処分、処分又は裁判のいずれかがあるまでの間は、前3項の規定による請求をすることができない。ただし、当該者が特別清算開始の申立人である場合は、この限りでない。
　　一　清算株式会社以外の利害関係人　第512条の規定による中止の命令、第540条第2項の規定による保全処分、第541条第2項の規定による処分又は特別清算開始の申立てについての裁判
　　二　清算株式会社　特別清算開始の申立てに関する清算株式会社を呼び出す審問の期日の指定の裁判又は前号に定める命令、保全処分、

処分若しくは裁判
5　非訟事件手続法第32条第1項から第4項までの規定は、特別清算の手続には、適用しない。

1　文書の閲覧等

　本条1項は、利害関係人は、裁判所書記官に対し、①特別清算開始前にあっては、特別清算に関する規定（第2編第9章第2節、本節若しくは非訟事件手続法第2編の規定又はこれらの規定において準用する本法その他の法律の規定）に基づき、裁判所に提出され、又は裁判所が作成した文書その他の物件（「文書等」）の閲覧を、②特別清算開始後にあっては通常清算に関する規定（第2編第9章第1節、第2節、本章第1節（第2編第9章第1節の規定による申立てに係る事件に係る部分に限る）若しくは特別清算に関する規定又は非訟事件手続法第2編の規定又はこれらの規定において準用する本法その他の法律の規定）に基づき、裁判所に提出され、又は裁判所が作成した文書等の閲覧を請求することができることを定める。利害関係人としては、清算株式会社、清算人、監査役、債権者及び株主であろう。

　閲覧等の対象となる文書等の範囲については、特別清算についても、基本的には、特別清算に関する規定に基づき、裁判所に提出され、又は裁判所が作成した文書等を閲覧等の対象とすべきものと考えられるが、特別清算は、自己完結的な手続ではないため、通常清算に関する規定に基づき裁判所に提出され、又は裁判所が作成した文書等も閲覧等の対象とする必要がある。もっとも、特別清算開始の申立てさえ行えば、通常清算に関する規定に基づき裁判所に提出された文書等について閲覧等をすることができるものとすると、濫用的な特別清算開始の申立てがされるおそれがあるから、通常清算に関する規定に基づき裁判所に提出された文書等については、特別清算開始後に限り、閲覧等の対象となるものとしている。なお、文書等の閲覧若しくは謄写、その正本、謄本若しくは抄本の交付又はその複製の請求は、その請求に係る文書等を特定するに足りる事項を明らかにしてしなければならない（会社非訟規18条2項）。また、裁判所は、利害関係人の閲覧に供するため必要があると認めるときは、書面を裁判所に提出した者又は提出しようとする者に対し、その写しを提出することを求めることができ（会社非訟規18条3項）、書面の写しが提出された場合には、書面の閲覧又は謄写は、提出された写しによってさせることができる（会社非訟規18条4項）。

2　文書等の謄写等

本条2項は、利害関係人は、裁判所書記官に対し、文書等の謄写、その正本、謄本若しくは抄本の交付又は事件に関する事項の証明書の交付を請求することができることを定める。

3　録音テープ等の複製

本条3項は、文書等のうち録音テープ又はビデオテープ等に関しては、本条2項の規定を適用せず、これに代えて、これらの物について利害関係人の請求があるときは、裁判所書記官は、その複製を許さなければならないことを定める。

4　閲覧等を請求することができる時期

特別清算においても、手続の初期段階では、密行性を確保する必要があること（清算人又は監査役による申立ての場合には、債権者による抜け駆けの権利行使を防止するため、債権者又は株主による申立ての場合には、他の債権者による抜け駆けの権利行使及び申立ての事実を知った清算株式会社による財産の隠匿・散逸等を防止するため）に照らして、本条4項は、1項から3項までに定める閲覧等の請求について、以下のとおり、一定の範囲の者との関係で時期的な制限を加えている。

(1) 特別清算開始の申立てをした者は、閲覧等の請求について、一切の制限を受けない（本条4項ただし書）。これは、特別清算開始の申立てをした者は、申立ての有無及びその内容を自ら熟知しているものであり、閲覧等を制限する必要性に乏しいためである。

(2) 清算株式会社以外の利害関係人には、①特別清算開始前の暫定的処分（他の手続又は処分の中止の命令（512条））、清算株式会社の財産に対する保全処分（540条2項）又は株主名簿の記載等の禁止の処分（541条2項）又は②特別清算開始の申立てについての裁判のいずれかがされるまでは、閲覧等の請求は認めない。

特別清算開始の申立てについての裁判がされて債権者の権利行使に制限がされる前に、自由に記録を閲覧できることとなると、閲覧等によって得た清算株式会社の資産の情報を得て、駆け込み的な権利行使が行われるからである。もっとも、①の処分がされた後は、これらの処分が、公告、登記等により公示され、特別清算開始の申立ての存在が公になる場合がある上、利害関係人としても、即時抗告によりその処分を争う上で、その実質的な攻撃防御の機会を保障される必要があるから、閲覧等を制限しないこととしている。

(3) 清算株式会社との関係では、(2)①の処分又は②の裁判がされるまで、あるいは、③清算株式会社を呼び出す審問の期日が指定されるまでは、閲覧の請求を認めない。これは、清算株式会社に対して財産の自由な処分等に対する制限がされる前に、清算株式会社による閲覧等を自由に認めると、財産の隠匿等がされるからである。しかし、①から③までの処分又は裁判がされた場合には、清算株式会社において、攻撃防御の機会が実質的に保障される必要があるから、以後は、閲覧等を制限しない。

5 　特別清算における非訟事件手続法32条1項ないし4項の不適用
　特別清算手続においては、記録の閲覧等について、本条1項ないし4項が定めており、本条5項は、非訟事件手続法32条1項ないし4項を適用しないことを定めている。

●（支障部分の閲覧等の制限）

第887条　次に掲げる文書等について、利害関係人がその閲覧若しくは謄写、その正本、謄本若しくは抄本の交付又はその複製（以下この条において「閲覧等」という。）を行うことにより、清算株式会社の清算の遂行に著しい支障を生ずるおそれがある部分（以下この条において「支障部分」という。）があることにつき疎明があった場合には、裁判所は、当該文書等を提出した清算株式会社又は調査委員の申立てにより、支障部分の閲覧等の請求をすることができる者を、当該申立てをした者及び清算株式会社に限ることができる。
　一　第520条の規定による報告又は第522条第1項に規定する調査の結果の報告に係る文書等
　二　第535条第1項又は第536条第1項の許可を得るために裁判所に提出された文書等
2　前項の申立てがあったときは、その申立てについての裁判が確定するまで、利害関係人（同項の申立てをした者及び清算株式会社を除く。次項において同じ。）は、支障部分の閲覧等の請求をすることができない。
3　支障部分の閲覧等の請求をしようとする利害関係人は、特別清算裁判所に対し、第1項に規定する要件を欠くこと又はこれを欠くに至ったことを理由として、同項の規定による決定の取消しの申立てをすることができる。

4　第1項の申立てを却下する決定及び前項の申立てについての裁判に対しては、即時抗告をすることができる。
5　第1項の規定による決定を取り消す決定は、確定しなければその効力を生じない。

1　閲覧等の制限の対象文書及び対象者
　本条1項は、一定の範囲の文書等について、利害関係人がその閲覧若しくは謄写、その正本、謄本若しくは抄本の交付又はその複製（「閲覧等」）を行うことにより、清算株式会社の清算の遂行に著しい支障を生ずるおそれがある部分（「支障部分」）があることにつき疎明があった場合には、裁判所は、その文書等を提出した清算株式会社又は調査委員の申立てにより、支障部分の閲覧等の請求権者を、その申立者及び清算株式会社に限ることができることを定める。
(1)　閲覧等の制限の対象者
　制限の基礎となる事項は、「清算株式会社の清算の遂行に著しい支障を生ずるおそれがあること」であり、閲覧等の制限の対象者（閲覧等ができなくなる者は、次のア及びイを除いた利害関係人全般である。
ア　その文書等を提出した清算株式会社又は調査委員
　これらの者が除外されるのは、自ら提出した文書等の内容を熟知しているものである以上、閲覧等を制限する必要性に乏しいからである。
イ　清算株式会社
　清算株式会社が除外されるのは、清算株式会社については、一定の事項を知ることにより、「清算株式会社の清算の遂行に著しい支障を生ずること」は考え難いためである。
(2)　閲覧等の制限の対象となる文書等
ア　清算株式会社又は調査委員が裁判所に対してする報告に係る文書（本条1項1号）
　清算株式会社、調査委員（なお、監督委員を選任した場合に調査の必要もあるときは、別途調査委員を選任するか監督委員を併せて調査委員にも選任することになるため、法律上、監督委員による報告という概念は存在しない）が裁判所に対してする報告の中には、清算株式会社に対する監督を行う裁判所において把握すべき事実ではあるが、他の利害関係人に知られてしまう場合には、清算株式会社の清算の遂行に著しい支障を生ずる事実が含まれ

得るから、これらの報告に係る文書（報告書）等に対する閲覧等の制限を認めるものである。

イ　清算株式会社が一定の行為をするために裁判所の許可を要する場合にその許可を得るために裁判所に提出された文書等（本条1項2号）

清算株式会社が一定の行為をするために裁判所の許可を要する場合（535条1項、536条1項）にその許可を得るために裁判所に提出された文書（許可申請書）等について、前記のような閲覧等の制限を認めるものである。裁判所の許可に基づいてこれらの行為が行われる以前に、許可を得るために提出された文書が閲覧等に供される場合等には、その行為の相手方等が閲覧等を通じて清算株式会社側の事情を知り得ることとなり、清算株式会社の清算の遂行に著しい支障を生ずる場合があるからである。

2　閲覧等の制限の申立てがあった場合の取扱い

本条2項は、閲覧等の制限の申立てがあった後、その申立てについての裁判が確定するまで、利害関係人（申立てをした者及び清算株式会社を除く）は、支障部分の閲覧等の請求ができないことを定める。したがって、閲覧等の制限の申立てがあれば、その申立てについての裁判所の判断がされる前でも、暫定的に閲覧等ができないこととなる。閲覧等の制限の決定がされるまでは一定の時間を要するが、決定がされて初めて閲覧等の制限が可能となるとすると、決定前に閲覧等がされてしまうと、本条の目的を全うできなくなるため、そのような事態を回避するため、暫定的に閲覧等をできなくするものである（深山雅也・新基本法コンメ(3)460頁）。

3　閲覧等の制限の決定の取消し

本条3項は、支障部分の閲覧等の請求をしようとする利害関係人は、特別清算裁判所に対し、本条1項に規定する要件を欠くこと又はこれを欠くに至ったことを理由として、閲覧等の制限の決定の取消しの申立てができることを定める。閲覧等の制限の決定に対しては、即時抗告ができない（884条1項・3項、なお、本条4項）。しかし、利害関係人としては、本条3項の申立てにより、その決定の当否を争うことができることになる。

4　即時抗告

本条4項は、①閲覧等の制限の申立てを却下した決定及び②閲覧等の制限の決定の取消しの申立てについての裁判（申立てを却下した決定のみならず、閲覧等の制限の決定を取り消す決定も含まれる）に対しては、即時抗告

5 閲覧等の制限の決定を取り消す決定の効力の発生時期

本条5項は、非訟事件手続法56条2項の特則として、閲覧等の制限の決定を取り消す決定は、確定するまでその効力を生じないとする。閲覧等の制限の決定を取り消す決定が告知により直ちに効力を生ずるとすると、閲覧等の制限の決定を取り消す決定が取り消されるべき場合であっても、閲覧等が可能となり、当事者に不服申立ての機会を保障した趣旨が没却されるからである（深山雅也・新基本法コンメ(3)460頁）。

第2款　特別清算の開始の手続に関する特則

●(特別清算開始の申立て)

第888条　債権者又は株主が特別清算開始の申立てをするときは、特別清算開始の原因となる事由を疎明しなければならない。
　2　債権者が特別清算開始の申立てをするときは、その有する債権の存在をも疎明しなければならない。
　3　特別清算開始の申立てをするときは、申立人は、第514条第1号に規定する特別清算の手続の費用として裁判所の定める金額を予納しなければならない。
　4　前項の費用の予納に関する決定に対しては、即時抗告をすることができる。

1　特別清算開始の申立理由の疎明

債権者又は株主が特別清算開始の申立てをするときは、特別清算開始の原因となる事由を疎明しなければならない（本条1項）。債権者が特別清算開始の申立てをするときは、その有する債権の存在をも疎明しなければならない（本条2項）。このような疎明が必要とされるのは、申立ての濫用を防止するためである。清算人又は監査役が申し立てる場合は、この申立ての要件である開始の原因となる事実の疎明は不要である。しかし、この疎明は申立ての要件に過ぎず、いずれの申立てによる場合であっても、特別清算開始命

令がされるためには、開始原因となる事由が証明されなければならない（萩本・逐条解説61頁）。

非訟事件　　A株式会社の特別清算開始申立て
＊申立ての趣旨は、「A会社につき特別清算手続を開始する。」である。
＊特別清算開始の申立てについての裁判（特別清算開始の決定に限らず、申立てを却下する裁判等を含む）は、特別清算の手続に関する各種の申立ての中でも特に重要な申立てであるから、裁判書が作成される（890条1項）。

申立理由　1　A会社は、平成○年○月○日、解散決議をして清算手続中であること
2　Xは、A会社の債権者、清算人、監査役又は株主であること
＊511条1項に基づく事実である。なお、債権者又は株主が申し立てる場合には、申立時に本条1項の制約がかかる。
＊債権者が特別清算開始の申立てをするときは、その有する債権の存在をも疎明する必要がある（本条2項）。具体的な疎明事項は、XのA会社に対する債権の発生原因事実である。
3　A会社に、清算の遂行に著しい支障を来すべき事情があること、又は債務超過（清算株式会社の財産がその債務を完済するのに足りない状態）の疑いがあること
＊510条に基づく事実である。
＊債権者又は株主が特別清算開始の申立てをするときは、特別清算開始の原因となる事由を疎明する必要がある（本条1項）。

2　費用の予納

　特別清算開始の申立てをするときは、申立人は、514条1号に規定する特別清算の手続の費用として裁判所の定める金額を予納しなければならない（本条3項）。裁判所が予納金額を定めるに当たっては、会社の事業の内容、財産状況、債権者等の人数、監督委員や調査委員の選任の要否（すなわち、必要となる報酬額の多寡）を考慮すべきことが定められているほか（会社非訟規21条1項）、予納金が開始前に不足する場合には、本条3項により、不足する額の追加の予納（追納）をさせ得る（会社非訟規21条2項）。この費

用の予納に関する決定に対しては、即時抗告をすることができる（本条4項）。

● (他の手続の中止命令)

第889条 裁判所は、第512条の規定による中止の命令を変更し、又は取り消すことができる。
　2　前項の中止の命令及び同項の規定による決定に対しては、即時抗告をすることができる。
　3　前項の即時抗告は、執行停止の効力を有しない。
　4　第2項に規定する裁判及び同項の即時抗告についての裁判があった場合には、その裁判書を当事者に送達しなければならない。

1　中止命令の変更及び取消し
　本条1項は、裁判所は、職権で、他の手続の申上命令を変更し、又は取り消すことができることを定める。従来の特別清算では、旧非訟事件手続法19条1項により、他の手続の中止命令を変更し、又は取り消すことができると解されていたが、本法においては他の手続の中止命令が即時抗告の対象とされたことに伴い、同項を根拠として変更又は取消しをすることができなくなり（旧非訟19条3項参照）、新たに、本法中に変更・取消しの根拠規定を設けたものである。なお、この変更及び取消しは、発令後の事情変更の場合の外、当初から不当であった場合も含む。

2　即時抗告
　本条2項は、他の手続の中止命令及び他の手続の中止命令を変更し、又は取り消す決定に対しては、即時抗告をすることができることを定める。旧非訟事件手続法においては、他の手続の中止命令に対しては不服を申し立てることができないとされていたが（旧非訟138条ノ15において準用する旧非訟135条ノ36）、立法論的批判に応えて、不服申立て（即時抗告）を許すこととしたものである。

3　執行停止
　本条3項は、本条2項の即時抗告が執行停止の効力を有しない旨を定める

(破24条5項、民再26条5項、会更24条7項も同旨)。

4 他の手続の中止命令等の送達
　本条4項は、本条2項の即時抗告の対象となる裁判（他の手続の中止命令、本条1項の規定により他の手続の中止命令を変更し、又は取り消す決定）や本条2項の即時抗告についての裁判があった場合には、その裁判書を当事者に送達しなければならない旨を定める。これらの裁判が利害関係人に与える影響を考慮し、告知で足りるとしていた従来の取扱い（旧非訟18条1項参照）を改めた（なお、送達の方法については883条参照）。

● (特別清算開始の命令)

第890条　裁判所は、特別清算開始の命令をしたときは、直ちに、その旨を公告し、かつ、特別清算開始の命令の裁判書を清算株式会社に送達しなければならない。
　2　特別清算開始の命令は、清算株式会社に対する裁判書の送達がされた時から、効力を生ずる。
　3　特別清算開始の命令があったときは、特別清算の手続の費用は、清算株式会社の負担とする。
　4　特別清算開始の命令に対しては、清算株式会社に限り、即時抗告をすることができる。
　5　特別清算開始の申立てを却下した裁判に対しては、申立人に限り、即時抗告をすることができる。
　6　特別清算開始の命令をした裁判所は、第4項の即時抗告があった場合において、当該命令を取り消す決定が確定したときは、直ちに、その旨を公告しなければならない。

1 特別清算開始の公告及び送達
　本条1項は、裁判所は、特別清算開始の命令をしたときは、直ちに、その旨を公告し、かつ、特別清算開始の命令の裁判書を清算株式会社に送達しなければならないことを定める。送達については、特別清算開始の命令の重要性に照らし、従来は告知で足りるものとしていたもの（旧非訟18条1項参照）を送達に改めたものである。公告の方法については885条、送達の方法

については883条がそれぞれ定めている。

2　特別清算開始の命令の効力発生時期

本条2項は、特別清算開始の命令は、清算株式会社に対する裁判書の送達がされた時から、効力を生ずることを定める。一般に非訟事件における裁判は、相当と認める方法で告知することによって効力を生ずるのが原則であるが（非訟56条1項・2項）、特別清算開始の命令は、重大な効果を生ずるから、その発令があった場合には、その効力を早期かつ一律に生じさせる必要がある。そのため、本条2項は、裁判の効力発生時期についての例外を設け、清算株式会社への送達があれば、債権者を含むすべての利害関係人との関係で特別清算開始の命令の効力が発生するとしている。その結果、債権者に対する特別清算開始の命令の告知がされない段階で、強制執行等を禁止する効力が生ずることになるが、これらの手続においては清算株式会社が手続の相手方となることから、清算株式会社に対して特別清算開始の命令の送達がされることにより、その手続が不相当に進行することは、防止される。

3　特別清算の手続費用の負担

本条3項は、特別清算開始の命令があったときは、特別清算の手続の費用は、清算株式会社の負担とすることを定める。

4　即時抗告
(1)　特別清算開始の命令

本条4項は、特別清算開始の命令に対しては、清算株式会社に限り、即時抗告をすることができることを定める。

①特別清算は全債権者の共同の利益のために開始されるから、債権者、更には特別清算開始後債権者の下位に置かれることとなる株主に不服申立てを認める必要はなく、②特別清算開始の当否について清算株式会社の利益を離れた清算人又は監査役固有の利益はないと考えられる（債権者、株主、清算人及び監査役は、通常は非訟事件手続法66条1項の「終局決定により権利又は法律上保護される利益を害された者」に該当しないと考えられる）ことから、清算株式会社以外の利害関係人の不服申立てを制限したものである。

この即時抗告には、執行停止の効力はない（本条2項参照）。なお、特別清算開始の命令を取り消す決定は、確定しなければ効力を生じないと解されることは従来の特別清算と同様である（本条6項、938条2項2号参照）。

(2) 特別清算開始の申立ての却下決定
　本条5項は、特別清算開始の申立てを却下した裁判に対しては、申立人に限り、即時抗告をすることができることを定める。

5　特別清算開始の取消しの公告
　本条6項は、特別清算開始の命令をした裁判所は、即時抗告（本条4項）があった場合において、その命令を取り消す決定が確定したときは、直ちに、その旨を公告しなければならないことを定める。

6　官庁への通知
　官庁その他の機関の許可（例えば、免許、登録等）がなければ開始することができない事業を営む清算株式会社について特別清算開始の命令があったときは、裁判所書記官は、その旨をその機関に通知することを要する。官庁その他の機関の許可がなければ設立することができない清算株式会社について特別清算開始の命令があったときも、同様である（会社非訟規17条1項）。また、特別清算開始の命令を取り消す決定が確定したときも同様である（会社非訟規17条2項・1項）。

●（担保権の実行の手続等の中止命令）

第891条　裁判所は、第516条の規定による中止の命令を発する場合には、同条に規定する担保権の実行の手続等の申立人の陳述を聴かなければならない。
　2　裁判所は、前項の中止の命令を変更し、又は取り消すことができる。
　3　第1項の中止の命令及び前項の規定による変更の決定に対しては、第1項の申立人に限り、即時抗告をすることができる。
　4　前項の即時抗告は、執行停止の効力を有しない。
　5　第3項に規定する裁判及び同項の即時抗告についての裁判があった場合には、その裁判書を当事者に送達しなければならない。

1　中止命令についての申立人の陳述の聴取等
　担保権を有する債権者が実体法上有する優先的地位は、特別清算手続の開

始により奪われない。しかし、担保権の行使を担保権者に委ねると、集団的な債務整理手続である特別清算の遂行に支障が生じるので、個別的・例外的に手続の中止命令を発することを認める。その際、担保権者の権利が制限されるのであるから、本条1項は、申立人の陳述を聴取しなければならないことを定める。

また、中止命令が発令された後の事情の変更に対して、本条2項は、裁判所が中止命令の変更し、又は取り消すことができることを定める。

2　即時抗告

中止命令及びその変更・取消命令に対しては、申立人に限り、即時抗告をすることができ（本条3項）、執行停止の効力を有しない（本条4項）。もし、即時抗告に執行停止の効力を認めると、担保権の実行が進行し回復し難い損害が生ずるおそれがあるからである。そして、中止命令、その変更・取消命令及び即時抗告についての裁判があった場合には、その裁判書が当事者に送達される（本条5項）。

第3款　特別清算の実行の手続に関する特則

●(調査命令)

第892条　裁判所は、調査命令（第522条第1項に規定する調査命令をいう。次項において同じ。）を変更し、又は取り消すことができる。
　2　調査命令及び前項の規定による決定に対しては、即時抗告をすることができる。
　3　前項の即時抗告は、執行停止の効力を有しない。
　4　第2項に規定する裁判及び同項の即時抗告についての裁判があった場合には、その裁判書を当事者に送達しなければならない。

1　調査命令の変更及び取消し

本条1項は、裁判所は、調査命令（522条1項）を変更し、又は取り消すことができることを定める。これは、調査命令の発令後の事情の変更に対応するためである。そのほか、当初から不当であった場合も、当然に、変更・

取消しの事由となる。民事再生法62条3項、会社更生法125条3項も同様の規定である。

2　即時抗告

本条2項は、調査命令及び調査命令を変更し又は取り消す決定に対して即時抗告をすることができることを定める。特別清算においては、通常抗告をができたが（旧非訟20条）、これを即時抗告に改めた。民事再生法62条4項、会社更生法125条4項も同様の規定である。また、この即時抗告には、執行停止の効力はない（本条3項）。

3　送　　達

本条4項は、即時抗告をすることができる決定（調査命令及びこれを変更し又は取り消す決定）及び即時抗告についての裁判があった場合には、その裁判書を当事者に送達しなければならないことを定めている。これらの裁判が利害関係人に与える影響を考慮したものである。

● (清算人の解任及び報酬等)

第893条　裁判所は、第524条第1項の規定により清算人を解任する場合には、当該清算人の陳述を聴かなければならない。
　2　第524条第1項の規定による解任の裁判に対しては、即時抗告をすることができる。
　3　前項の即時抗告は、執行停止の効力を有しない。
　4　第526条第1項（同条第2項において準用する場合を含む。）の規定による決定に対しては、即時抗告をすることができる。

1　清算人解任の場合の清算人の陳述聴取

本条1項は、清算人を解任する場合には解任される清算人の利益保護のために、その清算人の陳述を聴かなければならないことを定める（本書(2)524条1の設例の申立理由2の事実関係について聴取することになろう）。同様の規定としては、破産法75条2項後段、民事再生法57条2項後段、会社更生法68条2項後段がある。

2　即時抗告

本条2項は、清算人の解任の裁判に対しては、即時抗告をすることができることを定める。特別清算における清算人の解任の裁判が、清算株式会社が私的自治の原則に従って選任した清算人の業務執行権、財産管理処分権等を喪失させる効果を有する点で、実質的には破産手続、再生手続及び更生手続における保全管理命令又は再生手続における管理命令に相当する機能を有することを考慮して、解任の裁判に対する不服申立て（即時抗告）を認めるものとしている。また、本条3項は、この即時抗告は執行停止の効力を有しないことを定める。

3　清算人及び清算人代理の報酬の決定

清算人及び清算人代理の報酬の決定（526条1項・2項）に対しては、即時抗告ができる（本条4項）。この即時抗告は、執行停止の効力を有する（884条2項参照）。

● (監督委員の解任及び報酬等)

第894条　裁判所は、監督委員を解任する場合には、当該監督委員の陳述を聴かなければならない。
　　2　第532条第1項の規定による決定に対しては、即時抗告をすることができる。

1　監督委員・調査委員

特別清算手続においては、会社の業務・財産状況等の一定の事項について調査をする機関である調査委員（522条参照）や、会社が財産の処分等の一定の行為をする場合に裁判所がする許可に代わる同意を与える機関である監督委員（535条）を選任することができるものとされている。これらの機関の権限等は、再生手続・更生手続における同種の機関とほぼ共通であり、本規則においても、民事再生規則・会社更生規則の監督委員・調査委員に関する規定を参考として、これらの機関の選任基準・選任手続等（会社非訟規27条、32条）、監督委員の同意の申請の方式等（会社非訟規28条）、清算会社の監督委員に対する報告（会社非訟規29条）、裁判所によるこれらの機関に対する監督事務（会社非訟規30条、32条2項）、報酬の額の決定基準（会社非

訟規 31 条、32 条 2 項）などにつき、所要の規定を整備している。

2 監督委員の解任の場合の陳述聴取
　本条 1 項は、裁判所は、監督委員を解任する場合（528 条 2 項）には、解任される監督委員の利益保護のために、その監督委員の陳述を聴かなければならないことを定める。

3 監督委員の報酬等
　本条 2 項は、532 条 1 項の規定による報酬等の決定に対して即時抗告をすることができることを定める。

●（調査委員の解任及び報酬等）

第 895 条　前条の規定は、調査委員について準用する。

　894 条は、調査委員について準用されるので、①裁判所は、調査委員を解任する場合（534 条が準用する 528 条 2 項）には、その調査委員の陳述を聴かなければならず、また、②報酬等の決定（534 条が準用する 532 条 1 項）に対しては、即時抗告をすることができる。この即時抗告は、執行停止の効力を有する（884 条 2 項参照）。

●（事業の譲渡の許可の申立て）

第 896 条　清算人は、第 536 条第 1 項の許可の申立てをする場合には、知れている債権者の意見を聴き、その内容を裁判所に報告しなければならない。
　　2　裁判所は、第 536 条第 1 項の許可をする場合には、労働組合等（清算株式会社の使用人その他の従業者の過半数で組織する労働組合があるときはその労働組合、清算株式会社の使用人その他の従業者の過半数で組織する労働組合がないときは清算株式会社の使用人その他の従業者の過半数を代表する者をいう。）の意見を聴かなければならない。

1 事業の譲渡の許可の申立て
　清算人は、536条1項の事業の譲渡の許可の申立てをする場合には、知れている債権者の意見を聴き、その内容を裁判所に報告しなければならない（本書(2)536条1の設例の申立理由3参照）。意見聴取の理由は、債権者は清算株式会社の資産を引当てとするものであって、重大な利害関係を有するからである。

2 労働組合等の意見
　裁判所は、536条1項の許可をする場合には、利害関係を有する労働組合等（清算株式会社の使用人その他の従業者の過半数で組織する労働組合があるときはその労働組合、清算株式会社の使用人その他の従業者の過半数で組織する労働組合がないときは清算株式会社の使用人その他の従業者の過半数を代表する者）の意見を聴かなければならない。

●(担保権者が処分をすべき期間の指定)

第897条　第539条第1項の申立てについての裁判に対しては、即時抗告をすることができる。
　　2　前項の裁判及び同項の即時抗告についての裁判があった場合には、その裁判書を当事者に送達しなければならない。

1 担保権者が処分をすべき期間の指定
　担保権者が法律に定められた方法によらないで担保権の目的財産の処分をする権利を有する場合には、清算株式会社は担保権者が任意処分をすべき期間の指定の申立てをすることができるが（539条1項）、この申立てについての裁判に対しては、即時抗告をすることができる（本条1項）。担保権者が処分すべき期間の指定の申立てについての裁判に対する即時抗告は、執行停止の効力を有する（884条2項参照）。

2 担保権者が処分すべき期間の指定の裁判等の送達
　担保権者が処分すべき期間の指定の申立てについての裁判やその裁判に対する即時抗告についての裁判があった場合には、その裁判書を当事者に送達する必要がある（本条2項）。これらの裁判が担保権者又は清算株式会社に

与える影響が大きいので、告知で足りるとしていた従来の取扱いを改めたものである（深山雅也・新基本法コンメ(3)467頁）。

● (清算株式会社の財産に関する保全処分等)

第898条 裁判所は、次に掲げる裁判を変更し、又は取り消すことができる。
　一　第540条第1項又は第2項の規定による保全処分
　二　第541条第1項又は第2項の規定による処分
　三　第542条第1項又は第2項の規定による保全処分
　四　第543条の規定による処分
　2　前項各号に掲げる裁判及び同項の規定による決定に対しては、即時抗告をすることができる。
　3　前項の即時抗告は、執行停止の効力を有しない。
　4　第2項に規定する裁判及び同項の即時抗告についての裁判があった場合には、その裁判書を当事者に送達しなければならない。
　5　裁判所は、第1項第2号に掲げる裁判をしたときは、直ちに、その旨を公告しなければならない。当該裁判を変更し、又は取り消す決定があったときも、同様とする。

1　清算株式会社の財産に関する保全処分等
　裁判所は、①540条1項又は2項による清算株式会社の財産に関する保全処分（本書(2)540条1、3の各設例参照）、②541条1項又は2項による株主名簿の記載等の禁止の処分（本書(2)541条1ないし3の各設例参照）、③542条1項又は2項による役員等の財産に対する保全処分（本書(2)542条1ないし3の各設例参照）、④543条による役員等の責任の免除の禁止の処分（本書(2)543条1の設例参照）の各裁判を変更し、又は取り消すことができる（本条1項）。これらは、清算の監督上必要な処分の発令後の事情の変更に対応して清算の監督上必要な処分の変更又は取消しをし、不必要な清算の監督上必要な処分を排除するものであるが、変更又は取消しの事由は、発令後の事情変更によるものか、発令前から存在したものかを問わない。

2　即時抗告

上記①ないし④の裁判及びこれらを変更し又は取り消す決定に対しては、即時抗告をすることができる（本条2項）。

3　執行停止の効力

本条2項の即時抗告は、執行停止の効力を有しない（本条3項）。

4　送　　達

裁判所は、本条2項に規定する清算の監督上必要な処分ないしその変更・取消しの決定や、それらの裁判に対する即時抗告についての裁判があった場合には、その裁判書を当事者に送達しなければならない（本条4項）。これらの裁判が利害関係人に与える影響を考慮し、告知で足りるものとする従来の取扱いを改めたものである（深山雅也・新基本法コンメ(3)468頁）。

5　株主名簿の記載等の禁止の処分等の公告

裁判所は、株主名簿の記載等の禁止の処分をしたとき、又は株主名簿の記載等の禁止の処分を変更し、若しくは取り消す決定をしたときは、直ちにその旨を公告しなければならない（本条5項）。

● (役員等責任査定決定)

第899条　清算株式会社は、第545条第1項の申立てをするときは、その原因となる事実を疎明しなければならない。
　2　役員等責任査定決定（第545条第1項に規定する役員等責任査定決定をいう。以下この条において同じ。）及び前項の申立てを却下する決定には、理由を付さなければならない。
　3　裁判所は、前項に規定する裁判をする場合には、対象役員等（第542条第1項に規定する対象役員等をいう。）の陳述を聴かなければならない。
　4　役員等責任査定決定があった場合には、その裁判書を当事者に送達しなければならない。
　5　第858条第1項の訴えが、同項の期間内に提起されなかったとき、又は却下されたときは、役員等責任査定決定は、給付を命ずる確定判

決と同一の効力を有する。

1　役員等責任査定決定の申立てと疎明

　清算会社は、545条1項の役員等責任査定決定の申立てをするときは、その原因となる事実を疎明しなければならない（本条1項）。この査定は、役員等（発起人、設立時取締役、設立時監査役、取締役、会計参与、監査役、執行役、会計監査人又は清算人）の損害賠償責任を簡易迅速に追及するために決定手続で判断するものであり、立証の程度も疎明で足りる。

　役員等の責任を、通常民事の損害賠償請求訴訟によることなく、会社整理の目的達成のため簡易・迅速に非訟手続によって確定するのが、査定の裁判である。査定手続は、形式こそ非訟事件ではあるが、その対象が実体法上の損害賠償請求権の権利主張であることから、争訟的性格が極めて強く、その実質は、むしろ訴訟事件に近似する。査定を申し立てる場合は、その原因たる事実を疎明しなければならない（本条1項）。「疎明」は、申立ての要件であるから、疎明が不十分であれば申立ては却下される。なお、非訟事件においても、特別の規定が置かれていない限り、事実認定には証明が要求されるのが原則である（鈴木忠一・非訟・家事事件の研究352頁）。したがって、本条1項は、疎明でよいことを特に定めた特別規定といえる。なお、非訟事件において、当事者に対して疎明せよと規定されている場合は、裁判所は職権探知の責任はなく、当事者が主観的立証責任を負担する（鈴木忠一・前掲書354頁）。

　具体的な役員等責任査定の申立ての設例については、本書(2)545条1設例を参照されたい。

2　理　　由

　役員等の責任に基づく損害賠償請求額の査定決定（査定の申立ての全部又は一部を認容する裁判と、職権による査定手続において損害賠償額を定める裁物の双方を含む）及び査定の申立てを却下する決定には、理由を付さなければならない（本条2項）。

3　対象役員等の陳述

　裁判所は、役員等の責任に基づく損害賠償請求額の査定決定及び査定の申立てを却下する決定をする場合には、対象となる役員等の陳述を聴かなけれ

ばならない（本条 3 項）

4　送　　達

　役員等の責任に基づく損害賠償請求額の査定決定があった場合には、その裁判書を当事者（清算株式会社及び対象役員等の双方）に送達しなければならない（本条 4 項）。これらの裁判が利害関係人に与える影響を考慮し、告知で足りるものとする従来の取扱いを改めたものである。なお、査定の申立てを却下した決定については、不服申立てができず、また、確定した場合であっても確定判決と同一の効力は生じないから（本条 5 項参照）、その裁判書を送達する必要はなく、相当と認める方法で告知することで足りる。

5　役員等責任査定決定の効力

　役員等の責任に基づく損害賠償請求額の査定決定に不服がある者は、役員等責任査定決定の送達を受けた日から 1 か月の不変期間内に、異議の訴えを提起できるが（858 条 1 項）、異議の訴えが、この期間内に提起されなかったとき、又は却下されたときは、役員等責任査定決定は、給付を命ずる確定判決と同一の効力を有する（本条 5 項）。本条の効力は、まず、第 1 に査定を受けた者及び会社に対する送達の日から、それらの者が、自己の異議の訴えの提起期間内に異議の訴えを提起することなく 1 か月を経過することによって生ずる。第 2 に訴えの却下としては、例えば期間経過後の不適法却下の場合がある。

●（債権者集会の招集の許可の申立てについての裁判）

第 900 条　第 547 条第 3 項の許可の申立てを却下する決定に対しては、即時抗告をすることができる。

　清算株式会社に知れている協定債権者の協定債権の総額の 10 分の 1 以上の協定債権を有する者が、清算株式会社に対して債権者集会の招集を請求した場合において、①その請求後遅滞なく招集手続がされないとき、又は②請求の日から 6 週間以内の日を債権者集会の日とする債権者集会の招集通知が発せられないときは、招集請求した協定債権者は、裁判所に、債権者集会の招集の許可を申し立てることができる（547 条 3 項。申立ての具体例について

は、本書(2)547条3設例参照)。そして、本条は、その債権者集会の招集の許可の申立てを却下する決定に対しては、即時抗告をすることができることを定める（本条）。しかし、債権者集会の招集を許可する決定に対しては、不服申立てができない（884条1項参照）。

●（協定の認可又は不認可の決定）

第901条 利害関係人は、第568条の申立てに係る協定を認可すべきかどうかについて、意見を述べることができる。
2　共助対象外国租税の請求権について、協定において減免その他権利に影響を及ぼす定めをする場合には、徴収の権限を有する者の意見を聴かなければならない。
3　第569条第1項の協定の認可の決定をしたときは、裁判所は、直ちに、その旨を公告しなければならない。
4　第568条の申立てについての裁判に対しては、即時抗告をすることができる。この場合において、前項の協定の認可の決定に対する即時抗告の期間は、同項の規定による公告が効力を生じた日から起算して2週間とする。
5　前各項の規定は、第572条の規定により協定の内容を変更する場合について準用する。

1　口頭による協定認可の申立て
　債権者集会において協定が認可されたときは、清算株式会社は、遅滞なく裁判所に対して協定の認可の申立てをしなければならない（568条。本書(2)568条1設例参照）。協定認可の申立ては、債権者集会の議事録の提出は義務的とされておらず、協定が可決された債権者集会の席上において、機動的に協定認可の申立てがされ、裁判所がその場で、意見を聴取した上で認可の可否を決定することも可能となるように、債権者集会においてする協定認可の申立ては、会社非訟事件等手続規則1条の規定にかかわらず、口頭ですることができる（会社非訟規36条）。

2　協定の認可に関する利害関係人の意見陳述等
　協定認可の申立てに係る協定を認可すべきか否かについて、利害関係人は

意見を述べることができる（本条1項）。協定の認可の申立てがあった場合には、裁判所は、協定不認可事由の有無を判断することになるが（569条参照）、利害関係人に対し、その判断に参考となる意見を述べる機会を与えるものである。なお、共助対象外国租税の請求権について協定によって減免その他権利に影響を及ぼす定めをする場合は、徴収権限を有する者の意見を聴くことが必要とされている（本条2項）。

3　協定認可の決定の公告

協定の認可の決定をしたときは、裁判所は、直ちに、その旨を公告しなければならない（本条3項）。

4　即時抗告

協定の認可の申立てについての裁判に対しては即時抗告をすることができる（本条4項前段）。協定認可の決定に対する即時抗告の期間は、協定認可の決定の公告が効力を生じた日から起算して2週間である（本条4項後段）。なお、協定認可の申立てを却下する決定に対する即時抗告の期間は、原則どおり、裁判の告知を受けた日から1週間である。

5　協定内容の変更の手続

協定内容の変更の手続については、協定の手続に関する規定が準用され（本条5項）、協定内容の変更について利害関係人は意見を述べることができ、協定内容の変更の決定は直ちに公告され、協定内容の変更についての裁判に対しては即時抗告をすることができる。

第4款　特別清算の終了の手続に関する特則

●(特別清算終結の申立てについての裁判)

第902条　特別清算終結の決定をしたときは、裁判所は、直ちに、その旨を公告しなければならない。
　　2　特別清算終結の申立てについての裁判に対しては、即時抗告をすることができる。この場合において、特別清算終結の決定に対する即時抗告の期間は、前項の規定による公告が効力を生じた日から起算して2週間とする。

3　特別清算終結の決定は、確定しなければその効力を生じない。
　　4　特別清算終結の決定をした裁判所は、第2項の即時抗告があった場合において、当該決定を取り消す決定が確定したときは、直ちに、その旨を公告しなければならない。

1　特別清算終結の公告
　特別清算が結了したとき、又は、特別清算の必要がなくなったときは、裁判所は、申立てにより、特別清算終結の決定をする（573条。本書(2)573条2(1)(2)各設例参照）。そして、特別清算終結の決定をしたときは、裁判所は、直ちに、その旨を公告しなければならない（本条1項）。

2　即時抗告
　特別清算終結の申立てについての裁判に対しては即時抗告をすることができる（本条2項前段）。この場合、特別清算終結の決定に対する即時抗告の期間は、特別清算終結の公告が効力を生じた日から起算して2週間である（本条2項後段）。
　なお、特別清算終結の申立てを却下する決定に対する即時抗告（従前は通常抗告であったが、即時抗告に改められた）の期間は、原則どおり、裁判の告知を受けた日から1週間である。

3　特別清算終結の決定の効力発生時期
　特別清算終結の決定は、確定によって効力を生ずる（本条3項）。非訟事件の裁判は告知により直ちに効力を生ずるのが原則である（非訟56条2項）。しかし、特別清算終結の決定の重要性に鑑みて、例外的にその特別を定めるものである。

4　特別清算終結の取消しの公告
　特別清算終結の決定をした裁判所は、特別清算終結の決定について即時抗告があった場合において、その決定を取り消す決定が確定したときは、直ちに、その旨を公告しなければならない（本条4項）。なお、特別清算終結の取消しの公告をするのは、取り消す決定をした裁判所（通常は抗告裁判所）ではなく、特別清算終結の決定をした裁判所（原裁判所）である。

第4節　外国会社の清算の手続に関する特則

●(特別清算の手続に関する規定の準用)

第903条　前節の規定は、その性質上許されないものを除き、第822条第1項の規定による日本にある外国会社の財産についての清算について準用する。

1　特別清算の手続に関する規定の準用
　外国会社が取引継続禁止又は営業所閉鎖の命令（827条1項）を受けた場合等には、その外国会社の日本にある財産のすべてを対象とする清算手続が行われる（822条1項）。この手続について、本条は、その性質に反しない限り、特別清算の手続に関する本章第3節の規定が準用されることとした。そのため、会社非訟事件等手続規則においても、外国会社に係る清算手続について、その性質に反しない限り、同規則中の特別清算の手続に関する規定を準用するとされる（会社非訟規37条）。なお、同規則中、第1章の総則規定は、本法の規定による非訟事件の手続全般について適用されるから、当然に外国会社の日本にある財産についての清算に関する手続についても適用される（花村良一「会社非訟事件等手続規則の解説」判タ1200.40）。

2　準用される具体的規定
　特別清算事件の管轄（879条）、特別清算開始後の通常清算事件の管轄及び移送（880条）、疎明（881条）、理由の付記（882条）、裁判書の送達（883条）、不服申立て（884条）、公告（885条）、事件に関する文書の閲覧等（886条）、支障部分の閲覧等の制限（887条）、特別清算開始の申立て（888条）、他の手続の中止命令（889条）、特別清算開始の命令（890条）、担保権実行の手続等の中止命令（891条）、調査命令（892条）、清算人の解任及び報酬等（893条）、監督委員の解任及び報酬等（894条）、調査委員の解任及び報酬等（895条）、事業の譲渡の許可の申立て（896条）、担保権者が処分すべき期間の指定（897条）、清算株式会社の財産に関する保全処分等（898条）、役員等責任査定決定（899条）、債権者集会の招集の許可の申立てについての裁判（900条）、協定の認可又は不認可の決定（901条）、特別清算終結の

申立てについての裁判（902条）の特別清算手続に関する規定は、その性質上許さないものを除き、日本にある外国会社の財産についての清算に準用される（本条）。

第5節　会社の解散命令等の手続に関する特則

● (法務大臣の関与)

第904条　裁判所は、第824条第1項又は第827条第1項の申立てについての裁判をする場合には、法務大臣に対し、意見を求めなければならない。
　2　法務大臣は、裁判所が前項の申立てに係る事件について審問をするときは、当該審問に立ち会うことができる。
　3　裁判所は、法務大臣に対し、第1項の申立てに係る事件が係属したこと及び前項の審問の期日を通知しなければならない。
　4　第1項の申立てを却下する裁判に対しては、第872条第4号に定める者のほか、法務大臣も、即時抗告をすることができる。

1　法務大臣の意見

本条1項は、裁判所は、会社の解散命令（824条1項）又は外国会社の継続取引禁止若しくは営業所閉鎖命令（827条1項）（「解散命令等」）の申立てがされ、その裁判を行う場合には法務大臣の意見を聴取しなければならないことを定める。法務大臣には公益代表者として、解散命令等の手続における主導的な役割が期待されており、本条の規定はいずれもその一環として法務大臣がその役割を果たすための手続を定める。

2　審問の立会い

本条2項は、裁判所の審問手続における法務大臣の立会いを認めるものであって、その趣旨は本条1項に関して述べたとおりである。ただし、会社の陳述は書面でもすることができるので、審問期日を開かず書面による意見の聴取のみで済ませることは可能である（山口和宏「解散命令」大系(4)521頁）。

3　審問期日の通知

本条3項は、裁判所は、解散命令等の申立てがされたときには、公益代表者としての法務大臣の役割に期待し、法務大臣に対して、解散命令等の申立てに係る事件が継続したこと及び審問の期日を通知しなければならないことを定める（山口和宏「解散命令」大系(4)518頁）。

4　即時抗告

本条4項は、法務大臣が、解散命令等の申立てを却下する裁判に対して即時抗告をすることができることを定める。なお、申立人及び会社は、解散命令等の申立てに対する決定について即時抗告できる（872条4号）。即時抗告は執行停止の効力を有する（873条本文）。

● (会社の財産に関する保全処分についての特則) ══════

第905条　裁判所が第825条第1項（第827条第2項において準用する場合を含む。）の保全処分をした場合には、非訟事件の手続の費用は、会社又は外国会社の負担とする。当該保全処分について必要な費用も、同様とする。
　2　前項の保全処分又は第825条第1項（第827条第2項において準用する場合を含む。）の規定による申立てを却下する裁判に対して即時抗告があった場合において、抗告裁判所が当該即時抗告を理由があると認めて原裁判を取り消したときは、その抗告審における手続に要する裁判費用及び抗告人が負担した前審における手続に要する裁判費用は、会社又は外国会社の負担とする。

1　費用の負担

本条1項は、会社の解散命令又は外国会社の継続取引禁止若しくは営業所閉鎖命令における手続及び告知に係る費用につき非訟事件手続法の適用を排除して会社又は外国会社に負担させ、更に会社の財産に関する保全処分を行う際の費用負担についても同様に会社又は外国会社に課したものである。

2　抗告審の費用の負担

本条2項は、825条1項の保全処分又はこの保全処分の申立てを却下する

裁判に対して即時抗告があった場合に、抗告裁判所が即時抗告を認めて原裁判を取り消したときは、抗告審における手続費用及び公告人が負担した前審における手続費用が会社又は外国会社の負担となることを定めるものである。

第906条 利害関係人は、裁判所書記官に対し、第825条第6項（第827条第2項において準用する場合を含む。）の報告又は計算に関する資料の閲覧を請求することができる。
2 利害関係人は、裁判所書記官に対し、前項の資料の謄写又はその正本、謄本若しくは抄本の交付を請求することができる。
3 前項の規定は、第1項の資料のうち録音テープ又はビデオテープ（これらに準ずる方法により一定の事項を記録した物を含む。）に関しては、適用しない。この場合において、これらの物について利害関係人の請求があるときは、裁判所書記官は、その複製を許さなければならない。
4 法務大臣は、裁判所書記官に対し、第1項の資料の閲覧を請求することができる。
5 民事訴訟法第91条第5項の規定は、第1項の資料について準用する。

1 請求権者
　本条1項により、会社の解散命令等の申立てに対する裁判に利害関係を有する者は、裁判所書記官に対し、825条6項に基づいて管理人が行う報告又は計算に関する資料の閲覧を請求することができる。法務大臣もまた、本条4項により同じ資料の閲覧を請求することができるが、いずれの場合にも、資料の保存又は裁判の執務に支障がない限りにおいて請求が可能である（本条5項、民訴91条5項）。

2 請求内容
　本条2項により、利害関係人は、裁判所書記官に対し、資料の謄写又はその正本、謄本若しくは抄本の交付を請求することができる。録音テープ又は

ビデオテープなどの資料に関しては本条2項の規定は適用されず、本条3項により裁判所書記官が利害関係人の請求に基づいて複製を認める形を取る（なお、民訴91条4項参照）。

3　資料の写しの提出・閲覧等

　裁判所は、利害関係人の閲覧に供するため必要があると認められるときは、報告若しくは計算に関する資料を裁判所に提出した者、又は、提出しようとする者に対し、その写しの提出を求めることができる（会社非訟規40条、18条3項）。かかる写しが提出された場合には、その書面の閲覧又は謄写は、写しによってさせることができる（会社非訟規40条、18条4項）。

4　複　　製

　本条2項の規定は、本条1項の資料のうち録音テープ又はビデオテープ（これらに準ずる方法により一定の事項を記録した物を含む）に関しては、適用しない。これらの物の性質上、謄写請求やその正本・謄本・抄本の交付申請という形式ではなく、利害関係人の請求があるときは、裁判所書記官は、その複製を許さなければならないこととした（本条3項）。

5　法務大臣の閲覧

　法務大臣は、公益の代表者として、裁判所書記官に対し、本条1項の資料の閲覧を請求することができる（本条4項）。

6　本条1項の資料の閲覧等の制限

　本条5項は、民事訴訟法91条5項の規定を本条1項の資料に準用する。すなわち、訴訟記録の保存又は裁判所の執務に支障があるときは、本条1項の資料の閲覧・謄写、正本等の交付・複製の請求ができない。

第4章　登　記

1　商業登記請求権と不動産登記請求権の相違

　商業登記は、不動産登記と異なり、共同申請主義（不登60条）を採らず、また、判決による登記（不登63条）の規定もない。つまり、商業登記は、職権登記（例えば、取締役解任の訴えの認容判決が確定したときには、裁判所書記官の嘱託により登記される（937条、938条））を除いて、当事者の申請又は官庁の嘱託で行われ（商登14条）、登記の更正・抹消（商登132条、134条）も当事者以外の者は申請できない。当事者の登記申請は、会社の場合は代表者（代表者が法人であればその職務を行うべき者）又は代理人が、申請書に所定の事項を記載し、自己の記名押印をして行う（商登17条）。

　ところで、不動産登記における「登記請求権」は、Xがその実体法上の権利について本来得ることができるはずの登記を実現するために、不動産登記法上の共同申請の原則という構造上の制約に則り、Yが登記手続上一定の行動を取るようにXがYに対し要求し得る実体法上の請求権である。しかるに、商業登記は、共同申請主義を採らないため（登記権利者及び登記義務者という概念もない）、商業登記請求権は不動産登記請求権を認める理論的根拠である共同申請主義をもって説明することはできない。

　しかし、新たに登記すべき事項が登記されず、抹消されるべき登記事項が抹消されず、又は変更されるべき登記事項が変更登記されない場合、それにより権利又は利益を害される者は、その各登記手続を登記申請当事者に対し求めるべき商業登記請求権が認められなければならない。因みに、不動産登記においても、登記請求権を共同申請主義によってのみ認め得るものと解しているわけではない（幾代通・登記請求権8-16頁）。判例は、2でみるように各場合に応じて多元的な根拠を挙げている。

2　商業登記請求権の根拠

　最判平成7年2月21日民集49.2.231は、宗教法人である神社の氏子総代及び責任社員が同神社の代表役員就任登記の抹消登記手続を求めた事案について、その請求を認容した原審の判断を維持したので、私法上の商業登記請求権を認めていると解される。商業登記請求権を認めた判例からその根拠を見ると、次のとおり、多元的である（片岡貞敏「登記申請人」商業登記制度をめぐる諸問題61-63頁、福田千恵子=神戸由里子=渡部勇次・類型別会社訴訟Ⅰ74-75頁）。

(1) 委任契約終了による原状回復請求権

取締役の辞任登記は、取締役と会社間の委任契約解除に基づく原状回復請求権として含まれていると解する。事案は監査役の辞任登記についてであるが、東京高判昭和30年2月28日高民8.2.142は、「監査役と株式会社との関係は委任に関する規定に従うのであつて、その辞任は会社との間にあつては直ちに効力を生ずるのであるが、これを善意の第三者に対抗するためには登記を要するのであるから、株式会社は監査役に対しその辞任を善意の第三者に対抗させるために登記をなすべき義務を負うものといわねばなるまい。」とした上で、そのことは「たまたま商法会社編において、その規定する登記を申請することを怠つた場合に、その義務者に制裁を科することを規定し、この義務の履行を強制していることと毫も矛盾するものではなく、この公法上の義務と前記私法上の義務とは併存して何ら妨げないものである。」と判示した。岡山地判昭和45年2月27日金判222.14も委任契約説に立つ。

(2) 社員権に基づく登記請求権

東京控判昭和10年11月30日新聞3950.6は、「控訴人ハ昭和9年6月30日ノ営業年度ノ終リニ於テ退社シタルコトトナリタルヲ以テ同日以後商業合資会社ハ無限責任社員ノ全員ノ退社ニ因リ解散シタルモノト謂フヘク控訴人ハ退社並ニ解散ノ登記ヲ為スヘキ義務アルモノトス尤モ登記ヲ為スヘキ義務ハ公法上ノ義務ニシテ商業登記事項カ発生変更消滅シタル場合ニ登記ヲ為スヘキ義務アル者カ之レヲ怠レハ商法第262条ノ2ニ依リ処罰ヲ受クレトモ登記ヲ為スヘキ者カ登記事項ノ発生変更消滅アルニ拘ラス之レナシトシテ登記ヲ為ササル場合殊ニ処罰ヲ受ケテモ尚登記ヲ為ササル場合ノ如キハ何時迄モ登記セラルルコトナキ結果トナルヲ以テ之レヲ争フ他ノ社員ハ解散ニ因リテ生スル利益ヲ受クルコトヲ得サルニ至ルヲ以テ登記事項ノ発生変更消滅ヲ主張シテ登記ヲ為スヘキ者ニ対シ登記ヲ為スヘキコトヲ求ムル権利アルヲ以テ本訴ニ於テ有限責任社員タル被控訴人カ控訴人ノ退社並ニ商業合資会社ノ解散ノ登記ヲ為スヘキコトヲ求ムル請求ハ正当ナリト謂ハサルヘカラス」と判示する。

(3) 人格権に基づく登記請求権

東京地判昭和35年11月4日下民11.11.2373は、「原告が、被告会社の50万円を出資した有限責任社員として、登記されていることは当事者間に争ない。而してその余の原告主張事実は、……全部、これを肯認することができる。……そうだとすれば、原告は、非社員であるのに拘らず、その氏名を冒用され、商業登記簿上、被告会社の有限責任社員として、登記されていることが、明らかであるから、被告会社の社員でないことの確認を求める請

求が認容せられると同時に、該登記抹消請求も、人格権ないし氏名権の侵害に対する救済として、当然、なし得るものと解すべき」であると判示する。
(4) 登記法規説ないし条理説

東京高判昭和36年4月12日下民12.4.791（前掲昭和35年東京地判の控訴審判決）は、被控訴人Xは社員となったことがないのに、その氏名を冒用されて商業登記簿上控訴会社Yの有限責任社員として登記されているため、その登記抹消を求めた事案につき、「商業登記に関する法規には不動産登記法におけるが如く登記権利若は登記義務なる文字はないが、この故を以てかような権利義務が存在しないと断ずることができるであろうか。元来合資会社は各社員が出資をなして共同の事業を営むことを本来の目的とするものであるから、社員登記は会社の自由であり、会社が社員に対し社員登記をなすべき義務を負担しないとするときは、会社において社員登記をしない以上は社員は永久に社員たる資格に基く権利を第三者に対抗し得ないこととなり、その利益を害せらるべきこと多大であるといわざるをえない。しかしてこれを甘受しなければならない根拠はないので、商法第149条、第64条第1項第1号において会社は社員の氏名住所並びにその責任の有限又は無限なることを登記することを要すとし、同法第67条（第147条にて合資会社に準用）においてその変更ありたるときは亦その登記をなすことを要すと規定したのは、一面において会社の登記に関する公法上の義務を定めたものであるが、他の一面においては又会社の社員に対する私法上の義務すなわち社員をして完全に会社の社員たることを得せしむる義務したがつてその結果として社員に対し社員登記をなすべき義務をも認めたものと解するのが相当である。」といい、「本件の如く事実に牴触する登記の存する場合には、非社員は会社に対し該登記の抹消を請求し得ること理の当然であるから、被控訴人の本件登記抹消請求も正当として認容すべきである。」として、Xの登記抹消請求を認容した。

3　商業登記手続請求訴訟の被告

商業登記の登記手続請求訴訟において被告となるのは、代表取締役その他の代表者ではなく、会社である。登記申請の当事者は会社であって、代表取締役その他の代表者は会社を代表して登記申請をするに過ぎないから、登記手続請求訴訟は、代表取締役その他の代表者を被告とするのではなく、会社を被告として提起すべきである（大阪高判昭和40年1月28日下民16.1.136）。

4 登記手続を命ずる確定判決とその登記手続

登記手続をすべきことを命ずる判決は、民事執行法174条の意思陳述をすべきことを命ずる判決であるから、判決が確定すれば、当事者は登記申請の意思表示をしたものとみなされる（債務名義たる判決に執行文付与はいらない）。そして、申請を命ずる判決によって、登記申請についての代理権の授与が強制される結果、原告は会社の代理人として登記申請をすることができる（味村治・新訂詳解商業登記（上）130頁）。

第1節 総　　則

●（通則）

第907条　この法律の規定により登記すべき事項（第938条第3項の保全処分の登記に係る事項を除く。）は、当事者の申請又は裁判所書記官の嘱託により、商業登記法（昭和38年法律第125号）の定めるところに従い、商業登記簿にこれを登記する。

1 登記すべき事項

商取引は大量的・反復的に行われ、これに利害関係を有する第三者は多い。企業の内部意思決定が取引の効力に影響を及ぼす事項が多く、取引相手方がこれを調査することは、迅速を要する商取引では、妥当でない。そのため、取引上重要な事項（「登記すべき事項」）を登記により公示することによって、一般公衆、特に取引の相手方の調査の手間を相当程度軽減し、また取引相手方を不測の損害から守るため、本条が規定された。

(1) 絶対的登記事項と相対的登記事項

絶対的登記事項は、法律上登記する必要がある事項であり、相対的登記事項は、登記するか否かを当事者の選択に委ねた事項である。本法が規定する登記事項は、すべて絶対的登記事項であり、商法総則が相対的登記事項を認めること（例えば、商法11条2項所定の商号登記）と異なる。

(2) 設定的登記事項と免責的登記事項

設定的登記事項とは、法律関係の創設に関する事項であり、会社の成立、代表取締役の選任、社員の入社などがこれに当たる。免責的登記事項とは、

当事者が責任を免れる事項であり、代表取締役の退任、社員の退社などがこれに当たる。

2　本条括弧書の趣旨

本法が規定する登記事項は、「権利の主体」である会社に関する情報である。ただし、938条（特別清算に関する裁判による登記の嘱託）3項の登記は「権利の客体」に関するものであり、不動産登記簿等に登録するものである。そこで、本条括弧書は、商業登記簿には登記しない旨を規定している（浜田道代・新基本法コンメ(3)476頁）。

3　登記官の審査権限

登記申請がされると、登記官はこれを審査し、法定の却下事由があれば理由を付した決定で却下する（商登24条）。職権で登記を抹消すべき場合も法定されている（商登135条-137条）。その際の登記官の審査権限について、形式的審査主義（登記官は申請の形式的適法性だけを審査し得る）と実質的審査主義（登記官は申請事項の実体的真実を調査する職務と権限を有する）と見解が分かれるが、判例は前者を採る（大決昭和8年7月31日民集12.1968等）。商業登記法24条は、形式的審査主義を前提として、その手続を明確にしている。同条10号所定の「登記すべき事項につき無効又は取消しの原因があるとき」の判断も、形式的審査主義の立場から、登記申請書、その添付書類、登記簿等法律上許された資料のみで審査すべきである（最判昭和43年12月24日民集22.13.3334は、取締役及び監査役の退任により法定員数を欠くことになる場合に退任登記を却下した登記官の処分を適法とした）。更に、財団法人登記（商業登記法の主要な規定が準用されていた）の職権抹消処分の適否の判断に際して形式的審査主義が採られている（最判昭和61年11月4日裁判集民149.89）。

●（登記の効力）

第908条　この法律の規定により登記すべき事項は、登記の後でなければ、これをもって善意の第三者に対抗することができない。登記の後であっても、第三者が正当な事由によってその登記があることを知らなかったときは、同様とする。

2　故意又は過失によって不実の事項を登記した者は、その事項が不実

であることをもって善意の第三者に対抗することができない。

---

1 登記の一般的効力
(1) 立法趣旨
　本条1項の法意について、最判昭和49年3月22日民集28.2.368は、商法が商人に関する登記事項を定め、かつ旧商法12条で特別の効力を定めているのは、商取引活動が大量的、反復的に行われ、一方これに利害関係を持つ第三者も不特定多数の広い範囲の者に及ぶことから商人と第三者の利害調整を図るために、登記事項を定め、一般私法である民法とは別に、特に登記にこのような効力（後記(2)、(3)）を付与する必要性・相当性があるからであると判示する。そのため、本条1項が適用されるのは専ら取引行為であって、不法行為や不当利得には適用されないが、取引と不可分的な関連で生じた不法行為や不当利得には適用があると解される。訴訟関係に本条1項は適用されない（最判昭和43年11月1日民集22.12.2402）。
　なお、本条1項は、あくまで登記によってこれを知ることに利害関係を有する者相互間の紛争を解決するためのものであるから、当事者間及び第三者相互間においては、登記の有無に関係なく、その事実に従った主張をすることができる。
(2) 消極的公示力
　本条1項は、商業登記の一般的効力を定める。講学上、本条1項前段は、登記事項は登記前には当事者から悪意の第三者には対抗することができるが、善意の第三者には対抗することができないことを定める（消極的公示力）。これにより、①未登記の事実ないし法律関係についてその事実・法律関係を知らない第三者の不測の損害を防止し、②登記事項についての登記義務者の登記義務履行を確保することとなる。
(3) 積極的公示力
　本条1項後段は、登記事項は登記後には当事者から悪意の第三者に対してはもちろん善意の第三者に対してもその登記事項をもって対抗できること（ただし正当な事由がある場合は除く）を定める（積極的公示力）。これは、一般に、登記によりその事項についての第三者の悪意が擬制されると説明される（「悪意擬制説」）。これに対して、後述(4)の正当事由弾力化説及び異次元説の立場からは、登記事項については法により登記前には事実としての対抗力が制限されていたのが、登記により通常の事実としての対抗力を回復す

(4) 正当な事由

登記当事者は、登記した後は、登記事項である事実ないし法律関係を知らない善意の第三者に対しても、原則として、その事実ないし法律関係を対抗できる（登記の積極的公示力）が、登記後であっても第三者に「正当な事由」があれば、登記すべき事項を対抗できない。本条1項後段の前身である旧商法12条後段は「登記及公告ノ後ト雖モ第三者ガ正当ノ事由ニ因リテ之ヲ知ラザリシトキ亦同ジ」と定めていた。この「正当ノ事由」について、通説は、災害による交通の途絶や登記簿の滅失汚損など、その登記の公示力が機能しない客観的事由に限定しており（西原寛一・商法総則276頁、大隅健一郎・商法総則［新版］270頁）、最判昭和52年12月23日裁判集民122.613も同様である。本法においても、この通説は揺るがない。もっとも、これらの判例・通説がいう「災害による交通の途絶や登記簿の滅失汚損」は、あくまで登記所で紙媒体の登記簿を閲覧することを前提とするものであるから、商業登記制度の電子化により通信回線を通じて登記情報に接し得る今日では、登記制度が機能しない場合には、通信回線を通じた登記閲覧システムが一定期間機能しないことが「正当の理由」に含まれるであろう。

(5) 主張立証責任

司研・要件事実第一巻98-89頁は、次のアとイの2つの見解を併記する。

ア　第1説は、本条1項の適用がされる登記すべき事項に該当する事実を主張する者は、登記すべき事項が発生したことを主張立証することでは足りず、既にそれについての登記がされたこと（本条1項前段の文理）、又は登記すべき事項を相手方が既に知っていること（本条1項前段の反対解釈）を併せて主張立証すべきであるとし、本条前段が明文で定める場合であっても、相手方において登記すべき事項に該当する事実の発生を知らなかったこととその知らないことについて正当な事由が存在することについての主張立証がされれば、登記事項を相手方に主張できなくなるとする。

本条1項の法意（上記(1)参照）からすると、例えば、代理権の消滅が本法の登記事項とされているときは、民法112条の適用はなく、本条1項のみが適用されることとなる（司研・要件事実第一巻98頁参照）。例えば、代表取締役の代表権の消滅が問題となる場合、代表取締役の代表権の消滅は登記事項とされているから、その消滅を主張する者は、単に代表権の消滅原因事実を主張立証するのみでは主張自体失当となる。代表権消滅原因事実に加えて、この消滅原因事実に関する登記が代表取締役の相手方に対する代表行為に先立ってなされていたこと（本条前段の文理）、又は、相手方がこの消滅

原因事実を知っていたこと（本条前段の反対解釈）を主張立証しなければならない。

| 訴訟物 | XのY株式会社に対する売買契約に基づく売買代金請求権 |

＊本件は、XがY会社の代表取締役Aとの間で売買契約を締結し、代金の支払を求めたところ、Y会社は契約締結前にAが代表取締役を解任されていると主張し、その登記の有無等が争点となった事案である。

| 請求原因 | 1 Aは、請求原因2に先立ってY会社の代表取締役に選任されたこと
2 XはAとの間で、本件土地を代金1,000万円で売買する契約を締結したこと |

＊Aの請求原因2の契約締結行為は商事代理であるので、顕名行為は不要である（商504条）。

（悪　　意）

| 抗　弁 | 1 Y会社の取締役会が、請求原因1の後請求原因2に先立って、Aについて代表取締役の解任決議をしたこと
2 請求原因1の際、Xが抗弁1の事実を知っていたこと |

＊本条前段の反対解釈に基づく抗弁である。第三者Xが悪意であることは、これを主張する者が主張立証責任を負う（鴻常夫・商法総則230頁、近藤光男・商法総則・商行為法45頁、大判大正4年12月1日民録21.1950）。

（登　　記）

| 抗　弁 | 1 Y会社の取締役会が、請求原因1の後請求原因2に先立って、Aについて代表取締役の解任決議をしたこと
2 請求原因1に先立って、Aの解任の登記がなされたこと |

＊本条1項前段に基づく抗弁である。この抗弁に対しては、次の再抗弁が成立し得る。

（正当な事由）

| 再抗弁 | 1 請求原因1の契約を締結する際、Xが抗弁1の事実を知らなかったこと
2 再抗弁1につき、正当な事由があることを基礎づける事実 |

＊上記の主張は、本条1項後段に基づく再抗弁である。Y会社の側で、Xが登記事項を知らなかったことと、その点について正当な事由があったことの両方を立証しなければなら

ない。本条1項後段の「正当な事由」は、その立法趣旨からすると、当然のことながら、登記制度が円滑に機能しないような外部的・客観的事由と解すべきである（前記(4)参照）。
* 株式会社の代表取締役は、登記事項とされており一旦その喪失が登記されると（抗弁2参照）、本条が適用される結果、本条1項後段の定める「正当な事由」がない（言い換えれば、再抗弁が成立しない）以上、そのほかの再抗弁は成立しないのが筋というものである。例えば、会社が代表取締役の退任及び代表権喪失につき登記したときは、その後その者が会社の代表者として第三者とした取引に民法112条の適用はない（前掲昭和49年最判）。すなわち、上記の抗弁に対し、民法112条の主張は再抗弁として主張自体失当となる。しかし、354条は、代表権の存在を要求することなく、取締役の行った代表行為の効果が、本条の存在にもかかわらず、会社に帰属することを定めている。そこで354条が本条といかなる関係に立つかについて、従来から、例外説、異次元説、正当事由説などが説かれている。正当事由説は、354条の要件事実を本条の「正当な事由」に該当するものと考えるわけであるが、上述したとおり、「正当な事由」は、その立法趣旨からすると、登記制度が円滑に機能しないような外部的・客観的事由と解すべきである以上、少なくともこの見解は採れないことになる（前掲昭和52年最判は、代表取締役の代表資格の喪失及び取締役退任の登記後1月余りを経て後、同人が会社に無断で振り出した手形の受取人は、代表資格喪失の事実を知らないことについて、「正当な事由」があるとはいえないとしている）。

訴訟物　X合資会社のYに対する執行法上の異議権
* 本件は、AがX会社の有限責任社員となり、X会社に本件土地を出資したところ、A個人に対する債権者が本件土地を強制執行の対象として差し押さえたので、X会社が異議を申し立てた事案である。
* この訴訟物については、原田和徳=富越和厚・執行関係訴訟に関する実務的諸問題146頁を参照されたい。
* 本件は、前掲大正4年大判の事案を基にする（ただし、X

会社は同事件では「合名会社」であるが、登記事項の関係で、本件設例では「合資会社」に変えている。また、同事件は「登記はされたが公告がされなかった」事案であるが、本件設例では、本法の法制を前提に「登記」の有無のみを問題とし、登記がされた事案としている）。

請求原因 1　YはAに対する○○地方裁判所平成○年(ワ)第○○号売買代金請求事件の確定判決に基づいて同地方裁判所に対し、強制執行の申立てをし、同裁判所は同年○月○日本件土地を差し押さえたこと

2　Aは、請求原因1に先立ち、X会社に有限責任社員として入社し、本件土地をX会社に出資したこと
＊請求原因2の事実は、913条5号ないし7号により登記すべき事項である。

3　請求原因1に先立ち、X会社登記に、Aが有限責任社員であり、また本件土地を出資の目的とした旨の登記がされたこと

イ　第2説は、登記事項についても、Y会社は、抗弁として、代理権の消滅原因事実のみを主張立証すれば、足りるとする見解で、これによれば、Xは、再抗弁として、消滅原因事実を知らなかったことを主張立証することができ、これに対し、Y会社は、再々抗弁として、登記がXとA間の契約締結前にされたことを主張立証することができ、更に、Xは、再々再抗弁として、代理権の消滅原因事実を知らなかったことについて正当な事由があることを基礎づける具体的事実を主張立証することとなる（司研・要件事実第一巻99頁）。

訴訟物　XのY株式会社に対する売買契約に基づく売買代金請求権
＊本件は、アの設例と同一の事案であり、XがY会社の代表取締役Aとの間で売買契約を締結し、代金の支払を求めたところ、Y会社は契約締結前にAが代表取締役を解任されていると主張し、その登記の有無等が争点となったものである。

請求原因 1　Aは、請求原因2に先立ってY株式会社の代表取締役に選任されたこと

2　XはAに対し、本件土地を代金1,000万円で売買する契約を締結したこと

（代表権の不存在）
抗　弁　1　Y会社の取締役会が、請求原因1の後請求原因2に先立って、Aについて代表取締役の解任決議をしたこと
（善　意）
再抗弁　1　請求原因2の際、XがAの解任の事実を知らなかったこと
（登　記）
再々抗弁　1　Aの解任の登記が、請求原因2に先立ってされたこと
（正当な事由）
再々々抗弁　1　再抗弁1につき、正当な事由があることを基礎づける事実
　　　　　　＊上記の主張は、本条後段に基づく再抗弁である。

訴訟物　　XのYに対する429条に基づく損害賠償請求権
　　　　　＊本件は、A株式会社に対する債権者Xが、同社の取締役Yの職務執行上の任務懈怠行為により債権回収が不能となったので、Yに対し損害賠償を求めた事案である。
　　　　　＊429条は、取締役がその職務を行うにつき故意又は過失により直接第三者に損害を加えた場合に、民法709条に基づいて損害賠償義務を負担することを妨げるものではない（旧商法266条ノ3に関するが、最大判昭和44年11月26日民集23.11.2150）。

請求原因　1　Yは、A株式会社の取締役であること
　　　　　＊請求原因1の主張は一種の権利主張であるから、Yが争えば、Xが「YはA会社の平成〇年〇月〇日開催の株主総会において、取締役としての選任決議がなされ、かつ、Yがこれを承諾したこと」という取締役の地位取得の原因事実を主張立証する必要がある。この取締役の地位取得原因事実に対し、「Yが請求原因2に先立って辞任したこと」が抗弁になるかのようにみえる。しかし、取締役の辞任は登記すべき事項であるので、辞任の事実のみでは抗弁たり得ず、以下に掲げる抗弁設例のように、「取締役の辞任登記が請求原因2に先立ってなされたこと」が併せて必要になると解される。ただし、この見解については、後述の疑問（辞任登記の抗弁注）が提起されている。
　　　　2　Yがその職務執行に関し、任務懈怠行為があったこと
　　　　　＊取締役の辞任は、会社内の関係としては登記を待たずに絶対

的に効力を生ずるから、辞任した取締役がその旨の登記がないからといって会社内部において取締役会に出席し、あるいは日常他の取締役の業務執行を監視するなどの職務を遂行することは法律上も事実上も不可能であるとの見解があり（東京高判昭和58年3月30日判時1080.142は、この考え方を示唆する）、この見解に立てば、「請求原因2に先立って取締役を辞任したこと」は請求原因2の事実に対する積極否認となろう。しかし、最判昭和47年6月15日民集26.5.984は、表見取締役に抽象的職務執行権限を擬制するから、この見解は採らない。

3　請求原因2のYの行為には、悪意があったこと、又は重大な過失があったことの評価根拠事実
4　Xが第三者であることを示す事実
　＊例えば、XのY会社に対する債権発生原因事実などが、これに該当する。
5　Xに損害が発生したこと及びその数額
6　請求原因2の行為と5の損害との間に因果関係があること
　＊429条1項前段の規定は、第三者保護の立場から、取締役が悪意又は重大な過失により会社に対する義務に違反し、よって第三者に損害を被らせたときは、取締役の任務懈怠の行為と第三者の損害との間に相当の因果関係がある限り、会社がその任務懈怠によって損害を被った結果、ひいては第三者に損害を生じた場合であると、直接第三者が損害を被った場合であるとを問うことなく、その取締役が直接第三者に対し損害賠償義務を負うことを定めたものである（前掲昭和44年最大判）。

（辞任登記）

抗弁　1　Yが請求原因2に先立って辞任したこと
2　Yの辞任登記が請求原因2に先立ってされたこと
　＊本条は本来登記当事者である商人（本件の場合、A会社）とその相手（株式会社と取締役又は監査役との関係からみれば、第三者X）との関係を律することを目的とする規定である。また、商業登記の申請当事者は商人自体（本件の場合、A会社）であって登記事項に関係する者（本件の場合、取締役Y）は登記申請の権利も義務もなく、本条により登

記の遅延によって不利益を帰属させられるいわれはない。したがって、登記事項に関係する個々人と相手方との間で本条の適用があると断定するには疑問がある（前掲昭和58年東京高判は、この疑問を指摘する）。

（重過失の評価障害事実）

抗　弁　1　請求原因2の行為に重大な過失があったことの評価障害事実
＊請求原因3の重大な過失の評価根拠事実に対する抗弁と位置づけることができる。「請求原因2に先立って取締役を辞任したこと」は、この評価障害事実の1つとなり得よう。なぜなら、このような取締役は、取締役会に出席し、他の取締役の職務を監視することは事実上期待できないからである（前掲昭和58年東京高判参照）。

訴訟物　XのY株式会社に対する乙株主総会決議の取消権
＊本件は、Y会社が内紛で二派に分かれ、甲総会と乙総会が開催され、甲総会の決議事項であるBを代表者（清算人）とする登記のみがされ、乙総会のAを代表者（清算人）とする決議事項は登記されなかったことから、甲総会派の株主XがY会社を被告とし、その代表者をAとする乙総会決議取消しの訴えを提起した事案である。

請求原因　1　Xは、Y会社の株主であること
2　Y会社は乙株主総会でAを代表者とする決議をしたこと
3　請求原因2の総会決議についての取消原因の存在
＊具体的な取消事由については、831条の解説5を参照されたい。
4　本訴は、請求原因2の決議の日から60日以内に提起されたこと

（訴訟代理権の不存在）

抗　弁　1　Aを代表者とする乙総会の決議事項は登記されず、甲総会の決議事項であるBを代表者（清算人）とする登記のみがされたこと
＊（本件訴訟においてY会社の代表者とされたAは、その旨の登記がなく、Bが代表清算人に選任された旨の登記がある以上）Aは、Y会社を代表する権限を裁判所に対し対抗できないから、本訴は訴訟要件を欠くもので不適法却下を免れ

ない旨主張する。

＊前掲昭和43年最判は、「Aを上告会社の代表者である清算人に選任した本件乙総会の決議は、右決議の取消しを求める被上告人の本訴を認容する判決が確定するまでは有効に存在するのであり、右決議が有効に存在するかぎり、Aは、上告会社の清算人の地位、資格を有するものと解すべきである。そして、商法430条1項、123条は、株式会社の清算人の氏名および住所を登記事項とし、同法12条〔本条1項〕は、右登記事項は登記の後でなければ善意の第三者に対抗できない旨規定しているが、これらは、会社と実体法上の取引関係に立つ第三者を保護するため、株式会社の清算人が誰であるかについて、登記をもつて対抗要件としているものであり、それ自体実体法上の取引行為でない民事訴訟において、誰が当事者である会社を代表する権限を有する者であるかを定めるに当つては、右商法12条の適用はないと解するのが相当である」「Aの清算人の選任登記が経由されていないこと、他に選任登記を経た清算人が存在することは、Aを上告会社の清算人であると認めることを妨げるものではないというべきである。」と判示する。

(6) 本条1項と外観信頼保護規定との関係

積極的公示力に関する悪意擬制説を前提とする限り、登記後は、民法110条、112条、法13条、354条、421条等の善意が要求される外観信頼保護規定は適用されないことになる。しかし、判例は、代表取締役の退任登記後は専ら旧商法12条（本条1項）が適用され、民法112条の適用ないし類推適用の余地はないとする（前掲昭和49年最判）ものの、旧商法261条2項の共同代表については、共同代表の登記後であっても共同代表の1人が行った行為につき表見代表取締役の規定を類推適用して第三者を保護していた（最判昭和42年4月28日民集21.3.796、最判昭和43年12月24日民集22.13.3349）。この理論的根拠について、次のように見解が分かれる。

ア　例外説

表見代表取締役の規定（354条）は、外観に対する善意の第三者の信頼を保護するために本条1項（旧商12条）の例外規定として特に制定されたものであり、前者が後者に優先して適用されるとするいわゆる「例外説」（龍田節「判批」民商法雑誌57.5.153参照）が伝統的な通説である。民法の外観

法理規定は本条1項によってその適用は封ぜられるとしても、本法ないし商法の外観保護規定の優先適用が例外として何故許されるかについての理論的根拠が薄弱であるとの批判を受ける。
　イ　正当化事由弾力化説
　本条の「正当な事由」を弾力的に解して、登記に優越する事情や外観が存在する場合は「正当事由」に該当すると解すべきであるとし、表見代表取締役の規定や表見支配人の規定（旧商 43 条）はこれに該当すると解する（服部栄三・商法総則［第 3 版］485-486 頁）。しかし、この説によれば善意無過失である場合には登記後も対抗できないことになるが、逆に、第三者の保護に過ぎるとの批判を受けることになる。外観信頼保護規定は一般に外観作出者にも帰責事由のあることを要件とするが、この規定は登記した者に全く落ち度がない場合にも第三者を保護するからである。
　ウ　異次元説
　本条1項と外観信頼保護規定とは次元を異にし、登記後でもなお民法 112 条を含めた外観信頼保護規定により第三者が保護される可能性を認める見解（浜田道代「商業登記制度と外観信頼保護規定(1)〜(3完)」民商法雑誌 80.6.655、81.1.72、81.2.169）がある。浜田道代「商法 12 条と民法 112 条との関係」商法（総則商行為）判例百選［第 4 版］19 頁は、「商法 12 条前段〔本条1項前段〕は悪意の擬制とは規定していない。登記事項については登記がなされない限り事実をもって第三者に対抗できないと扱うことによって、登記義務の励行を促そうとしているのみである。退任登記をなせば当事者は退任の事実を第三者に対抗でき、退任者の無権代理を主張できる。一方、民法 112 条は、無権代理であっても一定の場合には表見代理の主張を認めることによって、第三者を保護しようとしている。すなわち、商法 12 条前段は公示主義に基づく規定であり、民法 112 条は外観主義に基づく規定である。両者は次元を異にし、何ら抵触しない。登記簿を見ればわかる事項については、第三者が登記簿を見なかったことが過失と判断されるかもしれない点で、両規定は関連するのみである」とする。

2　不実登記の効力
(1)　本条2項の立法趣旨
　不実の登記は、例えば、会社の取締役に就任していないにもかかわらず就任登記がされている場合や、取締役を退任していないにもかかわらず退任登記がされている場合などである。本条1項の商業登記の効力は登記された事実が存在することを前提とする。登記の基礎にある事実が存在しなければ登

記がされても何の効果も生じないのが論理的な帰結である。しかし、この原則を貫くと、登記を信頼した者が不測の損害を受ける場合が生じる。そのため、本条2項は、たとい登記した事項が真実の事実（登記事項が発生していない）に合致していない場合でも、その不実の登記をした者は、その登記が無効であることを主張できないとして、登記を信頼した者を保護する規定である。本条2項は、外観法理や禁反言法理に基礎を有する。

(2) 本条2項の適用を受ける者

本条2項の適用を受けるのは登記申請権者である。すなわち、自ら不実の登記をした会社である。ただし、無権限者が不実の登記をした場合であっても、その不実登記が判明しているのに登記申請権者が是正をせず、そのまま放置したときは、登記申請権者による登記と同視される（最判昭和55年9月11日民集34.5.717）。

(3) 善意の第三者

善意の第三者とは、登記と事実の不一致を知らない第三者を意味する。第三者が、不実の登記を信頼したこと（因果関係）が必要かについては、登記の記載への信頼を保護するという本条2項の趣旨からこれを要求する見解もあるが、登記のなかったことが第三者の意思決定に影響があったか否かは問わない不要説を採るべきである（東京地判昭和31年9月10日下民7.9.2445）。こう解するのは、影響の有無の判断が困難であり、一般的客観的に第三者の意思決定に影響を及ぼすべき事情がある場合として、画一的に善意の第三者に対抗し得ないとするのが登記制度の目的に適うからでる。

訴訟物　　XのY株式会社に対する売買契約に基づく売買代金請求権
　　　　　＊本件は、Y会社の代表取締役として登記されているAが同社のためにXから本件目的物を1,000万円で買い受けたので、Xが売買代金の支払を同社に求めたところ、Y会社は、Xは売買契約締結当時Aが同社の代表取締役でないことを知っていたと抗弁した事案である。

請求原因　1　Y会社は、請求原因3当時、Aについて代表取締役の登記をしていたこと
　　　　　2　請求原因1の不実の登記に、Aに故意又は過失の評価根拠事実の存在
　　　　　3　XはAに対し、本件目的物を代金1,000万円で売買する契約を締結したこと
　　　　　　＊商事代理（商504条）の適用があり、「AがY会社のために

(悪　意)
抗　弁　1　Aは、請求原因3に先立ち、AがY会社の代表取締役に選任されたことはなかったこと
　　　　　2　Xは、請求原因3当時、抗弁1の事実を知っていたこと
　　　　　＊第三者の「善意」は、過失の有無を問わないから、「XはAがY会社の代表取締役でないことを知らず、かつそのことに過失があることの評価根拠事実」は、抗弁とならない。

(4)　本条2項の類推適用
ア　不実登記への加功者に対する類推適用
　本条2項所定の「不実の事項を登記した者」とは、前掲昭和47年最判は、本条2項に対応する旧商法14条についてであるが、「当該登記を申請した商人（登記申請権者）をさすものと解すべきことは論旨のいうとおりであるが、その不実の登記事項が株式会社の取締役への就任であり、かつ、その就任の登記につき取締役とされた本人が承諾を与えたのであれば、同人もまた不実の登記の出現に加功したものというべく、したがつて、同人に対する関係においても、当該事項の登記を申請した商人に対する関係におけると同様、善意の第三者を保護する必要があるから、同条〔旧商14条〕の規定を類推適用して、取締役として就任の登記をされた当該本人も、同人に故意または過失があるかぎり、当該登記事項の不実なことをもつて善意の第三者に対抗することができない」と判示する。

訴訟物　XのYに対する429条1項に基づく損害賠償請求権
　　　　　＊本件は、A株式会社に対する債権者Xが、同社が倒産して債権回収が不能となったので、取締役として登記されているYの職務執行上の任務懈怠行為があるとして、Yに対し損害賠償を求めた事案である。
請求原因　1　YはA会社の代表取締役として登記されていること
　　　　　2　Yは請求原因1の登記の出現に加功したこと
　　　　　＊本条2項の前身たる旧商法14条も、登記申請者である会社が、不実登記をした場合に、善意の第三者に対抗できないことを定めていた。そして、前掲昭和47年最判は、取締役の就任登記につき「取締役とされた本人が承諾を与えたのであれば、同人もまた不実の登記の出現に加功した」といえるか

ら、旧商法14条を類推適用して、同人も取締役就任登記が不実であることをもって善意の第三者に対抗できないとした。就任登記の場合は、就任承諾書面の添付が必要であるから（商登54条）、「加功」した要件の主張立証は容易であろう。

3 Yが職務執行に関し、任務懈怠行為があったこと
＊Yは請求原因1及び2で明らかなとおり適法に選任された取締役でないから、本来Yは取締役としての職務執行権限を有するものではなく、任務懈怠行為は理論的には存在しない。しかし、前掲昭和47年最判は、このような表見取締役について旧商法266条ノ3（429条1項）の責任を認めているので、このような取締役についても抽象的に職務執行権限を擬制することになろう。

4 請求原因3のYの行為に関し、悪意があったこと又は重大な過失の評価根拠事実

5 XはA会社との間で、本件機械を代金1,000万円で売買する契約を締結したこと
＊例えば、XがA会社に対して債権者である場合には、その債権発生原因事実がこれに該当する。

6 Xに損害が発生したこと及びその額

7 請求原因3の行為と6の損害の発生との間に因果関係があること

（悪　意）

抗弁 1 Aは、請求原因5に先立ち、YがA会社の代表取締役に選任されたことはなかったこと

2 Xは、請求原因5の当時、抗弁1の事実を知っていたこと

イ　退任登記未了の元取締役に対する類推適用

退任登記未了の元取締役等の対第三者責任を追及する際には、本条2項（旧商14条）ではなく本条1項（旧商12条）を類推適用する方が、論理的には整合する。なぜなら、取締役として適法に選任され登記されていたものが退任して辞任登記がされていない状態は、登記すべき事項が生じていないにもかかわらず登記が存在する場合ではなく、登記すべき事項が生じているにもかかわらず登記がされていない場合であるからである。現に、最判昭和37年8月28日裁判集民62.273は、「〔旧〕商法12条によれば、取締役の退

任は、その登記及び公告をしなければ、善意の第三者に対抗し得ないのであるから、取締役が退任したにかかわらず、その退任登記、公告前、なお積極的に取締役としての対外的又は内部的な行為を敢えてした場合においては、その行為により損害をこうむつた善意の第三者は、登記、公告がないためその退任を自己に対抗しえないことを理由に、右行為を取締役の職務の執行とみなし、商法266条ノ3の規定によりその損害の賠償を求めることはこれを容認しなければならないであろう。」と判示して、旧商法12条（本条1項）との関係において退任取締役の責任を捉えている。ただ、その後、最判昭和62年4月16日裁判集民150.685は、取締役を辞任した者が、取締役の対第三者責任（旧商266条ノ3）を追及された事案であるが、旧商法14条を類推適用し得るとした。ただし、類推適用し得るのは、退任登記未了の元取締役が「登記申請権者である当該株式会社の代表者に対し、辞任登記を申請しないで不実の登記を残存させることにつき明示的に承諾を与えていたなどの特段の事情が存在する場合」であるとし、明示的な承諾の主張立証がないことを理由に、元取締役の責任を否定した。その後も、同旨の判決が下されたが、旧商法14条には言及していない（最判昭和63年1月26日金法1196.26）。なお、就任登記に際しては、就任承諾書面の添付が求められるため（商登54条）、帰責事由として明示的な承諾が要件とされても、その主張立証は比較的容易である。それに対して退任登記未了については、帰責事由として明示的な承諾が要件とされると、一般にその立証は難しいであろう。

(5) 不実登記の抹消登記請求

ア　不実登記された当事者の抹消請求

　会社の取締役に就任していないのに就任登記がされた者は、会社を被告として、不実登記の抹消登記手続を請求することができる。この商業登記請求権の根拠であるが、取締役に就任していないにもかかわらず、就任登記がされているとして就任登記の抹消登記手続を請求する場合は、そもそも委任契約が成立していないから、委任契約説（委任契約終了に基づく原状回復義務に根拠を求める見解）を採ることはできない。したがって、委任関係もないのに不実の登記がされた場合の訴訟物は、人格権（氏名権）侵害に基づく妨害排除請求権として抹消登記手続請求権とする見解が有力である（福田千恵子・商事関係訴訟116頁）。

> **訴訟物**　　XのY株式会社に対する人格権（氏名権）侵害に基づく妨害排除請求権としての抹消登記手続請求権

＊本件は、Y会社の商業登記にXがY会社の取締役に就任し

た旨の登記がされているが、Xは取締役に就任することを承諾していないとして、抹消登記手続を求めた事案である。
＊請求の趣旨は、「Y会社は、平成○年○月○日付けでXがY会社の取締役に就任した旨の登記の抹消登記手続をせよ。」である。

請求原因 1 Y会社の商業登記において、就任日を平成○年○月○日、登記日を同月○日として、XがY会社の取締役に就任した旨の登記がされていること
2 XはY会社の取締役に就任することを承諾したことがないこと

イ 不実登記に関する第三者の抹消請求

自己に関し不実の登記がされている者は、アで述べたように、原告としてその登記の抹消登記手続請求をすることができる。また、不実の登記についての第三者は、自己の利益を直接害されるとはいえない。そのため、会社の組織上、取締役の地位に法律上の利害関係を有する内部者（株主等）が、会社に対して不実の登記の抹消登記手続請求をすることは、その根拠が明確でないため否定する見解もある。しかし、株主については、取締役地位不存在確認請求訴訟の原告適格が認められており、取締役の地位不存在確認判決を得られるにもかかわらず、不実の就任登記を抹消できないというのでは首尾一貫しない。株主には取締役就任登記の抹消登記手続請求権があると解すべきであろう。（福田千恵子＝神戸由里子＝渡部勇次・類型別会社訴訟Ⅰ84頁）。

訴訟物 XのY株式会社に対する抹消登記手続請求権
＊本件は、AがY会社の取締役に選任された旨の登記がされているが、その株主総会は不存在であるとして、株主Xがその抹消登記を求めた事案である。この訴訟物たる実体上の請求権の性質が何かについては、必ずしも明らかでないが、商業登記法の精神に基づくものと解することになろう。

請求原因 1 Xは、Y会社の株式1,000株を保有していること
2 Y会社の商業登記において、Aが株主総会において取締役に選任されたとして、東京法務局平成○年○月○日受付第○○○○号取締役就任登記がされたこと
3 請求原因2のY会社の株主総会は開催されておらず、Aが取締役に選任された旨の総会決議は不存在であること

＊本件の事案と異なるが、辞任した取締役について、辞任登記ではなく解任登記がされている場合に、その解任登記の抹消登記手続請求の可否について見解が分かれる。解任登記は役員資格消滅の事由については真実ではないものの、資格消滅の身分変動については結局真実に合致しており有効な登記であるから、抹消登記手続請求はできないと解されている。また、退任事由の更正登記請求をすることも考えられるが、その取締役が退任したとの実体関係は正確に公示されていること、解任は正当理由の有無を問わずに会社がいつでもできるものであって、解任登記は取締役の非違行為を示すものではないことからすればその取締役の不利益が著しいとはいえず、商業登記請求権の根拠につきいずれの見解を採る場合であっても、更正登記請求権を認めるのは困難と解される（福田千恵子＝神戸由里子＝渡部勇次・類型別会社訴訟Ⅰ89頁）。

3　登記の特殊な効力

本条が定めているのは、商業登記の一般的効力としての消極的効力（本条1項）、積極的効力（2項）であるが、商業登記には、そのほかに、以下述べるとおり、特殊な効力が認められる場合がある（近藤光男・商法総則・商行為法51-52頁）。

(1) 創設的効力

会社の設立登記（49条、579条）には、会社の成立という効果が付与されており、これらは、登記によって新たな法律関係が創設され、本条の適用はない。

(2) 補完的効力

株式会社の設立登記によって、株式の引受人は錯誤又は株式申込書の要件の欠陥を理由とした株式引受けの無効の主張や、詐欺又は強迫を理由とした株式の引受けを取り消すことはできなくなる（51条2項）。これは、登記によって瑕疵が補完されたと同じ効果が認められる。

(3) 附随的効力

株式会社の設立登記によって、株券の発行が可能となる（215条）。合名会社や合資会社の社員は、退社登記から2年（612条2項）、解散登記から5年（673条1項）の経過によってその責任を免れる。

● (変更の登記及び消滅の登記)

第909条 この法律の規定により登記した事項に変更が生じ、又はその事項が消滅したときは、当事者は、遅滞なく、変更の登記又は消滅の登記をしなければならない。

　本条は、登記した事項に変更が生じたとき、又はその事項が消滅したときは、当事者は遅滞なく変更又は消滅の登記をすべきことを定める通則的な規定である。本条は「遅滞なく」変更登記・消滅登記をしなければならないと定めるにとどまるが、本法は、登記の期間を2週間以内、あるいは3週間以内と定めるものが多い（911条、915条、916条、919条‐936条）。登記事項に関する変更又は消滅に関する登記申請が遅滞してなされても、登記官はその申請を却下することはできず、受理しなければならない。

訴訟物　　XのY株式会社に対する取締役辞任に基づく変更登記請求権
　　　　　＊本件は、Y会社の取締役Xが辞任したにもかかわらず辞任登記がされないので、同社に対して退任の変更登記を求めた事案である。
　　　　　＊請求の趣旨は、「Y会社は、Xが平成○年○月○日Y会社の取締役を辞任した旨の変更登記手続をせよ。」「Y会社は、Xに対し、平成○年○月○日Y会社の取締役を辞任した旨の登記手続をせよ。」又は「Y会社は、Xに対し、Xが平成○年○月○日付けでY会社の取締役を辞任した旨の登記手続をせよ。」である。

請求原因　1　Y会社は平成○年○月○日に開催された株式総会においてXを取締役に選任する決議をしたこと
　　　　　2　Xは取締役の就任を承諾したこと
　　　　　3　請求原因1と2に基づき取締役の就任登記がされたこと
　　　　　4　XはY会社に対し、請求原因2の後、取締役を辞任する旨の意思表示をしたこと
　　　　　　＊株式会社の取締役が任期満了又は辞任で退任したことにより、本法又は定款に定める取締役の員数を欠くに至った場

合、退任した取締役は、新しく選任された取締役が就任するまで取締役としての権利義務を有する（346条1項）。この場合は、未だ915条1項に定める登記事項の変更を生じていないと解される。したがって、Xは退任登記手続請求の勝訴判決を得て登記申請をしても登記申請は却下される。

● (登記の期間)

第910条 この法律の規定により登記すべき事項のうち官庁の許可を要するものの登記の期間については、その許可書の到達した日から起算する。

　本条は、本法の規定により登記すべき事項のうち官庁の許可を要するものの登記の期間については、その許可書の到達した日から起算することとしており、官庁の許可を要する事項の登記申請には、許可書の到達した年月日を記載し、官庁の許可書等を添付しなければならない（商登17条2項5号、19条）。なお、登記の期間はいずれも週をもって定められており、到達した日は算入しない。本条自体は、私法上の権利義務に関係しない規定である。

　本条所定の「官庁の許可」は、その登記事項につき必要な許可や認可をいう。例えば、銀行業を営む株式会社が、資本金額の減少や商号の変更をする場合は、内閣総理大臣の認可を要するから（銀行5条3項、6条3項）、この変更登記をするときは、本条が適用される。これに対し、銀行業を営むには内閣総理大臣の免許を受けなければならないが（銀行4条1項）、会社の設立自体について免許を受ける必要はないから、設立登記には、本条は適用されない（浜田道代・新基本法コンメ(3)482頁）。

第 2 節　会社の登記

第 1 款　本店の所在地における登記

　911 条ないし 914 条は、会社の種類ごとに、その登記事項を定める。915 条以下の規定は、925 条の株式移転は株式会社にのみ関係するが、それ以外は複数の種類の会社に共通する定めである。915 条は変更登記の登記期間を、916 条は他の登記所の管轄区域への本店移転の登記の登記期間を、それぞれ定める。917 条は職務執行停止・職務代行者選任の仮処分、918 条は支配人についての登記の定めで、登記事項を付加するものである。919 条は持分会社間の定款変更による会社の種類の変更の登記、920 条は組織変更の登記についての定めであり、いずれも解散と設立の登記による。921 条ないし 925 条は、組織再編行為による変更の登記・解散の登記・設立の登記に関する定めである。926 条ないし 929 条は、解散に基づく清算会社の登記を定める（稲葉・解明 711 頁）。

　なお、持分会社については、株式会社の場合と異なり（911 条）、設立登記の時期の定めがない（912 条-914 条参照）。旧商法当時の合名会社・合資会社についても設立登記の時期の定めがなかったが、定款作成の時から相当の期間内に設立登記を行うべきものと一般に解されていた（川又良也・新注会(1)150 頁）。持分会社についても、特に別に解すべき理由はないので、同様に解すべきである。

●（株式会社の設立の登記）

第 911 条　株式会社の設立の登記は、その本店の所在地において、次に掲げる日のいずれか遅い日から 2 週間以内にしなければならない。
　一　第 46 条第 1 項の規定による調査が終了した日（設立しようとする株式会社が委員会設置会社である場合にあっては、設立時代表執行役が同条第 3 項の規定による通知を受けた日）
　二　発起人が定めた日
2　前項の規定にかかわらず、第 57 条第 1 項の募集をする場合には、前項の登記は、次に掲げる日のいずれか遅い日から 2 週間以内にしなければならない。

一　創立総会の終結の日
　　二　第84条の種類創立総会の決議をしたときは、当該決議の日
　　三　第97条の創立総会の決議をしたときは、当該決議の日から2週間を経過した日
　　四　第100条第1項の種類創立総会の決議をしたときは、当該決議の日から2週間を経過した日
　　五　第101条第1項の種類創立総会の決議をしたときは、当該決議の日
3　第1項の登記においては、次に掲げる事項を登記しなければならない。
　　一　目的
　　二　商号
　　三　本店及び支店の所在場所
　　四　株式会社の存続期間又は解散の事由についての定款の定めがあるときは、その定め
　　五　資本金の額
　　六　発行可能株式総数
　　七　発行する株式の内容（種類株式発行会社にあっては、発行可能種類株式総数及び発行する各種類の株式の内容）
　　八　単元株式数についての定款の定めがあるときは、その単元株式数
　　九　発行済株式の総数並びにその種類及び種類ごとの数
　　十　株券発行会社であるときは、その旨
　　十一　株主名簿管理人を置いたときは、その氏名又は名称及び住所並びに営業所
　　十二　新株予約権を発行したときは、次に掲げる事項
　　　イ　新株予約権の数
　　　ロ　第236条第1項第1号から第4号までに掲げる事項
　　　ハ　ロに掲げる事項のほか、新株予約権の行使の条件を定めたときは、その条件
　　　ニ　第236条第1項第7号並びに第238条第1項第2号及び第3号に掲げる事項
　　十三　取締役の氏名
　　十四　代表取締役の氏名及び住所（第22号に規定する場合を除く。）
　　十五　取締役会設置会社であるときは、その旨
　　十六　会計参与設置会社であるときは、その旨並びに会計参与の氏名

又は名称及び第378条第1項の場所
十七　監査役設置会社（監査役の監査の範囲を会計に関するものに限定する旨の定款の定めがある株式会社を含む。）であるときは、その旨及び監査役の氏名
十八　監査役会設置会社であるときは、その旨及び監査役のうち社外監査役であるものについて社外監査役である旨
十九　会計監査人設置会社であるときは、その旨及び会計監査人の氏名又は名称
二十　第346条第4項の規定により選任された一時会計監査人の職務を行うべき者を置いたときは、その氏名又は名称
二十一　第373条第1項の規定による特別取締役による議決の定めがあるときは、次に掲げる事項
　イ　第373条第1項の規定による特別取締役による議決の定めがある旨
　ロ　特別取締役の氏名
　ハ　取締役のうち社外取締役であるものについて、社外取締役である旨
二十二　委員会設置会社であるときは、その旨及び次に掲げる事項
　イ　取締役のうち社外取締役であるものについて、社外取締役である旨
　ロ　各委員会の委員及び執行役の氏名
　ハ　代表執行役の氏名及び住所
二十三　第426条第1項の規定による取締役、会計参与、監査役、執行役又は会計監査人の責任の免除についての定款の定めがあるときは、その定め
二十四　第427条第1項の規定による社外取締役、会計参与、社外監査役又は会計監査人が負う責任の限度に関する契約の締結についての定款の定めがあるときは、その定め
二十五　前号の定款の定めが社外取締役に関するものであるときは、取締役のうち社外取締役であるものについて、社外取締役である旨
二十六　第24号の定款の定めが社外監査役に関するものであるときは、監査役のうち社外監査役であるものについて、社外監査役である旨
二十七　第440条第3項の規定による措置をとることとするときは、同条第1項に規定する貸借対照表の内容である情報について不特定

多数の者がその提供を受けるために必要な事項であって法務省令〔施則220条1項1号〕で定めるもの
二十八　第939条第1項の規定による公告方法についての定款の定めがあるときは、その定め
二十九　前号の定款の定めが電子公告を公告方法とする旨のものであるときは、次に掲げる事項
　イ　電子公告により公告すべき内容である情報について不特定多数の者がその提供を受けるために必要な事項であって法務省令〔施則220条1項2号・2項〕で定めるもの
　ロ　第939条第3項後段の規定による定款の定めがあるときは、その定め
三十　第28号の定款の定めがないときは、第939条第四項の規定により官報に掲載する方法を公告方法とする旨

1　趣　　旨

　本条1項では設立登記の管轄登記所と発起設立における登記期間の起算日を定め、2項では募集設立における登記期間の起算日を定める。3項では株式会社の登記事項を列挙している。912条から914条までは、合名会社・合資会社・合同会社の設立登記の場所を定め、登記事項を列挙している。

2　設立の登記をすべき日

(1)　発起設立

　発起設立の場合は、次の①又は②のいずれか遅い日から2週間以内に設立登記をしなければならない（本条1項）。
　①　46条1項の規定による設立時取締役等の調査が終了した日（設立しようとする株式会社が委員会設置会社の場合は、設立時代表執行役が同条3項の規定による通知を受けた日）
　②　発起人が定めた日

(2)　募集設立

　募集設立の場合は、次の①ないし⑤のいずれか遅い日から2週間以内に設立登記をしなければならない（本条2項）。
　①　創立総会の終結の日
　②　84条の種類創立総会の決議をしたときは、その決議の日

③　97条の創立総会の決議をしたときは、その決議の日から2週間を経過した日
④　100条1項の種類創立総会の決議をしたときは、その決議の日から2週間を経過した日
⑤　101条1項の種類創立総会の決議をしたときは、その決議の日

3　株式会社の設立の登記事項（本条3項）
(1) 目的（1号）
　本法は、同一営業のために同市町村内では同一・類似商号を登記できないとした従前の類似商号規制（旧商19条、旧商登27条）を廃止した。そのため、設立時の類似商号の調査は必要でなくなった。また、登記官が、同一営業か否かを「会社の目的」により判断するために定款記載の「目的」につき具体性を求めてきたが、その必要もなくなった。そのため、「商業」、「商取引」、「製造業」といった包括的な目的の登記の表記についても許容される。しかし、具体的にいかなる事業を行うかについて商業登記簿上判明しないことは、会社の重要事項を公示するという商業登記の趣旨（商登1条参照）に適合しないし、許認可の取得や商取引において不都合が生じる可能性がある。更に、株主等による取締役の目的外行為の差止請求（360条）において、会社の目的が抽象的であると、その請求が困難になるおそれがある。
(2) 商号（2号）
　類似商号禁止規定（旧商19条、旧商登27条。同一の市区村町内においては、同じような商号と同じような目的の会社は、登記できないとする規定）は廃止されたが、改正後も、本店・商号が全く同じ会社は、目的が同じか否かにかかわらず登記できない（商登27条）。なお、不正の目的をもって、他の会社と誤認されるおそれのある商号を使用することは禁止されており、営業利益の侵害のおそれがある会社は、その利益を侵害するおそれがある者に対し、その侵害の停止又は予防を請求できる（8条）。また、類似商号の制限がなくなったため、商号の仮登記等の仮登記制度も廃止された。
(3) 本店及び支店の所在場所（3号）
　定款では本店「所在地」のみが絶対的記載事項であるのが（27条3号）、登記簿には本店及び支店の「所在場所」まで登記する。
(4) 株式会社の存続期間又は解散の事由についての定款の定めがあるときはその定め（4号）
(5) 資本金の額（5号）
　従来の最低資本金制度（株式会社1,000万円、有限会社300万円）は廃止

された結果、資本金1円の株式会社の設立も可能である。また、資本の払込みについて、募集設立においては、従来どおり、金融機関の払込金保管証明書が必要であるが、発起設立においては、金融機関の払込金保管証明書に限定されず、残高証明書等で足りる（商登47条2項5号参照）。なお、新株発行においても、残高証明書等で足りる（商登56条2号参照）。

(6) 発行可能株式総数（6号）

　従来の「会社が発行する株式の総数」（旧商188条2項1号、166条1項3号）の文言が、本法では「発行可能株式数」に変更されたが、その内容は変わらない（37条3項）。また、旧商法では「会社が発行する株式の総数」を原始定款に記載する必要があったが（旧商166条1項3号）、本法では、原始定款には記載せず、株式引受け後設立前に発起人全員の同意又は創立総会の決議により定め得る（37条1項、98条）。

(7) 発行する株式の内容（種類株式発行会社は、発行可能種類株式総数及び発行する各種類の株式の内容）（7号）

　発行する株式の内容については、発行する全部の株式に共通の内容（107条）と、株式の種類ごとに設定できる個別の内容（108条以下）とが規定されている。株式の譲渡制限も、発行する株式の内容である（107条1項1号、108条1項4号）。登記記録上は、本来「発行する株式の内容」欄や「発行する各種類の株式の内容」欄に登記されるべきところであるが、旧商法の登記記録と同様に「株式の譲渡制限に関する規定」欄に登記される。公開会社と非公開会社の区分は重要であることから、それを容易に判別できるこの取扱いは実務的に有用である。旧商法においては、株式の譲渡制限に関する承認機関は、取締役会に限定されていたが、本法では、株主総会や代表取締役などを承認機関とし得る。承認機関も登記するのが一般であるが、「当会社の承認を要する」旨の定款の定めであれば、具体的承認機関を明示することなく、定款の文言どおりに登記することになる。

(8) 単元株式があるときは、単元株式数（8号）

(9) 発行済株式の総数並びにその種類及び種類ごとの数（9号）

(10) 株券発行会社であるときは、その旨（10号）

　会社は、その株式（種類株式発行会社では、全部の種類の株式）に係る株券を発行する旨を定款で定めることができるので（214条）、株券発行の定めを定款に置かないと、株式会社は株券を発行しないことになる。それに伴い、株券を発行しない場合は、その旨の登記をする必要はないが、株券を発行する場合は、その旨の定めの登記が必要である。

(11) 株主名簿管理人を置いたときは、その氏名又は名称及び住所並びに営業所（11号）

　株券が原則不発行となるため、旧商法の名義書換代理人の名称（旧商188条2項3号、175条2項12号）が「株主名簿管理人」という名称に変更された（123条）。
(12) 新株予約権を発行したときの登記事項（12号）
　① 　新株予約権の数（12号イ）
　② 　236条1項1号ないし4号の事項（12号ロ）
　③ 　上記②に掲げる事項のほか、新株予約権の行使の条件を定めたときは、その条件（12号ハ）
　④ 　236条1項7号並びに238条1項2号及び3号に掲げる事由（12号ニ）
(13) 取締役の氏名（13号）

　株式会社には取締役が必ず存在するから、取締役の氏名は必ず登記する。社外取締役の登記については、後記4参照。
(14) 代表取締役の氏名及び住所（14号）

　代表取締役については、住所も登記する。委員会設置会社であれば、代表執行役の氏名及び住所を登記する（本条3項22号）。本法は、共同代表の規定を廃止した。
(15) 取締役会設置会社であるときは、その旨（15号）

　従来は、株式会社においては、取締役の全員で構成される取締役会が、必要的機関として置かれていた（旧商260条1項）。しかし、本法では、取締役会は、株式会社の必要的機関ではない（326条2項）。そのため、取締役会を設置した場合は、その旨を登記事項にしている。
(16) 会計参与設置会社であるときは、その旨並びに会計参与の氏名又は名称及び計算書類等の備置場所（16号）

　会計参与とは、公認会計士（監査法人を含む）又は税理士（税理士法人を含む）から成る、取締役・執行役と共同して計算書類を作成するものである（374条以下）。会計参与を設置した場合は、その旨、会計参与の氏名（法人の場合は名称）、及び計算書類等の備置場所を登記事項にしている。
(17) 監査役設置会社（監査役の監査の範囲を会計に関するものに限定する旨の定款の定めがある株式分社を含む）であるときは、その旨及び監査役の氏名（17号）

　本法は、株式会社の監査役を設けるか否かを選択できる（326条2項）。監査役を設けた場合は、その旨及び監査役の氏名を登記事項にしている。監査

役設置会社である旨の登記がされるが、監査役の権限を会計に限る定款の定めがある会社を含むものとされている（17号括弧書）。これは、2条9号の定義（本法における監査役設置会社には、会計監査に権限が限定される監査役を置いた株式会社は該当しない）に合致しない。この場合において、その会社の監査役がこの権限が限定されたものであることは、登記上公示されない。これは、監査役の権限に関する内部的制限に過ぎないからからである。これに対し、稲葉・解明711-712頁は、「この監査役は、定款の定めが前提（機縁）にはなるが、法律の定めによる制限であって、監査役の権限・責任は、これによって外部的に限定される。会社と取締役間の訴訟の会社代表権もない。会社法制定の小会社とそれ以外の会社の監査役の権限の差は、法律で画一的に定められており、基本的に登記上判明したが（200億円以上の負債額については、決算公告による）、会社法の下では、そうはならない。これを公示しないことは、会社の組織の公示という登記の使命の放棄というほかない（監査役の登記に欠陥が生ずる）。」という。

(18) 監査役会設置会社であるときは、その旨及び監査役のうち社外監査役であるものについて社外監査役である旨（18号）

　監査役会設置会社とは、監査役会を置く株式会社又は本法の規定により監査役会を置かなければならない株式会社である（2条10号）。本法では、監査役会も社外監査役も登記事項にしている。

(19) 会計監査人設置会社であるときは、その旨及び会計監査人の氏名又は名称（19号）

　会計監査人設置会社とは、会計監査人を置く株式会社又は本法の規定により会計監査人を置かなければならない株式会社をいう（2条11号）。本法は、会計監査人設置会社であるときは、その旨及び会計監査人の氏名又は名称を登記事項にしている。会計監査人の任期は選任後1年以内に終了する事業年度のうち最終のものに関する定時株主総会の終結の時までであるから（338条1項）、会計監査人設置会社は、毎年の定時株主総会後に必ず会計監査人の就任又は重任の登記をしなければならない。会計監査人は、定時株主総会において別段の決議がされなかったときは再任されたものとみなされるが（338条2項）、再任とみなされても、重任の登記は省略できない。みなし再任の場合の重任登記について、①別段の決議がされなかったことの消極的立証のための定時株主総会議事録、②再任時において資格を有することを立証するための資格証明書を添付する必要がある（商登54条2項）。

(20) 一時会計監査人の職務を行うべき者を置いたときは、その氏名又は名称（20号）

　一時会計監査人とは、本法が新設したものであり、会計監査人が欠けた場合又は定款で定めた会計監査人の員数が欠けた場合において、遅滞なく会計監査人が選任されないときに、監査役により選ばれる一時的に会計監査人の職務を行うべき者である（346条4項）。

(21) 特別取締役による議決の定めがあるときは、その旨及び特別取締役の氏名及び取締役のうち社外取締役であるものについて社外取締役である旨（21号）

　特別取締役とは、本法により新設された制度であり、「重要な財産の処分及び譲受け」「多額の借財」（362条4項1号2号）に関する取締役会決議について、特別取締役だけで迅速な決定を行えるように、取締役会が予め選定した取締役のことをいう（373条1項）。

(22) 委員会設置会社であるときは、その旨及び取締役のうち社外取締役であるものについて社外取締役である旨等（22号）

(23) 取締役、会計参与、監査役、執行役又は会計監査人の責任の免除についての定款の定めがあるときは、その定め（23号）

　定款の定めがあれば、取締役、監査役、会計参与、執行役、会計監査人は、法令又は定款に違反する行為をしたとしても、取締役会の決議によって、一定の額を限度として、責任を免除される（426条1項）が、それが登記事項とされている。

(24) 社外取締役、会計参与、社外監査役又は会計監査人が負う責任の限度に関する契約の締結についての定款の定めがあるときは、その定め（24号）

(25) (24)の定款の定めが社外取締役に関するものであるときは、取締役のうち社外取締役であるものについて、社外取締役である旨（25号）

　社外取締役であるか否かは、その取締役が形式的に社外取締役の条件に該当するか否かにより決せられる。旧商法当時は、会社や当事者はその取締役が社外取締役であるという意識がない場合であっても登記義務が課せられていたので、実際には登記懈怠の状態が少なくなく、また、社外取締役であることを一律に登記事項とする必要性は乏しい。そのため、本法では、①社外取締役である旨については、原則として登記事項から削除し、②定款の定めに基づく契約の方法による責任制限や三委員会の設置、取締役会の決議要件の特則に係る制度等、社外取締役の存在が法律上の効果をもたらす場合に限って、社外取締役の登記を義務づけることとした（本条3項21号ハ・22号

イ・25号)。

(26) (24)の定款の定めが社外監査役に関するものであるときは、監査役のうち社外監査役であるものについて、社外監査役である旨 (26号)

　社外監査役は、本法で新たに登記事項とされた。社外取締役の場合と同様に社外監査役の存在を要件とする制度を採用した会社のみ公示の対象として、それらに該当する場合には社外監査役の登記をすることとされた。具体的には、①監査役会設置会社 (本条3項18号)、②責任限定契約についての定款の定めを設けている会社 (本条3項26号) である。

(27) 計算書類の公告方法がホームページである場合は、そのURL (27号)
(28) 公告方法についての定款の定めがあるときはその定め (28号)
(29) 電子公告を公告方法であるとする定款の定めがあるときは、公告ホームページのアドレス及び事故その他やむを得ない事由が生じた場合の予備的公告方法 (29号)
(30) 公告方法についての定款の定めがないときは、官報に掲載する方法を公告方法とする旨 (30号)

　株式会社の公告は、原則として官報であるが (939条4項参照)、例外的に、官報、時事に関する事項を掲載する日刊新聞、電子公告の3つの中から、定款で定めて選ぶことができる (939条1項)。そのため、公告方法について、定款の定めがあるときはその定めを、定めがないときは官報に掲載する方法を公告方法とする旨を登記事項としている。

　会社が公告する方法は、登記簿を見ればわかるように定められている。公告方法として定款で特定の日刊新聞紙を選んだ場合は、それを登記する。電子公告を選んだ場合は、定款では電子公告によるとのみ定め、登記にはウェブサイトのアドレスまで登記する。そして、事故その他やむを得ない事由によって電子公告により得ない場合の予備的公告方法として、官報か日刊新聞紙による旨を定款で定めておくことができ、その際はそれも登記しておく。定款に何も定めなければ、公告は官報による旨を登記する (本条3項28号-30号)。なお、官報や日刊新聞紙を公告方法とする会社であっても、決算公告についてはウェブサイト上で電磁的な公示が認められており (440条3項)、その際はそのアドレスも登記しておく (本条3項27号)。

4　社外取締役・社外監査役

　社外取締役又は社外監査役であることの登記 (前記3 (25) (26)) は、その存在が法律上の要件とされる制度を会社が採用する場合に限って義務づけられている (相澤他・論点解説297頁)。具体的には、監査役会設置会社で

は、監査役のうち半数以上が社外監査役であること（335条3項）、特別取締役制度を採るには取締役のうち1名以上が社外取締役であること（373条1項2号）、委員会設置会社制度を採用する場合は、指名・監査・報酬委員会の委員の過半数は社外取締役であること（400条3項）が必要であるので、これらの場合は、社外取締役又は社外監査役の登記が必要となる（本条3項18号・21号ハ・22号イ）。

5　設立登記の効力

　株式会社の設立手続は、発起人の定款作成（26条）に始まり、設立の登記をもって完了する。株式会社は、本店所在地で設立登記をすることによって成立する（49条）が、これを設立登記の創設的効力という。

　設立手続の進行により株式会社の実体が整備されてゆくが、この実体は権利能力のない社団としての実質を有する（「設立中の会社」）。設立中の会社を、設立登記により成立すべき会社の前身と解し、設立中の会社と設立後の会社が、実質的に同一性を有するとする見解（同一性説）によれば、設立登記により、設立中の会社に実質的に帰属していた法律関係は、形式的にも会社に帰属するに至る。出資の履行をした発起人や設立時募集株式の引受人は株主となり（50条1項、102条2項）、設立中に選任・選定された設立時役員等も会社の機関となり、発起人は任務を終了する。

● (合名会社の設立の登記)

第912条　合名会社の設立の登記は、その本店の所在地において、次に掲げる事項を登記してしなければならない。
　一　目的
　二　商号
　三　本店及び支店の所在場所
　四　合名会社の存続期間又は解散の事由についての定款の定めがあるときは、その定め
　五　社員の氏名又は名称及び住所
　六　合名会社を代表する社員の氏名又は名称（合名会社を代表しない社員がある場合に限る。）
　七　合名会社を代表する社員が法人であるときは、当該社員の職務を行うべき者の氏名及び住所
　八　第939条第1項の規定による公告方法についての定款の定めがあ

るときは、その定め
　九　前号の定款の定めが電子公告を公告方法とする旨のものであるときは、次に掲げる事項
　　イ　電子公告により公告すべき内容である情報について不特定多数の者がその提供を受けるために必要な事項であって法務省令〔施則220条1項3号〕で定めるもの
　　ロ　第939条第3項後段の規定による定款の定めがあるときは、その定め
　十　第8号の定款の定めがないときは、第939条第4項の規定により官報に掲載する方法を公告方法とする旨

　合名会社の本店所在地における登記事項は、次のとおりである（本条）。合名会社は、人的会社の典型であり、その登記事項は他の持分会社（合資会社・合同会社）の登記事項の基本ともなる。
(1)　会社の基本情報
　①目的、②商号、③本店及び支店の所在場所、④存続期間又は解散事由
(2)　社員関係
　⑤社員の氏名又は名称及び住所、⑥代表社員の氏名又は名称、⑦代表社員が法人であるときは、その社員の職務を行うべき者の氏名及び住所
　合名会社を代表しない社員がある場合は、代表社員の氏名又は名称を登記する（本条6号）。持分会社では原則として、社員は業務を執行し、業務執行社員は会社を代表する権限を有するが、業務執行社員を定款で限定できる（590条1項）。また、定款又は定款の定めに基づく社員の互選によって、業務執行社員の中から代表社員を定めることができる（599条3項）。そのため、代表社員が誰であるかは、登記により公示する必要がある。代表社員が法人であるときは、自然人である職務執行者が選任されるから（598条1項）、その氏名及び住所を登記する（本条7号）。
(3)　公告関係
　⑧公告方法についての定め、⑨電子公告の場合は、アドレス及び事故等があった場合の代替公告方法、⑩定款に公告方法の定めがない場合は、官報に掲載する方法を公告方法にする旨
　本条8号から10号の規定は、911条3項28号から30号までと同一である。

● (合資会社の設立の登記)

第913条　合資会社の設立の登記は、その本店の所在地において、次に掲げる事項を登記してしなければならない。
一　目的
二　商号
三　本店及び支店の所在場所
四　合資会社の存続期間又は解散の事由についての定款の定めがあるときは、その定め
五　社員の氏名又は名称及び住所
六　社員が有限責任社員又は無限責任社員のいずれであるかの別
七　有限責任社員の出資の目的及びその価額並びに既に履行した出資の価額
八　合資会社を代表する社員の氏名又は名称（合資会社を代表しない社員がある場合に限る。）
九　合資会社を代表する社員が法人であるときは、当該社員の職務を行うべき者の氏名及び住所
十　第939条第1項の規定による公告方法についての定款の定めがあるときは、その定め
十一　前号の定款の定めが電子公告を公告方法とする旨のものであるときは、次に掲げる事項
　イ　電子公告により公告すべき内容である情報について不特定多数の者がその提供を受けるために必要な事項であって法務省令〔施則220条1項4号〕で定めるもの
　ロ　第939条第3項後段の規定による定款の定めがあるときは、その定め
十二　第10号の定款の定めがないときは、第939条第4項の規定により官報に掲載する方法を公告方法とする旨

　合資会社も持分会社の一種である。合名会社と異なるところは、直接無限責任を負う社員だけでなく、直接有限責任を負う社員も存在することである（576条3項、638条2項等）。そこで、合資会社の登記事項は、合名会社の登記事項の他に、①社員が有限責任社員又は無限責任社員のいずれであるかの

別（本条6号）、②有限責任社員の出資の目的・その価額・既に履行した出資の価額（本条7号）が加わる。
(1) 会社の基本情報
　①目的、②商号、③本店及び支店の所在場所、④存続期間又は解散事由
(2) 社員関係
　⑤社員の氏名又は名称及び住所、⑥社員が有限責任社員又は無限責任社員のいずれであるかの別、⑦有限責任社員の出資の目的及びその価額並びに既に履行した出資の価額、⑧代表する社員の氏名又は名称（合資会社を代表しない社員がある場合に限る）、⑨代表する社員が法人であるときは、その社員の職務を行うべき者の氏名及び住所

　有限責任社員については、その出資の目的（金銭等に限る。576条1項6号）及びその「価額」並びに「既に履行した出資の価額」を登記する（本条7号）。定款では有限責任社員の出資の「価額」に代えて「評価の標準」を記載するのみでもよいが、登記の場合は、「価額」でなければならず、既履行の出資の価額も登記により公示しなければならない。それは、有限責任社員は未履行の出資の価額を限度として、会社債権者に対して責任を負うからである（580条2項）。
(3) 公告関係
　⑩公告方法についての定め、⑪電子公告の場合は、アドレス及び事故等があった場合の代替公告方法、⑫定款に公告方法の定めがない場合は、官報に掲載する方法を公告方法にする旨

> **訴訟物**　　XのY合資会社に対する氏名権ないし人格権に基づく有限責任社員登記抹消請求権
> ＊XはY会社の社員となったことがないのに、その氏名を冒用されて商業登記簿上Y会社の有限責任社員として登記されているため、その登記の抹消請求を求めた事案である。
> ＊東京地判昭和35年11月4日下民11.11.2373は、この場合、人格権ないし氏名権の侵害に対する救済として、当然、登記抹消請求をすることができるとし、控訴審の東京高判昭和36年4月12日下民12.4.791は、事実に抵触する登記の存する場合には、非社員は会社に対しその登記の抹消を請求し得ること理の当然であるとする。
>
> **請求原因**　1　Y会社は、合資会社であること
> 　　　　　　2　Xは、登記簿上、Y会社の50万円を出資した有限責任社員

であるとされていること
3　Y会社はXが同社の有限社員でないことを争うこと

● (合同会社の設立の登記)

第 914 条　合同会社の設立の登記は、その本店の所在地において、次に掲げる事項を登記してしなければならない。
一　目的
二　商号
三　本店及び支店の所在場所
四　合同会社の存続期間又は解散の事由についての定款の定めがあるときは、その定め
五　資本金の額
六　合同会社の業務を執行する社員の氏名又は名称
七　合同会社を代表する社員の氏名又は名称及び住所
八　合同会社を代表する社員が法人であるときは、当該社員の職務を行うべき者の氏名及び住所
九　第939条第1項の規定による公告方法についての定款の定めがあるときは、その定め
十　前号の定款の定めが電子公告を公告方法とする旨のものであるときは、次に掲げる事項
　　イ　電子公告により公告すべき内容である情報について不特定多数の者がその提供を受けるために必要な事項であって法務省令〔施則220条1項5号〕で定めるもの
　　ロ　第939条第3項後段の規定による定款の定めがあるときは、その定め
十一　第9号の定款の定めがないときは、第939条第4項の規定により官報に掲載する方法を公告方法とする旨

　合同会社の設立の登記は、その本店の所在地において、次の事項を登記しなければならない（本条）。
(1)　会社の基本情報
　①目的、②商号、③本店及び支店の所在場所、④存続期間又は解散事由

(2) 資本関係
　⑤資本金の額
　合同会社では、「資本金の額」を登記する（本条5号）。合同会社は有限責任社員のみから構成されるから（576条4項、638条3項等）、株式会社の場合と同様に会社債権者にとって会社財産のみが責任財産であり、資本金類は重要な情報である。資本金額の減少には債権者異議手続が求められ（627条）、利益配当や出資の払戻しには財源規制が課せられ（628条、632条）、退社に伴う持分の払戻しも剰余金額を超えるときは債権者異議手続が必要とされることからも、その重要性が分かる（635条）。なお、合同会社の設立の登記の申請書には、出資の払込み及び給付があったことを証する書面を添付する必要があるが（商登117条）、合同会社においては、出資の目的が金銭であれば、株式会社と異なり銀行等の払込取扱場所を定める必要がないため（34条2項参照）、払込みを証する書面として常に預金通帳の写し等を用いる必要はなく、代表社員の作成する出資金領収書等も、払込みを証する書面に当たるとされる。
(3) 社員関係
　⑥業務執行社員の氏名又は名称、⑦代表社員の氏名又は名称及び住所、⑧代表社員が法人であるときは、その職務を行うべき者の氏名及び住所
　社員関係については、定款には社員の氏名・名称・住所を記載する（576条1項4号）が、登記するのは、⑥業務執行社員の氏名・名称と、⑦代表社員の氏名・名称・住所、⑧代表社員が法人であるときは職務執行者の氏名・住所）のみである（本条6号-8号）。これは、合同会社では、出資の履行をしないと社員になれない（578条本文）反面、合同会社の社員は直接責任を負わないことから（間接有限責任）、合名会社・合資会社のように社員全員の氏名等を公示する必要がなく、⑥-⑧に限って、登記事項にしている。すなわち、合同会社において退社した社員（相続人等が加入する場合を除く）に対する持分の払戻しのために資本金の額を減少した場合には、資本金の額の減少の登記を申請しなければならない（本条5号）。なお、退社した社員が業務執行社員である場合には、退社の登記も併せて必要となる（本条6号-8号）。
(4) 公告関係
　⑨公告方法についての定款の定め、⑩電子公告の場合は、アドレス及び事故等があった場合の代替公告方法、⑪定款に公告方法の定めがない場合は、官報に掲載する方法を公告方法にする旨

●(変更の登記)

第915条 会社において第911条第3項各号又は前3条各号に掲げる事項に変更が生じたときは、2週間以内に、その本店の所在地において、変更の登記をしなければならない。
2 前項の規定にかかわらず、第199条第1項第4号の期間を定めた場合における株式の発行による変更の登記は、当該期間の末日現在により、当該末日から2週間以内にすれば足りる。
3 第1項の規定にかかわらず、次に掲げる事由による変更の登記は、毎月末日現在により、当該末日から2週間以内にすれば足りる。
一 新株予約権の行使
二 第166条第1項の規定による請求（株式の内容として第107条第2項第2号ハ若しくはニ又は第108条第2項第5号ロに掲げる事項についての定めがある場合に限る。）

1 変更の登記の原則

本条1項は、会社において911条3項各号（株式会社の登記事項）又は912条ないし914条各号（合名会社、合資会社及び合同会社の登記事項）に掲げる登記事項に変更が生じたときは、2週間以内に、その本店の所在地において、変更の登記をしなければならないことを定める。本条の「変更」とは、設立登記以外を意味するのであって、支店設置登記、会計監査人設置会社とする旨の登記、新株予約権の発行の登記も変更登記に当たる。なお、株式を払込期間を定めて募集した場合及び新株予約権等の行使に応じて株式を発行した場合には、後記2、3のように、本条2項及び3項により、登記期間の算定方法に特例が置かれている。
(1) 登記手続を行うべき者
株式会社の登記手続を具体的に行うべき者は、代表取締役である。
大阪高決昭和37年5月23日下民13.5.1053は、「株式会社の登記事項に変更を生じたときは、そのとき在任していた代表取締役は、本店の所在地において変更の日より2週間内に変更登記手続をなすべき義務があり（商法188条3項、67条、非訟事件手続法188条1項）、これを懈怠したときは商法所定の罰則の制裁を受ける（商法498条1項1号参照）。ところが、右代表取締役が法定期間内にその変更登記の手続をしないまま退任したときは、

右登記義務がこれにより消滅するいわれがないから、後任代表取締役は就任とともに右登記義務を履践しなければならないのであつて、右法条の趣旨に鑑み、本店の所在地においては、就任の日から2週間内に変更登記手続をすれば同人に関する限り登記懈怠の責任はないと解するのが相当である。しかるに、右後任代表取締役もまた右期間内にその登記をなすことを懈怠したときは、同代表取締役は自己の懈怠の事実につき責任を負うべきは勿論である。」と判示する。

(2) 取締役の退任（任期満了又は辞任）により法律又は定款所定の取締役員数を欠く場合の退任取締役からの退任登記手続請求

取締役の任期満了又は辞任による退任により、法律又は定款に定める取締役の員数を欠くに至った場合、退任した取締役は、新しく選任された取締役が就任するまで取締役としての権利義務を有する（346条1項）。この場合は、未だ本条1項所定の登記事項の変更を生じていないと解されるから、仮に原告が、裁判所において退任登記手続請求の勝訴判決を得て登記申請をしても却下され、新たに選任された取締役が就任するまで退任登記をすることはできない（最判昭和43年12月24日民集22.13.3334）。この場合は、委任契約説によると、会社との委任契約が終了したのであるから、原状回復義務としての退任登記手続義務の発生を肯定できる。また、条理説によると、会社が後任取締役の選任を怠っている場合にその不利益を退任取締役に負わせるのは不合理であるから、条理上、会社の退任登記手続義務を肯定できよう。ただ、これは、あくまで実体法上の権利のレベルの問題であって、前述したとおり、請求認容判決を得ても、新たに後任の取締役が就任するまで、登記官に対して退任登記手続を申請することができない。

訴訟物　　XのY株式会社に対する取締役辞任に基づく変更登記請求権

＊本件は、Y会社の取締役Xが取締役を辞任したにもかかわらず、Y会社が辞任の変更登記をしないので、Xが変更登記をすることを求めた事案である。

＊請求の趣旨は、「Y会社は、Xが平成〇年〇月〇日Y会社の取締役を辞任した旨の変更登記手続をせよ。」「Y会社は、Xに対し、平成〇年〇月〇日Y会社の取締役を辞任した旨の登記手続をせよ。」「Y会社は、Xに対し、Xが平成〇年〇月〇日Y会社の取締役を辞任した旨の登記手続をせよ。」又は「Y会社は、Xに対し、Xが平成〇年〇月〇日付けでY

会社の取締役を辞任した旨の登記手続をせよ。」である。
* 取締役の退任は、本条及び911条3項13号に基づく変更登記事項である。
* 商業登記請求権の根拠について、①委任契約終了による原状回復義務に根拠を求める見解（委任契約説）、②条理に根拠を求める見解（条理説）のいずれの見解に立った場合であっても、会社の取締役を退任（辞任・任期満了・解任）したにもかかわらず、取締役の退任登記がされず、依然取締役として公示されたままの状態になっている者は、会社に対して、自己が被告会社の取締役を退任した旨の変更登記手続を請求することができると解される。

請求原因
1　Y会社は平成〇年〇月〇日に開催された株式総会においてXを取締役に選任する決議をしたこと
2　Xは取締役の就任を承諾したこと
3　請求原因1と2に基づき取締役の就任登記がされたこと
4　XはY会社に対し、請求原因2の後、取締役を辞任する旨の意思表示をしたこと

2　募集株式の発行による変更の登記

新株の発行が効力が生じて、登記事項中、発行済株式の総数・種類及び数・資本金の額（911条3項9号・5号）等に変更が生じた場合には、募集株式の発行による変更の登記をする。なお、変更の登記は、登記事項に変更が生じたときは募集株式と引換えにする金銭の払込み又は現物出資財産の給付の期日（一定の期間を定めた場合には、その期間の末日）から2週間以内に、その本店の所在地において、変更の登記をしなければならない（本条1項・2項）。払込期間を定めたときは、払込み等をした時に株主になるから（209条2項）、本来は、その時点で登記事項の「資本金」や「発行済株式の総数」等に変更が生ずる。しかし株式引受人が複数いて、各自が払い込んだ場合、その都度、変更登記をするのは煩雑なので、払込期間の末日を基点とすることとしたのである。なお、添付書類として、金銭を出資の目的とした場合における払込みがあったことを証する書面（商登56条2号）が必要であるが、募集株式の発行の場合においても、発起設立の場合と同様に、払込取扱機関の払込金保管証明書制度が廃止されたと解されるので、例えば、預金通帳等の写し等で足りる。

3　新株予約権の行使による変更の登記
(1)　新株予約権の行使による変更の登記
　新株予約権の行使があると、登記事項中、①発行済株式の総数、種類及び数、②資本金の額、③新株予約権の数、④新株予約権の目的たる株式の種類及び数等について変更が生じるので、これら事項について変更があった旨及びその年月日を登記しなければならない。新株予約権の行使により登記事項に変更があったときは、毎月末日現在により、その末日から、2週間以内に本店の所在地において、変更の登記をしなければならない（本条1項・3項）。毎月末日現在で一括して登記してよいとされるのは、事務上の煩雑さを避けるためである。
(2)　166条1項の規定による請求による変更の登記
　取得請求権付株式の株主は、株券発行会社においては株券を提出して、会社に対し、その株主の有する取得請求権付株式を取得することを請求することができ、会社は、その請求の日に、請求に係る取得請求権付株式を取得する（166条、167条1項）。また、その種類の株式1株を取得するのと引換えに株主に対してその会社の他の株式を交付する旨の定めがあるときは、取得の請求をした株主は、請求の日に、他の株式の株主となる（167条2項）。
　変更の登記は、会社がその会社の他の株式を発行した場合には、本条3項の規定により、毎月末日現在により、その末日から2週間以内に本店所在地においてすれば足りる。

●(他の登記所の管轄区域内への本店の移転の登記)

第916条　会社がその本店を他の登記所の管轄区域内に移転したときは、2週間以内に、旧所在地においては移転の登記をし、新所在地においては次の各号に掲げる会社の区分に応じ当該各号に定める事項を登記しなければならない。
　　一　株式会社　　第911条第3項各号に掲げる事項
　　二　合名会社　　第912条各号に掲げる事項
　　三　合資会社　　第913条各号に掲げる事項
　　四　合同会社　　第914条各号に掲げる事項

1　趣　　旨

　登記所は管轄区域が定められており、株式・合名・合資・合同会社の設立登記は、本店所在地の登記所でされる。本条は、会社の本店を他の登記所の管轄区域内に移転した場合の登記の扱いを定めている。これに対し、会社の支店を他の登記所の管轄区域内に移転した場合については、931条が設けられている。

2　他の登記所の管轄区域内への本店の移転の登記

　会社がその本店を他の登記所の管轄区域内に移転したときは、2週間以内に、旧所在地においては移転の登記をし、新所在地においては本条1号ないし4号に掲げる会社の区分に応じその各号に定める登記事項を登記しなければならない。この場合の新所在地における登記の申請は、旧所在地を管轄する登記所を経由してしなければならず、新所在地における登記申請と旧所在地における登記申請とは、同時にしなければならない（商登51条1項・2項）。二重登記や登記不存在の発生を避けるためである。

3　株主の本店移転登記請求

　大阪地判昭和51年9月8日判時869.99は、形式上の本店と主たる営業の本拠地が一致していない場合において、株主たる原告が会社に対して形式上の本店と主たる営業の本拠地とを一致させるための本店移転の登記手続を求める請求権を有するかが争点となった事案であるが、「本店の所在地は定款の絶対的記載事項であって、その公示もなされ、諸々の法律関係の処理基準となるべき法律効果が付与されているものであるから、形式上の本店と主たる営業の本拠地とが一致していないことは極めて不当である。しかしながら、本店の移転は、株主総会における定款変更の決議及び取締役会の決議を経てなされるものであって、会社の団体的、自主的規律に委ねられていることである。そして、……尼崎市……から……大阪市……へ被告会社の本店を移転するための右各手続がとられたことについての主張、立証はないから、原告の本店移転登記請求権を認める余地はない。」と判示する。もとより、下級審判決のしかも傍論であるが、主張立証があれば、本店移転登記請求権を認める趣旨であろう。

● (職務執行停止の仮処分等の登記) ════════════

第917条　次の各号に掲げる会社の区分に応じ、当該各号に定める者の職務

の執行を停止し、若しくはその職務を代行する者を選任する仮処分命令又はその仮処分命令を変更し、若しくは取り消す決定がされたときは、その本店の所在地において、その登記をしなければならない。
一　株式会社　取締役、会計参与、監査役、代表取締役、委員、執行役又は代表執行役
二　合名会社　社員
三　合資会社　社員
四　合同会社　業務を執行する社員

　株式会社の取締役、会計参与、監査役、代表取締役、委員、執行役又は代表執行役の職務執行停止若しくは職務代行者選任の仮処分命令又はその仮処分の変更若しくは取消決定がされたときは、その本店所在地において、その登記をしなければならない。合名会社及び合資会社の社員並びに合同社員の業務執行社員について、上記の仮処分命令又は変更・取消決定がされたときも同様にその旨の登記が必要である。例えば、株式会社の役員等の選任決議の無効や取消しが裁判で争われる場合に、裁判所は、当事者の申立てにより、仮処分をもって役員等の職務の執行を停止し、これを代行する者を選任することができる（民保23条2項）。合名・合資会社の社員や、合同会社の業務執行社員の地位が争われる場合も同様である。
　本条は、この仮処分の登記と、その仮処分の変更・取消し（民保32条1項、37条3項、38条1項、39条1項）の登記を定める。役員等・社員が職務執行の停止中であること、職務代行権限を有する者（352条1項、420条3項、603条1項）が選任されていることを、第三者に公示するために設けられたものである。
　取締役選任の株主総会決議取消権を被保全権利とする職務執行停止並びに職務代行者選任の仮処分の設例については、本書(2)352条1を参照されたい。

● (支配人の登記)

第918条　会社が支配人を選任し、又はその代理権が消滅したときは、その

本店の所在地において、その登記をしなければならない。

1　支配人の登記

会社が支配人を選任し、又はその代理権が消滅したときは、これを置いた本店支店にかかわらず、その本店の所在地において、その登記をしなければならない。なお、取締役と支配人は兼任することが可能であるが、会社の代表者と支配人の地位を兼任することはできないと解されるので、代表取締役を支配人とする支配人選任申請は商業登記法24条10号により却下される（昭和40年1月19日民甲104号回答）。逆に、支配人を代表取締役とする代表取締役変更登記は、代表取締役への就任によって支配人を辞任する意思表示が含まれていると解されるので、支配人の代理権消滅の登記申請もしなければならない（昭和57年2月12日民四1317号回答）。

会社の支配人の代理権は、辞任、取締役会又は取締役の過半数の一致による解任（348条3項1号、362条4項3号）、死亡、破産手続開始決定、後見開始の審判（民653条1号-3号）によって消滅する。

2　支配人登記と訴訟代理権

前橋地判平成7年1月25日判タ883.278は、支配人登記がされた商業使用人について、その訴訟上の代理権を否定した事案である。同判決は、「支配人は、営業主に代わってその営業に関する一切の裁判上又は裁判外の行為をする権限を有する者をいい（商法38条1項〔11条1項〕）、一般には、本店の営業部長あるいは支店の支店長などがこれに当たるものと解されているが、会社の1営業所に19名もの本店営業部長あるいは支店長に相当する商業使用人が置かれるということは通常はあり得ない……。そうすると、このことと前記のような被告の営業目的に照らせば、被告が同一の営業所に19名もの支配人を置く登記手続をしたのは、自己の営業が訴訟によって債権を回収する等の事案の多いことから、商法38条1項が支配人に裁判上の代理権を付与していることに着目し、実質上は支配人でない単なる従業員についてこれを支配人とする旨の登記手続をし、右の従業員に訴訟行為を行わせることを目的として行ったものであるとみるのが相当である。しかしながら、民訴法79条1項によれば、法令によって裁判上の行為をすることのできる代理人のほかは弁護士でなければ訴訟代理人となることができない……ところ、被告の右の措置は、同項の規定の趣旨を潜脱し、弁護士でない者に裁判

上の行為をさせることを目的として、本来は支配人ではなく裁判上の行為をすることができない者についてこれを支配人とする旨の登記手続をしたものであるから、右の 19 名を支配人とする登記は、同項の適用の関係においては無効であり、右の登記された支配人 19 名は、同項所定の『法令ニ依リテ裁判上ノ行為ヲ為スコトヲ得ル代理人』には当たらない」と判示する。

3　支配権の消滅登記と表見支配人

支配人の代理権（「支配権」）の消滅は、登記事項とされており、一旦その喪失が登記されると（本書(1) 13 条 3 の設例の支配権の終了の登記の抗弁 2 参照）、908 条 1 項前段が適用される結果、同条後段の定める「正当な事由」がない以上、民法 112 条の主張は再抗弁として主張自体失当となる（因みに、商人が支配人の退任及び支配権喪失につき登記したときは、その後その者が商人の代理人として第三者とした取引に民法 112 条の適用はない（代表取締役の代表権の喪失の事案に関するものであるが、最判昭和 49 年 3 月 22 日民集 28.2.368 がある））。しかるに、本条は、支配権の存在を要求することなく、使用人の行った代理行為の効果が、908 条 1 項の存在にもかかわらず、会社に帰属することを定めている。そこで、本条が 908 条 1 項とどのような関係に立つのかという問題が生ずる。この点については、本書(1) 13 条 3 を参照されたい。

4　登記手続

会社の支配人の登記は、会社の登記簿にする（商登 44 条 1 項）。登記すべき事項は、①支配人の氏名及び住所、②支配人を置いた営業所の 2 つである（同条 2 項）。

●(持分会社の種類の変更の登記)

第 919 条　持分会社が第 638 条の規定により他の種類の持分会社となったときは、同条に規定する定款の変更の効力が生じた日から 2 週間以内に、その本店の所在地において、種類の変更前の持分会社については解散の登記をし、種類の変更後の持分会社については設立の登記をしなければならない。

1　持分会社の種類の変更の登記

本条は、持分会社が定款を変更して他の種類の持分会社になったときの登記について定める（組織変更の登記は、920条が定める）。持分会社が他の種類の持分会社となったときは、定款の効力が生じた日から、本店の所在地においては2週間以内に、支店の所在地においては3週間以内に、種類の変更前の持分会社については解散の登記をし、種類の変更後の持分会社については設立の登記をしなければならない（本条、932条）。また、これらの登記の申請は、同時にしなければならず、申請されたいずれかにつき却下事由があるときは、共に却下される（商登106条、113条、122条）。

2　種類変更により合名会社になる場合

合資会社又は合同会社が、すべての有限責任社員を無限責任社員に変更する定款変更によって合名会社となった場合には（638条2項1号・3項1号）、種類変更による合名会社の設立登記と合資会社又は合同会社の解散登記を同時に申請する（商登106条1項、113条3項、122条3項）。

種類変更によって無限責任社員となった社員は、種類変更前に生じた会社の債務についても、無限責任社員として弁済する責任を負う（583条1項）。具体的な設例については、本書583条1設例を参照されたい。

3　種類変更により合資会社になる場合

(1) 合名会社が合資会社になる場合

合名会社が、有限責任社員を加入させる定款変更又は社員の一部を有限責任社員とする定款変更により合資会社になった場合には（638条1項1号・2号）、種類変更による合資会社の設立登記と合名会社の解散登記を同時に申請しなければならない（商登106条1項）。

その登記をする前に生じた会社の債務について、種類変更により有限責任社員となった社員は、引き続き無限責任社員として弁済する責任を負う（583条3項）。具体的な設例については、本書583条3設例を参照されたい。ただし、この責任は、登記をしてから2年内に請求又は請求の予告をしない債権者に対しては、登記後2年を経過した時に消滅する（583条4項）。

合資会社への種類変更により、「有限責任社員の出資の目的及びその価額並びに既に履行した出資の価額」が新たに登記事項となるため（913条7号）、社員の出資の目的や履行額が変わらない場合でも、有限責任社員が既に履行した出資額を証する書面を添付する必要がある（商登105条1項2号）。

(2) 合同会社が合資会社になる場合

　合同会社が、無限責任社員を加入させる定款変更又は社員の一部を無限責任社員とする定款変更により合資会社になった場合には（638条3項2号・3号）、種類変更による合資会社の設立登記と合同会社の解散登記を同時に申請する（商登122条3項、106条1項）。この場合、種類変更により無限責任社員となった社員は、種類変更前に生じた会社の債務についても、無限責任社員として弁済する責任を負う（583条1項）。

4　種類変更により合同会社になる場合

　合名会社又は合資会社が、すべての無限責任社員を有限責任社員に変更する定款変更により合同会社になった場合は（638条1項3号・2項2号）、種類変更による合同会社の設立登記と合名会社又は合資会社の解散登記を、同時に申請する必要がある（商登106条1項、113条3項）。その登記をする前に生じた会社の債務について、種類変更により有限責任社員となった社員は、引き続き無限責任社員として弁済する責任を負うため（583条3項）、無限責任社員が全く存在しない合同会社への種類変更であっても、債権者保護手続を要しない。なお、この責任は、登記をしてから2年内に請求又は請求の予告をしない債権者に対しては、登記後2年を経過した時に消滅する（583条4項）。

　この種類変更により無限責任社員が存在しなくなって、会社財産のみが会社債権者に対する債務履行の基礎となるため、社員が出資を履行しない限り、定款変更の効力が生じない（640条1項）。そのため、種類変更の登記の申請書には出資の履行をしたことを証する書面を添付する必要がある（商登105条2項2号、113条2項2号）。ただし、合資会社からの種類変更であって、「有限責任社員の出資の目的及びその価額並びに既に履行した出資の価額」の登記事項（913条7号）から、出資の全部を履行していることが明らかな場合には添付を要しない。合同会社では「資本金の額」が登記事項であるが（914条5号）、合名会社や合資会社では登記事項に該当しないことから、資本金の額が変わらなくとも、いわゆる資本金計上証明書を添付しなければならない（商登規92条、61条5項）。また、資本金の額を増加する場合には、資本金の増加額を決定した業務執行社員の過半数の一致を証する書面も添付する（商登118条、93条）。

5　種類変更が擬制される場合

　合資会社において、すべての有限責任社員の退社により合名会社となる定

款変更をしたものとみなされた場合（639条1項）、又はすべての無限責任社員の退社により合同会社となる定款変更をしたものとみなされた場合（639条2項）は、種類変更による合名会社又は合同会社の設立登記と合資会社の解散登記を、同時に申請する必要がある（商登113条3項、106条1項）。

　この場合、種類変更の登記と同時に、社員の退社の登記を申請しなければならず、種類変更後の会社の代表者がこれを申請する。また、種類変更が擬制されることにより、当然に商号変更も擬制されるものではないため、社員の責任に合わせた商号に変更しなければならない（相澤他・論点解説565、609頁）。合資会社から合同会社に種類変更する場合であっても、無限責任社員の退社という会社にとり受動的な理由により定款変更が擬制される場合は（639条2項）、社員の出資の履行を待たずに定款変更をしたものとみなされる（640条2項）。そのため、種類変更による合同会社の設立登記申請には、出資の履行をしたことを証する書面の添付を要しない。

6　合資会社の唯一の有限責任社員の死亡

　持分会社の社員の地位の相続について、旧商法161条は、有限責任社員が死亡した場合は、当然に相続人がその持分を承継して入社するものとし、また、無限責任社員が死亡した場合は、明文規定はないが、定款に定めがあれば相続人がその持分を承継して入社するとされていたが（大判昭和2年5月4日新聞2697.6）、本法では、社員の責任にかかわらず、定款に相続人が持分を承継する旨の定めがある場合に限り、相続人が入社できるとされた（608条1項・2項）。そのため、合資会社の唯一の有限責任社員が死亡した場合、定款の定めがあれば相続人が入社することができるが、その定めがなければ、唯一の有限責任社員が退社することにより、合名会社に種類変更したものとみなされ（639条1項）、合名会社への種類変更の登記が必要となる。

7　登記を怠った効果

　持分会社の種類の変更の登記を怠った場合には、社員の責任を変更した場合の特則規定（583条）が適用される。したがって、例えば無限責任社員が有限責任社員となった場合も、登記前に生じた債務については、無限責任社員としての責任を負わなければならない。

● (組織変更の登記)

第920条 会社が組織変更をしたときは、その効力が生じた日から2週間以内に、その本店の所在地において、組織変更前の会社については解散の登記をし、組織変更後の会社については設立の登記をしなければならない。

1　組織変更の登記

　会社が組織変更したときは、本店の所在地においては2週間以内に、支店の所在地においては3週間以内に、組織変更前の会社については解散の登記をし、組織変更後の会社については設立の登記をしなければならない（本条、932条）。そして、解散及び設立の登記の申請は、同時にしなければならず、いずれかにつき却下事由があるときは、共に却下される（商登78条）。

2　組織変更により株式会社になる場合

　持分会社（合名会社、合資会社、合同会社）が株式会社に組織変更する場合には、商業登記法107条、114条、123条が定める書面を添付しなければならない。

　債権者保護手続については、原則として官報公告・債権者への個別催告の双方が必要であり（781条2項、779条）、これらを行ったことを証する書面を添付する（商登107条1項6号、114条、123条）。

　組織変更後の代表取締役は、会社設立時における設立時代表取締役に関する規定（47条）の適用がないため、通常の代表取締役の選定手続により代表取締役を選定しなければならない（相澤他・論点解説654頁）。つまり、取締役会設置会社では取締役会の決議により代表取締役を選定し（362条2項3号）、非取締役会設置会社では①定款の定め、②定款の定めに基づく取締役の互選、③株主総会の決議により、代表取締役を選定する（349条3項）。

3　組織変更により持分会社になる場合

　株式会社が持分会社に組織変更する場合には、商業登記法77条が定める書面を添付しなければならない。

　債権者保護手続については持分会社が株式会社に組織変更する場合と異なり、官報公告・債権者への個別催告において、計算書類に関する事項を掲載

しなければならない（779条2項2号、施則181条）。

4　組織変更登記の効力

組織変更登記の効力は、919条の「持分会社の種類の変更の登記」と同様ではない。組織変更の効力発生時期については、従前は、組織変更後の会社の設立登記がされた時点であると解されていた（西島梅治・新注会(14)508頁）。これに対し、本法は、組織変更の効力発生時期は、会社が組織変更計画において効力発生日と定めた日又は所定の公告をして変更した日であることを明定した（745条、747条、780条、781条2項）。そのため、組織変更の効力発生日後、登記がされるまでの間に、善意の第三者が登場したときは、908条1項が適用され、会社は、その組織変更の効力を善意の第三者に対抗できないのである。

●（吸収合併の登記）

第921条　会社が吸収合併をしたときは、その効力が生じた日から2週間以内に、その本店の所在地において、吸収合併により消滅する会社については解散の登記をし、吸収合併後存続する会社については変更の登記をしなければならない。

1　吸収合併の登記

会社が吸収合併をしたときは、その効力発生日から2週間以内に、その本店の所在地において、吸収合併により消滅する会社については解散登記、吸収合併後の存続会社については変更の登記をする必要がある（本条）。存続会社又は新設会社の登記は、合併をした旨並びに吸収合併により消滅する会社又は新設合併により消滅する会社の商号及び本店をも登記しなければならない（商登79条）。合併による消滅会社の解散の登記の申請と吸収合併による存続会社の変更の登記の申請又は新設合併による新設会社の設立の登記の申請とは、同時にしなければならないし（商登82条3項）、これらの管轄登記所が異なるときは、消滅会社の解散の登記は、吸収合併存続会社又は新設合併設立会社の本店所在地の登記所を経由して申請しなければならない（商登82条2項）。また、合併による消滅会社の解散の登記申請には、添付書面を要せず（商登82条4項）、同時に申請されたもののいずれかに却下事由が

あるときは、双方の申請を共に却下される（商登83条1項）。

2　吸収合併による解散の対抗要件

吸収合併消滅会社の吸収合併による解散は、吸収合併の登記の後でなければ、これをもって第三者に対抗することができない（750条2項）。合併の効力発生日以後であっても合併の登記前においては、存続会社の側から消滅会社が解散していたと主張することができない。吸収合併の効力発生日の後に合併の登記をすると、効力発生日から登記がなされるまでの間、登記上は、例えば、消滅会社の代表取締役はなお代表権を有するような外観を有することとなって、その間の法律関係が不明確になる。そこで、750条2項は、合併の登記がされるまでの間は、消滅会社は、第三者の善意・悪意を問わず、消滅会社の解散を対抗できないこととした（登記の効力の一般規定である908条1項に対する特則（江頭・株式会社法773頁、神田・会社法340頁））。具体的な設例については、本書750条2設例を参照されたい。

3　合併と対抗要件

不動産のように法文上権利の得喪一般に対抗要件が要求されるもの（民177条、商687条等）と異なり、動産・債権など「譲渡」に対抗要件が要求されるもの（民178条、467条）に関しては、合併（一般承継）の場合対抗要件を具備する必要がないとするのが判例（大判昭和12年4月22日民集16.487は、「合併ニ因ル債権ノ承継ニ付テハ民法第467条ノ規定ニ依ル対抗要件ヲ具備スルコトヲ要セサルモノト解スルヲ相当トスル」と判示する）であるが、そのような区別は合理的理由を欠くので、後者の場合も対抗要件の具備が必要と解すべきであるとする見解（江頭・株式会社法773頁）が有力である。具体的な設例については、本書750条3設例を参照されたい。

●（新設合併の登記）

第922条　2以上の会社が新設合併をする場合において、新設合併により設立する会社が株式会社であるときは、次の各号に掲げる場合の区分に応じ、当該各号に定める日から2週間以内に、その本店の所在地において、新設合併により消滅する会社については解散の登記をし、新設合併により設立する会社については設立の登記をしなければならない。

　一　新設合併により消滅する会社が株式会社のみである場合　次に掲

げる日のいずれか遅い日
　　　イ　第804条第1項の株主総会の決議の日
　　　ロ　新設合併をするために種類株主総会の決議を要するときは、当該決議の日
　　　ハ　第806条第3項の規定による通知又は同条第4項の公告をした日から20日を経過した日
　　　ニ　新設合併により消滅する会社が新株予約権を発行しているときは、第808条第3項の規定による通知又は同条第4項の公告をした日から20日を経過した日
　　　ホ　第810条の規定による手続が終了した日
　　　ヘ　新設合併により消滅する会社が合意により定めた日
　　二　新設合併により消滅する会社が持分会社のみである場合　次に掲げる日のいずれか遅い日
　　　イ　第813条第1項の総社員の同意を得た日（同項ただし書に規定する場合にあっては、定款の定めによる手続を終了した日）
　　　ロ　第813条第2項において準用する第810条の規定による手続が終了した日
　　　ハ　新設合併により消滅する会社が合意により定めた日
　　三　新設合併により消滅する会社が株式会社及び持分会社である場合　前2号に定める日のいずれか遅い日
2　2以上の会社が新設合併をする場合において、新設合併により設立する会社が持分会社であるときは、次の各号に掲げる場合の区分に応じ、当該各号に定める日から2週間以内に、その本店の所在地において、新設合併により消滅する会社については解散の登記をし、新設合併により設立する会社については設立の登記をしなければならない。
　　一　新設合併により消滅する会社が株式会社のみである場合　次に掲げる日のいずれか遅い日
　　　イ　第804条第2項の総株主の同意を得た日
　　　ロ　新設合併により消滅する会社が新株予約権を発行しているときは、第808条第3項の規定による通知又は同条第4項の公告をした日から20日を経過した日
　　　ハ　第810条の規定による手続が終了した日
　　　ニ　新設合併により消滅する会社が合意により定めた日
　　二　新設合併により消滅する会社が持分会社のみである場合　次に掲げる日のいずれか遅い日

ロ　第813条第1項の総社員の同意を得た日（同項ただし書に規定する場合にあっては、定款の定めによる手続を終了した日）
　　ロ　第813条第2項において準用する第810条の規定による手続が終了した日
　　ハ　新設合併により消滅する会社が合意により定めた日
　三　新設合併により消滅する会社が株式会社及び持分会社である場合　前2号に定める日のいずれか遅い日

1　新設合併の登記手続
　新設会社の登記には、合併をした旨並びに新設合併により消滅する会社の商号及び本店をも登記しなければならず（商登79条）、また合併による消滅会社の解散の登記の申請と新設合併による新設会社の設立の登記の申請とは、同時にしなければならず（商登82条3項）、これらの管轄登記所が異なるときは、消滅会社の解散の登記は、新設合併設立会社の本店所在地の登記所を経由して申請しなければならない（同条2項）。また、合併による消滅会社の解散の登記申請には、添付書面を要せず（同条4項）、同時に申請されたもののいずれかに却下事由があるときは、双方の申請を共に却下される（商登83条1項）。

2　新設合併の効力発生
　設立会社の本店所在地で設立の登記をすることにより、会社が成立する（49条）。そして設立会社の成立の日に、新設合併の効力が発生する（754条、756条）。

● (吸収分割の登記)

第923条　会社が吸収分割をしたときは、その効力が生じた日から2週間以内に、その本店の所在地において、吸収分割をする会社及び当該会社がその事業に関して有する権利義務の全部又は一部を当該会社から承継する会社についての変更の登記をしなければならない。

1 登記期間

会社が吸収分割をしたときは、その効力が生じた日から2週間以内に、その本店所在地において、吸収分割をする会社及びその会社がその事業に関して有する権利義務の全部又は一部をその会社から承継する会社についての変更の登記をしなければならない（本条。支店については932条）。

登記の申請に際しては、①吸収分割承継会社が行う吸収分割による変更の登記申請と、②吸収分割会社がする吸収分割による変更登記の同時申請を必要とする（商登87条2項）。すなわち、承継会社と分割会社の管轄法務局が別異であっても、同じ法務局に申請しなければならない。

2 登記事項

登記事項のうち、変更された事項につき変更登記すべきことになるので、事例によって変わってくる。例えば、吸収分割承継会社で分割新株を発行し、資本金額を増加した場合には①「発行済株式の総数」、②「資本金の額」その他、原因年月日が個別に記載される。

3 吸収分割の登記と不動産登記

(1) 吸収分割の登記

吸収合併の場合（750条2項）と異なり、吸収分割の場合には、吸収分割の登記の効力についての特則が設けられていない。これは、分割の場合は、分割によって分割会社が消滅するわけではないので、分割の登記は吸収分割により承継した個々の財産の対抗要件とはならず、承継した財産ごとに対抗要件を備える必要があるからである（江頭・株式会社法827頁、神田・会社法349頁）。

訴訟物 　XのY株式会社に対する所有権に基づく返還請求権としての土地引渡請求権

＊本件は、A株式会社とY会社間の吸収分割の効力発生日後に、A会社代表取締役Bが同社の所有する土地を第三者Xに売買した場合に、Xが承継会社のY会社に対し、本件土地の引渡しを求めた事案である。不動産が吸収分割の承継財産となった場合に、吸収分割の効力が生じた後に、吸収分割の登記前に第三者Xへ譲渡された場合は、民法177条の対抗問題である。

＊本件の場合は、第三者Xと承継会社Y会社の勝敗は、第三

者Xの善意・悪意に関わらず、その不動産の所有権移転登記の先後で決まるのであり、分割の登記は、関係がない（神田・会社法349頁は、「この例で不動産の第三者への譲渡が分割の登記後になされたような場合であったとしても、問題状況は変わらない（新設分割の場合も同じ）」としている）。

請求原因
1　A会社は、本件土地をもと（請求原因2当時）所有していたこと
2　A会社はXとの間で、本件土地を1,000万円で売買する契約を締結したこと
3　Y会社は、本件土地を占有していること

（対抗要件）

抗弁
1　A会社はY会社に対し、本件土地が承継財産の一部となっているゴルフ事業を吸収分割したこと
2　Xが本件土地について対抗要件を具備するまで、Xが所有者であることを認めないとのYの権利主張

（対抗要件具備）

再抗弁
1　Xは、請求原因2の売買契約に基づき、本件土地につき所有権移転登記を経たこと

(2)　会社分割と物権変動等

　会社分割の登記の効力とは区別して論じるべき問題として、会社分割によって包括承継が生じた場合に、不動産・動産の物権変動や債権譲渡などの対抗要件を備えなければならないかという問題がある。

　会社分割による権利義務の承継の性質は、その権利義務に関する分割会社の地位を承継する包括承継である。すなわち、個々の権利義務ごとに個別の移転行為は不要である。しかし、会社分割の場合には、合併の場合と異なって、会社分割の効力発生後も原権利者である分割会社が存続するので、権利の二重譲渡が生じる可能性があり、会社分割による承継を対抗するために対抗要件の具備が必要である（江頭・株式会社法827頁）。神田・会社法345頁は、「分割会社は分割後も存続するので、包括承継という概念を使うのは必ずしも適切ではなく、資産の移転については第三者対抗要件の具備が必要である」という。したがって、不動産の場合は登記により（民177条）、債権の場合は通知・承諾により対抗要件の具備を要する（民467条）。株券発行会社の株式の場合は、株券の交付が必要である（128条）。

訴訟物	XのY株式会社に対する売買契約に基づく債権的登記請求権としての所有権移転登記請求権

*本件は、XがA株式会社から本件土地を買い受けたところ、A会社が、Y会社に対し、本件土地を含むゴルフ場事業を吸収分割をしたので、XがY会社に対し、本件土地の所有権移転登記を求める訴えを提起した事案である。

*分割の効力は、一般承継であるから、例えば、吸収分割の効力発生日前に分割会社が承継対象財産である不動産を第三者に対し譲渡した場合には、承継会社は、その不動産に関し、分割会社からその第三者に対する契約上の移転登記義務等をも承継する。したがって、その第三者と対抗関係に立つわけではない（江頭・株式会社法840頁）。すなわち、売主の地位の承継と捉えられる。

請求原因	1　A会社はXとの間で、本件土地を1,000万円で売買する契約を締結したこと

2　A会社は、Y株式会社に対し、本件土地を含むゴルフ場事業について、吸収分割をしたこと

3　請求原因1の売買後に、請求原因2の吸収分割の効力発生日が到来したこと

*原田晃治「会社分割法制の創設について（下）」商事1566.7は、吸収分割の効果は包括承継であるとする立場から、「分割会社〔A会社〕が不動産を第三者〔X〕に譲渡した後、分割により当該不動産を設立会社または承継会社〔Y会社〕に承継させたような場合には、設立会社または承継会社〔Y会社〕は、通常、第三者〔X〕との間の契約上の地位を承継することになり、第三者〔X〕と対抗関係に立たない」という。

● (新設分割の登記)

第924条　1又は2以上の株式会社又は合同会社が新設分割をする場合において、新設分割により設立する会社が株式会社であるときは、次の各号に掲げる場合の区分に応じ、当該各号に定める日から2週間以内に、その本店の所在地において、新設分割をする会社については変更の登記をし、新設分割により設立する会社については設立の登記をし

なければならない。
　一　新設分割をする会社が株式会社のみである場合　次に掲げる日のいずれか遅い日
　　イ　第805条に規定する場合以外の場合には、第804条第1項の株主総会の決議の日
　　ロ　新設分割をするために種類株主総会の決議を要するときは、当該決議の日
　　ハ　第805条に規定する場合以外の場合には、第806条第3項の規定による通知又は同条第4項の公告をした日から20日を経過した日
　　ニ　第808条第3項の規定による通知を受けるべき新株予約権者があるときは、同項の規定による通知又は同条第4項の公告をした日から20日を経過した日
　　ホ　第810条の規定による手続をしなければならないときは、当該手続が終了した日
　　ヘ　新設分割をする株式会社が定めた日（2以上の株式会社が共同して新設分割をする場合にあっては、当該2以上の新設分割をする株式会社が合意により定めた日）
　二　新設分割をする会社が合同会社のみである場合　次に掲げる日のいずれか遅い日
　　イ　第813条第1項の総社員の同意を得た日（同項ただし書の場合にあっては、定款の定めによる手続を終了した日）
　　ロ　第813条第2項において準用する第810条の規定による手続をしなければならないときは、当該手続が終了した日
　　ハ　新設分割をする合同会社が定めた日（2以上の合同会社が共同して新設分割をする場合にあっては、当該2以上の新設分割をする合同会社が合意により定めた日）
　三　新設分割をする会社が株式会社及び合同会社である場合　前2号に定める日のいずれか遅い日
2　1又は2以上の株式会社又は合同会社が新設分割をする場合において、新設分割により設立する会社が持分会社であるときは、次の各号に掲げる場合の区分に応じ、当該各号に定める日から2週間以内に、その本店の所在地において、新設分割をする会社については変更の登記をし、新設分割により設立する会社については設立の登記をしなければならない。

一　新設分割をする会社が株式会社のみである場合　次に掲げる日のいずれか遅い日
　　イ　第805条に規定する場合以外の場合には、第804条第1項の株主総会の決議の日
　　ロ　新設分割をするために種類株主総会の決議を要するときは、当該決議の日
　　ハ　第805条に規定する場合以外の場合には、第806条第3項の規定による通知又は同条第4項の公告をした日から20日を経過した日
　　ニ　第810条の規定による手続をしなければならないときは、当該手続が終了した日
　　ホ　新設分割をする株式会社が定めた日（2以上の株式会社が共同して新設分割をする場合にあっては、当該2以上の新設分割をする株式会社が合意により定めた日）
二　新設分割をする会社が合同会社のみである場合　次に掲げる日のいずれか遅い日
　　イ　第813条第1項の総社員の同意を得た日（同項ただし書の場合にあっては、定款の定めによる手続を終了した日）
　　ロ　第813条第2項において準用する第810条の規定による手続をしなければならないときは、当該手続が終了した日
　　ハ　新設分割をする合同会社が定めた日（2以上の合同会社が共同して新設分割をする場合にあっては、当該2以上の新設分割をする合同会社が合意により定めた日）
三　新設分割をする会社が株式会社及び合同会社である場合　前2号に定める日のいずれか遅い日

1　登記期間

　株式会社を設立する新設分割をしたときは、本条1項1号イないしヘ所定の期日から2週間以内に、その本店所在地において、①新設分割をする会社については変更の登記をし、②新設分割により設立する会社については設立の登記をしなければならない（本条1項本文。支店については930条1項3号）。登記申請に当たっては、①新設分割をする会社についての変更登記及び②新設会社により設立する会社の設立登記の同時申請を必要とする（商登

87条2項)。

　この同時申請の要件を満たすには、設立会社と分割会社との各管轄法務局が別異であっても、同一法務局に申請する、いわゆる「経由申請」の方式によらなければならない（商登87条、88条）。

2　登記事項
　登記事項は、①通常の設立の登記事項のほか、②分割をした旨、③分割会社の商号・本店が登記される（商登84条1項）。

3　登記の効力
　新設分割の登記は、吸収分割の登記と同様に（923条）、新設分割により承継した個々の財産の対抗要件とはならず、承継した財産ごとに対抗要件を備える必要がある（江頭・株式会社法827頁）。

4　効力発生
　新設分割は新会社の設立行為であるから、登記の日（申請日）に分割の効力が生じる（764条1項、49条）。設立会社の本店所在地で設立登記をすることにより、会社が成立し、設立会社の成立の日に、新設分割の効力が発生する（764条、766条）。

● (株式移転の登記)

第 925 条　1又は2以上の株式会社が株式移転をする場合には、次に掲げる日のいずれか遅い日から2週間以内に、株式移転により設立する株式会社について、その本店の所在地において、設立の登記をしなければならない。
　一　第804条第1項の株主総会の決議の日
　二　株式移転をするために種類株主総会の決議を要するときは、当該決議の日
　三　第806条第3項の規定による通知又は同条第4項の公告をした日から20日を経過した日
　四　第808条第3項の規定による通知を受けるべき新株予約権者があるときは、同項の規定による通知をした日又は同条第4項の公告をした日から20日を経過した日
　五　第810条の規定による手続をしなければならないときは、当該手

続が終了した日
　六　株式移転をする株式会社が定めた日（2以上の株式会社が共同して株式移転をする場にあっては、当該2以上の株式移転をする株式会社が合意により定めた日）

1　株式移転の登記

　株式移転をしたときは、完全親会社について設立登記をすることになる。完全子会社となる会社については、株主に変更が生じるのみで登記事項に変更は生じないので、変更の登記は必要ないとされる。また、株式移転に際して、完全親会社が完全子会社の新株予約権の新株予約権者に対してその新株予約権に代わる完全親会社の新株予約権を交付するときは、完全子会社は、新株予約権の数の変更の登記をする必要があり、この完全子会社がする株式移転による新株予約権の変更の登記の申請は、完全親会社の設立登記申請と同時にしなければならず、完全子会社の登記所の管轄区域内に完全親会社の本店がない場合には、完全子会社の登記は、完全親会社の本店の所在地を管轄する登記所を経由してしなければならない（商登91条1項・2項）。

2　登記期間

　株式移転は、完全親会社の設立登記によって効力が生じることから（774条1項）、株式移転計画において効力発生日を定めない。したがって、効力発生日を起算日とする他の登記と異なり、本条において、登記以外の効力発生要件が整った日を登記期間の起算日として規定している。

　具体的な起算日は、必要となる手続に応じて異なる。①株式移転計画の承認をした株主総会・種類株主総会の決議の日（本条1号）、②反対株主の買取請求のための株主への通知・公告をした日から20日を経過した日（本条2号・3号）、③完全子会社の新株予約権を完全親会社に承継する場合の新株予約権者への通知・公告をした日から20日を経過した日（本条4号）、④債権者保護手続が終了した日（本条5号）、⑤株式移転をする株式会社が①から④の日以後の日を任意に定めた場合にはその日（本条6号）、のうちいずれか遅い日が起算日となる。上記①から⑤のいずれかの日を起算日として2週間以内に完全親会社の設立登記を申請しなければならないことになるが、株式移転の効力発生日はあくまで登記申請日である。

3　株式交換の登記

　本法は、株式交換の登記については、登記期間や登記すべき事項に関する規定を設けていないが、商業登記法は、「株式交換の登記」に関する規定を置いている（商登89条、91条、92条、126条）。

　株式交換をしたときは、完全親会社となる会社は、株式交換の日に完全子会社となる会社の株主に新株を発行し、その場合には、発行済株式の総数の変更の登記をすることになる。完全子会社となる会社については、株主が従前の株主から完全親会社に変わるだけで、登記事項に変更を生ぜず、変更の登記は必要ない。なお、株式交換に際して、完全親会社が完全子会社の新株予約権の新株予約権者に対してその新株予約権に代わる完全親会社の新株予約権を交付するときは、完全子会社は、新株予約権の数の変更の登記をする必要があり、この完全子会社がする株式交換による新株予約権の変更の登記申請は、完全親会社の登記と同時に申請することを要し、完全子会社の登記所の管轄区域内に完全親会社の本店がない場合には、完全子会社の登記は、完全親会社の本店の所在地を管轄する登記所を経由してしなければならない（商登91条1項・2項）。また、この場合における完全子会社の登記申請書には、その代表取締役（委員会設置会社は、代表執行役）の印鑑証明書を添付しなければならない（同条3項）。そして、完全親会社の本店の所在地を管轄する登記所においては、同時にされた申請のいずれかに却下事由があるときは、これらの申請を共に却下しなければならない（商登92条1項）。

● (解散の登記)

第926条　第471条第1号から第3号まで又は第641条第1号から第4号までの規定により会社が解散したときは、2週間以内に、その本店の所在地において、解散の登記をしなければならない。

1　解散の登記

　本条は、解散事由のうち①存続期間の満了、②解散事由の発生、③解散決議により解散した場合等（471条1号-3号、641条1号-4号）に、その効力発生日から2週間以内に本店所在地で解散登記を行うべきことを定める。

　解散登記を具体的にしなければならない者は、清算会社の代表清算人である。また、同時申請義務はないが、通常、解散登記と併せて清算人・代表清

算人の就任登記（928条）が申請されるのが一般である。

2　期限付解散決議

　株主総会や取締役会の決議に期限や条件を付すことは、原則として許されるが、法令の規定や趣旨又は条理に反することはできない（最判昭和37年3月8日民集16.3.473）。解散事由や存続期間を定めた場合には、これを登記して第三者に公示することとされており（911条3項4号、915条1項）、解散決議に条件や期限を付すことは、実質的に登記義務のない解散事由や存続期間を定めることであって、本法の趣旨に反し無効とする見解がある。しかし、例えば、存続期間を決議の日から3日間と定めた場合は、結果として存続期間の定めについての登記期間内に会社が解散してしまうため、存続期間の登記を義務づける意義は乏しく、3日間の期限付解散決議が制度の趣旨に反して無効とすることは相当でない。登記実務においては、決議から3日後の日を効力発生日とする期限付解散決議に基づく解散登記は許される（昭和34年10月29日民甲2371号民事局長回答）。

　また、ある程度長期の期限を付した解散決議も合理的な理由がある場合は有効とされる（大判大正2年6月28日民録19.530）。例えば、解散決議の効力が主務官庁の許可等により生じる会社が、解散に関する許認可等がされるまでの合理的期間を見積もり、その期間を付して解散決議をする場合は、2週間を超える期限付解散決議も許容される。更に、合理的な理由なく長期の期限を付して解散決議をした場合であっても、実質的には存続期間の定めを設定する定款変更の決議がされたと同視して、その決議に基づく存続期間の定めの登記申請も許容される（鈴木龍介・論点体系(6)424-425頁）。

3　解散の登記に伴う職権抹消

　株式会社は、定款で定めた存続期間の満了、解散の事由の発生、株主総会の決議、解散を命ずる裁判及び休眠会社のみなし解散により、解散の登記をしたときは、登記官は、職権で、事業を行うことを前提とする次に掲げる機関に関する登記を抹消しなければならない（商登規59条、72条）。

①　取締役会設置会社である旨の登記並びに取締役、代表取締役及び社外取締役に関する登記（商登規72条1項1号）

②　特別取締役による議決の定めがある旨の登記及び特別取締役に関する登記（同項2号）

③　会計参与設置会社である旨の登記及び会計参与に関する登記（同項3号）

④　会計監査人設置会社である旨の登記及び会計監査人に関する登記（同項 4 号）
⑤　委員会設置会社である旨の登記並びに委員、執行役及び代表執行役に関する登記（同項 5 号）
⑥　支配人に関する登記（商登規 59 条）

なお、休眠会社については、最後の登記後、5 年ではなく 12 年を経過した会社が休眠会社とされ、これについて解散したものとみなされる（472 条）。

4　解散登記の効力

解散登記をするまでは、解散の事実を善意の第三者に対抗できない（908 条 1 項）。持分会社にあっては、解散登記が、退社した社員の会社債務についての責任消滅期間の起算点となる（612 条 2 項）。

● (継続の登記)

第 927 条　第 473 条、第 642 条第 1 項又は第 845 条の規定により会社が継続したときは、2 週間以内に、その本店の所在地において、継続の登記をしなければならない。

本条は、清算会社が継続した場合に、その効力発生日から 2 週間以内に本店所在地で継続の登記を行うべきことを定めている。この登記は、継続した会社の代表取締役がその申請をする。この申請がされると、登記官は、①解散の登記、②清算人会設置会社である旨の登記、③清算人・代表清算人の登記を職権で抹消する（商登規 73 条）。株式会社が解散し、その後解散の登記に先立って会社を継続した場合には、解散登記と継続登記を共に省略できず、一旦解散に関する登記を行った上で、継続に関する登記をする必要がある（昭和 39 年 1 月 29 日民甲 206 号民事局長通達）。すなわち、会社の解散によって役員等（監査役を除く）は退任し（商登規 72 条 1 項参照）、解散後継続するまでの間は、清算人が就任する（478 条 1 項・2 項）。その後、会社が継続する場合は、清算人は退任し（商登規 73 条参照）、役員等（監査役を除く）が不在となるため、改めて取締役等が就任することになる。したがって、継続を決議する株主総会において、結果的に従前の役員等が再度選任さ

れ、就任する場合でも、これらの者は、解散により退任し、継続に当たり再び就任したので、登記記録上もこの過程を表す必要がある。

● (清算人の登記)

第928条 第478条第1項第1号に掲げる者が清算株式会社の清算人となったときは、解散の日から2週間以内に、その本店の所在地において、次に掲げる事項を登記しなければならない。
　一　清算人の氏名
　二　代表清算人の氏名及び住所
　三　清算株式会社が清算人会設置会社であるときは、その旨
２　第647条第1項第1号に掲げる者が清算持分会社の清算人となったときは、解散の日から2週間以内に、その本店の所在地において、次に掲げる事項を登記しなければならない。
　一　清算人の氏名又は名称及び住所
　二　清算持分会社を代表する清算人の氏名又は名称（清算持分会社を代表しない清算人がある場合に限る。）
　三　清算持分会社を代表する清算人が法人であるときは、清算人の職務を行うべき者の氏名及び住所
３　清算人が選任されたときは、2週間以内に、その本店の所在地において、清算株式会社にあっては第1項各号に掲げる事項を、清算持分会社にあっては前項各号に掲げる事項を登記しなければならない。
４　第915条第1項の規定は前3項の規定による登記について、第917条の規定は清算人、代表清算人又は清算持分会社を代表する清算人について、それぞれ準用する。

1　清算人の登記

　本条は、清算人に関する登記事項と、清算人の就任についてその就任の仕方に応じた一定の日から2週間以内に本店所在地でこれらの登記を行うべきことを定め、併せて、清算人・代表清算人について変更があった場合に、変更の日から2週間以内にその登記を行うべきことと、清算人・代表清算人について職務執行停止又は職務代行者の選任の仮処分があった場合に、その旨の登記すべきことを定めている。

2　登記事項

　清算開始時の取締役が清算人となったときは、解散の日から2週間以内に、清算人が選任されたときは就任の日から2週間以内に、本店の所在地において、①清算人の氏名、②代表清算人の氏名及び住所、③清算会社が清算人会設置会社であるときは、その旨を登記しなければならない（本条1項・3項・4項）。

　旧商法当時は、株式会社の清算人の登記事項は、清算人の氏名及び住所、清算人であって会社を代表しない者があるときは、会社を代表する者の氏名等とされていた（旧商430条1項、123条1項）。また、株式会社の取締役及び代表取締役に係る登記事項は、取締役の氏名、代表取締役の氏名及び住所等とされていた（旧商188条2項7号・8号）。

　旧商法においては、株式会社の清算人が2人以上いる場合には清算人会が構成されるものとされていたが（旧商法430条2項、259条-260条ノ4）、本法は、清算人会を設置するには清算人を3人以上であることとする（478条6項、331条4項）など、原則として、取締役及び取締役会に係る規律と清算人及び清算人会に係る規律とを同一としており、登記事項についても、両者の間で異なるものとする理由はない。そのため、株式会社の清算人に係る登記事項を取締役に係る登記事項と同一のものとし、清算人の住所を登記事項から除き、代表清算人の氏名及び住所を登記事項としている（本条1項。持分会社につき本条2項）。

　清算人の登記も、登記の後でなければ善意の第三者に対抗できない（908条1項）。

● (清算結了の登記)

第929条　清算が結了したときは、次の各号に掲げる会社の区分に応じ、当該各号に定める日から2週間以内に、その本店の所在地において、清算結了の登記をしなければならない。
　一　清算株式会社　第507条第3項の承認の日
　二　清算持分会社（合名会社及び合資会社に限る。）　第667条第1項の承認の日（第668条第1項の財産の処分の方法を定めた場合にあっては、その財産の処分を完了した日）
　三　清算持分会社（合同会社に限る。）　第667条第1項の承認の日

1　清算結了の登記

　清算人は、清算事務が終了したときは、決算報告を作成し、これを株主総会に提出し、その承認を受けなければならない（507条1項・3項）。

　清算結了の登記の申請書には、決算報告を承認した株主総会の議事録を添付する必要がある（商登46条）。なお、清算事務が終了した場合に作成する決算報告書については、清算人会設置会社では、清算人会の承認を受けた上で、株主総会に提出し、その承認を得なければならない（507条2項・3項）。

2　清算結了の登記の効力

　清算結了の登記は、法人格の消滅の効果を生じさせるものではない。清算会社は、債権の取立てや債務の弁済をし、残余財産を株主に分配した上で株主総会における決算報告の承認を得れば、その時点で法人格が消滅する。清算結了の登記はこれらの手続が完了した後にされるが（本条）、この登記は、設立登記のような創設的効力を有せず（49条参照）、他の変更の登記と同様に、実体法上生じた清算結了の効果を善意の第三者に対抗できるに過ぎない（908条1項）。したがって、清算結了の登記がされても、残余財産や債務が残っている場合には、会社は清算会社としてなお存続している（和歌山地判昭和48年2月9日判タ292.303、大阪高判平成元年2月22日判時1327.27）。また、清算結了の登記がされた後に清算会社を相手方とする訴訟の提起があった場合も、その会社には当事者能力があるとされる（最判昭和36年12月14日民集15.11.2813）。

　なお、長野地飯田支判昭和33年8月30日下民9.8.1717は、計算書の承認について形式上も内容上も重大な瑕疵があるときは、清算結了登記申請は要件を備えないから、社員から会社に対する清算結了登記の抹消請求が認められるとしている。

第2款　支店の所在地における登記

　930条は、支店の登記の登記期間（1項・3項）と登記事項（2項）を定める。支店所在地における登記につき、改正前商法では、本店所在地の登記と重複する登記事項を定めていたが、簡略化され（930条2項参照）、本店所在地の登記に集約されていた（支店の登記から導かれる本店所在地の登記を参照することで公示される）。931条は、他の登記所の管轄区域への支店移転の登記、932条は919条から925条（会社の種類の変更・組織再編行為）、

929条(清算結了)の場合の支店所在地の登記へ反映するための定めである。

● (支店の所在地における登記) ════════════

第930条 次の各号に掲げる場合(当該各号に規定する支店が本店の所在地を管轄する登記所の管轄区域内にある場合を除く。)には、当該各号に定める期間内に、当該支店の所在地において、支店の所在地における登記をしなければならない。
　一　会社の設立に際して支店を設けた場合(次号から第4号までに規定する場合を除く。)　本店の所在地における設立の登記をした日から2週間以内
　二　新設合併により設立する会社が新設合併に際して支店を設けた場合　第922条第1項各号又は第2項各号に定める日から3週間以内
　三　新設分割により設立する会社が新設分割に際して支店を設けた場合　第924条第1項各号又は第2項各号に定める日から3週間以内
　四　株式移転により設立する株式会社が株式移転に際して支店を設けた場合　第925条各号に掲げる日のいずれか遅い日から3週間以内
　五　会社の成立後に支店を設けた場合　支店を設けた日から3週間以内
2　支店の所在地における登記においては、次に掲げる事項を登記しなければならない。ただし、支店の所在地を管轄する登記所の管轄区域内に新たに支店を設けたときは、第3号に掲げる事項を登記すれば足りる。
　一　商号
　二　本店の所在場所
　三　支店(その所在地を管轄する登記所の管轄区域内にあるものに限る。)の所在場所
3　前項各号に掲げる事項に変更が生じたときは、3週間以内に、当該支店の所在地において、変更の登記をしなければならない。

────────────────────────

1　趣　　旨
　本条は、会社が支店を設けた場合に、支店の所在地において「支店の所在

地における登記」をすることを求め、その期間（本条1項）と登記事項（本条2項）について定めている。

　登記期間は、会社設立に際して支店を設けた場合は、本店所在地における設立登記の日から2週間以内である。新設合併・新設分割・株式移転の際は、設立会社の本店所在地における登記期間はそれぞれの起算日から2週間以内であるのに対し、設立会社が支店を設けた場合は、同様の起算日から3週間以内である。会社の成立後に支店を設けた場合は、支店を設けた日から3週間以内である。本条は、支店所在地における登記事項に変更が生じたときは、3週間以内に変更登記をすべきことも定めている（本条3項）。

2　支店の所在地において登記する場合とその登記をすべき期間
　次の①ないし⑤の場合（①ないし⑤の支店が本店の所在地を管轄する登記所の管轄区域内にある場合を除く）には、それぞれの期間内に、その支店の所在地において、支店の所在地における登記をしなければならない（本条1項）。
① 会社の設立に際して支店を設けた場合（②から④までの場合を除く）
本店の所在地における設立の登記をした日から2週間以内
② 新設合併により設立する会社が新設合併に際して支店を設けた場合
922条（新設合併の登記）1項各号又は2項各号に定める日から3週間以内
③ 新設分割により設立する会社が新設分割に際して支店を設けた場合
924条（新設分割の登記）1項各号又は2項各号に定める日から3週間以内
④ 株式移転により設立する株式会社が株式移転に際して支店を設けた場合　925条（株式移転の登記）各号に掲げる日のいずれか遅い日から3週間以内
⑤ 会社の成立後に支店を設けた場合　支店を設けた日から3週間以内

3　支店における登記
　会社の支店の所在地における登記においては、①会社の商号、②本店の所在場所、③登記を行う法務局の管轄区域内の支店の所在場所の3つの事項を登記すれば足りる（本条2項）。旧商法188条3項、64条2項は、会社の支店の所在地の登記は、本店における登記とほぼ同内容の事項を登記していた。しかし、近年、商業登記の電子情報化が図られ、支店の所在地から本店の所在地における登記簿に係る情報に接して取得することが容易になった。

そのため、登記申請者の負担を軽減するため、支店の所在地における登記の記載事項を、旧商法よりも大幅に簡素化したのである。

この登記については、前記の3つの事項に変更があった場合（本条3項）又は持分会社の種類の変更（919条）、組織変更（920条）、組織再編（921条-925条）の場合（932条）以外は、変更する必要がない。

4　支店における変更登記

本条2項各号に掲げる事項に変更が生じたときは、3週間以内に、その支店の所在地において、変更の登記をしなければならない（本条3項）。

5　登記情報の電子化

本法は、支店の所在地における登記事項を簡略化した。商業登記の電子情報化が進んだ結果、本店の登記簿における登記情報へのアクセスが容易になったために、支店所在地における登記事項を、「商号」「本店の所在場所」及び、その支店所在地の管轄登記所の管轄区域内にある「支店の所在場所」に限った。これらが分かれば、誰でも本店所在地の登記所から必要な登記情報を取得し得るからである。この改正により、支店の所在地における変更登記が必要になる場合が減少し、会社の負担が軽減された。将来は、登記所の管轄区域を全国1つに集約し、支店所在地における登記を撤廃することも可能であろう（浜田道代・新基本法コンメ(3)504-505頁）。

●(他の登記所の管轄区域内への支店の移転の登記)

第931条　会社がその支店を他の登記所の管轄区域内に移転したときは、旧所在地（本店の所在地を管轄する登記所の管轄区域内にある場合を除く。）においては3週間以内に移転の登記をし、新所在地（本店の所在地を管轄する登記所の管轄区域内にある場合を除く。以下この条において同じ。）においては4週間以内に前条第2項各号に掲げる事項を登記しなければならない。ただし、支店の所在地を管轄する登記所の管轄区域内に新たに支店を移転したときは、新所在地においては、同項第3号に掲げる事項を登記すれば足りる。

会社がその支店を他の登記所の管轄区域内に移転したときは、旧所在地

（本店の所在地を管轄する登記所の管轄区域内にある場合を除く）においては3週間以内に移転の登記をし、新所在地（本店の所在地を管轄する登記所の管轄区域内にある場合を除く）においては4週間以内に930条2項各号に掲げる事項を登記しなければならない（本条本文）。

　もっとも、支店の所在地を管轄する登記所の管轄区域内に新たに支店を移転したときは、新所在地においては、930条2項3号に掲げる事項（所在場所）を登記すれば足りる（本条ただし書）。

　本条ただし書は、支店所在地を管轄する登記所の管轄区域内に新たに支店を移転したときについて定めており、930条2項3号に掲げる登記事項の変更登記（930条3項）と重なりがあるように思われる。本条本文は、支店を他の登記所の管轄区域内に移転したときについて定めるのであるから、ただし書は不要でないかとの指摘がある（浜田道代・新基本法コンメ(3)505頁）。

●（支店における変更の登記等）

第932条　第919条から第925条まで及び第929条に規定する場合には、これらの規定に規定する日から3週間以内に、支店の所在地においても、これらの規定に規定する登記をしなければならない。ただし、第921条、第923条又は第924条に規定する変更の登記は、第930条第2項各号に掲げる事項に変更が生じた場合に限り、するものとする。

　本条本文は、919条から925条まで（持分会社の種類の変更、組織変更、吸収合併、新設合併、吸収分割、新設分割、株式移転の登記）及び929条（清算結了の登記）に規定する場合における、支店の所在地での変更登記について定める。ただし、921条（吸収合併）、923条（吸収分割）又は924条（新設分割）に規定する変更の登記は、930条2項各号に掲げる事項（商号、本店の所在場所、支店の所在場所）に変更が生じた場合に限り、するものとする（本条ただし書）。

　本条本文とただし書を書き分けたのは、①持分会社の種類の変更・組織変更・新設合併及び清算結了の登記を本店所在地においてする場合は、必ず支店の所在地における登記事項の変更が生ずるのに対し、②吸収合併、吸収分割、新設分割については、吸収合併承継会社、吸収分割承継会社、新設分割会社の支店所在地における登記事項に変更が生じない場合があり得るからで

ある（浜田道代・新基本法コンメ(3)506 頁）。

第3節　外国会社の登記

　外国会社の登記については、改正前商法においては第2編第6章外国会社中の479条、480条、483条ノ2第2項等に定めがあった。本法は、933条ないし936条において、日本に営業所を設けている場合と設けていない場合とに分け、登記事項、登記期間等について定めている。

● (外国会社の登記)

第933条　外国会社が第817条第1項の規定により初めて日本における代表者を定めたときは、3週間以内に、次の各号に掲げる場合の区分に応じ、当該各号に定める地において、外国会社の登記をしなければならない。
　一　日本に営業所を設けていない場合　日本における代表者（日本に住所を有するものに限る。以下この節において同じ。）の住所地
　二　日本に営業所を設けた場合　当該営業所の所在地
2　外国会社の登記においては、日本における同種の会社又は最も類似する会社の種類に従い、第911条第3項各号又は第912条から第914条までの各号に掲げる事項を登記するほか、次に掲げる事項を登記しなければならない。
　一　外国会社の設立の準拠法
　二　日本における代表者の氏名及び住所
　三　日本における同種の会社又は最も類似する会社が株式会社であるときは、第1号に規定する準拠法の規定による公告をする方法
　四　前号に規定する場合において、第819条第3項に規定する措置をとることとするときは、同条第1項に規定する貸借対照表に相当するものの内容である情報について不特定多数の者がその提供を受けるために必要な事項であって法務省令〔施則220条1項6号〕で定めるもの
　五　第939条第2項の規定による公告方法についての定めがあるときは、その定め
　六　前号の定めが電子公告を公告方法とする旨のものであるときは、次に掲げる事項
　　イ　電子公告により公告すべき内容である情報について不特定多数

　　　　の者がその提供を受けるために必要な事項であって法務省令〔施則220条1項7号〕で定めるもの
　　　ロ　第939条第3項後段の規定による定めがあるときは、その定め
　　七　第5号の定めがないときは、第939条第4項の規定により官報に掲載する方法を公告方法とする旨
　3　外国会社が日本に設けた営業所に関する前項の規定の適用については、当該営業所を第911条第3項第3号、第912条第3号、第913条第3号又は第914条第3号に規定する支店とみなす。
　4　第915条及び第918条から第929条までの規定は、外国会社について準用する。この場合において、これらの規定中「2週間」とあるのは「3週間」と、「本店の所在地」とあるのは「日本における代表者（日本に住所を有するものに限る。）の住所地（日本に営業所を設けた外国会社にあっては、当該営業所の所在地）」と読み替えるものとする。
　5　前各項の規定により登記すべき事項が外国において生じたときは、登記の期間は、その通知が日本における代表者に到達した日から起算する。

1　外国会社の登記
(1)　登記すべき場合
　外国会社が817条1項の規定により初めて日本における代表者を定めたときは、3週間以内に、①日本に営業所を設けていない場合には、日本における代表者（日本に住所を有するものに限る）の住所地において、また②日本に営業所を設けている場合には、その営業所の所在地において、外国会社の登記をしなければならない（本条1項）。
(2)　登記の申請権者
　外国会社の登記の申請は、日本における代表者（817条。代表者が1名の場合には必然的に日本に住所を有していることとなるが、複数の場合は登記の申請を行う代表者が必ずしも日本に住所を有している必要はない）がその外国会社を代表して行う（商登128条）。

2　登記事項
　外国会社の登記においては、日本における同種の会社又は最も類似する会

社の種類に従い、911条3項各号又は912条から914条までの各号に掲げる事項を登記するほか、①外国会社の設立の準拠法、②日本における代表者の氏名及び住所、③日本における同種の会社又は最も類似する会社が株式会社であるときは、①の準拠法の規定による公告方法、④③の場合において、貸借対照表を電磁的方法により開示するときは、ウェブページのアドレス（施則220条1項6号）、⑤939条2項の規定による公告方法についての定めがあるときは、その定め、⑥電子公告を公告方法とするときは、ウェブページのアドレス等（施則220条1項7号）、⑦⑤の定めがないときは、官報に掲載する方法を公告方法とする旨を登記しなければならない（本条2項）。

3　日本における営業所

　日本における営業所は、登記上内国会社の支店とみなされる（本条3項）。日本における営業所が複数あるときはその営業所を管轄する登記所ごとに外国会社の登記が必要である。

4　準　　用

　変更の登記（915条）、支配人の登記（918条）、持分会社の種類の変更の登記（919条）、組織変更の登記（920条）、吸収合併の登記（921条）、新設合併の登記（922条）、吸収分割の登記（923条）、新設分割の登記（924条）、株式移転の登記（925条）、解散の登記（926条）、継続の登記（927条）、清算人の登記（928条）は、外国会社の場合に準用される。この場合、登記期間は2週間でなく3週間となり、「本店の所在地」は「日本における代表者（日本に住所を有するものに限る。）の住所地（日本に営業所を設けた外国会社にあっては、当該営業所の所在地）」と読み替えるものとされる（本条4項）。

5　外国会社の登記の申請期間

　外国会社の登記の申請期間は、内国会社の場合が登記事由が発生してから2週間以内とされているのに対し、3週間以内に延長されている（本条4項）。それに加えて、登記事項が外国において生じたときは、日本における代表者に通知された日を起算点とする（本条5項）。

●(日本における代表者の選任の登記等)

第934条　日本に営業所を設けていない外国会社が外国会社の登記後に日本

における代表者を新たに定めた場合（その住所地が登記がされた他の日本における代表者の住所地を管轄する登記所の管轄区域内にある場合を除く。）には、3週間以内に、その新たに定めた日本における代表者の住所地においても、外国会社の登記をしなければならない。
2　日本に営業所を設けた外国会社が外国会社の登記後に日本に営業所を新たに設けた場合（その所在地が登記がされた他の営業所の所在地を管轄する登記所の管轄区域内にある場合を除く。）には、3週間以内に、その新たに設けた日本における営業所の所在地においても、外国会社の登記をしなければならない。

1　趣　　旨

　複数の日本に住所を有する日本における代表者あるいは在日営業所を有する外国会社は、それぞれの住所地あるいは所在地を管轄する登記所において外国会社の登記をする必要がある。本条は、そのような一場合として、外国会社が日本における代表者あるいは在日営業所を別の登記所の管轄区域に新設する場合の登記義務を明文でもって定めるものである。

2　登記事項

　本条1項は、在日営業所がない外国会社について、既存の日本における代表者の住所地を管轄する登記所とは異なる登記所の管轄区域に住所地を有する日本における代表者を新たに選任した場合を、本条2項は、1項と趣旨は同じであるが、在日営業所を既に設けている外国会社について、新たに在日営業所を設ける場合を規定する。以上の場合には、その住所地あるいは所在地においても外国会社の登記をしなければならない。

3　登記の方法

　Aに加えBを日本における代表者として新たに選任する場合、又はa営業所に加えb営業所を新たに設置する場合は、A・a営業所の住所地・所在地を管轄する甲登記所とB・b営業所の住所地・所在地を管轄する乙登記所とで各登記を別に行うことになるが、この場合、商業登記法は、簡略な手続を認める。すなわち、甲登記所でB・b営業所を新たに選任又は設置した旨の登記をすれば、乙登記所に対する登記の申請に際しては、B・b営業所の選任又は設置の記載がある甲登記所の登記事項証明書（登記簿謄本）を添付

すれば足りる（商登129条3項）。これは、既に甲登記所における審査において、その登記の真実性が確保されるので、乙登記所において同様の書類を重ねて提出させる必要がないからである（根村良和「外国会社が日本に複数の営業所を設置する場合の登記申請の方法」商事1500.80）。

●（日本における代表者の住所の移転の登記等）

第935条 日本に営業所を設けていない外国会社の日本における代表者が外国会社の登記後にその住所を他の登記所の管轄区域内に移転したときは、旧住所地においては3週間以内に移転の登記をし、新住所地においては4週間以内に外国会社の登記をしなければならない。ただし、登記がされた他の日本における代表者の住所地を管轄する登記所の管轄区域内に住所を移転したときは、新住所地においては、その住所を移転したことを登記すれば足りる。

2　日本に営業所を設けた外国会社が外国会社の登記後に営業所を他の登記所の管轄区域内に移転したときは、旧所在地においては3週間以内に移転の登記をし、新所在地においては4週間以内に外国会社の登記をしなければならない。ただし、登記がされた他の営業所の所在地を管轄する登記所の管轄区域内に営業所を移転したときは、新所在地においては、その営業所を移転したことを登記すれば足りる。

1　趣　　旨

本条は、934条と同じく、在日営業所がない外国会社と在日営業所がある外国会社のそれぞれにつき、その外国会社の登記の基礎となる日本における代表者の住所地あるいは在日営業所の所在地に変動がありその住所地あるいは所在地を管轄する登記所が異なることとなった場合の移転登記義務及び手続を定めている。

2　移転に伴う登記

本条1項は、在日営業所がない外国会社に関し、日本における代表者の住所地の移転に伴う登記を旧住所地及び新住所地においてすることを求めている。旧住所地を管轄する登記所においては、移転の日から起算して3週間以内に移転登記を、新住所地を管轄する登記所においては移転の日から起算し

て4週間以内に外国会社の登記をしなければならない。

　本条2項は、在日営業所を設置する外国会社に関し、その在日営業所の移転に伴う登記を旧所在地及び新所在地においてしなければならないことを定める。旧所在地を管轄する登記所においては、移転の日から起算して3週間以内に移転登記を、新所在地を管轄する登記所においては移転の日から起算して4週間以内に外国会社の登記をしなければならない。

　複数の日本における代表者あるいは在日営業所があり、既に他の日本における代表者あるいは在日営業所が移転先の住所地あるいは所在地を管轄する登記所において外国会社の登記をしている場合には、移転した日本における代表者あるいは在日営業所について改めて個別に外国会社の登記をする必要はなく、移転した旨の登記のみを行う。すべての在日営業所を他の登記所の管轄区域内に移転する場合（商登131条1項）、及び、すべての日本における代表者の住所を他の登記所の管轄区域内に移転する場合（商登131条3項）には、新所在地又は新住所地における外国会社の登記は旧所在地又は旧住所地を管轄する登記所を経由して行い（商登51条1項）、旧所在地又は旧住所地における移転の登記と同時に申請しなければならない（商登51条2項）。

●（日本における営業所の設置の登記等）

第936条　日本に営業所を設けていない外国会社が外国会社の登記後に日本に営業所を設けたときは、日本における代表者の住所地においては3週間以内に営業所を設けたことを登記し、その営業所の所在地においては4週間以内に外国会社の登記をしなければならない。ただし、登記がされた日本における代表者の住所地を管轄する登記所の管轄区域内に営業所を設けたときは、その営業所を設けたことを登記すれば足りる。

2　日本に営業所を設けた外国会社が外国会社の登記後にすべての営業所を閉鎖した場合には、その外国会社の日本における代表者の全員が退任しようとするときを除き、その営業所の所在地においては3週間以内に営業所を閉鎖したことを登記し、日本における代表者の住所地においては4週間以内に外国会社の登記をしなければならない。ただし、登記がされた営業所の所在地を管轄する登記所の管轄区域内に日本における代表者の住所地があるときは、すべての営業所を閉鎖した

ことを登記すれば足りる。

1　趣　旨

　本条は平成14年の商法改正（同年法律第44号。同15年4月1日施行）に際し、479条の外国会社の登記に関する規定の中に設けられた内容を引き継いだ。同年の改正において営業所を設置しない外国会社の存在が認められることとなったのに伴い、在日営業所を有しない外国会社が在日営業所を有するとき、逆に、在日営業所を有する外国会社が在日営業所を有さなくなったとき、の双方について登記義務及び手続を定めるものである。

2　営業所新設と閉鎖

　本条1項は、在日営業所を設けていない外国会社が新たに営業所を設置する場合について定める。この場合には、旧管轄登記所である日本における代表者の住所地を管轄する登記所において3週間以内に営業所を設置した旨の登記を行い、新設した営業所の所在地を管轄する登記所において4週間以内に新たに外国会社の登記を行う。本条2項は、逆に、在日営業所を設けていた会社がすべての在日営業所を閉鎖する場合について定める。その場合には、旧管轄登記所である営業所の所在地を管轄する登記所において3週間以内に営業所を閉鎖した旨の登記を行い、日本における代表者の住所地を管轄する登記所において4週間以内に新たに外国会社の登記を行う。

　在日営業所が複数あってそのすべてを閉鎖する場合には、最後に閉鎖した営業所の所在地、又は、同時にすべてを閉鎖した場合にはそのいずれかの所在地を管轄する登記所が旧管轄登記所となる。新旧管轄登記所が同じとなる場合、すなわち、日本における代表者の住所地と新たに設置された営業所の所在地を管轄する登記所あるいは閉鎖する営業所の所在地と日本における代表者の住所地を管轄する登記所が同じときには、個別に重ねて外国会社の登記を行う必要はなく、営業所設置あるいは閉鎖の旨をその登記所において登記することをもって足りる（本条1項・2項ただし書）。

3　同時申請

　外国会社が新たに在日営業所を設ける場合、及び在日営業所のすべてを閉鎖する場合には、新管轄登記所における外国会社の登記は旧管轄登記所を経由し、かつ旧管轄登記所における営業所の新設又は閉鎖の登記と同時に申請

する（商登131条2項・4項、51条1項・2項）。

第4節　登記の嘱託

　裁判による登記の嘱託についての937条は、旧非訟事件手続法135条、139条等の定めを継承したものであり、規定の内容は、整備されている。嘱託は、裁判所ではなく、裁判所書記官がすることとしている。

● (裁判による登記の嘱託)

第937条　次に掲げる場合には、裁判所書記官は、職権で、遅滞なく、会社の本店（第1号トに規定する場合であって当該決議によって第930条第2項各号に掲げる事項についての登記がされているときにあっては、本店及び当該登記に係る支店）の所在地を管轄する登記所にその登記を嘱託しなければならない。
　一　次に掲げる訴えに係る請求を認容する判決が確定したとき。
　　イ　会社の設立の無効の訴え
　　ロ　株式会社の成立後における株式の発行の無効の訴え
　　ハ　新株予約権（当該新株予約権が新株予約権付社債に付されたものである場合にあっては、当該新株予約権付社債についての社債を含む。以下この節において同じ。）の発行の無効の訴え
　　ニ　株式会社における資本金の額の減少の無効の訴え
　　ホ　株式会社の成立後における株式の発行が存在しないことの確認の訴え
　　ヘ　新株予約権の発行が存在しないことの確認の訴え
　　ト　株主総会等の決議した事項についての登記があった場合における次に掲げる訴え
　　　(1)　株主総会等の決議が存在しないこと又は株主総会等の決議の内容が法令に違反することを理由として当該決議が無効であることの確認の訴え
　　　(2)　株主総会等の決議の取消しの訴え
　　チ　持分会社の設立の取消しの訴え
　　リ　会社の解散の訴え
　　ヌ　株式会社の役員の解任の訴え
　　ル　持分会社の社員の除名の訴え
　　ヲ　持分会社の業務を執行する社員の業務執行権又は代表権の消滅

の訴え
二　次に掲げる裁判があったとき。
　　イ　第346条第2項、第351条第2項又は第401条第3項（第403条第3項及び第420条第3項において準用する場合を含む。）の規定による一時取締役、会計参与、監査役、代表取締役、委員、執行役又は代表執行役の職務を行うべき者の選任の裁判
　　ロ　第479条第4項において準用する第346条第2項又は第483条第6項において準用する第351条第2項の規定による一時清算人又は代表清算人の職務を行うべき者の選任の裁判（次条第2項第1号に規定する裁判を除く。）
　　ハ　イ又はロに掲げる裁判を取り消す裁判（次条第2項第2号に規定する裁判を除く。）
　　ニ　清算人又は代表清算人若しくは清算持分会社を代表する清算人の選任又は選定の裁判を取り消す裁判（次条第2項第3号に規定する裁判を除く。）
　　ホ　清算人の解任の裁判（次条第2項第4号に規定する裁判を除く。）
三　次に掲げる裁判が確定したとき。
　　イ　前号ホに掲げる裁判を取り消す裁判
　　ロ　第824条第1項の規定による会社の解散を命ずる裁判
2　第827条第1項の規定による外国会社の日本における取引の継続の禁止又は営業所の閉鎖を命ずる裁判が確定したときは、裁判所書記官は、職権で、遅滞なく、次の各号に掲げる外国会社の区分に応じ、当該各号に定める地を管轄する登記所にその登記を嘱託しなければならない。
一　日本に営業所を設けていない外国会社　日本における代表者（日本に住所を有するものに限る。）の住所地
二　日本に営業所を設けている外国会社　当該営業所の所在地
3　次の各号に掲げる訴えに係る請求を認容する判決が確定した場合には、裁判所書記官は、職権で、遅滞なく、各会社の本店の所在地を管轄する登記所に当該各号に定める登記を嘱託しなければならない。
一　会社の組織変更の無効の訴え　組織変更後の会社についての解散の登記及び組織変更をする会社についての回復の登記
二　会社の吸収合併の無効の訴え　吸収合併後存続する会社についての変更の登記及び吸収合併により消滅する会社についての回復の登

記

三　会社の新設合併の無効の訴え　新設合併により設立する会社についての解散の登記及び新設合併により消滅する会社についての回復の登記

四　会社の吸収分割の無効の訴え　吸収分割をする会社及び当該会社がその事業に関して有する権利義務の全部又は一部を当該会社から承継する会社についての変更の登記

五　会社の新設分割の無効の訴え　新設分割をする会社についての変更の登記及び新設分割により設立する会社についての解散の登記

六　株式会社の株式交換の無効の訴え　株式交換をする株式会社（第768条第1項第4号に掲げる事項についての定めがある場合に限る。）及び株式交換をする株式会社の発行済株式の全部を取得する会社についての変更の登記

七　株式会社の株式移転の無効の訴え　株式移転をする株式会社（第773条第1項第9号に掲げる事項についての定めがある場合に限る。）についての変更の登記及び株式移転により設立する株式会社についての解散の登記

4　前項に規定する場合において、同項各号に掲げる訴えに係る請求の目的に係る組織変更、合併又は会社分割により第930条第2項各号に掲げる事項についての登記がされているときは、各会社の支店の所在地を管轄する登記所にも前項各号に定める登記を嘱託しなければならない。

1　裁判による登記の嘱託

本条は、裁判による登記の嘱託を、①外国会社関係を2項に、②組織再編関係を3項に、③それ以外のものを1項に定める。

会社に関する裁判手続においては、一定の裁判があった場合に、裁判所書記官が商業登記の嘱託をすべき場合があり（本条、938条）、その場合の登記の嘱託は、嘱託書に裁判書の謄本を添付してしなければならない（会社非訟規42条1項）。なお、「裁判書」とは、訴訟事件に基づく嘱託の場合（本条1項1号・3項・4項）は「判決書」を意味し、非訟事件に基づく嘱託の場合（本条1項2号・3号・2項）及び特別清算に関する裁判の場合（938条1項・2項）は「決定書」を意味する（花村良一「会社非訟事件等手続規則の解説」

判タ 1200.40)。

2　会社設立無効判決が確定した場合等

　本条1項は、外国会社及び組織再編以外の判決に関する嘱託による登記を定める。その嘱託先は会社の本店所在地を管轄する登記所であるのが原則であるが、株主総会等（830条1項括弧書）の不存在・無効の確認、取消判決が確定した場合に、その決議に基づいて商号の変更等の登記が支店においても登記がされていたときには（930条2項）、本店及び支店の所在地を管轄する登記所に対して嘱託される（本条1項柱書括弧書）。

　なお、役員選任決議の無効等の判決が確定した場合であっても、訴えの提起から期間が経過し、その役員につき辞任、解任、任期満了等による退任の登記がされるなど、その役員の登記が登記簿上既に抹消されて現に効力を有しないときは、登記実務上、商業登記法24条3号によりその登記の嘱託を却下する取扱いである（昭和47年7月26日民事甲3036号民事局長回答、味村治・新訂詳解商業登記（上）1089頁）。

　また、取締役を選任した株主総会決議について、不存在・無効の確認、取消判決が確定すれば、裁判所書記官が職権でその旨の登記嘱託をするのであるから、原告としては、決議取消し又は不存在確認又は無効確認請求さえすればその目的を達成でき、それに加えて取締役就任登記の抹消登記手続を求める訴えには、訴えの利益はない。

3　外国会社の場合

　本条2項は、外国会社の日本における取引の継続の禁止又は営業所の閉鎖を命ずる判決が確定した場合における嘱託の登記を定める。

　なお、嘱託先の登記所を、日本の営業所の有無によって分けている（本条2項1号・2号）。これは、外国会社が日本において取引を継続して行うときは、日本における代表者を定めることを要し（817条1項前段）、外国会社の登記をしなければならないが（933条）、日本に営業所を設けていない場合には日本における代表者の住所地、日本に営業所を設けた場合にはその営業所の所在地においてしなければならないからである。

4　会社の組織に関する訴えの認容判決が確定した場合

　本条3項は、組織変更、合併、会社分割、株式交換、株式移転について、その無効判決が確定した場合における嘱託の登記を定める。

　本条4項は、そのうち、組織変更、合併、会社分割がされたことにより支

店の所在地においても登記がされている場合は（930条2項）、支店の所在地を管轄する登記所に対しても嘱託することを定める。

● (特別清算に関する裁判による登記の嘱託)

第938条 次の各号に掲げる場合には、裁判所書記官は、職権で、遅滞なく、清算株式会社の本店（第3号に掲げる場合であって特別清算の結了により特別清算終結の決定がされたときにあっては、本店及び支店）の所在地を管轄する登記所に当該各号に定める登記を嘱託しなければならない。
　一　特別清算開始の命令があったとき　特別清算開始の登記
　二　特別清算開始の命令を取り消す決定が確定したとき　特別清算開始の取消しの登記
　三　特別清算終結の決定が確定したとき　特別清算終結の登記
2　次に掲げる場合には、裁判所書記官は、職権で、遅滞なく、清算株式会社の本店の所在地を管轄する登記所にその登記を嘱託しなければならない。
　一　特別清算開始後における第479条第4項において準用する第346条第2項又は第483条第6項において準用する第351条第2項の規定による一時清算人又は代表清算人の職務を行うべき者の選任の裁判があったとき。
　二　前号の裁判を取り消す裁判があったとき。
　三　特別清算開始後における清算人又は代表清算人の選任又は選定の裁判を取り消す裁判があったとき。
　四　特別清算開始後における清算人の解任の裁判があったとき。
　五　前号の裁判を取り消す裁判が確定したとき。
3　次に掲げる場合には、裁判所書記官は、職権で、遅滞なく、当該保全処分の登記を嘱託しなければならない。
　一　清算株式会社の財産に属する権利で登記されたものに関し第540条第1項又は第2項の規定による保全処分があったとき。
　二　登記のある権利に関し第542条第1項又は第2項の規定による保全処分があったとき。
4　前項の規定は、同項に規定する保全処分の変更若しくは取消しがあった場合又は当該保全処分が効力を失った場合について準用する。
5　前2項の規定は、登録のある権利について準用する。

6　前各項の規定は、その性質上許されないものを除き、第822条第1項の規定による日本にある外国会社の財産についての清算について準用する。

1　特別清算開始に関する嘱託登記
　特別清算の場合、裁判所書記官は、手続の進行状況に応じて①特別清算開始、②特別清算取消し、③特別清算終結（以上、本条1項）、④清算人・役員等関係（本条2項）の登記を本店所在地（③特別清算終結については支店所在地にも）の管轄登記所に登記を嘱託する。

2　保全処分に関する嘱託登記
　特別清算の手続において、清算会社の財産に関する権利で登記されたものに関する保全処分（540条1項・2項）、又は役員等の財産に関する権利で登記されたものに関する保全処分（542条1項・2項）があったときは、裁判所書記官は、権利に関する登記について、保全処分の登記の嘱託をすべきであり（本条3項）、その場合の登記の嘱託についても、嘱託書に裁判書謄本を添付する必要がある（会社非訟規42条1項）。
　他方、これらの保全処分につき変更若しくは取消しがあった場合又は効力が失われた場合における登記の嘱託（本条4項・3項）は、嘱託書に変更又は取消しの決定の裁判書の謄本又は保全処分が効力を失ったことを証する書面を添付しなければならない（会社非訟規42条2項）。
　更に、登録のある権利については、上記の権利に関する登記の嘱託に関する規定（本条3項・4項）が準用されている（本条5項）ことから、同様に、権利に関する登記の嘱託に関する規則の規定（会社非訟規42条1項・2項）を準用する（会社非訟規42条3項）。
　以上のほか、特別清算に関する登記の嘱託に関する規定（本条1項-5項）は、その性質上許されないものを除いて、日本にある外国会社の財産についての清算（822条1項）について準用される（本条6項）ことから、同様に、特別清算に関する登記の嘱託に関する規則の規定（会社非訟規42条1項-3項）を準用する（会社非訟規42条4項。花村良一「会社非訟事件等手続規則の解説」判タ1200.40-41）。

第5章 公　　告

　第5章は、公告方法等について定めている。第1節は、会社の公告方法及び電子公告の公告期間等を定め、第2節は、電子公告調査機関について定めている。

第1節　総　　則

●（会社の公告方法）

第939条　会社は、公告方法として、次に掲げる方法のいずれかを定款で定めることができる。
　一　官報に掲載する方法
　二　時事に関する事項を掲載する日刊新聞紙に掲載する方法
　三　電子公告
2　外国会社は、公告方法として、前項各号に掲げる方法のいずれかを定めることができる。
3　会社又は外国会社が第1項第3号に掲げる方法を公告方法とする旨を定める場合には、電子公告を公告方法とする旨を定めれば足りる。この場合においては、事故その他やむを得ない事由によって電子公告による公告をすることができない場合の公告方法として、同項第1号又は第2号に掲げる方法のいずれかを定めることができる。
4　第1項又は第2項の規定による定めがない会社又は外国会社の公告方法は、第1項第1号の方法とする。

1　公告方法の意義
　「公告方法」とは、本法又は他の法律によって官報に掲載する方法によらなければならないものを除き、会社（外国会社を含む）が公告する方法をいう（2条33号）。本法が定める公告であっても、①資本金等の額の減少や組織再編行為等の場合の債権者異議手続（449条2項、627条2項、635条2項、670条2項、779条2項、789条2項、799条2項、810条2項）や、②清算・

特別清算手続（499条1項、660条1項、885条1項、890条1項・6項、898条5項、901条3項、902条1項・4項）の公告については、①の場合は各条項により、また、②の場合は885条1項により、いずれも「官報による」公告との限定があるので、本条所定の「公告方法」には含まれない。それは、本条所定の「公告方法」は、会社（外国会社を含む）が公告をする方法をいうのであるが、「この法律又は他の法律の規定により官報に掲載する方法によりしなければならないものとされているものを除く」ものであるからである（2条33号括弧書）。すなわち、本条1項所定の公告方法は、①官報に掲載する方法に限らず、②時事に関する事項を掲載する日刊新聞紙に掲載する方法、③電子公告のうちいずれかを定款で定めることができるものである。

2　本条の公告方法の類型

　本法その他の法律において、会社につき、「公告しなければならない」、「公告することができる」等の形で、公告の根拠規定が置かれており、かつ、特に方法についての定めがない場合は、本条1項又は4項に基づく公告方法（「本条の公告方法」）によって公告することになる。山本憲光・会社法コンメ(6)9-10頁は、本法は、本条の公告方法により公告をすべきとする規定について、以下の(1)ないし(5)に分類している（外国会社がする公告も含む）。なお、(5)は、本法上、官報による公告が強制されているものである。

(1)　本条の公告方法による公告及び株主等に対する通知又は催告が必要なもの

ア　所在不明株主の株式の競売等に係る公告（198条1項）

　会社が197条1項により所在不明株主等の株式を売却する場合、株主の意思と無関係に行い得るが、直ちに売却が許されるのではなく、その株主や利害関係人の意思を確かめる機会を与えるために、公告及び催告をしなければならない。

イ　株券の提出公告（219条1項1号-8号）

　株券発行会社が株式譲渡制限規定の設定等の行為を行う場合は、株券を提出しなければならない旨をその行為の効力発生日の1か月前までに、株主等に通知するとともに本条の公告方法により公告しなければならない。ただし、その株式の全部について株券を発行していない場合は、株主等への通知も公告も不要である（219条1項柱書）。

ウ　新株予約権証券の提出公告（293条1項1号-7号）

　新株予約権証券についてもイと同様の取扱いがされる。

エ　社債管理者が定款の定めに基づき社債権者集会の決議によらずに社債の

全部について訴訟行為等をした場合の公告（706条2項）

706条2項は、社債管理者が同条1項ただし書により社債権者集会の決議によらずに、1項2号の行為をしたときのみに公告・通知をすべきこととした。これを除く同条1項各号の行為については社債権者集会決議が必要とされるが、その場合は裁判所の認可は公告されるため（735条）、重ねて公告する必要はないのである。

オ　事務承継社債管理者の公告（714条4項）

社債管理者の承継があると、いかなる社債権者が事務を承継したのか、その承継時期などが社債権者にとって利害関係があるからである。

(2) 本条の公告方法による公告のみが必要なもの

ア　基準日の公告（124条3項）

株主総会の議決権等の基準日を定めたときは、その2週間前までに、基準日と基準日株主が行使することができる権利（基準日から3か月以内に行使するものに限る）の内容を本条の公告方法により公告しなければならない（124条2項・3項）。基準日設定については、その対象が株主名簿に記載されていない実質的株主等も含むことから公告に限られ、通知によって行うことはできない。

イ　株券提出不能者の請求による公告（220条1項、219条1項1号-8号）

219条1項各号の組織再編行為がされた場合、株券を提出できなかった者は、会社に請求し、利害関係人に異議を述べるべき旨の公告をさせることができ、その間に異議が出なかったときは、同条2項の金銭等を交付できることとなる。

ウ　新株予約権証券提出不能者にの請求による公告（293条4項、220条1項）

新株予約権証券を提出できなかった者の場合も、イと同様である。

エ　貸借対照表等の公告（440条1項・2項、819条1項・2項）

会社は、株主や債権者等利害関係人に対し、会社の財務状況に関する情報を提供するために、原則として、定時株主総会終結後遅滞なく、貸借対照表（大会社の場合は、貸借対照表及び損益計算書）を開示しなければならない（440条1項。いわゆる「決算公告」）。官報又は日刊新聞紙が公告の方法である場合は、貸借対照表の要旨を公告すれば足りるが（同条2項）、電子公告が公告の方法である場合は、貸借対照表の要旨では足りず、その全文の掲載が必要であり（同条2項の適用除外）、かつ、計算書類承認の定時株主総会終結の日後5年間継続して電子公告による公告をしなければならない（940条1項2号）。有価証券報告書を提出しなければならない会社については（金

商24条1項)、決算報告は不要である（440条4項）。有価証券報告書に記載されている情報が、決算報告で開示される情報より、詳細であり、かつ、それが一般に公開されているからである。なお、特例有限会社と持分会社には、決算公告の義務は課されていない。

オ　無記名式社債券を発行している場合の社債権者集会の招集公告（720条4項）

カ　社債権者集会の決議の認可又は不認可の公告（735条）
　(1)エ参照。

キ　組織再編行為における効力発生日の変更の公告（780条2項、781条1項、790条2項、793条2項）

　組織再編行為の効力発生日を変更する場合は、変更前の効力発生日（変更後の効力発生日が変更前の効力発生日前の日である場合にあっては、その変更後の効力発生日）の前日までに、変更後の効力発生日を本条の公告方法により公告しなければならない。

(3)　本条の公告方法による公告か株主に対する通知のいずれかが必要なもの

ア　定款の定めに基づく役員等の責任の免除の公告（426条3項）

イ　役員等の責任追及の訴えの提起または訴訟告知の公告（849条4項）

(4)　株主等に対する通知が原則であるが、本条の公告方法による公告で代えることが許容されるもの

ア　反対株主等に株式等買取請求権の行使機会を与える通知に代わる公告（116条4項、118条4項）

　株式譲渡制限規定の設定等の行為を行う場合、その行為について反対の株主の株式買取請求の機会を確保するため、その行為の効力発生日の20日前までに株主にその行為を行う旨を通知又は本条の公告方法により公告しなければならない（116条3項・4項）。なお、新株予約権者についても同様の取扱いが規定されている（118条3項・4項）。

イ　株主等の合意による自己株式の取得に関する通知に代わる公告（158条2項）

ウ　株式併合の通知に代わる公告（181条2項）

エ　取得条項付株式の取得に関する通知に代わる公告（168条3項、169条4項、170条4項）

オ　募集株式等の発行等に関する通知に代わる公告（201条3項・4項、240条3項）

　公開会社の募集株式の発行につき、取締役会において募集事項を定めたときは、株主に対して払込期日（又は払込期間の初日）の2週間前までに募集

事項を通知又は本条の公告方法により公告しなければならない（201条3項・4項）。なお、募集新株予約権の発行についても同様の取扱いが規定されている（240条3項）。
カ　株券を発行する旨の定款の定めの廃止に関する通知に代わる公告（218条4項）

　株券発行会社が株券廃止に係る定款変更を行う場合、定款変更の効力発生日の2週間前までに株券廃止の旨、効力発生日、株券が無効となる旨を株主等に通知するとともに本条の公告方法により公告しなければならない（218条1項）。ただし、その会社が株式の全部について株券を発行していない場合には株主等への通知のみで足り、公告は不要である（218条3項）。
キ　取得条項付新株予約権の取得に関する通知に代わる公告（273条3項、274条4項、275条5項）
ク　組織再編関係の通知に代わる公告（469条4項、776条3項、777条4項、783条6項、785条4項、787条4項、797条4項、804条5項、806条4項、808条4項）

　組織再編行為を行う場合においても、アと同様の取扱いが規定されている。ただし、新設合併等新設型組織再編行為を行う場合は、その行為承認に係る株主総会決議の日から2週間以内に株主にその行為を行う旨を通知又は本法の公告方法により公告しなければならず（806条3項・4項）、通知又は公告から20日以内が株式等買取請求期間となる（806条5項）。

　また、吸収合併等吸収型組織再編行為を行う場合に消滅株式会社等は、効力発生日の20日前までに、その行為を行う旨を登録株式質権者等に対し、通知又は本法の方法により公告しなければならない（783条5項・6項）。新設合併等新設型組織再編行為を行う場合に消滅株式会社等は、その行為承認に係る株主総会決議の日から2週間以内にその行為を行う旨を登録株式質権者等に対し、通知又は本法の方法により公告しなければならない（804条4項・5項）。

(5) 官報による公告及び債権者に対する催告が必要なもの
ア　組織再編等の債権者保護手続における債権者異議申述公告（449条2項、635条2項、670条2項、779条2項、781条2項、789条2項、793条2項、799条2項、802条2項、810条2項、813条2項）

　資本金の額の減少や組織再編行為を行う場合は、債権者に対し、一定の期間内（1か月を下ることはできない）にその行為について異議を申し出ることができる旨を官報による公告の方法により公告しなければならない。実務的には行為の効力発生日の少なくとも1か月前までには公告をしなければな

らない。なお、個別催告を省略するために債権者異議申述公告を日刊新聞紙又は電子公告で行う場合も同様である。
　イ　清算における債権申出等公告（499条1項、660条1項、670条2項）
　清算会社は、解散後遅滞なく、債権者に対し、一定の期間内（2か月を下ることはできない）にその債権を申し出るべき旨を官報限定公告の方法により公告しなければならない（499条、660条）。なお、旧商法においては、その公告を最低3回行わなければならなかったが（旧商421条1項）、本法においては1回で足りることとなった。
　ウ　外国会社の代表者の退任、清算等の公告（820条1項、822条3項、499条1項）
　なお、アの各債権者異議申述公告及びイのうち670条2項の公告（持分会社の任意清算の場合の債権者異議申述公告）については、官報公告に加え、定款に定める日刊新聞紙又は電子公告でも公告した場合には、債権者に対する個別催告を省略することができる旨の規定が置かれている（ただし、吸収分割会社又は新設分割会社に対する不法行為債権者への催告は省略できない。789条3項括弧書、810条3項括弧書）。その限りで、(5)の場合も、定款所定の「公告方法」が意義を有する。

3　公告の媒体
　会社又は外国会社の公告方法を3つの方法、すなわち、①官報に掲載する方法、②時事に関する事項を掲載する日刊新聞紙に掲載する方法、③電子公告のいずれかを定款で定めること（任意的記載事項）ができる（本条1項・2項）。これを定めない場合は、官報に掲載する方法としている（本条4項）。なお、公告方法に関する定めを定款に置いた場合、その旨の登記が必要である（911条3項28号、912条8号、913条10号、914条9号、933条2項5号）。
(1)　官　　報
　官報とは、法令等の公布、国の広報のほか各種法定公告を掲載する国が発行する機関紙である。
(2)　時事に関する事項を掲載する日刊新聞紙
　時事に関する事項を掲載する日刊新聞紙とは、政治、経済、社会、文化その他社会における出来事を幅広く報道する日刊の新聞紙と解される。日曜日の休刊は差し支えないが、週刊・月刊の新聞は除かれる。また、日刊新聞であっても、学術新聞、スポーツ新聞は、時事に関する事項を掲載する新聞紙ではない。日刊新聞紙であれば、地方紙でも差し支えない（昭和36年12月18日民四242号回答）。全国紙のように数箇所で発行される日刊新聞を公告

方法とする場合、発行地を異にする同一の日刊新聞すべてに公告をする必要がある。もし、地方版に限定する場合には、「当会社の公告方法は、○○市において発行するＡ新聞に掲載してする。」と定める（昭和34年9月4日民甲1974号回答）。
(3) 電子公告
　電子公告とは、電磁的方法により不特定多数の者が公告内容である情報の提供を受け得る状態に置く措置を執る方法である（2条34号）。これは、公告しようとする情報をインターネット上のホームページに掲載し、誰もが容易にアクセスし、閲覧可能にするものである。
　なお、電子公告を公告方法とする場合には、定款において電子公告とする旨を定め（本条3項）、ホームページの具体的アドレスは、取締役会決議等で定めれば足りる。また、電子公告の場合、官報又は日刊新聞紙を公告の方法とする場合と異なり、事故その他やむを得ない事由（地震等による通信回線の切断事故で早期に回復できない場合や調査依頼をした調査会社の廃業、登録取消し等）によって電子公告による公告をすることができない事態が生じ得る。本条3項は、このような場合に備えて、官報又は日刊新聞紙を予備的な公告の方法として定め得ることとしている（本条3項）。現に電子公告を公告の方法としている会社の多くが予備的な公告方法も定めている。

4　定款における定め方
(1) 複数方法
　公告の方法として「当会社の公告方法は、Ａ新聞及び官報に掲載してする。」という複数の方法を定款で定めることができる。その場合は、常に定款で定めたすべての方法で公告をしなければならない。
(2) 選択的方法
　公告の方法として「当会社の公告方法は、Ａ新聞又は官報に掲載してする。」という選択的な公告の方法を定款で定めることはできない。選択的な公告の方法では、株主等は、いずれの媒体に公告されるかが分からず、常にＡ新聞と官報の両方を確認しなければならない不都合が生じるからである。
(3) 予備的方法
　公告の方法として「当会社の公告方法は、Ａ新聞に掲載してする。ただし、Ａ新聞による公告に不都合があるときは、官報に掲載してする。」という予備的な公告の方法を定款で定め得ない（ただし、電子公告の場合は予備的な公告の方法を定め得る）。株主等は、予備的な公告の方法が如何なる場合に採用されるかが判然としないため、(2)の場合と同様に、常にＡ新聞と

官報の両方の媒体を確認しなければならない不都合が生じるからである。
(4) 公告方法の定めがない会社・外国会社の公告方法
　公告方法の定めがない会社・外国会社の公告方法は、官報である（本条4項）。本条1項は、定款自治の観点から、公告方法を定款の任意的記載事項とする。しかし、株式会社では原則として決算公告は毎年実施する必要があり（440条1項）、持分会社も含め、法定公告の必要が生じた場合に、臨時株主総会を開催し、定款変更（外国会社の場合はその所要の手続）をして公告方法を定め、その登記をした上でないと公告できないとすると、時間がかかり、会社や利害関係者に損害を生じさせるおそれがある。そこで、定款に公告方法の定めがない会社であっても、法定公告を行う必要が生じた場合に直ちに実施できるようにしておく必要がある。そこで、債権者保護手続や清算の場合に法律上義務づけられている公告方法である官報を、この場合の公告方法として採用したのである。

5　公告方法の変更
　公告方法を変更する場合は、公告方法に関する定款の定めの有無を問わず、定款の変更により行う。定款の変更は株主総会の決議により行う（466条）。その決議は、株主総会において議決権を行使することができる株主の議決権の過半数（3分の1以上の割合を定款で定めた場合は、その割合以上）を有する株主が出席し、出席株主の議決権の3分の2（これを上回る割合を定款で定めた場合は、その割合）以上の多数で行わなければならない（309条2項11号）。なお、この場合は、その決議の要件に加えて、一定の数以上の株主の賛成を要する旨その他の要件を定款で定め得る。なお、公告方法は登記事項であるから（911条3項28号等）、それを変更した場合には、変更登記を行わなければならない。

6　公告の適法性と法的効力
　公告は、①公告事項の一部が欠けている場合、②公告内容に誤りがある場合、又は③一般的な読者にとり公告が掲載されていることを容易に判別し難い形で掲載されている場合（新聞記事の中に紛れ込んでいる等）には、公告義務の履行としての効力に疑義が生じる。公告が、会社の行為としての一連の法的手続の一部となっており、その有効な実施がその行為の効力発生要件になっている公告（例えば、債権者保護手続における債権者異議申述公告（449条2項等）、募集株式の発行に関する株主に対する公告（201条4項））の場合は、その効果の重大性に鑑み、募集株式の発行の無効や合併の無効と

してもやむを得ない程度の瑕疵があるときは公告が無効になると解される。

●（電子公告の公告期間等）

第940条　株式会社又は持分会社が電子公告によりこの法律の規定による公告をする場合には、次の各号に掲げる公告の区分に応じ、当該各号に定める日までの間、継続して電子公告による公告をしなければならない。
　一　この法律の規定により特定の日の一定の期間前に公告しなければならない場合における当該公告　当該特定の日
　二　第440条第1項の規定による公告　同項の定時株主総会の終結の日後5年を経過する日
　三　公告に定める期間内に異議を述べることができる旨の公告　当該期間を経過する日
　四　前3号に掲げる公告以外の公告　当該公告の開始後1箇月を経過する日
2　外国会社が電子公告により第819条第1項の規定による公告をする場合には、同項の手続の終結の日後5年を経過する日までの間、継続して電子公告による公告をしなければならない。
3　前2項の規定にかかわらず、これらの規定により電子公告による公告をしなければならない期間（以下この章において「公告期間」という。）中公告の中断（不特定多数の者が提供を受けることができる状態に置かれた情報がその状態に置かれないこととなったこと又はその情報がその状態に置かれた後改変されたことをいう。以下この項において同じ。）が生じた場合において、次のいずれにも該当するときは、その公告の中断は、当該公告の効力に影響を及ぼさない。
　一　公告の中断が生ずることにつき会社が善意でかつ重大な過失がないこと又は会社に正当な事由があること。
　二　公告の中断が生じた時間の合計が公告期間の10分の1を超えないこと。
　三　会社が公告の中断が生じたことを知った後速やかにその旨、公告の中断が生じた時間及び公告の中断の内容を当該公告に付して公告したこと。

1　趣　　旨

　電子公告は、インターネットのホームページに公告すべき内容の情報を掲載し、不特定多数の者がその情報の提供を受領できる状態に置くことによって行う。その場合、ホームページに掲載する期間が短いと、公告の機能を果たさない。しかし、長期間の掲載を要求することは会社の負担が多くなる。そこで、本条1項は、各公告の趣旨・目的等に鑑み、公告の類型を区分し、その区分ごとに公告期間を定めた（始関正光「株券等不発行制度・電子公告制度の導入」別冊商事286.125）。なお、外国会社が電子公告により819条1項による公告をする場合について、後記3参照。

2　電子公告の公告期間

　本条1項は、株式会社又は持分会社について、以下のように、4つに区分して公告期間を定める（江頭・株式会社法102-103頁、山本憲光・論点体系(6)18-22頁）。

(1) 特定の日の一定期間前に公告を要する場合の公告（本条1項1号）
ア　反対株主に株式買取請求権を行使する機会を与えるための公告（116条4項、469条4項、785条4項、797条4項）　効力発生日の20日前までの日
イ　譲渡制限株式等へ株式の内容を変更する定款変更の場合において新株予約権者に新株予約権買取請求権を行使する機会を与えるための公告（777条4項、787条4項）　定款変更日の20日前までの日
ウ　組織変更又は吸収合併等をする場合（消滅株式会社等）において新株予約権者に新株予約権買取請求権を行使する機会を与えるための公告（118条4項、777条4項、787条4項）　効力発生日の20日前までの日
エ　基準日の公告（124条3項）　基準日の2週間前までの日
オ　取得条項付株式の取得日の公告（168条3項）　取得日の2週間前までの日
カ　株式併合の公告（181条2項）　効力発生日の2週間前までの日
キ　募集株式の発行等に係る募集事項の決定の公告（201条4項）　払込期日等の2週間前までの日
ク　株券を発行する旨の定款の定めの廃止の公告（218条4項）　定款変更日の2週間前までの日
ケ　株券提出公告（219条1項）　効力発生日の1か月前までの日
コ　新株予約権の発行に係る募集事項の決定の公告（240条3項）　割当日の2週間前までの日
サ　取得条項付新株予約権の取得日の公告（273条3項）　取得日の2週間前

までの日
シ　新株予約権証券提出公告（293条1項）　効力発生日の1か月前までの日
ス　無記名式の社債権を発行している場合の社債権者集会の招集の公告（720条4項）　社債権者集会の日の3週間前までの日
セ　組織変更計画の承認等の公告（776条3項）　効力発生日の20日前までの日
ソ　組織変更の効力発生日の変更の公告（780条2項、781条2項、790条2項、793条2項）　変更前（又は変更後）の効力発生日の前日までの日
タ　吸収合併契約等の承認等の公告（783条6項）　効力発生日の20日前までの日

　上記の公告について、それぞれの初日から所定の日（「特定の日」「効力発生日」「基準日」「取得日」「払込期日等」「定款変更日」「割当日」「社債権者集会の日」）まで電子公告による公告を継続する必要がある。ただしア、イ、ウの各公告は、株式買取請求又は新株予約権買取請求をすることができる期間は効力発生日又は定款変更日の前日までである（116条5項、469条5項、785条5項、797条5項、118条5項、777条5項、787条5項）から、電子公告による公告は、効力発生日又は定款変更日の前日まで継続すれば足りる。また、ク、ケ、シの各公告については、登記申請手続との関係上、定款変更日又は効力発生日の前日まで継続すれば足りると解されている。

(2) 440条1項の規定による公告（本条1項2号）
　これは、貸借対照表等の公告（決算公告）であり、貸借対照表（大会社では貸借対照表及び損益計算書）が承認又は報告された定時株主総会の終結の日後5年間電子公告による公告を継続しなければならない。

(3) 公告に定める期間内に異議を述べ得る旨の公告（本条1項3号）
ア　債権者保護手続における債権者異議申述公告（449条2項、627条2項、635条2項、670条2項、779条2項、781条2項、789条2項、793条2項、799条2項、802条2項、810条2項、813条2項）　1か月以上の異議申立期間の初日までの日
　　789条3(2)の設例参照。
イ　株式の競売等における利害関係人に対する異議申述公告（198条1項）　3か月以上の異議申立期間の初日までの日
ウ　役員等の責任の免除における株主に対する異議申述公告（426条3項）
　　責任の免除等に関する同意を行った後遅滞なく、1か月以上の異議申立期間の初日までの日

　以上のアからウにつき、それぞれの異議申立期間を経過する日まで、すな

わち、同期間の満了の日まで電子公告による公告を継続しなければならないことになる。
(4) (1)ないし(3)の公告以外の公告（本条1項4号）
ア　株主との合意による自己株式取得の公告（158条2項）　取得価格等の決定後の日
イ　取得条項付株式の一部の取得において取得する株式を決定した場合の公告（169条4項）　決定後直ちに
ウ　取得条項付株式の取得事由発生の公告（170条4項）　取得事由が生じた後遅滞なく
エ　単元株式数に係る定款の変更の公告（195条3項）　定款変更日以後遅滞なく
オ　取得条項付新株予約権の一部の取得において取得する新株予約権を決定した場合の公告（274条4項）　決定後直ちに
カ　取得条項付新株予約権の取得事由発生の公告（275条5項）　取得事由が生じた後遅滞なく
キ　社債管理者の事務の承継の公告（714条4項）　社債管理者を定める等した後遅滞なく
ク　社債権者集会の決議に対する裁判所による認可等の決定の公告（735条）　決定後遅滞なく
ケ　新設合併契約等の承認（804条5項）　新設合併契約等についての株主総会の承認決議等の日から2週間以内の日
コ　新設合併等をする場合（消滅株式会社等）において反対株主に株式買取請求権を行使する機会を与えるための公告（806条4項）　新設合併契約等についての株主総会の承認決議の日から2週間以内の日
サ　新設合併等をする場合（消滅株式会社等）において新株予約権者に新株予約権買取請求権を行使する機会を与えるための公告（808条4項）　新設合併契約等についての株主総会の承認決議の日から2週間以内の日
シ　責任追及等の訴え提起等の公告（849条4項）　訴え提起等の後遅滞なく
　上記の各公告について、それぞれの初日から1か月を経過する日まで電子公告による公告を継続しなければならない。ただし、イとオの公告については、その一部を取得することとする定めのある取得条項付株式又は取得条項付新株予約権について、会社がその取得する取得条項付株式又は取得条項付新株予約権を決定した場合、取得事由がその後に生じない限り、電子公告による公告を開始した日から2週間を経過した日にその取得の効力が生じるから（170条1項、275条1項）、電子公告による公告はその開始後2週間を経

過する日まで継続すれば足りると解される。また、コとサの公告については、株式買取請求又は新株予約権買取請求できる期間は公告をした日から20日間であるから（806条5項、808条5項）、電子公告による公告は、その開始後20日間を経過する日まで継続すれば足りると解されている。

3 外国会社の電子公告

外国会社が電子公告により819条（貸借対照表に相当するものの公告）1項による公告をする場合には、同項の手続の終結の日後5年を経過する日までの間、継続して電子公告による公告をしなければならない（本条2項）。

4 公告の中断

電子公告の公告期間中に、保守作業・事故等により公告の中断（①電子公告に関する機械の故障や停電、サーバの定期点検などにより、不特定多数の者が提供を受けることができる状態に置かれるべき情報がその状態に置かれないこととなること、又は、②ハッカーによる攻撃などにより、その情報がその状態に置かれた後に改竄されることなど）が生じた場合に、電子公告を無効としてやり直しをさせるとすると、会社の負担が重過ぎる。そのために、電子公告の利用が回避される可能性もある。そこで、本条3項は、電子公告の公告期間中に公告の中断が生じた場合でも、次の(1)ないし(3)のすべての要件を満たすときは、公告の効力に影響を及ぼさないことを定めた。

(1) 公告の中断が生ずることにつき会社が善意でかつ重大な過失がないこと又は会社に正当な事由があること

「重大な過失」とは、注意義務違反の程度が大きい重過失（広義の重過失）ではなく、故意に準ずる重過失（狭義の重過失）と解される。例えば、①保安対策を全く講じないままにホームページを作成して公告した場合、②保安対策自体は講じたものの通常の公開会社に比べてその程度が大幅に劣っていた場合、又は③最低限必要な保守を怠ったことによりサーバが働かなくなった場合である。また、「正当な事由」とは、例えば、公告設備の定期的な点検・保守のためにサーバを一時的に停止する場合などである。

(2) 公告の中断が生じた時間の合計が公告期間の10分の1を超えないこと

電子公告調査機関の調査結果通知における推計中断時間の合計が公告期間の10分の1以内であった場合は、その記載のある調査結果通知によって、中断時間の合計が公告期間の10分の1を超えなかったことを証明することができる。なお、調査機関の推計した公告の中断時間の合計が公告期間の10分の1を超える場合であっても、会社から、現実に公告が中断した時間

が公告期間の10分の1に満たないことを証する資料（公告サーバが現実にダウンしていた時間を示す記録等）の提出があったときは、他に却下事申がない限り、登記を受理して差し支えない（平成17年1月26日民商第192号法務省民事局長通達第2の6参照）。

　公告期間の10分の1を超えて中断が生じた場合、その公告は無効になり、公告を再度やり直さなければならない。仮に公告をやり直さずに組織再編行為等を行った場合、その行為の無効原因となる。
(3)　会社が公告の中断が生じたことを知った後速やかにその旨、公告の中断が生じた時間及び公告の中断の内容をその公告に付して公告したこと

　中断状態の解消後速やかに追加公告を行えば、この要件を充足することになる。これは、電子公告をしている会社が公告の中断の発生を知った場合は、まずは中断状態を解消する措置に全力を尽くすからである。

訴訟物　　　　ＸのＹ株式会社に対する新株発行無効権
　　　　　　　＊本件は、募集新株の発行に係る募集事項の決定の公告を電子公告の方法によったところ、それに中断があったため、新株発行無効の訴え（828条1項2号）が提起され、その中断に正当な事由があるかが争われた事案である。

請求原因　1　Ｘは、Ｙ会社の株主等（株主、取締役又は清算人（監査役設置会社は株主、取締役、監査役又は清算人、委員会設置会社は株主、取締役、執行役又は清算人））であること
　　　　　2　Ｙ会社は、平成○年○月○日開催の取締役会において、次の新株発行決議をしたこと
　　　　　　(1)　発行株式の種類及び数　　○○種類株式○○株
　　　　　　(2)　払込金額　　　　　　　　1株につき○○円
　　　　　　(3)　払込期日　　　　　　　　平成○年○月○日
　　　　　　(4)　発行方法　　　　　　　　特定の第三者割当て
　　　　　3　発行期日の到来により請求原因2記載の新株を発行したこと
　　　　　4　請求原因2の新株発行の募集事項の決定の電子公告につき、払込期日等の2週間前までの日から払込期日等の間に、電子公告に中断があったこと
　　　　　5　本訴の提起は、株式の発行の効力が生じた日から6か月以内（非公開会社は、株式の発行の効力が生じた日から1年以内）であること

(中断の救済措置)

抗弁 1　公告の中断が生ずることにつき Y 会社が善意でかつ重大な過失がないこと又は Y 会社に正当な事由があること

＊抗弁 1 は、本条 3 項 1 号に基づく事実である。「正当な事由」とは、公告設備の定期的な保守のためにサーバを一時的に停止する場合などである。重過失がある場合とは、最低限必要なサーバの保守を怠っていたためサーバが働かなくなり、公告の中断が生じた場合などである。

2　公告の中断が生じた時間の合計が公告期間の 10 分の 1 を超えないこと

＊抗弁 2 は、本条 3 項 2 号に基づく事実である。公告の中断が生じた期間の合計が、公告期間の 10 分の 1 以下である場合、すなわち、公告事項が公告期間の 9 割までの期間掲載されていれば、閲覧者がアクセスをしてもその内容を閲覧できない状態に遭う可能性は低い。他方で、公告主体である会社にとっても、公告期間の 1 割の期間があれば、サーバの保守や事故に対応する期間として十分である。そのため、抗弁 2 の事実を公告の中断が救済されるための要件の 1 つとした。なお、この要件を立証する方法としては、会社が独自にウェブサイトの情報を保存し、これを証拠とすることのほか、調査機関からの電子公告調査の結果の通知（946 条 4 項）には、公告の中断が生じた可能性のある時間の合計の推計時間が記載される（電子公告 7 条 1 項 4 号）から、この合計の推計時間が公告時間の 10 分の 1 以内であれば、証拠とできる。

3　Y 会社が公告の中断が生じたことを知った後速やかにその旨、公告の中断が生じた時間及び公告の中断の内容をその公告に付して公告したこと

＊抗弁 3 は、本条 3 項 3 号に基づく事実である。公告の対象者が公告の中断が生じていたことを知らずに行動した結果、損害を被る（例えば、改竄された公告の内容を信じた場合）ことを防止するため、会社に、公告の中断が生じたことを知った後、速やかにその旨、中断が生じた時間及び中断の内容を元の公告に付して公告させて、公告の対象者を保護し、これを公告の中断の救済の要件の 1 つとした。この公告の中断に関する公告を「追加公告」と呼ぶ（電子公告 2 条 4 号）。

第2節　電子公告調査機関

　紙媒体である官報や日刊新聞による公告と異なり、電子公告の場合は公告した事実について物理的な痕跡（客観的証拠）が残らない。また、電子公告の内容を、事後的に改竄されることも技術的にあり得る。そのため、公告期間の終了後、電子公告が実施された事実やその内容を立証することは容易でないので、これを確認する手続が、電子公告調査機関による電子公告調査である。これについての定めが941条から959条まで及び941条等の委任による電子公告規則の定め（施則221条参照）である。電子公告調査をしなければ、公告の効果は認められない。もっとも、貸借対照表・損益計算書の公告（決算公告）については、電子公告調査は要しない（941条括弧書）。

●（電子公告調査）

第941条　この法律又は他の法律の規定による公告（第440条第1項の規定による公告を除く。以下この節において同じ。）を電子公告によりしようとする会社は、公告期間中、当該公告の内容である情報が不特定多数の者が提供を受けることができる状態に置かれているかどうかについて、法務省令〔電子公告3条〕で定めるところにより、法務大臣の登録を受けた者（以下この節において「調査機関」という。）に対し、調査を行うことを求めなければならない。

1　電子公告制度
　本条は、電子公告を採用する会社に、法務大臣の登録を受けた者（調査機関）に対し、事後的な紛争を予防するために、その公告が公告期間中ホームページに掲載されていることについての調査を求めることを義務づけた（例外は、440条1項による貸借対照表及び損益計算書の公告）。すなわち、電子公告により公告を行う会社は、公告期間中、その公告情報内容について不特定多数の者が提供を受け得る状態に置かれているか否かの客観的な証拠を残すために、第三者である電子公告調査機関の調査を受けなければならない（941条）。

2 電子公告調査機関の調査を受けていない電子公告の有効性

本条に基づく電子公告調査機関の電子公告調査を受けないで電子公告を行っても、電子公告調査機関に調査を求めることは公告の要素ではないため、電子公告実施の要件（2条34号、940条参照）を充足すれば、公告自体は有効である。しかし、電子公告の効力が争われた場合、公告が有効に行われたことの立証責任は会社側が負うところ、適法な電子公告の実施を立証するには、電子公告調査機関による調査結果通知が事実上必要となろう（前田雅弘ほか座談会「電子公告制度の導入と実務対応」別冊商事286.271）。

● (登録)

第942条 前条の登録（以下この節において単に「登録」という。）は、同条の規定による調査（以下この節において「電子公告調査」という。）を行おうとする者の申請により行う。
　2　登録を受けようとする者は、実費を勘案して政令で〔施令3条〕定める額の手数料を納付しなければならない。

1　電子公告調査機関の登録

調査機関は、広く民間の参入を可能にして、適切な公告調査を行うものとするために、法務大臣の登録制となっている（941条、本条）。「電子公告調査機関」の登録は、電子公告調査を行おうとする者の申請により行う。登録申請の手続について、法務省令に定めがある（電子公告4条）。

2　登録手数料

登録を受けようとする者は、実費を勘案して政令（施令3条）で定める額の手数料を納付しなければならない。調査機関の登録に際しては、944条1項の基準を満たしているかどうかの判断が必要であり、その判断には一定の経費を要する。そこで、受益者負担の原則に基づき、登録申請者から登録手数料を徴収することとしている（始関正光編著・Q&A平成16年改正会社法電子公告・株券不発行制度31頁）。

● (欠格事由)

第943条 次のいずれかに該当する者は、登録を受けることができない。
一 この節の規定若しくは農業協同組合法（昭和22年法律第132号）第92条第5項、金融商品取引法第50条の2第10項及び第66条の40第6項、公認会計士法第34条の20第6項及び第34条の23第4項、消費生活協同組合法（昭和23年法律第200号）第26条第6項、水産業協同組合法（昭和23年法律第242号）第121条第5項、中小企業等協同組合法（昭和24年法律第181号）第33条第7項（輸出水産業の振興に関する法律（昭和29年法律第154号）第20条並びに中小企業団体の組織に関する法律（昭和32年法律第185号）第5条の23第3項及び第47条第2項において準用する場合を含む。）、弁護士法（昭和24年法律第205号）第30条の28第6項（同法第43条第3項において準用する場合を含む。）、船主相互保険組合法（昭和25年法律第177号）第55条第3項、司法書士法（昭和25年法律第197号）第45条の2第6項、土地家屋調査士法（昭和25年法律第228号）第40条の2第6項、商品先物取引法（昭和25年法律第239号）第11条第9項、行政書士法（昭和26年法律第4号）第13条の20の2第6項、投資信託及び投資法人に関する法律（昭和26年法律第198号）第25条第2項（同法第59条において準用する場合を含む。）及び第186条の2第4項、税理士法第48条の19の2第6項（同法第49条の12第3項において準用する場合を含む。）、信用金庫法（昭和26年法律第238号）第87条の4第4項、輸出入取引法（昭和27年法律第299号）第15条第6項（同法第19条の6において準用する場合を含む。）、中小漁業融資保証法（昭和27年法律第346号）第55条第5項、労働金庫法（昭和28年法律第227号）第91条の4第4項、技術研究組合法（昭和36年法律第81号）第16条第8項、農業信用保証保険法（昭和36年法律第204号）第48条の3第5項（同法第48条の9第7項において準用する場合を含む。）、社会保険労務士法（昭和43年法律第89号）第25条の23の2第6項、森林組合法（昭和53年法律第36号）第8条の2第5項、銀行法第49条の2第2項、保険業法（平成7年法律第105号）第67条の2及び第217条第3項、資産の流動化に関する法律（平成10年法律第105号）第194条第4項、弁理士法（平成12年法律第49号）第53条の2第6項、農林中央金

庫法（平成 13 年法律第 93 号）第 96 条の 2 第 4 項、信託業法第 57 条第 6 項並びに一般社団法人及び一般財団法人に関する法律第 333 条（以下この節において「電子公告関係規定」と総称する。）において準用する第 955 条第 1 項の規定又はこの節の規定に基づく命令に違反し、罰金以上の刑に処せられ、その執行を終わり、又は執行を受けることがなくなった日から 2 年を経過しない者
二　第 954 条の規定により登録を取り消され、その取消しの日から 2 年を経過しない者
三　法人であって、その業務を行う理事等（理事、取締役、執行役、業務を執行する社員、監事若しくは監査役又はこれらに準ずる者をいう。第 947 条において同じ。）のうちに前 2 号のいずれかに該当する者があるもの

　本条は、電子公告調査機関の登録ができない欠格事由を定める。調査機関は、中立的な第三者として、公告の適法性を調査する義務を負い（946 条 1 項）、不正な調査を行うおそれがない者である必要があるからである。そこで、以下の(1)ないし(3)の定型的に信頼性を欠くと認められる者が調査機関として登録を受けることがないように、欠格事由が定められた（始関正光「株券等不発行制度・電子公告制度の導入」別冊商事 286.128）。
(1)　本節（第 7 編第 5 章第 2 節）の規定若しくは農業協同組合法 92 条 5 項その他の法律の規定（「電子公告関係規定」）において準用する 955 条 1 項の規定又は本節の規定に基づく命令に違反し、罰金以上の刑に処せられ、その執行を終わり、又は執行を受けることがなくなった日から 2 年を経過しない者（本条 1 号）
(2)　954 条の規定により登録を取り消され、その取消しの日から 2 年を経過しない者（本条 2 号）
(3)　法人であって、その業務を行う理事等（理事、取締役、執行役、業務を執行する社員、監事若しくは監査役又はこれらに準ずる者）のうちに、上記(1)(2)のいずれかに該当する者があるもの（本条 3 号）

● (登録基準)

第 944 条　法務大臣は、第 942 条第 1 項の規定により登録を申請した者が、

次に掲げる要件のすべてに適合しているときは、その登録をしなければならない。この場合において、登録に関して必要な手続は、法務省令〔電子公告4条1項-3項〕で定める。
一 電子公告調査に必要な電子計算機（入出力装置を含む。以下この号において同じ。）及びプログラム（電子計算機に対する指令であって、一の結果を得ることができるように組み合わされたものをいう。以下この号において同じ。）であって次に掲げる要件のすべてに適合するものを用いて電子公告調査を行うものであること。
　イ 当該電子計算機及びプログラムが電子公告により公告されている情報をインターネットを利用して閲覧することができるものであること。
　ロ 当該電子計算機若しくはその用に供する電磁的記録を損壊し、若しくは当該電子計算機に虚偽の情報若しくは不正な指令を与え、又はその他の方法により、当該電子計算機に使用目的に沿うべき動作をさせず、又は使用目的に反する動作をさせることを防ぐために必要な措置が講じられていること。
　ハ 当該電子計算機及びプログラムがその電子公告調査を行う期間を通じて当該電子計算機に入力された情報及び指令並びにインターネットを利用して提供を受けた情報を保存する機能を有していること。
二 電子公告調査を適正に行うために必要な実施方法が定められていること。
2 登録は、調査機関登録簿に次に掲げる事項を記載し、又は記録してするものとする。
一 登録年月日及び登録番号
二 登録を受けた者の氏名又は名称及び住所並びに法人にあっては、その代表者の氏名
三 登録を受けた者が電子公告調査を行う事業所の所在地

1　登録基準の内容
　本条1項は、942条1項により登録を申請した者についての登録基準を定めたものである。本条1項所定の登録基準は、電子公告調査に用いる設備の要件（本条1項1号）と電子公告調査の実施方法についての要件（本条1項

2号）である。
(1) 電子公告調査に用いる設備の要件

電子公告調査に必要な電子計算機及びプログラムであって、次の①ないし③に掲げる要件のすべてに適合するものを用いて電子公告調査を行うものであることが要件である。

① その電子計算機及びプログラムが電子公告により公告されている情報をインターネットを利用して閲覧することができるものであること（本条1項1号イ）

② その電子計算機若しくはその用に供する電磁的記録を損壊し、若しくはその電子計算機に虚偽の情報若しくは不正な指令を与え、又はその他の方法により、その電子計算機に使用目的に沿うべき動作をさせず、又は使用目的に反する動作をさせることを防ぐために必要な措置が講じられていること（本条1項1号ロ）

③ その電子計算機及びプログラムがその電子公告調査を行う期間を通じてその電子計算機に入力された情報及び指令並びにインターネットを利用して提供を受けた情報を保存する機能を有していること（本条1項1号ハ）

(2) 電子公告調査の実施方法の要件

電子公告調査を適正に行うために必要な実施方法が定められていることが要件である。なお、電子公告調査の実施方法は、業務規程において定めなければならない（949条2項）。

2 調査機関登録簿

本条2項は、登録の際に一定の事項を調査機関登録簿に記載又は記録する旨を定めている。登録は、調査機関登録簿に、①登録年月日及び登録番号、②登録を受けた者の氏名又は名称及び住所並びに法人にあっては、その代表者の氏名、③登録を受けた者が電子公告調査を行う事業所の所在地を、記載又は記録して行う。

> **訴訟物** 法務大臣のXに対する電子公告調査機関の登録拒絶処分の違法性
> ＊本件は、法務大臣が電子公告調査機関の登録申請をしたXに対して、電子公告調査機関の登録拒絶処分をしたので、その取消しを求めた事案である。
> ＊本件登録拒絶処分の処分庁は、法務大臣であるが、被告は国

である。

請求原因 1　Xは法務大臣に対し、電子公告調査機関の登録申請をしたところ、法務大臣は、これを拒絶する処分をしたこと
2　Xは、次の(1)及び(2)の要件に適合していること
(1)　電子公告調査に必要な電子計算機（入出力装置を含む）及びプログラム（電子計算機に対する指令であって、一の結果を得ることができるように組み合わされたもの）であって次に掲げる要件のすべてに適合するものを用いて電子公告調査を行うものであること
①　その電子計算機及びプログラムが電子公告により公告されている情報をインターネットを利用して閲覧することができるものであること
＊電子公告がインターネット上のホームページに公告内容を掲載することにより行われることによるものである（始関正光「株券等不発行制度・電子公告制度の導入」別冊商事286.129）。
②　その電子計算機若しくはその用に供する電磁的記録を損壊し、若しくはその電子計算機に虚偽の情報若しくは不正な指令を与え、又はその他の方法により、その電子計算機に使用目的に沿うべき動作をさせず、又は使用目的に反する動作をさせることを防ぐために必要な措置が講じられていること
＊電子公告調査に用いる電子計算機とプログラムについて、ハッカー等の侵入等を防止するための対応措置が確保されていることである。電子公告調査に用いられるコンピュータ等がハッカー等の不正アクセスにより虚偽の情報を記録することになっては、電子公告の目的を達成できないからである（始関・前掲別冊商事286.129）。
③　その電子計算機及びプログラムがその電子公告調査を行う期間を通じてその電子計算機に入力された情報及び指令並びにインターネットを利用して提供を受けた情報を保存する機能を有していること
＊電子公告の効力が問題となる場合に、電子公告調査の結果を裁判等で検証するには、電子公告調査の実施過程でコンピュータに入力された情報や電子公告を行った会社の公告ホームページから受領した情報等の原資料を記録及び保存しておく必要があるためである。（955条1項。始関・前掲別冊商事

286.129)。
(2) 電子公告調査を適正に行うために必要な実施方法が定められていること
＊請求原因2(1)及び(2)は、本条1項1号及び2号に基づく事実である。

(欠格事由)
抗弁　1　Xは、電子公告関係規定において準用する955条1項の規定又は第7編第5章第2節の規定のいずれかに基づく命令に違反し、罰金以上の刑に処せられ、その執行を終わり、又は執行を受けることがなくなった日から2年を経過しない者であること
＊943条1号に基づく抗弁である。

(欠格事由)
抗弁　1　Xは、954条の規定により電子公告調査機関の登録を取り消され、その取消しの日から2年を経過しない者であること
＊943条2号に基づく抗弁である。

(欠格事由)
抗弁　1　Xは、法人であって、その業務を行う理事等(理事、取締役、執行役、業務を執行する社員、監事若しくは監査役又はこれらに準ずる者)のうちに前2つの抗弁事実のいずれかに該当する者があること
＊943条3号に基づく抗弁である。

● (登録の更新)

第945条　登録は、3年を下らない政令〔施令4条〕で定める期間ごとにその更新を受けなければ、その期間の経過によって、その効力を失う。
　　2　前3条の規定は、前項の登録の更新について準用する。

1　趣　旨
　調査機関の調査の公正性等を担保するためには、定期的に登録基準への適合性等を確認する必要である。そこで、本条は、調査機関に一定期間ごとの登録の更新を義務づけることにした。一定の調査業務等を行う登録機関につ

いては、一般に、登録の更新が義務づけられており、それにならったものである（始関正光「株券等不発行制度・電子公告制度の導入」別冊商事286.130、戸川成弘・新基本法コンメ(3)526頁）。

2　登録更新期間

　登録更新期間は、3年とされている（本条1項、施令4条）。電子公告調査の調査機関は、平成16年の改正商法（同年法律第87号。同17年2月1日施行）に基づき初めて設置されたため、調査機関の業態が安定するまでは、比較的短期間での更新を義務づけることが妥当であるので、登録更新期間が3年となったとされる（始関・前掲別冊商事286.130）。なお、942条ないし944条の規定は、登録の更新について準用される（本条2項）。

● (調査の義務等)

第946条　調査機関は、電子公告調査を行うことを求められたときは、正当な理由がある場合を除き、電子公告調査を行わなければならない。
　2　調査機関は、公正に、かつ、法務省令〔電子公告5条〕で定める方法により電子公告調査を行わなければならない。
　3　調査機関は、電子公告調査を行う場合には、法務省令〔電子公告6条2項-4項〕で定めるところにより、電子公告調査を行うことを求めた者（以下この節において「調査委託者」という。）の商号その他の法務省令〔電子公告6条1項〕で定める事項を法務大臣に報告しなければならない。
　4　調査機関は、電子公告調査の後遅滞なく、調査委託者に対して、法務省令〔電子公告7条〕で定めるところにより、当該電子公告調査の結果を通知しなければならない。

1　調査機関の調査

　調査機関は、電子公告調査を行うことを求められたときは、正当な理由がある場合を除き、電子公告調査を行わなければならない（本条1項）。電子公告が適法に行われたか否かを事後に訴訟等で証明することを迫られる場合があり、調査機関の調査はそのような要請に応えることとなる。

　本条1項所定の「正当な理由がある場合」の例としては、①調査委託者

（本条3項）が、所定の調査委託料金（949条2項）を支払わない場合、②調査委託者が、電子公告調査を求める際に調査機関に示さなければならないこととされる事項（941条、電子公告3条1項）を示さない場合、③電子公告調査を求める時期が、電子公告規則3条1項に適合しておらず、電子公告による公告の開始の直前であるために、調査機関が法務大臣への報告（本条3項、電子公告6条）を行う時間的余裕がない場合などである（始関正光「株券等不発行制度・電子公告制度の導入」別冊商事286.131）。求められた電子公告調査の件数が多くて処理能力を超えるというようなことは、「正当な理由がある場合」に該当しない。なぜなら、電子公告調査は、第一次的には、コンピュータを使用して自動的に行うものであり（電子公告5条1項1号）、その設備を有していない者は、登録を受けることができないので、調査機関は、電子公告調査の求めが集中したとしても、全件について調査をすることができるからである（始関・前掲別冊商事286.131）。

2 電子公告調査の実施方法

調査機関は、公正に、かつ、法務省令（電子公告5条）で定める方法により電子公告調査を行わなければならない（本条2項）。調査機関は、公告についての情報の有無、内容を確認するため6時間に1回以上の頻度で公告掲載ホームページのサーバから情報を自動受信し、その情報が調査の申込みの際に示された内容と同一であるかを判定し、記録する（電子公告5条1項1号-3号・5号・2項）。また、登記アドレスと公告アドレスが異なる場合には、登記アドレスのホームページから公告アドレスのホームページに至るリンクが切断されることなく、無償かつパスワード等の障害なく到達できるか否かを公告期間中最低1回以上調査し、記録する（電子公告5条1項4号）。

3 調査機関の法務大臣への報告

調査機関は、電子公告調査を行う場合には、法務省令（電子公告6条2項-4項）で定めるところにより、電子公告調査を行うことを求めた者（「調査委託者」）の商号その他の法務省令（電子公告6条1項）で定める事項を法務大臣に報告しなければならない（本条3項）。すなわち、調査機関は、調査の委託があった場合、その公告期間の始期の2日前までに、行政手続等における情報通信の技術の利用に関する法律3条1項に規定する電子情報処理組織（法務省「登記・供託オンライン申請システム」）により、調査委託者（調査申請者）の商号、本店、代表者の氏名、公告アドレス、公告期間（始期と終期日）、公告内容の根拠法令条項などの事項を法務大臣に報告をしな

ければならない（電子公告6条2項）。このように、本条3項は、その情報を調査機関から法務大臣へ報告することを義務づけることにより、電子公告をする会社に調査機関と法務省へ二重に情報を提供する負担を負わせることなく、正確な情報を確実に法務省が入手して電子公告リンク集サイトに掲載することができるようにした（始関・前掲別冊商事286.133-134）。

4　調査結果の報告
　調査機関は、電子公告調査の後遅滞なく、調査委託者に対して、法務省令（電子公告7条）で定めるところにより、電子公告調査の結果を通知しなければならない（本条4項）。調査結果の通知方法は、商号、本店、代表者の氏名、登記アドレス、公告アドレス、公告期間、公告内容の根拠法令条項、公告情報内容（追加分を含む）、調査の結果、公告中断の合計時間について推計される最長時間、定期情報入手作業ができなかった場合には、その旨、時期、理由を記載または記録した書面の交付又は電磁的方法による提供のいずれかにより行われる（電子公告7条）。
　調査機関の調査結果は、訴訟等において電子公告が適法に行われたことを事実上推定させる効果を有する。しかし、調査結果を受けなかった電子公告も、他の要件を満たしておれば、公告として無効というわけではない（江頭・株式会社法104頁）。

5　調査の料金
　調査の料金は、調査機関によって異なるが、基本的には公告期間に応じた料金設定がされている。

●(電子公告調査を行うことができない場合)

第947条　調査機関は、次に掲げる者の電子公告による公告又はその者若しくはその理事等が電子公告による公告に関与した場合として法務省令〔電子公告8条〕で定める場合における当該公告については、電子公告調査を行うことができない。
　　一　当該調査機関
　　二　当該調査機関が株式会社である場合における親株式会社（当該調査機関を子会社とする株式会社をいう。）
　　三　理事等又は職員（過去2年間にそのいずれかであった者を含む。次号において同じ。）が当該調査機関の理事等に占める割合が2分

の1を超える法人
　　四　理事等又は職員のうちに当該調査機関（法人であるものを除く。）
　　　又は当該調査機関の代表権を有する理事等が含まれている法人

1　趣　　旨
　調査機関は、中立的な第三者として、公正に電子公告調査を行うことが求められる。しかし、調査委託者等がその調査機関である場合（本条1号）や、調査委託者等が調査機関の親会社である場合等調査委託者側が調査機関を支配する関係にある場合（本条2号-4号）には、調査機関が中立的第三者として業務を行うことを期待することができない。そこで、本条は、このような調査機関に中立性・公正性を期待できない場合を類型化して、調査を行うことができないものとした（始関正光「株券等不発行制度・電子公告制度の導入」別冊商事286.137、戸川成弘・新基本法コンメ(3)529頁）。

2　電子公告調査を行うことができない場合
(1)　調査機関は、次に掲げる者の電子公告による公告については、公正に電子公告調査を行うことができないとして、その調査を行うことを禁止している（本条柱書前段）。
　①その調査機関、②その調査機関が株式会社である場合における親株式会社（その調査機関を子会社とする株式会社）、③理事等（理事、取締役、執行役、業務を執行する社員、監事若しくは監査役又はこれらに準ずる者）又は職員（過去2年間にそのいずれかであった者を含む。下記④において同じ）がその調査機関の理事等に占める割合が2分の1を超える法人、④理事等又は職員のうちにその調査機関（法人であるものを除く）又はその調査機関の代表権を有する理事等が含まれている法人
(2)　調査機関は、上記(1)①ないし④に掲げる者又はその理事等が電子公告による公告に関与した場合として法務省令で定める場合における公告については、電子公告調査を行うことを禁止している（本条柱書後段）。この法務省令で定める場合とは、次の場合である（電子公告8条）。
　①　上記(1)①ないし④に掲げる者又はその理事等が、公告を電子公告により行う者から、自己の使用するサーバ（電子公告2条8号）を公告サーバ（電子公告2条10号）とすることの委託を受けた場合
　②　公告を電子公告により行う者がその公告につき第三者に対してその者

の使用するサーバを公告サーバとすることを委託した場合において、上記(1)①ないし④に掲げる者又はその理事等が委託契約の締結の代理又は媒介をしたとき

③　上記(1)①ないし④に掲げる者又はその理事等が、公告サーバの賃貸人である場合（上記(2)①の場合を除く）

④　上記(1)①ないし④に掲げる者又はその理事等が、公告を電子公告により行う者の委託を受けて公告情報（電子公告2条18号）を作成した場合

● (事業所の変更の届出)

第948条　調査機関は、電子公告調査を行う事業所の所在地を変更しようとするときは、変更しようとする日の2週間前までに、法務大臣に届け出なければならない。

1　趣　旨

　調査機関の事業所の所在地が前触れなく変更されると、その調査機関の調査を受けようとする会社に混乱を招くことになる。また、法務大臣が、調査機関に対する監督権（958条等）を適切に行使するためには、調査機関の事業所の所在地を常に把握しておく必要がある。そこで、本条は、事業所を変更する場合の事前の届出義務を調査機関に課した（始関正光編著・Q&A平成16年改正会社法電子公告・株券不発行制度46頁、始関正光「株券等不発行制度・電子公告制度の導入」別冊商事286.137-138）。

2　事業所の変更の届出

　調査機関は、電子公告調査を行う事業所の所在地を変更しようとするときは、変更しようとする日の2週間前までに、法務大臣に届け出なければならない（本条）。届出があった場合、法務大臣は、その旨を官報に公示しなければならない（959条3号）。

● (業務規程)

第949条　調査機関は、電子公告調査の業務に関する規程（次項において

「業務規程」という。）を定め、電子公告調査の業務の開始前に、法務大臣に届け出なければならない。これを変更しようとするときも、同様とする。
2　業務規程には、電子公告調査の実施方法、電子公告調査に関する料金その他の法務省令〔電子公告10条〕で定める事項を定めておかなければならない。

1　趣　　旨
　法務大臣が改善命令（953条）等により調査機関への監督権を適切に行使するためには、調査機関が如何なるルールに基づいて電子公告調査を行っているかを把握する必要がある。そこで、本条は、調査機関に業務規程（電子公告調査の業務に関する規程）の作成・届出義務を課した（始関正光「株券等不発行制度・電子公告制度の導入」別冊商事286.138）。

2　業務規程の作成・届出義務
　調査機関は、業務規程を作成し、電子公告調査の業務の開始前に、法務大臣に届け出なければならない（本条1項前段）。業務規程を変更しようとするときも、同様である（本条1項後段）。業務規程には、電子公告調査の実施方法、電子公告調査に関する料金その他の法務省令で定める事項を定めておく必要がある（本条2項）。具体的には、以下の11の事項である（電子公告10条2項。弥永・コンメ施則1301-1306頁参照。また、電子公告10条3項参照）。
　①電子公告調査の求めの受付の時間及び休日に関する事項、②電子公告調査を求める方法に関する事項、③電子公告調査の業務に係る事業所に関する事項、④電子公告調査の料金に関する事項、⑤951条2項及び955条2項に規定する費用に関する事項、⑥電子公告調査の業務に係る情報セキュリティ対策に関する事項、⑦電子公告調査の実施方法に係る電子公告規則10条2項7号イないしホに掲げる事項、⑧調査結果通知に関する事項、⑨調査記録簿等の管理及び保存に関する事項、⑩電子公告規則10条2項10号イないしヌに掲げる記録の作成及び保存に関する事項、⑪その他電子公告調査の業務の実施に関し必要な事項

● (業務の休廃止)

第950条 調査機関は、電子公告調査の業務の全部又は一部を休止し、又は廃止しようとするときは、法務省令〔電子公告11条〕で定めるところにより、あらかじめ、その旨を法務大臣に届け出なければならない。

1 趣　　旨

　電子公告を行おうとする会社は、調査機関に電子公告調査を求める必要がある（941条）。そのため、その会社には、如何なる調査機関が登録を受けて活動しているのかを知る機会が与えられる必要がある。そこで、本条は、調査機関に対して、業務の休廃止の届出義務を課すこととした。

2 業務の休廃止に関する届出義務

　調査機関は、電子公告調査の業務の全部又は一部を休止し、又は廃止しようとするときは、法務省令（電子公告11条）で定めるところにより、予め、その旨を法務大臣に届け出なければならない（本条）。届出があった場合、法務大臣は、その旨を官報に公示する（959条3号）。

● (財務諸表等の備置き及び閲覧等)

第951条 調査機関は、毎事業年度経過後3箇月以内に、その事業年度の財産目録、貸借対照表及び損益計算書又は収支計算書並びに事業報告書（これらの作成に代えて電磁的記録の作成がされている場合における当該電磁的記録を含む。次項において「財務諸表等」という。）を作成し、5年間事業所に備え置かなければならない。
　2　調査委託者その他の利害関係人は、調査機関に対し、その業務時間内は、いつでも、次に掲げる請求をすることができる。ただし、第2号又は第4号に掲げる請求をするには、当該調査機関の定めた費用を支払わなければならない。
　　一　財務諸表等が書面をもって作成されているときは、当該書面の閲覧又は謄写の請求
　　二　前号の書面の謄本又は抄本の交付の請求

三　財務諸表等が電磁的記録をもって作成されているときは、当該電磁的記録に記録された事項を法務省令〔電子公告12条〕で定める方法により表示したものの閲覧又は謄写の請求

四　前号の電磁的記録に記録された事項を電磁的方法であって調査機関の定めたものにより提供することの請求又は当該事項を記載した書面の交付の請求

1　趣　　旨

　調査機関は、登録制である。登録要件として、財務状況が健全であることは要求されていない。そこで、本条は、電子公告を行おうとする法人等が調査機関を選択する際に、調査の途中で倒産するような調査機関を選ぶことのないよう、調査機関の財務内容を自らの責任で判断できるようにするため、財務諸表等の備置きと開示を調査機関に義務づけた（始関正光「株券等不発行制度・電子公告制度の導入」別冊商事286.139、戸川成弘・新基本法コンメ(3)532頁）。

2　財務諸表等の備置義務

　調査機関は、毎事業年度経過後3か月以内に、その事業年度の財務諸表等（財産目録、貸借対照表及び損益計算書又は収支計算書並びに事業報告書の総称である。これらに代えて電磁的記録の作成がされている場合にはそれを含む）を作成し、5年間事業所に備え置く必要がある（本条1項）。

3　財務諸表等の開示義務

　調査委託者その他の利害関係人は、調査機関に対し、その業務時間内は、いつでも次の請求ができる（②④の請求については、その調査機関が定めた費用の支払が必要である。本条2項）。

　① 財務諸表等が書面で作成されているときは、その書面の閲覧・謄写請求
　② 上記①の書面の謄本・抄本の交付請求
　③ 財務諸表等が電磁的記録で作成されているときは、その電磁的記録に記録された事項を法務省令（電子公告12条）で定める方法により表示したものの閲覧・謄写請求
　④ 上記③の電磁的記録に記録された事項を電磁的方法であって調査機関

の定めたものにより提供することの請求又はその事項を記載した書面の交付請求

● (適合命令)

第952条 法務大臣は、調査機関が第944条第1項各号のいずれかに適合しなくなったと認めるときは、その調査機関に対し、これらの規定に適合するため必要な措置をとるべきことを命ずることができる。

1 趣　旨

　登録を受けた調査機関であっても、その後、登録基準（944条1項各号）に適合しなくなる場合がある。本条は、そのような場合に、法務大臣が調査機関に対して、適合命令を発することができる旨を定めたものである。

2 適合命令

　法務大臣は、調査機関が944条1項各号（登録基準）のいずれかに適合しなくなったと認めるときは、その調査機関に対し、これらの規定に適合するため必要な措置を執るべきことを命ずることができる（本条）。調査機関が、この適合命令に違反したときは、法務大臣は、登録を取り消し、又は期間を定めて業務の全部若しくは一部の停止を命ずることができる（954条4号）。

訴訟物	法務大臣のXに対する適合命令の違法性
	＊本件は、法務大臣が、電子公告調査機関の登録を受けたXに対し、調査機関に適合するための命令をしたので、Xがその取消しを求めた事案である。
請求原因	1　Xは、平成○年○月○日、電子公告調査機関の登録を受けたこと
	2　法務大臣はXに対し、平成○年○月○日（請求原因1の後）、調査機関に適合するための命令をしたこと

（命令理由）

抗　弁	1　Xが944条1項各号のいずれかに適合しなくなったこと
	2　抗弁1の事実に対する請求原因2の適合命令の相当性

● (改善命令)

第953条 法務大臣は、調査機関が第946条の規定に違反していると認めるときは、その調査機関に対し、電子公告調査を行うべきこと又は電子公告調査の方法その他の業務の方法の改善に関し必要な措置をとるべきことを命ずることができる。

1　趣　　旨

　調査機関が946条1項ないし4項の規定に違反した場合（例えば、正当な理由がないのに電子公告調査を行わなかったり、法務省令（電子公告5条）で定める方法により調査を行わなかったり、法務大臣への報告義務を怠ったり、調査委託者への調査結果の通知を怠ったりした場合）には、調査委託者等が不利益を受けるおそれがある。そこで、本条は、そのような場合に、法務大臣が調査機関に対して、改善命令を発することができるようにしたものである（始関正光「株券等不発行制度・電子公告制度の導入」別冊商事286.140、戸川成弘・新基本法コンメ(3)533頁）。

2　改善命令

　法務大臣は、調査機関が946条の規定に違反していると認めるときは、その調査機関に対し、電子公告調査を行うべきこと又は電子公告調査の方法その他の業務の方法の改善に関し必要な措置を執るべきことを命ずることができる（本条）。調査機関が、この改善命令に違反したときは、法務大臣は、登録を取り消し、又は期間を定めて業務の全部若しくは一部の停止を命ずることができる（954条4号）。

訴訟物	法務大臣のXに対する改善命令の違法性

　　　　　＊本件は、法務大臣が、電子公告調査機関の登録を受けたXに対し、電子公告調査を行うべきこと又は電子公告調査の方法その他の業務の方法の改善すべきことにつき命令をしたので、Xがその取消しを求めた事案である。

請求原因	1　Xは、平成○年○月○日、電子公告調査機関の登録を受けたこと

　　　　2　法務大臣はXに対し、平成○年○月○日（請求原因1の

　　　　　　　後）、改善命令をしたこと
（命令理由）
抗　弁　1　Xが946条のいずれかに適合しなくなったこと
　　　　　2　抗弁1の事実に対する請求原因2の改善命令の相当性

●（登録の取消し等）

第954条　法務大臣は、調査機関が次のいずれかに該当するときは、その登録を取り消し、又は期間を定めて電子公告調査の業務の全部若しくは一部の停止を命ずることができる。
　一　第943条第1号又は第3号に該当するに至ったとき。
　二　第947条（電子公告関係規定において準用する場合を含む。）から第950条まで、第951条第1項又は次条第1項（電子公告関係規定において準用する場合を含む。）の規定に違反したとき。
　三　正当な理由がないのに第951条第2項各号又は次条第2項各号（電子公告関係規定において準用する場合を含む。）の規定による請求を拒んだとき。
　四　第952条又は前条（電子公告関係規定において準用する場合を含む。）の命令に違反したとき。
　五　不正の手段により第941条の登録を受けたとき。

1　趣　　旨

　調査機関が電子公告調査を行う能力と公正性・中立性を有することを確保するために、調査機関は登録制とされ、また調査機関には様々な義務が課されている。本条は、そのような調査機関制度に対する信頼性の確保等のため、法務大臣は、一定の場合に、調査機関の登録を取り消すことや、業務停止命令を発することができる旨を定めるものである（始関正光「株券等不発行制度・電子公告制度の導入」別冊商事286.140、戸川成弘・新基本法コンメ(3)533頁）。

2　登録の取消し等

　法務大臣は、調査機関が、次の①ないし④のいずれかに該当するときは、その登録を取り消し、又は期間を定めて電子公告調査の業務の全部若しくは

一部の停止を命ずることができる（本条）。
① 943条1号又は3号に規定する欠格事由に該当するに至った場合（本条1号）
② 調査機関に課せられた各種義務に違反した場合（例えば、947条の電子公告調査を行えない場合に該当するのに、電子公告調査を行った場合（改善命令を発する根拠となる義務に違反した場合は除かれる））（本条2号・3号)
③ 適合命令（952条）又は改善命令（953条）に違反した場合（本条4号）
④ 不正の手段により調査機関の登録（941条）を受けた場合（本条5号）

訴訟物　法務大臣のXに対する電子公告調査機関登録取消処分又は期間を定めた電子公告調査の業務の全部若しくは一部の停止処分の違法性
＊本件は、法務大臣が、電子公告調査機関の登録を受けたXの登録を取り消し、又は期間を定めて調査業務の全部若しくは一部の停止処分をしたので、Xがその取消しを求めた事案である。

請求原因　1　Xは、平成○年○月○日、電子公告調査機関の登録を受けたこと
2　法務大臣は、平成○年○月○日、請求原因1の登録を取り消し、又は期間を定めて電子公告調査の業務の全部若しくは一部の停止を命ずる処分をしたこと

（処分事由）
抗弁　1　Xは次のいずれかに該当すること
(1) 943条1号又は3号に該当するに至ったとき
(2) 947条（電子公告関係規定において準用する場合を含む）から950条まで、951条1項又は955条1項（電子公告関係規定において準用する場合を含む）の規定に違反したとき
(3) 正当な理由がないのに951条2項各号又は955条2項各号（電子公告関係規定において準用する場合を含む）の規定による請求を拒んだとき
(4) 952条又は953条（電子公告関係規定において準用する場合を含む）の命令に違反したとき。
(5) 不正の手段により941条の登録を受けたとき。

2　抗弁1の事実に対する請求原因2の処分の相当性

●（調査記録簿等の記載等）

第 955 条　調査機関は、法務省令〔電子公告13条3項・4項〕で定めるところにより、調査記録又はこれに準ずるものとして法務省令〔電子公告13条1項〕で定めるもの（以下この条において「調査記録簿等」という。）を備え、電子公告調査に関し法務省令〔電子公告13条2項〕で定めるものを記載し、又は記録し、及び当該調査記録簿等を保存しなければならない。
2　調査委託者その他の利害関係人は、調査機関に対し、その業務時間内は、いつでも、当該調査機関が前項又は次条第2項の規定により保存している調査記録簿等（利害関係がある部分に限る。）について、次に掲げる請求をすることができる。ただし、当該請求をするには、当該調査機関の定めた費用を支払わなければならない。
一　調査記録簿等が書面をもって作成されているときは、当該書面の写しの交付の請求
二　調査記録簿等が電磁的記録をもって作成されているときは、当該電磁的記録に記録された事項を電磁的方法であって調査機関の定めたものにより提供することの請求又は当該事項を記載した書面の交付の請求

1　趣　　旨
　調査機関制度の目的は、電子公告による公告が適法に行われたか否かについての証拠を残すことにある。また、法務大臣が、適合命令、改善命令、登録の取消し等の監督権限を行使するためには、調査機関から必要な情報を収集する必要がある。そこで、本条1項は、調査機関に、調査記録簿等の作成・保存義務を課したのである。また、調査委託者その他の利害関係人が、調査機関が保存している電子公告調査に関する情報を公告の適法性に関する事後の紛争等において証拠として活用できるようにすることも調査機関の重要な役割である。そこで、本条2項は、調査機関に、調査記録簿等の開示義務を課したのである（始関正光「株券等不発行制度・電子公告制度の導入」別冊商事286.139、戸川成弘・新基本法コンメ(3)534頁）。

2　調査記録簿等の作成・保存義務

　調査機関は、調査記録又はこれに準ずるものとして法務省令（電子公告13条1項。「調査記録簿等」）で定めるもの（磁気ディスク等）を備え、電子公告調査に関し法務省令（電子公告13条2項）で定めるものを記載・記録し、及びその調査記録簿等を保存しなければならない（本条1項）。記載・記録すべき事項は、①電子公告規則3条1項各号に掲げる事項（調査機関が業務規程で定めるところにより、これらの事項のいずれかを変更する旨の通知がされた場合は、その通知に係る変更後のもの及び変更の日時を含む）、②電子公告調査を求められた年月日、③電子公告調査の業務を行った事業所の所在地、④電子公告調査を行った職員の氏名（電子公告規則5条1項5号に規定するものを除く）、⑤電子公告規則5条1項各号の規定により電磁的記録として記録した事項、⑥電子公告規則5条4項の規定により電磁的記録として記録（記録できなかった場合は、書面に記載）した事項である（電子公告13条2項）。

　これらの事項の調査記録簿等への記載又は記録は、電子公告調査の求めごとに行う（電子公告13条3項）。調査記録簿等の保存期間は、10年である（電子公告13条4項）。

3　調査記録簿等の開示義務

　調査委託者その他の利害関係人は、調査機関に対し、その業務時間内は、いつでも、調査記録簿等のうち利害関係がある部分について、次の請求をすることができる（その請求には、調査機関の定めた費用の支払が必要である。本条2項）。

① 　調査記録簿等が書面をもって作成されているときは、その書面の写しの交付請求
② 　調査記録簿等が電磁的記録により作成されているときは、その電磁的記録に記録された事項を電磁的方法であって調査機関の定めたものにより提供することの請求又はその事項を記載した書面の交付請求

● (調査記録簿等の引継ぎ)

第956条　調査機関は、電子公告調査の業務の全部の廃止をしようとするとき、又は第954条の規定により登録が取り消されたときは、その保存に係る前条第1項（電子公告関係規定において準用する場合を含む。）の調査記録簿等を他の調査機関に引き継がなければならない。

2　前項の規定により同項の調査記録簿等の引継ぎを受けた調査機関は、法務省令〔電子公告13条4項〕で定めるところにより、その調査記録簿等を保存しなければならない。

1　趣　　旨
　調査機関制度の目的は、電子公告による公告が適法に行われたか否かの証拠を残すことにあるため、955条1項は、調査機関に、調査記録簿等の作成・保存義務を課している。しかし、調査機関が業務を廃止したり、登録を取り消されたりした場合には、保存中であった調査記録簿等が散逸してしまう。そこで、本条は、調査機関に対し、保存中の調査記録簿等を他の調査機関に引き継ぐ義務を課した（始関正光「株券等不発行制度・電子公告制度の導入」別冊商事286.138、戸川成弘・新基本法コンメ(3)535頁）。

2　調査記録簿等の引継ぎ
　調査機関は、電子公告調査の業務の全部の廃止をしようとするとき、又は登録が取り消されたときは、その保存に係る調査記録簿等を他の調査機関に引き継がなければならない（本条1項）。

3　調査記録簿等の保存
　引継ぎを受けた調査機関は、法務省令（電子公告13条4項後段）で定めるところにより、その調査記録簿等を保存しなければならない（本条2項）。

●(法務大臣による電子公告調査の業務の実施)=========

第957条　法務大臣は、登録を受ける者がないとき、第950条の規定による電子公告調査の業務の全部又は一部の休止又は廃止の届出があったとき、第954条の規定により登録を取り消し、又は調査機関に対し電子公告調査の業務の全部若しくは一部の停止を命じたとき、調査機関が天災その他の事由によって電子公告調査の業務の全部又は一部を実施することが困難となったとき、その他必要があると認めるときは、当該電子公告調査の業務の全部又は一部を自ら行うことができる。
　2　法務大臣が前項の規定により電子公告調査の業務の全部又は一部を自ら行う場合における電子公告調査の業務の引継ぎその他の必要な事

項については、法務省令で定める。
　3　第1項の規定により法務大臣が行う電子公告調査を求める者は、実費を勘案して政令で定める額の手数料を納付しなければならない。

1　趣　　旨

　稀なことであろうが、調査機関の登録を受ける者が存在しない、又は、業務の休廃止・登録取消し・業務停止命令・天災等の事由により、電子公告をする会社が、調査機関の調査を受け得ない事態が生じ得る。電子公告を公告方法とする会社は、予備的公告方法を定款で定めておいて（939条3項後段）、そのような事態に備えることができる。しかし、調査機関に代わって、電子公告調査の業務を行う者が必要な場合がないとはいえない。本条は、そのような事態に備えて、法務大臣が自ら電子公告調査の業務を行えることとした（始関正光「株券等不発行制度・電子公告制度の導入」別冊商事286.141、戸川成弘・新基本法コンメ(3)536頁）。

2　法務大臣による電子公告調査の業務の実施

　法務大臣は、①登録を受ける者がないとき、②950条の規定による電子公告調査の業務の全部又は一部の休止又は廃止の届出があったとき、③954条の規定により登録を取り消し、又は調査機関に対し電子公告調査の業務の全部若しくは一部の停止を命じたとき、④調査機関が天災その他の事由により電子公告調査の業務の全部又は一部を実施することが困難となったとき、⑤その他必要があると認めるときは、電子公告調査の業務の全部又は一部を自ら行うことができる（本条1項）。

　しかし、複数の調査機関の登録がされている上、電子公告を採用する会社は予備的公告方法を定めるものと想定されるので、法務大臣が電子公告を行うことは考えられていない（始関正光「株券等不発行制度・電子公告制度の導入」別冊商事286.141）。そのため、本条2項で法務省令に委任されている事項についての具体的な定めは電子公告規則に存在しない（なお、施則221条10号参照）。同様に、本条3項で政令に委任されている手数料額についても、政令の定めが存在しない。

● (報告及び検査)

第958条 法務大臣は、この法律の施行に必要な限度において、調査機関に対し、その業務若しくは経理の状況に関し報告をさせ、又はその職員に、調査機関の事務所若しくは事業所に立ち入り、業務の状況若しくは帳簿、書類その他の物件を検査させることができる。
　2　前項の規定により職員が立入検査をする場合には、その身分を示す証明書を携帯し、関係人にこれを提示しなければならない。
　3　第1項の規定による立入検査の権限は、犯罪捜査のために認められたものと解釈してはならない。

1　趣　旨

　本条は、法務大臣が調査機関に対する監督権限（952条-954条）を行使するために必要な情報を収集するために、法務大臣に、報告聴取権限及び立入検査権限を付与する（始関正光「株券等不発行制度・電子公告制度の導入」別冊商事286.140、戸川成弘・新基本法コンメ(3)537頁）。

2　法務大臣の報告聴取権限及び立入検査権限

　法務大臣は、本法の施行に必要な限度で、調査機関に対し、その業務若しくは経理の状況に関し報告をさせ、又はその職員に、調査機関の事務所若しくは事業所に立ち入り、業務の状況若しくは帳簿、書類その他の物件を検査させることができる（本条1項）。その際、職員が立入検査をする場合には、その身分を示す証明書を携帯し、関係人にこれを提示しなければならない（本条2項）。この立入検査権限は、犯罪捜査のために認められたものと解釈してはならないとの確認規定が置かれている（本条3項）。

● (公示)

第959条 法務大臣は、次に掲げる場合には、その旨を官報に公示しなければならない。
　一　登録をしたとき。
　二　第945条第1項の規定により登録が効力を失ったことを確認したとき。

三　第948条又は第950条の届出があったとき。
　四　第954条の規定により登録を取り消し、又は電子公告調査の業務の全部若しくは一部の停止を命じたとき。
　五　第957条第1項の規定により法務大臣が電子公告調査の業務の全部若しくは一部を自ら行うものとするとき、又は自ら行っていた電子公告調査の業務の全部若しくは一部を行わないこととするとき。

　法務大臣は、①調査機関の登録をしたとき、②登録が更新されずに効力を失った（945条1項）とき、③事業所の変更（948条）又は業務の休廃止（950条）の届出があったとき、④登録を取り消し、又は電子公告調査の業務の全部若しくは一部の停止を命じた（954条）とき、⑤法務大臣が電子公告調査の業務の全部若しくは一部を自ら行うものとするとき、又は自ら行っていた電子公告調査の業務の全部若しくは一部を行わないこととするとき（957条1項）に、その旨を公示しなければならない（本条）。これは、調査機関の登録又は電子公告調査業務に関する状態の変動は、電子公告をしようとする会社にとって、重大な関心事である。そこで、本条は、法務大臣に、それらの事柄を官報で公示する義務を課したものである（始関正光「株券等不発行制度・電子公告制度の導入」別冊商事286.141、戸川成弘・新基本法コンメ(3)537頁）。

第 8 編　罰　　則

1　本編の意義

　本編は、主に株式会社の経営者、株主及び債権者等に適用される刑事罰（懲役・罰金）及び行政罰（過料）の制裁規定を置いている。その理由は、今日の経済社会において重要な機能を有する株式会社は、その所有と経営が分離されて機構も複雑であり、株主は、経営の把握が事実上困難であって、経営に無関心な者も多い。そのため、会社運営の担当役職員が違法行為を企図するおそれもあり、実行されると、株主や会社債権者に損害を生じ、ひいては、会社の破綻を招き、社会にも悪影響を及ぼす。そのため、株式会社に関する主要な私法規定を強行規定として会社運営の適正化を図る外に、会社経営に関する悪質な違法行為に刑事罰等を科し、経営の公正を担保する必要がある（伊藤榮樹・注釈特別刑法(5)104頁）。

　次に、このような罰則規定を本法に設ける技術的理由は、株式会社経営に係る違法行為に刑罰をもって臨むとしても、本法の複雑な規制に関連して生起する多様な違法行為に対応するには、刑罰の一般法たる刑法の規定だけでは技術的にも不十分であり、会社経営に係る悪質な違法行為は、単に株主・債権者その他私人に係る法益を侵害するにとどまらず、一般社会にも重大な影響を与え、実質的には社会的法益を害すると評価できる場合もある。そこで、一般法に対し、特殊な犯罪類型を本法に規定し、刑罰を加重することとしたのである（伊藤榮樹・前掲書104-105頁）。

　なお、本法制定の際、罰則規定は商法の旧罰則規定を踏襲したものと一般に解されているが、罰則規定の前提となる本法の諸規定には、多くの抜本的な変更が加えられたため、実際には、同じ罪名の規定でも、犯罪構成要件の範囲や内容が変わったと解される例もある。その典型が965条に定められた預合いの罪であろう。

2　立証責任

　実体刑法規定は、法律要件としての犯罪とそれに対応する法律効果としての刑罰を定める。犯罪は、一般に構成要件を充足する違法・有責の行為であると定義される。ところで、刑法の具体的実現を図る刑事訴訟においては、「疑わしきは被告人の利益に」（in dubio pro reo）という原則があり、証明を要すべき事実の立証責任は原則として訴追者である検察官が負担するもの

と解されている。問題は、検察官が原則として立証責任を負うべき事実の範囲である。当事者主義を理由に、犯罪の構成要件に該当する事実（犯罪構成事実）の存在は、訴追者である検察官が立証責任を負うが、違法性阻却事由及び責任阻却事由の不存在は、被告人に立証責任があるとする見解がある（小野清一郎・犯罪構成要件の理論 165 頁）。しかし、この見解によれば、犯罪の定義のうち、違法性又は有責性の点が不明であるのに被告人を処罰する場合が生ずることになってしまい、妥当でない。したがって、犯罪構成事実の存在することのほか違法性阻却事由及び責任阻却事由の不存在をも含めすべて訴追者である検察官が立証責任を負うと解すべきであろう（定塚孝司・主張立証責任論の構造に関する一試論 3 頁）。以下、この点を少し敷衍する。

　まず、検察官は、立証責任を負っている違法性阻却事由及び責任阻却事由の不存在について、常に立証活動をしているわけではない。それは、「構成要件は違法行為の定型である。したがって、ある事実が構成要件に該当する以上、特別の事由がない限り、その事実は違法性を帯びるものと推定される。これを構成要件－あるいは構成要件該当性－の違法推定の機能（indizierende Funktion）ということができる」また「構成要件は違法行為の定型の面と同時に有責行為の定型の面をもっている。したがって、構成要件の推定機能は違法性についてと同様に有責性についてもみとめられなければならない」（団藤重光・刑法綱要総論 199、271 頁）からである。この推定は事実上の推定と解されている（石井一正・刑事実務証拠法 349 頁）。

　したがって、検察官が、構成要件に該当する犯罪構成事実を主張立証すれば、違法性阻却事由及び責任阻却事由の不存在が事実上推定されることとなるのである。被告人が違法性阻却事由又は責任阻却事由の点について争わなければ、検察官はその不存在について立証活動をしたくとも、犯罪構成事実のみの立証によって足りる所以である。ところで、事実上の推定は、反証によって覆すことができる。しかも、犯罪構成要件の存在によってその不存在が事実上推定される違法性阻却事由及び責任阻却事由には、各種のものが存在し、強力な推定が働くとはいえない場合が多く、被告人が行う反証は、その程度は緩やかに解すべき場合もあろう（この反証の程度に関しては、講学上、「証拠提出責任」「争点形成責任」等の形を取って議論されている）。このような反証がなされれば、検察官は、その立証責任を担当している違法性阻却事由ないし責任阻却事由の不存在について、具体的な立証活動をすることになろう。なお、例外的ではあるが、被告人が明瞭に立証責任を負う場合として、①刑法 207 条（同時傷害）の場合において、傷害の軽重又はその傷害を生じさせた者の特定、②刑法 230 条の 2（名誉毀損の事実証明）におい

て定める、摘示された事実が真実であること、又は、真実であると誤信し、そう信じたことについて確実な資料・根拠に照らして相当の理由があること、③爆発物取締罰則6条（準爆発物不法製造）の場合において、同罰則1条のいう治安を妨げ又は人の身体財産を害する目的が存在しないこと、④児童福祉法60条3項の定める児童の年齢を知らなかったことについて過失がなかったこと、⑤労働基準法121条1項、鉱業法152条のような両罰規定における法人・事業主の処罰の場合において、違反防止に必要な注意を払ったことの各場合がある。

3 株式払込責任免脱罪（旧商496条）の廃止

旧商法496条（株式払込責任免脱罪）は、「払込ノ責任ヲ免ルル目的ヲ以テ他人又ハ仮設人ノ名義ヲ用ヒテ株式ヲ引受ケタル者」を1年以下の懲役又は100万円以下の罰金に処すると規定していた。株式引受人が不法に払込義務を免れて株式を取得することを防止することを目的とするものであり、仮設人・他人の名義による引受人の負担する責任（旧商201条）を、刑罰により担保しようとした。新株引受人が払込期日までに払込みをしない場合には、当然にその権利を失うこととなっていたので（旧商280条ノ9）、株式払込責任免脱罪が問題になるのは、失権手続（旧商179条）を経ないと引受権を失うことのない設立時の株式引受人の場合に限られていた。

しかるに、本法においては、新株発行時のみならず、設立時も、設立時募集株式の引受人が払込期日又は払込期間内に払込みをしないときは、設立時募集株式の株主となる権利を失うこととなったため（63条3項）、株式払込責任免脱罪が適用される場面はなくなり、株式払込責任免脱罪の規定も廃止された。敷衍すれば、本法は、会社の設立を促進し、最低資本金制度も廃止したので、設立時の定款に記載する「出資すべき額又はその下限額」に制限が設けられず、いわゆる「1円会社」の設立も可能となった。そこで、株式の引受けに際して払込みを確保する必要がなくなり、たとえ株式を引き受けた者の全部又は一部が払込みを行わなくても、発起人が引き受けた株式の全部につき払込み又は給付をし、かつ定款に定めた「出資すべき額又はその下限額」以上の出資がされたときには、そのまま設立されることとなる。かくして、払込責任を刑罰をもって確保する必要性がないのである。

●(取締役等の特別背任罪)

第960条　次に掲げる者が、自己若しくは第三者の利益を図り又は株式会社

に損害を加える目的で、その任務に背く行為をし、当該株式会社に財産上の損害を加えたときは、10年以下の懲役若しくは1,000万円以下の罰金に処し、又はこれを併科する。
　一　発起人
　二　設立時取締役又は設立時監査役
　三　取締役、会計参与、監査役又は執行役
　四　民事保全法第56条に規定する仮処分命令により選任された取締役、監査役又は執行役の職務を代行する者
　五　第346条第2項、第351条第2項又は第401条第3項（第403条第3項及び第420条第3項において準用する場合を含む。）の規定により選任された一時取締役、会計参与、監査役、代表取締役、委員、執行役又は代表執行役の職務を行うべき者
　六　支配人
　七　事業に関するある種類又は特定の事項の委任を受けた使用人
　八　検査役
2　次に掲げる者が、自己若しくは第三者の利益を図り又は清算株式会社に損害を加える目的で、その任務に背く行為をし、当該清算株式会社に財産上の損害を加えたときも、前項と同様とする。
　一　清算株式会社の清算人
　二　民事保全法第56条に規定する仮処分命令により選任された清算株式会社の清算人の職務を代行する者
　三　第479条第4項において準用する第346条第2項又は第483条第6項において準用する第351条第2項の規定により選任された一時清算人又は代表清算人の職務を行うべき者
　四　清算人代理
　五　監督委員
　六　調査委員

1　沿　革

　取締役等は、任務を怠った場合には、民事責任として、会社に対して損害賠償責任を負い（53条1項、423条1項）、更に任務懈怠に悪意、重過失がある場合は、第三者に対しても損害賠償責任を負うが（53条2項、429条1項）、取締役など、会社経営に重要な役割を果たす者が任務に背いて一定の

要件を充足する場合には、特別背任罪として刑事制裁を加えることとした。

本条の構成要件は、①本条所定の一定の身分を有する者が、②自己若しくは第三者の利益を図り又は株式会社に損害を加える目的（「図利加害目的」）で、③その任務に背く行為（「任務違背行為」）をし、④株式会社に財産上の損害（「財産上の損害」）を生じさせることである。以下、分説する。

2　主体－身分的加重犯

刑法247条は、「他人のためにその事務を処理する者」が背任行為を行った場合5年以下の懲役又は50万円以下の罰金を処する旨を定めている。本条は、一定の会社役職員の背任行為は、株式会社との信認関係に背いて財産を損なうほか、会社経営の経済秩序を損なう危険があることから、刑法247条の背任罪の特別罪を規定したもの（身分的加重構成要件を定めた加重処罰）である。

特別背任罪の主体は、本条（及び961条）所定の身分を有する者に限られる。本条所定の身分が行為時にない限り、本罪は適用されない。したがって、行為した後に取締役に就任しても、本罪は成立しないが（神戸地判昭和34年5月6日下刑1.5.1178）、行為時に取締役であれば、損害発生時にその身分を失っていても、本罪は成立する（大判昭和8年12月18日刑集12.2360）。

(1) 発起人

「発起人」は、株式会社の設立に当たり、定款を作成し、署名又は記名押印した者である（26条、27条）。会社設立の企画に参画し、設立事務に従事しても、定款に記載されない者は、発起人でないと解されるから、本罪の主体とならない。なお、設立時発行株式を引き受ける者を募集した際に、自己の氏名及び株式会社の設立を賛助する旨を記載し又は記載することを承諾した者は、発起人でなくとも、発起人とみなされ、損害賠償責任等を課されるが（102条2項）、刑事責任は負わない。

(2) 設立時取締役又は設立時監査役

「設立時取締役」は、株式会社設立時に取締役となる者であり（38条1項）、「設立時監査役」は、監査役設置会社の設立時に監査役となる者である（同条2項2号）。いずれも、発起設立では出資の履行が完了した後の発起人の選任により、募集設立では創立総会の決議により（88条）、その身分を取得するが、定款により定められた場合は、出資の履行完了時に選任されたものとみなされる（38条3項）。

(3) 取締役、会計参与、監査役又は執行役

　取締役、会計参与、監査役又は執行役は、株式会社と委任関係にある役員であり（330条）、株主総会の決議によって選任され（329条1項）、就任承諾によりその身分を取得する。そのため、選任された者が就任を拒んだ場合には、承諾を得るまではその身分を取得しない。また、これらの身分を取得しても、仮処分により執行を停止された者は、その間、本罪の主体ではない（芝原邦爾・旧注会(13)559頁）。

ア　取締役

　「取締役」は、株式会社の業務を執行する者である（348条1項）が、取締役会設置会社では、業務執行権を有するのは代表取締役と取締役会の決議によって選定された取締役に限られ（363条1項）、他の取締役は、取締役会において、業務執行の決定に参画するにとどまる（362条2項）。取締役には、欠格事由（331条）に該当する者を選任した株主総会の決議は無効となり、在任中に欠格条件に該当すれば、その時点からその地位を失う。取締役として登記されていても、有効な総会で取締役として選任されていない者は取締役に当たらない（旧商法486条に関するが、大阪高判平成4年9月29日判時1471.155）。

イ　会計参与

　「会計参与」は、会計参与設置会社において、取締役と共同して計算書類等を作成する者である（374条1項）。会計参与の資格者は、公認会計士若しくは監査法人又は税理士若しくは税理士法人に限られる（333条1項）。このうち、監査法人や税理士法人が会計参与に選任された場合、法人は、その社員の中から、会計参与の職務を行うべき者を選定し、会社に通知する（同条2項前段）。しかし、選定された社員自身が、会計参与の身分を取得するものではない。本法は、本条の罪の主体が法人である場合、その行為をした取締役、執行役その他業務を執行する役員又は支配人に対して、本条を適用する旨を定めている（972条）。したがって、選定された社員が単なる使用人であるときは、その者は特別背任罪の主体とならない。

ウ　監査役

　「監査役」は、取締役及び会計参与の職務の執行を監査する者をいう（381条1項前段）。監査役は、会計参与と異なり、特別な資格は要求されない。ただ、取締役と同様、一定の欠格条件が定められているので（335条1項）、欠格者を選任した株主総会の決議は無効となり、在任中に欠格条件に該当することとなれば、その時点から監査役としての地位を失う。

エ　執行役

「執行役」は、委員会設置会社の取締役会の決議によって委任を受け、業務執行の決定及び業務執行を職務として行う者である（418条）。執行役と委員会設置会社の関係は委任関係であり（402条3項）、任務懈怠によって会社に生じた損害についても賠償責任が課される（423条1項）。

(4) 民事保全法56条の仮処分命令により選任された取締役、監査役又は執行役の職務代行者

「民事保全法第56条に規定する仮処分命令により選任された取締役、監査役又は執行役の職務を代行する者」とは、裁判所が、仮処分として、選任決議の無効・取消しや解任の訴え等を受けた取締役、監査役又は執行役の職務執行停止と併せてその職務を代行させるため選任した者を指す。これらの者と株式会社の関係は、委任関係でなく、法定代表関係に立つ存在と解される。このうち、取締役と代表取締役の職務代行者に認められるのは、常務だけであり、それ以外の行為をするには、裁判所の許可が必要である（352条1項）。これに違反した行為は無効である（同条2項本文）。しかし、株式会社は、これをもって善意の第三者に対抗できないので（同条2項ただし書）、この場合にも、特別背任罪の主体たるを失わない。

(5) 346条2項、351条2項又は401条3項（403条3項及び420条3項において準用する場合を含む）により選任された一時取締役、会計参与、監査役、代表取締役、委員、執行役又は代表執行役の職務を行うべき者

「第346条2項、第351条2項又は第401条3項の規定により選任された一時取締役、会計参与、監査役、代表取締役、委員、執行役又は代表執行役の職務を行うべき者」とは、取締役等の役員、委員、執行役又は代表執行役に欠員が生じた場合に、利害関係人の申立てにより、一時的にその職務を執行するため、裁判所が選任した者を指す。

(6) 支 配 人

「支配人」は、会社によって選任され、その本店又は支店において、会社の事業を行う者である（10条）。会社の業務について、包括的な代理権を付与された商業使用人をいい、付与された名称や支配人としての登記の有無と関係しない。したがって、会社から「支配人」「支店長」という役職に任じられたとしても、会社の内部規程等により、その者の権限が「事業に関する一切の裁判上又は裁判外の行為をする権限」（11条）を有するものと認められない場合には、「支配人」には該当しない。実質的権限が与えられていない表見支配人（13条）は、「支配人」に当たらない。なお、表見支配人は、次の(7)に掲記する営業に関するある種類又は特定の事項の委任を受けた使用人に含まれ得る（藤木英雄・注会(8)のⅡ389頁）。

(7) 事業に関するある種類又は特定の事項の委任を受けた使用人

「事業に関するある種類又は特定の事項の委任を受けた使用人」は、通常、会社と雇用契約を締結しており、支店長、部長、課長、係長、主任等、会社の事業に関するある種類又は特定の事項につき、部分的に包括的代理権を付与された使用人である（14条1項）。例えば、金融機関における不正貸付けの事案では、相応の権限を受任して融資業務を担当している融資担当部長等がこれに当たる。これら使用人は、部分的に包括的代理権を付与されており、委任された事務を誠実に取り扱うことが期待される立場であるから、これに背く行為に対して、取締役や支配人らと等しく責任を負う。東京高判昭和37年5月17日高刑15.5.335は、「株式会社の使用人であつても、営業行為に直接関係する職務に服さず、従つて単に営業の内部かぎりの業務に従事し、或いは対外的に商行為を営む等法律関係を生ぜしめることのない地位にある者、例えば、新聞社または出版会社の編集乃至取材関係の社員、製造会社の研究所または工場の純然たる研究員又は技師（資材の買入、物品の払下等に関与する職務なき者）、会社の守衛長のような者は、たとえ編集、取材、技術研究物品の製造、事務の管理というような事項につき会社から特定の事項を委任されていたとしても、商法第43条第1項第486条第493条第1項に規定する『営業ニ関スル或種類若ハ特定ノ事項ノ委任ヲ受ケタル使用人』に該当しない……」と判示する。しかし、技術研究部の部・課長らは企業上の秘密漏洩などによって会社に損害を加え得る立場にあるから、疑問である。ただ、藤木英雄・注会(8)のⅡ389頁は、会社から与えられた営業上の権限の濫用ということに本条の罪の加重処罰の根拠があるとすると、上記判例は妥当であるとされる。内部限りの業務を行う使用人が任務違背行為をした場合には、背任罪（刑247条）の成否を検討すべきこととなる。

(8) 検査役

「検査役」いう文言が使用されているものには、①株式会社の設立に際し、発起人の申立てに基づき、定款の記載又は記録事項を調査させるため、裁判所が選任した検査役（33条1項）、②株式を引き受ける者を募集するに際し、現物出資を目的とするときに、会社の申立てにより、現物出資財産の価額を調査させるため、裁判所が選任した検査役（207条1項）、③新株予約権を行使するに際し、現物出資が出資の目的として行使されたときに、会社の申立てにより、現物出資財産の価額を調査させるため、裁判所が選任した検査役（284条1項）、④株主の申立てに基づき、株主総会の招集手続及び決議方法を調査させるために、裁判所が選任した検査役（306条1項）、⑤会社の業務の執行に関し不正の行為又は法令若しくは定款に違反する重大な事実がある

ことを疑うに足りる事由があるときに、株主の申立てに基づき、株式会社の業務及び財産状況を調査させるために、裁判所が選任した検査役（358条1項）があり、いずれも必要に応じて選任される臨時の機関で、株式会社とは、準委任（民656条）の関係にある。

　本法は、検査役を、申立てを受けて裁判所が選任されるとしており、検査役は取締役等と近い立場に立ち、その職務上の責任は取締役等と同程度のものといえる。例えば、④の検査役が株主総会の招集手続及び決議の方法について調査することを目的として取締役（あるいは株主総会）の請求により裁判所により選任されたにもかかわらずその職務に背く行為をしたことに対する非難の程度は、取締役等の任務違背行為と同程度のものといえるから、検査役に対してもこの身分を与えた。

3　主観的要件
(1)　故　　意

　刑法上、故意がなければ罰せられることはないのが原則であり（刑38条1項本文）、この原則は、本法の罰則規定においても同様である（刑8条本文）。特別背任罪の故意が成立するためには、①自らが本条所定の身分を有すること、②自らの行為が任務に違反すること、③株式会社に損害を生じさせることのそれぞれについて認識を有することが必要である（財産上の損害を加えることの認識について、大判大正13年11月11日刑集3.788）。その認識は、通説によると、確定的でなくともよく、未必的で足りる（芝原邦爾・新注会(13)563頁）。ただ、藤木英雄・注会(8)のⅡ393頁は、「本条に抵触する疑いのある行為のうちには、正当な職務の行使でありかつ会社の利益になるものと信じてした行為が結果的に会社に被害を及ぼす事態を招いたという例も少なくないと考えられ、また営利性の追及上、企業的冒険は少なくとも刑事上の威嚇によっては抑制さるべき性質のものではないことを考えあわせ、未必の故意の認定には慎重さが要請される」と指摘する。「支配人」や「事業に関するある種類又は特定の事項の委任を受けた使用人」という身分は、規範的構成要件要素であり、行為者がどの程度認識をしていれば故意があるといえるかが問題となる。行為者が、自己が法律上の「支配人」等に該当するという認識がなくても、自分が支店や特定事項について会社から権限を与えられているという認識があれば、故意は認められるものと解される。

(2)　図利加害目的
ア　目的の機能

　図利加害目的は、故意以外に、それを超えて要求される主観的構成要件要

素である。この目的要件の機能について、前田雅英「背任罪と図利加害目的」判時1541.23は、「金融業の支店長等がきちんとした担保を取らずに融資を行い銀行に損害を与える行為は、背任の典型である。しかし、日常行われている『やや行き過ぎた取引活動』と、処罰に値する背任行為の限界は微妙である。まさにグレーゾーンに可罰範囲の限界線を引かなければならないのである。……銀行（本人）の利益を図るものであるならば、図利加害目的が否定され、背任の構成要件該当性は認められない」として、目的の存否が犯罪の成否の分水嶺であるとしている（葉玉匡美・論点体系(6)479頁は、「必要以上に経営判断を萎縮させるおそれがあることから、本要件が付加されている」とする）。

イ　図利加害の認識

本条及び961条は、自己や第三者の利益と並び、株式会社や社債権者に損害を加える目的を定めているが、これらの規定は、いずれも故意の内容として、株式会社や社債権者に財産上の損害を生じさせる認識が必要であるとしており、故意と目的の内容が重複する。これでは、わざわざ故意とは別に、目的を主観的構成要件とする意義が失われる。そのため、故意は、未必的な認識で足りるが、目的が要件とされていることから、確定的な認識まで必要とするのが通説であった（藤木英雄・経済取引と犯罪67頁）。しかし、最決昭和63年11月21日刑集42.9.1251は、「特別背任罪における図利加害目的を肯定するためには、図利加害の点につき、必ずしも所論がいう意欲ないし積極的認容までは要しないものと解するのが相当であ〔る〕」と判示する。この点、最決平成10年11月25日刑集52.8.570は、「被告人及びAらには、本件融資に際し、T会社が募集していたレジャークラブ会員権の預り保証金の償還資金を同社に確保させることにより、ひいては、T会社と密接な関係にあるH相互銀行の利益を図るという動機があったにしても……それは融資の決定的な動機ではなく、本件融資は、主として右のようにT会社、K会社及びS会社の利益を図る目的をもって行われたということができる。そうすると、被告人及びAらには、本件融資につき特別背任罪におけるいわゆる図利目的があったというに妨げなく、被告人につきAらとの共謀による同罪の成立が認められる」と判示し、また、最決平成17年10月7日刑集59.8.779は、「被告人が本件融資を実行した動機は、I会社の利益よりも自己やAの利益を図ることにあったと認められ、また、I会社に損害を与えることの認識、認容も認められるのであるから、被告人には特別背任罪における図利目的はもとより加害目的をも認めることができる。」と判示していることから、葉玉匡美・論点体系(6)479頁は、判例が「①『加害

目的』よりも『図利目的』を重視する、②『決定的な動機』が自己又は第三者の利益を図ることにあった場合には、『図利目的』を認める、③損害の認識・認容をもって加害目的を認めることもある等の傾向が見受けられる。」としている。
ウ　利益・損害の意義
　図利・加害にいう利益や損害は、本条の財産犯としての性質を強調して財産上のものに限るとする見解があるが、判例はそれに限らないとしている。例えば大判大正3年10月16日刑録20.1867は、「自己ノ利益ヲ図ル目的トハ身分上ノ利益其他総テ自己ノ利益ヲ図ル目的ナルヲ以テ足レリトシ必スシモ其財産上ノ利益ヲ図ル目的ナルコトヲ要セス」と判示する。

4　任務違背行為（客観的要件）
　任務違背行為とは、委任・準委任の関係にある者が、その任務である事務処理の上で、性質上一般に要求される信義則から生ずる信任関係に違反する行為である（佐々木史朗・注解特別刑法4巻25頁）。したがって、「任務違背」には、法律行為だけでなく、事実行為が含まれ、作為・不作為を問わない。例えば、不正融資、粉飾決算、取締役会の承認のない会社との自己取引などであり、ホワイトカラー犯罪（White Collar Crime：社会的地位の高い者が、その地位を濫用して職務過程で犯す犯罪）の典型例である。いかなる行為が、「任務違背」に当たるかについては、取締役は、法令及び定款並びに株主総会の決議を遵守し、株式会社のため忠実に職務を行う義務が規定されており（355条）。例えば、取締役が会社と取引をする場合には、取締役会設置会社においては取締役会の決議が必要である。この手続に違反した場合に、直ちに任務違背と評価されるかについて、藤木・前掲書390-391頁は、「取締役が取締役会の承認を得ないで会社の財産を譲り受けたとすると、その行為は、形式的に手続違背であり、取締役の忠実義務に違反するが、特別背任罪との関係では、それだけで直ちに任務違背行為ありとはいえない。もちろん、形式的手続違背は、実質的にそれが任務違背行為であることのひとつの徴表である。……しかし、形式的手続違背の取引であっても実質上とくに会社の不利益をもたらすことのないものについては、……刑事上の問題とするまでの必要はない。実質的にみて、とくにその財産が市価をいちじるしく下廻る価格で取引され一方的に取締役の利益を目的としたものとみられる場合には格別、単に手続違背があるにすぎない場合に直ちにこれを任務違背とするのは相当でない。」という。逆に、本条及び961条所定の身分を有する者は、裁量権を有しているため、定款・規則等の手続を適法に遵守しつつ

会社に不利益な行為をすることも可能である。具体的な事案ごとに、株式会社や社債権者の信任に背いたかどうかで、任務違背に当たるか否かが決せられることとなる。その基準は、その行為の内容と通常の業務との相違等を勘案し、合理性と相当性を欠くかどうかが目安になる。
(1) 経営判断の原則との関係

任務違背行為か否かの認定においては、経営判断原則が適用される。最決平成21年11月9日刑集63.9.1117も、「銀行の取締役が負うべき注意義務については、一般の株式会社取締役と同様に、……いわゆる経営判断の原則が適用される余地がある。」としているが、経営判断原則の判断水準について、「融資業務に際して要求される銀行の取締役の注意義務の程度は一般の株式会社取締役の場合に比べて高い水準のものであると解され、……経営判断の原則が適用される余地はそれだけ限定的なものにとどまるといわざるをえない。」とした上で、「銀行の取締役は、融資業務の実施に当たっては、元利金の回収不能という事態が生じないよう、債権保全のため、融資先の経営状況、資産状態等を調査し、その安全性を確認して貸付を決定し、原則として確実な担保を徴求する等、相当の措置をとるべき義務を有する。」として、任務懈怠を認めている（葉玉匡美・論点体系(6)480頁）。
(2) 法律行為

任務違反としての法律行為の例として、①倉庫業者が、質入証券と引換えでなく、受寄物を引き渡したこと（大判明治44年12月19日刑録17.2231）、②運送業者が貨物引換証と引換えでなく運送品を引き渡したこと（大判昭和7年11月24日刑集11.1703）、③無尽業者が、無尽加入以外の者に無担保貸付けをしたこと（福岡高判昭和31年4月30日高刑特3.9.455）、④金融業者が、内規に違反して無担保で貸付けをしたこと（大判大正14年2月25日刑集4.95、大判昭和3年7月14日刑集7.477、大判昭和9年6月29日刑集13.895）、⑤組合の理事が、組合債権を他に譲渡したこと（大判昭和8年11月29日刑集12.2145）、⑥銀行の代表取締役頭取が、実質倒産状態にある融資先企業グループの各社に対し、客観性を持った再建・整理計画もなく、既存の貸付金の回収額をより多くして銀行の損失を極小化する目的も明確な形で存在したとはいえない状況で、赤字補填資金等を実質無担保で追加融資したこと（前掲平成21年最決）等がある。
(3) 事実行為

任務違反としての事実行為の例として、①売掛代金を受け取る任務を有する者が、商品の返戻を受けた旨虚偽の記帳をしたこと（大判大正3年6月20日刑録20.1313）、②銀行の支店長が、入金がないのに、手形入金がされた旨

の虚偽の記帳をしたこと（松江地判昭和33年1月21日一審刑集1.1.41）、③コンピュータ・ソフト会社の営業課長が、自社が顧客用に開発したソフトを自らが独立して設立する新会社で使用するため、コピーを作成し、社外に持ち出したこと（神戸地判昭和56年3月27日判時1012.35）、④コンピュータプログラムを他のコンピュータに不正な入力をしたこと（東京地判昭和60年3月6日判時1147.162）等がある。また、取締役が、⑤会社の債権を行使せずに、時効にかけたこと（高松高判昭和27年9月30日高刑5.11.1864）、⑥会社が保有する他社株式の新株引受権を行使しなかったこと（東京地判昭和54年8月21日ジュリ714.7）も、不作為の任務違背行為に当たるとされた。

5　財産上の損害

　本条の特別背任罪が成立するためには、本条所定の身分を有する者が、任務違背を行った結果として、株式会社に「財産上の損害」を発生させることが必要がある。損害が発生しなかった場合は、未遂罪（962条）が成立するにとどまる。

(1) 損害の意義

　「損害」とは、財産的価値の減少をいう。既存の財産の減少（積極的損害）のほか、増加するはずの財産が増加しなかったこと（消極的損害）も、「損害」に含まれる。最決昭和58年5月24日刑集37.4.437は、信用保証協会の支所長が、資金使途が倒産を一時糊塗することにあると知りながら、内規に違反して限度額を超える債務保証を専決した事案について、「財産上の損害」とは「経済的な見地において本人の財産状態を評価し、被告人の行為によつて、本人の財産の価値が減少したとき又は増加すべかりし価値が増加しなかつたときをいう」と判示した。

　特定の者に対して特に有利な金額による新株発行又は自己株式の処分を行った場合に、新株発行・自己株式の処分に伴い、募集価格と本来会社に払い込まれる適正な発行価格との差額が会社財産として増加しないから、消極的損害が生ずるとする見解がある。しかし、①出資がされると、会社の資産は募集価格の高低にかかわらず増加するから、有利発行によって損害を被る可能性があるのは、株式の希薄化が生ずる既存株主であって会社ではない。また、②自己株式の資産性が認められれば別であるが、今日ではその資産性は否定されているから、特定の者に対する有利な自己株式処分は、会社資産の不当売却とは性質が異なる。したがって、新株発行や自己株式処分では、募集価格の有無にかかわらず、「財産上の損害」は生じないと解される（葉玉匡美・論点体系(6) 484-485頁）。

(2) 反対給付

特別背任罪の「財産上の損害」の評価は、株式会社の財産状態全体について行うので、一方で損害が認められたとしても、他方で、これに対応する反対給付がされていれば、プラス・マイナスでゼロになって株式会社の財産全体には損害は発生していないことになる（最決平成8年2月6日刑集50.2.129）。後日、損害が補填されても、それは既発生の損害の弁償に過ぎず、特別背任罪は成立する。

6 共　犯

特別背任罪についても、①2人以上が共同で犯罪を実行した共同正犯の場合（刑60条）、②人を教唆して犯罪を実行させた教唆犯の場合（刑61条1項）、及び③正犯を幇助した幇助犯（従犯）の場合（刑62条1項）、共犯として、処罰の対象となる。このうち、共同正犯と教唆犯には、本条及び961条の法定刑が適用されるが、幇助犯には、その2分の1までの法定刑が適用される（刑63条、68条）。

(1) 共犯と身分

共犯の場合、①本条及び961条の身分を有する者と共同して犯罪を実行し、②身分を有する者を教唆し犯罪を実行させ、又は③身分を有する者を幇助したときには、身分のない者も処罰される（刑65条1項）。その際、身分のない者には刑法247条の背任罪の法定刑が適用される（刑65条2項）（東京高判昭和42年8月29日高刑20.4.521、東京高判昭和54年12月11日東高刑時報30.12.179、東京地判昭和62年6月29日判時1263.56）。

(2) 共同正犯

特別背任罪の共同正犯が成立するためには、共同実行の意思と共同実行の事実の存在が必要である。ただ、必ずしも任務違背行為の実行を分担する必要はなく、その共謀のみに参加した場合も含まれる（最大判昭和33年5月28日刑集12.8.1718）。これらの共同正犯の場合、自らが直接的に実行した任務違背の結果だけでなく、他の者が惹起した結果についても帰責される（一部実行全部責任の原則）。

(3) 身分のない者の加功

不正融資の貸手に特別背任罪が成立する場合に、借手の共同正犯の成立が問題となる。背任罪（刑247条）は、「他人のためにその事務を処理する者」であることが構成要件であるから真性身分犯であり、かつ、特別背任罪（本条）は取締役等の身分を有する者に対するその加重類型であることから不真性身分犯でもある。不正融資の場合、必然的に取引相手としてこうした身分

を持たない借手の関与が予定されるところ、①身分者である貸手とは本来利害が対立する関係にあり自己の利益のために融資の実現を図るものであるから、常にその共犯の成立を認めると経済活動に対する過大な制約になりかねないこと、また、②多くの場合、身分のない者が「任務違背行為」や「損害」の要件について身分者と同様な認識を持つことは困難であること等の理由から、非身分者である借手側に（特別）背任罪の共同正犯の成立を認めるためには何らかの限定が必要である。

最決平成15年2月18日刑集57.2.161は、「被告人は、Cら融資担当者がその任務に違背するに当たり、支配的な影響力を行使することもなく、また、社会通念上許されないような方法を用いるなどして積極的に働き掛けることもなかったものの、Cらの任務違背、B社の財産上の損害について高度の認識を有していたことに加え、Cらが自己及びA社の利益を図る目的を有していることを認識し、本件融資に応じざるを得ない状況にあることを利用しつつ、B社が迂回融資の手順を採ることに協力するなどして、本件融資の実現に加担しているのであって、Cらの特別背任行為について共同加功をしたとの評価を免れないというべきである。」と判示し、また、最決平成20年5月19日刑集62.6.1623は、銀行の融資に係る頭取らの特別背任行為につき、融資の申込みをしたにとどまらず、融資の前提となるスキームを頭取らに提案してこれに沿った行動を取り、担保となる物件の価値を水増しした不動産鑑定書を作らせるなどして、融資の実現に積極的に加担した融資先会社の実質的経営者は、特別背任行為に共同加功したといえるとする。

7 罪　数
(1) 横領罪との関係

取締役等が自己の占有する他人の財物を不法に処分した場合、特別背任と業務上横領（刑253条）のいずれが成立するかが問われる。判例は、業務上横領罪を背任罪の特別規定として取り扱うものが多く、業務上横領罪が成立する場合は、背任罪は成立しないとする。そして、行為者が、自己の計算（売却代金を着服するように、行為の経済的効果が帰属する場合）又は自己の名義で財産を処分した場合は、不法領得の意思の発現と認められるから横領罪が成立すると解される。他方、財物に対する処分行為が会社の名義かつ会社の計算で行われた場合は、不法領得の意思が認められないため、背任罪が成立する（最判昭和33年10月10日刑集12.14.3246、最判昭和34年2月13日刑集13.2.101等。葉玉匡美・論点体系(6)481頁）。

(2) 会社財産を危うくする罪（963条）との関係

　違法配当等の会社財産を危うくする罪は、任務違背により会社に損害を与える点で、本罪と重なる。そのため、本罪と会社財産を危うくする罪は補充関係にあると解され、本罪の成立が認められない場合（例えば、図利加害目的がない場合）に、補充的に会社財産を危うくする罪が成立し得る（葉玉匡美・論点体系(6)482頁）。例えば、会社から財産規制に違反して財産が流出した場合に関する①東京地判昭和51年12月24日金判524.32、②大阪地判昭和52年6月28日商事780.30、③神戸地判昭和53年12月26日金判568.43、④東京地判昭和57年2月25日判時1046.149は、本条のほか、963条と金融商品取引法197条の適用が問題となっている（963条4(1)参照）。

8　清算会社の役職員

　本条2項は、①清算会社の清算人、②民事保全法56条の仮処分命令により選任された清算会社の清算人の職務代行者、③479条4項において準用する346条2項又は483条6項において準用する351条2項により選任された一時清算人又は代表清算人の職務を行うべき者、④清算人代理、⑤監督委員、⑥調査委員が、自己若しくは第三者の利益を図り又は清算会社に損害を加える目的で、その任務に背く行為をし、その清算会社に財産上の損害を加えたときも、本条1項と同様とすることを定める。

(1) 清算会社の清算人

　「清算株式会社の清算人」は、株式会社が、解散等の理由で清算会社となった場合に、その後始末（清算）のために、清算会社の業務を執行する者である（477条、482条1項）。清算人には、解散時の取締役のほか、定款で定める者や株主総会の決議によって選任された者がなる（478条1項）。また、利害関係人の申立てにより、裁判所が選任することもある（同条4項）。その職務権限は、現務の結了、債権の取立てと債務の弁済、残余財産の分配といった清算事務に限られるが（481条）、その地位は、取締役とほぼ同等であり（478条6項）、清算会社との関係は委任関係となる。

(2) 清算人の職務代行者

　「民事保全法第56条に規定する仮処分命令により選任された清算株式会社の清算人の職務を代行する者」は、裁判所が、仮処分として、選任決議の無効・取消しや解任の訴え等を受けた清算人の職務停止の処分と併せて、その職務を代行させるため選任した者である（483条6項）。

(3) 一時清算人等の職務を行うべき者

　「第479条第4項において準用する第346条第2項又は第483条第6項に

おいて準用する第351条第2項の規定により選任された一時清算人又は代表清算人の職務を行うべき者」は、清算人又は代表清算人に欠員が生じた場合に、利害関係人の申立てにより、一時的にその職務を執行するため、裁判所が選任した者である。
(4) 清算人代理
「清算人代理」は、必要に応じて、その職務を行わせるために、清算人が自己の責任で選任した代理人をいう（525条1項）。その選任には、裁判所の許可を要する（同条2項）。清算人代理も、清算人の職務を行うことから、清算人同様、特別背任罪の主体となる。
(5) 監督委員
「監督委員」は、清算会社の清算人及び監査役並びに支配人その他の使用人に対して、事業の報告を求め、又は清算会社の業務及び財産状況を調査するため、裁判所によって選任された者である（527条1項、530条）。監督委員には、法人もなり得るが（527条2項）、972条の適用を受ける。
(6) 調査委員
「調査委員」とは、株主の申立てに基づき、特別清算開始に至った事情、清算会社の業務や財産の状況、保全処分の要否等を調査するために、裁判所によって選任された者である（522条、533条）。

9　処　罰
　本条の特別背任罪の処罰は、10年以下の懲役若しくは1,000万円以下の罰金又はこれを併科する（本条1項柱書）。

● (代表社債権者等の特別背任罪)

第961条　代表社債権者又は決議執行者（第737条第2項に規定する決議執行者をいう。以下同じ。）が、自己若しくは第三者の利益を図り又は社債権者に損害を加える目的で、その任務に背く行為をし、社債権者に財産上の損害を加えたときは、5年以下の懲役若しくは500万円以下の罰金に処し、又はこれを併科する。

1　趣　旨
　本条は、960条と同様に、刑法247条（背任罪）の特別規定である。代表

社債権者又は決議執行者の社債権者に対して負う信任義務の履行を担保し、社債権者の利益を保護することを目的とする。会社の利益ではなく、社債権者の利益の保護を目的とする点で前条の罪と異なり、刑も前条の特別背任罪の半分としている。代表社債権者又は決議執行者の社債権者に対する背任罪についての加重処罰を規定した身分的加重構成要件である。特別背任罪の他の要件については、960条と同様に解し得る。なお、社債管理者は、本条の主体とされていないため、刑法247条所定の背任罪の適用の対象となる。

2 主 体
(1) 代表社債権者
代表社債権者は、社債権者集会により、一定の社債権者の中から選任された者で、社債権者集会において決議する事項についての決定の委任（736条）や決議の執行（737条1項本文）をするなどの権限を有する。総社債権者との関係は、実質的に委任と解される。
(2) 決議執行者
決議執行者は、社債権者集会の決議を執行する代表社債権者以外の者で、社債管理者と社債権者集会の決議によって定められた執行者である（737条1項ただし書）。ただし、社債管理者は、銀行、信託会社又はこれらに準ずるものとして法務省令（施則170条）に定める者に限定されており（703条）、972条の適用を受ける。総社債権者とは、委任又は準委任の関係にある。

3 背任行為
本条適用の対象行為は、①図利加害目的、②任務違背、③社債権者に財産上の損害を加えること、の要件を充足する行為である。①②の意義は960条と同様である。本条においては、社債発行会社は「第三者」に当たる。②について、代表者の任務違背は、社債権者集会の意思決定及び決議の執行に関して、その意思に反する行為をすることである。また、執行者の任務違背は、決議の趣旨に反する行為をすることである。

社債権者の財産上の利益とは、募集事項において決定された所定の利息の支払を受け、所定の償還を受けることである（加えて新株予約権付社債に付された新株予約権の行使も含む）。よって、その「財産上の損害」とは、その全部又は一部の支払が受けられなかったこと、新株予約権の行使が妨げられること、またこれらにつき、明白かつ具体的に実害発生の危険が生じたことをいう。代表社債権者等の判断については、経営判断の原則が適用される余地があるが、代表社債権者等は、会社のためでなく、社債権者のために権

限が与えられているから、償還額の一部切捨て等社債権者に損害を与える事項については、それに応じないと、発行会社の経営が悪化し、償還額が更に減少するリスクがあるかなど、最終的に社債権者の利益となるであろう判断である必要がある（葉玉匡美・論点体系(6)486頁）。

4　主観的要件

本条は、960条と同様に故意犯であり、その認識についても960条と同様に解される。

5　処　罰

5年以下の懲役若しくは500万円以下の罰金又はこれを併科する。960条より法定刑が軽いのは、960条と異なり、会社自体に損害を生じさせ、ひいては一般に損害を与える場合に比し、会社に与える損害が軽いと考えられるからである。

● (未遂罪)

第962条　前2条の罪の未遂は、罰する。

1　未遂罪

本条は、960条及び961条の未遂罪を罰することを定める。未遂罪は、「犯罪の実行に着手してこれを遂げなかった」場合である（刑43条本文）。図利加害の目的をもって任務違反行為の一部を行ったときに着手が認められる。しかし、本来の－基本的な－構成要件に該当する事実はあるが、それが構成要件全部を充足するに至らない場合である。また、「実行の着手」があったというためには、基本的構成要件についての構成要件的故意があったことを要する。したがって、未遂罪の公訴事実の記載については、故意の存在を明らかにする必要がある。その記載を欠く場合は、行為がいずれの犯罪に該当するかが不明となるからである。なお、未遂罪は、刑法43条本文によって、裁量的減軽が可能であり、自己の意思によって犯罪を中止したときは、必要的減軽・免除がされる。

2　実行の着手

未遂犯が成立するためには、960条及び961条所定の身分を有する者が、特別背任行為の実行に着手し、財産上の損害が発生しなかったことが必要である。例えば、取締役が不正融資をしようとしたが、融資実行前に発覚した場合等である（葉玉匡美・論点体系(6)487頁）。そのほか、「実行の着手」とは、下記①ないし③のように財産上の損害を発生する客観的・現実的危険を惹起する行為に出ることである。

① 取締役が、356条1項1号、365条1項に違反し、取締役会や株主総会の承認を得ずに、競業取引を行ったときには、取引開始と同時に実行の着手が認められる。

② いわゆる「蛸足配当」（配当可能利益がないにもかかわらず粉飾決算などにより違法に配当を行う行為）のケースでは、違法な計算書類を協議決定したときに実行の着手が認められるとの見解があるが、遅くとも、違法配当決議案を株主総会に提出した段階では、実行の着手があったといえる。

③ 小切手振出しの権限を有する銀行の支店長代理が、自己の利益を図るために、銀行名義の小切手を作成することは、その時点で実行の着手に当たる。

なお、財産上の損害を生じさせるつもりで、任務違背行為を実行したものの、現実には、その行為に、株式会社や社債権者の財産を侵害する危険性は全くなかったという場合は、実行に着手していないので、不能犯となり、未遂犯としても処罰されない。

3　中 止 犯

任務違背行為に着手したが、自己の意思で中止し、財産上の損害の発生を防いだ場合には、中止未遂として、必要的にその刑が減軽又は免除される（刑43条ただし書）。中止が自己の意思によること（任意性）は、行為者の主観から見ても、客観的に見ても、「やろうと思えばやれたが、やらなかった」といえるか否かの点から判断される。したがって、任務違背行為に着手したが、周囲の目が気になって、完遂できなかった場合には、任意性が欠ける。これに対して、たとえ動機が、良心の呵責や悔悟の情ではなく、恐ろしくなったり、別の機会の方が得策と考えたりした場合でも、任意性が認められ得る。また、中止したとは、結果の発生を阻止するための措置を講じなければならない。例えば、一旦不正融資を決済すれば、取止めを部下に指示するだけでは、中止行為として十分でない場合もある。融資中止の手続を内規

などに従い積極的に進める等、財産上の損害の発生を防止するために、自ら行うことが必要である。

●(会社財産を危うくする罪)

第963条 第960条第1項第1号又は第2号に掲げる者が、第34条第1項若しくは第63条第1項の規定による払込み若しくは給付について、又は第28条各号に掲げる事項について、裁判所又は創立総会若しくは種類創立総会に対し、虚偽の申述を行い、又は事実を隠ぺいしたときは、5年以下の懲役若しくは500万円以下の罰金に処し、又はこれを併科する。

2　第960条第1項第3号から第5号までに掲げる者が、第199条第1項第3号又は第236条第1項第3号に掲げる事項について、裁判所又は株主総会若しくは種類株主総会に対し、虚偽の申述を行い、又は事実を隠ぺいしたときも、前項と同様とする。

3　検査役が、第28条各号、第199条第1項第3号又は第236条第1項第3号に掲げる事項について、裁判所に対し、虚偽の申述を行い、又は事実を隠ぺいしたときも、第1項と同様とする。

4　第94条第1項の規定により選任された者が、第34条第1項若しくは第63条第1項の規定による払込み若しくは給付について、又は第28条各号に掲げる事項について、創立総会に対し、虚偽の申述を行い、又は事実を隠ぺいしたときも、第1項と同様とする。

5　第960条第1項第3号から第7号までに掲げる者が、次のいずれかに該当する場合にも、第1項と同様とする。

　一　何人の名義をもってするかを問わず、株式会社の計算において不正にその株式を取得したとき。
　二　法令又は定款の規定に違反して、剰余金の配当をしたとき。
　三　株式会社の目的の範囲外において、投機取引のために株式会社の財産を処分したとき。

1　趣　旨

本条は、会社の役職員が会社財産を危険に陥れる行為のうち、以下2ないし5のように重要なものを取り上げ、会社に具体的な財産上の危険が生じた

と否とを問わず刑事罰を加えるものであって、特別背任罪の要件のうち図利加害目的、財産的損害の発生について要件を不要とする抽象的危険犯である。したがって、虚偽の申述や事実の隠蔽によって裁判所や株主総会が実際に欺かれなくとも、また、出資の履行がないため設立無効となる場合であっても、本罪は成立する。更に、本条所定の行為は、多くの場合、「任務違背」に当たるから、「図利加害目的」と「財産上の損害」の存在が認められれば、特別背任罪も成立する。言い換えれば、図利加害目的及び財産上の損害の発生が要件でないことからすれば、特別背任罪の補充規定であると解される。特別背任罪が成立する場合、その補充規定である本条の罪は、これに吸収されると解される（芝原邦爾・新注会(13)575頁）。

2 虚偽申述・事実隠蔽

株式会社においては、株主の責任は株式の引受価額を限度とする有限責任であり、会社債権者にとってその担保となるものは会社財産に限られるから、会社財産の確保は重要である。そのため、設立時・会社成立後の新株発行時ともに、金銭出資のときは全額の払込みを、金銭以外の財産としての現物出資のときはその全部の給付を要求している（34条1項、63条1項、208条1項・2項）。また、特に会社財産が確立されていない設立時に濫用のおそれの大きい事項を変態設立事項とし、会社成立後も財産の価額評価が必要な現物出資については、検査役による調査を要求する（33条1項、207条1項）。以上の民事的な規律に加えて、本条は、発起人や取締役、監査役の設立時株式引受けや株式発行等に関する裁判所等への申述等、検査役の裁判所への申述等について刑事罰を設けている。

(1) 虚偽申述・事実隠蔽の4類型

ここに「虚偽の申述」とは、株式会社の資本確定や資本充実にとって重要な事実に反する表示をいい、「事実の隠蔽」とは、そうした事実の一部又は全部を隠すことをいう。虚偽申述・事実隠蔽には、次の4類型がある。

ア 発起人、設立時取締役又は設立時監査役（960条1項1号又は2号に掲げる者）が、34条1項（発起人の出資の履行）、63条1項（設立時株式引受人による払込み）による払込み若しくは給付について、又は28条各号（設立時の定款記載事項）に掲げる事項について、裁判所又は創立総会若しくは種類創立総会に対し、虚偽の申述を行い、又は事実を隠蔽したとき（本条1項）

発起人・設立時取締役は、検査役のような裁判所に対する報告義務はないので、裁判所に虚偽を申述する機会自体が存在しないかのようであるが、発

起人や設立時取締役の場合、870条5号に基づき実施される非訟事件において、裁判所で陳述する機会があり、この陳述の聴取において、変態設立事項について、虚偽を申述する場合がある。株主総会への虚偽申述の具体例としては、設立時取締役等の場合、創立総会に報告を義務づけられている設立調査事項のうち、現物出資財産等について定款に記載又は記録された価額が相当である点（46条1項1号）や出資の履行が完了している点（同3号）について、虚偽の報告を行うような場合がある。

イ　取締役、会計参与、監査役、執行役、取締役等の職務代行者及び一時取締役等の職務を行うべき者（960条1項3号ないし5号に掲げる者）が、199条1項3号（株式引受人募集事項の決定）又は236条1項3号（新株予約権行使時において金銭以外の財産を目的とすること）に掲げる事項について、裁判所又は株主総会若しくは種類株主総会に対し、虚偽の申述を行い、又は事実を隠蔽したとき（本条2項）

　　取締役の裁判所に対する虚偽申述の具体例として、870条7号に基づき実施される非訟事件において、「金銭以外の財産を支出する者」への陳述の聴取の中で、その財産の内容及び価額について、虚偽を申述する場合がある。また、総会への虚偽申述の具体例としては、取締役等の場合、発行株式の募集事項の決定には、総会の決議が必要とされており、一定の場合には、総会への説明義務も設けられていることから、こうした機会に虚偽を申述する可能性があり得る。

ウ　検査役が、28条各号、199条1項3号又は236条1項3号に掲げる事項について、裁判所に対し、虚偽の申述を行い、又は事実を隠蔽したとき（本条3項）

　　裁判所に対する虚偽申述の具体例として、検査役には、変態設立事項等について調査した場合、裁判所に、その結果を報告する法的義務があるが（33条4項など）、こうした報告の際に、虚偽を申述することなどである。

エ　設立時取締役（監査役設置会社においては、設立時取締役と設立時監査役）の全部又は一部が発行人である場合に、設立調査報告事項（93条1項）を調査するため、創立総会の決議によって選任された者（94条1項（設立時取締役等が発起人である場合の調査者の選任）によって選任された者）が、34条1項若しくは63条1項の規定による払込み若しくは給付について、又は28条各号に掲げる事項について、創立総会に対し、虚偽の申述を行い、又は事実を隠蔽したとき（本条4項）

　　総会への虚偽申述の具体例としては、設立調査報告事項を調査するために、創立総会の決議によって選任された者の場合、調査結果を創立総会に

報告する法的義務があるので（94条2項）、こうした機会に虚偽を申述する場合である。
(2) 故　　意
　故意の内容として、虚偽申告については、申述内容が虚偽であることの認識が、事実の隠蔽については報告すべき事実の全部又は一部を隠していることの認識が必要となる。しかし、いずれの場合も裁判所や総会を欺く意思までは必要としない。

3　自己株式の不正取得（本条5項1号）
(1) 趣　　旨
　155条は、13の場合を挙げて、会社が自己株式を取得することを許容する。しかし、960条1項3号ないし7号に掲げる者が、何人の名義をもってするかを問わず、会社の計算において不正にその株式を取得することを禁じている（本条5項1号）。その趣旨は、会社が自己株式を不正に取得することは、①有償の場合、実質的に資本の払戻しに当たり、会社財産の充実を害すること、②インサイダー取引を招くこと、③相場操縦を誘引すること、④株主平等の原則に反すること、⑤会社支配権維持のために議決権が利用されること、⑥仕手筋など株式を買い占めた者から高値で買い戻す場合、会社に財産的損害を与えることなどの弊害があり、これを防止するためである。
(2) 主　　体
　本条の罪の主体は、960条1項3号から7号に掲記された者、すなわち、①取締役、②会計参与、③監査役、④執行役、⑤取締役等の職務代行者、⑥一時取締役等の職務を行うべき者、⑦支配人、⑧事業に関するある種類又は特定の事項の委任を受けた使用人である。これらの者の意義は、特別背任罪の場合と同じである。
(3) 名　　義
　自己株式取得罪は、株式会社の取締役らが、その株式会社の名義で、自己株式を購入する場合の外、たとえ役員、従業員、取引先などの第三者や架空の名義で購入したとしても、その取得が会社の計算である限りは成立する。
(4) 株式会社の計算
　「株式会社の計算」とは、対価の負担が株式会社に課され、損益がその会社に帰属することである。したがって、無償で取得する場合は、本罪の対象外である。また、「自己の計算」か否かは、実質的な観点から判断される。このため、簿外預金・裏金を用いた場合や取得名義人である第三者に貸付金の形で取得資金を支出した場合であっても、「自己の計算」と解される場合

がある。したがって、親会社が自らの資金を用いて、子会社の名義で自社の株式を取得させた場合には、本罪の規制の対象となる。しかし、子会社が、自らの計算で親会社の株式を取得することは、原則として禁止されているが（135条1項）、その違反には、過料が処せられるにとどまり（976条10号）、本罪の適用はない。

(5) 不正の意義

「不正」とは、法令に違反することをいう。具体的には、①155条各号に定める事由がないにもかかわらず、自己株式を取得した場合、②第4節第2款の規定に違反して自己株式を取得した場合、③財源規制（461条1項）に違反して自己株式を取得した場合などである（葉玉匡美・論点体系(6)490頁）。そして、本条5項1号にいう「不正にその株式を取得」とは、法律の規定に基づく正当な方法によらない株式の取得一般をいい、その目的が会社の利益を図ることにあるか否かは関係がない（大判大正11年9月27日刑集1.483）。また、「不正」は、本法に違反した場合に限定されない。例えば、金融商品取引法は、公開買付けに関する罰則（金商197条1項2号等）を設けているが、それらの罰則は、「取得」そのものではなく、虚偽記載など取得の「方法」についての法令違反を処罰の対象にしているから、金融商品取引法等本法以外の法令に違反した場合にも、本罪が適用される（葉玉匡美・論点体系(6)491頁）。

(6) 取得の意義

本号違反の罪は、同号所定の株式取得の効力如何にかかわりなく成立するものであり、株券の発行前たると否とを問わないものと解すべきである（最決昭和33年4月25日刑集12.6.1221）。「取得」とは、所有権の取得を意味し、寄託、占有権の取得は含まない。また、承継取得を意味し、原始取得は含まない。また、明文の規定はないが、①全額払込済みの自己株式の贈与や遺贈による無償取得、②金融商品取引業者のように、性質上、商法上の問屋である会社の取次行為としての自己株式取得、③信託会社への自己株式の信託などの場合は、本罪を構成しないと解される。更に、敵対的買収の対象とされた会社が、これに対抗するため、一旦自社株を取得してから、安定株主に譲渡するような場合にも、本罪が、抽象的危険犯であることを前提にすれば、本罪の成立は免れない。同様の指摘は、取得の数量や財源からみて、会社の財産的基礎を害するおそれがなく、取得の価格や方法の点でも、株主や一般投資者を害する危険がない場合にも当てはまる。

4　違法配当（本条5項2号）
(1)　趣　　旨
　株主への剰余金の配当は会社資産の社外への流出であるから、これを無制限に認めることは会社財産に危険をもたらす。そのため、剰余金の配当は、株主総会の承認を得た上で、法定された分配可能額の限度で、各株主の所有株式数に応じて実施される。そして、960条1項3号ないし7号に掲げる者が、法令又は定款の規定に違反して、剰余金の配当をすることを犯罪として禁止している（本条5項2号）。本条が適用された裁判例としては、①東京地判昭和51年12月24日金判524.32、②大阪地判昭和52年6月28日商事780.30、③神戸地判昭和53年12月26日金判568.43、④東京地判昭和57年2月25日判時1046.149、⑤東京地判平成12年3月28日判時1730.162、⑥東京地判平成14年9月10日刑集62.7.2469、⑦東京高判平成17年6月21日刑集62.7.2643（⑥の控訴審）、⑧最判平成20年7月18日刑集62.7.2101（⑦の上告審）がある。このうち①から④は、本条のみならず、960条、963条及び金融商品取引法197条が、また、⑤から⑧では、本条のみならず、金融商品取引法197条の適用が問題となっている。960条の適用の有無が分かれたのは、粉飾決算に伴う利益計上により役員賞与が支給されたか否かの違いによる（久保大作「会社法における開示規制・分配規制への刑事的制裁」法律時報1052.12-13）。
(2)　主　　体
　本罪の主体は、自己株式取得罪と同一であり、その主体の意義も、自己株式取得罪と同じく、特別背任罪の場合と同じである。
(3)　法令・定款
　違法配当罪は、株式会社の取締役らが、法令や定款に違反して剰余金の配当をしたときに成立する。ここでいう「法令」とは、法律・命令・規則を意味し、本法の規定のほか、配当に直接・間接に関連する各種の特別法令がこれに当たる。他方、株式会社が定める「定款」の中で、配当に関連するものとしては、剰余金の配当等を取締役会が決定する旨の定めのほか、任意的記載事項としての事業年度及び決算期の定めが、これに当たる。
(4)　配　　当
　剰余金の配当が許されるのは、分配可能額の範囲内に限られる。分配可能額が存在しないのに配当をし、又は、配当可能額を上回る額を配当すれば、違法配当となる。また、分配可能額内の剰余金の配当であっても、総会の承認決議を経なかった場合は、違法な配当となる。ただ、会社が特定の株主に対して無償で金銭を交付する行為は、株主平等原則（109条1項、453条3

項）に違反する配当に見えるが、会社が「配当」として金銭を交付していない以上、利益供与罪（970条）の問題は別論として本罪は成立しない。本罪は、「配当」として金銭等の交付を前提とするから、手続違反に基づく本罪の成立は、会社が、株主に対して、実質的に「配当」として交付する意思を有していたにもかかわらず、総会の決議によらず、金銭等を交付した場合に限られる（葉玉匡美・論点体系(6)492-493頁）。

既遂となるのは、総会の承認決議を経る場合には決議の時点、経ない場合は、配当金支払の意思表示がされた時点と解される。実際に配当がされたか否かは、本罪の成否に影響はない。前掲平成12年東京地判は、証券会社の代表取締役が他の代表取締役と共謀し、株主に配当すべき剰余金は皆無であったのに、含み損を抱えた有価証券の簿外処理等により圧縮した当期未処分損失を基に、任意積立金の取崩しにより1株5円の割合による利益配当を行う旨の利益処分案を総会に提出して可決承認させ、違法な利益配当をした行為が旧商法489条3号（本条5項2号）の罪に当たるとしている。

5　目的外投機取引（本条3項3号）
(1)　趣　旨
本条5項3号は、株式会社の経営に関わる一定の地位にある（身分を有する）者が、その株式会社の目的の範囲外で、投機取引のために会社財産を処分したときに、5年以下の懲役若しくは500万円以下の罰金に処し、又はこれを併科する旨を規定している。こうした行為は、株式会社の財産に損害を加える高度の危険性を有することから、許されない。
(2)　主　体
本罪の主体は、自己株式取得罪と同一であり、その主体の意義も自己株式取得罪と同じく、特別背任罪の場合と同じである。
(3)　会社の目的の範囲外
会社の目的の範囲とは、①定款で定められた会社の目的そのもののみに限られないが、その目的として掲げられた文言から、当然解釈推認される事項、並びに同目的たる事業達成に必要な事項を含む範囲、あるいは②定款所定の目的に沿う事業又はその遂行上必要な付帯的業務の通常の範囲内にあることと解される。会社の取締役等が、社会通念上、定款所定の目的に沿う事業又はその遂行上必要な付帯的業務の通常の範囲を超えて、その範囲外の客観的に別個独立な経済活動とみなされるような投機取引をしたときは、その取締役等がこれによって私利を図る意図であったか、会社の利を図る意図であったかを問わず、投機取引罪が成立すると解される（最決昭和46年12月

10 日裁判集刑 182.467 参照）。
(4) 投機取引
「投機取引」とは、相場又は価格の変動により生じる差額を利得する取引をいう。会社が余剰資金を株式投資等で運用する場合は、適切なリスク管理が行われるのであれば、会社の目的の範囲内とされるであろう（葉玉匡美・論点体系(6)494頁）。

● (虚偽文書行使等の罪)

第964条 次に掲げる者が、株式、新株予約権、社債又は新株予約権付社債を引き受ける者の募集をするに当たり、会社の事業その他の事項に関する説明を記載した資料若しくは当該募集の広告その他の当該募集に関する文書であって重要な事項について虚偽の記載のあるものを行使し、又はこれらの書類の作成に代えて電磁的記録の作成がされている場合における当該電磁的記録であって重要な事項について虚偽の記録のあるものをその募集の事務の用に供したときは、5年以下の懲役若しくは500万円以下の罰金に処し、又はこれを併科する。
　一　第960条第1項第1号から第7号までに掲げる者
　二　持分会社の業務を執行する社員
　三　民事保全法第56条に規定する仮処分命令により選任された持分会社の業務を執行する社員の職務を代行する者
　四　株式、新株予約権、社債又は新株予約権付社債を引き受ける者の募集の委託を受けた者
2　株式、新株予約権、社債又は新株予約権付社債の売出しを行う者が、その売出しに関する文書であって重要な事項について虚偽の記載のあるものを行使し、又は当該文書の作成に代えて電磁的記録の作成がされている場合における当該電磁的記録であって重要な事項について虚偽の記録のあるものをその売出しの事務の用に供したときも、前項と同様とする。

1　趣　　旨

取締役等は、法令・定款に違反して会社の損害が生じた場合、また、それが悪意・重過失によって第三者に損害が生じた場合、会社・債権者に対する

損害賠償の民事責任が生じる。虚偽記載については、悪意・重過失がなくとも第三者に対する損害賠償の民事責任が生じる。本条は、株式等の募集・売出しについて虚偽の記載がある場合には、一般投資家への影響が大きいため、刑事罰則を設けた。すなわち、本条1項は、①960条1項1号から7号までに掲げる者、②持分会社の業務を執行する社員、③民事保全法56条に規定する仮処分命令により選任された持分会社の業務を執行する社員の職務を代行する者、④株式、新株予約権、社債又は新株予約権付社債を引き受ける者の募集の委託を受けた者が、株式、新株予約権、社債又は新株予約権付社債を引き受ける者の募集をするに当たり、会社の事業その他の事項に関する説明を記載した資料若しくは募集の広告その他の募集に関する文書であって重要な事項について虚偽の記載のあるものを行使し、又はこれらの書類の作成に代えて電磁的記録の作成がされている場合におけるその電磁的記録であって重要な事項について虚偽の記録のあるものをその募集の事務の用に供したときは、5年以下の懲役若しくは500万円以下の罰金に処し、又はこれを併科することを定める。

2 主　体
(1) 960条1項1号ないし7号に掲げる者

960条1項1号から7号までに掲げる者とは、具体的には、①発起人、②設立時取締役、③設立時監査役、④取締役、⑤会計参与、⑥監査役、⑦執行役、⑧取締役等の職務代行者、⑨一時取締役等の職務を行うべき者、⑩支配人、⑪事業に関するある種類又は特定の事項の委任を受けた使用人であり、これらの意義は、前述した特別背任罪の場合と同じである。

(2) 持分会社の業務執行社員

持分会社の業務執行社員とは、合名会社、合資会社又は合同会社の業務を執行する社員（出資者）をいう。原則として、すべての社員が、持分会社の業務執行権限を有するが、定款によって、一部の社員にのみ業務執行権を与えることもできる（591条1項）。また、業務執行社員が法人の場合、法人によって選任された者が、実際にはその職務を行う（598条1項）。このように法人が業務執行社員である場合に、職務を行うために選任された者が本罪の主体となり得るか否かは、972条（法人における罰則の適用）によって決せられる。つまり、選任された者が取締役、執行役その他業務を執行する役員又は支配人であった場合には、それらの者が本罪の主体となる。これに対して、それ以外の者が選任されていた場合には、972条を適用できない。したがって、業務執行社員と同様の権限を有するものの、それらの者に対して本

罪を適用できないことになる。
(3) 業務執行社員の職務代行者

「民事保全法第56条に規定する仮処分命令により選任された持分会社の業務を執行する社員の職務を代行する者」は、裁判所が、仮処分として、選任決議の無効・取消しや解任の訴え等を受けた持分会社の業務を執行する社員の職務執行停止と併せて、その職務を代行させるため選任した者である。職務代行者は、日常的な業務に限って権限を認められているのであって、それ以外の行為をするには裁判所の許可が必要となる（603条1項）。また、これに違反した行為は無効となる。しかし、株式会社は、これをもって善意の第三者に対抗できないとも定められており（同条2項）、こうした場合にも虚偽文書行使等罪の主体と認められる。

(4) 株式等の募集受託者

株式等の募集受託者とは、法的な規制にかかわらず、株式や社債を引き受ける者の募集の委託を受けた者を意味する。例えば、法的には、株式の募集の受託者は金融商品取引業者に限られており（金商29条）、したがって株式等の募集受託者は、通常、金融商品取引業者ということになるが、個人が、業としてではなく募集受託者となった場合や金融商品取引法に違反して無資格で株式等の募集の取扱いをした者も、なお株式等の募集受託者に含まれる（谷川久・新注会(13)585頁）。

(5) 株式等の売出人

本条2項は、以上の4類型に加え、株式や社債等の売出しをする者を主体として規定している。「売出しをする者」とは、株式等の「売出し」を行う株式や社債の大口所有者であり、通常は、これを業として行う金融商品取引業者である。ただし、株式の募集の受託者と同様、その他の者が「売出し」を行った場合には、その者も本罪の主体となり得る（谷川久・新注会(13)585頁）。

3　虚偽記載文書等の行使

虚偽文書行使等罪は、株式会社内で、前述したような一定の地位を有する（身分を有する）者が、①株式、②株式の新株予約権、③社債又は④社債の新株予約権を引き受ける者を募集するに当たって、その募集に関する文書であって、重要な事項について虚偽の記載があるものを行使し、又はそうした書類に代わって作成された電磁的記録であって、重要な事項について虚偽の記録があるものを募集の事務の用に供したときに成立する。

(1) 株式等の募集・売出し

　株式や社債等の「募集」とは、原則として50名以上の者に対して、均一の条件で新たに発行される株式や社債の取得の申込みを勧誘すること（金商2条3項、金商令1条の5）を、「売出し」とは、同じく50名以上の者に対して、均一の条件で、既に発行された株式等の売付けの申込みをし、又はその買付けの申込みを勧誘すること（金商2条4項、金商令1条の8）をいう。したがって、発起設立で「募集」があり得ないのはもちろん、募集設立の場合でも、特定の少数者を株主として予定しているとき（縁故募集）は、本条1項のいう「募集」には含まれない。第三者割当増資の場合も同様である。

　株式や社債の募集に当たっては、金融商品取引業者が発行会社から株式や社債を買い取り、自らの責任で売り捌く契約（買取引受け）や売れ残った株式や社債を買い取る契約（残額引受け）が用いられる。このうち買取引受けの場合、金融商品取引業者が引き受けた段階で、応募があったと解されなくはないが、なお株式や社債が発行されたとは評価できないので、「金融商品取引業者を中間に介在させるに過ぎない新規発行株式の募集の一形態とみるべき」とされる。したがって、こうした金融商品取引業者の買取引受けは、なお「募集」に該当する。

(2) 文書と電磁的記録

　「募集に関する文書」は、株式申込書、社債申込書、目論見書、株式又は社債の募集の広告のほか、設立趣意書、株式や社債の募集要領書、収支計算書、推薦文などが含まれる。「有価証券届出書」や「有価証券通知書」では、目論見書と内容的に同種であるから、「募集に関連する文書」に含まれるかとの見解がある。しかし、有価証券届出書は、投資家への情報開示を目的とするものの、その違反に対しては、金融商品取引法が罰則規定を設けている。また、有価証券通知書の目的は、「内閣総理大臣が有価証券の発行等の事実を把握して投資者保護のため何らかの監督を行い、同時に届出制度の潜脱を防ぐ」ことに求められ、書類自体が、投資者への公開を前提にしていないので、これらの書類は、本罪にいう「募集に関連する文書」に含まれないと解すべきであろう。

　「電磁的記録」とは、コンピュータによる情報処理に用いるために、電子的方式、磁気的方式その他人の知覚によっては認識できない方式で作られるデータをいう（26条2項、施則224条）。その意義は、基本的に、刑法161条の2（電磁的記録不正作出及び供用罪）や246条の2（電子計算機使用詐欺罪）の文言に用いられているのと同義に解される（刑7条の2）。

4　重要事項と虚偽記載
(1) 重要事項
　本条にいう「重要な事項」とは、株式や社債に応募するかどうかについての投資家の判断に影響を及ぼす事項をいう。その判断基準について、高松地判昭和37年8月15日下刑4.7-8.708は、「その判定をなす基準としては、既に指摘したように同条〔旧商490条（本条）〕の趣旨が一般大衆投資家に対して株式会社の実態を正しく開示した資料を提供し、もつてその投資するか否かの意思決定に過誤なきことを保障しようとするところにあることを考慮すれば、少なくとも若し或る事項の記載の虚偽であることが株式申込当時申込人に判明しておれば申込をしなかつたであらうと認められ且つ、一般人もおなじ申込をしないであらうという関係にあるか否かによつて決すべきものと考える。」と判示した上で、本件の場合不実記載のなされた事項は「払込済株式数」と「払込済資本額」で、共に会社の財産的基礎に関する事項であって、会社財産のみが会社債権者の唯一の担保となる株式会社においては、これは一般投資家の最大関心事項であり、「1万株、500万円」を「4万株、2,000万円」とそれぞれいずれも甚しく誇大に記載したものであるから、その記載が虚偽であることが当初から分かっておれば申込人は勿論のこと、他の一般人もその申込みをしなかったであろうとしている。
(2) 虚偽記載
　「虚偽の記載」とは、真実に合致しない記載をいい、客観的にみて、申込者が応募するかどうかの判断に影響を及ぼす程度の虚偽の存在していることであると解されるので、ある程度までの誇大表示は、それだけでは虚偽表示とはならない（谷川久・新注会(13)402頁）。

5　行使と供用
(1) 行　　使
　虚偽文書の「行使」とは、重要事項について虚偽のない真正な文書であると申込者に認識させ、又は認識可能な状態に置く（交付、備付け、提出、頒布、郵送など）ことと解される（最判昭和28年12月25日裁判集刑90.487）。本罪は、抽象的危険犯であるから、実際の行使の相手方が50人以上である必要はなく、間接的な伝達も含めて50人以上が認識可能となる状態におけば、1人に1度行使しただけで足り、かつそれをもって既遂と評価され得る（前掲昭和37年高松地判）。また、「行使」に当たる行為は、その性質上、多数回にわたり実施される場合があるが、罪数上は包括一罪が成立するにとどまる（谷川久・新注会(13)586頁）。

(2) 供　用

文書の「行使」に相当する行為が、電磁的記録の場合には、募集の事務の「用に供する」ことに当たる。この意義は、その事務のために、データをコンピュータで使用可能な状態に置くことと解される。

6　故　意

本罪の故意としては、文書や電磁的記録が、株式や社債の募集や売出しに関する重要な事項について、虚偽記載があることの認識が必要である。そのため、①虚偽記載が存在するという認識がない場合、②虚偽記載の存在は認識していたが、募集や売出しに関する重要事項とは認識していなかった場合には、故意を認めることができないので、本罪は成立しない（谷川久・新注会(13)589頁）。

7　株式、新株予約権、社債又は新株予約権付社債の売出文書の虚偽記載

本条2項は、株式、新株予約権、社債又は新株予約権付社債の売出しを行う者が、その売出しに関する文書であって重要な事項について虚偽の記載のあるものを行使し、又はその文書の作成に代えて電磁的記録の作成がされている場合におけるその電磁的記録であって重要な事項について虚偽の記録のあるものをその売出しの事務の用に供したときも、5年以下の懲役若しくは500万円以下の罰金に処し、又はこれを併科することを定める。

●（預合いの罪）

第965条　第960条第1項第1号から第7号までに掲げる者が、株式の発行に係る払込みを仮装するため預合いを行ったときは、5年以下の懲役若しくは500万円以下の罰金に処し、又はこれを併科する。預合いに応じた者も、同様とする。

1　立法趣旨
(1) 旧商法当時

旧商法451条は、株式会社の設立や新株発行に際して、会社の出資財産が実態を持ち、資本充実の原則が全うされることを要求していた。すなわち、株式会社の設立や新株の発行に際して株式の払込みを仮装するため預合いが

行われると、資本充実の原則に反し、債権者に不測の損害をもたらし、経済の基盤である株式会社制度の信頼を損なう。預合罪の立法趣旨は、資本充実の原則と結びついた債権者保護にあると解されていた。
(2) 本法制定後
　本法制定によって、債権者保護のための資本充実の原則は、その意義を縮小させ、ひいては採用されていないとの見解も有力である（神田・会社法269頁）。そうすると、それを害するとされてきた「預合い」が、本法でなお罰則の対象とされている根拠（保護法益）が問われる。これにつき、「株式会社の出資財産の健全性」を保護法益とする見解が説かれている（川崎友巳「資本制度の変容と出資行為の規律としての罰則規定」法律時報1052.29）。「株式会社の出資財産の健全性」とは、会社債権者や取引関係者などによる会社の対外的な信頼につながる「商業登記簿に記載された資本金の金額を現実に出資者から集めることができたという事実」を指す（江頭・株式会社法35頁は、金融危機における銀行への政府の資本注入を例に挙げ、「ある金額（財産）が出資された旨のアナウンスがされることの会社債権者に及ぼす影響は決して小さくない」と説く）。

2　預合罪（本条前段）
(1) 主　体
　本条前段の預合罪の主体は、「960条1項1号から7号までに掲げる者」である。すなわち、①発起人、②設立時取締役、③設立時監査役、④取締役、⑤会計参与、⑥監査役、⑦執行役、⑧取締役等の職務代行者、⑨一時取締役等の職務を行うべき者、⑩支配人、⑪事業に関するある種類又は特定の事項の委任を受けた使用人である。これらの者の意義は、特別背任罪の場合と同様と解される。本罪の性質上、発起人には定款に署名前であっても、発起人になる意思を表示し又は発起人としての行動をした者を含むとの見解（谷川久・新注会(13)591頁）は、本法が、発起人の地位を定款への署名という形式により画することとの関係で、その範囲を不明確にすることになる。
(2) 預 合 い
　「預合い」の定義規定はないが、裁判実務上は、払込みの義務を負う者が、払込取扱機関の役職員と通謀して、払込みを仮装することと解されている（最決昭和35年6月21日刑集14.8.981、最決昭和36年3月28日刑集15.3.590）。本条の「株式の発行に係る払込みを仮装するため預合いを行ったとき」という文言とも整合する。その要件は、①実質的に資本充実の原則に反し、株式会社の出資財産の健全性を害すること、②発起人や取締役らと払込

取扱機関との間に通謀が存在することの2点である。したがって、預合罪は、通謀行為が開始された時点で実行の着手があり、仮装払込金の払込みと受入れがされ、仮装の払込金保管取扱いの状態が作り出された時点で、既遂に達する。なお、外形行為が存在しない事案においては、払込金保管証明書が発行された時点で、既遂に達すると解される。「預合い」の典型例は、発起人が、払込みを仮装するため、払込取扱機関と通謀して、払込みがされ預金されたことにして預り証の発行を受け、この預金の払戻しを請求しないとの合意をする場合である。しかし、「預合い」の外延は明確でなく、以下(4)の限界事例が生ずる。

(3) 通　謀

「通謀」とは発起人らと金融機関の役職員において株金払込みの仮装行為の実現を図るため相互に情を通じ合うことであると解される。通謀の内容として、払込みの仮装に関する細部までは要求されず、基本的な点が含まれていれば足りる。しかし、払込みが仮装であることを知っているだけでは、通謀とは認められない。仮装行為の実現を図るため相互に情を通じ合うこと（秋田地判昭和36年7月5日下刑3.7-8.688)、あるいは、仮装行為の実現に協力する意思を通じ合うことが必要と解される。基本的には、共謀共同正犯における共謀と同様の意思の連絡と解することができる。

(4) 預合いの限界事例

ア　第三者の介在する払込み

発起人が、本罪の主体となる身分がない第三者に払込みの仮装を依頼して、その第三者が、払込取扱機関と結託し、払込みがあり預金されたことにして払込金保管証明書の発行を受けた場合のように、発起人らと払込取扱機関との間に、第三者が介在した事案では、発起人と払込取扱機関との間に通謀がない限り、本罪の成立は認められない。また、非身分者の第三者に本罪の共犯の責任を問うには、発起人や払込取扱機関と共通の認識と意思の連絡の存在が必要である。その連絡は、三者が会する必要はなく、第三者を介して順次、認識を共通すれば足り、更に、払込資金の借入れが第三者名義でされても、実質的な目的が、払込みの仮装にあり、発起人らと払込取扱機関との間に通謀が存在することで足りる。

イ　見せ金

会社の設立や増資に当たり、発起人や取締役が、払込取扱機関以外の金融機関から資金を借り入れて払込みに当て、会社設立や新株発行後、直ちに払込金相当額を引き出して、借入金を返済した場合は、「見せ金」という。この事案では、発起人や取締役らと払込取扱機関との間に通謀がなければ、預

合いに当たらない。単に設立登記や変更登記が、公正証書原本不実記載罪（刑157条1項）に該当するにとどまる。両者に通謀が認められる場合であっても、払込みは現実に存在することから、なお預合罪の成立に消極的な見解が説かれていた。しかし、最判昭和38年12月6日民集17.12.1633は、「当初から真実の株式の払込として会社資金を確保するの意図なく、一時的の借入金を以て単に払込の外形を整え、株式会社設立の手続後直ちに右払込金を払い戻してこれを借入先に返済する場合の如きは、払込としての効力を有しない」として、「見せ金」による払込みを無効と解している。前掲昭和35年最決は、「見せ金」の事例であるが、発起人と通謀した払込取扱銀行の支店長が応預合罪を問われた事案について、「商法491条〔本条〕後段にいわゆる応預合罪は、株金払込取扱機関の役職員らが同法486条1項に掲げる者と通謀して株金の払込を仮装する行為をなすことを構成要件とするものと解すべき」と判示し、次いで、預合罪についても、前掲昭和36年最決において、商法491条（本条）前段の預合いとは、同法486条（960条）1項に掲げる者が株金の払込みを仮装するために、株金払込みを取り扱う機関の役職員らと通謀してする仮装行為をいうものと解すべきであるとしている。

ウ　外形行為の不存在

　発起人や取締役らが、金融機関に依頼し、帳簿操作などの払込みの外形行為なしに、払込みの受入れがないままで、払込金保管証明書の発行を受けた場合に、預合罪が成立するかは、見解が分かれる。預合行為が存在しない以上、同罪は成立しないとする立場もあるが、仙台高判昭和45年5月12日高刑23.3.411は、「同条〔商法491条（本条）〕にいう預合とは、会社発起人らが株金払込取扱金融機関の役職員と通謀してなす一切の株金払込仮装行為を指称すると解するのが相当であつて、……発起人らが右役職員と通謀し株金の払込がないのに仮装の株金払込保管証明書を発行させてその交付を受けたものである以上、所論外形上払込を行なつたと認められる行為がこれに伴わなくても、預合が行なわれたと認めるに十分である」と判示し、外形行為がない場合であっても、払込金保管証明書を発行すれば、金融機関に払込取扱機関としての責任が生ずるとしている。

エ　自己資金の流用

　前回増資を実施した際の払込金が、別段預金口座から払い戻され、新たな増資の払込資金に当てられた場合（払込金の二重利用）は、払込取扱機関から借入れを受けてはいないが、払込みの仮装であり、出資財産の健全性を損なうので、払込取扱機関との通謀が存在する限り、預合いに該当すると解すべきである（東京高判昭和54年2月20日高刑32.1.13）。

オ　現物出資

払込取扱機関と通謀の上、払込みの仮装を行い、他方で、会社に引き継がれる個人資産につき、現物出資の手続を履践していない場合について、東京高判昭和29年5月25日高刑特40.119は、「現物出資の方法によらないで現物を出資し、資本金全額の金銭出資による払込があつたように仮装することは法の厳禁するところであつてこれを以て違法性なき行為ということはできない。」と判示し、預合いに該当するとした。

カ　新株予約権等と預合い

募集社債の払込みは、本条所定の「株式の発行に係る払込み」に当たらないから、本罪は成立しないが、新株予約権や新株予約権付社債の発行や新株予約権の行使について、払込取扱銀行との通謀による払込みがされた場合に、本罪の成否が問題となる。

新株予約権等の発行及び行使については、払込用口座を開設した銀行等を定める必要があり（246条1項、281条）、その銀行等との通謀による仮装払込みの余地がある。しかし、本条は「株式又は新株予約権の発行に係る払込み」と定めておらず、新株予約権や新株予約権付社債の発行を「株式の発行に係る払込み」に含める解釈は採れない。これに対し、新株予約権は行使により株式が発行されるから、「株式の発行に係る払込み」に該当し得る。また、そのように解さないと、新株発行を、新株予約権の発行と行使に切り替えれば、本罪を潜脱できることとなる。したがって、新株予約権の行使については、本罪の成立を認めるべきである。もっとも、新株予約権付社債は、行使時に払込みが不要の場合が多く、また、新株予約権も、行使価格を1円とすれば、本罪の成立を回避できる。しかし、新株予約権等の発行と行使が近接している場合は、全体的にみて、「株式の発行に係る払込み」に当たると解せるから、原則として、新株予約権等の発行については本罪は成立せず、行使の場合のみ本罪が成立すると解することが、処罰範囲を不当に狭めるわけではない（葉玉匡美・論点体系(6)499-500頁）。

キ　債務弁済との連動

会社が払込取扱機関から融資を受けて引受人に対する債務を弁済し、引受人がこの弁済金を引受株式の払込金に充当する場合は、あたかも払込みを仮装しているかのようであるが、株式引受人の会社に対する債権が真実に存在し、かつ、会社に弁済する資力がある場合には、実際に債務が減少しており、資本充実の原則に反するとはいえず、仮装払込行為とはいえない（最判昭和42年12月14日刑集21.10.1369）。

(5) 故意と目的

預合罪が成立するには、主観的構成要件要素として、故意に加えて、「株式の発行に係る払込みを仮装する」という目的の存在が必要となる。その内容は、故意の一部として必要な預合いの認識と重なるため、目的を主観的構成要件とすることにより預合罪の成立範囲を限定する機能は期待できない。

(6) 処　　罰

旧商法491条（預合罪）及び旧商法特例法29条の5は、それぞれに掲げる者が株式の発行等に係る払込みを仮装するために預合いを行い、又は預合いに応じたときは、5年以下の懲役若しくは500万円以下の罰金に処し、又は併科するとしていた。他方、旧有限会社法79条は、同条に規定する者が「出資ノ払込ヲ仮装スル為預合ヲ為シ」又は「預合ニ応ジタ」場合には、3年以下の懲役又は100万円以下の罰金に処し、若しくは両者を併科する旨規定していたので、不均衡があった。本条は、これらの場合における法定刑を、5年以下の懲役又は500万円以下の罰金に統一し、また従来どおり両者の併科を可能とする。

なお、預合い又は見せ金に基づき有効な株式の払込みがないにもかかわらず、設立の登記をした場合には、公正証書原本不実記載罪（刑157条1項）が成立する。この場合、預合罪と公正証書原本不実記載罪は、併合罪の関係に立つ。

3　応預合罪（本条後段）

本条後段は、応預合罪を定めるが、預合罪と応預合罪は必要的共犯の関係に立つ。

(1) 主　　体

応預合罪も身分犯であり、その主体は、払込取扱機関としての金融機関の行為について決定権を持つ役職員に限定される。

(2) 応 預 合

応預合罪は、払込取扱機関の役職員が、預合いに応じることで成立する。応預合とは、発起人や取締役等と通謀して、預合いに加功することである。その際に、発起人や取締役等が、払込みを仮装する目的を有することを認識している必要がある。こうした要件が充足される限り、発起人や取締役らとの間に、第三者が介在したり、「見せ金」が用いられたりした場合でも、本罪は成立する。

前掲昭和35年最決は、「商法491条後段にいわゆる応預合罪は、株金払込取扱機関の役職員らが同法486条1項に掲げる者と通謀して株金の払込を仮

装する行為をなすことを構成要件とするものと解すべきところ、本件においては、株金払込取扱機関の役職員である被告人がAと共謀し、B株式会社の設立発起人であるC、Dと通謀してB株式会社の株金の払込を仮装する行為をなしたものであり、右通謀仮装行為の一環としてEを介在させたに過ぎないのであるから、Eを介在させたことによつて、右通謀して株金の払込を仮装する行為をなしたことに何らの消長をきたすものではない。」と判示する。

預合いに応じた者も、預合いをした者と同様に処罰され、払込取扱機関の行為に決定権を有する役職員が処罰の対象となる。なお、預合罪と応預合罪とは必要的共犯の関係に立ち、預合罪が成立しない限り、応預合罪は成立しない。処罰の内容は、預合罪と同じである。

4　見せ金による増資と公正証書原本不実記載罪

公正証書原本不実記載罪は、公務員に対して虚偽の申立てをし、権利・義務に関する公正証書の原本に不実の記載をさせる行為を要件とする（刑157条）。払込みの仮装（その効果は無効）を秘し、設立登記や変更登記を行い、商業登記簿の原本にその記載をさせたときは、911条3項5号（資本金の額）及び9号（発行済株式の総数並びにその種類及び種類ごとの数）につき、公正証書原本不実記載罪が成立する。この場合、預合罪と公正証書原本不実記載罪は併合罪となる。因みに、最決平成3年2月28日刑集45.2.77は、見せ金による増資と公正証書原本不実記載罪について、「払込みは、いずれもA会社の主導の下に行われ、当初から真実の株式の払込みとして会社資金を確保させる意図はなく、名目的な引受人がA会社自身あるいは他から短期間借り入れた金員をもって単に払込みの外形を整えた後、A会社において直ちに右払込金を払い戻し、貸付資金捻出のために使用した手形の決済……に充てたものであり、……払込みは、いずれも株式の払込みとしての効力を有しないものといわなければならない……。もっとも、本件の場合、A会社がB会社に対する10億円及びC会社に対する5億円の各債権……を有している点で典型的ないわゆる見せ金による払込みの場合とは異なるが、右各債権は、当時実質的には全く名目的な債権であったとみるべきで…ある。」と判示し、公正証書原本不実記載の罪の成立を認めた原判決を正当であるとする。

なお、旧商法当時は、資本金の額は、「発行価額」の総額によって定められ、設立時には、発起人等に対して払込担保責任が負わされ、発行された株式も有効と解されていたので、払込みが無効とされても、発行価額や発行済

株式総数に変動は生じないので、公正証書原本不実記載罪の成立には一抹の疑念があった。しかし、本法においては、資本金の額が払込金の額によって定められることになったから（445条）、見せ金により払込みが無効とされれば、資本金の額が登記と異なる可能性が高くなり、公正証書原本不実記載罪の成立を理論的に説明できるようになったとの指摘がある（葉玉匡美・論点体系(6)499頁）。

5　仮装の払込みの刑事規制の今日的意義－不公正ファイナンスへの対応
　本法制定によって、「資本充実の原則」に変容が認められる今日でも、預合いの罪には、「株式会社の出資財産の健全性」を保護するという存在意義が認められ、更に「株式会社の出資財産の健全性」の適正な保護を図る観点からは、「預合い」にとどまらず、仮装の払込みを包括的に処罰する規定を新設するべきとの立法論がある。これについて、川崎友巳・前掲・法律時報1052.30-31は、具体的に不公正ファイナンスの仮装の払込みについて、次のように説いている。
　すなわち、不公正ファイナンスとは、会社の資本調達において、例えば、①「アレンジャー（Arranger）」と称する者が、資金繰りに苦しむ会社に近づいて正体不明の投資ファンドを引受先とする第三者割当増資やMS、CBを発行するよう誘い、その投資ファンドに株式を大量に取得させて実質的支配権を獲得させる、②支配権を得た投資ファンドがその会社にファンドを引受先とする第三者割当増資などを再度行わせる、③外形的には有効な資金調達が行われたように装いながら、投資ファンドからその会社に入金された株式払込金を直ちに社外に流出させ、又はファンド側に還流させる一方で、④ファンドが引き受けた大量の株式も市場で売却して利益を得るといったスキームである。こうした不公正ファイナンスの監視に重点を置いてきた証券取引等監視委員会は、平成19年以降、偽計取引の罪（金商158条）の積極的活用を図ってきた。上記のうち、③の行為は、「見せ金」や仮装の払込みとして、「株式会社の出資財産の健全性」を害する場合があり得る。あたかも、業績堅調な公開会社が、更に事業規模を拡充するため投資ファンドから多額の出資を受けたように仮装することにより欺かれるのは、証券市場、取引関係者や債権者である。これらの点からすると、不公正ファイナンスにおける仮装の払込みについては、金融商品取引法158条の偽計の罪とは別に、処罰できるようにする必要があるというのである。

●（株式の超過発行の罪）

第966条 次に掲げる者が、株式会社が発行することができる株式の総数を超えて株式を発行したときは、5年以下の懲役又は500万円以下の罰金に処する。
　一　発起人
　二　設立時取締役又は設立時執行役
　三　取締役、執行役又は清算株式会社の清算人
　四　民事保全法第56条に規定する仮処分命令により選任された取締役、執行役又は清算株式会社の清算人の職務を代行する者
　五　第346条第2項（第479条第4項において準用する場合を含む。）又は第403条第3項において準用する第401条第3項の規定により選任された一時取締役、執行役又は清算株式会社の清算人の職務を行うべき者

1　趣　旨

　株式会社が発行することのできる株式の総数は、発起人が、会社成立までに、その全員の同意によって決定し、定款に定めがなければならない（37条1項・2項）。また、定款に定められた株数の範囲内であれば、会社は、株主総会の決議を経ずに、取締役会決議等によって適宜株式を発行することができる（授権資本制度）。ところで、株式が、所定の発行総数を超えて発行された場合、その株式は、議決権など1株ごとの株主の権利を低下させて株主の利益を害することに加えて、株式会社制度への信頼を損ねることになる。本法は、定款に定められた発行可能株式総数を超えた株式が発行されようとしているときには、株主が新株発行の差止めを請求し得ることとした。また、既に発行された株式については、発行後6か月に限り、発行無効の訴えを提起することも認めており（828条1項2号）、無効判決が確定した場合には、新株は将来に向かって無効となる（839条）。しかし、株式の流通という取引の安全の要請もあるため、民事上の規制には限界がある。株式の超過発行への抑止効果を高めるため、本条は、発起人や取締役等の一定の地位にある者が、発行可能総数を超えて株式を発行することを犯罪とし、5年以下の懲役又は500万円以下の罰金に処する旨を定めた。株式の超過発行は、授権資本制度の下での特有の現象ではないが、この制度を導入、授権の限度

を超えた株式の発行を取り締まる必要性が高まったといえる。

2　主　体

　本条の株式超過発行の罪の主体は、①発起人、②設立時取締役、③設立時執行役、④取締役、⑤執行役、⑥清算株式会社の清算人、⑦取締役等の職務代行者、⑧一時取締役等の職務を行うべき者であり、それらの意義は、960条1項の場合と同様である。

　このうち、①発起人は、その性質上、会社設立時の株式発行についてのみ本条の適用を受ける。また、⑧取締役等の職務代行者については、その職務権限として認められているのは、日常的な業務だけで、それ以外の行為をするには、裁判所の許可が必要とされる（352条1項）。また、これに違反した行為は無効となる（同条2項本文）。このため、取締役等の職務代行者については、超過発行に加功したときにのみ、本罪の主体になり得るとする見解もあるが、株式会社は、これをもって善意の第三者に対抗できないと定められており（同項ただし書）、共犯としてだけでなく、民事上は無権限の行為を単独で行った場合にも、本罪の主体となり得ると解される。

3　発行可能株式の意義

　本罪は、「株式会社が発行できる株式の総数」を超えて株式が発行された場合に成立する。「株式会社が発行できる株式の総数」は、発行の都度定められる株式数をいうとする見解もあるが、本罪の一次的な保護法益は、あくまでも議決権を初めとする株主の権利であり、こうした権利は、株式の発行数が、定款に定められた授権資本の限度内に収まる限り、不当に侵害されたことにはならない。つまり、発行可能株式の総数とは、定款所定の授権資本の枠を意味するものと解すべきである。ただし、定款所定の授権資本の枠内で、株式が発行されたとしても、なお、新株予約権を発行している会社では、新株予約権の行使によって予約権者が取得することになる株式（潜在株式）を新株の発行で賄う場合（2条21号）、これに備え、一定数の株式を留保しておかなければならないので、株式の発行に際し、新株予約権の発行に当たって留保すべき株式数を無視した場合には、結果的に、授権資本を上回る株式を発行する危険性を生み出す。本罪は、株主の権利について実害の発生を成立要件とはしない抽象的危険犯であるから、この場合でも、新株予約権が実際に行使される前に、これに食い込む株式が発行された時点で、本罪が成立すると解される。

4 発行可能種類株式総数
(1) 複数の発行可能株式総数
　種類株式を発行する株式会社は、発行可能株式総数に加えて、種類株式ごとの発行可能総数を定款に定めなければならないが（108条2項）、異なる種類の株主の間で、利害が衝突し、その調整が必要になる場合がある。そこで、本法は、種類株式発行会社が一定の行為をする場合、種類株主総会の決議を要する旨を定めている。こうした種類株主の権利も保護すべきであり、その保護のためには、その種類株主が所有する種類株式の発行可能総数を定款で定められた数の範囲内に制限するとともに、これを超過した場合には超過発行の罪の成立を認める必要がある。

(2) 発行可能種類株式総数の留保
　発行可能株式総数と発行可能種類株式総数の関係について、旧商法は、明文規定がなかったものの、「各種ノ株式ノ……数」（旧商222条2項）は「会社ガ発行スル株式ノ総数」（旧商166条1項3号）の内数でなければならないと解されていた。これに対して、本法においては、各種類の株式の発行可能種類株式総数の合計数が、その株式会社の発行可能株式総数を超えることが可能であると解されている。例えば、行使の際の条件によって、実際に交付される種類株式が、A種類株式になる場合とB種類株式になる場合がある新株予約権を発行するときには、発行可能種類株式総数の中で数を留保するために（114条2項3号）、各種類の株式数の合計数が、発行可能株式総数を超えてしまうことも認めている。こうした場合は、各種類株式の発行数をすべて定款で定めた発行可能種類株式総数の上限以下に抑えていても、それらの合計数が発行可能株式総数を上回ってしまって、株式超過発行の罪が成立する可能性が生じる。

5 株式の発行
　「株式の発行」とは、本法所定の株券を作成し（216条）、これを株主に交付することを意味する。つまり、形式的には適正な株式発行手続に則っているが、授権資本の枠を超えている点で違法な株式の発行だけが、株式超過発行の罪の対象となる。株券発行会社における株券の効力発生時期は、株券の作成時点とする作成時説と、株主に株券が交付された時点とする交付時説が対立しているが、判例は、第三者が交付前に株券を善意取得した場合に、株主の保護の必要性が高いことなどを根拠に交付時説を支持している。この見解を前提とすると、本罪の既遂時期は、発行可能株式総数や発行可能種類株式総数を超過した株式が株主に交付された時点となる。「株式の発行」を上

記のように解すると、ダブル株の発行（「全株式に相当する株券が既に発行されて株主に交付された後、予備株券等を利用して正規の株券以外の株券を更に発行すること」）は、本法所定の株式発行手続を経ていないので、本罪ではなく、有価証券偽造罪（刑162条1項）の問題となる。

● (取締役等の贈収賄罪)

第967条 次に掲げる者が、その職務に関し、不正の請託を受けて、財産上の利益を収受し、又はその要求若しくは約束をしたときは、5年以下の懲役又は500万円以下の罰金に処する。
　一　第960条第1項各号又は第2項各号に掲げる者
　二　第961条に規定する者
　三　会計監査人又は第346条第4項の規定により選任された一時会計監査人の職務を行うべき者
2　前項の利益を供与し、又はその申込み若しくは約束をした者は、3年以下の懲役又は300万円以下の罰金に処する。

1　趣　旨

本条1項は、取締役など一定の地位を有する者（①960条1項各号又は2項各号に掲げる者、②961条に規定する者、③会計監査人又は346条4項の規定により選任された一時会計監査人の職務を行うべき者）が、職務に関して、不正の請託を受け、その対価として、賄賂を受け取り、又は要求、若しくは約束した場合に、5年以下の懲役又は500万円以下の罰金に処する旨を定め、本条2項は、そうした利益を供与し、又は申込み若しくは約束をした者も3年以下の懲役又は300万円以下の罰金に処することを定める。本罪は、株式会社制度の社会的重要性や影響力を根拠に、取締役等に対して、刑法の賄賂罪（刑197条以下）が公務員に求めるのと同様の職務の公正性やこれに対する社会一般の信頼の保持を要求している。憲法上「全体の奉仕者」（憲15条2項）とされる公務員と民間の会社の取締役等に、等しく職務の公正性やこれに対する社会一般の信頼の保持を要求し、更に、こうした要求を刑罰によって担保することには、疑問もあり、この点、本罪は、一義的には営利を目的とする会社の財産保護を目的としており、特別背任罪の補充規定として位置づける見解がある（東京高判昭和37年5月17日高刑15.5.335）。

しかし、本罪の性質及び保護法益を刑法の賄賂罪と同じと解するのが、判例・通説といえる（最大判昭和34年12月9日刑集13.12.3186、芝原邦爾・新注会(13)597頁）。なぜならば、取締役等が、不正の請託の対価として賄賂を受け取ることは、会社に財産上の損害をもたらす危険のみならず、会社制度に対する社会的信頼を揺るがすこととなる。こうした事態を回避するために、また、企業の社会的責任が従来よりも多様な意義で認められるようになった今日では、取締役らに、公務員とは違った角度から、高い職務の公正性やこれに対する社会一般の信頼の保持を要求することも合理的といえるであろう。しかも、本条の法定刑は、刑法197条のそれよりも低く、取締役等に要求される職務の公正性やこれに対する社会一般の信頼の保持の程度は、公務員と同程度とはいえないからである。

2　収賄罪
(1)　主体

収賄罪（本条1項）は、その主体を、①960条1項各号又は2項各号に掲げる者、②961条に規定する者、③会計監査人又は346条4項の規定により選任された一時会計監査人の職務を行うべき者に限定された身分犯である。本罪の主体は、株式会社の取締役等であるから、公共法益に対する罪と解することはできない。この点、前掲昭和37年東京高判も、本罪の保護法益を会社財産に求める立場に立ち、「営業行為に直接関係する職務に服さず、従って単に営業の内部かぎりの業務に従事し、或いは対外的に商行為を営む等法律関係を生ぜしめることのない地位にある者」は本罪の「使用人」に含まれないとした。もっとも、本条所定の身分を持たない者も、身分者と共同して犯罪を実行したり、身分者に犯罪を教唆したり、又は身分者の犯罪を幇助したりすれば、刑法65条1項の適用を受け、共犯として処罰される。ただし、贈賄者については、本罪と対向関係にある贈賄罪が適用されるため、収賄罪の共犯とはならない。①と②に属する者の意義は、特別背任罪の場合と同様である。

また、会計監査人とは、公正不偏の態度と独立の立場から、計算書類等の監査（会計監査）を行い、会計監査報告を作成する者をいう（396条1項）。監査法人が会計監査人に選任された場合、監査法人は、その社員の中から、会計監査人の職務を行うべき者を選定し、これを株式会社に通知する必要があるが（337条2項）、972条は、本条1項の罪の主体が法人である場合、その行為をした取締役、執行役その他業務を執行する役員又は支配人に対して、本条を適用する旨を定めている。したがって、選定された社員が、単な

る使用人であるときは、収賄罪の主体に含まれず、同罪は成立しない。
　一時会計監査人の職務を行うべき者とは、辞任、死亡、解任、欠格事由の発生などのため、会計監査人が欠けた場合又は定款で定めた会計監査人の員数が欠けた場合において、遅滞なく新たな会計監査人が選任されないときに、監査役によって選任される者である（346条4項）。

(2) 職務関連性

　「職務に関し」とは、取締役らが、その地位に伴い、その権限事項として取り扱うべき一切の職務と財産上の利益に対価関係が認められることであり、そこには、自己独自の権限に基づく職務に限らず、補佐として取り扱う職務も含まれる（最判昭和28年10月27日刑集7.10.1971）。権限を有する職務の範囲は、本法や施行規則等の法令のほか、定款や契約等によって制限されるが、具体的に明示されていたものに限らず、法令等の趣旨から導き出されるものも含まれる（大阪高判昭和54年11月16日刑月11.11.1329）。また、その取締役が具体的に担当している事務だけでなく、一般的職務権限に属するものも、担当の可能性が否定できない以上、職務と解される（最判昭和37年5月29日刑集16.5.528）。なお、厳格には職務権限に属さなくとも、その職務権限と密接な関係を有する行為（「職務密接関連行為」）については、職務の範囲に含まれると解される（最判昭和32年3月28日刑集11.3.1136）。例えば、慣行上担当している職務や本来的な職務から派生した職務と、自らの職務に基づく事実上の影響力を利用する行為などである。

(3) 不正の請託

ア　不正の請託

　不正の請託とは、取締役らの職務に関連して、不正な行為をするように、又はなすべきことを行わないように依頼することである（最判昭和27年7月22日刑集6.7.927、最判昭和30年3月17日刑集9.3.477）。依頼の内容には、特定性・具体性が要求される（東京高判昭和28年7月20日高刑6.9.1210、東京高判昭和43年8月15日東高刑時報19.8.151）。この点、藤木英雄・注会(8)のⅡ412頁は、「取引先から将来にわたってよろしく頼むというような一般的な依頼では足りず、具体的な取引事項等について依頼されることが必要である。しかし、このことは決して依頼が明示的であることを要求するものではなく、黙示的に相互に了解があれば足りる。」という。ここでいう「不正」とは、基本的に、違法を意味し、法令違反の外、会社の事務処理規則違反のうち重要な事項に違反する場合も包むと解している。他方、不正の請託を「受け」るとは、単に依頼の相手方となるだけでなく、その依頼を承諾（黙示の承諾を含む）したことを要する（最判昭和29年8月20日刑集

8.8.1256)。ただし、その承諾は、黙示で足りる。なお、本罪は、請託された不正行為が実行されなくても成立する（芝原邦爾・新注会(13)599頁）。
　イ　立証の困難性
　実務上、「不正の請託」の要件の立証は困難である。奥野健一他・株式会社法釈義546頁は、昭和13年の立法の経過に関して、「本規定は、……政府の原案としては、刑法に於ける公務員の賄賂罪の規定と同様『職務ニ関シ賄賂ヲ収受シ、要求シ又ハ約束シタルトキ』云々となつており、苟も職務に関し利益の授受があれば之を罰すると云ふ建前で規定されてゐるのであるが、貴族院で本条の如く修正せられ、当時政府も之に同意したのである。……結局最初の原案に比し、不正の請託の存在並に収受せられたる利益は財産上の利益に限ると云ふことが要件に加はつて来た訳で、其の適用の範囲は大分狭められたのである。請託が不正なりや否やは実際上の適用に当つて問題を生ずる所であらう」と問題点を的確に指摘している。
(4)　財産上の利益
　財産上の利益とは、不正の請託の対価としての賄賂である。そのため、日常的に金銭を受け取っていても、不正の請託への対価でなければ、本罪の「財産上の利益」に当たらない。また、中元・歳暮として提供された物品が社交儀礼の範囲内にとどまる場合、不正の請託との対価性が希薄であるため、「財産上の利益」に当たらない。刑法197条所定の「賄賂」は、人の需要や欲望を満たすに足る一切の利益を含み（大判明治44年5月19日刑録17.879）、有形・無形は問わないが、本罪の賄賂は、貨幣価値に換算可能な利益に限定される。
(5)　収受・要求・約束
　ア　収　受
　収受とは、財産上の利益を自己のものとして現実に収得することである（大阪高判昭和32年11月9日高刑特4.22.594）。職務上の不正行為と財産上の利益の収受との間に因果関係が認められれば足り、その先後関係は問わない。したがって、不正の請託の時点では、財産上の利益の約束がなくとも、不正行為が実行された後で、謝礼が支払われ、これを収受したときには、収受に当たる（藤木英雄・注会(8)のⅡ413頁）。返却の意思で、一時保管していた場合には、収得に当たらないが、一旦収得した後に、発覚をおそれて返却しても、「収受」は完了しており、既遂となる。
　イ　要　求
　要求とは、取締役らが財産上の利益の供与を要求することである。相手方による認識が可能な状態で財産上の利益の供与を求める意思表示をすれば足

り（大判昭和 11 年 10 月 9 日刑集 15.1281）、相手方がその意思表示を認識したり、応じることまでは要しない（大判昭和 9 年 11 月 26 日刑集 13.1608）。「要求」後、相手方が、これに応じ、取締役らが財産上の利益を収受した場合、1 個の法益侵害と評価できるので、包括一罪として処理され、収受罪のみが成立する（大判昭和 10 年 10 月 23 日刑集 14.1052）。

ウ　約　　束

約束とは、財産上の利益を供与する旨の申込みを受けて、その受領を承諾し、財産上の利益を要求し、相手方の承諾を得ることである。利益供与の履行期は確定している必要はない（大判昭和 7 年 7 月 1 日刑集 11.999）。また、一旦「約束」をした後に解除しても、「約束」は完了しているので、本罪は成立する（大判昭和 15 年 5 月 27 日刑集 19.318）。「要求」の場合と同様、「約束」後、財産上の利益を収受した場合は、包括一罪として処理され、収受罪のみが成立する。「要求」して「約束」した場合も、約束罪のみが成立する。

(6)　故　　意

本罪が成立するためには、故意として、①授受される財産上の利益が、自らの職務行為の対価であるという認識（賄賂性の認識）と②請託の内容が不正であるという認識（不正の請託についての認識）が必要となる（芝原邦爾・新注会(13) 600 頁）。

3　贈　賄　罪

本条 2 項は、本条 1 項の利益を供与し、又はその申込み若しくは約束をした者は、3 年以下の懲役又は 300 万円以下の罰金に処することを定める。

(1)　主　　体

贈賄罪の主体は、限定がない。

(2)　供与・申込み・約束

「供与」とは、収賄者側の収受に対応する概念で、財産上の利益を相手方に収得させる意思で提供し、受領させることをいう。「申込み」とは、供与の意思で、財産上の利益を提供し、収受を促すことをいう。「約束」とは、財産上の利益を供与する旨の申込みをして、取締役等からその受領を承諾されたり、財産上の利益に関する取締役等からの要求に対して、承諾することである。

(3)　故　　意

贈賄罪も、収賄罪と同様、故意として、①賄賂性の認識と②不正の請託についての認識を要する。例えば、本条 2 項の供与罪と 1 項の収受罪は必要的共犯の関係になるから、こうした認識を収賄者と贈賄者のいずれか一方が欠

く場合は、両方の罪が不成立となる（芝原邦爾・新注会(13)601頁）。

● (株主等の権利の行使に関する贈収賄罪)

第968条 次に掲げる事項に関し、不正の請託を受けて、財産上の利益を収受し、又はその要求若しくは約束をした者は、5年以下の懲役又は500万円以下の罰金に処する。
　　一　株主総会若しくは種類株主総会、創立総会若しくは種類創立総会、社債権者集会又は債権者集会における発言又は議決権の行使
　　二　第210条若しくは第247条、第297条第1項若しくは第4項、第303条第1項若しくは第2項、第304条、第305条第1項若しくは第306条第1項若しくは第2項（これらの規定を第325条において準用する場合を含む。）、第358条第1項、第360条第1項若しくは第2項（これらの規定を第482条第4項において準用する場合を含む。）、第422条第1項若しくは第2項、第426条第5項、第433条第1項若しくは第479条第2項に規定する株主の権利の行使、第511条第1項若しくは第522条第1項に規定する株主若しくは債権者の権利の行使又は第547条第1項若しくは第3項に規定する債権者の権利の行使
　　三　社債の総額（償還済みの額を除く。）の10分の1以上に当たる社債を有する社債権者の権利の行使
　　四　第828条第1項、第829条から第831条まで、第833条第1項、第847条第3項若しくは第5項、第853条、第854条又は第858条に規定する訴えの提起（株式会社の株主、債権者又は新株予約権若しくは新株予約権付社債を有する者がするものに限る。）
　　五　第849条第1項の規定による株主の訴訟参加
　2　前項の利益を供与し、又はその申込み若しくは約束をした者も、同項と同様とする。

1　沿　革

　株主は、株式会社の所有者として、自らの利益を確保するための権利が保障されており、社債権者及び債権者は、投資や取引関係者として自らの債権を確保するための権利が認められている。こうした株主らの権利が、賄賂に

よって歪められ、濫用されることになれば、株式会社の意思決定や財産処分が適切さを欠くほか、株式会社制度に対する信頼が損なわれ、制度そのものの存在基盤を揺るがすことになる。そこで、本条1項は、一次的には、株主らの適正な権利行使を、二次的には、株式会社制度そのものを保護するために、株主らが、自らの権利の行使に関して、不正の請託を受け、その対価として、賄賂を受け取り、又は要求若しくは約束した場合に、5年以下の懲役又は500万円以下の罰金に処する旨を定める。また、本条2項は、そうした利益を供与し、又は申込み若しくは約束をした者も同様の刑に処することを定めている。

旧商法494条（会社荒らし等に関する贈収賄罪）は、同条1号ないし3号に掲げられた事項に関して、「不正ノ請託ヲ受ケ財産上ノ利益ヲ収受シ、要求シ又ハ約束シタル者」は5年以下の懲役又は500万円以下の罰金に処するとし、旧商法特例法29条の8第1項も同様に、同条に規定された訴えの提起、又は訴訟参加に関し、不正の請託を受けて、財産上の利益を収受し、又はその要求若しくは約束をした者は、5年以下の懲役又は500万円以下の罰金に処すると規定していた。これに対し、旧有限会社法82条1項は、同項1号及び2号に規定された事項に関して「不正ノ請託ヲ受ケ財産上ノ利益ヲ収受シ、要求シ又ハ約束シタ」者は、1年以下の懲役又は50万円以下の罰金に処するとしており、不均衡があった。本条は、これらを「株主等の権利の行使に関する贈収賄罪」として規定し、その法定刑を5年以下の懲役又は500万円以下の罰金に統一している。

2 収賄罪

(1) 権利の行使と主体

本条1項は主体を明示していないが、不正の請託の内容としての所定の権利は、株主や社債権者など一定の身分を有する者に限って行使できるものであるから、本条1項の収賄罪も、身分犯である。具体的には、①株主、②種類株主、③設立時株主、④設立時種類株主、⑤社債権者、⑥債権者・協定債権者、⑦①～⑥の代理人が、「不正の請託」の具体的内容として968条1項各号に定められた権利との関係に応じて、本罪の主体となる。

ア　1号規定の権利と主体

本条1項1号は、①株主総会、②種類株主総会、③創立総会、④種類創立総会、⑤社債権者集会及び⑥債権者集会における発言と議決権の行使を定める。このうち株主総会において、議決権のない株式の株主は出席して討議に加わる権利を有しない（鈴木＝竹内・会社法232頁）。したがって1号の主体

となり得ないとする見解が有力である。この見解に従えば、発言についても、本条の主体となり得るのは、議決権を有する株主等に限られる。
イ　2号規定の権利と主体

　本条1項2号は、株主、種類株主及び債権者・協定債権者の諸権利の行使を列挙するが、その多くは、保有する議決権の割合や保有期間で、権利ごとの主体の範囲に限定がある。例えば、株主総会等の招集手続等の調査のための検査役の選任申立権（306条1項・2項）の主体は、「総株主（株主総会において決議をすることができる事項の全部につき議決権を行使することができない株主を除く。）の議決権の100分の1（これを下回る割合を定款で定めた場合にあっては、その割合）以上の議決権を有する株主」、取締役等に対する行為差止請求権（360条1項・2項）の主体は、「6箇月（これを下回る期間を定款で定めた場合にあっては、その期間）前から引き続き株式を有する株主」、更に、株主総会招集請求権（297条1項）、清算人の解任申立権（479条2項1号）、裁判所に対する特別清算開始後の調査命令申立権（522条1項）の主体は、「総株主（株主総会において決議をすることができる事項の全部につき議決権を行使することができない株主を除く。）の議決権の100分の3（これを下回る割合を定款で定めた場合にあっては、その割合）以上の議決権を6箇月（これを下回る期間を定款で定めた場合にあっては、その期間）前から引き続き有する株主」に、それぞれ限定されている。
ウ　3号規定の権利と主体

　本条1項3号は、社債権者の権利を掲記する（ただし、社債権者集会の議決権の行使は、1号が定める）。社債権者の権利の具体例としては、社債権者集会の招集請求権（718条1項）、社債権者集会招集権（同条3項）、異議手続期間伸長の申立権（740条1項）等がある。しかし、こうした権利を有する社債権者のすべてが本罪の主体に含まれるわけではなく、本条1項3号には、「社債の総額（償還済みの額を除く）の10分の1以上に当たる社債を有する社債権者」のみを本罪の主体とする旨が規定されている。したがって、10パーセント未満の社債を保有する社債権者は、権利の行使はできても、本罪の主体ではない。
エ　4号規定の権利と主体

　本条1項4号は、会社の組織に関する行為の無効（828条1項）や株式会社における責任追及等（847条3項・5項）を初めとする各種訴えの提起権について定めている。この訴えの提起権は、取締役や清算人にも認められているが、本条1項4号は、本罪の主体を、株式会社の株主、債権者又は新株予約権若しくは新株予約権付社債を有する者に限定している。更に、2号と同

様、権利の種類によっては、保有する議決権の割合や保有期間で、主体の範囲を限定している。
オ　5号規定の権利と主体
　本条1項5号は、株主の訴訟参加権を規定する。株主は、誰でも訴訟参加権の主体となることができ（849条1項）、本条1項5号にも特別な規定はないので、すべての株主が本罪の主体たり得る。
(2)　不正の請託
ア　不正の請託
　本罪は、権利の行使又は権利と密接に関連する行為に関して、「不正の請託」を受けたことが成立要件となる。「不正の請託」とは、不正な権利行使をするように、又は不正な権利行使をしないように依頼することと解されるが、依頼の内容には、ある程度の特定性・具体性が要求され、一般的・抽象的なものは、ここでいう「請託」には当たらない。また、請託は明示に限らず、黙示でも足りる。
　本条1項に掲げられている権利は、いずれも私的利益を目的とし、享受主体によって自由に処分することが可能な私権であるため、財産上の利益を収受した見返りとして、こうした権利の適正な行使を思いとどまっても、それだけでは不法とは評価できず、これを働きかけることも「不正の請託」には当たらない。すなわち、依頼の内容が、権利行使の正当な限界を超え、第三者の権利を侵害したり、犯罪目的の手段として用いられたりすることを意味し、違法又は著しく不当なことと解される（藤木英雄・注会(8)のⅡ416頁）。
イ　立証の困難性
　本条は、「不正の請託」の要件事実の立証の困難性から、実際に適用されることは少なかった。
　奥野健一他・株式会社法釈義548頁は、昭和13年の立法の経過について、「本条も当初『左ノ事項ニ関シ賄賂ヲ収受シ』云々と云ふ形で立案せられ……前条同様の経過により本条の如く変更せられたのである。斯くの如く『不正ノ請託ヲ受ケ』と云ふことが要件に加へられたる結果、或は本条の主要な狙ひ所の1つである会社荒しを取締ると云ふ趣旨は没却せられたのではないかと云ふ見方もあらうと思はれる。即ち会社荒しが1株とか2株とかの株主権行使に名を籍り、会社重役に対し総会に於て会社に不利な発言をする等のいやがらせを云ひ、其の口止料として金を貰ふ、斯様な場合、発言をしないやう請託する会社重役側には不正はないから不正の請託とは云へない。従て会社荒しは不正の請託を受けて利益を収受したるものとは謂へないと云ふやうな見方である。併し本条の立案趣旨から見て斯る見方は妥当でないと

思ふ。請託をする側に不正のある場合は勿論、請託を受ける側に不正のある場合も有しく『不正ノ請託』と解すべきであって、会社荒しの場合は請託を受ける側に不正のある場合として本条の適用を受くべきものと思ふ」と述べていたのである。この立法者の懸念は現実のものとなり、本条の適用は多くなかったが、40年を経てから、旧商法497条として総会荒しに対する条文が結実した。本条はそれを承継したのである。

最決昭和44年10月16日刑集23.10.1359は、「株主は個人的利益のため株式を有しているにしても、株式会社自体は株主とは異なる別個の存在として独自の利益を有するものであるから、株式会社の利益を擁護し、それが侵害されないためには、株主総会において株主による討議が公正に行なわれ、決議が公正に成立すべきことが要請されるのである。したがつて、会社役員等が経営上の不正や失策の追及を免れるため、株主総会における公正な発言または公正な議決権の行使を妨げることを株主に依頼してこれに財産上の利益を供与することは、商法494条にいう『不正の請託』に該当するものと解すべきである。本件において、……株式会社の役員に会社の新製品開発に関する経営上の失策があり、来るべき株主総会において株主からその責任追及が行われることが予想されているときに、右会社の役員が、いわゆる総会屋たる株主またはその代理人に報酬を与え、総会の席上他の一般株主の発言を押えて、議案を会社原案のとおり成立させるよう議事進行をはかることを依頼することは、右法条の『不正の請託』にあたるとした原判断は相当である。」と判示する。

(3) 財産上の利益

「財産上の利益」とは、不正の請託の対価としての賄賂を意味する。不正の請託との対価性が希薄な中元・歳暮などは「財産上の利益」に当たらない。また、刑法197条における賄賂と異なり、本罪の賄賂は、貨幣価値に換算可能な利益に限定されるが、967条1項における「財産上の利益」と同義である。

(4) 収受・要求・約束

本罪は、取締役らが不正の請託を受け、その対価として財産上の利益(賄賂)を収受、要求又は約束したときに成立する。これらの意義も967条1項と同様である。第三者への財産上の利益の供与に本罪は成立しない。

(5) 故　　意

本罪が成立するためには、故意として、①授受される財産上の利益が、具体的な権利行使の対価であるという認識(賄賂性の認識)と②請託の内容が不正であるという認識(不正の請託の認識)が必要である。

3 贈賄罪

本条2項は、1項の利益を供与し、又はその申込み若しくは約束をした者も、1項と同様に罰せられることを定める。967条2項と同様、贈賄罪の主体に限定はない。また、「供与」、「申込み」、「約束」の意義も、取締役等の贈賄罪の場合と同じである。本罪の故意として、①賄賂性の認識と②不正の請託についての認識を要する。本条2項の供与罪と1項の収受罪は必要的共犯の関係になる。したがって、収賄側に「不正の請託」の認識が欠けるような場合には、贈賄側にも、本罪は成立しない。このほかの点についても、967条2項と同様に解することができる。

● (没収及び追徴)

第969条 第967条第1項又は前条第1項の場合において、犯人の収受した利益は、没収する。その全部又は一部を没収することができないときは、その価額を追徴する。

1 没収・追徴の意義

賄賂の没収と追徴に関する本条は、財産上の利益を犯罪者の手元に残さないために設けられた。本条は、刑法19条（没収）と19条の2（追徴）の特別規定で、刑法197条の5と同様の趣旨である。

2 没収

本条前段は、967条1項又は968条1項の場合において、犯人が収受した利益は没収することを定める。没収とは、犯罪を原因として、物に対する所有権その他一切の物権を失わせ、これを国庫に帰属させる処分である（最大判昭和37年11月28日刑集16.11.1577）。現行法上は、付加刑として位置づけられているが、第三者没収が認められていることからすると、保安処分としての性質も有する。制度の性質上、没収の対象となるのは、有体物に限定され、無体物については、追徴の対象になる（藤木英雄・注会(8)のⅡ419頁）。金銭は、有体物であるが、封金のままで保管していた場合のように、賄賂としての特定が可能な場合を除いて、没収することはできない。また、没収は、対象物が、犯人以外の者に属していないときにのみ可能となる。ここでいう犯人には、共犯者も含むが、共犯者が被告人になっていない場合に

は、対象物が第三者に属しているときと同様、憲法29条、31条の要請から（前掲昭和37年最大判）、刑事事件における第三者所有物の没収手続に関する応急措置法に則り、告知・弁解・防禦の機会が与えられる（最判昭和40年6月29日刑集19.4.490）。第三者が善意の場合には、不当な財産権の侵害になることから、没収は許されない（藤木英雄・注会(8)のⅡ419頁）。

3 追　徴

　追徴は、本来没収が可能な対象物が、費消、混同、毀損、紛失、善意の第三者への譲与などのため不能になった場合、あるいは饗応、債務免除などその性質上没収が不能な場合に、それに代わる一定の金額（犯罪当時の市場価格）を国庫に納付させる処分である。収受した物を贈賄者に返還したところ、贈賄者が費消して没収不能になった場合には、贈賄者から追徴する（最決昭和29年7月5日刑集8.7.1035）。これに対して、収賄者が費消した後で、同額の金員を贈賄者に返還した場合には、収賄者から追徴する（最判昭和24年12月15日刑集3.12.2023、最決昭和31年2月3日刑集10.2.153）。追徴額は、その物の授受当時の価額により算定される（最大判昭和43年9月25日刑集22.9.871）。

● (株主の権利の行使に関する利益供与の罪) ━━━━━━━━━━

第970条　第960条第1項第3号から第6号までに掲げる者又はその他の株式会社の使用人が、株主の権利の行使に関し、当該株式会社又はその子会社の計算において財産上の利益を供与したときは、3年以下の懲役又は300万円以下の罰金に処する。
2　情を知って、前項の利益の供与を受け、又は第三者にこれを供与させた者も、同項と同様とする。
3　株主の権利の行使に関し、株式会社又はその子会社の計算において第1項の利益を自己又は第三者に供与することを同項に規定する者に要求した者も、同項と同様とする。
4　前2項の罪を犯した者が、その実行について第1項に規定する者に対し威迫の行為をしたときは、5年以下の懲役又は500万円以下の罰金に処する。
5　前3項の罪を犯した者には、情状により、懲役及び罰金を併科することができる。
6　第1項の罪を犯した者が自首したときは、その刑を減軽し、又は免

除することができる。

1　趣　　旨
(1)　沿　　革
ア　総会屋の排除
　株主権の行使に関して不当に会社から金品を受け取る者を、一般に総会屋という。昭和56年の商法改正（同年法律第74号。同57年10月1日施行）は、総会屋に対する利益供与の刑事規制を図ることとした。すなわち、まず総会屋等に対して利益供与を行った会社関係者を処罰し、次に供与された利益を受領した総会屋等を処罰することとした。昭和56年当初、旧商法497条は、①利益供与罪、②供与利益受領罪、③第三者供与罪の3種類の犯罪を定めたが、平成9年の総会屋スキャンダルの発覚を受けた同年の商法改正（同年法律第107号。同年12月23日施行）で、総会屋対策の更なる強化が図られ、④利益供与要求罪と⑤威迫による供与利益受領等罪が追加され、本法はこれを承継した。昭和56年当時、総会屋は、6,000人（暴力団構成員はそのうち4分の1以上）を超えていたといわれるが、この法改正を期に、一連の摘発が続けられ、総会屋は激減した。法改正の目的を達成した立法といえる。
イ　120条と本条の関係
　株式権行使に関する利益供与については、120条と本条が規律している。120条は、株式会社は、何人に対しても、株主の権利の行使に関して、会社又は子会社の計算で財産上の利益を供与してはならない旨を規定した上で、利益供与を受けた者や取締役等の民事責任について定める。それに対し、本条は、ほぼ同様の文言で利益供与罪の構成要件を定めた上で、利益受供与罪や利益供与要求罪などを規定している。この両規定は、共に、総会屋の禁圧を目的として昭和56年に新設され、要件の解釈や適用などについて共通した運用がされるとの理解が暗黙のうちにされてきた（竹内昭夫・改正会社法解説［新版］254-255頁の論じ方参照）。しかし、民事的規律を目的とする120条が総会屋以外の者に対しても適用が争われる事案が増加の傾向にあり、同条が総会屋の禁圧という立法の主たる動機を超えて、広く「会社運営の健全性」確保のために機能しつつある。そうすると、120条の適用を受ける場合に970条をそのまま連動させて適用の範囲とすることが妥当でない場合も出てくる。

(2) 保護法益

本条の保護法益について、「会社運営の健全性」の保持であるとするのが通説的見解である。つまり、総会屋の排除に限るものではない。もちろん、昭和56年商法改正時の直接的な立法目的は、総会屋等の排除にあったことは間違いないが、本条は、その文言からしても、利益供与の禁止の対象を総会屋に限っているわけではない。「株主の権利の行使に関し」「当該株式会社又はその子会社の計算において財産上の利益を供与」することを禁止するのであるから、本罪の保護法益は、会社資産の浪費防止と株主の権利行使の妨害の回避の両方に求められるべきである。

上記(1)イで指摘したように、本条との対応関係にある民事責任を定める120条に関し、東京地判平成19年12月6日判タ1258.69は、委任状争奪戦が行われているときに、会社が株主総会で会社提案に賛成することを株主に呼びかけつつ、議決権を行使した株主に500円のQuoカードを進呈して決議を成立させたことは、120条違反であるとして、決議取消しが求められた事案である。同判決は、株主の権利の行使に関して行われる財産上の利益の供与は、原則としてすべて禁止されるが、①株主の権利行使に影響を及ぼすおそれのない正当な目的でなされ、②個々の株主に供与される額が社会通念上許容される範囲のもので、③総額も会社の財産的基礎に影響を及ぼすものでない場合には、例外的に許容される場合があるとの判断基準を示した上で、Quoカードの交付は①の要件を満たさないため120条に違反するとして、総会決議を取り消した。更に、東京高判平成22年3月24日資料版商事315.333は、非公開会社の支配株主の死亡後に共同相続人間で支配権争いが生じる中、会社が、相続人グループの一方に協力し、同グループが別の相続人から株式買取資金を借り入れるに際して連帯保証をしたことにつき、120条に基づく取締役の責任が追及された事案である。同判決は、連帯保証は120条に違反しないとしたが、これには批判がある（田中亘・「会社による株式の取得資金の援助と利益供与（上）（下）」商事1904.4、1905.14）。120条の適用対象が総会屋以外の者に拡大しつつある状況を象徴している。後者は120条の適用が否定された事案であるが、前者は同条の適用が肯定されており、このような場合（会社の支配権の争いの場面）にまで、本条の刑事罰則が適用が検討される事態は適切でないであろう。

2　利益供与罪（本条1項の犯罪）

本条1項は、利益を供与する会社側の犯罪である利益供与罪を規定する。本罪は、①株式会社の取締役等の一定の地位を有する者が、②株主の権利の

行使に関して、③その株式会社又はその子会社の計算で、④財産上の利益を⑤供与した場合に成立する。

(1) 主　体

本罪の主体は、960条1項3号ないし6号所定の者、又は、その他の株式会社の使用人に限定される身分犯である。前者は、①取締役、②会計参与、③監査役、④執行役、⑤取締役等の職務代行者、⑥一時取締役等の職務を行うべき者、⑦支配人であるが、これらの者の意義は、特別背任罪の場合と同じである。これに対して、後者は、960条1項7号が「事業に関するある種類又は特定の事項の委任を受けた使用人」に限って特別背任罪の主体としているのに対して、文言上の限定がなく、あらゆる使用人が含まれる。これは、本罪の主体を同様に限定すると、実際に総会屋との交渉の窓口となる総務部長、総務課長、社長室長などが、これに該当しない場合があるから、それを避けるためである。このように限定しなくとも、株式会社又はその子会社の計算において財産上の利益を供与することが構成要件となっており、こうした会社財産の支出についての権限によって一定の限定が加わるので、自ずと限定される。

(2) 株主の権利の行使

本罪が成立するためには、利益の供与が、「株主の権利の行使に関し」てされることを要するが、この権利については、特段限定はなく株主として行使することができるすべての権利を意味し、株主総会における発言・議決権、株主提案権、代表訴訟提起請求権・提起権等の共益権に限らず、剰余金配当請求権、株式買取請求権といった自益権も含む。また、取締役や監査役に説明を求め得る地位のような広義の株主に属する権限も含まれると解されるが、株主の有する会社に対する債権法上、物権法上の一般的請求権は含まれない（葉玉匡美・論点体系(6)513頁）。

そして、「権利の行使に関し」の意義については、立法趣旨を根拠にして、利益供与の動機が株主の権利の行使又は不行使に関する事項であるとする主観説が説かれ、これに対し、適正な株主の権利行使も保護法益とする見解からは、単に供与者が主観的に認識するだけでなく、客観的に対価関係が認められることが必要とする客観説が対立する。

また、「不正の請託」を要件とする968条と異なり、そうした権利の行使が不正なものである必要はなく、適正なものでもよい。例えば、総会屋に対して、他の株主の発言を違法な手段を用いて妨害するように依頼する場合はもちろん、会社や取締役にとって不利益な発言や提案権行使を差し控えたり、議事の円滑な進行に協力したりするように依頼し、その対価として金品

を支払う場合も、「権利の行使に関し」に含まれる。

　更に、本罪の立法趣旨からすると、行使される権利は、利益の受領者の権利である必要はなく、第三者のものでも構わない。したがって、受領者自身は株主でなくても、その者が影響力を持つ第三者への働きかけを依頼し、その対価として金品を支払えば権利行使との関連性は認めらる。同様に、その時点では株主でない者に、将来の権利の行使に関し、利益を供与する行為も、本罪に該当するとされる。そして、ここでいう「株主の権利の行使に関し」には、権利の行使そのものではないが、これと密接に関連する行為も含む趣旨と解されている。なお、本罪は対向犯ではないため、受領者側に株主の権利の行使に関する利益の供与であるという認識がなくても、供与者の利益供与罪の成立に影響はない。なお、120条2項は、「株式会社が特定の株主に対して無償で財産上の利益の供与をしたときは、当該株式会社は、株主の権利の行使に関し、財産上の利益の供与をしたものと推定する。」と規定しているが、この規定は、取締役等の民事責任に関するものであり、本条1項の構成要件には適用されない。

(3)　会社又は子会社の計算

　利益供与罪の成立には、利益供与が、株式会社又はその子会社の計算においてされることを要する。

ア　株式会社と子会社

　「当該株式会社」とは、株主の権利行使の対象となっている株式会社を意味し、「その子会社」とは、その株式会社がその総株主の議決権の過半数を有する株式会社並びにその株式会社が財務及び事業の方針の決定を支配している他の会社を意味する（2条3号、施則3条1項）。そして、「事業の方針の決定を支配している」場合とは、①有効な支配従属関係が存在しない一定の会社を除く他の会社等の議決権の総数に対する自己の計算において所有している議決権の割合が50パーセントを超えている場合、②他の会社等の議決権の総数に対する自己の計算において所有している議決権の数の割合が40パーセント以上である場合で、他の会社等の議決権の総数に対する自己所有等議決権数の割合が50パーセントを超えているなどの一定の要件に該当する場合、③他の会社等の議決権の総数に対する自己所有等議決権数の割合が50パーセントを超えている場合を指す（施則3条3項）。

　子会社の計算で利益が供与された場合、子会社の取締役等は、事情を知っていれば、共同正犯として刑事責任を問われる可能性があり、知らなければ、間接正犯の道具と解されることになる。

イ　計算において

「計算において」とは、財産上の利益の供与による損益が会社に帰属することをいう。会社又はその子会社の損益に帰属していれば、名義が誰かは、本罪の成否にとって問題ではない。したがって、銀行が関連金融機関を介した迂回融資の形式で利益を供与しても、最終的に、その損失を銀行で負担する限りは「会社の計算において」行われたことになる。取締役らが、総会屋対策費を給与や手当として受け取った後に、個人名義で供与した場合も同様である。これに対して、会社の金品を横領した後、これを株主に供与しても、横領の時点で金品は会社の支配から離れているので、利益供与は会社の損益に帰属せず、本罪は成立しない。東京地判昭和62年2月3日資料版商事36.61は、「商法497条〔本条〕は、会社資産の浪費の防止を目的として立法されたものであり、当該行為による損益が究極的に会社に帰属していれば、名義のいかんを問わず、『会社の計算において』の要件にあたると解すべきである。」とした上で、「Bらは、A会社から返還を求める意思を持たずに、個人の負担でいわゆるポケットマネーを出したものではなく、本来同会社が負担すべき金員を一時的に立替えたものにすぎないのであるから、本件金員の支払いは、まさに同会社にその損益が帰属するといわなければならない。なお、金員を立替え払いした役員が同会社からこれの返還を受けているか否かは、あくまでも会社側と当該役員との内部的な事後処理の問題であって、これによって同法にいう『会社の計算において』の判断が左右されるものではない。」と判示する。

(4) 財産上の利益

本罪は、株主の権利の行使・不行使の対価として、財産上の利益が供与されたときに成立する。「財産上の利益」とは、貨幣価値に換算可能な利益を意味する。したがって、金銭、物品、有価証券などの財物のほか、債務の免除や信用の供与など無形物がここに含まれるほか、サービスの享受、施設の利用、ゴルフコンペや旅行への参加などは、その費用を株式会社又はその子会社の計算で負担している限り、「財産上の利益」に当たるといえる。地位・名誉の供与は、貨幣価値に換算不可能であるため含まれない。なお、対価性が希薄な中元・歳暮などは、「財産上の利益」に当たらない。

(5) 供与とその相手方

「供与」とは、相手方に帰属させる意思で財産上の利益を提供し、受領されることを意味する。実際に、供与した財産が、相手方の所得になった結果までは要求しない。財産上の利益の供与を受ける「相手方」は、供与者以外の者を指し、自然人、法人を問わない。また、総会屋が主宰する団体も含まれる。更に、本条2項の第三者供与罪にいう「第三者」である株主の権利を

行使する以外の者も含まれる。したがって、本罪は、第三者供与罪に照応する供与にも成立する。

3　利益収受者の罪（本条2項前段）
　本条2項は、情を知って本条1項の利益の供与を受け又は第三者にこれを供与させた者もまた同項と同じであることを定める。
(1)　主　体
　本罪の主体は、立法趣旨からすると、「総会屋」が典型的である。しかし、本条は、主体の身分を限っていない。つまり、本罪は身分犯ではなく、したがって、「情を知っ」た者であれば、誰でも本罪の主体たり得る。また、利益供与と株主の権利行使の間に対価関係が認められれば、その権利は第三者のものでも、将来のものでも構わないと解される。したがって、本条の主体は、株主である必要もない。
(2)　知　情
ア　知情の意義
　本罪の成立には、本条1項の利益を受領するに当たって、「情を知って」いることが必要とされる。「情を知って」とは、受領する利益が、①株主の権利行使に関し、②株式会社又はその子会社の計算においてなされたものであると認識していることをいう。こうした認識が存在すれば、供与者側の依頼や期待に応じる意思がない場合にも本罪は成立する。株主総会に出席したり、発言を控えたりするなどの具体的な行為は、本罪の成立に必要でない。
イ　知情の機能
　こうした要件が付与されている理由として、本条1項の利益供与罪と本罪が対向犯の関係にないことを明確化するためといわれる。確かに、本条1項の利益供与罪については、利益を受領する側に、株主の権利行使に関して供与されたものであるという認識がなくても、会社運営の健全性を侵害している限り、その成立が認められる。しかし、利益受領罪については、「情を知って」いることや本条1項の利益の受領が成立要件になっているから、供与側に株主の権利行使に関して利益を供与する意図がないといった利益供与罪が成立しない事案については、受領側にも本罪の成立は認められない。
(3)　供与利益の受領
　供与利益受領罪は、利益の供与を「受け」たときに成立する。「利益」には、財物の占有を取得や利益を享受することなど貨幣価値に換算可能なあらゆる利益が含まれる。

4　第三者供与罪（本条2項後段）
　本条1項の財産上の利益の供与を自ら受けるのではなく、第三者に供与させた者も、利益を供与した者や利益の供与を受けた者と同様に、3年以下の懲役又は300万円以下の罰金に処せられる。
(1)　第三者供与罪の立法趣旨
　株主の権利に関して依頼を受けた総会屋が、その対価である財産上の利益を第三者に供与させた場合、総会屋に対して供与利益受領罪を適用するためには、第三者が総会屋のダミーであったことや第三者と総会屋との間で共謀が存在したことを立証する必要があるが、その立証は容易でないことから、第三者供与を別個の犯罪として定めた。適正な会社資産の運用と株主の権利行使を総会屋等に対する利益供与罪の保護法益とする点からすると、供与された利益を自ら受領することだけでなく、第三者に供与させる行為も取り締まる必要性が認められる。
(2)　主　　体
　第三者供与罪の主体は、「情を知っ」た自然人であり、この点は、供与利益受領罪と同様である。また、主体が株主であることを要しない点も供与利益受領罪と同じである。
(3)　第　三　者
　本罪は、「情を知っ」た者が、本条1項の財産上の利益の供与を第三者に対して行わせた場合に成立する。ここでいう「第三者」とは、広く自己以外の者を意味し、自然人だけでなく、法人や権利能力なき社団も含まれる。したがって、総会屋が、出版物の定期購読など、自らの経営する会社との取引という形態を取って、会社に本条1項の財産上の利益を供与させた場合、総会屋には、本罪が成立する。供与を受ける第三者の指定は、本罪の主体によってなされることを必ずしも要せず、供与側からの提案や申出を受け容れたという場合も、「供与させた」ことになる。第三者は、「情を知って」いることを要しない。

5　利益供与要求罪（本条3項の罪）
(1)　趣　　旨
　平成9年の商法改正により、利益供与を要求したことのみでも、処罰されることになった。法定刑は、利益供与罪と同じである（3年以下の懲役又は300万円以下の罰金）。これにより、会社関係者が総会屋等からの利益供与の要求があった段階で、捜査当局に届出ることができ、効果的な摘発の実現が図られることになった。

(2) 主　　体

　利益供与要求罪も、主体に限定を設けておらず、供与利益受領罪や第三者供与罪と同じに、主体が株主であることも要件とされていない。

(3) 要　　求

　利益供与要求罪は、株主の権利に関し、株式会社又はその子会社の計算において、本条1項の利益を自己又は第三者に供与するように、利益供与罪の主体である者に対して要求したときに成立する。ここでいう「要求」とは、財産上の利益の供与を要求することを意味し、基本的には、967条1項や968条1項の賄賂要求罪における「要求」と同義と解することができる。したがって、相手方に認識可能な状態で財産上の利益の供与を求める意思表示をすれば足り、要求が、直接的か間接的か、明示的か黙示的か、相手方がこれを認識したか否かは、本罪の成立に関係ない。また、会社が、実際に要求に応じることも要しない。

6　威迫の重課（本条4項）
(1) 威迫による供与利益受領等罪の意義

　利益を供与する会社の関係者と利益を受領する総会屋等は、両者が癒着して、適正な会社資産の運用と株主の権利行使という本罪の保護法益を侵害することのほか、総会屋等が会社関係者に不当な威迫を加えている場合もある。本罪はそのような悪質な総会屋に対する供与利益受領罪等の加重類型である。

(2) 主　　体

　威迫による供与利益受領等罪の主体は、「前2項の罪を犯した者」、すなわち①供与利益受領罪、②第三者供与罪、③利益供与要求罪を犯した者に限定される。したがって、これらの犯罪が行われることなく、威迫のみが行われたに過ぎないときは、本罪は成立しない。

(3) 威　　迫

　本罪にいう「威迫」とは、相手方に対して言語や動作をもって気勢を示し、不安又は困惑の念を抱かせるに足りる行為を意味し、①証人等威迫罪（刑105条の2）、②利得目的等強談威迫罪（暴力行為等処罰ニ関スル法律2条）、③選挙人等威迫罪（公選225条3号）等にいう「威迫」と同義と解されている。これは、「人に畏怖の念を抱かせるに足りる行為」である「脅迫」よりも程度が低いものと解され、人に「不安や困惑を抱かせるに足りる」程度であれば、その内容に限定はない。「不安や困惑を抱かせるに足りる」ものであったか否かは、平均的な一般人を基準にして判断される。会社関係者

が不安や困惑を抱いたとしても、平均的な一般人はそうした感情を抱かないと解される場合には、「威迫」は認められない。なお、会社の元従業員と一単位の株式を保有する株主が、会社の総務部総務チームリーダーと面会し、株主総会において会社の疑惑を持ち出して株主権を行使する旨を申し向け、次いで、電話で同人に対し、その疑惑を指摘しつつ、株主権を行使しない代わりに暗に金員を提供するよう申し入れた行為が、威迫を伴う利益供与要求罪に該当するとされた事例がある（大阪高判平成11年12月16日高刑52.62）。

(4) 威迫と供与の因果関係

例えば、「人を恐喝して財物を交付させ」ることと規定されている恐喝罪（刑249条）の場合、脅迫を手段として財物の占有を奪取するという性質から、同罪が成立するには、①脅迫によって相手方が畏怖し、②そのために財産を交付したという因果関係が必要とされる。これに対して、本罪は、「前2項の罪を犯した者が、その実行について第1項に規定する者に対し威迫の行為をした」と規定されており、威迫を供与の受領等のために先行して行うことを要件としていない。利益の受領、第三者への供与又は利益供与の要求に当たって、その手段として「威迫」に及び、会社関係者に不安や困惑を抱かせれば、本罪は成立し、「威迫したから、利益が供与された」といった関係は必要とされない。

7　懲役と罰金の併科

本条2項ないし4項の罪を犯した者には、情状により、懲役及び罰金を併科することができる。平成9年の商法改正では、総会屋等の供与された利益を受ける側に対する刑罰の厳格化を図り、①供与利益受領罪、②第三者供与罪及び③利益供与要求罪について、情状により、懲役刑と罰金刑の併科を可能にする規定が置かれた。本条5項は、これを踏襲する。

8　自首による減免

本条6項は、本条1項の罪を犯した者が自首したときは、その刑を減軽し、又は免除できることを定めた新設規定である。単に減軽のみならず、免除も可能とした。また、利益供与をした者（本条1項所定の会社側主体に限って、自首による刑の任意的減軽・免除を受けられるとしているのは、株主に対する利益供与罪は、株主と会社の役職員の間で行われることが多く、発覚し難い犯罪であるので、利益供与に加担した役職員の内部告発を促すため、刑の減軽又は免除という動機づけを設けたのである（相澤・新会社法解

● (国外犯)

第971条 第960条から第963条まで、第965条、第966条、第967条第1項、第968条第1項及び前条第1項の罪は、日本国外においてこれらの罪を犯した者にも適用する。
　2　第967条第2項、第968条第2項及び前条第2項から第4項までの罪は、刑法（明治40年法律第45号）第2条の例に従う。

1　趣　　旨

　企業活動の国際化の進展に伴い、日本法に基づいて設立された企業であっても、国外における会社犯罪が生じ得る。本条は、このような外国犯に対応するための規定である。すなわち、本条1項は、特別背任罪（960条‐962条）、会社財産を危うくする罪（963条）、預合罪（965条）、株式の超過発行罪（966条）、収賄罪（967条1項、968条1項）及び利益供与罪（970条1項）について、日本国外においてこれらの罪を犯した者に対しても適用することとし、また、本条2項は、贈賄罪（967条2項、968条2項）及び利益受供与罪等（970条2項‐4項）については、刑法2条（日本国外においてこれらの罪を犯した者すべてに適用される）の例によることとした。

2　特別背任罪（960条、961条）

　日本法に基づき設立された株式会社である以上、取締役等が国外において任務違背行為をした場合であっても、その行為によって特別背任罪の保護法益である会社運営の健全性、取締役等の職務の廉潔性などが害される。また、破産法における破産管財人の特別背任罪等の同種規定において国外犯処罰規定が設けられていることからすれば、特別背任罪については国外犯処罰規定を置くべきである（相澤・新一問一答264頁）。

3　会社財産を危うくする罪（963条）

　963条1項から4項までは裁判所ないし総会に対する虚偽申述罪であるが、本法においては総会を招集する場所について地理的限定がなく総会に対する虚偽申述については海外で実行される可能性があるから、国外犯処罰規

定を置くのが相当である。また、同条5項についても、会社の株式を外国において外国に居住する株主から自己の計算で不正に取得する場合等行為地が外国である場合があり得る。それらの行為が外国で行われても会社財産が害され、ひいては日本において出資した株主の利益が害されることからすれば国外犯処罰規定を置くべきである（相澤・新一問一答264頁）。

4　預合いの罪（965条）

預合いは、発起人・取締役等が払込場所とされる銀行の役職員と通謀して払込みを仮装することにより成立する。本法においては、払込取扱場所について地理的制限がないから、発起人が払込場所を国内銀行外国支店とした上で支店の担当者と通謀して払込みを仮装することがあり得る。このような場合にも会社財産等が害されることとなるから、国外犯処罰規定を置く必要がある（相澤・新一問一答264頁）。

5　収賄罪（967条1項、968条1項）

取締役等が国外において収賄を行うことは、経済の国際化が進展した状況下ではあり得るが、収賄罪の保護法益としては、所有と経営が分離された現代の会社制度において、会社の役職員等の機関及び株主が適切にその任務ないし権利を行使することによって会社運営の健全化を図る点にあると考えられ、国外において収賄行為が行われた場合も国内犯と同じくそのような法益を害すると考えられる。また、破産法等においても収賄罪につき国外犯処罰規定を置いていること等からすると、本法においても、各条の収賄罪について国外犯処罰規定を置く必要がある（相澤・新一問一答264-265頁）。

6　贈賄罪（967条2項、968条2項）

贈賄罪については、収賄罪と同様に、国外において行われることは、今日では十分考えられ、国外犯の処罰の必要性が認められる。また、破産法等における贈賄罪のほか、外国公務員に対する贈賄罪についても国外犯処罰規定が設けられていることからすれば、本法において贈賄罪の国外犯処罰規定を設けることが必要である（相澤・新一問一答265頁）。

7　利益供与罪・受供与罪（970条1項）

利益供与罪及び受供与罪の保護法益は会社運営の健全性保持、会社財産の浪費防止にあるが、国外において利益供与等の行為がされた場合にもこれらの法益が侵害される。加えて、贈収賄罪において国外犯処罰規定を設けるこ

ととの均衡からも、同様の規定を置く必要がある（相澤・新一問一答265頁）。

8 株式の超過発行罪（966条）

株式を発行する場所については本法上限定がないから、株式の超過発行罪が国外において行われることもあり得る。このような場合には日本における株主の利益が害されるから、国外犯処罰規定を置く必要がある（相澤・新一問一答265頁）。

9 国外犯規定がない犯罪

虚偽文書行使等の罪（964条）、電子公告調査機関の業務停止命令違反の罪、虚偽届出等の罪（973条、974条）については、国外犯は処罰されない。

(1) 虚偽文書行使等の罪

本条の保護法益は、虚偽の文書を行使して公衆から不当な利益を詐取することを防止することにある。その保護法益は専ら国内において株式等の募集を受ける公衆に対する信頼の保護である。したがって、国外における虚偽文書を行使した株式等の募集等についてその処罰を及ぼす必要はなく、国外犯処罰規定を置く必要はないであろう（相澤・新一問一答265-266頁）。ただし、虚偽文書を日本から外国に郵送した場合のように実行行為の一部が日本で行われていれば、虚偽文書行使罪は成立し得る（葉玉匡美・論点体系(6)516頁）。

(2) 電子公告調査機関の業務停止命令違反の罪、虚偽届出等の罪

電子公告調査機関が業務をする場所は、日本国内に限定される。すなわち、電子公告調査機関の事業所の所在地については、944条2項により登録することが要件となっているところ、その登録地については、当然に日本国内である。したがって、これらの罪については、そのすべての実行行為が国外で実行されることはなく、国外犯処罰規定を置く必要はない。（相澤・新一問一答266頁）。

●(法人における罰則の適用)

第972条 第960条、第961条、第963条から第966条まで、第967条第1項又は第970条第1項に規定する者が法人であるときは、これらの規定及び第962条の規定は、その行為をした取締役、執行役その他業務

を執行する役員又は支配人に対してそれぞれ適用する。

　刑罰の制裁によって法の目的を達成しようとするとき、刑罰が科される主体は、当然、違反をした主体である。しかるに、本条は、960条（取締役等の特別背任罪）、961条（代表社債権者等の特別背任罪）、963条（会社財産を危うくする罪）、964条（虚偽文書行使等の罪）、965条（預合いの罪）、966条（株式超過発行の罪）まで、967条1項（取締役等の収賄罪）又は970条1項（株主の権利の行使に関する利益供与の罪）に規定する者が法人であるときは、これらの規定及び962条（未遂罪）の規定は、法人自身ではなく、その行為を実際に行った取締役、執行役その他業務を執行する役員又は支配人に対してそれぞれ適用することを定める（代罰規定）。例えば、預合いの主体などは、法人の場合もあるので、本条は疑義を避け、法人自身ではなく、事実行為をした「取締役、執行役その他業務を執行する役員又は支配人」を罰することを明らかにするものである。
　これは、法人の名において行われた行為に対する刑事的帰責について適用関係を定めた規定であり、旧商法499条を踏襲するものである。その趣旨は、①伝統的には、法人には犯罪能力が認められず、刑罰を科すことができないとされてきたが、②罰則の多くは、取締役、監査役など特定の身分を有する者のみが犯罪主体となり得る「身分犯」の構成を取るところ、③法人がその身分を持つ主体に当たる場合は、事実行為をしたその法人の役員自身はこの身分を持たないため、事実行為者も、法人自身も（①により）、誰も処罰できないことになってしまう。そこで、④このような場合は、(ⅰ)実際にその事実行為をした者であって、かつ、(ⅱ)「取締役、執行役その他業務を執行する役員又は支配人」に当たる者を、その法人に代わって処罰する、というものである。法人の犯罪主体性を認めた上で、その処罰は法人自身にではなく、自然人である法人の役員等一定の者に対して行うというこの立法形式（代罰規定）は、現在では例外に属する。本法は、この点、代罰規定方式を維持しており、規定形式の変更（例えば両罰規定形式に改めた上で、実行行為者と事業主の科刑を切り離し、法人事業主にはそれに相応しい額の罰金を定める等）は将来の課題である。

●(業務停止命令違反の罪)

第 973 条 第 954 条の規定による電子公告調査(第 942 条第 1 項に規定する電子公告調査をいう。以下同じ。)の業務の全部又は一部の停止の命令に違反した者は、1 年以下の懲役若しくは 100 万円以下の罰金に処し、又はこれを併科する。

1 業務停止命令違反罪の意義.

　電子公告調査機関は、一定の要件に該当した場合、法務大臣によって、その業務の全部又は一部の停止を命じられる (954 条)。本条は、電子公告調査機関が、法務大臣より命じられた業務停止期間内にその業務を行うと、業務停止命令違反の罪となり、1 年以下の懲役若しくは 100 万円以下の罰金に処せられ、又はこれが併科される旨を定めている。本条は、法務大臣による行政規制の実効性を確保するために設けられた。電子公告制度の安定的な運営に当たって、電子公告調査機関については、法務大臣によるその質的な保証が行われており、その保証の対象外の者による業務は、行政処分の違反行為の中でも、特に違法性が高いのである。

2 業務停止命令の要件

　本罪の前提となる業務停止命令の要件は、電子公告調査機関が、954 条 1 号ないし 5 号のいずれかに該当することである。①954 条 1 号は 943 条 1 号又は 3 号に規定する欠格事由に該当するに至った場合である。②954 条 2 号及び 3 号は、調査機関に課せられた各種義務に違反した場合(例えば、947 条の電子公告調査を行えない場合であるのに、電子公告調査を行った場合)である(改善命令を発する根拠となる義務に違反した場合は除かれる)。③954 条 4 号は、適合命令又は改善命令に違反した場合である。④954 条 5 号は、不正の手段により登録を受けた場合である。

●(虚偽届出等の罪)

第 974 条 次のいずれかに該当する者は、30 万円以下の罰金に処する。
　一　第 950 条の規定による届出をせず、又は虚偽の届出をした者
　二　第 955 条第 1 項の規定に違反して、調査記録簿等(同項に規定す

る調査記録簿等をいう。以下この号において同じ。）に同項に規定する電子公告調査に関し法務省令で定めるものを記載せず、若しくは記録せず、若しくは虚偽の記載若しくは記録をし、又は同項若しくは第956条第2項の規定に違反して調査記録簿等を保存しなかった者
　三　第958条第1項の規定による報告をせず、若しくは虚偽の報告をし、又は同項の規定による検査を拒み、妨げ、若しくは忌避した者

　電子公告機関は、電子公告制度を維持するために重要な役割を担っているため、各種の法的義務が課せられている。本条は、こうした義務のうち重要性の高いものに違反した場合、30万円以下の罰金に処することを定めている。

1　業務休廃止届出義務違反等罪
(1)　義務の内容
　電子公告調査機関は、電子公告調査の業務の全部又は一部を休止し、又は廃止しようとするときには、法務省令（電子公告11条）で定めるところにより、予め法務大臣に届け出なければならない（950条）。その際、届出書には、①休止又は廃止しようとする業務の範囲、②休止又は廃止しようとする年月日及び休止の場合の期間、③休止又は廃止の理由等の記載が義務づけられている（電子公告11条・別紙様式4号）。
(2)　違反行為
　届出義務違反罪は、業務の休止又は廃止に先立って届出することが義務づけられているから、届出しないまま（不作為）業務休止又は廃止の日が到来したときに成立する。また、虚偽届出は廃止に先立って、客観的事実に反する内容の届出をした（作為）ときに成立する。
(3)　故　　意
　届出義務違反罪の故意は、その義務の基礎となる事実について認識があれば足り、法的義務の存在について知らなくても故意が成立すると解される。ただし、届出義務を既に履行していると誤解していた場合には、故意は否定される。これに対して、虚偽届出罪については、届出内容が虚偽であることの認識が必要である。

2 調査記録簿記載等義務違反罪
(1) 義務の内容
　電子公告調査機関は、法務省令（電子公告13条1項）で定めるところにより、調査記録簿又はこれに準ずる磁気ディスクを備え、①調査申請者の氏名又は商号若しくは名称、②住所又は本店等の所在場所、③代表者の氏名、④調査申請者に係る登記アドレス、⑤公告アドレス、⑥公告期間、⑦公告しようとする内容である情報など法務省令（電子公告13条2項）で定められた内容を調査記録簿に記載し、又は磁気ディスクに記録し、更にその調査記録簿等を公告期間の満了後10年間保存しなければならない（電子公告13条4項、955条1項）。また、業務を廃止したり、登録を取り消された電子公告調査機関から調査記録簿等を引き継いだ電子公告調査機関も、その調査記録簿を公告期間の満了後10年間保存しなければならない（956条2項、電子公告13条4項）。
(2) 違反行為
　義務違反行為の態様は、次のとおりである。
　① 記載義務等違反は、法務省令（電子公告13条4項）で定められた内容を調査記録簿に記載せず、又は磁気ディスクに記録しなかったことである。
　② 虚偽記載等罪は、客観的事実に反する内容を調査記録簿に記載したとき、又は磁気ディスクに記録したことである。
　③ 保存義務違反罪は、(ⅰ)実施した電子広告調査の調査記録簿・磁気ディスク又は(ⅱ)業務を廃止しようとしたり登録を取り消されたりした電子広告調査機関から引き継いだ調査記録簿・磁気ディスクを保存していなかったり、保存していても公告期間の満了後10年を経過する前にこれをやめたりすることである。
(3) 故　　意
　調査記録簿記載等義務違反罪の故意は、義務の基礎となる事実の認識で足り、法的義務の存在についての認識を要しない。この点は、業務休止廃止届出義務違反等罪と同様である。

3 報告義務等違反罪
(1) 義務の内容
　法務大臣は、本法の施行に必要な限度で、電子公告調査機関に対して、①その業務又は経理の状況に関して報告をさせ、②電子公告調査機関の事務所等に立ち入り、業務の状況又は帳簿書類その他の物件を検査させる監督権限

を有しているので（958条）、電子公告調査機関は、法務大臣の監督に服する義務がある。
(2) 違反行為
　義務違反が成立するのは、以下のような場合である。
　① 法務大臣の指示に違反して、自らの業務若しくは経理の状況に関して報告をせず、又は客観的事実に反する内容を報告したときに成立する。
　② 法務省の職員による電子公告調査機関への立入検査を積極的に拒否し（「拒み」）、暴行・脅迫に至らない程度の有形力の行使によって妨害し（「妨げ」）、又は消極的な態度で拒否したとき（「忌避し」）に成立する。
(3) 検査妨害等罪の主体
　報告義務等違反罪のうち立入検査妨害等については、旧所得税法の質問検査妨害罪に関する最判昭和45年12月18日刑集24.13.1773が、検査妨害罪は、適法な検査を保護し、その実効性を確保する規定であり、広く一般人をも対象としており、身分犯を定めたものではないとしたことと関係して、主体が電子公告調査機関に限定されるかという問題がある。しかし、本条3号は、検査妨害罪だけでなく、報告義務違反罪も規定しており、同一の条文に規定された犯罪の主体が、文言の前半と後半で異なるとは解せない。したがって、報告義務等違反罪の主体も、本来的には、電子公告調査機関であり、両罰規定によって、処罰範囲が拡張されている。

● (両罰規定)

第975条 法人の代表者又は法人若しくは人の代理人、使用人その他の従業者が、その法人又は人の業務に関し、前2条の違反行為をしたときは、行為者を罰するほか、その法人又は人に対しても、各本条の罰金刑を科する。

1　両罰規定
　本条は両罰規定である。すなわち、法人の代表者又は法人若しくは人の代理人、使用人その他の従業者が、その法人又は人の業務に関し、973条（業務停止命令違反の罪）及び974条（虚偽届出等の罪）の違反行為をしたときは、「行為者」を罰することにとどまらず、その「法人又は人」に対しても、各本条の罰金刑を科するのである。両罰規定の対象とされる973条及び974

条所定の電子公告調査機関の罪は、いずれも行政命令の実効性を確保するという点に意義を有するものであり、他の本法の定める犯罪が株式会社の財産、株主の財産、株式会社制度への社会の信頼などの法益を保護するための規定であるのとは、異質である。この違いがあるため、本条が代罰規定にとどまらず、両罰規定となったと解すべきである。また、この2つの犯罪が、他の法令で、行政規制の実効性を確保するために設けられている犯罪と同じ性質と解することができ、そうした犯罪の多くが、両罰規定によって法人処罰を認めていることとの権衡を図ることともなったといえる。

2　法人の処罰根拠と過失推定

このような両罰規定における法人処罰の法的性質については、「他人の行為についての無過失責任」とされてきた（大判昭和10年11月25日刑集14.1217）。最大判昭和32年11月27日刑集11.12.3113は、事業主処罰規定は、事業主として行為者の選任、監督その他違反行為を防止するために必要な注意を尽くさなかった過失の存在を推定した規定であるとして、事業主（個人）に過失がなければ処罰できないとした。更に、最判昭和40年3月26日刑集19.2.83は、その趣旨を法人の場合についても適用して、法人の過失の有無を問題とする。そのため、理論上は、行為者が代表者の場合には、違反行為が発生すれば、法人処罰はほぼ自動的に認められるのに対して、行為者が代表者以外の者の場合には、法人が業務主体として十分な注意を尽くしたことが反証され、過失の推定が覆されると、法人は免責される。ただし、実際には、過失推定が破られる例は少ないといわれる。

● (過料に処すべき行為)

第 976 条　発起人、設立時取締役、設立時監査役、設立時執行役、取締役、会計参与若しくはその職務を行うべき社員、監査役、執行役、会計監査人若しくはその職務を行うべき社員、清算人、清算人代理、持分会社の業務を執行する社員、民事保全法第56条に規定する仮処分命令により選任された取締役、監査役、執行役、清算人若しくは持分会社の業務を執行する社員の職務を代行する者、第960条第1項第5号に規定する一時取締役、会計参与、監査役、代表取締役、委員、執行役若しくは代表執行役の職務を行うべき者、同条第2項第3号に規定する一時清算人若しくは代表清算人の職務を行うべき者、第967条第1項第3号に規定する一時会計監査人の職務を行うべき者、検査役、監

督委員、調査委員、株主名簿管理人、社債原簿管理人、社債管理者、事務を承継する社債管理者、代表社債権者、決議執行者、外国会社の日本における代表者又は支配人は、次のいずれかに該当する場合には、100万円以下の過料に処する。ただし、その行為について刑を科すべきときは、この限りでない。

一　この法律の規定による登記をすることを怠ったとき。

二　この法律の規定による公告若しくは通知をすることを怠ったとき、又は不正の公告若しくは通知をしたとき。

三　この法律の規定による開示をすることを怠ったとき。

四　この法律の規定に違反して、正当な理由がないのに、書類若しくは電磁的記録に記録された事項を法務省令〔施則226条〕で定める方法により表示したものの閲覧若しくは謄写又は書類の謄本若しくは抄本の交付、電磁的記録に記録された事項を電磁的方法により提供すること若しくはその事項を記載した書面の交付を拒んだとき。

五　この法律の規定による調査を妨げたとき。

六　官庁、株主総会若しくは種類株主総会、創立総会若しくは種類創立総会、社債権者集会又は債権者集会に対し、虚偽の申述を行い、又は事実を隠ぺいしたとき。

七　定款、株主名簿、株券喪失登録簿、新株予約権原簿、社債原簿、議事録、財産目録、会計帳簿、貸借対照表、損益計算書、事業報告、事務報告、第435条第2項若しくは第494条第1項の附属明細書、会計参与報告、監査報告、会計監査報告、決算報告又は第122条第1項、第149条第1項、第250条第1項、第270条第1項、第682条第1項、第695条第1項、第782条第1項、第791条第1項、第794条第1項、第801条第1項若しくは第2項、第803条第1項、第811条第1項若しくは第815条第1項若しくは第2項の書面若しくは電磁的記録に記載し、若しくは記録すべき事項を記載せず、若しくは記録せず、又は虚偽の記載若しくは記録をしたとき。

八　第31条第1項の規定、第74条第6項、第75条第3項、第76条第4項、第81条第2項若しくは第82条第2項（これらの規定を第86条において準用する場合を含む。）、第125条第1項、第231条第1項若しくは第252条第1項、第310条第6項、第311条第3項、第312条第4項、第318条第2項若しくは第3項若しくは第319条第2項（これらの規定を第325条において準用する場合を含む。）、第371条第1項（第490条第5項において準用する場合を含

む。)、第378条第1項、第394条第1項、第413条第1項、第442条第1項若しくは第2項、第496条第1項、第684条第1項、第731条第2項、第782条第1項、第791条第2項、第794条第1項、第801条第3項、第803条第1項、第811条第2項又は第815条第3項の規定に違反して、帳簿又は書類若しくは電磁的記録を備え置かなかったとき。

九　正当な理由がないのに、株主総会若しくは種類株主総会又は創立総会若しくは種類創立総会において、株主又は設立時株主の求めた事項について説明をしなかったとき。

十　第135条第1項の規定に違反して株式を取得したとき、又は同条第3項の規定に違反して株式の処分をすることを怠ったとき。

十一　第178条第1項又は第2項の規定に違反して、株式の消却をしたとき。

十二　第197条第1項又は第2項の規定に違反して、株式の競売又は売却をしたとき。

十三　株式、新株予約権又は社債の発行の日前に株券、新株予約権証券又は社債券を発行したとき。

十四　第215条第1項、第288条第1項又は第696条の規定に違反して、遅滞なく、株券、新株予約権証券又は社債券を発行しなかったとき。

十五　株券、新株予約権証券又は社債券に記載すべき事項を記載せず、又は虚偽の記載をしたとき。

十六　第225条第4項、第226条第2項、第227条又は第229条第2項の規定に違反して、株券喪失登録を抹消しなかったとき。

十七　第230条第1項の規定に違反して、株主名簿に記載し、又は記録したとき。

十八　第296条第1項の規定又は第307条第1項第1号（第325条において準用する場合を含む。)若しくは第359条第1項第1号の規定による裁判所の命令に違反して、株主総会を招集しなかったとき。

十九　第303条第1項又は第2項（これらの規定を第325条において準用する場合を含む。）の規定による請求があった場合において、その請求に係る事項を株主総会又は種類株主総会の目的としなかったとき。

二十　第335条第3項の規定に違反して、社外監査役を監査役の半数

以上に選任しなかったとき。
二十一　第343条第2項（第347条第2項の規定により読み替えて適用する場合を含む。）又は第344条第2項の規定による請求があった場合において、その請求に係る事項を株主総会又は種類株主総会の目的とせず、又はその請求に係る議案を株主総会又は種類株主総会に提出しなかったとき。
二十二　取締役、会計参与、監査役、執行役又は会計監査人がこの法律又は定款で定めたその員数を欠くこととなった場合において、その選任（一時会計監査人の職務を行うべき者の選任を含む。）の手続をすることを怠ったとき。
二十三　第365条第2項（第419条第2項及び第489条第8項において準用する場合を含む。）の規定に違反して、取締役会又は清算人会に報告せず、又は虚偽の報告をしたとき。
二十四　第390条第3項の規定に違反して、常勤の監査役を選定しなかったとき。
二十五　第445条第3項若しくは第4項の規定に違反して資本準備金若しくは準備金を計上せず、又は第448条の規定に違反して準備金の額の減少をしたとき。
二十六　第449条第2項若しくは第5項、第627条第2項若しくは第5項、第635条第2項若しくは第5項、第670条第2項若しくは第5項、第779条第2項若しくは第5項（これらの規定を第781条第2項において準用する場合を含む。）、第789条第2項若しくは第5項（これらの規定を第793条第2項において準用する場合を含む。）、第799条第2項若しくは第5項（これらの規定を第802条第2項において準用する場合を含む。）、第810条第2項若しくは第5項（これらの規定を第813条第2項において準用する場合を含む。）又は第820条第1項若しくは第2項の規定に違反して、資本金若しくは準備金の額の減少、持分の払戻し、持分会社の財産の処分、組織変更、吸収合併、新設合併、吸収分割、新設分割、株式交換、株式移転又は外国会社の日本における代表者の全員の退任をしたとき。
二十七　第484条第1項若しくは第656条第1項の規定に違反して破産手続開始の申立てを怠ったとき、又は第511条第2項の規定に違反して特別清算開始の申立てをすることを怠ったとき。
二十八　清算の結了を遅延させる目的で、第499条第1項、第660条

第 1 項又は第 670 条第 2 項の期間を不当に定めたとき。
二十九　第 500 条第 1 項、第 537 条第 1 項又は第 661 条第 1 項の規定に違反して、債務の弁済をしたとき。
三十　第 502 条又は第 664 条の規定に違反して、清算株式会社又は清算持分会社の財産を分配したとき。
三十一　第 535 条第 1 項又は第 536 条第 1 項の規定に違反したとき。
三十二　第 540 条第 1 項若しくは第 2 項又は第 542 条第 1 項若しくは第 2 項の規定による保全処分に違反したとき。
三十三　第 702 条の規定に違反して社債を発行し、又は第 714 条第 1 項の規定に違反して事務を承継する社債管理者を定めなかったとき。
三十四　第 827 条第 1 項の規定による裁判所の命令に違反したとき。
三十五　第 941 条の規定に違反して、電子公告調査を求めなかったとき。

1　過料事件
(1)　過料の法的性質
　過料は、犯罪に対する道義的非難としての罰金や科料等の刑罰（刑 9 条）ではなく、法的義務違反に対する秩序罰であって、国家の後見的民事監督の作用である。刑罰を科する刑事事件の手続については刑事訴訟法が定めるが、過料事件の一般的手続は、非訟事件手続法が定める。最大決昭和 41 年 12 月 27 日民集 20.10.2279 は、民法 46 条（平成 18 年法律第 50 号で削除）が法人について一定の事項を登記すべきとしていたことについて、「これらの登記を励行せしめるには、……民法 84 条 1 号は、登記の懈怠に対して、秩序罰たる過料の制裁を科することにしている。これは、国家の法人に対するいわゆる後見的民事監督の作用として、法人に関する私権関係の形成の安全化を助長し、もって私法秩序の安定を期することを目的としているものということができる。右のような民事上の秩序罰としての過料を科する作用は、国家のいわゆる後見的民事監督の作用であり、その実質においては、一種の行政処分としての性質を有するものである」と判示する。
(2)　過料に処せられるべき者（当事者）
　過料に処せられるべき者は、非訟事件手続法 119 条で「当事者」と規定されている。過料事件においては、例えば、株式会社の役員選任懈怠について

は、その選任のための株主総会招集の手続（取締役会の招集、招集の通知など）を執るべき代表取締役・清算人・職務代行者が当事者となる。登記懈怠の場合は、会社を代表して登記申請を行う（商登17条2項）べき義務を負う代表取締役、（代表）清算人などが当事者となる。登記懈怠により過料に処せられるべき者は、会社ではなく、本来の申請義務者たる会社を代表して登記申請を行うべき者である（仙台高決昭和46年9月1日判時651.98、大決明治40年8月6日民録13.841）。登記懈怠につき、数名の代表取締役中の1名が処罰された後、同一事由で重ねて他の代表取締役を処罰するのは失当であるとの裁判例（東京高決昭和37年12月27日下民13.12.2606）もあるが、実務は、過料の額は若干考慮するが、それぞれ処罰する。不正な公告・通知義務違反（本条2号）の場合は、代表取締役のみならず、不正な公告・通知をするについて、その決定に賛同した取締役等も当事者に含まれる（谷川久・新注会(13)633頁）。

(3) 手続の開始

　過料事件は、過料に処せられるべき者の存在を裁判所が探知したときは、職権をもって事件の開始及び裁判をすべきものとされている（福岡高決昭和50年9月9日判時803.113）。裁判官は、職権で過料の手続を開始するとされるが、通常は、本法を所管する法務省から裁判所に対する通知を受けて職権が発動される。登記官は、過料に処せられるべき者があることを職務上知ったときは、遅滞なくその事件を管轄地方裁判所に通知しなければならない（商登規118条）。実際は、法務省の法務局以外が通知を行うことがほとんどないため、過料の制裁は法務省が所管する商業登記に関するもの以外は稀である（葉玉匡美・論点体系(6)523頁）。裁判の過程で違反の事実が発見されたときの取扱いについては、実務上職権で手続が開始されるのは稀である。特に会社内紛の事件係争中に、当事者の一方から相手方に本法違反があるとして職権を発動して過料を処すべきであるとの申立てがされても、裁判所は、その取扱いは消極である。

(4) 審　　理

　過料事件の審理は、非訴訟事件手続法に基づき行われるため、不服申立て等について、公開の対審が保障されない（非訟30条）。このため、この手続が、憲法31条（適正手続の保障）等に反しないかが問題となる。この点について、前掲昭和41年最大決は、非公開（非訟30条）で対審構造を採らない非訟事件手続で過料の制裁を科しても、憲法に違反しないと解し、「現行法は、過料を科する作用がこれを科せられるべき者の意思に反して財産上の不利益を課するものであることにかんがみ、公正中立の立場で、慎重にこれ

を決せしめるため、別段の規定のないかぎり、過料は非事件手続法の定めるところにより裁判所がこれを科することとし、……その手続についていえば、……違法・不当に過料に処せられることがないよう十分配慮しているのであるから、非訟事件手続法による過料の裁判は、もとより法律の定める適正な手続による裁判ということができ、それが憲法31条に違反するものでないことは明らかである。」と判示する。なお、入江裁判官は、「過料を科する手続と、過料の決定に対する不服申立の手続とは、終始不可分の一体をなす一連の非訟事件と解すべきではなく、別個に観念すべきものであり……後者の中純然たる訴訟事件の性質を有すると認むべき部分については、憲法32条、82条は当然これに適用がある」と述べる。

(5) 過料の執行

過料の裁判は、検察官の命令により執行するが、その執行は、民事執行法等の強制執行手続によって行う。執行に先立って裁判の送達は不要であるが（非訟121条2項）、検察官の執行命令の送達は必要である。

2 本条の主体

本条柱書は、本条1号ないし35号の過料の制裁を受けるものとして、①発起人、②設立時取締役、③設立時監査役、④設立時執行役、⑤取締役、⑥会計参与又は会計参与の職務を行うべき社員、⑦監査役、⑧執行役、⑨会計監査人又は会計監査人の職務を行うべき社員、⑩清算人、⑪清算人代理、⑫持分会社の業務を執行する社員、⑬取締役等の職務代行者、⑭持分会社の業務を執行する社員の職務代行者、⑮一時取締役等の職務を行うべき者、⑯一時清算人等の職務を行うべき者、⑰一時会計監査人の職務を行うべき者、⑱検査役、⑲監督委員、⑳調査委員、㉑株主名簿管理人、㉒社債原簿管理人、㉓社債管理者、㉔事務を承継する社債管理者、㉕代表社債権者、㉖決議執行者、㉗外国会社の日本における代表者又は支配人を挙げる。このうち、①から③、⑤から⑧（会計参与の職務を行うべき社員を除く）、⑩・⑪、⑬、⑮、⑰から⑳及び㉕・㉖は、960条と961条の特別背任罪の主体と共通している。

3 主観的要件

過料の制裁に刑法の適用はないので、故意・過失に関する刑法38条の適用もない。判例は、過料の対象とされている行為のうち、登記義務違反については、故意・過失を要件としているが（大決明治39年5月22日民録12.781、大決大正2年4月25日民録19.277、東京高決昭和56年5月28日判タ

451.138など）、その他の行為については明確ではない（取締役等選任手続違反について故意・過失の有無を問わないとするものとして、東京高決昭和51年8月3日判時837.49）。しかし、過料も制裁である以上、非難可能性のない行為に過料を科すことはできないと解すべきである（佐伯仁志・会社法コンメ（21）168頁、上田豊三「過料の裁判」実務民事訴訟講座（7）147頁）。

4　過料の対象行為
(1)　登記義務違反（本条1号）
　938条3項の保全処分の登記事項を除いて、本法の規定により会社が登記すべき事項は、当事者の申請又は裁判所書記官の嘱託により、商業登記法の定めに従い、商業登記簿に登記される（907条）。本条1号は、こうした登記義務の違反を過料に処すべき行為としている。登記官に、過料に処せられるべき者があることを職務上知ったとき、遅滞なくその事件を裁判所に通知する義務が課せられている（商登規118条）。
ア　登記義務者
　登記をすべき義務は、本法及び商業登記法に登記事項ごとに定められている。ただし、会社に登記義務が課せられている場合は、本条1号の義務違反者は、会社ではなく、その代表取締役である（前掲明治40年大決）。また、一旦生じた登記義務は、代表取締役を退任しても消滅せず、登記期間経過後に代表取締役に就任しても、その就任から遅滞なく登記をする義務が課せられ、これを怠れば過料に処せられる。大阪高決昭和36年4月28日下民12.4.926は、「訴外A株式会社……は昭和26年12月29日の定時株主総会において会社の存立時期の定めを廃止したにかかわらず、その変更登記は本店の所在地において同日から2週間内になされず、抗告人が昭和33年7月17日はじめて同会社の代表取締役に就任してから、昭和35年2月5日にいたつて漸くその変更登記申請をなしてその登記を経たものである……。ところで、かかる変更登記をなすべき事項が生じている以上、代表取締役は必らずこれを登記しなければならないのであつて、法定の登記期間……の経過によつて登記義務の消滅を来すものではなく、法定の登記期間経過後に就職した新任の代表取締役も亦右事項についての登記義務者として、就職後遅滞なく登記義務を履行しなければならない。」「かかる新任の代表取締役は、就任前すでに生じている変更登記事項については、就任後2週間内にその変更登記をしなければならないものと解するのが相当である。そして、会社の存立時期の廃止のごときは、会社の存続にかかわる重要な事項であつて、かつ会社経営者の見やすいところに属するから、本件において、抗告人が昭和33

年7月17日代表取締役に就任後2週間内に右の変更登記をする義務があるのにその後昭和35年2月5日までその登記をしなかつたことについては、登記義務懈怠の責を免れえない」と判示する。

イ　登記義務違反

　登記義務の違反とは、登記申請を法定の期間内に適式に行わないことを意味し、様式不備の申請や内容虚偽の申請といった作為だけでなく、不申請という不作為も含まれる。また、過料を科すためには、登記義務違反につき、故意又は過失を要すると解される。前掲明治39年大決は、過失につき、義務発生の後法定の期間内に履行することに相当の注意を尽くさなかったことであるとする。例えば、①取締役が総会の決議事項を誤解し、登記の必要性がないものとして申請しなかった、②清算中監査役が任期満了によって退任したのに清算人がその登記をしなかった、③登記申請に当たり誤謬ある登記簿謄本を添付した、④登記手続を委託した者の都合で、申請が遅延した、⑤登記手続を委託した第三者に登記懈怠があった場合等である。これに対し、過失が否定されるのは、①大震災のために登記期間が経過した、②取締役の住所変更を知るのに相当の注意をし、かつ了知後は、遅滞なく登記をした、③旅行中の取締役の署名を求めるために遅延した、④代表取締役の住所変更登記を待つ間に取締役の選任登記の期間を経過した場合等である。

(2)　公告・通知義務違反（本条2号）

　株主・債権者が権利を行使する前提として、会社や取締役が公告・通知義務を負う場合がある（116条3項、118条3項・4項、124条3項、158条、168条2項・3項、169条3項・4項、170条3項・4項、181条、195条2項・3項、198条1項、201条3項・4項、218条1項-3項、219条1項、240条2項・3項、273条2項・3項、274条3項・4項、275条4項・5項、293条1項、426条3項、440条1項、449条2項、469条3項・4項、499条1項、627条2項、635条2項）。これらの実効性を図るため、本条2号は、これら公告・通知義務を怠り、又は不正の公告・通知を行うことを過料の制裁対象としている。主体は、公告・通知の義務者、すなわち代表取締役・代表清算人等である。なお、不正の公告・通知をなすにつき賛同した取締役等も含まれるとする見解があるが（谷川久・新注会(13)633頁）、過料の制裁には共犯の規定がないので、否定すべきであろう。

　公告・通知義務違反の懈怠については、故意の場合に限られるとの見解（谷川久・新注会(13)633頁）と、過失の場合も含まれるとすべきであるとする見解（佐伯仁志・会社法コンメ(21)174頁）に分かれている。

(3) 開示義務違反（本条3号）

本条3号は、①単元株式数の決定理由（190条）、②裁判所の招集命令による株主総会における検査役の報告内容（307条2項、359条2項）、④取締役の会社に対する損害賠償責任軽減の理由等（425条2項）、⑤取締役の会社に対する損害賠償責任軽減契約締結理由等（427条4項）、⑥合併契約等に関する書面等という開示義務の違反を過料の制裁の対象としている。競業取引開示義務（356条1項、359条2項、489条8項）については、別に本条23号が定める。本条3号の開示義務違反の制裁の主観的要件として、故意又は過失が要求されると解される。

(4) 書類閲覧等の拒否（本条4号）

本法は、株主や債権者等に対して、書類若しくは電磁的記録に記録された事項を紙面又は映像面に表示する方法（施則226条）により表示したものの閲覧・謄写又は書類の謄本・抄本の交付、電磁的記録に記録された事項を電磁的方法により提供すること（31条2項、74条7項、75条4項、76条5項、81条3項、82条3項、125条2項、231条2項、252条2項、310条7項、311条4項、312条5項、318条4項、319条3項、371条2項、378条2項、394条2項、413条3項、433条1項、442条3項、496条2項、618条1項、684条2項、731条3項、775条3項、782条3項、791条3項、794条3項、801条4項、803条3項、811条3項、815条4項、951条2項）を認めている。

この権利の実効性を図るため、本条4号は、正当な理由がないのにこの請求を拒むことを過料の制裁対象としている。例えば、株主総会の議事録の写しを備え置いた会社の支店の従業者が、株主の閲覧請求を拒んだときは、過料に処すべき行為の主体として本条柱書所定の身分を有する者で、その従業者を監督すべき地位にあるものが、過料に処せられる（谷川久・新注会(13)635頁）。ただし、主観的要件として、過失が必要とされると解される（佐々木史朗・注解特別刑法4 133頁）。閲覧等の拒否に正当な理由が存在する場合としては、例えば、433条2項などが定めており、また、株主からの閲覧等の請求であっても、その事項が、株主や会社の利益と何ら無関係の場合にも、拒否についての正当の理由が存在するものと解される。なお、裁判所が許可を与えた閲覧・謄写等に対する拒否は、過料に処せられる。正当理由につき誤信をしている場合、違法性は阻却されないが（谷川久・新注会(13)634頁）、誤信したことに相当の理由がある場合には、過料を科すことはできないと解すべきである（佐伯仁志・会社法コンメ(21)175頁）。

なお、福岡地決昭和51年2月4日判時818.91は、その申立ての要旨を「申立人は昭和50年10月10日発信の郵便で、被審人が代表取締役である被

審人会社に対し、過去6期分の①株主総会議事録、並びにこれに伴う②取締役会議事録の謄写、及び③同招集通知書、④同営業報告書、それに⑤定款、各1部を郵送するよう請求したが、被審人会社は正当な理由がなくこれに応ぜず今日に至っているので、商法第263条第2項違反として被審人に対し同法第498条第1項第3号の罰則規定を適用することを求める。」とするものであるが、「商法第263条第2項は、株主に対し同条第1項に掲げる書類（すなわち、定款、総会及び取締役会の議事録、株主名簿及び社債原簿）の閲覧又は謄写請求権を認めるが、右各書類の謄本請求権までは認めていない。従って被審人会社が申立人からの①株主総会議事録、②取締役会議事録、③招集通知書、⑤定款の各謄本請求に応じないからといって、同条項に違反するものではない。また商法第282条第2項によれば、株主は会社に対し、同条第1項、第281条に掲げる書類（営業報告書も含まれている）の謄本等の交付請求権が認められている。しかしながら、株主の謄本交付請求が不当の目的に出で、その他権利の濫用と認められるときは、会社は右請求を当然拒絶できるものといわなければならない。しかるところ申立人の被審人会社に対する本件謄本交付請求がとうてい正当な権利の行使とは目されないことは、前記請求書の形式及びその記載文言自体に徴し推認できるところである。従って被審人会社において④営業報告書の謄本交付請求に応じなかったことには正当な理由があるものというべきである。」と判示する。

(5) 調査妨害（本条5号）

本法は、会社の現況を把握するための調査（33条4項、207条4項、284条4項、306条5項、358条5項、46条1項、93条1項、94条2項、316条、374条3項、381条1項-3項、384条、389条3項・5項、396条3項、405条1項・2項、492条1項、520条、522条1項、530条、533条、534条、592条、658条1項、705条4項、706条4項）を定めている。本条5号は、この調査の実効性を図るために、調査を妨げる行為を過料の制裁の対象とした。妨害行為によって調査に支障が生じる結果は必要とされず、そうした危険性を有する行為が行われることで足りるが、主観的要件の故意・過失については、不要とする見解もあるが（谷川久・新注会(13)634頁）、少なくとも過失が必要である（佐伯仁志・会社法コンメ(21)175頁）。

(6) 虚偽申出・事実隠蔽（本条6号）

発起人や取締役らは、株主総会や社債権者集会等において一定の報告をすることが義務づけられている。本条6号は、こうした義務の実効性を図るため、これらの義務に違反し、虚偽の申述をし、又は事実を隠蔽することを過料の制裁の対象とした。ただ、虚偽申述・事実隠蔽は、963条（会社財産を

危うくする罪）において刑事罰の対象とされており、同罪が成立する場合は、過料に処せられることはない。そうすると、本条6号の適用対象は、過失による虚偽申述・事実隠蔽が主なものとなる。ここに「虚偽の申述」とは、963条と同様に、株式会社の資本確定や資本充実にとって重要な点についての真実に反する表示をいい、「事実の隠蔽」とは、そうした点に関する事実の全部又は一部を隠すことというと解される。これらの行為が行われれば、官庁や株主総会等の判断に影響を与えるか否かは問わない（谷川久・新注会(13)634頁）。

(7) 不記載・虚偽記載（本条7号）

株主や債権者らは、株式会社の経営状態を把握するための閲覧・謄写権が認められ、その前提として、株式会社は、①定款（26条）、②株主名簿（121条）、③議事録（318条、施則72条）、④会計帳簿（432条）、⑤財産目録（492条）等の作成が義務づけられている。この実効性を図るため、本条7号は、これらの書面・電磁的記録の作成責任者で本条柱書に掲記された身分を有する者の必要事項の不記載・不記録（不作為）、又は虚偽記載・虚偽記録（事実と異なることを記載・記録する作為）を過料の制裁対象とした。必要事項の不記載・不記録には、故意又は過失を要すると解される。大決明治35年5月14日民録8.55は、「商法第261条第1項第9ニ所謂不正ノ記載トハ其記載ノ正シカラサルヲ云フモノニシテ詐欺又ハ故意ニ出テタルトキハ勿論過失ニ基クトキト雖モ此規定中ニ包含スルモノトス何トナレハ財産目録ヲ調製スルハ商人又ハ会社ノ資産ノ多寡ヲ明瞭ニシ以テ之ニ対スル信用ノ程度如何ヲ定ムルノ標準トナスノ趣旨ナレハナリ」と判示する（これに対し、谷川久・新注会(13)639頁は、不記載には過失を要しないとする）。

財務諸表に関する虚偽記載について、金融商品取引法197条の適用例は、特別背任罪（960条）や会社の財産を危うくする罪（963条）との併合罪の事例が多いが、同条が単独で問題とされた例も存在する（例えば東京高判平成20年7月25日判時2030.127、最判平成21年12月7日刑集63.11.2165）。これに対して、計算書類の虚偽記載や公告の不実施、あるいは計算書類の備置きの不備などにより過料を科された例は、戦後の公刊裁判例には見られず、同じ976条でも登記懈怠については戦後もいくつか裁判例があることと比べると、計算書類の虚偽記載等についてはほとんど運用がされてこなかったといわれる（久保大作「会社法における開示規制・分配規制への刑事的制裁」法律時報84.11.1052）。

(8) 帳簿・書類の前置義務違反（本条8号）

会社や発起人らは、帳簿又は書類・電磁的記録を作成して備え置き、閲覧

可能な状態に置くことを義務づけられている（31条1項、74条6項、75条3項、76条4項、81条2項若しくは82条2項（これらの規定を86条において準用する場合を含む）、125条1項、231条1項若しくは252条1項、310条6項、311条3項、312条4項、318条2項・3項若しくは319条2項（これらの規定を325条において準用する場合を含む）、371条1項（490条5項において準用する場合を含む）、378条1項、394条1項、413条1項、442条1項・2項、496条1項、684条1項、731条2項、782条1項、791条2項、794条1項、801条3項、803条1項、811条2項又は815条3項）。

　本条8号は、この実効性を図るため、これらの書類を備え置かないことを過料の制裁の対象とした。この不作為は、故意又は過失にを要すると解するが（阿部純二・基本法コンメンタール会社法(3)204頁）、過失の有無を問わないとする見解もあるが（谷川久・新注会(13)639頁）、疑問である（佐伯仁志・会社法コンメ(21)177頁）。

(9) 説明義務違反（本条9号）

　説明義務については、①創立総会又は種類創立総会における発起人の説明義務（78条、86条）、②株主総会又は種類株主総会における取締役の説明義務（314条、325条）が規定されている。

　本条3号は、この義務の実効性を図るため、正当な理由なく、株主や設立時株主の求めた事項について説明をしなかった行為を過料の制裁対象とした。説明義務は、株主の質問に対して発生するものであるから、質問に対する回答がそれ自体としては不十分であっても、質問者が納得して追加質問をしなかった場合に、説明義務違反を問うことは困難であろう。なお、①会議の目的事項に関しない場合、②説明が株主の共同利益を著しく害する場合、③その他正当な理由がある場合として法務省令（施則71条、95条8号）に定める場合を説明義務の例外としている（78条ただし書、314条ただし書、325条）。なお、主観的要件として、行為の主体となる者に故意又は過失が必要であると解される。したがって、説明義務の例外事由に該当すると誤信した場合、誤信したことに相当の理由があれば、過料を科すことはできないと解すべきである（佐伯仁志・会社法コンメ(21)177頁）。

(10) 親会社株式の取得禁止の義務違反（本条10号）

　本条10号は、135条1項の規定に違反して子会社が親会社の株式を取得し、及び同条3項の規定に違反して子会社が親会社の株式の処分することを怠ったことを過料の制裁対象としている。主観的要件として、過失を要しないとする見解（谷川久・新注会(13)636頁、淺木愼一・新基本法コンメ(3)562頁）があるが、故意又は過失が必要と解される（佐伯仁志・会社法コンメ

(21)177頁)。なお、自己株式の不正取得及びその処分義務違反の場合の刑事罰の制裁（963条5項1号）の上限が懲役5年であるのに対し、子会社の親会社株式取得禁止違反が100万円以下の過料と軽いのは、子会社の財産を危うくしていない点で、違法性が低いからである。

(11) 株式違法消却（本条11号）

　自己株式を消却する場合、取締役会設置会社では、取締役会決議で、それ以外の会社では、株主総会で、消却する自己株式の数（種類株式発行会社にあっては、自己株式の種類及び種類ごとの数）を決定しなければならない（178条2項）。本条11号は、この手続によらないで、自己株式を消却することを過料の対象としている。主観的要件について、手続違反があれば、過失の有無を問わないとする見解（谷川久・新注会(13)636頁）もあるが、過失の存在が必要と解される（佐伯仁志・会社法コンメ(21)177頁）。

(12) 株式違法競売・違法売却（本条12号）

　株主管理事務手続の合理化のために、株式会社には、①通知や催告が5年以上継続して到達しないか（196条1項）、新株予約権証券の提出に関する公告等にもかかわらず、新株予約権証券が提出されないため（294条2項）、通知や催告を要しない株主で、かつ②継続して5年間剰余金の配当を受領しなかった株主の株式を競売し（197条1項）又は売却し（同条2項）、その代金を株主に交付することができる。ただし、競売でない売却の場合、市場価格のある株式については市場価格として施行規則38条所定の方法による算定額で、市場価格のない株式については、裁判所の許可を得て行う必要がある（197条2項）。本条12号は、これら手続の実効性を図るため、これらの規定に違反して、株式を競売又は売却することを過料の対象としている。

(13) 株券等違法発行（本条13号）

　株式会社は、定款に定めた上で、株式につき株券を発行することができる（214条）。また、新株予約権についても、株主総会等によって決議された場合には、新株予約権証券を発行することができる（236条1項10号、239条1項1号）。社債についても、取締役会等の決議によって、社債券を発行することができる（681条1号、施則165条）。これらの場合、株主、新株予約権者又は社債権者としての権利の帰属や発行時期について混乱が生じるのを防ぐため、本条13号は、株式、新株予約権又は社債の発行の日前に、株券、新株予約権証券又は社債券を発行することを過料の対象としている。ただ、新株発行の場合の過料の制裁の必要性については疑問が示されている（谷川久・新注会(13)641頁）。

　本号の趣旨は、これら有価証券の発行事務の渋滞の形式的な防止にあるの

で、故意又は過失により（阿部・前掲書204頁）、株式、新株予約権又は社債の発行の日前に、株券、新株予約権証券又は社債券を発行した以上、その行為により実際に権利の主体や発行時期をめぐる実害の発生は不要と解される。過失を要しないとする見解（谷川久・新注会(13)637頁）は疑問である（佐伯仁志・会社法コンメ(21)178頁）。

(14) 株券等の違法な発行遅延（本条14号）

　株式会社は、株券を発行することを定款で定めたときには、株式を発行した日以後、遅滞なく株券を発行しなければならない（215条1項）。また、新株予約権証券を発行する旨を内容とした新株予約権の発行に際しては、発行した日以後、遅滞なく新株予約権証券を発行しなければならない（288条1項）、社債券を発行する旨の定めのある社債の発行に際しては、社債を発行した日以後、遅滞なく社債券を発行しなければならない（696条）。これらの義務の実効性を図るため、本条14号は、株券、新株予約権証券又は社債券を遅滞なく発行しないことを過料の対象とする。主観的要件としては、発起人や取締役等この行為の主体となる者に故意又は過失の存在が必要である（阿部・前掲書204頁）。過失を要しないとする見解（谷川久・新注会(13)640頁）は疑問である（佐伯仁志・会社法コンメ(21)178頁）。

　ただし、①全株式譲渡制限会社である株券発行会社において、株券発行の請求がない場合（215条4項）、②株主が株券不所持の申出をした場合（217条1項・2項）及び③定款により単元未満株式に係る株券を発行しない旨を定めた場合（189条3項）には、株券を発行しないことが認められているから、株券を発行しなくても、過料は科されることはない。

(15) 株券不記載・虚偽記載（本条15号）

　株式の発行に当たって、株券を発行する場合、株主の地位を表象し、その内容を明確にするために、株券には、株券である旨の表示のほか、①会社の商号、②その株券に係る株式の数、③その株券に係る株式が譲渡制限株式であるときはその旨、④種類株式発行会社においてはその株券に係る株式の種類・内容、⑤株券番号を記載し、代表取締役（委員会設置会社では代表執行役）が署名し、又は記名押印することが必要である（216条）。同様に、新株予約権証券についても、①会社の商号、②その新株予約権証券に係る証券発行新株予約権の内容及び数に係る証券発行新株予約権の内容及び数、③新株予約権証券番号を記載し、代表取締役（委員会設置会社では代表執行役）が署名し、又は記名押印しなければならない（289条）。社債券についても、①社債発行会社の商号、②その社債券に係る社債券の金額、③その社債権に係る社債の種類、④社債番号を記載し、代表取締役（委員会設置会社では代

表執行役）が署名し、又は記名押印しなければならない（289条）。この義務の実効性を図るため、本条15号は、株券、新株予約権証券又は社債券に必要事項を記載せず、又は事実と異なる記載をしたことを、過料の対象とする。主観的要件として、過失を要しないとする見解があるが（谷川久・新注会(13)636頁）、少なくとも過失の存在が必要と解される（佐伯仁志・会社法コンメ(21)178頁）。

(16) 株券喪失登録抹消義務違反（本条16号）

　株式発行会社は、株券喪失登録簿を作成し、株券を喪失した株主からの請求があった場合には、株券喪失登録をし、一定の期間の経過後、従来の株券を無効とし、新しい株券を発行しなければならない。しかし、一度株券喪失登録を行っても、①喪失登録者とは異なる真の株主からの登録抹消申請があったとき（225条4項）、②株券の所在が判明する等した喪失登録者自身からの登録抹消申請があったとき（226条2項）、③株式会社が定款変更を行い、株券を発行する旨の規定を廃止したとき（227条）のいずれかの場合には、これを抹消しなければならない。このような義務の実効性を図るため、本条16項は、株券喪失登録を抹消しないことを過料の対象とした。なお、喪失登録に関係する事務は株主名簿管理人に委託することができる（123条）。したがって、株主名簿管理人も、故意又は過失によって株券喪失登録を抹消しなければ、過料が科される。

(17) 株主名簿違法記載等（本条17号）

　株券喪失登録の効果として、株券発行会社は、①その株券喪失登録が抹消された日又は②株券喪失登録日の翌日から起算して1年を経過した日のいずれか早い日（登録抹消日）まで、株券喪失登録がされた株券に係る株式を取得した者の氏名又は名称及び住所を株主名簿に記載し、又は記録することができない（230条1項）。本条17号は、この禁止規定の実効性を確保するため、230条1項の規定に違反し、株主名簿に記載し、又は記録することを過料の対象としている。なお、主観的要件として、株主名簿管理人等この行為の主体となる者に故意又は過失の存在が必要と解される。

(18) 株主総会招集義務違反（本条18号）

　株式会社は、定時株主総会を毎事業年度の終了後一定の時期に招集しなければならない（296条1項）。また、株主総会の招集手続等又は株式会社の業務の執行に関し、株主からの検査役選任の申立て（306条2項・3項）に基づき選任された検査役による調査の報告があった場合に、裁判所が株主への情報開示のために必要と認めるときは、一定の期間内に株主総会又は種類株主総会を招集するよう取締役に命ずることとなる（307条1項1号、325条、

359条1項1号)。本条18号は、取締役等のこの行為の主体なる者が、自らの義務や裁判所からの命令に違反し、株主総会を招集しないことを過料の対象とする。なお、主観的要件として取締役や執行役等この行為の主体となる者に故意又は過失が必要と解される（佐伯仁志・会社法コンメ(21)179頁）。
(19) 株主提案権尊重義務違反（本条19号）
　株主や種類株主が、会社の招集する株主総会や種類株主総会において、一定の事項をそれらの総会の目的とするよう請求する株主提案権を認めている（303条1項）。この権利は、株主の意思が株式会社や他の株主に容易に表明される仕組みの構築を目的とするものである。この趣旨の実効性を図るため、本条19号は、株主や種類株主からの請求に係る事項を株主総会や種類株主総会の目的としないことを過料の対象とする。主観的要件として、行為の主体（取締役・執行役等）となる者に故意又は過失の存在が必要と解される。過失を要しないとする見解（谷川久・新注会(13)637頁）は疑問である（佐伯仁志・会社法コンメ(21)179頁）。
(20) 社外監査役選任義務違反（本条20号）
　委員会設置会社以外の公開会社で、かつ大会社である監査役会設置会社においては、監査の実効性を図るため、監査役は3人以上で、そのうち半数以上を社外監査役としなければならない（335条3項）。社外監査役とは、株式会社の監査役であって、過去にその株式会社又はその子会社の取締役、会計参与（会計参与が法人のときは、その職務を行うべき社員）若しくは執行役又は支配人その他の使用人になったことがないものをいう（2条16号）。本条20号は、こうした義務に反し、社外監査役を監査役の半数以上選任しないことを過料の対象としている。
(21) 監査役請求議案不提出（本条21号）
　監査役の地位の独立性を確保するために、監査役（監査役会設置会社の場合は、監査役会（343条3項））には、取締役に対して、①監査役の選任を株主総会の目的とすること、又は監査役の選任に関する議案を株主総会に提出すること（343条2項）や②会計監査人の選任に関する議案を株主総会に提出すること、解任を株主総会の目的とすること及び会計監査人を再任しないことを株主総会の目的とすることを請求することが認められている（344条2項）。本条21号は、これらの請求に係る事項を株主総会の目的とせず、又はその請求に係る議案を株主総会に提出しないことを過料の対象行為とする。ここでも主観的要件として、取締役等この行為の主体となる者に故意又は過失の存在が必要と解される。
　前掲昭和50年福岡高決は、監査役が任期満了により退任し法定の員数を

欠くに至った場合において、後任者の選任手続を怠ったと認められた事例であり、また、監査役選任登記手続を司法書士に依頼した場合に、司法書士に登記手続の懈怠があるときは、直接取締役に登記義務違反があることに帰するとしている。

(22) 取締役等選任手続違反（本条22号）

　株式会社における取締役の員数につき、1人以上と定め（326条1項）、取締役会設置会社では3人以上（331条4項）と定めている。また、会社の形態によって義務的に、又は定款の定めることにより任意的に、会計参与、監査役、執行役及び会計監査人を置く場合、監査役会設置会社における監査役（3人以上、うち半数以上を社外監査役）を除いては員数に関する明文規定はないので、1人以上で、定款に定めた人数が員数となる。本条22号は、これら役員及び会計監査人の員数を欠くに至った場合に、取締役や執行役が、新たな役員や会計監査役の選任のため手続として、株主総会の招集の決定等を怠ることを過料の対象行為としている。また、取締役や執行役等この行為の主体となる者の故意又は過失について、東京高決昭和51年8月3日判時837.49は、これを要求していない。同決定は、「抗告人は、……に本店を有するA会社の代表取締役に在任中、昭和27年9月2日監査役Bが退任し、法律又は定款に定めた監査役の員数を欠くに至ったにもかゝわらず、その選任手続をすることを怠り、同50年2月25日に右手続をしたものであることが認められる。」とした上で、選任手続を怠ったことにつき違法の認識がないことを前提とする不処罰の主張について、「抗告人は右前提事実の存在を裏付けるものとして、……抗告人にはA会社の監査役の欠員を知らず、且つこれを知らなかったことにつき無理からぬ事情がある旨主張するが、……該事実を認めるに足る資料は見当らないのみならず、そもそも商法第498条第1項第18号所定の場合、即ち法律又は定款に定めた取締役又は監査役の員数を欠くに至った場合に、その選任手続をなすべき代表取締役等が右手続を怠ったときは、該代表取締役等は故意、過失の有無を問わず、過料の制裁を受くべきものと解するを相当とする」と判示する。

　また、定時総会に役員の選任議案を付議したが、議決に至らず、継続審議になった場合も、過料を免れない。東京高決昭和56年5月22日判タ450.149は、「商法第498条1項18号にいう『役員の選任手続を為すことを怠りたるとき』とは『法定の手続を経て当該役員を選任することを怠つたとき』をいうものと解するのが相当であるから、……代表取締役である抗告人（取締役退任後は代表取締役の権利義務を有する）は遅滞なく監査役、取締役の各選任を怠つたものであるといわなければならず、抗告人が定時株主総

会を招集し、右選任の議案を付議したからといつて右責を免かれることはできない。」と判示する。定款に取締役の任期につき、「任期中の最終の決算期に関する定時総会が任期満了後に終結するときは、その終結に至るまで任期を伸長する」旨の規定があつても、決算期前に任期が満了する取締役の任期が伸長されることはないので、取締役を選任しなければ、過料に処すべき行為に該当する（高松高決昭和34年7月11日下民10.7.1493）。

東京高決昭和61年11月28日金法1173.50は、「商法203条2項によれば、株式が数人の共有に属するときは、共有者は株主の権利を行使すべき者1人を定めることを要する旨規定されており、これを会社に通知することによりこの者が株主の権利を行使することができるのであつて、株式が共有関係にあるからといつて、株主としての権利を行使しえないわけではない。そして、商法258条1項によれば、法律又は定款に定めた取締役の員数を欠くに至つた場合には、任期の満了又は辞任によつて退職した取締役は新たに選任された取締役の就職するまで取締役の権利義務を有する旨規定され、同条2項によれば、この場合において必要と認めるときは、裁判所は、利害関係人の請求により一時取締役の職務を行うべき者を選任することができる旨規定されており、同法261条3項、280条1項により右258条の規定は代表取締役及び監査役に準用されている。したがつて、抗告人は、これらの規定によつて取締役及び監査役の後任者の選任をすることができたものであり、いつたん抗告人が前記会社の代表取締役に就任した以上、退任した後も後任者の就職するまでその役員が法律又は定款に定める員数を欠かないよう配慮する権利義務があり、これを怠つた抗告人が商法498条1項18号により過料に処せられるのは、やむをえない」と判示する。

過失を要しないとする見解（谷川久・新注会(13)638頁、前掲昭和51年東京高決）は疑問である（佐伯仁志・会社法コンメ(21)180頁）。一時取締役の制度を知らず、弁護士と相談していたとしても、それにより、帰責事由がなかったとはいえないと判示した判決（大阪高決平成20年3月25日判タ1269.257）は、帰責事由が必要であることを前提としている。

(23) 競業取引等報告義務違反（本条23号）

①365条2項に違反して、競業・利益相反取引（356条1項）をした取締役会設置会社の取締役が、取引後、遅滞なく、取引についての重要な事実を取締役会に報告せず、又は虚偽の報告をしたとき、②419条2項が準用する365条2項に違反して、競業・利益相反取引をした執行役が同様の行為をしたとき、③489条8項が準用する365条2項に違反して、競業・利益相反取引をした清算人が、取引後、遅滞なく、取引についての重要な事実を清算人

会に報告せず、又は虚偽の報告をしたとき、過料が科される。「虚偽」とは客観的事実に反することをいう。過失を要しないとする見解（谷川久・新注会(13)639頁）は疑問である（佐伯仁志・会社法コンメ(21)180頁）。

(24) 常勤監査役選定義務違反（本条24号）

　監査役会においては、その構成員である監査役の中から、常勤監査役が選定されなければならない（390条3項）。これは、大会社における取締役等の職務執行を監査するという監査役会の役割の重要性（特に過半数を占める社外監査役への情報提供の重要性）から、専従で監査に当たる者が必要であるからである。こうした義務の実効性を図るため、本条24号は、その義務に違反する不作為を過料の対象とした。なお、過料を科すためには、監査役に故意又は過失の存在が必要である（阿部・前掲書204頁）。

(25) 準備金計上義務違反（本条25号）

　445条3項・4項の規定に違反して資本準備金若しくは準備金を計上せず、又は448条の規定に違反して準備金の額の減少をしたとき、過料が科される。過失を要しないとする見解があるが（谷川久・新注会(13)639頁）、佐伯仁志・会社法コンメ(21)181頁は、これを疑問とする。

(26) 債権者異議尊重義務違反（本条26号）

　株式会社が資本金や準備金の額を減少する場合、債権者は、異議を述べることができる（449条1項）。このため株式会社は、その資本金の額の減少の内容等の一定の事項を官報に公告し、かつ知れている債権者には、格別にこれを催告するように義務づけられている。また、これを受けて、債権者が異議を述べたときは、その債権者に、弁済し、若しくは相当の担保を提供し、又はその債権者への弁済を目的として信託会社等に相当の財産を信託する必要がある。

　449条2項・5項、627条2項・5項、635条2項・5項、670条2項・5項、779条2項・5項（781条2項において準用する場合を含む）、789条2項・5項（793条2項において準用する場合を含む）、799条2項・5項（802条2項において準用する場合を含む）、810条2項・5項（813条2項において準用する場合を含む）又は820条1項・2項の規定に違反して、資本金若しくは準備金の額の減少、持分の払戻し、持分会社の財産の処分、組織変更、吸収合併、新設合併、吸収分割、新設分割、株式交換、株式移転又は外国会社の日本における代表者の全員の退任をしたとき、過料が科される。過失を要しないとする見解（淺木愼一・新基本法コンメ(3)563頁）は疑問である（佐伯仁志・会社法コンメ(21)181頁）。

(27) 破産手続等申立義務違反（本条 27 号）

　清算人は、①清算株式会社の財産がその債務を完済するのに足りないことが明らかになったときは、直ちに破産手続開始の申立て（484 条 1 項）を、②清算持分会社の財産がその債務を完済するのに足りないことが明らかになったときは、直ちに破産手続開始の申立て（656 条 1 項）を、③清算株式会社に債務超過の疑いがあるときは、特別清算開始の申立て（511 条 2 項）を、それぞれしなければならない。

　この義務の実効性を図るため、本条 27 号は、この義務に違反することを過料の対象としている。したがって、清算人が、故意又は過失で、清算株式会社に債務超過の疑いがあるのに、特別清算開始の申立てをしなかったり、清算株式会社や清算持分会社の財産が、その債務を完済するのに不足することが明らかになったのに、破産開始の申立てをしなかったり、遅れて申し立てたりすると、過料を科される。

(28) 異議受付期間不当設定（本条 28 号）

　499 条 1 項は、清算株式会社について、660 条 1 項は、清算持分会社となった合同会社について、解散等の清算が開始される要因が存在する場合、遅滞なく、会社の債権者に対し、一定の期間内（少なくとも 2 か月）に、その債権を申し出るべき旨を官報に公告し、かつ、知れている債権者には、各別にこれを催告することを義務づけている。また、670 条 2 項は、清算持分会社について、一定の期間内（少なくとも 1 か月）に、その財産の処分の方法について異議を述べることができる旨を官報に公告し、かつ、知れている債権者には、各別にこれを催告することを義務づけている。

　しかし、こうした義務の存在故に、債権者の異議申出期間が不当に長期に設定されると、逆に清算が滞って債権者の利益を害することになる。そこで、本条 28 号は、清算の結了を遅延させる目的で、異議申出期間を不当に長く設定することを過料に処すべき行為としている。過料を科されるのは、清算人や業務執行社員に、故意だけでなく、「清算の結了を遅延させる目的」が存在する場合に限定されているため、異議申出期間を客観的に見て不合理なほど長く設定しても、それだけでは過料を科されない。しかし、そうした目的の存在は、状況証拠から立証することができ、例えば、異議申出期間を長く設定したにもかかわらずその合理的な理由を説明できないときは、「清算の結了を遅延させる目的」が認められることになろう。

(29) 債務弁済制限違反（本条 29 号）

　①清算株式会社が、債権者への公告の期間内（499 条 1 項）に、500 条 1 項の規定に違反して、債務の弁済をしたとき、②清算株式会社が、特別清算

開始の命令があった場合において、537条1項の規定に違反して、協定債権者に対して、その債権額の割合に応じない弁済をしたとき、又は、③清算持分会社が、債権者への公告の期間内（660条1項）に、661条1項の規定に違反して、債務の弁済をしたとき、過料の対象としている。ただし、少額の債権や担保権付の債権など他の債権者を害するおそれがない債権に係る債務については、裁判所の許可を受ければ、前述した制限の内容と異なる弁済をすることが認められている（500条2項、537条2項、661条2項）。実害の発生は過料処分の要件ではないので、弁済した者以外に債権者がいなかったため、結果的に公平な債権者の保護を害さなかったとしても、過料は科される。なお過料を科すには、少なくとも過失の存在が必要である。

(30) 債務弁済前財産違法分配（本条30号）

清算株式会社が、502条の規定に違反して、会社債務の弁済前に、その財産を株主に分配したとき、又は、清算持分会社が、664条の規定に違反して、会社債務の弁済前に、その財産を社員に分配したときが、過料の対象とされている。なお、本号についても、過料を科すには、少なくとも過失の存在が必要である。

(31) 清算株式会社行為等制限違反（本条31号）

債権者保護を目的とした財産保全のため、特別清算開始の命令があった場合、清算株式会社は、裁判所（監督委員がいる場合は、監督委員）の許可を得なければ、①財産の処分、②借財、③訴えの提起、④和解・仲裁合意、⑤権利の放棄、⑥その他裁判所の指定する行為（535条1項）、⑦事業の全部の譲渡、⑧事業の重要な一部の譲渡（536条1項）を行うことができない。このような清算株式会社の行為や譲渡の制限の実効性を図るため、本条31号は、そうした制限に違反した行為や事業譲渡を過料の対象行為としている。実害の発生は、過料処分の要件ではないので、清算人に故意又は過失が認められれば、こうした行為や事業の譲渡によって、実際に、債権者に損害が発生しなくても、過料に処せられる。

(32) 保全処分命令違反（本条32号）

適正な清算の実現のため、裁判所は、特別清算開始の命令があった場合で、清算の監督上必要と認めるときは、債権者、清算人、監査役若しくは株主の申立てにより、又は職権で、清算株式会社の財産に関し、その財産の処分禁止の仮処分その他の必要な保全処分を命ずることができる（540条1項）。また、同様の目的から、清算株式会社の申立てにより、又は職権で、発起人、設立時取締役、設立時監査役、取締役、会計参与、監査役、執行役、会計監査人、又は清算人の責任に基づく損害賠償請求権につき当該対象

役員等の財産に対する保全処分をすることも認められてる（542条1項）。

こうした命令の実効性を図るため、本条32号は、保全分命令の違反を過料の対象行為としている。そして、保全命令違反について過料を科すためには、過失が必要と解される（佐伯仁志・会社法コンメ(21)183頁）。

(33) 社債管理者選定義務等違反（本条33号）

社債の安定的な管理を図るため、会社が、社債を発行する場合、社債管理者を定め、社債権者のために、弁済の受領、債権の保全その他の社債の管理を行うことを委託しなければならない（702条）。また、就任した社債管理者は、社債発行会社及び社債権者集会の同意を得て、辞任することができるが（711条1項）、そのためには、予め事務を承継する社債管理者を定めなければならない。この社債管理者に関する義務の実効性を図るため、本条33号は、社債管理者の選定等の義務の違反を過料の対象行為としている。ただし、各社債の金額が1億円以上である場合その他社債権者の保護に欠けるおそれがないものとして法務省令（施則169条）で定める場合は、社債管理者を置かないことが認められているので、社債管理者を選定しなくても、過料を科されない。過料を科す要件として、取締役、業務執行社員、社債管理者ら本号の行為の主体に故意又は過失の存在が必要と解される。

(34) 外国会社取引不当継続等（本条34号）

取引の安全の観点から、外国会社についても、次の①ないし④に該当する場合、裁判所は、法務大臣又は株主、社員、債権者その他利害関係人の申立てにより、日本において取引を継続してすることを禁止又はその日本に設けられた営業所の閉鎖を命じることができる（827条1項）。

① 事業が不法な目的に基づいて行われたとき
② 正当な理由がないのに、外国会社の登記の日から1年以内に事業を開始せず、又は引き続き1年以上その事業を休止したとき
③ 正当な理由がないのに、支払を停止したとき
④ 日本における代表者その他その業務を執行する者が、法令で定める外国会社の権限を逸脱し、若しくは濫用する行為又は刑罰法令に触れる行為をした場合において、法務大臣から書面による警告を受けたにもかかわらず、なお継続的に、又は反復してその行為をしたとき

こうした命令の実効性を図るため、本条34号は、裁判所の命令に違反し、取引を継続して行うことや営業所を閉鎖しないことを過料の対象行為としている。過料を科す要件として、外国会社の日本における代表者に故意又は過失が必要と解される。過失を要しないとする見解（谷川久・新注会(13)641頁）は疑問である（佐伯仁志・会社法コンメ(21)183頁）。

(35) 電子公告調査申請義務違反（本条35号）

941条は、「この法律又は他の法律の規定による公告（第440条第1項の規定による公告を除く。……）を電子公告によりしようとする会社は、公告期間中、その公告の内容である情報が不特定多数の者が提供を受けることができる状態に置かれているかどうかについて、法務省令〔電子公告3条〕で定めるところにより、法務大臣の登録を受けた者（……「調査機関」……）に対し、調査を行うことを求めなければならない」と規定している。

こうした義務の履行を図るため、本条35号は、申請義務に違反し、電子公告調査を求めないことを過料の対象としている。ここでも、過料を科す要件として、取締役ら本号の行為の主体に故意又は過失が存在することが必要と解される。

5　制　裁

本条に違反する行為に対する制裁は、100万円以下の過料である。刑罰が科される場合は、過料は科されない（本条ただし書）。「刑罰を科すべきとき」とは、犯罪の成立するときではなく、刑罰を科すときと解すべきであり、犯罪が成立する場合でも、検察官が公訴を提起しないときは、過料を科すことができる。したがって、過料の裁判において、犯罪が成立しないことの立証は不要である。

過料の裁判は、検察官の命令により執行するが、その執行は、民事執行法等の強制執行手続によって行う。執行に先立って裁判の送達は不要であるが（非訟121条2項）、検察官の執行命令の送達は必要である。非公開（非訟30条）で対審構造を採らない非訟事件手続で過料の制裁を科すことが、憲法に違反しないかについて、本条1(4)参照。

第977条　次のいずれかに該当する者は、100万円以下の過料に処する。
　一　第946条第3項の規定に違反して、報告をせず、又は虚偽の報告をした者
　二　第951条第1項の規定に違反して、財務諸表等（同項に規定する財務諸表等をいう。以下同じ。）を備え置かず、又は財務諸表等に記載し、若しくは記録すべき事項を記載せず、若しくは記録せず、若しくは虚偽の記載若しくは記録をした者
　三　正当な理由がないのに、第951条第2項各号又は第955条第2項

役員等の財産に対する保全処分をすることも認められてる（542条1項）。
　こうした命令の実効性を図るため、本条32号は、保全分命令の違反を過料の対象行為としている。そして、保全命令違反について過料を科すためには、過失が必要と解される（佐伯仁志・会社法コンメ(21)183頁）。
(33) 社債管理者選定義務等違反（本条33号）
　社債の安定的な管理を図るため、会社が、社債を発行する場合、社債管理者を定め、社債権者のために、弁済の受領、債権の保全その他の社債の管理を行うことを委託しなければならない（702条）。また、就任した社債管理者は、社債発行会社及び社債権者集会の同意を得て、辞任することができるが（711条1項）、そのためには、予め事務を承継する社債管理者を定めなければならない。この社債管理者に関する義務の実効性を図るため、本条33号は、社債管理者の選定等の義務の違反を過料の対象行為としている。ただし、各社債の金額が1億円以上である場合その他社債権者の保護に欠けるおそれがないものとして法務省令（施則169条）で定める場合は、社債管理者を置かないことが認められているので、社債管理者を選定しなくても、過料を科されない。過料を科す要件として、取締役、業務執行社員、社債管理者ら本号の行為の主体に故意又は過失の存在が必要と解される。
(34) 外国会社取引不当継続等（本条34号）
　取引の安全の観点から、外国会社についても、次の①ないし④に該当する場合、裁判所は、法務大臣又は株主、社員、債権者その他利害関係人の申立てにより、日本において取引を継続してすることを禁止又はその日本に設けられた営業所の閉鎖を命じることができる（827条1項）。
　①　事業が不法な目的に基づいて行われたとき
　②　正当な理由がないのに、外国会社の登記の日から1年以内に事業を開始せず、又は引き続き1年以上その事業を休止したとき
　③　正当な理由がないのに、支払を停止したとき
　④　日本における代表者その他その業務を執行する者が、法令で定める外国会社の権限を逸脱し、若しくは濫用する行為又は刑罰法令に触れる行為をした場合において、法務大臣から書面による警告を受けたにもかかわらず、なお継続的に、又は反復してその行為をしたとき
　こうした命令の実効性を図るため、本条34号は、裁判所の命令に違反し、取引を継続して行うことや営業所を閉鎖しないことを過料の対象行為としている。過料を科す要件として、外国会社の日本における代表者に故意又は過失が必要と解される。過失を要しないとする見解（谷川久・新注会(13)641頁）は疑問である（佐伯仁志・会社法コンメ(21)183頁）。

(35) 電子公告調査申請義務違反（本条35号）

941条は、「この法律又は他の法律の規定による公告（第440条第1項の規定による公告を除く。……）を電子公告によりしようとする会社は、公告期間中、その公告の内容である情報が不特定多数の者が提供を受けることができる状態に置かれているかどうかについて、法務省令〔電子公告3条〕で定めるところにより、法務大臣の登録を受けた者（……「調査機関」……）に対し、調査を行うことを求めなければならない」と規定している。

こうした義務の履行を図るため、本条35号は、申請義務に違反し、電子公告調査を求めないことを過料の対象としている。ここでも、過料を科す要件として、取締役ら本号の行為の主体に故意又は過失が存在することが必要と解される。

5 制　裁

本条に違反する行為に対する制裁は、100万円以下の過料である。刑罰が科される場合は、過料は科されない（本条ただし書）。「刑罰を科すべきとき」とは、犯罪の成立するときではなく、刑罰を科すときと解すべきであり、犯罪が成立する場合でも、検察官が公訴を提起しないときは、過料を科すことができる。したがって、過料の裁判において、犯罪が成立しないことの立証は不要である。

過料の裁判は、検察官の命令により執行するが、その執行は、民事執行法等の強制執行手続によって行う。執行に先立って裁判の送達は不要であるが（非訟121条2項）、検察官の執行命令の送達は必要である。非公開（非訟30条）で対審構造を採らない非訟事件手続で過料の制裁を科すことが、憲法に違反しないかについて、本条1(4)参照。

第977条　次のいずれかに該当する者は、100万円以下の過料に処する。

一　第946条第3項の規定に違反して、報告をせず、又は虚偽の報告をした者

二　第951条第1項の規定に違反して、財務諸表等（同項に規定する財務諸表等をいう。以下同じ。）を備え置かず、又は財務諸表等に記載し、若しくは記録すべき事項を記載せず、若しくは記録せず、若しくは虚偽の記載若しくは記録をした者

三　正当な理由がないのに、第951条第2項各号又は第955条第2項

各号に掲げる請求を拒んだ者

　電子公告制度の運営については、電子公告調査機関の果たす役割が大きい。そのため、調査機関に対する法務大臣の監督があるが、その一環として、本条が定められている。

1　主　　体
　本条は明示していないが、以下すべて電子公告調査機関の行為である。

2　調査機関報告義務違反
　電子広告調査機関は、調査を行う場合、法務省令（電子公告5条）で定めるところにより、調査委託者の商号その他法務省令（同6条）で定める事項を法務大臣に報告しなければならない。この義務の履行を確保するため、本条1号は、そうした義務に違反し、法務大臣に報告せず、虚偽の報告をすることを過料の対象としている。過料を科すためには、調査機関（調査機関が法人の場合は、その業務執行者）に故意又は過失が存在することが必要と解される（佐伯仁志・会社法コンメ(21)184頁）。

3　財務諸表等備置義務違反
　経営の健全性を明らかにするため、電子公告調査機関は、毎事業年度経過後3か月以内に、その事業年度の財産目録、賃借対照表及び収支計算書並びに事業報告書を作成し、5年間事業所に備え置かなければならない。こうした義務の履行を確保するため、本条2号は、そうした義務に違反し、財務諸表等を備え置かず、又は財務諸表等に記載・記録すべき事項を記載・記録せず、若しくは虚偽の記載・記録をすることを過料の対象行為としている。過料を科す要件として、調査機関（調査機関が法人の場合は、その業務執行者）に故意又は過失が存在することが必要と解される（佐伯仁志・会社法コンメ(21)184頁）。

4　閲覧・謄写請求拒否
　調査機関の経営状態を確認するため、調査委託者その他の利害関係人は、調査機関に、その業務時間内はいつでも、①書面で作成された財務諸表等の閲覧・謄写、②書面で作成された財務諸表等の謄本又は抄本の交付、③電磁

的記録をもって作成された財務諸表等に記録された事項を紙面又は映像面に表示する方法（施則226条）で表示したものの閲覧又は謄写、④電磁的記録をもって作成された財務諸表等に記録された事項を電磁的方法であって調査機関の定めたものにより提供することの請求又はその事項を記載した書面の交付請求ができる（951条2項）。

また、調査内容の確認をするため、調査委託者その他の利害関係人には、調査機関に対し、その業務時間内は、いつでも①書面をもって作成された調査記録簿等の写しの交付、②電磁的記録をもって作成された調査記録等に記録された事項を電磁的方法であって調査機関の定めたものにより提供すること又は当該事項を記載した書面の交付請求をすることが認められている（955条2項）。

したがって、調査機関は、これらの請求に応じる義務がある。こうした義務の履行を確保するため、本条3号は、そうした義務に違反し、請求を拒否することを過料に処すべき行為としている。ただし、使用目的が調査の遂行を妨げるため、又は利益を得るためなど不当な場合には、調査機関が、請求を拒んでもも、過料は科されない。過料を科す要件として、調査機関（調査機関が法人の場合は、その代表者）に故意又は過失が存在しなければならない（佐伯仁志・会社法コンメ(21)185頁）。

5　制　裁

本条に違反する行為に対する制裁は、100万円以下の過料である。

第978条　次のいずれかに該当する者は、100万円以下の過料に処する。
　一　第6条第3項の規定に違反して、他の種類の会社であると誤認されるおそれのある文字をその商号中に用いた者
　二　第7条の規定に違反して、会社であると誤認されるおそれのある文字をその名称又は商号中に使用した者
　三　第8条第1項の規定に違反して、他の会社（外国会社を含む。）であると誤認されるおそれのある名称又は商号を使用した者

1 主　体

本条1号は会社、本条2号は会社でない権利主体（商人であると否とを問わない）、本条3号はあらゆる権利主体が対象となる。

会社は、その名称を商号とし（6条1項）、その種類に応じて、「株式会社」「合名会社」「合資会社」の文字を、商号の中に入れることが義務づけられている（同条2項）。商号は、会社の同一性を認識するために極めて重要な役割を果たしている。

2　類似商号使用

会社の種類によって、社員の責任が異なることから、会社と取引をする相手方の保護のために、会社は、その商号中に、他の種類の会社であると誤認されるおそれのある文字を用いることが禁じられている（6条3項）。こうした禁止の実効性を担保するため、本条1号は、そうした禁止に違反し、他の種類の会社であると誤認されるおそれのある文字をその商号中に用いることを過料に処すべき行為としている。過料を科す要件として、株式会社の発起人等本号の行為の主体に故意又は過失の存在が必要である。

3　非会社の会社名称等の使用

本法では、取引の相手方の保護のために、会社でない者が、その名称または商号中に、会社であると誤認されるおそれがある文字を用いることも禁じられている（7条）。この禁止規定の実効性を担保するため、本条2号は、そうした禁止に違反し、会社であると誤認させるおそれのある文字をその名称又は商号中に使用することを過料に処すべきとしている。この行為の主体は、一定の身分の者に限定されないが、その主体に故意又は過失の存在が必要である。

4　不正目的の他会社名称等使用

6条、7条と同様の趣旨から、本法は、不正の目的をもって、他の会社であると誤認されるおそれのある名称又は商号を使用することも禁止する（8条1項）。こうした禁止規定の実効性を担保するため、本条3号は、他の会社であると誤認されるおそれのある名称又は商号を使用することを過料に処す行為としている。ここでいう「他の会社」には、外国会社も含まれる。この行為の主体も、一定の身分の者に限定されないが、その主体に故意又は過失の存在が必要である。

5　制　裁

本条に違反する行為に対する制裁は、100万円以下の過料である。

第979条　会社の成立前に当該会社の名義を使用して事業をした者は、会社の設立の登録免許税の額に相当する過料に処する。
　2　第818条第1項又は第821条第1項の規定に違反して取引をした者も、前項と同様とする。

1　主　体

法文上、行為主体に制限はないが、通常は、成立前の会社の発起人・設立時役員等あるいは登記前の外国会社や疑似外国会社の役職員等が該当することになる。

2　登記前の会社の取引

株式会社及び持分会社は、設立登記によって法人格を取得し、成立する（49条、579条）。それに先立って、定款が作成され、各発起人が1株以上引き受けた時に、権利能力なき社団（「設立中の会社」）が成立し、設立のために各種の権利義務を実質的に負うこととなる。しかし、この未登記段階で、会社としての事業活動を行うことは、取引の安全保護の観点から許されていない。

本条1項は、会社の成立前に会社名義で営業をした者を、会社設立の登録免許税額に相当する過料に処することを定める。設立登記の懈怠については、別途、過料の制裁があるが（976条1号）、登記前に会社名義で営業行為をすることは、実質上、登録免許税を潜脱するに等しいので、本条1項が設けられた。

3　登記前の外国会社の取引

本条2項は、818条1項（外国会社登記前の継続取引の禁止等）又は821条1項（擬似外国会社の取引）の規定に違反して取引をした者を、会社設立の登録免許税額に相当する過料に処することを定める。設立登記の懈怠については、別途、過料の制裁があるが（976条1号）、登記前に会社名義で営業

行為をすることは、実質上、登録免許税を潜脱するに等しいので、本条2項が設けられた。

4　制　　裁

　本条に違反する行為に対する制裁は、設立登録免許税額に相当する過料である。

訴訟物索引

120条3項前段に基づく供与利益返還請求権 …………………………………1131
　抗弁・免除　・同時履行
212条1項1号に基づく差額相当金額払込義務履行請求権 ……………………1132
212条1項2号に基づく差額相当金額払込義務履行請求権 ……………………1133
　抗弁・取消し
285条1項1号に基づく公正な価額払込義務履行請求権 ………………………1134
285条1項2号に基づく差額相当金額払込義務履行請求権 ……………………1135
285条1項3号に基づく不足額払込義務履行請求権 ……………………………1136
　抗弁・取消し
429条1項に基づく損害賠償請求権 ………………………………………………1289
　抗弁・悪意
423条1項に基づく損害賠償請求権 …………………………………………………504
423条1項に基づく損害賠償請求権 ………………………………………………1128
　抗弁・過失相殺
423条1項に基づく損害賠償請求権 ………………………………………………1114
　抗弁・無過失　・債権喪失（債権譲渡）　・妨訴抗弁　・担保不提供
　　・不当訴訟　・訴権の濫用　・原告適格の喪失
429条に基づく損害賠償請求権 ……………………………………………………1283
　抗弁・辞任登記　・重過失
597条に基づく損害賠償請求権 ………………………………………………………90
600条に基づく損害賠償請求権 ………………………………………………………98
623条1項に基づく配当価額相当の金銭支払請求権 ……………………………161
629条1項本文に基づく配当額相当の金銭支払請求権 …………………………180
　抗弁・無過失　・免除
631条1項本文に基づく欠損額支払請求権 ………………………………………185
　抗弁・配当額を超える欠損金　・無過失　・免除
640条2項に基づく出資履行請求権 ………………………………………………207
　抗弁・合名会社又は合資会社となる定款の変更
640条2項本文の出資義務未履行に基づく会社債務履行請求権 ………………208
652条に基づく損害賠償請求権 ……………………………………………………233
　抗弁・無過失　・計算承認による責任免除　**再抗弁**・不正行為　**抗弁**・消
　　滅時効
656条3項に基づく取戻請求権 ……………………………………………………240
671条2項に基づく持分相当額請求権 ……………………………………………262
　抗弁・債権者の同意

704 条 1 項に基づく損害賠償請求権 …………………………………………………362
710 条 1 項に基づく損害賠償請求権 …………………………………………………383
710 条 2 項に基づく損害賠償請求権 ……………………………………386, 389, 391, 393
　　抗弁・誠実義務違反不存在　・因果関係不存在
711 条 2 項に基づく損害賠償請求権 …………………………………………………397
　　抗弁・誠実義務違反不存在　・因果関係不存在
759 条 2 項に基づく法定債務履行請求権 ……………………………………………563
　　抗弁・物的有限責任
759 条 3 項に基づく法定債務履行請求権 ……………………………………………564
　　抗弁・物的有限責任　・取消無効事由
764 条 2 項に基づく法定債務履行請求権 ……………………………………………592
　　抗弁・物的有限責任
764 条 3 項に基づく法定債務履行請求権 ……………………………………………593
　　抗弁・物的有限責任　・売買契約の無効事由
817 条 4 項の定める不法行為に基づく損害賠償請求権 ……………………………878
818 条 2 項に基づく連帯債務履行請求権 ……………………………………………881
　　抗弁・先立つ外国会社登記
821 条 2 項に基づく連帯債務履行請求権 ……………………………………………888
846 条 2 項に基づく損害賠償請求権 ………………………………………………1101
852 条 1 項に基づく費用償還諸求権 ………………………………………………1159
852 条 2 項に基づく損害賠償請求権 ………………………………………………1160
853 条 1 項に基づく再審請求権 ……………………………………………………1163
863 条 1 項本文に基づく会社財産処分取消権（詐害行為取消権） ………………1197
863 条 1 項本文に基づく会社財産処分取消権（詐害行為取消権） ………………1195
　　抗弁・債権者を害さないこと　・善意　・消滅時効　・除斥期間
865 条 1 項の定める詐害行為取消権 ………………………………………………374, 1200
　　抗弁・善意　・消滅時効　・除斥期間
865 条 1 項の定める取消権 …………………………………………………………1203
　　抗弁・善意　・除斥期間

〔う〕
請負契約に基づく請負代金請求権 ……………………………………………………251
　　抗弁・相殺

〔え〕
閲覧・謄写請求権 ………………………………………………………………708, 770

〔か〕
解散請求権 …………………………………………………………………………1056

　　　　抗弁・窮境打開の可能性
解散請求権 …………………………………………………………………1050, 1053
　　　　抗弁・やむを得ない事由の評価障害事由
会社債務履行請求権（自称社員）……………………………………………… 61
会社債務履行請求権（自称社員）……………………………………………… 60
　　　　抗弁・除斥期間　再抗弁・請求又は請求の予告
会社債務履行請求権（持分全部譲渡社員）…………………………………… 53
　　　　抗弁・持分全部譲渡登記　・除斥期間　再抗弁・請求又は請求の予告
改善命令の違法性……………………………………………………………… 1392
　　　　抗弁・命令理由
合併承認決議取消権…………………………………………………………… 491
合併新設会社の負担債務連帯履行請求権…………………………………… 1092
合併無効権 ……………………………………………………………… 482, 487
株式移転無効権 …………………………………………… 656, 828, 832, 972
株式買取請求権行使による売買契約に基づく売買代金請求権 …………… 800
　　　　抗弁・同時履行
株式交換無効権 …………………………………………………… 630, 640, 709
株式交換無効権 ………………………………………………………………… 966
　　　　抗弁・対抗要件　再抗弁・対抗要件の具備　・信義則違反
株主総会決議取消権………………………………………………… 496, 1011, 1029
株主総会決議取消権…………………………………………………………… 945
　　　　抗弁・訴えの利益の不存在　・訴えの利益の喪失
株主総会決議取消権…………………………………………………………… 1036
　　　　抗弁・再決議
株主総会決議取消権…………………………………………………………… 1040
　　　　抗弁・裁量棄却
株主総会決議取消権…………………………………………………………… 1285
　　　　抗弁・訴訟代理権の不存在
株主総会決議取消権…………………………………………………………… 1014
　　　　抗弁・対抗要件　再抗弁・対抗要件の具備　抗弁・株式交換株式移転によ
　　　　る原告適格の喪失
株主総会決議取消権…………………………………………………………… 1034
　　　　本案前抗弁・訴えの利益の喪失　再抗弁・特別の事情
株主総会決議不存在 …………………………………………………………… 994
　　　　抗弁・訴えの利益の喪失
株主総会決議不存在 …………………………………………………………… 1000
　　　　抗弁・株主総会決議の存在
株主総会決議不存在 …………………………………………………………… 992
　　　　抗弁・対抗要件　再抗弁・対抗要件の具備

株主総会決議無効……………………………………………………………1002
株主総会決議無効……………………………………………………………1003
　　抗弁・訴えの利益の喪失
株主たる地位……………………………………………………………………473
　　抗弁・債権者保護手続未了

〔き〕
旧完全子会社株式の交付還請求権……………………………………1097, 1098
　　抗弁・同時履行
吸収合併等の差止請求権…………………………………………………719, 791
吸収合併無効権………………………501, 712, 759, 783, 809, 940, 944, 946
吸収合併無効権……………………………………………………………………793
　　抗弁・簡易合併　再抗弁・差損発生　・譲渡制限株式の発行交付　・一定
　　の株主の反対
吸収合併無効権……………………………………………………………761, 810
　　抗弁・債権者を害するおそれの不存在
吸収分割承継会社の負担債務連帯履行請求権………………………………1094
吸収分割不存在……………………………………………………………………983
吸収分割無効権…………………………………………545, 548, 558, 706, 956
吸収分割無効権……………………………………………………………………789
　　抗弁・略式分割　再抗弁・譲渡制限株式の発行交付
競業禁止行為に基づく損害賠償請求権…………………………………… 80, 81
　　抗弁・他の社員の承認　・X会社の損害
金銭消費貸借契約に基づく貸金返還請求権……………………………224, 1126

〔け〕
継続的売買契約に基づく買主の地位……………………………………………540
　　抗弁・約定解除　再抗弁・承諾
契約上の請求権……………………………………………………………………579
現物出資に基づく債権的登記請求権としての所有権移転登記請求権…………16

〔こ〕
合資会社の社員たる地位…………………………………………………………50
控除額支払請求権…………………………………………………………………352
　　抗弁・同時履行　・消滅時効
合名会社の社員権…………………………………………………………………45
　　抗弁・社員権喪失　再抗弁・未成年取消し　再々抗弁・社員になる同意
合名会社の社員たる地位…………………………………………………………49

訴訟物索引　1509

出資の払戻しに関する社員責任履行請求権 …………………………………………190
　　抗弁・無過失　・免除
出資払戻金の不当利得返還請求権 ……………………………………………………193
出資払戻金の不当利得返還請求権 ……………………………………………………192
　　抗弁・善意
出資払戻請求権 …………………………………………………………………165, 167
出資払戻請求権 …………………………………………………………………………188
　　抗弁・出資の払戻しの制限
出資払戻相当額支払請求権 ……………………………………………………………200
出資払戻相当額支払請求権 ……………………………………………………………200
　　抗弁・無過失　・免除
出資履行請求権 …………………………………………………………………… 13, 38
出資履行請求権 ……………………………………………………………………………30
　　抗弁・一部弁済
商業登記抹消登記請求権 ………………………………………………………………137
　　抗弁・同一氏の者存在　・名声信用の構築
消費貸借契約に基づく貸金返還請求権 ………………………………………………508
除名宣告判決請求権 …………………………………………………………1186, 1187
除名宣告判決請求権 …………………………………………………………………1185
　　抗弁・定款の定め
除名宣告判決請求権 …………………………………………………………………1185
　　抗弁・弁済
所有権に基づく返還請求権としての建物明渡請求権……………………………………14
　　　抗弁・所有権喪失　**再抗弁**・通謀虚偽表示　**抗弁**・占有権原
所有権に基づく返還請求権としての土地引渡請求権 ………………………………512
所有権に基づく返還請求権としての土地引渡請求権 ………………………………510
　　抗弁・先立つ吸収合併登記
所有権に基づく返還請求権としての土地引渡請求権………………………539, 1328
　　抗弁・対抗要件　**再抗弁**・対抗要件具備
人格権（氏名権）侵害に基づく妨害排除請求権としての抹消登記手続請求権……1291
新株発行不存在 …………………………………………………………………………977
　　抗弁・募集新株発行
新株発行無効権 …………………………………………………………………………921
新株発行無効権 ………………………………………………………………………1373
　　抗弁・中断の救済措置
新株発行無効に基づく払込金額（又は給付財産）相当額支払請求権……………1082
　　抗弁・同時履行
新株予約権買取請求権行使に基づく売買代金請求権 ………………………………676
　　抗弁・撤回　・中止　・同時履行

新株予約権の発行不存在 ……………………………………………981
　　抗弁・募集新株予約権の発行
新株予約権発行無効に基づく払込金額（又は給付財産）相当額支払請求権………1089
　　抗弁・同時履行
新株予約権無効権 ……………………………………………………932
新設合併無効権 ………………………………………525, 831, 952
新設合併無効権 ……………………………………………………863
　　抗弁・債権者を害するおそれの不存在
新設分割設立会社の負担債務連帯履行請求権……………………1094
新設分割の取消権・価格賠償請求権 ………………………………579
新設分割不存在 ………………………………………………………984
新設分割無効権 …………………………………………………588, 962

〔せ〕
清算財産目録及び清算貸借対照表の各作成交付請求権 ……………243
清算状況報告請求権 …………………………………………………243
清算人たる地位 ………………………………………………………222
　　抗弁・解任の決定
清算人の 653 条に基づく損害賠償請求権 …………………………235
　　抗弁・重過失
設立取消権（持分会社） ……………………………………1044, 1047
設立無効権（株式会社） ……………………………………………914
　　抗弁・裁量棄却　・権利濫用
設立無効権（株式会社） ……………………………………………916
　　抗弁・保管証明責任の履行
設立無効権（合名会社） ……………………………………………918
設立無効権（持分会社） ………………………………………………7

〔そ〕
贈与契約に基づく贈与金請求権 ……………………………………218
贈与契約に基づく贈与金請求権 ………………………………………96
　　抗弁・目的外行為　・代表権の制限　**再抗弁**・善意　**再々抗弁**・重過失
組織変更無効権 ………………………………………464, 672, 674, 936
組織変更無効権 ………………………………………………………684
　　抗弁・各別の催告の省略　・弁済
組織変更無効権 ………………………………………………………686
　　抗弁・債権者を害するおそれの不存在
組織変更無効権 ………………………………………………………690
　　抗弁・定款による要件緩和

損益分配額 ……………………………………………………………………157
　　　抗弁・損益分配の定款の定め
損益分配額 ……………………………………………………………………158
　　　抗弁・損失分担割合は利益分配の割合としない定め
損害賠償請求権 ………………………………………………………………102
　　　抗弁・免除　・訴権の濫用

〔ち〕
賃貸借契約に基づく賃料請求権 ……………………………………………507

〔て〕
適合命令の違法性……………………………………………………………1391
　　　抗弁・命令理由
電子公告調査機関登録取消処分又は期間を定めた電子公告調査の業務の全部
　若しくは一部の停止処分の違法性………………………………………1394
　　　抗弁・処分事由
電子公告調査機関の登録拒絶処分の違法性………………………………1380
　　　抗弁・欠格事由

〔と〕
取締役辞任に基づく変更登記請求権 ……………………………1294,1313
取締役損害賠償免除の取消権………………………………………………1178
　　　抗弁・消滅時効　・除斥期間
取締役の地位不存在…………………………………………………………1001
　　　抗弁・決議不存在

〔に〕
任務懈怠に基づく損害賠償請求権…………………………………………88
　　　抗弁・免除

〔は〕
売買契約に基づく債権的登記請求権としての所有権移転登記請求権………560,1330
売買契約に基づく土地建物機械引渡請求権 ………………………………230
　　　抗弁・事業譲渡
売買契約に基づく土地引渡請求権…………………………………………82
売買契約に基づく土地引渡請求権…………………………………………84
　　　抗弁・利益相反取引　**再抗弁**・社員の過半数の決議
売買契約に基づく売買代金請求権…………………………………………1288
　　　抗弁・悪意

売買契約に基づく売買代金請求権……………………………………………1280
　　抗弁・悪意　・登記　**再抗弁**・正当な事由
売買契約に基づく売買代金請求権 ……………………………………………561
　　抗弁・吸収分割契約
売買契約に基づく売買代金請求権 ……………………………………………567
　　抗弁・吸収分割契約　**再抗弁**・債権者異議手続未了
売買契約に基づく売買代金請求権………………………………………………67
　　抗弁・業務執行権に関する定款の定め　・代表権に関する定款の定め
　　　・他の無限責任社員の存在
売買契約に基づく売買代金請求権 ……………………………………………251
　　抗弁・除斥　**再抗弁**・知れている債権者
売買契約に基づく売買代金請求権………………………………………………64
　　抗弁・代表意思不存在　・業務執行権に関する定款の定め　・代表権に関
　　　する定款の定め
売買契約に基づく売買代金請求権………………………………………………94
　　抗弁・代表権に関する定款の定め
売買契約に基づく売買代金請求権……………………………………………1282
　　抗弁・代表権の不存在　**再抗弁**・善意　**再々抗弁**・登記　**再々々抗弁**・正
　　　当な事由
売買契約に基づく売買代金請求権………………………………………………18
　　抗弁・代理意思不存在
売買契約に基づく売買代金請求権………………………………………………68
　　抗弁・他の無限責任社員の異議
売買契約に基づく目的物引渡請求権 …………………………………………877
　　抗弁・代表権の制限　**再抗弁**・善意
破産債権……………………………………………………………………………1004
　　抗弁・違法な剰余金の配当

〔ひ〕
引受債務履行請求権…………………………………………………………………86
　　抗弁・間接取引
表明保証履行請求権 ……………………………………………………………454
　　抗弁・悪意重過失

〔ふ〕
不当利得返還請求権としての求償権 …………………………………………183
不当利得返還請求権としての求償権 …………………………………………182
　　抗弁・善意
不当利得返還請求権としての償還金相当額返還請求権 ……………………322

訴訟物索引　1513

〔ほ〕
保証契約に基づく保証債務履行請求権 …………………………………………225
　　　抗弁・権限濫用

〔ま〕
抹消登記手続請求権……………………………………………………………1292

〔み〕
民法650条3項に基づく損害賠償請求権………………………………………1161

〔む〕
無限責任社員責任の履行に基づく求償権 ………………………………………26
無限責任社員としての会社債務履行請求権 …………………………………41,110
無限責任社員としての会社債務履行請求権 ……………………………………34
　　　抗弁・給付拒絶抗弁としての相殺権　・債権消滅抗弁としての相殺権　**再抗弁**・代表意思の不存在　**抗弁**・給付拒絶抗弁としての取消権　・債権消滅抗弁としての取消権　・給付拒絶抗弁としての解除権　・債権消滅抗弁としての解除権
無限責任社員としての会社債務履行請求権 ……………………………………24
　　　抗弁・検索の抗弁
無限責任社員としての会社債務履行請求権 ……………………………………32
　　　抗弁・商事消滅時効　・同時履行
無限責任社員としての会社債務履行請求権 ……………………………………22
　　　抗弁・消滅時効
無限責任社員としての会社債務履行請求権 …………………………………267
　　　抗弁・除斥期間　**再抗弁**・請求の予告
無限責任社員としての会社債務履行請求権 …………………………………135
　　　抗弁・退社登記　・除斥期間　**再抗弁**・請求又は請求の予告
無限責任社員としての会社債務履行請求権 ……………………………………43
　　　抗弁・有限責任社員の登記　・除斥期間　**再抗弁**・請求又は請求の予告

〔め〕
名義借用契約終了に基づく債権的登記請求権としての所有権移転登記請求権……1113

〔も〕
持分払戻請求権 ……………………………………………………………118,128
持分払戻請求権 ……………………………………………………………………124
　　　抗弁・債務名義の失効　・弁済　・担保提供　・権利濫用
持分払戻請求権 ……………………………………………………………………119

抗弁・退社事由の制限
持分払戻請求権及び利息請求権……………………………………………130
　　　抗弁・定款の定め

〔や〕

役員等責任査定決定に対する異議権…………………………………………1181
役員等責任査定決定に対する異議権…………………………………………1182
　　　抗弁・任務懈怠による損害賠償責任
役員（取締役、会計参与及び監査役）解任権………………………………1171
　　　抗弁・信義則違反　・訴えの利益の喪失

〔ゆ〕

有限責任社員としての責任履行請求権 ……………………………………57, 58
有限責任社員としての責任履行請求権………………………………………162
　　　抗弁・既出資額
有限責任社員としての責任履行請求権………………………………………42
　　　抗弁・出資額の減少　・除斥期間　**再抗弁**・請求又はその予告
有限責任社員としての責任履行請求権………………………………………31
　　　抗弁・出資債権の弁済
有限責任社員としての責任履行請求権………………………………………28
　　　抗弁・出資の履行　**再抗弁**・出資の払戻し

〔よ〕

予告退社に基づく持分払戻請求権……………………………………………114
　　　抗弁・存続期間　・定款の定め　**再抗弁**・退社の正当事由

〔り〕

利益配当請求権 ………………………………………………………………155
利益配当請求権 ………………………………………………………………155
　　　抗弁・定款の定め
利益配当請求権…………………………………………………………………177
　　　抗弁・利益配当の拒絶

〔ろ〕

労働契約関係の存在 …………………………………………606, 608, 613, 615
労働契約関係の存在 …………………………………………………………621
　　　抗弁・異議
労働契約関係の存在 …………………………………………………616, 619
　　　抗弁・会社分割

労働契約関係の存在 …………………………………………………………………609
　　抗弁・会社分割　**再抗弁**・5条協議義務違反　・民法625条1項の潜脱
労働契約に基づく賃金差額請求権 ……………………………………………………478
　　抗弁・就業規則の不利益変更

〈保全物〉

〔か〕
貸金返還請求権の保全権能 ……………………………………………………133,166

〔き〕
業務執行社員の地位不存在確認の保全権能 …………………………………………104

〔け〕
計算書類閲覧・謄写請求権の保全権能 ………………………………………………169
　　抗弁・権利濫用
計算書類閲覧・謄写請求権の保全権能 ………………………………………………147
　　抗弁・定款による制限

〔し〕
事業譲渡の独占交渉権条項に基づく独占交渉権の保全権能 ………………………663
　　抗弁・独占交渉権の消滅
社債原簿の閲覧・謄写請求権の保全権能 ……………………………………………308
　　抗弁・目的外請求　・第三者通報目的　・過去の第三者通報

〔た〕
代表社員の選定無効確認の保全権能 …………………………………………………104

〔ち〕
帳簿閲覧請求権の保全権能 ………………………………………………………………72
　　抗弁・権利濫用

〈非訟事件〉

〔い〕
異議申立期間の伸長申立て ……………………………………………………………448
一時役員の報酬額の決定申立て………………………………………………………1217

〔か〕
解散命令申立て……………………………………………………894, 896, 898
株式買取請求権行使に係る株式価格決定の申立て………………734, 804, 844

〔き〕
吸収合併無効判決確定による承継会社の債務負担部分及び取得財産共有持分
　の決定申立て………………………………………………………………1095
業務・財産状況調査許可申立て……………………………………………370, 377

〔こ〕
公示催告の申立て……………………………………………………………347

〔さ〕
財産保全処分申立て…………………………………………………………900

〔し〕
自己株式処分無効に基づく払込金額の払戻額の減額変更申立て…………1087
社債管理者の解任申立て……………………………………………………399
社債管理者の辞任許可申立て………………………………………………396
社債管理者の承継者選任許可申立て………………………………………402
社債管理者の承継者選任申立て……………………………………………404
社債管理者の報酬・費用の負担許可申立て………………………………449
社債権者集会決議の認可申立て……………………………………………431, 433
社債権者集会の招集許可申立て……………………………………………411
社債原簿閲覧・謄写申立て…………………………………………………309
職務代行者の常務外行為の許可申立て……………………………………106
新株発行無効判決確定に基づく払込金額の払戻額の減額変更申立て……1083
新株発行無効判決確定に基づく払込金額の払戻額の増額変更申立て……1084
新株予約権買取請求権行使に係る新株予約権価格決定申立て……………751
新株予約権価格の決定申立て………………………………………681, 856, 858
新株予約権発行無効に基づく払込金額の払戻額の減額変更申立て………1090

〔せ〕
清算人解任申立て……………………………………………………………223, 1218
清算人選任申立て……………………………………………………………220, 221

〔ち〕
帳簿資料保管者の決定申立て………………………………………………264

〔と〕
特別清算開始申立て……………………………………………………………………1250
特別代理人選任申立て …………………………………………………………………378
取引継続禁止又は営業所閉鎖の命令申立て …………………………………………903

〔に〕
日本にある財産について清算開始・清算人選任の申立て ……………………………889

事　項　索　引

〔あ〕
IFRS……………………………………457
悪意………………898, 1073, 1101, 1140

〔い〕
異議の訴え…………………………1180
違法配当…………………………178, 1426

〔う〕
訴えの利益………………………911, 1008
　──の喪失…………………………1034

〔え〕
営業所閉鎖……………………………902

〔か〕
外観信頼保護規定…………………1286
会計帳簿………………………………141
外国会社………………………………875
　──の登記…………………………1347
解散……………………………………211
解散命令………………………………894
会社設立不存在確認の訴え…………985
会社訴訟…………………………905, 1066
　──における株式会社の代表者…1066
会社の継続……………………………212
会社の設立無効の訴え………………913
会社の組織変更無効の訴え…………935
会社の不成立…………………………919
会社分割………………………………534
　──と物権変動……………………1329
会社分割不存在確認の訴え…………982
会社分割不存在事由…………………985
介入権…………………………………82
合併……………………………………476

　──の効果…………………………506
合併契約………………………………481
合併対価………………………………487
　──の相当性………………………698
合併比率…………………………493, 495
　不公正な──………………………495
合併無効事由…………………………942
加入……………………………………47
株式移転…………………………624, 650
株式移転計画…………………………654
株式移転無効事由……………………973
株式移転無効の訴え…………………971
株式会社の解散の訴え………………1048
株式会社の設立無効事由……………914
株式会社の組織変更…………………460
株式交換……………………624, 632, 644
　株式会社に発行済株式を取得さ
　　せる──………………………632
　合同会社に発行済株式を取得さ
　　せる──………………………644
株式交換契約…………………………628
株式交換無効事由……………………968
株式交換無効の訴え…………………964
株主総会決議取消しの訴え…………1007
株主総会決議不存在確認の訴え……986
株主総会決議無効確認の訴え………986
株主代表訴訟…………………………1105
株主による責任追及等の訴え………1103
株主平等の原則………………………501
過料……………………………………1477
　──の対象行為……………………1480
簡易組織再編…………………………792
簡易分割………………………………835
監視義務………………………………1120
　社外取締役の──…………………1121

事項索引　　1519

間接取引 …………………………84
間接有限責任 ……………………42
鑑定人 …………………………247

〔き〕

企業会計 ………………………139
擬似外国会社 …………………886
基本合意書 ……………………663
吸収合併 ………………………484
　　株式会社が存続する── ………484
　　持分会社が存続する── ………513
吸収合併無効の訴え …………937
吸収分割 ………………………544
　　株式会社に権利義務を承継させ
　　る── ………………………549
　　無対価── …………………555
　　持分会社に権利義務を承継させ
　　る── ………………………568
吸収分割契約 …………………547
吸収分割無効事由 ……………957
吸収分割無効の訴え …………953
求償権 ……………………………26
競業取引 …………………………78
強制執行の不奏効 ………………23
共同請求の原則 ………………328
業務執行権 ………………………63
業務執行社員 …………………69, 74
　　──の責任 …………………199
業務執行有限責任社員 …………90
業務を執行しない有限責任社員 …49

〔け〕

経営判断の原則 ………………363
計算書類 ………………………145
　　──の提出命令 ……………148
決議取消事由 …………………1018
決議不存在 ……………………998
　　──の主張立証 ……………998
決議不存在事由 ………………993

決議無効 ………………………1002
　　──の主張立証 ……………1002
欠損 ……………………………183
検索の抗弁 ………………………24
限定債務説（取締役の責任）……1112
現物出資 ………………………13, 14
現物出資目的物の所有権 ………14

〔こ〕

公告の中断 ……………………1372
公告方法 ………………………1360
合資会社 …………………………8, 47
　　──と債権者保護 ……………19
　　──の有限責任社員 …………161
公示催告手続 …………………345
公正な価格 ……………………727, 747
合同会社 …………………………9
　　──と債権者保護 ……………20
　　──の社員の加入 ……………109
　　──の有限責任社員 …………163
公平誠実義務 …………………360
合名会社 …………………………8, 47
　　──と債権者保護 ……………19
誤認行為 …………………………57
固有必要的共同訴訟 ……1060, 1061, 1176
固有必要的共同訴訟以外の訴訟 ……1061

〔さ〕

債権者による設立取消しの訴え ……1046
債権者の異議 …………………174, 683
債権者保護 ………………………19
　　合同会社と── ………………20
　　合名会社・合資会社と── ……19
債権出資 …………………………30
　　──の担保責任 ………………38
財務代理人 ……………………357
債務超過 …………………………21
裁量棄却 ………………………1038
詐害行為取消権 ………………578

差止請求権 …………………………718	──の再発行 ……………………345
サムライ債 ……………………273, 358	──の発行 ………………………342
三角合併 …………………………489, 492	社債権者集会 …………………371, 406
残余財産の分配 …………………252, 253	──の招集 ………………………409
一部社員に対する── ……………252	──の必要的決議 ………………371
	社債原簿 …………………300, 307, 308
〔し〕	──の閲覧・謄写請求権 ………308
資格授与的効力 ……………………320	──の備置義務 …………………307
自己株式処分不存在確認の訴え ……979	社債原簿管理人 ……………………305
自己株式処分不存在事由 ……………980	社債発行会社 ………………………272
自己株式処分無効事由 ………………930	社債発行会社の弁済等の取消しの訴え
自己株式処分無効の訴え ……………929	……………………………………1199
自己株式処分無効判決の効力………1085	出資の払戻し ……………………164, 170
自己株式の不正取得………………1424	出資払戻請求権 ……………………164
市場内買付け ………………………456	商業登記 …………………………1273, 1278
自称無限責任社員……………………57	──の一般的効力 ………………1278
シナジー ……………………………727	商業登記請求権……………………1273
資本金 ………………………………150	──の根拠 ………………………1273
資本金の額の減少無効事由 …………934	常務 ……………………………67, 106
資本金の額の減少無効の訴え ………933	消滅時効 …………………………266, 369
資本準備金 …………………………152	剰余金額 ……………………………171
社員…………………………………20	職務執行停止 ………………………104
──の加入 …………………108, 109	職務代行者 …………………………104
──の責任 ………………………20	──の権限 ………………………106
社員による設立取消しの訴え………1044	除斥期間 ……………………………134
社外取締役の監視義務………………1121	除名 ………………………………115, 117
社債 …………………………270, 279, 288	所有と経営の一致…………………63
利札欠落── …………………351	知れている債権者 ………………175, 685
社債管理者 …………………………356	知れている社債権者 ………………416
──による相殺 ………………391	新株発行不存在事由 ………………977
──の解任 ……………………399	新株発行不存在の確認の訴え ………975
──の権限 ……………………365	新株発行無効事由 …………………924
──の辞任 ……………………394	新株発行無効の訴え ………………920
──の訴訟上の地位 …………380	新株発行無効判決の効力…………1081
──の調査権 …………………376	新株予約権発行不存在確認の訴え …981
──の特別責任 ………………385	新株予約権発行無効事由 …………932
──の連帯責任 ………………381	新株予約権発行無効の訴え ………931
社債契約 ……………………………296	新株予約権発行無効判決の効力……1088
社債券 ………………………………341	新設合併 …………………………520, 529

株式会社を設立する── ……………520
　　持分会社を設立する── ……………529
新設合併無効事由 ……………………953
新設合併無効の訴え ……………………950
新設分割 ………………………575, 583, 595
　　株式会社を設立する── ……………583
　　持分会社を設立する── ……………595
新設分割計画 ……………………576, 585
新設分割無効事由 ……………………962
新設分割無効の訴え ……………………961
人的新設分割 ……………………………588
人的分割 …………………………534, 575

〔せ〕

清算 ……………………………………215
清算財産目録 …………………………242
清算貸借対照表 ………………………242
清算人 ……………………………219, 223
　　──の職務権限 ……………………223
清算持分会社の財産処分の取消しの
　　訴え …………………………………1194
誠実協議義務 …………………………667
誠実義務 ………………………………361
正当な事由………70, 77, 897, 1026, 1278-
　　　　　　　　1283, 1287, 1319
正当な理由…319, 342, 394, 399, 400, 402,
　　424, 427, 896, 902, 903, 1383, 1384,
　　1392, 1394, 1482, 1483, 1485, 1495
精力集中義務……………………………79
責任追及等の訴え ……………………1141
　　株主による── ……………………1103
責任追及等の訴えの判決の効力 ……1141
設立登記……………………………………17
　　──の効力……………………………1306
設立無効事由 ……………………914, 917
善意取得 ………………………………325
善管注意義務 …………………………363
全債務包含説（取締役の責任）……1111

〔そ〕

総額引受契約 …………………………294
総社員の同意 …………………………116
相対的記載事項……………………………11
訴権の濫用 ……………………………101
組織再編 ………………………………452
組織変更 ………………458, 460, 468, 671
　　──の手続 …………………………671
　　──の無効事由 ……………………937
組織変更計画 …………………………672
訴訟告知…………………………………1148
訴訟物……………………………………1007
疎明………………………………………1213
疎明責任…………………………………1141
損失の分配 ………………………156, 159

〔た〕

退社………………………47, 112, 115, 123
　　やむを得ない事由による── ……113
退社の登記 ……………………………133
退社予告 ………………………………123
対世効……………………………………1076
代表権………………………………………93
　　──の制限……………………………97
　　──の範囲……………………………95
他社株転換社債 ………………………288
多重代表訴訟……………………………1156

〔ち〕

忠実義務……………………………………74
調査権………………………………………71
帳簿資料 …………………………263, 264
帳簿資料保管者 ………………………264
直接取引……………………………………83
直接有限責任………………………………27

〔て〕

定款…………………………………………11
　　──の変更 …………………………202

定款自治……………………………………11
提訴期間 ………………………………909
電子公告………………………………1366
電子公告調査…………………………1375
電子公告調査機関……………………1375

〔と〕
登記前の継続取引 ……………879, 880
当事者適格 ……………………………910
独占交渉義務 …………………………667
特別支配会社 …………………………716
特別背任罪……………………………1403
図利加害目的…………………………1409
取消事由の主張立証責任……………1032
取引継続禁止 …………………………902
取引債務包含説（取締役の責任）…1112

〔な〕
なかりせば価格 ………………………677

〔に〕
任意規定 ………………………………444
任意清算 ………………………………257
任意退社 ………………………………112
任意的記載事項…………………………11

〔は〕
パーチェス ……………………………457
反射効……………………………………33
反射的効果 ……………………1075, 1142

〔ひ〕
非訟事件 ………………………1206, 1208
　　──と要件事実……………………1208
　　──と立証責任……………………1208
表明保証 ………………………………454

〔ふ〕
不公正な合併比率 ……………………495

不実登記………………………………1287
不設置債 ………………………………357
物的分割 ………………………534, 575
物理的不存在（決議不存在） ………993
不提訴理由……………………………1138
不法な目的 ……………………………894
プログラム・アマウント ……………288

〔ほ〕
法人格否認の法理 ……………………581
法定除名事由…………………………1184
法定訴訟担当…………………………1106
法定退社 ………………………………115
法律上の事実推定 …………………80, 82
法律的不存在（決議不存在） ………993
募集事項 ………………………277, 290
　　──の通知…………………………290
補助参加………………………………1145

〔む〕
無対価吸収分割 ………………………555

〔め〕
銘柄統合 ………………………………302
名義書換え ……………………………316
名義書換請求権 ………………………328
免責的効力 ……………………………320

〔も〕
目的外投機取引………………………1427
持株会社 ………………………………623
持分 …………………………………48, 49
　　──の効果…………………………51
　　──の差押え………………………131
　　──の譲渡………………………47, 51
　　──の制限…………………………49
　　──の払戻し ………………127, 170
持分会社…………………………………1
　　──が存続する吸収合併…………513

――に権利義務を承継させる
　吸収分割 …………………………568
　――の成立…………………………16
　――の組織変更 …………………468
　――の設立無効事由 ……………917
　――を設立する新設合併 ………529
　――を設立する新設分割 ………595
持分会社設立取消しの訴え…………1041
持分会社の解散の訴え………………1054
持分払戻請求 …………………………100
持分払戻請求権 ………………………118
持分プーリング ………………………457

〔や〕

役員解任否決決議……………………1169
役員等責任査定決定 ………1180, 1262
　――の効力…………………………1263
役員等責任査定決定に対する異議の
　訴え…………………………………1180
やむを得ない事由による退社 ………113

〔ゆ〕

有限責任社員 ……………27, 49, 162, 163
　業務執行――………………………90

　業務を執行しない――……………49
　合資会社の―― …………………161
　合同会社の―― …………………163
ユーロ債 ………………………………358

〔り〕

利益供与罪……………………………1457
利益参加社債 …………………………279
利益準備金 ……………………………152
利益相反取引…………………………83
利益の配当 ……………………153, 177
利益配当請求権 ………………………153
履行の見込み …………………………703
利札欠落社債 …………………………351
立証責任 …………………………27, 1401
略式組織再編 …………………………716
　――の否定 ………………………836

〔る〕

類似必要的共同訴訟…………………1108

〔わ〕

割当自由の原則 ………………………293

法 令 索 引

＊会社法及び引用判例・文献中の法令については除外した。
＊頁数をゴシック体で記した法条は、本文中に条文を掲げ、解説したものである。

〔い〕

意匠法
 68 条 3 項 ……………………892
一般社団法人及び一般財団法人に関する法律
 278 条 ……………………1108

〔か〕

外国人土地法
 1 条 ……………………892
会社計算規則
 2 条 3 項 ……………572, 785
 3 条 ……………………139
 4 条 1 項 ……………………141
 5 条 ……………………141
 5 条 1 項 ……………………142
 5 条 2 項 ……………………142
 5 条 3 項 ……………………142
 5 条 4 項 ……………………142
 5 条 5 項 ……………………142
 5 条 6 項 ……………………142
 6 条 ……………………142
 6 条 1 項 ……………………142
 6 条 2 項 ……………………142
 11 条 ……………………142
 23 条 ……………………154
 30 条 2 項 ……………150, 151
 31 条 1 項 ……………………151
 31 条 2 項 ……………151, 154
 32 条 1 項 ……………151, 161
 32 条 2 項 ……………171, 188
 35 条 ……………………489
 36 条 ……………………489
 37 条 ……………………554
 37 条 1 項 ……………………554
 37 条 2 項 ……………………554
 38 条 ……………………554, 555
 39 条 ……………………635, 646
 45 条 ……………………524
 46 条 ……………………524
 47 条 ……………………524
 48 条 ……………………524
 49 条 ……………………587
 50 条 ……………………587
 51 条 ……………………587
 52 条 ……………………655
 59 条 1 項 ……………………146
 70 条 ……………………145
 71 条 1 項 ……………145, 146
 162 条 ……………………151, 152
 163 条 ……154, 157, 160, 161, 178, 179
 164 条 ……170-173, 188, 190, 191, 198, 201
 165 条 ……………………184, 186
 166 条 ……………………194, 198, 199
会社更生法
 24 条 7 項 ……………………1252
 68 条 2 項 ……………………1256
 86 条 ……………………1047
 125 条 3 項 ……………………1256
 125 条 4 項 ……………………1256
 138 条 ……………………365, 375
 189 条 ……………………376
 190 条 1 項 ……………………376

会社非訟事件等手続規則
- 1条 ……………………………396, 1210
- 2条 ……………………………………396
- 15条2項 ………………………………1242
- 16条 ……………………………………1243
- 17条1項 ………………………………1254
- 17条2項 ………………………………1254
- 18条2項 ………………………………1244
- 18条3項 …………………………1244, 1272
- 18条4項 …………………………1244, 1272
- 21条1項 ………………………………1250
- 21条2項 ………………………………1250
- 27条 ……………………………900, 1257
- 28条 ……………………………………1257
- 29条 ……………………………………1257
- 30条 ……………………………900, 1257
- 31条 ……………………………900, 1257
- 32条 ……………………………………1257
- 32条2項 …………………………1257, 1258
- 36条 ……………………………………1264
- 37条 ……………………………………1267
- 38条 ……………………………………900
- 40条 ……………………………………1272
- 42条 ……………………………………1233
- 42条1項 …………………………1356, 1359
- 42条2項 ………………………………1359
- 42条3項 ………………………………1359
- 42条4項 ………………………………1359
- 43条 ……………………………………1233

会社分割に伴う労働契約の承継等に関する法律
- 2条 …………………………………**603**
- 2条1項…544, 604, 605, 607-610, 612, 613, 615, 616, 619-622, 960
- 2条2項 …………………………………607
- 2条3項 …………………………………604
- 3条 ……………………………602, **608**, 620
- 4条 ……………………602, 604, 608, **613**, 619
- 4条1項 ……………………………614, 615
- 4条2項 ……………………………615, 618
- 4条3項 ……………………………615, 618
- 4条4項 ……………………………615, 617
- 5条 ………………………602, 604, 608, **618**
- 5条1項 ……………………618, 619, 621, 622
- 5条3項 ……………………………618, 621, 622
- 7条 ……………………………610, 960

会社分割に伴う労働契約の承継等に関する法律施行規則
- 1条 ……………………604, 611, 617, 620
- 2条 …604, 605, 607, 610, 616, 617, 620
- 3条 ……………………………………607

会社法施行規則
- 2条2項 …………………………………292
- 2条3項 ……………………………284, 812
- 3条1項 ……………………………812, 1459
- 3条3項 ……………………………389, 1459
- 23条 …………………………493, 741, 812, 813
- 38条 ……………………………………1486
- 67条 ……………………736, 799, 839, 1237
- 71条 ……………………………1026, 1485
- 72条 ……………………………………1484
- 89条 ………………………………523, 834
- 90条 ……………………………………834
- 91条 ……………………………………834
- 95条 ……………………………………1485
- 99条 ………………………………285, 286
- 99条1項 …………………………278, 286
- 99条2項 ………………………………284
- 136条 ……………………………716, 789-791
- 159条 ……………………………184, 198, 199
- 160条 …………………………………257
- 160条2項 ……………………………242, 259
- 160条3項 ……………………………259
- 161条 …………………………………257
- 161条2項 ……………………………242, 259
- 161条3項 ……………………………259
- 161条4項 ……………………………242, 259
- 162条……270, 277, 282-284, 357, 380,

	395, 400
163 条	276, 290, 362
164 条	290, 292
165 条	282-284, 300-302, 305, 306, 357, 407, 1486
166 条	283, 302
167 条	308
168 条 1 項	328-332
168 条 2 項	316, 324, 328, 329, 332, 333
169 条	1495
170 条	358-360, 1418
171 条	389
171 条 1 項	390
171 条 2 項	390
172 条	413-415, 418, 425, 426
173 条	418
173 条 1 項	414, 418
173 条 2 項	418
173 条 3 項	419
173 条 4 項	416, 419
174 条	418, 420
174 条 1 項	418, 425, 426
174 条 4 項	416, 419
175 条	425
176 条	426
177 条	430
177 条 3 項	430
178 条	572, 771, 772
179 条	588
180 条	672
181 条	684, 1324
182 条	692, 698, 707
182 条 1 項	698-704, 706, 824, 825
182 条 2 項	487, 698
182 条 3 項	493, 698-700, 702
182 条 4 項	699-702
182 条 5 項	701
182 条 6 項	700, 702, 703, 825
183 条	452, 553, 692, 698, 704-706, 826, 827, 958, 960
184 条	692, 698, 707, 710, 970
184 条 1 項	639, 707
184 条 3 項	635, 707
184 条 4 項	639, 707
184 条 5 項	707
184 条 6 項	707
185 条	712, 714
186 条	712, 714, 834
188 条	758
189 条	768, 769
190 条	768, 769, 816
191 条	692, 698, 777-779
192 条	692, 698, 777-779, 958
193 条	692, 698, 710, 777-780, 970
194 条	781
195 条 1 項	784, 794
195 条 2 項	784, 794
195 条 3 項	784, 785, 794
195 条 4 項	784, 785, 794
195 条 5 項	785
196 条	792, 793
197 条	794, 795, 797
198 条	808, 812
199 条	808
200 条	815
201 条	815, 816
202 条	817
204 条	698, 823-826, 834
205 条	698, 823, 824, 826, 827, 963
206 条	698, 823, 824, 827-829, 973
207 条	835
208 条	862
209 条	865, 872
210 条	829, 865, 872, 974
211 条	872
212 条	872, 963
213 条	872

法令索引 1527

214条 …………………………883	29条の8第1項 ……………1450
215条 …………………………884	
217条 …………504, 1109, 1113, 1115,	〔き〕
1126, 1128, 1131, 1133,	企業担保法
1135-1137	8条2項 ……………………948
218条 ………………………1138	企業内容等の開示に関する内閣府令
220条1項 …………………1348	23条の2第2項 ……………292
221条 ……………………1375, 1398	行政手続等における情報通信の技術の利
222条 …………………………292	用に関する法律
224条 ………………146, 303, 1431	3条1項 …………………1384
225条 …………………………304	銀行法
225条1項 ………………304, 339	2条 …………………………360
225条2項 ………………304, 339	4条1項 …………………1295
226条 ……147, 308, 431, 673, 709, 770,	4条3項 ……………………892
771, 781, 816, 830, 873,	5条3項 …………………1295
1482, 1498	6条3項 …………………1295
230条 …………………………291	12条 ………………………897
会社法施行令	30条 ………………………948
1条 ……………………291, 426	30条2項 ……………960, 964
1条1項 ……………………426	52条の17第1項 ………970, 974
2条1項 ……………………415	〔旧〕金銭債務臨時調停法
会社法の施行に伴う関係法律の整備等に	7条 ………………………1208
関する法律	8条 ………………………1208
14条3項 …………………459	金融機関の信託業務の兼営等に関する法
37条 ………………………480	律
44条 ………………………459	1条1項 ……………175, 176
45条1項 …………………459	金融商品取引法
55条 ………………………1129	2条3項 ……………315, 1431
124条 ……………………509	2条4項 …………………1431
海上運送法	2条6項 ……………………295
42条 ………………………892	2条7項 ……………………275
株式会社商工組合中央金庫法	2条8項 ……………………295
36条3項 …………………292	2条10項 ……………275, 291
〔旧〕株式会社の監査等に関する商法の	2条の2第4項 ……………555
特例に関する法律	4条 …………………………275
21条の3 …………………425	4条1項 ……………………555
21条の7第1項 …………1121	4条2項 ……………………275
25条 ………………………955	4条3項 ……………………275
29条の5 …………………1438	5条 …………………………275

21 条の 2 …………………………1128
　23 条の 13 …………………………285
　24 条 1 項 ……………555, 884, 1362
　24 条 5 項 …………………………555
　25 条 ………………………………275
　27 条の 30 の 9 ……………………292
　29 条 ……………………… 295, 1430
　33 条 ………………………………897
　36 条の 4 第 1 項 …………………360
　36 条の 4 第 2 項 …………………360
　37 条の 3 …………………………275
　37 条の 3 第 1 項 …………………275
　37 条の 4 第 1 項 …………………275
　42 条の 7 …………………………275
　49 条 ………………………………892
　49 条の 2 …………………………892
　49 条の 3 …………………………892
　49 条の 4 …………………………892
　49 条の 5 …………………………892
　58 条の 2 …………………………892
　158 条 ……………………………1440
　197 条 …………… 1416, 1426, 1484
　197 条 1 項 ………………………1425
金融商品取引法施行令
　1 条の 4 ……………………291, 315
　1 条の 5 …………………… 315, 1431
　1 条の 5 の 2 第 2 項 ……………315
　1 条の 7 ……………………291, 315
　1 条の 8 …………………………1431
金融商品取引法第 2 条に規定する定義に関する内閣府令
　11 条 1 項 …………………………285
　11 条 2 項 ……………285, 290, 293, 315
　12 条 ………………………………315
　13 条 1 項 …………………………285
　13 条 2 項 …………………………290
　13 条 3 項 ……………285, 293, 315

〔け〕

刑事訴訟法
　492 条 ……………………………509
刑法
　2 条 ………………………………1465
　7 条の 2 …………………………1431
　8 条 ………………………………1409
　19 条 ……………………………1454
　19 条の 2 ………………………1454
　38 条 ……………………………1479
　38 条 1 項 ………………………1409
　43 条 …………………… 1419, 1420
　60 条 ……………………………1414
　61 条 1 項 ………………………1414
　62 条 1 項 ………………………1414
　63 条 ……………………………1414
　65 条 1 項 ……………… 1414, 1445
　65 条 2 項 ………………………1414
　68 条 ……………………………1414
　105 条の 2 ………………………1463
　157 条 ……………………………1439
　157 条 1 項 …………… 1436, 1438
　161 条の 2 ………………………1431
　162 条 1 項 ………………………1444
　197 条 ……… 1444, 1445, 1447, 1453
　197 条の 5 ………………………1454
　207 条 ……………………………1402
　230 条の 2 ………………………1402
　246 条の 2 ………………………1431
　247 条 ………… 1405, 1408, 1414, 1418
　249 条 ……………………………1464
　253 条 ……………………………1415

〔こ〕

鉱業法
　17 条 ………………………………892
　152 条 ……………………………1403
航空法
　4 条 ………………………………892

法令索引　　1529

公職選挙法
　　225 条 ……………………………1463
公認会計士法
　　27 条 ………………………………1129

〔し〕
実用新案法
　　2 条の 5 第 3 項 ………………… 892
私的独占の禁止及び公正取引の確保に関する法律
　　9 条 …………………………970, 974
　　10 条 …………………………970, 974
　　10 条 8 項 ……………………………956
　　11 条 …………………………970, 974
　　15 条 ……………………502, 784, 948
　　15 条の 2 第 1 項 …………………985
　　15 条の 2 第 2 項 …………956, 985
　　15 条の 2 第 3 項 …………………956
　　15 条の 2 第 4 項 …………………956
　　18 条 ……………………502, 784, 948
　　18 条 2 項 ………………956, 960, 964
児童福祉法
　　60 条 3 項 …………………………1403
借地借家法
　　42 条 1 項 …………………………1232
社債、株式等の振替に関する法律
　　73 条 ………………………………315
　　74 条 ………………………………334
　　86 条の 3 …………280, 327, 336, 337
　　154 条 3 項 ………………………844
〔旧〕社債等の振替に関する法律
　　66 条 ………………………………274
　　67 条 ………………………………274
商業登記規則
　　59 条 ……………………1336, 1337
　　61 条 5 項 ………………………1321
　　72 条 ……………………………1336
　　72 条 1 項 ………………1336, 1337
　　73 条 ……………………………1337

　　92 条 ………………………………1321
　　118 条 …………………………1478, 1480
商業登記法
　　1 条 ………………………………1300
　　14 条 ……………………………1273
　　17 条 ……………………………1273
　　17 条 2 項 ………………1295, 1478
　　19 条 ……………………………1295
　　24 条 ……………………1277, 1318, 1357
　　27 条 ……………………………1300
　　44 条 1 項 ………………………1319
　　44 条 2 項 ………………………1319
　　46 条 ……………………………1340
　　47 条 2 項 ………………………1301
　　51 条 1 項 ………………1316, 1351, 1353
　　51 条 1 項 ………………1316, 1351, 1353
　　54 条 ……………………1290, 1291
　　54 条 2 項 ………………………1303
　　56 条 ……………………1301, 1314
　　77 条 ……………………………1323
　　78 条 ……………………………1323
　　79 条 ……………………1324, 1327
　　82 条 2 項 ………………1324, 1327
　　82 条 3 項 ………………1324, 1327
　　82 条 4 項 ………………1324, 1327
　　83 条 1 項 ………………1325, 1327
　　84 条 1 項 ………………………1333
　　86 条 ………………………595, 601
　　87 条 ……………………………1333
　　87 条 2 項 ………………1328, 1332
　　88 条 ……………………………1333
　　89 条 ……………………………629, 1335
　　90 条 ………………………………659
　　91 条 ……………………………1335
　　91 条 1 項 ………………1334, 1335
　　91 条 2 項 ………………1334, 1335
　　91 条 3 項 ………………………1335
　　92 条 ……………………………1335
　　92 条 1 項 ………………………1335

93 条 …………………………1321
96 条 ……………………………53
105 条 1 項 …………………1320
105 条 2 項 …………………1321
106 条 ………………………1320
106 条 1 項 ………… 1320-1322
107 条 ………………………1323
107 条 1 項 …………………1323
109 条 2 項 ……………………601
111 条 ……………………………53
113 条 ………………………1320
113 条 2 項 …………………1321
113 条 3 項 ………… 1320-1322
114 条 ………………………1323
116 条 1 項 …………………601
117 条 ………………………1311
118 条 …………………… 53, 1321
122 条 ………………………1320
122 条 3 項 ………… 1320, 1321
123 条 ………………………1323
125 条 …………………………601
126 条 ………………………1335
128 条 ………………………1347
129 条 3 項 …………………1350
131 条 1 項 …………………1351
131 条 2 項 …………………1353
131 条 3 項 …………………1351
131 条 4 項 …………………1353
132 条 ………………………1273
134 条 ………………………1273
135 条 ………………………1277
136 条 ………………………1277
137 条 ………………………1277

〔旧〕商業登記法
  27 条 ………………………1300

商標法
  77 条 3 項 ……………………892

商品先物取引法
  44 条 …………………………124

商法
  11 条 2 項 …………………1276
  28 条 1 項 ……………………79
  503 条 ………………64, 94, 282, 878
  504 条 ……18, 64, 379, 878, 1280, 1288
  511 条 ………………………282
  511 条 1 項 …………………282
  514 条 ………………………739
  522 条 ………………………353
  687 条 …………………… 511, 1325

〔旧〕商法
  12 条 ………54, 1279, 1286, 1290, 1291
  14 条 ………………… 1289-1291
  19 条 ………………………1300
  25 条 …………………………557
  32 条 …………………………138
  32 条 2 項 ……………………139
  33 条 …………………………138
  34 条 …………………… 138, 141
  35 条 …………………………138
  36 条 …………………………138
  43 条 ………………………1287
  55 条 ……………………………3
  56 条 2 項 ……………… 481, 513
  56 条 3 項 ……………… 870, 948
  58 条 …………………………893
  58 条 1 項 ……………………897
  59 条 …………………………893
  64 条 2 項 …………………1342
  68 条 ………………………1188
  70 条 ……………………63, 1184
  78 条 2 項 ……………………97, 98
  81 条 2 項 ……………………34
  86 条 1 項 ……………… 117, 1192
  91 条 2 項 ……………………261
  94 条 …………………………210
  98 条 2 項 ……………… 576, 942
  100 条 ………………… 775, 947
  102 条 ………………………506

106 条	1072
113 条	459
114 条	459
115 条	459
122 条	221
123 条 1 項	1339
133 条	255
136 条	913, 916
137 条	916
141 条	1046, 1060
147 条	63, 913, 942, 947, 1045, 1188
153 条	73
153 条 1 項	148
156 条	63, 147
161 条	1322
163 条	459
166 条 1 項	1301, 1443
175 条 2 項	1302
179 条	1403
188 条 2 項	1301, 1302, 1339
188 条 3 項	1342
189 条 1 項	917
191 条	548, 631
201 条	1403
211 条	553
222 条 2 項	1443
245 条 1 項	544
245 条ノ 3 第 4 項	730
247 条 1 項	1013
252 条	986
254 条 3 項	231
254 条ノ 2	231
259 条	1339
259 条ノ 2	927
260 条 1 項	1302
260 条ノ 4	1339
265 条	84
266 条ノ 3	1283, 1290, 1291
267 条	1103, 1129
267 条 1 項	1126
268 条 1 項	1144
268 条 2 項	1145
268 条 5 項	1150
269 条	998
275 条ノ 4	1067
280 条ノ 3 ノ 2	927
280 条ノ 9	1403
280 条ノ 13 第 1 項	978
294 条	1224
297 条	359
297 条ノ 3	364
299 条	421
300 条	278
301 条 3 項	281
306 条	342
309 条ノ 5	380
311 条ノ 2 第 1 項	383
319 条	407, 408
320 条 6 項	412
320 条 7 項	412
321 条 2 項	412, 421
321 条 3 項	412
326 条	409
327 条 1 項	408
341 条ノ 2	276
352 条 3 項	637
353 条 2 項	636, 638, 639
364 条 3 項	637
365 条 1 項	655
373 条	544, 546, 959, 964
374 条 2 項	962
374 条ノ 2 第 1 項	705
374 条ノ 4	808
374 条ノ 9	556, 571
374 条ノ 16	544, 546, 959, 964
374 条ノ 17 第 1 項	958
374 条ノ 17 第 2 項	557, 958
374 条ノ 18 第 1 項	705

374条ノ20 ……………………763,808
374条ノ24第2項 ………………555
374条ノ25 ……………556,557,571
408条1項 …………………………502
408条5項 …………………………714
408条6項 …………………………714
409条 ………………………500,502
410条 ………………………502,528
411条1項 …………………………502
412条 …………………763,775,808,947
413条ノ3第1項 …………………793
416条1項 ……………………506,942
421条1項 ………………………1365
427条3項 …………………………255
428条3項 …………………………916
430条1項 ………………………1339
430条2項 ………………………1339
445条 ……………………………1124
451条 ……………………………1433
479条 ……………………………1346
480条 ……………………………1346
481条 ………………………881,882
482条 ………………………886,891
483条ノ2第2項 ………………1346
484条 ………………………………893
486条 ……………………………1406
489条 ……………………………1427
491条 ……………………………1438
494条 ……………………………1450
496条 ……………………………1403
497条 …………………………1453,1456
499条 ……………………………1468
附則（平成12年法律第90号）5条1
　項 ……………………608,610,910
〔旧〕商法施行規則
　193条 …………………………1121
信託業法
　1条 ………………………………360
　2条 ………………………………360

信託法
　57条1項 …………………………395
　58条3項 …………………………401

〔た〕
担保付社債信託法
　3条 ………………………………360
　19条1項 …………………………301
　35条 ……………………………432
　41条1項 …………………………432
　42条 ……………………………432
　44条 ……………………………432
　45条 ……………………………432
　50条 ……………………………395
　50条1項 …………………………432
　51条 ………………………401,432

〔ち〕
仲裁法
　29条 ……………………………365
中小企業等協同組合法
　9条の9第1項 …………………360
長期信用銀行法
　2条 ………………………………360
　11条4項 …………………………292

〔て〕
電子公告規則
　2条 ………………1374,1386,1387
　3条 ……………………………1496
　3条1項 ………………1384,1396
　4条 ……………………………1376
　5条 ………………………1384,1497
　5条1項 ………………1384,1396
　5条2項 ………………………1384
　5条4項 ………………………1396
　6条 ………………………1384,1497
　6条1項 ………………………1384
　6条2項 ………………1384,1385

6 条 3 項 …………………………1384
6 条 4 項 …………………………1384
7 条 ………………………………1385
7 条 1 項 …………………………1374
8 条 ………………………………1386
10 条 2 項 ………………………1388
10 条 3 項 ………………………1388
11 条 ………………………1389, 1470
12 条 ……………………………1390
13 条 1 項 ………………1396, 1471
13 条 2 項 ………………1396, 1471
13 条 3 項 ………………………1396
13 条 4 項 ………1396, 1397, 1471
別紙様式 4 号……………………1470

〔と〕

登録免許税法
　　別表 1・24（1）ホ・ヘ……………484
特許法
　　25 条 ……………………………892

〔に〕

日本国憲法
　　15 条 2 項 ………………………1444
　　21 条 2 項 …………………………265
　　29 条 ……………………………1455
　　31 条 ……………………1455, 1478
　　32 条 ……………………1101, 1208
　　82 条 ……………………………1208

〔の〕

農業協同組合法
　　10 条 1 項 …………………………360

〔は〕

爆発物取締罰則
　　1 条 ……………………………1403
　　6 条 ……………………………1403
破産法

4 条 2 項 …………………………889
15 条 2 項 …………………………903
24 条 5 項 ………………………1252
31 条 1 項 …………………………376
40 条 1 項 …………………………376
45 条 ……………………………1107
75 条 2 項 ………………………1256
78 条 ………………………………239
78 条 1 項 ………………………1107
78 条 2 項 ………………………1107
80 条 ……………………………1107
85 条 ……………………………1107
88 条 3 項 …………………………376
111 条 …………………………365, 375
160 条 ……………………………1047
162 条 ……………………………1047
217 条 1 項 ………………………376
218 条 ……………………………212, 912
219 条 ……………………………212
230 条 1 項 ………………………376
244 条の 6 第 1 項 ………………376

〔ひ〕

非訟事件手続法
　　10 条 1 項 ………………1210, 1212
　　13 条 5 項 ………………………1207
　　30 条 ……………1207, 1478, 1496
　　32 条 1 項 ………………………1246
　　32 条 2 項 ………………………1246
　　32 条 3 項 ………………………1246
　　32 条 4 項 ………………………1246
　　33 条 4 項 ………………………1207
　　38 条 ……………………………1241
　　40 条 ……………………………1232
　　46 条 ……………………………1207
　　47 条 ……………………………1207
　　49 条 ……………………………1212
　　49 条 1 項 ………………1207, 1216
　　49 条 2 項 ………………………1212

50 条 …………………………1213
56 条 1 項 …………1207, 1241, 1253
56 条 2 項 ……1207, 1230, 1249, 1253, 1266
56 条 3 項 ……………………1207
57 条 1 項 ……………………1207
57 条 2 項 ……………………1232
59 条 …………………………1206
66 条 1 項 ……………………1253
67 条 …………………………1227
71 条 …………………………1207
72 条 1 項 ………………1207, 1230
100 条 …………………………345
106 条 …………………………345
116 条 2 項 ……………………348
118 条 1 項 ……………………345
118 条 2 項 ……………………345
119 条 ………………………1477
121 条 2 項 ……………1479, 1496

〔旧〕非訟事件手続法
18 条 1 項 ……………………1252
19 条 1 項 ……………………1251
19 条 3 項 ……………………1251
20 条 …………………………1256
135 条 ………………………1354
135 条ノ 36……………………1251
138 条ノ 15……………………1251
139 条 ………………………1354

〔ふ〕
風俗営業等の規制及び業務の適正化等に関する法律
7 条の 2…………………………944
不動産登記法
60 条 …………………………1273
63 条 …………………………1273

〔ほ〕
法人税法

2 条 ……………………………892
4 条 3 項 ………………………892
保険業法
2 条 2 項 ………………………360
100 条 …………………………897
153 条 1 項 ……………………948
173 条の 6………………………960
185 条 …………………………892
271 条の 18 第 1 項 ………970, 974

〔み〕
民事再生法
4 条 2 項 ………………………889
26 条 5 項 ……………………1252
57 条 2 項 ……………………1256
62 条 3 項 ……………………1256
62 条 4 項 ……………………1256
66 条 …………………………1108
67 条 1 項 ……………………1108
94 条 ……………………365, 375
127 条 ………………………1047
145 条 ………………………1181
169 条 …………………………376
169 条の 2 第 1 項 ……………376
民事執行法
23 条 1 項 ……………………1142
157 条 …………………………155
159 条 …………………………155
161 条 ……………123, 132, 166
167 条 ……………131, 132, 166
167 条 1 項 ……………………123
172 条 …………………………242
172 条 1 項 ……………………324
174 条 ………………………1276
民事訴訟規則
20 条 3 項 ……………………1145
民事訴訟費用等に関する法律
2 条 …………………………1158
3 条 1 項 ……………………1139

4条2項 ……………………………1139
　　別表1・1（2）………………………1139
民事訴訟法
　　4条5項 …………………………879, 892
　　5条 …………………………………879
　　14条 ………………………………1070
　　15条 ………………………………1070
　　16条 …………………………1210, 1212
　　16条1項 …………………………1070
　　28条 …………………………………380
　　35条 ……………………………99, 100
　　37条 ……………………………99, 101
　　40条 ……………………………640, 1145
　　40条1項 …………………………1060
　　42条 …………………1066, 1145, 1146
　　47条 ………………………………1066
　　49条 …………………………………543
　　50条 …………………………………543
　　52条 ……………………………1065, 1145
　　53条1項 …………………………1148
　　53条4項 …………………………1148
　　75条4項 ……………………1074, 1139
　　75条5項 ……………899, 1125, 1139
　　75条6項 ……………………1125, 1139
　　75条7項 ………899, 1074, 1125, 1140
　　76条 …………………………………899
　　77条 …………………………………899
　　78条 ……………899, 1074, 1125, 1141
　　79条 …………………………………899
　　80条 …………………………………899
　　81条 ………899, 1074, 1125, 1139, 1141
　　89条 …………………………………224
　　91条4項 …………………………1272
　　91条5項 ……………………1271, 1272
　　104条 ……………………………1241
　　115条 ……………………………1043
　　115条1項 ………101, 905, 1075, 1076,
　　　　　　　　　　　　1106, 1108, 1141
　　124条 …………………………543, 1107
　　124条1項 ……………………………101
　　133条 …………………………………365
　　133条2項 ……………………379, 380
　　137条1項 …………………………1069
　　137条2項 …………………………1069
　　142条 ……………………………1138
　　143条 …………491, 496, 561, 563, 912
　　143条1項 ……………592, 946, 966
　　188条 ……………………………1213
　　209条 ……………………………1092
　　219条 ………………………143, 148
　　220条 ………………………144, 148
　　224条 …………………………………244
　　224条1項 …………………………149
　　224条2項 …………………………149
　　245条 ……………………………1070
　　247条 …………………………………148
　　248条 …………………………………670
　　259条1項 ………………………1181
　　266条 …………………………………373
　　267条 …………………………224, 373, 1150
　　275条 …………………………………224
　　334条1項 ……………………1141, 1230
　　338条1項 ………………………1164
　　338条2項 ………………………1164
　　342条1項 ………………………1163
　　343条 ……………………………1163
　　345条1項 ………………………1164
　　345条2項 ………………………1165
　　345条3項 ………………………1165
　　346条1項 ………………………1165
　　346条2項 ………………………1165
　　347条 ……………………………1165
　　348条1項 ………………………1165
　　348条2項 ………………………1165
　　348条3項 ………………………1165
民事調停法
　　2条 …………………………………365
民事保全法

1 条	365
13 条	365
23 条 2 項	104, 105, 238, 665, 1175, 1317
24 条	105
32 条 1 項	1317
37 条 3 項	1317
38 条 1 項	1317
39 条 1 項	1317
56 条	104-106, 238, 1407, 1416

民法

5 条	3, 919, 1044
5 条 2 項	3, 1023
7 条	46
9 条	3, 1044
11 条	46
13 条	919, 1044
13 条 1 項	46
13 条 4 項	3
15 条	46
17 条 1 項	46
17 条 4 項	3
34 条	216
44 条	98
46 条	1477
90 条	114, 998
93 条	481, 918
94 条	918
95 条	483, 943, 969, 1023
96 条	483, 919, 943, 969, 1023, 1044
99 条	379, 380
108 条	86-88
109 条	1033
110 条	1033, 1286
112 条	1033, 1279, 1281, 1286, 1319
117 条	920
118 条	920
126 条	1042
130 条	667
136 条 2 項	227
147 条	367
149 条	367
153 条	365
177 条	321, 511, 538, 539, 562, 1325, 1329
178 条	562, 1325
182 条	314
183 条	314
184 条	314
252 条	269, 311, 313, 938
264 条	269, 312, 313, 938
297 条	52
304 条	52
304 条 1 項	52
350 条	52
362 条 2 項	52
366 条	337
398 条の 9 第 3 項	542
398 条の 9 第 4 項	542
398 条の 9 第 5 項	542
398 条の 10 第 1 項	542
398 条の 10 第 2 項	542
398 条の 10 第 3 項	542
403 条	281
412 条 3 項	38
414 条 2 項	124
415 条	233
418 条	1130
420 条	670
423 条	1143
424 条	257, 261, 757, 763, 862, 1046, 1194, 1195, 1198, 1200, 1202, 1204
424 条 1 項	374, 375, 1047, 1195, 1197, 1202, 1204
425 条	1195, 1204
426 条	1042, 1195, 1197, 1203
442 条	26
443 条	37

446条 ……………………………………37
453条 …………………………24, 25
455条 …………………………………25
457条2項 ……………………………34
459条 …………………………………26
460条 …………………………………26
462条 …………………………………37
466条 ………………………………224
467条 …317, 507, 509, 538, 562, 1325, 1329
467条1項 ……………………………300
474条 ………………………………136
478条 ………………………………313
482条 ………………………………224
494条 ……………………………124, 125
500条 ………………………………136
505条 ………………………………392
513条 ………………………………224
519条 ………………………………372
526条 ………………………………297
534条 …………………………………39
535条 …………………………………39
536条 …………………………………39
537条 ………………………………362
537条2項 …………………………362
541条 ……………………………281, 297
561条 …………………………………39
569条 ……………………………38, 39
570条 …………………………………39
625条 ………………………………610
625条1項 ………541, 544, 602, 612
643条 ………………………………231
644条 ………………231, 233, 901, 991
645条 …………………………………75
646条 ……………………………76, 901
646条1項 ……………………………76
647条 ……………………………76, 901
648条 …………………………………76
648条1項 …………………………240

648条2項 ……………………………76
649条 …………………………………76
650条 …………………………………76
650条1項 …………………………901
650条2項 …………………………901
650条3項 ……………………901, 1161
651条 …………………………76, 394, 399
651条2項 …………………………394
653条 ………………………………1318
656条 ……………………………231, 1409
670条1項 ………………………38, 66
670条2項 ……………………………38
670条3項 ……………………………68
678条 ………………………………113
688条3項 …………………………254
695条 ……………………………224, 373
696条 ………………………………373
703条 ……………………………239, 1131
704条 ………………………………239
709条 ……………98, 234, 1160, 1283
715条 …………………………………98
826条 ………………………………313
864条 ………………………………1044
865条 ………………………………1044
876条の4 ……………………………46
896条 ……………………………507, 518

〔ゆ〕
〔旧〕有限会社法
63条1項 ……………870, 942, 947, 948
64条 ………………………………459
65条 ………………………………459
66条 ………………………………459
67条 ………………………………459
68条 ………………………………459
79条 ………………………………1438
82条1項 …………………………1450

〔よ〕
預金保険法
　74条1項 ……………………1108
　77条1項 ……………………1108

〔り〕
利息制限法
　1条 …………………………279
　3条 …………………………279

〔ろ〕
労働基準法
　89条 …………………………480
　90条 …………………………480
　121条1項 …………………1403
労働契約法
　10条 ……………477,479,480
　11条 …………………………480
労働審判法
　29条1項 …………………1232

判 例 索 引

＊引用判例・文献中の判例については除外した。

裁判年月日	裁判所名	判例集	頁
明35・5・14	大　決	民録8.55	1484
明37・1・22	大阪控決	新聞187.24	895
明37・4・22	大　判	民録10.513	1065
明37・8・1	前橋地決	新聞226.15	895
明38・2・4	東京控決	新聞268.8	895
明38・2・10	大　判	民録11.150	1205
明39・5・22	大　決	民録12.781	1479, 1481
明40・8・6	大　決	民録13.841	1478, 1480
明41・3・20	大　判	刑録14.270	224
明42・10・13	大　判	民録15.772	1189
明44・3・24	大　判	民録17.117	1194, 1198, 1205
明44・5・19	大　判	刑録17.879	1447
明44・12・19	大　判	刑録17.2231	1412
明44・12・26	大　判	民録17.916	156
明45・7・25	大　決	民録18.712	896
大2・4・25	大　決	民録19.277	1479
大2・6・28	大　判	民録19.530	1336
大2・7・9	大　判	民録19.619	223
大3・6・20	大　判	刑録20.1313	1412
大3・10・16	大　判	刑録20.1867	1411
大4・2・16	大　判	民録21.145	239
大4・2・27	大　判	民録21.191	258
大4・5・13	大　判	民録21.753	242
大4・5・28	大　判	民録21.824	118
大4・6・16	大　判	民録21.953	225
大4・12・1	大　判	民録21.1950	1280, 1282
大5・3・4	大　判	民録22.513	224
大5・4・7	大　判	民録22.647	9
大5・9・14	大阪控判	新聞1168.31	113
大6・1・16	大　判	民録23.55	108
大6・9・26	大　判	民録23.1498	508
大7・3・7	大　判	民録24.374	144

大 7・7・2	大　判	民録 24.1331…………………………	23, 249
大 7・7・10	大　判	民録 24.1422…………………………	81, 1187
大 7・10・28	大　判	民録 24.2195…………………………	579, 1046
大 8・6・9	大　決	民録 25.997……………………………	220
大 10・6・18	大　判	民録 27.1168…………………………	1195
大 11・7・17	大　判	民集 1.402……………………………	96, 217
大 11・9・27	大　判	刑集 1.483……………………………	1425
大 13・3・22	大　判	民集 3.185 …………………………	20, 21
大 13・11・11	大　判	刑集 3.788……………………………	1409
大 14・2・25	大　判	刑集 4.95………………………………	1412
大 14・6・30	東京地判	評論全集 14 諸法 431 ……………	114
大 14・12・19	大　判	新聞 2531.9…………………………	314
大 15・3・27	大　判	民集 5.222 …………………………	934
昭 2・5・4	大　判	新聞 2697.6…………………………	1322
昭 3・4・27	大　判	民集 7.302 …………………………	880
昭 3・7・14	大　判	刑集 7.477 …………………………	1412
昭 3・10・19	大　判	民集 7.801……………………………	23, 136
昭 3・11・1	東京地判	法律新報 171.27 ……………………	136
昭 3・11・28	大　判	民集 7.1008…………………………	321, 366
昭 4・5・13	大　判	民集 8.470……………………………	117, 1189
昭 6・6・1	大　判	新聞 3301.14 ………………………	113
昭 7・4・19	大　判	民集 11.837…………………………	2, 918
昭 7・4・30	大　判	民集 11.706……175, 245, 685, 759, 809, 862
昭 7・5・20	大　判	法学 1 下. 571 ……………………	915
昭 7・5・27	大　判	民集 11.1069 ………………………	98
昭 7・7・1	大　判	刑集 11.999 …………………………	1448
昭 7・10・11	大　判	新聞 3482.17 ………………………	267
昭 7・11・24	大　判	刑集 11.1703 ………………………	1412
昭 7・12・20	大阪地判	新聞 3509.9 …………………………	113
昭 8・2・15	大　判	民集 12.215…………………………	130
昭 8・3・10	大　判	民集 12.462 …………………………	1075
昭 8・6・13	大　判	民集 12.1472 ………………………	25
昭 8・7・31	大　決	民集 12.1968 ………………………	1277
昭 8・10・26	大　判	民集 12.2626 ………………………	989
昭 8・11・29	大　判	刑集 12.2145 ………………………	1412
昭 8・12・18	大　判	刑集 12.2360 ………………………	1405
昭 9・6・15	大　判	民集 13.1473 ………………………	86
昭 9・6・29	大　判	刑集 13.895 …………………………	1412
昭 9・11・26	大　判	刑集 13.1608 ………………………	1448

判例索引　　1541

昭 9・12・11	徳島地決	新聞 3796.4	895
昭10・2・1	大　判	民集 14.75	686
昭10・3・9	大　判	民集 14.291	134
昭10・7・15	大　判	民集 14.1401	1040
昭10・10・23	大　判	刑集 14.1052	1448
昭10・11・25	大　判	刑集 14.1217	1473
昭10・11・30	東京控判	新聞 3950.6	1274
昭11・10・9	大　判	刑集 15.1281	1448
昭12・4・22	大　判	民集 16.487	511, 1325
昭12・9・2	大　判	判決全集 4.17.49	919
昭13・12・24	大　判	民集 17.2713	913, 1061
昭14・2・8	大　判	民集 18.54	54, 134
昭15・5・27	大　判	刑集 19.318	1448
昭16・5・21	大連判	民集 20.693	7, 29-31, 37
昭16・7・5	大　判	民集 20.1057	28
昭19・8・25	大　判	民集 23.524	486, 502, 572, 588, 597, 640, 654, 969
昭24・7・26	最　判	民集 3.8.283	63
昭24・12・15	最　判	刑集 3.12.2023	1455
昭27・3・26	最大決	民集 6.3.378	1230
昭27・7・22	最　判	刑集 6.7.927	1446
昭27・9・30	高松高判	高刑 5.11.1864	1413
昭28・7・20	東京高判	高刑 6.9.1210	1446
昭28・10・27	最　判	刑集 7.10.1971	1446
昭28・12・25	最　判	裁判集刑 90.487	1432
昭28・12・28	東京地判	判タ 37.80	1171
昭29・2・19	最　判	民集 8.2.523	319, 334, 346, 348
昭29・5・25	東京高判	高刑特 40.119	1437
昭29・6・4	東京地判	判タ 40.73	886
昭29・7・5	最　決	刑集 8.7.1035	1455
昭29・8・20	最　判	刑集 8.8.1256	1446
昭30・2・28	東京高判	高民 8.2.142	1274
昭30・3・17	最　判	刑集 9.3.477	1446
昭30・7・19	東京高判	下民 6.7.1488	996
昭30・10・20	最　判	民集 9.11.1657	968, 993, 1016
昭30・10・28	最　判	民集 9.11.1748	96, 217
昭30・11・11	東京地判	下民 6.11.2365	986, 1004, 1005
昭30・11・25	大阪地判	下民 6.11.2429	325
昭31・2・3	最　決	刑集 10.2.153	1455

昭31・4・30	福岡高判	高刑特 3.9.455	1412
昭31・6・13	東京地判	下民 7.6.1550	925
昭31・7・20	最　判	民集 10.8.965	34
昭31・9・10	東京地判	下民 7.9.2445	1288
昭31・11・15	最　判	民集 10.11.1423	1025
昭32・3・28	最　判	刑集 11.3.1136	1446
昭32・6・7	最　判	裁判集民 26.839	919
昭32・11・9	大阪高判	高刑特 4.22.594	1447
昭32・11・27	最大判	刑集 11.12.3113	1473
昭33・1・21	松江地判	一審刑集 1.1.41	1413
昭33・4・25	最　決	刑集 12.6.1221	1425
昭33・5・20	最　判	民集 12.7.1077	1055, 1057
昭33・5・20	最　判	民集 12.7.1086	1188
昭33・5・28	最大判	刑集 12.8.1718	1414
昭33・8・30	長野地飯田支判	下民 9.8.1717	1340
昭33・10・3	最　判	民集 12.14.3053	1040
昭33・10・10	最　判	刑集 12.14.3246	1415
昭34・2・13	最　判	刑集 13.2.101	1415
昭34・5・6	神戸地判	下刑 1.5.1178	1405
昭34・7・11	高松高決	下民 10.7.1493	1491
昭34・12・9	最大判	刑集 13.12.3186	1445
昭35・1・14	大阪地判	下民 11.1.15	228
昭35・1・22	大阪地判	下民 11.1.85	1049, 1051, 1056, 1057
昭35・3・15	最　判	裁判集民 40.367	1028
昭35・3・18	東京地判	下民 11.3.555	1169
昭35・6・21	最　決	刑集 14.8.981	916, 1434, 1438
昭35・6・28	甲府地判	判時 237.30	762, 912
昭35・7・6	最大決	民集 14.9.1657	1208
昭35・8・9	東京地判	下民 11.8.1647	882
昭35・11・4	東京地判	下民 11.11.2373	1274, 1275, 1309
昭36・1・17	札幌地判	下民 12.1.28	211-213, 227
昭36・3・28	最　決	刑集 15.3.590	1434, 1436
昭36・3・31	最　判	民集 15.3.645	925
昭36・4・12	東京高判	下民 12.4.791	1275, 1309
昭36・4・28	大阪高決	下民 12.4.926	1480
昭36・5・26	広島高決	高民 14.3.243	1208
昭36・6・20	最　判	民集 15.6.1602	368
昭36・7・5	秋田地判	下刑 3.7-8.688	1435
昭36・11・17	東京地判	下民 12.11.2754	991

昭 36・11・24	最　判	民集 15.10.2583	1060, 1064, 1065, 1145
昭 36・11・29	東京高判	下民 12.11.2848	919, 985
昭 36・12・14	最　判	民集 15.11.2813	1340
昭 37・1・19	最　判	民集 16.1.76	1003
昭 37・3・8	最　判	民集 16.3.473	1336
昭 37・5・17	東京高判	高刑 15.5.335	1408, 1444, 1445
昭 37・5・23	大阪高決	下民 13.5.1053	1312
昭 37・5・29	最　判	刑集 16.5.528	1446
昭 37・5・31	東京地判	下民 13.5.1142	319
昭 37・8・15	高松地判	下刑 4.7-8.708	1432
昭 37・8・28	最　判	裁判集民 62.273	1291
昭 37・9・11	松山地西条支決	商事 265.26	896
昭 37・11・28	最大判	刑集 16.11.1577	1454, 1455
昭 37・12・27	東京高決	下民 13.12.2606	1478
昭 38・8・8	最　判	民集 17.6.823	986, 992
昭 38・12・6	最　判	民集 17.12.1633	1436
昭 38・12・9	東京高判	下民 14.12.2487	253
昭 39・1・23	最　判	民集 18.1.76	1195
昭 39・1・23	最　判	民集 18.1.87	1047
昭 39・10・12	東京地判	下民 15.10.2432	1110
昭 39・12・11	最　判	民集 18.10.2143	998
昭 39・12・23	墨田簡判	下民 15.12.3039	251, 252
昭 40・1・28	大阪高判	下民 16.1.136	1275
昭 40・3・26	最　判	刑集 19.2.83	1473
昭 40・6・24	最　決	刑集 19.4.469	917
昭 40・6・29	最　判	民集 19.4.1045	912, 1003
昭 40・6・29	最　判	刑集 19.4.490	1455
昭 40・9・22	最大判	民集 19.6.1600	544, 546, 959, 964
昭 40・9・22	最　判	民集 19.6.1656	481
昭 40・9・28	東京高判	下民 16.9.1465	131
昭 40・10・8	最　判	民集 19.7.1745	927
昭 40・11・11	最　判	民集 19.8.1953	116
昭 41・6・15	東京地判	下民 17.5-6.488	912, 934
昭 41・6・21	最　判	民集 20.5.1084	325
昭 41・7・18	福岡高判	高民 19.4.330	1061
昭 41・7・28	最　判	民集 20.6.1251	319, 322
昭 41・7・28	最　判	民集 20.6.1265	100
昭 41・12・16	大阪地判	下民 17.11-12.1237	1115
昭 41・12・23	東京地判	下民 17.11-12.1311	1108

昭 41・12・27	最大決	民集 20.10.2279	1477, 1478
昭 42・3・14	最　判	裁判集民 86.551	579
昭 42・4・25	鳥取地判	判タ 218.219	1057
昭 42・4・28	最　判	民集 21.3.796	1286
昭 42・7・20	東京高判	判時 498.31	106
昭 42・7・25	最　判	民集 21.6.1669	1028
昭 42・8・29	東京高判	高刑 20.4.521	1414
昭 42・8・31	福島地会津若松支判	下民 18.7-8.910	1187, 1191
昭 42・9・28	最　判	民集 21.7.1970	989, 1015
昭 42・11・17	最　判	民集 21.9.2448	4
昭 42・12・14	最　判	刑集 21.10.1369	916, 1437
昭 42・12・15	最　判	民集 25.7.962	232
昭 43・2・16	山口地宇部支判	判時 547.81	212, 213
昭 43・3・15	最　判	民集 22.3.625	216
昭 43・4・2	札幌高函館支決	下民 19.3-4.173	895
昭 43・5・15	東京高判	判タ 226.178	914
昭 43・6・19	東京高判	判タ 227.221	1108
昭 43・8・15	東京高判	東高刑時報 19.8.151	1446
昭 43・8・30	鳥取地判	下民 19.7-8.524	1061
昭 43・9・25	最大判	刑集 22.9.871	1455
昭 43・9・26	大阪地堺支決	下民 19.9-10.568	734
昭 43・11・1	最　判	民集 22.12.2402	1278, 1286
昭 43・12・24	最　判	民集 22.13.3334	1277, 1313
昭 43・12・24	最　判	民集 22.13.3349	1286
昭 43・12・25	最大判	民集 22.13.3511	85
昭 44・5・29	東京地判	下民 20.5-6.396	131, 166
昭 44・10・16	最　決	刑集 23.10.1359	1453
昭 44・10・28	最　判	裁判集民 97.95	998
昭 44・11・26	最大判	民集 23.11.2150	1283, 1284
昭 44・12・11	最　判	民集 23.12.2447	127
昭 44・12・18	最　判	裁判集民 97.799	1019
昭 45・1・22	最　判	民集 24.1.1	938, 991, 1013
昭 45・2・27	岡山地判	金判 222.14	1274
昭 45・4・2	最　判	民集 24.4.223	1035
昭 45・5・12	仙台高判	高刑 23.3.411	1436
昭 45・6・24	最大判	民集 24.6.625	231
昭 45・7・9	最　判	民集 24.7.755	992
昭 45・7・15	最大判	民集 24.7.804	913, 991, 1013, 1050
昭 45・8・20	最　判	裁判集民 100.373	995, 1020

昭 45・12・18	最　判	刑集 24.13.1773 ……………………1472
昭 46・3・18	最　判	民集 25.2.183
		………549, 577, 996, 1019, 1020, 1039, 1040
昭 46・6・24	最　判	民集 25.4.596……………………………996
昭 46・6・29	最　判	民集 25.4.711 ……………935, 936, 1062
昭 46・7・16	最　判	裁判集民 103.407 ……………………927
昭 46・8・16	東京地判	判時 649.82 ……………………993, 1016
昭 46・9・1	仙台高決	判時 651.98 …………………………1478
昭 46・10・25	大阪高決	金判 363.9 ……………………………734
昭 46・11・30	大阪高判	下民 22.11-12.1163 …………………992
昭 46・12・10	最　決	裁判集刑 182.467……………………1427
昭 47・6・15	最　判	民集 26.5.984 ………1284, 1289, 1290
昭 47・7・6	東京地判	下民 23.5-8.356 ……………………1046
昭 48・2・9	和歌山地判	判タ 292.303…………………………1340
昭 48・4・6	最　判	金法 683.32 …………………………927
昭 48・10・26	最　判	民集 27.9.1240 ………………………581
昭 48・11・26	最　判	判時 722.94 …………………………998
昭 49・2・22	名古屋地判	判時 742.94 …………………………21
昭 49・2・28	最　判	裁判集民 111.235……………………98
昭 49・3・22	最　判	民集 28.2.368………1278, 1281, 1286, 1319
昭 49・12・20	最　判	裁判集民 113.655 …………123-125, 261
昭 50・5・30	東京高判	判時 791.117 ……………………15, 16
昭 50・9・9	福岡高決	判時 803.113 ………………1478, 1489
昭 51・2・4	福岡地決	判時 818.91 …………………………1482
昭 51・4・8	最　判	判時 848.7……………………………1163
昭 51・6・18	神戸地判	下民 27.5-8.378………………1171, 1174
昭 51・8・2	東京高決	判時 833.108…………………………1073
昭 51・8・3	東京高決	判時 837.49 …………1480, 1490, 1491
昭 51・9・8	大阪地判	判時 869.99 …………………………1316
昭 51・10・21	最　判	民集 30.9.903 ………………………34
昭 51・12・24	最　判	民集 30.11.1076………938, 1010, 1042
昭 51・12・24	東京地判	金判 524.32…………………1416, 1426
昭 52・1・25	東京地判	判時 858.103 ………………………910
昭 52・6・28	大阪地判	商事 780.30…………………1416, 1426
昭 52・10・11	最　判	金法 843.24 …………………………927
昭 52・11・8	最　判	民集 31.6.847 ………313, 938, 991, 1014
昭 52・12・23	最　判	裁判集民 122.613 …………1279, 1281
昭 53・4・4	東京高判	判タ 368.347 ………………………991
昭 53・4・11	大阪高判	判時 905.113…………1174, 1175, 1177

日付	裁判所	出典	頁
昭 53・10・5	最　判	民集 32.7.1332……………………1195
昭 53・12・19	名古屋地判	判時 921.121 ……………………916
昭 53・12・26	神戸地判	金判 568.43………………1416, 1426
昭 54・1・16	大阪高決	判タ 381.154……………………1144
昭 54・1・17	東京高決	下民 32.9-12.1369………………143
昭 54・2・20	東京高判	高刑 32.1.13……………………1436
昭 54・4・17	東京高判	高民 32.1.70 ……………………347
昭 54・8・21	東京地判	ジュリ 714.7……………………1413
昭 54・10・30	大阪高判	高民 32.2.214 …………………1112
昭 54・11・16	最　判	民集 33.7.709………988, 1010, 1020
昭 54・11・16	大阪高判	刑月 11.11.1329 ………………1446
昭 54・12・11	東京高判	東高刑時報 30.12.179……………1414
昭 55・9・11	最　判	民集 34.5.717 …………………1288
昭 56・3・27	神戸地判	判時 1012.35 ……………………1413
昭 56・5・22	東京高決	判タ 450.149……………………1490
昭 56・5・28	東京高決	判タ 451.138……………………1479
昭 56・10・16	最　判	民集 35.7.1224 …………………879
昭 56・11・25	東京高判	判時 1029.76 ……………………1064
昭 57・2・25	東京地判	判時 1046.149……………1416, 1426
昭 57・4・23	東京地判	判タ 478.71………………132, 166
昭 57・5・12	大阪地判	判時 1058.122 …………………1052
昭 57・5・28	大阪高判	判時 1059.140 …………………992
昭 57・9・1	神戸地決	民事月報 37.12.67………………896
昭 58・2・22	最　判	裁判集民 138.201 ………………998
昭 58・3・30	東京高判	判時 1080.142……………1284, 1285
昭 58・4・7	最　判	裁判集民 138.525 ………………100
昭 58・5・24	最　決	刑集 37.4.437 …………………1413
昭 58・6・7	最　判	民集 37.5.517………………1036, 1037
昭 58・10・4	東京地判	判時 1094.83 ……………………221
昭 58・10・11	東京地決	下民 34.9-12.968…………737, 738
昭 58・12・14	東京高決	判タ 525.285 ……………………737
昭 59・2・24	最　判	刑集 38.4.1287 …………………509
昭 59・6・28	東京高判	判時 1124.210 ……………934, 1079
昭 59・9・28	最　判	民集 38.9.1121………105, 106, 1069
昭 60・3・6	東京地判	判時 1147.162 …………………1413
昭 60・3・7	最　判	民集 39.2.107……………………319
昭 60・3・26	東京地判	判時 1161.185 …………………349
昭 60・12・20	最　判	民集 39.8.1869…………………996
昭 61・3・13	最　判	民集 40.2.229………………1054, 1055

昭 61・8・21	東京高判	判タ 627.204	924
昭 61・11・4	最　判	裁判集民 149.89	1277
昭 61・11・28	東京高決	金法 1173.50	1491
昭 61・12・24	名古屋地判	判時 1240.135	1174
昭 62・1・22	最　判	裁判集民 150.15	130
昭 62・2・3	東京地判	資料版商事 36.61	1460
昭 62・4・16	最　判	裁判集民 150.685	1291
昭 62・6・29	東京地判	判時 1263.56	1414
昭 62・9・22	東京地判	判時 1284.79	96, 217
昭 62・9・29	名古屋地判	判時 1264.128	128
昭 62・12・23	東京高判	判タ 685.253	994
昭 63・1・26	最　判	民集 42.1.1	731, 1101
昭 63・1・26	最　判	金法 1196.26	1291
昭 63・1・28	東京地判	判時 1269.144	301
昭 63・2・16	最　判	民集 42.2.60	478
昭 63・3・23	東京高判	判時 1281.145	996
昭 63・5・19	東京地判	金判 823.33	1049, 1053
昭 63・6・28	東京高判	金法 1206.32	301
昭 63・9・28	大阪地堺支判	判時 1295.137	1019
昭 63・11・21	最　決	刑集 42.9.1251	1410
平元・2・22	大阪高判	判時 1327.27	1340
平元・2・27	東京高判	判時 1309.137	324
平元・4・18	高松高判	判時 1337.125	26
平元・7・18	東京地判	判時 1349.148	1049
平元・8・22	東京地判	金判 844.16	1026
平元・8・24	東京地判	判時 1331.136	713
平元・10・26	大阪高判	判タ 711.253	1108
平 2・1・31	東京高判	資料版商事 77.193	496
平 2・2・27	東京地判	金判 855.22	920, 922
平 2・4・10	神戸地決	判時 1364.107	72
平 2・4・17	最　判	民集 44.3.526	995
平 2・11・26	名古屋高決	判時 1383.163	106
平 2・11・29	東京高判	判時 1374.112	996
平 2・12・4	最　判	民集 44.9.1165	990, 1015
平 3・2・19	最　判	裁判集民 162.105	938, 990, 1015
平 3・2・19	長崎地判	判時 1393.138	101, 1110, 1126
平 3・2・28	最　決	刑集 45.2.77	1439
平 3・3・6	東京高判	金判 874.23	1025
平 3・4・24	名古屋高判	高民 44.2.43	993, 1016

平 3・10・31	東京高判	金判 899.8	1049
平 3・12・20	最　判	資料版商事 99.27	302
平 4・1・17	東京高決	東高民時報 43.1-12.2	996
平 4・2・13	東京地判	判時 1427.137	1109, 1138
平 4・9・29	大阪高判	判時 1471.155	1406
平 4・10・29	最　判	民集 46.7.2580	1036
平 5・3・30	最　判	民集 47.4.3439	1067
平 5・9・9	最　判	民集 47.7.4814	1157
平 5・10・5	最　判	資料版商事 116.196	495, 496, 948
平 5・10・6	大阪地判	判時 1512.44	897
平 5・12・16	最　判	民集 47.10.5423	923, 925
平 5・12・24	大阪地判	判時 1499.127	1049, 1171
平 6・2・24	東京高判	金判 956.20	925
平 6・3・1	大阪地判	判タ 893.269	1110
平 6・7・14	最　判	裁判集民 172.771	928
平 6・7・18	最　判	裁判集民 172.967	923
平 6・11・24	東京地判	資料版商事 130.91	949
平 7・1・25	前橋地判	判タ 883.278	1318
平 7・2・20	東京高決	判タ 895.252	1140
平 7・2・21	最　判	民集 49.2.231	1273
平 7・4・27	東京地判	判時 1541.130	129
平 7・11・17	神戸地尼崎支判	判時 1563.140	1122
平 7・11・30	東京地判	判タ 914.249	1107
平 8・1・29	高松高判	判タ 922.281	1049, 1052
平 8・2・1	東京高決	判タ 923.269	105
平 8・2・6	最　決	刑集 50.2.129	1414
平 8・4・15	福岡高判	判時 1594.144	135
平 8・5・30	高松高判	判時 1587.142	4
平 8・6・20	東京地判	判時 1572.27	1109, 1118
平 9・1・28	最　判	民集 51.1.40	975, 976, 980, 985, 1063
平 9・1・28	最　判	民集 51.1.71	924, 927, 929, 978
平 9・1・28	最　判	裁判集民 181.83	269, 312, 313, 938
平 9・2・28	最　判	民集 51.2.705	478
平 9・5・30	東京地決	資料版商事 159.103	1139
平 9・7・15	福岡高那覇支	判時 1620.148	85
平 9・10・13	東京地判	判時 1654.137	1192
平 10・1・20	大阪高判	判タ 981.238	1122
平 10・3・27	最　判	民集 52.2.661	1174, 1176
平 10・7・7	大阪地決	判時 1679.161	1074

平10・7・17	最　判	裁判集民 189.395	924
平10・9・11	東京高決	判タ 1047.289	1070, 1143, 1177, 1193, 1205
平10・10・1	神戸地判	判時 1674.156	1160
平10・11・25	最　決	刑集 52.8.570	1410
平10・11・26	最　判	金判 1066.18	1026
平11・3・24	東京高決	判タ 1047.292	1070, 1143, 1177, 1193, 1205
平11・3・25	最　判	民集 53.3.580	995
平11・8・6	浦和地判	判タ 1032.238	994
平11・12・14	最　判	裁判集民 195.715	1015
平11・12・16	大阪高判	高刑 52.62	1464
平12・1・27	東京地決	金判 1120.58	1107
平12・2・15	和歌山地判	判時 1736.124	1122, 1124
平12・2・23	東京高判	金判 1091.40	1049
平12・3・28	東京地判	判時 1730.162	1426
平12・4・27	東京高判	金判 1095.21	1158, 1160
平12・5・31	大阪地判	判時 1742.141	505, 1109, 1116
平12・6・21	大阪地判	判時 1742.146	1110
平12・7・7	最　判	民集 54.6.1767	719, 1108, 1148
平12・8・7	東京高判	判タ 1042.234	925
平13・1・30	最　決	民集 55.1.30	1145
平13・3・2	福岡高宮崎支判	判タ 1093.197	1020
平13・3・29	東京地判	判時 1748.171	990, 1153
平13・7・10	最　判	金法 1638.40	995
平13・12・18	最　判	裁判集民 204.157	271
平14・9・10	東京地判	刑集 62.7.2469	1426
平15・1・30	東京高判	判時 1824.127	978
平15・2・6	東京地判	判時 1812.143	1169
平15・2・18	最　決	刑集 57.2.161	1415
平15・2・21	最　判	金判 1165.13	271
平15・3・27	最　判	民集 57.3.312	975, 976, 978
平15・6・12	最　判	民集 57.6.640	1108
平15・7・24	東京高判	判時 1858.154	990, 1016, 1169
平15・9・24	大阪地判	判時 1848.134	1162
平16・2・4	大阪地判	金判 1191.38	1027
平16・3・22	東京地判	判タ 1158.244	1160
平16・5・13	東京地判	判時 1861.126	1108
平16・5・25	大阪高判	判時 1863.115	140

平16・8・11	東京高決	金判 1199.8	666
平16・8・30	最　決	民集 58.6.1763	664-666
平16・9・28	東京地判	判時 1886.111	1181
平16・9・29	東京高判	判タ 1176.268	4
平16・10・29	名古屋地判	判時 1881.122	705, 706, 960, 962
平17・4・26	最　判	裁判集民 216.617	1158
平17・5・12	東京地判	金法 1757.46	1123
平17・5・19	東京地判	判時 1900.3	140
平17・6・21	東京高判	刑集 62.7.2643	1426
平17・9・21	東京地判	判タ 1205.221	1171
平17・10・7	最　決	刑集 59.8.779	1410
平18・1・17	東京地判	判時 1920.136	454-456
平18・1・30	東京地判	判タ 1225.312	586
平18・2・13	東京地判	判時 1928.3	667-670
平18・6・9	大阪高判	判時 1979.115	1109, 1118
平18・9・28	最　決	民集 60.7.2634	1050, 1168, 1224
平18・11・27	高松高決	金判 1265.14	1169, 1171
平19・5・29	横浜地判	判タ 1272.224	612
平19・11・21	名古屋地判	金判 1294.60	918, 943, 944, 1077
平19・12・6	東京地判	判タ 1258.69	1457
平20・1・28	最　判	民集 62.1.128	88, 89
平20・2・26	最　判	民集 62.2.638	1176
平20・3・25	大阪高決	判タ 1269.257	1491
平20・3・26	名古屋地一宮支判	金判 1297.75	965, 968, 989
平20・3・27	新潟地決	金判 1298.59	928
平20・4・18	大阪地判	判時 2007.104	1127-1130
平20・5・12	東京高決	判タ 1282.273	928
平20・5・19	最　決	刑集 62.6.1623	1415
平20・6・10	最　判	裁判集民 228.195	551, 570, 581
平20・7・18	最　判	民集 62.7.2101	140, 1426
平20・7・25	東京高判	判時 2030.127	1484
平21・3・10	最　判	民集 63.3.361	1112, 1126
平21・3・19	東京地判	判時 2052.108	928
平21・3・31	最　判	民集 63.3.472	1110
平21・3・31	東京地決	判タ 1296.118	727
平21・4・23	最　判	民集 63.4.703	1158, 1160
平21・5・28	名古屋高判	判時 2073.42	385, 388
平21・10・19	東京地決	金判 1329.30	727, 736, 799
平21・11・9	最　決	刑集 63.9.1117	1412

平21・12・7	最　　判	刑集 63.11.2165 …………………………1484
平22・3・24	東京高判	資料版商事 315.333……………………1457
平22・3・31	東京地決	金判 1344.36 ……………………………728
平22・5・27	東京地判	判時 2083.148……………………………580
平22・7・7	東京高裁	判時 2095.128 …………………………1017
平22・7・12	最　　判	民集 64.5.1333 …………………611, 960
平22・7・14	大阪地判	判時 2093.138………………1159, 1160
平22・9・6	東京地判	判タ 1334.117…………490, 1030, 1031
平22・10・19	東京高決	判タ 1341.186……………………………729
平22・10・27	東京高判	金判 1355.42……………………579, 580
平23・2・17	福岡地判	判タ 1349.177……………………………581
平23・4・14	東京地判	資料版商事 328.64 ……………………1008
平24・4・24	最　　判	判時 2160.121……………………………926

【著者紹介】

大　江　　忠（おおえ　ただし）

1944 年　広島市に生まれる
1967 年　東京大学法学部卒業
現　在　弁護士（第二東京弁護士会所属）

要件事実会社法（3）

2013 年 7 月 31 日　初版第 1 刷発行

著　者　　大　江　　忠

発 行 者　　藤　本　眞　三

発 行 所　　株式会社　商 事 法 務

〒103-0025 東京都中央区日本橋茅場町 3-9-10
TEL 03-5614-5643・FAX 03-3664-8844〔営業部〕
TEL 03-5614-5649〔書籍出版部〕
http://www.shojihomu.co.jp/

落丁・乱丁本はお取り替えいたします。　　印刷/大日本法令印刷
© 2013 Tadashi Ohe　　　　　　　　　　　　Printed in Japan
Shojihomu Co., Ltd.
ISBN978-4-7857-2097-1
＊定価はカバーに表示してあります。